GESTÃO DE NEGÓCIOS EM ALIMENTAÇÃO

princípios e práticas

12ª EDIÇÃO

GESTÃO DE NEGÓCIOS EM ALIMENTAÇÃO

princípios e práticas

JUNE PAYNE-PALACIO
Pepperdine University

MONICA THEIS
University of Wisconsin–Madison

Copyright © 2012, 2009, 2005, 2001, 1997 Pearson Education, Inc. All rights reserved.

Tradução autorizada da edição original em língua inglesa, intitulada *Foodservice Management – Principles and Practices – 12th edition*, de June Payne-Palacio e Monica Theis, publicada pela Pearson Education, Inc, pela divisão Prentice Hall. Copyright © 2012, 2009, 2005, 2001, 1997 Pearson Education, Inc. Todos os direitos reservados.

Nenhuma parte deste livro poderá ser reproduzida ou veiculada por qualquer meio ou processo, seja eletrônico ou mecânico, incluindo fotocópia, gravações ou qualquer outro sistema de recuperação de dados, sem a permissão da Pearson Education, Inc.

O conteúdo de outras fontes foi reproduzido com permissão, e os créditos e agradecimentos correspondentes aparecem nas próprias páginas ao longo do texto.

Créditos das imagens de abertura dos capítulos: Capítulo 02: Erwinova/Shutterstock; Capítulo 03: Bork/Shutterstock; Capítulo 04: Scott David Patterson/Shutterstock; Capítulo 05: Neffalis/Shutterstock; Capítulo 06: Eldad Yitzhak/Shutterstock; Capítulo 07: Kevin Norris/Shutterstock; Capítulo 08: John Wollwerth/Shutterstock; Capítulo 09: Hans Slegers/Shutterstock; Capítulo 10: Yuri Arcurs/Shutterstock; Capítulo 11: Ariadna De Readl/Shutterstock; Capítulo 12: Joe Sohm/Chromosohm/Stock Connection; Capítulo 13: Sideways/Design Shutterstock; Capítulo 14: Monkey Business Images/Shutterstock; Capítulo 15: StockLife/Shutterstock; Capítulo 16: Rod Ferris/Shutterstock; Capítulo 17: Serhiy Kobyakov/Shutterstock; Capítulo 18: Alexey Averiyanov/Shutterstock.

Edição em língua portuguesa publicada pela Editora Manole Ltda, Copyright © 2015.

Este livro contempla as regras do Novo Acordo Ortográfico da Língua Portuguesa.

Editor gestor: Walter Luiz Coutinho
Editora de traduções: Denise Yumi Chinem
Produção editorial: Priscila Pereira Mota Hidaka e Cláudia Lahr Tetzlaff

Tradução: Cláudia Mello Belhassof (pré-textual, capítulos 1 a 10 e índice remissivo)
Lúcia Helena de Seixas Brito (capítulos 11 a 18 e apêndices)

Revisão científica: Marcelo Traldi
Professor Pesquisador do Centro Universitário SENAC, onde também é Editor da revista científica
Contextos da Alimentação
Consultor na área de Alimentação e Membro Titular da Academia Brasileira de Gastronomia
Aperfeiçoamento em Planejamento e Desenvolvimento de Restaurantes e Gestão de Fast-Food pela
Florida International University
Mestre em Administração pela PUC-SP
Graduado e Pós-Graduado em Administração em Hoteleira

Revisão de tradução e revisão de prova: Depto. editorial da Editora Manole
Diagramação: Luargraf Serviços Gráficos Ltda.
Capa: Ricardo Yoshiaki Nitta Rodrigues

Dados Internacionais de Catalogação na Publicação (CIP)
(Câmara Brasileira do Livro, SP, Brasil)

Payne-Palacio, June
 Gestão de negócios em alimentação : princípios
e práticas / June Payne-Palacio, Monica Theis ;
[tradução Cláudia Mello Belhassof, Lúcia
Helena de Seixas Brito ; revisão científica de Marcelo
Traldi]. -- Barueri, SP : Manole,
2015.

 Título original: Foodservice management :
principles and practices.
 12. ed. norte-americana.
 ISBN 978-85-204-3962-3

 1. Serviço de alimentação 2. Serviço de
alimentação - Administração I. Theis, Monica.
II. Título.

14-10830   CDD-647.95068

Índices para catálogo sistemático:
1. Gestão de négocios em alimentação : Administração
 647.95068

A Editora Manole é filiada à ABDR – Associação Brasileira de Direitos Reprográficos.

Edição brasileira – 2015

Editora Manole Ltda.
Av. Ceci, 672 – Tamboré
06460-120 – Barueri – SP – Brasil
Fone: (11) 4196-6000 Fax: (11) 4196-6021
www.manole.com.br
info@manole.com.br

Impresso no Brasil
Printed in Brazil

SUMÁRIO

PARTE 1 Princípios 1

CAPÍTULO 1 O setor de negócios de alimentação 3

CAPÍTULO 2 Processos e sistemas dos negócios de alimentação 37

PARTE 2 Fundamentos 63

CAPÍTULO 3 Segurança dos alimentos 65

CAPÍTULO 4 Desinfecção de instalações e segurança do trabalhador 98

CAPÍTULO 5 O cardápio 124

PARTE 3 Funções operacionais 155

CAPÍTULO 6 Compras 157

CAPÍTULO 7 Recebimento, armazenamento e estoque 189

CAPÍTULO 8 Produção 206

CAPÍTULO 9 Serviço 237

PARTE 4 Instalações 259

CAPÍTULO 10 Planejamento e projeto de instalações 261

CAPÍTULO 11 Móveis, equipamentos e utensílios 308

CAPÍTULO 12 Conservação dos recursos naturais 335

PARTE 5 Funções administrativas 355

CAPÍTULO 13 Projeto organizacional 357

CAPÍTULO 14 Liderança 380

CAPÍTULO 15 Gestão de recursos humanos 404

CAPÍTULO 16 Melhoria de desempenho 433

CAPÍTULO 17 Gestão financeira 461

CAPÍTULO 18 *Marketing* 494

Apêndice A Princípios da culinária básica 511

Apêndice B Equipamentos para serviços de alimentação 519

Índice remissivo 553

SUMÁRIO DETALHADO

Prefácio xiii

PARTE 1 Princípios   1

CAPÍTULO 1 O setor de negócios de alimentação   3

História dos negócios de alimentação   7
   Linha do tempo do setor de negócios de alimentação
Resumo   34

CAPÍTULO 2 Processos e sistemas dos negócios de alimentação   37

Situação atual dos negócios de alimentação   39
Fatores que afetam o crescimento   39
Tendências em negócios de alimentação   40
Desafios enfrentados pelo setor   44
Classificação dos serviços de alimentação   44
Operações de negócios de alimentação   46
   Natureza da gestão de foodservice
Conceito e abordagem de sistemas   46
Tipos de sistemas de negócios de alimentação   51
Resumo   57

PARTE 2 Fundamentos   63

CAPÍTULO 3 Segurança dos alimentos   65

Doenças alimentares   66
   Escopo do problema: incidência de doenças alimentares • Custos associados a epidemias de doenças alimentares
Papel do gerente de negócios de alimentação   68
Causas das doenças alimentares   69
   Perigos inerentes aos alimentos • Perigos inseridos nos alimentos por pessoas e práticas
Abordagem de sistemas à segurança dos alimentos   74
   Controles e segurança dos alimentos
Segurança dos alimentos: um programa integrado de APPCC e programas de pré-requisitos   75
   Programas de pré-requisitos: base de um programa integrado de segurança dos alimentos • Programas de pré-requisitos e procedimentos operacionais padronizados (POP)
Saúde e higiene pessoal do funcionário   77
   Roupa adequada • Hábitos de higiene pessoal
Fluxo de alimentos nas operações de negócios em alimentação   80
   Manuseio adequado de alimentos • Perigos potenciais na produção de alimentos
Análise de perigos e pontos críticos de controle   86
Administração de um programa integrado de segurança dos alimentos   91
Aplicação: a inspeção regulatória   93
Resumo   96

CAPÍTULO 4 Desinfecção de instalações e segurança do trabalhador 98

Limpeza e desinfecção 100
Princípios de limpeza • Princípios de desinfecção • Métodos de limpeza de equipamentos

Lavagem de pratos 104
Utensílios de produção • Pratos, copos e talheres

Limpeza e manutenção de instalações 109
Organização e programação • Manutenção preventiva • Controle de pragas • Verificações e inspeções

Segurança do trabalhador 113
Segurança do trabalhador • Programa de segurança • Proteção ao cliente

Resumo 121

CAPÍTULO 5 O cardápio 124

O cardápio 125

Abordagem de sistemas ao planejamento e à manutenção de cardápios 126

Tipos de cardápios 126
Planos de refeições e padrões de cardápio • Inspiração

Processo de planejamento de cardápios 133
Missão e metas organizacionais • O cliente • Orientações orçamentárias • Capacidade de produção e serviço

Desenvolvimento do cardápio 144
Calendário para planejamento, desenvolvimento e implementação • Etapas no desenvolvimento de cardápios • Características dos alimentos e combinações • Avaliação de cardápios • Cardápios para dietas modificadas

O cardápio publicado 152
Design e formato do cardápio

Resumo 152

PARTE 3 Funções operacionais 155

CAPÍTULO 6 Compras 157

O que é comprar? 158

O mercado 159
Distribuição de mercado • Entendendo o mercado • Regulamentação do mercado: programas de inspeção de alimentos nos Estados Unidos

O comprador 163
A arte da negociação • Ética em compras • Estrutura de compra

Vendedores e distribuidores de alimentos 166

Métodos de compras 168
Compras informais ou no mercado aberto • Compras por licitação formal competitiva • Variações nos métodos de compras

Seleção de produtos 172
Formas dos alimentos no mercado • Qualidade dos alimentos

Procedimentos de compras 176
Identificação de necessidades • Especificações • Publicação de pedidos de licitação • Desenvolvimento de pedidos de compra • Tabulação e avaliação de licitações • Concessão de contratos • Aspectos legais e regulatórios das compras

Resumo 186

CAPÍTULO 7 Recebimento, armazenamento e estoque   189

Recebimento   190
Coordenação com outros departamentos • Pessoal • Instalações, equipamentos e desinfecção • Horários programados para recebimento • Segurança • Processo de recebimento

Armazenamento   194
Armazenamento seco • Armazenamento refrigerado e congelado

Registros e controle de estoque   199
Recebimento • Questões de depósito • Registro de estoque • Inventário físico

Resumo   203

CAPÍTULO 8 Produção   206

Produção de alimentos   207
Objetivos da cocção na produção de alimentos • Computadores na produção

Formulação de receitas   208
Receitas padronizadas • Ajustes em receitas

Previsão da demanda   220
Motivos para prever • Dados históricos • Critérios para escolher um método de previsão • Modelos de previsão • Tendências na previsão da demanda de produção

Quantidades a produzir   225

Programação de produção   226
Cronograma de produção • Reuniões de produção

Controle de produção   228
Montagem de ingredientes • Controle de porções

Avaliação de produtos   233

Resumo   234

CAPÍTULO 9 Serviço   237

Métodos de montagem, entrega e serviço   238
Métodos — entrega e serviço como subsistemas

Montagem   239
Montagem de bandejas

Fatores que afetam a escolha dos sistemas de distribuição   243
Tipos de sistema de negócios em alimentação • Tipos de organização de negócios em alimentação • Tamanho e layout físico das instalações • Estilo do serviço • Nível de habilidade dos funcionários disponíveis • Fatores econômicos • Padrões de qualidade para segurança dos alimentos e microbiológica • Tempo necessário para o serviço da refeição • Requisitos de espaço ou espaço disponível • Consumo de energia

Necessidades de equipamentos   246
Classificação geral de equipamentos de serviço de entrega • Equipamentos para usos específicos

Estilos de serviço   251
Self-service • Serviço de bandeja • Serviço com garçom • Refeições transportadas • Serviço de quarto

Serviço ao cliente   255

Resumo   256

PARTE 4 Instalações 259

CAPÍTULO 10 Planejamento e projeto de instalações 261

Definições e metas 262

Preparação preliminar para planejamento das instalações 263
Tendências que afetam o design no setor de foodservice • Informações sobre desenvolvimentos em design e equipamentos • Considerações regulatórias • Considerações especiais para tipos específicos de serviços de alimentação

Etapas no procedimento de planejamento 272
Prospecto • Equipe de planejamento • Estudo de viabilidade • Análise do cardápio • Características arquitetônicas • Relação orçamento/custo

Desenvolvimento do *design* 284
Reservas de espaço e inter-relações • Desenhos esquemáticos

Áreas de trabalho 289
Mecânica do desenho • Projeto no computador • Plantas baixas do arquiteto • Especificações e documentos contratuais • Licitações, contratos, construção e inspeção

Resumo 304

CAPÍTULO 11 Móveis, equipamentos e utensílios 308

Fatores que influenciam a escolha de equipamentos 310
O cardápio • Quantidade e categoria de clientes • Especificações do alimento adquirido e estilos de serviço • Horário de trabalho e capacitação dos trabalhadores • Instalações • Orçamento • Planta do local

Características dos equipamentos 313
Design e funções • Tamanho ou capacidade • Materiais • Processo de fabricação • Instalação, operação e desempenho • Manutenção e reposição

Método de compra 327

Escolha de alguns itens básicos 329
Equipamentos voltados à cocção • Equipamentos não voltados à cocção • Alguns modelos novos de equipamentos

Móveis e utensílios para refeitório 331
Louças • Utensílios de mesa • Copos • Toalhas de mesa

Resumo 332

CAPÍTULO 12 Conservação dos recursos naturais 335

Conservação dos recursos naturais 337
Projeto verde • Conservação de energia • Conservação da água

Gestão de resíduos sólidos 343
Redução de fontes • Reciclagem • Incineração e descarte em aterros sanitários • Avaliações dos resíduos de uma instalação

Resumo 351

PARTE 5 Funções administrativas 355

CAPÍTULO 13 Projeto organizacional 357

Teorias da administração 359
Teoria clássica • Teoria das relações humanas • Teoria científica da administração/pesquisa operacional • Teorias modernas da administração

Gestão estratégica   362

Funções administrativas   363
Planejamento • Organização • Administração de recursos humanos • Direção • Coordenação • Controle • Elaboração do orçamento

Competências do administrador   369

Atividades e funções administrativas   370

Ferramentas de gestão   370
Diagrama organizacional • Descrição de cargos • Especificação de cargos • Cronograma de trabalho • Horário de trabalho dos empregados

Resumo   378

CAPÍTULO 14 Liderança   380

Motivação   382
História das teorias motivacionais • Concepção atual de motivação

Liderança   384
O papel tradicional do líder • Novas concepções de liderança • Tipos de poder e sua aplicação • Comunicação efetiva • Ética e responsabilidade social • Diversidade • Responsabilidade funcional e competências necessárias • Supervisão • Tomada de decisões • Gestão de mudanças

Resumo   400

CAPÍTULO 15 Gestão de recursos humanos   404

Administração de recursos humanos   405
Padrões de competência

O processo seletivo   408
Recrutamento • Seleção

O trabalhador no emprego   412
Registros de pessoal • Orientação • Treinamento • Avaliação de desempenho • Promoções e transferências • Medidas disciplinares • Demissões • Tratamento de reclamações • Reuniões de equipe • Políticas e legislação do trabalho

Relações entre trabalho e gestão   427
Legislação

Resumo   430

CAPÍTULO 16 Melhoria de desempenho   433

Gestão da qualidade total   435
Princípios da GQT • O ciclo PDCA • Seis Sigma • Lean Seis Sigma • Ferramentas de GQT

Aumento da produtividade   446
Metodologias da gestão de qualidade aplicadas ao aumento da produtividade • Configuração do trabalho • Princípios da economia de movimento • Ferramentas para avaliação da produtividade • Aplicações do aumento de produtividade

Resumo   457

CAPÍTULO 17 Gestão financeira   461

Fundamentos da contabilidade   462
Objetivo da contabilidade • Ramos da contabilidade • Sistema uniforme de contabilidade • Fórmula contábil • Princípios fundamentais da contabilidade

Registros financeiros   464
Registros para controle • Demonstrativo de resultados • Balanço patrimonial • Análise de índices financeiros

Gestão de receitas e despesas   476
Formação de preços • Contabilidade gerencial de custos

Informações contábeis para planejamento   485
Elaboração do orçamento • Modelo de sistemas • Etapas do planejamento orçamentário

Resumo   491

CAPÍTULO 18 Marketing   494

Definição de *marketing*   495

O ciclo do *marketing*   497

O composto de *marketing*   498

Marketing para negócios de alimentação   498
Aspectos específicos dos estabelecimentos de alimentação • Produto • O contato com os clientes • Perecibilidade • Distribuição

Marketing como função gerencial   500
Planejamento • Implementação • Avaliação

Promoções em negócios de alimentação   502
Vendas promocionais • Planejamento de promoções

Branding (gestão de marcas)   503

Resumo   508

Apêndice A Princípios da culinária básica   511

Apêndice B Equipamentos para serviços de alimentação   519

Índice remissivo   553

PREFÁCIO

Mais de 70 anos se passaram desde a publicação da primeira edição deste livro. *Gestão de negócios em alimentação – princípios e práticas* (na época, intitulado *Foodservice in Institutions*, na edição original) foi publicado pela primeira vez em 1938. Em cada edição, os autores estiveram comprometidos em apresentar os princípios básicos da gestão de negócios em alimentação (também chamada gestão de *foodservice*), que podem ser aplicados a *todos* os tipos de organizações que oferecem serviços de alimentação. A 12ª edição continua abrangendo *todos* os aspectos da gestão de *foodservice* em um único volume.

As edições anteriores refletiram a diferença notável que existia entre as organizações comerciais ou com fins lucrativos e as não comerciais ou institucionais (sem fins lucrativos) no setor de negócios em alimentação. Foi dada uma ênfase maior aos serviços de alimentação internos: escolas e faculdades, hospitais e instalações de cuidados de saúde, fábricas ou serviços de alimentação industrial.

Nos últimos anos, ocorreu uma mudança filosófica — inicialmente gradual e, depois, drástica — na gestão de muitos serviços de alimentação internos sem fins lucrativos. Com o aumento dos custos de saúde e as pressões pela reforma desse setor, por exemplo, os hospitais se tornaram financeiramente mais competitivos no sentido de visarem o sucesso e conduzir um negócio. Em hospitais, serviços sem fins lucrativos (como os de refeições para pacientes) existem em paralelo a centros varejistas com fins lucrativos, como cafeterias, lanchonetes e cantinas. As escolas também sofrem pressão para implementar programas de educação nutricional infantil autossustentáveis que ofereçam opções com fins lucrativos como linhas *à la carte* e serviços de *buffet*. Hoje, a maioria dos serviços de alimentação busca uma margem de lucro e faz menos distinção entre os dois tipos de alimentação. Em resposta a essas mudanças, o título da 7ª edição original deste livro foi alterado para *Introduction to Foodservice*. Já na presente edição, o título foi mais uma vez alterado para melhor refletir o nível universitário em que esse material é usado. *Gestão de negócios em alimentação – princípios e práticas* ainda se concentra nos princípios básicos, mas também reflete o impacto dos atuais fatores sociais, econômicos, tecnológicos e políticos sobre as operações de negócios em alimentação. Os exemplos e as ilustrações refletem aplicações comerciais e não comerciais.

Novidades desta edição

Ao longo do livro:

- Estudos de caso baseados em experiências de uma operação de negócios em alimentação real em faculdades e universidades.
- Foco na sustentabilidade em cada capítulo.
- Novo título, mais condizente com o conteúdo.
- Conceitos-chave destacados ao longo de cada capítulo e seguidos de conteúdo relacionado ao conceito.

Capítulo 1:

- Linha do tempo do setor de negócios em alimentação mostrando as origens de muitos dos restaurantes de hoje e também as últimas inovações do setor.
- Conteúdo do capítulo incorporado na linha do tempo.
- Estatísticas atualizadas do setor de negócios em alimentação.

Capítulo 2:

- Estatísticas atualizadas do setor de negócios em alimentação.
- Foco nas tendências atuais do setor.

Capítulo 3:

- Alterações recentes na legislação federal norte-americana de segurança dos alimentos.

- Food Code (Código Alimentar) de 2009 foi incluído no capítulo sobre segurança dos alimentos.
- APPCC atualizado com base no manual da FDA para operações de negócios em alimentação e de varejo.
- Seção sobre microbiologia atualizada com base nos elementos patogênicos que causam a maioria das doenças alimentares atualmente.

Capítulo 10:

- Gráficos totalmente novos formulados por um consultor de *design* de serviços de alimentação especializado em instalações de *foodservice* em faculdades e universidades.

Capítulo 11:

- As últimas novidades em *design* de equipamentos de serviços em alimentação.

Capítulo 16:

- As últimas novidades em técnicas de melhoria de desempenho, incluindo Lean e Seis Sigma e o ciclo PDCA.

Capítulo 17:

- Mais aprofundamento nos princípios contábeis, incluindo o objetivo da contabilidade, ramos da contabilidade, o sistema uniforme de contabilidade, a fórmula da contabilidade e os princípios contábeis geralmente aceitos.
- Mais aprofundamento em dados financeiros e análise de índices financeiros, incluindo demonstrativo de resultados, balanço patrimonial e análise das transações.

Características

Um dos indicadores de uma boa formação é a capacidade do aluno em adaptar o conhecimento a diversas situações na prática profissional. Nem sempre é interessante para uma organização "seguir o livro". Um aluno consciente considera como o material seria aplicado e como a aplicação mudaria sob diversas situações. Em outras palavras, o aluno precisa aprender a transferir o conhecimento.

Integramos diversos conceitos de ensino voltados para ajudar o leitor a fazer a transição da teoria para a prática. Cada capítulo inclui situações e cenários diversos baseados na prática para ilustrar as variações entre diferentes serviços de alimentação. Além disso, cada capítulo termina com "Aplicação de conceitos abordados no capítulo", que descreve como os conteúdos do capítulo são aplicados em uma operação real de *foodservice*. O serviço de alimentação da Universidade de Wisconsin-Madison é nossa operação escolhida. Seguindo a narrativa, os leitores encontrarão várias "Questões para reflexão", escritas especificamente para permitir que eles reflitam sobre o material apresentado no capítulo a partir de uma perspectiva aplicada.

Destaques desta edição:

- A discussão do modelo de sistemas foi ampliada no Capítulo 2 e é reapresentada em cada capítulo.
- Conceitos-chave são listados no início de cada capítulo e depois destacados ao longo do capítulo em questão.
- Como a parte culinária dos negócios em alimentação tem se tornado mais importante a cada ano, demos mais destaque aos alimentos.
- Cada capítulo termina com um resumo e uma seleção de sites selecionados.
- Questões para revisão ao final de cada capítulo destacam os conceitos importantes e servem como um teste para o leitor, assegurando que as informações mais importantes sejam assimiladas. As questões para reflexão desafiam o aluno a pensar de forma crítica na aplicação dos conceitos a situações reais.
- Os apêndices, "Princípios da cozinha básica" e "Equipamentos para serviços de alimentação" oferecem informações detalhadas adicionais.

- Um glossário dinâmico, cujos termos aparecem em negrito no texto e explicados nas margens, define e explica com clareza alguns dos termos-chave específicos desse campo de estudo.

Esperamos que os leitores também complementem sua leitura com periódicos, revistas e relatórios de pesquisas atuais, além de participar de seminários, apresentações, convenções e feiras para se manterem atualizados.

Ao longo desta edição, o material foi atualizado e revisado para refletir as tendências e práticas atuais. Por exemplo, as últimas novidades na tecnologia de processamento são discutidas nos capítulos sobre segurança dos alimentos, compras e equipamentos de *foodservice*. A importância da sustentabilidade é enfatizada em todo o livro. Foram incluídas muitas fotografias e ilustrações novas. Além disso, os títulos dos capítulos incorporam novas terminologias para melhor refletir o assunto em questão.

Organização desta edição

Embora seja improvável que dois instrutores diferentes organizem a matéria de um curso exatamente do mesmo jeito, acreditamos que as informações neste livro estão apresentadas em uma sequência lógica. Primeiro, construímos os princípios, depois apresentamos os fundamentos. Em seguida, as operações técnicas e as instalações são discutidas de modo que os alunos entendam o que será administrado. Por fim, apresentamos as técnicas de gestão.

Gestão de negócios em alimentação – princípios e práticas é dividido em cinco partes. A Parte 1, "Princípios", oferece uma visão geral. O Capítulo 1 oferece uma análise cronológica da história das organizações alimentícias e de negócios de alimentação, terminando com a situação atual do setor, fatores que afetam seu crescimento, tendências atuais e os desafios enfrentados. O Capítulo 2 inclui uma discussão ampliada da abordagem de sistemas na administração e descreve os tipos de operações de negócios de alimentação atuais.

A Parte 2, "Fundamentos", inclui capítulos sobre segurança dos alimentos; limpeza, saneamento e segurança ambiental; e planejamento de cardápios. Na Parte 3, "Funções operacionais", cada capítulo discute a descrição, função por função, de uma operação de negócios em alimentação. Essas funções incluem compras; recebimento, armazenamento e estoque; produção; e serviço. Cada capítulo inclui fatores que influenciam a administração de cada função operacional.

A Parte 4, "Instalações", é uma unidade com três capítulos que se concentra no *design* das instalações operacionais, equipamentos e questões ambientais relevantes para operações de negócios em alimentação. A Parte 5, "Funções administrativas", oferece ao leitor o conhecimento básico para administrar todas as funções operacionais de um serviço de alimentação. O Capítulo 13 aborda o projeto e a gestão das organizações e é seguido de capítulos abrangentes sobre liderança e gestão de recursos humanos. A unidade termina com capítulos sobre melhoria de desempenho, gestão financeira e *marketing*.

Cursos aos quais este livro é aplicável

Embora as universidades possam usar este material em uma sequência diferente da apresentada aqui, a matéria em si é adequada para cursos que incluem os seguintes tópicos (com estes títulos ou outros semelhantes):

- Introdução à gestão de negócios em alimentação (*foodservice*).
- Produção de alimentos em quantidade.
- Compras para serviços de alimentação (alimentos e equipamentos).
- Organização e gestão de serviços de alimentação.
- *Design* de instalações e disposição de equipamentos.
- Administração financeira/contábil de serviços de alimentação.
- Proteção e segurança dos alimentos.
- Planejamento de cardápios para serviços de alimentação.
- *Marketing* e *merchandising* para serviços de alimentação.

Esperamos que esta edição revisada de uma obra clássica continue a atender, como no passado, às necessidades da atual geração de alunos que estão se preparando para se tornar profissionais do setor administrativo de serviços alimentícios ou gerentes de negócios em alimentação. Esperamos, também, que os professores considerem esta edição de *Gestão de negócios em alimentação – princípios e práticas* um guia prático, e que gerentes de negócios em alimentação o utilizem como uma referência para o seu trabalho.

Agradecimentos

Escrever um livro é verdadeiramente um trabalho em equipe. Muitas pessoas maravilhosas ajudaram a preparar a 12ª edição de *Gestão de negócios em alimentação – princípios e práticas*. Sem sua ajuda, nossa tarefa teria sido impossível.

Agradecemos muito o excelente trabalho das autoras da obra original, Bessie Brooks West e LeVelle Wood, por oferecerem um texto tão amplamente aceito nos Estados Unidos e no exterior por mais de 70 anos. O livro foi reconhecido por sua autenticidade e precisão, um padrão que lutamos para manter nesta nova edição. A sra. West ajudou nas revisões até a 5ª edição, antes de falecer em 1984, aos 93 anos. A srta. Wood participou ativamente de todas as revisões até a 6ª edição. Ela faleceu em 31 de janeiro de 1997. Grace Shugart e Virginia Harger se aposentaram como coautoras depois da publicação da 7ª edição. A sra. Shugart faleceu em 1995. A sra. Harger desfruta de sua aposentadoria em Spokane, Washington.

Somos gratas aos colegas revisores, que desafiaram nosso pensamento e fizeram excelentes sugestões de mudanças ou acréscimos aos primeiros rascunhos do manuscrito. Seus comentários foram honestos e abertos, e muitas de suas ideias foram incorporadas ao livro. Acreditamos que essas sugestões tornaram o livro ainda mais significativo para nossos leitores. São eles: Carolyn M. Bednar, Ph.D., RD/LD, CFCS, Texas Woman's University; Colleen A. Carter, University of Delaware; Kathleen Dixon, Arizona State University; e Amir Durrani, California State University-Long Beach.

As pessoas a seguir ajudaram de maneiras especiais na preparação desta edição. Temos uma dívida com cada uma delas e oferecemos nossos agradecimentos.

- Os funcionários do Departamento de Refeições e Serviços Culinários na Universidade de Wisconsin-Madison, Division of Housing, especialmente Joie Schoonover, Julie Luke, Brian Burke, Denise Bolduc e Todd Christopherson por suas contribuições nas aplicações dos capítulos.
- Os funcionários de apoio administrativo do Departamento de Ciência de Alimentos, da Universidade de Wisconsin, por seu trabalho no manuscrito.
- Agradecimentos especiais a Jenny Schroeder, Jim Webb e Linda Midden.

Gostaríamos de agradecer especialmente à equipe editorial e de produção da Prentice Hall pela paciência ao trabalhar conosco e por nos encorajarem a terminar esta revisão. Por fim, gostaríamos de agradecer pelo apoio e estímulo de nossas famílias e amigos que suportaram as incontáveis horas que dedicamos a este trabalho. Expressamos nosso amor e consideração ao marido de Monica, Craig Schiestl, e sua filha Emma, e ao marido de June, Cliff Duboff. Sem a incansável ajuda e o apoio emocional de nossas famílias, esse esforço não teria sido possível.

June Payne-Palacio
Monica Theis

PARTE **1**

Princípios

CAPÍTULO 1 O setor de negócios de alimentação

CAPÍTULO 2 Processos e sistemas dos negócios de alimentação

1

O setor de negócios de alimentação

CONTEÚDO

História dos negócios de alimentação

Linha do tempo do setor de negócios de alimentação

Resumo

Considerado o primeiro restaurante de alto nível da América, o Delmonico's (acima) começou a vida como uma pequena cafeteria e padaria no distrito financeiro de Nova York, administrado por dois irmãos suíços. A cafeteria tinha seis jogos de mesinhas e cadeiras de pinho. Os negócios cresceram rapidamente e exigiram que os irmãos expandissem sua cafeteria. Em pouco tempo, eles tinham o primeiro restaurante da América. Os princípios culinários criados pelos irmãos incluíam apresentar aos visitantes um cardápio, oferecer salões de refeições privativos e criar pratos inovadores, tais como ovos Benedict, *baked* Alaska, lagosta à Newburg e o bife Delmonico. Com ênfase em ingredientes da mais alta qualidade, alguns cultivados em fazenda própria, e um excelente serviço ao cliente, eles conquistaram uma enorme fortuna e fama mundial. (Mais detalhes da história do Delmonico's estão incluídos na linha do tempo deste capítulo.)

O Delmonico's é apenas uma das muitas histórias de sucesso no setor de negócios de alimentação, também conhecido como *foodservice*. Mas onde foi que tudo começou? A história desse setor é fascinante, sempre em evolução e refletindo o momento social, político e econômico do mundo em que vivemos.

Talvez nenhum outro segmento seja tão abrangente quando o de *foodservice*, que afeta diariamente nossas vidas. Os trabalhadores do setor — desde cientistas de pesquisa e desenvolvimento, tecnólogos de alimentos, fazendeiros, processadores, fabricantes, distribuidores, fornecedores e caminhoneiros e aqueles que trabalham nos escritórios, nas fábricas, em cantinas de escolas, hotéis, hospitais, instalações carcerárias e militares, com alimentação no setor de aviação, em restaurantes formais, restaurantes de hotéis, cafeterias, restaurantes familiares, restaurantes étnicos e especializados e redes de *fast-food* — podem se orgulhar muito do serviço inestimável que nos prestam.

As estatísticas ressaltam o tamanho e o escopo do setor. Classificado em primeiro lugar entre os empregadores do setor privado, o setor de negócios em alimentação emprega diretamente mais de 12,7 milhões de pessoas. Metade de todos os adultos nos Estados Unidos já trabalhou no setor de *foodservice* em algum momento de suas vidas. É o setor que mais emprega grupos étnicos, minorias, mulheres, trabalhadores com deficiências e trabalhadores em início de carreira. Os milhões de empregos oferecidos e criados pelo setor, a formação e o ensino de responsabilidades e habilidades, além das oportunidades oferecidas para desenvolver a autoestima e promoções para gerente e proprietário, se combinam para torná-lo o setor uma escolha de carreira empolgante, recompensadora e dinâmica.

Existem mais de 945.000 estabelecimentos de alimentação nos Estados Unidos, com vendas de mais de US$ 580 bilhões anuais. Quase 70 bilhões de refeições e lanches são fornecidos em restaurantes, cantinas de escolas e refeitórios a cada ano. A participação de mercado dos restaurantes no mercado de alimentos era de 25% em 1955, atingindo 49% atualmente. Alguns dados da National Restaurant Association descrevem a magnitude do setor (Fig. 1.1).

Atualmente, o **setor de negócios de alimentação (*foodservice*)** é definido em um sentido mais amplo, que abrange todos os estabelecimentos onde alimentos são servidos regularmente fora de um ambiente doméstico. Esses estabelecimentos incluem restaurantes formais, restaurantes em hotéis, cafeterias, restaurantes familiares, restaurantes étnicos e especializados e redes de *fast-food*. Estão incluídos também serviços de alimentação que operam em escolas e universidades; hospitais, casas de repouso e outras instituições de saúde; instalações recreativas; empresas de viagens; instalações militares; instalações carcerárias; prédios comerciais e fábricas; lojas de conveniência, supermercados, *delicatessens* e lojas de departamento; centros comunitários e asilos.

A história e o desenvolvimento das organizações dentro do setor de negócios em alimentação, incorporados na linha do tempo apresentada neste capítulo, fornecem ao leitor uma perspectiva e uma compreensão dos serviços atuais de alimentação. A linha do tempo não pretende ser abrangente, mas destacar, na longa história do setor, os marcos principais de seu desenvolvimento.

Por que estudar o setor de *foodservice*? Como disse George Santayana, filósofo, ensaísta, poeta e romancista: "Aqueles que não conseguem se lembrar do passado estão condenados a repeti-lo". A história não apenas oferece às pessoas uma oportunidade de aprender com os erros do passado, mas também mostra de quais sementes plantadas brotou o sucesso e por quê. Como declara o site do Departamento de História da Universidade de Radford: "O estudo da história oferece uma janela para o passado e proporciona o entendimento dos dias atuais e de como indivíduos, nações e a comunidade global poderão se desenvolver no futuro. O estudo histórico ensina como as sociedades surgiram e examina influências culturais, políticas, sociais e econômicas ao longo do tempo e do espaço" (http://www.radford/index.htm; acessado em 23/9/10). Certamente, isso é uma verdade no setor de *foodservice*.

A abordagem de sistemas da administração será apresentada no Capítulo 2. Esse conceito se baseia na ideia de que organizações complexas são feitas de partes interdependentes (subsistemas) que interagem para atingir objetivos comuns. O conceito de sistemas aplicado às organizações de negócios em alimentação começa neste capítulo e continua em cada um dos capítulos subsequentes do livro.

Os gestores enfrentam questões sobre como organizar os departamentos de *foodservice* com eficiência na aquisição, produção, distribuição e serviços de seus alimentos e refeições. Muitas opções estão disponíveis com base no tipo de alimento comprado, nos locais em que o alimento é preparado e será servido, no intervalo de tempo entre a preparação e o serviço, na quantidade, no tipo de equipe e nos equipamentos necessários.

Serviços de alimentação com características semelhantes são agrupados como tipos específicos de sistemas de produção ou operação. Cada um dos quatro tipos de sistemas de operação encontrados nos Estados Unidos hoje é descrito com suas características, vantagens e desvantagens específicas. As organizações que em geral usam cada tipo também são identificadas. Essa descrição deve oferecer uma base para os gerentes decidirem o tipo de operação adequado para cada situação específica.

As informações nos capítulos subsequentes são básicas para a operação bem-sucedida de todos os tipos de serviços em alimentação, quaisquer que sejam suas filosofias e objetivos. Apesar dos inúmeros tipos de serviços em operação nos Estados Unidos hoje, o fato de apre-

---

Setor de negócios de alimentação (*foodservice*)

Todos os estabelecimentos em que os alimentos são servidos fora de um ambiente doméstico.

Dados resumidos

Setor de restaurantes em 2010

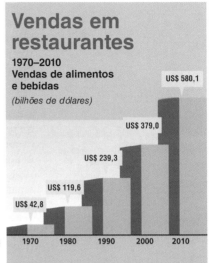

Vendas em restaurantes
1970–2010
Vendas de alimentos e bebidas
(bilhões de dólares)

US$ 42,8 (1970) · US$ 119,6 (1980) · US$ 239,3 (1990) · US$ 379,0 (2000) · US$ 580,1 (2010)

vendas do setor em 2010 → US$ 580 bilhões

Vendas 2010 (bilhões US$)	
Comerciais	US$ 530,4
Locais para comer	388,5
Bares e pubs	18,8
Serviços administrados	40,9
Restaurantes de hotelaria	27,9
Varejo, máquinas de alimentos e bebidas, recreação, móvel	55,2
Outros	US$ 49,7

Restaurantes
Uma parte essencial da vida diária

- Restaurantes ofereceram mais de 70 bilhões de refeições e lanches em 2010.
- Em 2010, em toda a América, mais de 130 milhões de pessoas foram clientes do *foodservice*.
- 44% dos adultos dizem que os restaurantes são uma parte essencial de seus estilos de vida.
- 65% dos adultos dizem que suas comidas de restaurante favoritas oferecem sabores que não podem ser reproduzidas com facilidade em suas próprias casas.

Restaurantes
Empresas de pequeno porte com grande impacto sobre a economia do país

- As vendas do setor de restaurantes cresceram 2,5% em 2010 e o equivalente a 4% do produto interno bruto dos EUA.
- O impacto econômico geral do setor de restaurantes ultrapassou US$ 1,5 trilhões em 2010.
- Cada dólar gasto por consumidores em restaurantes gera um adicional de US$ 2,05 gastos na economia do país.
- Cada dólar gasto por consumidores em restaurantes gera um adicional de US$ 0,82 de ganhos domésticos em toda a economia.
- Cada US$ 1 milhão adicional em vendas nos restaurantes gera 34 empregos para a economia.
- Locais para comer e beber são, em sua maioria, empresas de pequeno porte. Noventa e um por cento têm menos de 50 funcionários.
- Mais de sete em cada dez estabelecimentos para comer e beber são operações de uma mesma unidade.
- As vendas unitárias médias em 2007 foram de US$ 866.000 em restaurantes com uma variedade de serviços e US$ 717.000 em restaurantes de atendimento rápido.

Restaurantes
Bases para planos de carreira

- O setor de restaurantes emprega aproximadamente 12,7 milhões de pessoas, ou 9% da mão de obra dos EUA.
- Espera-se que o setor de restaurantes crie 1,3 milhões de empregos ao longo da próxima década, com taxa de emprego atingindo 14 milhões até 2020.
- Cerca de metade dos adultos já trabalharam no setor de restaurantes em algum momento de suas vidas e mais de um em cada quatro adultos conseguiram o primeiro emprego em um restaurante.
- Locais para comer e beber demandam muita mão de obra — a receita bruta proveniente de vendas por empregado de operação em tempo integral foi de US$ 75.826 em 2008. Esse valor é muito menor do que na maioria dos setores.
- Um quarto das empresas de alimentos e bebidas é de propriedade de mulheres, 15% de asiáticos, 8% de hispânicos e 4% de afro-americanos.
- Locais para comer e beber empregam mais gerentes de grupos étnicos minoritários que qualquer outro setor.
- Estima-se que a quantidade de gerentes de *foodservice* cresça 8% até 2020.
- Cinquenta e oito por cento dos supervisores/gerentes de primeira linha entre os funcionários de preparação e serviços de alimentos eram mulheres em 2008, 14% eram de origem hispânica e 14% eram afro-americanos.

Setor de restaurantes — Participação no mercado de alimentos: 25% (1955) · 49% (Hoje)

Total de empregos do setor de restaurantes
11,2 milhões (2000) · 12,7 milhões (2010) · 14 milhões (2020*)
*Projeção

Números do setor de restaurantes

- **US$ 1,6 bilhões** de vendas no setor de restaurantes em um dia típico de 2010.
- **40%** dos adultos concordam que comprar refeições em restaurantes e locais de entrega em domicílio faz com que eles sejam mais produtivos na vida diária.
- **73%** dos adultos dizem que tentam se alimentar de maneira mais saudável nos dias de hoje em restaurantes do que dois anos atrás.
- **57%** dos adultos dizem que podem escolher um restaurante com base em quanto ele apoia atividades de caridade e a comunidade local.
- **78%** dos adultos dizem que gostariam de receber cartões de presente ou vouchers de restaurantes em ocasiões festivas.
- **59%** dos adultos dizem que hoje existem mais restaurantes que eles gostam de frequentar do que havia dois anos atrás.
- **52%** dos adultos dizem que teriam mais probabilidade de frequentar um restaurante se ele oferecesse um programa de fidelidade e recompensas para os clientes.
- Média de **US$ 2.698** foram gastos por domicílio em alimentos fora de casa em 2008.
- **29%** dos adultos dizem que comprar comida entregue em domicílio é essencial para seu estilo de vida.
- **54%** dos adultos dizem que provavelmente usariam uma opção de entrega em domicílio se oferecida por um restaurante de serviço completo.
- **78%** dos adultos concordam que sair para um restaurante com a família ou os amigos lhes dá uma oportunidade de socializar e é um jeito melhor de usar o tempo de lazer do que cozinhar e limpar tudo depois.
- **63%** dos adultos dizem que a qualidade das refeições em restaurantes é melhor do que era dois anos atrás.
- **56%** dos adultos dizem ser mais provável visitarem um restaurante que oferece alimentos cultivados de maneira orgânica ou que não prejudique o meio ambiente.
- **70%** dos adultos dizem ser mais provável visitarem um restaurante que oferece alimentos produzidos no local.

1200 17th St. NW, Washington, DC 20036 | (202) 331-5900 | E-mail: askus@restaurant.org | www.restaurant.org

Figura 1.1 Dados do setor de *foodservice* (*Restaurant Industry Pocket Factbook*)
Fonte: Cortesia da National Restaurant Association (www.restaurant.org)

sentarem mais semelhanças do que diferenças deve ser enfatizado. Todos se preocupam em oferecer alimentos bons e seguros para atender às necessidades e aos desejos específicos de pessoas servidas fora de casa e em funcionar de modo financeiramente sólido. Na Parte 1, é oferecida ao leitor uma imagem da história do setor de *foodservice* e seu status atual, seguidos de uma discussão sobre tendências, a abordagem de sistemas e os diversos tipos de sistemas de produção de serviços em uso atualmente. Os principais aspectos da administração de um serviço de *foodservice* são apresentados na Parte 2, que inclui tópicos de importância fundamental para segurança alimentar, análise de perigos e pontos críticos de controle (APPCC), limpeza, saneamento, segurança e cardápio. Os aspectos técnicos da operação de um serviço de *foodservice* são discutidos na Parte 3. Isso inclui compras, recebimento, armazenamento, estoque, produção e serviço. O foco da Parte 4 é a gestão das instalações físicas, incluindo *design* e *layout*, equipamentos e mobiliário, economia de energia, gestão de resíduos sólidos e segurança ambiental. Na última sessão, são discutidas a organização e a gestão das operações de *foodservice*. Embora as autoras acreditem que há uma sequência lógica no livro para o estudo dos negócios em alimentação, cada capítulo é feito para se sustentar sozinho; portanto os capítulos podem ser lidos em qualquer ordem.

Conceitos-chave

1. Ordens religiosas, residências da realeza, faculdades e hospedarias estavam entre as primeiras organizações a produzir alimentos em grande quantidade.
2. Os serviços de alimentação do século XVII eram estabelecidos em faculdades e hospitais ou eram locais de encontro para tratar de negócios ou socializar.
3. Avanços nos campos de microbiologia, física e engenharia industrial levaram a melhorias no modo como os alimentos são produzidos.
4. O setor de restaurantes, como é conhecido hoje, teve seu início na França.
5. Pioneiros e visionários do setor de *foodservice* comercial inovaram com a introdução de alimentos e conceitos que continuam a ser amplamente usados hoje em dia.
6. A Primeira e a Segunda Guerras Mundiais tiveram grande impacto sobre as operações de *foodservice* ao longo do século XX.
7. Várias regulamentações importantes afetaram os negócios de restaurantes comerciais e institucionais no passado e continuam a afetar até os dias de hoje.
8. A popularidade no uso de automóveis foi o estímulo para os conceitos de serviço rápido, *drive-in*, *drive-through* e *fast-food*.
9. As condições econômicas do país exercem um impacto significativo em todos os setores de negócios de alimentação.
10. Os operadores de serviços de alimentação bem-sucedidos continuarão a aprender com o passado e a construir sobre as bases implantadas pelos que vieram antes.

História dos negócios de alimentação

Linha do tempo do setor de negócios de alimentação

Século V

■ **Conceito-chave:** Ordens religiosas, residências da realeza, faculdades e hospedarias estavam entre as primeiras organizações a produzir alimentos em grande quantidade.

Inglaterra Embora os serviços de alimentação de ordens religiosas e residências da realeza sejam bem diferentes dos conhecidos atualmente, cada um deles deu sua contribuição ao modo como o *foodservice* é praticado hoje.

As abadias que se espalham pelo interior, em especial na Inglaterra, não apenas atendem aos inúmeros irmãos da ordem, mas também aos milhares de peregrinos que lá se agrupam para rezar. O espaço fornecido para a preparação de alimentos indica o escopo de suas operações de *foodservice* (Fig. 1.2). Na Abadia de Canterbury, local predileto de inúmeras peregrinações, a cozinha tem quase 14 metros de largura.

Registros mostram que a preparação dos alimentos realizada pelos irmãos da abadia atinge um padrão muito mais alto que a dos alimentos servidos em hospedarias. Os votos que os irmãos fizeram não diminuem sua apreciação de uma boa comida. O alimento é cultivado nos solos da abadia e contribuições são realizadas generosamente para a mesa da instituição. O forte senso administrativo nas abadias leva ao estabelecimento de um sistema de contabilidade minucioso. Esses registros mostram que o controle da alocação de renda per capita diária direcionada a subsídios de alimentação cria, na prática, um sistema de contabilidade eficaz que permite prever e administrar custos.

A residência da família real, com suas centenas de serventes e familiares dos nobres, que muitas vezes totalizam entre 150 e 250 pessoas, também precisa de um serviço de alimentação eficiente. Os diversos graus de hierarquia resultam em diferentes porções de alimentos. E, para provê-las, é necessária uma contabilidade de custos rígida, que provavelmente marcou o início da atual contabilidade de custos científica dos serviços de alimentação.

Figura 1.2 Cozinha octogonal dupla do século XII na Abadia de Fontevraud, Val-de-Loire, França.

Muitas vezes, há duas cozinhas. A cozinha dos nobres fornece alimentos para o monarca, os chefes cortesãos, dignitários e seus serviçais imediatos; a cozinha dos comuns prepara os alimentos dos grupos restantes. A menos que um banquete importante esteja sendo preparado, as duas cozinhas provavelmente preparam alimentos semelhantes. Na cozinha do castelo, o cozinheiro e seus assistentes giram a carne (porco, boi, carneiro, aves ou caça) em um espeto e preparam ensopados e sopas em caldeirões de ferro pendurados sobre o fogo por uma corrente e um gancho, que são erguidos e abaixados para regular a temperatura (Figs. 1.3 e 1.4).

Quase todos os assistentes de cozinha são homens. O lugar da mulher definitivamente não é na cozinha. Embora não haja registro oficial de assistentes femininos de cozinha antes de 1620, algumas mulheres certamente trabalhavam na produção de cerveja, cuidavam das galinhas, etc. Como a mão de obra é barata e imediatamente disponível, uma grande equipe de trabalhadores masculinos é contratada para preparar os alimentos. A hierarquia é evidente na divisão da mão de obra. O chefe de

Figura 1.3 Um churrasco real no Castelo de Stirling, na Escócia.
Fonte: Cortesia de Kathleen Watkins, Norwich, Inglaterra.

Figura 1.4 Ensopados e sopas cozidos em grandes caldeirões de ferro.
Fonte: Cortesia de Kathleen Watkins, Norwich, Inglaterra.

cozinha pode usar uma corrente de ouro sobre uma roupa adequada a sua posição e apresentar pessoalmente suas criações culinárias ao seu empregador. O padeiro e o cozinheiro de carnes não desfrutam de posição elevada, mas são estimados por suas contribuições. O ajudante de cozinha mediano mal tem condições para se vestir e recebe como pagamento restos de pães e o privilégio de dormir na lareira nas noites frias de inverno (Fig. 1.5).

A dieta da residência da família real depende muito de carne e, durante a Quaresma, de peixe. Muitos castelos têm seus próprios jardins, de onde retiram vegetais, ervas e frutas frescos. Na maioria das vezes, o jardineiro não recebe pagamento a menos que consiga produzir frutas e vegetais suficientes.

Um gerente de *foodservice* atual ficaria chocado com as cozinhas nesses lares medievais em termos de desrespeito a padrões sanitários no armazenamento, na preparação e no manuseio de alimentos. Um amontoado de suprimentos que transbordam de mesas e prateleiras inadequadas para os pisos de tábuas de madeira, e são manuseados por crianças e farejados por cachorros, compõe o ambiente de preparação das refeições (Fig. 1.6).

Figura 1.5 Um funcionário da cozinha carrega galinhas para a preparação.
Fonte: Cortesia de Kathleen Watkins, Norwich, Inglaterra.

Figura 1.6 Cozinha do Castelo de Windsor.
Fonte: Cortesia da Biblioteca do Congresso Norte-Americano.

Século X

Dinastia Sung, China Uma cultura de restaurantes é estabelecida nas cidades de Kaifeng e Hangchow.

Século XII

Europa Por toda a Idade Média em faculdades e universidades europeias, os albergues são os locais onde comumente habitam estudantes. No continente, os estudantes administram esses locais. No entanto, em Oxford, Inglaterra, eles são cedidos pela instituição para oferecer acomodação para estudantes que não podem pagar por esses custos. Pelo menos até certo ponto, a universidade administra esses albergues subsidiados — uma política que continua até hoje.

Século XIV

Dinastia Ming, China O turismo se torna um passatempo popular; os restaurantes estão em alta; as comidas para entrega em domicílio e *catering* também prosperam.

Século XVI

Constantinopla As primeiras cafeterias são estabelecidas para vender lanches e *drinks* e são locais onde pessoas instruídas se encontram para compartilhar ideias e descobertas.

Século XVII

■ **Conceito-chave:** Os serviços de alimentação do século XVII eram estabelecidos em faculdades e hospitais ou eram locais de encontro para tratar de negócios ou socializar.

América As tavernas na América Colonial são lugares de encontro populares para os homens beberem cerveja. Uma seleção limitada de alimentos costuma ser oferecida.

Faculdades coloniais nos Estados Unidos disponibilizam alojamentos com refeitórios para todos os alunos. Administradores, geralmente clérigos, são responsáveis por sua operação. Eles cuidam de suas tarefas com devoção e parcimônia — mas nem sempre têm aprovação dos estudantes. Posteriormente, com o conhecimento e a adoção dos procedimentos educacionais alemães, que não incluem o alojamento como responsabilidade escolar, algumas faculdades perdem o interesse em prover moradia aos estudantes. Como resultado, irmandades e fraternidades sem supervisão do corpo docente assumem a alimentação e a hospedagem de grandes grupos de alunos. Em muitos casos, isso também leva ao problema do fornecimento de dietas adequadas a todos os alunos.

■ **Conceito-chave:** Avanços nos campos de microbiologia, física e engenharia industrial levaram a melhorias no modo como os alimentos são produzidos.

1676

França A descoberta das bactérias como causadoras da deterioração de alimentos conduz a práticas aperfeiçoadas de armazenamento e preparação de alimentos.

1688

Londres A cafeteria de Edward Lloyd é mencionada em um jornal de Londres. É o lugar de encontro de proprietários de navios mercantes e agentes de seguro marítimo para a realização de suas transações. Em 1771, a propriedade da cafeteria é transferida para subscritores profissionais de seguros e se torna a mundialmente famosa Lloyd de Londres.

1698

Londres Duas mil cafeterias criam um negócio próspero.

1751

Filadélfia O primeiro hospital é instalado nas Colônias. As refeições nos hospitais da época, de tão simples, chegam a ser monótonas; não há nenhuma tentativa de oferecer alimentos especiais ou dietas terapêuticas. Os cardápios em um hospital americano do século XVIII, por exemplo, incluem mingau e melaço no café da manhã às segundas, quartas e sextas, sendo alternados com melaço e mingau no jantar às segundas, quartas, quintas e sábados. Sopa de rabo de touro e pão preto aparecem de vez em quando.

1762

Nova York A Taverna Fraunces é inaugurada na esquina das ruas Pearl e Broad, onde ainda opera. As refeições da taverna são enviadas com regularidade à moradia de George Washington situada na redondeza.

1765

Conceito-chave: O setor de restaurantes, como é conhecido hoje, teve seu início na França.

Paris A palavra *restaurante* é usada pela primeira vez. As lojas de alimentos da França são licenciadas para preparar ragus, ou ensopados, para serem consumidos em suas dependências ou levados para consumo em hospedarias ou casas. As lojas têm *écriteaux* (cardápios) publicados na parede ou próximo à porta para aguçar o interesse dos viajantes. Conta-se que um padeiro, que preparava caldos, acrescentou uma sopa de pata de carneiro (ele a chamou de *restaurante* ou sopa restauradora) ao seu cardápio, alegando que não era ragu e que, portanto, não violava os direitos dos *traiteurs*, donos de lojas de alimentos. Na batalha jurídica que se seguiu, os legisladores franceses acataram essa alegação, e o novo negócio foi legalizado como um restaurante. A palavra *restaurante* vem do verbo francês *restaurer*, que significa "restaurar" ou "refrescar". Dizem que os primeiros restaurantes tinham esta inscrição em latim sobre a porta de entrada: *Venite ad me qui stomacho laoratis et ego restaurabo vos* — Venham a mim todos aqueles cujos estômagos gritam de aflição e eu os restaurarei!

1782

Paris O primeiro restaurante é estabelecido. Um *traiteur* chamado Beauvilliers inaugura La Grande Taverne de Londres, ao converter sua loja de entrega em domicílio e listar os pratos disponíveis em um cardápio, servindo-os em pequenas mesas durante horários fixos.

1784–1833

França O primeiro *chef* renomado, Antonin Careme, cozinha para o czar Alexandre da Rússia, rei Jorge IV da Inglaterra, Talleyrand da França e outros. Ele ficou conhecido como "o cozinheiro dos reis e o rei dos cozinheiros".

1789

Paris O setor de restaurantes moderno é lançado depois da Revolução Francesa. Desde a Idade Média, as leis restringiram a venda de determinados alimentos a comerciantes específicos. O abrandamento dessas leis permite que *chefs*, pela primeira vez, ofereçam pratos completos, preparados individualmente, em porções predeterminadas e precificadas, a qualquer pessoa que possa pagar por eles.

1794

Nova York Na esquina das ruas Wall Street e Water Street, a Tontine Coffee House é inaugurada e torna-se um ponto de encontro para os investidores especulativos que mais tarde fundaram a Bolsa de Valores de Nova York.

Início do século XIX

■ **Conceito-chave:** Pioneiros e visionários do setor de *foodservice* comercial inovaram com a introdução de alimentos e conceitos que continuam a ser amplamente usados hoje em dia.

Escócia O *catering* industrial é iniciado por Robert Owen, um proprietário de moinho escocês, perto de Glasgow no início do século XIX. Ele melhora tanto as condições de trabalho de seus funcionários que seu moinho se torna um modelo em todo o mundo industrial. Entre outras coisas, ele contém uma grande cozinha e um refeitório para os funcionários e suas famílias. Os preços das refeições são nominais, o que inicia a filosofia de subsidiar refeições para funcionários.

Anos 1800

Estados Unidos Muitos empregadores oferecem refeições gratuitas ou abaixo do custo a seus funcionários.

1804

Filadélfia Leite, manteiga, carne de porco e sabonete são produzidos no terreno do Hospital Philadelphia para consumo no local. Além disso, vacas, bezerros e porcos são vendidos para gerar receita. O salário de um casal cuidador é de US$ 350 por nove meses de serviço.

1811

França Nicolas Appert descobre como preservar os alimentos por enlatamento.

1819

Estados Unidos Avanços no conhecimento das leis da física resultam na substituição de lareiras abertas por fogões de ferro e muitas melhorias nos equipamentos de cozinha. Muitos cozinheiros resistem à mudança da cocção em lareira aberta para o fogão de ferro fechado. A madeira é cara e exige espaço de armazenamento, além de sujar a cozinha.

1824

Nova York O suíço Giovanni Delmonico se aposenta de sua carreira de capitão da Marinha e abre uma loja de vinhos.

1825

Filadélfia Surgem as bebidas gaseificadas. Um farmacêutico oferece a seus clientes remédios feitos a partir da água gaseificada em sua farmácia.

1826

De Nova York a Berna, Suíça Giovanni DelMonico vende seu negócio e retorna à Suíça para se unir ao irmão no negócio de doces e bolos. Depois eles decidem se mudar de volta para Nova York. Eles investem US$ 20.000 no novo negócio.

1827

Nova York Ao adaptarem-se aos costumes americanos, os irmãos mudam o sobrenome para a versão em inglês, Delmonico, e abrem uma pequena cafeteria e confeitaria chamada Delmonico and Brother com seis jogos de mesinhas de pinho e cadeiras, onde eles servem bolos, doces, café, chocolate, bombons, refrescos, vinhos, licores e sorvetes enfeitados.

1830

Nova York Os irmãos Delmonico se expandem para o prédio ao lado e inauguram um restaurante onde se servia o jantar em um grande salão, modelo nunca antes adotado nos Estados Unidos. Eles se inspiram nos modelos de negócios que proliferavam na Europa e contratam cozinheiros franceses que imigraram para os Estados Unidos. As inovações lançadas pelos irmãos incluem uma lista de preços (hoje chamada de cardápio), novos alimentos (como berinjela, alcachofra, chicória e molhos franceses suaves), uma equipe de cozinha cortês e uma culinária ainda melhor do que a das casas mais ricas de Nova York.

1831

Nova York Como precisam de mais ajuda, os irmãos Delmonico se unem ao sobrinho Lorenzo, de 19 anos, o qual, nos próximos 40 anos, leva o negócio a um status e a uma reputação que jamais foram equiparados. Os alimentos são servidos em porcelana fina e o cardápio inclui muitos produtos importados da Europa, com os melhores vinhos e champanhes raros.

1832

Londres Charles Babbage, matemático, filósofo, inventor e engenheiro mecânico, em seu livro *On the economy of machinery and manufactures*, argumenta que a chave para o sucesso nos negócios é uma abordagem sistêmica do design. Essa é considerada a primeira publicação sobre pesquisa operacional.

1833

Estados Unidos O fogão a carvão é patenteado. O carvão é mais barato que a madeira, exige menos armazenamento, mas fica mais sujo quando queimado (Fig. 1.7).

1834

Nova York Os irmãos Delmonico compram uma fazenda de 90 hectares em Long Island, onde passam a cultivar vegetais ainda não encontrados na América para o restaurante. Eles também compram uma hospedaria.

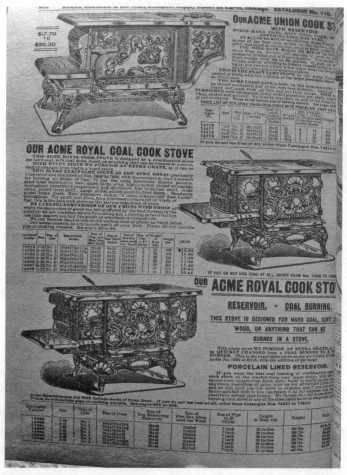

Figura 1.7   Um antigo fogão a carvão.

1835

Londres Charles Babbage projeta e constrói o primeiro computador programável (então chamado de engenho analítico).

Nova York Um enorme incêndio destrói grande parte do sul de Nova York, incluindo o Delmonico's.

1836

Nova York Os irmãos Delmonico reformam a hospedaria e reinauguram ali o restaurante apenas dois meses depois do incêndio. Ainda neste ano, eles começam a construir um novo restaurante.

1837

Nova York O novo Delmonico's tem três andares. O primeiro e o segundo andar abrigam grandes salas (salões de refeições) decoradas luxuosamente. O terceiro andar abriga a cozinha e diversos salões de refeições privativos. A adega tem espaço para 16.000 garrafas de vinho francês. A entrada do restaurante tem colunas de mármore importadas de Pompeia. As batatas dos Delmonico se tornam o item favorito do cardápio.

1845

Nova York Outro incêndio varre Nova York, destruindo a hospedaria dos Delmonico, mas não o restaurante. Eles decidem construir um hotel completamente novo.

1846

Nova York O hotel Delmonico é inaugurado como o primeiro grande hotel dos Estados Unidos a operar da maneira europeia (o quarto e as refeições têm preços separados). De acordo com o costume americano, o hóspede paga um preço único por quarto e alimentação. O hotel logo se torna mundialmente famoso.

1849

França A primeira merenda escolar é oferecida em um refeitório comunal.

Califórnia Nasce a cantina. A cantina é um passo além na simplificação das operações de restaurantes. Esse estilo de *self-service* surgiu na época da Corrida do Ouro, em 1849, quando os garimpeiros exigiam um serviço rápido. Considerada uma inovação americana, sua popularidade se amplia por todo o território dos Estados Unidos.

1850

Londres O Reform Club de Londres contrata o notável *chef* Alexis Soyer para criar um ambiente de restaurante limpo e eficiente que inclua as novidades recentes, como fogões a gás, banho-maria e refrigeração.

Washington, D.C. O presidente Millard Fillmore coloca um fogão a gás na cozinha da Casa Branca e os cozinheiros se recusam a usá-lo.

1853

Nova York O *foodservice* em escolas começa nos Estados Unidos quando a Children's Aid Society (Sociedade de Ajuda às Crianças) da cidade de Nova York inaugura uma escola industrial, em um esforço para convencer crianças de favelas a receber "conhecimentos para indústria e treinamento mental", e a comida é oferecida a todos que a frequentem.

1855

Turquia Início da nutrição. A nutrição, como um serviço hospitalar, tem seu início na época da Guerra da Crimeia (1854–1856). Florence Nightingale, venerada e honrada por nutricionistas e enfermeiros como pioneira da profissão, estabelece uma cozinha nutricional para oferecer alimentos limpos e nutritivos para os soldados doentes e feridos em Scutari (hoje Uskudar), na Turquia (Fig. 1.8). Até então, alimentos de qualidade questionável eram cozidos de qualquer maneira em condições insalubres e servidos em intervalos irregulares.

Alexis Soyer (*chef* que, conforme dito anteriormente, trabalhou no Reform Club de Londres) contribui muito para os esforços de Nightingale quando se oferece para trabalhar voluntariamente como gerente de cozinha no hospital do quartel. O plano de Soyer para operar a cozinha é tão eficiente quanto a prática moderna.

Figura 1.8 Estátua de Florence Nightingale.

1856

Nova York Ao perceber que o centro da cidade está se movendo para o norte, Lorenzo Delmonico vende o hotel e inaugura outro restaurante em frente à prefeitura da cidade.

1862

Nova York Continuando a se mover para o norte, Delmonico converte uma mansão em frente à Union Square no restaurante mais luxuoso que os moradores de Nova York já viram.

1865

Nova York Lorenzo Delmonico inaugura seu quarto restaurante. Cada restaurante tem uma clientela diferente: o da 14th Street atrai a "alta-sociedade"; o da Chambers Street, políticos, comerciantes, advogados e corretores; o da South William Street, banqueiros e magnatas da navegação; e o da Broad Street, corretores de ações e especialistas.

Inglaterra Em seu lar no exílio, o escritor Victor Hugo começa a oferecer merenda às crianças em idade escolar.

1868

Chicago O carrinho de refeições Pullman é adicionado aos já luxuosos vagões leitos nas ferrovias americanas. Os cardápios incluem produtos agrícolas locais. Garçons e *chefs* treinados criam uma experiência móvel de refeições sofisticadas para aqueles que podem pagar.

1869

Estados Unidos A Campbell's lança a sopa concentrada vendida em latas.

1872

Providence, Rhode Island O primeiro vagão de refeições móvel, puxado por cavalos, é lançado pelo vendedor de alimentos Walter Scott.

Estados Unidos O chiclete Blackjack® é vendido pela primeira vez.

1876

Nova York O Delmonico's continua a se mover para o norte. Eles fecham o restaurante da 14th Street e o reabrem na 26th Street, perto da Madison Square. O novo restaurante tem cinco andares e apresenta candelabros de prata, paredes espelhadas, móveis de mogno, um chafariz central, um salão de baile e um salão de banquetes. Os quatro restaurantes operados pela família Delmonico agora têm 400 funcionários. A lagosta à Newburg é criada no restaurante da 26th Street. O *baked* Alaska é servido ali pela primeira vez.

Topeka, Kansas Fred Harvey inaugura seu primeiro restaurante no depósito ferroviário da Atchison, em Topeka & Santa Fe.

1882

Nova York O Delmonico's aumenta o preço do bife Delmonico de US$ 0,75 para US$ 1,00 quando a inflação atinge o país.

1886

Estados Unidos A Coca-Cola® aparece pela primeira vez no cenário.

1888

Nova York O Delmonico's da rua Pine fecha as portas por conta da queda dos negócios.

1889

Estados Unidos O fermento em pó Calumet® e os temperos McCormick® são vendidos pela primeira vez.

1890

Estados Unidos A gelatina Knox®, o chá Lipton® e a manteiga de amendoim são lançados.

1891

Nova York Novo Delmonico's com oito andares é inaugurado, sendo o primeiro com iluminação elétrica.

1893

Nova York O contrato de aluguel do Delmonico's na Broad Street termina e o restaurante é fechado. Os ovos Benedict são criados em um dos outros restaurantes da marca Delmonico.

1894

Estados Unidos Aparecem pela primeira vez as barras de chocolate Hersheys®, o chili em pó e o Sen-Sen®.

1895

Nova York Charles Delmonico introduz a "pera jacaré" ou abacate, recém-importado da América do Sul.

1896

Estados Unidos Triscuits®, Cracker Jack®, Tootsie Rolls® e o coco ralado são desenvolvidos.

1897

Estados Unidos Grape-Nuts® e Jell-O® fazem suas aparições nas prateleiras.

Nova York O Delmonico's continua a se mover para o norte, abrindo um novo restaurante na 44th Street. Nele, é permitido fumar no salão de refeições e uma orquestra toca enquanto as pessoas comem. Essas duas mudanças são "chocantes" para a época.

1898

Estados Unidos A bandeja é inventada, assim como os biscoitos integrais e os cereais à base de trigo.

Século XX

■ **Conceito-chave:** A Primeira e a Segunda Guerras Mundiais tiveram grande impacto sobre as operações de *foodservice* ao longo do século XX.

Estados Unidos O século XX testemunha muitas mudanças no *foodservice* universitário nos Estados Unidos. A política de não-intervenção dos primeiros administradores se transforma em uma política muito rígida no fim do século XIX. Até a Segunda Guerra Mundial, as faculdades oferecem refeitórios separados para homens e mulheres. Os alunos não apenas satisfazem suas necessidades nutricionais, mas também recebem treinamento de "etiqueta social". O atendimento à mesa, com alunos que se alternavam como anfitriões e garçons ou garçonetes, é o procedimento aceito em vários refeitórios de alojamentos. Embora esse serviço ainda possa ser encontrado em algumas faculdades e universidades atuais, ele é mais a exceção do que a regra.

De forma gradual, com o afluxo de alunos militares para escolas americanas de nível superior depois da Segunda Guerra Mundial (1939–1945), o serviço mais formal à mesa e o jantar demorado dão lugar à informalidade apressada do serviço de cafeterias. Esse estilo de serviço torna possível atender às exigências dos alunos por maior variedade no cardápio e para servir de acordo com as preferências alimentares dos diversos grupos étnicos que compõem o corpo estudantil. Além disso, com as residências e refeitórios coeducacionais agora comumente encontrados no *campus* universitário, as necessidades nutricionais de homens e mulheres, ambos no mesmo refeitório, podem ser atendidas por uma cantina *self-service*. Os hábitos alimentares dos alunos também mudam em consequência do aumento da preocupação com a forma física e o controle de peso. Os gerentes de serviços de alimentação tentam atender a essas necessidades por meio de uma seleção adequada para o cardápio. Por exemplo, *buffet* de saladas, *buffet* de massas, *buffet* de batatas e *buffets* vegetarianos são padrões na maioria dos refeitórios de *campus*.

O aumento do conhecimento sobre nutrição e a preocupação com a saúde precária de muitos recrutas durante a Primeira e a Segunda Guerras Mundiais resultam em uma ênfase na importância de uma boa seleção de alimentos e na necessidade de fornecer refeições escolares nutritivas por um preço baixo ou sem custo para os alunos. Esta década testemunha melhorias significativas no funcionamento do refeitório escolar por todo o país.

Mudanças na alimentação hospitalar durante este século incluem a introdução de um serviço de bandeja centralizado e lavagem de pratos mecânica, estabelecimento de uma cozinha separada para preparação de dietas especiais e a posterior eliminação dessas cozinhas, o surgimento dos alimentos congelados e seu uso na preparação de alimentos. Além disso, cafeterias pagas para cozinheiros e funcionários e áreas de refeição separadas para esses dois grupos são adotadas nesse período. Contratar nutricionistas qualificados para administrar os departamentos nutricionais para a supervisão de "dietas especiais" se torna uma prática comum.

1902

Filadélfia Aparece a primeira máquina de venda automática. Esse inovador serviço de alimentação é inaugurado por Horn and Hardart. Inspirado em um restaurante "sem garçons" em Berlim, ele combina as características de uma cantina com as de uma lanchonete. Itens alimentares individuais são exibidos em mostruários operados por moedas, a partir dos quais os clientes fazem suas escolhas. Esse "serviço caça-níquel" oferece comidas ótimas e altos padrões sanitários por cerca de 50 anos, atraindo clientes de todo o tipo. Para muitas pessoas, ela se tornou a alternativa mais viável, sobretudo durante os anos da Grande Depressão que começam com a queda da bolsa de valores em 1929, os anos de maior sucesso das máquinas de venda automática. Depois da Segunda Guerra Mundial, a popularidade dessas máquinas diminui, conforme uma sociedade mais afluente busca mais sofisticação nas refeições.

1904

St. Louis, Missouri Os hambúrgueres são servidos pela primeira vez na Feira Mundial. No entanto, a invenção do hambúrguer é altamente contestada.

Década de 1910

Estados Unidos Crisco®, Oreos®, biscoitos da sorte e sanduíches com molho são lançados. O açúcar custa $ 0,04/libra, os ovos custam $ 0,14/dúzia e o café custa $ 0,15/libra. A cerveja em lata e o chá gelado ainda não foram inventados.

1912

Providence, Rhode Island As lanchonetes de beira de estrada são desenvolvidas porque os vagões de refeições se tornaram tão numerosos que bloqueiam as estradas. É aprovada uma lei que os obriga a sair das estradas até as 10h da manhã, então muitos estacionam permanentemente seus vagões em terrenos baldios.

1914–1919

Primeira Guerra Mundial As operações do restaurante Delmonico's sofrem financeiramente com as mudanças nos hábitos alimentares e as condições econômicas geradas pela guerra na Europa. Além disso, os descendentes dos irmãos e proprietários começam a brigar judicialmente pela propriedade.

1916

Coney Island, Nova York Uma barraca de cachorro quente é estabelecida e se amplia, tornando-se a Nathan's Famous®, com receita de US$ 29,8 milhões ao ano e 370 pontos de venda nos Estados Unidos e no exterior atualmente.

1919

■ **Conceito-chave:** Várias regulamentações importantes afetaram os negócios de restaurantes comerciais e institucionais no passado e continuam a afetar até os dias de hoje.

Nova York *Proibição:* O último restaurante Delmonico's é vendido no dia em que a Proibição é aprovada. O novo proprietário não pode mais servir vinho, nem usá-lo para cozinhar ou servir animais selvagens em Nova York. Os ricos não comem mais no Delmonico's, pois contratam cozinheiros particulares, estocam vinho em suas próprias adegas e aumentam suas cozinhas. A classe média busca entretenimento em salões de dança, clubes privados e casas noturnas, não mais em restaurantes.

Estados Unidos Os locais de venda ilegal de bebidas se espalham. A aprovação da Lei Volstead, a Décima Oitava Emenda à Constituição, que proibia a fabricação, a venda e a distribuição de bebidas alcoólicas nos Estados Unidos, teve um grande e duradouro impacto sobre o *foodservice* comercial. Com a exclusão do álcool do cardápio, todos começam a levar a sério o modo como os alimentos são servidos. Preocupados, proprietários de restaurantes se reúnem em Kansas City, Missouri e fundam a National Restaurant Association (Associação Nacional de Restaurantes). Muitos estabelecimentos de referência vão à falência, enquanto uma nova safra de operações se espalha — casas onde são fabricadas e vendidas bebidas ilegalmente. Dois dos mais famosos locais, o Coconut Grove em Los Angeles e o 21 Club de Nova York, tornam-se conhecidos não apenas pela bebida ilegal servida, mas também pela qualidade da comida. O lendário Musso-Franks Grill é fundado nessa época (Fig. 1.9) e permanece ainda hoje em funcionamento, com o nome de Musso & Frank Grill (Fig. 1.10).

Estados Unidos O conceito de franquia é lançado. O primeiro quiosque de cerveja A&W foi inaugurado por Roy Allen e Frank Wright, pioneiros do conceito de franquia no setor de alimentação. Houve uma época em que eles tinham mais de 2.500 unidades; a maioria era franqueada.

Década de 1920

Estados Unidos Wonder Bread®, Wheaties®, comidas congeladas, Kool-Aid®, sanduíches em baguete embalados e os alimentos para bebê da Gerber® aparecem nas prateleiras dos mercados.

Figura 1.9 Musso-Franks Grill em Hollywood em 1928.
Fonte: Fotografia em *hollywoodphotographs.com*.

Figura 1.10 Musso & Frank Grill em Hollywood como é hoje.
Fonte: Fotografia em *hollywoodphotographs.com*.

1921

▌ **Conceito-chave:** A popularidade no uso de automóveis foi o estímulo para os conceitos de serviço rápido, *drive-in*, *drive-through* e *fast-food*.

***Dallas–Fort Worth*, Texas**   O primeiro restaurante *drive-in* é inaugurado. Conforme quantidades enormes de automóveis chegam às ruas, J. G. Kirby, atacadista de doces e produtos tabagistas, inaugura o Pig Stand na estrada Dallas–Fort Worth. O serviço no Pig Stand, especializado em churrasco, é feito por garçonetes que servem os clientes diretamente na janela dos automóveis — elas se tornaram conhecidas como *carhops* (Fig. 1.11). No mesmo ano, Billy Ingram e Walter Anderson iniciam a operação de White Castle com um investimento de US$ 700. Eles vendem hambúrgueres do tamanho de uma mordida por US$ 0,05 cada. Ingram foi pioneiro de muitos conceitos de *fast-food* ainda em uso corrente, como rigor na consistência dos produtos, a limpeza da unidade (no nome, "White" se referia à limpeza), cupons de desconto, caixas resistentes ao calor

Figura 1.11 *Drive In* Carpenter em Sunset & Vine.
Fonte: Fotografia em *hollywoodphotographs.com*.

Figura 1.12 O primeiro quiosque de hambúrguer White Castle.
Fonte: Cortesia de Todd Murray.

em pedidos para viagem e guardanapos de papel. Os hambúrgueres do White Castle foram os primeiros preparados na grelha e servidos em pão redondo (Fig. 1.12).

Nova York O Delmonico's recebe uma batida policial dos "agentes secos", que prendem um garçom e um gerente por servirem vodca e gim, em violação à Lei Volstead.

1923

Nova York O último Delmonico's fecha, e a última refeição é servida acompanhada de água mineral.

1925

Massachusetts Durante as décadas de 1920 e 1930, os restaurantes evoluem, passando de luxo a necessidade. Talvez ninguém tenha tirado mais vantagem da crescente popularidade do transporte por automóveis do que Howard Dearing Johnson, de Wollaston, Massachusetts. Johnson pega uma farmácia falida em Quincy, Massachusetts, e a converte em uma venda onde servia um trio de sabores de sorvete que ele havia desenvolvido. Depois de expandir seu cardápio para incluir itens de serviço rápido como hambúrgueres e cachorros quentes, Johnson se concentra em inaugurar mais unidades. Sem capital para isso, ele decide franquear. Em 1940, existem 100 franquias Howard Johnson e 28 sabores de sorvete.

1926

Los Angeles *O início da propaganda para atrair clientes para os restaurantes.* O Brown Derby, um prédio de restaurante com forma de chapéu de corrida (Fig. 1.13), é inaugurado e onde ocorre mais tarde a criação da salada Cobb.

Figura 1.13 O Brown Derby.
Fonte: Cortesia da California Historical Society.

1927

Washington, D.C. Mais ou menos na mesma época em que Johnson está observando o tráfego nas estradas, um rapaz de 26 anos do Utah está observando o tráfego de pedestres em Washington, D.C., em um dia quente de julho. J. Willard Marriott percebe que os viajantes com sede não têm aonde ir para tomar uma bebida gelada. Com um investimento de US$ 3.000, ele e a futura esposa, Alice, inauguram um quiosque de cerveja A&W com nove banquinhos (mais tarde chamado de The Hot Shoppe). Ele tem lucro bruto de US$ 16.000 no primeiro ano. (Este é o início da Marriott Corporation, atualmente um império multibilionário do setor de alimentação e hospedagem.) (Fig. 1.14.)

Figura 1.14 J. Willard Marriott em frente a um de seus Hot Shoppes em 1948.
Fonte: Fotografia de Ollie Atkins. Coleção de fotografia, arquivos da Universidade de George Mason.

Década de 1930

Estados Unidos Bisquick®, tacos, Fritos®, Spam®, Krispy Kreme® donuts, macarrão com queijo da Kraft e refrigerantes enlatados fazem sua estreia.

1933

Estados Unidos A revogação da Proibição ajuda a impulsionar restaurantes de alto nível e clubes de jantar de luxo com entretenimento ao vivo. Restaurantes temáticos com atrações divertidas, mas ousadas, costumam prosperar. Trader Vic's, Romanoff's, Chasen's, El Morocco, Lawry's Prime Rib, o Brown Derby e o Pump Room estão entre os lugares mais frequentados por ricos e famosos.

Estados Unidos A primeira legislação federal feita para auxiliar e orientar a alimentação escolar é aprovada, e concede empréstimos para ajudar as comunidades a pagarem pelos custos de mão de obra de preparação e distribuição de merendas em escolas. A motivação para essa legislação é a taxa de rejeição (em razão da desnutrição) de alistados para o serviço militar durante a Primeira Guerra Mundial.

1935

Estados Unidos O governo federal é autorizado a doar suprimentos excedentes a escolas para ajudar no programa de refeições. Uma refeição ao meio-dia se torna parte das atividades escolares.

1937

Washington, D.C. Começa o negócio de *catering* em empresas aéreas. A Marriott fornece lanches aos passageiros da Eastern, Capital e American Airlines que saem de Hoover Field (onde atualmente fica o Pentágono) e chama essa divisão de "*Catering* Aéreo". Refeições completas são fornecidas posteriormente, entregues em recipientes com isolamento especial e colocadas a bordo por um caminhão personalizado com um dispositivo de carga acoplado ao teto.

Década de 1940

Estados Unidos M&M's®, Cheerios®, salsichas empanadas, nachos, misturas para bolo, loco moco, Whoppers®, filé de frango frito e melancia sem semente aparecem pela primeira vez.

1940

San Bernardino, Califórnia O McDonald's aparece pela primeira vez no cenário. O conceito de *fast-food* muda para sempre a apenas 80,5 km a leste de Los Angeles na então silenciosa cidadezinha de San Bernardino. Os irmãos Mo e Dick McDonald inauguram uma instalação de 56 m² que viola uma regra básica dos restaurantes ao expor a cozinha toda ao público. O cardápio com 25 itens gera vendas anuais de US$ 200.000. Vinte funcionários são necessários para atender ao estacionamento de 125 carros. Mas, para enfrentar o aumento da concorrência e a constante rotatividade da mão de obra, os irmãos tomam a decisão drástica de eliminar o atendimento diretamente nos carros, fechar o restaurante, converter para cabines de atendimento e diminuir o preço do hambúrguer de US$ 0,30 para US$ 0,15. Depois de alguns meses de ajustes, as vendas anuais saltam para US$ 300.000. (Em 1961, os McDonalds tinham vendido 500 milhões de hambúrgueres e venderam a empresa para Ray Kroc por US$ 2,7 milhões. Hoje, o McDonald's tem cerca de 31.000 unidades espalhadas por 118 países, servindo 50 milhões de clientes por dia, com receita anual de mais de US$ 23,5 bilhões.)

1941

Los Angeles A concorrência aumenta. Um ex-entregador de padaria em Los Angeles consegue um carrinho de cachorro quente com US$ 15 em dinheiro, um empréstimo de US$ 311 e seu automóvel Plymouth como garantia. Carl N. Karcher ganha US$ 14,75 no primeiro dia de negócio. O carrinho de cachorro-quente evoluiu para uma churrascaria *drive-in* e, depois, uma operação de serviço rápido com hambúrgueres e sanduíches de frango. (Cerca de 50 anos depois, a rede de Carl's Jr. arrecadaria US$ 640 milhões em vendas e contaria com 640 estabelecimentos.) Carl Karcher incluiu ar-condicionado, carpetes, música ambiente, chapa automática para grelhados, *buffet* de salada, orientações nutricionais e refil de bebidas no conceito de *fast-food*.

1944

Estados Unidos Howard Johnson fecha 188 restaurantes, deixando apenas 12 abertos por causa da guerra.

1946

Estados Unidos A National School Lunch Act (Lei Nacional da Refeição Escolar) é aprovada. Através dessa lei, fundos são destinados conforme necessário

> para garantir a saúde e o bem-estar das crianças do país e para estimular o consumo doméstico de produtos agrícolas e outros alimentos nutritivos, auxiliando os estados, através de doações e outros meios, a oferecer um suprimento adequado de alimentos e outras instalações para estabelecimento, manutenção, operação e expansão dos programas de refeição escolar sem fins lucrativos. (P. L. 396-79th Congress, 4 de junho de 1946, 60 Stat. 231.)

Os estados foram solicitados a complementar os fundos federais conforme estabelecido na Seção 4 da lei, e as refeições servidas pelas escolas participantes eram obrigadas a atender aos requisitos nutricionais prescritos. Embora a National School Lunch Act (Lei Nacional da Refeição Escolar) permitisse refeições dos tipos A, B e C, a refeição do tipo A é a única servida atualmente de acordo com o programa de alimentação escolar federal, chamada de "padrão de refeição escolar" (ver as especificações no Cap. 5).

1948

Baldwin Park, CA In-N-Out Burger, o primeiro quiosque de hambúrguer *drive-through*, é inaugurado. A ideia de um alto-falante no qual os clientes possam fazer seus pedidos é original. A filosofia básica da empresa desde o início é: "Dar aos clientes os alimentos mais frescos e da mais alta qualidade que se pode comprar e oferecer com um serviço amigável em um ambiente extremamente limpo".

1949

The Good Humor Man é o favorito em todos os bairros a partir de 1949. O sorvete é vendido em bicicletas e, mais tarde, em vans que tocam uma melodia de fácil reconhecimento.

Figura 1.15 Uma refeição no balcão da Schwab's Drug Store em Hollywood em 1945.
Fonte: Fotografia em *hollywoodphotographs.com*.

Década de 1950

Estados Unidos O balcão de bebidas em farmácias (Fig. 1.15) e a cafeteria se tornam os lugares da moda. Na década de 1950, as cafeterias começaram a proliferar, em especial no sul da Califórnia. Tiny Naylor's, Ships, Denny's (antes Danny's) e a International House of Pancakes (agora IHOP) foram inauguradas nessa época. Desdobramentos do conceito de *fast-food* do McDonald's incluem Taco Bell, Burger King e Kentucky Fried Chicken (agora KFC), todos com histórias de sucesso semelhantes. Em New England, em 1950, um fornecedor industrial chamado William Rosenburg inaugurou uma loja de donuts com 52 variedades do doce — e foi assim que nasceu a Dunkin' Donuts. No fim da década de 1950, a pizza deixou de ser servida em locais familiares e adotou os princípios do *fast-food*. A Pizza Hut foi inaugurada em 1958, seguida alguns anos depois pela Domino's e a Little Caesar's.

Jantares congelados, Tex-Mex, molho para salada, smoothies, pudim instantâneo, beefalos e Rice-a-Roni® aparecem no cenário.

1951

San Bernardino, Califórnia Glen Bell, ao perceber que os irmãos McDonald haviam iniciado uma competição, acrescenta tacos ao cardápio do Bell's Burgers. Por US$ 0,19 cada, eles são um sucesso. Então, ele inaugura três restaurantes Taco Tia para vender seus tacos. Desdobramentos da Bell's e da Taco Tia incluem Baker's *Drive-In*, Del Taco, Naugles, Denny's, Der Wienerschnitzel, El Taco e Taco Bell. Neste ano também são inaugurados o Burger King e o El Torito.

1959

Waikiki, Havaí Chuck's Steakhouse é inaugurada e apresenta o primeiro *buffet* de saladas.

Década de 1960

Estados Unidos Conceitos inovadores de *marketing* são lançados em novas redes, como T.G.I. Friday's, Arby's, Subway, Steak and Ale, Victoria Station, Cork 'n Cleaver, Black Angus, Red Lobster, Domino's Pizza, Hardee's, Tim Horton's, Blimpie, Benihana,

H. Salt, Long John Silver's, Red Robin, Steer 'n Stein, Chick-fil-A, Sirloin Stockade, Old Spaghetti Factory e Wendy's. E o Gatorade® (uma bebida desenvolvida para os Florida Gators) e os pedaços de frango frito em balde passam a ser comercializados.

1966

Estados Unidos A Child Nutrition Act (Lei de Nutrição Infantil) autoriza o School Breakfast Program (Programa de Café da Manhã nas Escolas) e o Special Milk Program (Programa Especial do Leite) a fim de ajudar a minimizar a nutrição inadequada na infância.

1967

Estados Unidos O Big Mac® é desenvolvido para satisfazer o apetite de trabalhadores de construção famintos em Pittsburgh.

Década de 1970

Estados Unidos Crescente popularidade de comidas étnicas, programas de televisão que dão instruções culinárias, mulheres que entram no gerenciamento de negócios de alimentação e assumem cargos executivos no setor, certo interesse em comidas saudáveis e no vegetarianismo e o início da cozinha californiana. Egg Beaters®, Jelly Bellies® e Egg McMuffin® fazem sua estreia.

1971

Seattle, Washington Starbucks faz sua estreia. Com nome inspirado no oficial náutico imediato de Moby Dick, de Melville, a Starbucks agora tem mais de 10.000 instalações.

1972

Ithaca, Nova York Uma consciência social surge no setor de restaurantes: Moosewood Restaurant é inaugurado por um grupo de amigos como um empreendimento cooperativo comunitário. O cardápio é vegetariano e etnicamente diversificado.

Estados Unidos Um grande ano para inaugurações de restaurantes: Popeye's, The Cheesecake Factory, Gladstone's 4-Fish, Baker's Square, Ruby Tuesday, Captain Tony's Pizza and Pasta, Super Popeye's Fried Chicken e Cousin's Subs são fundados.

1973

Estados Unidos O McDonald's acrescenta o Egg McMuffin® ao seu cardápio. O restaurante mexicano Miguel's é inaugurado em Corona, Califórnia.

1974

Estados Unidos A Federal Conditions of Participation Regulations (Regulamentação Federal de Condições de Participação) especifica:

Condição de participação serviços dietéticos: A instalação de enfermagem habilitada oferece um serviço dietético higiênico que atende às necessidades nutricionais dos pacientes, garante que as necessidades dietéticas sejam atendidas e oferece refeições palatáveis e atraentes. Uma instalação que tenha contrato com uma empresa de alimentação externa pode estar em conformidade com esta condição desde que a instalação e/ou empresa atenda aos padrões listados aqui. (Committee on Nursing Home Regulation, Institute of Medicine – U.S.). *Improving the Quality of Lare in Nursing Homes.* (Washington D.C.: National Academy Press, 1983.)

Os serviços de nutricionistas registrados (NR) são exigidos para garantir que as regulamentações do serviço nutricional sejam atendidas e administradas adequadamente. NR de meio período ou consultores podem ser utilizados em pequenas casas de repouso; nutricionistas registrados são necessários em tempo integral em casas de repouso maiores e melhor qualificadas.

1975

Estados Unidos Os proprietários do Miguel's inauguram o Miguel's Jr., um restaurante de *fast-food* que serve comida mexicana caseira. Chili's, El Pollo Loco e Casa Gallardo juntam-se a eles no negócio de comida mexicana.

1976

Cupertino, Califórnia Steve Wozniak e Steve Jobs começam sua empresa, a Apple Computer, em uma garagem e os computadores pessoais passam a existir.

1977

Los Alamitos, Califórnia A rede Claim Jumper é fundada.

1978

Estados Unidos São inaugurados neste ano: Chuck E. Cheese, Ben & Jerry's, Au Bon Pain e Barnaby's Family Inn.

Década de 1980

Estados Unidos A batata Yukon Gold e o espaguete squash são desenvolvidos. Applebees, Fuddruckers, TCBY, Farmer Boys, Buffalo Wild Wings, Lindey's Restaurant, Figaro's, Papa Aldo's, Chesapeake Bagel, Olive Garden, Islands, Ruby's Diner, L & N Seafood Grill, Dave & Busters, Quiznos, Papa John's Pizza, Rubio's, Bruegger's Bagels, Panda Express, Hooters, Miami Subs, Chin Chin's, Copeland's New Orleans Restaurant, Blackjack Pizza, Café Express, Juan Pollo, Hooker Hamburgers, Papa Murphy's Pizza, American Café, Culver's e Starvin' Arvin's abrem suas portas.

▌**Conceito-chave:** As condições econômicas do país exercem um impacto significativo em todos os setores de negócios de alimentação.

Estados Unidos A reviravolta econômica é boa e ruim para o setor de restaurantes. Pelo lado positivo, há progresso nas propostas ambientais e de descarte de resíduos sólidos, bem como em decretos sobre saúde e nutrição. Pelo lado negativo, as más condições econômicas levam a expansões desordenadas, aquisições financiadas, aquisições por empregados, uma onda de pedidos de falência como será visto no

Capítulo 11, restruturações de sistema, reduções e demissões. A General Mills inaugura sua rede Olive Garden em 1982 e a China Coast em 1990. A PepsiCo Inc. adquire Taco Bell, Pizza Hut e Kentucky Fried Chicken para tornar-se uma potência do setor.

As baixas da década de 1980 incluem Sambo's, Flakey Jake's e D-Lites of America. Algumas pessoas acreditam que as regulamentações governamentais aprovadas nesta década são as mais prejudiciais desde a Proibição. A possibilidade de dedução de refeições cai de 100% para 80%, é instituído o decreto da FICA (Federal Insurance Contributions Act) de impostos sobre gorjetas e a Americans with Disabilities Act (Lei para Americanos com Deficiências) e a Family Leave Bill[1] passam a ter efeito.

Estados Unidos A Omnibus Reconciliation Act (Lei de Reconciliação Geral) de 1980 reduz a taxa de reembolso das escolas pela primeira vez e muda o padrão de elegibilidade por renda dos alunos que podem receber refeições gratuitas ou com preços reduzidos.

1981

Estados Unidos Novos ajustes são feitos para ajudar a reduzir os gastos federais. Os gerentes de alimentação escolar trabalham com criatividade para se ajustar a essas mudanças, ao mesmo tempo que mantêm um programa de refeições atraentes que atende às orientações nutricionais e atrai os alunos.

1983

Chicago Surgem os telefones celulares.

23 de abril–11 de julho de 1985

Estados Unidos A Coca-Cola lança a New Coke® e coloca sua fórmula de 99 anos em um cofre bancário, até os consumidores exigirem a ressurreição da Coke Classic.

1985–1989

Estados Unidos Chick-fil-A Dwarf House, El Torito Grill, Boston Market, Cinnabon, California Pizza Kitchen, Beef O Brady's, Cici's Pizza, Copeland's Cheesecake Bistro, Carrabba's Italian Grill, Charley's Grilled Subs, Chevy's, Truett's Grill, Manhattan Bagel, 5 and Diner, Back Yard Burgers, Champps, Coldstone Creamery, Koo Koo Roo, Outback Steakhouse, Roy's, Auntie Anne's, Hogi Yogi, Market Broiler, Jose's Mexican Food, Abuelo's e Buffalo Southwest Café entram para a lista de empresas do setor de negócios de alimentação.

---

[1] N.E.: Lei trabalhista que obriga empregadores a pagar benefícios a funcionários que precisem se ausentar do trablho para cuidar de familiares com problemas de saúde.

Fim da década de 1980

Estados Unidos As matrículas em escolas públicas caem drasticamente, mas os gastos continuam a aumentar. Diretores de serviços de alimentação escolares deixam de operar departamentos subsidiados e passam a operar departamentos autônomos. Para isso, algumas medidas são tomadas, como implementação de produção de alimentos centralizada; aumento de preços para alunos pagantes; captação de mais alunos pagantes para o programa a fim de compensar as refeições gratuitas e com preço reduzido; oferta de itens mais lucrativos *à la carte* no estilo *fast-food*; e expansão de programas de serviço à comunidade, tais como Meals-on-Wheels [programa de distribuição de alimentos], centros para idosos, creches e cozinhas de "sopa" comunitária.

1990-1994

Estados Unidos O tomate FlavrSavr e as Sun Chips são desenvolvidos. Jamba Juice, Caribou Coffee, Pufferbelly Station Restaurant, Zaxby's, Baja Fresh, Kenny Rogers Roasters, Pat & Oscars, Pretzel Maker, Logan's Roadhouse, Bullets Burgers, BD's Mongolian Barbeque, Juice Stop, PF Chang's China Bistro, New World Coffee, Texas Roadhouse, Roadhouse Grill, Chipotle Mexican Grill, Atlanta Bread Company, Buca di Beppo, Pasta Pomodoro, Juice It Up, Buck's Pizza e Xando são inaugurados.

Guerras de valores, preocupações ambientais com resíduos de embalagens e o aumento do interesse público pela nutrição e qualidade dos alimentos são questões que o setor enfrentou no passado recente. Os operadores responderam de várias maneiras a cada desafio, com a oferta de produtos que davam prejuízo a preços baixos, redução das embalagens e oferta de alternativas mais saudáveis, com menos gordura, preparadas em frente aos consumidores.

Talvez a geração de *baby boomers* pós-Segunda Guerra Mundial e o aumento populacional resultante tenham influenciado o crescimento do setor de alimentação tanto quanto outros fatores em anos recentes. Embora essa geração tenha crescido sob a influência do *fast-food*, ela continua a buscar opções mais sofisticadas. Muitas tendências do setor de alimentação que pareciam ser novas na época são, na realidade, como disse J. Woodman, "Mais uma repetição em um fenômeno cíclico, embalado em uma nova linguagem e vista por uma nova geração" (Woodman, J.: Twenty years of "400" translates into light years of change for food service. *Restaurants and institutions*, 1984; 94(15): 98).

Chipotle Mexican Grill é inaugurado em 1993 e declara que está em busca de ingredientes que não sejam apenas frescos, mas cultivados de maneira sustentável e natural, com respeito pelos animais, pela terra e pelos fazendeiros que produzem esses alimentos.

1995

Provo, Utah Teriyaki Stix, um restaurante japonês de *fast-food* saudável, inaugura suas principais instalações em Utah e Idaho. Neste mesmo ano, também são inaugurados Zuka Juice e Haru. A batata frita Baked Lays® aparece pela primeira vez.

Berkeley, Califórnia A alimentação escolar recebe um incentivo nutricional com o estabelecimento do Edible Schoolyard[2], uma sala de aula de quatro mil metros quadrados com jardim e cozinha, que fornece frutas, vegetais, ervas e flores. Alice Waters, *chef* e escritora, foi quem desenvolveu o conceito. A ideia ganha popularidade e hortas são vistas em pátios de escolas por todo o país.

---

[2] N.R.C.: Trata-se de uma combinação de hortas orgânicas cultivadas pelos alunos e professores. Os produtos das hortas são usados para preparar (também pelos alunos) as refeições que farão na escola. Assim, aprendem não somente o conceito de refeição sustentável, mas também como prepará-las.

1996-1999

Estados Unidos O McDonald's apresenta seu hambúrguer Arch Deluxe®, em uma tentativa de atrair o mercado adulto. O sanduíche é acompanhado de bacon apimentado, queijo, alface, tomate, mostarda e maionese em um pão de batata com gergelim. Os clientes não se interessaram em razão do preço alto, das propagandas não convencionais e do conteúdo de alta caloria. A empresa gasta mais de US$ 300 milhões em *marketing*, pesquisas e fabricação do produto. O produto é descontinuado gradualmente e, nos dias atuais, não é mais oferecido.

Estados Unidos Entram no mercado de restaurantes: Cosi, Bahama Breeze, Crescent City, ETX, Montana Mike's, Rockfish Seafood Grill, Fleming's Steakhouse, Biaggi's, Grand Lux Café, Brio Tuscan Grille e Coyote Canyon — em Nova York, um novo Delmonico's é inaugurado por proprietários que gastam US$ 1,5 milhões para recriar a atmosfera retrógada dos originais.

Século XXI

■ **Conceito-chave:** Os operadores de serviços de alimentação bem-sucedidos continuarão a aprender com o passado e a construir sobre as bases implantadas pelos que vieram antes.

Estados Unidos Os restaurantes de dormitórios oferecem horas de serviço prolongadas, menos restrições no número de serviços permitidos e mais flexibilidade nos planos, incluindo um plano "pague depois de comer", em vez de pagar uma taxa fixa adiantada.

Além dos restaurantes de dormitórios, a diversidade de serviços de alimentação de outros campi compõe o padrão conhecido hoje. Os prédios estudantis, por exemplo, instalaram unidades criativas e inovadoras para atender às mudanças dos interesses e exigências alimentares dos alunos. Empresas de *fast-food* comercial concorrem fortemente pela clientela de alunos em diversas cidades universitárias. Algumas universidades contratam essas empresas para instalar e operar unidades alimentares no *campus*.

A alimentação hospitalar, ao enfrentar orçamentos mais rígidos, trouxe mais inovações e mudanças para aumentar a eficiência e a receita dos departamentos hospitalares de alimentos e nutrição. Algumas das inovações implementadas incluem o aumento do volume da cantina interna para não pacientes; *marketing* de serviços de *catering*; uso de *chefs* profissionais para melhorar os cardápios; contratação de serviços profissionais e de produção de alimentos para operações menores; e criação de novos serviços, como oficinas nutricionais para o público, serviço de quarto e refeições para viagem aos funcionários e pacientes. Os pacientes recebem um serviço de alimentação mais personalizado, permitindo-lhes comer o que querem e quando querem. O serviço de quarto, o serviço *à la carte* e o cardápio escolhido serão discutidos em capítulos posteriores.

2005

Nova Orleans, Louisiana O conceito do Edible Schoolyard chega a Nova Orleans com o objetivo de instigar nas crianças uma apreciação permanente pelas conexões entre alimentos, saúde e meio ambiente.

2007

San Francisco, Califórnia A alimentação escolar enfrenta pressões crescentes para produzir e servir alimentos nutritivos. O Edible Schoolyard se expande para San Francisco. Para escolas onde não há espaço disponível para um jardim, foram desenvolvidos pequenos jardins suspensos, chamados Woolly Pockets (Fig. 1.16).

Figura 1.16 Wolly Pockets, pequenos jardins suspensos.
Fonte: Cortesia de Suthi Picotte, Fotografia de Picotte.

2009

Estados Unidos Os consumidores de restaurantes exigem mais variedades, alimentos mais seguros e nutritivos, serviço mais rápido e mais conveniente e melhor qualidade. O McDonald's tenta manter uma vantagem competitiva oferecendo um serviço ainda mais rápido, ao usar bandejas aquecidas que armazenam mais comida e melhorias de *software* para agilizar os pedidos, em uma tentativa de eliminar segundos do tempo de entrega dos alimentos. A Califórnia aprova uma lei de rotulagem de cardápios exigindo que todas as redes de restaurantes com 20 ou mais unidades ofereçam aos clientes informações nutricionais, sejam elas contagem de calorias no cardápio ou informações mais detalhadas em folhetos. Em 2011, as contagens terão de ser impressas no cardápio. IHOP e Applebee's Neighborhood Bar and Grill têm informações sobre calorias em seus cardápios. Alguns restaurantes Jack in the Box têm essas informações emolduradas na parede perto do caixa. California Pizza Kitchen tinha as contagens de calorias no cardápio, mas excluiu quando os consumidores reclamaram.

Os restaurantes usam as mídias sociais (Facebook, Twitter, MySpace e outros) para recrutar funcionários, gerar movimento e solicitar *feedback* sobre alterações de cardápio. Karaokê, pizzas artesanais e preços mais razoáveis são alguns dos conceitos usados para atrair os clientes dos concorrentes.

As redes de *fast-food* continuam a crescer globalmente e a oferecer conceitos exclusivos para o país em que estão em operação. Por exemplo, o McDonald's usa quiosques com touch-screen para fazer pedidos na Europa; entrega em domicílio na Ásia; vinho e salada caprese no cardápio da França; e Spam no Havaí.

Caminhonetes modernas de lanches satisfazem o apetite dos clientes por qualidade, conveniência e valor ao oferecer um cardápio luxuoso, muitas vezes preparado por *chefs* famosos (Fig. 1.17). Como as caminhonetes de lanches são mais baratas de operar e manter do que uma instalação de restaurante, os preços podem ser mais baixos sem sacrificar a qualidade dos alimentos; além disso, elas não mais são usadas apenas para lanches. Jantar em uma caminhonete "de lanche" é um evento tão popular que tornou necessário tirar o "lanche" do nome. Mídias sociais, como o Twitter, são usadas para determinar a localização atual da caminhonete favorita do cliente. Para eliminar a perseguição por toda a cidade a fim de encontrar a caminhonete, praças de alimentação itinerante são o mais recente desenvolvimento impulsionado pelo Twitter, na onda do *food truck*. Algumas mudanças ocorreram desde aquele primeiro vagão de refeições que apareceu em 1872.

Figura 1.17 Um *food truck* moderno.
Fonte: Cortesia de Peter Barrett.

Resumo

A saga do Delmonico's revela a importância da história. Ela é uma história de sucesso americana em todos os sentidos. Considerando o crescimento da pequena padaria/cafeteria com seis mesas para múltiplas operações de restaurantes e hotéis que se tornaram sinônimo de excelência em alimentos e serviços, as chaves para seu sucesso ainda são relevantes hoje: (1) o cliente precisa estar satisfeito; (2) os ingredientes devem ser absolutamente os melhores que podem ser obtidos e da mais alta qualidade; (3) dar pouca importância às reclamações sobre os preços (até mesmo apreciá-las); mas (4) a menor crítica sobre sua comida ou serviço deve provocar atenção instantânea, pessoal e total. Além desses preceitos, fica claro que a família Delmonico prestava atenção constante aos menores detalhes, observava cuidadosamente as mudanças na sociedade e na comunidade, nunca estava satisfeita com o *status quo*, era criativa e inovadora, investia no futuro e trabalhava arduamente. A falência do negócio pode ser atribuída à perda de liderança da família, pela proibição e pelas mudanças nas condições sociais e financeiras da época.

A linha do tempo da história do *foodservice* apresentada neste capítulo mostra que ordens religiosas, residências da realeza, faculdades e hospedarias estavam entre as primeiras organizações a praticar a produção de alimentos em quantidade. Durante o século XVII, os serviços de alimentação foram estabelecidos em faculdades e hospitais ou eram locais de encontro para tratar de negócios ou socializar.

Vários avanços nos campos da microbiologia, física e engenharia industrial levaram a melhorias no modo como os alimentos são produzidos. O setor de restaurantes como é conhecido hoje teve seu início na França. Pioneiros e visionários do setor de alimentação comercial inovaram com a introdução de muitos alimentos e conceitos que continuam a ser amplamente usados hoje em dia.

A Primeira e a Segunda Guerras Mundiais tiveram um grande impacto sobre as operações de negócios de alimentação ao longo do século XX.

Várias regulamentações importantes afetaram os programas de alimentação de refeições comerciais e institucionais no passado e continuam a afetar nos dias de hoje. A popularidade do uso de automóveis foi o estímulo para os conceitos de serviço rápido, *drive-in, drive-through e fast-food*. As condições econômicas do país têm um impacto significativo sobre o setor de *foodservice*, em todos os seus aspectos. Os operadores de serviços de alimentação bem-sucedidos continuarão a aprender com o passado e a construir sobre as bases implantadas pelos que vieram antes.

Aplicação de conceitos abordados no capítulo

Para oferecer aplicações da "vida real" aos conceitos apresentados neste livro, incluímos um estudo de caso ao fim de cada capítulo. Os cenários são reais e os dados apresentados são factuais e atuais. As perguntas para reflexão crítica são apresentadas no fim do cenário do estudo de caso que exigirá que os alunos desenvolvam algumas habilidades de pensamento crítico complexo e, em alguns casos, algumas pesquisas externas.

"Durante a década de 1960, os campi universitários se tornaram centros de debate e cenários de protestos como nunca havia acontecido antes. Grandes quantidades de jovens adultos, *baby boomers* que chegavam à idade de alistamento militar, mas não ainda à idade de votar (a idade mínima para votar só se tornou 18 anos em 1971), provocaram uma luta que se espalhou por vários campi, enquanto o país se envolvia cada vez mais com a Guerra do Vietnã." (http://kclibrary.lonestar.edu/decade60.html; acessado em 23/09/2010.)

Confrontos entre grandes universidades e as cidades em que estavam instaladas ficaram mais intensos. Em Madison, Wisconsin, a universidade com 35.000 alunos foi culpada pela deterioração das hospedarias da cidade, pelo desenvolvimento de guetos hippies, pela destruição de lojas de varejo em áreas comerciais da universidade e pela expansão da propriedade isenta de impostos da universidade. Ao mesmo tempo, os alunos exigiam viver onde e como desejassem, comer o que e quando quisessem e irem e virem como desejassem.

Em 1970, a Universidade de Wisconsin-Madison atendeu às exigências específicas dos alunos por mais flexibilidade nos planos de refeições e alimentos melhores e mais privacidade durante as refeições. O plano do conselho foi substituído por tíquetes de refeição com base em um sistema de pontos de três níveis. Com os pontos, os alunos podiam comer em qualquer dormitório ou lanchonete no *campus*. Se ficassem sem pontos, eles tinham que pagar em dinheiro.

Em virtude dos altos salários pagos aos trabalhadores de restaurantes na época (U$2,45 a US$ 4/hora), mais alimentos prontos foram incorporados aos cardápios. Isso permitiu o fechamento ou consolidação de algumas das cozinhas de universidades. O número de funcionários foi reduzido por demissões e transferências para outros departamentos. As perdas de porcelanas e utensílios de prata levaram o serviço de alimentação a usar descartáveis. Como as horas de serviço eram um ponto delicado no trato com os alunos, chegaram a pensar em ficarem abertos 24 horas por dia. Se isso acontecesse, haveria uma necessidade maior de pacotes com porções únicas para uso fora do horário comercial.

Questões para reflexão

1. Que tendências sociais, políticas ou econômicas podem ter levado o serviço de *foodservice* da Universidade de Wisconsin-Madison a realizar alterações em 1970?
2. Como o serviço de alimentação poderia ter lidado com a exigência dos estudantes de mais privacidade durante as refeições?
3. Que soluções para economizar com mão de obra poderiam ter sido adotadas em vez de comprar alimentos prontos?
4. Você percebe uma dicotomia entre uma tentativa de oferecer "alimentos melhores" e a incorporação de alimentos prontos ao cardápio?
5. De que maneira as exigências dos alunos na década de 1960 diferem das de hoje? De que maneira se assemelham?
6. Quais são as consequências de se operar o serviço de alimentação da universidade 24 horas por dia?
7. Por que uma operação 24 horas por dia consideraria usar pacotes com porções únicas fora do horário comercial?
8. Em sua opinião, como o serviço de alimentação da sua universidade poderia melhorar, no atual cenário econômico?
9. Quais são os pontos positivos e negativos do uso de descartáveis?
10. Que tendências sociais, políticas e econômicas estão afetando os serviços de alimentação das universidades atualmente?

Questões para revisão

1. Com base no que você leu neste capítulo, por que se pode dizer que toda mudança é inevitável e cíclica?

2. Onde começou o serviço de alimentação em quantidade?
3. Como os estilos de vida atuais tiveram impacto sobre a alimentação comercial e institucional?
4. Que conceitos exclusivos o setor de *fast-food* introduziu nos negócios de alimentação?
5. Que legislação importante estabeleceu o programa National School Lunch? Como o programa mudou ao longo dos anos?
6. Onde começou a contabilidade de custos nos negócios de alimentação?
7. Que ciências levaram a melhorias nos métodos usados na alimentação institucional e quais foram essas mudanças?
8. Ao considerar os sites de redes de restaurantes que foram inauguradas no fim da década de 1990, o que você percebe como tendência?
9. O que é diferente nos restaurantes atuais de alto nível em comparação ao Delmonico's?
10. Quais são as condições socioeconômicas e políticas e as mudanças demográficas que influenciaram o setor de *foodservice* no passado e qual é o impacto que elas têm hoje?

Sites selecionados (em inglês)

www.aw-drivein.com (A&W Restaurant)
www.fastcasual.com (Ideias e tendências para restaurantes casuais rápidos)
www.foodtimeline.org/food1.html (Linha do tempo histórica da culinária)
www.godecookery.com (História dos alimentos e banquetes na Idade Média e no Renascimento)
www.hollywoodphotographs.com (Coleção de fotografias de Hollywood)
www.kraftfoodscompany.com (Kraft Foods)
www.mcdonalds.com (McDonald's Corporation)
www.merrell-inn.com (História do Merrell Inn)
www.mediapost.com (Mídia, *marketing* e recursos profissionais de publicidade e propaganda)
www.neenah.org (Future Neenah, um grupo civil de desenvolvimento sem fins lucrativos)
www.nraef.org (National Restaurant Association Educational Foundation)
www.nytimes.com (*New York Times*)
http://restaurant.org (National Restaurant Association)
www.restaurantchains.net (Informações sobre redes de restaurantes)
http://sca.gmu.edu (George Mason Bibliotecas Universitárias)

2
Processos e sistemas dos negócios de alimentação

CONTEÚDO

Situação atual dos negócios de alimentação

Fatores que afetam o crescimento

Tendências em negócios de alimentação

Desafios enfrentados pelo setor

Classificação dos serviços de alimentação

Operações de negócios de alimentação

Natureza da gestão de *foodservice*

Conceito e abordagem de sistemas

Tipos de sistemas de negócios de alimentação

Resumo

Enquanto o primeiro capítulo se concentra na história do conceito de *foodservice* (ou negócios de alimentação), este começa com a situação atual desse setor. Os fatores que afetam o crescimento de alguns segmentos e as tendências e os desafios que o setor enfrenta são discutidos. As tendências mostradas oferecem alguns princípios fundamentais para antecipar o futuro. Elas devem alertar os gerentes para as demandas que os novos desenvolvimentos e mudanças nesse campo podem provocar, de forma que eles possam se preparar para atendê-las.

A abordagem de sistemas de administração é apresentada neste capítulo porque será relacionada a cada tópico subsequente sobre gestão de *foodservice* (ou gestão de negócios de alimentação) ao longo do livro. Esse conceito se baseia na ideia de que organizações complexas são feitas de partes interdependentes (subsistemas) que interagem para atingir objetivos comuns.

Os gerentes enfrentam questões sobre como organizar os departamentos de alimentação para aquisição, produção, distribuição e serviço eficientes de seus alimentos e refeições. Muitas opções estão disponíveis com base no tipo de alimento comprado, nos locais em que o alimento é preparado e será servido, no intervalo de tempo entre o preparo e o serviço, na quantidade, no tipo de equipe e nos equipamentos necessários.

Serviços de alimentação com características semelhantes são agrupados como tipos específicos de sistemas de produção ou operação. Cada um dos quatro tipos de sistema de operação de negócios em alimentação encontrados nos Estados Unidos hoje é descrito com suas características, vantagens e desvantagens específicas. As organizações de alimentação típicas que usam cada tipo também são identificadas. Essa descrição deve oferecer uma base para os gerentes decidirem o tipo de operação adequado a uma situação específica.

Conceitos-chave

1. Tendências socioeconômicas e mudanças demográficas continuam a afetar o setor de *foodservice*.
2. Para proporcionar a satisfação do cliente e administrar uma operação financeiramente sólida, o gerente de negócios de alimentação deve ter consciência das tendências atuais.
3. Inúmeros desafios se apresentam para o setor, o que exige soluções inovadoras.
4. O setor de *foodservice* é amplo e complexo. A vasta gama de estabelecimentos do setor pode ser classificada em três categorias principais: comercial, interna e militar. Cada uma delas pode ser categorizada por tipo de operação.
5. A missão de uma empresa de alimentação é a base sobre a qual todas as decisões devem ser tomadas.
6. A teoria de sistemas evoluiu de teorias de administração anteriores, como administração científica, movimento das relações humanas, pesquisa operacional e teoria da ciência geral.
7. Um sistema é um conjunto de partes interdependentes que trabalham em conjunto para alcançar um objetivo comum. Uma empresa de negócios em alimentação é um sistema.
8. O modelo de sistemas e algumas definições-chave de sistemas são importantes para desenvolver uma compreensão do pensamento sistemático.
9. Os quatro principais tipos de operações de alimentação que existem hoje são convencional, comida pronta, cozinha central e montagem/serviço. Essas classificações se baseiam nas diferenças referentes a local de preparação, quantidade de tempo de estocagem e método de estocagem do alimento cozido, forma de compra do alimento e mão de obra e equipamentos necessários.
10. Os quatro principais tipos de operações de negócios em alimentação têm vantagens e desvantagens distintas.

Situação atual dos negócios de alimentação

Nos Estados Unidos, o *foodservice* atualmente é uma indústria complexa e de mudanças rápidas, que se expandiu rapidamente nos últimos 50 anos. É classificada como a maior empregadora de varejo, com mais de 13 milhões de trabalhadores. Uma estimativa conservadora é de que 47% das refeições consumidas são planejadas, preparadas e servidas fora de casa em um dos aproximadamente 945 mil estabelecimentos que existem nos Estados Unidos.

Fatores que afetam o crescimento

■ **Conceito-chave:** Tendências socioeconômicas e mudanças demográficas continuam a afetar o setor de *foodservice*.

O crescimento da clientela de negócios em alimentação pode ser atribuído, em parte, a tendências socioeconômicas e outras mudanças demográficas.

1. **A mudança do status das mulheres** teve influência sobre a força de trabalho. Em 1970, aproximadamente 43% das mulheres com mais de 16 anos estava trabalhando e, em 1993, 59% das mulheres nessa idade faziam parte da força de trabalho. Hoje, dois terços dos funcionários do setor são mulheres, sete em cada dez supervisores em cargos de preparação e serviço de alimentos são mulheres, e um quarto de todas as empresas de alimentação e bebida é de propriedade de mulheres.
2. **O grande número de lares de solteiros** tem impacto sobre o setor de *foodservice*. As pessoas solteiras em relação aos grupos de famílias, tendem a gastar uma parte maior de seu orçamento alimentar em refeições fora de casa.
3. **O crescimento populacional nos Estados Unidos parece estar desacelerando.** Se essa tendência continuar, haverá menos jovens e um número maior de idosos na nossa sociedade. A média de idade da população dos Estados Unidos, hoje perto dos 36 anos (sendo 23 em 1900, 30 em 1980, 35 em 1996 e projetada para 37 em 2010 e 39 em 2030), continuará a aumentar à medida que o número de bebês permanece baixo e a expectativa de vida dos adultos aumenta. Esses fatos parecem indicar a necessidade de mais instalações de repouso e cuidados com a saúde, um perfil mais velho de mercado-alvo para os restaurantes e uma mudança nas faixas etárias do mercado de trabalho.
4. **Um aumento nas populações asiáticas e hispânicas**, no qual o grupo dos "casados com filhos" soma mais de um terço dos lares, levou a uma diminuição no número de refeições consumidas fora de casa. Por semana, os hispânicos gastam mais em alimentos do supermercado que qualquer outro grupo étnico.
5. **A mudança do setor de manufatura para os setores de tecnologia e serviços** criou mais empregos em escritórios e trabalhadores administrativos. A alimentação em fábricas caiu, e o serviço de alimentação contratual em escritórios está aumentando. A semana de trabalho encurtada dos últimos anos aumentou o tempo de lazer e promoveu o segmento de *foodservice* recreativo do setor.
6. **O interesse despertado pela saúde e pelo bem-estar das pessoas e a preocupação com a melhoria do status nutricional dos indivíduos** também teve impacto sobre os negócios de alimentação. Na verdade, muitas pesquisas estão sendo concluídas e publicadas pela mídia a respeito do impacto da nutrição sobre a saúde. As pessoas estão, no geral, acumulando mais informações sobre nutrição e segurança dos alimentos. Como resultado, a maioria dos tipos de serviços de alimentação, desde escolas e faculdades até empresas aéreas e operações comerciais, está oferecendo opções de cardápio mais saudáveis.
7. **A falta de equipe especializada/qualificada** é um fator interno que tem impacto sobre o setor. Se a crise de mão de obra continuar, pode afetar a escolha do sistema de negócios em alimentação e a forma como os alimentos são comprados pela indústria.

Todos esses fatores ajudaram a moldar o setor de *foodservice* como é hoje. Os gerentes sempre devem estar atentos para as tendências sociais e ter a capacidade de ajustar suas operações às mudanças para serem competitivos e bem-sucedidos nesse mercado.

Tendências em negócios de alimentação

■ **Conceito-chave:** Para proporcionar a satisfação do cliente e administrar uma operação financeiramente sólida, o gerente de negócios de alimentação deve ter consciência das tendências atuais.

A National Restaurant Association[1] ajuda proprietários e gerentes de restaurantes a identificarem tendências entrevistando *chefs* profissionais todo ano. Em 2009, 1.800 *chefs* foram entrevistados, e as 5 principais tendências que eles identificaram foram:

1. **Sustentabilidade** — Significa implantar práticas ambientalmente seguras e fontes locais de produtos agrícolas, carne e frutos do mar. As três principais razões para essa tendência são desejo de alimentos frescos, aumento dos custos de transporte dos produtos e apoio às comunidades e empresas locais.
2. **Nutrição** — Todos estão interessados em melhorar sua nutrição, mas há um foco especial nas refeições infantis, superfrutas, meias porções e refeições sem glúten e com avisos sobre alergias.
3. **Simplicidade e porções menores** — Durante esse período de incerteza econômica, os consumidores estão buscando preços mais baixos, mas com boa qualidade. Isso significa pratos mais simples e porções menores.
4. **Vinho e cerveja produzidos no local** — Combinados com coquetéis elaborados e bebidas artesanais.
5. **Congelamento/resfriamento com nitrogênio líquido** — Esta é a tendência mais recente em métodos de preparo, seguida de cozinhar na gordura, *sous vide* (método de preparo a vácuo), defumação e *confit* escaldado em óleo.

Em geral, fatores econômicos, questões de tempo e preocupações com a segurança e a saúde parecem ser as forças dominantes por trás das previsões de tendências no setor de negócios em alimentação. Os profetas do consumo observam que muitos dos consumidores que trabalham arduamente, têm hoje menos dinheiro para gastar e mais apreciação por valor e conveniência. Custos mais altos de combustível, educação, energia elétrica, cuidados com a saúde e maiores taxas de juros sobre as dívidas dos consumidores resultaram em uma renda excedente menor. Além disso, as descobertas de uma pesquisa foram que dois terços dos adultos acham que não há tempo suficiente no dia para cumprir todos os seus compromissos. Assim, pressionados pelo tempo e com menos renda disponível, os consumidores de alimentos buscam experiências gastronômicas que tenham preço justo, sejam convenientes ou ofereçam um estímulo psicológico.

Com o aumento das taxas de doença cardíaca, diabetes e obesidade e o foco da mídia em questões de segurança dos alimentos, a comida que os consumidores ingerem não é mais simplesmente uma fonte de entretenimento e sustento, mas também uma fonte potencial de perigo. As doenças alimentares (como doença da vaca louca, *Escherichia coli*, *Listeria* e gripe aviária), a presença de pesticidas e ingredientes geneticamente modificados, ameaças ao setor de alimentos, ingredientes artificiais (como as gorduras trans) e o consumo em excesso e/ou opções não saudáveis são preocupações crescentes. Uma empresa de previsão de tendências declarou que a segurança dos alimentos e a saúde são duas das questões mais importantes que as redes e empresas de restaurantes enfrentarão nos próximos anos.

O que, quando e onde comemos é de interesse vital para aqueles do setor de *foodservice*. Os operadores dos negócios em alimentação que se situam no topo das tendências emergentes têm mais chance de atrair e satisfazer os consumidores e, assim, impulsionar as vendas e superar a concorrência. No entanto, prever tendências nem sempre é uma tarefa fácil. As modas passageiras são comuns no setor de *foodservice*. Em contraste com uma tendência, que cresce e amadurece, a moda é um interesse fugaz. As modas costumam ser inovações divertidas que provocam interesse e empolgação, enquanto as tendências são alimentadas por condições como a situação da economia e mudanças nos estilos de vida.

A National Restaurant Association identificou 14 inovações que abordam algumas das questões e desafios que o setor de *foodservice* enfrenta nos dias de hoje:

1. Equipamentos com uso mais eficiente de energia, para reduzir os custos.
2. Opções de *self-service*, como quiosques, sistemas de pedido na mesa e outros dispositivos de *self-service* (incluindo uma máquina de sorvete do tamanho de uma máquina de venda automática que faz 96 variedades de sorvete — o consumidor pode selecionar o tipo de

---
[1] N.R.C.: Trata-se de uma associação de restaurantes norte-americana que produz uma série de estudos e análises de mercado. Edita a revista semanal chamada Nation's Restaurant News, que pode ser acessada em: www.nrn.com.

sorvete, os sabores e as coberturas por meio de uma tela sensível ao toque e, em 45 segundos, receber o sorvete personalizado).
3. Restaurantes menores e equipamentos menores, multitarefas e de alto volume (como fornos combinados e fornos pequenos com esteiras) para lidar com os custos absurdos de imóveis e de construção.
4. Gestão eletrônica de estoque, incluindo leitores de códigos de barras portáteis.
5. Equipamentos de preparo mais rápidos, como um forno combinado que pode assar até 32 pães em 10 minutos.
6. Maior uso de **sous vide** (pronunciado "su vid", que em francês significa "a vácuo"), um método de preparo de alimentos em sacos plásticos em temperaturas mais baixas, para reduzir o custo dos alimentos, preparar itens de maneira conveniente e melhorar o sabor.
7. Treinamento de funcionários no local, com o uso de *smartphones*, telefones celulares, *iPods* e tocadores de *MP3* para aumentar a produtividade.
8. Uso de *software* de gestão para fazer programação de turnos, combinando o fluxo de funcionários com o fluxo de consumidores.
9. Aumento do uso de materiais ecologicamente corretos (feitos com materiais reciclados ou com recursos renováveis e biodegradáveis) para utensílios descartáveis.
10. Recipientes para viagem à prova de vazamentos e desperdício, que não gotejam e com dispensadores internos.
11. Sapatos mais seguros, confortáveis e modernos e pisos mais seguros, antimicrobianos e mais claros para evitar gastos com indenização de funcionários por quedas.
12. Produtos integrais e multigrãos, que incluem pão francês, arroz, macarrão, pão árabe, cereais e *wraps* que atendam às novas orientações nutricionais do USDA.
13. Óleos livres de gordura trans e com pouca gordura saturada, que tenham maior durabilidade para lidar com a crescente demanda dos clientes por opções mais saudáveis e manter os custos baixos.
14. Sabores ousados e temperados e estilos gastronômicos como pratos inspirados no Caribe, na África e na Índia para atender às mudanças de paladar dos norte-americanos.

Sous vide
Os alimentos são pré-cozidos e embalados a vácuo para durar mais nas prateleiras.

Pesquisas norte-americanas contínuas revelam os seguintes fatos a respeito da situação do setor:

- Em 2010, o setor de negócios em alimentação operou mais de 1 milhão de unidades e arrecadou vendas de US$ 577 bilhões.
- Mais de 50% de todos os consumidores vão a um restaurante em seus aniversários, o que torna essa ocasião a mais popular para comer fora, seguida do dia das mães e do dia dos namorados.
- Agosto é o mês mais popular para comer fora e sábado é o dia da semana mais popular para jantar fora.
- Três em cada quatro operadores de negócios em alimentação têm um endereço de e-mail para responder a clientes ou receber comentários.
- Cerca de metade dos operadores de restaurantes com serviço à mesa têm um site.
- Três a cada cinco operadores de restaurantes com serviço à mesa relatam ter acesso à internet na unidade.
- Cerca de um terço dos operadores de restaurantes com serviço à mesa planejam alocar uma proporção maior do orçamento para a segurança dos alimentos.
- Sanduíches quentes são mais populares que os frios.
- Os americanos estão se acostumando a itens étnicos em cardápios de restaurantes não étnicos, e seu gosto por esses sabores está aumentando. Os alimentos étnicos estão crescendo imensamente nos negócios de alimentação não comercial/de saúde. Entre essas comidas, as mais populares são mexicana/hispânica, asiática e italiana; no entanto, existem diferenças regionais e demográficas. Por exemplo, pratos principais chineses/asiáticos/indianos atraem principalmente *baby boomers*, indivíduos de alta renda e residentes dos estados do oeste.
- Os clientes querem mais variedade de alimentos, rapidez no serviço e conveniência. Os consumidores estão exigindo mais variedade, dos quais 58% concordam que prefeririam uma variedade a mais de alimentos e bebidas.
- A pizza é importante! Noventa e quatro por cento da população dos Estados Unidos come pizza, com aproximadamente 3 bilhões de pizzas vendidas a cada ano. Crianças entre 3 e 11 anos preferem pizza a todos os outros alimentos no almoço e no jantar. Cada homem, mulher e criança come uma média de 46 fatias (10 kg) de pizza por ano. Os consumidores estão escolhendo pizzas mais sofisticadas na aparência e no sabor. Sessenta e dois por cento das pizzas compradas têm cobertura de carne.

- No segmento de *fast-food* do setor, alimentos dietéticos não funcionam, porções maiores funcionam, o cálculo do preço de venda é prestigiado e o negócio de hambúrgueres está em baixa, mas não acabou. Embora o consumo de batatas fritas tenha caído 10%, ele está sendo substituído por *onion rings* e sobremesas.
- Pela primeira vez em muito tempo, as vendas de alimentos no varejo estão excedendo as vendas nos serviços de alimentação. Mais refeições estão sendo consumidas em casa, preparadas com itens de conveniência comprados em uma mercearia ou mercado.
- Embora dois terços dos americanos relatem que estão comendo de maneira mais saudável, a quantidade de alimentos consumidos é a mais alta de todos os tempos.
- O consumo de carne vermelha, aves e peixes também aumentou, mas produtos mais magros estão mantendo o consumo de gorduras baixo.

Em resposta a esses fatos, as atuais macrotendências incluem um aumento no número de lojas de restaurantes de rede, em especial churrascarias (pontos de acesso); um aumento no uso da tecnologia; expansão dos cardápios para incluir mais sanduíches e alimentos rápidos mexicanos, asiáticos e frescos; **marketing do valor familiar** e **definição de preços de venda**; operações de *fast-food* localizadas em grandes lojas de descontos; **marcas múltiplas**, onde diversas redes de restaurante operam no mesmo local; e produtos alimentícios de mercearia frescos, totalmente cozidos, temperados (com sabores ousados), prontos para comer, com valor agregado e estabilidade nas prateleiras; que não exigem limpeza e têm desperdício mínimo de embalagem; e que, após abertos, podem ser fechados novamente, com porções controladas e que não derramam, estragam ou amassam na viagem.

Entre os diversos segmentos do mercado, as seguintes tendências que acompanham essas macrotendências estão emergindo:

- O serviço de alimentação carcerário está se expandindo rapidamente, conforme as populações carcerárias aumentam e o uso do **método de cocção/resfriamento** continua a crescer (Fig. 2.1). Algumas pessoas estimam que, até o ano 2025, metade da população carcerária terá mais de 50 anos de idade. A necessidade de oferecer mais aconselhamento nutricional, dietas especiais e opções saudáveis de alimentos terá de ser equilibrada com os custos.
- O negócio de restaurantes finos está em baixa, mas o interesse em cafeterias e bistrôs está aumentando. Lanchonetes casuais continuam a disparar na popularidade em resposta à crescente demanda dos consumidores por opções mais saudáveis e frescas. Operações como Baja Fresh e Chipotle Mexican Grill fundiram ingredientes de alta qualidade, pratos luxuosos e serviço rápido que parece satisfazer a todas as atuais demandas dos consumidores.

Marketing **do valor familiar**
Preços que satisfazem os orçamentos familiares.

Definição de preços de venda
Definição de preços de modo que os consumidores sintam que fizeram uma boa compra.

Marcas múltiplas
Quando diversas redes de restaurantes operam ou quando produtos de marca são vendidos no mesmo local.

Método de cocção/resfriamento
Procedimento em que o alimento é preparado e cozido pelo método convencional ou por outros métodos, depois é resfriado e refrigerado para uso posterior.

Figura 2.1 Uma instalação de cocção/resfriamento.
Fonte: Cortesia de Chester-Jensen Company, Chester, PA.

- Os serviços de alimentação de instalações recreativas estão se expandindo com **cardápios luxuosos**.
- O serviço de alimentação escolar enfrenta batalhas orçamentárias e mudanças legislativas com um aumento no uso de alimentos de marca (***branding* – construção da marca**) e o desenvolvimento de uma mentalidade de negócios.
- O serviço de alimentação hospitalar está utilizando estatísticas de ***benchmarking*** **(processo de comparação de marcas)** para justificar os custos, incluindo alimentos de "autosserviço" no refeitório dos funcionários, cafeterias, cardápios limitados para pacientes, cardápios no estilo de restaurantes, *comfort foods* e **satelização** (vender alimentos para outras instalações).
- O serviço de alimentação no setor de hospedagem está incorporando minimercados, cozinha étnica, alimentos mais simples, opções mais saudáveis e *buffet*.
- O serviço de alimentação universitária tem apresentado mais opções de *self-service* e sistema de autosserviço (incluindo pizza), horas extras de operação, pratos vegetarianos autênticos e opções étnicas saborosas. Os principais pedidos em faculdades e universidades são por mais frango, seguido de pizza e comida mexicana.
- O serviço de alimentação militar enfrenta o fechamento de bases, mas também melhor qualidade dos alimentos, consistência e preços, uso de alimentos de marca, *catering* para pessoal civil, boates animadas, quiosques e mini unidades.
- O serviço de alimentação em casas de repouso serve aos pacientes mais doentes e mais jovens maior quantidade de produtos de conveniência, mais alimentos étnicos, dietas mais liberais e uma opção de serviço de quarto. Há certo movimento para voltar aos cardápios pré-selecionados.
- Restaurantes de serviço rápido estão apresentando a informação nutricional de seus cardápios em sites, alguns com versões personalizadas dos alimentos. Algumas redes estão testando programas para oferecer frutas frescas, leite, saladas e opções magras dos itens de seus cardápios.

A adição de itens novos e empolgantes ao cardápio continuará sendo uma importante ferramenta competitiva nos segmentos de *foodservice*. As tendências alimentícias incluem cafés especializados; saladas como prato principal; condimentos com muito sabor; alimentos picantes, com a comida mexicana fortalecida como a maior cozinha étnica depois da italiana; sobremesas especializadas; ***comfort foods***, como bolo de carne, frango assado, purê de batatas e bolo de frutas; massas; e carnes vermelhas.[2] Inúmeros especialistas do setor preveem que as tendências que devem sumir são *bagels*, pratos pretos e títulos de cardápio com 20 palavras. Para substituí-los, tendências como os três S's — sopas, sanduíches e saladas —, além de alimentos autênticos e ambientes para refeições, parcerias entre fabricantes e *chefs*, preparo rápido desde o início, chá, alimentos étnicos regionalizados e oportunidades fora dos períodos de refeição, como o chá das cinco. Um especialista da área sumariza: "Agora tudo se resume a: família, alimento, rapidez e diversão!" A essa lista, pode-se adicionar: frescor.

Previsões sociológicas de que os americanos enfrentarão horas de trabalho ainda mais longas e haverá mais famílias com duas fontes de renda nos próximos anos levaram mais e mais operadores de negócios em alimentação a oferecerem algo que é chamado de **substituições de refeições caseiras (SRC)** ou **soluções para refeições**. As SRC variam de refeições *gourmet*, jantares saudáveis para dois, pratos principais tradicionais, saladas ensacadas, itens de padaria, componentes que podem incluir desde molhos prontos para massas (a chamada arte culinária do joga-e-mexe) a produtos de mercearia como produtos agrícolas frescos e leite. As estações de comida para viagem estão se transformando em pontos de refeições com serviço completo, como o Outback Steakhouse. Os serviços de alimentação em hospitais, empresas, fábricas e faculdades são ambientes naturais para o mercado de SRC, já que os supermercados agora oferecem uma variedade de opções para aquecer e servir, preparadas no local ou entregues por uma cozinha central próxima. Duas estratégias recentes dos supermercados incluem chefs internos que cozinham alimentos sob medida enquanto você espera e a emissão de cardápios semanais para que os consumidores saibam que podem comprar picadinho de carne às terças e frango à Kiev às sextas.

A tendência de **cozinha aberta** dos restaurantes luxuosos está se infiltrando nos serviços de alimentação internos (Fig. 2.2). Projetos sem cozinha tradicional e sem armazenamento, nos quais a apresentação e a preparação dos alimentos ficam visíveis aos clientes, apelam a todos os sentidos conforme os clientes veem, ouvem, sentem o cheiro e provam as comidas à medida que elas passam do estado cru para o cozido.

---

[2] N.R.C.: Neste caso, trata-se de alimentos ligados à cultura norte-americana. No Brasil, pode-se entender como arroz com feijão, bife à parmegiana, farofa, bolo de fubá, etc.

Cardápios luxuosos
Alimentos mais elegantes e mais caros, normalmente com um apelo *gourmet*.

Branding – construção da marca
Uso de produtos com etiqueta nacional ou local para venda em uma operação de negócios em alimentação existente.

Benchmarking – processo de comparação de marcas
Medida de Gestão da Qualidade Total que oferece uma oportunidade para a empresa estabelecer objetivos alcançáveis com base no que outras empresas estão conseguindo.

Satelização
Venda e/ou entrega de alimentos para outras instalações.

Comfort foods
Alimentos associados ao conforto do lar e da família; inclui pratos tradicionais.

Substituições de refeições caseiras
Alimentos preparados ou parcialmente preparados para viagem.

Soluções para refeições
Alimentos preparados ou parcialmente preparados para viagem.

Cozinha aberta
Projeto de restaurante em que a cozinha pode ser vista pelos consumidores.

Figura 2.2 Uma ilha personalizada de equipamentos de preparo leva em conta o que há de mais moderno em cozinha aberta.
Fonte: Cortesia da Montague Company, Hayward, CA.

Gestão interna
Serviços de alimentação de uma organização operados pela própria organização.

Refeições contratadas
Serviços de alimentação de uma organização operados por uma empresa externa.

No setor não comercial, a escolha entre operar o serviço de alimentação com uma **gestão interna** ou usar uma empresa de **refeições contratadas** continua sendo uma decisão importante e difícil de tomar. Depois de anos reduzindo os lucros para controlar os custos de alimentos e mão de obra, os fornecedores estão mudando o foco para melhorar as promoções, os serviços e as percepções de preço-valor. Aqueles que preferem manter ou retornar à gestão interna citam como razões a oportunidade de aumentar a receita, melhorar a qualidade e o controle e marcar a operação com uma assinatura exclusiva.

Desafios enfrentados pelo setor

▌ **Conceito-chave:** Inúmeros desafios se apresentam para o setor, o que exige soluções inovadoras.

Os principais desafios enfrentados pelo setor nos próximos anos serão:

- A economia/recessão.
- A concorrência.
- Criação/manutenção do volume de vendas.
- Recrutar e manter funcionários.
- Custos de mão de obra.

Algumas sugestões para lidar com os desafios dos próximos 25 anos foram feitas pelos executivos do setor. São exemplos:

- Oferecer melhores salários e benefícios (incluindo plano de saúde, subsídios para creche e horário flexível) e promover oportunidades de progresso a minorias que nem sempre têm experiência nas funções.
- Consórcios de mão de obra compartilhada gerenciados por fornecedores, disponíveis para operadores conforme necessário.
- Equipes de eventos especiais que viajam com cardápios, decorações e entretenimento de instituição em instituição.
- Sistemas gerenciados por fornecedores para rastrear produtos durante todo o ciclo de produção/embalagem/distribuição/uso.
- Equipamentos robóticos programados para serviços de limpeza e disponíveis para aluguel.
- Docas de carga em tetos com entrega feita por meio de aerodeslizadores.

Classificação dos serviços de alimentação

▌ **Conceito-chave:** O setor de *foodservice* é amplo e complexo. A vasta gama de estabelecimentos do setor pode ser classificada em três categorias principais: comercial, interna e militar. Cada uma delas pode ser categorizada por tipo de operação.

O setor de *foodservice* é amplo e envolve uma vasta gama de estabelecimentos. Podem ser classificados em três grupos principais:

- Comercial (restaurantes, supermercados, lojas de conveniência, *delicatessens*, lanchonetes e outros estabelecimentos alimentícios de varejo).
- Não comercial (às vezes chamados de institucional ou interno) — empresarial, escolar, governamental, em instalações carcerárias ou outras organizações que operem seus próprios serviços de alimentação.
- Militar.

Escopo dos serviços. Dentro de cada um desses tipos de organizações de negócios em alimentação, um amplo **escopo de serviços** é oferecido. O termo escopo de serviços em operações de negócios em alimentação refere-se ao número e aos tipos de unidades de negócio oferecidas em cada operação de negócios em alimentação. O escopo normalmente é uma mistura de unidades de varejo e sem geração de receita. Por exemplo, os departamentos de alimentos e nutrição dos hospitais oferecem refeições aos pacientes e serviços de nutrição. Ambos costumam ser unidades sem geração de receita. No entanto, os mesmos departamentos costumam oferecer pelo menos uma unidade de varejo. A mais comum delas é a cafeteria para funcionários e visitantes, na qual os preços podem ser estabelecidos para gerar receita para todo o departamento. Outras unidades de varejo incluem cafeterias satélite, praças de alimentação, quiosques de café e serviços de máquinas automáticas e *catering*. (A Fig. 2.3 inclui diversos exemplos de escopos de serviços para uma variedade de operações de negócios em alimentação.)

É importante um gerente de serviço de alimentação reconhecer o escopo dos serviços oferecidos por um serviço de alimentação para ter uma ideia da complexidade do departamento. O conhecimento do escopo também ajuda o gerente a entender a situação financeira do departamento e as oportunidades de conter custos ou gerar receita. Os cardápios, os métodos de pro-

Escopo de serviços
Número e tipos de unidades de negócios oferecidas em operações de alimentação individuais.

Hospital urbano de grande porte		
Serviços aos pacientes	Varejo	Serviços nutricionais
Serviço de bandeja Serviço de quarto Alimentação	Cafeterias para funcionários/visitantes Máquinas de venda automática *Catering* Unidades-satélite – Quiosques	Paciente internado (terapia nutricional) Paciente externo (terapia nutricional) Educação comunitária Dietas de pesquisa

Hospital comunitário			
Serviços aos pacientes	Alimentos para funcionários	Alimentos para a comunidade	Serviços nutricionais
Serviço de bandeja Serviço de quarto Alimentação	Cafeteria Máquinas de venda automática *Catering*	Refeições móveis Cuidado infantil Cuidado com adultos	Paciente internado (terapia nutricional) Paciente externo (terapia nutricional) Educação comunitária

Escola		
Programa de Nutrição Infantil do USDA	Varejo	Outros
Café da manhã Almoço Lanches pós-escola Alimentação de verão	*À la carte* Máquinas de venda automática Praça de alimentação	Refeições para funcionários *Catering*

Faculdade/universidade	
Dormitórios	Varejo
Refeitórios Serviço de quarto	Quiosques Refeições executivas para corpo docente *Delicatessens* Lojas de conveniência

Figura 2.3 Exemplos de escopos de serviços de quatro organizações de negócios em alimentação.

dução e os estilos de serviço variam entre as diferentes unidades, que, por sua vez, influenciam como cada unidade precisa ser gerida. Por fim, o gerente alimentício deve entender as necessidades de cada unidade para alocar com eficácia os recursos limitados entre as unidades durante o processo de planejamento orçamentário. Além disso, dentro de cada um desses grupos, existe uma miríade de tipos de estabelecimentos de alimentação; cada um desses estabelecimentos tem seus próprios objetivos, metas e tipo de organização e gestão. Embora possam parecer amplamente divergentes, todos estão preocupados em fornecer um serviço de alimentação a algum segmento do público. Existe uma semelhança entre eles que pode ser identificada com o objetivo de agrupá-las em tipos específicos de operações de negócios em alimentação.

Operações de negócios de alimentação

Natureza da gestão de *foodservice*

▌ **Conceito-chave:** A missão de uma empresa de alimentação é a base sobre a qual todas as decisões devem ser tomadas.

Todas as organizações têm uma missão que surge de sua motivação para existir. Uma **declaração de missão** por escrito está rapidamente se tornando um documento comum para orientar a tomada de decisões organizacionais. Para cumprir essa missão com eficácia, a organização deve então desenvolver metas ou **objetivos** específicos. Por exemplo, a missão de uma organização de negócios em alimentação pode ser satisfazer os clientes servindo alimentos nutritivos de alta qualidade por preços razoáveis, ao mesmo tempo em que consegue o lucro desejado para a organização. Os objetivos, neste caso, podem ser *benchmarks* como percentual de clientes que marcam no mínimo satisfeito em escalas de classificação, aumento nas vendas totais e no número de clientes, número de clientes "regulares" e lucro líquido. É responsabilidade da gestão alcançar os objetivos da organização.

Uma definição genérica de gestão é que ela é a integração e a coordenação eficaz e eficiente dos recursos para atingir os objetivos desejados da organização. A *eficácia da gestão* pode ser medida por como a organização atinge seus objetivos ao longo do tempo. A *eficiência*, em contraste com a eficácia, é uma medida de objetivos de curto prazo. Se um serviço de alimentação pagou US$ 1 por um pé de alface e o usou inteiro em uma única salada, pode-se supor que muitas alfaces foram desperdiçadas. Essa é uma comparação do insumo de alface com o resultado de uma salada — um uso ineficiente dos recursos, uma medida de curto prazo. A medida de eficácia deveria ser produzir uma salada nutritiva de alta qualidade, por um preço razoável, para satisfazer clientes potenciais e dar lucro para a organização.

Algumas das funções realizadas pelos gerentes de serviços de alimentação incluem as seguintes:

- Seleção, orientação e fornecimento de treinamento contínuo e supervisão do quadro de funcionários.
- Monitoramento da carga de trabalho da equipe e de seu desempenho e designação de tarefas adequadas.
- Desenvolvimento e controle dos orçamentos de capital e operacionais.
- Preparação de relatórios financeiros.
- Garantir qualidade, segurança e saneamento de todos os alimentos preparados.

Cada uma dessas funções será discutida em mais detalhes em capítulos posteriores.

De grande importância para qualquer organização neste mundo cada vez mais competitivo é como ela consegue se adaptar, alcançar seus objetivos e cumprir sua missão. Ver a organização como um sistema é essencial nessa tarefa, assim como escolher o sistema de produção correto para as necessidades ou características específicas da operação. A administração de sistemas é discutida em primeiro lugar, seguida de uma seção sobre os sistemas de produção.

Conceito e abordagem de sistemas

▌ **Conceito-chave:** A teoria de sistemas evoluiu de teorias de administração anteriores, como administração científica, movimento das relações humanas, pesquisa operacional e teoria da ciência geral.

Declaração de missão
Resumo dos objetivos, clientes, produtos e serviços de uma organização.

Objetivos
Metas ou alvos específicos e mensuráveis de uma organização.

Antes de discutir as organizações de negócios em alimentação como "sistemas", esta seção revê o conceito de sistemas e a abordagem de sistemas e como a teoria de sistemas evoluiu de outras teorias administrativas. Essa avaliação estabelece uma base comum de entendimento e torna a aplicação do conceito de sistemas aos negócios de alimentação uma transição fácil.

Uma breve história da teoria de sistemas. Organizações são sistemas. Este conceito evoluiu gradualmente de teorias de administração anteriores. As visões tradicionais proeminentes no fim do século XIX e no início do século XX incluíam a teoria científica da administração, que enfatiza o desempenho de trabalho eficiente. Os trabalhadores eram treinados para realizar uma tarefa seguindo o método que julgassem mais eficiente. Se todos tivessem um desempenho satisfatório, as metas poderiam ser atingidas. Muitas vezes chamada de abordagem clássica da administração, os princípios desenvolvidos a partir dessa teoria ainda são considerados pela maioria dos gerentes como importantes para o sucesso das organizações modernas. Esses princípios são listados e definidos no Capítulo 13.

No fim da década de 1920, pesquisas conduzidas por Elton Mayo e seus associados na Fábrica de Hawthorne da Western Electric Company levaram à descoberta de que fatores sociais e psicológicos eram determinantes críticos da satisfação do trabalhador e da produtividade. Assim começou o movimento das relações humanas nas indústrias.

Depois da Segunda Guerra Mundial, métodos quantitativos começaram a ser utilizados para fins de tomada de decisões. A aplicação da tecnologia computacional e dos modelos matemáticos era coletivamente chamada de pesquisa operacional ou ciência administrativa.

Todas essas teorias iniciais da administração eram focadas internamente, apesar do trabalho de diversos teóricos da administração que descreviam as organizações como sistemas inter-relacionados com seus ambientes. Durante as décadas de 1960 e 1970, conforme as organizações enfrentavam ambientes sociais, econômicos e tecnológicos cada vez mais turbulentos, uma orientação estratégica ampla da administração de organizações começou a surgir: a teoria de sistemas. Esta nova abordagem dava muita ênfase ao relacionamento da organização com seu ambiente e se baseava na premissa de que o desempenho pode ser melhorado se alinharmos a missão e o projeto de uma organização com as restrições e as demandas do ambiente.

Esse processo evolutivo é graficamente ilustrado no modelo triangular da administração (Fig. 2.4). Como ilustra o modelo, as preocupações com eficiência e produtividade atuais vêm da perspectiva da administração clássica; as preocupações com comportamento organizacional

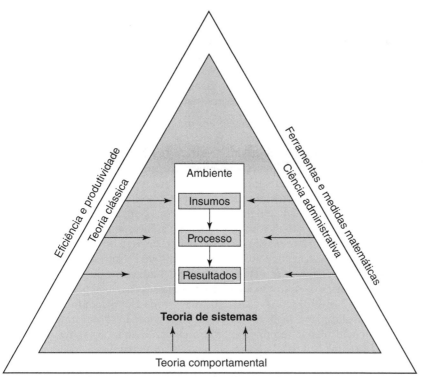

Figura 2.4 O modelo triangular da administração.

atuais e a importância dos recursos humanos vêm da perspectiva da administração comportamental; e as preocupações atuais com ferramentas matemáticas e medições vêm da perspectiva da ciência administrativa.

Às vezes chamada de teoria de sistemas abertos, ela se baseia em um trabalho de 1949 de Ludwig von Bertalanffy, no qual ele descrevia a natureza dos sistemas biológicos e físicos. O clássico inovador de Katz and Kahn, *The Social Psychology of Organizations*, publicado em 1966, abriu caminho para a aplicação da abordagem de sistemas científicos gerais de Bertalanffy à administração de organizações. As contribuições deste trabalho incluem os conceitos de "insumos" e "resultados" organizacionais, que estimulou os gerentes a prestarem atenção a fatores econômicos, psicológicos e sociológicos em suas análises de uma organização; o que desencorajou a abordagem de "uma única melhor maneira"; e recomendou um modelo contingencial no qual os fatores do ambiente ajudam a determinar o projeto da organização. Em 1968, Churchman sugeriu que a abordagem de sistemas é imperativa para a administração estratégica e deve envolver cinco processos essenciais: identificação dos valores e metas fundamentais da organização e dos objetivos que surgem a partir daí (resultados desejados); avaliação do ambiente da organização — forças externas à organização que podem ser oportunidades ou ameaças (ambiente); avaliação dos recursos e capacidades da organização (insumos); identificação da estrutura da organização (operações); e desenvolvimento da estrutura administrativa (gestão).

▌**Conceito-chave:** Um sistema é um conjunto de partes interdependentes que trabalham em conjunto para alcançar um objetivo comum. Uma empresa de negócios em alimentação é um sistema.

Alguns fundamentos da teoria de sistemas. Alguns conceitos fundamentais sustentam a teoria de sistemas. São os seguintes:

- Organizações são "conjuntos de partes" unidas por interações prescritas e são projetadas para cumprir determinados objetivos e metas.
- Organizações são entidades altamente complexas, nas quais se deve prestar atenção a uma miríade de insumos, processos, resultados, *feedbacks* e ao ambiente geral em que a organização funciona.
- Organizações operam dentro de uma sociedade e, como tal, são interdependentes, e não autocontidas.
- Organizações estão sempre mudando e interagem constantemente com o ambiente que as altera, e elas, por sua vez, o alteram.
- A organização não pode ser compreendida como uma função de suas partes isoladas, porque o comportamento do sistema não depende do que cada parte faz, mas de sua interação com o restante.
- Organizações não são estáveis ou instáveis, mas existem em um estado de **equilíbrio dinâmico** necessário para manter sua homeostase.

A palavra **sistema** é usada livremente e em muitos contextos diferentes. Lê-se e fala-se sobre o sistema solar, o sistema de defesa, o sistema de transportes, o sistema escolar e até mesmo o corpo humano como um sistema. "Sistema" foi definido de várias maneiras e com tantas palavras diferentes que pode parecer confuso. Mas uma semelhança é sempre verificada: um sistema é um conjunto de partes interdependentes que trabalham em conjunto para alcançar um objetivo comum. As partes inter-relacionadas são conhecidas como **subsistemas**, cada uma dependente das outras para atingir suas metas. Por exemplo, um trem não pode atingir seu objetivo de transportar passageiros de um destino a outro se as rodas estiverem fora dos trilhos, ainda que todas as outras partes do trem estejam em perfeito funcionamento. Todos os elementos devem ser coordenados para funcionar juntos em prol do sucesso.

A premissa inicial da **teoria de sistemas** é que, antes de aplicar qualquer conceito das três perspectivas principais, a organização é vista como uma entidade composta ou feita de partes interdependentes — os subsistemas. Cada subsistema contribui para o todo e recebe algo do todo enquanto trabalha para atingir as metas comuns. O papel do administrador é considerado um "esforço sistemático" que reconhece as necessidades de todas as partes. As decisões são tomadas à luz do efeito geral da administração em relação à organização como um todo e seus objetivos. Esse tipo de liderança é a abordagem de sistemas — isto é, uma aceitação da teoria de sistemas da administração e seu uso como estilo de gestão. O reconhecimento de que uma

---

Equilíbrio dinâmico
Reagir a mudanças e forças, tanto internas como externas, de maneiras que muitas vezes criam um novo estado de equilíbrio.

Sistema
Partes interdependentes que trabalham em conjunto para alcançar um objetivo comum.

Subsistemas
Partes interdependentes de um sistema, as partes de um sistema.

Teoria de sistemas
A organização como um todo constituída de partes interdependentes.

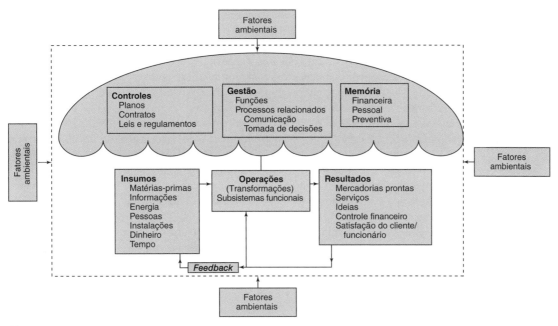

Figura 2.5 Modelo de sistemas.

mudança feita em uma parte do sistema tem impacto sobre todas as outras partes dele é um exemplo do uso da abordagem de sistemas. Três áreas de uso comum dessa abordagem são as seguintes:

- A **filosofia ou pensamento sistemático** é um modo de pensar no fenômeno em termos do todo, que abrange partes, componentes ou subsistemas, com ênfase em seus inter-relacionamentos.
- A **análise de sistemas** é um método de solução de problemas ou tomada de decisões.
- A **gestão sistemática** é a aplicação da teoria de sistemas à administração de sistemas ou subsistemas organizacionais.

▌ Conceito-chave: O modelo de sistemas e algumas definições-chave de sistemas são importantes para desenvolver uma compreensão do pensamento sistemático.

O modelo de sistemas. Diversos diagramas podem ser usados para ilustrar uma organização como um sistema com seus insumos, os subsistemas que realizam as operações, e os resultados, junto às interações com o ambiente. Um diagrama que é claro, simples e facilmente adaptável a organizações específicas é mostrado na Figura 2.5 e será usado ao longo do livro. Ao final de cada capítulo, será incluído o modelo e uma pergunta sobre sistemas.

Algumas definições-chave de sistemas. Dinheiro, matéria-prima, tempo, equipamento, energia (serviços de utilidade pública), instalações e equipe, junto às informações necessárias, são os **insumos** do sistema. O trabalho realizado, conhecido como **operações**, transforma os insumos (como a matéria-prima) em resultados (como produtos ou serviços terminados). A **transformação** desses insumos acontece nos subsistemas funcionais mostrados na Figura 2.6. Insumos, transformações e resultados podem ser considerados a base do sistema de negócios em alimentação.

Filosofia ou pensamento sistemático
Modo de pensar nos fenômenos em termos do todo, das partes e de seus inter-relacionamentos.

Análise de sistemas
Método de solução de problemas ou tomada de decisões.

Gestão sistemática
Aplicação da teoria de sistemas à administração de organizações.

Insumos
Recursos como dinheiro, material, tempo e informações exigidos por um sistema.

Operações
Trabalho realizado para transformar insumos em resultados.

Transformação
Processos necessários para transformar insumos em resultados.

Figura 2.6 Subsistemas funcionais de uma operação tradicional de negócios em alimentação.

Resultados
Produtos e serviços finais de uma organização.

Equifinalidade
Os mesmos resultados podem ser obtidos de diferentes insumos ou processos de transformação.

Feedback
Informações sobre como as operações funcionaram ou fracassaram ou como elas devem ser alteradas ou modificadas para restaurar o equilíbrio.

Controles
Os planos autoimpostos e documentos jurídicos que afetam a função da organização.

Gestão
Integração e coordenação dos recursos para atingir os objetivos desejados da organização.

Memória
Registros do desempenho passado que ajudam a melhorar a efetividade futura.

Sistema aberto
Um sistema que interage com as forças externas do ambiente.

Processos de ligação
Métodos usados para unificar um sistema.

Entropia
Quantidade de desordem, incerteza ou aleatoriedade em um sistema.

Homeostase
Equilíbrio adequado do ambiente interno.

Hierarquia de sistemas
Característica da estrutura organizacional que abrange subsistemas, sistemas e suprassistemas.

Suprassistemas
Entidades maiores, feitas de inúmeros sistemas.

Interdependência
As partes do sistema interagem e dependem umas das outras.

Holismo
O todo de uma organização é mais que a soma de suas partes.

Sinergia
O trabalho conjunto das partes de um sistema de forma que os resultados sejam maiores que o esforço individual conseguiria.

Os **resultados** devem estar alinhados com a missão, as metas e os objetivos da organização. O conceito de **equifinalidade** significa que os resultados podem ser atingidos de várias maneiras. Um exemplo simples disso seria produtos de conveniência de alta qualidade *versus* produzir internamente itens do cardápio a partir de ingredientes crus. Os resultados oferecem informações sobre como as operações funcionaram ou fracassaram ou como devem ser alteradas ou modificadas. Essa informação é conhecida como *feedback* e oferece à gestão os dados para iniciar medidas corretivas para restaurar o equilíbrio.

Controles, **gestão** e **memória** têm impacto sobre todas as partes do sistema e são, portanto, mostrados como um guarda-chuva sobre as outras partes do sistema (ver Fig. 2.5). Os controles incluem planos internos feitos pela organização, contratos e leis e regulamentos que se aplicam à operação. A gestão realiza várias funções para cumprir a missão da organização. A gestão será discutida em mais detalhes nos Capítulos 13 a 18. *Memória* é o termo de sistemas que inclui todos os registros do desempenho passado que podem ser usados para melhorar a eficácia futura.

Uma organização também é um **sistema aberto** influenciado por e que interage com forças externas no ambiente à sua volta. Essas forças incluem diversas agências regulatórias, clientes e outros componentes, concorrentes, fornecedores, condições sociais e econômicas e clima. Essas forças externas afetam as práticas dentro da organização; por outro lado, a organização tem efeito sobre as forças em seu ambiente. (Por exemplo, o departamento de nutrição de um hospital interage com muitos grupos externos, como pacientes, clientes, médicos, administração do hospital e algumas agências regulatórias. O departamento, por sua vez, afeta os grupos externos com os quais interage.) Em contraste, um sistema fechado não interage com seu ambiente. A maioria dos exemplos de sistemas fechados seriam mecânicos por natureza. Todas as organizações são sistemas abertos, mas algumas cometem o erro de ignorar o ambiente ou de se comportar como se ele não fosse importante.

Os resultados são alimentos prontos para servir, satisfação da clientela e dos funcionários e controle financeiro. As ideias geradas pelos resultados das operações são chamadas de *feedback*, usado para melhorar a operação conforme necessário. Todas as partes do sistema são ligadas por funções administrativas, como planejamento, organização e contratação, que serão discutidas na Parte 5. Para conseguir a unificação do sistema, os administradores usam diversos **processos de ligação**, como comunicação e tomada de decisões. Ao redor do sistema existem fatores ambientais, como agências reguladoras, a economia, os aspectos sociais e culturais e os diversos elementos da operação, como clientes e fornecedores.

A mudança é constante e multidimensional. A mudança gera incerteza e cria desordem ou **entropia** na organização. A organização deve reagir a cada mudança, força ou perturbação aleatória, tanto interna quanto externa, de maneiras que muitas vezes criam um novo estado de equilíbrio. Essas reações são uma série de modificações de mesmo tamanho e direção oposta àquelas que criaram a perturbação — um equilíbrio dinâmico ou móvel. O objetivo dessas modificações é manter o equilíbrio interno, ou a **homeostase**. Os sistemas precisam ter homeostase para ter estabilidade e sobreviver. Sistemas homeostáticos são ultraestáveis porque tudo em sua organização interna, estrutural e funcional contribui para a manutenção da organização.

O *feedback* ou informação de um ponto de operação e do ambiente para um ou mais centros de controle pode oferecer os dados necessários para dar início a medidas corretivas para restaurar o equilíbrio. As organizações e o mundo do qual elas fazem parte consistem em uma **hierarquia de sistemas**. Portanto, uma corporação é composta de divisões, departamentos, seções e grupos de funcionários individuais. Além disso, a corporação é parte de sistemas maiores, ou **suprassistemas**, como todas as empresas desse setor, empresas na área metropolitana e, talvez, uma associação de muitas indústrias, como a National Restaurant Association (NRA) ou a American Hospital Association (Associação Americana de Hospitais). **Interdependência** é um conceito-chave na teoria de sistemas. Os elementos de um sistema interagem uns com os outros e são interdependentes. Em geral, uma mudança em uma parte da organização afeta outras partes dessa organização. Às vezes, as interdependências não são totalmente apreciadas quando são feitas mudanças. Uma mudança na estrutura e no fluxo de trabalho organizacional de um departamento pode inesperadamente induzir mudanças em departamentos relacionados ao primeiro departamento. A teoria de sistemas contém a doutrina de que o todo de uma estrutura ou entidade é mais do que a soma de suas partes. Isso é chamado de **holismo**. O trabalho em conjunto cooperativo e sinérgico dos membros de um departamento ou equipe muitas vezes resulta em um produto total que excede a soma de suas contribuições individuais. A **sinergia** é alcançada quando as diversas unidades de uma organização compartilham objetivos comuns.

Benefícios do pensamento de sistemas. Pesquisas nas ciências administrativas têm mostrado que as organizações devem ser vistas como sistemas, assim como as pessoas, as plantas e os animais. Existem muitos benefícios para administradores que adotam uma visão de sistemas de sua organização. A teoria de sistemas ajuda a organizar um grande corpo de informação que, de outra forma, poderia fazer pouco sentido. O uso do pensamento de sistemas ajuda a diagnosticar os relacionamentos interativos entre tarefas, tecnologia, meio ambiente e os membros da organização. Em contraste com os modelos clássicos da organização, a abordagem de sistemas tem mostrado que os administradores operam em situações fluidas, dinâmicas e, muitas vezes, ambíguas. Em geral, o administrador não tem controle total dessas situações. Os administradores precisam aprender a moldar suas ações e fazer progressos em direção às metas, tendo em mente que os resultados alcançados serão afetados por muitos fatores e forças.

Dentre os benefícios específicos da abordagem de sistemas estão os seguintes:

- **Resolução de problemas mais eficaz.** Para resolver problemas com eficácia, é imperativo que as verdadeiras causas dos problemas sejam identificadas e abordadas. Sem um entendimento do "quadro geral" da organização, o foco na resolução de problemas tende a ser apenas no comportamento ou no evento, e não no sistema ou na estrutura que causou o problema.
- **Comunicação mais eficaz.** A comunicação contínua entre todas as partes da organização é fundamental para o sucesso de qualquer sistema. Um entendimento claro das partes da organização e como elas se relacionam umas com as outras é necessário para saber o que comunicar e para quem.
- **Planejamento mais eficaz.** O processo de planejamento exige começar com a declaração de missão, objetivos e metas da organização e determinar quais resultados indicarão que as metas desejadas foram atingidas, que processos atingirão essas metas e quais insumos serão necessários para conduzir esses processos no sistema.
- **Desenvolvimento organizacional mais eficaz.** O desenvolvimento organizacional eficaz exige conhecimento e aplicação dos princípios de planejamento estratégico, desenvolvimento de liderança, montagem de equipes, mudança e administração de pessoal. Um administrador deve ter um bom entendimento dos sistemas gerais de sua organização, entre eles, suas principais funções, departamentos, processos, equipes e funcionários individuais, para empregar essas diversas estratégias de maneira eficaz.

Tipos de sistemas de negócios de alimentação

■ Conceito-chave: Os quatro principais tipos de operações de alimentação que existem hoje são convencional, comida pronta, cozinha central e montagem/serviço. Essas classificações baseiam-se nas diferenças referentes a local de preparação, quantidade de tempo de estocagem e método de estocagem do alimento cozido, forma de compra do alimento e mão de obra e equipamentos necessários.

Serviços de alimentação que operam de maneira semelhante ou com elementos em comum formam a base para agrupá-los em tipos específicos de sistemas. Quatro grandes tipos de sistemas de alimentação estão em operação nos Estados Unidos hoje.

Os sistemas diferem com relação ao local em que o alimento é preparado e onde será servido; ao intervalo de tempo entre a preparação e o serviço; às formas em que os alimentos são comprados; aos métodos de manter os alimentos preparados; e à quantidade e ao tipo de mão de obra e equipamentos necessários. Esses quatro tipos de sistemas de negócios em alimentação são convencional, comida pronta (cocção/resfriamento ou cocção/congelamento), cozinha de produção central e montagem/serviço.

Convencional. Como o próprio nome diz, o **sistema convencional** tem sido tradicionalmente usado ao longo dos anos. Os itens do cardápio são preparados em uma cozinha na mesma instalação onde as refeições são servidas e mantidas por pouco tempo, quentes ou frias, até o momento de servir. No início, toda a preparação, assim como o preparo, acontecia nas dependências, e os alimentos eram preparados a partir de ingredientes básicos. As cozinhas incluíam um açougue, uma padaria e unidades de preparação de vegetais.

Ao longo dos anos, um sistema convencional modificado evoluiu por causa de falta de mão de obra, altos custos de mão de obra e disponibilidade de novos formatos de alimentos. Para reduzir o tempo e os custos de mão de obra, os gerentes de serviços de alimentação começaram

Sistema convencional
Alimentos crus são comprados, preparados no local e servidos logo depois da preparação.

a comprar alguns alimentos com mão de obra "embutida". Os alimentos dos açougues, nos quais as carnes eram cortadas a partir de cortes nobres, e das padarias sumiram da maioria das cozinhas "convencionais" de hoje. As carnes agora são compradas prontas para cozinhar ou em porções controladas; os pães e vários itens de padaria são comprados de uma padaria comercial ou preparados a partir de misturas prontas; e os produtos agrícolas estão disponíveis em formatos pré-lavados, pré-arrumados, pré-descascados, cortados, congelados ou enlatados, tudo para reduzir a quantidade de produção e mão de obra necessária nas dependências. Alimentos de graus variados de processamento agora são usados em sistemas de alimentação convencionais.

Esse sistema é mais eficaz em situações e locais onde o suprimento de mão de obra é adequado e relativamente de baixo custo; nos quais as fontes de suprimento de alimentos, em especial alimentos crus, estão prontamente disponíveis; e quando é alocado um espaço adequado para os equipamentos e as atividades de negócios em alimentação.

Usuários típicos do sistema convencional são operações de negócios em alimentação de menor porte, como restaurantes independentes, escolas, faculdades, instalações de hospitais e saúde, lares para grupos especializados e alimentação de funcionários dentro de fábricas.

▌ **Conceito-chave:** Os quatro principais tipos de operações de negócios em alimentação têm vantagens e desvantagens distintas.

Vantagens do sistema convencional. O sistema convencional tem muitas vantagens. O controle de qualidade é considerado de importância fundamental. Por meio de cardápios, receitas e qualidade dos ingredientes selecionados pelo gerente, o serviço de alimentação alcança sua individualidade e o padrão de qualidade desejado. Ele não depende da disponibilidade e da variedade de pratos principais congelados e de outros itens do cardápio comercialmente preparados. Esse sistema é o mais adaptável às preferências regionais, étnicas e individuais de seus clientes. De um ponto de vista econômico, é possível ter mais flexibilidade ao fazer alterações de cardápio para obter vantagens em compras de mercado e flutuações sazonais. Além disso, é necessário menos espaço de armazenamento no *freezer* do que em outros sistemas e os custos de distribuição são mínimos, o que permite uma economia no uso e nos custos de energia.

Desvantagens do sistema convencional. O sistema convencional produz um dia de trabalho desigual e um tanto estressante, causado pelas demandas dos períodos de refeição. Como o cardápio difere a cada dia, a carga de trabalho é variável, o que torna difícil aos trabalhadores alcançar uma alta produtividade. Trabalhadores capacitados podem receber tarefas que poderiam ser realizadas por funcionários não capacitados apenas para preencher seu tempo entre os períodos de refeições. Quando são servidas três refeições por dia, são necessários dois turnos de funcionários para cobrir o dia de trabalho de 12 a 15 horas ou mais. A programação dos trabalhadores pode ser difícil com turnos sobrepostos.

Lógica dos sistemas de alimentação convencionais. Tradicionalmente, administradores do setor de foodservice eficazes com sistemas de alimentação convencionais têm utilizado mão de obra capacitada para a produção de alimentos 13 a 14 horas por dia. Com os equipamentos adequados para a produção de alimentos e a mão de obra capacitada disponível, os alimentos podem ser obtidos com quantidades limitadas de processamento. No entanto, com os custos de mão de obra constantemente mais altos no setor de foodservice, a atual tendência dos sistemas de alimentação convencionais é obter alimentos com mais processamento.

Sistema de comida pronta
Também conhecido como sistema de cocção/resfriamento ou cocção/congelamento; os alimentos são preparados no local, depois resfriados ou congelados e armazenados para reaquecimento posterior.

Método de cocção/resfriamento
Método de produção de alimentos em que o alimento é preparado e cozido pelo método convencional ou por outros métodos, depois é rapidamente resfriado para uso posterior.

Comida pronta (cocção/resfriamento ou cocção/congelamento). Neste sistema, os alimentos são preparados nas dependências, depois resfriados ou congelados e armazenados para uso em algum momento posterior. Portanto, os alimentos estão "prontos", preparados com muita antecedência ao momento em que será necessário. Esta é a característica distintiva dos sistemas de alimentação de comida pronta — a separação entre o tempo de preparação e de serviço. Diferentemente do sistema de cozinha central, os alimentos são preparados internamente; no entanto, o local da preparação não é o local do serviço. Além disso, o alimento não é para uso imediato, como no sistema convencional.

O **método de cocção/resfriamento** pode ser realizado de várias maneiras, mas, basicamente, o alimento é preparado e cozido pelo método convencional ou por outros métodos, depois sua temperatura é diminuída para 3°C em 90 minutos ou menos, e então é refrigerado para uso posterior. Em uma variação, o alimento preparado é pré-laminado ou colocado em grandes

Figura 2.7 Um resfriador por sopro usado para levar a comida em grandes quantidades da temperatura de preparo até 3°C em 90 minutos ou menos.
Fonte: Cortesia de Burlodge USA, Inc.

recipientes, como panelas de hotéis, e inserido em um resfriador por sopro (Fig. 2.7), armazenado por até cinco dias, **retermalizado** (às vezes em carrinhos como o da Fig. 2.8) e servido. Em outro método, os itens alimentícios são preparados em caldeiras e colocados em embalagens de plástico especiais com ar e água a vácuo que armazenam 5,6 a 11,3 L. Posteriormente, recebem um banho de água com gelo em um resfriador com eixo (Fig. 2.9) e são armazenados no refrigerador. Os alimentos preparados por esse método podem ser armazenados por até 45 dias. A carne é preparada por esse método, sendo colocada em um grande tanque que a cozinha

Retermalizado
Alimentos resfriados ou congelados retornam à temperatura de consumo.

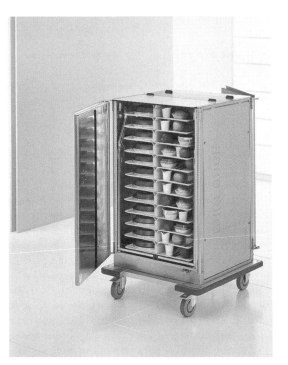

Figura 2.8 Carrinhos que usam aquecimento por convecção para retermalizar um lado da bandeja enquanto o outro permanece frio.
Fonte: Cortesia de Burlodge USA, Inc.

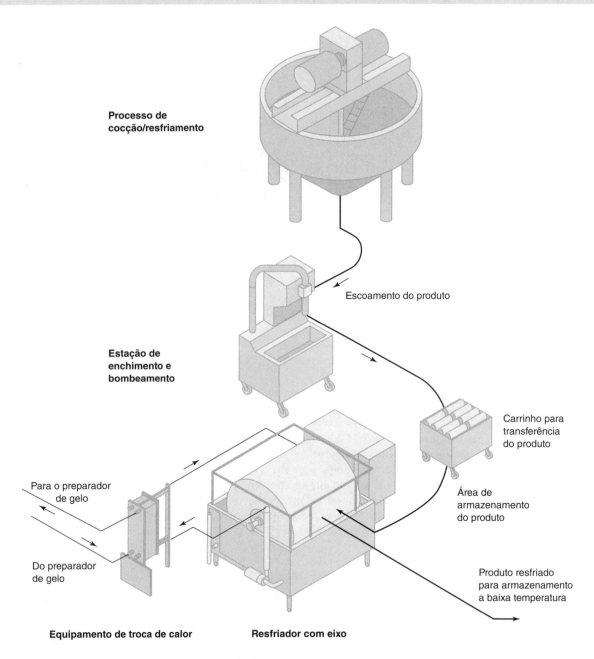

Figura 2.9 Um dos métodos de preparação de alimento por cocção/resfriamento é usar uma estação com bombeamento, um resfriador com eixo e um tanque de cocção/resfriamento.
Fonte: Cortesia de Chester-Jensen Co., Chester, P A.

Método de cocção/congelamento
Método de produção de alimentos em que o alimento é preparado e cozido pelo método convencional ou por outros métodos, depois congelado para uso posterior.

automaticamente e depois a resfria em água com gelo, assim que o ciclo de preparo termina. As carnes podem ser refrigeradas por até 60 dias.

No **método de cocção/congelamento**, um sistema de congelamento por sopro ou por criogenia deve estar disponível para congelar os alimentos rapidamente e, assim, evitar danos celulares. Os alimentos para congelamento podem ser pré-laminados, mas normalmente são armazenados em grandes quantidades, o que requer menos espaço de armazenamento no *freezer*.

Observe que pratos principais e vegetais prontos passam por dois períodos de aquecimento: primeiro, quando os alimentos são preparados e, segundo, depois do armazenamento, para reaquecê-los para o serviço ao consumidor. Os sistemas de comida pronta foram desenvolvidos para compensar a escassez crítica e o alto custo de funcionários do setor de *foodservice* capacitados. Tais sistemas também foram vistos como uma forma de equilibrar a carga de trabalho de um dia para outro e durante cada dia, porque apenas alguns itens do cardápio são preparados em determinados dias para formar um estoque para uso futuro.

Vantagens do sistema de comida pronta. As vantagens do sistema de comida pronta se relacionam à redução dos "picos e baixas" da carga de trabalho que podem ser encontrados no sistema convencional. A programação da produção para gerar um estoque de itens do cardápio pode ser durante uma semana de 40 horas, 8 horas por dia, sem turnos no início da manhã e no fim da noite. A rotatividade dos funcionários diminui, e o recrutamento de novos funcionários é melhorado ao oferecer aos funcionários uma semana de trabalho mais normal e horas de trabalho moderadas.

Outras vantagens são redução nos custos de mão de obra de produção, aumento do controle de qualidade e quantidade, ao diminuir o estresse no trabalho relacionado a prazos de produção, e maior retenção de nutrientes com a diminuição do tempo que o alimento é mantido na faixa de temperatura adequada para servir. O uso de equipamentos é mais equilibrado quando a preparação é realizada ao longo de oito horas, em vez de apenas no horário das refeições.

Nesse sistema, a gestão tem um controle rígido das seleções de cardápio, da qualidade dos ingredientes e do tamanho e quantidade das porções. Isso nem sempre é verdade em outros sistemas, em especial no sistema de montagem/serviço. A variedade do cardápio é potencialmente maior com esse sistema, porque muitos itens podem ser preparados e armazenados para uso futuro.

Uma das vantagens do sistema de comida pronta em relação ao sistema de cozinha central é a falta de preocupação com a entrega da cozinha de produção central. Quando os alimentos são preparados e armazenados nas dependências, os itens do cardápio estão prontamente disponíveis, e não há espera.

Desvantagens do sistema de comida pronta. Uma desvantagem é a necessidade de grandes unidades de armazenamento frio e congelado, que toma espaço e aumenta os custos de energia. Dependendo do método, é necessário um resfriador por sopro ou um congelador por sopro, que é caro para comprar e operar. O controle da segurança dos alimentos é especialmente essencial no método de cocção/congelamento. Como alertam Longree e Armbruster: "a produção de alimentos congelados pré-cozidos jamais deve ser manipulada de maneira casual; a menos que a operação de congelamento possa ser um processo contínuo, organizado, bacteriologicamente controlado e de curto prazo, os perigos bacteriológicos podem ser terríveis" (Longree, K. e Armbruster, G.: *Quantity Food Sanitation*. 5. ed. New York: Wiley, 1996). (Ver o Cap. 3 para mais informações sobre segurança dos alimentos.)

Como os alimentos congelados são propensos a alterações estruturais e de textura, normalmente são necessárias grandes modificações nas receitas e nos ingredientes, para compensar danos celulares e garantir produtos de alta qualidade.

Equipamentos apropriados e adequados para a retermalização de alimentos antes do serviço são essenciais e podem ser dispendiosos. Fornos de convecção e de micro-ondas são os equipamentos normalmente usados nas unidades de serviço localizadas perto dos consumidores.

Embora os sistemas de comida pronta tenham sido usados por instituições de grande volume e arranjos centralizados de redes de cozinha central, como unidades de saúde, instalações para alimentar funcionários, linhas aéreas e instituições carcerárias, já começaram a surgir aplicações em menor volume. Escolas, supermercados, empresas de *fast-food* e grandes restaurantes agora estão utilizando essa tecnologia.

Lógica dos sistemas de alimentação de comida pronta. A produção em massa e o congelamento de alimentos pode reduzir os gastos com mão de obra pelo uso mais eficaz de mão de obra em situações selecionadas. Os picos de demanda de mão de obra podem ser removidos porque a produção é projetada para atender a necessidades futuras, e não diárias. Além disso, funcionários menos capacitados podem ser treinados para aquecer e servir itens do cardápio, reduzindo assim o número de trabalhadores altamente capacitados exigidos pelo sistema. A aquisição de alimentos em grandes volumes pode diminuir os custos de alimentos do sistema. Um sistema de alimentação baseado em produtos prontos é contraindicado se os gastos adicionais de instalações de armazenamentos, equipamentos e estoque de alimentos não puderem ser absorvidos pela organização.

Cozinha central. Este sistema é descrito como uma cozinha de produção central com compras centralizadas de alimentos e entrega de alimentos preparados para unidades de serviço (satélite) localizadas em áreas separadas e remotas para preparação final e serviço. Foi um sistema possibilitado pelo desenvolvimento de equipamentos grandes e sofisticados que preparam e cozinham grandes quantidades de alimento a partir do estado cru e não processado. As organizações de negócios em alimentação com muitas unidades de serviço, às vezes amplamente

Cozinha central
Uma cozinha de produção central ou fábrica de alimentos com compras centralizadas e distribuição a instalações externas para preparação final.

separadas como em um grande sistema escolar municipal, buscaram maneiras de consolidar as operações e reduzir os custos. O sistema de cozinha central é o resultado.

Os alimentos preparados podem ser armazenados congelados, resfriados ou quentes. Os itens do cardápio podem ser distribuídos em uma das seguintes formas: quente em grandes quantidades; frio em grandes quantidades ou congelado para reaquecimento e divisão em porções nas unidades de serviço satélite; ou pré-divididos em porções, pré-laminados para serviço e resfriados ou congelados antes da entrega.

Usuários típicos desse sistema são empresas de *catering* aéreo, grandes sistemas escolares municipais e organizações franqueadas ou de redes de restaurantes que fornecem alimentos para diversas lojas e empresas de revenda.

Vantagens do sistema de cozinha central. O sistema de cozinha central pode economizar custos em razão da compra de grandes volumes e da redução da duplicação da mão de obra e dos equipamentos que seriam necessários se cada unidade de serviço preparasse seus próprios alimentos. Algumas instalações em que os alimentos são servidos podem não ter espaço adequado para uma cozinha de produção, ou o espaço pode ser mais bem utilizado para outro propósito. O controle de qualidade pode ser mais eficaz e consistente com apenas uma unidade para supervisionar.

Desvantagens do sistema de cozinha central. A segurança dos alimentos e a distribuição dos alimentos preparados podem ser preocupações. Existem muitos pontos críticos na produção de alimentos em massa em que pode ocorrer contaminação. Contratar um microbiologista de alimentos ou alguém que conheça técnicas seguras de manuseio de alimentos em massa com equipamentos especializados é altamente desejável, embora muitas vezes seja caro.

O alimento deve ser carregado e transportado de tal maneira que seja mantido na temperatura correta para se manter seguro e seja de boa qualidade e aparência quando recebido para ser servido. Isso exige equipamentos e caminhões especializados para entrega. Más condições climáticas, defeitos nos caminhões de entrega ou outras catástrofes semelhantes podem resultar em demora na entrega dos alimentos e causar atrasos irritantes na distribuição das refeições.

Outra desvantagem é o alto custo de compras, manutenção e reparo dos equipamentos sofisticados e especializados necessários para este tipo de produção e distribuição.

Lógica dos sistemas de alimentação de cozinha central. Os princípios de alimentação de cozinha central têm sido adotados em sistemas nos quais as áreas de serviço são distantes do centro de produção, apesar de acessíveis. Esse conceito pode ser aplicado para reduzir a duplicação da mão de obra de produção e dos equipamentos, que ocorre quando os centros de produção são localizados em cada local de serviço. As necessidades de espaço nos locais de serviço são minimizadas porque são necessários menos equipamentos de produção. Ao centralizar a aquisição e a produção dos alimentos, é possível conseguir uma economia nas compras de volume. Os conceitos de cozinha central no *foodservice* são utilizados para atender a diversos objetivos operacionais relacionados ao uso eficaz dos recursos.

Sistema de montagem/serviço
Também conhecido como "cozinha sem cozinha", alimentos totalmente preparados são comprados, armazenados, montados, aquecidos e servidos.

Montagem/serviço. Este sistema não exige produção de alimentos interna. Isso levou ao uso do termo *cozinha sem cozinha*. Alimentos totalmente preparados são comprados e só exigem armazenamento, montagem final, aquecimento e serviço. Os sistemas de montagem/serviço evoluíram com o desenvolvimento de uma variedade de pratos principais congelados de alta qualidade e outros produtos alimentícios que apareceram no mercado nos últimos anos. Além disso, os gerentes de serviços de alimentação, confrontados com os altos custos de mão de obra e menos funcionários capacitados, se voltaram para esse sistema para aliviar a situação da mão de obra. Muitas vezes, nesse sistema, são usados pratos e talheres descartáveis, o que elimina a necessidade de uma unidade de lavagem desses itens.

Com a disponibilidade de pratos principais congelados que contêm amido, com pouca gordura e pouco sódio, alguns hospitais começaram a adquirir essas opções preparadas e congeladas em tamanho de varejo para servir aos pacientes. Elas são colocadas no prato de serviço, retermalizadas com vegetais em congelamento rápido e individual (IQF) e servidas. Esses itens alimentícios fizeram com que o sistema fosse caracterizado como "escolher, embalar, colocar e servir!" Além de itens regulares da linha de produção, algumas empresas estão dispostas a produzir itens de acordo com as receitas e especificações de um comprador individual. Além dos alimentos congelados, os sistemas de montagem/serviço também estão começando a usar *sous vide*, que é um método de produção de alimentos no qual os alimentos são pré-cozidos e embalados a vácuo. A retermalização é realizada quando os alimentos são fervidos nas embalagens a vácuo em que estão armazenados.

Os principais usuários do sistema de montagem/serviço são hospitais, embora algumas instituições de saúde e restaurantes também o usem. Embora serviços de alimentação de todas as classificações possam usar pratos principais preparados, poucos adotam isso com exclusividade. Hotéis e restaurantes que empregam chefs sindicalizados podem ser proibidos de usar pratos principais congelados.

Vantagens do sistema de montagem/serviço. A principal vantagem do sistema de montagem/serviço é a economia de mão de obra. São necessários menos funcionários, e eles não precisam ser altamente capacitados nem experientes. Os custos de aquisições são mais baixos porque há um melhor controle das porções, menos desperdício, reduções no tempo de compra e menos furto. As necessidades de equipamentos e espaço são mínimas, assim como os custos operacionais de gás, eletricidade e água.

Desvantagens do sistema de montagem/serviço. Em alguns mercados, a disponibilidade de uma boa seleção de itens de cardápio desejados ou de itens com apelo regional é limitada. No entanto, mais pratos principais congelados e de melhor qualidade estão se tornando acessíveis. O custo mais alto desses alimentos preparados pode não ser compensado pelas economias com mão de obra. Os gerentes devem pesar cuidadosamente o custo total desse sistema.

Outra desvantagem pode ser a qualidade dos produtos preparados disponíveis e a aceitabilidade do consumidor. A proporção entre alimentos proteicos (carne, peixe, frutos do mar, etc.) e molhos em alguns itens do cardápio pode não ser adequada para atender às necessidades nutricionais da clientela. Por exemplo, são exigidas 56 gramas de proteína no padrão de refeição escolar dos programas de alimentação escolar. Muitos pratos principais congelados podem conter muito menos que isso. A avaliação de produtos sob consideração para uso no sistema de montagem/serviço é essencial.

Um gerente que considera mudar de outro sistema para o sistema de montagem/serviço deve avaliar cuidadosamente a mudança na quantidade e no tipo de equipamentos necessários. Pode ser excessivamente caro em termos financeiros e de consumo de energia operar as peças duplicadas do equipamento de aquecimento. O espaço adicional no *freezer* para armazenamento do estoque de pratos principais congelados pode não estar disponível ou ser caro demais para instalar. Reciclar ou descartar as grandes quantidades de material de embalagem e talheres e pratos descartáveis se for o caso, deve ser parte da preocupação geral.

Lógica dos sistemas de alimentação de montagem/serviço. Ao presumir uma falta de funcionários capacitados na produção de alimentos e um suprimento disponível de produtos alimentícios de qualidade e altamente processados, uma operação de negócios em alimentação de montagem/serviço pode atingir objetivos operacionais para proporcionar a satisfação do cliente. As decisões administrativas para adotar essa forma de sistema de alimentação devem considerar a disponibilidade desses recursos para a operação nesse setor de *foodservice*.

Cada tipo de sistema de negócios em alimentação se mostrou bem-sucedido em oferecer alimentos de qualidade aceitável em organizações específicas com as condições descritas para cada uma. No entanto, gerentes de negócios em alimentação que precisam decidir entre um sistema ou outro devem incumbir-se de uma ampla investigação e estudo antes de tomar qualquer decisão. Entre os fatores a considerar, estão: comparação de custos; disponibilidade de alimentos em todas as formas; qualidade e valor nutritivo dos itens totalmente preparados; necessidades e aceitabilidade dos consumidores; exigências de equipamento e espaço; uso estimado de energia para a quantidade e o tipo de equipamento necessário para cada sistema; e disponibilidade e custo da mão de obra.

Resumo

O amplo e constantemente mutável setor de *foodservice* continua a ser moldado por mudanças socioeconômicas, alterações demográficas e pelos hábitos e desejos alimentares variáveis do povo americano. Os gerentes de negócios em alimentação devem se manter atualizados em relação a essas condições e ajustar suas operações às épocas de mudança para serem competitivos e bem-sucedidos. Ter apenas um sistema complexo para perdurar não é o suficiente. Ele precisa se adaptar às modificações do ambiente e evoluir. Caso contrário, forças externas irão desorganizá-lo e destruí-lo. A questão difícil e paradoxal que confronta aqueles no setor de *foodservice* é: "Como uma organização estável, cujo objetivo é manter a si mesma e perdurar, pode ser capaz de mudar e evoluir?"

Tabela 2.1 Resumo das características dos quatro tipos de sistemas de alimentação.

	Convencional	Cocção/ resfriamento	Comida pronta Cocção/ congelamento	Cozinha central	Montagem/serviço
Localização da cozinha de preparação dos alimentos em relação ao local onde são servidos:	Nas dependências em que o alimento é servido	Nas dependências em que o alimento é servido		Cozinha de produção central em prédio separado das unidades de serviço. Alimentos transportados para unidades de serviço satélite	Fora das dependências (comidas comercialmente preparadas são compradas)
Forma dos alimentos comprados:	Crus; alguns alimentos de conveniência	Crus; alguns alimentos de conveniência		Principalmente ingredientes crus	Só alimentos de conveniência e preparados — congelados, enlatados, desidratados ou frescos pré-descascados
Aquisição de alimentos:	Compra para a própria unidade	Compra para a própria unidade		Compra centralizada para todas as unidades de serviço	Compra para uso próprio
Intervalo de tempo entre preparo e serviço, e método de armazenamento:	Alimento preparado para serviço imediato (pode ser armazenado quente ou resfriado por algumas horas)	Alimento preparado e cozido, depois resfriado e armazenado por 1-3 dias ou 45-60 dias, dependendo do sistema	Alimento preparado e rapidamente congelado; armazenado para uso posterior em até 3-4 meses	Alimento preparado e pode ser: (a) distribuído para unidades-satélite para serviço imediato; (b) resfriado e pré-laminado ou guardado em grandes quantidades; (c) resfriado e congelado e pré-laminado ou em grandes quantidades	Nenhuma preparação nas dependências. Alimentos comprados pré-preparados são armazenados e ficam prontos para reaquecimento e utilização a qualquer momento
Quantidade e tipo de equipamento necessário:	Todos os equipamentos de pré-preparação, preparo e serviço são necessários. Funcionários capacitados e não capacitados são necessários	Todos os equipamentos de pré-preparação, preparo e serviço são necessários. Um ou mais resfriador por sopro — grandes quantidades de espaço de armazenamento refrigerado, ou tanque de preparo, banho-maria e equipamento de bombeamento	Um *freezer* "por sopro" ou criogênico — grande espaço de armazenamento em *freezer*	Equipamentos grandes e sofisticados para pré-preparação e preparo. Alguns robôs podem ser usados — podem ser reprogramados para diversas tarefas. Recipientes adequados para embalagem e entrega; caminhões para entregar alimentos preparados nas unidades de serviço; equipamento de reaquecimento caso os alimentos estejam congelados ou resfriados	Equipamentos para reaquecimento, como caldeiras, chaleiras a vapor, fornos por convecção ou micro-ondas. Equipamentos para arrumação e serviço. Equipamentos de reaquecimento, como fornos por convecção ou micro-ondas e chaleiras para aquecimento por imersão
Necessidades de mão de obra:	Cozinheiros capacitados e funcionários de preparação, bem como funcionários menos capacitados para pré-preparação e serviço	Menos cozinheiros altamente capacitados são necessários, em comparação ao sistema convencional, por causa do tipo de trabalho em "linha de produção" e apenas um ou dois itens preparados por dia; funcionários necessários para reaquecer alimentos, operar equipamentos e montar e servir refeições		Altamente treinados em aspectos tecnológicos da produção de alimentos em grandes quantidades. Microbiologistas de alimentos para garantir a segurança dos alimentos. Os funcionários devem ser capazes de operar equipamentos altamente especializados usados na produção de alimentos	Não são necessários cozinheiros capacitados nem outros funcionários de pré-preparação. Funcionários para montar saladas e sobremesas, etc. Funcionários para reaquecer e servir os alimentos devem ser capazes de operar equipamentos
Serviços de alimentação que costumam usar isto:	Restaurantes e cafeterias independentes; hospitais e clínicas para grupos especializados; serviços de alimentação em fábricas; faculdades e universidades; escolas	Grandes hospitais, algumas grandes faculdades e universidades		Empresas aéreas; restaurantes de rede; grandes distritos escolares; serviços de *catering* comerciais e empresas de revenda	Hospitais e casas de repouso; alguns serviços de alimentação comerciais e faculdades; instalações; casas

O gerente de serviço de alimentação de hoje deve ver a organização como um sistema composto de diversos elementos ou subsistemas que são unidos por um objetivo comum e que são interdependentes e interagem de modo que os processos ou funções envolvidos geram resultados para atender aos objetivos declarados. Um sistema de negócios em alimentação é um programa integrado, no qual as aquisições, o armazenamento, a preparação e o serviço de alimentos e bebidas e os equipamentos, métodos e pessoal necessário para realizar esses objetivos são totalmente coordenados para se ter o mínimo de mão de obra, excelente satisfação do cliente, qualidade e controle de custos.

A característica definidora de um sistema é que ele não pode ser entendido como uma função de suas partes isoladas. O comportamento do sistema não depende do que cada parte faz, mas de sua interação com as outras partes. Para entender um sistema, é necessário primeiro entender como ele se encaixa no sistema maior do qual ele faz parte.

O arranjo de subsistemas, aquisições, preparação de alimentos, entrega e serviço e saneamento de várias maneiras é a base para agrupar os serviços de alimentação em tipos de sistemas de produção, cada um com elementos e procedimentos em comum. Os quatro principais tipos de operações de negócios em alimentação encontrados hoje nos Estados Unidos são convencional, comida pronta, cozinha central e montagem/serviço. Uma avaliação dos méritos de cada sistema com base em suas características, vantagens e desvantagens deve ser feita antes que qualquer um deles seja adotado para uso em uma organização específica no setor de *foodservice*. Um resumo das principais características de cada sistema é apresentado na Tabela 2.1. Um fluxograma do passo a passo no processo dos quatro sistemas de negócios em alimentação é mostrado na Figura 2.10.

Pesquisas recentes sobre sistemas de negócios em alimentação em relação aos efeitos do tempo e da temperatura sobre a qualidade dos alimentos foram resumidas e registradas em outro boletim da North Central Research. Esses estudos sobre segurança microbiológica, retenção de nutrientes e qualidade sensorial oferecem dados específicos úteis na hora de decidir qual sistema instalar ou ao se pensar em uma mudança de sistema. Mais investigações são necessárias para melhorar o entendimento das inter-relações entre produtos alimentícios, recursos, processos e administração em serviços de alimentação e, assim, melhorar a qualidade dos alimentos em estabelecimentos alimentícios.

Aplicação de conceitos abordados no capítulo

O escopo dos serviços para o Departamento de Refeições e Serviços Culinários da Universidade de Wisconsin-Madison está definido a seguir:

Base de clientes

- Alunos de faculdade — 6.900 residentes.
- Clientes de *catering* do *campus*.
- Dinheiro — porcentual pequeno da receita nas unidades com menos de 5% (comunidade do *campus* — corpo docente, quadro de funcionários, alunos).
- Operações em conferências de verão — refeições e *catering*.
- Eagle's Wing Day Care (creche).

Programa auto-operado de alimentos

- Alimentos vendidos aos consumidores via cartão de débito Conta de Alimentos da Habitação — não são clientes cativos.
- "Taxa de associação" paga pelos quartos e taxa de alimentação US$ 1.355/ano.
- Média de gastos da Conta de Alimentos da Habitação US$ 1.076/ano.
- Clientes que pagam com dinheiro pagam 60% a mais que os preços da Conta de Alimentos por itens alimentícios "preparados", e 15% acima dos preços da Conta de Alimentos da Habitação em lojas de produtos prontos para viagem por itens de "mercearia".

Unidades operacionais

- 3 salões de refeições — Pop's, Frank's, Elizabeth Waters.
- 1 mercado — Rheta's.
- 2 lojas de produtos para viagem — Ed's Express & Carson's Carryout.
- 1 unidade híbrida — Newell's Deli.
- 3 cafeterias — Espress Yourself, Common Grounds, Now or Later.
- *Catering* do *campus*.

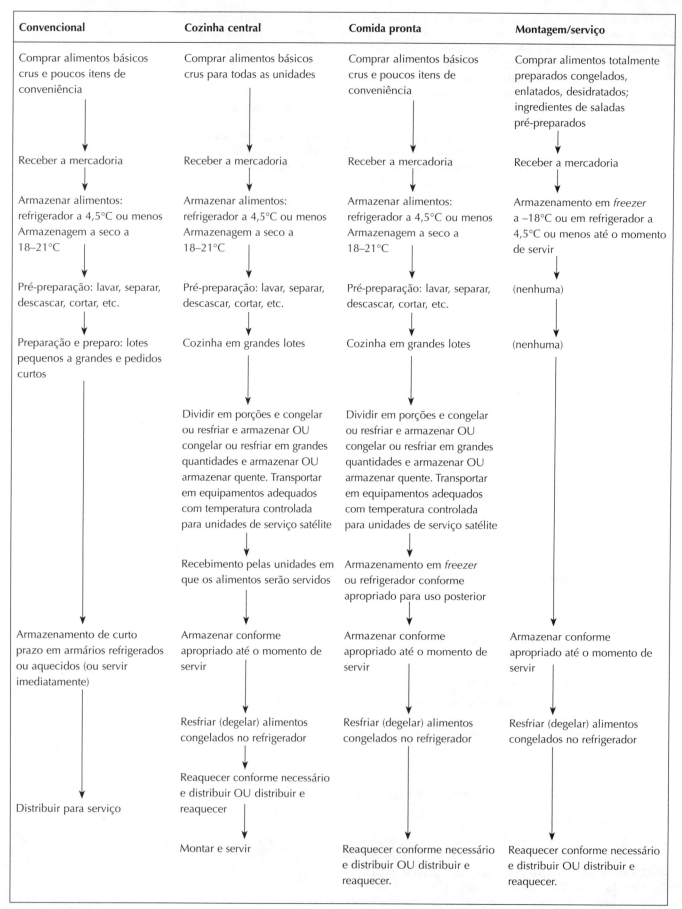

Figura 2.10 Processos passo a passo dos quatro sistemas de negócios em alimentação.

Unidades de apoio

- Grande operação de cozinha central para cocção/resfriamento.
- Grande depósito fora das dependências que oferece transporte por caminhão e serviço de correios para os dormitórios.

Como nos esforçamos para fazer com que o cliente pense no nosso programa

- Servir alimentos de qualidade; compramos pensando na qualidade, e não no preço.
- Ter opções e variedade.
- Ser flexível.
- Ser receptivo e voltado para o mercado.

O Departamento de Refeições e Serviços Culinários na Universidade de Wisconsin-Madison se encaixa muito bem na classificação de não comercial interno, porque seu objetivo principal é servir aos alunos, ao corpo docente e aos funcionários. No entanto, pode-se argumentar que esse departamento é, pelo menos em parte, uma operação comercial, já que algumas de suas unidades têm potencial para gerar receita.

Assim como há uma mistura de unidades de negócio, também há uma mistura de tipos de operações de negócios em alimentação usadas para acomodar os diversos programas.

No coletivo, essas unidades de negócio representam um volume surpreendentemente alto de refeições e faturamento:

- Compras anuais de alimentos — US$ 8.600.000.
- Faturamento.
  - Cartão de débito US$ 8.750.000.
  - Dinheiro US$ 435.000.
  - *Catering* US$ 795.000.
  - Conferência de verão US$ 1.839.000.

Esse departamento é um sistema dentro de um sistema. O Departamento de *Foodservice* é um sistema porque apresenta insumos (alimentos, mão de obra, espaço, etc.) que são transformados em resultados, como itens alimentícios, refeições, eventos com *catering*, etc. Essa transformação ocorre através de operações funcionais de compras, produção e serviço. Ao mesmo tempo, o departamento é parte do sistema da Divisão de Habitação Universitária e interage com outras partes, como dormitórios, para atingir os objetivos e estratégias, que são:

- Manter programas e serviços de alta qualidade.
- Oferecer espaço para todos os alunos de primeiro ano que desejam viver no *campus*.
- Melhorar as instalações de dormitórios e serviços de alimentação.
- Manter as taxas dos quartos no nível mais baixo possível.

A declaração de missão da Divisão de Habitação Universitária é: "Ser o local onde todo mundo quer morar".

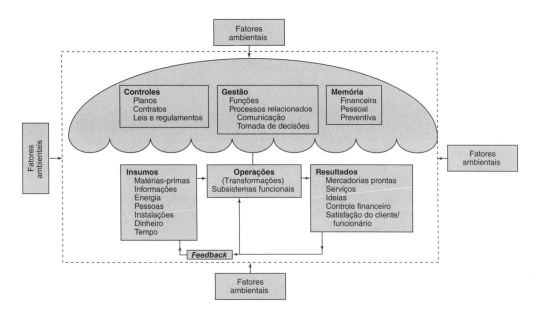

Questões para reflexão

1. Quais das tendências socioeconômicas e mudanças demográficas discutidas no início deste capítulo têm mais influência sobre esta operação específica de negócios em alimentação?
2. Por que o departamento de refeições e serviços culinários da universidade oferece um escopo de serviço tão amplo?
3. De que maneira este departamento serve de cozinha central?
4. Que desafios uma cozinha central que usa um sistema de produção de cocção/resfriamento apresenta quando o objetivo é oferecer alimentos de qualidade?
5. Quais unidades de negócios você acha que têm mais impacto sobre o sistema mais amplo da universidade? Por quê?
6. Com base na declaração de missão da Divisão de Habitação, escreva uma declaração de missão para o Departamento de Refeições e Serviços Culinários.
7. De que maneira a missão da Divisão de Habitação reflete a da organização maior da universidade?
8. Que desafios específicos a declaração de missão da Divisão de Habitação apresenta para o Departamento de Refeições e Serviços Culinários?
9. Uma das metas da Divisão de Habitação é oferecer serviços de alta qualidade. Em termos de *foodservice*, o que isso significa?
10. Que condições políticas e econômicas e regulamentações governamentais você acha que influenciam atualmente o Departamento de Refeições e Serviços Culinários?

Questões para revisão

1. Cite três ou quatro grandes tendências socioeconômicas que estão afetando o setor de *foodservice* hoje.
2. Escreve uma declaração de missão para uma operação de alimentação hipotética.
3. Que desafios o setor de *foodservice* enfrenta hoje? Como você superaria criativamente um desses desafios?
4. Compare e contraste as operações de alimentação comerciais e internas. Dê exemplos de ambas.
5. Faça um diagrama dos subsistemas funcionais de uma operação típica de negócios em alimentação.
6. O que é a teoria de sistemas e por que é tão importante que o gerente de negócios em alimentação entenda esse conceito?
7. Compare e contraste a teoria de sistemas com a teoria da administração científica.
8. Faça o diagrama de uma organização de negócios em alimentação como um sistema.
9. Compare e contraste os quatro tipos principais de sistemas de negócios em alimentação descritos.
10. Qual(is) sistema(s) de negócios em alimentação deve(m) ser considerado(s) em cada uma das situações a seguir?
    a. Alto custo de mão de obra na região
    b. Orçamento de equipamentos muito baixo
    c. Rígido controle de qualidade desejado
    d. Alto custo dos alimentos na região

Sites selecionados (em inglês)

www.auburn.edu/~johnspm/gloss/index.html (um glossário de termos políticos e econômicos)
www.chester-jensen.com (Chester-Jensen Co. — fabricantes de equipamentos de troca de calor e outros equipamentos de processamento)
www.managementhelp.org/systems/systems.htm (biblioteca gratuita de administração)
www.restaurant.org/research (National Restaurant Association)
www.restaurantreport.com (The Restaurant Report)
www.soi.org/reading/change/branches.shtml (Symphony Orchestra Institute)

PARTE 2

Fundamentos

 **CAPÍTULO 3** Segurança dos alimentos

 **CAPÍTULO 4** Desinfecção de instalações e segurança do trabalhador

 **CAPÍTULO 5** O cardápio

Segurança dos alimentos

3

CONTEÚDO

Doenças alimentares
- Escopo do problema: incidência de doenças alimentares
- Custos associados a epidemias de doenças alimentares

Papel do gerente de negócios de alimentação

Causas das doenças alimentares
- Perigos inerentes aos alimentos
- Perigos inseridos nos alimentos por pessoas e práticas

Abordagem de sistemas à segurança dos alimentos
- Controles e segurança dos alimentos

Segurança dos alimentos: um programa integrado de APPCC e programas de pré-requisitos
- Programas de pré-requisitos: base de um programa integrado de segurança dos alimentos
- Programas de pré-requisitos e procedimentos operacionais padronizados (POP)

Saúde e higiene pessoal do funcionário
- Roupa adequada
- Hábitos de higiene pessoal

Fluxo de alimentos nas operações de negócios em alimentação
- Manuseio adequado de alimentos
- Perigos potenciais na produção de alimentos

Análise de perigos e pontos críticos de controle

Administração de um programa integrado de segurança dos alimentos

Aplicação: a inspeção regulatória

Resumo

Visitantes de qualquer estabelecimento alimentício têm certas expectativas em relação ao alimento preparado e servido a eles. No mínimo, esperam que seja agradável aos olhos, saboroso, gratificante e com preço justo. Os clientes escolhem os estabelecimentos com base nesses e em outros aspectos de qualidade.

Um aspecto relacionado à qualidade que se assume como garantido diz respeito à segurança dos alimentos. Os clientes têm certeza de que o alimento foi comprado de uma fonte segura e manuseado de forma adequada desde a entrega nas docas até o produto final, ou seja, até o prato que lhe é servido. É responsabilidade do gerente de negócios em alimentação garantir que essas expectativas sejam atendidas todas as vezes que os alimentos são servidos. Para isso, o gerente precisa ter o conhecimento e as habilidades necessárias para criar, implantar e manter um programa de segurança dos alimentos que seja consistente com as características singulares de determinada operação de negócios em alimentação.

O gerente precisa entender o que é uma doença alimentar, qual a probabilidade de ela ocorrer e quais as causas básicas das epidemias. Além disso, precisa desenvolver as habilidades necessárias para criar um programa integrado de proteção alimentar que inclua programas de pré-requisitos e planos de **APPCC**. Esses programas e planos precisam abranger aspectos singulares do serviço de alimentação e estar de acordo com as regulamentações federais, estaduais e locais. Pensar o programa de segurança dos alimentos segundo a perspectiva do sistema pode assegurar que todos os aspectos da operação sejam considerados e que o programa seja de fato eficaz para evitar epidemias de doenças alimentares. O propósito deste capítulo é oferecer ao leitor o conhecimento básico necessário para criar um programa abrangente de segurança dos alimentos. Os detalhes dos perigos alimentares e do manuseio adequado dos alimentos em cada operação funcional estabelecem o cenário para o planejamento da segurança dos alimentos.

Análise de perigos e pontos críticos de controle (APPCC)
Abordagem sistemática e com base científica ao programa e à inspeção de segurança dos alimentos que se concentra em identificar e controlar os perigos que têm potencial para causar doenças alimentares.

Uma orientação sobre como projetar um programa integrado de segurança dos alimentos para um serviço de alimentação específico será oferecida junto com recursos valiosos para garantir que o gerente de negócios em alimentação tenha sempre ao longo de sua carreira o compromisso de aprender princípios e práticas de segurança dos alimentos.

Conceitos-chave

1. As doenças alimentares são uma séria ameaça à saúde pública.
2. O gerente de negócios em alimentação tem um papel de liderança na prevenção de doenças alimentares.
3. Perigos patológicos são inerentes a alguns alimentos e podem causar doenças se crescerem.
4. Perigos físicos e químicos, incluindo alergênicos, são ameaças à segurança dos alimentos.
5. Falhas nas operações e nas práticas de manuseio dos alimentos contribuem para o desenvolvimento de epidemias de doenças alimentares.
6. Uma matriz de leis, regulamentos, códigos e padrões alimentares oferece a estrutura jurídica para a programação da segurança dos alimentos.
7. Programas de pré-requisitos bem projetados e quantificáveis servem de base para um programa integrado de segurança dos alimentos.
8. O programa mais importante de pré-requisitos para um plano eficaz de segurança dos alimentos é a higiene pessoal.
9. Programas de pré-requisitos que estabelecem procedimentos operacionais padrão para compra, produção e serviço maximizam a segurança conforme os alimentos circulam por uma instalação.
10. A análise de perigos e pontos críticos de controle (APPCC) é uma abordagem sistemática para controlar os perigos específicos identificados em determinados alimentos ou processos.

Epidemia
Incidência de doenças alimentares que envolve duas ou mais pessoas que tenham ingerido um alimento em comum, o qual foi confirmado por meio de análises laboratoriais como fonte da epidemia.

Centers for Disease Control and Prevention (CDC)
Agência federal norte-americana do Departamento de Saúde e Serviços Humanos (DHHS). Sua missão é promover a saúde e a qualidade de vida prevenindo e controlando doenças, ferimentos e deficiências.

Caso
Instância de uma pessoa. Representa um indivíduo em uma epidemia de doenças alimentares.

Risco
Uma estimativa da possibilidade ou probabilidade de ocorrer um perigo.

Doenças alimentares

■ **Conceito-chave:** As doenças alimentares são uma séria ameaça à saúde pública.

A incidência de doenças alimentares é expressa em **epidemias**. De acordo com o **Centers for Disease Control and Prevention** (CDC)[1] de Atlanta, EUA, uma epidemia de doença alimentar é um incidente no qual duas ou mais pessoas têm a mesma doença depois de comerem o mesmo alimento. Uma epidemia é confirmada quando as análises laboratoriais mostram que um alimento específico é a fonte da doença. Um **caso** em uma epidemia específica representa um indivíduo em uma epidemia. O número de casos por epidemia pode variar amplamente de dois até centenas de milhares. A Tabela 3.1 representa uma amostra das epidemias relatadas ao CDC entre 1999 e 2007.

Escopo do problema: incidência de doenças alimentares

Um dos aspectos mais desafiadores de gerenciar um programa de segurança dos alimentos e os funcionários que manuseiam os alimentos é apresentar um argumento convincente de que as doenças alimentares realmente ocorrem. Em relação aos problemas diários encontrados nos serviços de alimentação, o **risco** de uma epidemia real é baixo. Além disso, tende a haver falta de valorização da realidade do escopo do problema, uma vez que as epi-

---
[1] N.R.C.: No Brasil, o órgão regulador das atividades de alimentação é a Agência Nacional de Vigilância Sanitária (ANVISA), bem como o Ministério da Saúde, que regulam e orientam quanto às diretrizes de saúde pública.

Tabela 3.1 Exemplos de epidemias confirmadas: 1999-2007.

Bactéria	Número	Localização	Veículo
Bacillus cereus	23	Escola	Arroz espanhol; feijões refritos
Campylobacter jejuni	11	Restaurante	Frango
Escherichia coli O157:H7	10 (5 mortes)	Creche; residência privada	Carne moída
Salmonella enteritidis	27	Casa de repouso	Ovos

Fonte: www.cdc.gov/outbreaknet.

demias relatadas e confirmadas representam apenas uma fração da quantidade de pessoas que de fato ficam doentes por causa de alimentos. O CDC estima que existem 48 milhões de casos de doenças alimentares nos Estados Unidos a cada ano. Estima-se, ainda, que ocorram 128 mil internações e 3 mil mortes relacionadas a doenças alimentares por ano. A falta de registros e de estimativas da verdadeira incidência é um reflexo da complexidade das doenças alimentares.

Manter registros ou inspeção das doenças alimentares é complicado. Os sintomas variam muito entre as vítimas. Algumas sentem apenas sintomas suaves, e o desconforto é temporário e passageiro. Outras vítimas, porém, especialmente de populações altamente suscetíveis, podem ter reações muito mais graves, prolongadas e com potencial de ameaçar a vida. Essas populações incluem os idosos, crianças muito novas, mulheres grávidas e pessoas com o sistema imunológico comprometido. As chances de que as pessoas menos afetadas se deem ao trabalho de registrar uma doença, mesmo que suspeitem que ela seja de causa alimentar, são bem pequenas.

Outro fator complicador é que os agentes causadores de doenças alimentares podem ser transmitidos pela água e pelo contato com animais de estimação e de fazenda infectados. O contato pessoa a pessoa é outro meio pelo qual um indivíduo pode ser infectado pelos mesmos agentes supostamente causadores também de doenças alimentares. No entanto, a inspeção tem melhorado muito depois de um esforço por parte do governo federal norte-americano de rastrear e documentar melhor a incidência de doenças alimentares.

Da metade até o fim da década de 1990, houve um reconhecimento por parte da administração Clinton de que a supervisão da segurança dos alimentos nos Estados Unidos precisava ser revista. Isso incluía um melhor rastreamento das epidemias de doenças alimentares para determinar com mais precisão a amplitude do problema. Um programa melhor também ofereceria mais estrutura para avaliar se as intervenções estavam de fato funcionando. Em 1997, foi lançada a National Food Safety Initiative (NFSI), a qual incluía inúmeros objetivos e dava início a programas de rastreamento de doenças alimentares. Um desses é o programa de Infecções Emergentes do CDC: Foodborne Diseases Active Surveillance Network (FoodNet). Esse programa de inspeção coleta dados sobre doenças alimentares em dez pontos dos Estados Unidos. A cada ano, o CDC publica um relatório que descreve os dados de inspeção preliminares e os compara aos dados anteriores. Esses relatórios podem ser acessados no site do CDC (ver o endereço no fim deste capítulo).

Embora a precisão e a periodicidade tenham melhorado como resultado da NFSI, inúmeras questões sociais, econômicas e políticas apresentam novos desafios para garantir que o suprimento de alimentos nos Estados Unidos seja realmente seguro. Essas questões incluem:

- Avanços no comércio e nos transportes, que proporcionaram mais variedade de alimentos, mas também novos elementos patogênicos.
- Consumo de uma variedade maior de alimentos, incluindo frutos do mar crus e mais produtos agrícolas frescos.
- Aumento nas populações "de risco" ou "altamente suscetíveis", incluindo idosos, crianças e pessoas com sistema imunológico comprometido, como indivíduos com a síndrome de imunodeficiência adquirida (AIDS).
- Mais refeições preparadas e consumidas fora de casa.
- Mudanças nas formas de preparação e manuseio de alimentos.

- Novos micro-organismos reconhecidos que provocam doenças alimentares.
- Processamento centralizado de alimentos.
- Globalização do mercado de alimentos.

Em reconhecimento a esses desafios, a administração Obama revigorou o compromisso do governo federal em garantir um suprimento seguro de alimentos para os norte-americanos. Novas legislações abordam questões administrativas e estruturais do atual sistema de leis e regulamentos. Essas questões incluem leis ultrapassadas, recursos inadequados para a inspeção, estruturas administrativas abaixo do ideal e coordenação inadequada entre agências nos níveis federal, estadual e local. Essas questões são complicadas ainda mais pelas complexidades das leis existentes e sua aplicação. Por exemplo, pelo menos 12 agências federais têm a responsabilidade de supervisionar ao menos 30 leis.

Em 14 de março de 2009, o presidente Obama anunciou a formação do Food Safety Working Group, um grupo especialmente dedicado a aconselhar o presidente em relação a questões de segurança dos alimentos e como corrigi-las. Os detalhes das atividades desse grupo podem ser encontrados em www.foodsafetyworkinggroup.gov. Dois projetos de lei foram emitidos como resultado do trabalho desse grupo e chegaram ao Congresso. São eles: The Food Safety Modernization Act de 2010 (S. 510) e The Food Safety Enhancement Act de 2009 (HR 2749). Coletivamente, esses projetos de lei têm implicações amplas para todos os aspectos do setor de alimentos (incluindo o setor de *foodservice*). As provisões principais incluem inspeções melhoradas para alimentos regulados pela U.S. Food and Drug Administration (FDA) e novos padrões de rastreabilidade dos produtos alimentícios. A Câmara e o Senado do 111º Congresso deram os últimos toques na Food Safety Modernization Act no fim da sessão de dezembro de 2010. O projeto de lei aguardou a assinatura do Presidente Obama no início do 112º Congresso.

Custos associados a epidemias de doenças alimentares

É difícil contabilizar os custos totais e reais das doenças alimentares, mas o prejuízo econômico associado a epidemias desse tipo de doença pode ser devastador e mais amplo do que a maioria dos diretores de serviços de alimentação percebe. Cuidados médicos, negócios perdidos e processos judiciais contra o serviço de alimentação contribuem para o custo, mas a perda de receita das vítimas e manuseadores de alimentos infectados também é considerável. Os custos sociais da dor e do sofrimento são impossíveis de medir, sem contar o constrangimento e os danos à reputação do serviço de alimentação. O Economic Research Service é a divisão do Departamento de Agricultura dos Estados Unidos (USDA) que calcula os custos econômicos das epidemias de doenças alimentares e estima o prejuízo em bilhões de dólares ao ano. Para se ter uma ideia, o serviço estima que a salmonellosis, sozinha, foi responsável por um prejuízo econômico de US$ 2.646.750.437 em 2008.

Papel do gerente de negócios de alimentação

■ **Conceito-chave:** O gerente de negócios de alimentação tem um papel de liderança na prevenção de doenças alimentares.

Os gerentes de negócios de alimentação, especialmente os responsáveis por fornecer alimentos a populações de risco ou altamente suscetíveis, têm um papel essencial na prevenção de doenças alimentares. Na verdade, os gerentes de negócios de alimentação e os funcionários que eles supervisionam são provedores de saúde pública. É função deles proteger os consumidores de alimentos que podem não ser seguros se forem manuseados de forma incorreta. Os gerentes de negócios em alimentação precisam incutir um senso de urgência sobre o potencial de doenças alimentares e oferecer treinamento e educação necessários para garantir que os manuseadores de alimentos conheçam os procedimentos e controles apropriados. Os próprios gerentes de negócios de alimentação devem ser bem treinados em assuntos relacionados a microbiologia, leis alimentícias, análise de risco, APPCC e procedimentos operacionais padrão. Esses são alguns dos conhecimentos e habilidades que o gerente deve ter na hora de projetar, implantar e administrar um programa de segurança dos alimentos com eficácia. A Figura 3.1 oferece uma lista mais abrangente das expectativas de conhecimento para o gerente de negócios de alimentação ou para a pessoa responsável.

Áreas de conhecimento para o gerente de negócios em alimentação:

- Leis e regulamentos federais, estaduais e locais que pertençam a uma operação específica de negócios em alimentação.
- Relação entre a prevenção de doenças alimentares e a higiene pessoal de um funcionário do setor de *foodservice*.
- Meios de evitar a transmissão de doenças alimentares por um funcionário que tenha uma doença ou condição médica que possa causar uma doença alimentar.
- Sintomas associados às doenças que são transmitidas por meio dos alimentos.
- Relação entre manter o tempo e a temperatura de alimentos potencialmente perigosos e a prevenção de doenças alimentares.
- Perigos inerentes associados a alimentos potencialmente perigosos.
- Temperatura final mínima para o preparo seguro de alimentos potencialmente perigosos.
- Temperaturas exigidas e intervalos de tempo para armazenamento, espera a quente, resfriamento e reaquecimento seguros e adequados de alimentos potencialmente perigosos.
- Relação entre a prevenção de doenças alimentares e a boa higiene pessoal.
- Procedimentos adequados de cuidados, limpeza e desinfecção de equipamentos e instalações na prevenção de doenças alimentares.

Figura 3.1 Conhecimento básico sobre segurança dos alimentos para o gerente de negócios em alimentação.
Fonte: Adaptado do Food Code de 2009.

Causas das doenças alimentares

Investigações sobre epidemias de doenças alimentares indicam que alimentos contaminados não explicam por si só por que as pessoas ficam doentes. Na verdade, o CDC identifica os cinco itens a seguir como os fatores de risco mais comuns que provocam doenças alimentares:

- Compra de alimentos de fontes não seguras.
- Falha no preparo adequado dos alimentos.
- Armazenamento dos alimentos a temperaturas incorretas.
- Uso de equipamentos contaminados.
- Higiene pessoal inadequada.

O gerente de negócios em alimentação precisa entender os contaminantes e as falhas operacionais que resultam em doenças alimentares para projetar e implantar medidas preventivas eficazes nas instalações do serviço de alimentação.

▌ Conceito-chave: Perigos patológicos são inerentes a alguns alimentos e podem causar doenças se crescerem.

Perigos inerentes aos alimentos

Qualquer propriedade biológica, química ou física que afeta a saúde de uma pessoa é chamada de **perigo**. Os **elementos patogênicos** biológicos ou elementos patogênicos causadores de doenças incluem bactérias, vírus, parasitas e fungos (mofo). As doenças resultantes de micro-organismos vivos causadores de doenças ou patogênicos são chamadas de infecções. As doenças causadas por ingestão de toxinas produzidas por micro-organismos são chamadas de intoxicações. O crescimento de micro-organismos patogênicos em alimentos ou em superfícies de contato com alimentos aumenta a probabilidade desses tipos de doenças. Certas condições estimulam a sobrevivência e o crescimento de micro-organismos prejudiciais. É responsabilidade do gerente de negócios de alimentação reconhecer esses perigos e condições, para então implantar procedimentos que evitem que eles se tornem uma ameaça à segurança dos alimentos. Isso pode ser um desafio porque os micro-organismos diferem, entre os itens alimentícios, e a maneira como eles se comportam sob diferentes condições ambientais também varia muito.

A maioria das bactérias cresce em alimentos pouco ácidos, mas algumas crescem em alimentos ácidos. Algumas crescem mais se houver açúcar no alimento; outras se houver proteína. Algumas precisam de oxigênio para crescer, e outras florescem em sua ausência. A temperatura mais favorável para o crescimento de bactérias patogênicas é a temperatura do corpo,

Perigo
Propriedade biológica, química ou física que pode provocar risco inaceitável à saúde do consumidor.

Elemento patogênico
Micro-organismo causador de doenças.

cerca de 36,5°C; temperaturas abaixo de 5°C inibem seu crescimento total ou parcialmente, e temperaturas acima de 54,5°C por um determinado tempo são letais para as células vegetativas dos micro-organismos patogênicos. O governo federal norte-americano define como zona de perigo a faixa de temperatura entre 5°C e 57°C, e todo o manuseio de alimentos nessa faixa deve ser minimizado.

O tempo necessário para crescimento e multiplicação depende de outras condições ambientais presentes e do tipo de alimento que está sendo processado. Fungos precisam de nutrientes, oxigênio e tempo para crescer. Eles normalmente são os micro-organismos dominantes apenas em alimentos secos, ácidos ou açucarados demais para o crescimento ideal das bactérias. Vírus e protozoários não se reproduzem em alimentos e, portanto, só causam infecções.

Qualquer alimento pode ser um veículo para doenças alimentares, mas alguns têm mais probabilidade de envolvimento que outros. Esses alimentos são chamados de **alimentos potencialmente perigosos** (**APP**). De acordo com o Food Code [Código Alimentar] da FDA:

1. "Alimento potencialmente perigoso (controle de tempo/temperatura para alimentos seguros)" significa um alimento que exige controle de tempo/temperatura de segurança (CTS) para limitar o crescimento de micro-organismos patogênicos ou a formação de toxinas.
2. "Alimentos potencialmente perigosos (controle de tempo/temperatura para alimentos seguros)" incluem: alimento de origem animal cru ou tratado com calor; alimento de origem vegetal tratado com calor ou que consista em brotos de sementes cruas, melões cortados, verduras cortadas, tomates cortados ou misturas de tomates cortados que não sejam modificadas de modo a impedir o crescimento de micro-organismos patogênicos ou a formação de toxinas, ou misturas de alho e óleo que não sejam modificadas de modo a impedir o crescimento de micro-organismos patogênicos ou a formação de toxinas.

De maneira simples, alimentos potencialmente perigosos são aqueles que favorecem o rápido crescimento de micro-organismos. As condições que favorecem o rápido crescimento podem ser lembradas pelo acrônimo CAT-TOU: comida, ácido, tempo; temperatura, oxigênio e umidade.

As rotas de transmissão dos elementos patogênicos estão ilustradas na Figura 3.2. Deve-se observar que os dejetos humanos, especialmente material fecal, são particularmente perigosos. Um indivíduo que tenha usado o banheiro certamente está com as mãos contaminadas. Se a lavagem cuidadosa e meticulosa das mãos for ignorada, elas podem ser um "utensílio" perigoso na cozinha. Padrões de higiene pessoal serão apresentados mais adiante neste capítulo.

Os hospedeiros são uma fonte importante de micro-organismos causadores de intoxicação nos alimentos. Um hospedeiro é uma pessoa que, sem sintomas de uma **doença transmissível**, abriga e transmite pelo seu corpo o elemento patogênico de uma doença, normalmente sem estar consciente disso. A hepatite A e o norovírus são exemplos de vírus que podem ser "hospedados" sem que a pessoa perceba e ambos contribuem muito para a incidência de doenças alimentares. Uma pessoa *infectada* é aquela em cujo corpo os elementos patogênicos específicos de uma doença estão alojados e apresenta sintomas da doença. Portanto, as outras pessoas

---

Alimentos potencialmente perigosos (APP)
Alimentos com mais possibilidade do que outros de serem implicados em uma epidemia de doenças alimentares.

Código
Conjunto de regulamentos.

Doença transmissível
Doença que é transmitida de uma pessoa para outra por meios diretos ou indiretos.

Figura 3.2 Manipuladores de alimentos como fonte de elementos patogênicos alimentares.

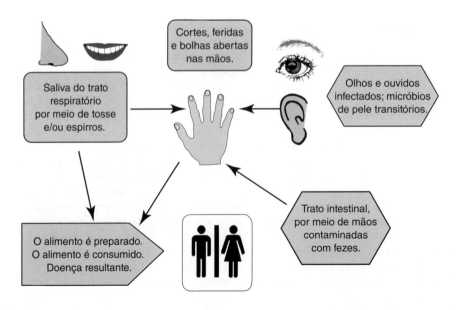

podem ficar cientes do possível perigo de contaminação. Os consumidores podem ser infectados ao ingerir água, leite ou outros produtos alimentícios que tenham sido contaminados com material fecal de uma pessoa, animal ou hospedeiro infectado. Outro meio de infecção é beber leite cru tirado de vacas com tetas infectadas.

Uma síndrome infecciosa do sistema respiratório, como um resfriado comum, pode ser espalhada pelos perdigotos de secreções infectadas por meio da tosse e de espirros sem proteção. Uma *via indireta* de infecção espalhada por meio de secreções respiratórias é o lenço usado, ou a mão contaminada, e o subsequente manuseio de alimentos ou pratos e copos ao servir um cliente. A seguir, é apresentado um resumo de alguns dos principais elementos patogênicos que podem provocar doenças alimentares. Para uma fonte completa de micro-organismos e suas relações com as doenças alimentares, o leitor pode consultar *Bad Bug Book* da FDA (ver o endereço do site no fim deste capítulo).

Micro-organismos infecciosos. Os principais organismos que provocam **infecções alimentares** incluem, mas não se limitam a: salmonela, *Campylobacter jejuni*, *Escherichia coli* patogênico e *Listeria monocytogenes*. Os dois primeiros são especialmente prevalentes e exigem cuidados especiais no manuseio de alimentos.

Infecção alimentar
Doença que resulta da ingestão de alimentos que contêm micro-organismos vivos.

As infecções por salmonela são responsáveis por inúmeros casos de problemas gastrintestinais chamados de salmonelose. A salmonelose pode ser causada por qualquer um dos 2.300 serotipos de salmonela conhecidos, os quais podem ser encontrados especialmente no trato intestinal de animais e seres humanos. Eles são excretados nas fezes e podem contaminar a água e os alimentos se a higiene pessoal e o manuseio adequado dos alimentos não forem observados. Os alimentos mais comumente associados à salmonelose são aves, produtos aviários, carne de boi, carne de porco, ovos e alimentos que contêm ovos. O cozimento apropriado mata a salmonela, mas a contaminação cruzada de alimentos cozidos com alimentos crus também deve ser evitada.

Campylobacter jejuni, há muito conhecida como elemento patogênico animal, só recentemente foi reconhecida como uma causa muito comum de gastrenterite humana. A *C. jejuni* costuma ser mais associada ao consumo de leite cru, água contaminada, frango malcozido, carne de boi, carne de porco e moluscos crus. As aves têm uma taxa especialmente alta de hospedagem desse patógeno. A contaminação cruzada de alimentos animais crus e alimentos prontos para consumo por meio de facas ou tábuas de corte pode ser outra via de transmissão. Uma evidência da seriedade da *C. jejuni* é o fato de, nos Estados Unidos, ela agora ser isolada das fezes de pessoas com diarreia com mais frequência do que as espécies de salmonela e de *shigela*. A *C. jejuni* morre instantaneamente com o calor e é altamente sensível a desinfetantes com cloro.

Diversos tipos de *Escherichia coli* patogênica têm sido responsáveis por inúmeras epidemias de doenças alimentares nos Estados Unidos. Queijos cremosos importados foram a causa da primeira epidemia identificada, que ocorreu em 1971. A epidemia mais séria de *E. coli* O157:H7 ocorreu em 1993 e foi bastante comentada pela imprensa. Na ocasião, quatro crianças morreram depois de comer hambúrgueres mal passados. A *E. coli* O157:H7 é encontrada nas fezes dos seres humanos e outros animais e, portanto, pode contaminar o solo, a água e as plantas comestíveis. As doenças causadas pela *E. coli* O157:H7 variam de "diarreia do viajante" à síndrome hemolítico-urêmica, que pode ser mortal. O organismo morre facilmente com o calor, mas alimentos que foram processados com calor podem ser contaminados novamente depois do aquecimento; o controle inadequado da temperatura pode resultar no aumento da quantidade de organismos. Além do queijo, crustáceos crus e processados, carne de boi moída crua ou inadequadamente cozida e, mais recentemente, alguns produtos agrícolas frescos, como espinafre, alface e brotos de alfafa, têm sido associados a epidemias de doenças gastrintestinais causadas pelo patógeno *E. coli* O157:H7.

Micro-organismos tóxicos. Organismos que causam intoxicação alimentar incluem *Staphylococcus aureus*, *Clostridium botulinum* e *Clostridium perfringens*.

A intoxicação alimentar por estafilococo é o tipo mais frequente de intoxicação alimentar e resulta da produção de toxinas pelo *Staphylococcus aureus* em itens do cardápio com altos níveis de proteína, como carnes cozidas, ovos e leite, além de torta de creme. Esse organismo costuma ser encontrado na pele humana saudável, especialmente no nariz, e tem presença abundante em espinhas e feridas supuradas. A toxina produzida pelo *S. aureus* não é destruída pelas técnicas de preparo normalmente utilizadas na preparação de alimentos, por isso o controle da temperatura de refrigeração é fundamental.

Estimativas gerais apontam que a maioria dos casos de intoxicação alimentar é causada por estafilococos. A doença geralmente não é fatal, mas provoca nas vítimas diarreia grave e náusea por várias horas. Normalmente, os sintomas aparecem de meia a seis horas depois da ingestão do alimento tóxico, que pode não ter indicações visíveis de contaminação no momento do consumo.

Clostridium botulinum é um organismo em forma de esporo que causa uma intoxicação alimentar muito mais séria, conhecida como botulismo. O organismo pode crescer e produzir toxinas em vários alimentos com baixo nível de acidez sob condições anaeróbicas. Essa toxina é muitas vezes fatal. O alimento contaminado por *C. botulinum* nem sempre apresenta alterações perceptíveis. E, obviamente, os alimentos que parecem anormais não devem ser "testados em relação ao sabor", porque a ingestão de uma pequena quantidade de toxina já pode causar a doença. A toxina pode ser destruída se for fervida vigorosamente por 20 minutos, embora essa etapa não seja recomendada como o único método de evitar o botulismo. Já houve epidemias associadas a *baked potatoes*, *onion rings* e possivelmente outros alimentos. Felizmente, o botulismo é uma ocorrência incomum em operações de negócios em alimentação. Alimentos comercialmente enlatados são aquecidos até a esterilidade com vapor sob pressão.

A *Clostridium perfringens* é uma bactéria anaeróbica com formato de esporo normalmente colocada no grupo de organismos que causam intoxicação alimentar. Embora essa toxina possa estar presente em alimentos, acredita-se que ela só seja produzida no trato intestinal e, portanto, a doença é, na verdade, mais frequentemente uma infecção. O período de incubação varia entre 8 e 20 horas, depois das quais ocorre a doença. Os sintomas são relativamente suaves, e a duração da doença costuma ser de cerca de um dia.

A *C. perfringens* é amplamente encontrada no solo, na água, na poeira, no esgoto e em adubos, mas também no trato intestinal de humanos e animais saudáveis. Muitos alimentos comprados pelos serviços de alimentação, especialmente carnes e alguns temperos, provavelmente estão contaminados por esse organismo. Os funcionários do setor de *foodservice* também podem levá-lo para a cozinha nas mãos. Por isso, deve-se tomar extremo cuidado para manter as mãos limpas e os equipamentos limpos e desinfetados, especialmente fatiadoras de carne. As carnes a serem fatiadas nunca devem ser deixadas para "cortar conforme necessário" por um período muito longo, e as fatiadoras devem ser meticulosamente limpas depois de cada uso. As de uso contínuo devem ser limpas e desinfetadas a cada 4 horas. A Tabela 3.2 resume alguns dos principais elementos patogênicos associados a epidemias de doenças alimentares.

O norovírus é um vírus importante e especialmente grave que costuma ser associado a alimentos prontos para consumo e crustáceos de águas contaminadas. As doenças atribuídas a um vírus são mais bem controladas por meio de boas práticas de higiene pessoal. Lavar bem as mãos e manter os funcionários doentes fora da operação são itens especialmente importantes.

▌ **Conceito-chave:** Perigos físicos e químicos, incluindo alergênicos, são ameaças à segurança dos alimentos.

Alergênicos: uma preocupação crescente. As alergias alimentares são uma preocupação para 6 a 7 milhões de norte-americanos e precisam ser seriamente consideradas como parte de um programa abrangente de segurança dos alimentos. Estima-se que 30 mil pessoas busquem as emergências de hospitais a cada ano para receber tratamento para alergias alimentares. Cerca de 200 mortes por ano são atribuídas a reações graves, de acordo com a Food Allergy and Anaphylaxis Network (FAAN).

Noventa por cento de todas as alergias alimentares são causadas pelo que se chama de "oito grandes": leite, ovos, peixe, trigo, nozes, amendoim, soja e crustáceos. Outros ingredientes alimentícios que podem causar uma reação adversa, mas não alérgica, em alguns consumidores incluem sulfitos e glutamato monossódico (MSG). O gerente de negócios em alimentação deve acompanhar de perto fornecedores e funcionários para garantir que a composição de todos os alimentos seja conhecida e claramente transmitida aos clientes.

A Food Allergen Labeling and Consumer Protection Act, de 2004, entrou em vigor em 1º de janeiro de 2006. Essa lei exige que os fabricantes de alimentos identifiquem de forma clara e em linguagem simples quaisquer ingredientes que contenham proteínas derivadas de algum dos oito grandes. Essa exigência de rótulo se estende a estabelecimentos de varejo e de serviços de alimentação que oferecem alimentos embalados e rotulados para consumo humano. Os gerentes devem verificar também outras informações com as agências locais e estaduais, porque elas podem aplicar exigências mais restritivas.

Tabela 3.2 Principais micro-organismos patogênicos alimentares.

Elemento patogênico	Espécies de salmonela	*Staphylococcus aureus*	*Clostridium perfringens*	*Bacillus cereus*	*Clostridium botulinum*
Doença	Infecção por salmonelose	Intoxicação por estafilococo	Infecção/ intoxicação por *Clostridium perfringens*	Intoxicação por *Bacillus cereus*	Intoxicação por botulismo
Alimentos envolvidos	Aves, saladas de aves, carnes e produtos de carne, leite, ovos em casca, cremes e molhos de ovos, outros alimentos proteicos, frutas e vegetais frescos	Alimentos que são cozidos e depois exigem manuseio considerável, como presunto e outras carnes cozidas, laticínios, cremes, salada de batata, produtos de padaria recheados de creme e outros alimentos proteicos	Carnes, produtos de carne e molhos associados a excesso de temperatura	Ampla variedade, incluindo arroz e pratos com arroz, cremes, temperos, misturas secas de alimentos, pudins, produtos de cereais, molhos, pratos de vegetais, carne, leite e peixe	Alimentos de baixo teor ácido inadequadamente processados e enlatados
Incubação	6 a 48 horas	30 minutos a 6 horas	8 a 22 horas	6 a 15 horas	18 a 36 horas
Sintomas	Dor abdominal, dor de cabeça, náusea, vômito, febre, diarreia	Náusea, vômito, diarreia, desidratação, cólicas abdominais	Dor abdominal, diarreia	Diarreia, cólicas abdominais, vômito e dor	Cansaço, fraqueza, vertigem, visão dupla, dificuldade de falar, engolir e respirar
Duração	1 a 2 dias	24 a 48 horas	24 horas	Até 24 horas	Vários dias a um ano
Elemento patogênico	*Campylobacter jejuni*	*E. coli* O157:H7	*Listeria monocytogenes*	Espécies de *Shigella*	*Vibrio vulnificus*
Doença	Infecção por campilobacteriose	Colite hemorrágica; síndrome hemolítico-urêmica	Infecção por listeriose	Shigelose	Feridas infectadas, gastrenterite, septicemia primária
Alimentos envolvidos	Aves cruas, vegetais crus, leite não pasteurizado, água não tratada	Carne de boi crua e malcozida e outras carnes vermelhas, leite cru, queijos, leite não pasteurizado, frutas e vegetais frescos	Leite e queijo não pasteurizados, vegetais, aves e carnes, frutos do mar e alimentos preparados e prontos para consumo, incluindo cortes frios e linguiças fermentadas de carne crua	Saladas (batata, atum, camarão, macarrão e frango), vegetais crus, leite, laticínios e aves	Ostras, moluscos e caranguejos
Incubação	3 a 5 dias	12 a 72 horas	12 horas a vários dias	1 a 7 dias	3 a 76 horas
Sintomas	Diarreia, febre, náusea, dor abdominal, dor de cabeça, dor muscular	Diarreia com sangue, dor e cólica abdominal grave, náusea, vômito e, ocasionalmente, febre, síndrome hemolítico-urêmica (pode resultar em mau funcionamento do rim)	Náusea, vômito, diarreia, dor de cabeça, febre, calafrios, dor nas costas, meningite, aborto espontâneo, septicemia, encefalite	Dor abdominal; cólicas; diarreia; febre; vômito; sangue, pus ou muco nas fezes; tenesmo	Diarreia, cólicas, fraqueza, náusea, calafrios, dor de cabeça e vômito
Duração	1 a 4 dias	Até 8 dias	Depende do tratamento – alta mortalidade em populações altamente suscetíveis	Varia	1 a 8 dias

Fonte: The Bad Bug Book. U.S. Food and Drug Administration. Center for Food Safety and Applied Nutrition. Foodborne Pathogenic Microorganisms and Natural Toxins handbook. *www.fda.gov/Food/FoodSafety*.

Perigos inseridos nos alimentos por pessoas e práticas

Contaminação química acidental. As causas microbianas de doenças alimentares são comuns, mas o mal-estar e a doença também podem ser causados por contaminantes químicos presentes nos alimentos. Esse tipo de doença alimentar resulta da ingestão de alimentos aos quais foram adicionados produtos químicos tóxicos, em geral por **acidente**.

Acidente
Incidente não intencional que resulta em ferimento, prejuízo ou dano à propriedade.

O envenenamento químico pode resultar da contaminação de alimentos com produtos químicos do serviço de alimentação, como compostos para limpar e desinfetar, uso excessivo de aditivos e conservantes ou contaminação com metais tóxicos. O gerente de negócios em alimentação é responsável por implantar as precauções necessárias para garantir que o alimento esteja protegido desses perigos. As precauções mínimas incluem rotulagem e armazenamento adequados de todos os produtos químicos e treinamento prático frequente dos funcionários sobre os perigos associados ao uso inadequado de produtos químicos.

Perigos físicos. Os perigos físicos são a terceira categoria de causas que contribuem para epidemias de doenças alimentares. Como o nome sugere, incluem materiais ou contaminantes externos que são inseridos nos alimentos de maneira acidental ou intencional. Exemplos incluem fragmentos de metal de latas, vidro dos utensílios de serviço e grampos de materiais de embalagem. Em comparação aos micróbios patogênicos, os perigos físicos raramente são causa de doenças alimentares ou ferimentos.

▌ **Conceito-chave:** Falhas nas operações e nas práticas de manuseio de alimentos contribuem para o desenvolvimento de epidemias de doenças alimentares.

Abordagem de sistemas à segurança dos alimentos

Garantir a segurança dos alimentos envolve identificar todos os perigos potenciais dentro de uma operação de negócios em alimentação que, se não fossem controlados, poderiam levar a uma epidemia de doenças alimentares. Em última instância, é responsabilidade do gerente de negócios em alimentação projetar e implantar um programa de segurança dos alimentos que enfoque cada um dos perigos identificados e inclua procedimentos que evitem que todo e qualquer perigo potencial se torne uma ameaça ao bem-estar dos clientes. O desafio de projetar um programa assim pode ser devastador, especialmente em operações multiunidades de alto volume que lidam com centenas ou milhares de itens de cardápio diariamente. Uma abordagem de sistemas à segurança dos alimentos permite que o gerente avalie a operação toda, identifique as boas práticas de segurança dos alimentos aplicadas e cuide daquelas que precisam de atenção. A ênfase na segurança dos alimentos em insumos, operações e resultados deve ficar evidente ao leitor conforme lê o restante deste capítulo e os capítulos seguintes.

Controles e segurança dos alimentos

O plano de segurança dos alimentos em si serve como controle operacional, mas existem outros controles comuns em um serviço de alimentação que podem ser usados para estabelecer práticas rígidas de segurança dos alimentos para a operação. Os cardápios, por exemplo, são os documentos formais do que será servido na operação de negócios em alimentação. A segurança dos alimentos pode começar no processo de planejamento de cardápio (o Cap. 5 oferece uma análise profunda do processo de planejamento de cardápio). É durante o planejamento de cardápio que o gerente decide se um potencial item de cardápio, independentemente de sua popularidade, pode ser preparado e servido com segurança. Se houver alguma dúvida, pode ser inteligente eliminar esse item como parte das ofertas do cardápio. Alguns gerentes de instalações de cuidado de longo prazo, por exemplo, eliminaram os ovos *poché* em razão da preocupação com o risco de salmonela em ovos não pasteurizados. Outras organizações não colocam brotos nos cardápios por causa do alerta da FDA quanto ao risco de *E. coli* O157:H7.

Outro controle que pode ser usado para reduzir o risco de perigos alimentícios é o contrato de compra de serviços de alimentação que fazem aquisições por meio de processos de licitações competitivas (ver o Cap. 6 para uma análise abrangente das compras). Nos termos e condições do contrato, o gerente pode especificar, por exemplo, que os caminhões de entrega devem ser refrigerados. Os formatos dos alimentos podem ser especificados de modo que a segurança dos alimentos seja "comprada" como parte do produto. As carnes pré-cozidas, por exemplo, reduzem significativamente, ou até eliminam, o risco de *E. coli* O157:H7 em comparação com o recebimento do produto cru.

Os cardápios e os contratos de compra são exemplos de controles internos que podem estabelecer padrões para a segurança dos alimentos. Controles externos também influenciam os programas de segurança dos alimentos. O exemplo mais óbvio são as leis e regulamentos que tratam da segurança dos alimentos.

▌ Conceito-chave: Uma matriz de leis, regulamentos, códigos e padrões alimentares oferece a estrutura jurídica para a programação da segurança dos alimentos.

Leis, regulamentos e códigos. Existe uma miríade de leis e regulamentos que se aplicam aos serviços de alimentação, e vários são específicos para a segurança dos alimentos. Por exemplo, a Pure Food Act [Lei dos Alimentos Puros], de 1906, obriga que os alimentos sejam integrais e seguros para o consumo humano. As principais leis alimentares e as agências que supervisionam sua aplicação serão apresentadas no Capítulo 6. No entanto, as leis em si não são especialmente úteis para estabelecer políticas e procedimentos para um programa de segurança dos alimentos. Os detalhes e parâmetros das leis são encontrados em regulamentos e códigos.

Um **regulamento**, por definição, é uma restrição jurídica apresentada ou promulgada por uma agência governamental. Diversos níveis governamentais aprovam regulamentos, incluindo federal e estadual, mas a aplicação mais direta é feita no nível local, geralmente por divisões ou agências locais. Por exemplo, o serviço de alimento e nutrição do USDA estabelece regras e regulamentos de segurança dos alimentos para as escolas que participam dos programas de nutrição infantil. Agências estaduais, regionais ou municipais, no entanto, aplicam esses regulamentos aos distritos escolares individuais. De modo semelhante, o Center for Medicare and Medicaid Services do Departamento de Saúde e Serviços Humanos é a agência federal que estabelece regulamentos de segurança dos alimentos para instalações de cuidados específicos. A aplicação costuma ser feita por uma agência estadual como a Divisão de Saúde. Além disso, os serviços de alimentação podem ser regulados por uma organização terceirizada específica para o tipo de setor em que o serviço de alimentação é abrigado. Por exemplo, as Joint Commission for Healthcare Organizations estabelecem e supervisionam altos padrões de cuidados com pacientes para organizações de saúde nos Estados Unidos. Elas estabelecem também seus próprios padrões de segurança dos alimentos, que têm a mesma força de um regulamento depois que uma instalação é acreditada. Os regulamentos e padrões estabelecidos por meio de leis e aplicados por diversas agências devem servir como padrões *mínimos* para as práticas de segurança dos alimentos.

Regulamento
Orientação autoritária. Uma restrição jurídica e local apresentada ou promulgada por um grupo governamental.

O Food Code. O Food Code foi inicialmente desenvolvido em 1993 pela FDA em cooperação com o USDA como guia para estabelecer padrões de segurança dos alimentos. Esse código não é uma lei ou um regulamento, mas oferece orientações e considerações a serem adotadas por jurisdições responsáveis por regulamentar operações de serviço, varejo e revenda de alimentos. De acordo com a FDA, o código oferece os conselhos mais recentes e com base científica sobre prevenção de doenças alimentares. Os destaques incluem a importância do tempo, do controle da temperatura e da lavagem de mãos segura. Uma característica muito importante e útil do código é a estrutura que ele oferece para projetos de programas de segurança dos alimentos. Ele promove a APPCC como o melhor sistema disponível para garantir a segurança dos alimentos. Esse código é atualizado a cada quatro anos, e complementos são publicados a cada dois anos, conforme as orientações são revisadas de modo a refletir o que há de mais recente na ciência. Mais de 30 estados usam o código tal como ele é, e muitos outros devem segui-lo, já que é reconhecido como a melhor fonte com base científica de padrões de segurança dos alimentos.

Segurança dos alimentos: um programa integrado de APPCC e programas de pré-requisitos

A APPCC não é – e nunca teve a intenção de ser – um programa isolado de segurança dos alimentos. Em vez disso, a APPCC pretende ser parte de um sistema maior de procedimentos de controle, os quais, por sua vez, devem ser praticados para que a APPCC funcione com eficácia. Para entender esses procedimentos de controle, é necessário entender a natureza dos perigos. Conforme já explicamos, os perigos podem ser categorizados por tipos, como microbiológicos, químicos e físicos. Essas categorias podem ainda ser subdivididas em relação a como esses perigos são introduzidos em uma operação de negócios em alimentação. Como descrevemos antes, existem perigos que são componentes naturais dos alimentos. Contudo, há também perigos que são inseridos em materiais alimentícios no próprio serviço de alimentação. Os primeiros são classificados como perigos *inerentes* (p. ex., um perigo específico de determinado item alimentício) e incluem, por exemplo, a salmonela nos ovos. O segundo grupo representa perigos ambientais e inclui falhas de procedimentos, como a contaminação cruzada de equipamentos que não foram adequadamente limpos e desinfetados. A APPCC cuida da primeira categoria e, posteriormente neste capítulo, serão apresentados mais detalhes sobre ela. Os métodos para controlar o segundo grupo de perigos exigem programas de pré-requisitos e procedimentos operacionais padronizados (POP).

■ **Conceito-chave:** Programas de pré-requisitos bem projetados e quantificáveis servem de base para um programa integrado de segurança dos alimentos.

Programas de pré-requisitos: base de um programa integrado de segurança dos alimentos

Os programas de pré-requisitos são grupos de procedimentos que tratam das condições operacionais. Por definição, o termo *pré-requisito* implica que algo é pré-condição para alguma outra coisa. Neste caso, os programas de pré-requisitos servem de base para o desenvolvimento e a implantação da APPCC. Os programas de pré-requisitos não são parte do plano formal de APPCC, que se concentra nos perigos inerentes específicos a cada item do cardápio. Em vez disso, os programas de pré-requisitos definem as intervenções relacionadas a pessoas, instalações e ambiente de trabalho que são praticadas como rotina, independentemente da natureza do alimento que está sendo preparado. Se seguidos de maneira consistente e adequada, os programas de pré-requisitos criam um ambiente no qual os alimentos podem circular com segurança desde o recebimento até o serviço, com um risco mínimo de serem contaminados por condições ambientais.

Em outras palavras, os programas de pré-requisitos definem as práticas que a operação de negócios em alimentação deve seguir independentemente do item alimentar manuseado naquele momento. Por exemplo, devem ser usados utensílios limpos qualquer que seja o item alimentício que esteja sendo preparado. Cada operação de negócios em alimentação deve oferecer as condições necessárias para proteger o alimento sob seu controle. Depois que esses programas estão funcionando, a APPCC pode ser mais eficaz porque pode se concentrar nos perigos específicos e inerentes ao alimento e à sua preparação, e não nos perigos que envolvem o ambiente de preparação dos alimentos.

Programas de pré-requisitos e procedimentos operacionais padronizados (POP)

Os programas de pré-requisitos são procedimentos documentados que abordam as condições operacionais necessárias para a produção e o serviço de alimentos seguros. Programas de pré-requisitos individuais se concentram em um aspecto da operação de negócios em alimentação, como a equipe, uma operação funcional específica ou um aspecto físico da instalação. Cada um desses programas inclui procedimentos definidos em relação à sua área de ênfase. A Tabela 3.3 traz uma lista dos programas de pré-requisitos e tópicos de POP que provavelmente estão incluídos no programa de segurança dos alimentos de um serviço de alimentação típico. Muitas das condições e práticas padronizadas usadas para definir quantitativamente os POP são especificadas em regulamentos e orientações federais, estaduais e/ou locais. O Food Code pode servir de base para definir procedimentos operacionais padronizados em cada programa de pré-requisitos e os parâmetros pelos quais a conformidade será medida. Por exemplo, um POP de recebimento seria que qualquer carne ou laticínio refrigerado que chegasse a uma temperatura acima de 5°C deveria ser rejeitado na doca. A partir daí, cada operação de negócios em alimentação pode expandir seus programas de pré-requisitos conforme necessário, adotando políticas e procedimentos com base nas necessidades exclusivas de sua operação e/ou nas "melhores" práticas do setor. As próximas seções deste capítulo oferecem detalhes de programas de pré-requisitos comuns.

Tabela 3.3 Tópicos sugeridos de programa de pré-requisitos para operações de negócios em alimentação.

Equipe	Armazenamento	Equipamentos e utensílios
Treinamento e ensino	Controle de temperatura	Manutenção preventiva
Saúde e doença de funcionários	Limpeza	Reparos
Práticas de higiene • Lavar as mãos • Luvas • Vestimenta e joias	Rotatividade de estoque	Dispositivos para medir a temperatura
Planejamento de refeições	**Preparação**	**Instalações físicas**
Desenvolvimento de receitas para alimentos potencialmente perigosos	Degelo	Pisos
	Abuso de tempo/temperatura (regra das 4 horas)	Paredes
	Prevenção de contaminação cruzada	Tocas
	Resfriamento (método de duas etapas)	Vapor culinário
Compras	**Serviço**	**Controle químico**
Relações com revendedores	Montagem de refeições	FISPQ
Especificações	Manter quente	Armazenamento
	Unidades de autosserviço	Descarte
	Intervalo de tempo e manutenção de temperatura	
	Manuseio de sobras	
Recebimento	**Limpeza, desinfecção e lavagem de utensílios**	**Controle de pragas**
Temperaturas	Descarte de resíduos	Prevenção
Padrões de qualidade	Lavagem manual	Contratos de serviço
Inspeção	Lavagem em máquina	
	Equipamento CIP (limpo em uso)	Miscelânea
	Superfícies de contato com alimentos	Manuseio de gelo

Saúde e higiene pessoal do funcionário

▌**Conceito-chave:** O programa mais importante de pré-requisitos para um plano eficaz de segurança dos alimentos é a higiene pessoal.

Um gerente de negócios em alimentação sábio reforça a importância da segurança dos alimentos durante o processo de contratação. Como discutido antes neste capítulo, muitos casos de doenças alimentares podem ser diretamente associados à falta de atenção à higiene pessoal, à limpeza e aos procedimentos de manuseio dos alimentos. Na verdade, o CDC publica uma lista de doenças infecciosas que costumam ser transmitidas por meio de alimentos que foram contaminados por manuseadores de alimentos infectados.

Alguns dos patógenos que podem causar doenças depois que uma pessoa infectada manuseia o alimento incluem:

- hepatite A;
- vírus de Norwalk e semelhantes ao de Norwalk;
- *Salmonella typhi;*
- espécies de *Shigella;*
- *Staphylococcus aureus;*
- *Streptococcus pyogenes.*

Contaminação
Presença não intencional de substâncias danosas como micro-organismos em alimentos e na água.

Existem medidas preventivas que o gerente pode implantar já no estágio de contratação para minimizar o risco de **contaminação** dos alimentos e manuseio errado. Isso é feito por meio de avaliações de saúde e de um treinamento cuidadoso dos funcionários do setor de *foodservice* depois que eles foram contratados.

Indivíduos que estejam sendo considerados para cargos que envolvam manuseio de alimentos devem passar por uma avaliação de saúde antes de serem contratados e em intervalos regulares depois da contratação. A avaliação deve incluir um exame de tuberculina, e muitas operações de negócios em alimentação, especialmente aquelas de organizações de saúde, exigem exame de hepatite A. Muitas agências regulatórias estaduais e locais exigem exames de saúde específicos antes da contratação. O gerente deve consultar o departamento de saúde local para saber as exigências específicas.

O processo de contratação bem-sucedido deve ser seguido de orientação e treinamento minuciosos sobre os padrões de higiene pessoal estabelecidos para a operação de negócios em alimentação. A higiene pessoal é simplesmente a aplicação dos princípios de manutenção da saúde e da limpeza pessoal. Políticas devem ser projetadas, implementadas e monitoradas para abranger vestimenta adequada, hábitos de higiene pessoal e doenças de funcionários. Os métodos específicos para cumprir a intenção dessas políticas frequentemente são chamados de procedimentos de **controle de infecção**. A política de controle de infecção deve abranger, no mínimo, os seguintes pontos:

Controle de infecção
Procedimentos específicos para evitar a entrada de organismos patogênicos no corpo.

Roupa adequada

- Os funcionários devem vestir roupas limpas e laváveis. É recomendado o uso de uniformes, mas, se não for viável, aventais limpos são essenciais.
- Prendedores de cabelos eficazes devem ser usados para cobrir os cabelos e os pelos faciais. Os prendedores comumente usados incluem redes, bonés e gorros. O objetivo desses acessórios é evitar que os cabelos caiam nos alimentos e desencorajar o manuseador de alimentos a tocar no próprio cabelo.
- Joias são desaconselhadas porque as bactérias podem se alojar nelas e contaminar os alimentos.

Hábitos de higiene pessoal

A prática mais importante para evitar a disseminação de doenças alimentares é a lavagem de mãos apropriada e frequente. Os funcionários do setor de *foodservice* devem lavar as mãos usando o procedimento ilustrado na Figura 3.3. Essa técnica é chamada de dupla lavagem de mãos e é recomendada nas seguintes circunstâncias:

- Depois de defecar, ter contato com fluidos corporais e secreções ou manusear resíduos que contenham matéria fecal e fluidos ou outras secreções corporais (p. ex., atendentes de creches e casas de repouso podem ser responsáveis por trocar fraldas e também servir alimentos).
- Antes de começar a trabalhar ou antes de voltar ao trabalho depois de uma pausa.
- Depois de tossir, espirrar ou usar um lenço de pano ou de papel.
- Depois de fumar, usar tabaco, comer ou beber.
- Depois de manusear equipamentos ou utensílios sujos.
- Imediatamente antes da preparação de alimentos, como ao trabalhar com alimentos, equipamentos limpos, utensílios e suprimentos.
- Ao trocar do trabalho com alimentos crus para cozidos.

1. Usar água quente (na temperatura que as mãos consigam aguentar sem desconforto).

2. Molhar as mãos, ensaboar minuciosamente e espalhar a espuma até o cotovelo.

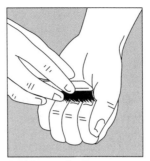
3. Esfregar minuciosamente, usando uma escova para as unhas. Enxaguar (essa etapa não está incluída no Food Code de 2009).

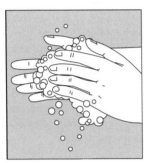
4. Ensaboar de novo e fazer espuma, friccionando por 20 segundos.

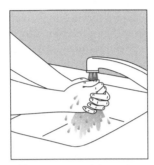
5. Enxaguar completamente com água corrente.

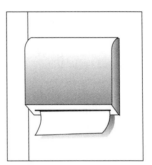
6. Secar as mãos com toalhas descartáveis ou secador de ar quente.

Figura 3.3 Lavagem adequada das mãos.

Fonte: Adaptado de *Applied Foodservice Sanitation*, 4. ed. Copyright © 1992 Educational Foundation of the National Restaurant Association.

É importante observar que o procedimento de lavagem de mãos no Food Code não exige a etapa de escovar as unhas. Essa é uma questão um tanto controversa que está sendo mais estudada e avaliada para edições futuras do código.

Outros hábitos de higiene pessoal. Outros hábitos de higiene pessoal a serem abordados por políticas incluem:

- Os funcionários do setor de alimentação devem manter as unhas cortadas e limpas.
- As mãos não devem entrar em contato com o rosto, os cabelos e a boca.
- O uso de luvas descartáveis deve ser encorajado no contato direto com os alimentos e é exigido pelas leis de algumas regiões dos Estados Unidos. Os funcionários devem ser encorajados a trocar de luva com frequência para evitar **contaminação cruzada**.
- Fumar deve ser permitido somente em locais específicos e longe das áreas de preparação e serviço dos alimentos (de preferência, do lado de fora da instalação).
- Apenas pessoal autorizado deve poder frequentar as áreas de produção.

Cortes, lesões e doenças dos funcionários
- Todos os cortes e lesões, como queimaduras e bolhas, devem ser cobertos com uma bandagem à prova d'água.
- Os cortes nas mãos devem ser cobertos com uma bandagem à prova d'água e uma luva descartável justa.
- Os funcionários com sintomas como vômito, diarreia, febre, infecção respiratória ou garganta inflamada não devem trabalhar no manuseio de alimentos.
- Qualquer funcionário com suspeita de uma doença transmissível conforme as listadas pelo CDC deve ser encaminhado ao departamento de saúde ou a seu médico pessoal para ser avaliado antes de voltar ao trabalho.

Contaminação cruzada

Transferência de micro-organismos danosos de um item alimentício para outro por meio de uma superfície não alimentícia, como mãos humanas, equipamentos ou utensílios.

▌ **Conceito-chave:** Programas de pré-requisitos que estabelecem procedimentos operacionais padrão para compras, produção e serviço maximizam a segurança conforme os alimentos circulam por uma instalação.

Fluxo de alimentos nas operações de negócios em alimentação

Ter conhecimento básico de microbiologia e aplicá-lo às práticas de higiene pessoal são etapas preliminares do objetivo final de projetar um programa eficaz de segurança dos alimentos para a operação de negócios em alimentação. Um programa de segurança dos alimentos bem definido abrange toda a operação de negócios em alimentação. Portanto, é essencial que o gerente entenda como o alimento se movimenta na operação.

A movimentação dos alimentos em uma operação de negócios em alimentação é chamada de **fluxo de alimentos**. Ela começa no ponto em que se toma a decisão de incluir um item alimentício no cardápio e termina com o serviço final ao cliente. As funções básicas do fluxo de alimentos em qualquer operação incluem recebimento, armazenamento, preparação, espera, serviço, refrigeração das sobras e reaquecimento. As Figuras 3.4 a 3.7 ilustram como essas funções se relacionam umas com as outras nos diversos tipos de sistemas de negócios em alimentação e como os itens alimentícios normalmente fluem em cada tipo de sistema. O gerente de negócios em alimentação deve ser capaz de identificar perigos potenciais em cada etapa do fluxo de alimentos e projetar um programa de segurança dos alimentos que evite esses perigos potenciais de se concretizarem. Parte do projeto do programa inclui procedimentos para manuseio seguro e adequado de alimentos em cada etapa do processo de preparação.

Fluxo de alimentos
Rota ou caminho que os alimentos percorrem em um serviço de alimentação ou operação de processamento de alimentos.

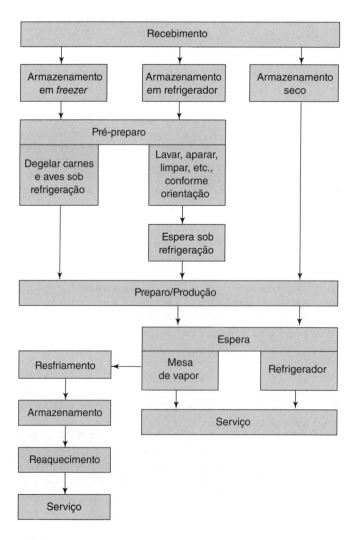

Figura 3.4 Fluxo de alimentos para uma operação convencional de negócios em alimentação.

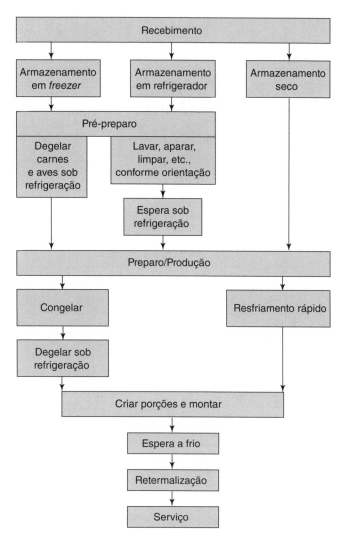

Figura 3.5 Fluxo de alimentos para uma operação de negócios de alimentação de comida pronta.

Manuseio adequado de alimentos

Contratar funcionários saudáveis e oferecer treinamento contínuo e minucioso sobre higiene pessoal são aspectos importantes da segurança dos alimentos, mas de forma alguma garantem que não existirão epidemias de doenças alimentares. Técnicas adequadas de manuseio de alimentos devem ser usadas para evitar as condições ideais para o crescimento de micróbios e a contaminação cruzada. Contaminação cruzada é a transferência de micro-organismos danosos de um item alimentício para outro por meio de uma superfície não alimentícia, como as mãos humanas ou equipamentos e utensílios. Também pode se referir à transferência direta desses micro-organismos de um produto alimentício cru para um cozido.

Precauções para uma produção segura de alimentos. O manuseio adequado dos alimentos ao longo das etapas de compra, armazenamento, produção e serviço é fundamental para proteger os alimentos contra a contaminação. Proteções jurídicas são oferecidas por agências regulatórias federais, estaduais e locais, que são responsáveis por estabelecer e aplicar padrões para alimentos crus e processados (ver Cap. 6). Padrões mínimos de saneamento em estabelecimentos alimentícios são monitorados por agências municipais e estaduais, mas os gerentes são responsáveis pela manutenção dos padrões sanitários em seus respectivos serviços de alimentação.

Inúmeros fatores podem contribuir para uma epidemia de doenças alimentares, mas erros no manuseio dos alimentos muitas vezes estão associados a essas epidemias. A National Sanitation Foundation International lista os seguintes fatores como aqueles frequentemente citados em epidemias de doenças alimentares:

- Falha no resfriamento adequado dos alimentos.
- Falha no aquecimento ou no preparo minucioso dos alimentos.
- Funcionários infectados que não têm bons hábitos de higiene pessoal em casa e no trabalho.

Figura 3.6 Fluxo de alimentos para uma operação de negócios de alimentação de cozinha central.

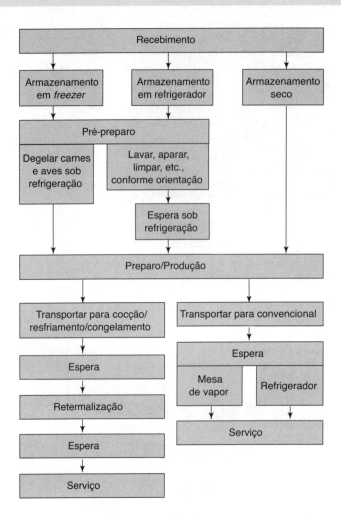

- Alimentos preparados um dia ou mais antes de serem servidos.
- Ingredientes crus contaminados incorporados a alimentos que não recebem cozimento posterior.
- Alimentos que permanecem em temperaturas de crescimento de bactérias.
- Contaminação cruzada de alimentos cozidos com alimentos crus, ou por funcionários que manuseiam os alimentos inadequadamente ou por meio de equipamento que não foi bem lavado.

Esses erros podem ser evitados por meio de treinamento contínuo e minucioso. Os funcionários devem entender a relação tempo-temperatura e praticar técnicas adequadas de ma-

Figura 3.7 Fluxo de alimentos para uma operação de negócios em alimentação de montagem/serviço.

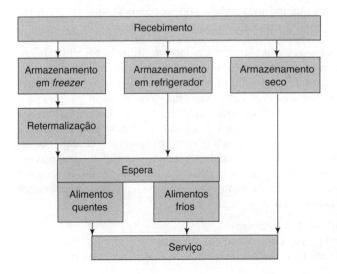

nuseio de alimentos. Os gerentes de negócios em alimentação podem integrar melhor essas técnicas por meio de POP estabelecidos para cada função ao longo do fluxo de alimentos.

Relação tempo-temperatura. A temperatura há muito tempo é reconhecida como um fator especialmente importante no controle de organismos danosos. O tempo é um fator igualmente importante para minimizar o crescimento de micróbios durante o armazenamento, a produção, a espera, o transporte e o serviço de alimentos. Uma regra importante na proteção dos alimentos, portanto, é o princípio do tempo-temperatura, que se baseia em três dogmas do manuseio de alimentos potencialmente perigosos:

1. Os itens alimentícios devem ser rapidamente resfriados até 5°C ou menos.
2. Alimentos frios devem ser mantidos à temperatura interna de 5°C ou menos.
3. Alimentos quentes devem ser mantidos a 57°C ou mais.

De acordo com o Food Code, a faixa de temperatura de 5°C a 57°C é chamada de **zona de perigo**, porque as bactérias causadoras de doenças conseguem se reproduzir rapidamente nessa faixa. A Figura 3.8 é um guia de temperatura para a segurança dos alimentos e destaca a zona de perigo. O tempo que o alimento permanece nessa zona de temperatura crítica determina em grande parte a taxa e a extensão do crescimento das bactérias. A maioria das técnicas de manuseio de alimentos é criada para manter os itens alimentícios, sobretudo aqueles potencialmente perigosos, fora dessa faixa de temperatura. Contudo, diversos estágios da preparação de alimentos exigem que os alimentos estejam na zona de perigo em diferentes momentos. Por exemplo, uma carne cozida ficará na temperatura ambiente enquanto estiver sendo fatiada e depois, de novo, quando estiver sendo usada para fazer sanduíches. O Food Code recomenda que o tempo total na zona de perigo seja limitado a quatro horas para qualquer produto alimentício.

O gerente de negócios em alimentação deve estar ciente da relação tempo-temperatura ao longo de todo o processo de produção de alimentos. Esse conceito será explicado em detalhes posteriormente neste capítulo. É imperativo que a temperatura interna de um alimento potencialmente perigoso seja mantida *abaixo* de 5°C ou *acima* de 57°C para garantir a segurança. Isso significa que a temperatura do refrigerador deve ser mais fria ou que a do equipamento de espera deve ser mais quente para manter adequada a temperatura interna do alimento. Os controles de temperatura em câmaras frigoríficas e em outros tipos de refrigeradores devem estar em bom funcionamento e devem ser verificados e documentados diariamente para garantir

Zona de perigo
Faixa de temperatura entre 5°C e 57°C, na qual a maioria das bactérias cresce e se multiplica.

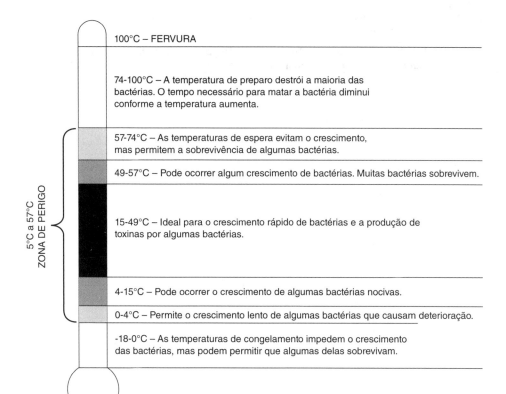

Figura 3.8 Temperaturas e crescimento de bactérias.

Fonte: Adaptado de *Applied Foodservice Sanitation*, 4. ed. Copyright © 1992 Educational Foundation of the National Restaurant Association.

que as temperaturas sejam mantidas abaixo de 5°C, conforme apropriado para os alimentos específicos ali armazenados. A Figura 3.9 traz um exemplo de formulário de documentação de temperatura para unidades refrigeradas. É importante observar que há dispositivos eletrônicos disponíveis para registro de temperatura. Por exemplo, equipamentos de resfriamento rápido (ou resfriadores por sopro) têm aparelhos que registram a temperatura do produto enquanto este esfria em incrementos definidos pelo operador. Métodos de resfriamento adequados são ilustrados na Figura 3.10.

Dispositivos para medir a temperatura. Dispositivos de medição de temperatura – ou termômetros – com boa manutenção são essenciais para garantir que as temperaturas dos alimentos sejam monitoradas adequadamente. Os termômetros devem ser usados para verificar as entregas recebidas de alimentos refrigerados e para monitorar temperaturas internas durante todas as fases de armazenamento, produção, espera e serviço. Os termômetros podem ter haste de metal, com escala numérica de -18°C a 104°C e precisão de ±1°C. Outras características incluem números fáceis de ler e uma haste ou sonda de pelo menos 12 centímetros. Um termômetro com calibrador é recomendado para que a escala possa ser ajustada em termos de precisão. Os termômetros devem ser lavados e desinfetados depois de cada uso. Recomenda-se que se usem os termômetros aprovados pela National Sanitation Foundation International.

Perigos potenciais na produção de alimentos

Alimentos especialmente perigosos incluem carnes, aves, peixes, ovos e produtos agrícolas frescos. Esses produtos frequentemente são contaminados por elementos patogênicos alimentares, os quais podem se espalhar para as superfícies dos equipamentos, para as mãos dos trabalhadores ou para outros alimentos. Por exemplo, se perus congelados forem cozidos inteiros, eles devem ser completamente descongelados dentro de um refrigerador antes de serem preparados e, se forem cozidos no dia anterior ao serviço, não devem ser resfriados sem antes

Figura 3.9 Quadro de documentação de temperatura.

Temperaturas do refrigerador/*freezer*

Mês:_____

Dia	Câmara frigorífica		Sala refrigerada		Refrigerador de espera	
	Temp. manhã	Temp. tarde	Temp. manhã	Temp. tarde	Temp. manhã	Temp. tarde
1						
2						
3						
4						
5						
6						
7						
8						
9						
10						
11						
12						
13						

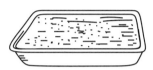
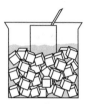

Figura 3.10 Métodos seguros para resfriar alimentos quentes.

1. Reduzir o volume dos alimentos.

2. Dividir em porções em panelas rasas (profundidade de 6 cm) e refrigerar.

3. Colocar o recipiente em banho de água com gelo; mexer com frequência.

Independentemente do método utilizado, a temperatura interna do alimento deve ser reduzida para 21°C nas primeiras duas horas; depois, para 5°C nas quatro horas seguintes.

reduzir seu volume. A prática de cozinhar, resfriar e depois reaquecer carnes assadas também é potencialmente perigosa porque o reaquecimento pode não atingir uma temperatura suficientemente alta para destruir alguma bactéria que possa ter sobrevivido na carne. Nessas e em outras situações de degelar, cozinhar, resfriar, reaquecer e esperar, o operador deve consultar o Food Code para ver as orientações específicas de cada alimento.

Alimentos que exigem preparação preliminar, a qual pode incluir preparo antes da preparação final, devem ser refrigerados seguindo as etapas preliminares. Isso inclui itens como misturas para sanduíches e saladas; aves e carnes fatiadas, partidas, cortadas e com osso; carnes moídas, misturadas e moldadas; recheios de torta de creme e pudins; e presunto e itens semelhantes fatiados.

Uma prática a ser eliminada é a tentativa de resfriar qualquer item alimentício à temperatura ambiente para economizar na refrigeração. Massas de alimentos quentes resfriam lentamente, mesmo em grandes câmaras frigoríficas. Para serem resfriados depressa, os alimentos devem ser divididos em recipientes rasos, com profundidade de não mais do que cinco centímetros, e refrigerados, como mostra a Figura 3.10. Outras sugestões para resfriar rapidamente grandes quantidades de alimentos incluem mexer o alimento e colocar a panela de comida em um banho de gelo ou em um barril com água gelada corrente. O Food Code da FDA recomenda que alimentos potencialmente perigosos cozidos sejam resfriados de 57°C para 21°C dentro de duas horas, e de 21°C para 5°C dentro de quatro horas.

Como mencionado antes, a incidência de doenças alimentares resultantes da contaminação por salmonela é especialmente desafiadora. Esse problema tem sido associado a ovos crus ou malcozidos. No passado, pensava-se que a contaminação era resultado de cascas sujas ou quebradas. No entanto, as mais recentes epidemias sugerem que a *Salmonella enteritidis* é, em alguns casos, transmitida diretamente da galinha poedeira para a parte interna do ovo (em geral, a gema). Isso significa que orientações mais rigorosas precisam ser implantadas para manusear ovos com segurança.

A seguir são apresentadas algumas recomendações gerais para o manuseio de ovos:

- Comprar ovos tipo A ou melhores de uma fonte confiável.
- Verificar os ovos na entrega para assegurar que eles foram mantidos sob refrigeração durante o transporte.
- Manter os ovos refrigerados, removendo-os da refrigeração apenas quando forem necessários; nunca armazenar os ovos à temperatura ambiente.
- Ovos crus não devem ser usados como ingredientes no preparo de alimentos que não serão totalmente cozidos.

- Fazer a rotatividade do estoque de ovos de acordo com o método primeiro a entrar, primeiro a sair (PEPS).
- Usar apenas ovos limpos e sem rachaduras na casca.
- Lavar as mãos com cuidado antes e depois de manusear os ovos e assegurar que os equipamentos estejam limpos e desinfetados.
- Evitar misturar uma grande quantidade de ovos; cozinhar ovos em lotes pequenos; não mais que 3 litros por lote.
- Nunca misturar ovos que tenham sido mantidos em uma mesa de vapor com um lote de ovos frescos.
- Sempre que possível, usar ovos líquidos congelados e pasteurizados no lugar de ovos crus com casca.

O manuseio inadequado de alimentos por cozinheiros e outros funcionários da produção também constitui um perigo. Ingredientes cozidos em uma salada de batatas, por exemplo, podem ser contaminados pelos manuseadores de alimentos durante as operações de descascar, fatiar, partir ou misturar. Deve ser evitada a contaminação cruzada por um trabalhador ou um equipamento que esteve em contato com carnes ou aves cruas e depois com um produto cozido.

Análise de perigos e pontos críticos de controle

▌ Conceito-chave: A análise de perigos e pontos críticos de controle (APPCC) é uma abordagem sistemática para controlar os perigos específicos identificados em determinados alimentos ou processos.

A análise de perigos e pontos críticos de controle (APPCC) é um processo proativo de ações consecutivas para garantir a segurança dos alimentos no mais alto nível por meio da identificação e do controle de qualquer ponto ou procedimento em um sistema alimentar específico, desde o recebimento até o serviço, quando a falta de controle pode resultar em um risco inaceitável para a saúde. A APPCC difere de programas tradicionais de segurança dos alimentos na etapa final porque é preventiva por natureza e se concentra no processo todo de preparação e serviço de alimentos. Nesse sentido, é um processo de autoinspeção às vezes descrito como um programa de autocontrole para garantir a segurança. Os planos de APPCC são projetados para evitar a ocorrência de potenciais problemas de segurança dos alimentos.

A APPCC não é novidade; o conceito se originou há mais de 40 anos. A Pillsbury Company frequentemente é considerada pioneira na aplicação da APPCC ao setor de processamento de alimentos porque, em 1971, já trabalhava em cooperação com a National Aeronautics and Space Administration (NASA) para criar alimentos para o programa espacial americano que ficava perto de garantir 100% de eficácia contra contaminação por elementos patogênicos bacterianos e virais, toxinas e perigos químicos ou físicos que pudessem causar doenças ou danos aos astronautas. A APPCC é amplamente usada no setor de processamento de alimentos há muitos anos.

Desde a metade da década de 1980, a APPCC é reconhecida como a melhor prática para monitorar a segurança dos alimentos em todos os segmentos do setor alimentício, incluindo as operações de negócios em alimentação. Em 20 de março de 1992, o National Advisory Committee on Microbiological Criteria for Foods (NACMCF) adotou um documento revisado com base na APPCC que inclui sete princípios que ofereciam orientação para o desenvolvimento de um plano eficaz de APPCC. A APPCC, como definida pelo NACMCF, enfatiza o conceito de prevenção e aplicação universal e incorpora uma árvore de decisão para ser usada na identificação de pontos críticos de controle (ver Fig. 3.11).

Uma característica exclusiva da APPCC é que, por definição, ela deve ser um sistema documentado que especifica os procedimentos formais para atender aos sete princípios. A APPCC continua a evoluir, especialmente no segmento de *foodservice* do setor alimentício. Novos refinamentos surgirão conforme novos produtos alimentícios e sistemas forem desenvolvidos e conforme os perigos e suas medidas de controle forem entendidos com mais clareza.

Várias questões foram levantadas sobretudo em relação ao segmento de *foodservice* como barreiras à implementação eficaz da APPCC. Essas questões incluem:

- Falta de recursos, incluindo tempo e pessoal.
- Complexidade das operações de negócios em alimentação.
- Alta rotatividade do pessoal.
- Ônus dos procedimentos documentados exigidos.

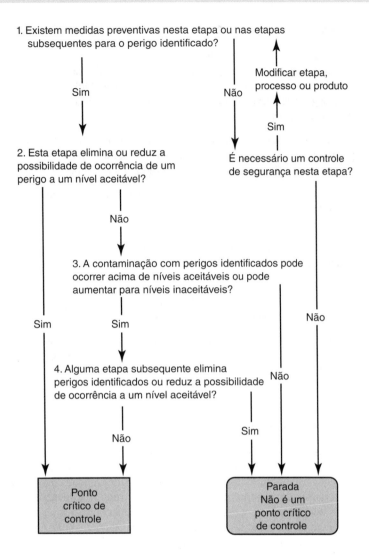

Figura 3.11 Árvore de decisão de ponto crítico de controle.
Fonte: Food Code de 2009.

As barreiras são inerentes a qualquer novo conceito ou procedimento. Também é importante observar que a APPCC não substitui programas de higiene pessoal nem a limpeza e a desinfecção. Estes são componentes importantes de um programa abrangente de segurança dos alimentos e são abordados por POP bem definidos. Por fim, a APPCC não é uma panaceia; ela não aborda todo perigo concebível ou plausível em uma operação de negócios em alimentação. O gerente profissional, no entanto, aceita as barreiras e as limitações como parte do desafio de implantar um sistema no espírito de que as vantagens superam muito as desvantagens percebidas.

A APPCC é, atualmente, o melhor sistema de segurança dos alimentos disponível para operadores de negócios em alimentação. O seu principal benefício é que ela enfatiza o controle de perigos inerentes aos alimentos em todas as etapas da sequência de processamento. Outra vantagem é que ela identifica claramente o estabelecimento alimentício como a parte final responsável por garantir a segurança dos alimentos e os procedimentos de manuseio. A APPCC é uma abordagem racional e científica, e monitora tanto as atuais condições de processamento dos alimentos quanto as condições anteriores.

Em razão de suas muitas vantagens, a APPCC muitas vezes é uma abordagem recomendada, se não exigida, à segurança dos alimentos em todos os segmentos do setor alimentício. O setor de frutos do mar foi o primeiro segmento de processamento a ser obrigado a implantar a APPCC, seguido pelos setores de carnes e aves. Desde o início da década de 1990, o setor de *foodservice* tem sofrido cada vez mais pressão para adotar os princípios da APPCC. O USDA, por exemplo, recentemente obrigou as escolas que recebem reembolso federal a implantarem planos de APPCC nos programas de nutrição infantil.

Algumas agências regulatórias estaduais norte-americanas já adotaram os princípios da APPCC para serem usados em processos de inspeção. A Comissão Conjunta integrou a APPCC a seus padrões para organizações de saúde.

Perigo biológico
Ameaça à segurança dos alimentos causada pela contaminação dos alimentos com micro-organismos patogênicos.

Ponto crítico de controle (PCC)
Qualquer ponto ou procedimento em um sistema alimentar específico em que a falta de controle pode resultar em um risco inaceitável para a saúde.

Limite crítico
Critério específico que deve ser cumprido para cada medida preventiva identificada para um ponto crítico de controle.

Os sete princípios da APPCC. Os sete princípios da APPCC são:

1. **Identificar perigos e avaliar sua gravidade e seus riscos:** Um perigo, conforme definido pelo Food Code, significa uma propriedade biológica, química ou física que pode causar um risco inaceitável à saúde do consumidor. Um exemplo de **perigo biológico** seria a presença da bactéria salmonela na galinha crua quando ela entra na operação de negócios em alimentação. A melhor maneira de avaliar os perigos é desenhar um diagrama do fluxo de alimentos e analisar cada etapa específica.

2. **Identificar os pontos críticos de controle (PCC) na preparação dos alimentos:** Um ponto crítico de controle para o frango cru seria a etapa final de cozimento, porque esta é a última oportunidade para eliminar ou reduzir a salmonela a um nível seguro.

3. **Estabelecer limites críticos para as medidas preventivas associadas a cada PCC:** Por exemplo, o tempo e as temperaturas de preparo finais devem ser estabelecidos para os procedimentos de preparo.

4. **Estabelecer procedimentos para monitorar os PCC:** Exemplos desses procedimentos podem incluir avaliação visual e medições de tempo-temperatura.

5. **Estabelecer a ação corretiva a ser tomada quando o monitoramento mostra que um limite crítico foi ultrapassado:** Por exemplo, se uma temperatura final mínima não for atingida, o cozinheiro deve ser instruído a continuar cozinhando até chegar a esse mínimo.

6. **Estabelecer sistemas de registros eficazes que documentem o sistema de APPCC:** Registros tradicionais como registros de recebimento, quadros de temperatura e receitas podem servir de base para a documentação.

7. **Estabelecer procedimentos para verificar se o sistema está funcionando:** Isso pode ser um procedimento simples, como rever os registros de tempos em tempos como uma rotina, ou pode ser um procedimento mais complexo, como realizar testes microbiológicos.

Essas orientações foram concebidas para o setor de processamento de alimentos e podem parecer complicadas demais, ou até mesmo excessivas, quando aplicadas às operações de negócios em alimentação. Por exemplo, as orientações iniciais da APPCC para o setor de processamento de alimentos tratavam cada produto alimentício como um plano de APPCC separado. Se aplicado exatamente dessa forma ao segmento de *foodservice*, isso implicaria que cada item do cardápio fosse tratado como um plano de APPCC, e um **fluxograma** semelhante ao da Figura 3.12 deveria ser feito para *cada* item do cardápio. Isso pode simplesmente não ser

Etapas	Perigo	POP de medida preventiva	Ação corretiva
Recebimento			
• Carne moída congelada	• Contaminação e deterioração	• Verificar evidências de degelo	Rejeitar entrega
• Vegetais frescos		• Embalagem intacta • Nenhum sinal de insetos ou roedores	Rejeitar entrega
• Ingredientes secos e/ou não perecíveis		• Nenhuma lata amassada, estufada ou enferrujada	Rejeitar entrega
• Queijos		• Nenhum mofo, sem odores • Aceitar queijo a 7°C ou menos	Rejeitar entrega
Armazenamento			
• Carne congelada • Vegetais • Ingredientes secos • Queijo	• Contaminação cruzada de outros alimentos • Crescimento de bactérias e deterioração	• Verificar armazenamento em *freezer*; –18°C a –23°C • Rotular, datar, usar PEPS • Manter alimentos crus armazenados acima dos cozidos em refrigeradores	• Descartar ingredientes se houver evidências de abuso de tempo ou temperatura ou se for percebida alguma deterioração

(continua)

Figura 3.12 Fluxo de alimentos e análise de perigos para uma receita de lasanha; recebimento por meio de serviço.

Etapas	Perigo	POP de medida preventiva	Ação corretiva
Degelo Carne moída	• Contaminação cruzada de outros alimentos	• Degelar sob refrigeração a 5°C ou menos	• Descartar se houver evidências de abuso de tempo ou temperatura
Pré-preparo Aparar e cortar/moer vegetais	• Contaminação e contaminação cruzada • Crescimento de bactérias	• Lavar as mãos • Limpar e desinfetar utensílios, facas e tábuas de corte • Lavar vegetais antes de cortar e moer	• Lavar as mãos • Lavar, enxaguar e desinfetar utensílios, facas e tábuas de corte
Preparo Carne com vegetais Adicionar tomates e temperos **Fervura em fogo brando** **Montagem** Lasanha Assar Espera	• Sobrevivência de bactérias • Contaminação pelo manipulador de alimentos • Contaminação por meio de temperos • Contaminação e contaminação cruzada de massas, queijos • Contaminação pelo manipulador de alimentos • Sobrevivência e crescimento de bactérias • Sobrevivência e crescimento de bactérias • Crescimento de bactérias nos utensílios de serviço	• Usar utensílios e equipamentos limpos e desinfetados • Adicionar tempero apenas no processo de preparo (permitir 30 minutos) • Cozinhar/ferver em fogo brando todos os ingredientes a 74°C • Usar luvas, pinças e conchas para manusear os ingredientes cozidos • Cozinhar até a temperatura interna de 74°C • Espera a quente a 57°C ou mais por 2 horas ou menos • Manter coberto • Usar utensílios limpos e desinfetados • Manter os utensílios de serviço armazenados na lasanha durante o tempo de serviço	• Lavar, enxaguar e desinfetar utensílios e equipamentos • Continuar cozinhando até chegar a 74°C • Continuar a cozinhar até que a temperatura interna alcance 74°C
Resfriamento	• Sobrevivência e crescimento de bactérias • Contaminação cruzada	• Resfriar até 5°C dentro de 6 horas • Cobrir e armazenar acima de alimentos crus • Rotular com data "consumir até"	Descartar Descartar
Reaquecimento	• Crescimento e sobrevivência de bactérias	• Reaquecer até 74°C dentro de 2 horas	

Figura 3.12 *(continuação)* Fluxo de alimentos e análise de perigos para uma receita de lasanha; recebimento por meio de serviço.

Fluxograma
Desenho da movimentação de pessoas e/ou materiais de uma etapa ou processo para o próximo.

realista para operações de negócios em alimentação, especialmente aquelas com alto volume e centenas de itens de cardápio.

O modelo anterior é um exemplo de como a APPCC pode ser adaptada e aplicada desde o recebimento até o ponto de serviço (POS) em uma instalação de pequeno porte. A intenção é que cada etapa desse modelo seja apoiada por políticas sólidas de manuseio de alimentos que incluam limites críticos, em vez de começar no recebimento de cada item do cardápio. As exigências de documentação são cumpridas por meio de registros existentes, inclusive registros de recebimento, quadros de temperatura de armazenamento, receitas padronizadas e registros de serviço (ver, p. ex., o quadro de documentação de tempo-temperatura mostrado na Fig. 3.13).

A Figura 3.14 representa o fluxo de alimentos desde o momento em que os ingredientes são recebidos até o ponto de serviço. Recebimento, armazenamento e preparação são vistos como planos de APPCC individuais porque os perigos identificados, os PCC, os limites críticos e os procedimentos de monitoramento são semelhantes para todos os ingredientes, independentemente das receitas em que são usados (ver, p. ex., o plano de APPCC para recebimento mostrado na Fig. 3.15). Cada receita é também um plano de APPCC individual (ver o exemplo de receita na Fig. 3.16). Cada formulário de receita inclui perigos identificados, PCC e limites críticos (tempo e temperaturas).

Esse processo é, de fato, inconveniente. Como mencionado antes neste livro, os serviços de alimentação de grande volume podem ter centenas, senão milhares, de receitas. Aplicar o processo de sete etapas da APPCC a cada receita simplesmente não é administrável nem necessário. Em abril de 2006, a FDA publicou um manual de APPCC especificamente para os serviços de alimentação e operações de varejo. O título desse guia prático é *Managing Food Safety: A Manual for the Voluntary Use of HACCP Principles for Operators of Food Service and Retail Establishments*. Em vez de criar planos de APPCC para cada receita, esse manual recomenda categorizar as receitas de acordo com o processo de preparação e criar planos de APPCC com base nesses processos. Os três processos de preparação são:

1. Preparação de alimentos sem etapa de cocção.
2. Preparação para servir no mesmo dia.
3. Preparação de alimentos complexos.

Figura 3.13 Registro para documentar a temperatura final de preparo.

Plano de APPCC

Temperatura de preparo

Data: _____

Item do cardápio	Hora inicial do preparo	Hora final do preparo	Temp. final	Comentários	Preparo inicial

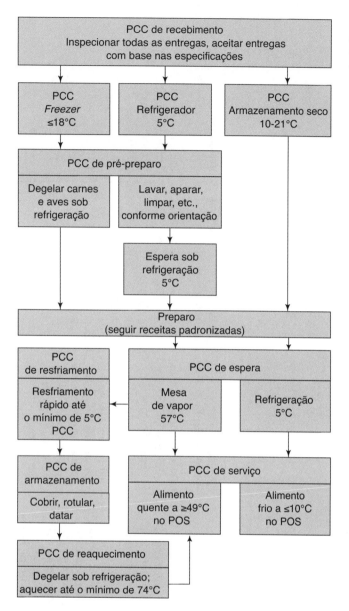

Figura 3.14 Fluxograma de APPCC para uma operação convencional de negócios em alimentação.

O manual pode ser acessado em www.fda.gov/Food/FoodSafety/RetailFoodProtection/ManagingFoodSafetyHACCPPrinciples/Operators/default.htm.

Administração de um programa integrado de segurança dos alimentos

A existência e a eficácia de programas de pré-requisitos devem ser avaliadas antes de se iniciar um plano de APPCC. As discrepâncias e deficiências precisam ser ajustadas para garantir que haja, de fato, uma base sólida de procedimentos de segurança dos alimentos em funcionamento sobre a qual o plano de APPCC possa ser criado. Depois, receita por receita, os planos de APPCC podem ser projetados e implantados. Esses planos irão se concentrar nos perigos inerentes a itens alimentícios individuais conforme eles circulam pela operação de negócios em alimentação.

Dado que a APPCC e os programas de pré-requisitos são componentes distintos mas integrados de um programa de segurança dos alimentos, eles precisam ser administrados tendo-se isso em vista. Os programas de pré-requisitos são estabelecidos e podem ser administrados separadamente de um plano de APPCC como parte do programa de administração da qualidade de uma organização. Por exemplo, os quadros de temperatura do refrigerador precisam

Plano de APPCC

Etapa de processamento	Perigos	Medidas preventivas e limites críticos	Processo de monitoramento	Ação corretiva	Registros	Verificação
PCC de recebimento.	Contaminação por bactérias, contaminação física.	1. Alimentos congelados devem ser recebidos a uma temperatura de produto de -18°C ou menor. 2. Todos os produtos refrigerados, incluindo carne fresca, produtos agrícolas, laticínios e ovos, devem ser recebidos a uma temperatura de produto de 4°C ou menor. 3. Sem odores externos. 4. Embalagem intacta.	Todas as entregas serão verificadas em relação às especificações imediatamente na chegada. Verificar temperaturas de itens refrigerados e realizar análise visual em busca de danos físicos (latas estufadas, recipientes abertos, etc.).	Rejeitar todos os produtos que não atendam aos padrões estabelecidos pela especificação.	Registros do padrão de recebimento.	O supervisor deve avaliar os registros de recebimento toda semana.

Figura 3.15 APPCC para recebimento.

Heartland Country Village		
Título da receita *Ovos mexidos*		
Informações de rendimento	Temperatura de cozimento	176°C (fogão convencional)
Porções 50	Tempo de cozimento	1 hora
Tamanho da panela Panela de 11 cm	Tamanho da porção	¼ xícara
Número de panelas 1	Utensílio para porção	Concha #16

Ingredientes	Quantidade	Procedimentos
Spray de vegetais Ovos	 5 dúzias	– Untar a panela com *spray* de vegetais; reservar. – Tirar os ovos do refrigerador, verificar se as cascas estão rachadas ou sujas; descartar ovos rachados, limpar as cascas. – Quebrar os ovos limpos na tigela da batedeira. – Bater levemente em velocidade média, usando um prendedor de fios.

Leite 1%
Sal
Pimenta
	4 xícaras
	1 colher (sopa)
	¼ colher (chá)
		– Adicionar leite, sal e pimenta. Bater até ficar homogêneo (3 a 5 minutos).
		– Despejar a mistura na panela preparada.
		– (PCC) Cozinhar por 1 hora a 176°C até a temperatura interna mínima de 74°C e até que o produto esteja firme no meio (não cozinhar demais).
		– Transferir para a mesa de vapor pouco antes de servir.
		Ponto crítico de controle
		  Medir temperatura interna dos ovos mexidos.
		  Se a temperatura interna dos ovos estiver abaixo de 74°C, continuar cozinhando até que a temperatura interna seja de pelo menos 74°C e mantê-la por 15 segundos.

Figura 3.16 Exemplo de receita incluindo APPCC.

ser auditados regularmente para assegurar a manutenção da temperatura. A APPCC, por outro lado, tem por definição uma série de procedimentos administrativos que incluem o estabelecimento e a implantação de procedimentos de monitoramento, ações corretivas, procedimentos de verificação e manutenção de registros específicos para o plano de APPCC.

Aplicação: a inspeção regulatória

Como descrito antes neste capítulo, muitas agências regulatórias nos níveis federal, estadual e local exigem padrões mínimos de segurança dos alimentos. Esses padrões são documentados em códigos regulatórios. Inspeções periódicas de representantes das agências fazem parte das exigências de padrões regulatórios. Cada agência especifica a frequência dessas inspeções, e muitas vezes as visitas ao local são feitas de surpresa, de modo que prever a chegada de inspetores não anunciados seja algo pouco provável. Um programa de segurança dos alimentos projetado apenas para "passar" pela inspeção certamente não está adequado à intenção de todas essas ações e regulamentações e, menos ainda, é uma abordagem profissional para proteger os clientes de alimentos não seguros.

O gerente de negócios em alimentação deve abordar a segurança dos alimentos como um modo de vida dentro do serviço de alimentação. Em relação a isso, as inspeções são simplesmente um modo de fazer negócio e não uma obrigação temida. Na verdade, o processo de inspeção pode ser visto como uma parceria na qual gerente e inspetor podem trabalhar juntos para garantir a abordagem mais segura possível ao serviço de alimentos.

Quando um inspetor chega, o gerente deve pedir uma identificação. Os gerentes são estimulados a acompanhar o inspetor, mas alguns inspetores preferem realizar a inspeção sozinhos. Depois da inspeção, o representante muitas vezes apresenta um relatório verbal, com o conhecimento de que um relatório formal será providenciado e submetido à agência representante. Os gerentes normalmente têm liberdade para apelar das violações com as quais não concordam, e em geral há um processo formal para fazer essas apelações. O relatório também categoriza as violações de acordo com a gravidade e explica as ações corretivas que devem ser tomadas dentro de um período determinado. A Figura 3.17 traz um exemplo de formulário de relatório de inspeção.

DEPARTAMENTO DE SAÚDE & SERVIÇOS FAMILIARES DPH 45002A (Rev. 07/06)	ESTADO DE WISCONSIN
DEPARTAMENTO DE AGRICULTURA, COMÉRCIO E PROTEÇÃO AO CONSUMIDOR FFD-111	s. 97.30, s. 254.61, Subcapítulo VII, Wis. Stats.

Página _____ de _____

RELATÓRIO DE INSPEÇÃO DE SERVIÇOS ALIMENTÍCIOS EM RESTAURANTES / VAREJO

Nome da empresa	Endereço da empresa	Município	Número da licença
Nome da licença oficial	Endereço de correspondência da licença oficial	Número de telefone ( )	
Data atual	Data da última inspeção	Data de liberação	Tipo de estabelecimento ☐ Restaurante ☐ Varejo	É certificado para operar? ☐ Sim ☐ Não ☐ N/A

TIPO DE INSPEÇÃO (marque uma) ☐ Pré-inspeção ☐ Rotina ☐ Reinspeção
☐ Reclamação ☐ Inatividade ☐ Visita/Nenhuma ação ☐ Visita ao local ☐ Outros

AÇÃO TOMADA (marque uma) ☐ Operacional ☐ Condicional ☐ Retenção
☐ Licença suspensa ☐ Revogar ☐ Outros

Taxa de reinspeção cobrada ☐ Sim ☐ Não   Nome do gerente de negócios em alimentação certificado

FATORES DE RISCO DE DOENÇAS ALIMENTARES E INTERVENÇÕES DA SAÚDE PÚBLICA

Circule a situação de conformidade (SIM, NÃO, N/O, N/A) para cada item numerado. Marque "X" na caixa apropriada para CNL e/ou R
SIM = em conformidade   **NÃO** = fora de conformidade   **N/O** = não observado   **N/A** = não aplicável   **CNL** = corrigido no local durante a inspeção   **R** = violação repetida

Situação de conformidade		CNL	R	Situação de conformidade		CNL	R
Demonstração de instrução				**Tempo/temperatura de alimentos potencialmente perigosos**			
1A	SIM NÃO N/A	Gerente de negócios em alimentação certificado; encargos		16	SIM NÃO N/O N/A	Tempo e temperaturas de cocção apropriados	
1B	SIM NÃO	Id da pessoa encarregada (PE) instruída; encargos e responsabilidades		17	SIM NÃO N/O N/A	Procedimentos apropriados de reaquecimento para espera a quente	
Saúde dos funcionários				18	SIM NÃO N/O N/A	Tempo e temperaturas de resfriamento apropriados	
2	SIM NÃO	Conhecimento da administração; política presente		19	SIM NÃO N/O N/A	Temperaturas apropriadas de espera a quente	
3	SIM NÃO	Uso adequado de relatórios, restrições e exclusões		20	SIM NÃO N/O N/A	Temperaturas apropriadas de espera a frio	
Boas práticas de higiene				21	SIM NÃO N/O N/A	Marcação e disposição de datas adequadas	
4	SIM NÃO N/A	Comer, provar e beber adequadamente		22	SIM NÃO N/O N/A	Tempo como controle de saúde pública: procedimentos e registro	
5	SIM NÃO N/A	Nenhuma secreção de olhos, nariz e boca		**Conselhos ao consumidor**			
Prevenção de contaminação pelas mãos				23	SIM NÃO N/A	Conselhos oferecidos ao consumidor	
6	SIM NÃO N/A	Mãos limpas e adequadamente lavadas		**Populações altamente suscetíveis**			
7	SIM NÃO N/A	Nenhum contato direto com as mãos ou uso de plano aprovado		24	SIM NÃO N/A	Alimentos pasteurizados usados; alimentos proibidos não oferecidos	
8	SIM NÃO	Fornecimento de instalações adequadas e acessíveis para lavagem de mãos.		**Produtos químicos**			
Fonte aprovada				25	SIM NÃO N/A	Aditivos alimentares: aprovados e usados apropriadamente	
9	SIM NÃO	Alimentos obtidos de fontes aprovadas		26	SIM NÃO	Substâncias tóxicas apropriadamente identificadas, armazenadas e usadas	
10	SIM NÃO N/A	Alimentos recebidos em temperatura apropriada		**Conformidade com procedimentos aprovados**			
11	SIM NÃO	Alimentos em boas condições, seguros e não adulterados		27	SIM NÃO N/A	Conformidade com discrepâncias, processo especializado ou plano de APPCC	
12	SIM NÃO N/A	Registros exigidos disponíveis: rótulos de prateleiras, destruição de parasitas					
Proteção contra contaminação							
13	SIM NÃO N/A	Alimentos separados e protegidos					
14	SIM NÃO N/A	Superfícies de contato com alimentos: limpas e desinfetadas					
15	SIM NÃO	Disposição apropriada de alimentos devolvidos, servidos anteriormente, recondicionados e não seguros					

Fatores de risco são práticas ou procedimentos impróprios identificados como os fatores mais prevalentes de doenças alimentares ou danos. Intervenções de saúde pública são medidas de controle para evitar doenças alimentares ou danos.

BOAS PRÁTICAS DE VAREJO

Boas práticas de varejo são medidas preventivas para controlar a adição de elementos patogênicos, produtos químicos e objetos físicos aos alimentos.
Marque "X" na caixa se o item não estiver em conformidade   Marque "X" na caixa apropriada para CNL e/ou R   **CNL** = corrigido no local durante a inspeção   **R** = violação repetida

	Alimentos e água seguros				**Uso adequado de utensílios**	
28	Ovos pasteurizados usados onde é necessário			41	Utensílios em uso: apropriadamente armazenados	
29	Água e gelo de fontes aprovadas			42	Utensílios, equipamentos e artigos de mesa: apropriadamente armazenados, secos e manuseados	
30	Variação obtida para métodos de processamento especializados			43	Artigos de uso único e serviço único: apropriadamente armazenados e usados	
	Controles de temperatura dos alimentos			44	Luvas usadas apropriadamente	
31	Métodos de resfriamento apropriados em uso; equipamentos adequados para controle de temperatura				**Utensílios e equipamentos**	
32	Alimentos de plantas apropriadamente cozidos para espera a quente			45	Superfícies de contato com alimentos e produtos não alimentícios: limpáveis, apropriadamente projetadas, construídas e usadas	
33	Métodos de degelo aprovados em uso			46	Instalações de lavagem de utensílios: instaladas, com manutenção e em uso	
34	Termômetros oferecidos e precisos			47	Superfícies de contato com produtos não alimentícios limpas	
	Proteção dos alimentos				**Instalações físicas**	
35	Alimentos apropriadamente rotulados; recipiente original			48	Água quente e fria disponível; pressão adequada	
36	Sem presença de pestes e animais; nenhuma pessoa não autorizada			49	Encanamento instalado; dispositivos de saída apropriados	
37	Contaminação evitada durante a preparação, o armazenamento e a apresentação dos alimentos			50	Esgoto e água usada apropriadamente descartados	
				51	Instalações de toalete: apropriadamente construídas, supridas e limpas	
38	Limpeza pessoal			52	Lixo e dejetos apropriadamente descartados; instalações com manutenção	
39	Panos de limpeza: apropriadamente usados e armazenados			53	Instalações físicas instaladas, com manutenção e limpas	
40	Lavagem de frutas e vegetais			54	Ventilação e iluminação adequadas; designadas e em uso	

Entendo e concordo em cumprir as correções ordenadas neste relatório. Entendo que a não conformidade pode resultar em processo jurídico ou perda da licença.

ASSINATURA - Pessoa encarregada	Data de assinatura
ASSINATURA - Inspector No. ID	Necessária reinspeção ☐ Sim ☐ Não Data de reinspeção:

(continua)

Figura 3.17   Exemplo de relatório de inspeção alimentar.

Fonte: Cortesia do estado de Wisconsin, Department of Health Services. Usado com autorização.

RELATÓRIO DE INSPEÇÃO DE SERVIÇOS ALIMENTÍCIOS EM RESTAURANTES / VAREJO   Página _____ de _____
DPH 45002B (Rev. 07/06) ou FFD-111

Nome da empresa   **Data da inspeção**

TEMPERATURAS

Item / localização	Temp.	Item / localização	Temp.	Item / localização	Temp.

INFORMAÇÕES DE LAVAGEM

Nome da máquina	Método de desinfecção	Rótulo térmico	ppm	Nome do desinfetante	Tipo do desinfetante

Tabela de abreviações do fator de código de risco CDC e violações por números de categoria
(Use esta tabela para agrupar os fatores de risco CDC listados abaixo com as violações da p. 1)

Fontes não seguras (FNS)	Cocção inadequada (CI)	Espera inadequada (EI)	Contaminação cruzada (CC)	Higiene pessoal (HP)	Outros fatores CDC (O)
9	16	18	13	3	1A
10	17	19	14	4	1B
11		20	15	5	2
12		21		6	23
		22		7	24
				8	25
					26

Para cada violação apontada, use a tabela acima e registre a abreviação do fator de código de risco (como "FNS" ou "EI"), número da violação, lista do Food Code de Wisconsin (WFC) de números de referência da área em violação.

Abreviação do fator do código CDC	Número da violação	Número de referência WFC
Descrição da violação:		
Exigência do código:		
Ação corretiva exigida:		
Cumprir até:		

Abreviação do fator do código CDC	Número da violação	Número de referência WFC
Descrição da violação:		
Exigência do código:		
Ação corretiva exigida:		
Cumprir até:		

Abreviação do fator do código CDC	Número da violação	Número de referência WFC
Descrição da violação:		
Exigência do código:		
Ação corretiva exigida:		
Cumprir até:		

Entendo e concordo em cumprir as correções ordenadas neste relatório. Entendo que a não conformidade pode resultar em processo jurídico ou perda da licença.

_____   _____
ASSINATURA – Pessoa encarregada   Data de assinatura

_____   _____
ASSINATURA – Inspetor   No. ID

Figura 3.17 (*continuação*) Exemplo de relatório de inspeção alimentar.

Resumo

Milhões de pessoas ficam doentes todo ano como resultado do consumo de alimento que estava contaminado por micróbios, produtos químicos ou elementos físicos. Um único erro no manuseio de alimentos em uma operação de negócios em alimentação pode causar uma grande epidemia. É responsabilidade do gerente de negócios em alimentação ter a base de conhecimentos necessária e um entendimento dos princípios de manuseio de alimentos para projetar, implantar e monitorar um programa de segurança dos alimentos bem-sucedido.

Aplicação de conceitos abordados no capítulo

Como descrito nas Aplicações do Capítulo 2, o Departamento de Refeições e Serviços Culinários da Universidade de Wisconsin-Madison é complexo porque os alimentos são produzidos em uma cozinha central (comissariado) de alto volume, usando uma produção de cocção/resfriamento, e transportados pelo *campus* de 320 hectares pelo menos duas vezes ao dia. Além de suas quatro unidades residenciais principais, os alimentos são preparados e transportados para uma creche do *campus* e para inúmeros eventos de *catering*. Pode-se muito bem imaginar os desafios que essas complexidades impõem para o desenvolvimento, a implantação e a manutenção de um programa abrangente e integrado de segurança dos alimentos.

Apesar desses desafios, a administração do serviço de alimentação é comprometida com a segurança dos alimentos, fez disso uma prioridade e integra princípios de segurança dos alimentos em todos os aspectos de sua programação, começando com o planejamento do cardápio. Os itens alimentícios não são inseridos no cardápio a menos que a administração tenha a máxima confiança de que o item pode ser comprado, armazenado, produzido e servido com segurança. A administração também reconhece que seu programa de segurança dos alimentos precisa ser adaptado a mudanças, pequenas e grandes, que podem influenciar como a segurança dos alimentos é praticada onde e quando houver manuseio de alimentos.

No momento, a administração do serviço de alimentação está avaliando seu programa de segurança dos alimentos em relação a seu objetivo de aumentar o percentual de produtos agrícolas comprados frescos de produtores orgânicos locais. Em razão do alto volume de produção (mais de 15 mil refeições por dia), é necessário comprar a maioria dos produtos agrícolas em uma forma "pronta para serviços de alimentação". Por exemplo, a cada ano, a unidade de refeições usa mais de 4.500 quilos de cebolas picadas. A maioria dessas cebolas é comprada do vendedor principal e entregue picada, congelada e pronta para usar. Produtos como este têm um risco relativamente baixo no que diz respeito à segurança dos alimentos, pois são totalmente processados e exigem pouco ou nenhum manuseio.

Produtos agrícolas frescos, por outro lado, precisam ser cortados, lavados e processados: atividades que integram manuseio e oportunidade de contaminação.

Questões para reflexão

1. Visite o site do CDC e reveja as epidemias confirmadas de doenças alimentares. Alguma dessas epidemias ocorreu em ambientes de faculdade e universidade? Compare a frequência com outros tipos de serviços de alimentação internos. O que pode explicar as discrepâncias?
2. O Departamento de Refeições e Serviços Culinários da UW-Madison serve alguma população altamente suscetível? Explique sua resposta.
3. Que itens podem ser excluídos dos cardápios da UW-Madison em razão da preocupação com a segurança dos alimentos?
4. O Food Code de 2009 estabelece que todos os alimentos devem ser comprados de uma "fonte aprovada". O que isso significa quando se compram produtos agrícolas frescos de um fazendeiro local em comparação a um distribuidor nacional?
5. Descreva como os programas de pré-requisitos de recebimento e armazenamento podem precisar ser revistos para contemplar o aumento de produtos agrícolas frescos.
6. Descreva como um plano de APPCC para sopa de vegetais pode precisar de alteração quando se usam vegetais frescos em vez de "prontos para serviços de alimentação".

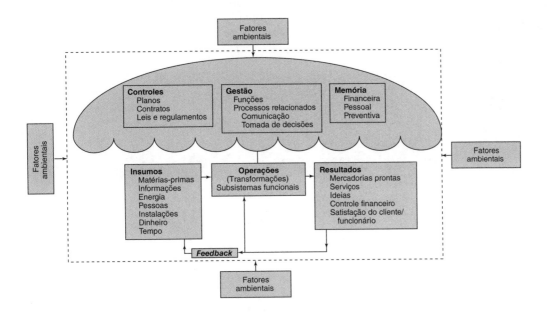

7. A UW-Madison compra maçãs, cebolas, tomates e melões de produtores locais. Pensando nos planos de APPCC, identifique os perigos biológicos inerentes para cada produto.
8. Descreva o papel da administração para manter um programa de segurança dos alimentos abrangente e integrado na UW-Madison. Quais são alguns dos desafios exclusivos?
9. Que autoridades regulatórias nos níveis federal, estadual e local podem ser bons recursos quando surgirem questões relacionadas à conformidade?
10. O que um sanitarista pode procurar durante uma inspeção quando souber que mais produtos agrícolas locais, frescos e orgânicos estão sendo integrados ao cardápio?

Questões para revisão

1. Qual é a definição de doença alimentar?
2. Identifique as agências federais que supervisionam a segurança dos alimentos nos Estados Unidos.
3. Qual é o papel do gerente de negócios em alimentação na segurança dos alimentos?
4. Identifique pelo menos três populações "de risco" conforme a definição do Serviço de Saúde Pública dos Estados Unidos.
5. Que condições contribuem para o crescimento de bactérias?
6. Defina *intoxicação* e *infecção* no que refere às doenças alimentares.
7. Cite exemplos de perigos biológicos, químicos e físicos.
8. O que é contaminação cruzada?
9. Descreva como pode ocorrer a contaminação por salmonela e *Staphylococcus aureus*. Como elas podem ser controladas?
10. O que é APPCC e como pode ser aplicada ao ambiente de negócios em alimentação?

Sites selecionados (em inglês)

www.foodsafety.gov   ("portal" do governo norte-americano para segurança dos alimentos)
www.fsis.usda.gov   (USDA Food Safety and Inspection Service)
www.fda.gov/Food/FoodSafety   (Center for Food Safety and Nutrition; FDA)
www.cdc.gov   (Centers for Disease Control and Prevention)
www.nraef.org   (National Restaurant Association Educational Foundation)
www.foodallergy.org   (Food Allergy and Anaphylaxis Network)
www.nsf.org   (National Sanitation Foundation International)
www.osha.gov   (Occupational Safety and Health Administration)

4
Desinfecção de instalações e segurança do trabalhador

CONTEÚDO

Limpeza e desinfecção
Princípios de limpeza
Princípios de desinfecção
Métodos de limpeza de equipamentos

Lavagem de pratos
Utensílios de produção
Pratos, copos e talheres

Limpeza e manutenção de instalações
Organização e programação
Manutenção preventiva
Controle de pragas
Verificações e inspeções

Segurança do trabalhador
Segurança do trabalhador
Programa de segurança
Proteção ao cliente

Resumo

Oferecer uma instalação de negócios de alimentação limpa e segura é fundamental para se conseguir uma operação de sucesso e garantir a saúde e o bem-estar de funcionários e clientes. Além disso, um ambiente limpo e seguro contribui para a satisfação estética que os visitantes esperam de um restaurante e dá uma sensação de segurança pessoal a todos. A desinfecção e a segurança são fatores ambientais que se relacionam de forma muito próxima e devem ser assim consideradas ao se planejar uma instalação e ao serem aplicadas nas operações diárias. Manter altos padrões de limpeza e assegurar que o local de trabalho esteja livre de perigos são responsabilidades do gerente.

Regulamentos sobre limpeza, desinfecção e segurança são estabelecidos através de leis municipais, estaduais e federais. Agências como a **Occupational Safety and Health Administration (OSHA)**[1], o U.S. Public Health Service (USPHS) e os departamentos estaduais e municipais norte-americanos de saúde aplicam esses regulamentos. Organizações como a National Sanitation Foundation International (NSF) e o National Safety Council recomendam padrões. Os resultados das pesquisas realizadas em universidades, hospitais e empresas fabricantes de alimentos, produtos químicos e equipamentos oferecem dados para recomendar ou estabelecer os padrões do setor. Esses grupos, individual ou cooperativamente, trabalham com o setor de *foodservice* (ou de negócios em alimentação) para preparar, distribuir e interpretar informações pertinentes em publicações, exibições e na internet. Alguns grupos apresentam seminários, aulas e programas para vários grupos de serviços de alimentação e para o público geral. Todos são voltados para informar aos responsáveis pelas operações de negócios em alimentação as regras, os regulamentos e os padrões a serem seguidos e como alcançá-los.

Os padrões de limpeza e desinfecção serão tão altos quanto os estabelecidos e cobrados pelo diretor de negócios em alimentação. Essa pessoa – a *pessoa encarregada* – deve incutir uma filosofia de boa desinfecção e transmitir aos funcionários um senso de urgência em relação ao assunto. A melhor forma de se realizar isso é por meio de um programa de treinamento contínuo para os funcionários de alimentação, o que presume que os diretores de negócios em alimentação tenham tido algum treinamento e tenham conhecimento dos princípios e práticas de limpeza e desinfecção impostos pelo governo ou aceitos como as melhores práticas para o setor de *foodservice*. Em diversos estados, um programa formal de treinamento em proteção e segurança alimentar é obrigatório antes que os operadores de serviços de alimentação consigam obter o certificado de desinfecção alimentar exigido. Em outros estados e jurisdições, programas voluntários ou obrigatórios de certificação para gerentes, bem como para trabalhadores, foram iniciados por associações estaduais de restaurantes ou pelo departamento de saúde local.

O objetivo deste capítulo é analisar os princípios de limpeza e desinfecção relacionados à lavagem de utensílios e à manutenção das instalações. A segurança do trabalhador também está incluída neste capítulo porque se relaciona de perto com o cuidado e a manutenção de uma operação. Por fim, são fornecidas também algumas orientações sobre como projetar, implementar e monitorar um programa de pré-requisitos de limpeza e desinfecção.

Occupational Safety and Health Administration
Principal agência federal dos Estados Unidos de aplicação da legislação de segurança e saúde do trabalhador.

---

[1] N.R.C.: No Brasil, o órgão regulador para essas atividades é a Agência Nacional de Vigilância Sanitária (ANVISA).

Conceitos-chave

1. Limpeza e desinfecção são procedimentos distintos, mas relacionados.
2. Os gerentes de negócios em alimentação investem em uma fórmula de limpadores e desinfetantes que atenda melhor às necessidades da operação.
3. As superfícies de contato com alimentos podem ser desinfetadas usando o método do calor ou o método químico.
4. O tipo e o uso são indicadores de como e quando um equipamento deve ser lavado.
5. Métodos automáticos e manuais de lavagem de pratos são usados para limpar e desinfetar utensílios de produção e serviço.
6. Um programa cuidadosamente projetado de limpeza e manutenção das instalações protege os alimentos e os trabalhadores.
7. A manutenção preventiva aumenta o ciclo de vida dos equipamentos.
8. O controle de pragas logicamente é um dos componentes de um programa de limpeza e desinfecção.
9. As inspeções de limpeza e desinfecção normalmente são realizadas pelas autoridades reguladoras locais.
10. A saúde dos funcionários é protegida por programas de segurança do trabalhador.

Limpeza e desinfecção

▌Conceito-chave: Limpeza e desinfecção são procedimentos distintos, mas relacionados. As superfícies de contato com alimentos devem estar limpas e desinfetadas.

Os termos *limpeza* e *desinfecção* às vezes são erroneamente considerados sinônimos, quando, na verdade, existem diferenças importantes entre eles. Limpeza é a remoção física de sujeiras e alimentos visíveis de uma superfície. Desinfecção é um procedimento que reduz o número de micro-organismos potencialmente danosos a níveis seguros em **superfícies de contato com alimentos**, como porcelana, talheres, equipamentos e superfícies de trabalho. Superfícies desinfetadas não necessariamente são *estéreis*, o que significa estar livre de micro-organismos.

Limpeza e desinfecção são procedimentos que usam muitos recursos em qualquer operação de negócios em alimentação. Elas exigem tempo, mão de obra, produtos químicos, equipamentos e energia. O projeto e o monitoramento cuidadosos de procedimentos de limpeza e desinfecção resultam em uma proteção ótima para funcionários e clientes. O mau gerenciamento dessas duas funções pode resultar em:

Limpeza e desinfecção ineficazes

- Ferimentos ou doenças em funcionários ou clientes.
- Resíduos de produtos químicos.
- Danos a equipamentos e instalações.

Normalmente, o gerente de negócios em alimentação trabalha bem de perto com um representante de uma empresa química para selecionar compostos para limpeza e desinfecção adequados às necessidades da operação. Portanto, é essencial que os gerentes entendam os princípios de limpeza e desinfecção e os muitos fatores que influenciam esses procedimentos.

Princípios de limpeza

A limpeza é uma tarefa em duas etapas que ocorre quando um composto (ou agente) de limpeza, como um detergente, é colocado em contato com uma superfície suja. Aplica-se pressão usando uma escova, um pano, um esfregão ou um *spray* de água por um tempo longo o suficiente para penetrar na sujeira, de modo que ela possa ser removida durante a segunda etapa de enxágue. Muitos fatores influenciam a efetividade desse processo de limpeza. A Tabela 4.1 apresenta um resumo desses fatores, que devem ser considerados individualmente ao se fazer uma escolha de detergentes e outros compostos de limpeza, como solventes, ácidos e abrasivos, que seja eficiente no que diz respeito aos custos.

> **Superfície de contato com alimentos**
> Superfície de equipamento ou um utensílio com os quais os alimentos entram em contato.

Tabela 4.1 Fatores que influenciam o processo de limpeza.

Fator	Influência no processo de limpeza
1. Tipo de água	Os minerais na água pesada podem reduzir a eficácia de alguns detergentes. A água pesada pode provocar depósitos de limo ou deixar marcas, especialmente em equipamentos que usam água quente, como máquinas de lavar pratos e mesas de vapor.
2. Temperatura da água	Geralmente, quanto mais alta a temperatura da água usada na limpeza, mais rápida e eficiente a ação do detergente; no entanto, recomenda-se (e, em alguns casos, obriga-se) uma temperatura ≤49°C, pois temperaturas mais altas podem causar queimaduras.
3. Superfície	Diferentes superfícies, especialmente metais, variam em termos da facilidade de limpeza.
4. Tipo de composto de limpeza	O sabão pode deixar uma camada oleosa. Abrasivos como saponáceos podem arranhar superfícies macias. Muitos agentes de limpeza são formulados para problemas de limpeza específicos; produtos para remoção de limo são um exemplo.
5. Tipo de sujeira a ser removida	As sujeiras tendem a se encaixar em três categorias: proteínas (ovos), gorduras e óleos (manteiga) ou solúveis em água (açúcar). As manchas tendem a ser ácidas ou alcalinas (chá, suco de frutas). A facilidade de limpeza depende da categoria da sujeira e da condição da sujeira (p. ex., fresca, cozida, seca ou entranhada).

Conceito-chave: Os gerentes de negócios em alimentação investem em uma fórmula de limpadores e desinfetantes que atenda melhor às necessidades da operação.

Detergentes. A escolha de um composto para ajudar na limpeza de vários tipos de sujeiras e resíduos de alimentos é complexa porque existem muitos compostos disponíveis. Um entendimento dos princípios básicos envolvidos na limpeza ajuda o gerente de negócios em alimentação a tomar essa decisão.

Os **detergentes** são definidos como agentes de limpeza, solventes ou quaisquer substâncias que removam materiais sujos ou externos de superfícies. Podem-se listar entre eles sabão, sabão em pó, purificadores, ácidos, solventes voláteis e abrasivos. A própria água tem algum valor como detergente, mas na maioria das vezes funciona como veículo do agente limpador para a superfície suja. A sua eficiência em remover sujeiras é aumentada quando combinada com determinados agentes de limpeza químicos.

As três fases básicas de um detergente são penetração, suspensão e enxágue. Os seguintes agentes e ações são necessários para cada fase:

1. **Penetração:** O agente de limpeza deve penetrar entre as partículas de sujeira e entre as camadas de sujeira e a superfície à qual ela está aderida. Essa ação, conhecida como **umidificação**, reduz a tensão da superfície e torna possível a penetração.

2. **Suspensão:** Um agente mantém a sujeira solta na solução de limpeza, de modo que aquela possa escorrer com o fluxo e não se depositar novamente. Os agentes, que variam de acordo com o tipo de sujeira, incluem: *para açúcares e sais*, a água é o agente porque os açúcares e os sais são solúveis em água e facilmente convertidos em soluções. *Para partículas de gordura*, uma ação emulsificadora é necessária para **saponificar** a gordura e arrastá-la. Podem ser usados sabão, que tem sais altamente alcalinos, e sintéticos não iônicos. *Para partículas de proteína*, soluções coloidais devem ser formadas pela peptização (também conhecida com **separação** ou defloculação). Essa ação evita a coagulação em água pesada; de outra forma, solventes ou abrasivos podem ser necessários.

3. **Agente de enxágue:** Este agente faz com que as sujeiras e os limpadores escorram de modo que eles não se depositem novamente nas superfícies que estão sendo lavadas. Normalmente, água quente limpa e clara é eficaz sozinha. Com alguns tipos de água, um agente *secante* pode ser necessário para acelerar a secagem, ajudando a água de enxágue a drenar nas superfícies rapidamente. Isso elimina manchas, películas e riscos de água pesada e alcalina em talheres ou outros itens que estão sendo lavados.

Em serviços de alimentação, a função de limpeza se concentra principalmente nas superfícies de contato com alimentos, incluindo superfícies de porcelana, vidro e metal. As sujeiras comuns a serem removidas são gordura e partículas alimentares de carboidratos e proteínas que podem aderir a pratos, copos, talheres, utensílios de cocção, tampos de mesas de trabalho, pisos ou outras superfícies. Alguns tipos de sujeiras alimentares, como açúcares, amidos e determinados sais, são solúveis em água. A adição de um agente umidificador à água quente remove prontamente a maioria dessas sujeiras. As sujeiras insolúveis em água, como gorduras e proteínas animais e vegetais, fibras orgânicas e óleos, são mais difíceis de remover. Em alguns casos, podem ser necessários abrasivos ou solventes para efetuar uma limpeza completa.

O uso de um detergente "balanceado" ou de um cuja fórmula tenha uma combinação cuidadosamente ajustada de ingredientes adequados ao peso da água e às características das sujeiras é recomendado para gerar resultados melhores. As propriedades do detergente devem provocar a remoção completa das sujeiras sem depositar qualquer substância ou ter efeito danoso nas superfícies lavadas.

Os detergentes para *máquinas de lavar pratos* são combinações complexas de produtos químicos que removem completamente as sujeiras em uma única passagem pela máquina. O detergente selecionado funciona para amaciar a água, solubilizar e emulsificar as gorduras, quebrar as proteínas, suspender as sujeiras, proteger o metal da máquina, aumentar a ação de umidificação e neutralizar os minerais na água de lavagem. Outras características desejadas em algumas situações são ação antiespuma, em casos em que o excesso de espuma é um problema, e ação de cloroformização, em que um detergente com cloro é usado para remover manchas e descolorações.

Limpadores solventes. Os limpadores solventes, normalmente chamados de desengordurantes, são necessários para limpar equipamentos e áreas de superfície que ficam sujas de gordura. Fogões e grelhas são exemplos de áreas que precisam ser desengorduradas com frequência. Esses produtos têm base alcalina e são formulados para dissolver as gorduras.

Detergente
Agentes de limpeza, solventes ou quaisquer substâncias que removem materiais sujos ou externos de uma superfície.

Umidificação
Ação de um agente de limpeza para penetrar entre as partículas e as camadas de sujeira e a superfície à qual a sujeira está aderida.

Suspensão
Ação de um agente de limpeza para manter a sujeira solta na solução de limpeza, de modo que ela possa escorrer com o fluxo e não se depositar novamente.

Saponificar
Transformar gorduras em sabão por meio de uma reação com um álcali.

Separação
Isolamento de substâncias como íons químicos para que elas não possam reagir. No setor de alimentação, essa é uma característica desejada dos detergentes de polifosfato para separar o limo e o magnésio da água pesada.

Agente de enxágue
Composto feito para remover e escoar as sujeiras e os limpadores de modo que eles não se depositem novamente nas superfícies que estão sendo lavadas.

Limpadores ácidos. Problemas de limpeza difíceis como criação de limo em máquinas de lavar pratos e ferrugem em prateleiras são tratados com limpadores ácidos. Existem inúmeros produtos desse tipo, e eles variam de acordo com o objetivo específico do produto.

Abrasivos. Limpadores abrasivos geralmente são usados para sujeiras especialmente difíceis que não reagem a solventes nem ácidos. Esses produtos devem ser usados com cuidado para evitar danos à superfície que está sendo higienizada.

Princípios de desinfecção

■ **Conceito-chave:** As superfícies de contato com alimentos podem ser desinfetadas usando o método do calor ou o método químico.

Todas as superfícies de contato com alimentos devem ser desinfetadas imediatamente após a limpeza. A desinfecção por calor e a com produtos químicos são dois métodos usados para desinfetar superfícies com eficácia.

Desinfecção por calor. O objetivo da desinfecção por calor é expor a superfície limpa a uma temperatura alta por um tempo longo o suficiente para matar organismos nocivos. Esse tipo de desinfecção pode ser feito manualmente ou com uma máquina de alta temperatura. A faixa de temperatura mínima necessária para matar a maioria dos micro-organismos nocivos é entre 72°C e 74°C. A Tabela 4.2 resume as temperaturas mínimas para lavagem e desinfecção nos métodos manual e por máquina.

Desinfecção química. O segundo método para uma desinfecção eficaz é o uso de produtos químicos. Um dos motivos para escolher esse método em vez da desinfecção por calor é a economia de energia, já que nele se usa água a temperaturas mais baixas com desinfetantes químicos, eliminando a necessidade de aquecedores.

A desinfecção química é conseguida de duas maneiras. A primeira é emergindo o objeto limpo em uma solução desinfetante com concentração adequada e por um intervalo de tempo específico, geralmente um minuto. O segundo método consiste em enxaguar, esfregar ou pulverizar o objeto com a solução desinfetante. Os métodos de enxágue e pulverização podem ser feitos manualmente ou com uma máquina. A administração cuidadosa dos desinfetantes é importante por várias razões:

- O desinfetante torna-se fraco ao longo do tempo e deve ser testado com frequência para assegurar que a força da solução está mantida para uma desinfecção eficaz. *Kits* de teste são disponibilizados pelo fabricante.
- Partículas de alimentos e resíduos de detergente podem se misturar à solução desinfetante se as superfícies forem inadequadamente enxaguadas, tornando o desinfetante ineficaz.

Os três tipos de desinfetantes químicos mais usados em operações de alimentação são compostos de cloro, iodo e amônia quaternária. As propriedades desses desinfetantes estão resumidas na Tabela 4.3.

Tabela 4.2 Temperaturas mínimas para lavagem e desinfecção na desinfecção por calor.

	Lavar	Desinfetar
Manual	43°C	77°C
Máquina (tipos com *spray*)		
1. Máquina de *rack* estacionário com uma temperatura	74°C	74°C
2. Máquina com esteira e duas temperaturas	71°C	82°C
3. Máquina de *rack* estacionário com duas temperaturas	65°C	82°C
4. Máquina com esteira, multitanque e multitemperatura	65°C	82°C

(1) Alguns regulamentos locais podem exigir padrões mais rígidos.
(2) O tempo mínimo de exposição é de um minuto.
(3) 90°C é o limite máximo para desinfecção por calor nos métodos manual ou por máquina, pois temperaturas mais altas podem provocar evaporação rápida e, portanto, um tempo inadequado para uma desinfecção eficaz.

Fonte: Extraído do Food Code de 2009, U.S. Public Health Service.

Tabela 4.3 Propriedades de desinfetantes químicos comumente usados.

	Cloro	Iodo	Amônia quaternária
Concentração mínima			
• Para imersão	50 partes por milhão (PPM)	12,5-25,0 ppm	220 ppm
• Para limpeza com *spray*	50 ppm	12,5-25,0 ppm	220 ppm
Temperatura da solução			
	Acima de 24°C Abaixo de 46°C	29°C O iodo sai da solução a 49°C	Acima de 24°C
Tempo de contato			
• Para imersão	7 segundos	30 segundos	30 segundos – alguns produtos exigem tempo de contato maior – ler o rótulo
• Para limpeza com *spray*	Seguir as instruções do fabricante	Seguir as instruções do fabricante	
pH (os resíduos de detergente aumentam o pH, então enxágue completamente)	Deve ser menor que 8,0	Deve ser menor que 5,0	Mais eficaz a 7,0, mas varia de acordo com o composto
Corrosão	Corrosivo a algumas substâncias	Não corrosivo	Não corrosivo
Reação a contaminantes orgânicos na água	Rapidamente inativado	Torna-se menos	Não é afetado com facilid
Reação à água pesada	Não é afetado	Não é afetado	Alguns compostos são inativados – ler o rótulo; peso acima de 500 ppm não é desejável
Indicação de força adequada	*Kit* de teste necessário	Cor âmbar indica presença. Usar o *kit* de teste para determinar a concentração	*Kit* de teste necessário. Seguir corretamente as instruções do rótulo

Métodos de limpeza de equipamentos

▌**Conceito-chave:** O tipo e o uso são indicadores de como e quando um equipamento deve ser lavado.

A facilidade de limpeza é um fator considerado durante a compra de equipamentos. Isso é facilitado por organizações como a National Sanitation Foundation International (NSF) e o Underwriter's Laboratory. A NSF, por exemplo, estabelece padrões para projetos sanitários e certifica equipamentos com seu selo de aprovação (Fig. 4.1.). Os métodos de limpeza dos equipamentos são categorizados em três grupos. A **limpeza no local (CIP)**, ou limpeza mecânica, não exige a desmontagem ou exige apenas uma desmontagem parcial. Os equipamentos são limpos e desinfetados por meio da circulação de compostos químicos através de um sistema de canos. Esse método de limpeza muitas vezes é aplicado a equipamentos estacionários ou embutidos. A **limpeza fora do local (COP)** significa que o equipamento é parcialmente desmontado para a limpeza. Algumas partes removíveis podem passar por uma máquina de lavar louça. A terceira categoria é a **limpeza manual** que exige a desmontagem completa para limpeza e inspeção funcional.

Figura 4.1 Selo de aprovação da NSF.

Limpeza no local (CIP)
Método de limpeza que não exige desmontagem.

Limpeza fora do local (COP)
Método de limpeza no qual os equipamentos podem ser parcialmente desmontados para limpeza.

Limpeza manual
Desmontagem completa ou parcial de equipamentos para limpeza.

Lavagem de pratos

▌Conceito-chave: Métodos automáticos e manuais de lavagem de pratos são usados para limpar e desinfetar utensílios de produção e serviço.

A lavagem de pratos (às vezes chamada de lavagem de utensílios) exige uma operação em duas partes, ou seja, o procedimento de limpeza para tirar a sujeira de pratos e utensílios usando um método de esfregar ou de fluxo de água e a desinfecção ou tratamento bactericida para minimizar os perigos microbiológicos. A lavagem de pratos em locais públicos para comer está sujeita a regulamentos rígidos.

Os dois grupos de equipamentos e utensílios que normalmente se leva em consideração quando se discute esse assunto são os utensílios de produção, como potes, panelas, escorredores, frigideiras e chaleiras sujas no processo de preparação dos alimentos, e os de serviço, como pratos, copos, colheres, garfos e facas.

Utensílios de produção

Os equipamentos mecânicos de lavagem de potes e panelas são relativamente caros; portanto, em vários serviços de alimentação essa atividade continua sendo uma operação manual. Uma pia com três compartimentos é recomendada para qualquer estrutura de lavagem de pratos manual (ver Fig. 4.2).

A sujeira é solta dos utensílios por meio de esfrega e depois eles são mergulhados em água quente em um dos compartimentos da pia. Depois que a sujeira da superfície é removida dos utensílios, a pia deve ser escoada e enchida novamente com água quente, à qual é adicionado então um composto de lavagem. Essa etapa pode ser eliminada usando-se uma pia de quatro compartimentos que tenha um compartimento de pré-enxágue. Os utensílios são lavados na solução quente de detergente no primeiro compartimento; enxaguados no segundo; e desinfetados no terceiro.

Existem vários métodos para desinfetar pratos e utensílios. Um método recomendado é a imersão por pelo menos um minuto em um banho de cloro morno (a pelo menos 24°C) contendo um mínimo de cinquenta partes por milhão (ppm) de cloro. Pratos e utensílios devem ser minuciosamente limpos com um enxágue de cloro para ter um tratamento germicida eficaz.

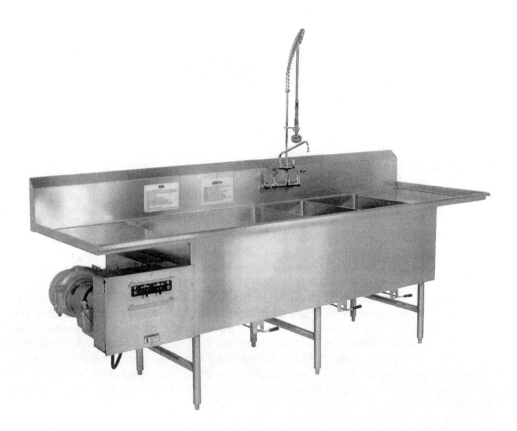

Figura 4.2 Pia com três compartimentos, para lavagem, enxágue e desinfecção manuais.
Fonte: Cortesia de ITW Food Equipment Group, Troy, OH. Usado com autorização.

Outro método de desinfetar pratos ou utensílios lavados à mão é a imersão em água doce limpa a pelo menos 77°C por um minuto. Os utensílios quentes e limpos devem ser secos ao ar livre antes de serem empilhados de cabeça para baixo em prateleiras ou pendurados para armazenamento.

Pratos, copos e talheres

Os itens usados para comer e beber podem ser lavados à mão ou em lavadoras de pratos mecânicas. A *pré-lavagem*, ou *pré-enxágue*, que se aplica a qualquer tipo de esfrega com água antes de lavar os pratos, é recomendada para minimizar a sujeira de alimentos na água de lavagem. Os tipos comuns de equipamentos de esfrega com água incluem: (1) uma combinação de fluxo de água forte e unidade de coleta de resíduos alimentares embutida em uma mesa de esfrega, na qual os pratos são enxaguados sob o fluxo de água antes de serem colocados nos *racks*; (2) uma combinação de mangueira e bocal sobre uma pia para pulverizar os pratos depois que estão nos *racks*; e (3) um gabinete de pré-lavagem por meio do qual os *racks* de pratos sujos passam e são pulverizados para remover partículas de alimentos antes de entrarem na seção de lavagem da máquina de lavar pratos. O gabinete de pré-lavagem pode ser construído como parte de máquinas de modelos maiores ou, em instalações menores, pode ser uma unidade separada ligada à máquina de lavar, de modo que a água usada seja o excedente do tanque de lavagem. A água de pré-lavagem deve estar a uma temperatura de 43°C a 60°C para liquefazer a gordura e não permitir a coagulação de partículas alimentares de proteínas que aderem às superfícies dos pratos. A instalação e o uso de um sistema de pré-lavagem diminuem a quantidade de resíduos orgânicos e o número de micro-organismos que entram no tanque de lavagem, removem gorduras que poderiam resultar na formação de bolhas de sabão, reduzem o número de trocas de água de lavagem, cortam os custos com detergentes e resultam em pratos mais limpos. A Figura 4.3 é um exemplo de decomposição da tarefa para a lavagem mecânica de utensílios de mesa.

Depois do pré-enxágue, os pratos são colocados em *racks* ou em esteiras rolantes de modo que as superfícies de contato com os alimentos sejam expostas à aplicação direta da água de lavagem com detergente e às águas limpas de enxágue. As Figuras 4.4 e 4.5 são dois exemplos de máquinas de lavagem de pratos. Xícaras, tigelas e copos devem ficar invertidos e não devem ser sobrepostos ou amontoados para que se obtenha uma lavagem eficaz. A água de lavagem não deve estar a menos de 49°C e, se a água quente for o agente desinfetante, a água de enxágue deve estar a 82°C. A Figura 4.6 traz um exemplo de formulário de documentação de temperatura de máquinas de lavar para controle de qualidade. A pressão da água de enxágue deve ser mantida a pelo menos 103 Pascal (Pa), mas a não mais que 172 Pa, para tornar eficaz a desinfecção.

Porcelanas, copos e talheres podem ser lavados em uma máquina multiuso, mas é preferível, sempre que possível, que os copos passem por uma fricção com escovas, de modo que todas as suas partes sejam minuciosamente limpas, o que significa o uso de uma máquina

Figura 4.3 Decomposição da tarefa para lavagem de utensílios de mesa em uma máquina de lavar pratos.

Procedimento para limpeza e desinfecção de utensílios de mesa

1. Encher o tonel de enxágue com água quente.
2. Colocar o agente de enxágue no tonel de enxágue depois que a água atingir a profundidade adequada, conforme indicado por uma linha marcada no tonel.
3. Colocar o *rack* no fundo do tonel de enxágue.
4. Encher com utensílios sujos até cobrir o fundo do *rack*.
5. Colocar o *rack* na máquina de lavar pratos.
6. Retirar o *rack* e levar de volta para a área de carga.
7. Colocar os utensílios de mesa em cilindros de plástico marrom com a parte de contato com os alimentos para cima (limite de até dez peças por cilindro – não exceder).
8. Colocar os cilindros no *rack* e passar pela máquina mais duas vezes.
9. Lavar as mãos.
10. Sacudir o excesso de água dos cilindros e colocar em um carrinho limpo; transportar para a área de separação.

Figura 4.4 Máquina de lavar pratos automática com dois tanques.
Fonte: Cortesia de ITW Food Equipment Group, Troy, OH. Usado com autorização.

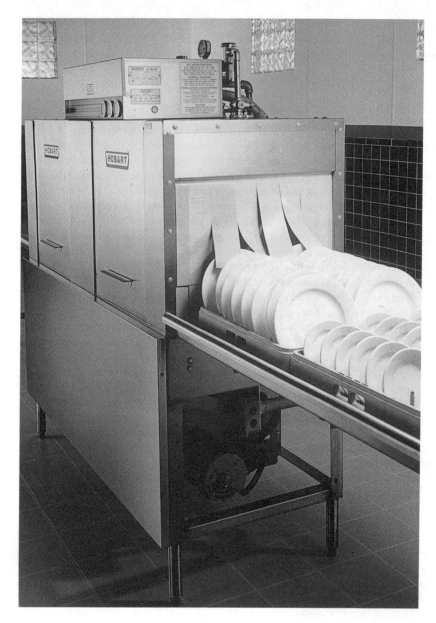

especialmente projetada para isso (Fig. 4.7). Esse tipo de limpeza de copos é particularmente importante em bares e outros estabelecimentos semelhantes em que os copos são os utensílios principais. Para evitar manchas de água, é aconselhável usar um detergente adequado para a lavagem de talheres e também um agente secante com alta propriedade de umidificação na água de enxágue final para facilitar a secagem ao ar livre. A introdução de um agente secante com características de pouca formação de espuma no enxágue de desinfecção promove uma secagem rápida de todos os tipos de utensílios de mesa. A provisão para armazenamento de copos e xícaras limpos nos *racks* ou recipientes em que foram lavados reduz a possibilidade de contaminação manual.

Algumas máquinas são projetadas para um enxágue com solução química, em vez do uso de água à temperatura de 82°C, que consome muita energia. Nesse caso, a água de enxágue usada com o desinfetante químico não deve estar a menos de 24°C ou abaixo do especificado pelo fabricante. Os produtos químicos usados para desinfecção devem ser descartados automaticamente para assegurar que foram usadas a quantidade e a concentração corretas. Os pratos podem ser secos por sopro de ar quente ou deixados para secar ao ar livre.

Todas as etapas exigem energia, exceto a secagem ao ar livre. Por esse motivo, os modelos de baixa temperatura são preferidos por alguns operadores. Para minimizar o uso de energia, apenas *racks* ou esteiras totalmente carregados devem ser colocados na máquina.

Figura 4.5 Máquina de lavar pratos automática; projeto circular.
Fonte: Cortesia de ITW Food Equipment Group, Troy, OH. Usado com autorização.

A NSF International estabelece padrões para os ciclos de lavagem e enxágue de três tipos de máquinas de lavar pratos: (1) tipos de tanque único, *rack* estacionário, cobertura e portas; (2) tipo de tanque único, com esteira; e (3) tipo de esteira com vários tanques com pratos em posição inclinada na esteira ou em *rack*. Esses padrões podem ser obtidos e usados como verificação nas especificações de diversas marcas de lavadoras de pratos e pelos gerentes para assegurar que as condições especificadas, como temperatura e pressão da água, sejam cumpridas. Os funcionários também devem ser treinados para seguir os procedimentos adequados no uso e no cuidado da máquina de lavar pratos, ou na lavagem manual se não houver máquina disponível.

Figura 4.6 Formulário de documentação de temperatura.

Heartland Country Village	Temperaturas das lavadoras de pratos					
Mês	Café da manhã		Almoço		Jantar	
	Lavar	Enxaguar	Lavar	Enxaguar	Lavar	Enxaguar
1						
2						
3						
4						
5						
6						
7						
8						
9						
10						
11						

Figura 4.7 Lavadora de copos.
Fonte: Cortesia de ITW Food Equipment Group, Troy, OH. Usado com autorização.

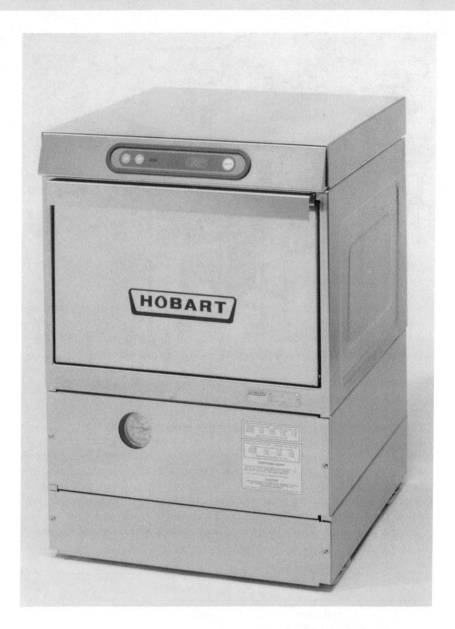

Qualquer máquina pode falhar na sua função se não for mantida limpa e com manutenção adequada, e os equipamentos de lavagem de pratos não são exceções. A corrosão ou depósitos de limo nos bocais podem alterar a funcionalidade do jato ou do *spray*. Além disso, os desinfetantes detergentes podem ficar inativos por causa do contato com superfícies sujas e perder seu poder de penetração. A remoção de contaminação microbiológica é necessária; de outra forma, as superfícies lavadas dos pratos ainda terão populações de bactérias e as sujeiras depositadas nelas proporcionam isso na solução de lavagem.

Uma boa manutenção inclui exame e lubrificação constantes onde for necessário, feitos por uma pessoa de manutenção qualificada para garantir a operação continuamente satisfatória dos motores, bocais, termostatos, termômetros e todas as partes móveis de uma máquina de lavar pratos. Essa manutenção muitas vezes é feita por um representante da empresa de produtos químicos sob um contrato de serviço.

A instalação de equipamentos elaborados, no entanto, não oferece uma garantia de boa desinfecção, porque a eficiência das máquinas depende quase totalmente do operador, da disponibilidade de um suprimento adequado de água quente à temperatura e pressão adequadas, da escolha e da concentração do detergente usado para o peso da água e do tempo que os pratos são sujeitos ao tratamento. Nas máquinas pequenas de um tanque, operadas à mão, o processo e a duração do tempo de lavagem estão sob controle do operador e são seguidos do processo de enxágue, também sob controle manual. Outras máquinas têm controles automáticos que regulam a duração da lavagem e do enxágue. Termômetros que registram as temperaturas das águas de lavagem e enxágue e controles termostáticos são partes comuns de máquinas de lavar pratos. Aquecedores com controles de temperatura estão disponíveis e são necessários para proporcionar a temperatura de enxágue para desinfecção, porque a água a 82°C nos canos de um prédio seria um perigo à segurança pessoal. A instalação de dispensadores eletrônicos de detergente possibilita a manutenção da concentração ótima de detergente na água de lavagem e do enxágue químico de desinfecção em máquinas de temperatura baixa. Cada um desses auxílios mecânicos é muito útil para reduzir a variabilidade em razão do elemento humano e garantir pratos, potes e panelas limpos e adequadamente desinfetados.

Limpeza e manutenção de instalações

▌ **Conceito-chave:** Um programa cuidadosamente projetado de limpeza e manutenção das instalações protege os alimentos e os trabalhadores.

O programa total de limpeza e manutenção de instalações de um departamento de *foodservice* deve ser planejado para refletir a preocupação com a desinfecção como "modo de vida". Os resultados da desinfecção de instalações podem ser obtidos pelo estabelecimento de altos padrões; pela rígida programação de tarefas, que devem ser claramente entendidas pelos funcionários; pelo treinamento contínuo; pelo uso adequado de suprimentos de limpeza; pela provisão de materiais e por equipamentos adequados para realizar as tarefas e inspeções significativas frequentes, bem como as avaliações de desempenho.

Organização e programação

A organização de um plano para limpeza e manutenção de uma instalação começa com uma lista de tarefas a serem realizadas diária, semanal e mensalmente. Na maioria das organizações, há uma filosofia de que "a desinfecção é parte do emprego de todas as pessoas", e a limpeza diária dos equipamentos e utensílios usados por determinada pessoa é de responsabilidade dessa pessoa.

A limpeza regular, por exemplo, de topos de balcões, pisos e assim por diante precisa ser feita diariamente e costuma ser designada como parte das tarefas diárias regulares de um funcionário. Outras tarefas de limpeza que precisam ser feitas com menos frequência devem ser programadas e designadas conforme necessário – por exemplo, diária, semanal ou mensalmente. Exemplos incluem lavar paredes e limpar tampas e filtros. Algumas operações de grande porte têm equipes de limpeza responsáveis por essas tarefas. Em operações menores, no entanto, o gerente deve decidir um jeito de distribuir as tarefas com justiça entre os funcionários. Todas essas tarefas devem ser escritas como uma agenda de limpeza geral que, no mínimo, inclui o que é cada tarefa, quando deve ser feita e quem deve realizá-la. As agendas gerais devem ser complementadas por tarefas de limpeza específicas, e os funcionários devem ser treinados nos procedimentos de limpeza adequados.

A limpeza geral de pisos, janelas, paredes, lustres e certos equipamentos deve ser designada aos funcionários conforme necessário, porque muitas vezes é realizada em cooperação com os departamentos de governança e manutenção das organizações. As tarefas podem ser agendadas de maneira rotativa, de modo que poucas delas são realizadas todos os dias; no fim da semana ou do mês, todas terão sido completadas e os funcionários, então, repetem a agenda. A Figura 4.8 apresenta um exemplo desse tipo de agenda. Cada um dos itens da lista de tarefas deve ser explicado em detalhes em uma planilha ou "desagregação da tarefa" para o funcionário seguir. Essa descrição é o procedimento que o gerente exige que seja usado na realização de cada tarefa. A decomposição da tarefa inclui o nome da tarefa, as ferramentas, equipamentos e materiais a serem usados, e a lista passo a passo do *que fazer* e *como fazer*. A Figura 4.9 é um exemplo de decomposição da tarefa para a limpeza e desinfecção de um equipamento específico.

Além de estabelecer procedimentos, é importante ter um padrão de tempo para realizar cada tarefa. Com base em estudos do tempo real exigido para a realização das mesmas tarefas por vários trabalhadores diferentes, é possível estabelecer um padrão de tempo. Isso é usado para determinar as exigências de homem-hora para cada departamento do serviço de alimentação e também oferece ao gerente os dados para estabelecer uma carga de trabalho diária realista.

Figura 4.8 Exemplo de programação de limpeza para tarefas que precisam ser realizadas uma vez por semana ou uma vez por mês.

	Tarefas típicas de limpeza pesada
Segunda-feira	Filtrar a gordura na área de lanchonete
	Limpar o lado esquerdo da passagem de alimentos quentes da cafeteria
	Limpar todas as janelas da cozinha
	Limpar todas as pernas de mesa da cozinha
	Aspirar os filtros de ar-condicionado; limpar o exterior do ar-condicionado
	Limpar todas as paredes ao redor das latas de lixo
	Tirar pó ao redor das áreas de preparo
	Limpar a parte externa das caldeiras a vapor
	Lavar os carrinhos da cozinha
	Limpar a área de lavagem dos carrinhos
Terça-feira	Lanchonete: Lavar a parte de dentro do exaustor
	Limpar todos os cantos, paredes e atrás do refrigerador
	Esvaziar e limpar a caixa de gordura
	Lavar as latas de lixo
	Área principal de preparo: Limpar as laterais de fogões, fritadeiras de imersão, grelhas, frigideiras e as coberturas de fogões
Quarta-feira	Limpar dois refrigeradores na área dos cozinheiros
	Limpar o lado direito da passagem de alimentos quentes da cafeteria
	Limpar caldeiras, a parte traseira das caldeiras e atrás das caldeiras
	Limpar as paredes ao redor da linha de montagem e da sala de panelas
Quinta-feira	Limpar todos os fogões na área dos cozinheiros, a parte inferior dos fogões e entre fogões e fornos
	Limpar as mesas longas na área dos cozinheiros, incluindo pernas e a parte de baixo
	Limpar e passar pano na área de armazenamento
Sexta-feira	Limpar o aço inoxidável atrás de caldeiras
	Limpar o fogão principal e a parte superior dos fornos
	Limpar as pernas das mesas da linha de montagem
	Limpar os ventiladores de todos os equipamentos de refrigeração
	Limpar a área de lavagem dos carrinhos

Equipamentos. Equipamentos resistentes estão disponíveis para ajudar os gerentes de negócios em alimentação a manter as instalações limpas e com manutenção adequada. Dispositivos mecânicos de descarte de resíduos de alimentos são indispensáveis na maioria dos serviços de alimentação. Esses dispositivos de descarte ficam localizados onde os resíduos de alimentos se originam em quantidades, como nas unidades de preparação de vegetais e saladas, na área principal de cocção e na área de lavagem de pratos. Por fim, um dispositivo de descarte pode ser incorporado como parte das unidades de esfrega e pré-enxágue da máquina de lavar pratos.

Figura 4.9 Exemplo de decomposição da tarefa para a limpeza e desinfecção de um equipamento.

Fatiadora de queijo
Procedimento de limpeza

Ferramentas e suprimentos necessários:

Panos de limpeza
Balde vermelho para solução de limpeza
Spray de desinfetante

Produtos de limpeza necessários:

Detergente
Desinfetante

Procedimento para limpeza e desinfecção

1. Misturar as soluções de limpeza e desinfecção de acordo com as instruções do rótulo; colocar em recipientes adequados. Rotular adequadamente.
2. Remover a bandeja de fatiar girando o botão vermelho que conecta a parte inferior da bandeja à base da máquina.
3. Remover a proteção circular sobre a lâmina girando o botão preto na parte de trás da máquina até que a proteção fique solta.
4. Lavar a bandeja e a proteção com a solução de limpeza; enxaguar.
5. Aplicar o *spray* desinfetante e deixar secar.
6. Enquanto a bandeja e a proteção secam, passar um pano de limpeza limpo no restante da máquina, depois desinfetar.

Compactadores, desintegradores e amassadores de latas e garrafas (Fig. 4.10) reduzem muito o volume de lixo, incluindo itens como pratos e talheres descartáveis, caixas de papelão de alimentos, sacolas e caixotes. (Ver o Cap. 11 para detalhes sobre esses equipamentos.)

O cuidado com equipamentos usados na preparação, no armazenamento e no serviço de alimentos é uma parte essencial do programa de manutenção para assegurar uma boa desinfecção. Todos os equipamentos, recipientes e utensílios de contato com os alimentos devem ser minuciosamente lavados após *cada uso*. Isso é especialmente verdadeiro para moedores e fatiadoras de carne, tábuas de corte e facas, para evitar contaminação cruzada. Tábuas de corte, facas e outros utensílios de preparação de alimentos com códigos de cores estão disponíveis com a intenção de manter diferentes tipos de alimentos separados.

A limpeza e a desinfecção minuciosas de equipamentos estacionários são mais difíceis, mas tão necessárias quanto a limpeza de pratos e pequenos equipamentos portáteis. Nenhum equipamento de grande porte deve ser comprado a menos que as partes operacionais possam ser desmontadas com facilidade para serem limpas. Máquinas de lavar pratos, batedeiras, descascadores, máquinas de fatiar e abridores de latas estacionários também são exemplos de equipamentos que devem ser lavados depois de cada uso. As práticas padronizadas para lavagem de pratos à mão devem ser seguidas na limpeza de rotina desses equipamentos.

Manutenção preventiva

▎**Conceito-chave:** A manutenção preventiva aumenta o ciclo de vida dos equipamentos.

A manutenção preventiva é um programa documentado de verificações ou inspeções de rotina de instalações e equipamentos para garantir uma operação desinfetada, segura e eficiente em um departamento de *foodservice*. Esse tipo de manutenção inclui limpeza e cuidados regulares, como lubrificar motores de batedeiras e realizar quaisquer reparos que possam se tornar evidentes durante o processo de inspeção. Esse programa em geral é cumprido em cooperação com o departamento de manutenção ou de engenharia.

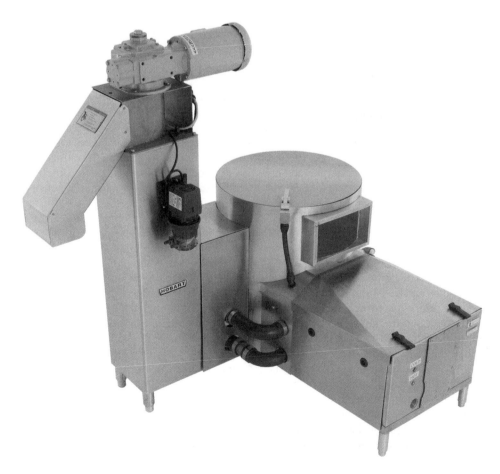

Figura 4.10 Equipamento para gestão de resíduos.
Fonte: Cortesia de ITW Food Equipment Group, Troy, OH. Usado com autorização.

Figura 4.11 Registro de equipamento para manutenção preventiva.

Cartão de registro de equipamentos

Equipamento:_____

Fabricante:_____

Modelo nº:_____   Nº de série:_____

Capacidade:_____   Anexos:_____

Operação: Elétrico [ ]   Gás [ ]   Vapor [ ]   Manual [ ]

Comprado de: _____   [ ] Novo   [ ] Usado   Custo: R$ _____

Data de compra:_____   Garantia:_____

Manutenção de rotina: _____ (diária, semanal, mensal)

_____

Data	Descrição dos reparos	Custos
_____	_____	_____
_____	_____	_____
_____	_____	_____

Cada equipamento é inspecionado por um representante do departamento como rotina. O gerente de negócios em alimentação desenvolve uma lista ou arquivo com todos os equipamentos, incluindo nome, número de identificação, data de compra e informações sobre instalação e reparos de cada equipamento. Então, junto com o departamento de manutenção, é desenvolvida uma agenda de inspeção e reparos de rotina. Registros detalhados de reparos e custos são mantidos para determinar quando um equipamento precisa ser reposto. A Figura 4.11 é um exemplo de registro de equipamento.

Controle de pragas

▌ **Conceito-chave:** O controle de pragas logicamente é um dos componentes de um programa de limpeza e desinfecção.

A importância do controle de roedores e insetos precisa ser muito enfatizada. Ratazanas, ratos, moscas, baratas, carunchos, moscas drosófilas e mosquitos facilitam a transmissão de doenças; portanto, é essencial que todo o serviço de alimentação tente efetuar a completa eliminação de infestações de pragas residentes e depois tente corrigir as condições do estabelecimento de modo que as pragas não consigam entrar no futuro.

Duas condições são necessárias para essas pragas sobreviverem: alimento e um lugar para "pousar" ou se esconder e viver. O respeito a regras rígidas para armazenamento adequado dos alimentos e a manutenção de altos padrões de limpeza de cantos e arestas, como gavetas nas mesas dos cozinheiros e ao redor de canos e ralos de pias, bem como uma desinfecção geral e um programa de limpeza, oferecem uma boa manutenção preventiva contra pragas.

Muitas baratas e insetos entram nos prédios em embalagens e gêneros alimentícios recebidos de fora, o que torna difícil o controle. A sua reprodução é rápida, e eles se desenvolvem nos esconderijos úmidos e quentes oferecidos por diversos serviços de alimentação. Telas para impedir a entrada de moscas, latas de lixo cobertas, rachaduras e fendas fechadas em paredes e ao redor de equipamentos e nas áreas em torno de canos e despensas limpas são medidas preventivas para tentar impedir a entrada e reduzir os esconderijos de tais pragas. A utilização de determinados inseticidas aprovados para uso em serviços de alimentação é um tratamento eficaz quando não há perigo de contaminar os alimentos, embora o emprego de inseticidas menos tóxicos seja recomendado para pulverizar.

Desratizar o prédio é a melhor medida preventiva contra os roedores. Isso significa fechar fendas de no mínimo um centímetro de diâmetro, colocar obstáculos contra ratos em todos os fios dentro e fora dos canos que levam ao prédio e rejuntar cuidadosamente as paredes de cimento e fundações do prédio. Armadilhas e raticidas são parte do programa de controle de roedores e são usados dentro ou fora do prédio. No entanto, os raticidas mais eficazes também são os mais perigosos para os seres humanos e animais de estimação; portanto, devem ser usados com muito cuidado e atenção.

É muito recomendado também estar sempre atento e alerta a sinais de pragas e ter um programa efetivo para combate dessas pragas, feito por uma pessoa treinada dentro da organização ou por uma agência externa. Serviços entomológicos especializados podem ser agendados uma vez por mês. A eficácia desse esforço depende do escopo, da regularidade e da administração inteligente de um programa de limpeza e do cuidado adequado com gêneros alimentícios para eliminar os fatores ambientais que conduzem ao abrigo de pragas.

Verificações e inspeções

▎ **Conceito-chave:** As inspeções de limpeza e desinfecção normalmente são realizadas pelas autoridades reguladoras locais.

Manter altos padrões de desinfecção é essencial em *todos* os estabelecimentos de alimentação, independentemente do tipo ou do tamanho. Os consumidores esperam e exigem uma instalação limpa. Na verdade, esse é um dos primeiros critérios que eles usam para julgar um estabelecimento de alimentação. A melhor maneira de assegurar que procedimentos adequados de desinfecção e altos padrões de desinfecção sejam seguidos e cumpridos é desenvolver um programa departamental de limpeza e desinfecção. Um esforço cooperativo é necessário para conduzir um programa eficaz. Ao estabelecer altos padrões departamentais e realizar autoinspeções de rotina, a gerência pode ter certeza de que os regulamentos de desinfecção são cumpridos. É fundamental que a gerência tome ações corretivas sobre as deficiências de desinfecção, para que o programa seja totalmente eficaz.

Todas as operações de negócios em alimentação são reguladas por agências locais, estaduais ou federais. O objetivo dessas agências é administrar e aplicar os regulamentos e os padrões de proteção aos alimentos. A principal agência norte-americana envolvida no estabelecimento e na aplicação de padrões é a Food and Drug Administration (FDA), cuja responsabilidade é desenvolver códigos de modelos a serem adotados pelos departamentos de saúde estaduais e locais. O Food Code da FDA é cada vez mais reconhecido como a melhor fonte de orientações e padrões de segurança dos alimentos. Inspeções oficiais são realizadas periódica, mensal ou anualmente, dependendo do tipo de serviço de alimentação e das agências governamentais às quais ele responde. As inspeções são discutidas no Capítulo 3. A Figura 3.17 é um exemplo de formulário de inspeção usado por uma agência norte-americana.

Segurança do trabalhador

▎ **Conceito-chave:** A saúde dos funcionários é protegida por programas de segurança do trabalhador.

A segurança física dos trabalhadores e clientes é uma grande preocupação dos administradores de serviços de alimentação. Um ambiente de trabalho livre de perigos que causam acidentes e uma instalação de refeições onde os clientes estão seguros devem ser alvos de todos os gerentes.

A Occupational Safety and Health Act, que entrou em vigor em 28 de abril de 1971, torna ilegal *não* ter um estabelecimento seguro. Essa lei é administrada pelo Departamento de Trabalho dos Estados Unidos e exige ações dos administradores para garantir condições de trabalho seguras e saudáveis para todos os assalariados do país. Ela declara, entre outras coisas, que cada empregador tem o dever de fornecer aos funcionários um local de trabalho seguro e livre de qualquer perigo que possa causar danos físicos sérios ou morte. A organização que aplica essa lei tem autoridade para inspecionar qualquer local de trabalho e para penalizar aqueles que não atendam às provisões da lei. Os gerentes devem se comprometer rigorosamente a corrigir perigos potenciais específicos e fornecer registros escritos de quaisquer acidentes que tenham ocorrido.

Dois padrões da OSHA de interesse específico para os operadores de negócios em alimentação são o Hazard Communication Standard (HCS) e o padrão para elementos patogênicos sanguíneos. O HCS, também conhecido como "direito de saber", exige que os empregadores desenvolvam e implementem um programa para comunicar os perigos químicos a todos os funcionários. Deve ser mantido um inventário de todos os produtos químicos usados pela operação, que devem ser adequadamente rotulados. O fabricante deve fornecer, para cada produto químico, uma ficha de dados de segurança de material (FISPQ) que identifica o produto químico e inclui um aviso de perigo. A Figura 4.12 é um exemplo de formulário de FISPQ. O padrão para elementos patogênicos sanguíneos exige que todos os funcionários sejam alertados sobre materiais potencialmente infecciosos aos quais eles podem ser expostos durante o trabalho. Exemplos de elementos patogênicos incluem o vírus da hepatite B e o vírus de imunodeficiência humana (HIV). Para o gerente de negócios em alimentação, isso significa informar aos funcionários os riscos e os procedimentos adequados para entrar em quartos de pacientes ou limpar bandejas de alimentos que possam estar contaminados com matéria perigosa.

Figura 4.12 Exemplo de uma ficha de dados de segurança de material.

Planilha de segurança de materiais
Pode ser utilizada para atender aos padrões OSHA de riscos na comunicação
29 CFR 1910.1200. O padrão deve ser consultado no tocante a requisitos específicos.

U.S. Department of Labor
Occupational Safety and Health Administration
(Formulário opcional)
Formulário aprovado
OMB nº 1218-0072

Identidade (conforme lista e etiqueta)	Nota: Não são permitidos itens sem preenchimento. No caso de itens não aplicáveis ou ausência de informações, o espaço deve contar com uma marca indicativa.

Seção I

Nome do fabricante	Telefone de emergência
Endereço (rua, número, cidade, estado e código postal)	Telefone para informações
	Data da preparação
	Assinatura do preparador (opcional)

Seção II – Ingredientes perigosos / informações de identificação

Componentes perigosos (identificação química específica; nomes comuns) (opcional)   OSHA PEL   ACGIH TLV   Outros limites recomendados   % (opcional)

Seção III – Características físico-químicas

Ponto de ebulição		Peso específico (H_2O = 1)	
Pressão do vapor (mm Hg)		Ponto de derretimento	
Densidade do vapor (ar = 1)		Taxa de evaporação (acetato de butila = 1)	
Solubilidade em água			
Aparência e odor			

Seção IV – Dados sobre perigo de incêndio e explosão

Ponto de ignição (método usado)	Limites de inflamação	LEL	UEL
Média de extinção			
Procedimentos especiais de combate ao fogo			
Perigos incomuns de incêndio e explosão			

(Reproduzido localmente)   OSHA 174, setembro de 1985

O National Safety Council, embora não seja uma agência regulatória, e sim uma organização de serviços sem fins lucrativos, é dedicado à educação para a segurança. Por meio de suas pesquisas, relatórios e materiais impressos disponíveis para o público, o conselho oferece uma ajuda valiosa aos gerentes de inúmeros tipos de empresas, incluindo serviços de alimentação.

Segurança do trabalhador

Oferecer um ambiente de trabalho seguro, cujas instalações sejam bem planejadas (ver Cap. 10) e com equipamentos que atendem aos padrões federais, estaduais e locais é o primeiro passo para se garantir a segurança do trabalhador. No entanto, segurança é mais do que um prédio construído segundo as normas de segurança. A segurança nunca pode ser *presumida*, porque acidentes podem e vão acontecer. Gerentes e funcionários devem trabalhar juntos em um programa de conscientização de segurança para alcançar um bom registro de segurança.

"Acidentes não acontecem; são causados" – e podem ser evitados. O National Safety Council definiu acidente como qualquer evento não intencional súbito que causa ferimentos ou danos à propriedade. Um acidente tornou-se um símbolo da ineficiência, seja ela humana ou mecânica, e normalmente representa uma perda monetária para a organização. A empresa não apenas perde a produtividade do indivíduo ferido, mas também incorre em custos indiretos, como despesas médicas e de seguro, custos de treinamento de novos trabalhadores, desperdício causado pelos trabalhadores substitutos inexperientes, custos administrativos de investigar e cuidar de acidentes, e custos com o reparo ou a substituição de equipamentos quebrados ou danificados. Não apenas do ponto de vista humanitário, mas também do ponto de vista econômico, os gerentes de negócios em alimentação devem estar cientes das vantagens de ter boas medidas de segurança. Todos devem buscar maneiras de melhorar as condições de trabalho e o desempenho dos funcionários para reduzir acidentes, com seus desperdícios resultantes, e manter taxas baixas de frequência e gravidade de acidentes. A *taxa de gravidade* é calculada pelo número de dias de trabalho perdidos por causa de acidentes, e a *taxa de frequência* pelo número de tempo perdido em acidentes durante qualquer período selecionado, cada um multiplicado por 1.000.000 e o resultado dividido pelo número total de horas trabalhadas no mesmo período. As estatísticas do National Safety Council classificam o setor de alimentos na média de todos os setores em termos de taxa de gravidade. No entanto, a taxa de frequência é quase o dobro da média de todos os setores registrados.

Os gerentes de negócios em alimentação devem se organizar em prol da segurança e desenvolver em toda a equipe consciência da necessidade dos procedimentos seguros.

Programa de segurança

Tópicos específicos de uma campanha de segurança podem se concentrar em três aspectos: engenharia, educação e reforço.

A *engenharia* se refere às características de segurança embutidas no prédio e nos equipamentos e à maneira como os equipamentos são instalados para serem seguros para o uso. Motores escondidos, válvulas de segurança em caldeiras a vapor, torneiras de fácil manipulação em vasos e proteções em máquinas de fatiar e moer são exemplos de características de segurança. Um programa de manutenção para manter os equipamentos em bom funcionamento é responsabilidade do gerente, assim como todas as outras etapas para se oferecer um ambiente seguro.

Um estudo dos padrões de tráfego em cozinhas e áreas de refeição, e a colocação dos equipamentos e suprimentos em locais que evitem o máximo possível de tráfego cruzado, além do arranjo dos equipamentos dentro de uma unidade trabalho de modo a proporcionar uma sequência lógica de movimentação, sem recuos, são parte da fase de engenharia do programa de segurança.

A *educação* para a segurança é um processo sem fim. Ela começa com o estabelecimento de políticas rígidas de segurança, que então devem ser discutidas com cada novo empregado durante o período de orientação. "Segurança desde o primeiro dia" é um *slogan* apropriado para qualquer organização.

Como a segurança é parte de todas as atividades, ela deve ser ensinada como um componente de todas as habilidades e procedimentos. Procedimentos escritos para as tarefas a serem realizadas por cada empregado devem incluir a maneira segura de realizar cada tarefa, além de uma descrição de como treinar o empregado nas etapas corretas a serem seguidas. Esses procedimentos passo a passo mantidos por escrito proporcionam uma referência de acompanhamento prático para o empregado e podem ser usados pelos gerentes para verificação do desempenho do funcionário.

A educação para a segurança, no entanto, é mais do que treinar cada funcionário nos procedimentos de uma tarefa específica. Um programa contínuo em grupo baseado em *fatos* sobre práticas seguras e não seguras mantém os funcionários conscientes da segurança. O National Safety Council, o Bureau of Vital Statistics, diversos conselhos de segurança comunitários e organizações comerciais e profissionais podem oferecer estatísticas e materiais para planejar um programa desse tipo. Os dados obtidos dos registros de acidentes *dentro* da organização são inestimáveis e mais significativos do que estatísticas gerais.

Cada acidente, por mais insignificante que seja, deve ser registrado em formulário (a Fig. 4.13 mostra um exemplo). Esses registros escritos devem incluir o tipo de acidente e de ferimento ocorrido, com quem, quando, o dia e a hora, e onde aconteceu. Em serviços de alimentação, a maioria dos acidentes ocorre nas horas de maior movimento, quando então é especialmente difícil cuidar do ferido, encontrar substituto e dar continuidade a um serviço eficiente ao cliente. Esse fato sozinho já deveria oferecer incentivos suficientes para o gerente fazer todo o possível para promover a segurança.

Uma análise das causas dos acidentes oferece mais dados para evitá-los. As causas podem ser classificadas em "atos não seguros" e "condições não seguras". Normalmente, descobre-se que os atos não seguros são três vezes mais numerosos que as condições não seguras. A partir dessa informação, há uma indicação imediata da necessidade de treinamento adequado para reduzir acidentes.

No setor de *foodservice*, as quedas geram o maior número de acidentes com manuseio de alimentos, em geral por causa de pisos engordurados ou molhados; os cortes ocupam o segundo lugar; e as queimaduras e torções por levantamento vêm em seguida (a Fig. 4.14 ilustra a técnica de levantamento adequada). Quedas e torções resultam na maior perda de tempo de trabalho e prejuízo monetário para a instituição.

É responsabilidade do gerente esclarecer os motivos, remover os perigos e então treinar os funcionários para evitar a recorrência do mesmo acidente. Bons procedimentos de governança, como armazenar ferramentas e materiais em locais adequados e manter corredores e caminhos livres, iluminação ideal nas áreas de trabalho, reparo imediato de ferramentas e equipamentos quebrados, substituição de fios elétricos gastos e cuidado adequado e remoção de porcelanas e copos quebrados, são apenas algumas das atitudes que podem ser tomadas para corrigir condições seguras. Os funcionários devem ser estimulados a relatar ao gerente quaisquer condições não seguras que percebam. Um formulário simples pode ser desenvolvido e disponibilizado para os funcionários fazerem esse relatório. Ter as informações por escrito é útil para o gerente, que deve então acompanhar a situação e corrigi-la.

A possibilidade de incêndios é uma ameaça sempre presente em estabelecimentos de alimentação, tornando essencial que todos os funcionários sigam os procedimentos adequados no uso de equipamentos e técnicas de cocção. Além disso, eles devem conhecer a localização dos equipamentos de extinção de incêndio e como usá-los. As orientações e a prática no uso de extintores de incêndio, mantas de incêndio e outros equipamentos de primeiros socorros, necessários em qualquer cozinha institucional, devem ser incluídas nas reuniões de treinamento, especialmente do pessoal de supervisão. As informações sobre os diversos tipos de extintores de incêndio e quais devem ser usados para gordura, papel, madeira e outros tipos de incêndio são importantes. As Tabelas 4.4 e 4.5 listam as classificações comuns de incêndios e extintores. O treinamento em grupo em procedimentos preventivos a serem seguidos no trabalho diário e as instruções sobre o que fazer em caso de acidente devem ser parte do programa de segurança geral.

Muitos auxílios estão disponíveis para os gerentes de negócios em alimentação usarem na criação de um programa de treinamento. O *Safety Operations Manual* [Manual de operações de segurança] da National Restaurant Association é um recurso excelente. O National Safety Council tem cartazes, panfletos e outros materiais disponíveis para uso em sessões de treinamento. Essas são fontes inestimáveis de informações e ilustrações para os gerentes de negócios em alimentação. Cartazes claros que chamam a atenção criam impressões favoráveis e servem de lembretes para as boas práticas de segurança são complementos eficazes para outros tipos de treinamento. As regras de segurança da Figura 4.15 podem ser usadas como tópicos para as sessões de treinamento. No entanto, cada organização de negócios em alimentação deve estabelecer sua própria lista semelhante de regras de segurança a serem seguidas em seu departamento.

O terceiro item da campanha de segurança geral é o *reforço*. É o constante acompanhamento ou vigilância exigidos para evitar descuidos e assegurar que as regras e os procedimentos prescritos sejam seguidos. O reforço pode ser realizado de várias maneiras. Em algumas organizações, comitês de segurança são compostos de funcionários, que observam e relatam

(O texto continua na p. 120)

UWHCA
Coordenador de remuneração do trabalho
H4/860
600 Highland Avenue
Madison, WI 53792-001

RELATÓRIO DE DOENÇAS E FERIMENTOS OCUPACIONAIS DO EMPREGADO

INSTRUÇÕES:
1. Solicitar que o empregado preencha por completo este lado da folha e a seção superior do verso, dentro de 24 horas da ocorrência do acidente.
2. Encaminhar ao supervisor para preenchimento da parte restante do verso.
3. Encaminhar o formulário preenchido ao coordenador de remuneração do trabalho.
4. Direcionar questionamentos ao coordenador de remuneração do trabalho.

Nome	Sobrenome	Nome do meio	Cargo

Agência/instituição UWHCA	Unidade (divisão/depto)	Data do acidente (dd/mm/aaaa)	Horário do acidente

Você foi atendido em uma clínica ou hospital? ☐ Sim ☐ Não	Nome do médico/da clínica ou do hospital
Você foi atendido no próprio local de trabalho? ☐ Sim ☐ Não	
Você estava afastado do trabalho há 4 dias ou mais? ☐ Sim ☐ Não	Endereço do médico/da clínica
Em caso de resposta positiva, qual foi o último dia trabalhado? (dd/mm/aaaa)	

Número do PIS

Natureza do acidente/ferimento/ou da doença

Parte do corpo ferida (marque todas as que se aplicam e indique com um círculo a posição correta) (Polegar da mão = 1   Polegar do pé = 1)

Abdome	Costas (C T L)	Dedo da mão (D E 1 2 3 4 5)	Cabeça	Boca	Ombro (D E)
Tornozelo (D E)	Olho (D E)	Pé (D E)	Joelho (D E)	Pescoço	Dedo do pé (D E 1 2 3 4 5)
Braço (D E)	Cotovelo (D E)	Mão (D E)	Perna (D E)	Nariz	Pulso (D E)

Outro (especificar)

Forneça a localização exata do acidente (interior, exterior, nome do edifício, sala, veículo etc.)

Descreva a atividade com a qual você estava envolvido no momento do acidente (explique com detalhes)

Testemunhas (nome, endereço, função, telefone)

Em sua opinião, o que pode ser feito no sentido de evitar outros acidentes dessa natureza?

Você já recebeu tratamento para um ferimento ou uma enfermidade semelhante? ☐ Sim ☐ Não	Data(s) do(s) tratamento(s) (dd/mm/aaaa)

Nome do médico que o atendeu e do hospital ou da clínica onde você foi atendido na ocasião:

A assinatura abaixo autoriza todos os provedores de atendimento médico, saúde mental e quiropraxia a liberar os registros relativos a esses tratamentos ao Depto. de administração ou de remuneração do trabalho do Estado de Wisconsin ou a um representante por eles designado.

Data (dd/mm/aaaa)	Assinatura do empregado	Telefone comercial	Telefone residencial

Enviar ao supervisor para preenchimento do verso

Figura 4.13 Exemplo de um formulário típico de registro de acidentes.

Figura 4.14 Técnica adequada para levantar peso.

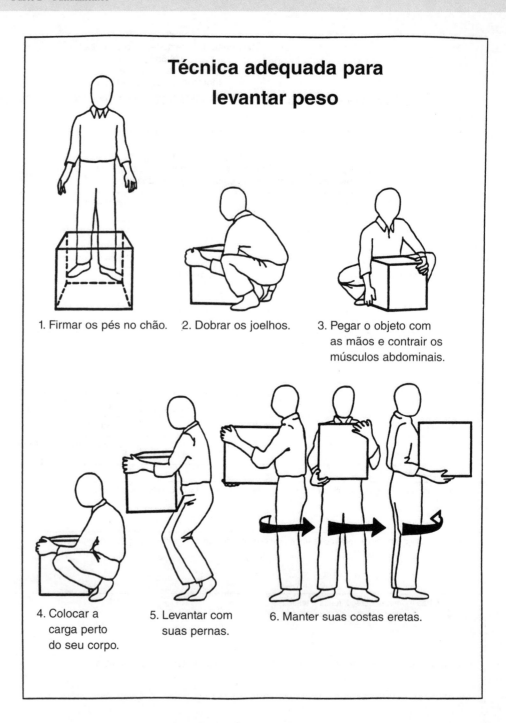

Tabela 4.4 Classificação de incêndios.

Classe	Descrição
A	Combustíveis normais ou materiais fibrosos, como madeira, papel, pano, lixo
B	Líquidos ou gases inflamáveis como gasolina ou querosene
C	Elétrico: eletrodomésticos, tomadas ou quadros de luz
D	Metais combustíveis
K	Óleos de cozinha

Tabela 4.5 Tipos de extintores de incêndio e seus usos.

Tipo	Características
Produto químico seco ABC	Especialmente eficaz em incêndios classe A, B e C, mas faz muita sujeira. A operação é simples. Alcance de cerca de 4,5 metros.
Dióxido de carbono	Usado apenas em incêndios elétricos ou com líquidos inflamáveis. Alcance muito limitado, de 1,2 a 1,8 metros.
Halon	É um agente excepcionalmente limpo e não deixa resíduos. Bom para ser usado em computadores e outros equipamentos sensíveis.
Pó seco	Usado em incêndios com metais. Isola e abafa o incêndio com um pó à base de cobre ou de cloreto de sódio. Alcance de 0,9 a 1,8 metros.
Classe K	Especialmente projetado para cozinhas comerciais que usam eletrodomésticos e óleos que operam a temperaturas muito mais altas do que os equipamentos e óleos citados anteriormente. Alcance de 3 a 3,6 metros.

Regras gerais de segurança

(favor publicar)

- Relatar qualquer ferimento imediatamente, independentemente da gravidade, ao seu supervisor para receber os primeiros socorros. Evitar demoras.
- Relatar todas as *condições não seguras*, cadeiras ou mesas quebradas ou com farpas, equipamentos com defeito, radiadores com vazamento, carpetes rasgados, pisos desiguais, corrimões soltos, ferramentas ou facas não seguras, porcelana e copos quebrados, etc.
- Entender a *maneira segura* de realizar qualquer tarefa atribuída a você. Se tiver dúvidas, consultar seu supervisor. Nunca se arriscar sem necessidade.
- Se tiver de movimentar objetos pesados, pedir ajuda. *Não levantar peso demais*. Ao levantar qualquer objeto pesado, manter as costas retas, dobrar os joelhos e usar os músculos da perna. Suas costas têm músculos fracos, que podem ser torcidos com facilidade.
- Corredores, passagens e escadas devem ser mantidos limpos e livres de obstruções. Não permitir que vassouras, baldes, esfregões, latas, caixas, etc. permaneçam em locais onde alguém possa cair sobre eles. Secar qualquer gordura ou pontos úmidos de escadas, pisos ou rampas. Eles provocam sérios riscos de queda.
- Caminhar, não correr, em corredores, descendo rampas ou escadas ou ao redor das áreas de trabalho. Ser cuidadoso ao passar por portas vai e vem.
- Manter seu armário limpo e o topo do armário livre de qualquer material solto ou descartado, como jornais, caixas velhas, garrafas, equipamentos quebrados, etc.
- Usar roupas seguras e adequadas para o trabalho. Usar sapatos seguros e confortáveis, com boas solas. Nunca usar sapatos com sola fina ou quebrados. *Não usar sapatos de salto alto no trabalho*. Mangas rasgadas ou compridas demais ou roupas rasgadas podem resultar em ferimentos.
- Se você tiver de alcançar um objeto alto, usar uma escada, não uma cadeira ou mesa ou algo improvisado. Não existe substituto para uma boa escada. *Nunca se esticar demais*. Tomar cuidado quando tiver de subir para encher potes de café, tanques de leite, etc.
- Brincadeiras estúpidas e pegadinhas são proibidas no trabalho.
- Não discutir nem brigar com colegas de trabalho. Os resultados costumam ser desagradáveis e perigosos.
- Manter o piso limpo e seco. Pegar imediatamente do chão qualquer objeto solto para evitar quedas.
- Não encher demais as bandejas. As bandejas devem ser carregadas de maneira a proporcionar um bom equilíbrio. Uma bandeja mal carregada pode se tornar perigosa.
- Descartar imediatamente todos os copos e porcelanas quebrados. Nunca servir um cliente com um copo ou porcelana rachado ou lascado. Verifique se os talheres têm manchas de água, etc.
- Reservar tempo suficiente para servir os clientes de maneira apropriada. A pressa pode causar acidentes para os clientes e para você. *A pressa é inimiga da perfeição*.
- Remover do serviço qualquer cadeira, mesa ou outro equipamento que esteja solto, quebrado ou lascado, para evitar ferimentos.
- *Caixas*. Fechar as caixas registradoras com as costas da mão. Não permitir que seus dedos fiquem pendurados sobre a gaveta.
- Colocar aviso de "piso molhado" conforme apropriado, antes e depois de passar o esfregão.
- Ajudar *novos funcionários* a trabalhar com segurança. Mostrar a eles a maneira certa de fazer o trabalho – a maneira segura.

Figura 4.15 Exemplos de regras de segurança.

condições e práticas não seguras. A participação nesse comitê pode ser rotativa, de modo que todos estejam pessoalmente envolvidos em uma campanha contra acidentes. Se possível, uma pessoa em cada organização deve ter a responsabilidade geral por desenvolver e supervisionar o programa de segurança, depois de ser especificamente treinada para a tarefa.

Provavelmente, o plano de aplicação geral mais eficaz, no entanto, é uma inspeção periódica do departamento, feita por alguém da equipe de supervisão. O uso de *checklist* como lembrete de todos os itens a serem observados é útil. Qualquer gerente de negócios em alimentação pode desenvolver um formulário para ser usado em uma operação específica. A planilha ilustrada na Figura 4.16 inclui segurança dos alimentos e desinfecção e pode servir de modelo para o desenvolvimento de um *checklist* para um departamento específico.

Planilha de verificação
Segurança na cozinha

Classificação: 5-1; 5 pontos é a mais alta e 1 ponto é a mais baixa.

Queimaduras
1. Os cabos das panelas sobre o fogão estão virados de modo que as panelas não possam ser derrubadas? _____
2. As chamas estão apagadas quando não há panelas sobre o fogão? _____
3. São usados pegadores secos para segurar panelas quentes? _____
4. Os trabalhadores são alertados quando as panelas estão quentes? Quando as panelas com alimentos quentes são movimentadas? _____
5. Os equipamentos a vapor estão funcionando adequadamente para evitar queimaduras com vazamentos? _____
6. A água quente está regulada a uma temperatura adequada para não provocar queimaduras? _____
7. As tampas são levantadas com cuidado e as portas das caldeiras são abertas lentamente para evitar queimaduras com vapor? _____

Cortes
1. Os pratos e copos quebrados são imediatamente retirados e descartados em um recipiente especial para isso? _____
2. As facas são armazenadas no estojo adequado? _____
3. As facas são deixadas sobre o escorredor para serem lavadas, e não jogadas dentro da pia? _____
4. A cobertura de segurança é colocada sobre a fatiadora depois de cada uso e limpeza? _____
5. O abridor de latas está em bom estado, de modo a cortar de forma afiada e sem deixar bordas irregulares? _____
6. São oferecidos dispositivos de segurança em fatiadoras e moedores? _____

Eletricidade
1. Os fios elétricos estão em bom estado? _____
2. Existem tomadas suficientes para o equipamento em uso? _____
3. As mãos são sempre secas antes de tocar em equipamentos elétricos? _____
4. Existem fusíveis extras na caixa de fusíveis? _____

Quedas
1. Os alimentos derramados são removidos imediatamente? _____
2. Os corredores e escadas estão livres de entulhos? _____
3. Os artigos são colocados em prateleiras com segurança, de modo a não caírem? _____
4. As escadas móveis estão firmes e em bom estado? _____
5. As vassouras e esfregões são armazenados adequadamente, e não recostados em uma parede ou mesa para alguém tropeçar? _____
6. Os corredores são bem iluminados e os degraus são bem marcados, de modo a não permitir tropeços? _____

Incêndios e explosões
1. Os canos de gás estão livres de vazamento? Eles foram avaliados pela empresa de gás? _____
2. Os fósforos são mantidos em um recipiente de metal coberto? _____
3. Estão disponíveis extintores e mantas de incêndio? _____
4. O extintor de incêndio foi verificado no último mês? _____
5. A caixa de primeiros socorros tem todos os suprimentos? _____
6. A gordura quente é manipulada com cuidado, e a gordura fria é armazenada longe das chamas? _____

Relate imediatamente qualquer incêndio ou acidente ao gerente ou disque _____ para relatar um incêndio.

Figura 4.16 Exemplo de *checklist* de segurança.

Proteção ao cliente

Os clientes de serviços de alimentação merecem a mesma preocupação cuidadosa destinada aos funcionários no que diz respeito à segurança. Eles esperam e devem ter a garantia de que os alimentos servidos serão seguros para consumo e que o estabelecimento também é seguro. Isso inclui tudo, desde um estacionamento seguro bem iluminado e livre de obstáculos até móveis em boas condições e que não tenham saliências ou farpas. O piso deve ser mantido em bom estado para evitar tropeços e quedas, e qualquer líquido que seja derramado deve ser enxugado imediatamente para que ninguém escorregue ou caia. As salas de refeição devem ser adequadamente iluminadas e deve haver um espaço amplo entre as mesas, de modo que os clientes possam caminhar pela sala sem tropeçar.

Os garçons devem ser bem treinados em procedimentos corretos de serviço, de modo a não derramar alimentos quentes nos clientes ou qualquer coisa no chão que possa causar acidentes. Qualquer coisa que seja derramada deve ser enxugada imediatamente. Também é recomendado que os funcionários, especialmente os que trabalham na "linha de frente", sejam treinados para realizar procedimentos abdominais e prestar auxílio no caso de um cliente se engasgar durante a refeição.

Os gerentes são responsáveis por acidentes que ocorram nas dependências do serviço de alimentação, os quais podem resultar em processos jurídicos, que são caros e denigrem a reputação do estabelecimento.

Resumo

É responsabilidade do gerente de negócios em alimentação projetar, implantar e monitorar um programa de limpeza e desinfecção para sua operação. O projeto do programa começa com um entendimento dos princípios e fatores que influenciam as tarefas de limpeza e desinfecção. Esses princípios e fatores devem ser considerados quando se administram as principais funções de limpeza e desinfecção, que incluem lavagem de pratos e manutenção das instalações.

As etapas de segurança em qualquer serviço de alimentação incluem consciência, envolvimento e controle. A primeira etapa é a *consciência*, por parte dos gerentes, da necessidade de oferecer um ambiente seguro para funcionários e clientes e de assumir a responsabilidade e ter uma atitude positiva em relação à prevenção de acidentes. O *envolvimento* inclui iniciar um programa ou campanha de educação para a segurança que mantenha os funcionários conscientes em relação à segurança. Um programa de treinamento que doutrine os funcionários com a filosofia de trabalhar com segurança e os instrua no modo de fazer isso é uma grande parte de estar envolvido. Pedir sugestões aos funcionários quanto a procedimentos de segurança e formar comitês de segurança dos quais os funcionários participem são outras formas de envolvimento. *Controle* é o processo de insistir na segurança, verificando os códigos de segurança e cumprindo-os, analisando registros de acidentes como base para melhorar e, acima de tudo, supervisionando constantemente o trabalho dos funcionários. Isso presume que a instituição tenha políticas de segurança estabelecidas e procedimentos escritos para o desempenho do cargo e adote um procedimento para relatar e lidar com acidentes que sejam conhecidos de todos na organização.

Os benefícios de um programa de segurança incluem redução dos acidentes; melhoria do moral dos funcionários, satisfação dos clientes e sentimento de segurança; e menos solicitações de indenização de trabalhadores, resultando em redução de custos e melhor desempenho financeiro do estabelecimento de alimentação. O objetivo é manter os ferimentos no nível mínimo e a força de trabalho com eficiência máxima.

Aplicação de conceitos abordados no capítulo

O Departamento de Refeições e Serviços Culinários da Universidade de Wisconsin-Madison é diligente na aplicação de seu programa de limpeza, desinfecção e segurança em todas as áreas de trabalho de todas as unidades. A área de recebimento na cozinha central não é exceção. Aqui, todos os aspectos e princípios de limpeza, desinfecção e segurança do trabalhador são aplicados e cumpridos sem exceção. As áreas de doca e depósito temporário são mantidas limpas e livres de obstáculos o tempo todo. Pisos, carrinhos e prateleiras são limpos regularmente, e todas as áreas de armazenamento são arrumadas diariamente para mantê-las livres de entulhos que possam representar riscos à segurança.

A segurança do trabalhador da equipe de recebimento representa uma preocupação específica. Os funcionários dessa área são especialmente suscetíveis a ferimentos em razão da natureza do trabalho, que exige constante levantamento e arrasto de cargas muito pesadas. Nas docas, por exemplo, uma entrega pode incluir até oito paletes de produtos, com peso de até 453 quilos cada. Caixas com dez latas podem variar de peso entre 13 e 22 quilos. Obviamente, a equipe de recebimento precisa ser bem treinada e preocupada com os riscos que podem ocorrer se não forem tomadas as precauções adequadas para evitar ferimentos.

Questões para reflexão

1. Por que é importante estabelecer um programa de limpeza para a área de recebimento?
2. Quais são alguns dos fatores exclusivos que devem ser considerados ao se desenvolver um programa de limpeza para a área de recebimento?
3. Alguma coisa na área de recebimento precisa ser desinfetada? Em caso positivo, o quê e por quê?
4. De que maneira um programa de manutenção preventiva pode aumentar a segurança na área de recebimento?
5. O que deve ser incluído em um programa de treinamento de segurança para os funcionários que trabalham na área de recebimento?
6. Visite o site do National Safety Council. Que materiais estão disponíveis que podem ser interessantes para o treinamento de funcionários que trabalham na área de recebimento?
7. Por que é importante treinar os funcionários que trabalham na área de recebimento nos padrões da OSHA do Hazard Communication Standard?
8. Um funcionário da área de recebimento inclina as costas ao levantar caixas de vegetais enlatados. O que o gerente deve fazer?
9. Os funcionários que trabalham na área de recebimento devem usar cintas para levantamento de peso? Por quê?
10. Em relação à segurança, o código de vestimenta dos funcionários que trabalham no recebimento deve ser diferente em comparação aos outros funcionários? Por quê?

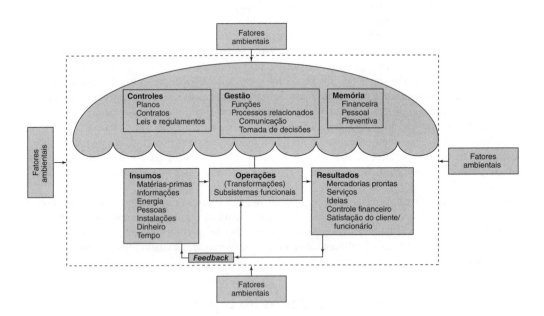

Questões para revisão

1. Quais organizações estabelecem e aplicam os padrões de desinfecção e segurança?
2. O que é OSHA? Qual é sua influência nas operações de negócios em alimentação?
3. Compare e contraste os termos *limpo* e *desinfetado*.
4. Quais são as vantagens de se desenvolver e implantar um programa de limpeza?
5. Quais são as causas mais frequentes de acidentes em operações de negócios em alimentação? Como elas podem ser evitadas?

6. O que significa o termo *manutenção preventiva*? Por que é importante em uma operação de negócios em alimentação?
7. Que fatores devem ser considerados ao se escolher entre um sistema de máquina de lavagem de pratos em alta temperatura ou um com produtos químicos?
8. O que é uma ficha de dados de segurança de material?
9. O que significa o termo *superfície de contato com os alimentos* e por que é importante determinar isso em relação a um programa de limpeza e desinfecção?
10. Liste algumas das práticas que evitam a entrada de pragas em serviços de alimentação e seu abrigo em áreas de trabalho.

Sites selecionados (em inglês)

www.nsf.org   (The National Sanitation Foundation International)
www.ul.com   (Underwriters Laboratories)
www.osha.gov   (The Occupational Safety and Health Administration)
www.redcross.org   (The Red Cross)
www.nsc.org   (The National Safety Council)

5

O cardápio

CONTEÚDO

O cardápio

Abordagem de sistemas ao planejamento e à manutenção de cardápios

Tipos de cardápios

Planos de refeições e padrões de cardápio

Inspiração

Processo de planejamento de cardápios

Missão e metas organizacionais

O cliente

Orientações orçamentárias

Capacidade de produção e serviço

Desenvolvimento do cardápio

Calendário para planejamento, desenvolvimento e implementação

Etapas no desenvolvimento de cardápios

Características dos alimentos e combinações

Avaliação de cardápios

Cardápios para dietas modificadas

O cardápio publicado

Design e formato do cardápio

Resumo

O cardápio é o plano mais influente em uma operação de negócios em alimentação. Um cardápio bem planejado funciona como um catalisador que impulsiona todas as funções operacionais: compras, produção e serviço. Ele também é um controle administrativo que influencia a aquisição e a utilização de recursos. Esses recursos incluem alimentos, mão de obra, equipamentos, tempo, dinheiro e instalações.

Um cardápio é uma lista detalhada de itens alimentícios que podem ser escolhidos em um pedido (como em um restaurante) ou servidos (como em um hospital, escola ou instituição carcerária). É um reflexo da missão da operação e, portanto, varia muito de uma organização para outra. No ambiente de varejo, o cardápio é feito para atrair clientes e gerar vendas, enquanto operações não comerciais internas planejam os cardápios para atender às necessidades e desejos de uma população conhecida. Independentemente do tipo de organização de alimentação, o planejamento, a implementação e a avaliação cuidadosos do cardápio são essenciais para o sucesso no atendimento às necessidades e preferências dos clientes, de acordo com os recursos disponíveis.

O objetivo deste capítulo é analisar os diversos fatores que influenciam o planejamento de um cardápio e descrever o processo de planejamento, redação e avaliação. Um dos fatores mais importantes a considerar é o perfil do cliente. Essa análise é seguida de orientações específicas de como redigir um cardápio e inclui procedimentos passo a passo para assegurar que o processo seja realizado no momento oportuno. A seção de desenvolvimento é seguida de uma discussão sobre o *design* e o *layout* do cardápio. As estratégias para avaliação de um cardápio também são incluídas neste capítulo.

Conceitos-chave

1. O cardápio é a ferramenta administrativa mais impactante em uma operação de negócios de alimentação.
2. Uma abordagem de sistemas ao planejamento de cardápios assegura que todos os aspectos de uma operação sejam considerados para maximizar a eficiência e a eficácia.
3. O tipo de cardápio escolhido para uma unidade de negócios em um serviço de alimentação é influenciado pelo conceito de alimentos e refeições da unidade.
4. Um processo de planejamento de cardápio bem-sucedido começa com objetivos claros que refletem os resultados desejados.
5. O planejador de cardápios experiente é antenado e leva em consideração tendências e questões políticas, sociais e econômicas internas e externas ao serviço de alimentação.
6. Desenvolver um perfil abrangente dos clientes e levará-la em consideração é essencial para garantir que as necessidades e os desejos deles sejam atendidos.
7. Levar em conta os insumos é fundamental para assegurar que os cardápios planejados possam ser produzidos e servidos com os recursos disponíveis.
8. A análise do impacto de um novo cardápio sobre as operações é essencial para assegurar uma transição tranquila de um cardápio para outro.
9. A aceitação de um novo cardápio pela equipe e pelos clientes pode ser melhorada por meio de uma solicitação ativa de informações durante o processo de planejamento do cardápio.
10. A aplicação dos princípios de *design* para o cardápio publicado maximiza seu valor como ferramenta de *marketing* e educação.

O cardápio

Conceito-chave: O cardápio é a ferramenta administrativa mais impactante em uma operação de negócios de alimentação.

A maioria de nós pensa em um cardápio como uma lista de pratos principais, acompanhamentos e bebidas oferecidos em um restaurante. Esse é o conceito de *cardápio* na linha de frente. Para o gerente de negócios em alimentação, o conceito é muito mais amplo. Ele se refere a um plano, se não a um programa completo de vários cardápios funcionais que influenciam todos os aspectos da operação de alimentação e a organização como um todo.

Ele também se refere a um processo abrangente e, às vezes, árduo de decidir o que oferecer e como fazer o cardápio "entrar no sistema". O papel principal do gerente em relação ao cardápio é planejar e implementar cardápios para cada unidade de negócios, depois administrar o programa para garantir que os alimentos sejam preparados e servidos de modo a cumprir os padrões de qualidade toda vez que um item ou refeição é pedido ou servido. O conjunto de cardápios de uma operação de alimentação específica é chamado de cardápio máster e é usado para administrar todo o serviço de alimentação: a linha de frente (*front*) e a linha de fundos (*back*).

Abordagem de sistemas ao planejamento e à manutenção de cardápios

■ **Conceito-chave:** Uma abordagem de sistemas ao planejamento de cardápios assegura que todos os aspectos de uma operação sejam considerados para maximizar a eficiência e a eficácia.

Uma apreciação do impacto do cardápio sobre todo um sistema se torna evidente com uma análise do modelo de sistemas. Trabalhando de fora para dentro, pode-se ver que os fatores ambientais influenciam um sistema. Questões sociais, como tendências de refeições e preferências alimentares, são exemplos de influência externa. Hoje, uma tendência altamente influente é o desejo por alimentos cultivados e produzidos de forma local, por questões de saúde e sustentabilidade. Em segundo lugar, inúmeros controles, como regulamentos e contratos, estabelecem parâmetros inegociáveis para o planejamento de cardápios. A memória na forma de contagem de refeições e dados de vendas oferece informações valiosas para entender a popularidade de um item do cardápio e os comportamentos de compra. Descendo no modelo: levar em consideração a disponibilidade de insumos e o impacto nas operações é um foco evidente do bom planejamento de cardápios. Resultados que atendam às expectativas dos clientes são a meta principal desse planejamento de cardápios. Essas expectativas são determinadas por meio de mecanismos de *feedback* contínuo e objetivo. Cada um desses componentes do modelo de sistemas será abordado neste capítulo.

Tipos de cardápios

■ **Conceito-chave:** O tipo de cardápio escolhido para uma unidade de negócios em um serviço de alimentação é influenciado pelo conceito de alimentos e refeições da unidade.

Existem muitos tipos de cardápios a serem escolhidos. A decisão é principalmente influenciada pelo tipo de operação de alimentação e pelas necessidades dos clientes a serem servidos. Todos os tipos de cardápios são definidos, pelo menos em parte, pelo grau de escolha oferecido. Para serviços de alimentação internos, cada unidade de negócios pode ter um tipo específico de cardápio. Por exemplo, em um hospital, o cardápio do paciente pode ser cíclico seletivo ou estático. Cardápios de uso único podem ser mais apropriados para eventos de *catering*. O conhecimento embasado dos tipos de cardápios e do grau de escolha de cada um permite que o gerente selecione o melhor tipo para a unidade e planeje de acordo com isso.

Cardápio estático
Um cardápio pronto com as mesmas ofertas todo dia, como um cardápio de restaurante ou de serviço de quarto.

Um **cardápio estático**, ou *pronto*, significa que o mesmo cardápio é usado todo dia. Esse tipo de cardápio é encontrado em restaurantes e outros serviços de alimentação nos quais a clientela muda diariamente ou em que existem itens suficientes listados para oferecer bastante variedade. Muitos hospitais agora estão experimentando cardápios estáticos ou no estilo de hotéis por causa da redução da permanência dos pacientes e da implementação do conceito de serviço de quarto. É possível ter alguma flexibilidade no cardápio estático mudando um ou dois itens diariamente ou oferecendo especiais do dia. Por outro lado, o cardápio estático pode ser bem limitado em termos de opções, como em muitos restaurantes de serviço rápido. Alterações nesses cardápios só são feitas após o desenvolvimento cuidadoso de um novo produto e extensa pesquisa de mercado e testes. A Figura 5.1 é um exemplo de cardápio estático para uma unidade de refeições de pacientes em um hospital.

Cardápio de uso único
Um cardápio planejado para um evento específico e normalmente usado apenas uma vez; em geral, para uma festa ou outra ocasião especial.

Um **cardápio de uso único** é planejado para determinado dia ou evento e não é repetido exatamente da mesma forma. Esse tipo de cardápio muitas vezes é usado para funções especiais, feriados ou eventos. A Figura 5.2 é um exemplo de cardápio de uso único.

Almoço e jantar

DELÍCIAS

- Salada de atum (2 carb)
- ♥ Salada de atum sem óleo (2 carb)
  Salada de ovos (2 carb)
- ♥ Manteiga de amendoim e geleia (3 carb)
- * Estes sanduíches são servidos em pão integral ou pão branco.
- * ♥ Sanduíche Sub: peru, rosbife, queijo cheddar, alface, tomate sobre pão francês (2 carb)
- Sanduíche de bacon, alface e tomate, servido em pão integral, pão branco ou pão tostado (2 carb)

GRILL

- • ♥ Filé de frango grelhado em brioche (2 carb)
- • Filé de frango frito em brioche (3 carb)
- ♥ Hambúrguer grelhado (2 carb)
- • Cheesebúrguer grelhado (2 carb)
- • ♥ Hambúrguer jardim grelhado (3 carb)
- • Sanduíche de peixe em brioche (3 carb)
- • Cachorro quente (2 carb)
- * Queijo quente (2 carb)

SALADAS

- • ♥ Prato de frutas frescas com queijo *cottage* (2 carb)
- • ♥ Prato de frutas em lata com queijo *cottage* (2 carb)
- • Salada Caesar com frango: mistura de alface romana fresca, peito de frango fatiado, croûtons temperados, queijo parmesão ralado, tomates-cereja fatiados em um molho Caesar especial (1 carb)
- * ♥ Salada do *chef*: queijo especial, ovos fatiados, pimentão verde, pepino, tomate, presunto à *julienne* e peru com biscoitos (0,5 carb)

  As opções de molhos servidos com a salada do *chef* são:
  Creamy Ranch, • ♥ Catalina French, Thousand Island,
  - • ♥ Vinagrete de framboesa sem gordura (1 carb),
  - • ♥ Golden Italian sem gordura

O número listado após o item representa a quantidade de carboidratos.
- ♥ Menos gordura saturada.
- • Contém 400 mg de sódio ou mais em cada porção.
- * Disponível em versões com baixas calorias, gordura/colesterol reduzidos ou sódio.

Figura 5.1 Exemplo de cardápio estático.
Cortesia de Mercy Health System, Janesville, Wisconsin. Usado com autorização.

Outra variação é o **cardápio cíclico**, um conjunto de cardápios que se alternam em intervalos definidos de alguns dias a várias semanas. A duração do ciclo depende do tipo de operação de alimentação. Por exemplo, muitas instalações de saúde, especialmente hospitais, estão experimentando ciclos mais curtos como resultado da redução da permanência média dos pacientes. Por outro lado, instalações de cuidado prolongado, como casas de repouso e prisões, continuam a trabalhar com intervalos mais longos, variando de três a oito semanas.

Os cardápios cíclicos têm muitas vantagens. Depois que o planejamento inicial termina, o planejador tem tempo livre para avaliar e revisar os cardápios para atender a necessidades alternadas, como feriados, férias, alterações de pessoal ou disponibilidade de um item alimentar. A repetição do mesmo cardápio ajuda a padronizar os procedimentos de preparação e o uso eficiente dos equipamentos. A previsão e as compras são simplificadas e, com o uso

Cardápio cíclico
Um conjunto cuidadosamente planejado de cardápios que são alternados em intervalos definidos.

Figura 5.2 Exemplo de cardápio de uso único.
Cortesia do Beloit Memorial Hospital. Usado com autorização.

Reunião anual dos membros do Beloit Memorial Hospital, Inc.

27 de maio de 2009

"Uma noite irlandesa na costa"

O Departamento de Serviços de Hospitalidade tem orgulho de apresentar o seguinte cardápio para sua apreciação no jantar.

Suas opções de vinho esta noite são:
Plungerhead 2007 – Zinfandel da Califórnia
Allendorf 2006 – Riesling alemão

Salada
Salada de alface manteiga com molho de creme Shanagarry

Opções de pratos principais
Filé-mignon em redução de Guinness
Colcannon
Julienne de cenouras e pastinaga

Bolo de caranguejo e salmão defumado com molho de pimentão vermelho assado
Confit de tomate

Assado de nozes com curry*
Colcannon
Minicenouras e creme de cebolas
*Opção vegana

Pães caseiros

*Opções de **sobremesa** esta noite*
Creme de morangos
Pudim de arroz com molho de caramelo celta

---

repetido dos cardápios, as cargas de trabalho dos funcionários podem ser equilibradas e distribuídas razoavelmente.

Os cardápios cíclicos, no entanto, têm algumas desvantagens potenciais. Eles podem se tornar monótonos se o ciclo for muito curto ou se o mesmo alimento for oferecido no mesmo dia toda semana. O cardápio cíclico pode não incluir alimentos muito populares com a frequência suficiente ou incluir itens impopulares com muita frequência. Esse tipo de cardápio talvez não inclua alimentos que aparecem no mercado apenas em determinadas épocas do ano, mas muitos serviços de alimentação resolvem esse problema desenvolvendo ciclos para o verão, o outono, o inverno e a primavera; outros aplicam as alternativas sazonais ao cardápio. Se essas desvantagens puderem ser resolvidas e o cardápio for adequadamente desenvolvido para atender às necessidades de um sistema de alimentação específico, o cardápio cíclico pode se tornar uma ferramenta administrativa eficaz.

Qualquer que seja a duração do ciclo, os cardápios devem ser planejados com cuidado e avaliados depois de cada uso. Um cardápio cíclico deve ser flexível o suficiente para lidar com emergências e acomodar novas ideias e variações sazonais. A Figura 5.3 traz um exemplo de cardápio escolar baseado no conceito de ciclo.

Os cardápios também podem ser categorizados pelo método da formação de preços. Em um cardápio *à la carte*, os itens alimentícios têm preços separados. Esse tipo permite que o

Cardápio da Escola Elementar MCPASD – Outubro de 2010

Segunda-feira	Terça-feira	Quarta-feira	Quinta-feira	Sexta-feira
4 Nuggets de frango e molho Nosso arroz de brócolis com queijo Xícara de salada verde fresca Fatia de pão integral	5 Palito de massa de pizza com molho marinara quente (V) Bandeja de vegetais frescos com molho Maçã Lapacek fresca***	6 Palitos de torrada doce com xarope de bordo (V) Nosso bolinho de batata Salsicha de peru Copo de suco de laranja	7 Nosso rotini com marinara (V) – molho à parte Dois palitos de mussarela Xícara de salada verde fresca Barra de suco 100% de fruta congelada	8 Sanduíche de queijo quente (V) Nossa sopa de galinha com macarrão Palitos de aipo com molho Xícara de frutas mistas
Alternativa: Sanduíche de peru ou de manteiga de amendoim com geleia	**Alternativa:** Sanduíche de peru ou de manteiga de amendoim com geleia	**Alternativa:** Sanduíche de presunto ou de manteiga de amendoim com geleia	**Alternativa:** Sanduíche de peru ou de manteiga de amendoim com geleia	**Alternativa:** Sanduíche de peru ou de manteiga de amendoim com geleia
11 Coxinha de frango Purê de batatas com molho à parte Ervilhas temperadas Pêssegos gelados Enroladinho pequeno	12 Pizza de queijo individual (V) Bandeja de vegetais frescos com molho Maçã Lapacek fresca*** Nosso pudim de caramelo	13 Sanduíches de peru em mini brioches Alface, fatias de tomate e pickles Ervilhas Biscoitos de queijo Peras geladas	14 Nosso taco de carne servido com cascas crocantes ou suaves (a sua escolha) e com todos os acompanhamentos de vegetais Frango temperado e feijão preto Xícara de frutas mistas	15 Mini cheeseburgueres em brioche Alface, tomate e pickles Chips assados Milho Kernel integral Laranja em pedaços Nosso bolo cardeal
Alternativa: Sanduíche de peru ou de manteiga de amendoim com geleia	**Alternativa:** Sanduíche de peru ou de manteiga de amendoim com geleia	**Alternativa:** Sanduíche de presunto ou de manteiga de amendoim com geleia	**Alternativa:** Sanduíche de peru ou de manteiga de amendoim com geleia	**Alternativa:** Sanduíche de peru ou de manteiga de amendoim com geleia
18 Tiras de frango Batatas fritas assadas Brócolis no vapor Peras geladas Enroladinho pequeno	19 Nosso biscoito italiano com molho marinara (V) (Queijo mussarela derretido sobre pão de alho) Bandeja de vegetais frescos com molho Maçã Lapacek fresca*** Nosso pudim de chocolate	20 Dia de teste de sabor da fazenda! Fatia de frango em brioche Alface, fatias de tomate e pickles Batata Smile Fatias de pepino	21 Mini cachorros quentes de peru Macarrão com queijo Xícara de salada verde fresca Pêssegos gelados	22 Cachorro quente em brioche** Chips assados Milho Kernel integral Xícara de frutas mistas
Alternativa: Sanduíche de peru ou de manteiga de amendoim com geleia	**Alternativa:** Sanduíche de peru ou de manteiga de amendoim com geleia	**Alternativa:** Sanduíche de presunto ou de manteiga de amendoim com geleia	**Alternativa:** Sanduíche de peru ou de manteiga de amendoim com geleia	**Alternativa:** Sanduíche de peru ou de manteiga de amendoim com geleia
25 Bolinhos de frango fritas Batatas-doces fritas assadas Ervilhas Enroladinho pequeno Maçã Lapacek fresca***	26 Pizza de pepperoni individual** Bandeja de vegetais frescos com molho Peras frescas*** Nosso biscoito de canela	27 Ovos mexidos com guarnição de queijo (V) Salsicha de peru Nosso bolinho de batata Xícara de creme de maçã Nosso pequeno pão de canela	28 Sem aulas hoje	29 Sem aulas hoje
Alternativa: Sanduíche de peru ou de manteiga de amendoim com geleia	**Alternativa:** Sanduíche de peru ou de manteiga de amendoim com geleia	**Alternativa:** Sanduíche de presunto ou de manteiga de amendoim com geleia		
** Pode conter ingredientes suínos. (V) significa produto vegetariano. **Todos os produtos oferecidos no cardápio básico são livres de amendoins e nozes, a menos que estejam destacados.**	*** Temos o prazer de oferecer produtos agrícolas frescos e localmente cultivados em Wisconsin quando possível. Desfrute as maçãs integrais, cultivadas localmente no Pomar de Lapacek em Poynette, WI, e nossas peras cultivadas nas Future Fruit Farms em Ridgeway, WI.	**Fazenda para a escola:** Teste de sabor de produtos agrícolas locais cultivados e oferecido pelo PTO em cada escola participante.	Embora nos esforcemos para disponibilizar todas as opções para os alunos em todos os dias de aula, este cardápio pode mudar em razão da disponibilidade de produtos. Agradecemos sua compreensão.	Dúvidas sobre o almoço? Envie email para kschultz@mcpasd.k12.wi.us Dúvidas sobre alergias ou problemas de saúde? Envie e-mail para speterman@mcpasd.k12.wi.us

Nossa opção de lanche: sanduíche em pão integral ou sanduíche de manteiga de amendoim com geleia. Chips assados, vegetais, frutas e uma surpresa, como biscoitos com bichinhos.

230 mL de leite líquido são oferecidos em todas as refeições escolares. Servimos leite desnatado e leite achocolatado desnatado diariamente.

Figura 5.3 Exemplo de cardápio escolar que ilustra o conceito de ciclo.
Cortesia de Middleton Cross Plains Area School District. Usado com autorização.

Cardápio table d'hôte
Cardápio que oferece uma refeição completa por um preço fixo.

Cardápio do dia
Cardápio para um dia.

Cardápio seletivo
Um cardápio que inclui duas ou mais opções de alimentos em cada categoria, como petiscos, pratos principais, vegetais, saladas e sobremesas.

Cardápio semisseletivo
Um cardápio que inclui uma ou mais opções de alimentos em cada categoria.

Cardápio não seletivo
Um cardápio que oferece apenas um item por categoria; sem opções.

Padrão de cardápio
Um esboço dos alimentos a serem incluídos em cada refeição e a extensão das opções em cada uma delas.

Plano de refeição
O número de opções de refeição oferecidas em um intervalo de tempo específico.

cliente selecione apenas os alimentos desejados. O **cardápio table d'hôte** oferece uma refeição completa por um preço fixo, enquanto o **cardápio do dia** se refere ao de um dia específico. Ele deve ser planejado e escrito diariamente.

Extensão da seleção Um **cardápio seletivo** inclui duas ou mais opções em algumas ou todas as categorias. Estas representam os grupos de alimentos oferecidos e normalmente incluem petiscos, pratos principais, acompanhamentos, sobremesas e bebidas. A quantidade exata de opções em cada categoria varia de acordo com os diferentes tipos de serviços de alimentação. O mix do cardápio, ou a seleção de itens alimentícios a serem oferecidos em cada categoria de alimentos, deve ser cuidadosamente planejado para atender às necessidades do cliente e assegurar cargas de trabalho uniformes e uso equilibrado dos equipamentos.

Um *cardápio totalmente seletivo* oferece pelo menos duas opções em cada categoria. A vantagem dessa abordagem é que ela permite ao cliente escolha máxima. A principal desvantagem dos cardápios totalmente seletivos é a evidente demanda sobre os recursos operacionais. Os ingredientes e os produtos alimentícios devem estar disponíveis em estoque para atender à demanda do cardápio, e a equipe de produção deve ter as habilidades e a flexibilidade para responder à variedade de opções. Em resposta a essas demandas e como resultado das permanências mais curtas dos pacientes nos hospitais, muitas instalações de saúde estão implementando cardápios limitados ou semisseletivos.

Um **cardápio semisseletivo** ou limitado apresenta uma ou mais opções em algumas categorias. Por exemplo, uma instalação de cuidado prolongado pode oferecer dois pratos principais e duas opções de sobremesa no almoço e no jantar, mas nenhuma opção nas categorias de vegetais e saladas. Por outro lado, os restaurantes podem oferecer uma variedade de pratos principais com acompanhamentos padrão.

Um **cardápio não seletivo** (também chamado de pré-seletivo ou "*da casa*") não oferece opções em nenhuma categoria. As organizações que usam esse tipo de cardápio normalmente têm uma lista de alternativas caso um cliente não queira nenhum dos itens oferecidos. Com frequência são chamados de "cardápios escritos" no setor de saúde porque são escritos à mão diretamente no cardápio do paciente. A Figura 5.4 ilustra os diferentes tipos de cardápios seletivos, e a Figura 5.5 é um exemplo de cardápio não seletivo para uma instalação de cuidados prolongados.

Planos de refeições e padrões de cardápio

O **padrão de cardápio** é um esboço das categorias de itens do cardápio oferecidas em cada refeição e a profundidade de opções em cada categoria. Um **plano de refeição** refere-se ao número de oportunidades de refeições oferecidas durante um período específico, normalmente 24 horas. Por exemplo, uma pequena cafeteria pode oferecer apenas café da manhã e almoço; uma creche pode oferecer dois lanches e almoço; e uma instalação de cuidado prolongado pode oferecer café da manhã, almoço, jantar e um lanche na hora de dormir.

A seguir, o exemplo de um plano de três refeições com os padrões de refeição correspondentes:

Café da manhã
    Fruta ou suco
    Cereais, quentes ou frios
    Ovos e embutidos
    Torrada ou pão quente
    Opções de bebidas

Almoço
    Sopa (opcional)
    Prato principal ou sanduíche
    Salada ou vegetais
    Pão com margarina ou manteiga
    Fruta ou sobremesa leve
    Opções de bebidas

Jantar
    Sopa (opcional)
    Prato principal (carne, peixe, ave ou vegetariano)
    Dois vegetais (um deles pode ser batata ou massa)
    Salada

Totalmente seletivo	Seletivo limitado	Não seletivo
Petiscos Suco de tomate gelado Sopa-creme de cogumelos	*Petiscos* Suco de tomate gelado	
Pratos principais Rosbife com molho Filé de atum com molho de endro Salada de frango em *croissant* Prato de frutas frescas com queijo *cottage* e *muffin*	*Pratos principais* Rosbife com molho Salada de frango em *croissant* temperado	*Pratos principais* Rosbife com molho
Vegetais Purê de batatas com molho Batatas vermelhas fervidas Floretes de brócolis no vapor Cenouras ao creme	*Vegetais* Purê de batatas com molho Floretes de brócolis no vapor Prato de vegetais frescos	*Vegetais* Purê de batatas com molho Floretes de brócolis no vapor
Saladas Salada jardim com molho francês Salada de gelatina de laranja mandarim	*Saladas* Salada jardim com molho francês	*Saladas* Salada jardim com molho francês
Sobremesas Torta de pecã com cobertura de chantilly Bolo de chocolate alemão com cobertura de coco Sorvete de caramelo crocante Frutas frescas	*Sobremesas* Torta de pecã com cobertura de chantilly Sorvete de caramelo crocante Frutas frescas	*Sobremesas* Torta de pecã com cobertura de chantilly
Pães Brioche Pão branco Pão integral Palitos de pão	*Pães* Brioche Pão integral	*Pães* Brioche
Bebidas Café Leite 2% Chá Espuma de leite Chocolate quente Leite achocolatado	*Bebidas* Café Chá Leite 2%	*Bebidas* Café Leite 2%

Figura 5.4 Exemplos de cardápios para diversos graus de opções.

Pão com margarina ou manteiga
Sobremesa
Opções de bebidas

Há anos, um plano de refeição tradicional compreende três refeições por dia, incluindo café da manhã, almoço e jantar, servidos em determinado intervalo de tempo. Em alguns casos, a refeição maior é servida ao meio-dia, resultando em um padrão de café da manhã, jantar e ceia. Em negócios de alimentação, a tendência está se afastando desse plano tradicionalmente estruturado por conta do desejo de vários clientes de comer o que quiserem, quando quiserem. Para atender a essas preferências de refeições, cafeterias e outras unidades de varejo agora oferecem uma ampla variedade de opções durante todas as horas de operação.

Inspiração

As ideias para novos itens de cardápio podem vir de uma ampla gama de fontes. A maioria dos gerentes de negócios de alimentação assina inúmeros periódicos do setor. Dois periódicos comuns do setor para serviços de alimentação internos são *Food Management* e *The Foodservice Director*. Também existem aqueles voltados para segmentos específicos do setor. Gerentes associados a serviços de alimentação em campi universitários, por exemplo, estudam publicações como *On-Campus* e *Hospitality* para terem ideias de cardápios. Revistas de alimentos são outra fonte de ideias para quase qualquer tipo de serviço de alimentação. Gerentes de negócios em alimentação que estejam buscando itens novos e inovadores costumam pesquisar em *Bon Appetit*, *Vegetarian Times*, *Cooks Illustrated*, *A Taste of Home* e *Cooking Light*[1]. Outras fon-

---

[1] N.R.C.: No Brasil, algumas publicações que oferecem esses tipos de informações são: *Revista Prazeres da Mesa, Gula, Go Where Gastronomia; Cozinha Profissional, Caderno Paladar do Estado de São Paulo, Caderno Comida da Folha de São Paulo, Revista Menu*, entre outras.

Visão geral semanal de cardápios simplificados

	Domingo	Segunda-feira	Terça-feira	Quarta-feira	Quinta-feira	Sexta-feira	Sábado
Café da manhã	Suco de laranja *Malto Meal* ou cereais frios Bolo de ovos com salsicha Torrada integral com margarina e geleia Leite 2%	Suco de toranja Mingau de aveia ou cereais frios Ovos mexidos *Muffin* integral com margarina e geleia Leite 2%	Suco de maçã (vit. C) Cereais quentes ou frios Biscoito Leite 2%	Suco de laranja Creme de aveia ou frios Panquecas com margarina Xarope para panquecas Leite 2%	Suco de abacaxi (vit. C) Cereais quentes ou frios Ovos mexidos Torrada integral com margarina e geleia Leite 2%	Pedaços de toranja Creme de arroz ou frios Bolo de café Fatia de presunto Leite 2%	Suco cítrico Cereais quentes ou frios Ovos mexidos Torrada integral com margarina e geleia Leite 2%
Almoço	Peru fatiado Molho Purê de batatas Couve-de-bruxelas na manteiga Suco de *cranberries* Torta de creme de coco Pãozinho com margarina Leite 2%	Presunto assado Suflê de batata Fatia de laranja Ervilhas e cogumelos na manteiga Bolo de morango com cobertura Pão com margarina Leite 2%	Frango assado crocante Pilaf de arroz Espinafre na manteiga Bolo branco Pãozinho com margarina Leite 2%	Porco assado Molho Purê de batatas Cenouras na manteiga Pão com margarina Bolo de pudim de chocolate Leite 2%	Lasanha Ervilhas tortas integrais na manteiga Queijo *cottage* Metade de pera Metade de damasco Fatia de abacaxi Pão de alho com margarina Leite 2%	Peixe assado no limão com molho tártaro Batatas gratinadas Brócolis na manteiga Xícara de frutas frescas Pãozinho com margarina Leite 2%	Almôndegas suecas Macarrão na manteiga Vegetais mistos Salada de alface com molho Pêssegos gelados Pãozinho com margarina Leite 2%
Jantar	Hambúrguer em brioche Mostarda e maionese Fatia de melão Salada de macarrão Salada de passas com cenoura Biscoitos Leite 2%	Sopa-creme de brócolis Atum com queijo em brioche Alface e fatias de tomate *Cream crackers* Salada de 3 feijões Coquetel de frutas Leite 2%	Sopa de vegetais Rosbife no pão Maionese e mostarda Salada de pepino *Cream crackers* Maçãs assadas Leite 2%	Cubos de carne com molho Macarrão na manteiga Vegetais mistos na manteiga Crocante de pêssego Pãozinho com margarina Leite 2%	Sopa de batata com cebolinha Sanduíche de carne moída com queijo e chucrute Salada de espinafre com molho Creme de laranja mandarim Leite 2%	Sopa de tomate Queijo quente no pão com margarina Bandeja de condimentos Batatas *chips* *Cream crackers* Sorvete	Salada de frango no *croissant* Fatias de tomate Salada de melão Bolo de abacaxi Leite 2%
Todas as refeições	Opções de bebidas Sal, pimenta, açúcar	Opções de bebidas Sal, pimenta, açúcar	Opções de bebidas Sal, pimenta, açúcar	Opções de bebidas Sal, pimenta, açúcar	Opções de bebidas Sal, pimenta, açúcar	Opções de bebidas Sal, pimenta, açúcar	Opções de bebidas Sal, pimenta, açúcar

Figura 5.5 Exemplo de cardápio para uma instalação de cuidados prolongados.
Cortesia de Becky Donner and Associates. Usado com autorização.

tes comuns de inspiração incluem os clientes, funcionários, cardápios de restaurantes locais, feiras gastronômicas e sites de culinária. É importante que o planejador de cardápios entenda que grandes ideias podem vir de diversos lugares. Uma abordagem aberta criativa para novas ideias e conceitos de cardápio mantém os clientes atuais e potenciais clientes interessados no programa de refeições.

Processo de planejamento de cardápios

▎ **Conceito-chave:** Um processo de planejamento de cardápio bem-sucedido começa com objetivos claros que refletem os resultados desejados.

Conforme dito anteriormente, o planejamento de cardápios pode ser um processo árduo, absorvendo grande quantidade de tempo e energia. O planejador esperto, então, começa com uma reflexão profunda sobre o objetivo do processo de planejamento de cardápios. É importante reconhecer que o processo de planejamento de cardápios é o mesmo independentemente da natureza, da profundidade e do grau da tarefa. A intenção pode ser desenvolver e lançar um novo cardápio para uma unidade de negócios que está sendo adicionada ao escopo de opções de um serviço de alimentação. Por exemplo, um sistema de saúde poderia abrir uma unidade de cuidados para a memória ou de reabilitação. Essas unidades precisariam do desenvolvimento de cardápios completamente novos. Por outro lado, um cardápio já existente para uma unidade como a de serviços de refeições para pacientes pode simplesmente precisar de uma melhoria em decorrência de uma mudança sazonal ou talvez para acrescentar um novo item. Às vezes, a revisão de um cardápio não tem nada a ver com os alimentos. O *feedback* dos pacientes pode indicar que o tamanho das letras é muito pequeno ou que o cardápio publicado é muito "confuso" para ler. Os objetivos desses três processos são bem diferentes, mas importantes do mesmo jeito, para garantir que o processo de planejamento seja focado e resulte no cardápio desejado.

▎ **Conceito-chave:** O planejador de cardápios experiente é antenado e leva em consideração tendências e questões políticas, sociais e econômicas internas e externas ao serviço de alimentação.

Uma das principais metas de um serviço de alimentação é servir alimentos que sejam agradáveis para a clientela. No entanto, inúmeros fatores, tanto internos quanto externos, precisam ser levados em consideração quando se planejam cardápios. As influências externas costumam ser de natureza política, social e econômica e refletem tendências que podem influenciar o processo de planejamento de cardápios. Por exemplo, entidades governamentais nos níveis federal, estadual e local podem emitir regras sobre o que deve ser incluído em uma refeição para justificar o reembolso. Muitas entidades locais agora exigem que restaurantes multiunidades publiquem informações nutricionais, uma exigência que será expandida nacionalmente, de acordo com a recente legislação relativa à reforma da saúde. As tendências sociais nas preferências de alimentos e refeições influenciam de forma significativa o planejamento de cardápios, assim como desafios econômicos como taxas de emprego e hábitos de gastos.

Os fatores internos tendem a se encaixar em quatro categorias de influência, incluindo *a missão da organização, o cliente, insumos* e *operações*. As influências organizacionais incluem componentes do plano de negócios da organização, como sua missão, visão e filosofia. Características dos clientes, como idade, etnia e situação da saúde, têm uma influência enorme no planejamento de cardápios. Insumos significativos são dinheiro para alimentos e alocação de mão de obra. As funções operacionais, incluindo compras, produção e serviço, precisam ser cuidadosamente consideradas junto com os controles administrativos, como o orçamento, para garantir que os cardápios possam ser implementados e servidos com os recursos disponíveis. A seguir, uma descrição mais detalhada de algumas considerações no planejamento de cardápios.

Missão e metas organizacionais

O cardápio planejado deve ser adequado para o serviço de alimentação e consistente com a missão e as metas organizacionais. Quer a meta principal seja oferecer refeições adequadas do ponto de vista nutricional e por um preço razoável, como no serviço de alimentação escolar, ou gerar lucro, como em um restaurante, os cardápios devem refletir o objetivo declarado da organização, conforme definido na declaração de missão. Isso às vezes pode ser desafiador para o planejador de cardápios, especialmente quando há um conflito entre o que os clientes desejam e a missão da organização. Por exemplo, pode ser missão de um serviço de alimentação escolar oferecer refeições nutritivas que promovem a saúde. No entanto, os clientes, especialmente aqueles dos ensinos fundamental e médio, podem preferir itens que não são consistentes com as orientações nutricionais (refrigerante em vez de leite desnatado, p. ex.) ou que são percebidos como insalubres mesmo que os itens sejam preparados de acordo com as orientações nutricionais. Esse conflito pode ser agravado ainda mais se o serviço de alimentação for obrigado a gerar receita suficiente para se manter em operação. Não é incomum que cantinas de escolas e hospitais sejam obrigadas pelas organizações que as abrigam a gerar receita suficiente para cobrir todos os custos incorridos, incluindo alimentos, mão de obra, equipamentos, suprimentos e despesas gerais. O gerente de serviço de alimentação deve planejar cardápios que, de alguma forma, satisfaçam essas metas conflitantes. Quaisquer que sejam as metas específicas da instalação, todos os serviços de alimentação se esforçam para oferecer cardápios que atendem às expectativas de **qualidade** dos clientes. Variedade e familiaridade com os itens do cardápio são dois atributos de qualidade altamente desejados e valorizados pelos clientes.

Qualidade
Os aspectos e o grau de excelência em uma coisa.

▌ **Conceito-chave:** Desenvolver um perfil abrangente dos clientes e levá-lo em consideração é essencial para garantir que as necessidades e os desejos deles sejam atendidos.

O cliente

O planejador de cardápios deve estudar com cuidado a população a ser servida, independentemente de os cardápios estarem sendo planejados para uma operação comercial ou não. Os dados e informações sobre fatores demográficos, influências socioculturais, gastos e hábitos alimentares geram um perfil composto do cliente, aumentando, assim, a probabilidade de os cardápios satisfazerem suas expectativas.

Fatores demográficos. O termo *fatores demográficos* refere-se às estatísticas das populações. Indicadores específicos incluem mas não se limitam a idade, gênero, status da saúde, etnia e nível de educação. Informações econômicas como renda pessoal também podem ser incluídas nessa definição. As tendências nessas informações são importantes para o planejador de cardápios, porque os hábitos alimentares variam entre grupos populacionais e mudam com frequência.

É fato bem conhecido, por exemplo, que a população norte-americana está ficando mais velha. Pessoas com 65 anos ou mais atualmente representam cerca de 13% da população dos Estados Unidos. Esse número deve aumentar para 30% até o ano de 2030. Os hábitos e preferências alimentares dessa população são muito diferentes se comparados com os das populações mais jovens.

Junto das informações demográficas, a distribuição geográfica das populações pode ser interessante para o planejador de cardápios. Certos estados, incluindo Flórida, West Virgínia e Pensilvânia, por exemplo, têm um percentual especialmente alto de indivíduos com mais de 65 anos.

Influências socioculturais. O termo sociocultural refere-se à combinação de fatores sociais e culturais de uma população. Esses fatores incluem estado civil, estilo de vida, antecedentes étnicos, valores e práticas religiosas. Essas questões têm mais impacto sobre o planejamento de cardápios do que nunca, em decorrência do aumento da diversidade cultural e de estilos de vida que mudam rapidamente nos Estados Unidos.

A raça e a etnia dos mercados de consumidores alvo a serem servidos também influenciam as ofertas do cardápio. A população norte-americana continua a se diversificar conforme populações que já foram minorias continuam a crescer. De acordo com o censo de 2004, a população hispânica é um dos maiores grupos minoritários do país, representando cerca de 13% da população total. Esta se concentra principalmente no oeste e no sul. A população afroamericana também é cerca de 13% do total, enquanto as populações asiáticas contabilizam aproximadamente 4%. O crescimento da população e a localização geográfica, no entanto, não são os únicos fatores que influenciam o interesse na culinária étnica. Viagens pelo mundo, a mídia e a proliferação de restaurantes étnicos ampliaram o apelo da culinária étnica, além da italiana, mexicana e chinesa. O interesse em outros alimentos asiáticos (tailandês, vietnamita e coreano) e na culinária indiana está crescendo. Os restaurantes estão buscando mais autenticidade e variedade nas seleções étnicas.

Os alimentos têm um papel importante na nossa vida social. O planejador de cardápios inteligente conhece as influências sociais e respeita as preferências pessoais do cliente. Somadas às influências socioculturais, tem-se as necessidades psicológicas. Muitos clientes procuram alimentos para ter conforto e familiaridade.

Requisitos nutricionais. O grau em que a nutrição influencia o processo de planejamento de cardápios depende do tipo de serviço de alimentação e do mercado que ela atende. As operações de varejo, por exemplo, integram a nutrição se os clientes exigirem e estiverem dispostos a pagar por ela. As operações internas, por outro lado, podem ter uma obrigação muito maior de atender às necessidades nutricionais de seus clientes. Isso é especialmente verdadeiro em instalações que são responsáveis por oferecer todas as refeições a uma população residente, como em uma instalação de cuidado prolongado, hospital ou prisão. As escolas que participam do Child Nutrition Program [Programa de Nutrição Infantil] federal para café da manhã e almoço precisam atender a um dos diversos planos para a composição nutricional das refeições se quiserem se qualificar para o reembolso federal. Os modelos alimentícios tradicionais são apresentados nas Figuras 5.6 e 5.7. Os detalhes sobre as exigências em refeições escolares podem ser encontrados no site do USDA.

Os regulamentos atuais para instalações internas muitas vezes exigem que as *RDA (Ingestões diárias recomendadas)*, conforme definidas pela Food and Nutrition Board do Institute of Medicine da National Academies, sejam usadas como guia para assegurar que os cardápios sejam corretos do ponto de vista nutricional. As RDA especificam os níveis de nutrientes para diversas faixas etárias por gênero e foram inicialmente desenvolvidas como uma orientação para avaliar e planejar a adequação nutricional de grupos, incluindo os militares e as crianças que participam de programas de almoço escolar. Elas nunca foram feitas para serem usadas com o objetivo de avaliar as necessidades individuais — uma situação que resultou em confusão e mau uso por mais de cinquenta anos. Foi por esse motivo que se iniciou um processo em 1993 para substituir as RDA por um conjunto de quatro valores de referência baseados em nutrientes com a intenção de serem usados na avaliação e no planejamento de dietas. Esse conjunto é chamado de Ingestões alimentares de referência (DRI).

Ingestões alimentares de referência (DRI). A Food and Nutrition Board primeiro considerou redefinir as RDA em 1993. Em 1995, um subcomitê, chamado de "Comitê da Ingestão Alimentar de Referência", anunciou que um painel de especialistas analisaria os principais nutrientes e outros componentes alimentares importantes. Relatórios com recomendações foram liberados pela primeira vez em 1997 e continuaram até 2004. A intenção era redefinir as exigências nutricionais e estabelecer recomendações de nutrientes específicos para grupos e indivíduos.

O resultado do trabalho do comitê é um pacote abrangente de quatro orientações, incluindo as RDA, que atendem a diversas necessidades de indivíduos e grupos. A Figura 5.8 mostra as definições dos quatro componentes das DRI. Informações específicas sobre valores nutricionais, usos e interpretações das DRI estão disponíveis no IOM da Food and Nutrition Board das National Academies. A Tabela 5.1 é um exemplo de ingestões recomendadas.

Outras orientações estão disponíveis, incluindo U.S. Dietary Guidelines [Orientações Dietéticas dos EUA] e a Food Guide Pyramid [Pirâmide de Guia de Alimentos], para ajudar os planejadores de cardápios a traduzirem as exigências de nutrientes para itens alimentares e tamanhos das porções. Esses guias são ilustrados nas Figuras 5.9 e 5.10. A Food Guide Pyramid é uma ilustração das orientações dietéticas e foi desenvolvida para oferecer um esquema visual do que os norte-americanos saudáveis devem comer todo dia. Essas orientações, com adaptações para grupos étnicos e etários específicos, são disponibilizadas pelo USDA. O planejador de cardápios precisa considerar cuidadosamente as necessidades nutricionais dos indivíduos e grupos a serem servidos, com o objetivo de selecionar o guia de planejamento de cardápio mais adequado. O leitor deve estar consciente de que novas Orientações Dietéticas são publicadas a cada cinco anos.

Consumo de alimentos, tendências, hábitos e preferências. Como dito anteriormente, a clientela de uma operação de negócios em alimentação em geral é composta de indivíduos de diferentes antecedentes culturais, étnicos e econômicos, muitos dos quais têm preferências alimentares definidas. O planejador de cardápios deve ter isso em mente ao selecionar os alimentos para satisfazer esse grupo diversificado.

PADRÃO DE REFEIÇÃO PARA ALMOÇO – PLANEJAMENTO DE CARDÁPIO ALIMENTAR TRADICIONAL

- **CARNES OU ALTERNATIVAS DE CARNE**

Por dia, servir um dos itens alimentares a seguir ou uma combinação desses itens de modo a oferecer pelo menos a quantidade listada. As quantidades mostradas são a porção comestível servida.

	Idade 1-2 anos	Idade 3-4 anos	Idade 5-9 anos	Idade 9-18 anos	Idade 12-18 anos*
Carne magra, ave ou peixe	28 gramas	42 gramas	42 gramas	56 gramas	85 gramas
Queijo	28 gramas	42 gramas	42 gramas	56 gramas	85 gramas
Ovo grande	½	¾	¾	1	1-½
Ervilhas ou feijões secos cozidos	¼ de xícara	⅜ de xícara	⅜ de xícara	½ xícara	¾ de xícara
Manteiga de amendoim ou pastas de nozes ou sementes	2 colheres (sopa)	3 colheres (sopa)	3 colheres (sopa)	4 colheres (sopa)	6 colheres (sopa)
Iogurte	113 gramas ou ½ xícara	170 gramas ou ¾ de xícara	170 gramas ou ¾ de xícara	227 gramas ou 1 de xícara	340 gramas ou 1 ½ xícara

Os alimentos a seguir podem ser usados para atender a parte das carnes/alternativas de carne, conforme explicado abaixo.

	Idade 1-2 anos	Idade 3-4 anos	Idade 5-9 anos	Idade 9-18 anos	Idade 12-18 anos*
Amendoim, soja, nozes ou sementes**	14 gramas = 50%	21 gramas = 50%	21 gramas = 50%	28 gramas = 50%	42 gramas = 50%

- **GRÃOS/PÃES:**

Devem ser enriquecidos ou integrais ou conter germes ou farelo de trigo.

Uma porção é...

Uma fatia de pão ou a quantidade equivalente de biscoitos, rolinhos etc.

OU ½ xícara de arroz cozido, macarrão, talharim, outras massas ou grãos integrais.

	Idade 1-2 anos	Idade 3-4 anos	Idade 5-9 anos	Idade 9-18 anos	Idade 12-18 anos*
Mínimo por SEMANA:	5 porções	8 porções	8 porções	8 porções	10 porções
Mínimo por DIA:	½ porção	1 porção	1 porção	1 porção	1 porção

- **VEGETAIS/FRUTAS:**

Pelo menos dois vegetais e/ou frutas diferentes devem ser oferecidos. Exigências mínimas por dia

	Idade 1-2 anos	Idade 3-4 anos	Idade 5-9 anos	Idade 9-18 anos	Idade 12-18 anos*
	½ xícara	½ xícara	½ xícara	¾ xícara	¾ xícara

LEITE (fluido):

Deve ser servido como bebida.

	Idade 1-2 anos	Idade 3-4 anos	Idade 5-9 anos	Idade 9-18 anos	Idade 12-18 anos*
Por dia:	177 mL	177 mL	237 mL	237 mL	237 mL

* Turmas 7-12: este é um grupo opcional. O USDA recomenda usá-lo com os outros.

** Estes alimentos podem ser usados para atender a não mais que 50% dessa exigência. Além disso, devem ser usados em conjunto com uma ou mais das carnes/alternativas de carne listadas anteriormente.

Figura 5.6 Padrão do programa National School Lunch.

PADRÃO DE REFEIÇÃO PARA CAFÉ DA MANHÃ – PLANEJAMENTO DE CARDÁPIO ALIMENTAR TRADICIONAL OU MELHORADO

- **GRÃOS/PÃES e/ou CARNE/ALTERNATIVAS:**

Escolher UMA porção de CADA UM dos componentes para igualar:

    um GRÃO/PÃO
    - e -
    uma CARNE/ALTERNATIVA DE CARNE

OU escolher DUAS porções de UM desses componentes para igualar:

    dois GRÃOS/PÃES
    - e -
    duas CARNES/ALTERNATIVAS DE CARNE

- Se for usar o grupo etário/escolar extra adicional para o sistema Melhorado (Turmas 7-12), servir mais uma porção de Grãos/Pães.

GRÃOS/PÃES:
Pode-se servir um dos itens alimentares a seguir ou combiná-los para atender às exigências.

	Idade 1-2 anos	Idade 4-6 anos	Idade 5-18 anos	Idade 12-18 anos*
(a) Pão integral ou enriquecido	½ porção	½ porção	1 porção	1 porção
(b) Biscoito, rolinho, *muffin*, etc. integral ou enriquecido	½ porção	½ porção	1 porção	1 porção
(c) Cereais integrais, enriquecidos ou fortificados	¼ de xícara ou 10 gramas	⅓ de xícara ou 14 gramas	¾ de xícara ou 28 gramas	¾ de xícara ou 28 gramas

CARNES/ALTERNATIVAS DE CARNE:
Pode-se servir um dos itens alimentares a seguir ou combiná-los para atender às exigências.

	Idade 1-2 anos	Idade 4-6 anos	Idade 5-18 anos	Idade 12-18 anos*
Carne, ave ou peixe	14 gramas	14 gramas	28 gramas	28 gramas
Queijo	14 gramas	14 gramas	28 gramas	28 gramas
Ovo (grande)	½ ovo	½ ovo	½ ovo	½ ovo
Manteiga de amendoim ou pastas de nozes ou sementes	1 colher (sopa)	1 colher (sopa)	2 colheres (sopa)	2 colheres (sopa)
Ervilhas ou feijões secos cozidos	2 colheres (sopa)	2 colheres (sopa)	4 colheres (sopa)	4 colheres (sopa)
Iogurte	59 mL ou ¼ de xícara	59 mL ou ¼ de xícara	118 mL ou ½ xícara	118 mL ou ½ xícara
Nozes e/ou sementes**	14 gramas	14 gramas	28 gramas	28 gramas

- **LEITE (fluido):**

Servido como bebida ou em cereais ou ambos.

	Idade 1-2 anos	Idade 4-6 anos	Idade 5-18 anos	Idade 12-18 anos*
	½ xícara	¾ de xícara	237 mL	237 mL

Figura 5.7 Padrão do programa National School Breakfast. *(continua)*

- **SUCO/FRUTA/VEGETAL:**
Incluir, no mínimo, uma porção. Pode-se servir uma fruta ou vegetal ou ambos; ou um suco integral de frutas ou vegetais.

	Idade 1-2 anos	Idade 4-6 anos	Idade 5-18 anos	Idade 12-18 anos*
	¼ de xícara	½ xícara	½ xícara	½ xícara

* Grupo etário/escolar opcional. Recomendado, mas não obrigatório.
** Não mais que 28 gramas de nozes e/ou sementes podem ser servidas em qualquer refeição.

Figura 5.7 *(continuação)* Padrão do programa National School Breakfast.

Os hábitos alimentares se baseiam em muitos fatores, sendo um dos mais diretos a abordagem alimentar e as refeições em casa. Os antecedentes étnicos e culturais de um lar, seu estilo de vida e nível econômico se combinam para determinar os alimentos servidos e apreciados. Esses hábitos muitas vezes passam de geração para geração. Quando diferentes antecedentes culturais ou étnicos são representados nos clientes de um serviço de alimentação para o qual o cardápio está sendo planejado, a tarefa de satisfazer a todos pode ser, de fato, desafiadora.

Na sociedade móvel de hoje, as pessoas estão conhecendo melhor alimentos étnicos e regionais. O interesse na culinária tailandesa, etíope, vietnamita e de outras nacionalidades fica evidente com o crescimento dos restaurantes étnicos. Muitas instalações de saúde, escolas, faculdades e serviços de alimentação semelhantes incluem esses alimentos em seus cardápios para proporcionar variedade e contribuir para a educação cultural de sua clientela. O planejador de cardápios deve estar consciente de costumes alimentares locais e regionais e restrições religiosas. Por exemplo, um planejador de cardápios deve conhecer bem as leis dietéticas Kosher e dos muçulmanos.

Além disso, o padrão tradicional de três refeições por dia, com todos os familiares sentados para comer juntos, mudou. As pessoas comem menos refeições em casa. Elas comem com mais frequência e com menos regularidade nos horários. Para atender a essa mudança nos hábitos alimentares, uma agenda de refeições mais flexível é evidente na maioria dos serviços de alimentação internos, e o serviço contínuo está disponível em muitos restaurantes. Por exemplo, muitos hospitais hoje estão convertendo o serviço em bandejas aos pacientes em um serviço de quarto no estilo dos hotéis. Isso acontece em resposta à demanda dos pacientes por comerem o que eles querem quando querem. A pessoa que planeja cardápios para qualquer tipo de serviço de alimentação deve monitorar essas tendências para assegurar que as opções reflitam as preferências alimentares dos clientes. Um estudo cuidadoso das populações locais e da comunidade é essencial para um planejamento de cardápios eficaz.

Figura 5.8 Definições relativas à Ingestão Alimentar de Referência.

DEFINIÇÕES

Ingestão Alimentar de Referência (DRI): Novos padrões de recomendações nutricionais que podem ser usados para planejar e avaliar dietas para pessoas saudáveis. Pense nas Ingestões Alimentares de Referência como uma estrutura que inclui os seguintes valores:
- **Necessidade Média Estimada (EAR):** Um valor de ingestão de nutrientes estimado para atender à exigência de metade dos indivíduos saudáveis de um grupo. É usada para avaliar a adequação nutricional das ingestões de grupos populacionais. Além disso, as EAR são usadas para calcular as RDA.
- **Ingestão Dietética Recomendada (RDA):** Este valor é uma meta para os indivíduos e baseia-se na EAR. É o nível de ingestão dietética diária suficiente para atender às exigências nutricionais de 97 a 98% dos indivíduos saudáveis de um grupo. Se a EAR não puder ser estabelecida, nenhum valor de RDA poderá ser sugerido.
- **Ingestão Adequada (AI):** Usada quando não é possível determinar uma RDA. Um nível de ingestão diária recomendada baseada em uma aproximação determinada observada ou experimental de ingestão de nutrientes para um grupo (ou grupos) de pessoas saudáveis.
- **Nível Máximo de Ingestão Tolerável (UL):** O nível mais alto de ingestão de nutriente diária que não deve causar riscos de efeitos adversos à saúde de quase todos os indivíduos na população geral. Conforme a ingestão fica acima do UL, o risco de efeitos adversos aumenta.

Tabela 5.1 Ingestões Alimentares de Referência (DRI): ingestões recomendadas para indivíduos, vitaminas.

Food and Nutrition Board, Institute of Medicine, National Academies

Fase da vida	Vit A (µg/d)[a]	Vit C (mg/d)	Vit D (µg/d)[b,c]	Vit E (mg/d)[d]	Vit K (µg/d)	Tiamina (mg/d)	Riboflavina (mg/d)	Niacina (mg/d)[e]	Vit B$_6$ (mg/d)	Ácido fólico (µg/d)[f]	Vit B$_{12}$ (µg/d)	Ácido pantotênico (mg/d)	Biotina (µg/d)	Colina[g] (mg/d)
Bebês														
0-6 meses	400*	40*	5*	4*	2,0*	0,2*	0,3*	2*	0,1*	65*	0,4*	1,7*	5*	125*
7-12 meses	500*	50*	5*	5*	2,5*	0,3*	0,4*	4*	0,3*	80*	0,5*	1,8*	6*	150*
Crianças														
1-3 anos	300	15	5*	6	30*	0,5	0,5	6	0,5	150	0,9	2*	8*	200*
4-8 anos	400	25	5*	7	55*	0,6	0,6	8	0,6	200	1,2	3*	12*	250*
Homens														
9-13 anos	600	45	5*	11	60*	0,9	0,9	12	1,0	300	1,8	4*	20*	375*
14-18 anos	900	75	5*	15	75*	1,2	1,3	16	1,3	400	2,4	5*	25*	550*
19-30 anos	900	90	5*	15	120*	1,2	1,3	16	1,3	400	2,4	5*	30*	550*
31-50 anos	900	90	5*	15	120*	1,2	1,3	16	1,3	400	2,4	5*	30*	550*
51-70 anos	900	90	10*	15	120*	1,2	1,3	16	1,7	400	2,4[i]	5*	30*	550*
>70 anos	900	90	15*	15	120*	1,2	1,3	16	1,7	400	2,4[i]	5*	30*	550*
Mulheres														
9-13 anos	600	45	5*	11	60*	0,9	0,9	12	1,0	300	1,8	4*	20*	375*
14-18 anos	700	65	5*	15	75*	1,0	1,0	14	1,2	400[j]	2,4	5*	25*	400*
19-30 anos	700	75	5*	15	90*	1,1	1,1	14	1,3	400[j]	2,4	5*	30*	425*
31-50 anos	700	75	5*	15	90*	1,1	1,1	14	1,3	400[j]	2,4	5*	30*	425*
51-70 anos	700	75	10*	15	90*	1,1	1,1	14	1,5	400	2,4[h]	5*	30*	425*
>70 anos	700	75	15*	15	90*	1,1	1,1	14	1,5	400	2,4[h]	5*	30*	425*

(continua)

Tabela 5.1 *(continuação)* Ingestões Alimentares de Referência (DRI): ingestões recomendadas para indivíduos, vitaminas.

Food and Nutrition Board, Institute of Medicine, National Academies

Fase da vida	Vit A (µg/d)[a]	Vit C (mg/d)	Vit D (µg/d)[b,c]	Vit E (mg/d)[d]	Vit K (µg/d)	Tiamina (mg/d)	Riboflavina (mg/d)	Niacina (mg/d)[e]	Vit B$_6$ (mg/d)	Ácido fólico (µg/d)[f]	Vit B$_{12}$ (µg/d)	Ácido pantotênico (mg/d)	Biotina (µg/d)	Colina[g] (mg/d)
Gravidez														
14-18 anos	750	80	5*	15	75*	1,4	1,4	18	1,9	600[j]	2,6	6*	30*	450*
19-30 anos	770	85	5*	15	90*	1,4	1,4	18	1,9	600[j]	2,6	6*	30*	450*
31-50 anos	770	85	5*	15	90*	1,4	1,4	18	1,9	600[j]	2,6	6*	30*	450*
Amamentação														
14-18 anos	1.200	115	5*	19	75*	1,4	1,6	17	2,0	500	2,8	7*	35*	550*
19-30 anos	1.300	120	5*	19	90*	1,4	1,6	17	2,0	500	2,8	7*	35*	550*
31-50 anos	1.300	120	5*	19	90*	1,4	1,6	17	2,0	500	2,8	7*	35*	550*

OBSERVAÇÃO: Esta tabela (extraída do Food and Nutrition Information Center do USDA, ver <http://fnic.nal.usda.gov>) apresenta as Ingestões Dietéticas Recomendadas (RDA) em **negrito** e as Ingestões Adequadas (AI) em fonte normal seguida de um asterisco (*). As RDA e as AI podem ser usadas como metas para a ingestão individual. As RDA são estabelecidas para atender às necessidades de quase todos (97 a 98%) os indivíduos de um grupo. Para bebês saudáveis alimentados com leite materno, a AI é a ingestão média. Acredita-se que a AI para outras etapas da vida e grupos de gênero cubra as necessidades de todos os indivíduos do grupo, mas a falta de dados ou a incerteza deles não permite especificar com precisão o percentual de indivíduos abrangidos por essa ingestão.

[a] Equivalentes à atividade de retinol (RAE). 1 RAE = 1 µg retinol, 12 µg betacaroteno, 24 µg alfacaroteno ou 24 µg betacriptoxantina. O RAE é o dobro dos equivalentes de retinol (RE), enquanto o RAE para a vitamina A pré-formada é igual ao RE.
[b] Como colecalciferol. 1 µg colecalciferol = 40 IU vitamina D.
[c] Na ausência de exposição adequada à luz do sol.
[d] Como alfatocoferol. Alfatocoferol inclui RRRα-tocoferol, a única forma de alfatocoferol que ocorre naturalmente em alimentos, e as formas 2S-estereoisoméricas de alfatocoferol (RRR-, RSR-, RRS- e RSS-alfatocoferol) que ocorrem em alimentos fortificados e suplementos. Não inclui as formas 2S-estereoisoméricas de alfatocoferol (SRR-, SSR-, SRS- e SSS-alfatocoferol), também encontradas em alimentos fortificados e suplementos.
[e] Como equivalentes de niacina (NE). 1 mg de niacina = 60 mg de triptofano; 0-6 meses niacina pré-formada (não NE).
[f] Como equivalentes de ácido fólico dietético (DFE). 1 DFE = 1 µg de ácido fólico alimentar = 0,6 µg de ácido fólico de alimentos fortificados consumido com alimento = 0,5 µg de suplemento tomado com estômago vazio.
[g] Embora as AI tenham sido estabelecidas para colina, existem poucos dados para avaliar se um suprimento dietético de colina é necessário em todas as etapas do ciclo de vida, e pode ser que a necessidade de colina seja atendida pela síntese endógena em algumas dessas etapas.
[h] Como 10 a 30% dos idosos podem absorver mal a B$_{12}$ encontrada em alimentos, é aconselhável que os maiores de cinquenta anos consumam alimentos fortificados com B$_{12}$ ou um suplemento que contenha B$_{12}$ para atender às RDA.
[i] Tendo em vista evidências que ligam a ingestão de ácido fólico a defeitos no tubo neural de fetos, recomenda-se que todas as mulheres férteis que possam engravidar consumam 400 µg de suplementos ou alimentos fortificados, além da ingestão de ácido fólico alimentar em uma dieta variada.
[j] Presume-se que as mulheres continuem consumindo 400 µg de suplementos ou alimentos fortificados até que a gravidez seja confirmada e elas iniciem os cuidados pré-natais, o que normalmente ocorre após o fim do período periconcepcional – a época crítica para a formação do tubo neural.

Fonte: Copyright 2004 National Academy of Sciences. Todos os direitos reservados.

ORIENTAÇÕES ALIMENTARES PARA OS NORTE-AMERICANOS

Grupos alimentares a incentivar
- Consumir uma quantidade suficiente de frutas e vegetais de acordo com as necessidades energéticas. Duas xícaras de frutas e 2 ½ xícaras de vegetais por dia são recomendadas para uma ingestão de referência de 2.000 calorias, com quantidades maiores ou menores dependendo do nível de calorias.
- Escolher uma variedade de frutas e vegetais todos os dias. Em especial, escolher dentre todos os cinco subgrupos de vegetais (verde escuro, laranja, legumes, vegetais ricos em amido e outros vegetais) várias vezes por semana.
- Consumir 85 gramas ou mais de produtos integrais. Em geral, pelo menos metade dos grãos deve ser integral.
- Consumir 3 xícaras por dia de leite desnatado ou semidesnatado ou produtos de leite equivalentes.

Gorduras
- Consumir menos de 10% de calorias de ácidos graxos saturados e menos de 300 mg/dia de colesterol e manter o consumo de ácidos graxos trans no menor nível possível.
- Manter a ingestão total de gorduras entre 20 e 35% das calorias, com a maioria das gorduras vindo de fontes de ácidos graxos poli-insaturados e monossaturados, como peixes, nozes e óleos vegetais.
- Ao escolher e preparar carnes, aves, ervilhas secas e leite ou laticínios, preferir as opções magras, desnatadas ou semidesnatadas.
- Limitar a ingestão de gorduras e óleos em ácidos graxos saturados e/ou trans e escolher produtos com nível baixo de gorduras e óleos.

Carboidratos
- Escolher frutas, vegetais e grãos integrais ricos em fibras com frequência.
- Escolher e preparar alimentos e bebidas com pouco açúcar ou adoçante, de acordo com as quantidades sugeridas pelo USDA Food Guide e pelo DASH Eating Plan.
- Reduzir a incidência de cáries dentais praticando uma boa higiene bucal e consumindo com menos frequência alimentos e bebidas com açúcar e amido.

Sódio e potássio
- Consumir menos de 2.300 mg (aproximadamente 1 colher de sopa de sal) de sódio por dia.
- Escolher e preparar alimentos com pouco sal. Ao mesmo tempo, consumir alimentos ricos em potássio, como frutas e vegetais.

Bebidas alcoólicas
- Aqueles que escolherem consumir bebidas alcoólicas devem fazer isso com sensatez e moderação – definido pelo consumo de até um *drink* por dia para mulheres e até dois *drinks* por dia para homens.
- As bebidas alcoólicas não devem ser consumidas por alguns indivíduos, incluindo aqueles que não conseguem controlar a ingestão de álcool, mulheres em idade fértil que podem engravidar, mulheres grávidas e amamentando, crianças e adolescentes, indivíduos que tomam medicamentos que possam interagir com o álcool e pessoas com condições médicas específicas.
- As bebidas alcoólicas devem ser evitadas por indivíduos envolvidos em atividades que exigem atenção, habilidade ou coordenação, como dirigir ou operar máquinas.

Figura 5.9 Orientações Alimentares para os norte-americanos.
Fonte: U.S. Department of Agriculture/U.S. Department of Health and Human Services, 2005.

■ **Conceito-chave:** Levar em conta os insumos é fundamental para assegurar que os cardápios planejados possam ser produzidos e servidos com os recursos disponíveis.

Orientações orçamentárias

Antes de qualquer cardápio ser planejado, a quantidade de dinheiro que pode ser gasta em alimentos deve ser conhecida. Em operações de varejo, a quantidade a ser orçada se baseia na renda projetada das vendas de alimentos. Essa renda deve gerar uma receita adequada para cobrir os custos de alimentos crus, mão de obra e despesas operacionais e, ainda, gerar o lucro desejado. O gerente determina esses objetivos financeiros por meio da formação de preços estratégica do cardápio. Informações adicionais sobre a formação de preços do cardápio se encontram no Capítulo 17, *Gestão financeira*.

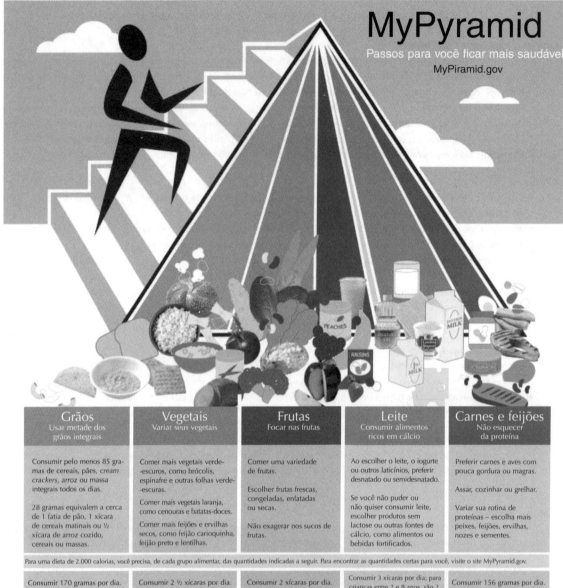

Figura 5.10 My Pyramid. Apresentação gráfica das orientações alimentares para norte-americanos.
Fonte: U.S. Department of Agriculture.

Em uma escola, instalação de saúde ou outra organização não comercial, pode ser determinada uma reserva de custo de alimento cru por unidade de volume, como pessoa, refeição ou dia. Por exemplo, uma instalação particular de cuidados prolongados pode estabelecer uma meta em dólares de US$6 ou US$8 por residente por dia para cobrir os custos alimentares de refeições, lanches e complementos alimentares. Por outro lado, instalações de cuidado prolongado com um alto percentual de residentes com financiamento do Medicare provavelmente terão uma reserva muito menor por dia, talvez US$3 por residente por dia. As escolas também são muito desafiadas com financiamentos muito limitados para os custos de alimentos crus. As alocações podem ser baixas, como US$0,70 por refeição para cobrir os custos dos alimentos. Isso não significa que o custo de todos os itens deve ficar abaixo do valor orçado. Em vez disso, o planejador precisa olhar o custo total de alimentos semanal ou mensal e calcular um valor médio por unidade.

Ao equilibrar itens mais caros com alimentos mais baratos, uma variedade mais interessante pode ser oferecida, e o orçamento ainda pode ser mantido. Por exemplo, o custo de alimentos crus relativamente alto do peixe fresco pode ser compensado por itens de baixo custo como carne moída. Em cardápios seletivos que oferecem uma opção de dois ou mais pratos principais, um item popular de baixo custo pode ser oferecido junto com um alimento mais caro. Tacos e burritos são pratos principais populares e relativamente baratos que podem ser oferecidos para compensar itens mais caros. Os custos, então, podem determinar as opções, mas é importante lembrar que a variedade no cardápio pode ser aumentada equilibrando-se o uso de itens de alto custo com os de baixo custo.

Outro aspecto do custo que precisa ser considerado é a intensidade de mão de obra de cada item. Peitos de frango cozidos, por exemplo, são caros em termos de custo de alimento cru, mas exigem pouco tempo de preparação ou habilidade em comparação com uma lasanha montada desde o início, que exige uma boa dose de tempo de preparação.

Pessoal. A disponibilidade e a habilidade dos funcionários são fatores a considerar quando se determinam a variedade e a complexidade de um cardápio. Entender o relacionamento entre o cardápio e o pessoal ajuda o planejador a desenvolver cardápios que possam ser preparados com a equipe disponível. Os turnos de trabalho devem ser considerados para todos os dias, porque alguns alimentos exigem preparação prévia, enquanto outros são preparados pouco antes do serviço. Os itens do cardápio devem ser planejados de modo a permitir que as cargas de trabalho dos funcionários sejam distribuídas igualmente ao longo do dia e que não resultem em muita preparação de última hora.

▌ **Conceito-chave:** A análise do impacto de um novo cardápio sobre as operações é essencial para assegurar uma transição tranquila de um cardápio para outro.

Capacidade de produção e serviço

Equipamentos e instalações físicas. O cardápio planejado para qualquer dia deve ter a possibilidade de ser produzido no espaço de trabalho disponível e com os equipamentos disponíveis. Deve-se tomar cuidado para distribuir a carga de trabalho igualmente para fornos, fogões, batedeiras e outros equipamentos de grande porte. Os fornos são especialmente vulneráveis em termos de uso excessivo. A inclusão de muitos alimentos em uma refeição que exijam o uso do forno pode gerar uma sobrecarga ou complicar as programações de produção. Por exemplo, pode não ser possível assar ao mesmo tempo frango, batatas e batatas gratinadas, se forem programadas para a mesma refeição. Se o equipamento precisa ser compartilhado entre unidades de produção, o cardápio não deve incluir itens que gerem conflitos. Por exemplo, a menos que uma unidade de padaria tenha seus próprios fornos, pode não ser possível assar pães frescos se outros itens do cardápio tiverem de ser assados pouco antes do serviço. Erros no uso de equipamentos podem ser aliviados envolvendo-se a equipe de produção no processo de planejamento do cardápio.

O planejador deve estar ciente das restrições de equipamentos e espaço e se familiarizar com os métodos de preparação, capacidade dos equipamentos e panelas e outros utensílios necessários antes de escolher os itens do cardápio. O espaço no refrigerador e no *freezer* também deve ser considerado. Pode ser difícil refrigerar sobremesas geladas, saladas, pratos de vegetais frescos e sucos se todos forem planejados para o cardápio do mesmo dia.

A quantidade de porcelana, copos e talheres disponíveis pode influenciar o serviço de certos itens na mesma refeição. Por exemplo, algumas sobremesas e acompanhamentos de vegetais quentes podem exigir molheiras.

Compras e disponibilidade de alimentos. A dinâmica dos mercados e fontes de alimentos podem ter um efeito limitador sobre o cardápio, embora isso seja uma questão menor hoje, com a economia de mercado globalizada. O comércio global e os transportes em massa asseguram um suprimento amplo e imediato da maioria dos alimentos. No entanto, existem algumas tendências nas preferências alimentares que podem gerar desafios. Uma delas é a demanda por produtos agrícolas frescos, orgânicos e cultivados localmente. Dependendo da localização geográfica do serviço de alimentação, pode ser difícil garantir uma fonte com suprimento adequado. O conhecimento de frutas e vegetais e suas estações permite que o planejador os inclua no cardápio enquanto estão no pico da qualidade e por um preço razoável. Independentemente de o planejador de cardápios ser responsável pela compra dos alimentos, ele deve se manter informado sobre novos itens no mercado e estar alerta para alimentos que podem aumentar o interesse ou melhorar a variedade e a qualidade dos itens oferecidos (ver o Cap. 6 para mais informações sobre mercados de alimentos).

Estilo de serviço. O estilo de serviço influencia a seleção de itens alimentícios e o número de opções do cardápio. Alguns alimentos são mais adaptáveis ao serviço sentado do que ao serviço de cafeteria. O *design* das bandejas pode limitar o número ou o formato dos alimentos oferecidos em um sistema de saúde. Por exemplo, um bolo com cobertura de chantilly pode não dar certo se for usada uma bandeja térmica coberta para entrega da refeição.

A distância entre o ponto de preparação e o de serviço também deve ser considerada, além do tempo decorrido entre o fim da preparação e o serviço. Se o alimento for preparado em uma cozinha central e enviado para áreas de serviço em locais remotos, o planejador de cardápios deve considerar qual será a qualidade do produto no momento em que chegar ao ponto final de serviço. Os alimentos transportados em grandes quantidades para uma unidade de serviço devem ser do tipo que não desmonta, mantém temperaturas palatáveis e é apetitoso ao ser servido.

Desenvolvimento do cardápio

▎**Conceito-chave:** A aceitação de um novo cardápio pela equipe e pelos clientes pode ser melhorada por meio de uma solicitação ativa de informações durante o processo de planejamento do cardápio.

Apreciação inerente para boas comidas, falta de preconceito, talento para planejar com base na criatividade e na imaginação e capacidade de comercializar alimentos atraentes são traços que ajudam o planejador de cardápios. Se uma pessoa é responsável pelo planejamento do cardápio, é interessante ter informações do pessoal de compras, produção e serviço. Muitos serviços de alimentação atribuem a responsabilidade do planejamento de cardápio a uma equipe, e não a um indivíduo, uma prática que é especialmente adequada para um serviço de alimentação de multiunidades. Informações de clientes atuais e potenciais clientes por meio de pesquisas de *marketing*, estudos de preferências alimentares, *marketing* de teste e participação em comitês de alimentos ou cardápios podem ser úteis. O planejador deve estar alerta a novos produtos e tendências nas preferências do consumidor e também ter conhecimento de itens que são oferecidos com sucesso pela concorrência, quer seja uma situação comercial ou sem fins lucrativos. O planejamento de cardápio deve ser contínuo, atual e flexível o suficiente para reagir a mudanças nas condições.

Calendário para planejamento, desenvolvimento e implementação

Quanto tempo antes da produção e do serviço os cardápios devem ser planejados? A resposta depende muito do tipo de cardápio usado, da extensão das opções oferecidas e do tamanho e complexidade do sistema de alimentação. Por exemplo, um cardápio de uso único para uma refeição de festa em um restaurante pode exigir apenas uma semana de planejamento, supondo que as receitas sejam testadas e padronizadas. Um cardápio cíclico seletivo com várias opções e itens inéditos para um hospital de grande porte pode levar vários meses de planejamento antecipado para assegurar uma implementação adequada.

Etapas no desenvolvimento de cardápios

Exemplos de planilhas de planejamento de cardápio são mostrados nas Figuras 5.11 e 5.12. Para um cardápio seletivo que oferece certos itens diariamente, economiza-se tempo tendo os nomes desses alimentos impressos na planilha. A seguir é sugerido um procedimento passo a passo para o planejamento de cardápios.

1. **Pratos principais:** Planeje as carnes e outros pratos principais (i. e., o centro do prato) para o período ou ciclo todo, porque os pratos principais geralmente são os itens mais caros do cardápio. Os custos podem ser controlados em grande parte por meio de um planejamento cuidadoso que equilibra a frequência de pratos principais de alto e de baixo custo. Se o padrão do cardápio oferecer opções de prato principal, recomenda-se que a seleção inclua pelo menos uma opção vegetariana.
2. **Sopas e sanduíches:** Se uma combinação de sopa ou sanduíche for oferecida como opção de prato principal, ela deve ser planejada com os outros pratos principais. Em uma cafeteria, uma variedade de sanduíches pode ser oferecida, e eles podem não mudar de um dia para o outro. Se mais de uma sopa for incluída, uma deve ser uma sopa cremosa ou consistente e a outra mais leve, com base de caldo.
3. **Vegetais e acompanhamentos:** Decida os vegetais e acompanhamentos adequados para complementar os pratos principais. Batatas, arroz, massa ou outros grãos podem ser incluídos como uma das opções. Em um menu seletivo, junte um vegetal menos popular com um que seja bem aceito.

		Cardápios		
Semana de _____				
	Segunda	Terça	Quarta	Quinta
Café da manhã				
Fruta	1.			
Suco de fruta	1.			
	2.			
Cereais	1.			
	2. Secos sortidos	Secos sortidos	Secos sortidos	Secos sortidos
Prato principal	1.			
Pão	1. Torrada	Torrada	Torrada	Torrada
	2.			
Bebidas	1. Café, chá e leite	Café, chá e leite	Café, chá e leite	Café, chá e leite
Almoço				
Sopa	1.			
Pratos principais	1.			
	2.			
Vegetais	1.			
Pães	1. Variados	Variados	Variados	Variados
Saladas	1. *Buffet* de salada	*Buffet* de salada	*Buffet* de salada	*Buffet* de salada
	2.			
Sobremesas	1.			
	2.			
Bebidas	1. Café, chá e leite	Café, chá e leite	Café, chá e leite	Café, chá e leite
	2.			
Jantar				
Sopa	1.			
Pratos principais	1.			
	2.			
Batata ou massa	1.			
Vegetais	1.			
	2.			
Saladas	1. *Buffet* de salada	*Buffet* de salada	*Buffet* de salada	*Buffet* de salada
	2.			
Sobremesas	1.			
	2.			
	3.			
Bebidas	1. Café, chá e leite	Café, chá e leite	Café, chá e leite	Café, chá e leite

Figura 5.11 Planilha para planejamento de cardápio.

Plano de Refeições Semanais

SEMANA 1		Pratos principais	Vegetais e frutas	Amidos	Sobremesas	Extras
Domingo		1		Massa:		
		2		Batata:		
		3		Alternativa		
				Pão:		
Cardápio 1		**Pratos principais**	**Vegetais e frutas**	**Amidos**	**Sobremesas**	**Extras**
Segunda-feira		Prato *gourmet*	Cenouras no vapor	Massa #3	Biscoitos com gotas de chocolate	*Cream crackers*
		Carne à italiana	Ervilhas	Batatas fritas		Queijo ralado
		Coxas de frango ao molho de churrasco	Frutas integrais sortidas	Pães de hambúrguer		*Sour cream*
		Chili	Melão cantaloupe e melado	Pães gigantes		Cebola em cubos
Cardápio 2		**Pratos principais**	**Vegetais e frutas**	**Amidos**	**Sobremesas**	**Extras**
Terça-feira		Frango assado	Salada de frutas	Batata: vermelha assada	Bolo de pêssego com baunilha	Molho coquetel
		Camarão no vapor	Frutas integrais sortidas	Alternativa: pilaf de arroz		Molho tártaro, limões
		Lagarto assado	Ervilhas	Pão: rolinhos		Molho de raiz forte
			Milho verde			Molho de carne
						Cogumelos e cebolas salteados
						Cream crackers
Cardápio 3		**Pratos principais**	**Vegetais e frutas**	**Amidos**	**Sobremesas**	**Extras**
Quarta-feira		Calzones de calabresa e *pepperoni*	Abobrinha sotê	Massa #18 com parafuso	Biscoito de canela	Molho marinara adicional
		Bife temperado com laranja	Mistura da Califórnia	Batatas fritas com cebolas		Molho tártaro
		Frango à madeira	Frutas integrais sortidas	Palitos de pão		Limões
			Melancia			
Cardápio 4		**Pratos principais**	**Vegetais e frutas**	**Amidos**	**Sobremesas**	**Extras**
Quinta-feira		Costelas assadas com molho de churrasco	Abacaxi fatiado	Massa #1 com espaguete	Biscoitos de caramelo de chocolate	Molho tártaro
		Peito de peru fatiado	Frutas integrais sortidas	Batata: amassada com molho		Limões
		Bacalhau cozido	Ervilhas	Pão: *muffin* de milho		
Cardápio 5		**Pratos principais**	**Vegetais e frutas**	**Amidos**	**Sobremesas**	**Extras**
Sexta-feira		Peito de frango à italiana	Brócolis		Biscoito de chocolate com manteiga de amendoim	Molho coquetel
		Camarões fritos	Aspargos	Massa #25		Molho tártaro
		Sanduíche com molho francês	Frutas integrais sortidas	Arroz com tomate e manjericão		Limões
			Uvas roxas	Pães gigantes		Alface e tomate
			Morangos	Rolinhos de sanduíche		Queijo fatiado
Cardápio 6		**Pratos principais**	**Vegetais e frutas**	**Amidos**	**Sobremesas**	**Extras**
Sábado		Sanduíche sloppy joes	Mistura ensolarada	Massa #21 com farfalle	Bolo de chocolate	
		Peru com molho	Frutas integrais sortidas	Purê de batatas		
		Peito de frango com molho de churrasco	Peras fatiadas			Alface e tomate
			Laranjas mandarim	Brioches para sanduíches		Queijo fatiado

Figura 5.12 Guia de planejamento de cardápio para a tabela de treinamento de um departamento de educação física.
Fonte: Cortesia do Departamento de Atletismo da Universidade de Wisconsin-Madison. Usado com autorização.

4. **Saladas:** Escolha saladas que sejam compatíveis com os pratos principais e os vegetais. Se for planejada uma salada com proteínas, como frango, atum ou ovos picantes, como prato principal, ela deve ser coordenada com as outras opções de pratos principais. Se apenas uma salada for oferecida, escolha uma que complemente ou contraste em textura com os outros itens do cardápio.

    Em um cardápio seletivo, inclua uma salada verde com saladas de frutas, vegetais e gelatina para completar o número desejado. Algumas saladas, como salada mista, com queijo *cottage* ou salada de repolho, podem ser oferecidas diariamente conforme a popularidade.
5. **Sobremesas:** No caso de cardápios não seletivos, planeje uma sobremesa leve com uma refeição consistente e uma sobremesa mais rica se o restante da refeição não for muito consistente. Em um cardápio seletivo, o número de opções pode ser limitado a duas ou três mais uma oferta diária de fruta, sorvete ou sorbet e iogurte. No caso de uma cafeteria comercial, as opções de sobremesa podem ser bem extensas e incluir uma torta crocante, uma torta cremosa, bolos ou biscoitos, pudins, frutas, sorvetes ou sorbets e gelatina.
6. **Guarnições:** Para maximizar a aparência do prato, recomenda-se que uma guarnição seja planejada para cada refeição. As guarnições devem ser parte do cardápio máster ou de um ciclo separado. As guarnições planejadas eliminam a tomada de decisões em cima da hora e permitem o tempo certo para assegurar que os ingredientes adequados estejam disponíveis para montar as guarnições de cada refeição. Livros de planejamento de cardápios e publicações do setor são excelentes recursos para ideias de guarnições.
7. **Pães:** Varie os tipos de pães oferecidos ou ofereça uma opção de pão branco ou integral e um pão quente. Muitos serviços de alimentação usam pães caseiros como uma de suas especialidades. Varie a forma e os ingredientes das opções de pães para maximizar a variedade.
8. **Itens de café da manhã:** Certos alimentos de café da manhã são padronizados e geralmente incluem sucos de frutas, cereais quentes e frios e torradas. É costume oferecer ovos em alguma forma e incluir variedade adicionando outros pratos principais, pães quentes e frutas frescas.
9. **Bebidas:** Uma seleção de bebidas que inclua café, chá e uma variedade de leite é oferecida na maioria dos serviços de alimentação. Em geral também são oferecidos café e chá descafeinados e refrigerantes, além de uma variedade de sucos. Alguns hospitais oferecem opções de vinho aos pacientes quando aprovado pelo médico responsável.

Características dos alimentos e combinações

Ao planejar cardápios, deve-se tentar visualizar como os alimentos ficarão no prato ou na bandeja. Isso é chamado de *apresentação* e se baseia no apelo sensorial e estético dos alimentos. Também se deve considerar como os sabores se combinam e se há contraste de textura, formatos e consistência.

As *cores* oferecem apelos visuais e ajudam a vender os alimentos. Pelo menos uma ou duas comidas coloridas devem ser incluídas em todo cardápio. Um vegetal verde dá cor a uma combinação que seria descolorida de peixe grelhado e batatas ao creme. Outros vegetais verdes, tomates e beterrabas também dão cor, assim como guarnições de frutas, agrião ou rabanetes.

A *textura* refere-se à estrutura dos alimentos e é experimentada pela sensação na boca. Crocante, macio, suave e mastigável são adjetivos que descrevem a textura dos alimentos. Uma variedade de texturas deve ser incluída em uma refeição. Uma salada de vegetais crocantes acompanhando uma cassarola de frango e arroz, junto a uma sobremesa de frutas, seria um contraste agradável em termos de textura.

Consistência é o modo como o alimento adere — seu grau de firmeza, densidade ou viscosidade — e pode ser descrita como firme, rala, grossa ou gelatinosa. Mais uma vez, o planejador de cardápios deve trabalhar para chegar a um equilíbrio de consistências e ter consciência das preferências e expectativas do consumidor.

O *formato* do alimento tem um grande apelo visual, e pode-se criar interesse por meio da variedade de formatos em que os alimentos são apresentados. Um modo de aumentar o interesse no cardápio é variar a maneira como os vegetais são cortados; por exemplo, as cenouras podem ser cortadas em fatias *julienne* ou círculos, em cubos ou raladas; as vagens podem ser servidas inteiras, cortadas ou com corte francês. Máquinas de corte em cubos ou fatiadoras oferecem um método fácil para obter diferentes formatos e tamanhos. A variação na altura do alimento apresentado em um prato também contribui para o apelo visual ao cliente.

As *combinações de sabor* e perfis são importantes no planejamento de cardápios. Além dos sabores básicos de doce, azedo, amargo e salgado, os vegetais muitas vezes são percebidos como tendo sabor forte ou suave, apimentados ou muito temperados. Uma variedade de sabores na refeição é mais apreciada que a duplicação de um único sabor. Alimentos com os mesmos sabores básicos, como espaguete com molho de tomate e salada de tomate fatiado, devem ser evitados na mesma refeição.

Certas combinações de alimentos se complementam, como peru e *cranberries*. No entanto, o planejador deve evitar o uso exclusivo de combinações estereotipadas e explorar outros acompanhamentos para tornar os cardápios mais interessantes.

A *variedade na preparação* deve ser considerada no planejamento do cardápio. Por exemplo, uma refeição de frango assado, batatas assadas e abóbora assada obviamente se apoia em uma única técnica de preparação. A variedade pode ser introduzida por alimentos marinados ou fritos à moda chinesa, além dos métodos tradicionais de fritar, grelhar, assar na panela ou cozinhar no vapor. Os alimentos podem ser ainda mais variados se forem servidos como creme, amanteigados ou na forma de escalopinho ou adicionando-se uma variedade de ervas.

Avaliação de cardápios

A avaliação é uma parte importante do planejamento de cardápios e deve ser um processo contínuo. O cardápio conforme planejado deve ser revisado antes de seu uso e, de novo, depois que foi servido. Um gerente de negócios de alimentação pode avaliar melhor olhando para o cardápio totalmente planejado e respondendo às perguntas a seguir. O uso de *checklist* ajuda a garantir que todos os fatores do bom planejamento de cardápios tenham sido atendidos. (A Fig. 5.13 é um exemplo de método de avaliação de cardápio.)

Formulário de avaliação de cardápio

Ciclo _____ Datas _____ Avaliador _____

Marcar os dias em que um problema foi percebido em qualquer característica. Comentar o problema.

Características	Dias							Comentários
	D	S	T	Q	Q	S	S	
Padrão de cardápio – adequação nutricional Todas as refeições são consistentes com o padrão de cardápio. Todos os componentes alimentares especificados atendem às necessidades nutricionais dos clientes.								
Cor e apelo visual Uma variedade de cores é usada em cada refeição. As combinações de cores não são conflitantes. Refeições sem cor ou só com uma cor são evitadas. Guarnições atraentes são usadas.								
Textura e consistência Um contraste de alimentos macios, cremosos, crocantes, mastigáveis e firmes é incluído em cada refeição, sempre que possível.								
Combinações de sabores Alimentos com sabores compatíveis e variados são oferecidos. Dois ou mais alimentos com sabores fortes são evitados na mesma refeição. Por exemplo, cebola, brócolis, nabo, repolho ou couve-flor; suco de tomate e cassarola com molho de tomate; e macarrão com queijo e salada de abacaxi com queijo não são servidos juntos.								
Tamanho e formas Contrastes agradáveis de tamanhos e formas dos alimentos aparecem em cada refeição. Muitos alimentos cortados ou itens misturados são evitados na mesma refeição. Por exemplo, carne em cubos, batatas em cubos, vegetais mistos e coquetel de frutas não são servidos juntos.								

Figura 5.13 Exemplo de formulário de avaliação de cardápio.

Checklist **para avaliação de cardápio**

1. O cardápio atende às orientações nutricionais e aos objetivos organizacionais?
2. Os alimentos da estação estão disponíveis e dentro de uma faixa de preços aceitável?
3. Os alimentos de cada cardápio oferecem contrastes de cor? Textura? Sabor? Consistência? Formato? Tipo de preparação? Temperatura?
4. Esses alimentos podem ser preparados com o pessoal e os equipamentos disponíveis?
5. As cargas de trabalho são equilibradas para o pessoal e os equipamentos?
6. Um único item alimentar ou sabor é repetido com frequência excessiva durante o período desse cardápio?
7. As refeições se tornam atraentes com guarnições e acompanhamentos adequados?
8. As combinações formam um todo agradável e serão aceitáveis para a clientela?

Testando o potencial. Depois que um item do cardápio foi identificado como tendo potencial para atrair uma base de clientes, é inteligente testar esse item antes de adicioná-lo permanentemente ao cardápio e implementá-lo no sistema. As operações de alimentação têm inúmeras estratégias para testar itens de cardápios. Uma delas é oferecê-lo como um especial do dia ou como parte de um evento especial. Isso dá ao gerente oportunidade para testar o item com os clientes antes de adicioná-lo formalmente aos cardápios.

Algumas organizações têm um processo muito formal para testar itens de cardápios. A divisão de negócios em alimentação da Universidade de Wisconsin-Madison, por exemplo, realiza um teste de novos itens duas vezes ao mês. Normalmente, treze a quinze itens são testados em cada sessão. Um grupo de administradores e alunos participa das degustações. A Figura 5.14 é um exemplo do formulário usado para documentar a resposta dos participantes. Os itens do cardápio são adicionados ou rejeitados com base na resposta coletiva de todos os participantes.

Cardápios para dietas modificadas

Em muitas operações de alimentação, especialmente as afiliadas à saúde, o departamento de *foodservice* é responsável por assegurar que as dietas prescritas pelos médicos sejam fornecidas com precisão. Um profissional de nutrição qualificado, como um nutricionista registrado ou um técnico nutricionista, trabalha com o gerente de negócios em alimentação para implementar esses cardápios especiais. Extensões de cardápios modificados são uma excelente ferramenta administrativa para monitorar essa responsabilidade. As extensões de cardápios modificados são geradas a partir do cardápio máster e um manual de dieta que define as dietas modificadas para uma instalação específica. Muitas associações de nutricionistas e hospitais têm manuais de dietas impressos disponíveis para venda. É importante escolher um que represente melhor as dietas necessárias em determinada situação. Por exemplo, um manual desenvolvido para um hospital pode não ser a melhor escolha para uma instalação de cuidados prolongados.

Depois que as dietas são definidas, o administrador de negócios em alimentação deve se encontrar com um nutricionista profissional especializado em dietas modificadas e desenvolver as extensões do cardápio (Fig. 5.15). Uma extensão do cardápio deve ser planejada para cada dia. A parte estendida ilustra como a dieta modificada, conforme definido no manual, pode ser adaptada a partir do cardápio máster.

Os cardápios estendidos têm muitas vantagens. Eles servem de ferramenta para a análise de cardápios com o objetivo de assegurar que as dietas modificadas sejam preparadas e servidas de acordo com as ordens prescritas pelos médicos. Também servem como referência para que os funcionários dos serviços de alimentação tenham certeza de que as dietas estão sendo preparadas e servidas com precisão. Por fim, as extensões são uma ferramenta de compras útil, identificando claramente a necessidade de alimentos dietéticos especiais (i. e., itens com baixo teor de sódio).

Cardápios como documentos. Os cardápios másteres impressos para dietas gerais e modificadas são excelentes documentos para a avaliação de departamentos e as funções de planejamento orçamentário. Quaisquer alterações devem ser anotadas no cardápio máster para avaliação futura. Eles às vezes são assinados e datados pela pessoa responsável por seu conteúdo.

TESTE DE RECEITAS

Aluno _____
Equipe _____
2/6/2006

Item alimentício	Na escala de 1-5, sendo 5 o mais alto, classificar o seguinte:			Comentários	Adicionar ao cardápio	
	Sabor	Textura	Aparência		Sim	Não
1. Samosa de tofu e espinafre						
2. Sanduíche de peito de frango Tandoori						
3. Salada de repolho com coentro						
4. Molho de manga						
5. *Curry* de cogumelos						
6. Cozido de vegetais com coco						
7. Carne ao *curry* de Bombai						
8. Camarão marinado grelhado à Tandoori com arroz basmati						
9. Sorvete indiano de manga						
10. Sobremesa do Steve						

Figura 5.14 Exemplo de formulário de teste de receita.
Cortesia do Departamento de Habitação, Refeições e Serviços Culinários da Universidade de Wisconsin-Madison. Usado com autorização.

Walnut Grove Health Care Center		Ciclo __1__		Dia _Quarta-feira_		
Dietas gerais e modificadas			Nutricionista			

| | Cardápio geral | Porção | Dietas modificadas ||||
			Mecânica	Purê	2 g Na⁺	1500 ADA	1200 ADA
C	Suco de laranja	½ xícara	✓	✓	✓	✓	✓
	Ovos mexidos	¼ de xícara (#16)	✓	✓	SF	✓	✓
	Torrada integral	2 fatias	✓	Cereais quentes	✓	✓	1
	Margarina	2 sachês	✓	--	✓	✓	1
	Geleia	2 pacotes	✓	--	✓	Dieta	Dieta
	Leite – 2%	237 mL	✓	Integral	✓	✓	Desnatado
A	Frango assado	85 gramas	Moído	Purê	✓	57 gramas	57 gramas
	Purê de batatas	½ xícara (#8)	✓	✓	✓	✓	✓
	Molho	30 mL	✓	✓	SF	FF	FF
	Brócolis	½ xícara	✓	Purê	✓	✓	✓
	Guarnição de laranja	1 fatia	✓	--	✓	✓	✓
	Brioche integral	1	✓	--	✓	✓	--
	Margarina	1 sachê	✓	--	✓	✓	--
	Bolo de morango	1	✓	Purê	✓	½ xícara de frutas vermelhas	½ xícara de frutas vermelhas
	Leite 2%	237 mL	✓	Integral	✓	✓	Desnatado
J	Sopa de vegetais	¾ de xícara (89 mL)	✓	Purê	SF	✓	✓
	Cream crackers	3	✓	Purê	SF	--	--
	Sanduíche de presunto	1	Com carne moída	Purê	Carne	½	½
	Pickles	2	--	--	✓	✓	✓
	Melão	1 xícara	✓	Purê	✓	✓	✓
	Leite 2%	237 mL	✓	Integral	✓	✓	Desnatado
L	Biscoito	1	✓	✓	✓	✓	✓
C	Leite 2%	118 mL	✓	✓	✓	✓	Desnatado

Figura 5.15 Exemplo de extensão de cardápio para um cardápio modificado.

O cardápio publicado

▌**Conceito-chave:** A aplicação dos princípios de *design* para o cardápio publicado maximiza seu valor como ferramenta de *marketing* e educação.

Conforme indicado no início deste capítulo, o cardápio é uma lista de alimentos servidos em uma refeição. A partir dele, surgem um cardápio de trabalho e uma escala de produção. O termo também se refere ao meio em que o cardápio é impresso, que representa a seleção de alimentos para o cliente do restaurante, o paciente do hospital ou outros clientes. O cardápio também pode ser publicado em um cartaz, como acontece na maioria das cafeterias e restaurantes de *fast-food*.

Design e formato do cardápio

Um cartão de cardápio deve ser projetado e trabalhado para atrair o cliente, estimular as vendas e, muitas vezes, influenciar a clientela a escolher itens que o serviço de alimentação deseja vender. O cartão de cardápio deve ser de um tamanho fácil de manusear. Ele também deve ser absolutamente limpo, simples no formato, com tamanho e tipo de impressão adequados e ter uma ampla margem. Deve ser bem legível e interessante em termos de cor e *design*, harmonizando com a decoração do serviço de alimentação. O cardápio impresso é uma forma de propaganda e uma importante ferramenta de *marketing*. Ele não deve ser pensado como apenas uma lista de preços, mas como um dispositivo de vendas e relações públicas.

Palavras descritivas. Os itens do cardápio em geral são listados na sequência em que são servidos e devem apresentar uma imagem verbal precisa dos alimentos disponíveis, de modo que o cliente possa visualizá-los adequadamente. É decepcionante para o cliente imaginar uma coisa e receber outra completamente diferente.

Legislação da verdade no cardápio. Dar nomes enganadores a itens do cardápio é injusto com o consumidor e ilegal nos locais em que a legislação da verdade no cardápio foi aprovada. Em geral, essas leis exigem que o cardápio descreva de forma adequada os alimentos a serem servidos. Se batatas assadas do Idaho estiverem listadas, elas devem ser de fato do Idaho. O mesmo acontece quando se lista uma lagosta do Maine ou o ponto de origem de outros alimentos. Os alimentos "frescos" listados devem ser frescos, e não congelados ou enlatados. Se a palavra "caseiro" for usada, isso significa que o alimento foi preparado nas dependências do serviço de alimentação. Se um cardápio lista uma graduação como "carne aprovada pelo USDA" e indica o tamanho da porção, a carne deve ter essa graduação e tamanho.

Palavras descritivas de fato melhoram o cardápio e, se forem precisas, podem influenciar as escolhas dos clientes. Exemplos de palavras descritivas incluem tomates vermelhos fatiados sobre alface Bibb, salada de espinafre fresco com molho de maionese e bacon, cozido de carne à moda antiga com vegetais frescos, fatia de melão gelada e bolo de pêssego aquecido com cobertura de chantilly. O cardápio não deve incluir nomes de receitas que são desconhecidos para o cliente ou que não indiquem o conteúdo. Mesmo nos locais em que a legislação da verdade no cardápio não seja aplicável, a precisão nas palavras ajuda a assegurar a satisfação do cliente.

Resumo

O cardápio é o ponto focal a partir do qual começam muitas funções e atividades de uma organização de negócios de alimentação. Ele determina os alimentos a serem comprados, é a base para o planejamento da produção e dos turnos dos funcionários, sendo um fator importante no controle de custos.

Ao planejar os cardápios de serviços de alimentação, muitos fatores devem ser considerados: (1) as exigências nutricionais, os hábitos alimentares e as preferências dos indivíduos no grupo para o qual os cardápios estão sendo planejados; (2) as metas da organização; (3) a quantidade de dinheiro disponível; (4) as limitações de equipamentos e instalações físicas; (5) o número e as habilidades dos funcionários; e (6) o tipo de serviço. O cardápio deve oferecer uma seleção de alimentos que seja satisfatória para a clientela, mas também deve poder ser produzida dentro das limitações da instalação física e das impostas pelas políticas administrativas.

O cardápio pode ter diferentes formatos, cada um escrito para as necessidades de um tipo específico de serviço de alimentação. O estático ou pronto, no qual os mesmos itens são oferecidos diariamente, é encontrado sobretudo em serviços de alimentação comerciais. Um cardápio seletivo oferece duas ou mais opções em cada categoria e é amplamente usado em diversos tipos de serviços de alimentação. Um cardápio não seletivo não oferece opções, mas em escolas e instalações de saúde, onde esse tipo de cardápio costuma ser usado, as opções de algumas categorias podem ser limitadas. Um cardápio cíclico é um conjunto de cardápios planejado de forma cuidadosa que são alternados em intervalos definidos. O cardápio de uso único é planejado para determinado dia e não é repetido da mesma forma.

Devem ser seguidos procedimentos de planejamento sistemático que incluem uma avaliação contínua dos cardápios conforme servidos. O planejador de cardápios deve se manter instruído sobre novos produtos no mercado e deve estar alerta às preferências da clientela e à necessidade de alterações no cardápio. Inovação é uma palavra chave no planejamento de cardápios hoje em dia. Novas ideias e técnicas de *marketing* devem ser desenvolvidas se o serviço de alimentação quiser satisfazer uma clientela que está se tornando cada vez mais sofisticada em relação aos alimentos.

Aplicação de conceitos abordados no capítulo

O planejamento de cardápios é um processo contínuo no Departamento de Habitação da Universidade de Wisconsin e inclui frequentes testes de receitas ao longo do ano acadêmico. O processo começa com uma lista de receitas, normalmente de seis a dez, que a administração deseja testar ou retestar. A lista é enviada ao gerente na cozinha central, que analisa as receitas com a equipe de produção e garante que os ingredientes estejam à mão.

No dia do teste, um *chef* é designado para preparar todas as receitas para uma sessão de testes às 13h. Administradores, gerentes, equipe de produção e alunos são convidados a participar. Todos os itens são testados, e os participantes preenchem um formulário classificando os aspectos de qualidade de cada item: sabor, textura e aparência. O formulário também pede aos participantes para indicarem se comprariam o item e se acham que ele deveria ser adicionado ao cardápio.

Um teste recente incluiu três itens com variações. O primeiro item, cassarola de atum, era um *comfort food* favorito de alguns alunos, e o objetivo do teste era determinar se uma base de creme de galinha ou creme de cogumelos era mais atraente. O segundo item era uma torta de búfalo na panela. Isso estava sendo avaliado para a parte de comidas locais e nativas. Búfalos do local e vegetais sazonais serão usados se esse item for adicionado ao cardápio. O item final era uma carne pré-cozida: um lagarto e uma carne assada. Os dois últimos itens foram testados principalmente em termos de seu valor como item a ser usado em eventos de *catering* com muito volume.

Questões para reflexão

1. Para quais unidades de negócios as receitas estão sendo testadas?
2. De que maneira o tipo de cardápio por unidade de negócios influencia o modo como esses itens são apresentados nos cardápios publicados?
3. Quais dessas receitas seriam mais desafiadoras para a equipe de produção em termos de habilidades culinárias? Por quê?
4. Quais dessas receitas teriam mais impacto sobre o uso de equipamentos?
5. A equipe de testes representa totalmente o perfil do cliente? Por quê? Quem você incluiria?
6. A cassarola de atum não é terrivelmente popular se comparada a outros itens do cardápio, mas o Departamento de Habitação decidiu continuar a trabalhar na sua formulação e mantê-la no cardápio. Como você decidiria se um item é suficientemente popular para ser mantido no cardápio?
7. Durante o processo de testes, o que a equipe poderia discutir em relação ao serviço de cada item? O que precisa ser levado em consideração exclusivamente no caso do Departamento de Habitação da UW?
8. Qual é o valor de pedir aos participantes do teste se eles comprariam um item e se ele deve ser inserido no cardápio? As duas perguntas são necessárias? Por quê?
9. De que maneira cada um desses itens influencia a função de compras?
10. De que maneira a estação do ano influencia se cada um desses itens for colocado no cardápio?

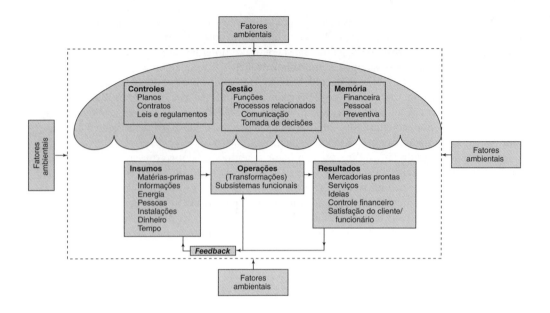

Questões para revisão

1. Compare e contraste o que o termo *cardápio* significa nas áreas da frente (*front*) e dos fundos (*back*) de um estabelecimento.
2. Veja os exemplos de escopo de serviços apresentados no Capítulo 2. Qual seria o tipo de cardápio mais adequado para cada unidade de negócios desses exemplos?
3. Qual é a diferença entre um plano de cardápio e um padrão de refeição? Em que contextos esses conceitos são usados?
4. Descreva algumas estratégias pelas quais uma diretora de nutrição escolar poderia manter o controle sobre as tendências alimentares e as crianças da escola.
5. Por que é importante definir objetivos claros para qualquer processo de planejamento ou revisão de cardápio?
6. Que estratégias você acha que planejadores de cardápios de faculdades e universidades devem usar para ter inspiração para o planejamento de cardápios?
7. A equipe da linha de frente deve se envolver no planejamento do cardápio? Por quê?
8. Dizem que a segurança dos alimentos começa no planejamento do cardápio. Explique e dê um exemplo.
9. Planeje um cardápio seletivo limitado, de uma semana, para uma instalação psiquiátrica; a faixa etária varia de 18 a 85 anos. Que fatores você considerou ao planejar esse cardápio?
10. Obtenha um cardápio de uma organização local (i. e., hospital, restaurante, escola ou casa de repouso). Avalie-o em termos das características dos alimentos e combinações. Que alterações você recomendaria?

Sites selecionados (em inglês)

www.cms.hhs.gov/manuals/downloads/som107c07.pdf (Center for Medicare and Medicaid Services)
http://fns.usda.gov/cnd/menu/menuplanning.NSLP.htm (USDA Food and Nutrition Services)
www.census.gov (U.S. Census Bureau)
www.nfsmi.org (National Food Service Management Institute)

PARTE **3**

Funções operacionais

CAPÍTULO 6 Compras

CAPÍTULO 7 Recebimento, armazenamento e estoque

CAPÍTULO 8 Produção

CAPÍTULO 9 Serviço

6

Compras

CONTEÚDO

O que é comprar?

O mercado
- Distribuição de mercado
- Entendendo o mercado
- Regulamentação do mercado: programas de inspeção de alimentos nos Estados Unidos

O comprador
- A arte da negociação
- Ética em compras
- Estrutura de compra

Vendedores e distribuidores de alimentos

Métodos de compras
- Compras informais ou no mercado aberto
- Compras por licitação formal competitiva
- Variações nos métodos de compras

Seleção de produtos
- Formas dos alimentos no mercado
- Qualidade dos alimentos

Procedimentos de compras
- Identificação de necessidades
- Especificações
- Publicação de pedidos de licitação
- Desenvolvimento de pedidos de compra
- Tabulação e avaliação de licitações
- Concessão de contratos
- Aspectos legais e regulatórios das compras

Resumo

Comprar é uma função essencial em um sistema de serviço de alimentação. Embora o processo de compras para operações de negócios de alimentação comerciais e não comerciais envolva alimentos, suprimentos e equipamentos, a principal ênfase deste capítulo é na compra de alimentos.

O mercado de hoje oferece uma grande variedade de produtos a partir da qual é preciso fazer escolhas inteligentes para atender às necessidades de uma operação de negócios de alimentação específica. Quer as decisões de compra sejam tomadas pelo gerente, pelo *chef*, pelo agente de compras ou por outro funcionário qualificado, elas devem se basear em padrões de qualidade, na estrutura econômica da organização e em um entendimento minucioso dos mercados que envolvem o ambiente de compras.

O principal propósito deste capítulo é oferecer ao leitor informações básicas sobre compras em operações de negócios de alimentação. Aqui, serão discutidas abordagens para selecionar vendedores, determinar as necessidades de alimentos e redigir especificações, além dos métodos de compras. Com essas informações, o leitor será capaz de criar uma estrutura para tomar decisões de compra específicas para suas instalações.

Conceitos-chave

1. Comprar é uma função administrativa voltada para assegurar os recursos necessários a fim de operar um serviço de alimentação.
2. No contexto de compras, o termo mercado tem vários significados.
3. Os produtos são distribuídos por meio de uma série de canais e transferências de propriedade.
4. Os mercados e a função de compras são regulados nos níveis federal, estadual e local nos Estados Unidos.
5. Um comprador é um membro da equipe administrativa profissional e deve ter altos padrões de desempenho no trabalho e comportamento ético.
6. A estrutura de compra varia dependendo do tamanho e do tipo de organização.
7. Um serviço de alimentação pode comprar alimentos e produtos de uma ampla variedade de vendedores.
8. Métodos formais e informais de compras são usados pelas operações de negócios de alimentação.
9. Inúmeros fatores precisam ser considerados ao selecionar produtos para uma operação de negócios de alimentação.
10. Os procedimentos usados para comprar produtos variam dependendo da formalidade da função de compras.

O que é comprar?

▎ **Conceito-chave:** Comprar é uma função administrativa voltada para assegurar os recursos necessários a fim de operar um serviço de alimentação.

Compras
É a função de adquirir produtos e serviços desejados.

Compras ou aquisição é o processo de assegurar o produto certo para uma instalação no momento certo e de uma forma que atenda aos padrões de quantidade, qualidade e preço. Na prática, comprar é um processo complexo e dinâmico; é uma sequência de ações consecutivas com o objetivo de assegurar alimentos, suprimentos e equipamentos a fim de atender às necessidades da operação de negócios de alimentação. Do começo ao fim, ocorre uma troca de propriedade entre o comprador e o vendedor; isto é, normalmente mercadorias em troca de dinheiro. A Figura 6.1 mostra o fluxo básico das atividades de compras. É importante reconhecer que ele varia na sequência e no conteúdo dependendo das necessidades e da estrutura de um serviço de alimentação específico.

Fatores que influenciam o processo de compras incluem a formalidade do programa de compras e as exigências regulatórias. As etapas específicas de diversos métodos de compras serão discutidas posteriormente neste capítulo.

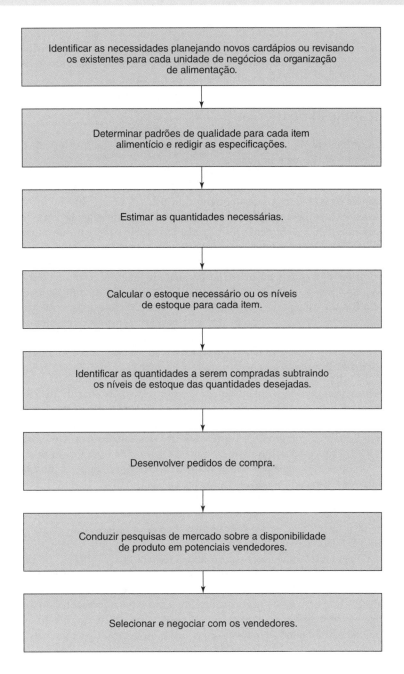

Figura 6.1 Fluxo básico das atividades de compras.

O mercado

Conceito-chave: No contexto de compras, o termo mercado tem vários significados.

O termo **mercado** no contexto de compras é, na verdade, um reflexo de vários conceitos relacionados aos produtos disponíveis para compra e aos processos envolvidos em movê-los da fonte original de suprimento para o ponto de serviço, ou do *campo para o garfo*. Às vezes, o termo é usado em referências às ***commodities*** ou aos produtos agrícolas crus usados para produzir alimentos. Isso inclui os mercados de carnes, grãos e leite, para citar alguns. Outro uso se refere às localizações geográficas de cultivo ou produção das fontes de alimentos. Por exemplo, os estados da Califórnia e da Flórida são chamados de mercados de produtos agrícolas frescos.[1]

Mercado
É o meio pelo qual ocorre a transferência de propriedade.

Commodities
São produtos agrícolas crus usados para produzir alimentos.

---
[1] N.R.C.: No Brasil, existem áreas de concentração de produção de alimentos que abastecem os mercados nacional e internacional. Alguns desses lugares são denominados "cinturões verdes"; por exemplo, no Estado de São Paulo temos Mogi-Guaçu, Piedade, entre outras cidades menores que concentram um grande número de produtores de hortifrutigranjeiros que abastecem o Esatdo de São Paulo.

As *commodities* e as regiões em que são cultivadas são coletivamente chamadas de mercado primário. Um mercado também pode se referir a um conjunto de atividades que resultam na transferência de propriedade de alimentos do produtor ao consumidor. Esse contínuo de atividades de troca é chamado de distribuição de mercado.

Distribuição de mercado

■ Conceito-chave: Os produtos são distribuídos por meio de uma série de canais e transferências de propriedade.

Canais de mercado

É o sistema de processamento e distribuição de alimentos, começando pelo cultivador de produtos alimentícios crus até o cliente final ou ponto de consumo.

Os alimentos são distribuídos das fontes para os consumidores por meio de uma série de **canais de mercado**. Os componentes do sistema de distribuição incluem cultivo, colheita, armazenamento, processamento, manufatura, transporte, embalagem e distribuição. Um canal é simplesmente um segmento do processo de distribuição em que ocorre uma troca de propriedade. Por exemplo, um fazendeiro que cultiva trigo vende o produto pós-colheita para um moinho onde o trigo é transformado em farinha. A troca do fazendeiro para o moinho é um canal. Além da troca de propriedade, há uma mudança na forma e, consequentemente, custos agregados. Estes aumentam a cada ponto de troca e são, por fim, repassados aos consumidores no fim do sistema de distribuição (ver Fig. 6.2). Hoje, existe muito interesse em reduzir ou até mesmo eliminar os canais intermediários e comprar diretamente da fonte original. A movimentação local de alimentos certamente é um caso em destaque. Conforme aumenta o interesse em proteção ambiental, produtos frescos e apoio às economias locais, as operações de negócios de alimentação estão buscando aumentar suas compras de produtores locais.

Intermediários

São os canais entre os fabricantes, os distribuidores e os consumidores.

Corretores e representantes dos fabricantes

São atacadistas que não assumem a propriedade das mercadorias, mas têm a responsabilidade de unir compradores e vendedores.

Corretor

Funciona como representante de vendas de um fabricante ou de um grupo de fabricantes.

Representantes dos fabricantes

Funcionam como representante de vendas de um único fabricante.

Intermediários. A movimentação de produtos pelo sistema de distribuição é guiada pelo trabalho de **intermediários**. Estes agem como canais entre os fabricantes, os distribuidores e os consumidores. Os dois intermediários mais comuns que influenciam o segmento de alimentação são os **corretores e representantes dos fabricantes**. Um **corretor** ou empresa de corretagem funciona como representante de vendas de um fabricante ou de um grupo deles. Os corretores são pagos por comissão pelos fabricantes, em geral um porcentual do produto vendido aos distribuidores ou diretamente ao usuário final. Além de servirem como canal para produtos disponíveis, os corretores apresentam novos produtos a potenciais compradores. Eles ganham dinheiro sobre o volume movimentado de alimentos, então, costumam trabalhar diretamente e apenas com serviços de alimentação de grande volume de empresas de distribuição como a U.S. Food Service e a Sysco.[2]

Alguns fabricantes usam outras abordagens à movimentação de produtos por meio da *representação direta*. Em vez de investir em um corretor, o fabricante contrata seu próprio representante ou agente. A Heinz, por exemplo, pode enviar seu agente diretamente a distribuidores ou operações de negócios de alimentação para apresentar novos produtos e resolver problemas com produtos ou entregas. Na prática, um **representante do fabricante** pode visitar um serviço de alimentação para apresentar um novo produto e oferecer amostras.

---

[2] N.R.C.: No Brasil, existem grandes empresas de alimentação que desenvolvem produtos específicos para o *foodservice*, entre elas Unilever, BRFoods e Bunge, entre outras.

Figura 6.2 Canais de mercado e transferência de propriedade.

Entendendo o mercado

O mercado é dinâmico e está sempre mudando, e o comprador de alimentos deve estar alerta para tendências e condições que o afetam. Políticas governamentais, tendências econômicas e condições climáticas adversas são alguns dos fatores que exigem atenção do comprador. Por exemplo, acordos comerciais globais, incluindo o Tratado Norte-Americano de Livre Comércio (NAFTA), têm tido uma influência significativa na disponibilidade e nos preços de *commodities*.[3]

A troca de informações entre vendedor e comprador é uma função importante do mercado e é possibilitada por vários meios, como a internet, boletins de associações comerciais, relatórios de mercado locais e federais e a imprensa. Outras fontes de informação sobre o mercado são reuniões de associações técnicas e comerciais e revistas, relatórios de pesquisas, comunicação com representantes de vendas e visitas aos mercados e distribuidores atacadistas.

Condições de cultivo adversas podem afetar os preços dos alimentos, assim como demandas incomuns de consumidores e variações sazonais. Alguns alimentos são relativamente estáveis e seguem as condições econômicas gerais; outros são mais perecíveis e têm maiores flutuações de preço ao longo do ano. As frutas e os vegetais frescos, em sua maioria, são considerados melhores no pico da estação de produção, especialmente aqueles cultivados em determinada área do mercado. No entanto, o processamento de produtos agrícolas frescos e alterações em transporte, refrigeração e instalações de armazenamento têm ampliado muito a disponibilidade desses produtos o ano todo. Os estoques de alimentos processados podem ser altos ou baixos às vezes, o que afeta o preço e a disponibilidade.

A tecnologia levou os mercados global e doméstico para dentro do escritório do comprador. A internet, os aparelhos de fax e o e-mail permitem acesso fácil e comunicação com todos os segmentos do mercado sem sair do escritório.

Regulamentação do mercado: programas de inspeção de alimentos nos Estados Unidos[4]

▌ **Conceito-chave:** Os mercados e a função de compras são regulados nos níveis federal, estadual e local nos Estados Unidos.

A segurança e a integridade do suprimento de alimentos dos Estados Unidos são garantidas por programas de segurança e inspeção do governo. A qualidade é definida e garantida por serviços de graduação, que não devem ser confundidos com os programas de inspeção. A graduação será discutida posteriormente neste capítulo.

Os programas de segurança e inspeção do governo são usados para avaliar alimentos em busca de sinais de doenças, bactérias, produtos químicos, sujeira ou qualquer outro fator que possa tornar o alimento inadequado para consumo humano. Todos os alimentos transportados no **comércio interestadual** devem atender às exigências de leis e regulamentos federais. Os alimentos vendidos no **comércio intraestadual** devem atender aos regulamentos estaduais e locais que são *pelo menos iguais* às exigências federais.

Os principais responsáveis por garantir alimentos seguros e integrais são o U.S. Department of Agriculture (USDA) [Departamento Norte-Americano de Agricultura] e o Food and Drug Administration (FDA) [Departamento de Alimentos e Medicamentos], uma agência do Department of Health and Human Services [Departamento de Saúde e Serviço Humanos]. Inúmeros outros departamentos e agências governamentais também estão envolvidos em aspectos específicos da regulamentação da segurança dos alimentos. A seguir é apresentado um resumo dos programas de segurança dos alimentos nos Estados Unidos, tanto de departamentos do governo quanto de agências de aplicação.

U.S. Department of Agriculture. Dentro do USDA, o Food Safety and Inspection Service [Serviço de Inspeção e Segurança dos Alimentos] é responsável por aplicar a Meat Inspection Act [Lei de Inspeção de Carnes], a Poultry Products Inspection Act [Lei de Inspeção de Produtos Aviários] e a Egg Inspection Act [Lei de Inspeção de Ovos]. A inspeção da integridade de *commodities* é *obrigatória* para carnes, aves e outros alimentos processados. Um selo oficial afixado ao produto indica que se trata de um produto de alta qualidade e processado de acordo com condições sanitárias. A Figura 6.3 mostra exemplos de selos federais de inspeção de alimentos.

Comércio interestadual
São transações financeiras (compra e venda de mercadorias) realizadas entre estados.

Comércio intraestadual
São transações financeiras (compra e venda de mercadorias) realizadas dentro dos limites do estado.

---

[3] N.R.C.: O Brasil participa de outros tratados de livre comércio, como o Mercosul.
[4] N.R.C.: No Brasil, a regulamentação sobre a manipulação e produção de alimentos é feita pela Agência Nacional de Vigilância Sanitária (ANVISA).

Figura 6.3 Selos de inspeção federal para carnes, aves, frutos do mar e ovos.

Selo de inspeção federal norte-americana para carnes

Selo de inspeção federal norte-americana para peixes

Marca de inspeção do USDA para aves

Marca de inspeção do USDA para produtos de ovos

Food and Drug Administration. A FDA é uma agência de aplicação dentro do Departamento de Saúde e Serviços Humanos e é responsável pela aplicação das leis federais Food, Drug, and Cosmetic Act [Lei de Alimentos, Medicamentos e Cosméticos]; a Fair Packaging and Labeling Act [Lei de Embalagem e Rotulagem Justas]; e a Nutritional Labeling and Education Act [Lei de Educação e Rótulos Nutricionais]. A FDA abrange a produção, manufatura e distribuição de todos os alimentos envolvidos no comércio interestadual, exceto carnes, aves e ovos.

De acordo com a Food, Drug, and Cosmetic Act, nenhum alimento pode entrar no comércio interestadual se estiver adulterado ou ocorrer violação no rótulo. Um alimento é considerado adulterado sob as seguintes condições:

- Contém substâncias prejudiciais à saúde.
- Alguma parte dele está suja ou em decomposição.
- Foi preparado ou mantido em condições insalubres.
- Contém partes de animais doentes.

Uma **violação no rótulo** ocorre quando ele não inclui as informações exigidas por lei ou não oferece informações corretas.

A FDA também determina e aplica padrões de identidade, qualidade e enchimento. Os **padrões de identidade** definem o que um produto alimentício deve conter para ser chamado por um nome específico. Por exemplo, o porcentual de gordura é definido para os diferentes tipos de leite (i. e., integral, semidesnatado ou desnatado). Os **padrões de qualidade** se aplicam principalmente a frutas e vegetais enlatados. Esses padrões limitam e definem o número e os tipos de defeitos permitidos. Eles não oferecem uma base para comparar os alimentos como as graduações, mas estabelecem exigências mínimas de qualidade. Os **padrões de enchimento** regulam a quantidade de alimento em um recipiente. Eles dizem ao embalador qual deve ser o nível de enchimento do recipiente para evitar enganar o consumidor. Todos esses padrões são obrigatórios para alimentos no comércio interestadual e podem ser usados voluntariamente por outros.

A FDA é responsável por aplicar as exigências de rótulos federais. Tais exigências se tornaram obrigatórias com a aprovação da Fair Packaging and Labeling Act de 1966. Desde então, várias leis foram aprovadas pelo Congresso para definir essas exigências de rótulo de forma mais detalhada. A Tabela 6.1 oferece uma análise histórica das principais legislações de alimentos.

National Marine and Fisheries Service [Serviço Nacional Marinho e de Pesca]. Um sistema de inspeção voluntário para peixe, produtos derivados de peixes e padrões de graduação para alguns produtos é controlado pelo National Marine and Fisheries Service, uma agência do Department of Commerce [Departamento de Comércio]. Se o produto tiver uma designação de graduação norte-americana, o comprador tem a garantia de uma inspeção interna de inspetores federais durante o processamento.

U.S. Public Health Service [Departamento Público de Saúde dos Estados Unidos]. O U.S. Public Health Service (PHS) se preocupa principalmente com o controle de infecções e doenças

---

Violação no rótulo
Ocorre quando um alimento apresenta rótulo que não inclui as informações exigidas por lei ou inclui informações incorretas.

Padrões de identidade
Definem o que um produto alimentício deve conter para ser chamado por um nome específico.

Padrões de qualidade
São padrões mínimos estabelecidos para características, como, por exemplo, a estética de um produto antes que ele possa entrar no comércio interestadual.

Padrões de enchimento
Regulam a quantidade de alimento em um recipiente.

Tabela 6.1 Principais leis alimentares norte-americanas.

Legislação	Pure food and drug act, 1906	Food, drug, and cosmetic act (FDCA), 1938	Fair packaging and labeling act (FPLA), 1966	Nutrition labeling regulations, 1973	Nutritional labeling and education act (NLEA), 1990
Intenção	Protege o público. Define falsificação e adulteração. Proíbe alimentos que sejam prejudiciais à saúde das pessoas.	Estabelece padrões de identidade. Declara as exigências específicas de rotulagem. Proíbe alimentos que possam ser prejudiciais à saúde das pessoas.	Oferece ao consumidor informações precisas para comparação de valores. Evita o uso de métodos injustos ou enganosos na embalagem ou rotulagem de produtos para o consumidor.	Educa o consumidor em relação ao conteúdo nutricional dos alimentos.	Oferece amplas informações nutricionais em alimentos embalados. Melhora o conteúdo nutricional de alimentos embalados.
Principais exigências	Autoriza inspeções a fábricas de processamento de alimentos para assegurar as condições sanitárias.	Nome e endereço do fabricante ou do distribuidor. Nome do alimento. Quantidade do conteúdo. Declaração de ingredientes listados por nome comum ou usual em predominância decrescente.	Mesmas informações da FDCA. Define um rótulo de alimento em termos de formato e informações. Nome do alimento/quantidade líquida devem aparecer no "painel de mostruário principal". Conteúdo líquido deve estar em fonte legível e em contraste de cor distinta. Define o tamanho da fonte e a localização.	Voluntária, exceto para alimentos fortificados com vitaminas, minerais ou proteínas, ou em situações nas quais é feita uma exigência nutricional.	Obrigatória para todos os alimentos embalados. Inclui provisões para a rotulagem nutricional dos vinte itens mais comuns de produtos agrícolas e frutos do mar. O tamanho das porções é declarado em unidades de lares. Regula o conteúdo nutricional e as exigências de saúde, incluindo aquelas feitas por restaurantes em cartazes e placas.

contagiosas, mas também é responsável pela segurança de alguns alimentos. Essa agência é responsável pela inspeção de alguns crustáceos e aconselha governos estaduais e locais norte-americanos quanto aos padrões de desinfecção para a produção, processamento e distribuição de leite. O padrão do PHS para o leite fresco Tipo A é um padrão de integridade, que significa que ele atendeu às exigências estaduais ou locais que equivalem ou superam as exigências federais.

Environmental Protection Agency [Agência de Proteção Ambiental]. A Environmental Protection Agency (EPA) regula os pesticidas. As responsabilidades incluem definir os níveis de resíduos de pesticida em alimentos, estabelecer a segurança de novos pesticidas e oferecer materiais educativos sobre o uso seguro deles. A EPA também determina os padrões de qualidade da água.

Department of the Treasury [Departamento de Tesouro]. O Bureau of Alcohol, Tobacco, Firearms and Explosives (ATF) [Agência de Álcool, Tabaco, Armas de Fogo e Explosivos] do Department of the Treasury é responsável por monitorar a produção, distribuição e rotulagem de bebidas alcoólicas. Isso inclui todas as bebidas alcoólicas, exceto as que contêm menos de 7% de álcool, que são monitoradas pela FDA.

O comprador

Conceito-chave: Um comprador é um membro da equipe administrativa profissional e deve ter altos padrões de desempenho no trabalho e comportamento ético.

Os alimentos e suprimentos para a organização de negócios de alimentação podem ser comprados por um indivíduo, por um departamento de compras ou por um arranjo cooperativo com outras instituições, dependendo do tamanho e da propriedade da organização e de suas políticas de compras. Em uma operação de pequeno porte, as compras podem ser feitas pelo gerente como parte de suas responsabilidades.

Qualquer que seja o arranjo, é de responsabilidade do departamento de alimentação ou das unidades funcionais individuais de um serviço de alimentação comunicar suas necessidades ao comprador para assegurar a entrega da quantidade necessária de alimentos e suprimentos no momento adequado e com a qualidade desejada. Isso exige cooperação por parte do comprador, assim como do pessoal do negócio de alimentação, e uma disposição para honrar os padrões de qualidade estabelecidos pelo serviço de alimentação.

Comprar a quantidade de alimentos pedida pelo serviço de alimentação, com a qualidade exigida e dentro das limitações impostas pelas políticas orçamentárias e financeiras da organização exige conhecimento de fatores internos e externos. Os fatores internos incluem os clientes, o cardápio, as receitas, a disponibilidade e as habilidades da mão de obra, os equipamentos, as instalações de armazenamento e as quantidades de alimentos necessárias. Os fatores externos incluem o sistema de *marketing*, os padrões e a qualidade dos alimentos, a disponibilidade de produtos e os métodos de compras.

O comprador representa a instituição em negociações com representantes do mercado e deve ter um amplo conhecimento e entendimento das exigências legais, especialmente as relacionadas a pedidos e contratos. Deve haver um entendimento claro da autoridade de tomada de decisões do comprador e das políticas institucionais dentro das quais o comprador deve operar.

A arte da negociação

A excelência em inúmeras habilidades de comunicação é essencial para o comprador bem-sucedido. A capacidade de estabelecer parcerias de trabalho profissionais através de habilidades interpessoais sólidas e habilidades de ouvir e de redação técnica são fundamentais para o desenvolvimento de especificações e contratos eficazes. Os compradores devem ser diligentes para que os produtos de mais valor para a organização sejam garantidos. Portanto, uma habilidade de comunicação de grande importância para a função de compras é a **negociação**.

A capacidade de negociar é essencial para uma compra bem-sucedida. É uma habilidade que pode ser aprendida e aperfeiçoada ao longo do tempo. O comprador precisa negociar compras informais e/ou por contrato que sejam justas para o serviço de alimentação e o vendedor. A primeira etapa para as negociações bem-sucedidas com um vendedor potencial é o comprador estar bem preparado com conhecimento e informações sobre os produtos necessários e a operação de negócios de alimentação em que eles serão usados. Como dito anteriormente, existem vários meios pelos quais o comprador pode se manter atualizado sobre as tendências de alimentos e suprimentos. Além disso, o comprador precisa trabalhar em conjunto com as equipes de produção e serviço a fim de assegurar que as necessidades e limitações operacionais sejam bem compreendidas. Por exemplo, o comprador precisa conhecer as quantidades e os tipos de espaço de armazenamento disponíveis para os produtos em todas as formas. Uma análise dos tipos e capacidades de equipamentos de produção ajuda o comprador a entender melhor as formas e os volumes de produtos que são viáveis para uma operação de alimentação específica.

Ética em compras

Comprar exige integridade, maturidade, habilidades de negociação e compromisso com um alto padrão ético. Atuando como agente para a instituição, o comprador recebe a confiança de tomar decisões acerca de qualidade, preço e quantidades a comprar, e não pode se dar ao luxo de comprometer dinheiro ou seu cargo. Os compradores podem estar sujeitos a propinas e outros tipos de estímulos para influenciar as decisões de compra. *Conluio* se refere a um acordo secreto entre o comprador e o vendedor para atender a objetivos fraudulentos. O exemplo mais comum aparece na forma de subornos, em que o comprador aceita algo de valor (dinheiro ou mercadorias) do vendedor em troca de uma venda. Conflitos menos evidentes podem aparecer na forma de almoços gratuitos, presentes em ocasiões especiais e amostras grátis. As violações do profissionalismo nas compras devem ser claramente identificadas na política de ética da organização (frequentemente chamada de código de ética). Não deve ser aceito nenhum presente ou favor que possa comprometer a capacidade do comprador de tomar decisões de compra objetivas.

Um comprador deve ser capaz de negociar com sucesso com representantes de vendas, corretores e outros agentes de *marketing*. A cortesia e o tratamento adequado contribuem para o estabelecimento de uma relação de trabalho satisfatória entre esses agentes, que podem ser fontes valiosas de informações sobre novos produtos e a disponibilidade dos alimentos no mercado. O comprador deve tomar cuidado para evitar comprometer uma relação profissional.

Os produtos devem ser avaliados com objetividade e as decisões de compra devem ser tomadas com base em qualidade, preço e serviço. As informações recebidas em confiança de uma empresa não devem ser usadas para obter uma vantagem desleal em negociações competitivas.

Negociação
É a habilidade de comunicação usada por alguns indivíduos para discutir com outros de modo a chegar a um acordo ou compromisso.

Ética
É a ciência da moral no comportamento humano.

Estrutura de compra

▌**Conceito-chave:** A estrutura de compra varia dependendo do tamanho e do tipo de organização.

As operações de negócios de alimentação funcionam de acordo com diferentes tipos de arranjos de compra, dependendo de inúmeros fatores, incluindo o tamanho da organização, a propriedade e a localização geográfica. Compras centralizadas e coletivas são tipos comuns e serão descritas nas próximas páginas. É importante o leitor perceber que muitas operações de uma unidade conduzem duas funções de compras como parte das operações departamentais. Por exemplo, um *chef* em um restaurante de uma unidade pode ter responsabilidade total pelas compras, independentemente de um departamento de compras ou de um contrato de grupo.

Compras centralizadas. As compras centralizadas, nas quais um departamento de compras e não um gerente de departamento é responsável por obter os suprimentos e equipamentos necessários para todas as unidades da organização, são usadas em muitas organizações de grande porte, incluindo universidades, escolas, restaurantes multiunidades e hospitais. Ao aliviar as unidades individuais da responsabilidade de entrevistar representantes de vendas, negociar contratos e fazer pedidos, esse sistema tem se provado eficaz em termos de custo e economia de tempo para o serviço de alimentação. Quando as compras centralizadas são usadas, a autoridade para comprar algum produto, como produtos agrícolas frescos ou outros alimentos perecíveis, pode ser delegada ao serviço de alimentação ou, no caso de organizações multiunidades, às unidades individuais. Às vezes, o gerente de uma unidade tem autoridade para comprar até determinado valor em dólares. Por exemplo, um *chef* de um hospital de grande porte pode ter autoridade para iniciar compras de até US$500. Os bens que custam mais de US$500 precisam ser comprados por meio do escritório central de compras.

Compras centralizadas
É uma estrutura de compras em que um departamento dentro da organização assume a maior responsabilidade pela função de compras.

Uma desvantagem potencial das compras centralizadas é que pode se desenvolver um atrito entre o departamento de compras e a unidade de serviço de alimentação se não houver um entendimento claro da autoridade para tomar decisões, especialmente quanto a padrões de qualidade. A possibilidade de atrito existe em todas as compras de grande porte, a menos que os limites de autoridade sejam bem definidos e as linhas de comunicação sejam mantidas claras e abertas.

Compras coletivas e cooperativas. É benéfico os compradores aumentarem o volume e diminuírem as exigências de serviço para melhorar a alavancagem com os fornecedores e, assim, comprar por preços mais baixos. Os esforços para aumentar o volume levaram alguns diretores de serviços de alimentação a consolidar seus poderes de compra com os de outras organizações em arranjos cooperativos de compras. Por exemplo, vários hospitais em uma área metropolitana podem combinar suas compras para obter preços mais baixos e possivelmente arranjos de serviço mais favoráveis; ou, em comunidades menores, dois ou mais serviços de alimentação diferentes, como uma escola, um hospital e uma casa de repouso, podem participar de um arranjo de compras cooperativo. O armazenamento central pode ser parte desse tipo de plano, mas, se o volume for grande o suficiente, os vendedores podem concordar em entregar as mercadorias diretamente às unidades individuais.

Compras coletivas e cooperativas
Quando uma organização representa as organizações membro e supervisiona sua função de compras.

As compras coletivas diferem das centralizadas porque os membros do grupo são de organizações independentes e não estão sob a mesma administração ou dentro de uma organização. Nas compras cooperativas, os membros normalmente são unidades de um sistema maior, como escolas em um sistema escolar de bairro ou municipal. Obviamente, a principal vantagem das compras cooperativas são as vantagens de preço obtidas pelo aumento de volume, que pode, por sua vez, atrair vendedores mais interessantes. Outras vantagens das compras cooperativas para os gerentes de negócios de alimentação incluem liberdade para se encontrar com representantes de vendas e economia de tempo com menos burocracia e administração da função de compras.

O comprador é selecionado pelos membros e mantém um escritório independente das organizações participantes. O serviço de compras geralmente é apoiado por uma comissão paga por cada instituição com base em um porcentual dos pedidos. Para ser eficaz, todos os membros da cooperativa devem abrir mão de seu tempo e comprometer a maioria de seus pedidos de compras aos esforços do grupo. As organizações participantes devem concordar com especificações comuns e estabelecer um cronograma de licitação. As preferências alimentares podem variar entre diversas organizações, então os membros ocasionalmente devem estar dispostos a abrir mão de suas exigências em benefício do grupo.

Departamento de Administração do estado de Wisconsin.
  Supervisiona os contratos de alguns produtos usados em todas as instalações administradas pelo estado.
  Exemplo: sacos de lixo.
  Obriga todas as instalações estaduais a usarem o conceito de revenda especial.	

Universidade de Wisconsin-Madison: Serviços de Compras
  Administra contratos que são compartilhados com outras divisões do *campus*, incluindo a união estudantil e o departamento de educação física. Exemplo: *bagels*.
Universidade de Wisconsin-Madison: Departamento de Habitação
  Supervisiona contratos de licitação competitiva.
  Exemplo: os contratos de carne, pão, queijo e produtos agrícolas são administrados no nível da divisão.	

Serviços de Alimentação
  Tem autoridade para comprar alguns itens alimentícios diretamente de vendedores sem aprovação dos níveis de divisão, *campus*, sistema ou estado, supondo que os vendedores atendam às exigências do *campus*.
  Exemplo: Alimentos orgânicos, mas os vendedores devem atender às exigências do *campus* quanto a seguros e apresentar certificações.	

Figura 6.4 Estrutura de compras para o serviço de refeições de uma universidade administrada pelo estado.

Organizações de compra coletiva (OCC), muitas vezes chamadas de alianças ou consórcios de compra, são uma ideia relativamente nova no conceito de compras coletivas. Uma OCC é uma organização que representa as organizações membro e supervisiona a função de compras para toda a organização. Por exemplo, hoje existem inúmeras OCC nacionais e regionais que representam diversos segmentos do setor de saúde, como hospitais universitários, hospitais comunitários, casas de repouso e clínicas. A OCC negocia e seleciona uma lista de vendedores para todas as categorias de necessidades para as instituições membro, incluindo não apenas alimentos, mas lençóis, suprimentos cirúrgicos, remédios e filmes de raio-X, para citar alguns. Dependendo da natureza da OCC, os gerentes de compras se comprometem a adquirir os produtos desses gerentes de unidade de vendedores, incluindo os dos serviços de alimentação, e não têm liberdade para negociar ou comprar de outros vendedores.

A vantagem dessas alianças é uma economia geral de custos para a organização, e não para as unidades individuais. Como o serviço de alimentação em geral representa apenas uma fração do orçamento de uma instalação de saúde, ele raramente tem muito poder de negociação nesses programas,

A estrutura de compras dentro de uma organização pode ser ainda mais complicada se ela for uma entidade pública, como uma prisão federal ou um hospital público. As políticas de compra no nível governamental devem ser honradas através de todos os processos de compras. A Figura 6.4 ilustra a complexidade das compras em uma universidade pública.

Vendedores e distribuidores de alimentos

▌ **Conceito-chave:** Um serviço de alimentação pode comprar alimentos e produtos de uma ampla variedade de vendedores.

Revendedores
Vendedores. Fontes de suprimento.

A seleção de fornecedores, ou **revendedores**, é uma das decisões mais importantes que devem ser tomadas em um programa de compras. A gerência e aqueles com autoridade para comprar precisam trabalhar juntos para estabelecer padrões de qualidade para os alimentos e suprimentos e para realizar no mercado uma busca por vendedores confiáveis que sejam capazes de fornecer os produtos desejados.

Na prática, existem várias categorias de vendedores ou distribuidores de alimentos. As duas mais comuns usadas em serviços de alimentação são os vendedores *genéricos* e os *especializados*. Um vendedor especializado normalmente tem uma linha de produtos limitada. Por exemplo, ele pode limitar sua linha a apenas gêneros alimentícios ou vender apenas uma *commodity*, como carne, peixe ou produtos agrícolas.

Um vendedor de alimentos genérico tem grandes estoques de alimentos e suprimentos, representando inúmeros vendedores especializados, em uma tentativa de atender a quase todas as necessidades que um serviço de alimentação pode ter. Além dos alimentos, esses vendedores genéricos ou de linha completa provavelmente têm produtos químicos, produtos de papel e equipamentos. A Sysco e a U.S. Foodservice são os dois distribuidores de alimentos mais reconhecidos no nível nacional nos EUA. Outros distribuidores regionais incluem Reinhart Foodservice e Gordon Food Service. Uma vantagem importante é a conveniência de otimizar as tarefas administrativas, como fazer pedidos e processar faturas. Os compradores também recebem descontos por compras em volume, especialmente se o distribuidor for um vendedor especial. O conceito de vendedor especial será abordado posteriormente neste capítulo. As operações de negócios de alimentação muitas vezes funcionam com pelo menos um distribuidor genérico e vários vendedores especializados para atender às suas amplas necessidades de alimentos e suprimentos.

Um comprador novato em uma operação de negócios de alimentação pode localizar vendedores por meio de inúmeros recursos, incluindo:

- A internet
- Outros operadores de serviços de alimentação.
- Periódicos e publicações comerciais.
- Feiras comerciais.

Uma importante responsabilidade do comprador ao iniciar um relacionamento de trabalho profissional com um vendedor é avaliar cuidadosamente o escopo de produtos e serviços do vendedor. Para isso, o comprador deve fazer as pesquisas necessárias sobre a linha de produtos do vendedor, os serviços disponíveis e a confiabilidade para atender às especificações contratuais.

O comprador deve avaliar com cuidado a linha de produtos do vendedor potencial para analisar a disponibilidade dos produtos necessários e garantir que os produtos atendam aos padrões de qualidade da organização. Detalhes sobre cronogramas de entrega, políticas de pagamento e planos de contingência para situações em que os padrões não sejam atendidos devem ser conhecidos pelo comprador. Por exemplo, um comprador deve se informar sobre a política do vendedor quanto ao crédito quando um produto danificado ou estragado é entregue. Políticas sobre entregas de emergência também devem ser analisadas. Alguns vendedores têm políticas sobre como entregar suprimentos alimentícios no caso de um desastre, como um tornado, tempestade de neve ou terremoto. É muito importante analisar as políticas de descontos sobre pagamentos adiantados, reembolsos e descontos sobre grandes volumes. Visitas à sede local do vendedor e conversas com outros operadores de serviços de alimentação podem oferecer grande parte dessas informações.

Muitos vendedores oferecem equipamentos de apoio ou programas de serviço com a compra de determinados produtos. Estes costumam ser chamados de *serviços com valor agregado* ou serviços incluídos na compra de um produto sem custo adicional. Por exemplo, um vendedor pode oferecer suprir equipamentos de cafeteria sem custo adicional com a compra de seus produtos de café ou uma pipoqueira com a compra da linha de pipocas do vendedor. É importante o comprador se informar sobre a assistência técnica oferecida pelo vendedor para serviço e manutenção desses programas. As informações necessárias incluem a disponibilidade do serviço no caso de falhas no equipamento e a programação de manutenção de rotina no equipamento.

A localização e o tamanho do serviço de alimentação são fatores importantes na seleção de um fornecedor. Se a operação for localizada em uma área metropolitana ou perto de uma, pode haver vários fornecedores que atendam às necessidades de quantidade e qualidade e cujos cronogramas de entrega sejam satisfatórios para o serviço de alimentação.

Para uma operação em um local pequeno ou remoto, parte de seus suprimentos ou todo pode ser comprada localmente. Nessa situação, o comprador deve se assegurar que os vendedores têm estoques adequados e são capazes de reabastecer os produtos rapidamente. Se houver fornecedores locais suficientes para oferecer preços competitivos, o comprador pode preferir comprar apenas certos produtos localmente, como laticínios, itens de padaria e produtos agrícolas frescos, e fazer pedidos menos frequentes de alimentos enlatados e gêneros alimentícios com um atacadista maior que pode dividir ou separar caixas de alimentos ou suprimentos em quantidades mais adequadas para a operação de negócios de alimentação.

Em algumas situações, operadores de grande volume podem conseguir comprar alimentos enlatados ou outros itens não perecíveis diretamente do processador e criar arranjos satisfatórios para a entrega de seus produtos. Como a quantidade de alimentos comprados seria grande, a quantidade e o tipo de espaço de armazenamento e os recursos financeiros podem ser fatores determinantes para decidir se é possível a compra direta.

Métodos de compras

■ **Conceito-chave:** Métodos formais e informais de compras são usados pelas operações de negócios de alimentação.

Os dois principais métodos de compras são as compras *informais* ou *no mercado aberto* e as *compras por licitação formal competitiva*. Ambos os métodos podem ser usados em diversas épocas para diferentes *commodities*. Variações desses métodos ou arranjos alternativos de compras podem ser preferidos por alguns serviços de alimentação ou ser usados durante determinadas condições incertas de mercado.

Comprar é uma função administrativa e, como tal, o administrador do serviço de alimentação deve ter políticas e procedimentos para orientá-lo na criação de um plano de ação. Os métodos de compras selecionados dependem dessas políticas institucionais, do tamanho da organização, da quantidade de dinheiro disponível, da localização dos vendedores e da frequência das entregas.

Compras informais ou no mercado aberto

Cotação
É o valor declarado como preço atual de um produto ou serviço desejado.

Compras informais é um método comumente usado, especialmente em operações de negócios de alimentação menores. O sistema envolve pedir os alimentos e suprimentos necessários de uma lista selecionada de vendedores com base em uma **cotação** diária, semanal ou mensal. Os preços se baseiam em um conjunto de especificações fornecidas aos vendedores interessados. O comprador pode solicitar preços diários para frutas e vegetais frescos, mas pode usar uma lista de cotação mensal para outros itens alimentícios. O pedido é feito depois de considerações sobre o preço em relação à qualidade, à entrega e a outros serviços oferecidos.

O contato entre o comprador e o vendedor é feito por fax, computador, telefone ou através de representantes de vendas que visitam o comprador. O uso de cotações de preços e formulários de pedido nos quais se registram os preços apresentados por cada vendedor (Fig. 6.5) é uma ajuda para o comprador. Se as cotações forem enviadas por telefone, os preços devem ser registrados. Para grandes pedidos de produtos ou gêneros alimentícios enlatados ou quando o intervalo de tempo entre as cotações e o pedido não é importante, as solicitações de cotações por escrito podem ser feitas por correio ou fax, como mostra a Figura 6.6. Hoje, no entanto, grande parte da comunicação de compras é feita por computador, se não toda.

Considerar novos vendedores de tempos em tempos e visitar o mercado quando possível permite que o comprador examine o que está sendo disponibilizado por outros vendedores e anote os preços atuais. Ao usar a compra informal, o comprador e o vendedor devem concordar sobre as quantidades e os preços antes da entrega. Apenas vendedores que oferecem serviços confiáveis e preços competitivos devem ser considerados para as compras no mercado aberto.

Compras por licitação formal competitiva

Nas compras por licitação formal competitiva, as especificações escritas e as quantidades estimadas necessárias são submetidas aos vendedores com um convite para eles cotarem os preços dos itens listados dentro de um período especificado. A solicitação de licitações pode ser bem formal e anunciada nos jornais, e cópias podem ser impressas e amplamente distribuídas, ou pode ser menos formal, com poucas cópias enviadas aos vendedores interessados. As licitações são abertas em uma data designada, e o contrato geralmente é concedido ao vendedor que oferece o melhor preço e atende às especificações de produto e serviço.

Agentes de compras para instituições locais, estaduais ou federais controladas pelo governo normalmente são obrigadas a submeter licitações a todos os vendedores qualificados, especialmente as acima de determinado valor. Os compradores de organizações privadas, no entanto, podem selecionar as empresas que desejam convidar a participar das licitações, e o comprador pode incluir apenas os vendedores cujo desempenho e confiabilidade sejam conhecidos. O procedimento para as compras por licitação competitiva será discutido com mais detalhes posteriormente neste capítulo, na seção "Procedimentos de compra".

Pedido de compra

Universidade de Wisconsin
Hospital e clínicas

Aberto

Número do pedido	Data	Revisão	Página
FS10800868	25/10/2010		1

Cond. Pagto	Cond. Frete	Meio transporte
Líquido 30	FOB destino	Melhor meio

Comprador	Fone	Fax
Bruce A Carlson	608/263-1525	608/263-0343

Enviar para: Recebimento de serviços de alimentação
600 N Highland Ave
F4/150
Madison WI 53792
Fornecedor: 001547   (800/366-8711 X2)
SYSC INC
910 SOUTH BLVD
61
Baraboo WI 53913-0090
Fone: (800)366-8711   FAX: (608)355-8401

Faturar para: Depto de contas a pagar
P.O. BOX 5448
MADISON WI 53705-5448

Isenção de imposto? S   Código de isenção de imposto: 39-1835630

Linha	Descrição	Ident.	Qtde.	UdM.	Preço	Amt estendido	Data vencto
1	1516236 Maçã verm. DEL. FCY 72 unid.	MISC	1	caixa	31,65	31,65 Cód UWH do item	25/10/2010 3272884
2	8337842 Abacate 100% fresco (polpa) 1,8 kg 4 pctes/caixas		1	caixa	37,79	37,79 Cód UWH do item	25/10/2010 4009009
3	2004513 Orégano fresco pcte 120 g		1	pcte	5,40	5,40 Cód UWH do item	25/10/2010 4006118
4	7700404 Cenoura inteira descascada e pré-lavada 2,25 kg pcte	MISC	1	caixa	18,48	18,48 Cód UWH do item	25/10/2010 3273691
5	1750041 Flores de couve-flor 272 g pcte		9	caixa	18,41	165,69 Cód UWH do item	25/10/2010 4002786
6	6524086 Aipo fatiado 168 g		2	unid.	26,00	52,00	25/10/2010
7	1739846 Pepino 22,5 kg caixa USFANCY não < 15 cm comprimento	MISC	1	caixa	30,12	30,12 Cód UWH do item	25/10/2010 3270205
8	1821537 Alho fresco descascado 2 kg pote		1	pote	42,44	42,44 Cód UWH do item	25/10/2010 4002534

Departamento de compras
8501 EXCELSIOR DRIVE #328
MADISON WI 53717

NÃO AUTORIZADO

Nota: as planilhas de segurança de material devem ser fornecidas em todos os embarques de produtos químicos perigosos, conforme estabelecido em 29 CFR 1910 1200.
O depósito central da USDS para a UWHC fica atualmente localizado em 3E Company, 1905 Aston Avenue, Carlsbad, CA 92009
Nota: este pedido de compra está sujeito aos termos e às condições estabelecidos pelo padrão UWHC. Preços em dólar.

Figura 6.5 Formulário de pedido de compra.
Cortesia do Departamento de Habitação, Refeições e Serviços Culinários da Universidade de Wisconsin-Madison.

Figura 6.6 Exemplo de formulário para solicitação de cotações de preços por fax.

_____ **Universidade**
Departamento de Refeições

(Data)

Para:

SOLICITAÇÃO N.

Apresente nesta folha seu preço líquido f.o.b. para os itens especificados abaixo. Nós nos reservamos o direito de aceitar ou rejeitar toda ou parte desta proposta.

Cotações recebidas até 16h00 _____

Importante: Leia as instruções no verso antes de preparar a proposta.

Quant.	Unid.	SOLICITAÇÃO DE COTAÇÃO – Isto NÃO é um pedido	Preço por unidade	Preço total

Devolver – DUAS CÓPIAS – para: Departamento de Alimentos

Cotamos f.o.b. _____

A entrega pode ser feita { imediatamente / _____ dias.

Assinar aqui o nome da empresa

_____ Por _____ Desconto à vista: _____
Data

Vantagens e desvantagens. As compras por licitação muitas vezes são exigidas por sistemas de compras do governo, como os encontrados em instalações carcerárias, e são consideradas vantajosas por serviços de alimentação de grande porte ou organizações multiunidades. A licitação formal, se for redigida com clareza, minimiza a possibilidade de que ocorram mal-entendidos em relação à qualidade, ao preço e à entrega. O sistema de licitação é satisfatório para bens enlatados, produtos congelados, artigos de papelaria e outros alimentos não perecíveis. Os alimentos comprados por pedidos permanentes, como leite e pão, também são apropriados para esse tipo de compra; contudo, ele pode não ser prático para itens perecíveis por causa da flutuação diária dos preços de mercado.

Existem duas grandes desvantagens na compra formal competitiva. O sistema consome tempo, e o planejamento e as solicitações de licitação devem ser feitos com muita antecedência, de modo que o comprador tenha tempo para distribuir os formulários de licitação e os fornecedores tenham tempo para verificar a disponibilidade dos suprimentos e determinar um preço justo. Embora esse tipo de compra tenha sido projetado para assegurar a honestidade, ele se presta à manipulação quando estão envolvidas grandes quantidades de dinheiro, especialmente se os compradores e o departamento de compras forem sensíveis à pressão política.

Variações da licitação competitiva. Muitas variações e técnicas são encontradas na licitação competitiva formal, dependendo do tipo de instituição, dos recursos financeiros do vendedor e do comprador e das instalações de armazenamento do serviço de alimentação e da capacidade de entrega do vendedor. As licitações podem ser redigidas para um suprimento de mercadorias ao longo de um período de tempo por preços que flutuam com o mercado; por exemplo, um suprimento de seis meses de farinha pode ser exigido, com 227 quilos entregues a cada mês, por um preço compatível com as condições atuais do mercado.

Em um contrato de preço fixo (FFP), o preço não está sujeito a ajustes durante o período do contrato, o que implica um risco máximo para o vendedor e é usado quando especificações definidas estão disponíveis e preços justos e razoáveis podem ser estabelecidos desde o início. Um comprador pode solicitar licitações para o suprimento de um mês de laticínios, a serem entregues diariamente conforme necessário. Outra variação envolve a compra de uma quantidade específica de mercadorias, como o suprimento de um ano de bens enlatados, mas, devido ao armazenamento inadequado, o serviço de alimentação pode recorrer ao contrato ao longo do período de duração dele.

Muitas formas diferentes são usadas no sistema de licitação por escrito, e os termos podem diferir em várias partes do país, mas todas elas são, basicamente, convites para apresentar proposta com as condições da licitação claramente especificadas. Junto ao convite há uma lista das mercadorias necessárias, especificações e quantidades envolvidas e quaisquer condições relacionadas a suprimentos e flutuações no mercado. (Um exemplo de pedido de licitação será apresentado posteriormente neste capítulo, na Fig. 6.14.)

Variações nos métodos de compras

Compras por custo mais lucro. Nas *compras por custo mais lucro*, um comprador concorda em adquirir determinados itens de um fornecedor por um período de tempo ajustado com base em um lucro fixo sobre o custo do vendedor. O período de tempo pode variar e ser aberto para licitação entre diferentes vendedores. Esse plano é mais eficaz em compras de grande volume.

O custo do vendedor normalmente se baseia no custo do material para o comprador mais quaisquer custos incorridos em mudanças de embalagem, fabricação de produtos, perda da aparência ou redução pelo tempo. O lucro, que deve cobrir as despesas gerais, o custo de faturamento ou entregas ou outras despesas que são pagas pelo vendedor podem variar com o tipo de alimento que está sendo adquirido. Ao negociar um acordo de compras por custo mais lucro, deve-se chegar a um entendimento claro do que está incluído nos custos e o que é considerado parte do lucro do vendedor. Um jeito de verificar os custos do vendedor também devem fazer parte do acordo.

Revenda especial. A revenda especial é um método de compras que tem se tornado popular e bem aceito entre compradores de restaurantes e não comerciais nos últimos anos. O método envolve um acordo formal (assegurado através de uma licitação ou informalmente) com um único vendedor para suprir a maioria dos produtos necessários. As necessidades geralmente são especificadas em termos de porcentual do uso total por categoria. As categorias podem incluir carnes e aves frescas, congelados, laticínios, alimentos secos, produtos agrícolas, bebidas e categorias não alimentares, como descartáveis, suprimentos, equipamentos e produtos químicos. Os percentuais podem variar de 60 a 95%, sendo que os níveis médio a alto são mais comuns. O acordo se baseia em um compromisso de comprar a quantidade especificada por um período específico.

As principais vantagens deste método são preços reduzidos, que são alcançados pelo alto volume e pela economia de tempo. A economia de tempo resulta de não ter de cumprir exigências administrativas e contábeis para inúmeros vendedores. As vantagens adicionais incluem o desenvolvimento de uma parceria profissional forte com o vendedor e o potencial de serviços com valor agregado, como *software* de computador para submeter pedidos e rastreá-los.

O comprador deve estar atento a problemas potenciais com contratos de revenda especial. Por exemplo, os preços podem aumentar com o tempo; portanto, os procedimentos para auditar periodicamente os preços devem ser definidos com clareza como parte do acordo.

Contrato abrangente de compra. O *contrato abrangente de compra* (BPA) é usado, às vezes, quando uma ampla variedade de itens é comprada de fornecedores locais, mas os itens, quantidades e exigências de entrega exatos não são conhecidos antecipadamente e podem variar. Os vendedores concordam em fornecer – em uma base de "conta de despesas" – tais suprimentos conforme solicitados durante um período específico de tempo. Os BPAs devem ser estabelecidos com mais de um vendedor, de modo que os pedidos de entrega possam ser feitos com a empresa que oferecer o melhor preço. O uso de mais de um vendedor também permite que o comprador identifique um "preço aumentado", o que pode ocorrer quando apenas um vendedor está envolvido.

Compras just-in-time. As compras *just-in-time*, ou JIT, são mais uma variação de compras. Na verdade, é uma estratégia de planejamento de estoque e produção na qual o produto é comprado nas quantidades exatas necessárias para um turno de produção e entregues "*just in time*" (no momento certo) para atender à demanda de produção. O objetivo é ter o mínimo de produtos em estoque pelo mínimo de tempo possível, em um esforço para maximizar o fluxo de caixa. Alguns produtos, como leite, pão e, possivelmente, carne fresca, podem ir direto para a produção e evitar totalmente os custos de estoque. Outros benefícios incluem uma administração melhor do espaço e produtos mais frescos. Esse método tem impacto sobre todas as unidades funcionais, sendo que a mais evidente é a produção. Esse arranjo deve ser cuidadosamente planejado e orquestrado para assegurar que não ocorra escassez de produtos.

Seleção de produtos

▌ Conceito-chave: Inúmeros fatores precisam ser considerados ao selecionar produtos para uma operação de negócios de alimentação.

Formas dos alimentos no mercado

Decidir a forma na qual o alimento deve ser comprado é uma grande decisão que exige uma avaliação cuidadosa. A forma se refere ao formato físico (inteiro, em fatias, em cubos etc.) e à temperatura (seco, congelado ou refrigerado). Os custos envolvidos na compra e no uso de formas frescas ou naturais de alimentos *versus* alimentos parcialmente preparados ou prontos para consumo e a aceitabilidade de tais itens pelos consumidor são fatores importantes a considerar. Várias opções podem estar disponíveis para preparar o mesmo item do cardápio. Tortas de frutas, por exemplo, podem ser feitas do zero ou usando ingredientes parcialmente preparados, como massas prontas para assar e recheios prontos para usar. Outras opções incluem tortas prontas para assar e tortas totalmente assadas, prontas para servir.

Em razão da falta de espaço, equipamento ou pessoal, o gerente de um negócio de alimentação pode querer considerar a compra de itens de conveniência parcial ou totalmente processados. Antes de tomar essa decisão, o custo, a qualidade e a aceitabilidade por parte dos clientes dos alimentos comprados prontos devem ser comparados com o mesmo item do cardápio feito nas dependências. A Tabela 6.2 lista os fatores a serem considerados na decisão de

Tabela 6.2   Decisões de fazer ou comprar produtos prontos.

Fator	Considerações
Qualidade	Avaliar se o padrão de qualidade, conforme definido pela organização, pode ser alcançado.
Equipamentos	Avaliar disponibilidade, capacidade e tempo de troca de lote para assegurar que a demanda de produtos possa ser atendida.
Mão de obra	Avaliar disponibilidade, habilidades atuais e necessidade de treinamento.
Tempo	Avaliar o tempo de preparação, produção e serviço com base na demanda prevista para o produto.
Estoque	Avaliar a necessidade de espaço de armazenamento e de espera.
Custo total	Realizar uma análise de custos completa de todos os recursos utilizados para fazer ou comprar o produto pronto. Usar o custo como base de decisão depois que os outros fatores tiverem sido cuidadosamente analisados.

fazer ou comprar produtos prontos. Se a decisão for comprar o produto preparado, o gerente e o comprador devem estabelecer os padrões de qualidade para esses alimentos.

No caso de serviços de alimentação que preferirem preparar os produtos em suas próprias cozinhas, há alternativas de compras que economizam o tempo de preparação. O mercado oferece uma variedade de ingredientes processados para se escolher. Cebolas cortadas congeladas, melões pré-cortados, queijo fatiado, suco de limão congelado, frango e peru cozidos e diversas misturas de bolos, sopas, molhos e pudins são exemplos disso.

Escolher alimentos frescos, congelados ou enlatados depende da quantidade de mão de obra disponível para a preparação, dos custos comparativos das porções e da aceitabilidade por parte dos clientes. O alto custo da mão de obra levou muitos serviços de alimentação a limitarem o uso de frutas e legumes frescos, exceto no caso de saladas ou em épocas de suprimento abundante, quando os custos são mais baixos. Pode haver épocas em que uma alteração no cardápio deve ser feita por causa da diferença de preços entre itens alimentícios frescos, congelados e enlatados.

Tendo em mente o padrão de qualidade estabelecido para o produto pronto, o gerente deve encontrar a melhor combinação de alimentos disponíveis em uma forma que mantenha o mínimo de preparação, mas ainda assim gere um produto da qualidade desejada. A Figura 6.7 mostra um cálculo de fazer ou comprar pronto.

Qualidade dos alimentos

Antes de o alimento poder ser comprado, a qualidade dos alimentos deve ser apropriada à operação de negócios de alimentação e seu uso no cardápio deve ser decidido. A graduação mais alta pode não ser necessária sempre para todos os propósitos. Os alimentos vendidos com graduação mais baixa são integrais e têm essencialmente o mesmo valor nutritivo, mas diferem principalmente na aparência e, em menor grau, no sabor.

Figura 6.7 Cálculos para fazer ou comprar pronto.

Cenário: Precisa-se de alface para o buffet de saladas. Qual é a melhor compra: pé de alface inteiro ou picado pronto para servir?

Informações	Pé de alface inteiro fresco	Alface picada pronta para servir
Embalagem	24 por caixa	sacos com 400 g
Peso conforme comprado	18 kg	10 kg
Rendimento	76%	100%
Preço/unidade	R$ 17,35	R$ 15,56
Tempo de mão de obra para processar unidade	0,317 horas (19 minutos)	0
Custo de mão de obra/hora	R$ 12,00	R$ 12,00

Cálculos para pé de alface inteiro fresco

1. Conforme comprado (CC) 18 × 0,76 = 13,68 kg porção comestível (usável) (PC)
2. Custo de mão de obra por caixa: R$ 12,00 × 0,317 = R$ 3,80
3. Custo de mão de obra por quilo usável: R$ 3,80/13,68 = R$ 0,277
4. Custo do alimento por quilo usável: R$ 17,35/13,68 = R$ 1,26
5. Custo total por quilo usável: R$ 0,277 + R$ 1,26 = R$ 1,53

Cálculos para alface picada pronta para servir

1. Conforme comprado (CC) 10 kg com 100% rendimento = 10 kg porção comestível (usável) (PC)
2. Nenhuma mão de obra necessária para a preparação
3. Custo total por quilo usável: R$ 15,56/10 kg = R$ 1,55

Fatores além do custo que precisam ser considerados

1. Qualidade e tempo de prateleira
2. Disponibilidade de espaço refrigerado *versus* espaço congelado
3. Segurança dos alimentos

Alimentos que foram rebaixados por causa de falta de uniformidade no tamanho ou que têm peças quebradas ou irregulares podem ser usados em sopas, caçarolas, gelatina de frutas ou bolo de frutas. Além disso, pode ser necessário mais de um estilo ou lote de alguns itens alimentícios. Pêssegos sem açúcar ou enlatados podem ser satisfatórios para fazer tortas, mas pêssegos em calda podem ser preferíveis para servir em um prato como sobremesa.

Padrões de qualidade. A qualidade pode se referir à integralidade, à limpeza ou a estar livre de substâncias indesejáveis. Pode denotar um grau de perfeição em termos de forma, uniformidade ou tamanho ou de estar livre de manchas. Também pode descrever a extensão de características desejáveis, como cor, sabor, aroma, textura, maciez e maturidade. A avaliação da qualidade pode ser indicada pela graduação, pela marca ou pela condição.

Graduações. As graduações são classificações de qualidade do mercado. Elas refletem a relação entre a qualidade e o padrão estabelecido para o produto, e indicam o grau de variação desse padrão. As graduações foram estabelecidas pelo USDA para a maioria dos produtos agrícolas, mas seu uso é voluntário.

Graduação e serviços de aceitação. O USDA Agricultural Marketing Service [Serviço de Marketing Agrícola do USDA], em cooperação com agências estaduais, oferece graduação ou inspeção oficial de qualidade de carnes e produtos de carne, frutas e legumes frescos e processados, aves e ovos e laticínios manufaturados. A graduação se baseia nos padrões de graduação dos Estados Unidos desenvolvidos pelo USDA para esses produtos.[5]

Incluído nos programas de graduação e inspeção está um Serviço de Aceitação do USDA (USDA *Acceptance Service*) disponível para compradores institucionais de alimentos sob solicitação. Esse serviço verifica a qualidade especificada em um contrato de compras. O produto é examinado na fábrica de processamento ou embalagem ou no depósito do fornecedor por um oficial do Agricultural Marketing Service ou uma agência cooperativa estadual. Se o produto atender às especificações conforme declaradas no contrato, o graduador coloca nele um selo oficial e emite um certificado de conformidade. Se as compras precisarem ser certificadas, essa provisão deve ser especificada nos contratos com vendedores. A taxa de inspeção é, então, responsabilidade do fornecedor.

As graduações do USDA se baseiam em fatores de pontuação, sendo que a pontuação total determina a graduação. Visite o site do USDA para conhecer os detalhes sobre os padrões de graduação e as orientações para comprar diversas *commodities* (http://www.ams.usda.gov/). As graduações variam com as diferentes categorias de alimentos, conforme a lista a seguir:

- **Carnes:** U.S. Prime, U.S. Choice, U.S. Select e U.S. Standard. As graduações de qualidade são atribuídas de acordo com a quantidade de nervos, a maturidade do animal e cor, firmeza e textura do músculo. As graduações de rendimento 1, 2, 3, 4 ou 5 são usadas para carne de boi e carneiro para indicar a proporção de carne utilizável em relação a gordura e ossos, sendo que a classificação 1 corresponde ao menor conteúdo de gordura. Vitela e carne de porco não são graduadas separadamente em termos de rendimento e qualidade.
- **Aves:** As graduações para o consumidor são U.S. Grades A, B e C, com base em configuração, quantidade de carne, cobertura de gordura e falta de defeitos. As graduações comumente usadas nas compras institucionais são U.S. Procurement Grades 1 e 2. As graduações de compra dão mais ênfase ao rendimento da carne do que à aparência.
- **Ovos:** U.S. Grades AA, A e B. A qualidade dos ovos em casca se baseiam em fatores exteriores (limpeza, rigidez, forma da casca e textura) e fatores interiores (condição da gema e da clara e tamanho da célula de ar, determinada pelo teste da luz). Os ovos em casca são classificados de acordo com o tamanho como extragrandes, grandes, médios e pequenos.
- **Queijo cheddar:** U.S. Grades AA, A, B e C. As classificações se baseiam em sabor, aroma, corpo e textura, acabamento e aparência, e cor.
- **Produtos agrícolas frescos:** U.S. Fancy, U.S. Extra No. 1, U.S. No. 1, U.S. Combination e U.S. No. 2. Frutas e legumes frescos são classificados de acordo com as qualidades consideradas desejáveis para cada tipo de *commodity*, mas podem incluir uniformidade de tamanho, limpeza, cor ou falta de danos ou defeitos. As graduações são designadas por nome ou por número. Em razão da grande variação de qualidade e da natureza perecível das frutas e legumes frescos, a inspeção visual pode ser tão importante quanto a graduação; ou

---

[5] N.R.C.: No Brasil, não existe uma regulamentação parecida que qualifica os diferentes tipos de carne ou hortifrúti. Existem algumas especificações regulamentadas para alguns produtos específicos, mas não de forma geral, que possa nortear toda a cadeia produtiva.

Figura 6.8 Padrões da USDA para graduação de frutas e legumes enlatados.

Padrões para alimentos enlatados

Frutas

Graduação	Qualidade da fruta	Calda
U.S. Grade A ou De luxo	Excelente qualidade, cor viva, madura, firme, sem manchas, uniforme no tamanho e muito simétrica.	Grossa, cerca de 55%. Pode variar entre 40 e 70%, dependendo da acidez da fruta.
U.S. Grade B ou Seleto ou Extrapadrão	Qualidade ótima, cor viva, madura, firme, sem manchas sérias, uniforme no tamanho e simétrica.	Cerca de 40%. Normalmente contém de 10 a 15% menos açúcar do que a graduação De luxo.
U.S. Grade C ou Padrão	Boa qualidade, cor razoavelmente boa, razoavelmente livre de manchas, razoavelmente uniforme no tamanho, cor e grau de maturidade, e razoavelmente simétrica.	Cerca de 25%. Contém de 10 a 15% menos açúcar do que a graduação Padrão.
Subpadrão	Abaixo da graduação mínima para o Padrão.	Muitas vezes embalada em água. Se for embalada em calda, não passa de 10%.

Legumes

Graduação	Qualidade do legume
U.S. Grade A ou De luxo	Excelente sabor, muito tenro e suculento, uniforme no tamanho, forma, cor, maciez; representa o melhor da plantação.
U.S. Grade B ou Extrapadrão (às vezes chamado de Seleto)	Ótimo sabor, tenro e suculento; pode ser levemente mais maduro, mais firme na textura e às vezes menos uniforme que a graduação De luxo.
U.S. Grade C ou Padrão	Sabor menos delicado; mais firme na textura, muitas vezes menos uniforme no tamanho, forma, cor; mais maduro.
Subpadrão	Abaixo da graduação mínima para o Padrão.

um comprador pode especificar que a condição do produto no momento da entrega deve ser igual à da graduação solicitada.

- **Frutas e legumes enlatados:** U.S. Grade A (ou de luxo), U.S. Grade B (ou seleto para frutas e extrapadrão para legumes), U.S. Grade C (ou padrão) e U.S. Grade D (ou subpadrão). Os fatores para frutas e legumes enlatados incluem cor, uniformidade de tamanho, ausência de defeitos, natureza, sabor, consistência, acabamento, tamanho, simetria, limpeza da calda, maturidade, textura, integralidade e corte. Além desses fatores, exigências gerais devem ser cumpridas, como enchimento do recipiente, peso drenado e densidade da calda. Os fatores de graduação variam com cada tipo de frutas e legumes enlatados, mas a faixa de pontuação é a mesma. A Figura 6.8 mostra os padrões para alimentos enlatados.
- **Frutas e legumes congelados:** Existem padrões de graduações disponíveis para várias frutas e legumes congelados, mas não padrões de identidade, qualidade ou enchimento do recipiente. As frutas podem ser embaladas com açúcar em proporções variadas, como quatro ou cinco partes de fruta para uma parte de açúcar por peso ou sem açúcar. As frutas ou legumes podem ser congelados rápida e individualmente ou congeladas em blocos sólidos.

A designação das graduações e marcas na forma de um escudo só são permitidas nos alimentos oficialmente graduados sob a supervisão do Agricultural Marketing Service do USDA. A Figura 6.9 mostra exemplos de selos de graduação.

Marcas. Uma **marca** é designada por uma organização privada. Produtores, processadores ou distribuidores tentam estabelecer uma *commodity* como produto padrão e desenvolver demanda especificamente para suas próprias marcas. A confiabilidade desses nomes registrados depende da confiabilidade da empresa. Os nomes de marcas podem representar produtos que têm qualidade maior ou menor do que a graduação correspondente do governo. No entanto, alguns produtos de marca não são consistentes em termos de qualidade. Empresas privadas podem estabelecer seus próprios sistemas de graduação, mas essa classificação pode variar de uma estação para outra.

Marca
Um lote de mercadoria ou produto normalmente identificada por uma marca registrada ou rótulo.

Figura 6.9 Selos de graduação federal para carnes, aves e ovos.

Selo de graduação federal para carnes

Marca do USDA para graduação de aves

Marca do USDA para graduação de ovos em casca

É essencial ter algum conhecimento de nomes de marcas no sistema de *marketing* atual. As graduações do USDA são usadas para a maioria das carnes frescas e para frutas e legumes frescos, mas poucos enlatadores as usam, preferindo desenvolver suas próprias marcas. Se as graduações do USDA são especificadas e os licitantes submetem preços para produtos de marca, o comprador deve conhecer as graduações e as pontuações do USDA para avaliar os produtos. O comprador pode querer solicitar amostras ou, se o pedido for grande o suficiente para justificar, solicitar um certificado de graduação do USDA.

Procedimentos de compras

■ **Conceito-chave:** Os procedimentos usados para comprar produtos variam dependendo da formalidade da função de compras.

A complexidade do sistema de compras depende do tamanho e do tipo de uma organização, se o comprador é centralizado ou descentralizado e das políticas administrativas estabelecidas. Os procedimentos devem ser os mais simples possíveis, com registros e burocracia limitados ao essencial para controle e comunicação.

Boas práticas de compras incluem o uso de métodos de compras adequados, um cronograma de pedidos sistemático, manutenção de um fluxo adequado de mercadorias para atender às exigências de produção e um procedimento sistemático de recebimento e controle de estoque.

O processo de compra usando os métodos formal e informal é mostrado na Figura 6.10 e discutido nas seções a seguir.

Figura 6.10 Processo de compra usando os métodos formal e informal.

Identificação de necessidades

As quantidades de alimentos necessárias à produção dos cardápios planejados são identificadas a partir dos cardápios e das receitas usadas para prepará-los. Além disso, existem artigos de papelaria e outros suprimentos necessários aos diversos departamentos ou áreas de produção e serviço.

A submissão de um pedido de compras, ou **requisição**, é a ação que dispara o processo de compras, especialmente quando se usam métodos formais. A Figura 6.11 é um exemplo de formulário de requisição.

Requisição
É um formulário interdepartamental usado para solicitar produtos desejados, incluindo alimentos e suprimentos.

UNIVERSIDADE DE WISCONSIN-MADISON
Divisão de habitação estudantil

PEDIDO DE COMPRA

QTDE	ITEM	#MODELO	PREÇO UNIT.	PREÇO TOTAL

Forneça informações completas, tais como Nº do modelo, dimensões, cores etc.

| Frete: pré-pago = pago pelo fornecedor a cobrar = pago pela casa | Valor total do pedido _____ |
| Pré-pago   A cobrar   (marque uma opção) | Orçado ou estimado (escolha um) |

Instruções especiais (data, condições especiais de entrega, outras fontes de custeio etc.)

Lançar no Livro razão # _____   **ou no Orçamento de capital #** _____

ENTREGAR PARA:

Número do fornecedor # _____
Empresa _____
Endereço _____
_____

_____ Raywood Warehouse
_____ Haight Road Warehouse
_____ Outra localidade específica
_____ Fornecedor entrará em contato
Horário prioritário para entrega
(assinalar 0 se não houver)

Contato no fornecedor _____
Telefone # _____   Nome do solicitante: _____
Fax # _____   Telefone: _____

Assinale aqui se houver exigência de assinatura para aprovação dos seguintes pedidos de cobertura:
Cobertura regular ou cobertura do fornecedor R$1.500,00 a R$5.000,00 - Contrato de cobertura acima de R$1.500,00
Número do pedido de cobertura:

Assinatura _____   Data _____
Supervisor (exigido para compras inferiores a R$1.500,00)

Aprovado _____   Data _____
Diretor ass. / assist. (exigido para compras acima de R$1.500,00)

Uso exclusivo do setor de compras
Código da mercadoria _____   FOB _____   Referência _____

Código da classe _____   Termos _____   Nº Boletim / Fatura _____

Figura 6.11 Exemplo de formulário de requisição.
Cortesia do Departamento de Habitação, Refeições e Serviços Culinários da Universidade de Wisconsin-Madison.

Figura 6.12 Comparação entre os sistemas de estoque nominal e estoque mini-máx com pontos de reposição.

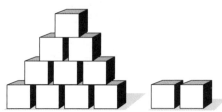

Sistema de estoque nominal
O estoque fica nesse nível toda vez que um pedido é feito, independentemente da quantidade à mão no momento do pedido.

Estoque nominal: 10 unidades
(quantidade necessária à mão)

Sistema mini-máx
O estoque pode diminuir até o nível de segurança antes que um novo pedido seja feito para elevar o nível ao máximo.

Máximo: 10 unidades
(maior quantidade permitida à mão)

Fator do estoque de segurança: 2 unidades
(quantidade mínima à mão – ponto de reposição)

Estoque
É uma lista detalhada e completa das mercadorias.

Nível de estoque. É essencial ter um sistema para comunicar as necessidades das áreas de produção e do depósito ao comprador. O estabelecimento de um nível de estoque mínimo e máximo oferece um meio de alertar o comprador para as necessidades. O nível mínimo é o ponto, estabelecido para cada item, abaixo do qual o **estoque** não deve cair. Essa quantidade depende do uso e do tempo necessário para o pedido e a entrega. Por exemplo, se frutas e vegetais enlatados forem comprados a cada três meses por meio de um procedimento de licitação formal, o intervalo de tempo seria mais longo do que para os produtos agrícolas frescos que são pedidos diária ou semanalmente através de compras informais.

O *nível mínimo de estoque*, então, inclui um fator de segurança para reabastecer o estoque. O *nível máximo de estoque* é igual ao estoque de segurança mais o uso estimado, que é determinado pelo uso passado e por previsões. A partir dessas informações, é estabelecido um ponto de reposição. A Figura 6.12 compara os sistemas mini-máx e estoque nominal para estabelecer pontos de reposição.

Outro fator a ser considerado nas unidades a repor é a quantidade mais viável economicamente. Por exemplo, se cinco caixas de um alimento são necessárias para levar o estoque ao nível desejado, mas é possível conseguir um desconto comprando dez caixas, o comprador pode considerar comprar a quantidade maior. O comprador é encorajado a pesar cuidadosamente as verdadeiras vantagens econômicas desses incentivos de preços. Alimentos armazenados prendem o dinheiro, e alimentos não utilizados que estragam significam, literalmente, dinheiro jogado fora.

Quantidade a comprar. A quantidade de alimentos e suprimentos comprados ao mesmo tempo e a frequência dos pedidos dependem de procedimentos financeiros e contábeis, do método de compras, da frequência das entregas e do espaço de armazenamento. Com armazenamento adequado e apropriado, a compra de artigos de papelaria pode variar de um suprimento de dois a seis meses, enquanto os perecíveis devem ser comprados toda semana e/ou todo dia.

Carnes, aves, peixes, frutas e vegetais frescos e outros alimentos perecíveis podem ser comprados para uso imediato no cardápio do dia ou mais provavelmente são calculados para dois dias ou mais, dependendo dos cronogramas de entrega, das instalações de armazenamento e das exigências de preparação. As quantidades se baseiam no tamanho da porção e no número projetado de porções necessárias, levando-se em consideração as perdas na preparação e na cocção. Se as receitas forem armazenadas em um computador, é uma tarefa simples calcular a quantidade necessária para o número desejado de porções. Os cálculos de receitas são apresentados no Capítulo 8.

Alguns produtos, como leite e pão, são entregues diariamente ou várias vezes na semana, e os pedidos se baseiam na quantidade necessária para manter o estoque no nível desejado. O preço pode ser determinado por um contrato de fornecimento de certos itens conforme necessário pelo período de um mês ou mais. Um nível de estoque de manteiga e margarina, queijo,

Pedido de compra diário

Data _____

À MÃO		PEDIR	À MÃO		PEDIR	À MÃO		PEDIR
	Laticínios:			*Carnes:*			*Vegetais congelados:*	
_____	gal. leite integral	_____	_____	_____	_____	_____	Aspargos	_____
_____	cx. 1 L integral	_____	_____	_____	_____	_____	Vagem	_____
_____	cx. 1 L chocolate	_____	_____	_____	_____	_____	Feijão-verde	_____
_____	cx. 1 L leite	_____	_____	_____	_____	_____	Brócolis	_____
_____	cx. 1 L desnatado	_____	_____	_____	_____	_____	Couve-de-bruxelas	_____
_____	kg queijo *cottage*	_____	_____	_____	_____	_____	Couve-flor	_____
_____	Sorvete	_____	_____	_____	_____	_____	Ervilha	_____
	Pães:			*Peixes:*			*Frutas frescas:*	
_____	Pão branco	_____	_____	_____	_____	_____	Maçã	_____
_____	Pão integral	_____	_____	_____	_____	_____	Banana	_____
_____	Centeio	_____	_____	_____	_____	_____	Frutas vermelhas	_____
_____	Branco de sanduíche	_____				_____	Melão cantaloupe	_____
_____	Integral de sanduíche	_____		*Aves:*		_____	Toranja	_____
_____	Centeio de sanduíche	_____	_____	Frango	_____	_____	Uva	_____
_____	Farelos	_____	_____	Peru	_____	_____	Limão	_____
	Brioches doces:		_____	Ovos	_____	_____	Laranja	_____
_____	Pão de passas	_____		*Vegetais frescos:*		_____	Pêssego	_____
_____	Pão de canela	_____	_____	Repolho	_____	_____	Abacaxi	_____
_____	Pão amanteigado	_____	_____	Cenoura	_____	_____	Ameixa	_____
_____	Donuts	_____	_____	Couve-flor	_____	_____	Melancia	_____
_____	Bismark	_____	_____	Aipo	_____		*Frutas e sucos congelados:*	
_____	Trança	_____	_____	Couve-chinesa	_____	_____	Maçã	_____
_____	Tira de peça	_____	_____	Pepino	_____	_____	Cereja	_____
_____	Donuts em palitos	_____	_____	Berinjela	_____	_____	Pedaços de toranja	_____
_____	Donuts com geleia	_____	_____	Pé de alface	_____	_____	Limonada	_____
	Batatas chips:		_____	Folha de alface	_____	_____	Suco de laranja	_____
_____	_____	_____	_____	Cebola	_____	_____	Pêssego	_____
_____	_____	_____	_____	Salsa	_____	_____	Ruibarbo	_____
_____	_____	_____	_____	Pimentão	_____	_____	Morango	_____
_____	_____	_____	_____	Batata	_____		*Miscelânea:*	
_____	_____	_____	_____	Espinafre	_____	_____	_____	_____
			_____	Abóbora	_____	_____	_____	_____
			_____	Tomate	_____			

Figura 6.13 Formulário de pedido de compra diário.

ovos, alface, aipo, cebolas e outras frutas e vegetais pode ser estabelecido e mantido, enquanto outros produtos agrícolas são solicitados conforme as necessidades do cardápio. A Figura 6.13 é um formulário sugerido para registrar os suprimentos à mão e as quantidades a pedir.

Alimentos enlatados geralmente são comprados com menos frequência do que os perecíveis, sendo que a frequência depende do espaço de armazenamento e do dinheiro disponível. Presumindo-se que haja espaço de armazenamento adequado disponível, um suprimento de um ano de produtos enlatados pode ser comprado de uma vez se for adquirido por meio de uma licitação competitiva ou se as condições de cultivo indicam possibilidade de escassez ou aumento nos preços. Em alguns casos, pode ser feito um arranjo para o fornecedor armazenar os alimentos e entregá-los conforme o necessário. É feita uma projeção da quantidade que será necessária para o período designado, com base em compras anteriores. Essa quantidade menos o estoque é a quantidade a comprar.

Especificações

Uma **especificação** é uma descrição detalhada, declarada em termos claramente compreensíveis para o comprador e o vendedor. As especificações devem ser breves e concisas, mas devem conter informações suficientes para que não haja mal-entendidos. Certas informações são incluídas em todas as especificações de produtos alimentícios:

- **Nome do produto:** Este é o nome comum ou comercial de um item.

Especificação

É uma descrição detalhada de um produto, declarada em termos claramente compreensíveis para o comprador e o vendedor.

- **Graduação federal ou marca:** Como já observado anteriormente, o USDA tem graduações federais estabelecidas para a maioria dos produtos agrícolas, mas muitos embaladores ou processadores de alimentos desenvolveram suas próprias marcas ou nomes comerciais para alimentos enlatados, congelados ou outros alimentos processados. Se um licitante apresenta uma cotação com o nome da marca de um produto em vez de uma graduação federal, os compradores podem solicitar verificação da qualidade pelo USDA Acceptance Services; ver "Graduação e serviços de aceitação" neste mesmo capítulo, na seção "Qualidade dos alimentos".
- **Unidade de cotação do produto:** Refere-se ao tamanho e ao tipo de unidade, como caixa, quilo, galão, lata, maço ou outra unidade de uso comum.
- **Nome e tamanho do recipiente:** Exemplos de tamanho de recipiente incluem uma caixa com latas nº 10, um balde de 13 quilos de cerejas congeladas ou uma caixa de ovos em casca frescos.
- **Quantidade por recipiente ou número aproximado por quilo:** Exemplos incluem 30/35 metades de pêssegos enlatados por lata nº 10; 16 salsichas por quilo; ou toranjas tamanho 36, que indica o número de frutas na caixa. Laranjas e maçãs também são medidas pela quantidade que cabe em uma caixa. As maçãs 80 a 100 são grandes; 113 a 138, médias; e 150 a 175, pequenas.

Informações adicionais podem ser incluídas para diversas categorias de alimentos:

- **Frutas e vegetais frescos:** A variedade, o grau de maturidade, a localização geográfica; por exemplo, maçãs Jonathan, toranjas Indian River ou bananas ficando maduras, amarelo-pálido com pontas verdes. Se forem imediatamente necessárias, especifique totalmente maduras, amarelo-claro com manchas marrons e nenhum verde.
- **Alimentos enlatados:** Tipo ou estilo, pacote, tamanho, tipo de calda, peso drenado, gravidade específica. Exemplos incluem milho estilo cremoso; vagens inteiras em embalagem vertical; ervilha nº 4; metades de damasco em calda grossa ou 21 a 25 graus **brix** (densidade da calda); beterrabas em cubos, com peso drenado de dois quilos (por lata nº 10); ou *catchup* de tomate com conteúdo sólido total de pelo menos 33%.
- **Alimentos congelados:** Variedade, taxa de açúcar, temperatura durante a entrega e no recebimento; por exemplo, morangos fatiados, taxa de açúcar de 4:1 ou entregues congelados, a −18°C ou menos.
- **Carnes e produtos de carne:** Idade, classe de mercado, corte da carne, instruções exatas de corte, faixa de peso, conteúdo de gordura, condição no recebimento.
- **Laticínios:** Conteúdo de gordura no leite, sólidos no leite, contagem de bactérias, temperatura durante a entrega e no recebimento.

Uma especificação bem redigida inclui todas as informações necessárias para identificar o item alimentício e para assegurar que o comprador vai receber exatamente a qualidade desejada. Deve ser identificável com produtos ou graduações atualmente no mercado e capaz de ser verificado por selos ou graduações do USDA. Recursos e orientações para redigir as especificações são disponibilizados pelo USDA e por materiais publicados por grupos comerciais industriais, como a National Association of Meat Purveyors [Associação Nacional de Fornecedores de Carne] e a Produce Marketing Association [Associação de Marketing de Produtos Agrícolas]. O USDA, por exemplo, publica a Institutional Meat Purchasing Specification (IMPS) [Especificações de Compra Institucional de Carnes]. A IMPS é uma série de especificações de carne usadas principalmente por compradores de grandes volumes. Veja no fim do capítulo o endereço do site.

Publicação de pedidos de licitação

Um convite para licitação oferece aos vendedores uma oportunidade de apresentar propostas para itens específicos necessários a um comprador. Os pedidos de licitação se originam no escritório do agente de compras ou da pessoa autorizada a comprar para o serviço de alimentação. Um pedido de licitação inclui as quantidades necessárias e as especificações de cada item. Além disso, as condições gerais de aceitação são delineadas, incluindo a data e o método de entrega, os termos de pagamento, a disposição para aceitar toda a licitação ou parte dela, descontos, a data de fechamento da licitação e outros termos das negociações. A Figura 6.14 é um exemplo de pedido de licitação que inclui as exigências gerais.

O pedido de licitação também pode solicitar amostras para serem testadas. Isso é especialmente importante quando estão envolvidas grandes quantidades e, muitas vezes, quando envolve a compra de alimentos enlatados. O teste de alimentos enlatados é feito por "corte de latas", que envolve abrir as latas da amostra e avaliar os produtos de acordo com os fatores de pontuação do USDA. Se estiverem sendo testadas amostras de uma ou mais empresas, os rótulos das latas devem ser cobertos para que o teste seja imparcial.

Brix
É o porcentual de açúcar por peso em uma solução de açúcar. Expresso como graus brix e normalmente aplicado a frutas enlatadas em calda.

DEVOLVER PARA:	Universidade de Wisconsin-Madison
	Depto de compras
	750 University Ave, 2º andar – recepção
	Madison, WI. 53706-1490

INSTRUÇÕES

Este formulário de solicitação de proposta, incluindo o verso, deve ser digitado ou preenchido a caneta, assinado e devolvido.

INFORMAÇÕES DE CONFIDENCIALIDADE / PROPRIEDADE

Consultar a seção 27.0 dos termos e condições padrão em anexo ou nosso site em <http://www.bussvc.wisc.edu/purch/stdterms1.html>

SOLICITAÇÃO DE PROPOSTA   ISSO NÃO É UM PEDIDO

SELO OFICIAL
NÚMERO DA PROPOSTA: 02-5472

DATA DA EMISSÃO

DATA DO VCTO   14:00 CDST

Os preços e os termos dos lances serão válidos por 60 dias a partir da data de abertura da licitação, a menos que especificado de outra forma nesta solicitação de proposta pelo Departamento de compras da UW--Madison.

NÃO UTILIZE nenhum tipo de marca-texto no preenchimento deste formulário de solicitação de proposta.

Utilize a etiqueta pré-endereçada para remeter este formulário. Amostras devem ser enviadas separadamente e identificadas com o número da proposta e a data de vencimento. Apenas uma proposta por envelope. Qualquer proposta aberta inadvertidamente em virtude de falta de identificação apropriada estará sujeita a rejeição.

A menos que especificado de outra maneira, a abertura pública ocorrerá na data e no horário estabelecidos. As concessões, quando cabíveis, serão feitas tão logo seja possível.

O sumário da licitação ficará registrado em arquivo e só estará disponível para consulta pública depois de feitas as concessões.

Todas as correspondências devem fazer referência ao número da proposta. Devolva o original deste documento para este escritório via correio, fax ou outra forma de entrega.

FAX: (608) 262-4467 (DISPONÍVEL 24 HORAS POR DIA)

As propostas enviadas por correio devem ser recebidas pela recepção do segundo andar deste escritório. Todas as propostas devem receber o carimbo de data do Departamento de compras da UW-Madison antes da data de abertura estabelecida. As propostas que não apresentarem esse carimbo serão consideradas em atraso. Propostas em atraso serão rejeitadas. O recebimento de uma proposta pelo serviço postal da universidade não representa o recebimento pelo Departamento de compras da UW-Madison para os fins dessa solicitação de propostas. Tanto a FedEx como a UPS entregarão as propostas na recepção do segundo andar.

AGENTE: Gail Movrich em (608) 262-1323

DESCRIÇÃO	ENTREGA DIAS
A Universidade de Wisconsin-Madison solicita proposta para **CARNE FRESCA E CONGELADA PARA O REFEITÓRIO ESTUDANTIL** para o período de 1 de julho de 2001 até 30 de junho de 2002, ou um ano após a data da concessão, com opção para renovação por mais dois períodos adicionais de um ano, conforme o documento anexo: Condições especiais para a proposta, Planilha de resposta do proponente, Especificações, Lista de itens, Plano MBE de ações e Termos e condições padrão. A Universidade se reserva o direito de estender os termos do contrato se assim for necessário para atender a seus interesses.	

Ao assinar esta proposta, confirmamos que lemos, compreendemos e aceitamos todos os termos, assim como todas as condições e especificações e reconhecemos que a proposta arquivada no Departamento de compras da UW-Madison deve ser respeitada. Nós asseguramos que não firmamos qualquer contrato ou tomamos parte em qualquer forma de conluio ou ação, direta ou indiretamente, a fim de restringir a competição livre; que não foi feita nenhuma tentativa no sentido de induzir outras pessoas ou empresas a enviar ou deixar de enviar uma proposta; que esta proposta é independente e não faz parte de conluio com outro proponente, nem com um concorrente ou potencial concorrente; que esta proposta não foi revelada a outro proponente ou concorrente antes da data de abertura oficial das propostas; que as afirmações acima são verdadeiras e sujeitas às penalidades de perjúrio previstas na legislação.

ASSINATURA ———————————————————————————————— DATA ———————
TIPO OU NOME IMPRESSO ————————————————————————————————————
CARGO ———————————————————————————————————— TELEFONE ———————
CNPJ —— FAX ———————
E-MAIL ————————————

O VERSO DESTE FORMULÁRIO (NOTA DO FORNECEDOR) DEVE SER PREENCHIDO

Figura 6.14 Exemplo de pedido de licitação.
Cortesia do Departamento de Habitação, Refeições e Serviços Culinários da Universidade de Wisconsin-Madison.

Planilha de pontuação para tomates em lata

Número, tamanho e tipo de recipiente

Rótulo

Marca ou identificação do recipiente	Latas/vidros		
	Caixas		

Peso líquido (L)			
Vácuo			
Peso drenado (kg)			

Fatores		Pontuação			
I. Peso drenado	20	(A)	18–20		
		(B)	15–17		
		(C)	12–14		
		(SStd)	0–11		
II. Integralidade	20	(A)	18–20		
		(B)	15–17		
		(C)	12–14		
III. Cor	30	(A)	27–30		
		(B)	23–36		
		(C)	19–22		
		(SStd)	0–18		
IV. Ausência de defeitos	30	(A)	27–30		
		(B)	22–26		
		(C)	17–21		
		(SStd)	0–16		
Pontuação total	100				

Sabor e odor normais

Graduação

Figura 6.15 Planilha de pontuação do governo para graduar tomates em lata.

Cópias das especificações e das planilhas de pontuação do USDA estão disponíveis no Government Printing Office [Escritório de Impressões do Governo]. Um exemplo de planilha de pontuação para alimentos enlatados é mostrado na Figura 6.15. As pontuações de diferentes amostras devem ser resumidas em um formulário semelhante ao da Figura 6.16. Formulários de avaliação de produtos podem ser desenvolvidos para testar outros alimentos e devem incluir as qualidades específicas a serem julgadas. Um painel composto de pessoas envolvidas no controle de qualidade do serviço de alimentação deve participar.

Um cronograma de licitação definindo os períodos da licitação e a frequência de entrega deve ser estabelecido e, quando possível, planejado para que novos pacotes de frutas e vegetais processados, normalmente disponíveis em outubro e janeiro, possam ser usados. Essa etapa é omitida nas compras informais. As cotações são solicitadas de um ou mais vendedores, normalmente por telefone ou por planilhas de preço.

Desenvolvimento de pedidos de compra

O procedimento para autorizar compras difere em vários serviços de alimentação. O processo pode começar com uma solicitação de compras, a ser usada junto com as especificações de qualidade, como base para um **pedido de compra** e um pedido de licitação a ser emitido por um agente de compras autorizado. Um diretor do serviço de alimentação, que também é

Pedido de compra
É uma solicitação escrita para um revendedor vender mercadorias ou serviços para uma instalação.

Tipo	Código	Peso líquido no rótulo	Peso real	Peso drenado	Brix	Contagem	Observações e classificações (defeitos, cor etc.)	Preço por dúzia	Preço por lata	Preço por peça

Figura 6.16 Exemplo de formulário para registro de dados sobre amostras de produtos enlatados.

o comprador, pode desenvolver um pedido de compra compilado a partir de requisições das diversas unidades de produção e serviço ou de unidades individuais em um sistema escolar ou uma organização multiunidades. Nas compras centralizadas para essas operações, as requisições que se originam em unidades individuais não necessariamente precisam incluir as especificações, porque a qualidade é determinada em um ponto central e é uniforme em todo o sistema.

Independentemente do método usado, deve haver um entendimento claro de quem está autorizado a emitir as solicitações de compras, e os vendedores devem conhecer o nome ou os nomes do pessoal de compras autorizado. As autorizações para assinar o recebimento de mercadorias e para solicitar suprimentos das áreas de armazenamento também devem ser entendidas.

O pedido de compra especifica a quantidade de cada item necessária para o período da licitação, as especificações de qualidade e a data de entrega exigida. Deve incluir também o nome da organização, o indivíduo que está fazendo a solicitação e a assinatura da pessoa oficialmente autorizada a assinar o pedido. Os formulários de pedido de compra podem ser pré-numerados ou o número pode ser adicionado no momento da aprovação final, mas é essencial ter um número para identificação, assim como a data de emissão. A Figura 6.17 mostra uma sugestão de formulário de pedido de compra.

Tabulação e avaliação de licitações

As licitações devem ser mantidas seladas e confidenciais até o momento designado para sua abertura. Os envelopes selados contendo as licitações devem indicar a data, a hora e o local de recebimento. As licitações recebidas depois do horário e da data especificados para abertura devem ser rejeitadas e devolvidas fechadas para os licitantes.

A abertura e a tabulação das licitações devem estar sob o controle de um funcionário apropriado. Quando escolas e outras instituições públicas estão envolvidas, as cotações e os conteúdos das licitações devem ser abertos ao público. As licitações devem ser cuidadosamente avaliadas. Na maioria das vezes, as leis de compra pública especificam que a concessão deve ser feita ao licitante responsável com preço mais baixo. Os pontos a seguir devem ser considerados antes da aceitação de licitações:

1. A habilidade e a capacidade de o licitante cumprir o contrato e prestar o serviço.
2. A capacidade do licitante de oferecer o serviço prontamente e no tempo especificado.
3. Integridade e reputação do licitante.
4. A qualidade do desempenho do licitante em contratos ou serviços anteriores.
5. A conformidade do licitante com leis e com especificações relacionadas a contratos ou serviços.
6. Os recursos financeiros do licitante.

Antes de a licitação ser concedida a um vendedor, o comprador deve solicitar amostras para testes do produto de cada licitante qualificado para comparar o produto real com as especificações predeterminadas. O corte de latas, como mencionado anteriormente, é um processo formal de avaliação da qualidade real de mercadorias enlatadas em relação àquelas identificadas nas especificações da licitação. Esse processo é recomendado para garantir que os produtos atendem ou superam os padrões especificados. Se as especificações não forem cumpridas e o contrato não for concedido ao licitante com preço mais baixo, uma declaração completa dos motivos deve ser preparada e arquivada com outros papéis relacionados à transação.

Figura 6.17 Exemplo de formulário de pedido de compra.

Pedido de compra

Nome da instituição _____   Data _____

_____   Pedido de compra # _____
Endereço   *(Favor se referir ao número*
                                                                  acima em todas as faturas)
Endereço
_____   Requisição N. _____

Departamento _____   Data de solicitação _____
Para _____
_____
_____
_____

Instruções para preencher o pedido. Preparar em três vias
para o vendedor, o escritório comercial e o gerente.

Enviado para: _____ FOB _____ Via _____ Termos _____

Unidade	Quantidade total	Especificação	Preço por unidade	Custo total

Aprovado por _____

Concessão de contratos

O contrato deve ser concedido ao licitante mais responsivo e responsável e com o preço mais vantajoso para o comprador. Comprar com base apenas no preço pode resultar na entrega de produtos abaixo das expectativas do serviço de alimentação. As compras devem ser realizadas com base no preço, na qualidade e no serviço.

As condições gerais do contrato devem incluir os serviços a serem prestados, as datas e os métodos de entrega, as solicitações de inspeção, os certificados de graduação exigidos, o procedimento para trocas e as condições de pagamento. As informações a seguir também devem ser fornecidas: nome e endereço do serviço de alimentação, número do contrato, tipo de itens que o contrato cobre, período do contrato, data de emissão do contrato, ponto de entrega, quantidades a serem compradas e assinatura de um representante autorizado da empresa que está apresentando a licitação. Os termos de venda devem ser claramente declarados no contrato. A Tabela 6.3 é um resumo dos diversos termos FOB (*free on board*) de métodos de venda usados nas compras formais. O ponto de origem é definido como a doca de carga do fabricante.

Um contrato concedido representa a aceitação legal da oferta feita pelo licitante bem-sucedido e seu vínculo. Todos os licitantes, sejam eles bem-sucedidos ou não, devem ser notificados

Tabela 6.3 Termos de vendas e despesas de frete.

	Responsabilidades			
Termos de venda	**Paga as despesas de frete**	**Assume as despesas de frete**	**Dono do produto durante o trânsito**	**Apresenta reclamações de danos (se necessário)**
FOB na origem – frete a cobrar	Comprador	Comprador	Comprador	Comprador
FOB na origem – frete pré-pago	Vendedor	Vendedor	Comprador	Comprador
FOB na origem – frete pré-pago e reembolsado	Vendedor	Comprador	Comprador	Comprador
FOB no destino – frete a cobrar	Comprador	Comprador	Vendedor	Vendedor
FOB no destino – frete pré-pago	Vendedor	Vendedor	Vendedor	Vendedor
FOB no destino – frete a cobrar e orçado	Comprador	Vendedor	Vendedor	Vendedor

FOB = *Free on Board*.

da ação. Quando o contrato é feito por um agente de compras, o serviço de alimentação deve receber uma cópia da concessão de contrato e das especificações.

Aspectos legais e regulatórios das compras

Inúmeras leis e regulamentos nos níveis federal, estadual e local influenciam a função de compras. Em algumas situações, o comprador é responsável por entender e cumprir a lei, regulamento ou política. Por exemplo, um comprador pode ser responsabilizado por uma política local sobre considerar vendedores pertencentes a minorias. A responsabilidade por outras leis, especialmente as que se relacionam às especificações do contrato, à concorrência e às estruturas de formação de preços, pode cair no domínio da equipe jurídica da organização. O comprador de uma organização muitas vezes trabalha em conjunto com o departamento jurídico para garantir que os contratos e as interações entre comprador e fornecedor estejam em conformidade com a legislação aplicável.

Independentemente da responsabilidade, o comprador inteligente se mantém em dia com a legislação e os litígios que pertencem à função de compras para garantir que as práticas de compras e os contratos honrem todos os parâmetros jurídicos estabelecidos e aplicados por vários níveis do governo.

A legislação aplicável às compras geralmente se encaixa em três categorias. Na primeira estão as leis voltadas para o conteúdo e a linguagem dos contratos. A segunda categoria se relaciona aos tópicos da concorrência justa e da formação de preços. A categoria final é voltada para o mercado e aborda especificamente questões de fraude e segurança dos alimentos. A seguir é apresentado um resumo de algumas das principais legislações das duas primeiras categorias. Este resumo é seguido de uma análise aprofundada das leis que pertencem à regulação do mercado.

Leis e administração de contratos. A transação de compra/venda entre comprador e vendedor é um compromisso jurídico e coesivo, mesmo que seja feito de boa-fé. Os aspectos jurídicos dessa troca são abrangidos pelo *Uniform Commercial Code* (UCC) [Código Comercial Universal].[6] O objetivo do UCC é oferecer uniformidade de leis pertencentes às interações comerciais. O código inclui nove artigos que enfatizam diferentes áreas das transações comerciais e pode ser acessado na íntegra em http://www.law.cornell.edu/ucc/ucc.table.html.

Das áreas abrangidas nesse código, o Artigo 2 é de especial importância porque aborda transações de compra e venda. A principal intenção é proteger o comprador de práticas enga-

---

[6] N.R.C.: No Brasil, o que norteia as relações comerciais é o Código Civil e o Código de Defesa do Consumidor.

nosas por parte do fornecedor. Essa proteção é abordada em três grandes componentes, chamados de leis de agência, garantia e contratos.

A *lei da agência* define a autoridade do comprador para agir em nome da organização. Ela também define a obrigação que cada uma dessas partes deve à outra e o grau em que cada parte é considerada responsável pelas ações da outra. De uma perspectiva prática, essa lei define a extensão à qual um comprador está preso pelas promessas de um representante de vendas se essas promessas não forem documentadas em um contrato aprovado por uma pessoa autorizada na organização do fornecedor. A *lei de garantia* define garantia como a promessa de um fornecedor de que o produto de fato terá o desempenho especificado.

A terceira grande lei nesta categoria é a *lei dos contratos*. Ela define contrato como um acordo entre duas ou mais partes. Um contrato jurídico inclui pelo menos cinco componentes: (1) uma oferta; (2) uma aceitação; (3) considerações; (4) partes competentes; e (5) legalidade. Um contrato deve incluir evidências de cada uma dessas exigências para ser legalmente reconhecido como válido, aplicável e coesivo.

Leis relacionadas à concorrência e à formação de preços. A segunda e principal categoria de legislação que pode influenciar a função de compras se relaciona às questões da concorrência justa e da formação de preços. Mais uma vez, o comprador de um serviço de alimentação provavelmente não é a pessoa dentro da organização que é responsável por aplicar esse conjunto de leis, mas com certeza vai trabalhar de perto com a equipe jurídica que tem essa autoridade. As quatro leis principais que abrangem esta categoria são: (1) a Lei Sherman; (2) a Lei da Comissão do Comércio Federal; (3) a Lei Clayton; e (4) a Lei Robinson-Patman. A *Lei Sherman Antitruste* proíbe a conspiração e/ou o conluio em que a intenção seja restringir as transações no comércio interestadual. A *Lei da Comissão do Comércio Federal* permite que a Comissão do Comércio Federal desafie empresas que promovem a concorrência desleal através de propagandas e promoções enganosas. A *Lei Clayton* se relaciona de perto com a Lei Sherman e torna ilegal um fornecedor exigir a compra de um produto antes de permitir a compra de outro. Por fim, a *Lei Robinson-Patman* protege os compradores de estratégias de formação de preços injustas.

Resumo

Compras é uma função essencial na operação de uma organização de serviços de alimentação e é vital para a manutenção de um fluxo adequado de alimentos e suprimentos para atender às exigências de produção e serviço.

Métodos informais ou formais de compras podem ser usados, às vezes variando para diferentes *commodities*. O comprador deve conhecer o mercado e deve entender as implicações legais dos contratos e das compras por licitação. As compras podem ser de responsabilidade do administrador do serviço de alimentação ou podem ser feitas centralmente, através de um departamento de compras. As compras coletivas, em que diversas organizações combinam seus volumes de compras, têm sido bem-sucedidas em muitos casos.

A segurança de produtos alimentícios é protegida por várias agências federais, e graduações de qualidade foram estabelecidas para muitos produtos. Especificações detalhadas devem ser usadas para assegurar a compra e a entrega de produtos da qualidade desejada. Devem ser tomadas decisões pelo serviço de alimentação quanto à forma de mercado preferida, a qualidade a comprar e se devem ser comprados alimentos prontos ou prepará-los.

Bons procedimentos de compras incluem o uso de métodos de compra adequados, o estabelecimento de cronogramas de pedidos e um sistema de comunicação das necessidades das áreas de produção e serviço ao comprador. Alimentos e suprimentos devem ser recebidos e verificados por pessoal treinado e adequadamente armazenados a temperaturas apropriadas. Um sistema de controle de depósito que inclua a distribuição autorizada de suprimentos e registros completos de estoque é essencial, mas os procedimentos e a burocracia devem se limitar ao necessário para controle e comunicação.

Aplicação de conceitos abordados no capítulo

O interesse e a pressão para comprar produtos locais são especialmente intensos nos *campi* de faculdades de todo o país. Os alunos estão buscando opções locais por inúmeros motivos, incluindo o desejo por alimentos frescos e por apoiar a economia local e proteger o meio ambiente. O Departamento de Refeições e Serviços Culinários da Universidade de Wisconsin-Madison se comprometeu a fazer a sua parte para honrar esses interesses e vem criando seu programa de compras locais há mais de uma década.

É claro que existem desafios na compra de produtos cultivados localmente, ainda mais no centro-oeste, onde a estação de cultivo é muito curta; além disso, a demanda na UW-Madison é enorme. Alguns dos desafios incluem encontrar uma fonte de suprimentos que possa atender à demanda, assegurando que os fornecedores cumpram os padrões regulatórios de segurança, e desenvolver sistemas de faturamento que funcionem com os sistemas de contabilidade. Além disso, pode ser difícil para os vendedores locais oferecerem a cobertura de seguros exigida para fazer negócios com o estado de Wisconsin. E, é claro, o preço competitivo sempre é uma questão. Apesar desses desafios, a UW-Madison assumiu um compromisso de adicionar continuamente produtos locais aos seus cardápios e aumentar os gastos anuais com produtos locais.

Outro desafio especialmente interessante é que o termo *local* não é juridicamente definido. Cabe ao comprador decidir o que significa *local* no contexto de sua operação.

Questões para reflexão

1. Você acha que deveria existir uma definição jurídica de local? Por quê?
2. Como não há uma definição jurídica, o que você recomendaria como definição na UW-Madison?
3. Que fatores geográficos precisam ser considerados ao se definir o termo local na UW-Madison? E em outas áreas dos Estados Unidos?
4. Faça uma busca na internet. Como as diversas operações de negócios de alimentação internas estão definindo o termo local?
5. A UW-Madison está sob um contrato de revenda especial, conforme exigido pelo estado de Wisconsin. De acordo com essas exigências, como você acha que eles podem comprar de um fornecedor local?
6. O Food Code declara que uma operação deve comprar de "uma fonte aprovada". Como um comprador poderia determinar se um fazendeiro local é "aprovado"?
7. Que método de compras você acha que seria usado ao comprar de um fornecedor local?
8. O que significa o conceito de "forma de mercado" quando se compram vegetais frescos locais?
9. O conceito de ética seria diferente ao se trabalhar com vendedores locais? Explique sua resposta.
10. Use a internet para aprender sobre cooperativas e distribuição local de alimentos. Você acha que uma cooperativa seria valiosa para um serviço de alimentação interno de grande volume? Por quê?

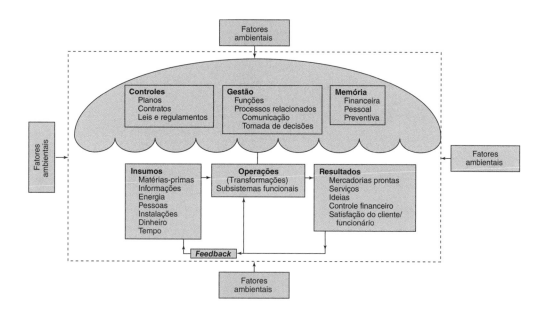

Questões para revisão

1. Quais são as mais recentes tendências e mudanças no mercado de alimentos? Como essas mudanças influenciaram a função de compras na organização de serviços de alimentação?
2. Acompanhe as notícias locais e nacionais por vários dias consecutivos. Que eventos (econômicos, políticos, ambientais, sociais) podem ter impacto sobre as decisões de compras tomadas em um departamento de alimentação? De que maneira um comprador ou gerente de alimentos pode planejar pensando nesse impacto?
3. De que maneira o canal de *marketing* tem impacto sobre o preço pago pelo consumidor por um produto alimentício?
4. Identifique as principais agências federais norte-americanas que supervisionam o suprimento de alimentos.
5. Quais são as vantagens e as desvantagens das compras por departamento, coletivas e centralizadas?
6. Quais são as vantagens e as desvantagens dos dois principais métodos de compras? Quais são alguns métodos de compras alternativos?
7. Explique a seguinte recomendação: "O nível de qualidade comprado deve corresponder ao uso pretendido".
8. O comportamento ético é importante em qualquer cargo profissional. O que é exclusivo na aplicação da ética às compras e ao comprador?
9. O que um comprador deve procurar ao selecionar um vendedor de linha completa?
10. Por que é importante redigir especificações claras quando se entra em um processo de licitação competitiva?

Sites selecionados (em inglês)

www.theproducehunter.com   (The Produce Hunter)
www.usda.gov   (U.S. Department of Agriculture)
www.foodbuy.com   (FoodBuy Purchasing Service)
www.nfsmi.org   (National Food Service Management Institute)
www.foodsafety.gov   (Segurança dos alimentos no USDA: portal)
www.pma.com   (Produce Marketing Association)

7
Recebimento, armazenamento e estoque

CONTEÚDO

Recebimento
    Coordenação com outros departamentos
    Pessoal
    Instalações, equipamentos e desinfecção
    Horários programados para recebimento
    Segurança
    Processo de recebimento

Armazenamento
    Armazenamento seco
    Armazenamento refrigerado e congelado

Registros e controle de estoque
    Recebimento
    Questões de depósito
    Registro de estoque
    Inventário físico

Resumo

Uma função de compras bem-sucedida em uma operação de serviços de alimentação é integrada com uma série de procedimentos de recebimento, armazenamento e estoque de alimentos e suprimentos. Procedimentos operacionais padronizados para essas atividades são de especial importância para assegurar que os produtos entregues atendam aos padrões de qualidade predeterminados e sejam mantidos sob condições que preservem essa qualidade até que o item seja enviado para a produção. Este capítulo traz uma análise das práticas específicas de recebimento, além de abordar as exigências para instalações de armazenamento e registros para controle de estoque.

Conceitos-chave

1. O recebimento é o ponto em que uma organização assume a propriedade legal e física dos itens pedidos.
2. O recebimento é uma atividade interdepartamental.
3. O pessoal especificamente alocado e treinado para receber contribui para um programa eficiente e eficaz.
4. O arranjo físico e a disponibilidade dos suprimentos na área de recebimento influenciam a eficiência do processo de inspeção de produtos.
5. Medidas de segurança claramente definidas e constantemente aplicadas evitam roubos e a contaminação deliberada de alimentos e suprimentos.
6. O recebimento é um processo de etapas consecutivas desde a aquisição do produto até o armazenamento adequado.
7. Existem três tipos básicos de armazenamento que devem ser mantidos e administrados para maximizar a vida de prateleira dos produtos.
8. Um programa de estoque regular contribui para a proteção dos produtos e a contenção de custos.
9. O registro de estoque é um método de rastreamento contínuo dos produtos mantidos no depósito.
10. O inventário físico é uma contagem exata dos produtos mantidos no depósito.

Recebimento

■ **Conceito-chave:** O recebimento é o ponto em que uma organização assume a propriedade legal e física dos itens pedidos.

O *recebimento* é o ponto em que as operações de negócios em alimentação inspecionam os produtos e assumem a propriedade legal e física dos itens pedidos. O objetivo do recebimento é assegurar que os alimentos e suprimentos entregues respeitem as especificações preestabelecidas de qualidade e quantidade. Também é uma meta do processo de recebimento evitar a perda de produto em razão de manuseio incorreto e de roubos. O processo de recebimento inclui a inspeção dos produtos, o preenchimento de documentos e a transferência imediata para o depósito apropriado. Os insumos incluem pessoal treinado, espaço físico, suprimentos e equipamentos.

Um processo de recebimento bem projetado é importante para o controle de custos e de qualidade e, portanto, garante planejamento e monitoramento cuidadosos. No mínimo, um bom programa de recebimento deve incluir políticas e procedimentos impressos claros sobre cada um dos componentes a seguir:

- Coordenação com outros departamentos (p. ex., produção e contabilidade)
- Treinamento do pessoal de recebimento
- Parâmetros de autoridade e supervisão
- Horários programados para recebimento
- Medidas de segurança
- Procedimentos de documentação

As consequências potenciais de um programa de recebimento mal planejado incluem:

- Pesos inferiores
- Qualidade abaixo do padrão
- Cobranças em duplicidade
- Preços inflacionados

- Mercadorias falsificadas
- Substituições inadequadas
- Mercadorias estragadas ou danificadas
- **Furtos** ou roubos

Em termos simples, um programa de recebimento mal planejado resulta em prejuízo financeiro para a operação.

Furto
É o ato de roubar, geralmente em pequenas quantidades.

Coordenação com outros departamentos

Conceito-chave: O recebimento é uma atividade interdepartamental.

A função de recebimento precisa ser coordenada com outras funções e departamentos na organização de serviços de negócios de alimentação. Compras, produção e contabilidade são três áreas fundamentais que precisam de uma relação de trabalho bem coordenada com o pessoal de recebimento. Em operações de negócios em alimentação de porte médio a grande, o departamento de compras, em cooperação com o gerente de alimentos, define padrões de qualidade que o pessoal de recebimento usa para analisar o produto no ponto de recebimento. O departamento de compras também costuma ser responsável por programar as entregas por meio de acordos contratuais. O departamento de produção depende da unidade de recebimento para obter os alimentos e suprimentos necessários nas áreas de armazenamento em tempo para a produção programada. O recebimento às vezes transfere os produtos diretamente para a produção, uma prática JIT que é cada vez mais popular conforme aumenta a demanda por produtos frescos e preparados na hora.

Em muitas organizações, o departamento de contabilidade é responsável por processar o faturamento das compras de alimentos e suprimentos. Os registros de recebimento devem ser preenchidos e submetidos à contabilidade pontualmente, de modo que os pagamentos sejam feitos em dia. O pagamento imediato permite que a organização tenha vantagens como descontos e evite multas por atrasos em pagamentos. As discrepâncias entre o que foi pedido e o que foi entregue também são resolvidas pelo departamento de contabilidade.

Pessoal

Conceito-chave: O pessoal especificamente alocado e treinado para receber contribui para um programa eficiente e eficaz.

Em um mundo ideal, a responsabilidade pelo recebimento seria atribuída a um funcionário específico, competente e bem treinado. No entanto, na realidade, essa tarefa não é atribuída a ninguém, mas simplesmente realizada por qualquer funcionário que esteja trabalhando quando chega uma entrega. Independentemente de quem executa a função de recebimento, os princípios de inspeção adequada e manutenção de registros devem ser claramente compreendidos.

As qualificações desejáveis para um funcionário de recebimento ou depósito incluem conhecimento dos padrões de qualidade de alimentos conforme estabelecido nas especificações, capacidade de avaliar a qualidade do produto e reconhecer um produto inaceitável, bem como um entendimento dos procedimentos de documentação apropriados. O grau de autoridade do recebedor deve ser bem definido por uma política para assegurar que as decisões tomadas na doca sejam coerentes com os padrões e no melhor interesse do serviço de alimentação. Embora o recebedor possa ser bem treinado e confiável, a supervisão constante e rotineira da área de recebimento é recomendada para assegurar que os procedimentos sejam seguidos e que a área seja mantida segura.

Instalações, equipamentos e desinfecção

Conceito-chave: O arranjo físico e a disponibilidade dos suprimentos na área de recebimento influenciam a eficiência do processo de inspeção de produtos.

Uma área de recebimento bem projetada deve estar o mais próximo possível das docas de entregas, com acesso fácil às instalações de armazenamento da operação. Esse arranjo ajuda a minimizar o tráfego cruzado pela área de produção e reforça as boas medidas de segurança.

Figura 7.1 Empilhadeira usada para transportar paletes da doca até o armazenamento apropriado.

Cortesia da Universidade de Wisconsin--Madison Babcock Dairy Plant.

A área em si deve ser grande o suficiente para acomodar uma entrega completa ao mesmo tempo. Se houver um escritório de recebimento na área, ele deve ter grandes janelas de vidro, de modo que o pessoal de recebimento possa monitorar com facilidade as atividades da área.

A quantidade e a capacidade dos equipamentos de recebimento dependem do tamanho e da frequência das entregas. Entregas grandes podem exigir uma empilhadeira para entregas em paletes. Um carrinho de mão pode ser adequado para operações médias a pequenas. A Figura 7.1 é uma foto de uma empilhadeira usada para transportar paletes da doca até a área de armazenamento apropriada.

Balanças, com modelos que variam de plataforma a balanças de balcão, são necessárias para pesar as mercadorias assim que elas chegam. Uma política deve ser estabelecida para que as balanças sejam regularmente calibradas para assegurar a precisão.

Um suprimento de equipamentos pequenos também é necessário, incluindo termômetros para verificar as temperaturas de alimentos refrigerados e diversos dispositivos para abrir, como facas de lâmina pequena e martelos para caixas. As especificações, os pedidos de compra e os registros de documentação precisam estar prontamente disponíveis.

Os procedimentos de limpeza e desinfecção para a área de recebimento devem ser definidos por políticas. Os planos de controle de pragas precisam ser determinados, e alguns suprimentos de limpeza devem estar prontamente disponíveis para manter a área limpa durante todas as horas de operação.

Horários programados para recebimento

Os horários de recebimento devem ser definidos por políticas ou contratos, e os vendedores devem ser instruídos para entregar em uma determinada faixa de horário. O objetivo de definir os horários de recebimento é evitar os momentos mais ocupados da produção na operação e a chegada de muitas entregas ao mesmo tempo. Horários dedicados também asseguram que as áreas de recebimento estejam acessíveis e o pessoal esteja pronto. Assim, muitas operações instruem os vendedores a entregarem no meio da manhã ou no meio da tarde para evitar os momentos de alta produção e serviço.

Segurança

■ **Conceito-chave:** Medidas de segurança claramente definidas e constantemente aplicadas evitam roubos e a contaminação deliberada de alimentos e suprimentos.

Os componentes de recebimento já discutidos contribuem para a segurança do processo de recebimento. No entanto, algumas práticas adicionais podem contribuir para uma área de recebimento ainda mais segura. As entregas devem ser verificadas imediatamente após sua chegada. Depois que o pessoal de recebimento confirmar que o pedido atende às especificações, a fatura pode ser assinada, e a entrega deve ser imediatamente movida para o armazenamento apropriado. Essa prática minimiza a deterioração da qualidade e as oportunidades de roubo.

As portas da área de recebimento devem ser mantidas trancadas. Algumas instalações mantêm as portas trancadas o tempo todo, com uma campainha ou sistema de aviso para o pessoal de entrega usar quando chegar. Por fim, apenas pessoal autorizado deve ter acesso à área de recebimento. Isso é especialmente difícil em instalações nas quais a área é usada para outros propósitos, mas a política deve ser cumprida com rigidez. Medidas de segurança nas áreas de recebimento hoje estão sob escrutínio, depois de ataques terroristas relativamente recentes e casos de produtos deliberadamente adulterados.

Processo de recebimento

▌**Conceito-chave:** O recebimento é um processo de etapas consecutivas desde a aquisição do produto até o armazenamento adequado.

Depois que os componentes de um programa de recebimento estão planejados e implementados, a organização está pronta para receber mercadorias. O processo de recebimento envolve cinco etapas principais:

1. Inspecionar fisicamente a entrega e verificar se corresponde ao pedido de compra.
2. Inspecionar a entrega e verificar se corresponde à **fatura**.
3. Aceitar um pedido apenas se todas as especificações de quantidade e qualidade forem atendidas.
4. Preencher os registros de recebimento.
5. Transferir as mercadorias para o armazenamento apropriado.

Fatura
Lista de mercadorias enviadas ou entregues. Inclui preços e quantidades.

Métodos. Os dois métodos principais de recebimento são o método cego e o de recebimento com fatura. O *método cego* envolve oferecer ao funcionário de recebimento uma fatura ou pedido de compra no qual as quantidades tenham sido apagadas ou escurecidas. O funcionário deve, então, quantificar cada item por peso, medida ou contagem e registrar isso no pedido de compra cego. O documento cego é, então, comparado ao pedido original. Esse método proporciona uma abordagem imparcial pelo funcionário de recebimento, mas consome muito tempo e, portanto, exige mais mão de obra.

Um método frequentemente usado e mais tradicional é o *recebimento por fatura*. Usando esse método, o funcionário de recebimento confere os itens entregues de acordo com o pedido de compra original e anota qualquer anormalidade. Esse método é eficiente, mas exige uma avaliação cuidadosa por parte do funcionário para assegurar que a entrega é precisa e os padrões de qualidade são atendidos. A Figura 7.2 mostra um exemplo de fatura.

Dicas para inspecionar entregas. A seguir são apresentadas algumas outras dicas que o recebedor deve ter em mente ao avaliar entregas de alimentos e suprimentos:

- Antecipar a chegada e estar preparado.
- Ter à mão os pedidos de compra e as especificações.
- Inspecionar os alimentos imediatamente na chegada.
- Verificar as temperaturas dos itens refrigerados na chegada.
- Verificar se os itens congelados têm evidências de degelo ou queimadura.
- Abrir aleatoriamente caixas ou caixotes de grandes entregas para avaliar se o contêiner inclui o pedido todo.

Esse processo tradicional significava que o motorista que fazia a entrega tinha de esperar enquanto o funcionário de recebimento conduzia a inspeção e assinava a fatura. Isso servia, em parte, para discutir e contabilizar as discrepâncias antes de a fatura ser assinada. Há relativamente pouco tempo, os serviços de negócios de alimentação e vendedores chegaram a um acordo, muitas vezes contratual, de que o motorista pode partir assim que a entrega for deixada e as discrepâncias podem ser relatadas ao vendedor se e quando forem encontradas. Isso, evidentemente, exige uma certa confiança de ambas as partes, mas faz com que o motorista volte à estrada, o que é altamente valioso para o vendedor.

Avaliação e acompanhamento. A avaliação de produtos deve continuar conforme eles são enviados para uso, porque algumas discrepâncias podem não ser detectadas até que o item esteja em uso. Quando se encontram produtos defeituosos, deve ser feito algum tipo de ajuste com o vendedor. O agente de compras ou outro funcionário específico deve ser notificado das deficiências na qualidade, no serviço ou na entrega. Isso normalmente é feito pela emissão de

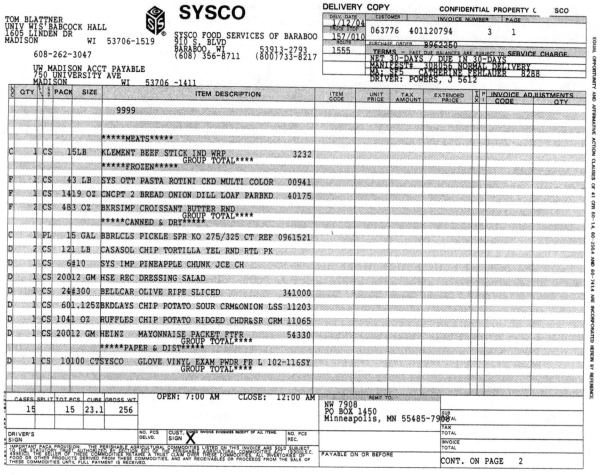

Figura 7.2 Exemplo de fatura *(invoice)*.
Fonte: Cortesia da Sysco de Baraboo. Usado com autorização.

um relatório de discrepâncias para o vendedor e um memorando de crédito correspondente para o escritório de contabilidade. A Figura 7.3 é um exemplo de formulário de relatório de discrepâncias. Todas as discrepâncias devem ser anotadas, sejam elas compensadas ou não, porque essa informação coletiva será valiosa quando o serviço de alimentação começar a se preparar para o próximo período de licitação, se estiver usando métodos formais de compras.

Armazenamento

■ **Conceito-chave:** Existem três tipos básicos de armazenamento que devem ser mantidos e administrados para maximizar a vida de prateleira dos produtos.

O fluxo de material através de uma operação de negócios em alimentação começa nas áreas de recebimento e armazenamento. Devem-se considerar com cuidado os procedimentos de recebimento e armazenamento, bem como as necessidades físicas e de construção de ambas as áreas. No planejamento, deve haver uma linha reta entre a doca de recebimento e o depósito e os refrigeradores e, de preferência, a doca deve estar no mesmo nível da cozinha. Uma distância curta entre o recebimento e o armazenamento reduz a mão de obra necessária e as possibilidades de furtos, e provoca menos deterioração nos produtos alimentícios.

O armazenamento adequado de alimentos imediatamente após o recebimento e a verificação é um fator importante na prevenção e no controle de perdas ou desperdícios. Quando os alimentos são deixados desprotegidos na área de recebimento ou expostos aos elementos ou a temperaturas extremas, ainda que por pouco tempo, sua segurança e qualidade ficam ameaçadas.

O espaço adequado para armazenamento seco, refrigerado ou congelado deve ser oferecido nos locais convenientes para as áreas de recebimento e preparação. Os controles de temperatura e umidade, bem como a provisão de circulação de ar, são necessários para manter

HOSPITAL E CLÍNICA DA UNIVERSIDADE DE WISCONSIN
RELATÓRIO DE DISCREPÂNCIAS

UW Health
Hospital e Clínica da
Universidade de Wisconsin

Vendedor	Data de recebimento	Data de preparação
	Recebido por	

Pedido de compra	Reg. de receb.	Nota de embalagem	Fatura de frete	Transportadora

Item #	Descrição	Pedido	Enviado	Doca-rec.	P.C.-Rec.

Comentários

Agente de compras	Data

Ação a ser tomada

Figura 7.3 Exemplo de formulário de relatório de discrepâncias.
Fonte: Cortesia do Hospital e Clínica da Universidade de Wisconsin-Madison. Usado com autorização.

os diversos fatores de qualidade dos alimentos armazenados. O tempo pelo qual os alimentos podem ser mantidos satisfatoriamente e sem uma deterioração notável depende do produto e de sua qualidade quando armazenado, assim como das condições de armazenamento. Os valores máximos de temperatura e tempo de armazenamento para alguns alimentos comuns estão na Figura 7.4. A condição dos alimentos armazenados e a temperatura das unidades de armazenamento devem ser verificadas com frequência.

Armazenamento seco

Os principais requisitos de uma área de armazenamento seco de alimentos são que ela seja seca, fresca e com ventilação adequada. Se possível, deve estar em um local conveniente para as áreas de recebimento e preparação.

Alimento	Temperatura máxima sugerida (°C)	Armazenamento máximo recomendado	
Produtos enlatados	21	12 meses	
Pratos cozidos com ovos, carnes, leite, peixes, aves	2,2	Servir no dia de preparo	
Produtos recheados com creme	2,2	Servir no dia de preparo	
Laticínios			
Leite (fluido)	4,4	3 dias	No recipiente original, cobertura hermética
Leite (em pó)	21	3 meses	No recipiente original
Manteiga	4,4	2 semanas	Em embalagens enceradas
Queijo (duro)	4,4	6 meses	Fechamento hermético
Queijo (macio)	4,4	7 dias	Em recipiente com cobertura hermética
Sorvete e congelados	-12,2	3 meses	No recipiente original, coberto
Ovos			
Em casca, frescos	4,4	3 semanas	Sem lavar, fora da caixa de papelão
Líquidos pasteurizados	4,4	3 dias (depois que o recipiente for aberto)	Embalagem frouxa
Cozidos	4,4	7 dias	Em recipiente coberto
Peixe (fresco)	2,2	2 dias	
Crustáceos	2,2	5 dias	
Produtos congelados			
Frutas e vegetais	-18 (a -29)	De uma estação de cultivo para outra	Recipiente original
Carne de boi, aves, ovos		6-12 meses	Recipiente original
Carne de porco fresca (não moída)		3-6 meses	Recipiente original
Carneiro e vitela		6-9 meses	Recipiente original
Salsicha, linguiça, carne moída, peixe		1-3 meses	Recipiente original
Frutas			
Pêssegos, ameixas, frutas vermelhas	10	7 dias	Sem lavar
Maçãs, peras, cítricos	10 (a 21)	2 semanas	Recipiente original
Sobras	2,2	2 dias	Em recipiente coberto
Aves	2,2	1-2 dias	Embalagem frouxa
Carnes			
Carne moída	3,3	2 dias	Embalagem frouxa
Cortes de carne frescos	3,3	3-5 dias	Embalagem frouxa
Fígado e carnes variadas	3,3	2 dias	Embalagem frouxa
Cortes frios (fatiados)	3,3	3-5 dias	Embalados em papel à prova de umidade
Bacon defumado	3,3	7 dias	Pode embalar hermeticamente
Presunto (tender defumado)	3,3	1-6 semanas	Pode embalar hermeticamente
Presunto (enlatado)	3,3	6 semanas	Recipiente original, sem abrir
Carne seca	3,3	6 semanas	Pode embalar hermeticamente
Vegetais			
Folhas	7,2	7 dias	Sem lavar
Batatas, cebolas, raízes	21	7-30 dias	Seco em recipiente ou sacos ventilados
Maionese (comercial)	4,4	2 meses depois de aberto	
Misturas de saladas: ovo, frango, atum, presunto, macarrão	4,4	3-5 dias	
Sopas e cozidos, frescos	4,4	3-4 dias	
Sopas e cozidos, congelados	-18 (a -29)	2-3 meses	
Linguiça crua de carne de porco, carne de boi, peru	4,4	1-2 dias	
Linguiça, congelada	-18 (a -29)	1-2 meses	

Figura 7.4 Temperaturas e tempos máximos de armazenamento sugeridos.

O armazenamento seco é voltado para alimentos não perecíveis que não precisam de refrigeração. Suprimentos de papel muitas vezes são armazenados com alimentos, mas uma área separada deve ser providenciada para suprimentos de limpeza, conforme exigem vários códigos de saúde. A separação de alimentos e materiais de limpeza que podem ser tóxicos evita um possível erro na identificação ou uma confusão nas requisições de abastecimento.

Temperatura e ventilação. A área de armazenamento deve ser seca e a temperatura não deve ultrapassar 21°C. Uma atmosfera escura e úmida é propícia para o crescimento de certos organismos, como mofo. Alimentos básicos secos, como farinha, açúcar, arroz, condimentos e alimentos enlatados, tendem mais a se deteriorar em uma área de armazenamento úmida. É mais fácil manter o depósito seco se ele for localizado no nível térreo ou acima, embora não haja necessidade de janelas externas, a menos que seja exigido por código. Todos os encanamentos devem ser isolados e bem protegidos para evitar a condensação e o vazamento para o estoque de alimentos. Se a área de armazenamento tiver janelas, elas devem ser equipadas com vidros de segurança e telas, além de serem opacas para proteger os alimentos da luz do sol direta.

A ventilação é um dos fatores mais importantes no armazenamento seco. O uso de aberturas, como mostra a Figura 7.5, é o método mais eficiente de obter circulação de ar, mas outros métodos são possíveis. A circulação de ar ao redor de sacos e caixas de papelão de alimentos é necessária para ajudar na remoção da umidade, redução de temperatura e eliminação de odores. Por esse motivo, é recomendado que os recipientes de alimentos sejam estocados em cruz para uma melhor circulação de ar.

Arrumação do depósito. Os alimentos e suprimentos devem ser armazenados em uma arrumação ordenada e sistemática. Cada item deve ter um local designado, com produtos semelhantes agrupados juntos. Os recipientes devem ser datados e normalmente deixados na embalagem original ou colocados em recipientes herméticos se os lotes forem partidos. Todos os itens devem ser armazenados em *racks* ou prateleiras, e não diretamente sobre o piso ou encostados em paredes.

Caixas e sacos de alimentos devem ser empilhados em *racks* de madeira no chão, paletes ou plataformas de metal com rodinhas. Empilhadeiras manuais ou automáticas são úteis para movimentar paletes carregados de um local para outro, mas os corredores entre prateleiras e plataformas devem ter largura suficiente para o uso desse tipo de equipamento móvel.

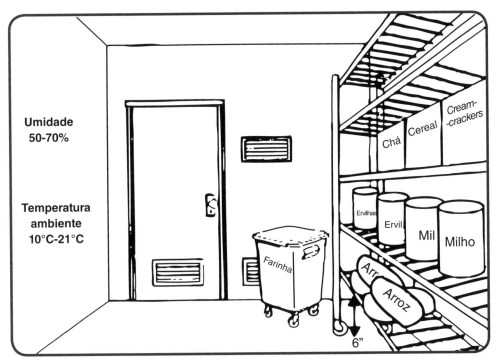

Figura 7.5 Exemplo de arranjo em armazenamento seco para uma boa ventilação.

PEPS (primeiro a entrar, primeiro a sair)
Método no qual o estoque é rotacionado para assegurar que os itens armazenados sejam usados (ou enviados) na ordem em que foram recebidos.

Prateleiras, de preferência de metal e ajustáveis, são recomendadas para alimentos enlatados ou outros itens que foram removidos de caixas. As prateleiras devem estar suficientemente afastadas do chão e das paredes para permitir um fluxo livre de ar. Alguns regulamentos estaduais podem ter medidas específicas. Por exemplo, alguns códigos norte-americanos especificam que as prateleiras devem estar no mínimo a 15 cm do chão. Lotes partidos de alimentos secos, como açúcar e farinha, devem ser armazenados em recipientes de metal ou plástico com tampas herméticas. Os itens podem ser arrumados por grupos, e os alimentos de cada grupo devem ser colocados nas prateleiras em ordem alfabética – por exemplo, frutas enlatadas seriam armazenadas na seguinte ordem: abacaxi, ameixa, etc. Os alimentos devem ser armazenados pelo método **PEPS (primeiro a entrar, primeiro a sair)**. Novas entregas devem ser colocadas no fundo, para assegurar que as mais antigas fiquem na frente. A arrumação em ordem alfabética facilita a contagem ao se contabilizar o inventário físico e localizar itens para atender a requisições de depósito. Um quadro que mostre a arrumação dos suprimentos é útil para o pessoal do depósito. Ele deve ser colocado perto da porta ou em algum outro lugar em que possa ser visto com facilidade.

Desinfecção. Os alimentos no armazenamento seco devem ser protegidos de insetos e roedores por medidas preventivas, como o uso de inseticidas e raticidas, sendo que o último deve ser supervisionado por pessoal de controle de pragas. Muitos operadores contratam um serviço de controle de pragas para ter um monitoramento de rotina. Os pisos na área de armazenamento seco devem ser antiderrapantes e fáceis de limpar. Um cronograma regular de limpeza, projetado de acordo com o volume de tráfego e outras atividades nessa área, é vital para a manutenção de depósitos limpos e ordenados. Nenhum lixo deve ser deixado nas prateleiras nem no chão, e alimentos derramados devem ser limpos imediatamente.

Armazenamento refrigerado e congelado

O armazenamento de alimentos perecíveis é um fator importante para a segurança desses produtos e para a manutenção da qualidade. Alimentos congelados e frescos devem ser colocados em armazenamento refrigerado ou congelado imediatamente após a entrega e mantidos nessas temperaturas até estarem prontos para uso. As temperaturas de espera para frutas e vegetais frescos são de 4,4°C a 7,2°C, e 0°C a 4,4°C para carnes, aves, laticínios e ovos. Produtos congelados devem ser armazenados entre -18°C e -23,3°C.

Em alguns serviços de negócios de alimentação, refrigeradores separados estão disponíveis para frutas e vegetais, para laticínios e ovos, e para carnes, peixes e aves. As frutas e vegetais, por causa do alto nível de umidade, são suscetíveis ao congelamento e, portanto, devem ser mantidos a uma temperatura ligeiramente mais alta do que as carnes e os laticínios. Assim como no armazenamento seco, os alimentos sob refrigeração devem ser arrumados de um jeito que os mais antigos sejam usados primeiro. As frutas e vegetais devem ser avaliados diariamente em termos de maturidade e para remover partes deterioradas de modo a evitar a deterioração. Alguns vegetais, como batatas, cebolas e abóbora, podem ser mantidos à temperatura de até 15,5°C e, em alguns serviços de negócios de alimentação, são colocados no armazenamento seco. Alimentos que absorvem odores devem ser armazenados longe dos que emitem odores.

Em várias operações, câmaras frigoríficas são usadas para o armazenamento geral e de longo prazo, com unidades à mão perto de estações de trabalho para armazenamento de perecíveis usados diariamente e alimentos em preparação e armazenamento. Em um serviço de alimentação de grande porte, unidades refrigeradas individuais podem ser agrupadas para conveniência nas áreas de recebimento e preparação, bem como para o serviço. Equipamentos de resfriamento separados possibilitam o controle e mantêm a temperatura adequada para o alimento armazenado em cada unidade. Todas as unidades de refrigeração e congelamento devem ter termômetros, de preferência com registros automáticos. Câmaras frigoríficas[1] podem ter termômetros remotos colocados na parte externa, de modo que as temperaturas possam ser lidas sem abrir a porta, como mostra a Figura 7.6. As temperaturas devem ser verificadas duas vezes por dia e qualquer irregularidade deve ser relatada ao supervisor adequado. A ação imediata pode resultar em salvar os alimentos, além de dinheiro. Os funcionários devem conhecer as temperaturas corretas para os refrigeradores e devem ser estimulados a abrir as portas com o mínimo de frequência possível.

A limpeza é vital para a segurança dos alimentos. Os refrigeradores devem ser rigorosamente limpos pelo menos uma vez por semana, e qualquer derramamento deve ser removido imediata-

---

[1] N.R.C.: Alguns desses equipamentos possuem alarmes de temperatura que podem ser disparados e avisam os responsáveis por mensagem de celular ou e-mails, informando que a temperatura de câmara atingiu determinada temperatura pré-programada.

Figura 7.6 Câmaras frigoríficas.
Fonte: Cortesia de Kolpak and Clark, Malone and Associates. Usado com autorização.

mente. Alimentos quentes devem ser colocados em panelas rasas para resfriar o mais rápido possível depois da preparação, a menos que sejam servidos imediatamente. Alimentos cozidos e carnes devem ser cobertos para reduzir perdas por evaporação e para limitar a absorção de odores e danos por possível vazamento ou gotejamento. Carnes cozidas devem ser armazenadas acima de carnes cruas no refrigerador, para assegurar que os alimentos cozidos fiquem protegidos de gotejamentos de carne crua. Verificações diárias do conteúdo dos refrigeradores é aconselhável de modo que restos e alimentos de embalagens abertas sejam incorporados ao cardápio sem demora.

Unidades de refrigeração autocontidas são usadas para máquinas de gelo, dispensadores de água, seções de balcão para mostruário de saladas e armazenamento de caixas de leite individuais. Cada uma é ajustada para manter a temperatura necessária. O armazenamento congelado é feito em uma câmara frigorífica compartimentalizada, que pode ficar dentro de uma câmara frigorífica para conservar energia. Sorvetes e outras sobremesas congeladas podem ser mantidos em armários separados no congelador para eliminar a transferência de odores.

A manutenção de equipamentos de refrigeração exige inspeção regular e serviço de um engenheiro competente para manter o equipamento em bom funcionamento. No entanto, o gerente e outros funcionários devem ser capazes de detectar e relatar quaisquer irregularidades notáveis, porque uma quebra no sistema pode resultar em grandes perdas de alimentos e danos ao equipamento. Na maioria das instalações, o sistema de refrigeração é dividido em diversas unidades para que uma falha em uma delas não interrompa a operação das outras.

Registros e controle de estoque

▌ **Conceito-chave:** Um programa de estoque regular contribui para a proteção dos produtos e a contenção de custos.

Registros precisos são essenciais para o controle de estoque e proporcionam uma base para as compras e a análise de custos. O procedimento e os formulários exatos variam de acordo com as políticas da instituição e o grau de informatização, mas um sistema de controle adequado exige que se faça um registro de todos os produtos alimentícios e suprimentos conforme eles são recebidos e armazenados, e novamente quando são enviados para uso na produção ou em outras áreas do serviço de alimentação.

Recebimento

Todos os suprimentos recebidos devem ser inspecionados, como explicado anteriormente, e registrados em um formulário de registro de recebimento como o da Figura 7.7. Um diário no qual se registram os itens recebidos, com data de recebimento, também pode ser usado

Registro de recebimento							Data_____	
							Distribuição	
Quant.	Unid.	Descrição do item	Nome do vendedor	Inspecionado e quantidade verificada por	Preço unitário	Custo total	Para a cozinha	Para o depósito

Figura 7.7 Exemplo de formulário de registro de recebimento.

como registro de recebimento. Qualquer que seja o formulário usado, as informações devem ser comparadas com o pedido de compra, a nota de entrega e a fatura, para assegurar que a mercadoria foi recebida conforme o pedido e que o preço está correto.

Questões de depósito

O controle de bens recebidos não pode ser eficaz a menos que os depósitos sejam mantidos trancados e a autoridade e o controle sobre as mercadorias sejam delegados a uma pessoa. Mesmo que o serviço de alimentação seja pequeno demais para justificar o emprego de um funcionário de depósito em tempo integral, um funcionário pode ser responsável por receber, guardar e enviar bens do depósito, além de outros encargos designados.

Nenhum alimento ou suprimento deve ser retirado do depósito sem autorização, normalmente na forma de uma requisição por escrito. Uma exceção pode ser alimentos perecíveis que serão usados no mesmo dia em que são recebidos e são enviados diretamente às unidades de produção. Nesse caso, eles são tratados como envios diretos e contabilizados no custo de alimentos daquele dia. Todos os alimentos que são armazenados depois da entrega são considerados compras do depósito e, na maioria das operações, só podem ser retirados por requisição.

Uma lista dos suprimentos necessários à produção e ao serviço do cardápio do dia é feita pelo cozinheiro ou outra pessoa responsável por reunir os ingredientes. Se o serviço de alimentação usa uma sala de ingredientes para pesar e medir os ingredientes para todas as receitas, o pessoal dessa unidade é responsável por solicitar suprimentos. (A unidade de montagem de ingredientes será discutida em mais detalhes no Cap. 8.) A lista de suprimentos necessários é então submetida ao funcionário do depósito, que preenche a requisição. O pedido é feito e entregue ao departamento ou estação de trabalho adequado. O procedimento exato para enviar suprimentos varia de acordo com o tamanho da operação e se há um funcionário de depósito em tempo integral.

As requisições devem ser numeradas e emitidas em duas ou três vias, conforme a situação exigir. A pré-numeração das requisições possibilita o rastreamento de requisições perdidas ou duplicadas. Um exemplo de requisição de depósito é mostrado na Figura 7.8. As colunas de preço unitário e custo total devem ser incluídas a menos que se use um programa computadorizado; neste caso, os dados estarão disponíveis nas informações armazenadas no computador. Um número de estoque é necessário para cada item da requisição se um computador for usado para calcular os custos.

A requisição deve ser assinada por uma pessoa autorizada a solicitar suprimentos e deve ser assinada ou iniciada pelo indivíduo que preencheu o pedido. A solicitação de alimentos e suprimentos é um fator importante para o controle de custos e para evitar perdas por furtos, e deve ser praticada de alguma forma, mesmo em um serviço de alimentação de pequeno porte.

Registro de estoque

▪ **Conceito-chave:** O registro de estoque é um método de rastreamento contínuo dos produtos mantidos no depósito.

O **registro de estoque** é um registro corrente do saldo existente de cada item no depósito. Os computadores simplificaram o processo de manutenção do registro de estoque e são usados para esse propósito em muitos serviços de negócios de alimentação.

O registro de estoque oferece um registro contínuo dos alimentos e suprimentos comprados, armazenados e usados. Os itens recebidos são registrados pelas faturas, e as quantidades são adicionadas ao saldo anterior. Os envios do depósito são registrados a partir das requisições e diminuídos do saldo. Informações adicionais normalmente incluem a data de compra, o vendedor, a marca comprada e o preço pago.

Se níveis mínimos e máximos de estoque tiverem sido estabelecidos, conforme discutido no Capítulo 6, esses números devem ser indicados no estoque.

Esses registros de estoque são recomendados para todos os itens, exceto alimentos perecíveis que são entregues e armazenados na área de produção. É mais realista ter um inventário físico registrado no momento em que os alimentos perecíveis forem pedidos. No entanto, se houver necessidade de informações de compra sobre preços ou quantidades totais desses alimentos usados durante um certo período, um registro de compras, como ilustrado na Figura 7.9, pode ser usado para registrar a data de compra, as quantidades, os preços e os vendedores.

Registro de estoque
Registro corrente do saldo de produtos em estoque.

Figura 7.8 Formulário de requisição para envios de depósito.

		Requisição de depósito				
Enviar os itens a seguir para				Data:		
Departamento _____				Assinatura:		
Item	Descrição	Quantidade pedida	Quantidade recebida	Preço unitário	Custo total	Assinatura autorizada

```
UWHealth                              DUPLICATE Purchase Order
University of Wisconsin
Hospital and Clinics
DEPARTMENT OF PURCHASING
610 N WHITNEY WAY, #4400
MADISON WI 53705

VENDOR:
```

Purchase Order FS10054443	Date 12/13/1999	Revision	Page 1
Payment Terms Net 30	Freight Terms FOB Destination		Ship Via TRUCK
Buyer Norris,Ron		PHONE: (608)263-1525 FAX: (608)263-0343	

Ship To: 600 N Highland Ave.
F4/150
Madison WI 53792
Drop - F4/150A, CSC

Bill To: DEPT OF ACCOUNTS PAYABLE
P.O. BOX 5448
MADISON WI 53705-5448
PHONE: (608)263-4945

Tax Exempt?   Tax Exempt ID:

Line Item	Description	UWH Item#	Quantity	UOM	Unit Price	Line Amt	Due Date
1	CHEESE CHEDDAR BACON 5# LOAF	3278073	2	LF	9.12	18.24	12/14/1999 10889
2	CHEESE CHEDDAR CARAWAY 5# LOAF	3278072	2	LF	8.62	17.24	12/14/1999 10889
3	CHEESE CHEDDAR LOW-FAT,LOW-SALT 5# LOAF	3270201	16	LF	19.00	304.00	12/14/1999 10889
4	CHEESE LOW FAT,LOW SALT,COLBY,5# LOAF	3275042	2	LF	7.85	15.70	12/14/1999 10889
5	CHEESE FARMER LOW-FAT,LOW SALT, 5# LOAF	3270195	2	LF	7.10	14.20	12/14/1999 10889
6	CHEESE MONTOREY JACK,LOW-FAT-L/S 5#LOAF	3270194	6	LF	7.80	46.80	12/14/1999 10889
7	CHEESE MOZZARELLA SHREDDED 6/5# BOX.....	3271021	12	LF	9.31	111.66	12/14/1999 10889
8	CHEESE SWISS LOW SODIUM 10 # LOAF......	3272811	2	LF	17.18	34.35	12/14/1999 10889

Total PO Amount 562.19

Figura 7.9 Exemplo de pedido de compra da Universidade de Wisconsin.

Cortesia do Hospital e Clínica da Universidade de Wisconsin, Departamento de Negócios de Alimentação, Madison, Wisconsin. Usado com autorização.

Tempo e supervisão rigorosa são necessários para que o registro de estoque seja uma ferramenta eficaz, mas ele é uma orientação útil para as compras e serve como uma verificação de irregularidades, como furtos ou deslocamentos de estoque. Ele também oferece informações úteis sobre itens de alta rotatividade, baixa rotatividade ou inutilizáveis.

Inventário físico

▌ **Conceito-chave:** O inventário físico é uma contagem exata dos produtos mantidos no depósito.

Uma contagem dos itens em todas as áreas de armazenamento deve ser feita periodicamente, em geral para coincidir com um período contábil. Em algumas organizações, o **inventário físico** é feito no fim de cada mês; em outras, duas ou três vezes ao ano. O estoque é simplificado se duas pessoas trabalharem juntas, uma delas em posição de supervisão ou não diretamente envolvida na operação do depósito. Enquanto uma pessoa conta a quantidade de cada item existente, a outra anota no estoque.

O procedimento para fazer um inventário físico é simplificado pelo desenvolvimento de um formulário impresso no qual são listados os itens normalmente mantidos em estoque e os tamanhos de suas unidades, como mostra a Figura 7.10. Para conveniência e eficiência no registro, os itens no formulário de estoque podem ser classificados e depois organizados em ordem alfabética dentro do grupo ou listados na mesma ordem em que são arrumados no depósito e no registro de estoque. Deve-se deixar espaço no formulário entre cada grupo para que novos itens possam ser adicionados.

Depois que o inventário físico é preenchido, o valor de cada item é calculado, e o valor total do estoque é determinado. Os números do estoque são usados para calcular os custos dos

Inventário físico
É a contagem dos itens em estoque.

Divisão de Alimentos da União de Estudantes					Página 1
Inventário físico _____ 20 _____						
Classificação	Item	Unidade	Quantidade	Preço unitário	Custo total
Bebidas:					
	Café	Pct. 400g			
	Chá gelado	3 L			
	Chá, individual	100/caixa			
Cereais:					
	Individuais sortidos	50/caixa			
	Corn flakes	100/caixa			
	Mingau de semolina	1 caixa 340g			
	Papa de milho	1 caixa 230g			
	Aveia	3 caixas			
	Ralstons	1 caixa 170g			
	Arroz branco	1 caixa			
Produtos de cereais e farinha:					
	Farinha de milho	Volume/kg			
				TOTAL PÁGINA 1	_____

Figura 7.10 Exemplo de formulário de inventário físico.

alimentos adicionando as compras totais de alimentos ao estoque inicial e subtraindo do estoque final. A contagem física também serve como verificação dos registros de estoque. Pequenas diferenças são esperadas, mas grandes discrepâncias devem ser investigadas. O descuido ao preencher requisições ou nos registros é o motivo mais comum para esses erros, que podem indicar a necessidade de controles de depósito mais rígidos ou um registro mais preciso.

Devem ser mantidos inventário físico e registros de estoque de porcelanas, copos e talheres. Esses itens devem ser reavaliados pelo menos uma vez por ano com base no inventário físico, embora seja desejável reavaliá-los a intervalos mais frequentes. Um estoque de outros equipamentos de cozinha e do salão de refeições normalmente é realizado uma vez por ano.

A administração do estoque é praticada para determinar as quantidades que devem ficar disponíveis e os métodos de segurança usados para controlar como o estoque influencia os custos totais do serviço de alimentação. Cada organização deve decidir as quantidades máximas e mínimas desejáveis para manter no depósito. Essa decisão se baseia nas instalações e na capacidade de armazenamento, nos padrões de entrega e no volume de negócios. Padrões estabelecidos para as quantidades que se desejam manter disponíveis ajudam nas compras – para determinar a quantidade a pedir e quando pedir.

Resumo

Recebimento, armazenamento e estoque são atividades importantes nos serviços de negócios de alimentação e estão muito relacionadas à função de compras. O principal objetivo dessas atividades é assegurar que, começando no ponto de entrega, os itens de alimentos e suprimentos atendam a padrões de qualidade predeterminados e sejam mantidos sob condições que preservem a qualidade antes de eles serem enviados para a produção ou o serviço.

Políticas e procedimentos claramente escritos e rigidamente aplicados são essenciais para garantir que as mercadorias que chegam sejam verificadas com cuidado a fim de confirmar a qualidade e as quantidades desejadas. O fracasso em agir de acordo com essas políticas pode resultar em consequências custosas à operação. Um processo sólido de recebimento é coordenado com outros departamentos, executado por pessoal bem treinado, apoiado por espaços e equipamentos adequados e com boa manutenção, e administrado por meio de uma série de registros precisos e atualizados.

Depois de recebidos, os itens de alimentos e suprimentos devem ser imediatamente transferidos para o armazenamento adequado. As instalações de armazenamento incluem refrigeradores, congeladores e áreas de armazenamento seco. Cada tipo de armazenamento tem exigências ambientais específicas em termos de organização, temperatura e umidade. Essas condições precisam ser monitoradas com frequência, se não continuamente, para assegurar que os padrões de qualidade sejam mantidos durante o armazenamento.

O controle de estoque contribui para o armazenamento seguro e apropriado de alimentos e suprimentos. Por diversos métodos, os níveis de estoque são estabelecidos de maneira a assegurar que os itens estejam disponíveis quando necessários, mas não tão altos que possam criar um problema de fluxo de caixa para a operação. Os registros de estoques e inventário físico são realizados para contabilizar os produtos disponíveis e para calcular custos. Assim como no recebimento e no armazenamento, um sistema de registros é essencial para administrar o estoque.

Aplicação de conceitos abordados no capítulo

A Unidade de Refeições e Serviços Culinários do Departamento de Habitação da Universidade de Wisconsin é um serviço de alimentação complexo e de grande volume. Obviamente, o sistema e os processos de recebimento, armazenamento e estoque precisam ser muito organizados e orquestrados para assegurar que os alimentos e suprimentos estejam no local onde são necessários no momento em que são necessários. O recebimento é feito em três locais: em um armazém fora do *campus*, na cozinha central e nas unidades individuais. O armazém é usado para guardar suprimentos e produtos alimentícios que têm uma vida de prateleira relativamente longa: produtos enlatados, por exemplo. A área mais ativa de recebimento é na doca da cozinha central.

Todo dia várias entregas são feitas na cozinha central, vindas de uma variedade de vendedores. Isso inclui caminhões de dezesseis metros das principais empresas de distribuição, como a Sysco e a U.S. Foodservice, além de pequenas *vans* de padarias locais. A quantidade de entrega varia muito de acordo com o dia da semana. As segundas e sextas são dias de muita movimentação de recebimento, chegando a quarenta entregas, enquanto as terças e quintas podem ter cerca de cinco. Para complicar, os caminhões de *catering* e a remoção de lixo usam a mesma doca. Obviamente, é necessário muito planejamento e coordenação para evitar tumultos na doca e nas ruas locais.

Essa função é administrada pelo Coordenador de Controle de Estoque da cozinha central, que, por sua vez, supervisiona três funcionários, dois dos quais transportam os produtos da doca até as áreas de armazenamento apropriadas. O terceiro funcionário é responsável pelo estoque.

Questões para reflexão

1. De que maneira o Coordenador de Controle de Estoque pode interagir com o departamento de compras para manter a operação de recebimento tranquila?
2. Que arranjos formais ou informais podem ser feitos com os vendedores para evitar tumultos e limitar o tempo que os caminhões ficam na doca?
3. O Coordenador de Controle de Estoque explicou que, depois que uma entrega é "largada", ela fica "parada" aguardando o transporte para o armazenamento. O que você acha que isso significa?
4. Há uma diferença enorme no volume de entregas às terças e quintas em comparação com as segundas e as sextas. O que você acha que os funcionários de recebimento fazem durante o tempo "ocioso"?
5. Que tipo de equipamento precisa estar na área de recebimento para assegurar o transporte imediato da doca para as áreas de armazenamento?
6. Dos quatro funcionários de recebimento, qual(is) deve(m) ter autoridade para assinar faturas? Por quê?

7. Atualmente, o estoque é feito "à mão" usando o método físico. De que maneira a tecnologia pode ser usada para aumentar a velocidade e a precisão do estoque?
8. A doca é usada para remoção de lixo. Como isso pode influenciar a administração da área de recebimento?
9. Durante o período de um contrato ativo, que informações o Coordenador de Controle de Estoque pode coletar e oferecer ao departamento de compras que seriam úteis durante o próximo período de licitação para cada vendedor?
10. Existe alguma medida de segurança atípica que precisa ser implementada na função de recebimento na cozinha central?

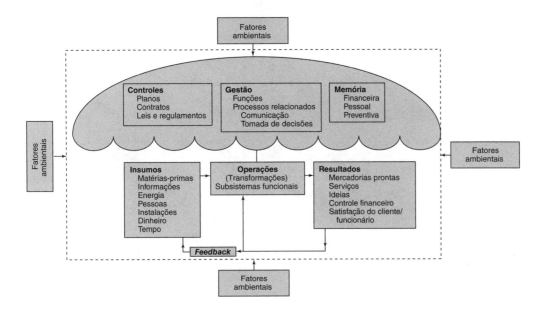

Questões para revisão

1. De que maneira um programa de recebimento bem planejado contribui para o controle de custos e de qualidade?
2. Quais são algumas das consequências potenciais de um processo de recebimento mal planejado e mal monitorado?
3. Identifique itens alimentícios em que o nível de estoque mínimo-máximo seria mais apropriado. Faça o mesmo para o método de estoque nominal.
4. A maioria das organizações hoje usa um computador para rastrear o estoque (registro). Que valor um inventário físico periódico pode oferecer?
5. Com quais departamentos do serviço de alimentação e da organização a função de recebimento seria coordenada?
6. Quais são os prós e os contras de um processo estruturado de envio de produto do armazenamento?
7. Quais são as medidas de segurança rígidas importantes para o recebimento, armazenamento e estoque?
8. Que habilidades e qualidades seriam desejáveis ao se contratar um funcionário para trabalhar no recebimento?
9. Por que é especialmente importante manter a área de recebimento limpa e com boa manutenção?
10. Quais são as limitações para se estabelecer horários de entrega rígidos para todos os vendedores?

Sites selecionados (em inglês)

http://www.foodsafety.gov (portal do governo norte-americano com informações sobre segurança dos alimentos)

http://www.nfsmi.org (National Food Service Management Institute)

8

Produção

CONTEÚDO

Produção de alimentos
  Objetivos da cocção na produção de alimentos
  Computadores na produção

Formulação de receitas
  Receitas padronizadas
  Ajustes em receitas

Previsão da demanda
  Motivos para prever
  Dados históricos
  Critérios para escolher um método de previsão
  Modelos de previsão
  Tendências na previsão da demanda de produção

Quantidades a produzir

Programação de produção
  Cronograma de produção
  Reuniões de produção

Controle de produção
  Montagem de ingredientes
  Controle de porções

Avaliação de produtos

Resumo

A transformação de ingredientes crus ou processados em um item do cardápio, pronto para ser servido, é uma função essencial em qualquer sistema de alimentação e envolve inúmeras etapas inter-relacionadas. Exige a transferência de ingredientes para a unidade de produção, o pré-preparo, a cocção e a espera.

Tradicionalmente, esses procedimentos eram realizados em cada serviço de alimentação, e os itens do cardápio eram preparados "do zero". Hoje, no entanto, existem alternativas para esse sistema convencional. As organizações de serviços de alimentação compostas de várias unidades individuais podem centralizar toda ou parte de sua produção de alimentos em uma cozinha central. O preparo nessas instalações pode abranger desde a cocção de itens do cardápio até a pré-montagem dos ingredientes que serão usados nos pedidos solicitados no serviço ou nas unidades-satélite.

Muitos serviços de alimentação preparam todos ou parte dos alimentos para serviço imediato ou serviço de *buffet*. Em alguns, no entanto, o alimento é cozido, depois resfriado ou congelado para serviço posterior. Outros compram certos itens do cardápio nas formas pronta para cozinhar ou pronta para servir, e a maioria usa algum tipo de ingrediente ou componente de conveniência. Esses sistemas de alimentação – convencional, cozinha de produção central, comida pronta (cocção/resfriamento ou cocção/congelamento) e montagem/serviço – são discutidos em detalhes no Capítulo 2.

Independentemente do sistema usado, o planejamento e o controle da produção são vitais para a produção bem-sucedida de alimentos de alta qualidade. A formulação de receitas, a previsão e a programação de produção são discutidas neste capítulo. Diversos elementos da produção e do controle da qualidade são incluídos para ilustrar a importância de a gerência assegurar que os padrões estabelecidos sejam constantemente cumpridos.

Conceitos-chave

1. A produção, especialmente em operações de grande volume, é uma complexa transformação de ingredientes em um produto final.
2. Uma abordagem objetiva da produção contribui para o uso conservador de insumos e os resultados de produtos desejados.
3. A formulação de receitas é usada para desenvolver receitas padronizadas que servem como controle da produção.
4. Os métodos fatorial e porcentual são abordagens comumente usadas para a formulação de receitas.
5. As estimativas da demanda de produção podem ser determinadas por meio da previsão.
6. A coleta de dados consistente e abrangente é essencial para uma previsão exata e confiável.
7. Inúmeros fatores, internos e externos ao serviço de alimentação, influenciam a demanda de produção.
8. A comunicação clara entre a administração e a equipe de produção é essencial para uma produção bem-sucedida.
9. A montagem de ingredientes, como uma função distinta e separada, é um controle comum em operações de alimentação de grande volume.
10. O controle de porções é usado para conter os custos e assegurar a composição nutritiva dos itens do cardápio.

Produção de alimentos

▍ **Conceito-chave:** A produção, especialmente em operações de grande volume, é uma complexa transformação de ingredientes em um produto final.

O planejamento e a programação da produção são vitais para a produção de alimentos de alta qualidade e são importantes responsabilidades administrativas. O verdadeiro teste do planejamento, no entanto, é a produção de alimentos atraentes para a clientela, preparados na quantidade adequada, seguros do ponto de vista microbiológico e dentro das restrições orçamentárias. O conhecimento de técnicas e equipamentos básicos de preparo de alimentos ajuda o gerente de negócio de alimentação no planejamento e no cumprimento desses objetivos.

A extensão do verdadeiro preparo e cocção feitos nas dependências varia conforme o tipo de sistema do serviço de alimentação (convencional, cozinha central, comida pronta ou montagem), conforme explicado no Capítulo 2. Mesmo no sistema convencional, no qual todos ou a maioria dos alimentos são preparados, os métodos de produção e as necessidades de equipamentos variam de acordo com o tipo e o tamanho do serviço de alimentação. Por exemplo, em algumas casas de repouso em que todos os residentes são servidos ao mesmo tempo, é necessário preparar maiores quantidades de alimentos e com equipamentos diferentes de um restaurante, onde grande parte dos alimentos é preparada no momento do pedido durante um período maior de serviço.

A quantidade é o elemento que introduz complexidade na preparação dos alimentos no sistema de serviço de alimentação. Portanto, o gerente de serviço de alimentação não apenas deve ter conhecimento sobre os métodos básicos de cocção, mas também precisa entender a relação tempo-temperatura e os desafios do controle de qualidade inerentes à produção de alimentos em quantidade. Equipamentos mecanizados são essenciais para lotes grandes e para procedimentos que consomem tempo, especialmente em operações maiores. Caldeirões basculantes com palhetas que misturam, cronômetros em equipamentos de cocção a vapor, dispositivos de medição para água e cortadores de vegetais de alta velocidade são exemplos de equipamentos usados na produção de alimentos em quantidade. Os fornos de convecção e as caldeiras compartimentadas usadas em vários serviços de alimentação reduzem o tempo necessário de cocção. A cocção não transferível, na qual os alimentos são cozidos nos mesmos recipientes usados para servir, economiza tempo e maximiza a qualidade por minimizar o manuseio. Os equipamentos serão analisados em detalhes no Capítulo 11.

Conforme discutido anteriormente, as etapas necessárias à transformação de alimentos crus em produtos prontos aceitáveis incluem armazenamento, tempo de degelo, pré-preparo, preparo, montagem e espera antes de servir. A extensão da montagem de ingredientes, pré-preparo e preparo dos alimentos antes de serem entregues à área de produção depende do tamanho, do *layout* físico e da organização da operação de alimentação. Alguns alimentos, como frutas frescas e certas saladas e sanduíches, não exigem cocção. No entanto, a maioria dos alimentos exige cocção e, nesse ponto, o controle de qualidade se torna criticamente importante. Uma vigilância constante é necessária para assegurar que os alimentos sejam cozidos de maneira adequada e não esperem por muito tempo antes do serviço.

Objetivos da cocção na produção de alimentos

▎**Conceito-chave:** Uma abordagem objetiva da produção contribui para o uso conservador de insumos e os resultados de produtos desejados.

A grande maioria da produção de alimentos envolve pelo menos um pouco de cocção. Os objetivos básicos da cocção são:

- Melhorar o apelo *estético* do produto alimentício cru, maximizando as qualidades sensoriais de cor, textura e sabor.
- Destruir organismos nocivos para assegurar que os alimentos sejam, do ponto de vista microbiológico, seguros para o consumo humano.
- Melhorar a digeribilidade e maximizar a retenção de nutrientes.

É responsabilidade do gerente de alimentos, por meio do planejamento e do controle, assegurar que esses objetivos sejam atendidos toda vez que um item do cardápio é produzido.

Assim, é essencial que o gerente de alimentos tenha conhecimento sobre as propriedades físicas e químicas dos alimentos e sobre os princípios e técnicas básicos da preparação de alimentos. O Apêndice A oferece informações básicas sobre técnicas culinárias e terminologia.

Computadores na produção

O computador tem simplificado todos os aspectos da função de produção. Começando com a formulação de receitas, o computador facilita o ajuste de receitas depois que a receita básica foi digitada. Por exemplo, uma receita pode ser facilmente aumentada (explodida) ou reduzida para atender à demanda prevista. Esse é um controle de produção muito mais preciso e eficaz em termos de custo se comparado aos métodos tradicionais de aumento de receitas em incrementos de 25 ou 50 porções.

Outra vantagem dos computadores na produção é a administração dos arquivos de receitas. Não é incomum que serviços de alimentação grandes e com várias unidades tenham milhares de receitas. A unidade de serviço de alimentação da Divisão de Habitação da Universidade de Wisconsin-Madison, por exemplo, tem no mínimo 8 mil receitas em seu arquivo de receitas computadorizado. Mesmo pequenas operações podem ter centenas de receitas em seus bancos de receitas. Um arquivo de cópias desse volume em papel seria difícil, se não impossível, de administrar com um sistema manual.

Formulação de receitas

▎**Conceito-chave:** A formulação de receitas é usada para desenvolver receitas padronizadas que servem como controle da produção.

Receitas padronizadas

Inúmeros controles de produção são necessários em uma operação de alimentação para assegurar que os padrões preestabelecidos de qualidade sejam constantemente atendidos. Na produção de alimentos, a ferramenta de controle mais importante é a *receita padronizada*, às vezes chamada de formulação de receitas. Por definição, uma receita é uma relação de ingredientes e procedimentos necessários para preparar um item alimentício. Uma receita é padronizada quando foi testada e adaptada às necessidades de uma operação de alimentação específica. Essas necessidades incluem expectativas do cliente e uso eficiente e eficaz dos recursos disponíveis, incluindo pessoal, equipamentos e dinheiro.

Existem inúmeras vantagens de se desenvolver e usar receitas padronizadas, sendo que a mais importante é a consistência. Os clientes de diversos tipos de operações de alimentação com frequência esperam, e às vezes precisam, ser capazes de confiar que um item alimentício será o mesmo todas as vezes que for selecionado ou servido. Essa consistência é esperada em inúmeros aspectos de qualidade, incluindo sabor, textura e tamanho da porção. Em algumas operações, incluindo escolas e instalações de saúde, a consistência na composição dos alimentos é essencial para garantir que as necessidades nutricionais dos clientes sejam atendidas. O objetivo das receitas padronizadas é assegurar a consistência de cada aspecto da qualidade todas as vezes que um item do cardápio é preparado.

O uso de receitas padronizadas também simplifica outras funções de uma operação de alimentação, incluindo planejamento, compras, previsão, custo de receitas e formação de preços. Os custos e a formação de preços, por exemplo, podem ser facilmente calculados porque os ingredientes e as quantidades são os mesmos todas as vezes que uma receita é usada.

As receitas padronizadas minimizam os efeitos da rotatividade de empregados sobre a qualidade dos alimentos e simplificam o treinamento de novos funcionários, servindo como forma de comunicação entre o gerente de alimentos e a equipe de produção. As receitas padronizadas são essenciais para operações de alimentação computadorizadas porque receitas individualmente codificadas dão origem a outras funções, como compras e previsão. As receitas padronizadas também são a chave para o sucesso da montagem de ingredientes centralizada, na qual a precisão em pesos e medidas é essencial.

Formato. Deve-se selecionar um formato de receita que ofereça todas as informações necessárias para a produção de um item do cardápio. Deve-se também desenvolver uma organização ordenada dessas informações e o mesmo padrão deve ser seguido para todas as receitas no arquivo. Cada serviço de alimentação tem de decidir o formato que melhor se adapta à sua operação e usar esse formato constantemente. Os funcionários que trabalham na produção podem ser uma fonte valiosa quanto ao melhor *design*, já que eles são mais experientes no uso das receitas.

A maioria das receitas lista os ingredientes na ordem em que são usados. Um arranjo em bloco, no qual os ingredientes que serão combinados ficam agrupados, é útil. Separar esses grupos com espaços ou linhas torna mais fácil e rápido seguir as receitas. Listar os procedimentos no lado diretamente oposto ao dos ingredientes envolvidos simplifica o preparo e permite que orientações claras sejam escritas com um mínimo de palavras. A Figura 8.1 ilustra esse formato sugerido.

Certas informações são essenciais, independentemente do formato em que a receita é escrita. A seguir, são apresentadas algumas sugestões para o conteúdo da receita.

Título da receita. O título deve ser impresso em letras grandes e centralizado na página ou colocado à esquerda do topo da página, como mostra a Figura 8.1. O código de identificação da receita para sistemas computadorizados também pode ser posicionado assim.

Rendimento e tamanho da porção. O rendimento total da receita pode ser oferecido em medida, peso, número de recipientes ou número de porções. O tamanho da porção pode ser em peso, medida ou contagem. Também é importante definir o utensílio de servir usado para a divisão de porções, de modo que a equipe de serviço consiga dividir acuradamente na frente da loja.

Tempo e temperatura de cocção. Esta informação normalmente é listada no topo da página, de modo que seja possível determinar o pré-aquecimento dos equipamentos e a programação de cocção sem ler a receita toda. Alguns redatores de receitas repetem os tempos e as temperaturas de cocção nas instruções, de modo que os cozinheiros possam vê-los enquanto trabalham com os ingredientes. É importante identificar o equipamento de produção em alguns casos. Fornos convencionais e de convecção cozinham em diferentes tempos e temperaturas, por exemplo. Isso precisa ficar claro para a equipe de produção.

Ingredientes e quantidades. Os nomes dos ingredientes geralmente são listados à esquerda da receita, com as quantidades listadas em uma ou mais colunas para acomodar diferentes rendimentos (Fig. 8.2), mas essa necessidade é eliminada em sistemas computadorizados. Em nome

FRANGO E BRÓCOLIS FRITOS

Rendimento 50 porções *Porção de 120 g de frango e brócolis + 120 g de arroz*

Ingredientes	Quantidade	Procedimento
Água (fria)	4,5 L	Prepare o molho batendo no liquidificador os líquidos, os temperos e o amido de milho. Mexa com um *fouet* até ficar homogêneo. Cozinhe em fogo médio até ficar grosso e translúcido. Mexa sempre durante a cocção. Mantenha quente (acima de 74°C). Reserve para a próxima etapa.
Shoyu	2 ²/₃ xícaras	
Preparo para caldo de galinha	45 g	
Alho, fresco, picado	60 g	
Gengibre, moído	1 colher (sopa)	
Pimenta malagueta, triturada	¼ colher (chá)	
Óleo de gergelim	120 g	
Amido de milho	210 g	
Óleo vegetal	½ xícara	Doure o gengibre e o alho em óleo quente por 2-3 minutos, até ficarem macios. Adicione o frango e cozinhe até ficar pronto, a 74°C, mexendo sempre durante a cocção.
Gengibre, fresco, em fatias finas	1 colher (chá)	
Alho, picado	1 colher (chá)	
Frango, cru, cortado em tiras	2,7 kg	
Castanhas d'água, drenadas, fatiadas	1 kg (PC)	Adicione as castanhas d'água e os cogumelos ao frango cozido. Frite mexendo sempre até os cogumelos ficarem macios. Adicione o repolho chinês, o brócolis e as cebolas. Frite mexendo sempre por mais 2-3 minutos, até os vegetais ficarem levemente macios. Despeje o molho quente reservado da etapa anterior sobre a mistura de frango e vegetais.
Cogumelos, frescos, fatiados	500 g (PC)	
Repolho chinês, fatias de 2,5 cm	1 kg (PC)	
Brócolis em floretes	740 g (PC)	
Cebolas verdes, fatias de 2,5 cm	180 g (PC)	
Arroz, convertido	1,7 kg	Cozinhe o arroz de acordo com as instruções na p. 594. Sirva 120 g da mistura de frango e vegetais sobre 120 g de arroz.
Água, fervendo	4 L	
Sal	2 colheres (sopa)	
Óleo vegetal	2 colheres (sopa)	

Valores nutricionais aproximados por porção **Calorias** 275

Quantidade/porção	%VD	Quantidade/porção	%VD	Quantidade/porção	%VD		%VD		%VD
Gordura total 7 g	11%	**Colesterol** 38 mg	13%	**Carboidrato total** 35 g	12%	Vitamina A	5%	Cálcio	6%
Gordura saturada 1 g	6%	**Sódio** 1.300 mg	56%	Fibras 2 g	9%	Vitamina C	31%	Ferro	10%
Proteína 16 g				Açúcares 2 g					

Os valores porcentuais diários (%VD) se baseiam em uma dieta de 2.000 calorias.

Observações
- Alimento potencialmente perigoso. *Padrões de segurança dos alimentos*: Mantenha o alimento em espera para serviço a uma temperatura interna acima de 60°C. Não misture produto antigo com novo. Resfrie as sobras do produto rapidamente (em até 4 horas) para abaixo de 5°C. Ver p. 105 para procedimentos de resfriamento. Reaqueça as sobras do produto rapidamente (em até 2 horas) para 74°C. Reaqueça o produto apenas uma vez; descarte se não for usado.
- Sempre lave as mãos e lave e desinfete as bancadas, os utensílios e os recipientes entre as etapas de produção ao preparar aves cruas.

Variações
- **Carne e brócolis fritos.** Substitua o frango por tiras de carne vermelha e o caldo de galinha por caldo de carne. Reduza as castanhas d'água para 740 g e o repolho chinês para 680 g. Aumente o brócolis para 1,5 kg e os cogumelos para 500 g.
- **Frango e vegetais fritos.** Siga a receita de frango e brócolis fritos. Use um total de 3,5 kg de vegetais sortidos. Escolha entre brócolis em floretes, cenouras, repolhoshineses, cogumelos, castanhas d'água, cebolas (verdes ou maduras), ervilhas-tortas ou vagens.

Figura 8.1 Formato de receita mostrando arranjo em blocos. A composição nutricional, as observações e as variações ficam na parte inferior da receita.

Reproduzido com autorização de *Food for Fifty*, 12th ed., by Mary Molt. Copyright 2006 by Pearson Prentice Hall.

da precisão, não deve haver mais do que três colunas de quantidade de ingredientes em uma receita. Muitas colunas aumentam a chance de erro porque tumultuam o espaço necessário para dar as instruções completas de preparo.

Os nomes dos ingredientes devem ser consistentes. Termos descritivos são usados para definir claramente o estilo e o formato de cada ingrediente. Em algumas receitas, o termo *depois* do nome do ingrediente define o formato **conforme comprado** ou que o ingrediente foi cozido ou aquecido antes de ser usado no produto. Exemplos são tomates *enlatados*, brócolis *cortado congelado*, leite *quente*, água *fervendo* e peru *cozido*. O termo descritivo é colocado *depois* do

---

Conforme comprado
Refere-se ao peso do produto antes de aparar.

Figura 8.2 Formato de receita em colunas para duas quantidades.

Bolo de calda de maçã
Sobremesas No. Ck-3
Porção: 5 × 7 cm
Corte 6 × 8
Temperatura do forno: 177°C
Tempo: 30-35 min

Ingredientes	2 assadeiras	3 assadeiras	Procedimentos
Gordura vegetal	710 g	1.060 g	Bater em creme por 5 min em velocidade média, com espátula.
Açúcar	1.420 g	2.150 g	
Ovos	2 xícaras	3 xícaras	Adicionar e bater por 5 min em velocidade média.
Calda de maçã	2 L + 125 mL	3 L + 62 mL	Adicionar gradualmente em velocidade baixa. Bater por 1 min em velocidade média depois da última adição. Raspar a massa.
Farinha de trigo	1.420 g	2.150 g	Peneirar os ingredientes secos e misturar com as passas.
Sal	4 colheres (chá)	2 colheres (sopa)	
Fermento	30 g	45 g	Adicionar gradualmente à mistura em creme em velocidade baixa.
Canela	1 colher (sopa)	4 ½ colheres (chá)	
Noz-moscada	1 ½ colher (chá)	2 ¼ colheres (chá)	Bater por 2 min, em velocidade média, depois da última adição. Raspar a massa uma vez.
Cravos	1 ½ colher (chá)	2 ½ colheres (chá)	
Passas	360 g	560 g	Despejar em assadeiras untadas, 30 × 55 × 5 cm, 3.240 g/assadeira.
Peso total	6.680 g	10.060 g	

ingrediente para indicar o processamento depois que o ingrediente é pesado ou medido – cebolas, *cortadas*; ovos, *batidos*; ou batata crua, *ralada*. É importante, em algumas receitas, definir CC (conforme comprado) ou PC (porção comestível) para levar em conta a perda nas aparas. Por exemplo, 6 kg (CC) de brócolis fresco seriam 5 kg (PC) ou menos, supondo um rendimento de 81%. Qualquer que seja a abordagem usada, ela deve ser consistente e entendida por quem irá preparar as receitas. As abreviações devem ser consistentes e facilmente compreendidas, como "L" para litro ou "kg" para quilograma. As Tabelas 8.1 e 8.2 oferecem informações sobre rendimento de produtos e abreviações comuns, respectivamente.

Procedimentos. As orientações para o preparo do produto devem ser divididas em etapas lógicas e são mais eficazes quando colocadas bem ao lado dos ingredientes a serem combinados. Os procedimentos devem ser claros e concisos, de modo que os funcionários consigam ler e entender com facilidade. É importante os procedimentos básicos serem uniformes em todas as receitas de produtos semelhantes. Por exemplo, *roux* é a base de vários molhos e serve para diversas receitas. Os procedimentos da receita devem usar as mesmas palavras em cada receita. Da mesma forma, existem vários procedimentos básicos em produtos assados, como os que servem para bater a manteiga e o açúcar ou para combinar ingredientes secos e líquidos, que devem ser os mesmos em todas as receitas que os usam.

Deve ser fornecido o tempo dos procedimentos em que serão usados batedeiras, caldeiras e outros equipamentos mecânicos. Por exemplo, "bater a gordura vegetal e o açúcar em velocidade média por 10 minutos" ou "cozinhar em fogo baixo até o arroz ficar macio e toda a água ser absorvida, por cerca de 15 a 20 minutos".

As instruções de divisão em recipientes devem incluir o peso do produto por recipiente para ajudar a dividir o produto igualmente pelo número necessário de recipientes. Por exemplo, "dividir a massa em duas assadeiras completas de 30 × 45 × 5 cm, 1.280 g por assadeira". Ao colocar os ingredientes em camadas em assadeiras completas para uma entrada do tipo caçarola, é importante fornecer o peso ou a medida de cada camada. Por exemplo, "colocar o recheio, o molho e o frango em duas assadeiras completas de 30 × 50 × 5 cm, em camadas em cada assadeira conforme o seguinte: 2.225 g de recheio, 1,5 L de molho, 1 kg de frango, 1,2 L de molho".

Outras informações que não sejam essenciais para a receita, mas que talvez sejam úteis (p. ex., substituição de ingredientes, métodos alternativos de preparação ou comentários sobre a aparência do produto, como "esses biscoitos crescem no início, depois ficam achatados e com o topo enrugado"), podem ser acrescentadas como notas de rodapé. Variações de uma receita básica normalmente são colocadas no fim da receita e podem incluir dicas de como arrumar no prato ou enfeitar o produto.

Tabela 8.1 Rendimentos aproximados expressos em pesos de frutas e vegetais selecionados.

Item alimentício	Rendimento
Maçã, fresca	0,78
Aspargos	0,60
Bananas	0,65
Ervilhas-tortas	0,88
Beterrabas com folhas	0,45
Mirtilos	0,95
Brócolis	0,70
Melão *cantaloupe*, descascado	0,52
Cenouras	0,70
Aipo	0,75
Espiga de milho	0,48
Uvas, sem caroço	0,94
Alface, pé	0,76
Cogumelos	0,90
Pêssegos	0,76
Batatas, brancas	0,81
Abóbora	0,80
Tomates	0,80

Fonte: Adaptado de *Food for Fifty*, 12.ed., by Mary Molt. Copyright © 2006 Pearson Prentice Hall.

Tabela 8.2 Abreviações comuns usadas na produção de alimentos.

°C	Graus Celsius (centígrados)	kg	Quilograma
CC	Conforme comprado	L	Litro
col. (chá)	Colher (chá)	mL	Mililitro
col. (sopa)	Colher (sopa)	PC	Porção comestível
CS	Conforme servido	pct	Pacote
g	Grama	Xíc.	Xícara

No caso de sistemas manuais, as decisões sobre o tamanho e o formato da ficha ou página de receita, o formato a ser seguido e o modo de arquivar as receitas dependem das necessidades da operação. Fichas de 10 × 15 cm e 12 × 20 cm são tamanhos populares, e papel carta pesado, de 22 × 28 cm, é usado em algumas operações. Ao decidir sobre um tamanho e um formato, lembre-se de que as receitas serão usadas por cozinheiros e outros funcionários que estarão ocupados pesando e misturando ingredientes e podem não conseguir ler com facilidade uma ficha pequena e com muito texto. As receitas devem ser datilografadas ou impressas e devem ser legíveis a uma distância de 45 a 50 cm. As receitas que são usadas nas áreas de produção ou montagem de ingredientes devem ser colocadas em capas plásticas para manter o papel limpo.

Em serviços de alimentação que usam um sistema computadorizado, as receitas são impressas conforme a necessidade e nas quantidades necessárias para a produção do dia. Como a impressão é gerada cada vez que a receita é usada, ela é considerada uma cópia de trabalho e não precisa de capa protetora. Um exemplo de receita gerada por computador é mostrado na Figura 8.3. O formato das receitas nesse tipo de sistema depende do *software* comprado, então isso deve ser considerado quando se comparam diferentes programas.

PÁGINA: 2
RECEITA PARA PRODUÇÃO NA COZINHA

Unidade de produção: 1   Centro de produção de alimentos   Data de produção: sexta-feira   30/01/04
Área de preparação: produção de alimentos quentes   Centro de custo: 1900
===
0585 Pimenta   Rendimento: 5 L

Preparo do lote principal: 1 vez   Tempo de cozimento: 1:35
Ptn Desc: 0,2 L   Temperatura de cozimento:
Tempo de preparo: Equipamento para cozimento:
Porções: 23,0   0,22 L

Ingredientes |-------- Lote principal --------| |-------- Lote secundário --------|
                                                 Quantidade   Quantidade
----

Ingrediente	Lote principal	Lote secundário
Feijão ensopado	0,45 kg	140 g
Carne moída	1,36 kg	62 g
Cebola fatiada		265 g
Aipo fatiado		420 g
Tomates fatiados	0,45 kg	347 g
Pasta de tomate		1 ²⁄₃ xícara
Água	1 L	3 xícaras
Pimenta	3 colheres (sopa)	1 ½ colher (chá)
Folhas de louro		a gosto
Orégano		1 ¾ colher (chá)
Aipo com sal		1 ¾ colher (chá)
Vinagre branco	1 colher (sopa)	½ colher (chá)
Açúcar branco	1 colher (sopa)	½ colher (chá)
Alho granulado		1 colher (chá)
Sal iodado	1 colher (sopa)	2 ¼ colheres (chá)
Pimenta-caiena		1 colher (chá)
Cuminho	1 colher (sopa)	2 ½ colheres (chá)
Molho tabasco		½ colher (chá)

===
MÉTODO DE PREPARO
1. Cozinhar o feijão no vapor durante 45 min e despejar metade do líquido.
2. Dourar a carne moída e despejar toda a gordura.
3. Acrescentar os outros ingredientes e cozinhar em fogo baixo por 1 hora e 30 min.
4. Retirar as folhas de louro.
5. Reduzir 8 quantidades para 4 em panela grande. Resfriar rapidamente. Cobrir e colocar data.
Dobro da quantidade de feijão desde 1/4/85.
Aumento da quantidade de água desde 23/8/85.
** Nota: 900 g de feijão seco equivalem a 1 #10 latas depois de ensopado.
6/11/88   Aumento da receita. Aumento do poder de resfriamento.   Acréscimo de cominho e molho tabasco.
23/12/88   Aumento dos temperos.
9/96   Redução da quantidade de feijão para metade.

253 kcal   12 g gordura   906 mg sódio por porção   (7/94)

RECEITA PARA PRODUÇÃO NA COZINHA   PÁGINA: 3
(continuação)
Unidade de produção: 1   Centro de produção de alimentos   Data de produção: sexta-feira   30/01/04
Área de preparação: produção de alimentos quentes   Centro de custo: 1900
===
0585 Pimenta   Rendimento: 5 L

DISTRIBUIÇÃO DA RECEITA
===

Unidade	Data	Refeição	Rendimento	Porções	Panela/utensílio/receita principal
REFEITÓRIO	Quarta-feira (04/02/04) Distribuição real	Almoço	5 L	0,22 L	Panela gde 10 cm

Observações: (*) colocado depois da porção, indica quantidade arredondada
                (-) na frente da quantidade, indica receita por produto secundário

Figura 8.3   Exemplo de receita gerada por computador.

Cortesia do Hospital e Clínica da Universidade de Wisconsin, Departamento de Serviços Alimentares e Nutritivos.

Uma receita é considerada padronizada apenas quando foi testada e adaptada para uso em determinada operação de alimentação. Inúmeras receitas estão disponíveis em muitas fontes, como livros de receitas, jornais comerciais e materiais distribuídos por empresas alimentícias comerciais a partir de suas próprias cozinhas de teste, bem como de outros gerentes de negócios de alimentação. Independentemente da fonte, cada receita deve ser testada e avaliada, e depois padronizada e ajustada para uso em uma situação específica.

O primeiro passo para padronizar uma receita nova é analisar a proporção dos ingredientes e a clareza das instruções e determinar se a receita pode ser produzida com os equipamentos e o pessoal disponível.

Também é importante avaliar o tamanho da porção da receita original para determinar se é adequado para o cliente e os objetivos financeiros da operação. Por exemplo, uma receita obtida de um restaurante provavelmente define porções maiores do que seriam adequadas para uma escola ou uma casa de repouso.

A receita deve, então, ser testada. Ao fazer isso, assegure-se de que os ingredientes sejam pesados e medidos com precisão e os procedimentos sejam seguidos à risca. O rendimento, o número e o tamanho das porções, bem como os problemas na preparação, devem ser registrados.

Rendimento da receita. O rendimento da receita é simplesmente uma medida da quantidade total produzida por uma receita. O rendimento da receita pode ser expresso em peso, medida ou contagem. Por exemplo, o rendimento de uma receita de sopa poderia ser medido e expresso em litros; uma receita de bolo poderia ser medida em tamanho e número de assadeiras; e o rendimento de uma receita de biscoito é medido e expresso por contagem. A Figura 8.4 é um exemplo de formulário de avaliação de receita que pode ser usado para documentar o verdadeiro rendimento de uma receita. Junto da análise do rendimento, os produtos prontos devem ser avaliados em termos de aceitabilidade com base em padrões de qualidade predeterminados. Alguns serviços de alimentação solicitam que os cozinheiros anotem problemas ou inconsistências diretamente nas cópias de trabalho enquanto as receitas estão sendo usadas. Essas cópias com anotações são, então, enviadas ao gerente, que, por sua vez, avalia as questões e ajusta a receita conforme necessário para o próximo turno de produção.

Padrões de qualidade. Os padrões de qualidade são declarações mensuráveis das características estéticas dos itens alimentares e servem de base para a análise sensorial do produto preparado. Os aspectos de qualidade incluem aparência, cor, sabor, textura, consistência e temperatura. A Figura 8.5 é um exemplo de cartão de pontuação para avaliar bolos e *muffins* e inclui os padrões de qualidade relativos a forma, volume, cor, textura e sabor.

Figura 8.4 Formulário de avaliação de receita.

Avaliação de rendimento da receita

Item do cardápio: _____

Unidade: _____

Data: _____

Rendimento total especificado na receita: _____

A receita rendeu essa quantidade?   Sim: _____   Não: _____

Em caso negativo, qual foi o rendimento real?

Explicar quaisquer fatores que podem ter contribuído para essa discrepância.

Fornecer sugestões para melhorar esta receita. Considerar facilidade de uso, legibilidade, formato, *layout*, etc.

_____
Assinatura do funcionário

Cartão de pontuação para bolos

Data _____

Fator	Qualidades	Padrão	Nº da Amostra 1	2	3	Comentários
I. Aparência externa	Forma, simetria, topo ligeiramente arredondado, livre de rachaduras ou picos	10				
	Volume, leve no peso em relação ao tamanho	10				
	Crosta, marrom dourado uniforme suave	10				
II. Aparência interna	Maciez da textura, ligeiramente úmido, sensação aveludada na língua e nos dedos	10				
	Núcleo bonito e arredondado, conteúdo distribuído igualmente com paredes finas, sem buracos	10				
III. Sabor	Cor, miolo liso e com boa aparência	10				
	Delicado, sabor bem misturado dos ingredientes. Sem odores ou sabores desagradáveis	10				

Orientações para uso do cartão de pontuação para bolo simples:

Padrão	10	Nenhuma falha detectável, maior pontuação possível
Excelente	8-9	De excelência incomum, mas não perfeito
Bom	6-7	Qualidade razoavelmente boa
Razoável	4-5	Abaixo da média, ligeiramente represensível
Ruim	2-3	Represensível, mas comestível
Péssimo	0-1	Altamente represensível, não comestível

_____
Assinatura do avaliador

Figura 8.5 Cartão de pontuação sugerido para avaliar bolos ou *muffins*.

Se o produto testado for considerado adequado, a receita é então ajustada às quantidades necessárias para atender à demanda da produção.

Ajustes em receitas

Conceito-chave: Os métodos fatorial e porcentual são abordagens comumente usadas para a formulação de receitas.

Dois métodos comumente usados para ajustar receitas são o fatorial e o porcentual.

Método fatorial. Nesse método, as quantidades dos ingredientes na receita original (ou fonte) são multiplicadas por um fator de conversão, como explicado nas etapas a seguir.

Etapa 1

Divida o rendimento desejado pelo rendimento conhecido da receita-fonte para obter o fator de conversão. Por exemplo, se a receita fonte tem um rendimento de 12 e o rendimento desejado é 75, o fator é 6,25 (75/12 = 6,25). A Tabela 8.3 é um exemplo de como uma receita--fonte é ajustada usando o método fatorial.

Tabela 8.3 Ajuste de uma receita com rendimento 12 para 75: cozido de vegetais africanos.

Ingredientes	ETAPA 1 Rendimento da receita original = 12	ETAPA 2 Medidas de volume convertidas para pesos	ETAPA 3 Multiplicado pelo fator	ETAPA 4 Pesos arredondados
Cebola, picada	3 xíc.	1# (480 g)	6,25#	6,25#
Acelga	3 maços*	2,25# (1.080 g)	14,063#	14#
Grão-de-bico	4 ½ xíc.	1,8# (864 g)	11,25#	11,25#
Passas	1 ½ xíc.	240 g	3,125#	3#, 60 g
Arroz, cru	1 ½ xíc.	300 g	3,9#	4#
Batata-doce	6 xíc.	2#	12,5#	12,5#
Tomate	6 xíc.	2,66# (1.290 g)	16,23#	16,25#
Alho	3 dentes	15 g	94 g	90 g

Fator: 75/12 = 6,25.
*Considere que 1 maço tem 360 g.

Etapa 2

Converta todas as medidas de volume para pesos, quando possível. Por exemplo, 3 xícaras de água pesam 740 g. Para facilitar os cálculos, os pesos devem ser expressos em quilogramas e componentes decimais de quilogramas; 740 g equivalem a 0,74 kg.

Etapa 3

Multiplique a quantidade de cada ingrediente na receita original pelo fator.

Etapa 4

Arredonde frações desnecessárias ou complicadas. A Tabela 8.4 traz um guia para arredondar pesos e medidas.

Método porcentual Nesse método, a porcentagem do peso total do produto é calculada para cada ingrediente. Depois que esse porcentual é estabelecido, ele permanece constante para todos os ajustes futuros. Os aumentos e diminuições na receita são feitos pela multiplicação do peso total desejado pelo porcentual de cada ingrediente.

O método porcentual se baseia nos pesos expressos em quilogramas e partes decimais de quilograma. A quantidade total a ser preparada se baseia no peso de cada porção multiplicado pelo número de porções necessárias para servir. O número constante usado no cálculo de uma receita é o peso de cada porção individual. Um procedimento passo a passo usado pela Kansas State University e registrado por McManis e Molt (NACUFS J. 35, 1978) é mostrado a seguir para ajustar uma receita pelo método porcentual:

Etapa 1

Converta todos os ingredientes na receita original de suas medidas para gramas ou quilogramas. Faça as substituições de ingredientes equivalentes desejadas, como ovos frescos por ovos integrais congelados e leite em pó por leite líquido.

Etapa 2

Totalize o peso dos ingredientes na receita. Use pesos PC quando houver diferença entre os pesos PC e CC. Por exemplo, o peso de cebola ou aipo deve ser o peso depois que os alimentos foram limpos, descascados e estiverem prontos para uso. A receita pode mostrar os pesos CC e PC, mas a porção comestível é usada na determinação do peso total.

Etapa 3

Calcule o porcentual de cada ingrediente em relação ao peso total. Repita para cada ingrediente. Use esta fórmula:

A soma dos porcentuais deve totalizar 100%

Tabela 8.4 Guia para arredondar pesos e medidas.

Se a quantidade total de um item é	Arredonde para
Pesos	
Menos de 60 g	Medir a menos que o peso seja em quantidades de $\frac{1}{4}$, $\frac{1}{2}$ ou $\frac{3}{4}$ g
60 a 300 g	$\frac{1}{4}$ mais próximo ou converter para medida
Mais de 300 g, mas menos de 1.240 g	$\frac{1}{2}$ g mais próximo
1.240 g a 2,5 kg	Grama cheio mais próximo
Mais de 2,5 kg	125 g mais próximo
Medidas	
Menos de 1 colher (sopa)	$\frac{1}{8}$ de colher (chá) mais próximo
Mais de 1 colher (sopa), mas menos de 3 colheres (sopa)	$\frac{1}{4}$ de colher (chá) mais próximo
3 colheres (sopa) a $\frac{1}{2}$ xícara	Colher (chá) mais próxima ou converter para peso
Mais de $\frac{1}{2}$ xícara, mas menos de $\frac{3}{4}$ de xícara	Colher (chá) mais próxima ou converter para peso
Mais de $\frac{3}{4}$ de xícara, mas menos de 2 xícaras	Colher (sopa) mais próxima ou converter para peso
2 xícaras a 2 L	$\frac{1}{4}$ de xícara mais próximo
Mais de 2 L, mas menos de 4 L	$\frac{1}{2}$ xícara mais próxima
3 a 6 L	Xícara ou 250 mL mais próximo
Mais de 6 L, mas menos de 30 L[a]	1 L mais próximo
Mais de 30 L, mas menos de 60 L[a]	1,5 L mais próximo
Mais de 60 L[a]	3 L mais próximo

[a] Para produtos cozidos ou nos quais as proporções exatas são críticas, sempre arredonde para a xícara ou 250 mL mais próximo.
Observação: Esta tabela serve para ajudar a arredondar frações e medidas complexas para quantidades que são mais simples de pesar ou medir, ao mesmo tempo em que se mantém a precisão necessária para o controle da qualidade.
Fonte: Mary Molt, *Food for Fifty*, 12.ed. Copyright© 2006 Pearson Prentice Hall. Usado com autorização.

Etapa 4

Verifique a proporção dos ingredientes, que deve estar em equilíbrio adequado antes de prosseguir. Existem padrões estabelecidos para as proporções de ingredientes de vários itens.

Etapa 5

Determine o peso total do produto necessário multiplicando o peso da porção expresso em partes decimais de 1 kg (g) pelo número de porções a serem preparadas. Para converter o peso de uma porção para gramas, divida o número de quilogramas por 1.000 ou consulte uma tabela de equivalentes decimais (Tab. 8.5). Por exemplo, uma porção de 0,06 kg teria 60 g. Esse número, multiplicado pelo número de porções desejadas, resulta no peso total do produto necessário. O peso é então ajustado, conforme necessário, ao tamanho da assadeira e à capacidade do equipamento. Por exemplo, o peso total deve ser divisível pelo peso ótimo para cada assadeira. A capacidade de tigelas de batedeiras, caldeirões basculantes e outros equipamentos deve ser considerada ao se determinar o peso total. Use a porção estabelecida, quadros de assadeiras modulares ou guias conhecidos de capacidade dos equipamentos para determinar os tamanhos dos lotes a serem incluídos nas receitas.

Etapa 6

Adicione as perdas estimadas por manuseio ao peso necessário. Um exemplo de perda por manuseio é a massa deixada nas tigelas ou nos equipamentos. Essa perda varia de acordo com o produto que está sendo feito e com as técnicas de preparação do trabalhador. No entanto, receitas semelhantes geram perdas previsíveis, que podem ser determinadas com precisão depois de alguns testes. A fórmula para acrescentar a perda por manuseio a uma receita aparece a seguir.

Tabela 8.5 Quilograma e equivalentes em grama.

Quilograma	Grama	Quilograma	Grama
0,01	10	0,33	330
0,02	20	0,34	340
0,03	30	0,35	350
0,04	40	0,36	360
0,05	50	0,37	370
0,06	60	0,38	380
0,07	70	0,39	390
0,08	80	0,40	400
0,09	90	0,41	410
0,10	100	0,42	420
0,11	110	0,43	430
0,12	120	0,44	440
0,13	130	0,45	450
0,14	140	0,46	460
0,15	150	0,47	470
0,16	160	0,48	480
0,17	170	0,49	490
0,18	180	0,50	500
0,19	190	0,51	510
0,20	200	0,52	520
0,21	210	0,53	530
0,22	220	0,54	540
0,23	230	0,55	550
0,24	240	0,56	560
0,25	250	0,57	570
0,26	260	0,58	580
0,27	270	0,59	590
0,28	280	0,60	600
0,29	290	0,61	610
0,30	300	0,62	620
0,31	310	0,63	630
0,32	320	0,64	640

Etapa 7

Multiplique cada número porcentual pelo peso total para obter a quantidade exata de cada ingrediente necessário. Depois que os porcentuais de uma receita foram estabelecidos, qualquer número de porções pode ser calculado e a proporção dos ingredientes em relação ao total será a mesma. Uma casa decimal é mostrada na receita (p. ex., 3 kg), a menos que seja menos de 1 kg; nesse caso, duas casas são mostradas (p. ex., 68 g).

As Tabelas 8.6 a 8.8 ilustram a expansão de uma receita de *muffins* de 60 para 340 porções.

Adaptando receitas de pequena quantidade. Muitas receitas de grande quantidade podem ser expandidas a partir de receitas de tamanho caseiro, mas seu desenvolvimento envolve algumas etapas cuidadosamente planejadas. Antes de tentar aumentar uma receita pequena, assegure-se de que ela é adequada para o serviço de alimentação e que a mesma qualidade pode ser conseguida se ela for preparada em grandes quantidades e mantida por um tempo antes de ser servida. Os procedimentos devem ser verificados porque muitas receitas caseiras não têm orientações detalhadas para seu preparo. Antes de preparar o produto, devem ser determinados: a duração do uso da batedeira, o tempo e a temperatura usados para cozinhar ou assar e precauções especiais a serem observadas, além de qualquer outro detalhe que pode ter sido omitido.

Se estiver usando quilograma e grama, altere quilograma para grama usando a Tabela 8.5. Se estiver usando medidas para alguns ingredientes, ajuste para quantidades mensuráveis. Aumentar a receita em etapas tem mais probabilidade de sucesso do que aumentar de uma pequena quantidade para uma grande quantidade sem as etapas intermediárias.

A seguir, são dadas algumas sugestões de uma abordagem passo a passo para aumentar receitas de tamanho caseiro.

Etapa 1

Prepare o produto na quantidade da receita original, seguindo exatamente as quantidades e os procedimentos, anotando qualquer procedimento que seja confuso ou qualquer problema com a preparação.

Tabela 8.6 Receita original de *muffins* (rendimento: 60 *muffins*).

Ingredientes	Quantidade
Farinha de trigo	1.240 g
Fermento em pó	60 g
Sal	1 colher (sopa)
Açúcar	180 g
Ovos, batidos	4
Leite	1,5 L
Gordura vegetal	240 g

Tabela 8.7 Porcentual calculado sobre a receita original (rendimento: 60 *muffins*).

Porcentual	Ingredientes	Medida
35,79	Farinha de trigo	1.240 g
1,79	Fermento em pó	60 g
0,67	Sal	1 colher (sopa)
5,37	Açúcar	180 g
6,27	Ovos	4
42,95	Leite	1,5 L
7,16	Gordura vegetal	240 g
100,00	Total	

Tabela 8.8 Receita aumentada de *muffins* (rendimento: 340 *muffins*).

Quilogramas	Porcentual	Ingredientes
6,468	35,79	Farinha de trigo
0,323	1,79	Fermento em pó
0,121	0,67	Sal
0,970	5,37	Açúcar
1,134	6,27	Ovos
7,760	42,95	Leite
1,292	7,16	Gordura vegetal
18,71	100,00	Total

52 g por *muffin* × 340 = 18 kg com 1% de perda por manuseio, 18,7 kg de massa necessárias, 18,7 kg × % cada ingrediente = peso do ingrediente.

Etapa 2

Avalie o produto usando um formulário escrito como o da Figura 8.4 e decida se ele tem potencial para o serviço de alimentação. Se for necessário ajustar, revise a receita e faça o produto outra vez. Trabalhe com a quantidade original até o produto estar satisfatório.

Etapa 3

Duplique a receita ou aumente para a quantidade adequada ao tamanho de assadeira que será usado e prepare o produto fazendo observações na receita se você fizer alguma alteração. Por exemplo, pode ser necessário mais tempo de cocção para a quantidade aumentada. Avalie o produto e registre o rendimento, o tamanho da porção e a aceitabilidade.

Etapa 4

Duplique a receita outra vez ou, se o produto for assado, calcule as quantidades necessárias para preparar uma assadeira que será usada pelo serviço de alimentação. Se os ingredientes tiverem de ser pesados, as medidas de tamanho caseiro devem ser convertidas para quilograma e grama ou para quilograma e décimos de quilograma antes de continuar. Prepare e avalie o produto como antes.

Etapa 5

Se o produto for satisfatório, continue a aumentar em incrementos de 25 porções ou por assadeiras. Quando a receita tiver sido expandida para cem ou alguma outra quantidade específica que seria usada no serviço de alimentação, devem ser feitos ajustes para levar em conta perdas por manuseio ou pela cocção. As perdas por manuseio se referem a perdas que ocorrem no preparo das massas. Cerca de 3 a 5% mais de massa, molho e pudim são necessários para compensar a perda por manuseio. As perdas por cocção resultam da evaporação de água do alimento durante a cocção. Sopas, cozidos e caçarolas podem perder 10 a 30% de sua água na cocção. O rendimento real da receita deve ser avaliado com cuidado. Os tempos de batedeira, preparo e cocção devem ser observados porque podem aumentar quando o produto é preparado em grandes quantidades. Os métodos de preparo devem ser verificados para saber se são consistentes com os métodos usados para produtos semelhantes. Uma avaliação do produto deve ser feita, e sua aceitação pela clientela deve ser determinada antes de ele se tornar parte do arquivo de receitas permanente.

Previsão da demanda

■ **Conceito-chave:** As estimativas da demanda de produção podem ser determinadas por meio da previsão.

O objetivo da previsão é estimar a demanda futura usando dados passados. Aplicada ao serviço de alimentação, a **previsão** é um prognóstico dos alimentos necessários para um dia

---

Previsão

É um prognóstico dos alimentos necessários para um dia ou outro período específico.

ou outro período de tempo específico. A previsão difere da contagem, que envolve apenas contar os itens do cardápio de fato solicitados ou selecionados pelos clientes. O planejamento da produção começa com o cardápio e a previsão de produção. Outras funções dos serviços de alimentação, como compras, são iniciadas pela previsão. Uma previsão sólida é vital para a gestão financeira; ela facilita a programação de mão de obra, o uso de equipamentos e espaço.

Motivos para prever

É necessário algum tempo de execução para completar todas as etapas do preparo do item do cardápio: compras, armazenamento, degelo, pré-preparo, produção, distribuição e serviço final. A previsão serve como meio de comunicação entre a equipe de compras e a de produção de alimentos para assegurar que todas essas etapas sejam completadas pontualmente e que o produto final atenda aos padrões de qualidade.

O representante de compras precisa saber quantos alimentos comprar e quando eles precisam estar disponíveis para uso na área de produção do serviço de alimentação. As equipes de produção de alimentos quentes e frios precisam saber quantas porções de cada item do cardápio são necessárias, em qual formato e saindo de qual unidade de serviço (p. ex., cafeteria, máquina de venda automática, pacientes ou *catering*).

Uma previsão exata minimiza a chance de superprodução ou subprodução – ambas têm sérias consequências. Sem orientações adequadas, os funcionários da produção têm uma tendência a superproduzir alimentos por medo de escassez em um momento de necessidade. Essa pode ser uma medida confortável cara. As sobras de alimentos normalmente são guardadas para serviço posterior ou redirecionadas para uma unidade de serviço alternativa, como a cafeteria, máquina de venda automática ou *catering*. Essa escolha é arriscada, pois o alimento pode não atender aos padrões de qualidade no ponto de serviço, arriscando, assim, a insatisfação do cliente.

A subprodução também pode ser custosa e resultar em insatisfação do cliente. Para compensar faltas, os gerentes muitas vezes utilizam itens de aquecer-e-servir, que são caros, como *cordon bleu* de frango pronto. Mais sério do que o aumento nos custos de alimentos crus, no entanto, é o risco de irritar um cliente oferecendo a ele um item do cardápio substituto que não foi pedido. Os funcionários dos serviços de alimentação podem ficar frustrados se ocorrerem faltas de alimentos com frequência, resultando no preparo acelerado de alimentos, de última hora, ou em atrasos no serviço.

Em pequenas organizações de saúde, como instalações de cuidado prolongado ou hospitais, as quantidades a serem produzidas podem ser determinadas pela contagem simples, especialmente se o censo de pacientes for estável e se for usado um cardápio não seletivo. Em grandes organizações, com diversas unidades de serviço, uma previsão mais sofisticada pode ser benéfica, especialmente se houver uma ampla variação na demanda de itens do cardápio. Um sistema de contagem levaria muito tempo nessas organizações maiores e mais complexas. Independentemente do tamanho e da complexidade da organização de alimentação, um bom sistema de previsão se baseia em dados históricos consistentes que refletem o padrão de demanda real de itens do cardápio na operação de alimentação.

▌ **Conceito-chave:** A coleta de dados consistente e abrangente é essencial para uma previsão exata e confiável.

Dados históricos

Dados históricos ou passados são usados para determinar e estabelecer tendências em todos os métodos de previsão. Para terem valor, esses dados devem ser registrados de maneira consistente e precisa. As categorias de dados a coletar variam dependendo do tipo de organização de alimentação, do escopo dos serviços prestados e se os clientes têm permissão para escolher os itens do cardápio. A seguir, alguns exemplos de categorias de dados para diversas organizações:

Restaurantes/cafeterias

- Clientes servidos por refeição.
- Itens do cardápio vendidos por período de refeição.
- Vendas de bebidas (tipos e quantidades).

Escolas

- Alunos matriculados.
- Alunos que adquirem refeição completa do USDA.
- Itens à *la carte* vendidos por período de almoço.
- Professores e funcionários que compram refeições.

Hospitais

- Censo diário de pacientes.
- Pacientes em dietas terapêuticas.
- Admissões e altas diárias de pacientes.

Máquinas de venda automática

- Produtos colocados nas máquinas a cada enchimento.
- Total de dinheiro removido.
- Alimentos que permanecem nas máquinas a cada enchimento.

Os registros projetados para unidades de serviço individuais são usados para documentar e coletar dados. A Figura 8.6 é um exemplo de formulário projetado para documentar a participação de refeições em um programa de almoço escolar. Todos os registros de serviço devem incluir um espaço para documentar o total de refeições servidas por unidade e se houve sobras ou faltas. Ao longo do tempo, um padrão de demanda por item do cardápio ou de total de refeições servidas surgirá a partir dos dados registrados. Esse padrão, junto do conhecimento da variação do padrão, ajuda o planejador de produção a fazer uma estimativa válida da demanda futura de itens do cardápio. Os fatores que influenciam a variação do padrão incluem feriados, condições climáticas e eventos especiais.

Critérios para escolher um método de previsão

O planejamento e a avaliação cuidadosos são essenciais para selecionar o melhor método de previsão para determinada operação de alimentação. Inúmeros modelos de previsão computadorizados foram desenvolvidos nos últimos anos e são de grande ajuda para o gerente de negócio de alimentação. No entanto, independentemente de se escolher um método manual ou computadorizado, vários fatores devem ser considerados antes de se escolher um sistema de previsão. Esses fatores incluem custo, precisão, relevância, tempo de processamento, padrão de seleção de alimentos, facilidade de uso, nível de detalhe e reação a mudanças. A Tabela 8.9 é um resumo das considerações relacionadas a cada um desses fatores.

Modelos de previsão

Os tipos de modelos de previsão incluem média móvel, ajuste exponencial, regressão e média móvel autorregressiva (Box-Jenkins). Esses modelos são descrições matemáticas das refeições servidas ou do comportamento de seleção de itens do cardápio. As informações para os modelos matemáticos se baseiam em dados históricos e são expressas como uma média do serviço ou do comportamento de seleção passados.

Os modelos de média móvel e ajuste exponencial são comumente usados em serviços de alimentação para a previsão de produção. A Figura 8.7 ilustra os cálculos do modelo da média móvel e dá um exemplo de como esse método é usado com dados passados de um pequeno hospital. O número de clientes servidos em um serviço de alimentação geralmente é diferente a cada dia da semana. Por esse motivo, as previsões são calculadas para intervalos de 7 dias. Por exemplo, em um hospital, os dados coletados às segundas-feiras são usados para prever as necessidades para futuras segundas-feiras.

O modelo da *média móvel* é chamado de método de previsão de séries temporais e é fácil de usar. A partir de registros do passado, faz-se a média de um grupo de dados, que será usado como a primeira previsão. A próxima previsão é calculada tirando-se o primeiro número e adicionando o próximo. Esse processo continua para todos os dados disponíveis.

O modelo de *ajuste exponencial* é outro modelo de séries temporais, semelhante à técnica da média móvel, exceto pelo fato de que ele leva em consideração a sazonalidade dos dados e faz ajustes para os erros de previsão. Isso resulta em maior exatidão da previsão. O modelo do ajuste

REGISTRO DE PARTICIPAÇÃO DIÁRIA
PROGRAMA DE ALMOÇO

Escola _____   Mês _____

Datas de operação	Alunos				Adultos			Segundo almoço	Viagens
	Pago(1)	Reduzido(3)	Gratuito(2)	Total	*Programa	**Não programa		
1								
2								
3								
4								
5								
6								
7								
8								
9								
10								
11								
12								
13								
14								
15								
16								
17								
18								
19								
20								
21								
22								
23								
24								
25								
26								
27								
28								
29								
30								
31								
Total mensal								

* Programa para adultos: todos os funcionários do serviço de alimentação. As refeições para adultos não são reembolsáveis.

** Adultos não participantes do programa: professores, administradores, trabalhadores dos escritórios, zeladores e visitantes ocasionais. As refeições para adultos não são reembolsáveis.

Gratuito _____ X _____ = _____
Reduzido _____ X _____ = _____
Pago _____ X _____ = _____
    Maior nº de   Fator de participação   Maior nº de refeições
  alunos aprovados   Atendimentos diários   previstas
                           inscrições

Média de inscrições neste mês
  (menos jardim da infância)

_____ − _____ = _____   _____ ÷ _____ = _____
Média inscr. Média   Atendimentos   Total   Dias em   Média
          ausências   diários   ausências   sessões   ausências

Figura 8.6 Amostra de formulário para participação de refeições em um programa de almoço escolar.
Cortesia de Sun Prairie Area School District, Wisconsin.

Tabela 8.9 Critérios para escolher um método de previsão.

Fator	Considerações
Custos	Desenvolvimento, implementação e custos operacionais do sistema (p. ex., coleta de dados, análise) são razoáveis; isto é, dentro das orientações orçamentárias. Treinamento e educação para a equipe.
Precisão/relevância	Dados passados e padrões de seleção de alimentos são relevantes e refletem com precisão a demanda atual.
Tempo de execução	O sistema permite tempo adequado para comprar, entregar e produzir. Leva em consideração a perecibilidade dos itens alimentícios.
Padrão de comportamento	O sistema pode ser ajustado para as mudanças nas demandas dos itens do cardápio como resultado da sazonalidade e da preferência do consumidor.
Facilidade de uso	O uso do sistema é entendido com facilidade. Que conhecimentos e habilidades são necessários para operar o sistema?
Nível de detalhes	O sistema pode gerar as previsões desejadas. O que será previsto?
Capacidade de resposta	O sistema gera informações precisas em momentos oportunos.

exponencial simples prevê a próxima demanda atribuindo pesos aos dados; dados mais recentes têm peso maior que os mais antigos. O fator usado para atribuir pesos aos dados é chamado de *alfa* e é determinado estatisticamente. Na previsão em serviços de alimentação, geralmente tem valor igual a 0,3. O objetivo de alfa é ajustar quaisquer erros em previsões anteriores.

Os modelos de *regressão* e *média móvel autorregressiva* são métodos estatísticos sofisticados nos quais dados passados são analisados para determinar a melhor abordagem matemática à previsão. Esses métodos geralmente exigem o auxílio de um estatístico e são usados com sistemas de previsão computadorizados.

Tendências na previsão da demanda de produção

▌ **Conceito-chave:** Inúmeros fatores, internos e externos ao serviço de alimentação, influenciam a demanda de produção.

As tendências nas preferências alimentares e nos estilos de serviço influenciaram muito o uso de métodos formais de previsão, especialmente em operações de alimentação internas. Alguns hospitais, por exemplo, confiam menos na previsão formal para refeições de pacientes hoje, em comparação com um passado recente, pelos seguintes motivos:

- Enormes flutuações diárias no censo de pacientes.
- Duração curta da estada/alta rotatividade de pacientes.
- Pedidos de dietas cada vez mais complicados e em rápida mudança.
- Implementação do serviço de quarto/conceitos de serviço de refeições por demanda.

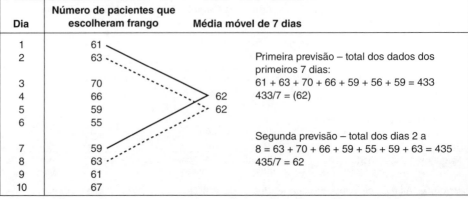

Figura 8.7 Modelo de média móvel aplicado a um item no cardápio seletivo.

Os estilos de serviço em outros tipos de serviços de alimentação internos também reduziram o valor de previsões de longo prazo. Por exemplo, escolas, serviços de refeições universitários e refeitórios de funcionários enfatizam os conceitos de preparo no momento do pedido e autosserviço, reduzindo a necessidade de prever a demanda. Cada vez mais, essas operações estão prevendo a demanda com base apenas na demanda passada e estabelecendo níveis de paridade que são ajustados conforme o necessário no dia do serviço. A abordagem muito simples é fazer as seguintes perguntas: Quantas pessoas servimos na última vez? Temos algum estoque? Alguma coisa mudou desde a última vez?

Quantidades a produzir

A previsão é a base para estimar antecipadamente as quantidades de itens do cardápio a serem preparados e os alimentos a serem comprados ou solicitados dos armazéns. As previsões muitas vezes são ajustadas no momento da produção de fato, por causa de influências inesperadas no momento em que as previsões foram calculadas. Por exemplo, as previsões em escolas muitas vezes precisam ser reduzidas durante as estações frias e de gripe, para levar em conta as crianças que ficam doentes e em casa. O clima pode ter um impacto profundo; por exemplo, a participação em programas de almoços aumenta conforme o clima fica mais frio no outono e mais alunos preferem comer internamente. Por outro lado, uma tempestade de neve súbita pode levar o volume de clientes a cair radicalmente em operações varejistas, incluindo restaurantes e cafeterias. É durante esses períodos que o gerente de alimentos usa sua intuição para fazer ajustes de última hora na previsão. A quantidade real de alimentos preparados se baseia no número de pessoas a serem servidas, no tamanho da porção e na quantidade de resíduos e perda por redução na preparação dos alimentos.

As receitas ajustadas para o número previsto de porções necessárias oferecem grande parte dessas informações. A maioria das receitas de grande quantidade para sistemas não computadorizados é calculada em módulos de 50 ou 100 ou, em alimentos como bolos ou entradas, em recipientes individuais, por tamanho da assadeira e capacidade do equipamento. Por exemplo, se uma receita produz dois tabuleiros de bolo, que podem ser cortados em 30 ou 32 porções cada, três bolos (ou 1,5 vez a receita) seriam necessários para 75 porções. Quando quantidades muito grandes são produzidas, a quantidade a preparar em um lote é limitada à capacidade do equipamento de produção.

Em serviços de alimentação computadorizados, as receitas são impressas diariamente e apresentam o número exato de porções individuais ou são ajustadas ao número de assadeiras ou outros módulos necessários para servir os números previstos. Para serem eficazes, programas computadorizados incluem receitas para todos os itens oferecidos no cardápio, incluindo vegetais e frutas frescos, saladas, condimentos e carnes, como carne assada ou costelas assadas. As quantidades a comprar ou solicitar estão prontamente disponíveis nessas receitas computadorizadas. Em serviços de alimentação sem um sistema computadorizado, padronizar e calcular as receitas para mais do que uma quantidade diminui a necessidade de recalcular as quantidades para cada previsão.

A seguir, é descrito um procedimento geral para determinar as quantidades de carnes, aves, frutas e vegetais:

Etapa 1
Determine o tamanho da porção em gramas.

Etapa 2
Multiplique o tamanho da porção pelo número estimado a ser servido e converta para quilogramas. Essa é a PC necessária.

$$\frac{\text{grama} \times \text{número de porções}}{500 \text{ g}} = \text{número de PC necessário em quilogramas}$$

Etapa 3
Para determinar a quantidade a pedir, divida o peso PC pelo porcentual de rendimento (ou pelo peso em partes decimais de 1 kg de produto pronto para comer ou pronto para cozinhar de 1 kg da *commodity* CC). Um guia de rendimentos foi incluído no Apêndice A.

$$\frac{\text{peso PC}}{\text{rendimento}} = \text{quantidade do pedido}$$

Etapa 4

Para comprar os alimentos, converta a quantidade necessária para a unidade mais apropriada (p. ex., caixa, caixote ou peça de carne). Se o alimento for usado para outros itens do cardápio, combine as quantidades e depois converta para as unidades de compra.

Por exemplo, se porções de 90 g de aspargos frescos são necessárias para 50 pessoas, o cálculo da quantidade a comprar seria o seguinte:

1. $90 \text{ g} \times 50 \text{ porções} = \dfrac{90 \text{ g}}{4,25 \text{ kg}} = 4,25 \text{ kg de PC necessário}$

2. $\dfrac{4,25 \text{ kg necessários}}{240 \text{ g de rendimento em cada grama comprado}} = 8 \text{ kg a comprar}$

3. Converta para a unidade de compra, 8 kg para 10 kg.

Em um sistema computadorizado, esses números seriam calculados automaticamente a partir da previsão, do tamanho da porção e dos dados de rendimento.

Programação de produção

Conceito-chave: A comunicação clara entre a administração e a equipe de produção é essencial para uma produção bem-sucedida.

A formulação de receitas, a previsão da demanda e o cálculo das quantidades a produzir são parte da etapa de planejamento da produção. A próxima e última etapa desse processo de planejamento é a programação da cocção dos itens do cardápio. A *programação da produção* é um processo de tomada de decisões e comunicação no qual a equipe de produção é informada de como a atividade de preparo de alimentos acontecerá ao longo de uma unidade de tempo específica. Essa unidade de tempo pode ser 1 dia ou um turno de trabalho específico para a equipe de produção; 5h às 13h30, por exemplo. O objetivo da programação da produção é assegurar um uso eficiente do tempo, dos equipamentos e do espaço ao identificar:

1. Quais itens do cardápio serão preparados.
2. Quais as quantidades a produzir.
3. Quando os itens individuais serão produzidos.
4. Quem deve preparar cada item.

O planejamento cuidadoso minimiza os problemas de produção e maximiza a qualidade do produto. Esse aspecto da etapa de planejamento da produção é especialmente importante em operações de alimentação de grande porte e com várias unidades, em que centenas de itens do cardápio podem ser produzidos ao longo de um dia.

Os alimentos preparados com antecedência demais correm mais risco de deterioração da qualidade, rendimento baixo e contaminação por micróbios. Por outro lado, o gerente que programa a produção perto demais do serviço corre o risco de atrasá-lo ou criar caos na produção.

A programação de produção exige um conhecimento das etapas pelas quais um item do cardápio deve passar desde que os ingredientes são montados até o ponto de serviço. Essa sequência é chamada de fluxo de alimentos. Cada etapa deve ser cuidadosamente monitorada para assegurar que cada um dos objetivos da cocção seja atingido e mantido e que os produtos estejam prontos para as unidades de serviço a tempo de serem distribuídos.

Dependendo do tipo do sistema de alimentação em operação, a sequência do fluxo pode incluir algumas ou todas as etapas de produção a seguir:

- Preparo de ingredientes, incluindo tempo de degelo para carnes congeladas, limpeza e descascamento de vegetais, acesso e montagem de ingredientes secos.
- Produção dos itens do cardápio, incluindo a combinação de ingredientes e a cocção.
- Espera em condições apropriadas: congelado, refrigerado, serviço de *buffet*.
- Transporte e serviço aos clientes.

Ao planejar a produção, o gerente de alimentos leva em consideração o tempo necessário para cada uma dessas etapas para cada receita e então programa a atividade de produção de acordo com elas.

A receita de carne à moda borgonha na Figura 8.8 oferece um exemplo perfeito de por que uma receita complexa precisa de planejamento antecipado e programação cuidadosa. A sequên-

RECEITA PARA PRODUÇÃO   PÁGINA:

Cargo:
Unidade:
Data: sexta-feira 18/06/99

| 4675 | Carne à moda borgonha | Pacientes | Rendimento: 21 L |

Porções: 5 kg   170 g   Tempo de cozimento:
Desc. porção: 120 g   Temperatura de cozimento:
Tempo de preparo: Equip. cozimento:
                                         Panela serv.:
Preparo do lote principal: 1 vez   Utensílio de servir: concha 20 cm (120-150 g)

Ingredientes	---------------- Lote principal ---------------- (Quantidade)	---------------- Lote parcial ---------------- (Quantidade)
Guisado de carne dourada	15 kg	124 g
Cebola fatiada	0,45 kg	155 g
Vinho rosé	1 L	3 xícaras
Caldo de carne	9 L	1 L
Aipo fatiado	0,45 kg	155 g
Sal iodado	1 xícara	1 colher (sopa)
Molho *worcestershire*		½ xícara
Sal com aipo	1 colher (sopa)	½ colher (chá)
Tomilho moído	1 colher (sopa)	2 ¼ colher (chá)
Pimenta branca moída	1 colher (sopa)	½ colher (chá)
Cogumelo fresco	2,25 kg	124 g
Corante caramelo		½ xícara
Amido de milho ceroso		1.450 mL

MÉTODO DE PREPARO

**** Antes da preparação, verifique as notas abaixo ****
1. Dourar as pontas da carne. Adicionar o aipo e a cebola e refogar até as cebolas ficarem transparentes. Acrescentar os pedaços de carne e cozinhar até ficar macia.
2. Adicionar os temperos e misturar o amido para engrossar o molho.
3. Ferver a mistura em fogo baixo durante 2 minutos.
4. Reduzir 6 quantidades por 4 em panela grande.

08/11/96   *Chef* Jerry

Figura 8.8   Exemplo de receita complexa.
Cortesia do Hospital e Clínica da Universidade de Wisconsin, Departamento de Serviços Alimentares e Nutritivos, Madison, Wisconsin.

cia de planejamento da produção e cocção desse produto em um sistema de cocção/resfriamento para um serviço de refeições para pacientes em um hospital seria a seguinte:

Segunda-feira: A carne é retirada do *freezer* e colocada no refrigerador para um degelo controlado.

Terça-feira: Os ingredientes secos são pesados, medidos e embalados para a unidade de produção na área central de montagem de ingredientes.

Quarta-feira: Os cozinheiros preparam a receita, colocam em uma assadeira e a transferem para um resfriador por sopro para espera.

Sexta-feira: O produto é transferido para uma estação de pratos principais resfriados em uma linha de bandejas para montagem final e distribuição para as unidades de pacientes, onde é mantido sob refrigeração até ser aquecido para o serviço.

A produção de receitas inteiras conforme descrito nesse exemplo é adequada para itens do cardápio que podem ser guardados sem problemas e serão divididos em porções e servidos rapidamente. Outras receitas e situações, no entanto, podem exigir variações nos métodos de produção e na programação da produção. Vegetais frescos cozidos, por exemplo, perdem seu valor nutritivo e estético se forem preparados pelo método do "banho" (ferver em água) e não duram muito tempo. Para itens do cardápio como este, usa-se um método chamado de cocção em lotes, que é uma variação da programação da produção na qual a quantidade total de uma receita é dividida em lotes menores e cozida conforme necessário, e não de uma vez. Por exemplo, talos de brócolis frescos no vapor estão no cardápio da cafeteria, e foram previstas 257 porções. Os talos limpos e aparados poderiam ser colocados em assadeiras de vapor de 5 cm com 25 porções cada e mantidos em um refrigerador. As assadeiras individuais seriam cozidas em um equipamento de alta velocidade, como uma caldeira compartimentada ou a jato, e transferidas para a cafeteria no momento certo para o serviço. Arroz e massas geralmente são produzidos pelo método de cocção em lotes.

Cronograma de produção

Um cronograma de produção é um documento detalhado usado para comunicar à equipe de produção o trabalho que precisa ser feito por um período específico de tempo. Um cronograma de produção individual pode representar um dia inteiro ou um turno de trabalho específico (p. ex., de 17h à 1h30 cada turno). Quadros de produção bem projetados incluem:

- O trabalho a ser feito, geralmente expresso como os itens do cardápio específicos a serem produzidos no período de tempo definido.
- Quem deve realizar as tarefas específicas.
- Quantidades de cada item do cardápio a serem produzidas.
- Receita-fonte, identificada por nome e número do código.
- Tamanhos de porção padrão e variações para unidades de serviço específicas e para dietas modificadas.
- Tempo-alvo para terminar.

Outras informações podem ser incluídas para atender às necessidades da operação e para assegurar uma comunicação clara e concisa com a equipe. A Figura 8.9 é um exemplo de cronograma de produção para um sistema de saúde com várias unidades que serve pacientes, cafeterias, máquinas de venda automática, uma praça de alimentação e uma divisão de *catering*.

Reuniões de produção

Uma reunião com a equipe de produção para discutir o cardápio e os planos de produção aumenta a eficácia do cronograma de produção escrito. Essas reuniões geralmente não precisam ser longas, mas devem ser realizadas regularmente e em um momento em que a atividade na área de produção seja mínima. Na hora da reunião, o cardápio pode ser explicado e podem ser dadas instruções especiais para cada item conforme o necessário. Os funcionários também têm uma oportunidade para discutir o cronograma e quaisquer problemas de produção que eles consigam antecipar.

Nenhum papel pode substituir o elemento humano na produção de alimentos. Os alimentos devem ser preparados por pessoas e, não importa o cuidado com que são feitos planos e quantas instruções são redigidas, o gerente deve monitorar e se envolver com o processo de produção para assegurar que o cardápio servido corresponde ao cardápio planejado.

Controle de produção

Montagem de ingredientes

■ **Conceito-chave:** A montagem de ingredientes, como uma função distinta e separada, é um controle comum em operações de alimentação de grande volume.

A montagem central de ingredientes para a produção de alimentos tem sido considerada um bom custo-benefício em várias operações. Nesse sistema, os ingredientes necessários para as receitas da produção diária e para o preparo antecipado são pesados, medidos e arrumados em uma sala ou área central de ingredientes. Se estiverem disponíveis equipamentos de pré-preparo e armazenamento de baixa temperatura, alguns outros procedimentos, como descascar, fatiar ou cortar em pedaços os vegetais, empanar e colocar em assadeira as carnes, abrir os produtos

(O texto continua na p. 231.)

Dormitório Universitário Comunitário (DUC)
Data de impressão: 16/04/2010 14:05:57

Planilha de distribuição de unidades
Período do relatório: 15/04/2010-15/04/2010
Página 4 de 4

Refeição: PM Área de preparação: PM

Quinta, 15 de abril de 2010

Código	Nome do item	Unidade de distribuição	CARS	CCAT	FRAN	LIZ	Newell's	POPS	Rheta's M PI
0343502518	Macarrão com hambúrguer de carne-DUC	HPN			9,00	7,00		10,00	7,00
Salame-DUC	Salame de carne-DUC	Quilograma	8,00						3,00
0690605990	Bolo de café com mirtilo(24)-DUC	PN-24						1,00	
0690405988	Bolo de café com cereja(24)-DUC	PN-24			2,00	1,00		2,00	1,00
Massa-DUC	Massa de torta sem assar-DUC	PPN				1,00			
0000000481	c-Prato de tacos/chips-DUC	Prato/20					2,00		
0131405593	C-veg/Prato de molho de cebola francesa-DUC	3# Prato					1,00		
0138305765	Ee Burrito Feijão & queijo	HPN-12		3,00					
0081705797	Ee Suco de laranja Tropicana – 2 L	Garrafa de 2 L		4,00					
EeParfait	Ee Parfait	Porção de 130 g		40,00					
0054400633	Linguiça em molho *country*-DUC	HPN-12			6,00	2,00		3,00	2,00
0151200154	Salada de tabule-DUC	Caixa de 1 Kg							1,00
Base de molho ancho	Base de molho ancho-DUC	Quilograma						2,00	
Molho Tequila Li	Molho de tequila com lima-DUC	Litro				2,00			
Petiscos-DUC	Mistura de petiscos-DUC	Quilograma					3,00		
TOGOCe-DUC	TO GO Melão *cantaloupe* – DUC	Porção de 225 g	5,00		3,00		3,00	8,00	2,00
TOGOCp-DUC	TO GO Cenouras com molho – DUC	Porção de 240 g	10,00		4,00	1,00	2,00	8,00	2,00
TOGOCr-DUC	TO GO Aipo com manteiga de amendoim – DUC	Porção de 195 g	10,00		2,00		2,00	10,00	2,00
TOGOGs-DUC	TO GO Uvas – DUC	Embalagem com 192 g			3,00	1,00	3,00	16,00	2,00
ToGoAbacaxi	TO GO Abacaxi –DUC	Porção de 225 g	5,00		4,00	1,00	5,00	25,00	2,00
TOGOTd-DUC	TO GO Salada de macarrão com atum – DUC	Porção de 150 g	10,00		4,00		8,00	16,00	2,00
Vegetais-DUC	TO GO Vegetais e molho – DUC	Porção de 230 g					4,00		
0313306131	Torta de mirtilo – DUC	HPN-12			2,00	1,00		1,00	2,00

(continua)

Figura 8.9a Exemplos de um cronograma de produção.
Cortesia do Departamento de Habitação, Refeições e Serviços Culinários da Universidade de Wisconsin.

Serviço alimentar da cozinha central do MCPASD – Plano de produção diária de cardápio

Programa: USDA CN   Tradicional OVS

Número de refeições planejadas, previstas e enviadas:

	KMS		
	MHS		
			Adultos
			Total:

Data: _____
Iniciais: _____

Crédito USDA***	Produto do cardápio	Receita # ou descrição do produto	Processo 1, 2, 3	Temperatura (°C)	Tempo	Quantidade preparada	Utensílio de serviço	Turmas 6-12			Adultos		
								Porção	Porções planejadas		Porção	Porções planejadas	&& Sobras
Todos	Peru		1	n/a	n/a			1 ea			1 ea		
Todos	Manteiga de amendoim e geleia		1	n/a	n/a			1 ea			1 ea		

*** P/G = Pão/grãos   C/AC = Carne ou alternativa de carne   F/V = Fruta ou vegetal
&& Produtos devolvidos registrados por panelas ou frações de panelas, e destino dos produtos registrados como: L = lixo; R = refrigerado; C = congelado para uso posterior.

Figura 8.9b *(continuação)* Exemplos de um cronograma de produção
Cortesia de Middleton Cross Plains Area School District. Usado com autorização.

enlatados e degelar os alimentos congelados podem ser realizados na área de ingredientes. A extensão das responsabilidades depende do espaço, dos equipamentos e do pessoal disponível.

Depois que os ingredientes foram pesados ou medidos e o pré-preparo terminou, cada ingrediente é embalado em um saco plástico ou outro recipiente, e rotulado. Os ingredientes de cada receita são montados e entregues, com uma cópia da receita, à unidade de produção apropriada. Em algumas operações, os ingredientes montados são distribuídos quando necessário, de acordo com um cronograma predeterminado.

Existem muitas vantagens na montagem centralizada de ingredientes. Aumento no controle da produção, mais segurança, controle de qualidade consistente e uso eficiente dos equipamentos, especialmente se o pré-preparo for incluído nessa área, são possíveis com a montagem centralizada de ingredientes. Como os cozinheiros não se envolvem na tarefa demorada de pesar e medir os ingredientes, seu tempo e suas habilidades podem ser usados com mais efetividade na produção.

Existem algumas desvantagens potenciais, sendo que a principal é a falta de flexibilidade. Por exemplo, os ingredientes devem ser pesados no dia anterior ou mais cedo ainda, em alguns casos, o que não permite alterações de última hora nos cardápios nem nas quantidades necessárias. Os cozinheiros podem se sentir limitados por não poderem adicionar seu toque ao alimento que estão preparando. Essa preocupação normalmente é minimizada quando os cozinheiros têm permissão para ajustar os temperos no ponto de produção.

Pessoal e equipamentos. A precisão na medição dos ingredientes contribui para a aceitabilidade do produto pronto, então é importante que o pessoal da sala de ingredientes seja bem qualificado e tenha os equipamentos adequados.

O pessoal alocado na sala de ingredientes deve ser capaz de ler, escrever e realizar contas simples. Precauções de segurança e padrões de desinfecção devem ser reforçados no treinamento.

Pesar é o meio mais rápido, fácil e preciso de medição, então é essencial ter boas balanças. Uma balança que pesa com precisão de até aproximadamente 10 kg normalmente é adequada, mas, se forem necessárias quantidades maiores, os ingredientes são divididos em dois ou três lotes para facilitar o manuseio. Alguns serviços de alimentação têm balanças separadas para ingredientes que são necessários em pequenas quantidades. Se não houver balanças para pequenas medidas disponíveis, as medições de volume são uma alternativa aceitável para ingredientes como ervas e temperos.

A seguir, é apresentada uma lista de outros equipamentos a serem incluídos em uma área centralizada de ingredientes:

- Mesa de trabalho, com 1,80 a 2,40 m, com uma ou duas gavetas.
- Balanças de mesa, com graduações de 30 g, com mínimo de 10 kg.
- Recipientes de armazenamento móvel para açúcar, farinha e outros alimentos usados em grande volume.
- Prateleiras para alimentos a granel e temperos.
- *Racks* móveis para entregar os alimentos nas áreas de produção.
- Refrigeração (e *freezer*, se forem distribuídos alimentos congelados).
- Pia e suprimento de água.
- Abridor de latas.
- Latas de lixo.
- Recipientes com tampa se os alimentos enlatados estiverem abertos.
- Bandejas para montagem de ingredientes.
- Espátulas de borracha.
- Utensílios de medição (medidas de mililitro, litro, xícara. colheres medidoras).
- Conchas para pegar farinha e açúcar.
- Materiais de embalagem (sacos de papel e de plástico, copos de papel).
- Fita crepe e canetas marcadoras para rotular os ingredientes.

Se o preparo de vegetais também for feito na sala de ingredientes, são necessários os seguintes equipamentos adicionais:

- Pia dupla ou tripla.
- Descarte de resíduos.
- Equipamentos para descascar, fatiar e cortar.
- Tábuas de corte.
- Facas sortidas e equipamento de afiar.
- Tubos ou sacos plásticos para produtos limpos.

Controle de porções

▌ Conceito-chave: O controle de porções é usado para conter os custos e assegurar a composição nutricional dos itens do cardápio.

A conformidade com tamanhos de porções previamente estabelecidos para cada item do cardápio é uma parte importante da função de produção. Porções padronizadas são importantes não apenas para controle de custo, mas também para criar e manter a satisfação e a imagem perante o consumidor. Ninguém gosta de receber uma porção menor do que outro cliente pelo mesmo preço.

Os alimentos são divididos em porções por peso, medida ou contagem. Uma parte do controle de porções pode ser integrada à função de compras. Por exemplo, carnes, peixes e aves divididas em porções; frutas frescas compradas por tamanho (contagem por caixote); pêssegos, peras, fatias de abacaxi e outros alimentos enlatados cujo número de peças é especificado. Outros exemplos incluem a compra de embalagens individuais de manteiga e margarina e biscoitos, cereais e condimentos individualmente embalados.

Um conhecimento dos tamanhos comuns de latas também é importante no controle de porções. Por exemplo, latas número 10 são comuns em operações de grande volume. Elas geralmente vêm embaladas em caixas com 6 unidades, e cada lata contém aproximadamente 12 xícaras de produto.

Durante a produção de alimentos, as porções são medidas em conchas ou escumadeiras ou são pesadas em balanças de porções. Por exemplo, a receita de almôndegas pode pedir para mergulhar a mistura antes de cozinhar, com uma escumadeira de tamanho 16 (ou concha), o que resulta em uma porção de ¼ de xícara ou 60 g. O sistema de numeração de tamanhos de conchas se baseia na quantidade de conchas por litro. A Tabela 8.10 mostra os tamanhos aproximados de escumadeiras e conchas. As escumadeiras variam do tamanho 6 (dez colheres de sopa/180 g) ao tamanho 100, que contém duas colheres de chá rasas.

Tabela 8.10 Equivalência de escumadeiras (ou conchas).

Escumadeira n°*	Medida aproximada	Peso aproximado	Uso sugerido
6	10 col. (sopa) (⅔ de xíc.)	180 g	Saladas e entradas
8	8 col. (sopa) (½ xíc.)	120 a 150 g	Entradas
10	6 col. (sopa) (⅜ de xíc.)	90 a 120 g	Sobremesas
12	5 col. (sopa) (⅓ de xíc.)	75 a 90 g	*Muffins*, saladas, sobremesas
16	4 col. (sopa) (¼ de xíc.)	60 a 67,5 g	*Muffins*, sobremesas
20	3 ⅕ de col. (sopa)	52,5 a 60 g	Recheios de sanduíches, *muffins*, *cupcakes*
24	2 ⅔ de col. (sopa)	75 a 52,5 g	Pães com creme
30	2 ⅕ de col. (sopa)	30 a 75 g	*Cookies* com gotas grandes
40	1 ½ col. (sopa)	22,5 g	*Cookies* com gotas
60	1 col. (sopa)	15 g	*Cookies* com gotas pequenas, guarnições
Conchas	⅛ de xíc.	30 g	Molhos, coberturas de saladas
	¼ de xíc.	60 g	Molhos
	½ xíc.	120 g	Cozidos, alimentos cremosos
	⅔ de xíc.	180 g	Cozidos, alimentos cremosos
	1 xíc.	240 g	Sopas

Essas medidas se baseiam em escumadeiras e conchas niveladas.
*Porções por litro.

As conchas usadas para servir molhos, sopas e outros líquidos têm tamanhos estabelecidos de acordo com a capacidade (30 g/$^1/_8$ xícaras até 240 g/1 xícara). Embora colheres sejam usadas para servir alguns alimentos, elas não são especialmente precisas. As colheres com furos são o utensílio preferido para vegetais. Bolos e tortas podem ser divididos em porções usando réguas para corte.

Os funcionários devem saber o número de porções esperadas de determinado tamanho de lote e devem conhecer o tamanho da porção. Além das informações incluídas nas receitas, uma lista de tamanhos de porções para todos os alimentos deve estar disponível para todos os funcionários, seja em um manual de funcionários ou publicado em um local conveniente (ver Fig. 8.10).

Avaliação de produtos

Conforme dito anteriormente neste capítulo, a avaliação de produtos é parte da etapa de testes iniciais de uma nova receita e é importante para o controle da qualidade. A avaliação de produtos ou análise sensorial é, na verdade, um processo contínuo para assegurar que as expectativas de rendimento e os padrões de qualidade estabelecidos durante o processo de padronização da receita sejam atendidos todas as vezes que um item do cardápio for produzido.

Muitas organizações de alimentação realizam análises sensoriais pouco antes de servir a refeição. Essa análise é mais bem feita por uma equipe ou um painel de pessoas que conhecem os padrões do produto e são treinadas para julgar as características de qualidade conforme o interesse dos clientes. A Figura 8.11 é um exemplo de formulário de análise sensorial.

Item do cardápio	Porção	Utensílio
Carnes		
Bacon	2 fatias	Pinças
Bacon canadense	Fatias de 60 g	Pinças
Salsichas, rodelas (16 por kg)	2 cada	Pinças
Frutas mistas	½ xícara (120 g)	Concha com furos
Sucos, pré-divididos em porções	120 g	N.A.
Pães		
Torradas	2 fatias	Pinças
Brioches doces	1 cada	Pinças
Bolos de café, assadeira de 45 × 65 cm	Corte de 15 × 25 cm	Espátula
Biscoitos	40 g	Pinças
Muffins	55 g	Pinças
Panquecas	90 g cada	Espátula
Cereais quentes	¾ xícara (180 g)	Concha
Cereais secos, caixas pré-divididas em porções	1 cada	N.A.
Ovos		
Mexidos	¼ xícara	Colher funda #16
Omelete	90 g cada	Espátula

Figura 8.10 Exemplo de guia de porções para itens de café da manhã.

TESTE DE RECEITAS

Data: _____
Local: _____
Hora: _____

Item	Em uma escala de 1 a 5, sendo 5 o mais alto, classifique o seguinte:			Comentários	Você compraria?		Adicionar ao cardápio?	
	Sabor	Textura	Aparência		Sim	Não	Sim	Não

Figura 8.11 Formulário de análise sensorial.

Resumo

A responsabilidade da gerência de servir alimentos de alta qualidade começa no estabelecimento de padrões e assegurando que os funcionários os conheçam. O uso de receitas padronizadas, ingredientes de boa qualidade e uma supervisão adequada da produção de alimentos são vitais para o controle de qualidade.

O básico do planejamento e da programação da produção é a previsão, que é um prognóstico da demanda de cada item do cardápio para uma refeição ou um dia. As quantidades de alimentos a serem preparadas se baseiam na quantidade prevista de porções necessárias e no tamanho da porção a ser oferecida. Essas informações, mais instruções especiais para preparo e atribuições de trabalho, são documentadas em um cronograma de produção.

Depois que receitas padronizadas são implementadas, o gerente deve projetar, monitorar e controlar os procedimentos para assegurar que os padrões de qualidade preestabelecidos sejam atendidos. A montagem centralizada de ingredientes, o controle de porções e a análise sensorial são exemplos de métodos de controle de qualidade.

Aplicação de conceitos abordados no capítulo

A Unidade de Produção de Alimentos dos Serviços Culinários e de Refeições do Departamento de Habitação da Universidade de Wisconsin é verdadeiramente um sistema complexo e de grande volume. A cozinha de produção principal fica na parte sudeste do *campus* de 800 acres e produz, em média, 15 mil refeições por dia. É usado um conceito de cocção/resfriamento, e os alimentos são enviados para as quatro unidades principais de refeições duas vezes por dia. Assim como em suas outras unidades operacionais, os líderes que supervisionam a produção trabalham diligentemente para se manterem em dia e integrarem tendências e mudanças, especialmente aquelas que são de maior interesse para os alunos. Uma dessas tendências é o aumento da compra e do uso de alimentos produzidos localmente. Este, na verdade, não é um conceito novo no Departamento de Habitação. A administração vem trabalhando com fazendeiros e produtores locais há cerca de 15 anos. No entanto, houve um esforço recente para aumentar a compra local para a produção de alimentos frescos e produzidos de maneira sustentável. Embora o Departamento de Habitação da Universidade de Wisconsin esteja totalmente comprometido com esse esforço, ele apresenta alguns desafios singulares quando se trata da produção.

Há não muito tempo, uma geada precoce ameaçou destruir uma safra de manjericão. O fazendeiro ligou para o Departamento de Habitação e explicou que, se ele não vendesse todo o manjericão naquele mesmo dia, ele congelaria e o fazendeiro perderia totalmente a safra. Ele estava telefonando para saber se a Unidade de Refeições e Serviços Culinários poderia usar essa safra e se poderia haver uma negociação de preço justo. Depois de vários telefonemas, que incluíram os setores de compras da universidade, a administração e, é claro, os gerentes do manjericão, chegou-se a uma negociação e 55 kg de manjericão foram entregues. A produção foi lavada, aparada, cortada e congelada em 24 horas, depois usada ao longo do outono em produtos como molho de macarrão orgânico.

Questões para reflexão

1. Que fatores operacionais a administração precisou levar em conta durante esse processo de tomada de decisão?
2. Que impacto essa decisão teve sobre os insumos operacionais?
3. Em nome da discussão, digamos que a Divisão de Habitação da Universidade de Wisconsin pagasse US$ 3,00 por quilograma pelo manjericão. Qual seria o custo agregado de comprá-lo pré-preparado?
4. Você acha que a Divisão de Habitação tomou a decisão correta? Por quê?
5. Identifique os riscos que a administração assumiu ao aprovar essa decisão um tanto incomum.
6. Como você acha que a equipe de produção se sentiu em relação a essa decisão? Você teria pedido a opinião dela antes de tomar a decisão? Por quê?
7. Por que você acha que a administração concordou em comprar o manjericão com tão pouca antecedência?
8. Você acha que a receita de molho de macarrão orgânico tinha de ser alterada, já que seria usado o manjericão fresco? Explique sua resposta.
9. Havia algum risco exclusivo à segurança dos alimentos?
10. O que a administração pode fazer para evitar uma situação urgente como esta durante a próxima estação de cultivo?

Questões para revisão

1. Liste os objetivos da cocção. Como eles podem ser priorizados em uma escola? Em uma unidade de refeições para pacientes? Em uma cafeteria com fins lucrativos?
2. Qual é o valor de uma receita padronizada? Quais são suas limitações?
3. Por que é importante definir o rendimento da receita em volume total, bem como em porções esperadas?
4. Que padrões de qualidade você estabeleceria para *muffins*? Como você instruiria a equipe de produção para usar padrões de qualidade ao testar receitas?
5. Que dados você coletaria para prever a demanda de produção para um programa *à la carte* em uma escola de ensino médio? Como você coletaria os dados?

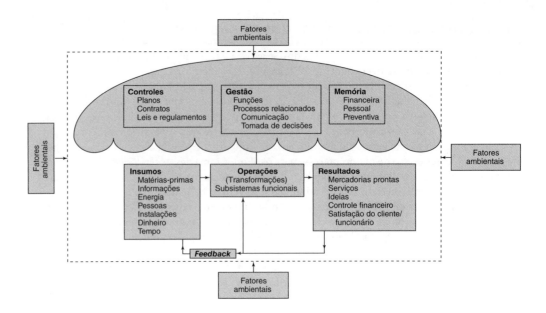

6. Qual é o objetivo e o valor da programação da produção?
7. Quais são as vantagens e as desvantagens da montagem de ingredientes centralizada?
8. Descreva como o controle de porções pode contribuir para a contenção de custos.
9. Por que o controle de porções é especialmente importante em ambientes de cuidado com a saúde?
10. De que maneira a tecnologia está mudando a função da produção em serviços de alimentação de grande volume?

Sites selecionados (em inglês)

www.researchchef.org   (Research Chefs Association)
www.ciachef.edu   (Culinary Institute of America)
www.acfchefs.org   (American Culinary Federation)

Serviço

Os gerentes de negócios em alimentação têm a responsabilidade de assegurar que os alimentos, depois de preparados, sejam mantidos, entregues e servidos aos consumidores com segurança. Portanto, as metas de um sistema de serviço e entrega devem incluir:

- manter a qualidade estética do alimento;
- garantir a segurança microbiológica do alimento;
- servir alimentos atraentes e satisfatórios para o consumidor.

Além disso, o sistema deve ser projetado e selecionado para o uso ideal dos recursos disponíveis: mão de obra, tempo, dinheiro, energia e espaço. É igualmente importante que o gerente de alimentos reconheça e cultive o aspecto do serviço de relacionamento com o convidado ou cliente. Os clientes têm expectativas elevadas de um serviço personalizado e atencioso. Um programa de serviço abrangente inclui um componente de relacionamento com os convidados.

Este capítulo explora os conceitos de serviço de modo que o gerente possa tomar boas decisões a respeito da entrega e do serviço de alimentos. As informações são adequadas quer o gerente esteja avaliando um sistema já existente, ou preparando-se para selecionar um novo sistema para uma situação específica. O conteúdo do capítulo inclui os fatores que afetam a escolha de um sistema, os equipamentos necessários para as funções de entrega e serviço e uma análise de diversos estilos de serviço. O capítulo termina com uma seção sobre serviço ao cliente.

CONTEÚDO

Métodos de montagem, entrega e serviço

Métodos — entrega e serviço como subsistemas

Montagem

Montagem de bandejas

Fatores que afetam a escolha dos sistemas de distribuição

Tipos de sistema de negócios em alimentação

Tipos de organização de negócios em alimentação

Tamanho e *layout* físico das instalações

Estilo de serviço

Nível de habilidade dos funcionários disponíveis

Fatores econômicos

Padrões de qualidade para segurança dos alimentos e microbiológica

Tempo necessário para o serviço da refeição

Requisitos de espaço ou espaço disponível

Consumo de energia

Necessidades de equipamentos

Classificação geral de equipamentos de serviço de entrega

Equipamentos para usos específicos

Estilos de serviço

Self-service

Serviço de bandeja

Serviço com garçom

Refeições transportadas

Serviço de quarto

Serviço ao cliente

Resumo

Conceitos-chave

1. Existem inúmeras opções e alternativas para montar, distribuir e servir refeições.
2. A função de serviço pode ser projetada com o uso de uma estrutura centralizada ou descentralizada.
3. Os métodos de montagem de refeições variam em virtude dos objetivos de serviço do estabelecimento de alimentação.
4. A escolha do sistema para montagem, distribuição e serviço depende de diversos fatores organizacionais e operacionais.
5. Os fatores econômicos muitas vezes servem de "fator preponderante" na escolha do sistema.
6. Os sistemas de serviço exigem investimentos em capital e em pequenos equipamentos.
7. Equipamentos especializados podem ser necessários para alguns sistemas de serviço.
8. O estilo de serviço se refere ao método pelo qual o cliente acessa e recebe os alimentos preparados.
9. O serviço externo ou de refeições transportadas exige atenção especial à qualidade dos alimentos durante o transporte.
10. O serviço ao cliente (ou relacionamento com convidados) se refere às interações entre os clientes e a equipe de funcionários.

Métodos de montagem, entrega e serviço

▌ **Conceito-chave:** Existem inúmeras opções e alternativas para montar, distribuir e servir refeições.

O setor de pesquisa e desenvolvimento tecnológico moderno relacionado aos negócios em alimentação proporcionou muitos avanços nos métodos de entrega e serviço de alimentos e nos equipamentos usados para esses processos. Esses desenvolvimentos resultaram, em parte, dos sistemas de produção discutidos no Capítulo 2 e da complexidade das operações atuais de negócios em alimentação. Com o aumento do tempo e da distância entre a produção e o serviço, o potencial de perda de qualidade dos alimentos também aumentou. Métodos de entrega e serviço mais novos foram projetados para proteção contra essas perdas.

A maioria dos itens do cardápio tem seu pico de qualidade imediatamente após o término do processo de cocção. Não é possível servir alimentos nesse exato momento em diversos sistemas de negócios em alimentação, em função da necessidade de montagem, transporte e entrega das refeições para o serviço. São necessários equipamentos para manter o alimento nas temperaturas adequadas para obter a melhor qualidade e garantir a segurança do alimento em trânsito. Os métodos de entrega e serviço que envolvem o menor tempo e distância possível são mais capazes de ajudar a atingir a meta desejada.

Métodos — entrega e serviço como subsistemas

▌ **Conceito-chave:** A função de serviço pode ser projetada com o uso de uma estrutura centralizada ou descentralizada.

O termo *distribuição* ou *entrega* se refere ao transporte de alimentos preparados do local de produção ao local de serviço; o *serviço* envolve a montagem dos itens do cardápio preparados e sua distribuição ao consumidor. Os equipamentos necessários para entrega e serviço são parte essencial desses subsistemas. Embora a entrega e o serviço *sejam* subsistemas dentro do sistema geral de negócios em alimentação, eles são pequenos sistemas em si e, portanto, serão chamados aqui de "sistemas". Basicamente, existem dois principais sistemas de entrega *internos*: centralizado e descentralizado.

Sistema centralizado de entrega e serviço. No método centralizado, os alimentos preparados são divididos em porções e montados para refeições individuais em uma área central dentro ou perto da cozinha principal. Os pedidos prontos são então transportados e distribuídos para o cliente. Isso é típico em serviço de balcão em restaurantes de serviço rápido; de serviço em mesas ou balcão em restaurantes; e em serviços de banquete, nos quais o alimento é colocado em pratos em um local central e transportado para as áreas de refeição para o serviço. Esse método também é usado em muitas instalações internas, incluindo hospitais e instituições que oferecem acolhimento por períodos longos. Os alimentos são divididos em porções e colocados em pratos, e as bandejas para cada paciente são montadas na cozinha central. As bandejas prontas são, então, transportadas por diversos meios até os pacientes da instituição, com o uso de vários tipos de carrinhos de transporte. As bandejas e pratos sujos são devolvidos à área central para lavagem.

Os sistemas centralizados de entrega e serviço são predominantes hoje por causa da facilidade de supervisão e controle da qualidade dos alimentos, do tamanho das porções, da garantia dos itens corretos do cardápio em cada bandeja ou pedido e das temperaturas certas dos alimentos no ponto de serviço, tudo facilitado por esse sistema. Além do mais, ele exige menos equipamentos e tempo de mão de obra do que o método descentralizado. Se o número de pessoas a serem servidas é grande, no entanto, o intervalo de tempo total necessário para o serviço pode ser excessivamente longo.

Sistema descentralizado de entrega e serviço. No sistema descentralizado, as grandes quantidades de alimentos preparados quentes e/ou frios são enviadas para unidades *galley* de serviço ou cozinhas das alas localizadas em toda a instalação, onde acontecem o reaquecimento, a divisão em porções e a montagem da refeição. Assim, em vez de uma área de serviço central, existem diversas áreas menores próximas ao consumidor. Muitas vezes, essas unidades *galley* podem ter equipamentos para uma cocção limitada de ovos e torradas e para fazer café. Refrigeradores, fogões para reaquecimento, armários de cozinha que mantêm a temperatura e um balcão ou esteira para a montagem de bandejas também podem ser incluídos nessas unidades *galley* de serviço. Lavadoras de pratos podem ser oferecidas para lavar utensílios nas cozinhas das alas, bem como os pratos e bandejas sujos podem ser devolvidos à área central para lavagem, o que elimina a necessidade de duplicação dos equipamentos de lavagem de pratos em cada unidade *galley*. Se os pratos forem lavados na área central, os pratos limpos devem ser devolvidos às unidades *galley* para uso na próxima refeição. Transportar pratos duas vezes a cada refeição, sujos e limpos, de e para as unidades de serviço, consome tempo e energia. Ao longo de um período de tempo, isso pode ser mais caro do que instalar lavadoras de pratos em cada unidade de serviço.

O serviço descentralizado é considerado mais desejável em instalações que ficam no mesmo andar e separadas pelo projeto ou em qualquer instalação onde há grandes distâncias entre a cozinha principal e os consumidores. Espera-se que os alimentos tenham mais qualidade e mantenham as temperaturas desejadas com mais eficácia se forem servidos perto do consumidor do que se forem colocados em pratos em um local central e transportados para locais distantes dentro da instalação.

Os tipos de serviços de alimentação que usam o sistema descentralizado incluem grandes hospitais e centros médicos; distritos escolares que transportam alimentos preparados de uma cozinha central para cada escola; hotéis que oferecem serviço de quarto de unidades de serviço em diferentes andares; e banquetes de uma cozinha de serviço dentro da instalação.

Os custos e os valores dos métodos centralizado *versus* descentralizado devem ser estudados e cuidadosamente considerados antes de se decidir qual adotar. Ambos podem ser usados com sucesso se os fatores e as condições exclusivas da operação de negócios em alimentação forem cuidadosamente considerados e levados em conta.

Montagem

■ **Conceito-chave:** Os métodos de montagem de refeições variam em virtude dos objetivos de serviço do estabelecimento de alimentação.

Montagem é a união de itens do cardápio preparados para completar uma refeição inteira. A montagem pode ocorrer em inúmeros pontos ao longo da sequência de etapas do processo, dependendo do tipo de operação de negócios em alimentação e do sistema de produção usado.

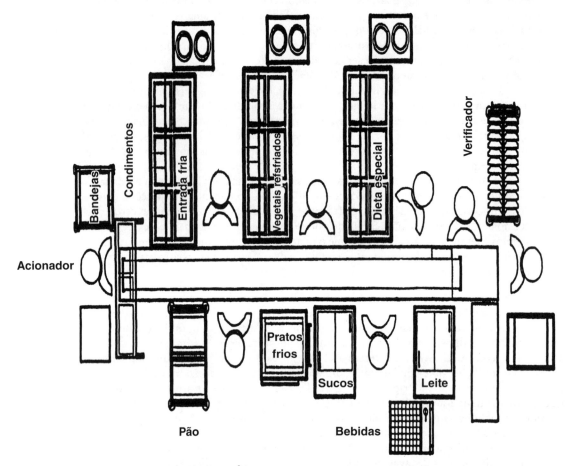

ESTEIRA MECÂNICA RETA DE *COOK-CHILL* DE ALIMENTOS COM EQUIPAMENTOS PERPENDICULARES

Esta é a distribuição ideal de um *cook-chill* quando existe disponibilidade de espaço. Velocidade não é um problema na organização das bandejas em um sistema de refrigeração, porque a bandeja volta para o espaço refrigerado antes de ser enviada para o aquecimento. O sistema mostrado atende a menus como os servidos em restaurantes e aquecimento por convecção Crimsco em despensas de chão.

Figura 9.1 Linha de bandejas de cocção/resfriamento (*cook-chill*).
Fonte: Cortesia de Crimsco, Inc., Kansas City, MO.

Os restaurantes, por exemplo, montam refeições quentes no ponto de produção centralizado e servem a refeição imediata e diretamente ao cliente que está esperando. As instituições, por outro lado, usam sistemas de montagem de bandejas para obter mais velocidade e eficiência. Esse método de montagem é comum em organizações como instalações de saúde, escolas e empresas aéreas, onde grandes números de refeições devem ser servidos em momentos específicos.

Montagem de bandejas

Dois grandes sistemas são usados para montar as bandejas de refeições. Em um deles, o alimento é montado em um local central, geralmente a cozinha de produção, com o uso de uma linha de bandejas, e depois diversos métodos de distribuição são usados para entregar as bandejas nas unidades. As Figuras 9.1, 9.2 e 9.3 ilustram as diferentes configurações de linhas de bandejas tradicionais. A Figura 9.4 é exclusiva para o conceito de hotel ou serviço de quarto e é chamada de conceito de carrossel. O segundo sistema transporta os alimentos em grandes quantidades para as unidades onde serão montados ou colocados em pratos como refeições individuais. É chamado de montagem e serviço descentralizado.

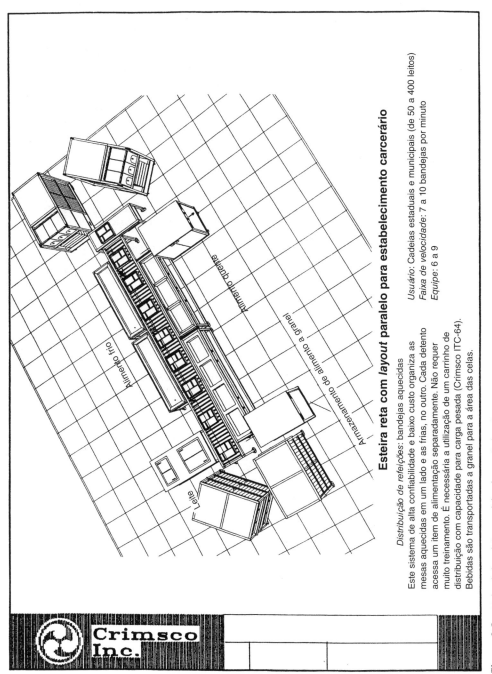

Figura 9.2 Linha de bandejas paralelas de cocção/serviço.
Fonte: Cortesia de Crimsco, Inc., Kansas City, MO.

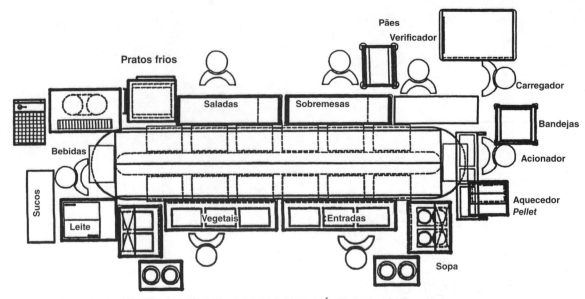

ESTEIRA CIRCULAR COM EQUIPAMENTO DE SUPORTE MÓVEL PARALELO

Esta é uma opção significativamente mais cara para a solução do problema de *layout* da linha de bandejas. Com o uso de equipamento de suporte móvel, é possível uma abordagem flexível. Essa flexibilidade se traduz na possibilidade de reposicionamento da linha de bandejas para atender a mudanças no número de clientes ou no menu. O *layout* paralelo dos equipamentos quente e frio se reflete na variação do efetivo de pessoal para mais ou para menos, acompanhando a mudança no número de clientes. Esse *layout* é o segundo em termos de maior eficiência no uso do espaço.

Um tipo de esteira circular menos desejável é a de tamanho gigantesco com estações de trabalho quente e fria a ela incorporadas. Ele tem um custo aproximadamente 25% superior ao da esteira circular com equipamento de suporte móvel, além de não oferecer flexibilidade alguma.

Figura 9.3 Linha de bandejas circular de cocção/serviço.
Fonte: Cortesia de Crimsco, Inc., Kansas City, MO.

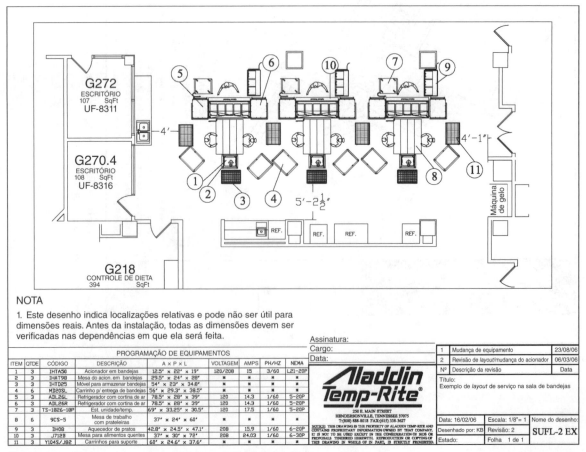

Figura 9.4 Planta baixa para o sistema POD de montagem de bandejas.
Fonte: Cortesia de Aladdin Temp-Rite, Hendersonville, TN. Usado com autorização.

Fatores que afetam a escolha dos sistemas de distribuição

▌ **Conceito-chave:** A escolha do sistema para montagem, distribuição e serviço depende de diversos fatores organizacionais e operacionais.

Toda organização tem suas próprias exigências para entrega e serviço com base no tipo de sistema de negócios em alimentação, no tipo de organização, no tamanho e no *layout* físico da instalação, no estilo de serviço usado, no nível de habilidade dos funcionários disponíveis, nos fatores econômicos relacionados ao custo de mão de obra e equipamentos, nos padrões de qualidade para segurança dos alimentos e microbiológica, no horário de serviço das refeições, nas exigências de espaço *versus* espaço disponível para as atividades de negócios em alimentação e no uso de energia envolvido.

Nenhum fator pode ser considerado sozinho ao se escolher um sistema de entrega e serviço, porque a maioria dos fatores interage e tem influência sobre os outros. Eles devem ser considerados como um todo ao se fazer uma escolha.

Tipos de sistema de negócios em alimentação

O tipo de sistema de negócios em alimentação usado determina até certo ponto suas próprias necessidades de entrega e serviço. Dos quatro tipos de sistemas de negócios de alimentação discutidos no Capítulo 2, o sistema de cozinha central é o único que exige caminhões de entrega para levar os alimentos preparados até as unidades de serviço-satélite. Consulte o Capítulo 2 para obter detalhes sobre os quatro tipos de sistemas de negócios em alimentação.

Conforme observado anteriormente, os itens do cardápio processados na cozinha central são estocados em grandes quantidades ou divididos em porções, depois mantidos em estoque com controle de temperatura até o momento do serviço. As três alternativas para essa espera são congelado, resfriado ou espera a quente. Cada método exige equipamentos diferentes.

Os alimentos em grandes quantidades podem ser colocados em recipientes de 30 × 50 cm para armazenamento no *freezer*, de modo que o alimento possa ser reaquecido e servido no mesmo recipiente. Ou, se os recipientes forem transferidos para unidades de serviço no estado resfriado ou quente em vez de congelado, eles são colocados em recipientes pesados com tampas que fecham com segurança. De outro modo, pode haver derramamento durante o transporte para a instalação de negócios em alimentação.

São preenchidas na cozinha central transportadoras com isolamento (p. ex., na Fig. 9.5) para manter os alimentos divididos em porções nos seus recipientes. Em momentos progra-

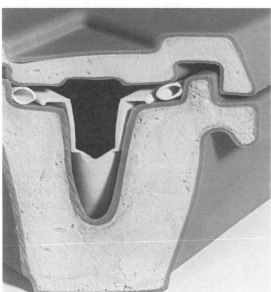

(a)   (b)

Figura 9.5 (a) Exemplo de transportadora para carregar alimentos quentes preparados. (b) Corte da mesma transportadora mostra o isolamento.

Fonte: Cortesia de Cambro Manufacturing Company, Huntington Beach, CA. Usado com autorização.

mados de cada dia, as transportadoras são carregadas em um caminhão para serem transferidas para a unidade de serviço. Em muitos casos, o motorista é responsável por descarregar o caminhão e levar as transportadoras de alimentos para as áreas de armazenamento ou serviço, conforme necessário. As transportadoras vazias da entrega anterior são coletadas e devolvidas à cozinha central no caminhão de entrega.

A frota de caminhões necessária à cozinha central depende das distâncias geográficas a serem percorridas e do número de entregas a serem feitas por cada motorista. A pontualidade pode ser crucial, em especial nas situações em que os alimentos são entregues quentes na hora do serviço. O ideal é que a distância de transporte de alimentos quentes seja curta.

A entrega de alimentos congelados exige transportadoras com bom isolamento para manter os alimentos no estado congelado durante o tempo do transporte. Se a instalação de serviço tiver espaço adequado para manter alimentos congelados, não haverá muitos problemas com o tempo de entrega, porque as refeições podem ser enviadas com um ou dois dias de antecedência. Se não houver esse tipo de espaço de armazenamento, a pontualidade da entrega deve ser sincronizada com os períodos das refeições e com o tempo para reaquecer e montar os itens do cardápio.

Nesse ponto, os alimentos ficam nas dependências, e os procedimentos de entrega e serviço dentro da instalação podem ser os mesmos para os quatro sistemas.

Tipos de organização de negócios em alimentação

O tipo de organização determina em grande parte as exigências do sistema de entrega e serviço. Aquelas em que grandes números de pessoas devem ser servidos rapidamente, como escolas, faculdades e fábricas, em geral têm refeitórios para servir refeições. Os restaurantes de *fast-food* servem os alimentos o mais rápido possível, mas com serviço de balcão ou de *drive thru*.

Os hospitais e casas de repouso atendem às necessidades de alimentação não só de seus pacientes, mas também de funcionários, colaboradores profissionais e visitantes. Isso exige um serviço de bandeja para pacientes que estão acamados; talvez um serviço em área de jantar para pacientes ambulatoriais em alguns centros de saúde; refeitório para colaboradores, funcionários e visitantes; e máquinas de venda automática como serviço complementar para os horários entre as refeições.

Restaurantes com serviço à mesa podem usar diferentes estilos de serviço (ver a seção posterior "Estilo de serviço"), mas todos empregam garçons que carregam as refeições da cozinha até os clientes. Em restaurantes nos quais os clientes se servem, como *refeitórios* ou *serviços de buffet*, os funcionários reabastecem os alimentos e podem servir bebidas nas mesas dos clientes.

Grandes hotéis podem ter diversos tipos de serviço dentro da instalação, que incluem um balcão ou cafeteria para refeições rápidas e salões de refeições com serviço à mesa. Alguns podem ser mais "exclusivos" e caros que outros, então podem ser oferecidos tipos de serviço mais formais. Como diversos hotéis servem alimentos para convenções e reuniões, o serviço de banquete também é oferecido. O serviço de quarto está disponível na maioria dos hotéis, o que exige um meio diferente de entrega e serviço, como garçons que usam bandejas ou mesas sobre rodas para levar as refeições aos hóspedes em seus quartos.

Tamanho e *layout* físico das instalações

O tamanho e o arranjo de construção da instalação são fatores adicionais a se considerar ao selecionar um sistema de entrega. Alguns restaurantes, por exemplo, podem estar em um local caro no centro da cidade e, portanto, geralmente são estreitos e têm vários andares para utilizar o terreno valioso da melhor maneira possível. Nesse caso, a padaria pode estar em um andar, as unidades de preparação e cocção, em outro, e a lavagem de pratos, em um terceiro – todos em andares diferentes da sala de refeições. Isso exige um sistema bem coordenado de esteiras horizontais e verticais e de elevadores mecânicos para entregar os alimentos com rapidez no local de serviço.

Hospitais e instalações de saúde podem ser construídos como prédios altos ou instalações baixas com quilômetros de corredores. Sistemas diferentes são necessários para cada um deles para assegurar a entrega da bandeja ao paciente dentro de um período razoável. A distância e o caminho entre as áreas de produção e serviço são pontos a serem considerados.

Estilo de serviço

Quer o estilo seja *self-service*, como em restaurantes, *buffets*, máquinas de venda automática ou à escolha do consumidor; *serviço de bandeja*, que pode ser centralizado ou descentralizado; *serviço com garçom* à mesa, no balcão ou em instalações de *drive thru*; ou *serviço portátil* com refeições entregues em casas ou escritórios por toda uma fábrica, cada um tem diferentes necessidades de equipamentos e entregas (ver mais adiante a seção "Necessidades de equipamentos").

Nível de habilidade dos funcionários disponíveis

As necessidades de mão de obra e as competências exigidas variam de acordo com os diferentes tipos de sistemas de entrega e com os equipamentos usados em cada tipo de sistema. Ao planejar alterar o atual sistema de entrega ou escolher um novo, o gerente deve avaliar as competências em voga e a disponibilidade dos funcionários do serviço de alimentação. Deve-se julgar quais as competências necessárias para operar um novo sistema e qual a capacidade de aprendizado dos funcionários. Um programa de treinamento deve, então, ser projetado para assegurar que os funcionários sejam bem treinados nas características de uso, cuidado e segurança de todos os equipamentos e procedimentos de entrega.

Fatores econômicos

■ **Conceito-chave:** Os fatores econômicos muitas vezes servem de "fator preponderante" na escolha do sistema.

A mão de obra e os equipamentos necessários para os diversos sistemas de entrega e serviço devem ser calculados em relação às alocações orçamentárias. A menos que haja dinheiro disponível, o serviço de alimentação não deveria, por exemplo, poder instalar equipamentos de entrega eletrônicos automatizados. Os fatores econômicos exercem influência na decisão de onde e como os alimentos congelados ou resfriados devem ser reaquecidos, montados e servidos. O serviço descentralizado exige a duplicação da montagem e do serviço e, às vezes, de equipamento de lavagem de louças, bem como pessoal para as diversas unidades de serviço em toda a instalação e, portanto, pode ser mais caro de instalar e operar do que o serviço centralizado. As comparações de custos dos inúmeros tipos de carrinhos e caminhões para transportar alimentos deve preceder a seleção de um sistema específico de entrega e serviço.

Padrões de qualidade para segurança dos alimentos e microbiológica

A administração estabelece padrões para a qualidade e a segurança dos alimentos, depois seleciona os equipamentos para aquecimento, espera e transporte dos alimentos para atender a esses padrões. A que temperatura o alimento deve estar quando for servido ao consumidor? Como a temperatura pode ser mantida ao longo da entrega e do serviço? A que temperatura os alimentos devem estar no momento da divisão em porções e do serviço para ajudar a atender aos padrões desejados?

Um número considerável de pesquisas foi realizado para encontrar respostas para essas perguntas. As pesquisas são relacionadas aos quatro sistemas de negócios em alimentação, segurança microbiológica, retenção de nutrientes e qualidades sensoriais. A qualidade microbiológica dos itens do cardápio depende do tipo de alimento, da qualidade dos ingredientes crus, do tamanho do lote, do tipo de equipamento usado para cocção e da posição dos itens do cardápio nos equipamentos de alimentação. O gerenciamento da relação entre tempo e temperatura ao longo de todas as etapas do fluxo dos produtos em todos os sistemas de negócios em alimentação é considerado de grande importância. (Ver o Cap. 3 para mais informações sobre segurança microbiológica.) A relação entre tempo e temperatura também é importante para a retenção de nutrientes e para as qualidades sensoriais dos produtos alimentícios. Os padrões de temperatura no ponto final e no serviço são estabelecidos por diversas agências regulatórias. Os gerentes devem conhecer esses fatores para atender aos padrões de expectativa de qualidade.

Tempo necessário para o serviço da refeição

O momento do dia desejado ou estabelecido para as refeições é outro fator que influencia a escolha do sistema de entrega e serviço. Por exemplo, se 1.200 pessoas devem ser servidas em um banquete sentado às 19h, todos os alimentos devem ficar prontos de uma vez e ser servidos em poucos minutos para todos os convidados. Muitas estações de serviço e pessoal adequado para cada estação são pré-requisitos para atingir o objetivo de tempo. Carrinhos elétricos pré-aquecidos podem ser ocupados com as refeições colocadas em pratos pouco tempo antes do serviço e depois levados aos diversos locais do salão de jantar para o serviço dos carrinhos, e destes para os convidados. Um método alternativo é colocar em bandejas os pratos como serão servidos, para serem levados por garçons ao salão de jantar. Isso exige diversas viagens da área de serviço até o salão de jantar, o que consome mais tempo do que quando se usam carrinhos.

Se apenas poucas pessoas precisam ser servidas ao mesmo tempo, como em um restaurante, onde os pedidos dos clientes chegam à cozinha ao longo de um período de poucas horas, o alimento é preparado na hora ou em pequenos lotes e mantido em espera por curtos períodos de tempo.

Nos serviços de alimentação escolar, muitas crianças ficam prontas para almoçar ao mesmo tempo. Para evitar longas esperas na fila do refeitório, no entanto, um período de refeições equilibrado pode ser agendado, o que permite que diversas refeições sejam liberadas para o almoço em intervalos de 5 ou 10 minutos. Outra opção, caso haja espaço, seria ter várias linhas de serviço.

Hospitais de grande porte têm o desafio de servir muitos pacientes dentro de um intervalo de tempo razoável para as refeições. Todos devem ser servidos mais ou menos ao mesmo tempo, como é possível em um serviço descentralizado? Ou um intervalo de tempo de 1 a 2 horas é aceitável, conforme oferecido por um serviço centralizado? Sistemas variados atendem a necessidades específicas. O gerente ou nutricionista deve trabalhar com a equipe de enfermagem para assegurar que o cuidado com os pacientes não seja interrompido e que sejam oferecidos alimentos e serviços de qualidade.

Requisitos de espaço ou espaço disponível

A alocação do espaço para departamentos e suas atividades é determinada no momento da construção do prédio. O sistema de entrega e serviço preferido deve ser declarado no início do processo de planejamento da instalação, de modo que o espaço adequado esteja disponível para as atividades de negócios em alimentação. Qualquer reforma posterior para mudar para um sistema diferente pode ser caótica e cara, isso se for realmente possível.

Os sistemas descentralizados exigem menos espaço na área da cozinha principal, mas mais espaço em toda a instalação para as unidades de serviço do que os sistemas centralizados. Em hospitais com serviços centralizados, os equipamentos de montagem de bandejas, assim como caminhões ou carrinhos, ocupam um espaço considerável. O espaço necessário para o armazenamento de carrinhos ou caminhões de transporte pode ser calculado com base no número e no tamanho desses, quando não estiverem em uso. Espaço adicional deve ser alocado para fácil movimentação dos carrinhos pela instalação.

Consumo de energia

A preocupação com o consumo de energia e sua conservação tem um papel decisivo na decisão do sistema de entrega e serviço. Sistemas que usam um grande número de peças movidas a eletricidade ou equipamentos "ativos" são mais caros para operar do que aqueles que usam equipamentos de retenção de temperatura "passivos", como bandejas com isolamento ou pratos aquecidos por *pellets*.

Hoje, a consciência energética está em alta outra vez, e as economias de energia são uma consideração importante na escolha do sistema de entrega e de equipamentos.

Pellet
Disco de metal pré-aquecido usado para manter a temperatura de uma porção individual de alimento quente empratado.

Necessidades de equipamentos

■ **Conceito-chave:** Os sistemas de serviço exigem investimentos em capital e em pequenos equipamentos.

A entrega e o serviço de alimentos em instituições precisam do uso de equipamentos especializados para cada etapa do procedimento: reaquecimento se for necessário, montagem, transporte, distribuição e serviço. Todo sistema de alimentação tem suas próprias exigências. Os fabricantes trabalham em conjunto com os diretores de negócios em alimentação para projetar peças de equipamentos que atendam melhor a essas necessidades específicas. Os equipamentos para entrega e serviço podem ser classificados de várias maneiras:

- **Em geral:** fixos ou embutidos, móveis e portáteis.
- **Para um uso específico:** reaquecimento, montagem, manutenção de temperatura, transporte e serviço.
- **Para cada um dos quatro sistemas de negócios em alimentação:** convencional, cozinha central, comida pronta e montagem/serviço.

A seguir, faz-se uma breve descrição da classificação geral e específica para melhorar o entendimento dos diversos sistemas de entrega e serviço como um todo. Para informações mais detalhadas sobre esses equipamentos, ver o Capítulo 11.

Classificação geral de equipamentos de serviço de entrega

Fixo ou embutido. O equipamento fixo ou embutido deve ser planejado como parte integrante da estrutura no momento em que a instalação está sendo construída.

Um exemplo de sistema desse tipo é o transporte automatizado de carrinhos ou o monotrilho. Ele tem seu corredor especialmente construído para um trânsito rápido, fora dos outros trânsitos do prédio. É feito para ser usado por todos os departamentos porque é muito caro de se instalar. Pode transportar itens em poucos segundos de uma parte do prédio para outra e, em razão da sua velocidade, torna-se muito proveitoso. Um plano alternativo para a entrega de bandejas pode ser necessário se ocorrer uma falha elétrica que incapacite o sistema automatizado de entrega de bandejas.

Outros equipamentos fixos incluem: elevadores; esteiras (manuais ou elétricas) para movimentação horizontal, como montagem de bandejas; e transportadoras verticais e elevadores (monta-cargas) para movimentar bandejas, alimentos ou pratos sujos e limpos para outro andar dentro da instalação.

Equipamentos móveis. Os equipamentos móveis são equipamentos que se movem sobre rodinhas ou roldanas. Isso inclui *caminhões de entrega* para uso fora das instalações com o intuito de transportar alimentos de uma cozinha central para os locais de refeições e para entrega em residências ou escritórios.

Outro tipo são os *carrinhos e caminhões móveis*, empurrados à mão ou mecanizados, para o transporte dentro das instalações de alimentos em grandes quantidades para o serviço descentralizado ou refeições colocadas em pratos para o serviço centralizado. Esses carrinhos estão disponíveis em muitos modelos, abertos ou fechados, com ou sem isolamento, com controle de temperatura para unidades aquecidas, resfriadas ou combinações de ambos (a Fig. 9.6 mostra um exemplo). Alguns carrinhos móveis são projetados para acomodar os pratos de alimentos quentes para serviço de banquete, outros são projetados para refeições completas montadas em bandejas para serviço em hospitais e outros, ainda, para grandes quantidades de alimentos. Os equipamentos de montagem e as unidades *galley* podem ser móveis, em vez de embutidos, o que permite flexibilidade na arrumação. Um exemplo de *galley* é mostrado na Figura 9.7.

Equipamentos portáteis. Nesta categoria, estão incluídos os itens que podem ser *carregados*, ao contrário dos equipamentos móveis, que se movem sobre rodinhas ou roldanas. São comumente usados para entrega e serviço equipamentos como recipientes de todos os tamanhos e formatos, muitos com tampas herméticas para evitar vazamentos em trânsito, e transportadoras manuais (também chamadas de caixas portáteis). As caixas portáteis normalmente têm isolamento para manter a temperatura dos alimentos para um transporte ou entrega de curto prazo (Fig. 9.8).

Figura 9.6 Exemplos de carrinhos de distribuição de refeições.
Fonte: Cortesia de Burlodge USA. Usado com autorização.

Figura 9.7 Estação g*alley*.
Fonte: Cortesia de Crimsco, Inc., Kansas City, MO. Usado com autorização.

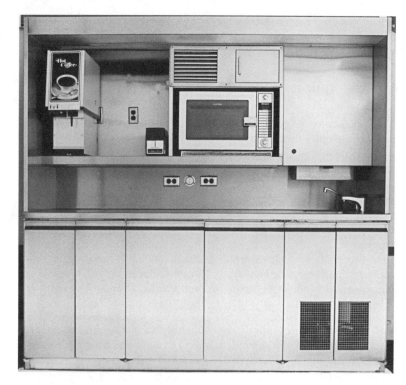

Além disso, uma variedade de pratos e bandejas pode manter os alimentos colocados em pratos em temperaturas adequadas para o serviço. Quando adotados, carrinhos sem aquecimento poderão ser utilizados no transporte de refeições até os consumidores. Os tipos comuns de pratos e bandejas incluem o disco de *pellet* e as bandejas com isolamento.

***Disco de* pellet.** É um disco de metal (*pellet*) pré-aquecido que, no momento da refeição, é colocado em uma base de metal. As porções individuais de alimentos quentes são colocadas em pratos sobre a base e depois, cobertas. Podem ser usados pratos de porcelana ou descartáveis. Esse *pellet* de metal quente irradia calor e mantém a refeição na temperatura ideal para servir por aproximadamente 40 a 45 minutos.

Figura 9.8 Caixas portáteis são isoladas para manter a temperatura.
Fonte: Cortesia de Cambro Manufacturing Co., Huntington Beach, CA. Usado com autorização.

Bandejas e tampas com isolamento. As bandejas com isolamento são projetadas com uma variedade de configurações para os diferentes tipos de pratos usados para o cardápio do dia. Podem ser usados pratos térmicos, de porcelana ou descartáveis. Depois que o alimento é dividido em porções, os pratos são colocados na bandeja e cobertos com uma tampa com isolamento. Não são necessários carrinhos especiais para transportar essas bandejas porque elas são encaixáveis e empilháveis e, é claro, não são necessárias unidades de controle de temperatura. Alguns sistemas de bandejas com isolamento são projetados para criar **sinergia**; ou seja, quando empilhados de maneira adequada, as seções quente e fria de cada bandeja trabalham em conjunto em uma coluna para manter as temperaturas adequadas. As temperaturas combinadas das seções individuais ultrapassam a soma das temperaturas individuais. As refeições nessas bandejas com isolamento mantêm o calor muito bem por períodos curtos de tempo, como durante o transporte e a distribuição.

Sinergia
Os efeitos combinados das unidades individuais ultrapassam a soma dos efeitos individuais.

Equipamentos para usos específicos

■ **Conceito-chave:** Equipamentos especializados podem ser necessários para alguns sistemas de serviço.

Reaquecimento de alimentos congelados ou resfriados. Os alimentos preparados, cozidos e depois congelados para serviço posterior devem ser reaquecidos no momento de servir. Isso pode ser feito na área de serviço central ou em unidades de serviço em toda a instalação. Os equipamentos usados para reaquecimento em ambos os casos é o mesmo e inclui fornos de convecção, fogões de condução (convencionais), fornos de micro-ondas e fornos infravermelhos. Também são usados equipamentos de imersão (para alimentos em bolsas), como caldeirões ou frigideiras basculantes. Os fornos de micro-ondas são mais rápidos para porções individuais, mas, a menos que haja disponível uma frota desses fornos ou um micro-ondas em forma de túnel, reaquecer uma grande quantidade de refeições pode levar muito tempo. Fornos de convecção com aquecimento a ar forçado podem reaquecer muitas refeições ao mesmo tempo, de acordo com o tamanho do forno. Alimentos congelados normalmente são degelados no refrigerador antes do reaquecimento para reduzir o tempo de deixar os alimentos em temperatura de servir. Com qualquer sistema de reaquecimento, o objetivo é aquecer o produto alimentício até a temperatura ideal para servir e manter o conteúdo nutritivo, a segurança microbiológica e a qualidade sensorial.

Montagem de refeições. A montagem de refeições para o serviço é uma etapa importante no sistema de entrega e serviço. Os métodos variam para os diferentes tipos de estabelecimentos, e as atividades envolvidas devem ser adequadas às necessidades específicas de cada um.

A montagem de refeições exige que os diversos itens do cardápio que formam uma refeição sejam reunidos e colocados em um local. Isso pode exigir equipamentos simples como uma mesa conveniente ou um balcão para ensacar ou colocar os alimentos em pratos atrás do balcão de um restaurante de *fast-food*. Em um restaurante de serviço à mesa, os garçons podem pegar os alimentos frios em uma ou mais estações e os alimentos quentes da estação do *chef* e montar todos eles em uma bandeja para servir.

O tipo mais complexo de montagem é o serviço de bandeja para muitos pacientes ou consumidores. Bandejas, pratos, talheres e alimentos são pré-posicionados ao longo de uma esteira rolante. Os funcionários ficam parados em um lugar e colocam um ou mais itens na bandeja conforme ela passa. Um cardápio de paciente ou cartão de dieta aparece antes da bandeja e indica quais itens do cardápio devem ser colocados na bandeja. Transportadoras horizontais de diversos tipos costumam ser usadas para este objetivo. Todas devem ser dimensionadas para a largura das bandejas usadas. A mais simples é uma esteira manual ou autopropelida com rodízios que movimentam as bandejas quando são empurradas de uma estação para a próxima. Outras são movidas a motor. Transportadoras horizontais operadas com energia elétrica podem ser colocadas a diversas velocidades para mover as bandejas ao longo da esteira automaticamente (Fig. 9.9). As transportadoras horizontais podem ser móveis ou embutidas.

Manutenção de temperatura e espera. Os alimentos preparados e prontos para servir normalmente devem ser mantidos por curtos períodos até serem necessários, enquanto são transportados para outra área para serem servidos ou durante o período de serviço em si. Os equipamentos para essa espera de curto prazo incluem unidades de armazenamento refrigeradas e aquecidas de diversos tipos. Observe que armários de armazenamento aquecidos *não* aquecem os alimentos, mas, quando pré-aquecidos, mantêm a temperatura dos alimentos por períodos curtos, como eles já estavam ao serem colocados ali.

Figura 9.9 Exemplos de transportadoras horizontais de bandejas. (a) Com cilindros; (b) com rodas; (c) esteira automatizada.
Fonte: Cortesia de Caddy Corporation, Bridgeport, N. J. Usado com autorização.

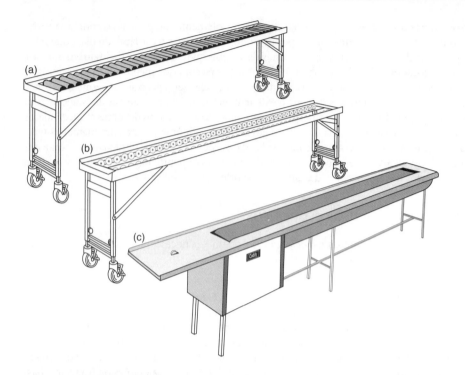

Armários aquecidos ou refrigerados podem ser embutidos na passagem da cozinha para a área de serviço ou podem ser colocados em carrinhos e caminhões móveis de todos os tipos, alguns projetados com seções refrigeradas e aquecidas. Unidades refrigeradas móveis costumam ser usadas para serviço de banquete. Saladas e sobremesas podem ser pré-divididas em pratos, colocadas na área de produção e mantidas em espera até serem movidas para o salão de banquete no momento do serviço. Da mesma forma, os alimentos quentes para grandes grupos podem ser divididos em porções e colocados em carrinhos pré-aquecidos perto do momento de servir, mas mantidos em espera até que todos os pratos estejam prontos para serem servidos ao mesmo tempo.

Lâmpadas infravermelhas também são usadas para manter os alimentos quentes em um balcão de serviço durante o período de serviço.

Transporte e entrega. Os equipamentos para transporte e entrega foram descritos anteriormente neste capítulo sob os títulos "Equipamentos móveis" e "Equipamentos portáteis". Carrinhos sem isolamento abertos ou fechados, como o monotrilho, são usados para transportar as refeições servidas em pratos aquecidos por *pellets* ou cápsulas ou colocados em bandejas com isolamento e com tampa. Carrinhos para manter a temperatura com seções aquecidas e refrigeradas são usados para transportar as refeições pré-divididas em porções de pratos comuns e colocadas em bandejas sem isolamento. Outros carrinhos são projetados com poços e compartimentos aquecidos para grandes quantidades de sopa, vegetais, carnes e assim por diante, bem como para ingredientes frios e outros itens alimentícios para a montagem das refeições em outro local.

Unidades de refrigeração com rodízio também servem como equipamentos de transporte, com saladas e sobremesas pré-divididas em pratos, arrumadas na área de produção e movidas posteriormente para as áreas de refeição. Da mesma forma, outros equipamentos móveis, como carrinhos de banquete ou *buffets* móveis, podem se ajustar à dupla função de transportar e servir. Alguns carrinhos de serviço para petiscos, sopas, sanduíches e bebidas são usados para levar alimentos para os trabalhadores em fábricas ou prédios de escritórios. Caixas com isolamento são um meio barato e eficaz para a entrega de refeições.

Muitos métodos e equipamentos estão disponíveis para transportar alimentos da cozinha até o consumidor. O gerente deve identificar as necessidades específicas da organização no momento da escolha. Deve-se considerar o número total a ser servido; a distância do trajeto entre as áreas de produção e serviço; o *layout* do prédio com rotas, que inclui portas, rampas e os elevadores envolvidos; e a forma do alimento a ser transportado: quente, frio, em grandes quantidades ou colocado em pratos.

Serviço. São meios de *self-service*: balcões de restaurantes com diversas configurações e com seções para alimentos quentes e frios; mesas de *buffet* com seções de temperatura controlada e tampas; e máquinas de venda automática. Diversos métodos de serviço de bandeja foram descritos.

Para o serviço à mesa em salões de refeições, são usados carrinhos ou bandejas para carregar os itens do cardápio montados até os convidados. Estações de serviço, pequenos armários localizados dentro ou perto do salão de refeições, são equipadas com itens para arrumar as mesas, como talheres, guardanapos e talvez água, gelo, copos, café e xícaras. Isso acelera o serviço e reduz a distância percorrida para servir os convidados. Outros equipamentos de serviço especializados são citados na seção "Estilos de serviço".

Estilos de serviço

▮ **Conceito-chave:** O estilo de serviço se refere ao método pelo qual o cliente acessa e recebe os alimentos preparados.

Existem muitos estilos de serviço usados nas organizações. Todos eles têm o objetivo em comum de satisfazer o consumidor com alimentos de boa qualidade, na temperatura correta para palatabilidade e segurança microbiológica e atratividade ao servir.

O estilo de serviço selecionado, adequado para um tipo específico de operação de negócios em alimentação, deve contribuir para alcançar esses objetivos. Além disso, o estilo deve ser economicamente compatível com os objetivos e os padrões da organização. Os tipos ou estilos básicos de serviço incluem:

1. *Self-service*: refeitório – tradicional, fluxo livre ou misturado; máquinas de venda automática; *buffets*, aperitivos variados, *buffets* de salada; e *drive thru*;
2. **Serviço de bandeja:** centralizado ou descentralizado;
3. **Serviço com garçom:** balcão, mesa – americano, francês, russo, familiar, banquete;
4. **Refeições portáteis:** entrega dentro ou fora das dependências.

Self-service

As provisões mais simples para serviços de alimentação envolvem os convidados ou consumidores que carregam sua própria seleção de alimentos do local de mostruário ou montagem até uma área de refeições. O melhor exemplo conhecido de *self-service* é o refeitório, embora o serviço de *buffet* com suas variações, aperitivos variados e *buffet* de saladas e máquinas de venda automática também sejam populares.

Refeitório. Os refeitórios são de dois tipos. O refeitório *tradicional* é aquele em que os funcionários ficam parados atrás do balcão para servir os convidados e estimulá-los com as escolhas conforme eles se movimentam ao longo desse balcão que mostra as opções de alimentos. Existem muitas configurações para arranjo de balcão, desde a linha reta até a paralela ou dupla, em ziguezague e em forma de U. No entanto, em cada caso, os clientes seguem em fila para fazer suas escolhas.

O *self-service* tradicional é usado em faculdades e outras residências, refeitórios abertos ao público, refeitórios escolares, serviços de alimentação em fábricas e em operações comerciais. A ênfase é nas porções padronizadas e no serviço veloz, apesar de cortês. A taxa de fluxo de pessoas na fila do refeitório varia de acordo com o número de opções oferecidas e com a familiaridade da clientela com o arranjo.

O segundo tipo de refeitório é conhecido como *quadrado vazio, fluxo livre* ou *sistema combinado*. Neste, seções separadas de balcões são oferecidas para os diferentes grupos de cardápios, como alimentos quentes, sanduíches e saladas, e sobremesas. As seções normalmente são colocadas ao longo de três laterais da sala de serviço, e os clientes fluem do centro para qualquer área desejada. Isso pode parecer confuso para quem não conhece o sistema, mas oferece agilidade e flexibilidade ao eliminar a necessidade de esperar na fila para que os clientes à frente sejam servidos. Além disso, alivia a pressão sobre aqueles que não querem se apressar para tomar decisões. Para ter sucesso, é necessário ter negócios repetidos e um mecanismo para controlar o número de pessoas que entram ao mesmo tempo.

Um conceito relativamente novo no projeto de refeitórios é a configuração de *marcha* ou *praça de alimentação*. Esses refeitórios oferecem inúmeras estações temáticas nas quais os clientes podem solicitar as ofertas do cardápio para pedidos feitos na hora. A intenção é oferecer uma variedade de itens de cardápio frescos e feitos especialmente para satisfazer à ampla variedade de preferências alimentares. Conceitos de estação típicos incluem *delicatessen*, loja de sanduíche, *comfort food*, pizza, churrascaria e uma ou mais estações com ênfase na culinária étnica.

Máquina de venda automática. A história da máquina de venda data de 215 a.C. na Grécia, mas a venda automática de *alimentos* começou nos Estados Unidos posteriormente, com as máquinas de balas e chicletes de um centavo de dólar. Outros itens, como refrigerantes e cafés, logo começaram a ser vendidos em máquinas de venda automática. Hoje, a complexidade de itens do cardápio, que inclui refeições completas, está disponível em máquinas desse tipo (*vending machines*). Algumas máquinas contêm elementos de aquecimento para cozinhar ou reaquecer os alimentos antes de dispensá-los; outras são refrigeradas ou com temperatura baixa controlada para manter alimentos congelados, como sorvetes.

Os serviços de alimentação com máquinas de venda automática aumentaram muito em termos de uso e popularidade nas décadas de 1950 e 1960 porque atendiam a uma demanda por serviços rápidos e permitiam que os serviços de alimentação ficassem disponíveis 24 horas por dia, 7 dias por semana. Sua popularidade continua, e hoje esse modo de venda é aceito como um importante componente do setor de *foodservice* (ou de negócios em alimentação), em especial como meio de complementar outros estilos de serviço. Escolas, alojamentos estudantis, hospitais, fábricas, prédios de escritórios e terminais de transportes em especial usam esse modo de serviço para pausas para café, petiscos entre as refeições e, em alguns casos, como único meio para oferecer refeições.

Os alimentos para máquinas de venda automática podem ser preparados pelas instituições que as usam ou por uma empresa externa que entrega alimentos frescos em intervalos frequentes e mantém as máquinas supridas e em bom funcionamento. A alta rotatividade e um bom serviço de suprimento são requisitos para a segurança e o sucesso dos alimentos revendidos. Além disso, os alimentos oferecidos devem estar frescos e com aparência atraente. A limpeza e o cumprimento dos códigos municipais de saúde e desinfecção são essenciais. Esforços cooperativos entre aqueles que cuidam de embalagem, produção, *merchandising*, transporte, armazenamento e higienização proporcionaram melhorias na qualidade e na variedade dos alimentos oferecidos e continuarão a fazer isso no futuro.

Buffet. O serviço de *buffet*, assim como os aperitivos variados e o popular *buffet* de saladas, oferece um meio para expor dramaticamente os alimentos em uma grande mesa de serviço. Os convidados se movimentam ao redor da mesa e se servem dos alimentos escolhidos. As opções são, no geral, numerosas, assim como o apelo visual é um fator importante nos alimentos oferecidos. Alimentos que se mantêm durante o período da refeição e os equipamentos adequados para manter esses alimentos quentes ou frios conforme desejado são essenciais para o sucesso desse tipo de serviço. Por apelo estético e para atender aos regulamentos de saúde, os alimentos expostos devem ser protegidos contra a contaminação da clientela. Tampas portáteis colocadas ao redor dos alimentos oferecem alguma proteção enquanto os clientes se servem.

Drive-thru. Este tipo de serviço, popular em estabelecimentos de *fast-food* para acelerar o serviço ao cliente, é uma variação do serviço ao ar livre. Os clientes dirigem pelo terreno do restaurante em uma fila especialmente designada para isso, fazem suas escolhas de alimentos a partir de um grande cartaz de cardápio colocado do lado de fora e fazem seus pedidos por meio de um microfone (geralmente, próximo ao cartaz do cardápio). Quando eles chegam à janela de entrega, o pedido já está montado e embalado para viagem.

Serviço de bandeja

Refeições ou lanches que são montados e carregados por um funcionário em uma bandeja até cada consumidor são um tipo de serviço oferecido para aqueles que não podem utilizar outras instalações de refeições. Hospitais, casas de repouso e outras instalações de saúde usam esse método. Para pessoas que estão doentes ou enfermas, bandejas atraentemente arrumadas, servidas por funcionários educados e gentis ajudam muito a atiçar o apetite e a recuperar a saúde.

Os dois tipos de serviço de entrega em bandejas em hospitais, centralizado e descentralizado, foram descritos anteriormente neste capítulo. Depois que as bandejas são transportadas para a despensa, elas são carregadas até os pacientes por um funcionário do departamento de enfermagem ou de nutrição. Uma boa cooperação entre os dois departamentos é um pré-requisito para coordenar a pontualidade para a entrega imediata. Atrasos na entrega das bandejas aos pacientes podem gerar perda de temperatura e da qualidade do alimento e, assim, um objetivo importante do serviço de alimentação não será alcançado. Muitos hospitais estão integrando conceitos de serviço de quarto para refeições de pacientes com o objetivo de melhorar a satisfação e reduzir o desperdício de alimentos.

Serviço com garçom

Balcão. O balcão de lanchonetes e o serviço de refrigerantes no balcão (*fountain service*) talvez sejam o mais próximo do *self-service* em termos de informalidade. Os convidados se sentam a uma mesa de balcão que facilita e acelera o serviço e permite que um ou dois atendentes lidem com um volume considerável de negócios. Jogos americanos são colocados e retirados pelo garçom ou pela garçonete atrás do balcão, e a proximidade entre o local de preparação dos alimentos e a unidade de serviço facilita o manuseio simples dos alimentos. A configuração do balcão em forma de U utiliza o espaço ao máximo, e o pessoal pode servir muitos clientes sem andar muito.

Serviço à mesa. A maioria dos restaurantes e salões de refeições de hotéis usa padrões mais formais de serviço além do serviço de balcão, embora ambos empreguem pessoal para servir. Muitos graus de formalidade (ou informalidade) podem ser observados quando as pessoas se alimentam em estabelecimentos de alimentação em todo o mundo. Geralmente, os quatro principais estilos de serviço classificados como serviço à mesa são americano, francês, russo e banquete.

O *serviço americano* é o mais utilizado nos Estados Unidos, embora todos os estilos sejam usados em certo grau. Um *maître* ou recepcionista encaminha os convidados às mesas e oferece a eles um cardápio. Garçonetes ou garçons colocam toalhas de mesa limpas, anotam os pedidos, trazem os alimentos da área de serviço da cozinha, servem os convidados e podem também remover os pratos sujos das mesas. Ajudantes podem ser encarregados de arrumar as mesas, encher copos de água, servir pão e manteiga, e retirar pratos sujos do salão de refeições. Outros funcionários veem se o alimento levado ao salão de refeições corresponde ao pedido e também verificam os preços na conta antes de ela ser apresentada aos convidados. A característica desse tipo de serviço é que o alimento é dividido em porções e servido em pratos de jantar na cozinha.

No caso do estilo americano, os pratos de jantar preenchidos na cozinha são transportados até os convidados em uma dentre várias maneiras. Por exemplo, carrinhos pré-aquecidos são preenchidos com diversos pratos e levados até o salão de refeições antes de os clientes chegarem. O pessoal de serviço retira os pratos desses carrinhos para servir os convidados. Outro modo é cada garçom obter dois pratos de jantar da estação de serviço e, com um em cada mão, ir, em grupo, até o salão de refeições e servir totalmente uma mesa. Várias viagens de ida e volta são necessárias para terminar este serviço. Outro método é ter ajudantes para carregar as bandejas de pratos de jantar até o salão de refeições, colocá-los em apoios de bandejas e retornar para outra leva. O pessoal de serviço, que trabalha em equipe no salão de refeições, serve os pratos conforme os ajudantes os levam. A mesa principal é servida primeiramente; depois é a vez da mesa mais distante da área de serviço, de modo que cada viagem subsequente é mais curta. Todos os convidados de uma mesa são servidos antes de se seguir para a próxima mesa.

O *serviço à francesa* (sinônimo de "jantar elegante") muitas vezes é usado em restaurantes exclusivos de alto nível. Neste estilo, as porções de alimentos são levadas até o salão de refeições em tigelas de servir e colocadas sobre um pequeno aquecedor (**réchaud**) que fica sobre uma pequena mesa portátil (*gueridon*). Essa mesa é levada sobre rodas até a lateral da mesa dos convidados, e ali o garçom chefe (**chef de rang**) termina a preparação, por exemplo, desossando, cortando a carne, flambando ou fazendo um molho. O garçom chefe, então, serve os pratos, que são carregados por um garçom assistente (**commis de rang**) até cada convidado. Esse estilo é caro, porque dois garçons profissionais são necessários para servir adequadamente; além disso, o serviço é lento. A atmosfera é agradável, tranquila e muito apreciada pelos clientes por causa da atenção individual que eles recebem.

O *serviço russo* é o estilo mais popular usado em todos os melhores restaurantes e salões de refeições de hotéis do mundo. Em decorrência de sua simplicidade, ele substituiu, em grande parte, o estilo à francesa, que parece inconveniente para muitos. No serviço russo, o alimento é totalmente preparado e dividido em porções na cozinha. Um número adequado de porções para o número de convidados à mesa é arrumado em bandejas de serviço pelo *chef*. Um garçom ou uma garçonete leva as bandejas, em geral de prata, com alimentos até o salão de refeições junto aos pratos de jantar aquecidos e os coloca sobre um apoio perto da mesa dos convidados. Um prato de jantar é colocado em frente a cada convidado. O garçom, então, carrega a bandeja de alimentos até cada convidado e serve uma porção a cada um, com o uso de uma colher e um garfo como pinças na mão direita e serve pelo lado esquerdo. Isso se repete até que todos os itens do cardápio tenham sido servidos. Embora este serviço seja rápido, exija apenas um garçom e precise de pouco espaço no salão de refeições, ele tem a possível desvantagem de que a última pessoa servida pode ver uma bandeja desarrumada e não atraente. Além disso, se cada convidado pedir um prato principal diferente, muitas bandejas de serviço serão necessárias.

Réchaud

Aquecedor pequeno colocado sobre uma mesa pequena. Usado para manter a temperatura de alimentos quentes em uma mesa de apoio.

Chef de rang

O profissional que coordena o serviço no estilo francês. Responsável por toda a preparação da mesa de apoio.

Commis de rang

Assistente no serviço de mesa no estilo francês. Carrega os alimentos até a mesa e remove os pratos quando os convidados terminam de comer.

Banquete
Refeição rica e elaborada na qual o serviço e o cardápio são preparados para determinado número de pessoas e em um momento específico do dia

O estilo russo é usado em banquetes conforme descrito para o serviço em restaurantes. Dezesseis a vinte convidados por garçom é uma boa estimativa para um serviço de banquete.

O serviço de **banquete**, ao contrário dos outros tipos apresentados, envolve um serviço e um cardápio pré-estabelecido para determinado número de pessoas em um momento específico do dia. Alguns itens, como saladas, molhos de saladas, manteiga ou aperitivos, podem estar na mesa antes de os convidados se sentarem. É usado tanto o estilo americano quanto o estilo russo de serviço.

O estilo *familiar* muitas vezes é usado em restaurantes ou residências de vários tipos. As quantidades dos diversos itens do cardápio, adequadas ao número de convidados à mesa, são servidas em tigelas ou bandejas e colocadas sobre a mesa de jantar. Os convidados se servem e passam os pratos de serviço aos outros. Este é um método informal popular para os "jantares especiais de frango frito" aos domingos e em restaurantes chineses para alimentos que são compartilhados, no estilo familiar. O serviço no estilo familiar é usado em algumas instituições de acolhimento, em um esforço para criar uma atmosfera residencial.

Refeições transportadas

▌ Conceito-chave: O serviço externo ou de refeições transportadas exige atenção especial à qualidade dos alimentos durante o transporte.

Entrega fora das instalações. Um exemplo de serviço fora das instalações é a entrega de refeições nas casas de idosos, doentes crônicos ou indivíduos enfermos que não precisam de hospitalização. Este plano, às vezes chamado de refeições sobre rodas, tenta atender à necessidade de refeições nutritivas de pessoas que estão temporariamente incapacitadas ou de idosos que morem sozinhos ou sejam incapazes de cozinhar por conta própria. Em comunidades onde esse tipo de plano está em operação, as refeições são contratadas e pagas pelo indivíduo necessitado do serviço, por uma agência federal ou comunitária ou por organização voluntária, para pessoas que não podem pagar. O desejável é que os cardápios sejam planejados por um nutricionista que trabalhe de maneira cooperativa com a organização que oferece as refeições. Os alimentos podem ser preparados por restaurantes, hospitais, faculdades ou outros serviços de alimentação e entregues por trabalhadores voluntários. As refeições colocadas em pratos são cobertas e carregadas em algum tipo de transportadora com isolamento para garantir a segurança do alimento enquanto em trânsito e para manter as temperaturas desejadas até a entrega.

Um serviço semelhante é oferecido por fornecedores para os trabalhadores em prédios de escritórios ou para os clientes em suas casas por pizzarias ou outros, mas com objetivo de obter lucro.

Entrega dentro das instalações. Outro exemplo de refeições transportadas muito usado em algumas fábricas é a distribuição de alimentos para os trabalhadores em seus locais de trabalho por carrinhos móveis que se movimentam pela fábrica. Os carrinhos são equipados com seções aquecidas e refrigeradas para itens de cardápio simples como sopas, bebidas quentes, sanduíches, petiscos, frutas e salgados. Os trabalhadores pagam ao atendente do carrinho conforme as opções escolhidas. Isso oferece um serviço rápido para os funcionários que podem precisar percorrer longas distâncias até o refeitório central em uma fábrica de grande porte durante um período curto para as refeições.

Um tipo alternativo de serviço portátil é utilizado por algumas empresas que não têm instalações de negócios em alimentação: uma cantina móvel é oferecida por uma empresa de *catering* e levada todo dia até o pátio da fábrica. Os trabalhadores saem para comprar suas refeições no caminhão da cantina.

Embora possam ser encontradas variações desses estilos básicos nos sistemas de alimentação inovadores de hoje, os tipos discutidos aqui devem oferecer uma compreensão dos sistemas de serviço mais usados.

Serviço de quarto

O serviço de quarto no estilo dos hotéis é uma das últimas tendências para o serviço de refeições a pacientes no setor de saúde. Isso é uma resposta aos clientes que não desejam mais comer o que a organização escolhe. Os pacientes desejam comer o que eles querem, quando querem. Para atender a essa demanda dos pacientes, hospitais em todos os Estados Unidos introduziram o conceito de serviço de quarto em graus variados. Algumas instalações investiram em grandes reformas nas cozinhas, incluindo a remoção das linhas de bandejas centralizadas. O tempo de serviço varia entre as instalações, sendo que algumas operações oferecem o serviço 24 horas por dia, 7 dias por semana. Além das reformas nas cozinhas, o conceito exige grandes mudanças nos sistemas de contratação e comunicação.

Serviço ao cliente

■ **Conceito-chave:** O serviço ao cliente (ou relacionamento com convidados) se refere às interações entre os clientes e a equipe de funcionários.

Serviço é mais do que o ato físico de levar os alimentos ao cliente onde quer que ele esteja ou quem quer que ele seja. Também é o ato, se não a arte, de ajudar os outros. O foco deste livro é o serviço de alimentação e, como diz o nome, a natureza do negócio inclui um compromisso com o serviço. Algumas operações de negócios em alimentação mudaram seus nomes para *serviços de hospitalidade* para refletir seu compromisso com a satisfação dos clientes como a principal missão de sua operação. Um bom serviço envolve ouvir e observar os clientes para identificar o que eles realmente querem ou precisam, em vez de lhes impor ideias que podem não ter valor. Isso é muito verdadeiro no serviço de alimentação de hoje.

Por que se preocupar e investir em um programa de serviço ao cliente? Visto de uma perspectiva filosófica, simplesmente porque é a coisa certa a se fazer. Mas, por outro lado, o compromisso com o serviço ao cliente faz sentido do ponto de vista comercial. Vive-se em uma sociedade voltada aos clientes. Os clientes cujas necessidades e demandas não são atendidas simplesmente levam seus negócios para outro lugar; o serviço de alimentação não é exceção. Os consumidores de hoje têm opções. Em vários ambientes, em especial nas áreas urbanas, eles podem escolher entre uma miríade de restaurantes ou podem preparar sua própria refeição para viagem. Assim, para manter ou aumentar um negócio, os gerentes de negócios em alimentação precisam construir um programa de relacionamento com os convidados para fazer com que eles voltem sempre.

Acima de tudo, o gerente precisa criar um ambiente voltado ao cliente e depois motivar o pessoal a se adaptar à mesma filosofia e atitude. Em segundo lugar, o gerente precisa estabelecer padrões de serviço ao cliente com base nas necessidades e nos desejos dos clientes. A etapa do programa é treinar a equipe. A parte final do programa é monitorá-la e avaliar seu sucesso.

Os padrões do programa devem refletir as necessidades com base nos clientes. Eles devem ser mensuráveis para avaliar a eficácia do programa. Os aspectos dos padrões do programa podem se concentrar em inúmeras coisas, que incluem a atitude do pessoal, a aparência e o tempo de resposta às solicitações ou às reclamações dos clientes. A seguir, um exemplo de alguns padrões para um programa de relacionamento com os clientes:

- Antecipe as necessidades.
- Observe o comportamento e o ambiente dos clientes.
- Nunca diga "eu não sei" para um cliente. Desafie a si mesmo a encontrar a resposta para a pergunta ou encontrar alguém que saiba.
- Seja positivo. Escolha adotar uma atitude positiva e usar uma linguagem que reflita isso. Use palavras e frases como "certamente", "eu adoraria" e "o que posso fazer pelo senhor?" e seja agradável e confiante.
- Seja específico. Diga "estarei de volta em 10 minutos". Evite promessas vagas, como "estarei de volta daqui a pouco".
- Admita seus erros e aja para satisfazer o cliente. Isso é chamado de recuperação de serviço. A Figura 9.10 é um exemplo de cupom usado para compensar um erro no serviço ao cliente.

Padrões como esses podem ser apresentados como parte de um programa de treinamento em relacionamento com os clientes junto às estratégias de como lidar com reclamações de clientes e clientes irritados.

Algumas organizações desenvolveram programas muito formais e sofisticados de relacionamento com os clientes. Não é incomum em hospitais, por exemplo, a administração estabelecer um comitê ou força-tarefa para trabalhar especificamente em melhorar a satisfação dos clientes por meio do relacionamento com os clientes.

Figura 9.10 Exemplos de cupons usados para compensar erros na qualidade dos alimentos ou no serviço.
Fonte: Cortesia do Departamento de Habitação, Refeições e Serviços Culinários da Universidade de Wisconsin. Usado com autorização.

Resumo

A entrega e o serviço de alimentos depois que eles foram preparados são aspectos importantes do sistema total de serviço de alimentação. A satisfação do consumidor em todos os tipos de operações de negócios em alimentação depende, em grande parte, da apresentação agradável de alimentos cuidadosamente preparados, montados e transportados.

Os gerentes de negócios em alimentação devem conhecer as principais metas dos sistemas de entrega e serviço. Essas metas são manter as características de qualidade dos alimentos, que incluem as temperaturas desejadas, garantir a segurança microbiológica e apresentar os alimentos de maneira atraente. Além disso, o sistema escolhido deve economizar etapas e energia, reduzir o tempo de mão de obra e os custos, e diminuir a fadiga do trabalhador.

Fatores que afetam a escolha de um sistema de entrega específico, seja ele centralizado ou descentralizado, bem como os equipamentos adequados necessários incluem o tipo de sistema de negócios em alimentação (convencional, cozinha central, comida pronta ou montagem/serviço); o tipo da organização, como escola, hospital, comercial ou outros; o tamanho das instalações físicas e a quantidade de espaço disponível; o estilo de serviço a ser usado; o nível de habilidade da equipe; os custos de mão de obra e equipamentos envolvidos; os padrões de qualidade exigidos e desejados; o tempo para o serviço da refeição; e o consumo de energia envolvido.

O estilo de serviço usado – seja ele *self-service*, bandeja ou serviço com garçom – deve ser adequado ao tipo de operação e para atingir suas metas. Treinar os trabalhadores para usar os procedimentos de serviço corretos e para apresentar os alimentos ao consumidor de maneiras agradável e simpática também é um elemento essencial para alcançar uma operação de negócios em alimentação bem-sucedida.

Aplicação de conceitos abordados no capítulo

A Unidade de Refeições e Serviços Culinários do Departamento de Habitação da Universidade de Wisconsin passou por uma reforma profunda, com grande parte terminada em 2012. Dois dos maiores projetos são uma nova cozinha central e unidades de refeições reprojetadas, nas quais o estilo de serviço vai mudar do tradicional serviço de bandeja em refeitório para praça de alimentação e pedidos preparados na hora. Itens como massas, frituras e omeletes serão feitos por solicitação do cliente no ponto de serviço. Além do mais, a unidade continuará a expandir seus conceitos de *self-service*, de sanduíches, saladas e copos com frutas pré-preparados.

O conceito de preparado na hora teve uma influência drástica sobre todos os aspectos do serviço. Deve-se entender que, tradicionalmente, a maioria dos alimentos era preparada na cozinha central, transportada até as unidades e mantida em espera até ser reaquecida para o serviço. Todos os funcionários de produção trabalhavam nos fundos da casa. O conceito de preparado na hora exige que pelo menos uma parte da equipe de produção se mova para a frente da casa e tenha contato direto com o consumidor. Embora as unidades reformadas não tenham sido inauguradas até 2012, a unidade de refeições e serviços culinários trabalha para retreinar a equipe na preparação para esse novo conceito.

Questões para reflexão

1. Avalie o modelo de sistemas. Que insumos são influenciados conforme as Unidades de Refeições e Serviços Culinários passam da produção na cozinha central para os conceitos de preparado na hora?
2. O que sugere o fato de que a Unidade de Refeições e Serviços Culinários vai oferecer tanto pedidos preparados na hora quanto o serviço de pegue e leve em relação à diversidade de expectativas de serviço pelos clientes?
3. Compare e contraste a influência que os conceitos de preparado na hora e pegue e leve terão sobre a produção.
4. Que equipamentos precisam estar disponíveis na frente da casa para acomodar os conceitos de preparado na hora?
5. O que precisa ser considerado em termos de relacionamento com os clientes conforme os conceitos de preparado na hora e pegue e leve se expandem?
6. Avalie os regulamentos locais sobre alimentos para viagem. O que precisa estar nos rótulos de alimentos de pegue e leve em relação a quantidade/recipiente, aos ingredientes, à nutrição e à segurança?
7. O Departamento de Habitação da Universidade de Wisconsin usa um "comprador secreto" para avaliar a qualidade do serviço. O que o comprador deve buscar ao avaliar o serviço de pratos preparados na hora?
8. Que aspectos de "ser verde" poderiam ser integrados aos conceitos de preparado na hora e pegue e leve?
9. Há muita coisa que a equipe precisa aprender para lançar os conceitos de preparado na hora com sucesso. Que tópicos o plano de treinamento deve incluir?
10. Que impacto o preparado na hora tem sobre a programação de outras funções como aquisição e produção?

Questões para revisão

1. Defina os termos *entrega* e *serviço* conforme relacionados à alimentação em instituições.
2. Discuta as vantagens e as desvantagens dos sistemas de entrega e serviço centralizados e descentralizados?
3. Descreva o impacto do nível de competência dos funcionários disponíveis sobre a escolha dos sistemas de entrega e serviço.
4. Qual é a diferença entre o consumo de energia "passivo" e "ativo" em equipamento de retenção de temperatura?

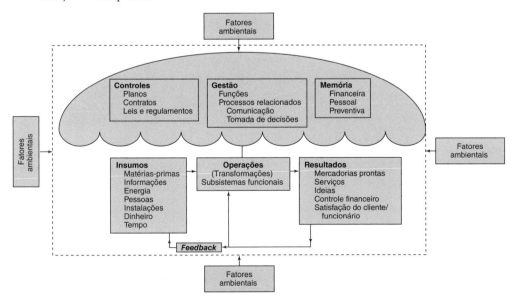

5. Descreva as diversas opções de equipamentos que podem ser utilizados para retenção de calor em um sistema de entrega centralizado em um hospital.
6. De que maneira o projeto de um serviço de alimentação influencia a escolha da configuração da linha de bandejas?
7. Que fatores precisariam ser considerados na hora de comprar carrinhos de entrega para um hospital?
8. Por que é importante conhecer a capacidade máxima de manutenção de temperatura dos sistemas de entrega ao selecioná-los para um serviço de alimentação específico?
9. Por que o estabelecimento de um programa de relacionamento com os clientes é importante?
10. Como você determinaria o que os seus clientes valorizam quando se trata de serviço?

Sites selecionados (em inglês)

www.crimsco.com   (Crimsco Corporation)
www.aladdintemprite.com   (Aladdin Temp-Rite Corporation)
www.burlodgeca.com   (Burlodge Corporation)
www.cambro.com   (Cambro Corporation)
www.dinex.com   (Dinex Corporation)

PARTE 4

Instalações

CAPÍTULO 10 Planejamento e projeto de instalações

CAPÍTULO 11 Móveis, equipamentos e utensílios

CAPÍTULO 12 Conservação dos recursos naturais

Planejamento e projeto de instalações

CONTEÚDO

Definições e metas

Preparação preliminar para planejamento das instalações

   Tendências que afetam o *design* no setor de *foodservice*

   Informações sobre desenvolvimentos em *design* e equipamentos

   Considerações regulatórias

   Considerações especiais para tipos específicos de serviços de alimentação

Etapas no procedimento de planejamento

   Prospecto

   Equipe de planejamento

   Estudo de viabilidade

   Análise do cardápio

   Características arquitetônicas

   Relação orçamento/custo

Desenvolvimento do *design*

   Reservas de espaço e inter--relações

   Desenhos esquemáticos

Áreas de trabalho

   Mecânica do desenho

   Projeto no computador

   Plantas baixas do arquiteto

   Especificações e documentos contratuais

   Licitações, contratos, construção e inspeção

Resumo

O projeto das instalações de serviços de alimentação é uma função crítica para os gerentes de negócios de alimentação em todos os tipos de operações. Orçamentos apertados e impactos ecológicos reduzidos cada vez mais são as limitações dentro das quais os serviços de alimentação internos e comerciais devem operar. Um plano de projeto sensato pode melhorar toda a operação do negócio de alimentação. Estima-se que 50% do tempo de um funcionário em um serviço de alimentação seja gasto com andanças, conversas, observações e esperas. Se o projeto puder reduzir algum desses quatro itens, a eficiência será melhorada. Um bom projeto também pode melhorar a produtividade, a qualidade dos alimentos e do serviço, o conforto e a segurança dos funcionários e o apelo ao cliente. Um projeto ruim pode aumentar os custos operacionais e/ou diminuir a receita. Como foi dito nos primeiros capítulos deste livro, o setor de *foodservice* (de negócios em alimentação) torna-se mais competitivo a cada dia. Como existem evidências documentadas de que o projeto e o *layout* de uma operação são fatores importantes para determinar o sucesso ou o fracasso da empresa, o planejamento inicial ou a reforma de uma instalação têm mais importância ainda.

O planejamento e o projeto de instalações estão entre as responsabilidades dos gerentes de negócios de alimentação. O envolvimento deles pode abranger desde o planejamento de uma nova instalação de alimentação até reforma ou pequenas mudanças em uma instalação já existente.

Os conceitos apresentados neste capítulo se aplicam a todos os projetos de planejamento, independentemente de tamanho ou escopo. No entanto, os gerentes devem identificar suas próprias metas e necessidades, trabalhar para maximizar os atributos do projeto e planejar para enfrentar e contornar quaisquer limitações que possam existir. Oferecer uma instalação adequada e eficiente para a produção e o serviço de alta qualidade, alimentos atraentes com uma ambientação que atraia mais clientes e mantenha os funcionários é o resultado desejado de todos os serviços de alimentação.

Conceitos-chave

1. O planejamento preliminar de um projeto de *design* de serviço de alimentação inclui o estudo das atuais tendências em *design* no setor de *foodservice*, inovações em equipamentos e *design*, códigos regulatórios e licenças operacionais exigidas e necessidades específicas para os diferentes tipos de serviços de alimentação.
2. O primeiro passo no projeto de *design* de uma instalação é preparar um prospecto, que é uma descrição por escrito de todos os aspectos do projeto a ser considerado.
3. A equipe de planejamento pode incluir algum ou todos os membros a seguir: o proprietário ou administrador, o gerente, o arquiteto, o consultor de *design* de serviços de alimentação, o representante dos equipamentos, o gerente comercial, o construtor/empreiteiro e o engenheiro de manutenção/mecânica.
4. O cardápio é a chave para as necessidades de equipamentos, o que, por sua vez, determina as necessidades de espaço para os equipamentos.
5. As decisões tomadas sobre as características arquitetônicas são importantes para determinar os custos do projeto, a facilidade de limpeza, uma boa higienização, segurança, tipo e quantidade adequados de iluminação e controle de temperatura para gerar maior produtividade, além de redução de ruídos para gerar um ambiente de trabalho mais agradável.
6. Todos os gastos iniciais devem considerar o orçamento do projeto e também fatores como custos operacionais, expectativa de vida, atendimento aos padrões de higiene e conforto para funcionários e clientes.
7. O primeiro passo no desenvolvimento do *design* é determinar as melhores reservas de espaço e desenhar um diagrama de fluxo que mostre a localização das unidades de trabalho.
8. No desenho esquemático, os equipamentos são desenhados em escala para cada unidade de trabalho com as faixas de circulação necessárias e os espaços de trabalho incluídos.
9. A Americans with Disabilities Act (Lei para Americanos com Deficiências) exige algumas diretrizes gerais para implementação de acomodações razoáveis no local de trabalho e nas áreas de refeição para pessoas com deficiências.
10. As sete principais áreas de trabalho nos departamentos de serviços de alimentação são recebimento, armazenamento e despacho, pré-preparo, preparação, serviço, lavagem de utensílios e serviço de apoio.

Definições e metas

Para entender o processo de planejamento a fundo, os gerentes de negócios de alimentação e outras pessoas envolvidas em um projeto de *design* precisam conhecer certas definições de palavras e exemplos de terminologia, conforme usados neste capítulo, como também as metas a serem atingidas. As definições incluem:

- **Físico:** pertence à existência material, medido por peso, movimentação e resistência. Dessa forma, qualquer coisa que tome espaço em uma instalação deve ser levada em conta e ajustada no espaço disponível.
- **Design:** refere-se à função ampla de desenvolver a instalação, que inclui escolha do local, cardápio, necessidades de equipamentos e outras funções de planejamento que orientem o projeto e o façam se tornar realidade.

- *Layout*: refere-se ao processo de arrumação das instalações físicas, junto aos equipamentos, de modo a se conseguir eficiência operacional. Envolve um *design* elaborado em papel para mostrar paredes, portas e outros componentes estruturais. Depois que esse desenho estiver pronto, as áreas de trabalho necessárias são delineadas no plano. Os equipamentos e outras instalações são então arrumados e desenhados no plano.

Os gerentes de negócios de alimentação devem se envolver no desenvolvimento de todos os aspectos do plano de *design* para garantir que a instalação seja adequadamente coordenada e funcional. Embora outros profissionais façam o *design* dos sistemas elétrico, hidráulico e sanitário, bem como dos componentes de iluminação, aquecimento, ventilação e estruturais do prédio, o gerente de um negócio de alimentação deve fornecer informações sobre as necessidades específicas da instalação de alimentação. O plano de projeto finalizado resulta em sucesso ou fracasso da organização envolvida!

Preparação preliminar para planejamento das instalações

▌ Conceito-chave: O planejamento preliminar de um projeto de *design* de serviço de alimentação inclui o estudo das atuais tendências em *design* no setor de *foodservice*, inovações em equipamentos e *design*, códigos regulatórios e licenças operacionais exigidas e necessidades específicas para os diferentes tipos de serviços de alimentação.

Tendências que afetam o *design* no setor de *foodservice*

Mudanças nos padrões de jantar fora. Mais pessoas estão comendo refeições fora de casa do que nunca. No entanto, em virtude da economia, os tipos de serviços de alimentação frequentados são afetados. O setor de *foodservice* está respondendo a essa tendência ao fazer alterações no estilo dos serviços de alimentação, nos tipos de alimentos servidos e nos preços cobrados. Todos esses fatores, por sua vez, influenciam o *design* de uma instalação.

Mudanças nos itens do cardápio desejados. Mudanças constantes nas preferências dos clientes por tipos de alimentos e refeições comidos fora de casa também afetam os requisitos de *design* da instalação de alimentação. Uma preocupação com a forma física e o bem-estar, por exemplo, tem mudado os cardápios da maioria dos serviços de alimentação. Os cardápios agora oferecem opções de refeições mais leves e mais saudáveis e poucas sobremesas. Isso altera os equipamentos necessários e os requisitos de espaço e, portanto, afeta a reforma ou a nova construção, de modo a acomodar o preparo de alimentos que os clientes preferem. Por exemplo, os clientes de hoje estão buscando o frescor dos alimentos recém-preparados ou pelo menos a percepção desse frescor. Isso levou a um aumento da cozinha aberta ou exposta, na qual os clientes podem ver e sentir o aroma do alimento sendo preparado no último minuto e a cozinhas menores, com o uso de produtos de conveniência com valor agregado que não exigem diversas etapas de cocção e equipamentos.

Preocupação com os funcionários. A falta de mão de obra capacitada e não capacitada e o desejo de manter os funcionários treinados levou os *designers* a pensarem em transformar as instalações de alimentação em locais funcionais e atraentes para trabalhar. Algumas das formas como isso está sendo adotado incluem: especificação de equipamentos e pisos de qualidade que sejam fáceis de limpar e mais seguros para usar; iluminação adequada especialmente escolhida para cada área de trabalho; cores e padrões nas paredes, pisos e superfícies pintadas; e curvas para substituir os cantos e retângulos onde for possível.

Preocupação com o meio ambiente. O *slogan* "menos é verde" aplicado ao *design* de instalações de serviços de alimentação significa diminuir o espaço da cozinha. Atender às demandas de volume com menos espaço tem sido o objetivo de muitas empresas. Muitas redes, como Denn's, IHOP, Einstein Bros. Bagels, Chili's e Ruby Tuesday, desenvolveram novos protótipos de lojas com reduções significativas na metragem quadrada da produção e da área de refeições. Isso resultou em uma redução geral no uso de energia e gás, custos de mão de obra, aluguel e custos de construção. Os padrões LEED (*leadership in energy and environmental design* – liderança em energia e *design* ambiental) se tornaram uma norma do setor nos últimos anos, com arquitetos e empresas de construção competindo para vender seus prédios como "verdes".

Fatores econômicos. Os custos de salários, alimentos e serviços de utilidade pública podem influenciar a escolha de um tipo de serviço de alimentação e seu *design*. Por exemplo, conforme aumentam os salários dos funcionários, a automação de equipamentos (p. ex., robôs) e a aquisição de alimentos de conveniência se tornam mais comuns. Além disso, como os custos de alimentos e energia para prepará-lo continuam a subir, o *design* do serviço de alimentação deve oferecer uma operação eficiente. As considerações básicas para garantir que uma reforma ou nova construção resulte na operação mais eficiente possível são fluxo de trabalho, fluxo de circulação, uso de energia e maximização dos recursos.

O *fluxo de trabalho* é essencial para o uso eficiente da mão de obra. Isso exige que os trabalhadores tenham o mínimo possível de dificuldade na movimentação de uma tarefa para outra e que as ferramentas, suprimentos, armazenamento e equipamentos de que eles precisam para cada tarefa estejam próximos e ao alcance.

O *fluxo de circulação* refere-se à facilidade com que os clientes se movimentam na instalação. Quanto mais pessoas puderem ser servidas em determinado tempo e quanto mais são atraídos pela facilidade e conveniência de fazer uma refeição na operação, maior o potencial de volume de vendas. A Figura 10.1 mostra uma área de serviço de refeitório de faculdade atraente e eficiente com um local para devolver os pratos sujos à área de lavagem de utensílios.

O *uso de energia* envolve pensar no tipo de energia a ser usado (gás, eletricidade ou vapor) e na eficiência desse uso. Como a energia é mais barata do que a mão de obra, as decisões de economia de energia não devem gerar mais trabalho para os funcionários. Com os custos de energia sempre aumentando nos dias de hoje, a tendência é projetar e equipar as instalações de serviços de alimentação para economizar o máximo possível de energia. Os fabricantes de equipamentos estão produzindo equipamentos que produzem um alto rendimento da energia para o trabalho realizado. A energia consumida por equipamentos específicos é declarada nas especificações. O gerente de um negócio de alimentação deve fazer comparações antes de selecionar um fabricante ou modelo específico.

Outras tendências de economia de energia são voltadas para um melhor isolamento, recaptura de calor para outros usos e recirculação de calor. *Designs* com aquecimento solar são usados em algumas áreas, em especial para restaurantes; com isso, podem ser uma tendência futura para outros tipos de serviços de alimentação. (Ver os Caps. 11 e 12 para detalhes sobre equipamentos de economia de energia.)

A *maximização dos recursos* muitas vezes exige negociar o melhor equilíbrio entre recursos finitos, como espaço, mão de obra e dinheiro. Por exemplo, uma padaria deveria ser incluída se for ocupar um espaço valioso, mas aumentar potencialmente a satisfação do cliente e a receita?

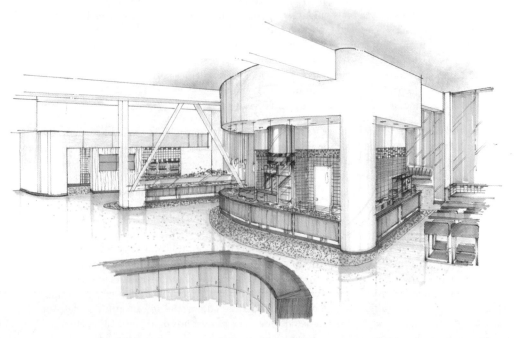

Figura 10.1 Área de serviço do refeitório de uma faculdade com *design* atraente e eficiente e um local para devolver os pratos sujos à área de lavagem de utensílios.

Fonte: Webb Design, Tustin, CA (James Webb, Diretor; Linda Midden, Diretora de *Design*).

Uma tendência em *design* de instalações é tornar o espaço existente adaptável a diversos usos ou a atender a futuras demandas. Com o dinheiro para projetos de *design* tão escasso e o ambiente no setor de alimentação tão dinâmico, torna-se difícil prever o que vai acontecer no futuro. O desafio é projetar uma instalação que dure pelo menos 30 a 40 anos. Isso pode ser alcançado, em parte, com a seleção equipamentos sobre rodas e modulares ou com o uso de unidades portáteis. A chave é escolher equipamentos que sejam uniformes em tamanho, móveis e adaptáveis para inúmeras atividades de trabalho. Outra opção que está sendo introduzida em pelo menos uma cozinha recente de instalação de saúde, com 1.500 m^2 e custo de US$ 8 milhões, é incorporar uma mistura de três sistemas de produção diferentes – convencional, cocção/resfriamento e montagem/serviço.

Segurança, higienização e redução de ruídos. Ao planejar a instalação toda, a segurança dos funcionários, a segurança dos alimentos e as condições sanitárias gerais são considerações relevantes em novos *designs*. Esses itens podem ser conseguidos com o tipo de cobertura do piso, materiais de construção, iluminação e equipamentos selecionados e pelo método de sua instalação. A facilidade de limpeza reduz os custos de mão de obra, e os materiais e *designs* escolhidos para sua segurança ajudam a reduzir acidentes. Tudo isso gera um ambiente de trabalho atraente e seguro para os funcionários. Muitas dessas características reduzem os ruídos e o cansaço dos trabalhadores e, portanto, resultam em maior produtividade.

Informações sobre desenvolvimentos em *design* e equipamentos

Visitas a instalações novas ou reformadas do mesmo tipo que você está planejando e conversas com gerentes dessas instalações podem *trazer* novas ideias e servir de meio para obter informações em primeira mão. Pessoas com experiência recente de construção normalmente ficam felizes de compartilhar ideias funcionais, erros que foram cometidos e sugestões de melhoria.

Torna-se essencial obter catálogos e *folders* de especificação de diversas empresas de equipamentos para comparar e determinar as necessidades de espaço dos equipamentos. Um arquivo desses materiais de referência será inestimável durante o trabalho no projeto. Os representantes de empresas de equipamentos podem ser excelentes fontes de informações para descobrir o que é novo e funciona em diversas situações. Consultores de *design* também podem ser contatados para responder a quaisquer perguntas específicas que possam surgir. As Figuras 10.2, 10.3, 10.4 e 10.5 mostram uma planta baixa do serviço de alimentação de uma faculdade e artes-finais de três áreas de serviço desenhadas por um consultor de *design*.

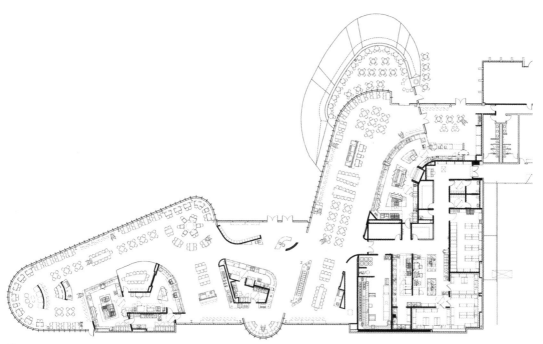

Figura 10.2 Planta baixa do serviço de alimentação de uma faculdade desenhada um por um consultor de *design*.
Fonte: Webb Design, Tustin, CA (James Webb, Diretor; Linda Midden, Diretora de *Design*).

Figura 10.3 Arte-final das áreas do *chef*, da cozinha aberta e das mesas do refeitório de uma faculdade.
Fonte: Webb Design, Tustin, CA (James Webb, Diretor; Linda Midden, Diretora de *Design*).

Jornais do setor devem ser analisados em busca de artigos sobre planejamento e *design*. As informações conseguidas podem gerar novas ideias e sugestões úteis para o planejador. Se o projeto é reformar uma instalação, os colaboradores e os funcionários existentes podem ter excelentes sugestões a partir de suas experiências de trabalho. Dar a eles a oportunidade de expressar suas opiniões é um recurso valioso e deve ser mutuamente benéfico.

Considerações regulatórias

Os gerentes de negócios de alimentação precisam saber quais leis, códigos e regulamentos federais, estaduais e locais afetam o projeto de construção ou reforma. Esses regulamentos tratam de restrições de zoneamento; padrões de construção, que incluem os voltados para acomodar pessoas com deficiências; fiação elétrica e tomadas; saídas e instalações de gás; códigos

Figura 10.4 As áreas de *grill* e pizza do refeitório de uma faculdade.
Fonte: Webb Design, Tustin, CA (James Webb, Diretor; Linda Midden, Diretora de *Design*).

Figura 10.5 Operação de varejo noturna oferecida pelo serviço de alimentação de uma faculdade.
Fonte: Webb Design, Tustin, CA (James Webb, Diretor; Linda Midden, Diretora de *Design*).

de saúde, incêndio e segurança; padrões sanitários para poluição de água e sistemas de descarte de resíduos; e instalação de equipamentos de alta resistência.

Os regulamentos foram estabelecidos por agências e organizações como departamentos estaduais, municipais e locais de saúde e engenharia, a American Gas Association (Associação Americana de Gás), os Underwriters Laboratories (Laboratórios dos subscritores) e a National Sanitation Foundation International (Fundação Internacional de Saneamento Nacional) e por legislações federais como a *Occupational Safety and Health Act* (Lei de Saúde e Segurança Ocupacional) e a **Americans with Disabilities Act** (Lei para Americanos com Deficiências). Cópias desses códigos podem ser obtidas por meio de cartas ou visitas à agência adequada ou no site www.ada.gov/. Grandes bibliotecas também costumam ter cópias dos códigos e regulamentos.

Outros profissionais podem ajudar na identificação e aplicação dos códigos e padrões regulatórios. Esses indivíduos são parte da equipe de planejamento discutida posteriormente neste capítulo.

Licenças de construção são necessárias, mas, na maioria dos casos, as licenças não são emitidas para projetos de serviço de alimentação até que os agentes do departamento de saúde analisem e aprovem os planos. Portanto, é conveniente contatar um agente do departamento de saúde local e trabalhar em conjunto com essa pessoa conforme os planos são desenvolvidos, de modo que a aprovação seja garantida.

Americans with Disabilities Act (Lei para Americanos com Deficiências – ADA)
Proíbe a discriminação contra pessoas qualificadas com deficiências em todos os aspectos do emprego.

Considerações especiais para tipos específicos de serviços de alimentação

A seguir, uma breve análise de algumas considerações especiais a se ter em mente ao planejar um tipo específico de serviço de alimentação.

Instalações comerciais. Restaurantes que atendem a compradores e executivos do centro da cidade preferem um local próximo a uma interseção movimentada. Seus clientes, que normalmente têm um horário de almoço limitado, podem ser aqueles à distância de uma caminhada de 10 minutos até o restaurante. Como os aluguéis de espaços bem localizados no centro provavelmente são altos, o uso eficaz de cada centímetro de espaço é uma prioridade no planejamento. Muitos desses restaurantes são construídos verticalmente, com vários andares para diversas funções. Coordenar essas atividades com um bom sistema de transporte entre os andares é um grande desafio de planejamento. Restaurantes do subúrbio normalmente atraem clientes de uma área mais ampla, o que torna o estacionamento adequado um item essencial. Além disso, o local deve ser de fácil acesso e altamente visível para motoristas que se aproximam. *Shopping centers*, que não apenas atraem grandes números de clientes, mas também oferecem um amplo estacionamento, são considerados locais desejáveis para serviços de alimentação comerciais.

Hotéis e motéis costumam ter cafeterias em locais visíveis, com entradas pela rua e pelo saguão. No entanto, as salas principais de jantar, festas e banquete normalmente são menos visíveis, com acesso apenas pelo saguão. Para essas instalações, os itens alimentícios básicos muitas vezes são preparados em uma cozinha central. As cozinhas de acabamento ou banquete devem ser localizadas adjacentes às diversas áreas de serviço.

Escolas e universidades. Os serviços de alimentação escolares devem ser preferencialmente localizados no primeiro andar, próximo do corredor central. A área deve ser bem ventilada para permitir que os odores da cocção se dissipem e não invadam as salas de aula. As áreas de refeição em algumas escolas podem ser usadas duplamente como salas de estudo ou ginásio, o que gera uma situação de planejamento diferente.

Muitos sistemas escolares de grandes cidades utilizam uma cozinha de produção central para a produção dos alimentos para todas as escolas do sistema. Muitas vezes, são sistemas de cocção/resfriamento ou cocção/congelamento, que exigem equipamentos especializados e bons sistemas de transporte e cronogramas. Com esse sistema, cada escola só precisa de poucos equipamentos para terminar de assar e reaquecer certos itens e servir os alimentos.

Faculdades e universidades oferecem muitos tipos variados de serviços de alimentação para atender às necessidades de toda a comunidade do *campus*. Os alojamentos podem ter sua própria cozinha e salas de refeições; se houver diversos alojamentos no *campus*, podem ter uma unidade de produção central para determinados itens, como produtos de padaria, ou para o pré-preparo de produtos agrícolas ou carnes. A tendência é ter opções de itens do cardápio, em geral servidos no estilo de refeitório (Figs. 10.6 a 10.8).

Os picos de trabalho nos três períodos de refeições podem exigir a duplicação de alguns equipamentos grandes e espaço de trabalho adequado para os funcionários. Os sindicatos estudantis normalmente oferecem uma variedade de tipos de serviços de alimentação, que incluem grandes salões de banquete para serviço à mesa, unidades para pedidos rápidos, refeitórios/praças de alimentação e, possivelmente, salões para refeições especiais. Algumas faculdades e universidades convidaram diversas empresas de *fast-food* para operar uma de suas unidades no *campus* para atender às solicitações dos alunos por esse tipo de alimento. Cada tipo de serviço de alimentação exige diferentes espaços e equipamentos, o que torna o planejamento dessas instalações um desafio (Figs. 10.9 a 10.11).

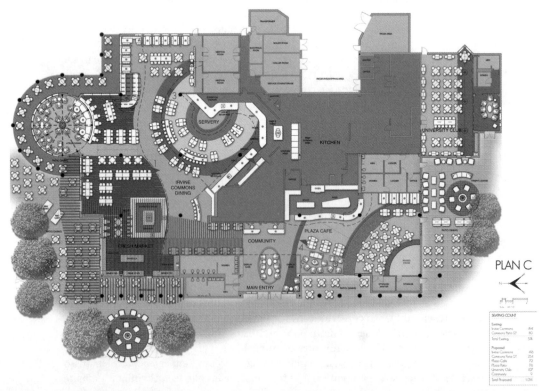

Figura 10.6 Plotagem da operação de negócio de alimentação em uma faculdade norte-americana mostrando diversas opções de refeição, com refeitório, cafeteria, *delicatessen*, mercado e restaurante fino, todos reunidos ao redor de uma cozinha central.

Fonte: Webb Design, Tustin, CA (James Webb, Diretor; Linda Midden, Diretora de *Design*).

Figura 10.7 Arte-final da área da cafeteria (*Plaza cafe*) da Figura 10.6.
Fonte: Webb Design, Tustin, CA (James Webb, Diretor; Linda Midden, Diretora de *Design*).

Figura 10.8 Arte-final do *buffet* de salada/área de exibição do mercado de alimentos frescos (*Fresh market*) mostrados na Figura 10.6.
Fonte: Webb Design, Tustin, CA (James Webb, Diretor; Linda Midden, Diretora de *Design*).

Figura 10.9 Foto da área de jantares finos do Clube Universitário (*University Club*) mostrado na Figura 10.6.
Fonte: Webb Design, Tustin, CA (James Webb, Diretor; Linda Midden, Diretora de *Design*).

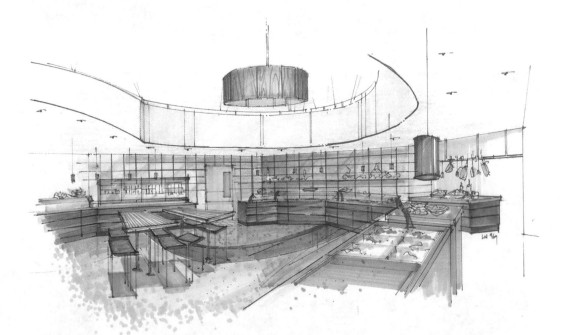

Figura 10.10 Arte-final da área principal de serviço (*servery*) do serviço de alimentação de uma faculdade mostrado na Figura 10.6.
Fonte: Webb Design, Tustin, CA (James Webb, Diretor; Linda Midden, Diretora de *Design*).

Instalações internas em fábricas. A área de serviço de alimentação interna em fábrica ou industrial deve ficar em um local central, que permita o pronto acesso do máximo possível de locais da fábrica. Cada provisão deve ser feita para apressar o serviço, de modo que todos os trabalhadores possam ser atendidos com prontidão durante um intervalo de almoço razoavelmente curto. Unidades móveis e operações de máquinas automáticas podem ser usadas em áreas remotas de grandes fábricas ou naquelas pequenas demais para justificar o espaço e o gasto com equipamentos de cozinha, gerenciamento e mão de obra. Passagens adequadas para esses carrinhos são essenciais.

Hospitais e clínicas de saúde. O planejamento de instalações para hospitais e outras clínicas de saúde deve atender às necessidades dos colaboradores, dos funcionários e dos visitantes, além

Figura 10.11 Área de *delicatessen* do serviço de alimentação de uma faculdade mostrado na Figura 10.6.
Fonte: Webb Design, Tustin, CA (James Webb, Diretor; Linda Midden, Diretora de *Design*).

dos pacientes. O tipo de serviço a ser usado, centralizado ou descentralizado, deve ser decidido no início do planejamento, porque os requisitos de espaço e equipamentos diferem muito de um para o outro. Uma cozinha central geralmente oferece alimentos para esses grupos com um salão de refeições/refeitório que atende a todos, exceto aos pacientes acamados. Às vezes, salões de refeições pequenos e privativos podem ser planejados para funções de *catering* oficiais. Para os demais horários, máquinas de venda automática podem ser instaladas para complementar o serviço regular de refeições. Passagens adequadas para transportar as refeições dos pacientes em carrinhos e vagões, bem como espaço para armazenamento dos carrinhos, são outras considerações especiais. Elevadores ou empilhadeiras destinados apenas ao uso do serviço de alimentação enviam o serviço de refeições aos pacientes. O espaço de escritório para nutricionistas clínicos em grandes hospitais é outra consideração do planejamento. Se forem oferecidos serviços de *catering* fora das instalações, entrega em domicílio ou outros serviços, o espaço adequado para eles também deve ser incluído no plano da instalação.

Instalações carcerárias. As cozinhas e os salões de refeições para instalações carcerárias apresentam um desafio de planejamento diferente daqueles de outros tipos de serviços de alimentação. Como os prisioneiros normalmente acabam trabalhando no serviço de alimentação, a consideração de *design* básica é oferecer segurança pessoal e proteção contra sabotagens. O gerente de um negócio de alimentação deve ter uma visão geral de todas as operações. Portanto, o escritório deve ser localizado no centro da cozinha, acima do nível do piso e deve ter janelas com vidros à prova de balas nos quatro lados. Por questões de segurança, todos os armários de cozinha devem ficar abertos, sem gavetas, e travas de segurança devem ser colocadas em todas as áreas de armazenamento. Um depósito de armazenamento deve ser localizado fora, mas adjacente à cozinha, de modo que as entregas para uso diário possam ser feitas com facilidade. Isso elimina a necessidade de grandes áreas de armazenamento na cozinha e reduz as chances de roubo. As áreas de serviço projetadas para evitar a interação cara a cara entre os serventes e os prisioneiros "clientes" evitam confrontos. Uma parede divisória do teto até aproximadamente 60 cm da frente do balcão de serviço atinge esse objetivo ao mesmo tempo em que permite uma visão fácil para a escolha de alimentos. A área de refeições deve ser dividida em pequenas unidades com 100 a 125 lugares para proporcionar o controle de potenciais tumultos.

Outras considerações de planejamento podem incluir a entrega de alimentos para alguns prisioneiros em suas celas. A equipe de planejamento deve escolher entre o serviço centralizado com alimentos divididos em porções e servidos em bandejas na cozinha para distribuição ou serviço descentralizado com entrega de alimentos a granel nas áreas de serviço em toda a instalação.

No geral, as cozinhas e as áreas de refeição em qualquer tipo de instalação de serviço de alimentação devem proporcionar o máximo de conveniência e acessibilidade para os clientes. Em termos de eficiência, é preferível localizar os salões de refeições perto das cozinhas. Os serviços de alimentação ficam mais bem localizados no primeiro andar para obter a melhor iluminação, ventilação e vistas para o exterior. Localizações no nível de porão podem exercer um efeito psicológico ruim sobre os clientes e os funcionários se a área for escura e sem atrativos. As desvantagens do serviço de alimentação localizado acima do primeiro andar são inacessibilidade para clientes e problemas relacionados ao recebimento de suprimentos e à retirada de lixos e resíduos. O ambiente físico é muito importante para o sucesso de qualquer *design* de serviço de alimentação.

Etapas no procedimento de planejamento

Depois do estudo preliminar para preparar o projeto de *design* da instalação, realizar as etapas de desenvolvimento a seguir irá gerar um *design* de *layout* pronto:

- Prepare um prospecto (um programa ou guia de planejamento).
- Organize uma equipe de planejamento.
- Realize um estudo de viabilidade.
- Faça uma análise do cardápio.
- Considere as características arquitetônicas desejadas: material de construção, pisos, paredes, iluminação, aquecimento, resfriamento, ventilação, refrigeração e encanamento.
- Considere (e ajuste, se necessário) as relações entre custos e dinheiro disponível.

Depois de realizar essas preliminares, o processo de desenvolvimento do *design* pode continuar.

Conceito-chave: O primeiro passo no projeto de *design* de uma instalação é preparar um prospecto, que é uma descrição por escrito de todos os aspectos do projeto a ser considerado.

Prospecto

Prospecto
Um plano escrito para um projeto de construção/*design* que detalha todos os elementos da situação a ser planejada, usado como guia e ferramenta de comunicação para ajudar a esclarecer o entendimento por todos os envolvidos no planejamento.

O **prospecto** é uma descrição por escrito que detalha todos os aspectos da situação considerada e ajuda outros profissionais da equipe de planejamento a entender as necessidades exatas do departamento de alimentação. Ele deve conter os elementos que afetam e orientam o *design* proposto e também apresentar uma imagem clara dos aspectos físicos e operacionais da instalação proposta ou do projeto de reforma. Normalmente, ele se baseia em perguntas como:

- Que tipo de sistema de alimentação está sendo planejado?
- O que o serviço de alimentação deve realizar? Quais são suas metas?
- Qual o principal tipo de sistema de produção de alimentos a ser usado?
- Quantas pessoas e de que faixas etárias serão atendidas? Quantas serão atendidas ao mesmo tempo?
- Qual será o horário de atendimento? E o estilo de serviço?
- Qual é o cardápio e o padrão do cardápio? O cardápio orienta o *layout*.
- Em qual formato o alimento será comprado? Com que frequência?
- Que instalações de armazenamento serão necessárias? Quantidade de espaço refrigerado e de espaço de congelamento? *O armazenamento é um aspecto essencial do design da instalação. O cardápio orienta a quantidade e a localização de cada tipo de armazenamento.*
- Quais equipamentos e com qual capacidade serão necessários para preparar e servir os itens do cardápio?
- Quais são as relações desejáveis de espaço?
- De que maneira as precauções de segurança serão incorporadas ao plano? E as medidas sanitárias?
- Que instalações devem ser planejadas para pessoas com deficiências?
- Quais fontes de energia são mais econômicas? E disponíveis?
- Quais atividades serão computadorizadas?

O prospecto normalmente contém três seções principais:

1. A *justificativa* inclui título, motivo ou necessidade do projeto e sua meta, objetivos, políticas e procedimentos.
2. As *características físicas e operacionais* incluem os *designs* arquitetônicos e suas características, todos os detalhes do cardápio, da preparação e do serviço dos alimentos, os perfis de funcionários e clientes e o volume previsto de trabalho.
3. As *informações regulatórias* incluem o saneamento embutido, segurança e características de controle de ruídos, assim como o uso de energia e o tipo de serviço público desejados.

Justificativa. Título, meta, objetivos, políticas e procedimentos e uma declaração da necessidade do projeto são, talvez, os componentes mais difíceis de definir. As definições e exemplos a seguir devem ajudar a facilitar o exercício:

- **Título:** descrição do plano. Reduza o título para refletir o escopo real do *design* proposto.
  Exemplo: design de uma área de lavagem de utensílios do Coastal Restaurant Foodservice.
- **Meta:** declare o único resultado do projeto.
  Exemplo: desenvolver uma área de lavagem de utensílios central que vai processar todos os pratos, utensílios e panelas para o serviço de alimentação.
- **Objetivo:** declarações específicas que indicam o que é necessário para atingir a meta.
  Exemplo: a área de lavagem de utensílios (1) não utilizará mais do que 3,3 m^2; (2) será operada por não mais do que quatro pessoas; e (3) vai operar com o mínimo consumo de energia.
- **Política:** um curso ou método definitivo de ação escolhido dentre várias alternativas e à luz das condições oferecidas para orientar e determinar decisões presentes e futuras.
  Exemplo: todos os pratos, utensílios e panelas serão lavados e armazenados dentro de 45 minutos de uso.
- **Procedimento:** um modo específico de realizar alguma coisa.
  Exemplo: esteiras rolantes serão usadas para carregar os pratos sujos até a área de lavagem de utensílios ou retirada de restos de alimentos dos pratos e utensílios, colocação em *racks* e lavagem de utensílios e panelas sujos e o armazenamento dos limpos serão realizados com 80% de automação.

A declaração de necessidade do projeto pode ser simples ou complexa, em virtude do projeto, por exemplo, "as áreas de armazenamento seco e refrigerado do serviço de alimentação precisam ser expandidas em 60% para acomodar um aumento no censo de refeições de 500 por dia para 1.200 por dia, como resultado de um acréscimo recente no prédio".

Características físicas e operacionais. As características físicas se relacionam a atributos arquitetônicos ou de *design*, como estilo de construção adequado ao tipo de alimento a ser servido. A comida mexicana, por exemplo, muitas vezes exige uma arquitetura mexicana ou espanhola. A cor, tanto interna quanto externa, é uma importante característica de *design* (Figs. 10.12 e 10.13). As características de *design* existentes a serem identificadas em um projeto de reforma podem ser uma coluna de apoio, um elevador que não pode ser movido ou um sistema de aquecimento solar desejado. Elas devem ser identificadas nesta etapa porque podem afetar outras considerações, como o estilo do telhado e os tipos de janelas.

Os dados operacionais se referem a atividades que acontecem no departamento de alimentação. Os tipos de alimentos do cardápio são a principal preocupação na etapa de planejamento. Além disso, a forma na qual o alimento será comprado – fresco, enlatado ou congelado – e as quantidades aproximadas de cada um devem ser estimadas com certa precisão. Essa informação ajuda os planejadores a determinarem a quantidade e o tipo de espaço de armazenamento necessário. Os métodos de preparo de alimentos a serem usados, como o pré-preparo no local, dizem aos planejadores quais equipamentos serão necessários e a quantidade de espaço necessária para acomodar os equipamentos.

A principal característica operacional, ou o tipo de sistema de alimentação, é fundamental para todo o planejamento do *design*. As necessidades de espaço para um sistema de montagem/serviço são bem diferentes daquelas de um sistema convencional. Outras decisões a serem tomadas antecipadamente são o uso de serviço centralizado ou descentralizado e o método de entrega e serviço a ser utilizado.

Outras características operacionais são o horário de atendimento, o volume previsto de negócios (total e por período de refeição) e o número de clientes sentados ao mesmo tempo. Esses dados ajudam a determinar o tamanho necessário para a área de refeições.

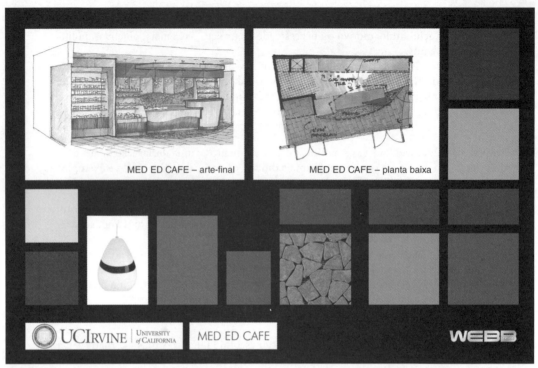

Figura 10.12 Exemplo do quadro de cor preparado por um consultor de *design* mostrando a paleta de cores, texturas e iluminação a ser usada na cafeteria de uma faculdade.

Fonte: Webb Design, Tustin, CA (James Webb, Diretor; Linda Midden, Diretora de *Design*).

Um perfil dos clientes que inclua idade, tamanho do grupo e mobilidade ajuda a determinar o espaço de refeição provável necessário por pessoa. Um perfil dos empregados inclui o número de funcionários, o número de turnos e funcionários em serviço por turno, o gênero dos funcionários (para planejar espaços para armários e banheiros) e cada posição de trabalho em termos de necessidade de ficar em pé, sentar, andar, empurrar carrinhos etc. Considerações especiais para atender às necessidades de pessoas com deficiências também são incluídas. Essas informações são essenciais para se alocar um espaço adequado para o trabalho e a movimentação das pessoas e dos equipamentos.

Informações regulatórias. Esta seção identifica os padrões de segurança, saneamento e limpeza, controle de ruídos e descarte de resíduos que o *design* deve atender. Também inclui os padrões estabelecidos pela Lei para Americanos com Deficiências para atender a funcionários e clientes com deficiências. As orientações para a escolha do tipo de serviços de utilidade pública a serem usados e as limitações de energia também são declaradas.

Figura 10.13 Arte-final criada para mostrar o uso das cores conforme indicado no quadro de cor da Figura 10.12.

Fonte: Webb Design, Tustin, CA (James Webb, Diretor; Linda Midden, Diretora de *Design*).

Como cada projeto é singular, as diversas seções de um prospecto nem sempre irão incluir, em sua totalidade, os mesmos dados, mas apenas aqueles que cabem na situação. Por exemplo, um *design* de armazenamento seco e refrigerado não precisa de um perfil do cliente. Em vez disso, as características de funcionários e equipamentos devem ser o foco, além de informações sobre o cardápio, os itens alimentícios e os regulamentos de segurança e saneamento.

A chave para redigir o plano é incluir todos os dados técnicos pertinentes e como os dados apresentados afetarão o *design* proposto. O espaço para sentar em um saguão para coquetéis, por exemplo, depende do tamanho das mesas e cadeiras selecionadas. A pessoa que redige o prospecto e, depois, ajuda a desenvolver o *design* deve ser um gerente de negócio de alimentação profissional com conhecimento e autoridade para tomar decisões sobre as necessidades antecipadas de cardápio, espaço e equipamentos. Essa pessoa também deve ser capaz de fornecer outros dados operacionais exigidos pelos membros da equipe de planejamento.

Quando o plano do projeto estiver completo, é hora de organizar uma equipe para desenvolver o plano do *design*. A experiência exigida das pessoas da equipe depende da extensão do projeto, de seus objetivos e de seu tamanho.

Equipe de planejamento

▎**Conceito-chave:** A equipe de planejamento pode incluir algum ou todos os membros a seguir: o proprietário ou administrador, o gerente, o arquiteto, o consultor de *design* de serviços de alimentação, o representante dos equipamentos, o gerente comercial, o construtor/empreiteiro e o engenheiro de manutenção/mecânica.

Todos os membros da equipe precisam entender claramente o plano do projeto. Uma parte importante do papel de cada membro da equipe é ensinar a outras pessoas de sua área de experiência e prevenir que eles cometam erros que possam prejudicar o projeto. A comunicação é essencial desde o início. Cada membro da equipe deve saber como as decisões serão tomadas e comunicadas e qual será seu papel no processo de tomada de decisões. Deve ser criado um *checklist* para cada etapa, com responsabilidades atribuídas a cada um.

Nem todos os membros da equipe se envolvem em todas as etapas do planejamento. Certos membros são incluídos a intervalos ao longo do desenvolvimento do *design*. No geral, o proprietário ou administrador e o gerente de um negócio de alimentação planejam em conjunto o *design* inicial e levam outros membros da equipe para as reuniões de planejamento em momentos adequados durante o desenvolvimento do projeto.

A equipe de planejamento escolhe uma planta baixa, seleciona materiais e redige especificações cooperativamente. No entanto, os membros da equipe precisam verificar os planos muitas vezes antes de submeter as propostas finais aos construtores e aos vendedores de equipamentos para receber ofertas. É essencial incluir cada detalhe e ser tão específico que nenhuma parte das características arquitetônicas, *layout* de equipamentos e especificações deem margem à sorte ou à má interpretação.

Estudo de viabilidade

Um estudo de viabilidade – a coleção de dados sobre o mercado e outros fatores relacionados à operação da instalação proposta – justifica o projeto proposto, pois ajuda a garantir que ele valha a pena. O estudo segue o resumo do prospecto, com dados que são coletados de cada categoria principal. Como cada projeto é exclusivo, as categorias variam de acordo com a necessidade. Por exemplo, o estudo de viabilidade de um novo restaurante inclui pesquisas sobre o local proposto, perfis de clientes potenciais e crescimento da comunidade, tendências na construção, concorrência no setor e possíveis fontes de geração de renda, como o *catering*. Para um pequeno projeto de reforma em um prédio existente, o estudo de viabilidade se concentraria mais em detalhes operacionais do que em informações sobre a comunidade e a concorrência.

Como o compromisso financeiro para a maioria dos projetos é muito grande, as informações sobre os custos de construção, reforma e equipamentos é uma parte essencial do estudo de viabilidade. Muitas pessoas podem ajudar nesse esforço, mas uma pessoa deve coordenar. Essa pessoa pode ser o gerente comercial ou financeiro, que também interpreta os dados de custos para a equipe de planejamento.

As fontes de dados para o estudo de viabilidade podem incluir:

1. Folha de pagamento, produção, caixa registradora e registros de estoque.
2. Regulamentos municipais, estaduais e nacionais, obtidos com as respectivas agências envolvidas ou de cópias desses documentos obtidas em bibliotecas.
3. Estatísticas sobre tendências, custos médios e informações sobre clientes obtidas de periódicos comerciais e estudos independentes.

O estudo de viabilidade é um componente essencial de um plano de projeto. Se o estudo for bem feito, é mais provável que se consigam fundos para que o projeto siga adiante. Os recursos para um estudo de viabilidade de restaurante são mostrados na Tabela 10.1.

Análise do cardápio

■ **Conceito-chave:** O cardápio é a chave para as necessidades de equipamentos, o que, por sua vez, determina as necessidades de espaço para os equipamentos.

Tabela 10.1 Recursos para estudo de viabilidade de restaurante.

Fontes	Informações disponíveis
Câmara de comércio, autoridade de desenvolvimento econômico ou órgão de planejamento da cidade	Tendências da população (históricas e projetadas). Idade, ocupação, nível de renda, origem étnica e estado civil de acordo com o censo
	Vendas no varejo, vendas de bebidas e alimentos
	Mapas
	Hábitos e padrões de compras do consumidor
	Estatísticas de emprego e desemprego
	Principais empregadores e indústrias
	Desenvolvimentos comerciais, residenciais e industriais planejados
	Tendências demográficas e socioeconômicas
	Plano diretor da região
Desenvolvimento residencial e comunitário	Ocupação e moradia residencial
	Projetos de renovação urbana
	Valores das propriedades
Comissão de obras	Dados de licenças de construção
	Desenvolvimentos planejados na construção
Comissão de zoneamento	Usos planejados para as áreas zoneadas
	Altura do prédio, sinalização, estacionamento e restrições de construção
Departamento de transportes	Padrões e contagens de tráfego nas ruas
	Desenvolvimentos de tráfego propostos
	Tipos de transporte público e rotas
Departamento de receitas	Imposto de renda e outros impostos relacionados às vendas
	Avaliações de imóveis
Órgão de convenções e turismo	Número de visitantes por mês e hábitos/estatísticas de gastos
	Tamanho, tipo, frequência e duração das convenções
	Festivais e feiras recorrentes
Empresas de serviços públicos	Estimativas de despesas com gás e eletricidade para o restaurante proposto
Jornais locais	Críticos de restaurantes e revistas
	Guias de restaurantes
	Desenvolvimentos comerciais planejados

Fonte: Cortesia da National Restaurant Association.

***O cardápio orienta o* layout.** Uma etapa importante no planejamento preliminar é identificar o tipo de cardápio a ser servido (ver o Cap. 5 para os tipos de cardápio) e os diversos métodos de preparo de alimentos exigidos para esse tipo de cardápio. Essa é a chave para as necessidades de equipamentos, o que, por sua vez, determina as necessidades de espaço para os equipamentos.

As decisões de cardápio, sistema do serviço de alimentação e estilo do serviço são os principais componentes do planejamento de um serviço de alimentação. O cardápio afeta o *design* e o *layout* de equipamentos, bem como os níveis de competência da equipe e o número de funcionários. Por exemplo, se o cardápio e o padrão do cardápio não incluírem alimentos fritos, não será necessário incluir equipamentos de fritura no *design*, e não serão necessários cozinheiros para realizar essa tarefa.

O prospecto deve incluir uma amostra dos cardápios de vários dias e um padrão de cardápio. O padrão especifica as categorias ou cursos da refeição, enquanto o cardápio identifica os respectivos métodos de preparo exigidos. A partir desse cardápio de amostra, o gerente de um negócio de alimentação analisa as variáveis envolvidas na produção dos itens do cardápio, como o tipo de armazenamento necessário, o tamanho da porção, o número total de porções, o tamanho do lote, o processamento exigido, os utensílios necessários, as superfícies de trabalho necessárias e o tipo de equipamento exigido (Tab. 10.2). A estimativa de horário em que um lote é necessário e de quando o preparo deve ser completado também é útil para decidir se o equipamento pode ser compartilhado ou se é necessário duplicar os equipamentos. O gerente também avalia o cardápio em termos de produção, serviço, aceitabilidade e viabilidade. Neste ponto, podem ser feitas alterações no cardápio para equilibrar o uso dos equipamentos, a carga de trabalho e a aceitabilidade.

Características arquitetônicas

■ **Conceito-chave:** As decisões tomadas sobre as características arquitetônicas são importantes para determinar os custos do projeto, a facilidade de limpeza, uma boa higienização, segurança, tipo e quantidade adequados de iluminação e controle de temperatura para gerar maior produtividade, além de redução de ruídos para gerar um ambiente de trabalho mais agradável.

Durante a etapa de planejamento de um projeto, a equipe de planejamento considera certas características arquitetônicas como estilo e materiais de construção; tipos de pisos, paredes, tetos e componentes de redução de ruído; iluminação; aquecimento e resfriamento; ventilação; refrigeração embutida; e encanamentos. Tomar uma decisão sobre essas características é essencial não apenas para determinar os custos do projeto, mas também para garantir a facilidade de limpeza, uma boa higienização, segurança, tipo e quantidade adequados de iluminação e controle de temperatura para gerar maior produtividade, além de redução de ruídos para gerar um ambiente de trabalho mais agradável. Como certas unidades de refrigeração normalmente são embutidas, o número e a localização dessas unidades devem ser determinados antes de a construção ou a reforma começar.

Alguns dos componentes previamente mencionados são incluídos aqui como uma análise de informações básicas.

Estilo e materiais de construção. O tipo de operação do negócio de alimentação, sua localização geográfica e seu cardápio influenciam claramente o tipo de arquitetura e os materiais usa-

Tabela 10.2 Análise do cardápio.

Item do cardápio	Tipo de armazenamento	Tamanho da porção	Porções à mesa	Tamanho do lote	Processo necessário	Utensílios	Superfície de trabalho	Equipamento de grande porte	Equipamento de espera
Salada de espinafre	Refrigerado	28 g	350	100	Lavar, aparar, escorrer	Faca Escorredor Vasilha	Balcão da pia	Balcão da pia	Refrigerador
Hambúrguer de carne bovina	Congelado	113 g	300	50	Grelhar	Espátula	Balcão Carrinho de utensílios	Grelha	Forno de aquecimento

dos. A escolha de materiais para qualquer prédio depende do tipo de arquitetura planejado, da permanência desejada, do local e do efeito das condições climáticas locais sobre os materiais. O engenheiro civil e o arquiteto conhecem as características dos diversos materiais de construção e ajudam a escolher os mais adequados em relação ao custo.

A localização é cada vez mais importante para o sucesso na operação de um restaurante. Salões de refeições com janelas do chão ao teto podem obter vantagem total de vistas panorâmicas. O jantar ao ar livre também é popular.

Um exemplo de análise de cardápio deve ser feito para todas as categorias do cardápio. Quando itens do cardápio semelhantes forem usados, como diversos molhos de salada que exigem o mesmo tratamento de produção e serviço, somente será necessária uma análise. Essa informação é a base para determinar as necessidades de equipamentos e espaço para o *design* de uma instalação de negócio de alimentação.

Pisos. Os pisos têm que atender a certas exigências de utilidade, durabilidade e resiliência. Eles devem ser resistentes a umidade, gordura e manchas de alimentos, bem como devem ser antiderrapantes e resistentes a arranhões e solventes ácidos, alcalinos e orgânicos. Os pisos devem ser duráveis o suficiente para resistir ao impacto da característica de tráfego pesado em grandes unidades alimentícias e, em cozinhas, para suportar o peso de equipamentos profissionais para uso em escala. A Figura 10.14 apresenta o exemplo de uma planta baixa mostrando os diversos acabamentos de pisos escolhidos para uma instalação.

Qual é o melhor material para os pisos de uma unidade de alimentação? As opiniões variam. Superfícies rígidas cansam os funcionários e podem causar acidentes e fazer as pessoas escorregarem ou caírem quando o chão estiver molhado. No entanto, esse tipo de piso é altamente resistente ao uso e à sujeira, comparativamente fácil de manter e permanente. Pisos ásperos ou abrasivos antiderrapantes são mais seguros, mas mais difíceis de limpar e, portanto, menos higiênicos. **Pisos de cerâmica** (piso de argila vermelha sem vitrificar) abrasivos, sólidos e antiderrapantes parecem ser os pisos preferidos da maioria das cozinhas locais de serviços de alimentação hoje. Qualquer superfície de piso que atenda às exigências do departamento de saúde deve ter uma **junção arredondada** a 15 cm nas paredes e nas bases de equipamentos. Além disso, os pisos devem ser instalados de modo a terem caimento para drenar em diversas partes da cozinha e, assim, facilitar a limpeza.

Piso de cerâmica
Piso de argila vermelha sem vitrificar.

Junção arredondada
Uma junção arredondada em vez de angulada, como em uma junção de piso ou parede.

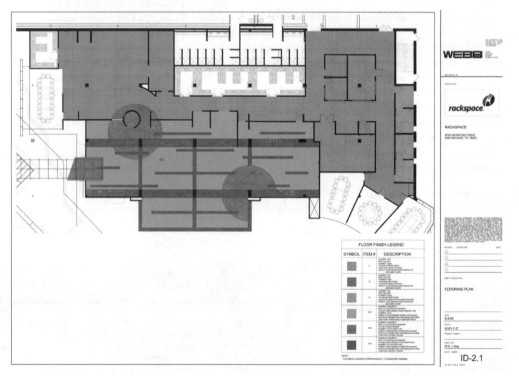

Figura 10.14 Planta baixa mostrando os acabamentos de piso a serem usados em um refeitório interno.
Fonte: Webb Design, Tustin, CA (James Webb, Diretor; Linda Midden, Diretora de *Design*).

Paredes, tetos e redução de ruídos. O tipo de material para paredes e tetos escolhido para as áreas de cozinha e de refeição podem contribuir para o valor estético geral e as condições sanitárias, bem como ajudar a reduzir o nível de ruídos. Assim como nos pisos, materiais para paredes e tetos que sejam duráveis e facilmente lavados atendem aos regulamentos do departamento de saúde e reduzem o tempo de mão de obra necessário para limpeza. Além de as juntas de paredes e pisos serem arredondadas, todos os outros cantos e ângulos usados nas instalações devem ser arredondados para facilitar a limpeza e evitar o desprendimento de lascas. Todos os canos e fiações devem ser ocultos nas paredes.

A quantidade de luz natural e artificial disponível ajuda a determinar o acabamento da parede para cada ambiente. Diversas cores e texturas de materiais refletem e absorvem diferentes quantidades de luz. Deve-se pensar nesse aspecto em relação à quantidade de luz desejada.

Vários materiais são adequados para as paredes de cozinhas de serviços de alimentação. O azulejo de cerâmica provavelmente é o material mais adequado, porque dura anos e é fácil de manter, embora seja caro de instalar. No entanto, ao longo de sua expectativa de vida, o custo do azulejo de cerâmica é comparável ao de outros materiais, como aço inoxidável.

Painéis de fibra de vidro reforçada (FRP), um painel parecido com plástico, é bem durável, disponível em diversas cores e menos caro de instalar do que o azulejo de cerâmica. Um material de qualidade mínima para as superfícies da parede das cozinhas é o compensado pintado com esmalte lavável. Em consequência da pouca durabilidade, ele não é adequado para uso em áreas molhadas, como perto de pias e em ambientes de lavagem de utensílios.

Um arranjo desejável é cobrir as paredes com cerâmica ou outro azulejo vitrificado até uma altura de 1,5 a 2,5 m onde ocorrem respingos de alimentos e água. O restante da parede pode ser coberto com um esmalte lavável de acabamento suave ou tinta semibrilho.

O aço inoxidável é outro material altamente adequado para paredes de cozinhas; no entanto, em virtude do alto custo, seu uso normalmente é limitado às áreas de cocção. Ele também é bem reflexivo e pode causar reflexos provenientes da iluminação.

Os pés direitos variam muito, pois nas cozinhas a média é de 4,2 a 5,5 m. Os tetos de cozinhas e salões de refeições devem ter tratamento acústico e devem ser mais claros que as cores das paredes. O uso de materiais de absorção de som, como tecidos e carpetes, tende a minimizar os ruídos locais nos salões de refeições. Existem muitos materiais acústicos para usar em tetos de cozinhas. Eles devem resistir à deterioração de alterações rápidas de temperatura e umidade e ao vapor corrosivo da cocção. Além disso, os que têm um valor de reflexão baixo, são resistentes ao fogo e laváveis são mais adequados para cozinhas novas ou reformadas para serviços de alimentação.

Materiais de absorção de som são usados não apenas como acabamentos de superfície na construção, mas também como isolamentos. Ventilações, canos de radiador e canos hidráulicos podem agir como condutores de som, assim o meio mais eficaz de prevenção de ruídos é um isolamento cuidadoso e minucioso com materiais de absorção de som. Graças à posterior inacessibilidade e aos custos proibitivos, é mais importante que essa precaução seja tomada na construção original.

Itens como lubrificação automática do chamado equipamento de energia silencioso que o mantém em condições de funcionamento silenciosas, carrinhos com pneus de borracha, proteção de borracha nas aberturas de mesas de retirada de restos de alimentos de pratos e gavetas deslizantes com bilhas ajudam a minimizar o ruído na cozinha.

Iluminação. A quantidade e o tipo de iluminação necessária para um serviço de alimentação representam um investimento de longo prazo e merecem a assistência de especialistas técnicos no setor. No entanto, a adequação, a eficiência e a adequabilidade da iluminação são preocupações muito mais importantes do que o custo de instalação.

O *design* deve permitir o máximo de luz natural possível. A luz natural não apenas faz os alimentos parecerem mais atraentes, mas também reduz as despesas operacionais. Além disso, a luz natural exerce um efeito psicológico positivo sobre os trabalhadores e os clientes. Como não é possível se apoiar totalmente na luz natural, é desejável que os gerentes de negócios de alimentação tenham algum conhecimento de iluminação e seus requisitos quando trabalharem com especialistas em iluminação.

A quantidade ou intensidade da luz, o tipo e a cor da luz e o tipo de acabamento e sua localização se combinam para criar uma boa iluminação. A Figura 10.15 mostra o uso eficaz de iluminação e cor para criar um visual acolhedor e convidativo. A luz fluorescente diurna coberta e recuada é recomendada em todas as áreas dos fundos do estabelecimento, enquanto a luz incandescente ou halogênica, nunca fluorescente, é recomendada nas áreas de serviço e nas cozinhas abertas. Os valores reflexivos de paredes, tetos e outras superfícies também afetam a

Figura 10.15 Uso da iluminação para melhorar a apresentação dos alimentos e a ambientação da área de serviço.
Fonte: Webb Design, Tustin, CA (James Webb, Diretor; Linda Midden, Diretora de *Design*).

iluminação. A intensidade da luz é medida em candelas obtidas nas leituras de medidores de luz, e o número de candelas por metro quadrado depende do trabalho a ser realizado. As orientações gerais mostradas na Tabela 10.3 são úteis no planejamento.

Os planejadores devem escolher os acabamentos de luz e sua colocação durante a etapa de *design* do projeto, de modo que as localizações das saídas e dos interruptores possam ser identificadas. Os acabamentos de luz devem estar em harmonia com o plano arquitetônico e ser colocados de modo a proporcionar o nível e o equilíbrio recomendados de iluminação para as áreas de refeição, bem como as áreas de armazenamento de alimentos, preparação e serviço. Estudos mostram que uma iluminação adequada no ambiente de trabalho pode aumentar a produtividade do funcionário em 3 a 4%, uma quantidade significativa em termos de eficiência geral.

Os sistemas de iluminação podem ser diretos, indiretos ou uma combinação dos dois. Nos sistemas indiretos, cerca de 90 a 100% da luz são direcionados para cima, enquanto nos sistemas diretos, uma quantidade correspondente é direcionada para baixo. Luzes de teto luminosas proporcionam uma iluminação com dispersão equilibrada que cria o efeito da luz natural do sol e é desejável em áreas de cozinhas. No entanto, o brilho deve ser baixo o suficiente para evitar reflexos em superfícies brilhosas, que podem afetar os olhos dos trabalhadores. Os aca-

Tabela 10.3 Diretrizes para uma iluminação efetiva.

Intensidade da luz (em candela)	Atividade
15 a 20	Salão de refeições
20	Passagens (saguão e corredores), depósitos
30 a 40	Cozinhas
40 a 50	Serviço rápido/refeitórios
71 a 152	Leitura de receitas, pesagem e medição de ingredientes, inspeção, verificação e manutenção de registros

bamentos de luz devem ser posicionados de modo a evitar que os funcionários fiquem em suas próprias sombras enquanto trabalham. Uma boa iluminação reduz o cansaço na vista e a fadiga geral do trabalhador e conduz à precisão no trabalho, bem como a boa higienização e segurança no ambiente de trabalho.

Aquecimento, ventilação e condicionamento de ar. O sistema de aquecimento, ventilação e condicionamento de ar (AVAC) proporciona temperaturas confortáveis para funcionários e clientes. Um arquiteto, que trabalha em conjunto com um especialista em AVAC, é bem qualificado para especificar um sistema com capacidade suficiente para a instalação em questão. Os serviços de alimentação apresentam um problema um tanto diferente de outros usos de prédios, porque os processos de cocção geram calor, umidade e odores de alimentos.

Condicionamento de ar significa mais do que resfriamento do ar. Inclui aquecimento, controle de umidade e circulação, limpeza e resfriamento do ar. Os sistemas estão disponíveis com controles para todas as características em uma unidade. O sistema pode ser configurado para filtrar, aquecer, umidificar e circular o ar no inverno e, com a adição de serpentinas de resfriamento e refrigeração, manter uma temperatura confortável no verão. A desumidificação pode ser necessária em algumas condições climáticas.

A colocação de dutos de ar é importante para evitar rajadas de ar frio nas pessoas que estiverem no ambiente. Uma ventilação satisfatória na cozinha normalmente consiste em um sistema de exaustão, colocado em uma coifa sobre o equipamento de cocção, para eliminar odores, vapores, umidade e vapores gordurosos. Na ausência de um condicionamento de ar direto, o ar fresco do exterior pode ser conduzido para dentro da cozinha por ventiladores para reduzir a temperatura e aumentar a circulação de ar, bem como refrescar as superfícies do corpo.

Embora o condicionamento de ar possa ser considerado caro de instalar e operar, estima-se que a produtividade dos funcionários aumente de 5 a 15% nesse tipo de ambiente controlado. Como resultado, os planejadores devem considerar com cuidado que tipo de sistema de controle de temperatura é mais adequado para sua condição climática e sua instalação.

Refrigeração embutida. *O armazenamento é um aspecto essencial do design da instalação. O cardápio orienta a quantidade e a localização de cada tipo de armazenamento.* A operação tranquila e eficiente dos departamentos de alimentação será melhorada pelo planejamento de um tipo e quantidade adequados de refrigeração. O gerente de um negócio de alimentação deve ter algum conhecimento dos princípios de refrigeração, tipos de sistemas usados e processos para determinar as necessidades de espaço da instalação que está sendo planejada. Câmaras frigoríficas, refrigeradores e congeladores embutidos e com portas de vidro são essenciais. No entanto, nesta etapa do planejamento, apenas os tipos embutidos precisam ser considerados. Os tipos com portas de vidro e portáteis serão discutidos no Capítulo 11.

A refrigeração mecânica promove a remoção do calor dos alimentos e outros produtos armazenados em uma área fechada. O sistema inclui o uso de um refrigerante (químico) que circula por meio de uma série de serpentinas conhecidas como o evaporador. Ele começa como líquido na serpentina e depois é vaporizado. A pressão aumenta conforme o vapor absorve o calor dos alimentos. Esse processo inicia um compressor, que bombeia o gás aquecido para fora do evaporador e o comprime a uma pressão mais alta. O gás comprimido flui para um condensador, que é resfriado por ar ou água; o calor é liberado, o gás é reliquefeito e o ciclo estará pronto para se repetir quando a temperatura no refrigerador ou congelador se tornar mais alta do que a desejada.

É desejável que o refrigerante tenha um ponto de ebulição baixo, um odor inofensivo, alto calor latente e um custo razoável, além de ser não tóxico, não explosivo, não inflamável, não corrosivo, estável e não nocivo aos alimentos. Com as preocupações atuais com o esgotamento da camada de ozônio na atmosfera, os refrigerantes devem ser inofensivos à camada de ozônio. Menos nocivos do que o Freon® (gás incolor) usado anteriormente são os hidroclorofluorcarbonos (HCFC), que agora estão sendo usados pelos fabricantes nos refrigerantes de seus compressores. Assim, o setor de alimentação está fazendo sua parte para ajudar a minimizar a preocupação mundial com o estresse da camada de ozônio.

Os sistemas de refrigeração podem ser centrais, de múltiplas unidades ou de uma unidade. Em um sistema central, uma máquina fornece a refrigeração em quantidade adequada para todas as unidades de resfriamento no prédio. Esse sistema raramente é usado, em razão do problema de tentar manter a refrigeração adequada em todas as diferentes unidades e porque, no caso de defeito, perde-se toda a refrigeração. Um sistema múltiplo ou paralelo de refrigeração tem um compressor para uma série de resfriadores, com o compressor com capacidade para a carga necessária para manter a temperatura desejada na série de resfriadores. Uma unidade é um sistema de refrigeração autocontido usado nos tipos com portas de vidro.

A localização e a alocação de espaço para as unidades embutidas requerem um planejamento cuidadoso. Em geral, eles são colocados perto da área de entrega a fim de minimizar a distância para transportar os itens recebidos até o armazenamento refrigerado. Eles também precisam estar perto das unidades de preparo que utilizam com maior frequência os produtos armazenados ali. Três câmaras frigoríficas separadas são recomendadas, no mínimo – uma para produtos agrícolas frescos, uma para laticínios e ovos e uma para carnes bovinas e aves. Cada grupo alimentar exige uma temperatura diferente para o armazenamento em condições ideais. Salas de congelador frigorífico também podem ser planejadas.

Muitos fatores influenciam a quantidade de espaço refrigerado e de congelamento:

1. **O tamanho do estabelecimento:** como as unidades de câmaras frigoríficas permanentes menores que 2,5 × 3 m são caras de instalar, instalações pequenas podem usar unidades com portas de vidro em vez de unidades frigoríficas.
2. **O tipo de sistema de alimentação usado:** sistemas com métodos de cocção/resfriamento exigem uma grande quantidade de espaço refrigerado, enquanto os sistemas de cocção/congelamento e de montagem/serviço exigem principalmente espaço no congelador.
3. **A frequência das entregas:** estabelecimentos próximos a mercados e que recebem entregas diárias exigem menos espaço de armazenamento do que serviços de alimentação localizados em áreas remotas, onde as entregas não são frequentes.
4. **A forma em que os alimentos são comprados pela empresa:** se forem adquiridos principalmente alimentos congelados, será necessário mais espaço no congelador do que se forem usados alimentos frescos ou enlatados.

O espaço total necessário pode ser estimado pela medição do tamanho das unidades de compra (p. ex., caixas, sacolas ou caixotes) e multiplicação do número de unidades a serem armazenadas ao mesmo tempo. Isso gera a metragem cúbica de espaço necessário, que será dividida pelos itens alimentícios individuais a serem armazenados juntos. A maioria das unidades de câmaras frigoríficas têm 2 ou 2,5 m de altura. O espaço de passagem no refrigerador deve ser amplo o suficiente para a entrada de vagões ou carrinhos. A largura das prateleiras se baseia nos itens a serem armazenados; 60 a 90 cm é a largura comum. O espaço para isolamento das câmaras também tem que ser incluído; um mínimo de 7,5 cm em todas as laterais para refrigeradores embutidos e 12 a 20 cm para congeladores embutidos.

Pisos de câmaras frigoríficas devem conter azulejos fortes, duráveis e facilmente laváveis com caimento para o piso adjacente, de modo a permitir a fácil entrada e saída dos alimentos em vagões ou carrinhos. As superfícies das paredes devem ser laváveis e resistentes à umidade. Cada unidade deve ser equipada com um dispositivo de abertura de porta interno e uma campainha como medida de segurança. Um registrador na parede externa para mostrar a temperatura interior do refrigerador economiza energia, pois elimina a necessidade de abrir a porta para verificar as temperaturas. (Ver a seção "Desenhos esquemáticos" neste capítulo para mais informações sobre a localização de espaços de armazenamento refrigerados.)

Encanamento. Embora arquitetos e engenheiros planejem o encanamento de uma instalação, os gerentes de negócios de alimentação devem ficar atentos e ser capazes de descrever a necessidade do serviço de alimentação em termos de drenos de pisos da cozinha e área de lavagem e drenos adequados ao redor de equipamentos a vapor; o local desejado para as saídas de água e vapor e para pias de lavar as mãos em áreas de trabalho e banheiros; as necessidades de pressão da água e do vapor para os equipamentos a serem instalados; e os drenos adequados para as linhas de esgoto para os equipamentos de descarte de resíduos.

Eletricidade. Os gerentes de negócios de alimentação são responsáveis por fornecer informações sobre a localização necessária de tomadas elétricas e sobre as exigências de voltagem de todos os equipamentos a serem usados na instalação. As especificações dos fabricantes de equipamentos listam as exigências energéticas de seus equipamentos. Elas devem ser compatíveis com o suprimento de energia do prédio ou o equipamento não funcionará em seu pico máximo de eficiência, ou sobrecarregará a fiação.

O engenheiro mecânico da equipe de planejamento detalha as especificações elétricas com base nas necessidades do serviço de alimentação, que incluem a voltagem e os cavalos de potência dos equipamentos da instalação. Os hospitais e as instalações de saúde podem precisar de receptores elétricos especiais para os carrinhos de alimentos usados para distribuir as refeições dos pacientes. Como esses carrinhos serão movimentados para diversos locais, receptores compatíveis devem ser instalados em todos os pontos de uso.

Todos os canos e fios que chegam até a cozinha devem estar encapados e fora de vista. Um sistema modular de distribuição e controle de serviços de utilidade pública oferece muitas vantagens em comparação às instalações fixas e permanentes. A entrada e os controles de todos os serviços de utilidade pública são centralizados em uma coluna de apoio ou painel do sistema. Todos os canos e fios são encapados, mas os controles das operações e do desligamento rápido ficam no lado externo do painel, com fácil alcance. As saídas de água, vapor, gás e eletricidade podem ser instaladas conforme desejado em painéis que se estendem de uma coluna de controle com um ponto ao longo de uma parede, até uma unidade central no cômodo, diretamente atrás dos equipamentos ou vindas de cima. Os sistemas de distribuição de serviços de utilidade pública geralmente têm *design* customizado. Uma unidade de parede pode abrigar a fiação elétrica, a montagem de canos hidráulicos e os canos de gás e conter controles para a limpeza com água do ventilador do exaustor. Um sistema de controle de incêndios para proteção dos equipamentos de cozinha pode estar localizado no ventilador do exaustor, que fica acima do sistema de distribuição de serviços de utilidade pública.

Relação orçamento/custo

▌ **Conceito-chave:** Todos os gastos iniciais devem considerar o orçamento do projeto e também fatores como custos operacionais, expectativa de vida, atendimento aos padrões de higiene e conforto para funcionários e clientes.

Como é raro ter orçamentos ilimitados, estudar os custos envolvidos no projeto de *design* de uma instalação é inevitável. Os planejadores costumam estabelecer um orçamento predeterminado que o custo total do projeto não pode exceder. Ainda assim, a qualidade e as características que os gerentes de negócios de alimentação selecionam para uma instalação podem muito bem afetar seus custos operacionais. Uma análise financeira detalhada pode revelar que um gasto inicial mais alto para um *design* e acabamentos de alta qualidade resulta em custos operacionais mais baixos durante o ciclo de vida previsto para o projeto do que aconteceria com um *design* mais barato.

Um exemplo de reforma econômica e que deu um impulso significativo na eficiência operacional é o refeitório do hospital mostrado na Figura 10.16. Alguns poucos toques de *design* bem pensados foram suficientes para atingir as duas metas desse hospital.

Os custos de construção são afetados por muitos fatores inter-relacionados, que incluem os preços predominantes de mão de obra e material, qualidade e quantidade de itens selecionados, além do *design* geral do prédio. Pode ser útil pensar nesses três fatores – custos, qualidade e quantidade – como um triângulo. Se o orçamento do projeto é uma quantidade fixa, pode ser necessário restringir quantidade, qualidade ou ambas. No entanto, se a quantidade predeterminada de espaço é a maior prioridade da instalação, os planejadores devem antecipar o financiamento de uma construção ou local grande o suficiente para acomodar o tamanho necessário. Alternativamente, se os planejadores derem mais prioridade à qualidade de acabamentos e equipamentos, eles devem ser flexíveis em relação aos fatores de custo e quantidade.

O *design* específico selecionado para o prédio ou departamento de alimentação impõe certos custos operacionais, em especial os de mão de obra. Um arranjo bem planejado em um andar minimiza a distância que o alimento e as pessoas devem percorrer e permite uma boa supervisão. Unidades de trabalho compactas, com o equipamento adequado facilmente acessível aos trabalhadores, tendem a reduzir etapas, movimentos e fadiga, além de ajudar a minimizar a mão de obra e os custos operacionais. Em instalações mal planejadas, não é incomum os funcionários gastarem pelo menos 10% de seu tempo para localizar e montar utensílios e suprimentos. Algumas avaliações indicam que, em um departamento planejado com eficiência, apenas o nutricionista ou o supervisor do negócio de alimentação, o funcionário da despensa, o supervisor da sala de pratos, o lavador de potes e panelas e o zelador precisariam deixar suas áreas de trabalho.

Também é importante incluir os custos totais de materiais de limpeza, serviços de utilidade pública, depreciação da construção e dos equipamentos e a quantidade de equipamentos necessários. Tais custos variam diretamente com a quantidade de espaço alocado para o departamento de alimentação.

Os móveis e outros equipamentos devem contribuir para uma operação eficiente e refletir o melhor *design*, materiais e acabamentos para obedecer aos padrões sanitários estabelecidos. O grau de conforto para convidados e funcionários depende das condições feitas para eles durante a etapa de planejamento do projeto. São exemplos amenidades como ar-condicionado, tipo de iluminação, amortecimento de som, incorporação artística de cor e *design*, alturas confortáveis de cadeiras e superfícies de trabalho e banheiros bem ventilados.

O custo da instalação influencia diretamente o que pode ser feito com um orçamento fixo. No entanto, o material do restante deste capítulo presume que fundos adequados estarão disponíveis para o planejamento de um negócio de alimentação em uma escala moderada.

Ajuste do projeto de um refeitório de hospital

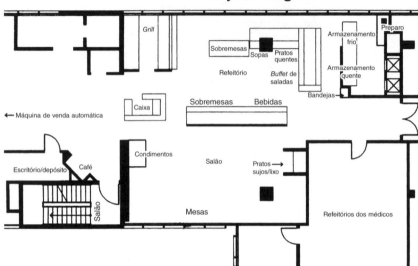

1) Balcão de bebidas/sobremesas tornado côncavo para aumentar o comprimento e melhorar a circulação de tráfego.
2) Local de pratos sujos realocado para a área de café existente.
3) Partes refrigeradas abertas adicionadas para acelerar a passagem dos clientes.
4) Estação de sopas expandida para acomodar melhor o volume de clientes.
5) *Buffet* de saladas expandido e movido para gerar uma circulação de tráfego eficiente.
6) Estação de pratos quentes expandida para ter um lugar de destaque para o "Especial do Dia".
7) Área do *grill* existente foi reformada e tem novo visual, área de deslizamento de bandejas e proteção.
8) Balcão do caixa expandido para duas estações para ajudar a acelerar a passagem dos clientes nos horários de pico.
9) Área de venda automática transferida para um local mais visível fora da área das mesas, para oferecer acesso 24 horas/dia.

Figura 10.16 A reforma do refeitório de funcionários de um hospital exigiu algumas mudanças simples para conseguir uma eficiência operacional melhor por um custo razoável.

Fonte: Cortesia de Jim Webb, Webb Design.

Desenvolvimento do *design*

Depois de concluir as preparações preliminares, o estudo de viabilidade, a análise do cardápio, a redação do prospecto e fazer considerações de custo, o gerente do negócio de alimentação ou o consultor de *design* precisam desenvolver um plano de *design* e *layout*. São aspectos importantes do desenvolvimento do *design*: oferecer instalações adequadas para todas as atividades previstas, incorporar as ideias que os membros do planejamento geram e considerar o futuro crescimento da instalação.

A sequência lógica para desenvolver um *design* e completar uma instalação de alimentação é a seguinte:

1. Determinar as reservas de espaço. Desenhar um fluxograma que mostre as relações entre as unidades de trabalho e as rotas para suprimentos e trabalhadores.

▌ **Conceito-chave:** O primeiro passo no desenvolvimento do *design* é determinar as melhores reservas de espaço e desenhar um diagrama de fluxo que mostre a localização das unidades de trabalho.

2. Preparar um desenho esquemático em escala, que mostre as reservas de espaço e as inter-relações e a localização dos equipamentos, para ser analisado pela equipe de planejamento antes de o arquiteto começar a preparar as plantas baixas. Revisar quando necessário.

▌ **Conceito-chave:** No desenho esquemático, os equipamentos são desenhados em escala para cada unidade de trabalho com as faixas de circulação necessárias e os espaços de trabalho incluídos.

3. Preparar e submeter o conjunto completo de plantas baixas do arquiteto e os documentos contratuais, incluindo especificações aos empreiteiros, aos construtores, aos engenheiros e aos representantes de equipamentos interessados, para receber ofertas competitivas.
4. Formular contratos com os licitantes aceitos.
5. Inspecionar construção, fiação, encanamento, acabamento e os equipamentos e suas instalações, conforme especificados nas plantas baixas e nos contratos. Isso é responsabilidade do arquiteto e do empreiteiro.

Reservas de espaço e inter-relações

Determinar a quantidade de espaço no chão e como dividi-lo para as atividades do negócio de alimentação varia com cada operação. Cada atividade precisa de espaço adequado para preparar e servir o número planejado de refeições, ao mesmo tempo em que reservar muito espaço também pode resultar em ineficiência e perda de tempo e esforço.

O prospecto e a análise do cardápio especificam o número e o tipo de atividades a serem realizadas. Os equipamentos necessários são listados para cada atividade, como preparo de vegetais, cocção de itens específicos do cardápio e métodos de serviço a serem usados. Os catálogos dos fabricantes de equipamentos contêm as necessidades de tamanho e espaço para cada modelo a ser comprado. O espaço para os equipamentos mais o espaço adequado de corredor representa uma estimativa razoável da área total necessária.

Um procedimento geralmente usado para determinar as necessidades de espaço na cozinha começa com o cálculo da quantidade de espaço necessário para o salão de refeições. Estimativas precisas para as áreas de refeição podem ser calculadas se forem conhecidos o tipo de serviço e o número de pessoas sentadas ao mesmo tempo. Da mesma forma, a capacidade de lugares sentados pode ser determinada com o uso do número geralmente aceito de metros quadrados por assento para os diferentes tipos de serviços de alimentação. As variações das seguintes sugestões dependem do tamanho das mesas e cadeiras e se haverá necessidade de uma arrumação espaçosa:

Refeitórios de escolas	3 a 4,2 m² por assento
Banquetes	3 a 4,2 m² por assento
Balcões/assentos de serviço rápido	3 a 4,2 m² por assento
Refeições em prisões	5,5 m² por assento
Refeitórios comerciais	4,5 a 5,5 m² por assento
Refeitórios industriais e universitários	4 a 4,5 m² por assento
Cafés/bistrôs	5,2 a 6,1 m² por assento
Hotéis, clubes e restaurantes finos	6,7 a 7,3 m² por assento
Refeições em cadeiras de rodas	6,1 a 7,3 m² por assento
Saguão para coquetéis	3,6 a 4,2 m² por assento, 6,1 m² por banco (inclui o bar)

Se 100% representa a instalação total, em média 35% do espaço é usado pelas áreas de serviço/jantar e 65% são usados pelas áreas de cozinha/depósito/lavagem de pratos. Essa é uma

Tabela 10.4 Diretrizes gerais para áreas de cozinha específicas.

Áreas	Refeitórios	Restaurantes	Hospitais
Recebimento	0,09 m²/assento	0,11 m²/assento	0,18 m²/leito
Armazenamento a seco	0,18 m²/assento	0,23 m²/assento	0,39 m²/leito
Refrigeração	0,09 m²/assento	0,12 m²/assento	0,23 m²/leito
Preparação	0,40 m²/assento	0,51 m²/assento	0,60 m²/leito
Lavagem de pratos	0,11 m²/assento	0,10 m²/assento	0,16 m²/leito
Higienização	0,18 m²/assento	0,16 m²/assento	0,27 m²/leito

estimativa bruta, porque existem muitas variáveis envolvidas. Por exemplo, as necessidades de espaço para refeições e cozinha são totalmente diferentes para um restaurante *fast-food* e um refeitório de escola que atendem ao mesmo número de pessoas por período de refeição. A taxa de rotatividade do restaurante pode ser três clientes por hora para cada assento durante um período de refeições de três horas; assim, o restaurante precisaria preparar alimento em pequenos lotes. No refeitório da escola, metade do grupo pode estar sentada ao mesmo tempo, com o número total servido durante um período de 50 minutos; portanto, quantidades maiores de alimentos devem ser preparadas e estar prontas para servir aos alunos. Como resultado, a cozinha do restaurante tem a probabilidade de ser consideravelmente menor que a cozinha da escola com seus equipamentos de maior capacidade.

Os estabelecimentos de alimentação de hospitais enfrentam uma situação singular na determinação de espaço porque apenas de um terço à metade do número total de refeições servidas são consumidas no salão de refeições; os pacientes geralmente são servidos nos leitos. Em consequência, as necessidades de espaço da cozinha do hospital são grandes, em relação às áreas de refeição, para que a quantidade e a variedade de alimentos necessários para pacientes, colaboradores, funcionários e visitantes possam ser preparadas e montadas. As diretrizes gerais para áreas de cozinha específicas são mostradas na Tabela 10.4.

Fluxograma de relações espaciais. Fazer o projeto da planta baixa começa com um diagrama que mostre o fluxo de trabalho, alimentos e suprimentos de um procedimento ao próximo em sequência lógica. A rota mais direta é a meta para encontrar o caminho mais curto. O conceito de linha de montagem proporciona operações eficientes com a criação um fluxo contínuo de trabalho para as tarefas de recebimento, armazenamento, despacho, preparo, cocção e serviço do alimento, ao mesmo tempo em que minimiza as linhas de tráfego, retrocesso e tráfego cruzado. Depois que o alimento foi servido e consumido, a direção se inverte para remover os pratos sujos e o lixo. A Figura 10.17 mostra um fluxograma típico de serviço de alimentação com as relações de área de trabalho desejáveis. Apenas as unidades de trabalho necessárias em um projeto de planejamento específico precisam ser mostradas. Como muitos alimentos agora são comprados prontos para cozinhar, certas unidades de preparo podem ser desnecessárias em algumas cozinhas. Por exemplo, como a maioria dos serviços de alimentação não compra mais carne de carcaça ou cortes de carne no atacado, a unidade de pré-preparo de carne tem sido totalmente eliminada nessas instalações.

A relação de uma unidade de trabalho com outra também deve ser considerada, ou seja, decidir quais unidades de trabalho precisam estar próximas das outras, quais devem ser adjacentes a outras áreas do prédio e quais devem ser localizadas próximas de uma porta externa. A Figura 10.18 mostra a relação das áreas em uma instalação de médio porte que usa o sistema de alimentação convencional. Como se pode perceber, a unidade principal de cocção é a área central da maioria das cozinhas, com unidades de apoio que alimentam ou que são alimentadas por ela. Uma discussão mais aprofundada da relação desejável entre as unidades será realizada na seção "Áreas de trabalho" deste capítulo.

Desenhos esquemáticos

Traduzir o fluxograma para um esquema preliminar da planta baixa é o próximo passo no desenvolvimento do *design*. A planta baixa é um esboço ou esboços de possíveis arranjos das unidades de trabalho, com os equipamentos desenhados em escala no espaço alocado. Os corredores de circulação necessários e o espaço de trabalho também devem ser incluídos. A

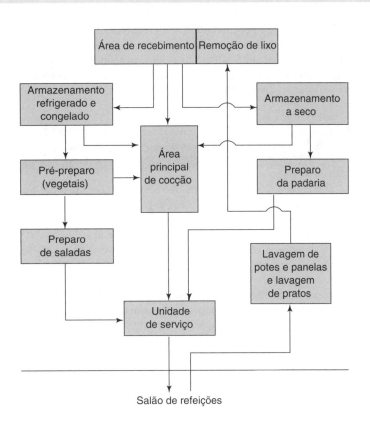

Figura 10.17 Fluxograma mostrando as relações desejáveis entre as áreas de trabalho e a progressão do trabalho desde o recebimento de matérias-primas sem retrocesso e com pouco tráfego cruzado.

seguir, algumas orientações gerais e uma breve descrição de várias áreas de trabalho e suas necessidades básicas de equipamentos.

Orientações gerais. Várias considerações devem ser feitas ao se planejar uma instalação de alimentação. As principais faixas de circulação devem ter no mínimo 1,5 m de largura ou ter largura suficiente para permitir a passagem de carrinhos sem interferir um no outro ou nos

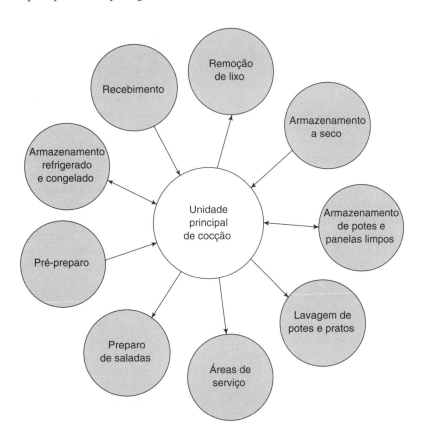

Figura 10.18 Relação da unidade principal de cocção com outras áreas de trabalho em um sistema de serviços de alimentação convencional.

trabalhadores de uma unidade. Os corredores entre os equipamentos e as mesas de trabalho devem ter no mínimo uma folga de 90 cm; folga de 1 a 1,2 m é necessária se as portas do fogão forem ser abertas ou se forem removidos conteúdos de caldeiras basculantes. Em geral, um ou dois corredores principais atravessam uma cozinha com corredores paralelos ou perpendiculares até as áreas de trabalho, mas separados delas.

■ **Conceito-chave:** A Americans with Disabilities Act (Lei para Americanos com Deficiências) exige algumas diretrizes gerais para implementação de acomodações razoáveis no local de trabalho e nas áreas de refeição para pessoas com deficiências.

A Lei para Americanos com Deficiências (ADA) protege os direitos daqueles com deficiências de desfrutar e ter acesso a empregos, transportes, acomodação pública e comunicações. Ela tem duas seções principais, uma sobre empregos (ver discussão desta parte da lei no Cap. 15) e a outra sobre acomodação pública. As cláusulas detalhadas na lei são extensas e qualquer pessoa que deseje garantir seu cumprimento deve conhecê-las.

A ADA, que entrou em vigor em 26 de julho de 1992, para empresas com 25 ou mais funcionários (26 de julho de 1994 para empresas com 15 ou mais), impõe algumas orientações gerais para a implementação de uma "acomodação razoável" para tornar o local de trabalho e a área de refeições acessíveis para pessoas com deficiências. A ADA se aplica a quase todas as instalações públicas e a novas construções e alterações em instalações existentes. As acomodações podem incluir a instalação de rampas, a ampliação das portas e o rebaixamento de prateleiras e balcões. Os corredores devem ter, no mínimo, 90 cm de largura (de preferência, 1 m) para acomodar pessoas em cadeiras de rodas. A Figura 10.19 dá as dimensões das exigências de espaço nas salas de refeições e de serviço para acomodar cadeiras de rodas de modo a cumprir as regulamentações da ADA.

Os *checklists* para determinar a conformidade com algumas regulamentações da ADA são apresentados nas Figuras 10.20 e 10.21. Essas listas servem como auxílio na avaliação de uma instalação em termos de conformidade e para futuros programas de construção. Tomar as ações descritas nesses *checklists* não necessariamente garante a conformidade com a ADA; no entanto, essas listas podem ser usadas como ferramentas para identificar e eliminar áreas problemáticas em potencial. Os diagramas de exigências de espaço, mostrados na Figura 10.22, ajudam a interpretar algumas das exigências dessa lei. Recomenda-se um mínimo de 1,2 m de espaço na mesa de trabalho para cada empregado de preparo, mas é preferível 1,8 m. As alturas de trabalho geralmente ficam entre 90 cm e 1 m para posições em pé e 70 a 76 cm para posições sentadas. Consulte a lei para conhecer as regulamentações completas.

As ferramentas e equipamentos exigem um espaço de armazenamento adequado, localizado no local de uso. Pias, refrigeradores com portas de vidro e espaço para o armazenamento de suprimentos de curto prazo devem ser localizados dentro ou perto das áreas de trabalho, de modo que os empregados de um local tenham tudo de que precisam para realizar seu trabalho. Isso inclui espaço para prateleiras para armazenar potes e panelas limpos. Instalações de lavagem de mão e água potável também devem ficar em uma localização conveniente para todo o pessoal.

Cozinhas retangulares ou quadradas são consideradas as mais convenientes. O comprimento de uma cozinha retangular não deve ser maior do que duas vezes sua largura para obter mais eficiência. Os funcionários economizam etapas se a entrada do salão de refeições estiver no lado mais longo de uma cozinha retangular. A Figura 10.23 mostra outro arranjo eficiente para alguns restaurantes, com um espaço de refeições quadrado e uma cozinha que ocupa um espaço menor em um canto. A área de refeições fica em dois lados, e as entradas para a cozinha podem ficar em cada lado. Durante períodos de pouco serviço, uma seção ou lado do salão de refeições pode ser fechado com uma divisória dobrável. Quando houver movimento suficiente, ambos os lados podem ser usados.

Direcionar os servidores no sentido anti-horário na cozinha ou os clientes em uma linha de refeitório é mais eficiente do que um arranjo no sentido horário, pelo menos para pessoas destras. Desse modo, a mão direita do cliente ou do empregado fica mais próxima do alimento a ser selecionado.

Cozinhas grandes geralmente têm áreas de trabalho especializadas, cada uma com seus próprios equipamentos e instalações de armazenamento de curto prazo. Para obter eficiência no trabalho e reduzir o nível de ruído na cozinha, essas áreas de trabalho podem ser divididas com semidivisórias, paredes com 1,5 a 1,7 m de altura. Assim, há uma separação do trabalho, mas a circulação de ar na cozinha não fica bloqueada por divisórias que vão até o teto.

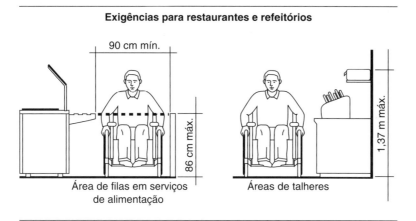

Figura 10.19 Exigências de espaço da ADA para acomodar clientes em cadeiras de rodas em instalações de alimentação.

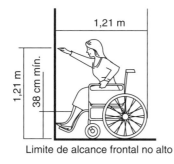

Em cozinhas menores, as áreas de trabalho podem se fundir, e os equipamentos podem, então, ser compartilhados pelos funcionários. Por exemplo, o cozinheiro e o trabalhador que cuida das saladas podem compartilhar uma batedeira elétrica que poderia ficar localizada na ponta da mesa do cozinheiro, mas fechada para a área de preparo de saladas. Isso exige um planejamento cuidadoso dos horários de trabalho, de modo que os dois trabalhadores não precisem do equipamento ao mesmo tempo.

Áreas de trabalho

▌**Conceito-chave:** As sete principais áreas de trabalho nos departamentos de serviços de alimentação são recebimento, armazenamento e despacho, pré-preparo, preparação, serviço, lavagem de utensílios e serviço de apoio.

O armazenamento inclui o despacho de alimentos secos e refrigerados. Os serviços de apoio são as funções de administração e zelador, áreas de empregados/armazenamento, como os armários e os banheiros, bem como armazenamento para porcelana, toalhas, produtos de papel

Remoção de barreiras

(a) Geral. Um alojamento público deve remover barreiras arquitetônicas nas instalações existentes, como barreiras de comunicação que são estruturais por natureza, em que tal remoção é conseguida de imediato (i. e., facilmente realizável e capaz de ser feita sem muitas dificuldades ou despesas).

(b) Exemplos. Exemplos de etapas para remover barreiras incluem, mas não se limitam ao seguinte:
1. Instalar rampas
2. Fazer cortes de frenagem em calçadas e entradas
3. Abaixar prateleiras
4. Reorganizar mesas, cadeiras, máquinas de venda automática e outros móveis e itens
5. Abaixar telefones
6. Instalar luzes de alarme piscantes
7. Alargar portas
8. Instalar dobradiças vai-e-vem para alargar as entradas
9. Eliminar catracas ou oferecer um caminho alternativo acessível
10. Instalar maçanetas acessíveis nas portas
11. Instalar barras de apoio nos reservados dos banheiros
12. Reorganizar as divisórias dos banheiros para aumentar o espaço de manobra
13. Isolar canos de lavatórios
14. Instalar assento de vaso sanitário elevado
15. Instalar um espelho do chão ao teto do banheiro
16. Abaixar o dispensador de papel toalha nos banheiros
17. Criar uma vaga de estacionamento designada acessível
18. Remover carpete de pelo alto e baixa densidade

Checklist de barreiras

Acesso ao prédio
1. Existem vagas designadas com largura de 2,4 m com um corredor de acesso de 1,5 m?
2. As vagas de estacionamento são próximas à entrada principal do prédio?
3. Existe uma área para "desembarque"? Está localizada na entrada do prédio?
4. O gradiente do estacionamento até a entrada do prédio é de 1:12 ou menos?
5. A porta de entrada tem no mínimo 80 cm?
6. A maçaneta da porta é fácil de segurar?
7. A maçaneta da porta é fácil de abrir (menos de 3)?

Corredores do prédio
1. O caminho de passagem está livre de obstrução e é amplo o suficiente para uma cadeira de rodas?
2. A superfície do piso é rígida e não escorregadia?
3. Existem obstáculos (p. ex., telefones, fontes) que se sobressaem a mais de 10 cm?

Banheiros
1. Os banheiros ficam próximos à entrada do prédio/escritório de funcionários?
2. As portas têm maçanetas de alavanca?
3. As portas têm no mínimo 80 cm de largura?
4. Os banheiros são grandes o suficiente para a rotação da cadeira de rodas (mínimo de 1,3 m)?
5. As portas dos reservados têm no mínimo 80 cm de largura?
6. Foram instaladas barras de apoio nos reservados dos banheiros?
7. As pias têm no mínimo 76 cm de altura com espaço para uma cadeira de rodas se encaixar embaixo?
8. As torneiras das pias são fáceis de alcançar e usar?
9. Os dispensadores de sabão e toalhas de papel ficam a menos de 1,2 m do piso?

Figura 10.20 Conformidade com o *checklist* de barreiras da ADA.

e suprimentos adicionais. A quantidade de áreas de trabalho a ser planejada para um serviço de alimentação específico depende do tipo de sistema operacional a ser usado (ver Cap. 2), do volume de negócios, dos tipos de itens do cardápio a serem preparados e da forma em que os alimentos serão comprados.

1. Recebimento: a área de recebimento inclui uma plataforma externa ou doca de carga, de preferência coberta, e espaço adjacente no piso, grande o suficiente para verificar, exami-

> ### *Checklist* de conformidade com a ADA
>
> A seguinte *checklist* pode auxiliar na avaliação do atual nível de conformidade e auxiliar em futuras questões de acessibilidade. Todas as mudanças em um estabelecimento devem ser realizadas com prontidão. Isso significa que a tarefa deve ser facilmente executada e pode ser realizada sem muitas dificuldades ou despesas.
>
> **Chegada de passageiros**
> ☐ Espaço adequado
> ☐ Rampa para entrar
> ☐ Largura adequada do passeio
> ☐ Abertura de porta livre
> ☐ Nenhuma obstrução
>
> **Estacionamento**
> ☐ Vagas especiais
> ☐ Acesso ao prédio por via nivelada
>
> **Passeios**
> ☐ Largura mínima de 1,2 m
> ☐ Superfície firme e não escorregadia
> ☐ Pisos táteis nas ruas, calçadas, vagas de estacionamento
> ☐ Graduação máxima de 5%
> ☐ Livre de obstruções
> ☐ Plataformas niveladas nas portas
>
> **Rampas**
> ☐ Graduação máxima de 8,3%
> ☐ Livre de cascalho
> ☐ Descida com altura de 80 cm, estendida 30 cm além da rampa
> ☐ Bem iluminadas
> ☐ Superfície firme e não escorregadia
> ☐ Acessos nivelados
> ☐ Corrimões nas paredes
>
> **Entradas**
> ☐ Uma entrada principal para cadeira de rodas
> ☐ Plataforma com acesso nivelado
>
> **Portas**
> ☐ Abertura ampla de 80 cm
> ☐ Soleiras niveladas com o passeio ou o piso
> ☐ *Halls* com separação de 1,95 m
> ☐ Maçanetas com altura máxima de 1 m
> ☐ Fechamento por temporizador
> ☐ Fechamento com força máxima de 3,5 kgf
> ☐ Esforço único com força máxima de 3,5 kgf
> ☐ Proteção metálica inferior com altura de 40 cm
> ☐ Visores com o máximo de 90 cm de altura do piso
>
> **Corredores, espaços públicos, áreas de trabalho**
> ☐ Corredores com largura mínima de 1,2 m
> ☐ Pisos em nível comum
> ☐ Materiais não escorregadios nos pisos
> ☐ Portas de correr embutidas quando abertas para o corredor
> ☐ Vias de circulação sem carpete
>
> **Escadas**
> ☐ Largura mínima de 1 m
> ☐ Saliências não projetadas
> ☐ Acesso em níveis diferenciados
> ☐ Corrimões 45 cm além da parte superior/inferior
> ☐ Espelhos de no máximo 17 cm de altura
> ☐ Piso não escorregadio
> ☐ Corrimão com altura de 80 cm
> ☐ Bem iluminadas

Figura 10.21 *Checklist* de conformidade com a ADA.

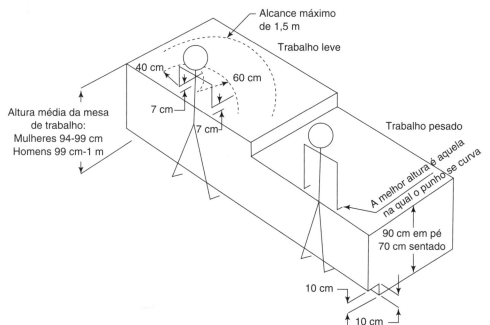

Figura 10.22 Alturas ideais para a mesa de trabalho e para uma área de trabalho.

Figura 10.23 Arranjo eficiente para cozinha/salão de refeições.

nar, pesar e contar os alimentos e para verificar as faturas quando eles são entregues. O piso da plataforma deve ser igual à altura de uma caçamba de caminhão de entregas padrão e estar no mesmo nível da entrada do prédio. A largura mínima sugerida é de 2,4 m. O comprimento segue o número de caminhões a serem descarregados ao mesmo tempo.

Também deve haver espaço para carrinhos de mão, balanças de plataforma e uma mesa ou um espaço de trabalho para o funcionário de recebimento marcar os itens que foram entregues. Instituições de grande porte que processam suas próprias carnes precisam incluir um trilho aéreo com ganchos para a carne em carcaça. Esse trilho se estenderia da plataforma de carga até os refrigeradores do departamento de carne.

A porta exterior deve ser ampla o suficiente (1,8 m é o comum) para acomodar carrinhos de mão, grandes caixotes e qualquer equipamento de grande porte que será instalado na cozinha. Um escritório envidraçado de frente para a doca de carga equipado com uma plataforma dupla é eficiente para um funcionário do escritório verificar os pesos das mercadorias que serão entregues e recebidas.

2. Armazenamento e despacho de alimentos: as *áreas de armazenamento* devem ficar perto da entrada de entregas, de modo que as mercadorias não precisem ser movimentadas para longe para serem armazenadas. O espaço necessário para alimentos enlatados, artigos de papelaria e itens de mercearia é conhecido como "armazenamento a seco". Essa área deve ter acesso fácil, em especial para as unidades de padaria e cocção. Os depósitos de armazenamento a seco devem ser frescos e bem ventilados. Outros requisitos são pisos à prova d'água, janelas com filtro, prateleiras de metal para mercadorias em caixas e recipientes de armazenamento com tampas para itens como cereais, arroz e condimentos. Paletes móveis de madeira ou polipropileno devem ser providenciados para empilhar sacos de farinha, açúcar e produtos semelhantes para mantê-los longe do piso. Esses paletes de madeira devem ser móveis para facilitar a limpeza do piso. O espaço deve ser arrumado para acomodar carrinhos e carrinhos de mão. Uma mesa e arquivos devem ser incluídos para manter registros de estoque por computador ou manualmente. Balanças são necessárias. Portas duplas trancáveis ou uma única porta ampla devem se abrir para as áreas de preparo.

Refrigeradores e congeladores em forma de câmara frigorífica devem ser providenciados para alimentos perecíveis. Refrigeradores com portas de vidro localizados nas unidades de trabalho, usados para suprimentos diários e sobras, geralmente não são considerados espaço de armazenamento. As áreas de armazenamento refrigerado devem ficar o mais perto possível da plataforma de recebimento e acessíveis às unidades de trabalho que vão usá-las com mais frequência.

A quantidade de armazenamento necessária depende da frequência das entregas, diárias ou menos frequentes, e da forma dos alimentos comprados. Além disso, a extensão do cardápio e a variedade de alimentos oferecidos influenciam a quantidade e o tipo de armazenamento necessário. Os restaurantes também podem precisar de espaço para armazenar vinhos e outras bebidas alcoólicas.

Os suprimentos de limpeza devem ser armazenados separados e longe de todos os alimentos, para ajudar a garantir que nenhum produto químico venenoso seja confundido com um produto alimentício. Além disso, espaço adicional deve ser alocado para estoques extras de produtos de papel e reservas de porcelana, copos, toalhas de mesa, panos de prato, uniformes e aventais.

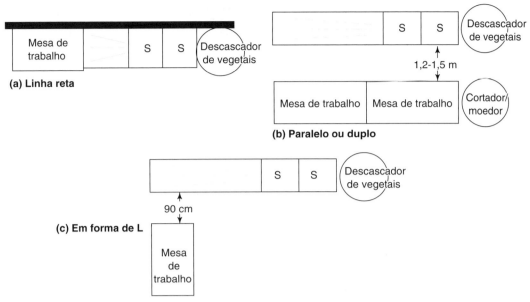

Figura 10.24 Três possíveis arranjos para a unidade de preparo de vegetais: (a) linha reta; (b) paralelo ou duplo; e (c) em forma de L.

3. Pré-preparo: uma *sala de ingredientes central*, caso seja usada, deverá estar localizada próxima e conectada às áreas de armazenamento. Uma mesa ou espaço de balcão adequado para pesar, medir e contar os ingredientes e um amplo espaço de corredor para carrinhos que transportam ingredientes montados até as unidades de produção são requisitos básicos para esta sala.

A área de *preparo de vegetais* deve estar localizada perto do armazenamento refrigerado e das áreas de cocção e salada. A área de preparo de vegetais comum é equipada com um picador, um cortador, uma pia de dois compartimentos, mesas de trabalho, um carrinho, facas e tábuas de corte. Se for necessário um descascador, ele pode ser do modelo de pedestal ou de mesa, localizado de modo a se esvaziar diretamente dentro de uma pia. A Figura 10.24 mostra três possíveis arranjos para esta unidade.

Duas pias separadas devem ser providenciadas para permitir um uso sem obstruções. Os descartes de resíduos alimentares são colocados no escorredor da pia ou em uma mesa de trabalho perto da ponta da pia, ou pode-se providenciar espaço para uma lata de lixo, normalmente sob um buraco aberto na mesa de trabalho ou no escorredor.

Como a área de preparo de vegetais normalmente é responsável por pré-preparar alguns itens para a unidade de salada, pode ser necessário ter um amplo espaço para muitos trabalhadores.

Mesas com 76 a 90 cm de largura e 1,8 a 2,4 m de comprimento são adequadas, pois permitem que os funcionários trabalhem nos dois lados para a maioria dos tipos de preparação. É aconselhável providenciar pelo menos uma mesa baixa o suficiente para os funcionários se sentarem confortavelmente para realizar certas tarefas.

4. Preparo: a área de *preparo* para carnes, peixes e aves inclui tábuas de açougueiro, uma serra elétrica e moedor, pias, bandejas de armazenamento e refrigeradores. O trilho aéreo para trazer a carne em carcaça da área de entrega que foi mencionado antes poderia conduzir a esta unidade.

No entanto, em vários serviços de alimentação, esta unidade é quase uma coisa do passado, exceto em instalações muito grandes. A tendência para comprar carnes, aves e peixes pré-fabricados e prontos para cozinhar diminui a necessidade dessa unidade de trabalho, que antes era necessária.

A área principal de cocção é o eixo da cozinha, que geralmente se localiza no centro da cozinha ou perto dele. Ele é mais eficiente quando fica perto da área de preparo de vegetais, depósitos e atrás ou perto da área de serviço (Fig. 10.25). As necessidades de equipamentos dependem totalmente da quantidade e do tipo de alimento a ser cozinhado nas dependências. O normal para um método de produção do tipo convencional inclui fornos, grelhadores, fritadeiras, equipamentos a vapor, batedeiras com complementos e mesas de cozinheiro com uma pia, prateleiras para armazenamento de potes e panelas, e prateleiras altas para utensílios. Fornos combinados também podem ser usados, embora, em muitos casos, eles sejam substituídos por equipamentos especiais, como fogões de pressão a vapor para cozinhar em lotes, fritadeiras

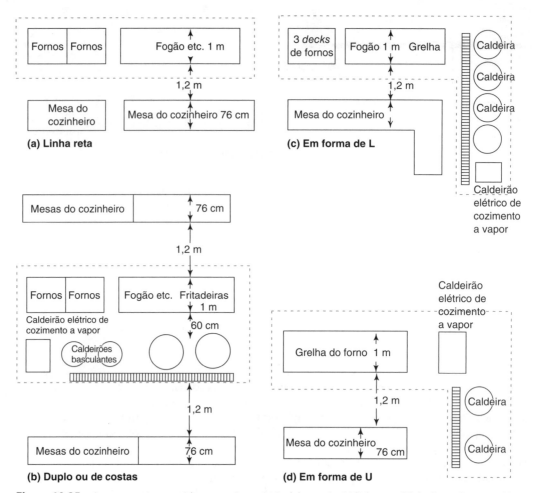

Figura 10.25 Quatro arranjos sugeridos para a área principal de cocção: (a) linha reta; (b) duplo ou de costas; (c) em forma de L; e (d) em forma de U. Observe a quantidade de espaço no corredor e o espaço total de piso necessário para cada um.

basculantes, fornos para assar carnes, fornos de convecção e grelhas. Estes podem ser mais eficientes no consumo de energia e gerar menos calor que os fornos combinados.

O agrupamento de equipamentos varia segundo o tamanho e o formato da cozinha. No entanto, equipamentos a vapor geralmente são instalados juntos a uma fileira, com os drenos de piso adequados em frente. Grelhas e grelhadores para cocção rápida devem ficar mais próximos da unidade de serviço, mas não perto de fritadeiras de imersão. O perigo de incêndio é grande quando o calor intenso que sai das grelhas e dos grelhadores fica perto de gordura quente que pode espirrar. A Figura 10.25 ilustra quatro possíveis arranjos para a unidade do cozinheiro. Observe a quantidade de espaço necessário para cada arranjo, com a inclusão de um espaço de limpeza de 30 a 45 cm entre as fileiras de equipamentos de cocção de costas um para o outro.

Coifas de teto com exaustores com ventilação separada, que se estendem até 30 cm de altura sobre todos os equipamentos de cocção, ajudam a ventilar a cozinha e remover odores, fumaça, umidade e vapores. As coifas também facilitam a instalação de acabamentos de iluminação direta para iluminar as superfícies de cocção.

Saídas de água em cada ponto de uso, como uma torneira com braço móvel entre cada par de caldeirões basculantes, acima ou ao lado de uma fritadeira basculante ou sobre a área do fogão, são uma grande conveniência e economizam tempo para os cozinheiros. Uma mesa de cozinheiro, localizada diretamente em frente dos equipamentos de cocção, pode conter uma pequena pia de mão em uma ponta e uma prateleira alta para pequenos utensílios. Uma prateleira para armazenar potes e panelas limpos deve estar facilmente acessível, em especial pela unidade do cozinheiro, pela pia de potes e panelas e pela lavadora de alto impacto, se houver. Grande parte do equipamento na área do cozinheiro pode ser embutida na parede ou sobre rodas para facilitar a limpeza.

A *área de salada* geralmente se localiza na lateral ou no fundo da cozinha, o mais perto possível da unidade de serviço e das câmaras frigoríficas. A unidade precisa de uma quantidade livre de espaço na mesa de trabalho e de refrigeração para as saladas montadas. Em refeitórios, é mais eficiente colocar a área de preparo de saladas diretamente atrás do balcão de saladas na fila do refeitório. Um refrigerador *pass-through* permite que os trabalhadores da cozinha coloquem as bandejas de saladas montadas no refrigerador ao lado e que os trabalhadores do balcão as removam quando necessário. A Figura 10.26 mostra quatro arranjos sugeridos para a unidade de salada.

Unidades refrigeradas móveis ficam disponíveis para uso em banquetes ou festas, de modo que as saladas montadas possam ser refrigeradas até a hora da refeição e depois, levadas diretamente à área de jantar para serem servidas. No caso de montagem de salada rápida, uma mesa refrigerada é conveniente para armazenar os ingredientes da salada entre os momentos de uso. Em um hospital, casa de repouso ou restaurante com mais de um andar, o acesso fácil a elevadores de serviço, esteiras verticais ou elevadores monta-cargas permite que as saladas prontas sejam entregues em boas condições.

A área de *preparo da padaria e das sobremesas* funciona como uma unidade bem independente. Por ter pouca associação direta com outras áreas de preparo, pode ser separada delas. Como a qualidade dos produtos dessa unidade não depende tanto de tempo e temperatura quanto as carnes, os legumes e as saladas, a padaria não precisa ser tão próxima da área de serviço quanto das outras unidades.

Os equipamentos para uma unidade de padaria típica incluem uma mesa de padeiro com escaninhos móveis, fornos, armazenamento de panelas e prateleiras para resfriamento, batedeiras, caldeirão basculante, divisor e abridor de massa, abridor de massa de torta e refrigerador com portas de vidro ou câmara frigorífica pequena. As unidades de padaria de grande porte podem incluir batedeira de massa, caixa de provas, cubas de massa e fornos giratórios. Unidades de pequeno porte podem não ter uma unidade de padaria separada, e colocar a mesa do padeiro perto da unidade de cocção permite o compartilhamento dos equipamentos.

O encaminhamento do trabalho e a localização dos equipamentos deve ficar em um arranjo no sentido anti-horário para gerar maior eficiência. O produto acabado deve ficar no lado mais próximo da unidade de serviço para obter uma distância de transporte menor. O desempenho das tarefas deve proceder em uma linha direta de uma função para a próxima sem nenhum retrocesso ou tráfego cruzado de trabalhadores.

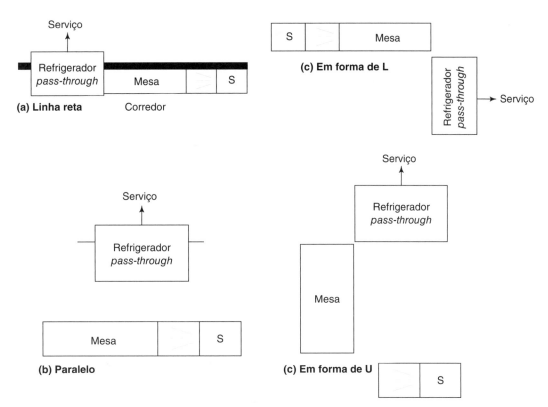

Figura 10.26 Quatro arranjos sugeridos para a área de saladas: (a) linha reta; (b) paralelo; (c) em forma de L; e (d) em forma de U. Observe que os equipamentos são organizados de maneira que o trabalho progrida da direita para a esquerda (progressão preferida) em todos, exceto no (c).

Se sobremesas congeladas, como sorvete, forem feitas nas dependências em vez de compradas, deverá ser providenciada uma sala separada, com equipamentos especiais para manipular esses produtos. Ela deve obedecer com rigidez aos códigos e exigências de higienização estabelecidos para a produção de sobremesas congeladas.

5. Montagem/serviço de alimentos: a *área de montagem/serviço* pode ficar em diversos centros de preparo na cozinha, onde os garçons pegam seus pedidos para servir à mesa ou para montar bandejas para o serviço de bandeja em hospitais. Este último exige uma linha de bandejas conforme descrito no Capítulo 9. Cômodos de servir separados podem ficar adjacentes à cozinha e, em algumas instalações, despensas podem ser localizadas em todo o prédio. Os balcões de refeitório localizados entre a cozinha e o salão de refeições podem ter muitas configurações diferentes. O comprimento e o número de balcões necessários dependem do número de pessoas a serem servidas, do número de itens oferecidos no cardápio e da velocidade de serviço desejada. A velocidade do serviço pode ser aumentada se o balcão for projetado para a movimentação dos clientes da direita para a esquerda ou no sentido anti-horário, o que torna mais fácil para as pessoas destras escolherem e colocarem os alimentos em suas bandejas.

Os projetos de balcão de serviço dependem da quantidade de espaço disponível. Os balcões podem ser organizados em uma linha reta, em uma linha dupla ou paralela com uma estação de servir entre elas, com seções em ziguezague ou em um quadrado vazio. Qualquer que seja a configuração selecionada, o *design* deve permitir um serviço rápido e evitar longas esperas para os clientes, além de manter a mão de obra em um nível mínimo. Para acelerar o fluxo, talheres, guardanapos, potes de condimentos e dispensadores de bebida muitas vezes são colocados na área do salão de refeições, para encorajar os clientes a se afastarem da área de serviço mais rapidamente. Uma seção de balcão giratória, colocada perto da parede da cozinha, é ideal para a exibição de itens frios, como saladas, sanduíches e sobremesas.

O arranjo de quadrado vazio (às vezes, chamado de sistema "misto" ou "supermercado") pode ser construído com uma ilha central para bandejas, talheres e guardanapos, também com balcões de servir em três lados. Com esse *design*, os clientes entram no quadrado, pegam uma bandeja e utensílios, daí se dirigem a qualquer seção do balcão que eles desejarem, sem ter que ficar na fila para esperar os outros fazerem suas escolhas. Um arranjo típico é ilustrado na Figura 10.27.

Figura 10.27 Exemplo de arranjo de refeitório em quadrado vazio com *display* de saladas giratório em três camadas.

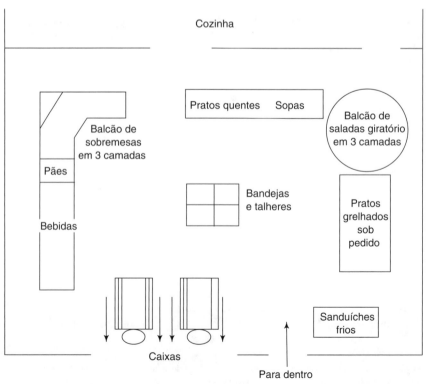

Os balcões de refeitório geralmente são personalizados, de modo a obter os desejados comprimento e *design*. As seções para alimentos quentes, antes aquecidas com vapor, agora são principalmente aquecidas com eletricidade e têm unidades controladas por termostato. Os alimentos quentes podem ser colocados no balcão nas panelas em que foram cozidos, se as aberturas do balcão tiverem o mesmo tamanho das panelas. Essa unidade quente deve estar localizada o mais perto possível da área de cocção da cozinha. Armários *pass-through* aquecidos podem ser instalados na parede entre a cozinha e a área de serviço perto da seção de alimentos quentes para facilitar o fornecimento de alimentos para o balcão.

O arranjo dos itens alimentícios em uma fila de refeitório pode ser em sequência lógica, ou seja, na ordem em que o alimento seria comido. As escolas geralmente preferem este arranjo para que os alunos possam escolher os itens mais nutritivos primeiro e as sobremesas depois. No entanto, em refeitórios comerciais, um arranjo psicológico pode ser mais rentável; por exemplo, os itens mais atraentes, como saladas e sobremesas, são colocados em primeiro lugar para uma seleção melhor; já os alimentos quentes são colocados perto do fim do balcão. As unidades de balcão podem ser móveis para dar flexibilidade ao arranjo.

O tamanho das despensas de servir, como as dos hospitais, depende do uso de um serviço centralizado ou descentralizado. Consulte o Capítulo 9 para obter detalhes de necessidades de equipamentos e espaço para esses dois sistemas de serviço.

6. Lavagem de utensílios: a *lavagem de utensílios* inclui pratos, talheres, copos, bandejas, potes e panelas. Cada um desses itens será discutido individualmente. A área de lavagem de potes e panelas deve ser localizada perto das unidades de cocção e de padaria, porque a maioria dos potes e panelas sujos vem dessas unidades. A área não deve ficar em um corredor principal nem em uma linha de tráfego. Ela normalmente fica na ponta ou nos fundos da unidade de cocção ou em um nicho alocado para esse propósito.

As necessidades de equipamentos incluem uma pia com três compartimentos: um para imersão e lavagem, um para enxágue e um para higienização (com placas de dreno). Prateleiras para potes e panelas limpos também são necessárias além de, em algumas instalações, uma máquina de lavar mecânica para potes e panelas. A lavagem manual de potes e panelas pode ser auxiliada por um escovão automático orientado manualmente ou um fluxo de água forte para soltar os alimentos das panelas. Depois da lavagem à mão, os potes e panelas podem ser desinfetados em um armário a vapor ou passar pela máquina de lavar pratos. Serviços de alimentação de grande porte, em especial hospitais com carrinhos de servir para entregar refeições aos pacientes, podem precisar de espaço para um carrinho do tamanho da sala e uma lavadora de panelas.

As *áreas de lavagem de pratos* devem ser compactas, bem iluminadas e bem ventiladas. É desejável localizar esta unidade longe do salão de refeições por causa do ruído. Se isso não for possível, cercar a área com material acústico pode ajudar a abafar os sons. Esteiras mecânicas economizam tempo e dinheiro com o transporte de pratos sujos da área de refeições para a sala de lavagem de pratos. A localização da área de lavagem de pratos deve ser tal que a devolução de pratos sujos não interfira na rotina de serviço nem atravesse unidades de trabalho.

O processo de lavagem de pratos foi descrito no Capítulo 4. O *design* e o espaço para a área de lavagem de pratos deve permitir o fluxo suave de pratos nos processos de separação, raspagem, lavagem, enxágue, secagem e armazenamento. O arranjo geral da área e o tamanho e o tipo da máquina de lavar pratos a ser selecionada dependem do número de peças a serem lavadas, da velocidade com que elas devem retornar para reutilização e do formato do espaço disponível. Arranjos para a área de lavagem de pratos podem ser em linha reta, em forma de L, em forma de U, em quadrado aberto, em plataforma ou em círculo fechado. O tipo em linha reta costuma ser instalado perto de uma parede lateral em operações de pequeno porte. O arranjo em forma de U é compacto e eficiente para pequenos espaços, enquanto o quadrado aberto pode ser preferível em uma instalação maior e poderia facilmente acomodar uma máquina de lavar copos. As máquinas são projetadas para a operação destra ou canhota, embora a direção do fluxo normal seja da direita para a esquerda. A Figura 10.28 mostra um plano de *layout* para um espaço pequeno. A Figura 10.29 mostra um arranjo em círculo fechado ou com esteiras rolantes rápidas que movimentam de modo mecânico as prateleiras continuamente para a parte de pratos sujos da máquina. Embora esse arranjo exija mais ou menos a mesma quantidade de espaço de piso que o tipo em linha reta, ele é mais compacto e pode ser operado por menos funcionários.

Qualquer *layout* de lavagem de pratos deve ser posicionado longe o suficiente das paredes para permitir que os trabalhadores tenham fácil acesso. Um corredor de no mínimo 1,2 m é desejável em ambos os lados da lava-louças.

Os equipamentos da unidade de lavagem de pratos podem incluir um arranjo de pré-lavagem, a máquina de pratos, talvez uma máquina de lavagem de copos, mesas para pratos sujos e limpos,

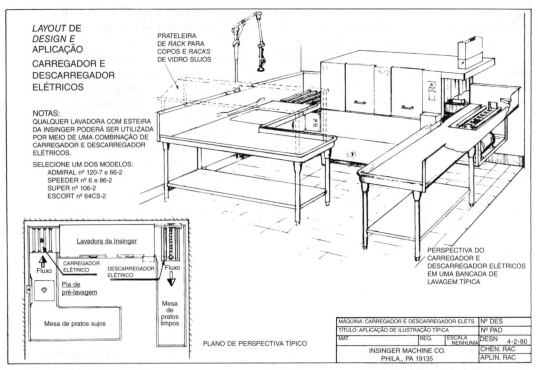

Figura 10.28 Plano de *layout* para um espaço de lavagem pequeno. O carregador e o descarregador elétricos dessa empresa permitem que várias instalações usem máquinas de lavar maiores em uma área pequena. Os descarregadores ejetam os *racks* de pratos em um ângulo certo para a máquina, uma característica que economiza espaço.

Fonte: Cortesia de Insinger Machine Co., Philadelphia, PA.

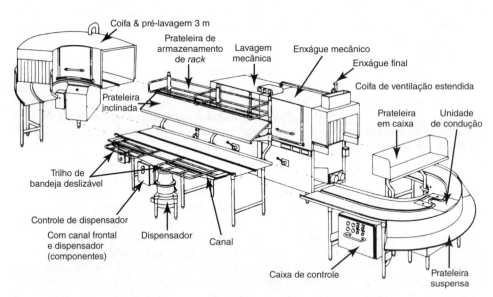

Figura 10.29 O sistema de lavagem de utensílios em esteira de *rack* rápido pode ter *design* personalizado para caber no espaço e atender às necessidades da situação.

Fonte: Reproduzido por cortesia de Hobart Corporation, Troy, OH.

latas de lixo, carrinhos de armazenamento e carrinhos ou esteiras horizontais para levar e trazer os pratos para esta área. A divisão de espaço comum alocada para as mesas de pratos é 60% para pratos sujos e 40% para limpos. (Ver Apêndice B para mais detalhes sobre lavadoras de pratos.)

Os equipamentos de pré-lavagem ou pré-enxágue incluem uma unidade embutida na máquina lava-louças, uma mangueira e um bocal ou um *spray* forte de água, como ilustrado na Figura 10.30. O método do *spray* forte consome mais água que os outros métodos; portanto, não é uma escolha desejável se a economia de água for uma preocupação. A mangueira e o bocal podem ficar perto da máquina, mas o *spray* forte deve ficar longe o suficiente para que os pratos possam ser colocados

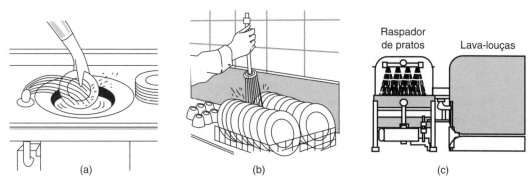

Figura 10.30 Três arranjos para pré-enxágue de pratos sujos: (a) *spray* com fluxo de água forte; (b) mangueira e bocal; e (c) unidade de raspagem com água na lava-louças.

com facilidade em *racks* depois do pré-enxágue. As latas de lixo podem ser instaladas em ambos os tipos. Também deve ser oferecido um método de devolução dos *racks* vazios para a mesa de pratos sujos a fim de serem reutilizados. (Ver a esteira rolante elétrica na Fig. 10.29.)

Um aquecedor amplificado deve ser instalado perto da máquina para aumentar a temperatura da água de 49 a 60°C, usada em todo o prédio, como para os 82°C necessários na máquina de lavar para a água de enxágue na higienização. Alguns *layouts* da sala de lavagem de pratos podem incluir uma pia superdimensionada para lavagem de bandejas de servir que são grandes demais para a máquina de lavar. Se muitas bandejas forem lavadas (como em hospitais que servem os pacientes nos leitos), é desejável ter uma máquina especial projetada para a lavagem de bandejas. Esse tipo de máquina é mostrado no Apêndice B.

É essencial a ventilação adequada da área de lavagem de pratos. Um exaustor embutido na coifa deve ser instalado sobre a unidade ou dutos de escoamento à prova de ferrugem e água, com ventilação direta para fora. Estes podem ser ligados diretamente às máquinas para remover o vapor e o ar quente.

7. Serviços de apoio: os *serviços de apoio* não devem ser esquecidos quando se planeja uma instalação. Deve-se incluir espaço para banheiros, armários, chuveiros e instalações de lavagem das mãos para os funcionários. O número de vasos sanitários e outras amenidades será determinado pelo número de trabalhadores de cada sexo de serviço em cada turno e pelos padrões e códigos do Departamento de Saúde. As exigências da ADA também devem ser atendidas quando se planejam essas instalações.

O espaço de escritório para o funcionário de gestão do serviço de alimentação deve ser localizado, de preferência, de modo que esse tenha uma visão da cozinha e do trabalho em andamento. Isso pode ser conseguido, em parte, com o uso de paredes de vidro ou janelas amplas no escritório. O número de pessoas que precisem de mesas, arquivos, cadeiras para visitantes e espaço de passagem irá determinar o tamanho dos escritórios. Os membros da equipe que não supervisionam diretamente a produção de alimentos podem ter escritórios em uma área adjacente à cozinha.

Os armários dos zeladores, para armazenamento de esfregões, vassouras e materiais de limpeza, bem como uma pia baixa e grande para lavagem de esfregões, exigem consideração no planejamento de uma instalação de alimentação. Uma área equipada com uma mangueira a vapor, normalmente localizada perto da porta dos fundos, pode ser necessária para desinfetar carrinhos de alimentos e caminhões, em especial nos hospitais que têm muitos desses itens para limpar. Esta deve ser uma área separada com contenção ao redor e equipada com drenos no piso.

É necessário ter espaço para armazenamento de lixo e de alimentos descartados e espaço para remoção, se não houver uma lixeira no prédio. Muitos prédios têm sua própria incineradora para queimar lixo, compactadores centrais para comprimir lixo e latas, além de latas de lixo na unidade de preparo. Quando essas instalações não estiverem disponíveis, o lixo e o descarte deverão ser coletados e mantidos para serem removidos com frequência. Uma sala refrigerada perto da entrada dos fundos pode ser oferecida para o armazenamento diário de lixo, mas, quando for viável, é mais desejável e eficiente ter lixeiras incorporadas ao sistema em cada unidade ou centrais.

O salão de refeições geralmente faz parte do plano de *design* total do serviço de alimentação. Para obter mais eficiência, ele se localiza adjacente à cozinha, à área de servir, ou às vezes abrindo o refeitório. Salões de refeições que são tranquilos, bem iluminados e bem ventilados levam ao desfrute dos alimentos e da hospitalidade. O tamanho do salão de refeições foi discutido anteriormente na seção "Reservas de espaço e inter-relações" deste capítulo.

Os equipamentos para as áreas de refeição incluem mesas, cadeiras e pequenas estações de serviço. Mesas com dois e quatro assentos que podem ser combinadas para acomodar grupos maiores são típicas na maioria dos salões de refeições públicos. As mesas nos serviços de alimentação escolares são maiores para economizar espaço, mas difíceis para o serviço de garçom ou garçonete e menos satisfatórias para a socialização. O tamanho das mesas que serão usadas, o tipo e o tamanho das cadeiras e o número de pessoas que se sentarão ao mesmo tempo são básicos para determinar as necessidades de espaço. Além disso, deve ser adicionado o espaço entre as mesas e o corredor; o espaço mínimo entre as costas das cadeiras é de 45 cm depois que as pessoas se sentam. São recomendadas faixas de circulação principal de 1,3 a 1,5 m. Salões de refeições públicos devem acomodar clientes que podem estar em cadeiras de rodas ou que usem caminhadores e, por isso, podem precisar de corredores mais largos. (Ver a Fig. 10.21 para detalhes.)

Divisórias dobráveis que são decorativas e funcionais podem ser usadas para fechar parte do salão de refeições para grupos especiais ou quando não estiver sendo usado o salão todo. Os banheiros para clientes devem estar localizados perto da área de refeições por conveniência e segurança. (Ver Cap. 11 para saber mais sobre equipamentos do salão de refeições.)

A equipe de planejamento, diante dessas informações, agora deve se reunir para discutir ideias. Eles devem rejeitar ou descartar características e componentes do plano até chegarem a um acordo sobre o que deve ser incluído e os limites do projeto. Se for um projeto de reforma, a equipe decide quanto pode ser feito e, talvez, o que não deve ser feito. Serão tomadas decisões de quantidade e qualidade dentro das limitações do orçamento. O acordo entre todos os membros da equipe é fundamental, de modo que cada um esteja totalmente comprometido com o projeto e continue a dedicar tempo de trabalho e a oferecer a experiência necessária para levar o projeto a uma conclusão bem-sucedida com o objetivo de reunir o cardápio e os clientes por um sistema planejado de tempo e movimento.

Mecânica do desenho

O desenho de um plano em escala exige certas ferramentas e técnicas. Papel quadriculado com grade de 60 mm é um tamanho conveniente para trabalhar (a escala normal é de 60 mm para 30 cm) e também proporciona uma boa escala para representar visualmente o *layout*. (Se for usada uma escala de 30 mm, compre papel quadriculado de 30 mm, e assim por diante.) Uma caneta e tinta nanquim ou uma caneta com tinta preta pesada; uma boa régua, de preferência uma régua em T com várias escalas marcadas; e um pouco de papel vegetal e fita crepe são outros materiais necessários.

Um esboço do tamanho e da forma do espaço alocado é desenhado inicialmente na escala a lápis no papel quadriculado. Quando a localização de portas e janelas tiver sido decidida, estas são marcadas no esboço. Então, o esboço do espaço é coberto em tinta, com os símbolos arquitetônicos adequados para paredes, portas e janelas, como ilustra a Figura 10.31.

O próximo passo é obter um conjunto de modelos, desenhos de modelos em escala, de cada equipamento a ser usado. Eles devem estar na mesma escala que a planta baixa. Marque cada modelo com o nome e as dimensões do equipamento que ele representa (Fig. 10.32). Às vezes, usa-se uma cor diferente para cada unidade de trabalho. Os modelos devem incluir as medidas totais das características que exigem espaço, como as aberturas de portas, caixas ou acessórios de controle e qualquer necessidade de instalação especificada nos catálogos dos equipamentos. Os modelos são então cortados, colocados na planta baixa e movidos sobre ela até se encontrar um bom arranjo. Os modelos podem, então, ser presos à planta baixa com um pouco de cimento de borracha (para fácil remoção se forem feitas mudanças).

Uma folha de papel vegetal é colada com fita crepe sobre a planta baixa, depois são desenhadas linhas para mostrar a rota usada no preparo de vários itens do cardápio. Desenhar linhas que traçam os movimentos dos alimentos e dos trabalhadores a partir de um ponto de trabalho-chave até o próximo dentro de uma unidade, bem como a partir de uma área de trabalho ou departamento para o próximo, é uma boa forma de verificar a eficiência do arranjo. A medição das distâncias pode ser feita passando-se uma corda sobre alfinetes de marcação em cada ponto-chave durante o preparo de um item do cardápio, e então, mede-se a corda. Nesse momento, é feita uma verificação da largura dos corredores, do espaço da área de trabalho, da localização de pias para os funcionários lavarem as mãos, de espaço de armazenamento para carrinhos e caminhões, além de detalhes semelhantes.

Os procedimentos anteriores oferecem uma boa verificação da adequação da planta baixa experimental, dos equipamentos necessários e das áreas de trabalho antes de a planta final ser definida. As reservas de espaço para passagens entre as áreas de trabalho, entre as mesas, entre

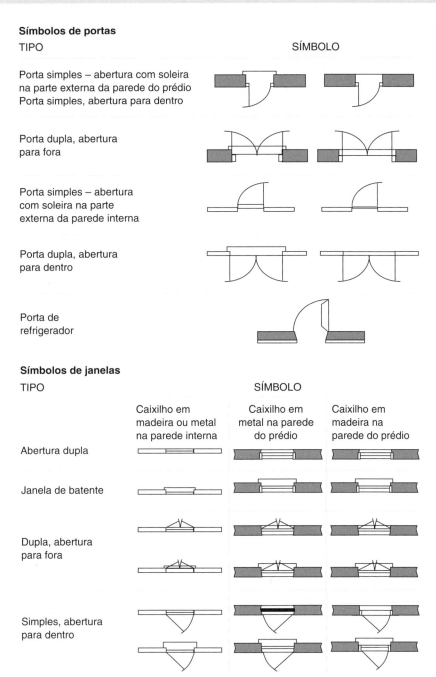

Figura 10.31 Símbolos arquitetônicos usados em projetos para mostrar a localização e o arranjo de vários tipos de portas e janelas.

os fornos combinados e a mesa do cozinheiro e entre outros equipamentos de grande porte também devem ser verificadas em termos de adequação. Mudanças e ajustes devem ser feitos em papel e não depois de a construção ter começado, porque é caro fazer revisões nesse momento.

Desenhos separados são feitos pelo arquiteto para a instalação de encanamentos, eletricidade e gás, além dos desenhos da construção. Tudo deve ser coordenado e verificado cuidadosamente para garantir que as saídas de gás, água e descartes e ventilação estejam nas posições corretas para os equipamentos planejados. Além disso, devem ser anotadas a fiação elétrica com interruptores de controle convenientes, saídas de energia e regulares e interruptores liga/desliga, além da localização e dos tipos de acabamento de luz. Os fios e saídas de telefone, a fiação para computadores e interfones, caixas postais ou sistemas de TV são indicados de acordo com as decisões.

Projeto no computador

O **projeto auxiliado por computador/manufatura auxiliada por computador (CAD/CAM, na sigla em inglês)** começou no início dos anos de 1960 e cresceu e se expandiu com rapidez durante as últimas quatro décadas. A capacidade dos computadores para desenhar

Projeto auxiliado por computador/manufatura auxiliada por computador (CAD/CAM)
Programas de *software* usados para ajudar no *design* e no *layout* de uma instalação.

Figura 10.32 Modelos de amostras de equipamentos desenhados na escala de 60 mm. Os modelos cortados podem ser movidos sobre uma planta baixa na mesma escala para determinar as necessidades de espaço no piso e para determinar o arranjo mais eficiente dos equipamentos.

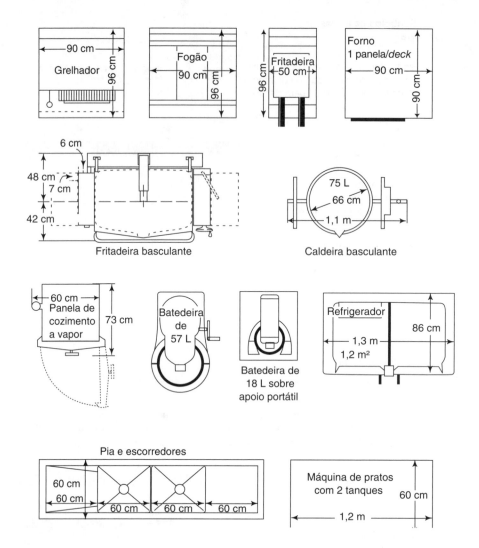

uma planta baixa e o *layout* dos equipamentos e converter desenhos em duas dimensões para três dimensões pode substituir o método que acabou de ser descrito na seção "Mecânica do desenho". No entanto, todos os estudos preliminares, análises e ideias da equipe continuam a ser etapas necessárias para obter os dados necessários para criar o *design* em um computador.

O CAD para serviços de alimentação baseia-se em um conceito gráfico interativo; isto é, os programas de *software* são desenvolvidos para auxiliar no planejamento esquemático. Os programas de *software* usam variáveis que devem ser identificadas pelo gerente do negócio de alimentação e pela equipe de planejamento.

Hoje, os programas são sofisticados, e as tecnologias desenvolvidas levaram ao uso dos termos "antes do CAD" e "depois do CAD". *Antes do CAD* serve para substituir o uso de "esboços em guardanapos e lenços de papel" como ponto de partida para o *design* conceitual. *Depois do CAD* refere-se à gestão de instalações auxiliada por computador (CAFM), que oferece uma gama mais ampla de serviços para administrar o projeto de construção além da função de *design*.

Os sistemas de *software* CAD têm sido adaptados e ampliados por muitas empresas. Uma atualização dos sistemas mais recentes pode ser obtida por meio de uma análise de revistas e contato com empresas que vendem sistemas de CAD. Muitos programas de *software* podem ser usados em computadores pessoais, bem como em estações de trabalho mais poderosas e em rede. Os sistemas CAD rodam em uma variedade de plataformas, como UNIX, DOS, Mac e VAX.

Muitos pacotes de expansão estão disponíveis hoje para tornar o desenho das plantas baixas mais rápido e mais fácil. Eles têm características como visualização e *zoom* instantâneos, exibição de várias visualizações simultâneas, corte e colagem de desenhos para criar novos, além de marcação de modificações em desenhos e controle mais fácil de versões. Os dispositivos de saída podem incluir plotadoras digitais de alta tecnologia, monitores de vídeo interativos ou programas de realidade virtual.

Os gerentes de negócios de alimentação ou as equipes de planejamento que desejarem fazer o *design* de instalações por computador devem pesquisar cuidadosamente o mercado para encontrar o *software* e os pacotes adequados de expansão. Novos desenvolvimentos aparecem quase todos os dias, e qualquer listagem de componentes hoje pode em breve estar antiquada ou obsoleta. Alguns recursos para se manter a par dos desenvolvimentos estão listados no fim deste capítulo em "Sites selecionados".

Plantas baixas do arquiteto

Depois de o nutricionista, o gerente do negócio de alimentação e outras pessoas verificarem com cuidado os planos preliminares, o arquiteto prepara um conjunto completo de desenhos que são reproduzidos como plantas baixas. Elas sempre incluem o nome e o endereço da instalação, a escala usada e a data em que o plano foi preparado. Os detalhes de construção, os materiais, o encanamento e a fiação, as conexões e os acabamentos elétricos são indicados e codificados. Desenhos laterais em relevo são incluídos para acabamentos de portas e janelas, escadas e equipamentos embutidos ou anexos.

Ao ler e verificar as cópias, é importante pensar sempre na escala em que elas são desenhadas. A escala deve ser suficientemente grande para permitir um estudo detalhado. As linhas grossas e sólidas indicam paredes; o espaço entre as linhas indica a espessura da parede; e as marcações entre elas indicam o tipo de material, como pedra, tijolo e blocos de concreto. Três ou quatro linhas paralelas em um intervalo na parede indicam a posição e o tamanho das janelas. A direção em que as portas vão se abrir aparece na planta baixa como um arco que se estende da dobradiça da porta até a posição da porta totalmente aberta (ver Fig. 10.26). Os degraus são mostrados como linhas paralelas com uma seta e as palavras "para cima" ou "para baixo". As dimensões de todos os espaços são indicadas, e as salas e os equipamentos são rotulados. Os arquitetos usam uma variedade de símbolos para identificar características especiais; por exemplo, alguns símbolos elétricos são mostrados na Figura 10.33. Todos os símbolos que o arquiteto usa são explicados em uma legenda no desenho.

Especificações e documentos contratuais

O arquiteto também deve preparar um conjunto de documentos escritos para acompanhar a planta baixa quando esta for apresentada aos empreiteiros para licitação. Esses documentos incluem uma declaração das condições gerais e o escopo do trabalho a ser feito; um cronograma de operação, que inclui uma agenda para os empreiteiros realizarem seu trabalho e detalhes das penalidades resultantes do não cumprimento dos prazos; uma lista dos responsáveis por instalações e inspeções; e especificações para todos os aspectos do trabalho e dos equipamentos necessários.

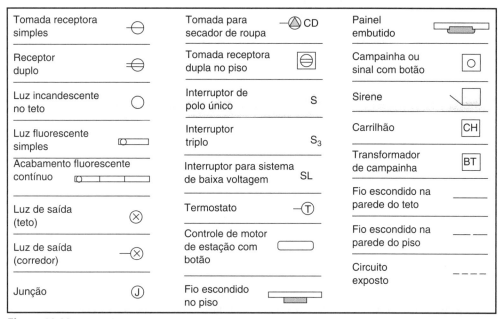

Figura 10.33 Símbolos elétricos usados em plantas baixas para indicar o tipo e a localização de fios e tomadas.

As especificações incluem detalhes como a localização do prédio; o tipo de construção de base; a mistura de cimento; o tamanho e os tipos de conduítes, drenos e ventilações; o tipo e a instalação de telhados e pisos; os acabamentos e as cores das paredes; ferramentas; portas e janelas; e todas as outras características da construção. As especificações dos equipamentos geralmente incluem o nome da marca e o número do modelo, o material a ser usado, o tamanho ou a capacidade, assim como a quantidade necessária (ver Cap. 11 para detalhes). Em instalações de grande porte, documentos contratuais separados podem ser preparados para licitações do sistema elétrico ou HVAC. Todas as especificações devem atender aos códigos aplicáveis de construção e instalação, e todos os documentos devem ser redigidos com clareza para evitar enganos.

Licitações, contratos, construção e inspeção

Quando os documentos contratuais estiverem prontos, eles são anunciados e disponibilizados para licitantes interessados. Certos empreiteiros e representantes de equipamentos confiáveis podem ser notificados de que os planos estão prontos e ser convidados para a licitação do projeto.

O contrato geralmente é concedido ao licitante com valor mais baixo, que então trabalha de perto com o arquiteto até a construção terminar. O gerente do negócio de alimentação monitora de perto os desenvolvimentos durante a fase de construção do projeto, de modo a inspecionar frequentemente com o arquiteto. As condições do contrato, bem como os indivíduos envolvidos, determinam quais ajustes podem ser feitos depois que o contrato for assinado.

O tempo real da construção pode variar, em decorrência do tipo e do tamanho da construção e da disponibilidade de mão de obra, materiais e equipamentos. Durante a construção, o arquiteto frequentemente verifica o progresso e a qualidade do trabalho para certificar-se de que ambos atendem às especificações contratuais. Além disso, o arquiteto deve inspecionar e aprovar todas as construções, equipamentos e instalações antes de a organização pagadora receber a instalação. Pelo menos 2 a 3 semanas antes da inauguração programada, deve-se preparar uma **lista de acompanhamento**. Uma lista de acompanhamento é um *checklist* que poderá revelar qualquer equipamento defeituoso, substituído ou inferior, para que sejam feitas correções antes da data de inauguração ou de treinamento. Um profissional qualificado que não estiver fornecendo nem instalando a cozinha deve preparar a lista de acompanhamento. Cada item de equipamento é testado em seu desempenho para ver se ele atende às especificações e reivindicações e se ele foi instalado corretamente.

Além disso, testes de desempenho, no geral realizados pelo representante de vendas do equipamento para demonstrar a operação, o cuidado e a manutenção adequados do equipamento, devem ser assistidos pelo nutricionista, o gerente do negócio de alimentação e seus assistentes, o supervisor da cozinha, o pessoal de manutenção e o arquiteto. As demonstrações também podem ser filmadas para uso em treinamentos futuros de funcionários e para sessões posteriores de revisão para os funcionários atuais.

Os diversos empreiteiros geralmente garantem os ajustes necessários e alguns serviços por um período específico depois do término do projeto. Depois de uma data predeterminada, todos os reparos e a manutenção completa se tornam responsabilidade do gerente de um negócio de alimentação. Todos os formulários de contrato de garantia fornecidos devem ser preenchidos e devolvidos prontamente ao fabricante.

Resumo

Os princípios e as diretrizes para o planejamento do *design* da instalação apresentados neste capítulo se aplicam a todos os tipos de projetos de construção de serviços de alimentação. Na verdade, as considerações gerais para fazer e verificar plantas baixas são semelhantes para diferentes tipos de instituições, independentemente do tipo de serviço, cardápio, clientela e outras condições vigentes. As partes de um projeto que foram a princípio eliminadas podem ser incluídas no futuro por um custo mais baixo se os planos básicos forem incorporados durante o período da construção. Por exemplo, se um sistema de trilhos para transporte de suprimentos e alimentos for antecipado para o futuro, os trilhos aéreos necessários e outros requisitos poderiam ser incorporados à construção original.

Durante a etapa de planejamento do projeto, o gerente de um negócio de alimentação deve coletar uma lista de itens que deveriam ser incluídos nos planos propostos. Estes poderiam abranger desde tomadas de telefone no salão de refeições até espaço de armazenamento para mesas de banquete, bancos altos, porcelana de reserva e utensílios. Uma lista por escrito desses detalhes é uma excelente maneira de garantir que esses itens sejam incluídos nos planos finais.

Lista de acompanhamento
Um *checklist* detalhado que revela qualquer equipamento defeituoso, substituto ou inferior de modo a serem feitas correções antes da data de inauguração ou de treinamento em uma instalação reformada.

Um equilíbrio entre beleza e utilidade na estrutura, nos móveis e nos equipamentos é útil para um planejamento bem-sucedido do serviço de alimentação. Paredes coloridas e revestimentos de pisos, iluminação moderna, equipamentos de cozinha modulares feitos de metais com bom acabamento, máquinas com peças mecânicas e motores embutidos, assim como o uso de madeiras e metais atraentes nos móveis do salão de refeições são algumas das poucas entre as muitas características que contribuem para a funcionalidade das áreas dos serviços de alimentação modernos. A higienização, a facilidade de manutenção, a redução de ruídos e temperaturas ambientais controladas para o conforto são características intrínsecas que contribuem para tornar uma instalação bem-sucedida e ajudar a alcançar os objetivos descritos no prospecto da operação do negócio de alimentação. Uma consideração final é que o *design* sempre deve ser flexível o suficiente para permitir futuras alterações para atender a novas necessidades de equipamentos e tendências.

Aplicação de conceitos abordados no capítulo

A percepção da necessidade de reforma/reconstrução muitas vezes acontece em um átimo antes de o projeto ser concretizado. Isso certamente é verdadeiro no caso de serviços de alimentação internos em que há muita competição em todo o sistema da universidade pelos recursos limitado.

A sustentabilidade influenciou o *design* das novas instalações de alimentação da Universidade de Wisconsin-Madison de várias maneiras. A meta de utilizar produtos agrícolas locais exigiu a incorporação de áreas de armazenamento e limpeza de produtos agrícolas locais adjacentes à doca de recebimento. Além do mais, os novos prédios terão telhados "verdes", áreas de doca dedicadas a compostagem, trituradores, caldeiras para conversão de óleo de imersão em fritura, uso concentrado de materiais externos derivados do local, mobiliário adquirido localmente e colocação intencional de janelas e o tipo de janelas escolhido.

Os novos prédios serão construídos de acordo com os padrões certificados LEED, mas a universidade preferiu não passar pelo processo de certificação LEED. Grande parte do prédio antigo será reciclada.

Questões para reflexão

1. O que significa "colocação intencional" e tipo de janela escolhido em termos de sustentabilidade?
2. O que significa ter um telhado "verde"?
3. Por que o uso de produtos agrícolas locais exige armazenamento e limpeza desses produtos na área da doca de recebimento?
4. Por que a universidade escolheria não passar pelo processo de certificação LEED?
5. Que impacto o uso de mobiliário e materiais de construção fabricados no local tem sobre o meio ambiente?
6. Que itens o serviço de alimentação da universidade poderia colocar em um triturador?
7. Que itens do serviço de alimentação passarão pela compostagem? Como a universidade poderia fazer uso da compostagem?
8. Como são usados os materiais de construção reciclados?
9. Quem deveriam ser os membros lógicos da equipe de planejamento desse projeto específico?
10. Na sua região do país, que produtos locais (alimentos, materiais de construção etc.) poderiam ser usados em uma operação de negócio de alimentação?

Questões para revisão

1. O que abrange o planejamento e o projeto de instalações?
2. Que estudos preliminares e coleta de dados são essenciais para se preparar para um projeto de planejamento de instalações e por quê?
3. De que maneira um gerente de negócios de alimentação pode se manter atualizado sobre novos desenvolvimentos em equipamentos de *design* para serviços de alimentação?
4. Quais são algumas das fontes de informação sobre as considerações regulatórias da ADA que devem ser observadas no planejamento de uma nova instalação de negócio de alimentação?

5. Em geral, quem são os membros da equipe que planejam cooperativamente uma instalação de alimentação? Que contribuições cada um apresenta? Que informações o gerente de negócio de alimentação deve estar preparado para fornecer aos outros membros da equipe?
6. Por que o prospecto é um documento importante no projeto de planejamento? Quais são as três partes de um prospecto?
7. Aponte algumas maneiras como a sustentabilidade, a higienização, a segurança e o controle de ruídos podem ser inseridos no plano de uma instalação.
8. Para maior eficiência, qual é o fluxo de trabalho e de pessoal recomendado e as relações de espaço para uma instalação de serviços de alimentação?
9. O que determina o número e o tipo de unidade de trabalho que devem ser incluídas em qualquer *design* de planta baixa?
10. Qual é a mecânica para desenhar uma planta baixa e organizar o *layout* dos equipamentos à mão? E por projeto auxiliado por computadores/fabricação auxiliada por computadores (CAD/CAM) ou pelo *software* Revit?
11. Que acordos e especificações contratuais devem ser preparados e incluídos nos documentos enviados para licitação da construção da instalação?
12. Depois que a construção ficar pronta, quais inspeções e testes de desempenho deverão ser realizados antes de a organização pagadora aceitar, em termos formais e finais, a instalação?

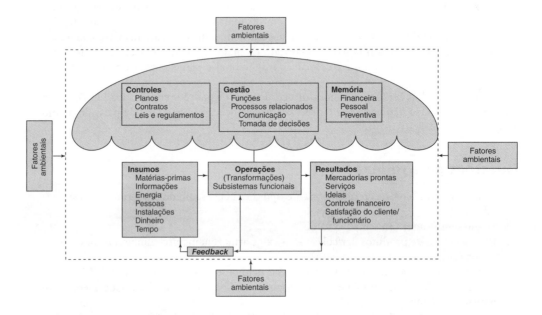

Sites selecionados (em inglês)

www.alibre.com   (Alibre, fonte do *software* CAD/CAM)
www.autodesk.com   (Autodesk, *software* de *design*)
www.caddepot.com   (CADdepot, *shareware* de CAD)
www.cad-portal.com   (notícias do setor de CAD)
www.cadstd.com   (*software* de projeto auxiliado por computadores)
www.cfldesign.com   (Clevenger Frable LaVallee Foodservice & Laundry Consulting & Design)
www.dupagehealth.org/safefood/industry/construct/FS_Design.pdf   (Manual de *design* de *foodservice* e construção)
www.fesmag.com   (revista *Foodservice Equipment & Supplies*)
http://food-management.com   (revista *Food Management*)
http://hightechinstitute.edu   (treinamento de carreira)
www.hospitalityexpos.com   (feiras e eventos do setor de hospitalidade)
www.kclcad.com   (Kochman Consultants Ltd., um fornecedor de bibliotecas de símbolos de equipamentos para serviços de alimentação baseadas em AutoCAD)
www.ki-inc.com   (fornecedores de móveis comerciais)

www.nacufs.org (National Association of College and University Food Services, para profissionais de serviços de alimentação de *campus*)
www.nafem.org (North American Association of Food Equipment Manufacturers)
www.nal.usda.gov/fnic (USDA National Agricultural Library Food and Nutrition Information Center)
www.nemetschek.net/community/addons/symbols/food_service.php (Nemetschek 3D, *software* de equipamentos de *design* para serviços de alimentação)
www.nfsmi.org (National Food Service Management Institute, nutrição infantil)
www.ada.gov (informações e assistência técnica sobre a *Americans with disabilities act*)
www.webbfoodservicedesign.com (Webb Food Service Design Consultants)

11

Móveis, equipamentos e utensílios

CONTEÚDO

Fatores que influenciam a escolha de equipamentos

O cardápio

Quantidade e categoria de clientes

Especificações do alimento adquirido e estilos de serviço

Horário de trabalho e capacitação dos trabalhadores

Instalações

Orçamento

Planta do local

Características dos equipamentos

Design e funções

Tamanho ou capacidade

Materiais

Processo de fabricação

Instalação, operação e desempenho

Manutenção e reposição

Método de compra

Escolha de alguns itens básicos

Equipamentos voltados à cocção

Equipamentos não voltados à cocção

Alguns modelos novos de equipamentos

Móveis e utensílios para refeitório

Louças

Utensílios de mesa

Copos

Toalhas de mesa

Resumo

A escolha dos equipamentos, assim como do projeto e da arquitetura do espaço, é um fator determinante para o sucesso ou fracasso do negócio. Essa escolha está entre as responsabilidades dos administradores de serviços de alimentação. O envolvimento de um administrador abrange desde o planejamento da aquisição de equipamentos para uma nova instalação de produção de alimentos, até a escolha de novas opções para substituição dos equipamentos de uma instalação existente. Essa não é uma tarefa fácil, dados os diversos fatores que determinam a necessidade de equipamentos e a miríade de alternativas disponíveis.

O primeiro passo a ser dado pelos administradores é a identificação de seus objetivos e suas necessidades quanto a móveis, equipamentos e acessórios. Entre os pares mais comuns de objetivos/necessidades no ambiente econômico atual, destacam-se: (1) melhoria da qualidade e da agilidade do serviço oferecido aos clientes, com o intuito de incrementar as vendas; (2) melhoria da qualidade dos alimentos e coerência com o propósito de promover aumento das vendas; (3) elevação do nível de eficiência do trabalho, com o objetivo de redução de seus custos e aumento das vendas; e (4) redução do impacto ambiental.

Não é possível abordar de forma completa esse tema abrangente em um livro de caráter geral, mas neste, esforços não foram poupados no sentido de incluir as informações básicas pertinentes, que podem ser complementadas através da literatura disponibilizada pelos fabricantes e por meio de observações dos equipamentos em uso. Uma boa alternativa para se conhecer as opções disponíveis é a participação em feiras comerciais de equipamentos para o setor de *foodservice* (ou de negócios em alimentação), como a promovida pela North American Association of Food Equipment Manufacturers (NAFEM),[1] na qual os *chefs* de cozinha e os representantes da indústria realizam demonstrações dos equipamentos mais recentes.

---

[1] N.R.C.: No Brasil, existe a Associação Brasileira de Máquinas e Equipamentos (ABIMAQ), que não é tão especializada como a NAFEM, mas representa os interesses desse setor da indústria. Existe também o SINDAL, Sindicato dos fabricantes de equipamentos, das empresas fornecedoras de produtos e serviços de projeto, montagem e manutenção de cozinhas industriais em hotéis, motéis, *flats*, restaurantes, bares, lanchonetes *fast-foods*, supermercados, hospitais, escolas, clubes e similares do estado de São Paulo. Além disso, as especificações para a construção e montagem de negócios de alimentação são reguladas pelas

A seleção e a compra de móveis, equipamentos e acessórios para qualquer empresa do setor de alimentação são as principais responsabilidades do diretor e de sua equipe, e o bom senso pelo qual a escolha é pautada determina, em larga medida, o grau de satisfação obtido. A segurança de empregados e clientes, a eficiência das unidades de trabalho e a beleza do ambiente podem ser prejudicadas pela ineficiência na seleção e na disposição de móveis, equipamentos e acessórios. A qualidade do serviço que uma organização pode oferecer é influenciada, quando não limitada, por essas escolhas.

Uma seleção acertada de equipamentos para qualquer serviço de alimentação deve necessariamente ser precedida de uma análise criteriosa de todos os fatores que afetam essa situação específica. Os itens estão disponíveis em diversos modelos, materiais e tamanhos, com preços que variam em uma escala bastante ampla; contudo, só devem ser adquiridos os itens adequados às necessidades específicas do estabelecimento e capazes de contribuir para a eficiência de sua operação.

Considerando-se a extrema importância da seleção e os problemas que os erros podem causar, foram incluídas no Apêndice B as principais características que devem ser observadas para escolha de determinadas peças básicas de equipamento.

Uma seção dedicada aos acessórios do refeitório encerra este capítulo. Informações essenciais para uma escolha inteligente de louças, utensílios de mesa, copos e toalhas está incluída no Apêndice B.

Conceitos-chave

1. Características específicas do estabelecimento devem ser cuidadosamente analisadas antes que qualquer decisão quanto à escolha de equipamentos seja tomada.
2. O primeiro fator a ser levado em conta na escolha dos equipamentos é o cardápio. Ele determina o que será necessário.
3. Atributos dos equipamentos, como *design* e função, tamanho e capacidade, material e processo de fabricação, assim como os custos inicial e operacional, devem ser minuciosamente avaliados antes da escolha de cada um deles.
4. A escolha de equipamentos em conformidade com as normas estabelecidas pela National Sanitation Foundation International (NSF)[2] contribui para a manutenção de elevado padrão de higiene em estabelecimentos de alimentação.
5. O aço inoxidável é largamente empregado na fabricação de equipamentos destinados à alimentação, em razão de sua durabilidade e resistência a manchas e corrosão, além da propriedade de não reagir quimicamente com os alimentos, da aparência, da facilidade de limpeza e fabricação e do preço.
6. O aço inoxidável pode ser escolhido por *gauge* ou acabamento. O *gauge* é um número de medida que tem como parâmetro o peso, o que, por sua vez, determina a espessura do aço.
7. Para garantir a existência dos dados necessários à avaliação dos custos de conservação e depreciação dos equipamentos, é recomendado que se faça o registro das manutenções e dos reparos realizados em cada um deles.
8. O bom êxito da conservação de equipamentos requer a existência de planos preventivos de manutenção claros e específicos, que visem prolongar a vida útil e manter a funcionalidade dos aparelhos.
9. Descrições bem redigidas (específicas e precisas) são indispensáveis em qualquer programa bem elaborado de compra de equipamentos.
10. Os móveis do refeitório e os utensílios de mesa, além de ter aparência agradável, devem ser duráveis, úteis e fáceis de serem mantidos.

---

diferentes esferas governamentais. Assim temos as seguintes normas reguladoras que devem ser seguidas: na esfera federal, a RDC 216, de 15 de setembro de 2004, da ANVISA; nas diferentes esferas estatuais, existem regulamentações específicas. Em São Paulo, por exemplo, é a CVS, de 5 de abril de 2013. Em âmbito municipal, existem também regulamentações específicas, novamente como exemplo de São Paulo, tem-se a portaria 2.619 de dezembro de 2011.

[2] N.R.C.: No Brasil, a agência reguladora é a ANVISA, além da ABNT, que regulamenta as condições e especificações de produtos.

Fatores que influenciam a escolha de equipamentos

■ **Conceito-chave:** Características específicas do estabelecimento de alimentação devem ser analisadas cuidadosamente antes que qualquer decisão quanto à escolha de equipamento seja tomada.

1. Cardápio.
2. Quantidade e tipo de refeições que serão servidas.
3. Formato no qual o alimento será comprado.
4. Estilo do serviço e duração do período de atendimento.
5. Número de horas de trabalho disponíveis.
6. Capacitação dos empregados para realização do trabalho.
7. Acessibilidade e custo das instalações.
8. Orçamento e quantidade de dinheiro alocada para equipamentos.
9. Planta e distribuição do espaço.

A maioria dos negócios de alimentação inclui um ou mais dos seguintes itens: forno; fogões; frigideira basculante; fritadeira; grelhador; caldeirão basculante; panela de pressão; cafeteira; refrigerador; *freezer*; máquina para produção de gelo; batedeira com acessórios; facas de corte; pias; mesas ou carrinhos. Uma vasta gama de equipamentos adicionais pode ser adquirida de acordo com a necessidade e disponibilidade financeira.

Antes de tomar a decisão final, é necessário que *design*, facilidade de operação e material de cada equipamento sejam avaliados em relação a atributos como adequação ao uso proposto, durabilidade e facilidade de limpeza, processo de fabricação e segurança, tamanho e capacidade, instalação, desempenho, manutenção e reposição de peças. Custo e alternativas em termos de método de compra também são considerações importantes no tocante à seleção do equipamento.

É difícil formular generalizações mais amplas no que diz respeito às necessidades de equipamentos, porque cada estabelecimento de alimentação apresenta problemas específicos, influenciados por um conjunto de fatores que não são exatamente reproduzidos em outros locais. A determinação dessas necessidades deve ser, portanto, uma das primeiras e mais importantes considerações feitas pelo administrador de negócios de alimentação, a fim de determinar quais equipamentos devem ser adquiridos. Cada item selecionado deve satisfazer às tarefas características de cada situação específica. No caso de uma instalação nova, as informações relativas às demandas a que o estabelecimento estará sujeito e à forma pela qual móveis e equipamentos poderão colaborar no atendimento a tais demandas são fatores primordiais para o planejamento do *layout* e para a seleção do equipamento. Quando se tratar de uma instalação já operante, porém ineficiente, o *layout* e os equipamentos existentes devem ser submetidos a uma avaliação. Tal estudo pode ser empregado para pautar a reorganização da planta do espaço e a inclusão de móveis, acessórios e equipamentos considerados necessários.

O cardápio

■ **Conceito-chave:** O primeiro fator a ser levado em conta na escolha dos equipamentos é o cardápio. Ele determina o que será necessário.

A estrutura do cardápio e os alimentos específicos que serão servidos devem ser decididos antes que a extensão e a complexidade da preparação dos alimentos possam ser determinadas. Uma análise detalhada dos requisitos de preparação de diversos cardápios proporciona a melhor base para a estimativa dos equipamentos de empresas de alimentação necessários em uma situação particular.

Receitas padronizadas que incluem rendimento, tamanho dos recipientes, tamanho das porções e peso dos ingredientes na forma AP e EP (porção comercializada e porção comestível, nas siglas em inglês; ver Cap. 8) oferecem um auxílio inestimável no planejamento de equipamentos eficientes. O tamanho dos lotes e a frequência de repetição de um procedimento são considerações importantes para determinação das necessidades em termos de equipamentos. Uma batedeira grande e caldeirão basculante, ou frigideiras basculantes, podem ser peças recomendáveis, porque são utilizados na preparação de muitos itens do cardápio. O tempo necessário para elaboração de quinhentas porções é superior ao consumido no preparo de cem porções, porém o aumento de tempo não é sempre proporcional ao aumento de quantidade. Em geral, é pequena a diferença de tempo necessária para a atividade de picar quantidades de alimento menores do que a capacidade da máquina, ou misturar, ou cozinhar uma quantidade maior de comida em equipamentos maiores. Processos repetitivos, como laminação manual de massas ou cozimento de lotes de vegetais sob baixa pressão, requerem certa proporcionalidade de quantidade, tempo e espaço.

Uma vez instalado o equipamento, o planejamento do cardápio deve levar em consideração o uso balanceado desse instrumento. Isso significa que a pessoa responsável por planejar os cardápios deve conhecer os recursos disponíveis, a capacidade do equipamento e o tempo de duração dos processos em relação à quantidade de alimentos a ser preparada. Demandas por cozimento de quantidades superiores à capacidade de carga podem levar a conflitos entre o administrador e o cozinheiro, além de prejudicarem a qualidade da refeição produzida e o tempo de preparação. Tabelas de horário de preparação, diagramas da capacidade dos equipamentos e receitas padronizadas que indicam o peso dos ingredientes na forma AP e EP, o rendimento e o tamanho da panela para a instalação específica podem ser fatores determinantes no planejamento para uso eficiente dos equipamentos.

Quantidade e categoria de clientes

O número de pessoas que serão atendidas e as características específicas de cada grupo são fatores importantes na seleção da quantidade e da espécie adequadas de equipamento para um serviço de alimentação. Os equipamentos necessários para preparar e servir um prato de almoço para 500 crianças em um refeitório escolar são muito diferentes daqueles empregados no serviço de um restaurante que oferece três refeições diárias, com cardápio diversificado, para um número aproximadamente igual de pessoas. É provável que uma instalação escolar de alimentação não ofereça um cardápio diário com mais do que dois itens principais; contudo, todo o alimento deve ficar pronto para ser servido em um curto período de tempo.

Em um restaurante, por outro lado, uma gama de itens precisa estar pronta para preparação final ao longo de extensos períodos de atendimento; ademais, alguns itens podem ser preparados em pequenas quantidades em intervalos espaçados, de acordo com os horários de pico do serviço. Sem dúvida, a necessidade de equipamentos menores e em ampla variedade de tipos é maior em um restaurante do que em uma cantina escolar. Cronogramas de produção de alimentos de preparação rápida exigem a disponibilidade em dobro de recursos como chapas, grelhadores e fritadeiras, enquanto o estabelecimento de alimentação de uma residência estudantil necessita de caldeirões basculantes, panelas elétricas de cozimento a vapor e fornos para produção de grande volume de alimentos dentro de um período de tempo específico.

O número de pessoas que serão alimentadas determina, em larga medida, o volume total de alimento a ser produzido; porém, os números, por si só, não são suficientes para determinação da necessidade em termos de instrumentos. Um guia das necessidades de alimentos e equipamentos pode ser obtido por meio da estimativa do número de pessoas a ser servidas a cada intervalo de quinze minutos durante o período de serviço. A quantidade de equipamentos que devem ser escolhidos e a respectiva capacidade são valores obtidos a partir da relação entre o número de pessoas servidas no intervalo de maior demanda e o tempo de cozimento necessário para itens específicos.

Especificações do alimento adquirido e estilos de serviço

A forma na qual o alimento será adquirido tem significativa influência sobre a necessidade de equipamentos. A escolha de carne processada de gado bovino e aves, de porções congeladas de peixe, sucos e vegetais, sucos concentrados, tortas prontas para assar, assim como de pratos principais já cozidos, porções de frutas cítricas resfriadas, espinafre e outras verduras pré-lavadas e batatas, cenouras e maçãs já cortadas, elimina a necessidade de espaço e equipamentos usualmente exigidos para a preparação e a eliminação de resíduos. Instalações adequadas para armazenamentos de curtos e longos prazos, sob temperatura apropriada, devem estar disponíveis, e outras exigências em termos de equipamentos devem ser limitadas àqueles itens indispensáveis nos estágios finais de produção e na atividade de servir o produto acabado.

Diversos estilos de serviço, como o de *self-service* em um restaurante, o de mesa ou *buffet* em um refeitório público ou as máquinas de vender alimentos prontos, requerem um tipo específico de equipamento para um funcionamento eficiente. O período de duração do serviço é outro fator a considerar. Um bom exemplo de mudança nas necessidades de equipamentos em decorrência da maneira de servir é a tendência de adoção pelos hospitais do conceito de serviço de quarto. Para acomodar esse estilo de serviço em um hospital, é provável que a instalação precise incluir os seguintes equipamentos: *grill* de superfície plana; *broiler*; fogão embutido (*range top*); fritadeira; vitrines frias/quentes; torradeira de esteira;[3] vitrine de guloseimas; vitrine de pizzas; forno de cozimento rápido; refrigerador e *freezer* instalados sob o balcão; aquecedor por indução e carrinhos de distribuição com capacidade para dez bandejas.

Horário de trabalho e capacitação dos trabalhadores

O horário de trabalho e as aptidões dos trabalhadores são fatores que não podem ser negligenciados ao se avaliar os equipamentos necessários para qualquer estabelecimento de alimentação. Se o orçamento para contratação de mão de obra for limitado ou houver carência de trabalhadores no mercado local, justifica-se a escolha do maior número possível de equipamentos destinados a poupar mão de obra. Deve ser criteriosamente ponderada a escolha dos equipamentos que garantem uma operação mais tranquila da organização e também proporcionam o melhor retorno sobre os investimentos. O aumento de produtividade dos empregados gerado pela adoção de aparelhos automatizados compensa um possível incremento dos custos iniciais, além daqueles relativos à folha de pagamentos e à manutenção? Com o crescimento dos salários dos empregados de todos os níveis, os administradores devem selecionar cuidadosamente equipamentos que possam ser operados com eficiência, economia e êxito no trabalho a ser realizado.

Instalações

A adequação das instalações ao fim proposto e o desempenho dos equipamentos comerciais destinados à preparação ou ao aquecimento de alimentos, assim como dos equipamentos movidos a eletricidade, são fatores que devem ser verificados antes de se chegar a uma escolha final. A opção por um equipamento de cozinha que funcione à base de gás, eletricidade ou aquecimento a vapor costuma demandar considerável análise quanto à continuidade do fornecimento da fonte de calor, à disponibilidade de peças para reposição, aos custos relativos de operação e manutenção e à possibilidade de satisfação das expectativas na situação específica. Vapor a alta pressão nem sempre é um recurso disponível; assim sendo, unidades com geração própria de vapor podem ser uma opção necessária. Aparelhos movidos a eletricidade são dotados de motores do tamanho apropriado para a capacidade da máquina; contudo, o ciclo e a corrente devem ser compatíveis com a fiação e a potência do edifício, para que a máquina opere corretamente.

Orçamento

A dotação orçamentária deve cobrir não apenas os custos iniciais dos equipamentos, como também os custos adicionais decorrentes da instalação. A disponibilidade de recursos financeiros determina, em grande medida, a quantidade e a qualidade dos equipamentos que podem ser adquiridos em determinado momento. Se o orçamento inicial for adequado, a escolha entre diversos tipos de equipamento passa a ser mera função da qualidade que se espera de cada artigo desejado. Algumas vezes o orçamento para aquisição de equipamentos é tão limitado que o diretor do setor de alimentos é forçado a fazer uma escolha entre certos artigos desejáveis e a ponderar de modo criterioso a pontuação relativa na escala de qualidade das peças consideradas essenciais. É recomendável a elaboração de uma lista de todos os equipamentos necessários, de modo que não se incorra em desequilíbrio nos gastos. A negligência nessa análise ou a simples opção pelo melhor de todos pode conduzir a uma despesa desastrosa.

Há consenso no sentido de que os equipamentos de melhor qualidade são os mais econômicos. Em geral, quando existe limitação financeira, é melhor adquirir poucas peças bem escolhidas, que atendem às necessidades básicas, e deixar a complementação para ser feita na medida da disponibilidade de fundos, do que comprar muitas peças de qualidade inferior, que precisarão ser repostas em um curto período. Por outro lado, alguns consultores advertem que, dada a tendência cada vez mais acentuada de uso de alimentos preparados, é preferível, em algumas instalações, a adoção de equipamentos de vida útil curta, com substituição mais prematura, até que ocorra a estabilização do processo. O custo inicial relativo aos equipamentos é influenciado por: tamanho; materiais empregados; qualidade da mão de obra; processo de fabricação, incluindo recursos mecânicos especiais; e acabamento da peça. A limitação de fundos pode gerar a necessidade de se avaliar quais desses pontos podem ser sacrificados com um prejuízo mínimo para a durabilidade da peça e a satisfação no uso.

---

[3] N.R.C.: Esta torradeira é na verdade uma espécie de forno. Em alguns hotéis, podemos encontrá-la no buffet de café da manhã.

Não é fácil fazer estimativas de custo para equipamentos de negócios de alimentação, porque cada operação deve ser considerada individualmente. É recomendável que se procure saber quais são os custos de situações semelhantes, antes de estabelecer uma estimativa provisória para uma instalação nova ou remodelada.

Planta do local

A alocação de espaço para a estrutura de serviços de alimentação pode restringir a quantidade e o tipo dos equipamentos, assim como sua colocação, em especial quando se trata de edifícios antigos nos quais modificações da arquitetura são limitadas, e em prédios novos cujo planejamento original foi mal orientado quanto às funções e necessidades. O tamanho e a forma do espaço alocado para preparação dos alimentos e sua relação com as áreas de recebimento, armazenamento e serviço de refeições têm significativa influência sobre a eficiência da operação e, por conseguinte, a satisfação dos clientes. Um espaço muito pequeno ou grande demais, quando se trata da acomodação dos equipamentos mais adequados e desejáveis para preparação do volume de alimento previsto conduz a uma situação de insatisfação. Em primeiro lugar, a superlotação do local de trabalho gera confusão e frustração, além de restringir a quantidade e o tipo de alimentos que podem ser preparados e reduzir o ritmo da produção. Quando o espaço é amplo demais, os trabalhadores acabam desperdiçando tempo e esforços excessivos para transportar alimentos dentro de distâncias maiores. O excesso de espaço disponível também pode levar a um exagero na instalação de itens sem muita utilidade prática. Em qualquer caso, uma análise rigorosa das reais necessidades deve preceder o investimento em equipamentos.

Características dos equipamentos

■ **Conceito-chave:** Atributos dos equipamentos, como *design* e função, tamanho e capacidade, material e processo de fabricação, assim como os custos inicial e operacional, devem ser minuciosamente avaliados antes da escolha de cada um deles.

Entre os objetivos e as tendências gerais em termos do estágio atual de desenvolvimento de equipamentos de alimentação destacam-se: crescimento do número e do tipo de itens especializados, muitos dos quais são adaptáveis a múltiplos usos; funções e atratividade da aparência; dimensões compactas e eficiência na utilização do espaço, e com isso reduz ao mínimo o tempo de trabalho; rapidez no lançamento de produtos de qualidade; planejamento **modular** de unidades combinadas, como mostrado nas Figuras 11.1 e 11.2; mobilidade e flexibilidade para disposição espacial das peças; limites precisos de variação em relação aos padrões de projeto e isolamento efetivo; controles computadorizados e de unidade sólida (ver Fig. 11.3) para uniformizar tempe-

Modular
Módulo é um padrão ou uma unidade de medida. Denomina-se modular o tamanho em relação ao qual todos os itens, como equipamentos individuais, são proporcionais ou compatíveis, o que viabiliza o encaixamento.

Figura 11.1 Bancada composta por caldeirões a vapor, caldeirões basculantes e panela basculante para brasear em um estabelecimento de alimentação de grande porte.
Fonte: Robert Norlander, Vice-presidente de *Marketing*, Cleveland Range, Cleveland, OH.

NOVOS fogões industriais, para alta produtividade

ChefSeries

Personalizado para atender às especificações de sua cozinha de alta produtividade!

Projete sua cozinha para atender aos mais exigentes requisitos. Os fogões industrais para serviço pesado da linha Lang ChefSeries™ podem ser personalizados dentro de uma variedade ilimitada de configurações de plataformas de cozinha de alto rendimento, confiáveis e largamente duráveis. Desde fogões com queimador aberto, fogão com chapa com distribuição de calor, chapas e *charbroilers* até fritadeiras, máquinas de derreter queijo, salamandras e bases de refrigerador, os fogões da linha Lang ChefSeries™ são projetados e construídos para atender aos *chefs* mais exigentes nas atuais cozinhas com grandes volumes de serviço. A Lang é uma inigualável fabricante de soluções confiáveis de alto desempenho para cozinhas voltadas à produção em larga escala, que atua no mercado desde 1904. Nossa linha de fogões de produção em larga escala para hotéis mantém essa tradição e estende nosso amplo espectro de equipamentos a gás de alta performance para cozinhas, focados nas demandas dos *chefs*.

Figura 11.2 Estrutura de dimensões compactas, composta por equipamentos de cozimento a gás. Contém três fornos, fogão, fogão com chapa aquecida, *broiler*, *charbroiler* e prateleiras sobre o forno e uma salamandra ou aparelho para derretimento de queijo.
Fonte: Star/Lang Manufacturing International, Inc., St. Louis, MO.

Figura 11.3 Este forno de convecção computadorizado utiliza dispositivos de estado sólido para controle de temperatura, com precisão de um grau. Um painel de controle digital substitui os botões convencionais e permite o registro exato de temperatura e tempo.
Fonte: Star/Lang Manufacturing International, Inc., St. Louis, MO.

raturas e operação; recursos embutidos de higienização; e eficiência energética. Uma alteração de quantidade e tipo do alimento preparado em cada uma das unidades acarreta mudança do equipamento adequado para atender as necessidades de produção específicas.

Design e funções

O *design* de equipamentos e acessórios para um negócio de alimentação deve estar em íntima harmonia com o plano geral do edifício, em especial nos elementos decorativos e itens como reserva de mesa. Esse fato é particularmente importante em *resorts* de verão, hospitais infantis e em certos tipos de restaurante, nos quais se observa não apenas a adoção de modernas tendências de planejamento de negócios em alimentação e decoração de interiores, mas também algumas ideias ou temas especializados expressos no projeto e no tipo dos acessórios escolhidos. A sensibilidade em relação ao projeto artístico costuma ser mais evidente no caso de acessórios e equipamentos de alimentação do que de outros itens similares de uma casa, em virtude do tamanho maior e da duplicidade das peças, como acontece com as mesas de refeição e as cadeiras. De modo geral, os equipamentos profissionais para uso em escala são projetados para transmitir a impressão de elegância e simplicidade.

Beleza e utilidade podem ser associadas em um equipamento de alimentação. O projeto deve combinar princípios de arte e funcionalidade para as diversas peças desenhadas. O aparato pode ser bonito em termos de linha e *design*, porém de pouca serventia, se não atender ao verdadeiro propósito para o qual foi projetado ou se uma quantidade de tempo absurda for exigida para sua operação ou manutenção. Talheres, como a faca de um chefe de cozinha com lâminas pesadas e largas, moldadas para cortes feitos sobre uma tábua, e um garfo de cozinha com cabo longo, são exemplos do estreito relacionamento entre o *design* e o uso previsto de um artigo. O *design* também pode afetar o controle de tempo, a eficiência e a tranquilidade da operação, como acontece com os utensílios mostrados na Figura 11.4. Essas combinações de colher e concha (ou **medidores**), além de trazerem codificação em cores para controle de porções, também possuem um cabo projetado para proporcionar conforto e segurança.

Embora os equipamentos do setor de *foodservice* busquem acompanhar a modernização e a automação, eles precisam, ao mesmo tempo, manter a simplicidade de funcionamento. Um forno combinado que precise ser desmontado para acendimento da lâmpada piloto não tem um projeto funcional.

Medidores
Utensílios resultantes da combinação de colher e concha.

▌ **Conceito-chave:** A escolha de equipamentos em conformidade com as normas estabelecidas pela National Sanitation Foundation International (NSF).[4] Contribui para a manutenção de elevado padrão de higiene em estabelecimentos de alimentação.

A simplicidade do *design* produz um efeito agradável e equilibrado e, em geral, exige poucos cuidados. A manutenção de elevados níveis de higienização em serviços de alimentação pode ser alcançada por meio da seleção de equipamentos projetados de forma a eliminar cantos, ranhuras e fendas, e proporcionar fácil acesso a todas as superfícies. A comissão mista da NSF responsável pela elaboração de padrões para equipamentos destinados à indústria de alimentação (Joint Committee on Food Equipment Standards)[5] enfatiza a questão da higiene no projeto e na produção de equipamentos de cozinha, como exemplificado na seguinte afirmação:

[4,5] N.R.C.: No Brasil, os padrões são especificados pelos órgãos reguladores como a ABNT, ANVISA e ABIMAQ.

Figura 11.4 Medidores são projetados para associar o controle de porções de uma concha com a facilidade e o equilíbrio de uma colher. São feitos (a) em aço inoxidável com alças plásticas ou (b) totalmente de plástico de alto impacto em diversas medidas, com a cavidade sólida ou perfurada.
Fonte: Cortesia de Volrath Company, Sheboygan, WI.

(a)   (b)

Equipamentos e peças destinados à alimentação devem ser fabricados de modo a eliminar germes, poeira, sujeira, respingos e derramamento, em geral encontrados sob condições normais de uso, e facilitar a limpeza, a manutenção e o uso.

Para proporcionar facilidade de limpeza, todos os equipamentos apoiados em pernas ou rodízios devem se projetados para ter um vão livre entre o chão e a superfície inferior da peça, as prateleiras, a tubulação e os ralos, com medida mínima de 15 cm, considerando que o ideal é 20 cm. Equipamentos profissionais e móveis como fornos combinados e gabinetes podem ser montados sobre uma plataforma de alvenaria, tijolo ou metal, com pelo menos 5 cm de altura e todas as laterais vedadas junto ao chão. Normalmente, esse tipo de base contém uma reentrância que garante espaço para os pés, embaixo do equipamento.

Plataformas especialmente montadas sobre rodas, para finalidades específicas, tornaram-se um elemento importante no planejamento de instalações de negócios em alimentação, no que diz respeito à conveniência, à higienização e ao uso racional de espaço e trabalho. Unidades portáteis de serviço por trás do balcão para café da manhã, como torradeiras, forma de *waffles* e utensílios para cozimento de ovos, podem ser transportadas para liberar espaço no restante do dia. Dispensadores podem ser abastecidos com bandejas limpas no recinto da máquina de lavar pratos e transportados de volta à sua posição no balcão, com mínimo esforço. Recipientes removíveis para farinha e açúcar são mais adequados ao uso e mais fáceis de limpar do que os embutidos. Prateleiras em câmaras frigoríficas e em recintos para armazenamento de alimentos secos podem ser mais facilmente higienizadas e organizadas quando montadas sobre rodas. Não se deve subestimar a importância do projeto de carrinhos utilitários de uso geral, que se adaptem aos espaços nos quais serão utilizados.

Equipamentos profissionais colocados sobre rodas, como partes de fornos combinados, frigideiras basculantes, fritadeiras, fornos, refrigeradores com portas de vidro e diversas unidades móveis de trabalho e de servir possibilitam o rearranjo para adaptação a novas condições, com custo mínimo. Com certa frequência, a conversão de determinados espaços de uso limitado em áreas de múltiplo uso pode ser colocada em prática por meio da inclusão de equipamentos móveis. Também a limpeza atrás e embaixo dos equipamentos é facilitada quando eles podem ser movimentados e acessados por todos os lados.

Um dos aperfeiçoamentos mais notáveis no tocante aos equipamentos para servir foi possibilitado por meio de uma alteração no projeto e na fabricação de balcões aquecidos. Estima-se que essa mudança, ao passar do padrão de um dado número de aberturas retangulares e redondas, com espaço fixo e limitado de separação entre elas e distribuídas ao longo de uma mesa aquecida a vapor, para um tipo condensado, composto de recipientes de tamanhos fracionários, permite um aumento de 50% na quantidade de alimentos colocados dentro da mesma porção do espaço. Esse arranjo também aumenta de forma quase ilimitada a flexibilidade do serviço se forem dispostas algumas aberturas superiores retangulares de 45 cm x 12 cm próximas entre si, nas quais panelas do tamanho total ou de fração dele, de diferentes profundidades possam ser encaixadas, com ou sem o auxílio de barras adaptadoras. Balcões para servir alimentos quentes podem ser projetados e fabricados para funcionar com gás ou eletricidade e ter duas ou mais aberturas, aquecimento úmido ou seco, controles de temperatura separados por seções individuais ou por unidade e espaço na parte inferior ou embutido para armazenamento de pratos.

A escolha de acessórios para esse tipo de balcão deve levar em conta a demanda em horário de pico, para com isso melhor servir todos os alimentos quentes geralmente incluídos em um cardápio. O número de panelas de cada tamanho e profundidade a ser adquirido pode ser facilmente determinado por meio de uma análise criteriosa de diversas amostras do cardápio, das quantidades necessárias de cada variedade de comida e da dimensão mais adequada das panelas usadas para prepará-las e servi-las. Na maioria das vezes, isso resultará em uma variedade relativamente menor de tamanhos, com muitos exemplares daquelas panelas utilizadas com mais frequência.

As profundidades mais comuns para panelas para balcão estão entre 6 cm, 10 cm e 15 cm, com alguns tamanhos disponíveis em 3 cm e 20 cm de profundidade. A Tabela 11.1 exibe a capacidade de cada um dos tamanhos. Todos os acessórios se encaixam nas aberturas superiores, com exceção das panelas com 20 cm de profundidade, as quais têm uma aba de 5 cm que se estende sobre a abertura. Panelas do mesmo tamanho e profundidade são desenhadas para se encaixar umas dentro das outras e viabilizar um armazenamento adequado. Como essas panelas são feitas de metal não corrosivo e bem acabado, certos itens do cardápio podem ser cozidos e servidos no mesmo recipiente, enquanto outros tipos de alimento precisam ser transferidos para serem servidos. As receitas podem ser padronizadas para utilizar um número específico de panelas de tamanho e profundidade adequados a um produto e servir um número predeterminado e exato de porções. A cuba para *réchaud* exibida na Figura 11.5 tem os cantos reforçados

Tabela 11.1 Amostra de capacidade de panelas usadas em hotelaria.

Metade do tamanho Profundidade (cm)	Um quarto do tamanho Capacidade (L)	Profundidade (cm)	Capacidade (qt)
2,5	1 ¾		
6,3	4 ½	6,3	2 ⅛
10	7 ¼	10	3 ⅜
15	10 ⅞	15	4 ¾
20	15		

Figura 11.5 Cuba de hotelaria projetada para durar mais tempo, não grudar quando empilhada, além de ser mais confortável no transporte, oferecer melhor vedação na mesa de vapor e facilitar a limpeza.
Fonte: Cortesia de Volrath Company, Sheboygan, WI.

para aumentar a resistência e evitar que o vácuo gere aderência entre panelas empilhadas. Assim como a maioria das panelas usadas em hotelaria, elas estão disponíveis no tamanho total e em medidas iguais a metade, um terço, um quarto e um sexto deste.

Tamanho ou capacidade

O tamanho ou a capacidade do equipamento a ser escolhido para uma dada situação é determinado, em grande parte, pelo tipo de cardápio e de serviço oferecidos e pelas quantidades dos diferentes tipos de alimento que serão preparados ao mesmo tempo. Um número maior de equipamentos profissionais, com grande capacidade, é necessário para a preparação de alimentos servidos no refeitório de uma residência estudantil que oferece um cardápio não seletivo em horário fixo, ao contrário do que acontece no caso da preparação e serviço de comidas rápidas em um balcão de lanche que atende a um número comparável ou até maior de pessoas durante um horário de refeição estendido. O cozimento em lotes, que é a cocção de vegetais em porções não superiores a 2 kg, programada em intervalos de tempo e destinada a fornecer um suprimento contínuo e atender à demanda do serviço, é mais recomendado do que a preparação da quantidade total de uma só vez, para ser mantida durante todo o período de duração do serviço. Essa segunda alternativa requer o uso de um ou dois caldeirões basculantes de grande capacidade em vez de uma bateria de pequenas caldeiras, e exige menos esforço e tempo para o cozimento, em detrimento de características como aspecto visual, sabor, textura e valor nutritivo do alimento servido, assim como da satisfação dos clientes.

Equipamentos grandes, como fornos, fornos combinados, frigideiras basculantes, batedeiras e lavadoras de pratos, podem ser encontrados em dimensões mais ou menos padronizadas, com ligeiras variações nas peças produzidas por fabricantes diferentes. As partes de um forno combinado, por exemplo, podem apresentar variação de alguns centímetros na medida geral, assim como as dimensões internas dos fornos, enquanto a capacidade das batedeiras produzidas por grande parte das empresas difere muito pouco.

A maioria dos fabricantes disponibiliza diagramas que mostram a capacidade ou o rendimento por hora de cada tamanho de máquina. Por exemplo, a capacidade de uma lavadora de louças é medida pelo número de pratos que ela pode lavar em uma hora. O tamanho da batedeira a ser adquirida é determinado pelo volume do produto que nela será preparado de cada vez, pelo tempo necessário para misturar e amassar cada lote e pela quantidade total de produto a ser produzida em dado período de tempo. Obviamente, o tamanho e a quantidade de unidades de um equipamento a ser adquirido dependem das necessidades de cada instituição específica.

Os artigos fabricados com maior frequência ou construídos para atender a especificações particulares são aqueles que precisam se adequar a um tamanho determinado ou visam a atender a preferência por um material específico. Pedidos especiais encarecem o custo do equipamento e costumam causar atraso na entrega; no entanto, para a maioria das pessoas, a satisfação de possuir um equipamento com perfeita adaptação normalmente compensa as desvantagens.

Padrões de uniformidade de tamanho, tanto para os equipamentos pequenos como para os grandes, foram razoavelmente bem estabelecidos através da experiência dos usuários e do trabalho destes junto a projetistas, fabricantes e consultores. No passado, muitas cozinhas utilizavam utensílios, assadeiras e bandejas de diversos tamanhos diferentes, acarretando um uso nem sempre eficiente do espaço em fornos, fornos combinados, refrigeradores, gabinetes e carrinhos para transporte de carga, para uma situação específica. Um exemplo é a grande bandeja oval de serviço que nunca se encaixava em *racks*, estantes ou carrinhos. Diretores de empresas de alimentação e especialistas em planejamento atentos identificaram alguns desses problemas e entenderam as vantagens que poderiam ser obtidas com a simplificação de toda a instalação, por meio de um processo melhorado de planejamento que integrasse com eficiência o uso dos itens selecionados.

A escolha de certos equipamentos modulares ou daqueles com tamanho uniforme já se mostrou vantajosa nas operações de produção de alimento em quantidade. Quando uma panela, uma bandeja ou um *rack* de tamanho específico se encaixa facilmente no refrigerador, no gabinete de armazenamento, no balcão de serviço, nas estantes ou nos carrinhos, obtém-se maior adaptabilidade e utilização mais racional dos espaços. A eficiência dos trabalhadores também aumenta e o horário de trabalho acaba sendo reduzido; uma área menor é necessária com a otimização do uso do espaço vertical; o emprego de panelas e bandejas cujo tamanho seja igual ou equivalente a múltiplos de uma unidade comum se reflete em redução do número total de utensílios diferentes a comprar, assim como do custo desses utensílios e do espaço de armazenamento necessário; a quantidade de prateleiras em refrigeradores, gabinetes e carrinhos é reduzida quando bandejas e panelas podem ser encaixadas a intervalos próximos em canaletas ou deslizadores angulares; diminui-se o retrabalho ou a transferência de alimentos ou pratos, porque o *rack* de bandejas se encaixa em qualquer unidade, quer seja em uma estante, em deslizadores ou no balcão; e a redução da necessidade de manipulação de alimentos e pratos, a menor quantidade de comida derramada e a lavagem de bandejas e panelas na máquina geram condições mais efetivas de higienização.

Os módulos mais comuns são os de bandejas com dimensões de 30 cm × 45 cm e 45 cm × 66 cm, facilmente encontrados, disponíveis em diversos materiais e adequados ao uso. As bandejas de 30 cm × 45 cm se encaixam nos *racks* das máquinas de lavar do tipo padrão, transportável. Gabinetes, estantes, refrigeradores e carrinhos para acomodar uma única ou uma combinação de tais bandejas são encontrados para pronta entrega. Alguns espaços podem ser dimensionados de forma a permitir o uso de uma forma de pão de 45 cm × 66 cm ou duas bandejas de 30 cm × 45 cm. Outro módulo comum é o espaço no qual escorredores de pratos de 50 cm × 50 cm podem ser encaixados para armazenamento de xícaras e copos no próprio *rack* em que foram lavados.

É ideal que esse sistema seja cuidadosamente avaliado no planejamento de equipamentos para operações simplificadas, com maximização da eficiência e da economia. Cada unidade ainda precisará de certa quantidade de equipamentos feitos de acordo com especificações, mas, sem dúvida, haverá uniformidade dentro de cada processo.

Materiais

O material dos diversos negócios de alimentação deve ser adequado ao fim a que eles se destinam, além de proporcionar o melhor nível de satisfação possível. Os materiais usados nos equipamentos têm influência sobre preço, resistência ao desgaste, higienização, satisfação e utilidade. O peso, o acabamento e a qualidade dos materiais são fatores importantes na determinação de sua adequação e durabilidade.

A comissão mista da Food Equipment Standards estabeleceu os requisitos mínimos em termos de material e fabricação de certos itens para equipamentos de alimentação, como relacionado a seguir:

> Os materiais devem ser resistentes ao uso, à penetração de germes, à ação corrosiva de refrigerantes, alimentos, produtos de limpeza e higienização e a outros elementos presentes no ambiente em que serão utilizados.
>
> A comissão especifica ainda que o material na superfície de contato com os alimentos não deve transmitir a eles substâncias tóxicas, odor, pigmentos de cor ou sabor. As superfícies externas devem ser lisas e fáceis de limpar.

O material nas áreas que não têm contato com o alimento deve ser liso e resistente à corrosão ou produzido de forma a ter essa resistência. Os revestimentos, quando presentes, devem ser imunes a rachadura e lascagem.

A solda aplicada nas áreas de contato com o alimento deve ser formulada com elementos não tóxicos e resistentes a corrosão sob as condições de uso. Não é permitido o emprego de solda feita à base de chumbo.

Metal. Os metais vêm adquirindo uma importância cada vez maior no planejamento de negócios em alimentação. Na atualidade, depende-se deles para quase todas as coisas, desde os elementos estruturais como portas até a pavimentação de unidades que empregam vapor; de câmaras frigoríficas à fabricação de mesas, pias, lavadoras de louça e utensílios usados para cocção. Uma vasta gama de metais e ligas metálicas, antigos e bem conhecidos, como cobre, estanho, cromo, ferro, aço e alumínio, era utilizada no setor de *foodservice* do passado, mas se tornou obsoleta com o surgimento do cromo e dos aços inoxidáveis à base de cromo e níquel. Não apenas utensílios de cozinha, mas também equipamentos feitos de cobre, como máquinas de lavar louça, costumavam ser encontrados nas instalações de negócios de alimentação. A sua manutenção era dispendiosa, porque eles exigiam polimento e substituição frequente do revestimento de níquel ou estanho, para evitar a reação do alimento com o cobre. Tais utensílios eram pesados para manuseio e seu emprego se limitava, em grande parte, a hotéis e instalações militares, nos quais a cozinha ficava a cargo dos homens. O níquel foi muito utilizado na galvanização de guarnições, corrimões em balcões de cafeteiras e utensílios de mesa de baixo custo.

O *alumínio* se presta à fabricação de diversas espécies de equipamentos e leva um acabamento acetinado, fosco ou cromado. Ele pode ser pintado, jateado ou esculpido. É relativamente leve e possui alta condutividade térmica e elétrica; não está sujeito à corrosão em curto espaço de tempo e, se laminado a frio, adquire relativa dureza e durabilidade. Ele suporta pressão sob temperatura elevada, o que o torna adequado à fabricação de tachos encamisados e utensílios usados no preparo de refeições cozidas e assadas. Os utensílios de cozinha feitos de alumínio costumam ser descorados por alimentos ou água que contenha substâncias alcalinas, ou ainda por alguns ácidos e ferro. Muitos itens são fabricados com alumínio anodizado, que é o alumínio submetido a um processo de eletrólise, destinado a revestir e endurecer a superfície do material e aumentar sua resistência a oxidação, descoloração, deterioração e arranhões. O alumínio anodizado é frequentemente empregado em itens como gabinetes para armazenamento a seco e carrinhos e bandejas de servir. A resistência e a leveza são fatores que justificam seu uso em equipamentos móveis. O alumínio pode ser combinado com outros metais para produzir ligas cuja resistência a tensões mais elevadas é maior do que a do alumínio isolado.

O *ferro fundido* é empregado em equipamentos comerciais na forma de braçadeiras e peças fundidas para bancadas e suportes, assim como em dutos e equipamentos de grande porte como os fornos combinados. Seu uso em equipamentos menores é restrito a caçarolas, braseiros e chapas.

O *aço galvanizado* e o *ferro* foram, durante muito tempo, utilizados na fabricação de equipamentos como: pias; lavadoras de louça; e mesas. No processo de galvanização, uma película de zinco é depositada na base do metal e serve para protegê-lo, até determinado limite, contra a corrosão. O custo inicial de um equipamento feito de material galvanizado é comparativamente baixo, mas apresenta vida útil curta, custo de reparos e reposições elevado, condições de higienização deficientes e é passível de contaminação, além de sua aparência geral carecer de atrativos em comparação com equipamentos produzidos com metal não corrosivo.

Nos últimos anos, cresceu significativamente o uso de *metais não corrosivos*, em especial as ligas de ferro, níquel e cromo, para equipamentos utilizados em instalações de processamento de alimentos como panificadoras, fábricas de laticínios e de conservas, além de cozinhas caseiras e de instituições. Atualmente, todas as unidades com essas características são planejadas para utilização em larga escala desse material, que é encontrado em formas adequadas à fabricação de qualquer tipo de equipamento. Quando as lâminas são pequenas demais para um item específico, elas podem ser eficientemente unidas e ligadas por meio de caldeamento.[6] O preço não é excessivo, de modo que esse material se adequa a muitas e variadas aplicações, desde efeitos decorativos, internos ou externos, em edifícios públicos, até equipamentos profissionais, utensílios de cozinha e de mesa. Métodos aperfeiçoados de produção e uma ênfase sem precedentes no aspecto de higienização foram fatores importantes para a adoção em larga escala de metal não corrosivo na fabricação de equipamentos.

---

[6] N.R.C.: Processo de soldagem por meio do qual as peças são derretidas no ponto de junção e depois unidas por meio de pressão, sem emprego de um metal de solda.

Entre as características notáveis dos metais não corrosivos para equipamentos de alimentação estão: durabilidade; resistência a manchas comuns e corrosão; ausência de reações químicas com o alimento; aparência atraente; facilidade de limpeza e fabricação; e preços acessíveis. Os testes demonstram que, submetidos a adequado processo produtivo e mantidos com o devido cuidado, os metais não corrosivos duram por tempo indefinido e os equipamentos feitos com eles podem ser considerados investimentos duradouros. A resistência e a dureza são de tal magnitude que mesmo um metal comparativamente leve pode ser empregado para fabricação de equipamentos profissionais. Esses metais não lascam nem racham. Seus altos níveis de ductilidade e maleabilidade também contribuem para a durabilidade do equipamento com eles produzido; assim, os custos de manutenção são reduzidos a uma quantidade mínima.

A resistência a manchas e corrosão é uma característica essencial dos equipamentos para negócios de alimentação, nos quais limpeza, aparência e higienização são fatores de extrema importância. O fato de os metais não corrosivos estarem livres de reações químicas no contato com a comida, a qualquer temperatura, torna seu uso seguro para preparação de alimentos. Os testes mostram que praticamente não se observa a presença de metal ou sais metálicos depois do aquecimento e resfriamento de diferentes tipos de comida, durante diversos períodos de tempo, em recipientes fabricados com esses metais.

A aparência dos equipamentos de metal não corrosivo, quando submetidos a um correto processo de fabricação e acabamento, é agradável e favorece condições de manutenção de elevado padrão de limpeza e ordem. A superfície lisa e dura não risca nem estraga com facilidade, e os métodos de limpeza são simples. Existem limpadores específicos para metais, mas sabão e água e o polimento habitual são suficientes para manter o equipamento em boas condições. Lãs de aço, esponjas de limpeza, raspadores ou escovas de ferro podem danificar a superfície ou deixar pequenas partículas de ferro incrustadas no aço inoxidável, o que causa manchas de oxidação. Áreas escuras costumam ser provocadas pelo calor aplicado durante a fabricação ou no uso e podem ser removidas por meio de vigorosa esfregação com palha de aço inoxidável, uma esponja de aço inoxidável com pó ou com um removedor de manchas de calor encontrado no mercado. Para evitar manchas de calor nos utensílios de cozinha, eles não devem ser submetidos a uma quantidade de calor superior àquela necessária para o trabalho e nunca devem ser aquecidos vazios ou com concentração de calor em uma área pequena.

As ligas não corrosivas mais frequentemente empregadas em equipamentos comerciais são as de níquel-cobre e os aços inoxidáveis. As ligas Monel são compostas de cerca de dois terços de níquel e um terço de cobre, com pequena quantidade de ferro. O seu suprimento é bastante limitado e, portanto, elas são raras entre os materiais utilizados para fabricação de equipamentos para negócios de alimentação.

▍ **Conceito-chave:** O aço inoxidável é largamente empregado na fabricação de equipamentos destinados à alimentação, em razão de sua durabilidade e resistência a manchas e corrosão, além da propriedade de não reagir quimicamente com os alimentos, da aparência, da facilidade de limpeza e fabricação e do preço.

Aço inoxidável
Aço de baixo carbono que contém uma liga de cromo a 10% ou mais por unidade de peso.

Cada uma das empresas que produzem **aço inoxidável** com sua marca registrada pode utilizar uma fórmula ligeiramente diferente; porém, na prática, os elementos essenciais são os mesmos. A quantidade relativamente baixa de carbono presente no aço inoxidável garante resistência maior ao ataque por agentes corrosivos. Uma liga de aço inoxidável composta por cromo-níquel, em geral denominada 18-8 (número 302) é o material de preferência para fabricação de equipamentos de alimentação. Como indica o nome, ele contém aproximadamente 18% de cromo e 8% de níquel, sem presença de cobre. Os equipamentos profissionais, que são produzidos com ligas não corrosivas, mantêm a aparência e as qualidades de higiene por um longo período de uso. Existe hoje um fabricante que produz aço inoxidável com um composto antimicrobiano que retarda o desenvolvimento de bactérias, fungos e mofo.

▍ **Conceito-chave:** O aço inoxidável pode ser escolhido por *gauge* ou acabamento. O *gauge* é um número de medida que tem como parâmetro o peso, o que, por sua vez, determina a espessura do aço.

Gauge *padrão*. A medida da espessura dos metais é um fator importante a ser considerado na seleção de materiais para fabricação de equipamentos. É altamente recomendado que se adote um calibrador de escala micrométrica para indicação da espessura da lâmina de metal em décimos de polegadas e que sejam abolidos os números *gauge*. No entanto, o *gauge* U.S. é empregado pela maioria dos fabricantes de lâminas de ferro e de aço. Esse sistema mede o peso e não a espessura. Por exemplo, o *gauge* U.S. número 20 pesa cerca de 72 Pascal (7 kgf/m²), sujeito à variação padrão permitida. O peso é sempre o fator determinante. O fato de este *gauge* corresponder a 0,94 cm de espessura é secundário para o sistema. O aço galvanizado com números *gauge* de 10 a 14 ou os metais não corrosivos de 12 a 16 são os mais empregados para equipamentos de alimentação. Metais mais leves que 16 *gauges* costumam ser usados para peças ou partes laterais nas quais o desgaste é menor. Muitas caçarolas são produzidas com material de *gauge* 18 a 20, porque o aço inoxidável mais pesado não conduz calor tão bem (Fig. 11.6).

Acabamento dos metais. A superfície ou o acabamento dos metais pode ser fosco ou brilhante; quanto maior o polimento, mais suscetível é a superfície a arranhões. O grau de acabamento do metal é indicado por uma escala numérica. Os números maiores representam um polimento mais refinado e mais acentuado. A Tabela 11.2 apresenta os padrões de acabamento para aço na forma de lâminas. Os números 4, 6 e 7, conforme descrito na tabela, são produzidos por lixamento e polimento das lâminas de metal com diferentes graus de abrasão. Esses acabamentos originais são conservados na fabricação usual de equipamentos que requerem apenas modelagem local. Os materiais cuja superfície tem lixamento nº 4 são usados com mais frequência para itens como tampos de mesa, pias e balcões, do que os de polimentos reluzente e espelhado.

Vidro. Equipamentos revestidos de vidro ou cerâmica, como cafeteiras de gotejamento, atendem melhor a certas finalidades. Eles evitam contaminação metálica, corrosão e absorção. Equipamentos revestidos de vidro têm alta resistência a ácidos e, pelo fato de o coeficiente de expansão do esmalte do vidro ser semelhante ao da caixa de aço, eles suportam choques térmicos. A maioria das cerâmicas quebra de imediato quando submetida a calor extremo ou choque mecânico.

Outros materiais. Itens como a parte frontal e as extremidades de balcões e carrinhos de distribuição de bandejas de alimento feitos de fibra de vidro com acabamento espelhado e uma guarnição estrutural de aço inoxidável são encontrados em diversas cores bonitas. As paredes

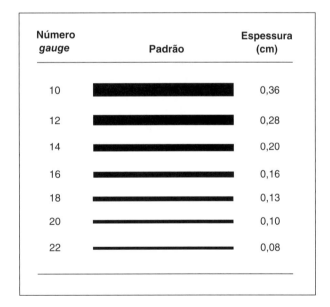

Figura 11.6 Diagrama que mostra a espessura dos *gauges* de metal mais comumente empregados.

Tabela 11.2 Acabamentos para aço inoxidável.

Acabamento	Descrição
Nº 1	Laminado a quente, recozido e decapado
Nº 2B	Acabamento final – laminado a frio brilhante
Nº 2D	Acabamento final – laminado a frio fosco
Nº 4	Polimento padrão, um ou dois lados
Nº 6	Polimento padrão, escovado com cerdas de tampico, em um ou nos dois lados
Nº 7	Polimento de alto brilho, um ou dois lados

interiores e exteriores dos carrinhos de distribuição de alimento são moldadas em uma peça e depois isoladas com espuma de poliuretano. As superfícies são robustas, resistentes à deformação e arranhões, e leves. A porcelana (vidro sobre aço) ou o aço galvanizado recoberto de vinil podem ser empregados satisfatoriamente em paredes externas de refrigeradores e na parte frontal de balcões, por um preço inferior ao do aço inoxidável. Esses materiais mencionados contribuem para uma decoração colorida e agradável, reduzem o ofuscamento causado pelo reflexo da luz e são conservados com facilidade. Tábuas de madeira de lei isoladas, bem laminadas e vedadas, são permitidas em algumas cidades e estados, muito embora, para fins de higienização, um número crescente de estabelecimentos dê preferência a tábuas feitas de polietileno reversível, não absorvente e não tóxico ou de borracha endurecida.

Carrinhos, *racks* e bancadas feitos de policarbonato são leves, mas têm capacidade para suportar cargas pesadas. Eles resistem a manchas, deformação e arranhões, além de não enferrujarem nem racharem e serem desmontados com facilidade para limpeza em uma máquina de lavar louças de esteira. Os painéis laterais podem ser transparentes ou de cor sólida e a maioria dos modelos tem capacidade para acomodar embalagens de alimento de 45 cm x 66 cm com tampas, bandejas e formas de pães encaixados (Fig. 11.7). Todos os itens podem ser equipados com rodas de freio de neoprene que não deixam marcas e rolamentos de esfera.

Processo de fabricação

A fabricação e o acabamento de um equipamento são determinantes de características como durabilidade, atratividade e facilidade de higienização. Materiais de alta qualidade e um projeto perfeito para a finalidade prevista não garantem um bom produto, embora contribuam para tal. Dimensões precisas, juntas cuidadosamente acabadas, solidez, aparência agradável e facilidade de limpeza são fatores importantes. Pias, escorredores e bancada de lavagem com inclinação para escoamento; mesas e cadeiras com firmeza adequada; dobradiças e dispositivos de fixação de materiais resistentes e gavetas produzidas para funcionar apropriadamente; isolamento adequado onde for necessário; e dispositivos de segurança são alguns dos pontos que devem ser considerados no processo de fabricação. Além disso, é necessário que todas as peças possam ser higienizadas com facilidade.

O processo de caldeamento substituiu os rebites, parafusos e soldas nas superfícies e juntas não estruturadas de equipamentos de alimentação feitos em metal. Grande ênfase tem sido dada à importância de lixamento, polimento e acabamento das superfícies e de juntas soldadas, que visa a proporcionar uniformidade e garantir proteção contra possível corrosão progressiva. Cantos com chanfro de 45° (Fig. 11.8), adequadamente unidos, e acabamento liso em itens como bancadas de lavagem e pias, são recursos superiores aos cantos vivos ou àqueles preenchidos com solda. A estrutura recomendada para equipamentos usados com alimentos desembalados é a que tem ângulos internos arredondados com um raio contínuo e regular de no mínimo 0,3 cm e cantos internos arredondados com um raio contínuo e regular de no mínimo 0,6 cm nas intersecções verticais e horizontais, e de 0,3 cm na intersecção alternada.

A estrutura com cantos salientes tipo acabamento de rodapé é empregada com mais frequência no acabamento de cantos de superfícies horizontais, como mesas de trabalho. No canto do tampo, o material é arredondado e nivelado horizontal e verticalmente como parte integrante da superfície horizontal. Se a borda for rebaixada e curvada para trás, deverá haver um espaço míni-

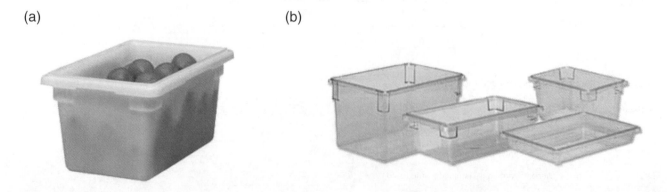

Figura 11.7 Seleção de recipientes para armazenamento de alimentos. Eles podem ser empilhados com facilidade e estão disponíveis com tampas de fechamento hermético, o que facilita a limpeza e proporciona maior eficiência no armazenamento e no transporte dos alimentos. São mostradas caixas feitas de (a) polietileno branco de alta densidade e (b) policarbonato transparente.
Fonte: Cortesia de Cambro Manufacturing Company, Huntington Brach, CA.

Figura 11.8 Canto com chanfro de 45°, soldado por caldeamento e aplainado.
Fonte: Cortesia da National Sanitation Foundation International (NSF).

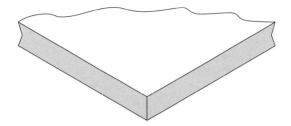

mo de 1,9 cm entre o topo e a flange, com a mesma distância entre a borda cisalhada e o ângulo da moldura ou o corpo do gabinete, de modo a permitir fácil acesso para limpeza (ver Fig. 11.9).

Para simplificar a fabricação e eliminar alguns dos empecilhos para uma boa higienização, encaixes e partes são reunidos em peças forjadas e fundidas, sempre que possível, e as braçadeiras angulares abertas, com base na forma de flange, são substituídas por suportes tubulares, colados ou presos, dotados de pés sólidos ajustáveis e parafusados, na forma de pera. Em muitos casos, estruturas móveis que se autossustentam ou estruturas presas a paredes são adotadas no lugar de armações externas. Pode ocorrer a situação em que diversos itens unidos por caldeamento ou encaixados entre si de modo a formar uma unidade contínua tenham que ser transportados e posicionados na área a eles destinada enquanto as obras de engenharia ainda estão em andamento e há espaço suficiente para o transporte da unidade.

A comissão mista da Food Equipment Standards da NSF descreve em detalhes métodos admissíveis para fabricação de partes como ângulos, emendas, acabamento de juntas, aberturas, bordas, armações reforços e carcaça. Ela define características de fabricação de itens especiais como coifas, unidades de refrigeração a água, anteparos de balcão, portas, ferragens, pias, refrigeradores e máquinas movidas a eletricidade, assim como especifica a instalação desses itens. Muitos setores da saúde adotam esses padrões recomendados como base para aprovação dos equipamentos e de sua instalação.[7] A seguir, há um exemplo de tais padrões. A Figura 11.10 mostra o diagrama.

Anteparos para o alimento. Expositores de alimentos desembalados devem ter um anteparo interposto na linha direta entre a boca de um cliente de estatura média e o alimento exposto, além de que devem ser projetados para minimizar a contaminação por meio do contato com o cliente.

> Os anteparos devem ser montados de forma a interceptar a linha direta entre a boca do cliente e a área em que o alimento fica exposto, na posição do cliente. Para um estabelecimento público de alimentação, deve-se considerar uma distância vertical de 1,4 m a 1,5 m desde a boca de um cliente de estatura média até o chão. Em instituições educacionais e outras instalações, são necessárias considerações especiais quanto ao uso de recursos do local, como trilhos de bandejas, e à altura da boca de um cliente de estatura média. Esses anteparos devem ser fabricados com materiais que facilitem a limpeza e a higienização e sejam aderentes às especificações normativas.

Dispositivos de segurança. Os dispositivos de segurança relativos à proteção dos trabalhadores no uso e na manutenção dos equipamentos e à produção de alimentos seguros são atributos importantes para o projeto e a escolha de materiais para fabricação de equipamentos de cozinha. Existe também uma íntima relação entre esses atributos e os padrões e o controle de higienização em um estabelecimento de alimentação. Cantos lisos e arredondados nas superfícies de trabalho; gavetas das mesas com travas e puxadores embutidos; desligamento automático do vapor quando as portas do fogão estão abertas; controles de temperatura; protetores em máquinas de fatiar e picar alimentos; travas nas batedeiras; botões embutidos para controle de tubos de distribuição em fornos combinados; emendas lisas, polidas e unidas por processo de caldeamento; cantos arredondados; e alavancas de controle de vazão no ralo das pias, são alguns exemplos de dispositivos de segurança embutidos em equipamentos profissionais de cozinha. A incorporação de compostos antimicrobianos a alguns componentes de equipamentos é uma inovação

---

[7] N.R.C.: Padrão americano definido pela NSF.

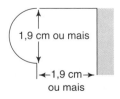

Figura 11.9 Canto saliente, arredondado com acabamento liso.

Figura 11.10 Padrões para anteparos de alimentos.
Fonte: Cortesia da National Sanitation Foundation International (NSF).

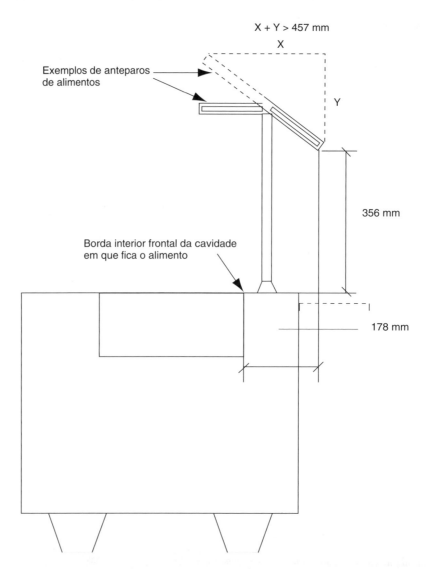

relativamente recente. Esses compostos não são revestimentos e não sofrem desgaste. Existem máquinas de produzir gelo, fatiadores de alimentos e lâminas de aço inoxidável com tratamento antimicrobiano. No entanto, seu uso não dispensa o processo normal de limpeza e higienização.

Instalação, operação e desempenho

O sucesso na operação de qualquer equipamento requer uma instalação adequada. De nada valem um projeto bem delineado e um correto processo de fabricação, se as conexões de gás, eletricidade e água forem inadequadas ou mal instaladas. O revendedor que comercializa o equipamento pode se isentar, por meio de contrato, da responsabilidade pela instalação, mas normalmente entrega, desembala e monta o produto, além de colocá-lo na posição determinada, pronto para receber o encaixe do vapor e as conexões de eletricidade e água. Em muitos casos, o revendedor supervisiona a instalação, realiza os devidos testes para verificação do funcionamento regular do equipamento e treina o pessoal para sua operação e manutenção.

Arquitetos, empreiteiros e engenheiros são responsáveis pela instalação correta e adequada dos recursos de hidráulica, eletricidade e exaustão, visando ao funcionamento satisfatório dos equipamentos de cozinha, de acordo com o padrão determinado pelo código local de construção, hidráulica, eletricidade e higiene. As tubulações de água, vapor, gás e dejetos, assim como os condúites elétricos, devem ser planejados individualmente para cada equipamento, de modo a garantir que as ligações apropriadas possam ser feitas no momento da instalação e, com isso, evitar a necessidade de dutos ou fiação adicionais, o que poderia interferir na limpeza e colocação de outros equipamentos.

Os aspectos de higienização e segurança na instalação de um equipamento são essenciais em termos de praticidade e eliminação de eventuais riscos em seu uso e manutenção. Pias com bom escoamento, equipamentos móveis ou fixos que permitem acesso fácil para limpeza na parte de baixo e em todas as laterais, equipamentos grudados na parede e passagem adequada nos corredores, de modo que alimentos e suprimentos possam ser transportados com facilidade e segurança em carrinhos são apenas algumas das considerações a se fazer ao planejar as instalações. As Figuras 11.1 e 11.2 exemplificam um arranjo no qual estão conectados dois equipamentos para formar apenas uma unidade contínua.

Antes da liberação para uso, a operação de cada um dos equipamentos deve ser conferida diversas vezes, tanto pelos empreiteiros como pelos engenheiros encarregados do serviço. Instruções completas quanto à operação correta e ao desempenho esperado de cada equipamento devem ser fornecidas a todas as pessoas que os manipularão. Elas precisam ter ciência de sinais de perigo, como o som de um motor defeituoso, de forma a poder tomar medidas preventivas em tempo hábil.

Manutenção e reposição

▎**Conceito-chave:** Para garantir a existência dos dados necessários à avaliação dos custos de conservação e depreciação dos equipamentos, é recomendado que se faça o registro das manutenções e dos reparos realizados em cada um deles.

Os custos de manutenção e conservação de um equipamento podem determinar se a aquisição e o uso são justificáveis. A rotina anual de conserto e substituição de equipamentos deve levar em conta a unidade como um todo, e os custos de mão de obra e operação devem ser verificados constantemente. Se forem elevados demais, acabarão por limitar outras despesas que poderiam contribuir para a melhoria da eficiência da organização. A distribuição da despesa entre manutenção e reparos é importante por diversas razões. Dinheiro, cuidados e esforços despendidos em manutenção têm como premissa a necessária continuidade de uso do equipamento; dinheiro e esforços gastos em reparos costumam ocorrer com base em um cronograma de suspensão do trabalho, que acarreta tensão e pressão inconvenientes sobre o pessoal e, algumas vezes, absoluto risco de incêndio.

No momento da escolha de um equipamento, surgem muitas questões relativas a seu cuidado e aos custos de conservação. Existe pronta disponibilidade de peças e a reposição pode ser feita com facilidade e baixo custo? A substituição exige o serviço de um especialista ou um empregado pode ser treinado para realizar o trabalho? Há um plano de contingência para que as operações não sejam interrompidas caso algum equipamento deixe de funcionar? Há necessidade de uso de produtos de limpeza específicos nos cuidados com o equipamento?

A conservação e os reparos de equipamentos elétricos representam um item importante dos custos de manutenção de muitos serviços de alimentação. A conservação adequada de motores elétricos requer a atenção de engenheiros especialistas, responsáveis e treinados com técnicas apropriadas. Normalmente, o departamento de manutenção é encarregado de estabelecer tais condições por intermédio de um contrato que cobre inspeções semanais e outras verificações necessárias para uma boa conservação. O pessoal de manutenção, qualificado para o trabalho, deverá manter um cartão de registro para cada motor da instalação, que contenha todo o trabalho de conserto, com os respectivos custos e as inspeções realizadas. O uso desse sistema pode evidenciar o excesso de cuidados e de despesas e permitir a identificação das causas e a adoção de ações corretivas apropriadas. Os registros de inspeção também servem como guia indicativo da necessidade de substituição de um motor, porque permitem acompanhar a evolução dos custos para manutenção de suas condições de funcionamento.

Para avaliar um equipamento em uso, realiza-se uma análise dos gastos envolvidos em sua conservação e manutenção e verificam-se suas condições, para determinar se a deterioração está sendo mais rápida do que deveria ser em condições normais de uso, exposição, limpeza e contato com os alimentos e o calor. O registro cuidadoso de acompanhamento da situação de cada um dos principais equipamentos pode fornecer uma base factual para avaliação dos custos de manutenção e de depreciação. A Figura 11.11 sugere um método para registro desses dados.

▎**Conceito-chave:** O bom êxito da conservação de equipamentos requer a existência de planos preventivos de manutenção claros e específicos, que visem prolongar a vida útil e manter a funcionalidades dos aparelhos.

As razões que justificam as **manutenções preventivas** incluem minimização do tempo de inatividade, extensão da vida útil do equipamento, possibilidade de inclusão dos custos de serviço no orçamento, redução dos custos de energia, garantia de segurança operacional, garantia de

Manutenção preventiva

Inspeção, limpeza, lubrificação e substituição sistemáticas de peças, materiais e sistemas desgastados, para evitar interrupções onerosas e prolongar a vida útil do equipamento.

Figura 11.11 Formulário sugerido para registro de informações sobre cada equipamento (a) grande e (b) pequeno.

Nome da instituição:			
Equipamento ou utensílio:		Data de compra:	
Número de série do motor	Modelo de fabricação do motor	Número do equipamento	Localização
Custo original	Período estimado de uso: Meses ☐ Anos ☐	Fabricação do equipamento	Descrição: Tipo _____ Tamanho _____ Capacidade _____ Modelo _____
Avaliação Data | Valor	Especificação do motor: W V Amp. H.P.	Prazo estimado de depreciação por: Mês ___ Ano ___	Data da depreciação completa

Reparos e substituições
Data | Natureza | Responsável | Custo | Observações

(a) Registro para equipamento grande.

Nome da instituição:			
Nome do item:	Data de compra:	Comprado de:	Localização:
Estilo Tamanho	Montante da compra original	Qualidade ou categoria	Usos
Avaliação Data | Valor	Reparos e substituições Data | Natureza | Responsável | Custo		Montante em caixa

(b) Registro para equipamento pequeno.

conformidade na qualidade do produto, correção de pequenos problemas antes que se tornem grandes e dispendiosos e condição de oferecer um cardápio completo a qualquer momento.

Uma manutenção preventiva requer a adoção de alguns procedimentos simples: manter o equipamento limpo; seguir as instruções impressas do fabricante quanto a cuidados e operação, incluindo lubrificação; conservar o cartão de instruções de cada equipamento próximo a ele; enfatizar a importância dos cuidados na manipulação para o uso contínuo; e realizar prontamente os reparos necessários. Alguns equipamentos, como as lavadoras de louças, podem exigir um contrato de serviço.

Entre as sugestões relativas ao cuidado com as máquinas e às instruções para seu uso incluem-se: a atribuição da responsabilidade pelo cuidado com cada máquina; inspeção diária da limpeza e supervisão constante pelo gerente, quando em uso; conclusão imediata mesmo dos reparos mais simples; conhecimento detalhado das instruções de operação; lubrificação e inspeções regulares; e realização dos reparos por uma pessoa competente. As instruções impressas devem estar facilmente ao alcance. Orientações de operação registradas em um diagrama único devem ser colocadas junto à máquina, e qualquer alerta especial deve ser impresso em letras grandes e coloridas. A explicação da operação da máquina deve descrever em detalhes a função e o relacionamento de cada peça, de modo a permitir o fácil entendimento pelo operador. Devem ser feitas, também, uma demonstração do uso adequado do equipamento e uma explanação sobre seu valor e os custos de reparos. (Ver na Fig. 4.9 do Cap. 4 um procedimento de limpeza de um fatiador de alimentos.) Instruções semelhantes devem ser apresentadas para cada equipamento e incluídas em um manual a ser utilizado pelos empregados responsáveis pela conservação e limpeza dos diversos itens.

O custo de operação é um aspecto importante e frequentemente negligenciado quando da aquisição do equipamento. Em algumas localidades, a eletricidade pode estar disponível para uso na cozinha a um preço menor do que o gás ou vice-versa. Quando todos os fatores são considerados, é possível que um forno combinado elétrico seja mais econômico nesse caso particular, muito embora o custo inicial possa ser maior. A escolha de qualquer equipamento também requer a realização de análise e avaliação adequadas da eficiência relativa de cada um dos diversos modelos e tipos disponíveis.

De acordo com a National Restaurant Association (NRA), a adoção de programas de gestão de energia e a escolha consciente de equipamentos podem proporcionar uma economia de até 20% nos custos das instalações, para a média dos estabelecimentos de alimentação. Informações adicionais sobre conservação de energia podem ser encontradas no Capítulo 12.

Método de compra

▎**Conceito-chave:** Descrições bem redigidas (específicas e precisas) são indispensáveis em qualquer programa bem alaborado de compra de equipamentos.

O método de compra de um equipamento apresenta alguma variação em função da operação. No entanto, quer seja o pedido colocado pelo gerente do estabelecimento de alimentação, pelo agente de compra ou pelo proprietário, os procedimentos preliminares são bastante parecidos.

Em primeiro lugar, devem ser levantados todos os dados disponíveis em relação às necessidades e aos requisitos do estabelecimento de alimentação. Representantes das diversas empresas fornecedoras de equipamentos estão sempre dispostos a demonstrar os aparelhos e disponibilizar ao potencial comprador informações relativas ao item em questão. Feiras de equipamentos de alimentação são realizadas anualmente em todo os Estados Unidos.[8] As exposições feitas nessas feiras são um bom lugar para analisar e comparar diversos modelos e características. Companhias fornecedoras de equipamentos a gás e eletricidade criaram instalações em todo os Estados Unidos, nas quais os operadores de negócios de alimentação podem testar e avaliar uma ampla gama de dispositivos, usando os itens de seu cardápio personalizado. Também é possível fazer visitas a várias instituições, para ver modelos semelhantes em operação.

Depois de realizados esses estudos e estabelecida uma ideia precisa do que se deseja, são redigidas as especificações e enviadas a empresas de boa reputação. Em seguida, são recebidas e tabuladas as cotações e feita uma comparação, após a qual o pedido é colocado.

A reputação da empresa fornecedora do equipamento é um elemento bastante importante para qualquer instituição. Uma companhia confiável, que ostente um portfólio de operações bem-sucedidas, costuma se esforçar por vender equipamentos garantidos, de boa qualidade. Nesse caso, pode-se confiar que ela honrará a garantia e fará todo o possível para manter seu bom nome e a confiança do cliente. Os revendedores de equipamentos empregam em seus departamentos de planejamento e de engenharia especialistas cujos serviços estão sempre disponíveis para os potenciais clientes. Anos de experiência e contato constante com as unidades de fabricação e operação na área capacita-os a oferecer uma assistência valiosa. Muitas empresas mantêm registros de vendas, de chamadas de serviço e de consertos de diferentes equipamentos. Como compensação elas merecem tratamento justo e consideração por parte do diretor de negócios de alimentação ou do agente responsável pelas compras da instituição.

Para ser considerável, uma especificação de equipamento deve ser explícita e precisa, abrangendo todos os detalhes relacionados a material, fabricação, tamanho, cor, acabamento e custo, sem deixar margens para qualquer dúvida ao comprador, ao fabricante ou sobre como será o produto acabado. Quando entregue, se o equipamento não estiver de acordo com o que foi especificado no pedido, ele não precisará ser aceito. Se o comprador ficar desapontado, mas tiver deixado brechas na especificação, a peça terá que ser aceita. Entretanto, a maioria das empresas está tão comprometida a vender satisfação, que confere cuidadosamente os pedidos junto ao comprador, antes da fabricação e entrega, para se certificar de que todos os elementos foram considerados.

Os seguintes exemplos, que mostram uma especificação de equipamento vaga e uma precisa, ilustram a diferença entre os dois tipos. É possível que uma especificação seja imprecisa e, ainda assim, pareça, para um observador casual, contemplar todos os pontos. Depois de ler o segundo exemplo, pode-se prontamente identificar os pontos fracos do primeiro.

---

[8] N.R.C.: No Brasil, existem algumas feiras desse setor, uma delas é a FISPAL (Feira Internacional de Embalagens, Processos e Logística para as Indústrias de Alimentos e Bebidas). Porém, não acontecem em todo o país.

Especificação vaga

- **Número do item**: xx
- **Nome do item**: Mesa de cozinha com pia
- **Dimensões**: 2,45 m de comprimento; 76 cm de largura; 91,5 cm de altura
- **Material e processo de fabricação**: tampo da mesa em aço inoxidável pesado, com bordas semilaminadas, mais uma pia de 45,7 cm de comprimento, 61 cm de largura e 30 cm de profundidade equipada com ralo. Pia posicionada a 7,6 cm da extremidade final da mesa. Parte inferior da mesa reforçada com alavancas de sustentação. Mesa colocada sobre quatro vigas tubulares de aço inoxidável com pés ajustáveis. Grade inoxidável apoiada em trilho transversal, aproximadamente 25 cm acima do chão. Mesa equipada com gaveta de 61 cm de comprimento, 59 cm de largura e cerca de 13 cm de profundidade. Gaveta em aço inoxidável pesado, reforçada na face frontal. Todas as emendas da gaveta devem ser soldadas e ela, equipada com rolamento de esfera na canaleta de deslizamento e maçaneta de metal branco.
- **Preço**: R$...

Especificação precisa

- **Número do item**: xx
- **Nome do item**: Mesa de cozinha com pia
- **Dimensões**: 2,45 m de comprimento; 76 cm de largura; 91,5 cm de altura
- **Material e processo de fabricação**: tampo da mesa em aço inoxidável nº 302, com *gauge* nº 14, *grind* nº 4, com todas as bordas dobradas aproximadamente 4 cm para baixo, bordas semilaminadas. Todos os cantos totalmente arredondados, com estrutura saliente, integrados com o tampo. Tampo da mesa equipado com pia de 45,7 cm de comprimento, 61 cm de largura e 30 cm de profundidade. Contém todos os cantos e juntas totalmente arredondados, formando um raio de 2,5 cm. Todas as juntas devem ser soldadas, aplainadas e polidas. Base com declive no centro na direção do ralo. Pia localizada a 7,6 cm da extremidade esquerda da mesa e 7,6 cm de cada lado. Pia equipada com ralo de metal branco de 5 cm, com tampa e corrente.

  O lado de baixo dessa mesa deve ser bem reforçado e preso por alavancas de sustentação de 10 cm, em aço inoxidável e soldado de *gauge* nº 14. Quatro vigas tubulares de aço inoxidável são soldadas a essas alavancas. As vigas devem ser feitas em tubos de aço inoxidável com diâmetro externo de 4,1 cm, sem emenda. Trilhos transversais e braçadeiras do mesmo material, encaixados e soldados juntos. Sobre esses trilhos transversais e essas braçadeiras se apoia uma prateleira de ripas colocada 25 cm acima do chão. As ripas devem ser feitas em aço inoxidável nº 16, com *grind* nº 4, soldadas a 5 cm. Suportes de aço inoxidável nº 16. Ripas com 5 cm de largura, curvadas para baixo nas extremidades, que devem se encaixar sobre os trilhos transversais. As prateleiras de ripas devem ser divididas em duas partes removíveis de igual comprimento. As vigas que formam as pernas devem ter pés tubulares ajustáveis, fechados e rosqueados internamente, de aço inoxidável com acabamento liso.

  Mesa equipada com uma gaveta de 61 cm de comprimento, 59 cm de largura e 12,7 cm de profundidade; totalmente em aço inoxidável de *gauge* nº 16 e *grind* nº 4, reforçada na face frontal com aço inoxidável de *gauge* nº 14 e *grind* nº 4. Todas as juntas dessa gaveta devem ser soldadas, lixadas e polidas. Cada gaveta deve ser equipada com rolamento de esfera na canaleta de deslizamento, fácil de deslizar e sem inclinação, e todos os trilhos de metal devem ser soldados no lado de baixo do tampo da mesa. Essa gaveta deve ter uma maçaneta de metal branco polido.
- **Preço**: F.O.B. (Frete a pagar) R$..........
- **Data de entrega**: não posterior a ....

É fundamental que, no momento da aquisição de equipamentos operados por eletricidade, sejam fornecidas ao fabricante as especificações elétricas precisas. Um motor é bobinado para operar sob determinada voltagem e, quando ligado em outra, pode operar com velocidade maior ou menor do que a prevista, o que resulta em uma potência de saída maior ou menor do que a nominal. Há risco de aquecimento excessivo e de avaria do isolamento, podendo ocorrer curtos-circuitos que acabarão gerando a necessidade de reparo ou substituição do aparelho. Um motor de três fases é mais recomendado, porque a ausência de carvão reduz os problemas de manutenção. Motores com potência inferior a 1 cv podem ser utilizados da mesma forma com correntes de 110 volts ou 220 volts; contudo, motores de maior potência só devem operar em corrente de 220 volts. Atualmente, os fabricantes empregam motores com rolamentos de esfera, totalmente fechados e ventilados, o que elimina a necessidade de lubrificação constante. A maioria dos motores é produzida especificamente para as máquinas em que opera. Eles devem ter a potência adequada para suportar com facilidade a carga das respectivas máquinas.

Escolha de alguns itens básicos

Uma análise das considerações feitas até aqui ajuda a determinar se a escolha de certos itens relacionados aos equipamentos de cozinha se justifica a partir da consideração dos mecanismos da compra. Padrões de diversos tipos de equipamentos foram mencionados. Como o problema da escolha é tão importante e os erros tão custosos, o Apêndice B fornece uma relação das principais características a considerar para a seleção de certos tipos de item. A avaliação ou identificação de equipamentos não é feita pela marca do produto. Pode acontecer de o comprador ter que fazer uma escolha entre os produtos de diversos fabricantes ou distribuidores concorrentes que oferecem produtos de qualidade, porém com ampla diversidade em alguns detalhes. Todo equipamento deve garantir facilidade na limpeza, segurança na operação, além de ser um investimento plausível para o estabelecimento e realizar o trabalho para o qual foi projetado. Uma escolha acertada não pode prescindir de uma análise exaustiva de todos os dados disponíveis e de observações das similaridades existentes entre equipamentos instalados.

Folhetos, prospectos e catálogos de especificação fornecidos pelos fabricantes, feiras do setor, publicações especializadas, profissionais do setor e representantes das empresas fabricantes são as melhores fontes de informações atualizadas sobre itens específicos. É comum que características especiais sejam alteradas, o que se reflete em desatualização das informações detalhadas sobre certos modelos em publicações como esta.

Alguns pontos a se considerar na escolha de equipamentos de alimentação, além de preço e custo de operação e manutenção, estão relacionados no Apêndice B, para ajudar o leitor a se familiarizar com possíveis características e variações de certos itens. A disponibilidade de utensílios e outros fatores podem predeterminar algumas decisões; por exemplo, a escolha entre um forno combinado a gás ou eletricidade não apresenta problemas quando a vantagem de uma fonte de calor sobre a outra está evidente em uma situação particular. Por outro lado, o problema aparece na escolha entre diversos modelos produzidos por empresas diferentes. Esse espaço permite apenas um volume limitado de informações básicas sobre certos itens fundamentais. Espera-se que estudantes e operadores de estabelecimentos de alimentação encontrem material suplementar atualizado disponível em bibliotecas ou arquivos de escritórios.

Equipamentos voltados à cocção

Esse tipo de equipamento precisa ter conformidade com os requisitos em termos de material, fabricação, segurança e higienização estabelecidos por grupos como a American Standard Association, a American Gas Association, a National Board of Fire Underwriters, o Underwriters Laboratories Inc., a American Society of Mechanical Engineers e a National Sanitation Foundation International. Os compradores devem se certificar de que as peças sejam substituíveis e exista serviço de assistência para todos os itens selecionados. Devem também dar atenção especial a fatores como custos iniciais e operacionais, efetividade na realização da tarefa a que se destina a peça, além de tempo e treinamento necessários para a manutenção regular. A expectativa de vida útil depende, em certa medida, da situação; porém, a escolha de equipamentos duráveis e de elevado nível de qualidade costuma ser econômica.

Equipamentos elétricos, a gás e a vapor. Nesse conjunto estão incluídos equipamentos de cocção com aquecimento elétrico, projetados para funcionar em corrente alternada ou contínua sob voltagem específica; potência nominal expressa em watts ou quilowatts por hora (1.000 watts = 1 quilowatt); fiação escondida e protegida da ação da umidade; interruptores claramente identificados e controles termostáticos de calor. Não há obrigatoriedade de chaminé para equipamentos de cocção elétricos, mas é necessária a existência de uma coifa comum ou de um sistema de ventilação embutido, para remoção de vapores e odores do cozimento.

Os equipamentos *operados a gás* são projetados para funcionar com combustível de petróleo natural, fabricado, misturado ou liquefeito; adaptados para pressões determinadas; potência nominal exigida expressa em unidades térmicas britânicas (Btus) por hora; válvula de desligamento individual para cada equipamento operado a gás; tubos de distribuição e válvulas acessíveis, porém escondidos; queimadores removíveis; acendimento automático com luz piloto para cada queimador; controles termostáticos de calor; ventilado por meio de coifa ou sistema embutido de ventilação, em vez de uma chaminé na cozinha para exaustão dos gases combustíveis.

Os equipamentos de cocção a gás ou eletricidade mais comuns são fornos combinados, chapas, *broiler*, fritadeiras, frigideiras basculantes e fornos.

Equipamentos de *cocção a vapor* incluem caldeirões basculantes, estufa a vapor, mesas de vapor e fornos combinados, os quais associam vapor com aquecimento a gás ou eletricidade. Em um *caldeirão a vapor*, o vapor é injetado por meio de uma cavidade fechada, na qual ele entra em contato direto com o alimento. O vapor atinge uma temperatura mais elevada sob pressão do que quando não pressurizado, permitindo, desse modo, um cozimento mais rápido. O *vapor a baixa pressão* trabalha a aproximadamente 0,35 kgf/cm^2, que se converte em uma temperatura aproximada de 108°C. A pressão padrão em uma panela elétrica de cozimento a vapor de alta pressão é de cerca de 1,05 kgf/cm^2 ou 121°C. Uma porção de ervilhas cozinha em aproximadamente oito minutos, em uma panela elétrica de cozimento a vapor de baixa pressão e em um minuto no de alta pressão. Um terceiro tipo de caldeirão a vapor é a panela elétrica de cozimento a vapor de convecção não pressurizada, na qual o vapor entra sob pressão atmosférica (0 kgf/cm^2) ou 100°C e circula continuamente sobre o alimento. Esse movimento constante reduz o tempo de cozimento, tornando-o menor do que o gasto pelas panelas elétricas de cozimento a vapor estáticas de baixa pressão. Especificidades a respeito dessa variedade de equipamentos de cocção estão incluídas no Apêndice B.

Equipamentos não voltados à cocção

Equipamentos operados a eletricidade. Os estabelecimentos de alimentação modernos contam com máquinas motorizadas para obter rapidez e eficiência em muitas tarefas. Precauções relativas à segurança são necessárias. Fabricantes e distribuidores disponibilizam diagramas de capacidade para todos os tipos de máquina. Motores fabricados de acordo com a capacidade da máquina devem operar com facilidade sob carga máxima; trazer especificação de voltagem, ciclo e fase; além de serem fechados e possuírem as partes removíveis para facilitar a limpeza. Um motor de três fases é usado normalmente para potências de ¾ cv (0,55 kw) ou superiores.

Entre os equipamentos de não cocção estão incluídos batedeiras, máquinas de picar, cortar e fatiar, batedeiras-cortadores verticais, refrigeradores, *freezers*, equipamentos para limpeza de pratos e utensílios, lixeiras e equipamentos para transporte. Entre os equipamentos não mecânicos de cozinha mais comuns usados para tarefas de não cocção estão mesas, pias, gabinetes de armazenamento, *racks*, carrinhos, medidores e outros utensílios de cozimento e cutelaria. Informações mais detalhadas sobre os tipos de equipamentos de não cocção podem ser encontradas no Apêndice B.

Os tipos mais comuns de equipamentos para servir são balcões, utensílios, dispensadores, máquinas de café e carrinhos para serviço móvel. Eles também são tratados no Apêndice B.

Alguns modelos novos de equipamentos

As mais recentes inovações em equipamentos de alimentação priorizam características como eficiência, simplicidade, boa relação custo-benefício, sustentabilidade e uso de tecnologia. Alguns exemplos são oferecidos a seguir.

- **Estação móvel e modular de cocção:** A disseminação de vitrines de exposição de alimentos em restaurantes e a busca de flexibilidade impulsionaram o desenvolvimento de dispositivos de cozinha móveis, autoventilados e modulares. Esse equipamento, projetado para ser usado em qualquer lugar em que esteja disponível uma conexão elétrica de 400 volts, contém um sistema de filtragem que remove gordura, umidade e odores durante o processo de cozimento (www.blanco.de).

- **Recuperação de calor em lavadoras:** O vapor de água aquecido gerado por máquinas de lavar louças ou utensílios de lavagem é reciclado para aquecer uma fonte de água fria e, dessa forma, reduzir o custo de energia e a temperatura de exaustão do ar (www.winterhalter.de).

- **Batedeira que cozinha:** Esse equipamento permite o cozimento na própria vasilha da batedeira. O alimento pode ser aquecido aos poucos ou completamente cozido. Oito aceleradores de mistura mantêm a consistência do produto durante o processo de cocção. Uma cesta de vapor e um acessório para processamento da comida proporcionam maior flexibilidade no uso dessa batedeira/fogão (www.kenwoodworld.com/en/CookingChef/Home).

- **Wok-Range:** Esse *wok-range*, que faz parte de um *cooktop* de indução, é mais seguro e mais rápido que um dispositivo a gás (Fig. 11.12).

- **Resíduos úmidos para compostagem:** Em primeiro lugar, um triturador transforma os resíduos em pequenas partículas; em seguida, o excesso de líquido é pressionado para fora e os resíduos secos são expelidos e recolhidos; finalmente, o adubo é produzido por meio de aplicação de calor (www.imco.co.uk).

- **Nova maneira de tratar GOG (gordura, óleo e graxa):** Os restaurantes costumam empregar uma caixa de gordura para impedir que ela penetre nos sistemas de esgoto e cause entupi-

Figura 11.12 Um *wok-range*.

mento. Um método inovador de tratamento automático de GOG limpa a água descartada da cozinha antes que ela chegue à caixa de gordura, sem uso de produtos químicos ou enzimas. Com o uso de uma peneira, as partículas de comida são removidas da água descartada, desidratadas por uma sonda e colocadas em um recipiente separado para descarte. Por meio de defletores e de um fluxo de direção reversa, o GOG é pressionado contra um cilindro de baixa rotação. Quando o cilindro fica todo recoberto pelo GOG, ele é raspado por uma lâmina de borracha e o GOG retirado é depositado em um recipiente externo (www.epas-ltd.com).

- **Sanduicheira super-rápida:** Uma combinação de micro-ondas, radiação infravermelha e placas de contato faz com que os sanduíches fiquem perfeitamente tostados, com marcas de grelha, a temperaturas de 4°C a 60°C em menos de 60 segundos. Além disso, o equipamento conta com autoajuste da placa superior; fechamento automático; abertura automática da tampa quando o sanduíche fica pronto; painel de controle eletrônico programável; quatro programas de cozimento automático; e superfície antiaderente para facilitar a limpeza (www.electroluxusa.com/professional).

Móveis e utensílios para refeitório

▌ **Conceito-chave:** Os móveis do refeitório e os utensílios de mesa, além de ter aparência agradável, devem ser duráveis, úteis e fáceis de serem mantidos.

Uma área de refeições atraente e convidativa ajuda os clientes a se sentirem confortáveis e contribui para que apreciem os pratos servidos. O diretor de negócios em alimentação pode ter sob sua responsabilidade a seleção de alguns acessórios, em especial no que diz respeito a louças, utensílios de mesa e copos. É possível, no entanto, contratar o serviço de um projetista de interiores ou decorador, para ajudar na criação de um ambiente agradável, por meio da seleção do estilo apropriado de mesas, cadeiras e guarnição para as janelas, e da escolha de um esquema de cores que irá padronizar todos os acessórios e produzir um efeito harmonioso.

O apêndice B traz informações básicas acerca de uma seleção acertada de louças (pratos), utensílios de mesa (facas, garfos e colheres), copos e toalhas. Do mesmo modo, uma assistência especializada deve ser procurada, para ajudar na aquisição de móveis, cortinas e outros itens. Todo o conjunto deve ser agradável, durável, útil e fácil ser mantido.

Louças

Diversos tipos de material são empregados atualmente na fabricação de louças para o mercado de alimentação; incluem-se: porcelana; vidro; melamina; e outras espécies de plástico; ou uma combinação de materiais mantida em segredo pelos fabricantes. O tipo de louça apropriada para determinado serviço de alimentação varia de acordo com o tipo de serviço oferecido. Um clube ou um restaurante fino pode optar pelo uso de porcelana selecionada. Por outro lado, o sistema de alimentação escolar exige um material mais durável. Os estabelecimentos de *fast-food* consideram que louças descartáveis são mais adequadas às suas necessidades. Outros fatores que devem ser serem considerados na escolha das louças incluem durabilidade, orçamento, resistência ao calor, cor e *design*, uso previsto, ambientação e/ou tema desejados e quantidade necessária. Esses pontos são discutidos em detalhes no Apêndice B.

Utensílios de mesa

O tipo mais conveniente de utensílio de mesa para estabelecimentos que servem refeições é aquele que foi projetado e fabricado especialmente para uso intenso. Esses utensílios se enquadram em duas classes: faqueiros, nas opções usuais de garfos, facas e colheres; e itens como bules, açucareiros, jarros e travessas, que, quando feitos de metal, são conhecidos como utensílios ocos. Todos eles devem ser duráveis, úteis e, ao mesmo tempo, ter linha e *design* atraentes. Os tipos mais usados são os de prata, os de aço inoxidável e os descartáveis, e a escolha depende fundamentalmente do tipo de serviço de alimentação, do gosto da clientela a ser atendida e da disponibilidade financeira para a despesa inicial, as substituições e a manutenção. Uma vez feita a escolha, atenção especial deve ser dada aos aspectos de *design*, quantidade, armazenamento, manutenção e durabilidade. O Apêndice B apresenta uma discussão detalhada sobre utensílios de mesa.

Copos

Os copos são o principal utensílio a ser comprado para refeitórios, porque quebram com facilidade e precisam ser substituídos com frequência. A compra de copos de boa qualidade traz mais economia do que a dos tipos mais baratos.

Toalhas de mesa

Outro item a considerar é o tipo de cobertura a ser colocada nas mesas de refeições – quando utilizada – ou o tipo de bandeja, se a opção for essa. A superfície do tampo de muitas mesas é atraente, durável e adequada ao uso sem nenhuma cobertura. A simplicidade e a informalidade nas refeições popularizaram esse hábito, o que reduz os custos de lavanderia.

Para muitas pessoas, grande parte do charme de um ambiente de alimentação é condicionado – quando não determinado – pelo uso de toalhas limpas e de qualidade, que acabaram de ser cuidadosamente colocadas. Por uma questão de economia e conveniência, muitos locais substituíram as tolhas por guardanapos de papel e jogos americanos de plástico. Qualquer que seja a opção, a cobertura da mesa deve ter tipo e cor apropriados para as instalações, além de contribuir para a atmosfera total do ambiente e harmonizar com a louça utilizada.

Resumo

Potenciais administradores de negócios de alimentação, assim como aqueles que já exercem a função, devem possuir conhecimento "funcional" sobre a fabricação de equipamentos e acessórios, processo de fabricação e materiais apropriados para diversos usos, além de ter noções acerca de tamanhos e capacidades disponíveis e de como relacionar essas informações para atender às necessidades específicas da instituição. A seleção criteriosa de muitos itens necessários para a operação eficiente do serviço e o cuidado adequado podem refletir em economia para a organização e satisfação das equipes de trabalho, pois esses contam com as ferramentas apropriadas para realizar suas tarefas.

Aplicação de conceitos abordados no capítulo

A Universidade de Negócios em Alimentação de Wisconsin-Madison possui um grande restaurante que usa tecnologia de cocção/congelamento para produzir alimentos fornecidos a outras unidades dentro do sistema. Existem atualmente dois resfriadores rápidos nessa unidade de alimentação. A área de alimentação da universidade possui outro resfriador rápido na unidade Rheta's, um tipo de mercado de serviços de alimentação. O objetivo da instituição é instalar outros resfriadores rápidos nas demais unidades operacionais.

O uso de resfriamento e de congelamento rápidos não é novidade, mas vem se tornando cada vez mais popular em operações de negócios de alimentação não comerciais de larga escala e grande volume, como de escolas, faculdades e hospitais. A sua popularidade decorre de inúmeras vantagens que o processo oferece. O Capítulo 2 apresenta uma revisão dos processos de resfriamento e congelamento rápidos. O benefício mais evidente desse método de produção é a segurança do alimento, pois o produto em cozimento só fica exposto em uma zona de grande perigo por um período de tempo mínimo. No entanto, outras vantagens também fazem dele a escolha ideal. Entre os benefícios destacam-se melhor qualidade do alimento, redução de desperdícios, economia de trabalho, flexibilidade/melhores condições de compra para o cardápio e sustentabilidade. A qualidade do alimento é melhor porque o método preserva a integridade das estruturas celulares normais. O desperdício é reduzido porque o alimento resfriado ou congelado pelo método rápido pode ser armazenado por mais tempo e só restituído à temperatura normal quando necessário. A redução do trabalho é obtida em decorrência da possibilidade de prever e preparar os alimentos, se assim for preciso, com dias de antecedência. Isso garante eficiência do fluxo de trabalho e flexibilidade em termos de tempo e ritmo de preparação. Os processos de resfriamento e congelamento rápidos asseguram flexibilidade e melhores condições de compra, porque oferecem aos operadores a oportunidade de comprar e armazenar grandes volumes de alimentos quando os preços estiverem mais baixos. A sustentabilidade proporcionada por esses dois processos é de grande importância para o setor de *foodservice* da Universidade de Wisconsin-Madison. Esse método viabiliza o objetivo da universidade de oferecer cardápios sazonais, com a incorporação de produtos produzidos local ou regionalmente. Estabelecimentos localizados em áreas onde o inverno é mais frio podem fazer suas compras junto aos produtores locais na época do verão, submeter os produtos ao processo de resfriamento e congelamento rápidos e oferecê-los no cardápio durante a temporada de inverno. Com isso, são reduzidos não apenas os custos de transporte, como também o impacto causado pelo carbono, pois reduz a emissão de CO_2 decorrente da circulação de mercadorias pelo país.

Questões para reflexão

1. Quais princípios da ciência dos alimentos explicam por que os processos de resfriamento e congelamento rápidos mantêm a integridade celular dos alimentos?
2. Dê um exemplo daquilo que pode ocorrer a um produto alimentar específico que foi congelado em um *freezer* comum.
3. Depois de rever o Capítulo 2, por quanto tempo você imagina que um alimento permanece na zona de perigo durante o processo de resfriamento rápido?
4. Alimentos submetidos ao resfriamento ou congelamento rápido devem ser restituídos à temperatura normal. Dê alguns exemplos de métodos empregados com essa finalidade. Que tipo de equipamento seria necessário para esse processo?
5. Quando a Universidade de Wisconsin-Madison emprega resfriadores rápidos em outras de suas unidades, que tipo de equipamento deixa de ser necessário?
6. De que modo a incorporação dessa tecnologia afeta a necessidade de espaço para armazenamento?
7. Que desafios você imagina que a direção da instituição enfrenta por ocasião da primeira instalação de um equipamento de resfriamento rápido?
8. Por que uma instalação optaria pelo resfriamento rápido em lugar do câmara de resfriamento?
9. Visite o site da Chester-Jensen em www.chester-jensen.com e avalie os diversos tipos de sistemas avançados para preparação de refeições que a empresa produz. Entre os produtos relacionados, quais deles podem ser cozidos por meio da tecnologia de cocção/resfriamento?
10. Depois de ler o estudo de caso dos Capítulos 2 e 11, que desvantagens você vê no emprego dos métodos de resfriamento ou congelamento rápidos para produção de alimentos?

Questões para revisão

1. Relacione os diversos fatores que afetam as decisões relacionadas com escolha de equipamentos.
2. Se o custo de mão de obra é elevado em uma área específica, que tipo de equipamento deveria ser considerado prioritariamente?
3. Em um sistema de *foodservice* de montagem/serviço, quais equipamentos são mais recomendados?

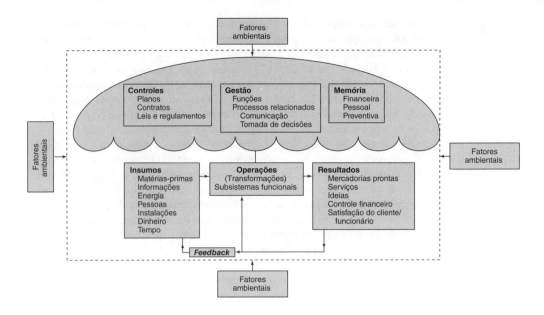

4. Fale sobre as vantagens de um equipamento modular.
5. Discorra sobre os fatores que determinam o tamanho e a capacidade do equipamento escolhido.
6. Quais são os materiais mais comuns empregados na fabricação de equipamentos para alimentação? Para que eles são normalmente usados?
7. Relacione e explique resumidamente as características desejáveis de um metal escolhido para fabricação de equipamentos de alimentação.
8. Descreva como o *gauge* dos metais é determinado nos Estados Unidos.
9. Identifique o que deve constar na especificação de um equipamento de alimentação.
10. Qual é o papel internacional da NSF em relação aos equipamentos e aos acessórios para serviços de alimentação?
11. Relacione e explique resumidamente os diversos tipos de forno em uso na atualidade em instalações para negócios de alimentação.

Sites selecionados (em inglês)

www.americangriddle.com   (American Griddle Corp.—Steam Shell Griddle)
www.amfab-inc.com   (American Metal Fabricators, Inc.)
www.burlodgeusa.com   (Burlodge, USA—sistemas de entrega de alimentos)
www.cfesa.com   (Commercial Food Equipment Service Association)
www.chester-jensen.com   (Chester-Jensen Co., Inc.—fabricante de equipamentos de troca de calor e processamento)
www.cmadishmachines.com   (CMA Dishmachines)
www.feda.com   (Foodservice Equipment Distributors Association)
www.fermag.com   (revista *Foodservice Equipment Reports*)
www.fesmag.com   (revista *Foodservice Equipment & Supplies*)
www.frymaster.com   (Frymaster Corp.)
www.hobartcorp.com   (Hobart Corp.— equipamentos de alimentação)
www.montaguecompany.com   (Montague Co.— equipamentos para cozinha)
www.nafem.org   (North American Association of Food Equipment Manufacturers)
www.nal.usda.gov/fnic   (USDA National Agricultural Library, Food and Nutrition Information Center)
www.nemetschek.net   (Nemetschek—Vectorworks Architect Software)
www.nfsmi.org   (National Food Service Management Institute)
www.socalgas.com   (Southern California Gas Company)
www.ssina.com   (Specialty Steel Industry of North America)
www.star-mfg.com   (Star/Lang Manufacturing International, Inc.)
www.wolfstoves.com   (Wolf— equipamentos para cozinha)

12

Conservação dos recursos naturais

CONTEÚDO

Conservação dos recursos naturais
　Projeto verde
　Conservação de energia
　Conservação da água

Gestão de resíduos sólidos
　Redução de fontes
　Reciclagem
　Incineração e descarte em aterros sanitários
　Avaliação dos resíduos de uma instalação

Resumo

Em geral, restaurantes e serviços de alimentação estão entre as instalações que mais poluem e consomem energia entre os arrendatários de edifícios comerciais, por metro quadrado. Além disso, eles também são os maiores responsáveis pelo comprometimento da qualidade do ar e os que mais consomem água natural e produtos químicos tóxicos. Os negócios de alimentação têm se empenhado no sentido de conservar energia e água, além de controlar a poluição. Como, nos Estados Unidos, os edifícios são hoje responsáveis por 40% do consumo de energia, 25% do uso de água e 35% das emissões de dióxido de carbono, as novas construções e as reformas de instalações do setor de alimentação vêm colocando em prática projetos ecológicos.

Nos Estados Unidos, os estabelecimentos de alimentação estão entre as instituições que mais produzem resíduos sólidos; são produzidas mais de 210 milhões de toneladas por ano. Desse volume, apenas 56 milhões de toneladas são recuperadas por meio de reciclagem ou compostagem. A Environmental Protection Agency (EPA) estima que cada pessoa seja responsável pela geração de aproximadamente 2 kg ao dia. Como aumenta a cada ano o custo de descarte desses resíduos e o interesse dos consumidores em preservar o ambiente e conservar os recursos naturais, as instalações de alimentação buscam maneiras ecológicas e economicamente seguras que viabilizem o descarte ou a minimização do volume de resíduos sólidos por elas gerado. Essas ações, somadas às iniciativas voltadas à conservação de energia e água e ao controle da poluição, podem ter um impacto significativo sobre os esforços globais para proteção do ambiente e preservação dos recursos naturais.

A primeira comemoração do Dia da Terra, realizada em 22 de abril de 1970, foi marcada por passeatas e discursos políticos nos Estados Unidos que chamaram a atenção para nossa pesada dependência em relação às fontes não renováveis de energia e para o fato de que as reservas desses recursos estão se extinguindo rapidamente. O livro *The limits of growth*, publicado pelo Clube de Roma em 1972, dava ênfase à importância da mensagem e profetizava o ano no qual os recursos estariam totalmente esgotados. Os autores fundamentaram suas previsões em estimativas conservadoras que levaram em consideração a conhecida taxa de crescimento das reservas, a população, a produção de alimentos, o capital disponível e o uso da terra, em uma escala global dentro de um sistema fechado, a "nave espacial" Terra. As datas previstas para esgotamento dos recursos incluíam: petróleo, 2020; gás natural, 2019; alumínio, 2025; zinco, 2020; cobre, 2018; e ferro, 2143. Embora não exista consenso quanto a essas datas, ninguém discute o fato de que tais recursos acabarão por terminar e que é urgente o desenvolvimento de estratégias capazes de enfrentar uma carência cada vez maior, à medida que o esgotamento total se aproxima.

Muito já se avançou em iniciativas destinadas a substituir óleo, gás natural, carvão e energia nuclear por fontes renováveis de energia, como as geotérmicas, hidroelétricas, eólicas, solares, assim como a biomassa. Como a energia é o item que mais pesa nos custos indiretos de um estabelecimento de alimentação, essas novas fontes suscitam muitas esperanças. As tarifas das empresas de serviço público se igualam, em muitos casos, à taxa geral de inflação, e os administradores de negócios em alimentação se viram frente a um acentuado crescimento do uso de energia ao longo dos últimos anos. Uma das principais causas dessa escalada no uso de energia é a demanda de clientes e empregados por maior nível de conforto. Qualquer que seja o tipo de estabelecimento de alimentação, salas de refeição e cozinhas com ar-condicionado tornaram-se uma norma. Em muitas áreas, um ambiente de trabalho climatizado se converteu em instrumento de negociação dos sindicatos.

Além do esgotamento dos recursos naturais, o mundo se vê frente a questões ambientais como: poluição do solo; da água e do ar; aquecimento global; chuva ácida; desmatamento; e geração de quantidades cada vez maiores de resíduos.

A exemplo do que ocorre em todas as empresas americanas, o setor de *foodservice* (ou de negócios em alimentação) enfrenta com frequência problemas de concorrência. Na década de 1960, o baixo custo era o maior desafio na luta por vantagem competitiva. Ter flexibilidade e agilidade nas respostas aos clientes era o maior desafio na década de 1970. Qualidade foi a ênfase na década de 1980. E agora, na primeira década do século XXI, o mundo todo está entrando na era do ambientalismo, de "zero emissões" e "gestão total da poluição". Esse foco no ambiente é decorrente de diversos motivos, como a crescente pressão pública, o vertiginoso crescimento dos custos, o aumento das responsabilidades civis e criminais e o rigor de novas leis e regulamentações. A excelência ambiental vem se tornando a prioridade número um da gestão corporativa.

São desconcertantes os números de uma estimativa conservadora segundo a qual, dos 9 mil quilogramas de material ativo por pessoa (alimento, combustível, produtos florestais e minérios) extraídos a cada ano nos Estados Unidos, apenas 6% se transformam em mercadorias duráveis. Os outros 94% são consumidos em poucos meses depois da extração. Nos Estados Unidos, cada pessoa produz cerca de 2 kg de lixo por dia, o que soma mais de 210 milhões de toneladas de lixo criado em cada ano ("No futuro, os bilionários nascerão das latas de lixo", *Financial News*, 28 de abril de 1995).

A redução da poluição e dos resíduos pode contribuir para a melhoria da saúde do ambiente e da economia. O Institute for Local Self-Reliance, em Washington, D.C., estima que nove empregos são criados para cada 15 mil toneladas de resíduos sólidos transformados, por reciclagem, em um novo produto, enquanto apenas dois empregos são criados para cada 15 mil toneladas de lixo incinerado e um único para cada 15 mil toneladas despejadas em aterros sanitários. No entanto, as questões ambientais são complexas, porque cada uma delas tem ramificações econômicas, sociológicas, políticas e ecológicas que precisam ser consideradas. Soluções efetivas exigem a colaboração daqueles que atuam nos setores de agricultura, manufatura e embalagem, além dos administradores de estabelecimentos de alimentação, legisladores e consumidores.

Os serviços de alimentação estão ativamente engajados na introdução de programas de gestão de resíduos sólidos que incluem a redução de fontes geradoras, a reciclagem de quase todos os resíduos gerados na fabricação dos produtos e a realização de análises e auditoria dos fluxos de resíduos. Este capítulo discute alguns exemplos dessas iniciativas.

Conceitos-chave

1. São muitos os benefícios ecológicos e econômicos para o setor de *foodservice* decorrentes da adoção da prática de projetos "verdes".
2. O desenvolvimento de um programa de gestão eficiente de energia pode começar com uma análise dos gastos com água, luz e gás.
3. O uso e a manutenção adequados dos equipamentos contribuem para a conservação de energia.
4. Podem-se adotar ações adicionais no tocante ao uso dos equipamentos, tendo-se em vista a maximização da conservação de energia.
5. Uma gestão eficiente de energia requer comprometimento dos líderes e participação de todos os empregados da organização.
6. A gestão de resíduos sólidos é hoje uma prioridade ética, legal e economicamente imperativa da gestão de *foodservice* (ou de negócios de alimentação).
7. O primeiro passo na direção de uma gestão integrada de resíduos sólidos é a redução das fontes geradoras.
8. A reciclagem reduz os custos de tratamento, a dependência em relação aos recursos naturais escassos, aos custos de produção de energia, ao volume de material enviado a aterros sanitários e à potencial poluição da natureza.
9. A compostagem vem ganhando popularidade como meio de controle dos resíduos sólidos nos estabelecimentos de alimentação.
10. Avaliações, auditoria e análises de resíduos são procedimentos que podem ser empregados para determinação da quantidade e do tipo dos resíduos gerados por um estabelecimento de alimentação.

Conservação dos recursos naturais

▌ **Conceito-chave:** São muitos os benefícios ecológicos e econômicos para o setor de *foodservice* decorrentes da adoção da prática de projetos "verdes".

Muita atenção tem sido dada à busca de soluções que viabilizem a minimização dos custos de energia. Os administradores de negócios em alimentação descobriram que, ao atacar o uso desnecessário de energia e incorporar técnicas para redução do consumo energético, eles promovem o incremento geral da eficiência da instalação. A conservação da água, por outro lado, tem recebido menos atenção. No entanto, com o número cada vez maior de comunidades que sofrem com a escassez periódica de água, mais esforços serão direcionados para esse recurso precioso.

Projeto verde

Projeto verde se traduz na adoção de princípios "sustentáveis" que minimizem o uso de recursos não renováveis e tenham como meta evitar a contaminação do ar, da água e do solo, bem como a realização de outras atividades que degradam o meio ambiente. Os padrões de projetos verdes normalmente aceitos foram estabelecidos pelo U. S. Green Building Council (USGBC). Tais padrões são conhecidos pela sigla em inglês LEED (Liderança em energia e projeto ambiental). A vista aérea do edifício Ordway, no Woods Hole Research Center (Fig. 12.1), mostra

Projeto verde
Adoção de princípios sustentáveis que minimizem o uso de recursos não renováveis e tenham como meta evitar a contaminação do ar, da água e do solo, bem como outras atividades que degradam o meio ambiente.

Figura 12.1 Edifício verde premiado no Woods Hole Research Center, MA.
Fonte: Cortesia de Charles C. Benton, professor de arquitetura, UC Berkeley.

dois conjuntos de 88 painéis fotovoltaicos que geram 34% da necessidade total de energia do edifício. Em consequência disso, há uma redução da energia total utilizada pelo prédio, assim como dos custos associados, e uma geração 28% menor de emissões produzidas pelos estabelecimentos.

Os objetivos do projeto verde de uma instalação de alimentação devem ser, em linhas gerais, os seguintes:

- reduzir ou eliminar o impacto negativo da edificação sobre o ecossistema local;
- desenvolver um planejamento sustentável;
- salvaguardar o suprimento de água e assegurar o uso eficiente desse recurso;
- determinar o ponto ideal de eficiência energética da instalação e dos equipamentos;
- adotar materiais reciclados e recicláveis na construção e nas operações;
- preservar a qualidade do ambiente interno depois que o estabelecimento entrar em operação.

Os benefícios decorrentes desses princípios de projeto incluem aumento da produtividade dos empregados, redução dos custos de longo prazo das operações diárias, redução do impacto negativo sobre o ambiente e formação de comunidades saudáveis e sustentáveis.

Depois da adoção de um projeto verde para o edifício, o uso de energia e os custos podem ser reduzidos por meio de uma criteriosa seleção de equipamentos. A escolha de equipamentos certificados com o selo Energy Star da Environmental Protection Agency (Fig. 12.2), cuja avaliação é baseada nos mais rígidos padrões de eficiência estabelecidos pelo governo, pode promover uma redução de 25 a 60% no tocante aos custos e ao uso de energia. Além disso, as companhias administradoras de recursos hídricos, as empresas concessionárias de serviços públicos e alguns órgãos do governo oferecem reembolsos e créditos de impostos para os administradores dispostos a substituir seus equipamentos por outros classificados com o selo da Energy Star. Refrigeradores, *freezers*, fritadeiras a gás, caldeirões elétricos de cozimento a vapor, estufas e máquinas de gelo estão entre os equipamentos certificados.[1]

---

[1] N.R.C: No Brasil, existe uma certificação de aparelhos elétricos que identifica os aparelhos pela eficiência no consumo de energia elétrica. Essa certificação é denominada selo Procel (Programa Nacional de Conservação de Energia Elétrica).

Figura 12.2 Logotipo da Energy Star.
Fonte: U.S. Environmental Protection Agency.

Conservação de energia

■ **Conceito-chave:** O desenvolvimento de um programa de gestão eficiente da energia pode começar com uma análise dos gastos com água, luz e gás.

Os gastos com os serviços de água, luz e gás respondem por uma parcela grande e cada vez maior dos custos operacionais dos negócios de alimentação. Previsões indicam que o fornecimento de gás natural está em retração e há expectativa de elevação dos preços da energia nos próximos anos.

Um programa de gestão de energia requer a participação constante de todos os empregados do estabelecimento. Treinamento em serviço e programas de incentivo devem ser estabelecidos, com o objetivo de assegurar a cooperação de todos os envolvidos. Desenvolvimentos recentes, no que diz respeito a equipamentos e tecnologia, estão disponíveis para reduzir o consumo de energia e poupar dinheiro. Os administradores de negócios em alimentação devem analisar cuidadosamente os custos e a economia de energia que esses recursos podem oferecer.

O sistema de ventilação. O maior consumidor de energia na maioria das cozinhas comerciais é o sistema de ventilação; e ele é controlável. Cada 0,03 m^3 de ar consumidos em uma cozinha precisam ser substituídos por ar fresco ou ar produzido por equipamentos de ventilação, o que, na maioria dos locais e na maior parte do tempo, é ar refrigerado ou aquecido. Os últimos anos testemunharam avanços significativos na compreensão de como a ventilação funciona sob condições reais de preparo. Esse conhecimento permitiu que ventiladores e sistemas de condicionamento de ar fossem dimensionados com fluxos de ar menores e redução tanto do tamanho do motor como do uso de energia.

Muitas companhias distribuidoras de energia elétrica oferecem hoje em dia análises da demanda de ar-condicionado, assim como programas especiais de controle do resfriamento. Esses programas monitoram a temperatura e os compressores, desligam as unidades nos períodos de baixo uso e mantêm as temperaturas na zona de conforto. A transferência de equipamentos que produzem calor para fora da área equipada com ar-condicionado ou ventiladores é outra prática voltada à economia de energia. As bobinas de condensação dos refrigeradores e os compressores geram uma impressionante quantidade de calor e, portanto, esses equipamentos podem ser transferidos para fora do edifício ou para o subsolo. O calor gerado pelas máquinas de gelo pode ser eliminado da área de serviço, se a máquina for colocada em área mais afastada e o gelo for distribuído para cada uma das estações nas quais se faz necessário.

Aquecedores de água com bomba de calor utilizam, no processo de aquecimento, o calor gerado por todos os equipamentos da cozinha e, ao mesmo tempo, devolvem ao ambiente ar fresco e desumidificado, reduzindo a temperatura do ar e a umidade. O ar frio pode ser direcionado para a área geral da cozinha, para uma área específica ou mesmo para fora, quando a refrigeração não for necessária. Esse tipo de aquecedor de água é de quatro a seis vezes mais eficiente que os aquecedores a gás convencionais e três vezes mais eficiente que os elétricos, além de não exigir a instalação de uma chaminé e não precisar ser colocado em um recinto à prova de fogo, porque não há combustão.

A fim de ajudar a manter o resfriamento da cozinha, os fabricantes de equipamentos de cozinha estão produzindo aparelhos com maior nível de isolamento e, com isso, obtiveram equipamentos mais eficientes. Outros exemplos de equipamentos energeticamente eficientes são os queimadores a gás de alta eficiência e as fritadeiras com aquecimento por infravermelho, os quais produzem quantidade de calor muito maior com o uso da mesma quantidade de gás. Além deles, há as fritadeiras e os *grills* com aquecimento por indução elétrica, que mantêm a cozinha resfriada e são mais eficientes do que os que utilizam os métodos de aquecimento tradicionais.

Barreiras de radiação térmica são materiais instalados no sótão ou na parte de baixo dos telhados para reduzir a absorção de calor no verão e a perda de calor no inverno. Desse modo, diminuem o uso de energia para resfriamento ou aquecimento. Comumente fabricadas com finas folhas de um material refletor como o alumínio, essas barreiras refletem o calor de volta para o edifício durante as estações quentes e reduzem a carga nos aparelhos de ar-condicionado em regiões de clima ameno ou quente.

O custo de aquecimento ou resfriamento da cozinha pode ser reduzido transferindo-se ar a partir da sala de refeições em vez da área externa. Ventiladores de acionamento direto e velocidade variável podem ser conectados a sistemas de controle com sensores de calor, fumaça e vapor, que alteram a velocidade dos aparelhos de acordo com a necessidade.

Fontes mistas de energia. Pela legislação dos EUA, a desregulamentação da eletricidade e do gás fez surgirem novas opções. Novos sistemas compactos de cogeração utilizam gás, óleo combustível, óleo diesel ou sucata de madeira para acionar uma máquina que move um gerador elétrico.

Um subproduto do resfriamento de um dispositivo por meio desse processo é a água quente, que pode ser usada pelo estabelecimento de alimentação como fonte de água quente "gratuita".

Duas novas fontes alternativas de energia – eólica e baseada em células de combustível – têm potencial para proporcionar redução dos custos de energia. Nos EUA, novas regulamentações permitem a ligação de conexões a redes energéticas existentes, além de concederem àqueles que utilizam fontes de energia renováveis o benefício de créditos fiscais e subsídios governamentais.[2]

Aquecimento com água. Outra importante aplicação de energia na cozinha é a água quente produzida pelas máquinas de lavar louças e pelos aquecedores de reforço. Nos últimos cinco anos, os aquecedores de reforço a gás tiveram acentuada melhora de eficiência e confiabilidade. Muitas instalações substituíram cafeteiras com capacidade de três a seis galões por recipientes térmicos e dispensadores que liberam água quente instantaneamente.

Iluminação A prática de desligar as luzes nas áreas que não estiverem em uso e de aproveitar a luz do dia para iluminação ambiente pode reduzir a carga de eletricidade nas horas de pico. O emprego da luz do dia "gratuita" requer que os raios do sol sejam captados de uma forma que converta essa energia "gratuita" em luz. Em edifícios térreos, é possível eliminar por completo os custos da iluminação diurna por meio da instalação de claraboias nas cozinhas e salas de refeição. Por meio da adoção desse conceito, grandes varejistas como Walmart, Target e Home Depot conseguiram obter uma redução significativa nos custos de iluminação.

Controles de iluminação computadorizados e sistemas de redução da intensidade luminosa das lâmpadas estão disponíveis e representam uma solução de baixo custo para controle dos níveis de claridade em todas as áreas de alimentação. Temporizadores e detectores de movimento também são utilizados para cortar efetivamente os custos de iluminação.

▌ **Conceito-chave:** O uso e a manutenção adequados dos equipamentos contribuem para a conservação de energia.

Uso dos equipamentos na capacidade máxima. O uso de equipamentos de grande porte sem aproveitamento de sua capacidade máxima é um dos fatores mais comuns de desperdício de energia. Máquinas de lavar louças, fornos, chapas, fritadeiras, fogões e caldeirões basculantes são apenas alguns dos aparelhos que se enquadram nessa categoria e são operados com carga parcial ou em nível de carga intermediário.

Equipamentos ligados somente quando necessário. No passado, os procedimentos-padrão de operação determinavam que a primeira pessoa a entrar na cozinha pela manhã deveria ligar todas as máquinas, desde as salamandras até os grelhadores, o desligamento de todos os aparelhos ficava sob a responsabilidade da última pessoa a sair. Contudo, o desligamento dos equipamentos que não estiverem em uso pode reduzir drasticamente os custos de energia. A desvantagem dessa prática é que alguns deles requerem um tempo considerável para atingir a temperatura de cozimento desejada. Agora, já existem novas tecnologias que resolvem esse problema.

É possível instalar na tubulação de fornecimento de gás sistemas que viabilizam o acendimento dos equipamentos de preparo a gás sob demanda. Um sistema desse tipo instalado em um *grill* restringe o fluxo de gás a 20%, o suficiente para manter os queimadores aquecidos. Quando for necessário utilizar o *grill*, o cozinheiro pressiona um botão para restaurar o fluxo, o que leva de vinte a trinta segundos. O sistema pode ser programado para cozinhar os alimentos em um tempo de dois a dez minutos. Ao final do período programado, o *grill* se desliga automaticamente. Esse sistema não apenas gera economia no uso do gás, como também reduz a quantidade de calor liberada dentro da cozinha, ajudando a minimizar os gastos com ar-condicionado. A segurança dos empregados também melhora bastante, em virtude da redução do número de superfícies de alto calor nas quais eles podem inadvertidamente se queimar. Além disso, o desperdício de alimentos decorrente do excesso de cozimento é eliminado pelo uso do temporizador.

Nos EUA, os programas de restituição de impostos são incentivos bastante conhecidos e oferecidos às instituições que instalam equipamentos destinados a economizar energia. Normalmente, essas restituições equivalem a um percentual do custo de instalação do equipamento.[3] Muitas concessionárias oferecem tarifas especiais para os horários

---

[2] N.R.C.: No Brasil, também já existe a possibilidade de geração de energia com fontes alternativas.
[3] N.R.C.: Autorizada pela Agência Nacional de Energia Elétrica (Aneel) em abril de 2012 e posta em prática em março de 2014, o Sistema de Compensação de Energia permite ao consumidor brasileiro instalar pequenos geradores fotovoltaicos em sua casa ou empresa e trocar energia com a distribuidora local. Fonte: http://economia. ig.com.br/2014-01-03/brasil-tem-38-consumidores-que-geram-sua-propria-energia-eletrica.html.

de baixa utilização. O uso adequado desse horário pode reduzir os custos de fornecimento de gás e eletricidade.

Prática das manutenções preventivas. As manutenções de rotina e a limpeza dos equipamentos são componentes essenciais de um programa de redução do consumo de energia. Portas de fornos e refrigeradores com molas gastas ou quebradas podem reduzir em até 35% a eficiência desses aparelhos. Gordura carbonizada e resíduos de cozimento nas placas das chapas são responsáveis por uma redução de até 40% na eficiência do cozimento.

Sugestões de economia de energia propostas pelas concessionárias. As concessionárias de energia costumam oferecer serviços gratuitos de manutenção de equipamentos, além de auditoria e assistência para definição de programas efetivos de gestão energética. A seguir estão algumas informações que podem ser obtidas em uma concessionária:

Quanto de energia se economiza... pelo uso de fogões com queimador aberto, em vez de fogões com chapas com distribuição de calor?

É possível assumir a dianteira na conservação de energia e redução dos custos de operação quando se usa *fogões com queimador aberto*. Os testes demonstram uma economia expressiva no consumo de combustível quando os *fogões com queimador aberto* são comparados com fogões com chapas com distribuição de calor:

- volumes semelhantes de água fervem em um tempo até um terço inferior nos *fogões com queimador aberto*;
- para ferver volumes semelhantes de água são consumidos até 55% a menos de combustível nos *fogões com queimador aberto*;
- os fogões com chapas com distribuição de calor precisam ser pré-aquecidos. Esse pré-aquecimento leva de trinta a sessenta minutos. A chama do gás nos *fogões com queimador aberto* aparece instantaneamente quando ele é ligado. Sem necessidade de pré-aquecimento. Os testes demonstram que uma quantidade adicional de energia pode ser economizada qualquer que seja o tipo de fogão com chapa com distribuição de calor que você possua;
- tampar as panelas reduz o consumo de energia:
  - nos fogões com queimador aberto, em até 20%;
  - nos fogões com chapas com distribuição de calor, em até 35%.
- o aquecimento de grandes quantidades de alimento é mais eficiente do que de quantidade menores;
  - nos *fogões com queimador aberto*, o consumo de Btu por m^3 foi reduzido em até 19% quando a quantidade de água aquecida foi dobrada;
  - nos fogões com chapas com distribuição de calor, o consumo de Btu por m^3 foi reduzido em até 20% quando a quantidade de água aquecida foi dobrada.

▌**Conceito-chave:** Podem-se adotar ações adicionais no tocante ao uso dos equipamentos, tendo-se em vista a maximização da conservação de energia.

Outras sugestões quanto à conservação de energia no uso de equipamentos em estabelecimentos de alimentação são expostas a seguir.

- **Sistemas de aquecimento, ventilação e ar-condicionado (AVAC).** (Os sistemas AVAC respondem por até metade do consumo de energia nas instalações.)
  - Ar-condicionado para coifas: use ar não aquecido e não refrigerado, com controle termostático.
  - Use sistemas de recuperação de calor nas coifas: trocadores de calor para água quente e/ou aquecimento ambiental.
  - Use resfriadores de evaporação (*swamp coolers*) para manter em condições confortáveis o ar da cozinha (não use ar refrigerado).
  - Dimensione corretamente as unidades de ar-condicionado e os aquecedores de ambiente para as áreas climatizadas; limite a dimensão dos aquecedores usados na área da cozinha, de modo a aproveitar o calor dos equipamentos de preparo.
  - Use sistemas de ciclo econômico (emprego do ar externo quando suficientemente frio para eliminar a necessidade de ar refrigerado).
  - Coloque o ar-condicionado e os filtros do alto-forno em locais de fácil acesso, para garantir a frequência das limpezas e reposições programadas.
  - Isole adequada e completamente os dutos de aquecimento e de ar-condicionado, com o isolamento de aproximadamente 5 cm.

- Circunde e fixe as unidades de ar-condicionado e alto-forno para permitir o controle por zona nas áreas desocupadas.
- Instale termostatos cobertos e trancados, 20°C para aquecimento e 26°C para resfriamento.
- Use temporizadores para reduzir o consumo de energia pelos equipamentos mecânicos nos períodos de baixa utilização.
- Mantenha limpos os filtros e extratores, com trocas regulares do filtro dos aparelhos de ar-condicionado.
- **Aquecimento da água:** (o aquecimento da água é um dos itens que mais consomem energia em uma instalação).
  - Coloque o aquecedor de água próximo ao local principal de uso.
  - Isole todas as tubulações de água quente.
  - Dimensione com precisão os equipamentos de aquecimento de água; não dimensione a mais nem a menos; use equipamentos de qualidade.
  - Instale torneiras com válvulas controladas por mola ou carga de alimento controlada por mola, para limitar o desperdício de água quente.
  - Use válvulas de qualidade para minimizar o gotejamento das torneiras e reparar com prontidão todos os vazamentos.
  - Considere o uso de sistemas baseados em energia solar e/ou de reaproveitamento de calor para pré-aquecimento da água.
  - Use equipamentos de sistema único e alta temperatura para aquecimento da água e válvulas misturadoras automáticas.
  - Use equipamentos para suavizar a água em áreas nas quais ela seja dura. Reduza a temperatura da água onde possível.
- **Lavadoras de louça:**
  - Dimensione as lavadoras de louça de modo a atender aos requisitos máximos normais.
  - Instale interruptores de fácil acesso para permitir o desligamento dos equipamentos em períodos de inatividade.
  - Considere o uso de lavadoras químicas de louça para pequenos estabelecimentos.
- **Equipamentos de preparo:**
  - Seja cuidadoso nas especificações de equipamentos, para obter o maior nível de eficiência e flexibilidade de uso.
  - Um planejamento criterioso pode reduzir os custos de implantação e operação de equipamentos. Não superestime as condições do aparelho. Sempre que possível, estabeleça o uso de equipamentos controlados por termostatos.
  - Só pré-aqueça imediatamente antes de utilizar e desligue quando não estiver em uso.
  - Mantenha os equipamentos limpos para garantir maior eficiência na operação.
  - Empregue sempre equipamentos com as dimensões corretas.
  - Estabeleça um cronograma de inicialização e desligamento dos equipamentos.
  - Certifique-se de que, quando disponíveis, as técnicas de cozimento com maior eficiência energética sejam empregadas.
  - Mantenha os equipamentos calibrados. A calibração regular do termostato economiza energia e produz resultados mais consistentes.
- **Fogões com queimadores abertos (fogões convencionais profissionais):** eles não precisam ser pré-aquecidos e oferecem o máximo em termos de eficiência quando comparados com os diferentes tipos de chapas aquecidas com distribuição de calor. Os fogões com queimadores abertos reduzem a carga de resfriamento do ar, porque produzem mínima irradiação de calor quando a operação de cozimento termina.
- **Fornos de convecção:** são versáteis e realizam a maioria das operações de assar e grelhar no menor período de tempo.
- **Caldeirões elétricos de cozimento a vapor:** funcionamento automático (caldeira); elevados níveis de produção a um custo operacional mínimo.
- **Chapa com ranhuras:** substituiu o *broiler* tradicional aberto; minimiza os problemas de poluição do ar; opera com eficiência bem maior que a dos *broilers* abertos e sobrecarrega menos os sistemas de refrigeração do ar; em geral tem maior capacidade de preparo.
- *Broilers*: *broiler* tradicional aberto – especificação minimizada; razões citadas no item "chapa com ranhuras". *Broiler* fechado – mais recomendado que o tradicional. Mais eficiente e rápido, além de não gerar problemas de poluição. O compartimento em cima do grelhador permite a utilização do calor residual para aquecimento de pratos, finalização e

douramento de alimentos, derretimento de queijos (pode ser usado para essas finalidades em substituição às salamandras).
- **Salamandras/máquinas para derretimento de queijos:** especifique aqueles que utilizam radiação infravermelha; eles atingem as temperaturas de operação dentro de segundos e podem ser desligados quando não estiverem em uso.
- **Panela para preparo de guisados/caçarolas basculantes:** equipamentos versáteis, para produção de grandes volumes de alimento. Eles podem realizar diversas operações de cozinha – fritar, ferver, refogar, grelhar, produzir vapor, aquecer alimentos. Considere o uso de panelas equipadas para rodízios e a instalação, nas proximidades dos *buffets* de servir e das dependências para banquetes, de saídas de gás adicionais, de forma a maximizar a utilização desse equipamento e reduzir o consumo de gás.
- **Fritadeiras:** fritadeiras apoiadas sobre o chão oferecem máxima capacidade de produção e possuem unidades de força automática de filtro de óleo para facilidade e rapidez da filtragem, o que prolonga a vida útil do óleo. Considere a inclusão de computadores programados para múltiplos produtos; eles estão disponíveis e podem ser colocados no interior da fritadeira, para capacitar operadores novatos a fazer frituras de alta qualidade; reduz os custos da mão de obra, dos alimentos e do óleo. Especifique fritadeiras de diversos tamanhos, com capacidade maior para plena produção e menor para os períodos de produção menor ou de modo de espera; gera economia em relação aos custos iniciais do equipamento, assim como aos gastos com combustível e óleo.

▌**Conceito-chave:** Uma gestão eficiente de energia requer comprometimento dos líderes e participação de todos os empregados da organização.

Todas as sugestões de economia de energia mencionadas anteriormente também demandam comprometimento por parte da equipe de gestão, no sentido de desenvolver, divulgar e monitorar constantemente estratégias de redução do consumo de energia. A National Restaurant Association e a Federal Energy Administration recomendam que os estabelecimentos de alimentação organizem programas de gestão energética de acordo com os seguintes princípios:

1. Atribuir a responsabilidade pela conservação de energia a uma comissão constituída por representantes de todas as áreas operacionais da companhia e presidida por um gerente comprometido com o programa.
2. Realizar uma auditoria do consumo de energia para determinar os dados de referência sobre custos e práticas operacionais correntes e consumo energético.
3. Desenvolver um plano de conservação de energia baseado nos dados da auditoria e voltado para objetivos e estratégias específicos, que inclua o incremento da eficiência das práticas de trabalho em todas as áreas em que a energia é usada e a aquisição de equipamentos destinados a economizar energia.
4. Medir os resultados, por meio da comparação dos dados de referência com os números posteriores à instalação.
5. Manter ou modificar o plano na medida da necessidade, com base em *feedbacks* e nos resultados alcançados.

Conservação da água

Os programas de conservação da água em estabelecimentos de alimentação devem ser desenvolvidos do mesmo modo que aqueles destinados à conservação de energia. Práticas simples, como fechar completamente as torneiras, operar as lavadoras de louça com plena capacidade, usar vasos sanitários de baixo fluxo nos toaletes, reciclar a **água cinza** para irrigação das áreas exteriores, e só servir água aos clientes quando por eles solicitado, podem reduzir o consumo de água e os custos do estabelecimento.

Água cinza
Água utilizada nos processos de lavagem e outras descargas que descem pelo ralo das pias.

Gestão de resíduos sólidos

▌**Conceito-chave:** A gestão de resíduos sólidos é hoje uma prioridade ética, legal e economicamente imperativa da gestão de *foodservice* (ou de negócios de alimentação).

Existe uma necessidade urgente de redução do volume de **resíduos sólidos municipais (RSM)**, que é constituído por mercadorias duráveis e não duráveis, recipientes e embalagens,

Resíduos sólidos municipais (RSM)
Resíduos sólidos produzidos em residências e estabelecimentos comerciais e industriais.

restos de comida, aparas de jardins e uma infinidade de resíduos inorgânicos produzidos nas residências, nos estabelecimentos comerciais e industriais e em outras instituições. Alguns exemplos de resíduos dessas categorias são: utensílios domésticos, pneus de automóveis, jornais, roupas, caixas, utensílios de mesa descartáveis, papéis produzidos em escritórios e escolas, paletes de madeira e restos de comida. Não se incluem na categoria de resíduos sólidos municipais aqueles gerados por outras fontes, como entulho de construções e demolições, carcaças de automóveis, sedimentos acumulados nas ruas, cinzas de combustão e resíduos gerados por processos industriais, que precisam ser descartados em aterros sanitários municipais ou em incineradores. A gestão de resíduos sólidos é uma questão que tem ramificações econômicas, políticas, ecológicas e sociológicas.

O custo do transporte de resíduos sólidos aumenta dia a dia. Por exemplo, a operação de negócios em alimentação do Unified School District de Los Angeles gera aproximadamente 60 mil toneladas de lixo por ano, dos quais 70% são provenientes dos programas de alimentação, 29% papel e 1% vidros e metais. O custo do descarte desse lixo em aterros sanitários é de aproximadamente US$ 100 por tonelada, o que dá um montante de US$ 6 milhões por ano.

Diversos estados já aprovaram uma legislação que visa reduzir o descarte de resíduos sólidos. Leis que obrigam a reciclagem e até mesmo proíbem o uso de aterros sanitários, estão em vigor em um número cada vez maior de comunidades em todo o território norte-americano.[4]

Nos estabelecimentos de alimentação há inúmeros fatores que afetam o volume de lixo produzido. São eles o tipo do sistema de negócios em alimentação, o estilo de serviço, a espécie de utensílios utilizados, a forma de comercialização dos produtos comprados, o cardápio e o uso e a eficácia das previsões.

Um **sistema integrado de gestão de resíduos sólidos** deve ser empregado por todos os estabelecimentos de alimentação. Um sistema desse tipo compreende, por definição, o "uso complementar de diversas práticas de gestão de resíduos que visam a integrar de forma segura e efetiva o fluxo de resíduos sólidos municipais com o menor impacto adverso possível sobre a saúde humana e o meio ambiente" (U.S. EPA, 1989). Os objetivos de um sistema nesses moldes é a redução da poluição do ar e do solo, assim como do volume de lixo, e a extração segura de energia e materiais antes do descarte final. A hierarquia das práticas em uma gestão integrada de resíduos sólidos será:

- **redução de fontes**, incluindo a reutilização de materiais;
- reciclagem de materiais, incluindo a compostagem;
- queima do lixo com aproveitamento da energia;
- uso de aterros sanitários.

Redução de fontes

▌ **Conceito-chave:** O primeiro passo na direção de uma gestão integrada de resíduos sólidos é a redução das fontes geradoras.

Redução de fontes é "o projeto e fabricação de produtos e embalagens com utilização de materiais com vida longa e de um volume mínimo de conteúdo tóxico" (U.S. EPA, 1989). Muitos tratam essa prática como prioridade. Ela inclui a eliminação de recipientes descartáveis e embalagens duplas, eliminação gradativa de recipientes metálicos, proibição do uso de embalagens não recicláveis, higienização de recipientes de vidro e plástico para fins de armazenamento e doação de sobras de alimento para programas de assistência a pessoas que vivem nas ruas.

O fechamento dos aterros sanitários e o aumento exponencial dos custos de descarte do lixo criaram a necessidade de redução dos volumes de lixo produzido. Existem diversas opções de equipamentos que atendem a essa finalidade. Muitos se pagam dentro de um prazo de um ano, com a economia que ajudam a gerar. Entre os dispositivos mais comuns de gestão do lixo destacam-se os seguintes:

- trituradores de papelão;
- depósito de lixo em todas as pias, para separação dos fragmentos;
- sistemas de extração de polpa, que picam e higienizam os restos (ver Fig. B.49 no Apêndice B);

Sistema integrado de gestão de resíduos sólidos
Uso complementar de diversas práticas de gestão de resíduos que visam a lidar de forma segura e efetiva com o fluxo integrado de resíduos sólidos, de modo a provocar o menor impacto adverso possível sobre a saúde humana e o meio ambiente.

Redução de fontes
Elaboração e fabricação de produtos e embalagens com utilização de materiais de vida longa e de um volume mínimo de conteúdo tóxico.

---

[4] N.R.C.: No Brasil, diversas cidades têm implementado ações específicas para um melhor tratamento dos mais diferentes tipos de resíduos. Não envolve somente as coletas seletivas, mas também sistemas de logística reversa, entre outros.

- "trituradores" de lixo, incluindo compactadores de latas e "quebradores" de vidros;
- aparelhos para "derreter" poliestireno.

Reciclagem

Conceito-chave: A reciclagem reduz os custos de tratamento, a dependência em relação aos recursos naturais escassos, aos custos de produção de energia, ao volume de material enviado a aterros sanitários e à potencial poluição da natureza.

Os símbolos da reciclagem, como o que é mostrado na Figura 12.3, indicam que o material de que é feito o produto, o recipiente ou a embalagem pode ser reciclado. O mesmo símbolo, quando incluído em um círculo, indica que o produto, o recipiente ou a embalagem contém pelo menos alguns materiais reciclados (Fig. 12.4).

Ao lado da redução de fontes, a **reciclagem** é também um fator fundamental, pelas seguintes razões:

- conservação de recursos naturais escassos, para benefício das próximas gerações;
- redução da quantidade de lixo despejado em aterros sanitários, porque, se a tendência atual se mantiver, em curto espaço de tempo estará completamente esgotada a área disponível em muitos aterros;

Reciclagem
Conjunto de atividades por meio das quais materiais descartados são recolhidos, classificados e convertidos em matéria-prima para utilização na fabricação de novos produtos.

Figura 12.3 Exemplo de símbolo de reciclagem.

Símbolos de materiais "recicláveis"

Os símbolos à esquerda representam duas variações do símbolo de reciclagem original. O que aparece no alto, com o desenho apenas do contorno, é o símbolo de reciclagem considerado tradicional ou universal, enquanto o de baixo foi uma modificação. Os produtos feitos de papel costumam utilizar o que tem o desenho do contorno e geralmente contêm inscrições como "Este produto pode ser reciclado" ou "Reciclável". Quando identificados com um desses símbolos, os produtos, os recipientes e as embalagens são ditos materiais *recicláveis* ou produtos passíveis de reciclagem. Um produto marcado com qualquer um dos símbolos pode ser reciclado *se os regulamentos e/ou portarias da comunidade local cuidarem de sua coleta*. Embora os símbolos sejam usados em produtos distribuídos em todo o país, as leis que regem a coleta desses produtos com vistas à reciclagem são estabelecidas localmente e variam muito de uma localidade para outra.

Símbolos de materiais "reciclados"

Quando um produto – que pode ser um recipiente ou uma embalagem – vem marcado com esse símbolo, significa que em sua composição entra pelo menos algum material que passou por reciclagem. Em geral, esses símbolos trazem informações adicionais, como "Impresso em papel reciclado".

Quando há um percentual indicado dentro do símbolo, ele representa o percentual da composição do produto que corresponde a materiais reciclados.

Figura 12.4 Símbolos de reciclagem.

- redução dos custos da energia empregada nos processos de fabricação, porque, com o uso de materiais reciclados há menor consumo de energia e menos poluição no ar do que acontece com outros tipos de matéria-prima;
- diminuição do lixo que é despejado em oceanos, rios, florestas e desertos;
- prevenção da contaminação dos lençóis freáticos, causada pelo escoamento, através dos ralos, de materiais potencialmente danosos.

Muitas empresas já nomearam coordenadores de reciclagem e formaram equipes e comissões encarregadas das atividades de reciclagem. Entre as responsabilidades desse grupo estão a introdução de programas de reciclagem, treinamento do pessoal e dos clientes, incentivo à participação, divulgação de informações relativas a problemas e interesses, e supervisão diária do programa.

Organizações sem fins lucrativos, como o Steel Recycling Institute, disponibilizam seus serviços para o setor de *foodservice*. Representantes dessas organizações atuam junto a funcionários da reciclagem pública, transportadores, vendedores de sucata e estabelecimentos de alimentação, para conscientizá-los da necessidade de adoção de programas de reciclagem do aço e ajudá-los a introduzir esses programas.

Todas as instalações de alimentação produzem alguma quantidade de resíduos de aço; o tipo mais comum são as latas número 10. No entanto, latas menores e tampas de recipientes de plástico ou vidro também são encontradas no fluxo de resíduos. Todos os produtos de aço podem e devem ser reciclados, porque o setor de aço utiliza o aço descartado para produção de novas peças. Hoje, nos Estados Unidos, aproximadamente 66% do aço é reciclado. A reciclagem de resíduos de aço gerados pelos estabelecimentos de alimentação abastece a indústria do aço com um recurso indispensável, além de reduzir o volume de material despejado em aterros sanitários, colaborar para a economia de energia e conservar preciosos recursos naturais domésticos.

Os passos da reciclagem de latas de aço são os seguintes:

Passo 1 Limpar as latas, para remoção da maior parte das partículas de alimento. Esse procedimento é necessário por razões básicas de higiene, porque, normalmente, as latas permanecem nos lixos por algum tempo antes de serem recolhidas. Para reduzir o volume de água consumida nesse processo, as latas podem ser enxaguadas com água descartada que foi utilizada na lavagem de vasilhas e panelas ou podem ser colocadas nos espaços vazios das máquinas de lavar louças.

Passo 2 Comprimir as latas para reduzir o seu volume e permitir melhor aproveitamento e economia no armazenamento e no transporte. Isso pode ser feito manualmente, removendo-se o fundo, do mesmo modo que a tampa, e prensando-se a lata com os pés. Existem máquinas que comprimem latas de todos os tamanhos, com o fundo intacto. As tampas e a parte do fundo das latas têm bordas afiadas e devem ser armazenadas dentro de outra lata. A abertura do topo dessas outras latas, quando cheias, pode então ser amarrada ou fechada e transportada para armazenamento.

Passo 3 Empregar opções locais para reciclagem das latas. Nas calçadas, o transportador de resíduos da empresa pode deixar contêineres para o aço reciclável. Processadores de sucata de ferro ou recicladores independentes também oferecem esse serviço. Caso contrário, as latas de aço usadas podem ser enviadas para um pátio de sucatas ou uma instalação de reciclagem.

Muitos estabelecimentos de alimentação de grande porte empregam um equipamento que enxágua as latas fechadas, abre-as, despeja o conteúdo no recipiente desejado, enxágua as latas vazias, prensa-as e as envia a uma caçamba de lixo.

Estabelecimentos de alimentação, como bares, que utilizam grandes quantidades de garrafas de vidro, empregam um equipamento próprio para "desintegrar" recipientes de vidro. Ao triturar as garrafas até obter uma consistência de "cascalho", não cortante e ecologicamente correto, o volume dos resíduos de vidro é reduzido a 1/12 de seu tamanho original. O vidro triturado pode ser reciclado e o estabelecimento mantém um ambiente de trabalho mais limpo e seguro. Outras vantagens decorrem da redução do espaço de armazenamento de garrafas vazias, dos custos de remoção do lixo e do número necessário de viagens para transporte das garrafas até a caçamba de sucatas.

Nos últimos anos, o poliestireno, mais conhecido como espuma ou isopor (Fig. 12.5), foi alvo dos ambientalistas, em razão do fato de ser produzido com clorofluorcarbono (CFC), produto responsável pela redução da camada de ozônio que protege a Terra. Na atualidade, o poliestireno é fabricado por um processo de injeção que emprega o hidrocarboneto, um subproduto da indústria de refinação de óleo, que não afeta a camada de ozônio. A fabricação do

Figura 12.5 Produtos de poliestireno (isopor).

poliestireno a partir de hidrocarbonetos contribui para a poluição do ar, assim como fazia a "queima" do subproduto quando não era utilizado.

A National Polystyrene Recycling Company (NPRC) recebe em suas instalações poliestireno usado e enfardado (Fig. 12.6). Os fardos são desmembrados e colocados em um transportador e levados a um moedor. Os pequenos fragmentos de poliestireno são lavados e moídos. Depois de secar, o material é enviado a uma extrusora, na qual é derretido, transformado em filamentos e cortado em pelotas. A NPRC vende as pelotas de poliestireno pós-consumo a fabricantes que produzem materiais para escola, escritórios e construções, embalagens protetoras de espuma, produtos de vídeo e áudio, caixas de ovos e embalagens para sanduíches.

Outros compostos de plástico, como polietileno tereftalato (PET), polietileno de alta densidade (PEAD), policloreto de vinila (PVC), polietileno de baixa densidade (PEBD), polipropileno (PP) e poliestireno (PS), podem ser reciclados e também são usados em produtos para o setor de *foodservice*. A Figura 12.7 mostra símbolos de reciclagem em alguns desses produtos. O número exibido no centro do símbolo indica o grau de facilidade para reciclagem; em geral, quanto menor é o número maior é a facilidade (PET-1, PEAD-2, PVC-3, PEBD-4, PP-5, PS-6).

Papel, plástico e outros materiais secos e fibrosos são transformados em produtos usados para construção de habitações de baixo custo. Esse produto de múltiplos usos tem um custo-benefício muito bom e o tempo da construção é mínimo se comparado a outras alternativas existentes.

Recipientes reutilizáveis e recicláveis feitos de resina foram recentemente desenvolvidos para a United Airlines. Eles podem ser utilizados até vinte vezes antes de serem convertidos novamente em flocos de resina que serão empregados na fabricação de novos pratos.

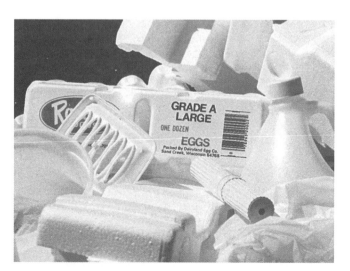

Figura 12.6 Pilha de poliestireno usado.

Figura 12.7 Reciclabilidade de diversos compostos de plástico.

Sempre que possível, deve-se optar pela compra de produtos produzidos com material reciclado, pois essa é uma forma de tornar a reciclagem um método efetivo de gestão de resíduos. Algumas agências governamentais exigem que, de todos os produtos de papel adquiridos, determinada proporção corresponda a materiais reciclados.

▌ **Conceito-chave:** A compostagem vem ganhando popularidade como meio de controle dos resíduos sólidos nos estabelecimentos de alimentação.

Compostagem

Decomposição biológica de materiais orgânicos pela ação de micro-organismos, mediante condições aeróbicas controladas. O material resultante, denominado composto, que pode ser empregado como fertilizante, é relativamente estável e tem aparência semelhante ao húmus.

Compostagem. Por que empregar compostagem? Entre as razões que justificam o uso da **compostagem** de resíduos sólidos destacam-se: conservação de recursos; redução da poluição e dos custos relativos aos aterros sanitários; e criação de um solo mais saudável (Fig. 12.8). O processo de compostagem promove a conservação dos recursos, porque evita que materiais orgânicos valiosos sejam descartados em aterros sanitários, permitindo, desse modo, que nutrientes importantes sejam aproveitados pelo solo e combustíveis fósseis que, de outra forma, seriam consumidos no transporte de lixo orgânico para os aterros sejam poupados.

A compostagem reduz a poluição porque nos aterros sanitários o material orgânico é decomposto de forma anaeróbica e produz gás metano, uma substância vinte vezes mais danosa do que o dióxido de carbono no que diz respeito à mudança climática. O transporte de lixo compostável para aterros contribui para a poluição do ar, o que também gera condições para as mudanças climáticas. A matéria orgânica enterrada pode reagir com os metais existentes no solo dos aterros e produzir lixiviados tóxicos que precisam ser removidos e tratados para que não se transformem em fonte de poluição dos lençóis freáticos. O produto da compostagem é um fertilizante de solos muito melhor que os fertilizantes químicos, pois seus resíduos removem o nitrogênio, o fósforo e o potássio existente nos sistemas de esgoto.

Figura 12.8 Ciclo da compostagem.

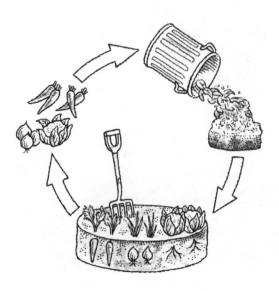

A compostagem reduz os custos decorrentes do uso de aterros sanitários, porque, ao promover a diminuição do volume de lixo, contribui para a redução dos custos de coleta e descarte. Com isso, a vida útil dos aterros se estende e a necessidade de criação de novos locais para essa finalidade será postergada.

O processo de compostagem, ao decompor os solos pesados, melhora sua textura, assim como a circulação do ar e a retenção de água. Ele alimenta o solo, ao fornecer a matéria orgânica e os nutrientes necessários para crescimento e sobrevivência das plantações, além de incrementar a produção.

O produto da compostagem é brando e não queima as plantas. Ele é um fertilizante natural, de lenta absorção.

A Hilton Hotels Corporation chegou à conclusão de que, ao descartar os resíduos de alimentos e seus subprodutos em uma pilha de compostagem, não apenas contribui para a qualidade do ambiente, como também gera economia financeira. Como parte de uma prática abrangente voltada à preservação do meio ambiente, a cadeia de hotéis instituiu um programa ambiental voltado aos empregados, no qual estão incluídas a compra preferencial de produtos reciclados e a reciclagem de papel, vidro, papelão, alumínio e resíduos de alimentos. Um dos hotéis da cadeia converte quinze toneladas de lixo úmido por dia em uma tonelada de fertilizante e de um rico condicionador de solo e depois vende esse composto a clubes de golfe e horticultores da região. A pilha de compostagem gera temperaturas da ordem de 70°C, suficiente para destruição de qualquer bactéria patogênica. O desafio é controlar o odor. Com o uso de uma combinação de ventiladores e filtros biologicamente ativos, o hotel conseguiu uma redução de 95% do odor nocivo. O produto final assemelha-se à turfa de musgos e emite odor característico de um solo rico em húmus. Uma análise dos nutrientes revela um produto com abundância de nitrogênio, potássio e fósforo.

Um hospital de Nova York, que possui 500 leitos, obteve uma economia líquida total em um período de quatro anos de cerca de US$ 1 milhão, por meio da instalação de um programa de redução de lixo que inclui dois empreendimentos voltados à compostagem. O hospital identificou que, em cada bandeja de paciente havia 6,8 kg de resíduos, como latas, vidro, embalagens de papelão, toalha de bandeja e guardanapos. As latas e os vidros são separados em barris azuis e reciclados. Todos os membros da equipe recebem uma caneca reutilizável para usar no refeitório. Os empregados que chegam ao refeitório sem sua caneca precisam pagar US$ 0,15 centavos por uma xícara. Os resíduos de comida são recolhidos em sacos de plástico e colocados em um barril verde que fica em uma área específica da cozinha. A primeira ação envolve a compostagem de resíduos pré-consumo por meio do uso de vermes. Aparas de vegetais, borras de café, cascas de frutas e matéria orgânica limpa são submetidas ao processo de compostagem em tendas aquecidas. O produto resultante é usado para manutenção do terreno ou fornecido aos membros das equipes. O processo de compostagem com uso de vermes remove 7,8 toneladas de matéria orgânica limpa dos fluxos de resíduos.

A segunda iniciativa envolve a compostagem de resíduos pós-consumo. Latas amarelas são utilizadas para recolher pacotes de leite, laticínios e carnes, caixas de cereais, escama de peixe, toalhas de bandeja, guardanapos, produtos vegetais pós-consumo e papel picado. Lascas de madeira são usadas como agentes de volume. O composto é tratado no local. Essa iniciativa retira do fluxo de resíduos cerca de 20 mil toneladas de lixo por ano.

O Red River College realizou um projeto de compostagem por meio do qual recolheu, nas primeiras dez semanas, 2,7 toneladas de material compostável de estabelecimentos de alimentação. São classificados como materiais compostos os fragmentos e as cascas de frutas e vegetais, a borra e os filtros de café, arroz cozido e massas, saquinhos de chá, cascas de ovo, feijões, pães, aveia, trigo sarraceno, cascas de amendoim e farelo de trigo. Entre os materiais não compostos estão incluídos laticínios, fragmentos de peixe e carne, ossos, manteiga de amendoim e produtos oleosos (Fig. 12.9).

Alimentação de animais. Muita pesquisa tem sido desenvolvida no que diz respeito à alimentação de gado e ovelhas com subprodutos e restos de alimentos. Essa ideia oferece certas vantagens, como evitar que os resíduos sejam despejados em aterros sanitários, aumentar a densidade de nutrientes na dieta dos animais, reduzir os custos de rações e contribuir para elevação dos lucros dos fazendeiros. Um programa como este impõe desafios, porque os subprodutos ou os resíduos precisam ser condizentes com as necessidades dos animais, o transporte e o processamento devem ser feitos de forma a impedir o desperdício, sem, contudo, elevar os custos, e o conteúdo úmido precisa ser reduzido. Em um estabelecimento, os resíduos de comida são processados através de um triturador e embalados em tubos de 90 a 120 L. Os restos de alimento são misturados com papel picado, milho moído e uma fonte de nitrogênio não proteico. A mistura

Figura 12.9 Resíduos de alimentos em um recipiente de compostagem.

é então armazenada em um silo. O papel de jornal reciclado reduz o conteúdo úmido; o milho e o nitrogênio fornecem energia para o processo de fermentação e aumentam o conteúdo de proteína crua para um nível aceitável.

Um programa mais simples de reciclagem de "resíduos alimentares para forração animal" é empregado por algumas comunidades e instalações de alimentação. Ele permite que criadores de porcos recolham resíduos de alimentos em calçadas e sarjetas, assim todos saem lucrando.

Gordura como combustível. Engenheiros das forças armadas dos Estados Unidos estão testando um projeto de reciclagem do óleo usado dos restaurantes para transformá-lo em biodiesel; um combustível de queima limpa. Diversas cidades americanas já utilizam o biodiesel como combustível para ônibus e automóveis. Os quatro segmentos das forças armadas empregam mais de 400 milhões de galões de diesel por ano. Pouco mais de um galão de óleo de cozinha usado pode ser convertido em um galão de biodiesel, por meio de uma operação relativamente simples. O óleo é aquecido em um reator de aço inoxidável e depois tratado com metanol e água sanitária. A glicerina produzida no processo é despejada, restando o biodiesel pronto para uso.

Incineração e descarte em aterros sanitários

As últimas alternativas de um sistema integrado de gestão de resíduos são a incineração, que reduz o volume de resíduos sólidos e pode produzir energia, e o descarte em aterros sanitários, a opção menos desejável. Um incinerador é mostrado na Figura 12.10 e uma área de aterro sanitário é apresentada na Figura 12.11.

Figura 12.10 Instalação usada para incinerações.

Figura 12.11 Área de aterro sanitário.

▌ **Conceito-chave:** Avaliações, auditoria e análises de resíduos são procedimentos que podem ser empregados para determinação da quantidade e do tipo dos resíduos gerados por um estabelecimento de alimentação.

Avaliação dos resíduos de uma instalação

Para desenvolver um plano efetivo de gestão de resíduos, os administradores de estabelecimentos de alimentação precisam começar pela determinação da quantidade e do tipo de resíduos gerados pelo estabelecimento. A *avaliação de resíduos* é uma forma sistemática para identificação da possibilidade de redução da quantidade de resíduos produzidos em uma instalação específica. O método empregado pode ser tão simples como uma rápida incursão pelas instalações ou tão criteriosa como uma revisão completa de todas as práticas de compra, uso e descarte de materiais. Uma avaliação de resíduos atende a três propósitos: (1) permite conhecer de maneira mais minuciosa as práticas adotadas no tocante às compras, aos usos e aos métodos de descarte; (2) possibilita a verificação de opções potenciais de redução de resíduos; e (3) estabelece um patamar a partir do qual é possível medir o sucesso do programa de redução de resíduos. Medidas simples destinadas a essa finalidade podem ser estabelecidas sem uma avaliação prévia. Por exemplo, um estabelecimento de alimentação tem a possibilidade de substituir materiais descartáveis por outros reutilizáveis. No entanto, uma avaliação ajuda a identificar aquelas ações que terão maior impacto e proporcionarão maior economia e documenta os ganhos que podem ser importantes para garantir o respaldo da administração ao programa.

No momento, não existem métodos padronizados para fundamentação de uma avaliação de resíduos. Contudo, diversos estudos foram realizados para comparar as diferentes técnicas possíveis. A *análise de fluxos de resíduos* envolve (1) coleta de todo o lixo, desde a abertura até o fechamento do estabelecimento; (2) classificação desse lixo por tipo de resíduo (papel, plástico, guardanapos de papel, alumínio, outros metais que não o alumínio, papelão, recipientes de plástico, restos da produção de alimentos e restos da operação de servir os alimentos); e (3) ponderação de cada uma das categorias de resíduos. Uma *auditoria dos resíduos* é usada para determinação das quantidades e dos tipos produzidos por uma localidade específica em um estabelecimento de alimentação. Em vez de fazer um inventário completo de todo o lixo gerado em um dia, amostras aleatórias são coletadas durante um período mínimo de uma semana.

Chegou-se à conclusão de que a análise do fluxo de resíduos oferece as informações mais exatas e precisas, porém, ela não apenas requer tempo como tem custo alto. O método da auditoria, embora não tão exato e preciso, é a alternativa mais eficiente e que oferece o melhor custo-benefício. Os métodos visuais utilizados para estimativa do volume de lixo gerado foram considerados os mais fáceis entre as três opções apresentadas, e os dados resultantes não são significativamente diferentes dos fornecidos pela análise dos fluxos de resíduos.

Resumo

Tanto para o estabelecimento de alimentação como para o ambiente, uma economia expressiva pode ser alcançada por meio de um controle mais eficiente da utilização de energia. Na atual conjuntura econômica, o corte de custos indiretos, com o objetivo de alavancar os lucros, é uma alternativa muito melhor do que elevar os preços do cardápio. As equipes de gestão de *foodservice* precisam desenvolver para os estabelecimentos que administram estratégias destinadas a promover economia energética, sem comprometer a qualidade dos produtos e serviços oferecidos aos clientes.

A deterioração do ambiente global que sustenta a vida mostra-se cada vez mais acentuada. O uso dos recursos e da energia pelo homem é o responsável por esse fenômeno. Utilizar menos não é sinônimo de declínio da qualidade de vida, além de poder resultar na geração de empregos.

Margaret Mead coloca sabiamente essa questão nos seguintes termos: "Nunca duvide de que um pequeno grupo de pessoas inteligentes e comprometidas possa mudar o mundo. Na verdade, essa é a única coisa que se pode fazer". Hoje, a alta administração se vê frente ao imperativo ético de fazer do meio ambiente um compromisso corporativo compreendido por todos os empregados. A instalação de um sistema integrado de gestão de resíduos sólidos é uma prática capaz de não apenas preservar os recursos naturais, como também de proteger o meio ambiente. Uma avaliação dos resíduos produzidos fornece aos gestores as informações necessárias para fundamentação de decisões conscientes a respeito da destinação do lixo sólido.

Aplicação de conceitos abordados no capítulo

A Universidade de Wisconsin-Madison conta com um abrangente programa de sustentabilidade, denominado *We Conserve*. O Departamento de Habitação da Universidade também está fazendo sua parte no que diz respeito à preservação de recursos e conscientização do corpo docente, das equipes e dos alunos quanto às vantagens da conservação. As iniciativas incluem a abertura de uma nova comunidade de residentes aprendizes cujo foco é o conceito de vida sustentável. O Departamento de Refeições e Serviços Culinários está trabalhando para aumentar o volume de alimentos comprados de fontes locais e reduzir o uso de materiais descartáveis.

Um sistema de compostagem voltado especificamente ao estabelecimento de alimentação foi introduzido no verão de 2009. Os alimentos compostáveis são descartados em contêineres de lixo com identificação especial localizados em todas as unidades de trabalho. No final do dia, o conteúdo desses contêineres é removido da cozinha central e colocado em contêineres devidamente etiquetados e posicionados sobre as calçadas. Duas vezes por semana, o composto é recolhido e transportado para a Westside Research Station, onde é despejado em uma pilha de compostagem e usado nos campos e jardins da estação. O setor de refeições e culinária da universidade planeja expandir o programa de compostagem, com a instalação de contêineres de depósito de compostos nas áreas de devolução de bandejas dos refeitórios.

Questões para reflexão

1. Visite o site do Departamento de Habitação, Refeições e Serviços Culinários da Universidade de Wisconsin-Madison, observe um cardápio e relacione os itens compostáveis.
2. Que razão você acha que levou os líderes do Departamento de Refeições e Serviços Culinários da UW a começar o programa de compostagem nas áreas de alimentação?
3. Que desafios precisam ser enfrentados para expansão do programa de compostagem aos refeitórios?
4. Que oportunidades de aprendizagem capazes de "agregar valor" surgiram para o setor de refeições e culinária da universidade com a introdução do sistema de compostagem nas áreas de alimentação?
5. Que influência o sistema de compostagem pode ter sobre o programa de gestão de segurança e pragas?
6. Descreva que implicações um programa de compostagem pode ter para a gestão e o uso do espaço em um estabelecimento de alimentação?
7. Descreva como deve ser o processo de planejamento e efetivação da expansão do programa de compostagem para as áreas de devolução de bandejas dos refeitórios?
8. De que forma o Departamento de Refeições e Serviços Culinários da UW pode usar seu programa de compostagem para participar dos programas de conservação dentro do *campus*?
9. Em relação ao Modelo de Sistema, quais insumos são necessários para projetar, implantar e manter um programa de compostagem?
10. Qual programa de conservação você considera que o Departamento de Refeições e Serviços Culinários da UW deveria tentar resolver em seguida?

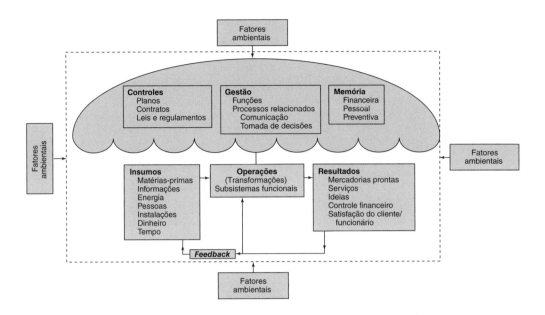

Questões para revisão

1. Identifique alguns dos maiores "consumidores" de energia em um estabelecimento de alimentação.
2. Descreva de que maneira a manutenção preventiva e a limpeza rotineira podem reduzir o uso de energia.
3. Compare o consumo de energia de um fogão com queimador aberto com o de um fogão com chapa de distribuição de calor.
4. Por meio de que programas as companhias concessionárias de serviços públicos ajudam os estabelecimentos de alimentação a reduzir o consumo de energia?
5. Relacione e descreva diversas formas para controle dos custos relativos ao uso de ar-condicionado.
6. Por que a gestão de resíduos sólidos é hoje uma preocupação para os gestores de negócios de alimentação?
7. Dê vários exemplos específicos de redução de fontes para controle dos resíduos de alimentação.
8. Relacione e descreva diversos "mecanismos" de gestão de resíduos sólidos empregados no setor de *foodservice*.
9. Descreva os passos do processo de reciclagem do poliestireno.
10. O que é necessário para a reciclagem de latas de alimento número 10? Por que é particularmente importante que os estabelecimentos de alimentação reciclem esses produtos?

Sites selecionados (em inglês)

www.aia.org (The American Institute of Architects)
www.earthodyssey.com (EarthOdyssey, LLC)
www.epa.gov (The Environmental Protection Agency)
www.gdrc.orgv (The Global Development Research Center)
www.rff.org (Resources for the Future)
www.tva.gov (Tennessee Valley Authority)
www.usgbc.org (U.S. Green Building Council)
www.whrc.org (Woods Hole Research Center)

PARTE **5**

Funções administrativas

CAPÍTULO 13 Projeto organizacional

CAPÍTULO 14 Liderança

CAPÍTULO 15 Gestão de recursos humanos

CAPÍTULO 16 Melhoria de desempenho

CAPÍTULO 17 Gestão financeira

CAPÍTULO 18 *Marketing*

13

Projeto organizacional

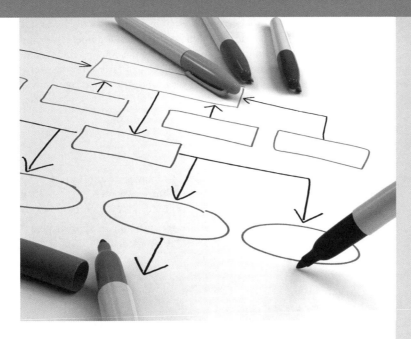

CONTEÚDO

Teorias da administração
  Teoria clássica
  Teoria das relações humanas
  Teoria científica da administração/pesquisa operacional
  Teorias modernas da administração

Gestão estratégica

Funções administrativas
  Planejamento
  Organização
  Administração de recursos humanos
  Direção
  Coordenação
  Controle
  Elaboração do orçamento

Competências do administrador

Atividades e funções administrativas

Ferramentas de gestão
  Diagrama organizacional
  Descrição de cargos
  Especificação de cargos
  Cronograma de trabalho
  Horário de trabalho dos empregados

Resumo

Empresários visionários afirmam que as organizações atuais precisam enxugar suas equipes, capacitar melhor seus empregados, dar-lhes a oportunidade de participar do processo decisório, obter deles comprometimento e inovação, e criar uma cultura organizacional com condições de se adaptar e reagir adequadamente às mudanças. As empresas também precisam contar com uma equipe de gestão enérgica e competente, que seja capaz de propor projetos apropriados e conduzir a organização à conquista efetiva de seus objetivos. O retorno que ela obtém de seus recursos humanos é determinado, em grande parte, pela competência de seus administradores.

Este capítulo analisa as teorias de administração desde as clássicas até as modernas e examina tópicos como a importância da gestão estratégica no ambiente atual, as funções que cabem a um administrador, as competências administrativas necessárias, as atividades e funções de um administrador, as ferramentas de gestão e os princípios da estrutura organizacional.

As teorias históricas da administração ofereceram significativa contribuição para as modernas. Dada sua crescente complexidade, as organizações atuais precisam ser examinadas como um todo. Com o emprego da abordagem sistêmica, um administrador reconhece que a empresa como um todo é maior do que a soma de suas partes. Ele enxerga a contribuição de cada parte do sistema para o todo e entende que uma mudança em uma delas tem impacto sobre as outras. Essa abordagem permite-lhe diagnosticar uma situação e identificar os motivos que a levaram a ocorrer. A metodologia contingencial leva os administradores a aplicar diferentes diretrizes básicas para conduzir, motivar e organizar, em função de uma situação específica. A gestão estratégica requer que o administrador formule um plano prospectivo, para atingir as metas e realizar os propósitos da organização.

Gestão estratégica é uma função que envolve a adoção de planos de administração abrangentes e sistemáticos para a organização. Estão incluídas na gestão estratégica as atividades relacionadas com o desenvolvimento, o monitoramento e a revisão de planos de negócio, planos estratégicos, cronogramas, planos de gestão de energia e resíduos, assim como as estratégias organizacionais de longo prazo. Também fazem parte a elaboração da missão, dos objetivos e da política de garantia de qualidade, somada aos processos de melhoria contínua.

Para levar a cabo as funções administrativas corriqueiras de planejamento, organização, administração de recursos humanos, direção, coordenação, controle e elaboração de orçamentos, um administrador ocupa-se de diversas atividades que podem ser agrupadas em três categorias básicas: (1) relacionamentos interpessoais; (2) processamento de informações; e (3) tomada de decisões. Essas categorias podem ainda ser subdivididas em dez atribuições de trabalho distintas. Neste capítulo, são examinadas as funções e as competências do trabalho administrativo. A capacitação necessária para o desempenho das diferentes funções e atribuições também é descrita.

As duas primeiras funções da administração – planejamento e organização – são discutidas com mais detalhes neste capítulo. (As demais são tratadas nos capítulos subsequentes.) A competência do planejamento estratégico, a elaboração da declaração de uma missão e os passos necessários ao desenvolvimento da estrutura organizacional estão inclusos nessa discussão. Os diversos tipos de estruturas organizacionais encontradas nos estabelecimentos de alimentação também são descritos.

O capítulo é encerrado com uma discussão de algumas importantes ferramentas de gestão. O diagrama organizacional é um mapa da organização. O manual da empresa, com a descrição, a especificação e o horário de trabalho para seus cargos vai ainda mais além como modelo da organização.

Conceitos-chave

1. As quatro teorias mais importantes e predominantes da administração são: a teoria clássica ou tradicional; a teoria das relações humanas; a teoria científica da administração ou pesquisas operacionais; e as teorias modernas ou metodologias sistêmicas.

2. A teoria clássica da administração contribuiu com inúmeros princípios para o sucesso da divisão, coordenação e administração das atividades de trabalho: princípio escalar, delegação, unidade de comando, princípio funcional e princípio de linha ou equipe, entre outros.

3. Conceitos importantes da teoria de sistemas são o *feedback*, a hierarquia de sistemas, a interdependência e o holismo.

4. A gestão estratégica exige que, perante condições de complexidade e incerteza, os administradores comandem a organização por meio de mudanças estratégicas.

5. Importantes conceitos de gestão estratégica são: planejamento estratégico; pensamento estratégico; formulação estratégica; valor total; sucesso estratégico; e modelo de sistemas.

6. As funções básicas desempenhadas pelos administradores são: planejamento; organização; administração de recursos humanos; direção; coordenação; controle; e elaboração de orçamentos.

7. A função de planejamento envolve uma sequência de etapas que passam pela redação de uma concepção, uma filosofia, um *slogan*, uma missão, bem como de planos estratégicos, planos intermediários, políticas, procedimentos, cronogramas e regras, seguida das atividades de implementação, acompanhamento e controle dos planos.

8. As quatro etapas básicas necessárias para o desenvolvimento do modelo de uma estrutura organizacional são: (1) estabelecer e definir os objetivos; (2) analisar e classificar o trabalho a ser realizado; (3) descrever detalhadamente o trabalho a ser feito; e (4) estabelecer e especificar o relacionamento entre os trabalhadores e a administração.

9. As organizações podem ser estruturadas em linha, linha e equipe, ou com base em uma estrutura funcional.

10. Dependendo do nível hierárquico em que esteja inserido, um administrador precisa possuir três competências (técnica, humana e conceitual), em graus diferentes.

11. As competências administrativas podem ser classificadas em: interpessoal (autoridade simbólica, líder e articulador); informacional (monitor, disseminador e porta-voz); e decisória (empreendedor ou promotor, mediador de conflitos, alocador de recursos e negociador).

12. Entre as ferramentas de gestão – mecânicas ou visuais – destacam-se: diagramas organizacionais; descrição e especificação de cargos; e cronogramas de trabalho.

Teorias da administração

■ **Conceito-chave:** As quatro teorias mais importantes e predominantes da administração são: a teoria clássica ou tradicional; a teoria das relações humanas; a teoria científica da administração ou pesquisas operacionais; e as teorias modernas ou metodologias sistêmicas.

Os administradores atuais enfrentam os mesmos desafios nos quais os profissionais se viam às voltas anos atrás. Por exemplo, elevar o nível de produtividade dos trabalhadores, reduzir os custos de produção, manter o moral e a motivação dos empregados e enfrentar o desafio de uma concorrência acirrada são apenas alguns dos problemas que persistiram ao longo dos anos.

O capital humano sempre ocupou um lugar de destaque em todas as concepções acerca de administração. No entanto, as ideias que tentam explicar por que as pessoas trabalham e como elas podem ser mais bem administradas mudaram com o tempo. Em alguns casos, essas mudanças foram decorrentes de necessidades ditadas por condições históricas.

As modernas teorias de administração representam tanto uma reflexão sobre as teorias do passado, como também uma resposta a elas. Nunca houve e ainda não há uma teoria da administração que possa ser considerada a melhor. Cada uma delas tem seu mérito específico, assim como suas limitações.

Teoria clássica

■ **Conceito-chave:** A teoria clássica da administração contribuiu com inúmeros princípios para o sucesso da divisão, coordenação e administração das atividades de trabalho: princípio escalar, delegação, unidade de comando, princípio funcional e princípio de linha ou equipe, entre outros.

A **teoria clássica** é um agrupamento de diversas ideias similares que evoluíram nas últimas décadas do século XIX e nas primeiras do século XX. Os pioneiros na proposição dessa teoria foram Frederick W. Taylor, conhecido como o pai da administração científica, Max Weber, Frank e Lillian Gilbreth, e Henri Fayol. A teoria clássica foi pautada pelos seguintes princípios básicos: (1) existe uma forma melhor de se realizar um trabalho; (2) existe uma forma melhor de se agregar uma organização; e (3) uma organização deve ser estruturada de maneira racional e impessoal. Os princípios de Fayol (1949) englobam:

Teoria clássica
Teoria histórica de administração, cujo foco está voltado para as tarefas, a estrutura e a autoridade.

1. **Divisão do trabalho:** é essencial como mecanismo gerador de eficiência; e a especialização é o modo mais eficiente de se empregar o esforço humano.
2. **Autoridade e responsabilidade:** autoridade é a forma correta de se impor ordens e obter obediência; e responsabilidade é o resultado natural da autoridade.
3. **Disciplina:** o uso criterioso de sanções e penalidades é o melhor caminho para se cultivar a obediência às regras e aos contratos de trabalho.
4. **Unidade de comando:** especifica que cada pessoa deve se reportar a um único superior.
5. **Unidade de direção:** especifica que todas as unidades devem se movimentar segundo os mesmos objetivos e por meio de esforços concentrados e coordenados.
6. **Subordinação dos interesses individuais aos coletivos:** os interesses da organização devem ter prioridade sobre os dos indivíduos.
7. **Remuneração de empregados:** pagamentos e salários devem ser justos tanto para o empregado como para a organização.
8. **Centralização:** o envolvimento dos subordinados por meio de mecanismos descentralizados deve ser contrabalançado com a autoridade final do administrador por centralização.
9. **Cadeia escalar:** nela, a autoridade e a responsabilidade fluem segundo uma linha vertical direta, do mais alto nível da organização para o mais baixo.
10. **Ordem:** pessoas e materiais devem estar no lugar adequado, no momento certo, para que se alcance a máxima eficiência.
11. **Equidade:** todos os empregados devem ser tratados da mesma forma, para que exista justiça.
12. **Estabilidade do pessoal:** a rotatividade dos empregados deve ser minimizada para que a eficiência organizacional seja preservada.
13. **Iniciativa:** os trabalhadores devem ser estimulados a desenvolver e levar adiante planos de aperfeiçoamento.
14. **Espírito de equipe:** os administradores devem promover o espírito de união e harmonia entre os empregados.

Unidade de comando
Cada pessoa deve se reportar a apenas um supervisor.

A teoria clássica ainda tem grande relevância e aplicação para solução dos problemas de gestão básica, mas também é alvo de muitas críticas, por ser mecanicista demais e não reconhecer que existem diferenças dentro de um grupo de pessoas e de organizações. Nem todas as pessoas são motivadas por recompensas econômicas, nem todas as organizações podem adotar a mesma metodologia para administrar seus empregados.

Teoria das relações humanas

Teoria das relações humanas
Teoria histórica da administração que enxerga a organização como um sistema social e reconhece a existência de uma organização informal.

A **teoria das relações humanas** evoluiu entre a década de 1920 e a de 1950, a partir de esforços no sentido de compensar algumas das deficiências da teoria clássica. Enquanto as organizações clássicas defendiam o foco nas tarefas, na estrutura e na autoridade, os teóricos das relações humanas introduziram as ciências do comportamento como parte integrante da teoria organizacional. Eles enxergam a organização como um sistema social e reconhecem a existência de uma estrutura informal, na qual os trabalhadores se organizam em grupos sociais dentro do modelo da organização formal. Muitos teóricos das relações humanas sustentam que a participação dos empregados no planejamento administrativo e no processo decisório gera efeitos positivos no que diz respeito ao moral e à produtividade. Essa teoria é discutida mais detalhadamente no Capítulo 15.

Teoria científica da administração/pesquisa operacional

A *teoria científica da administração* reúne algumas ideias da teoria clássica e da teoria das relações humanas. Ela enfatiza o uso de pesquisa nas operações e de técnicas quantitativas, para ajudar os administradores a tomar decisões. Os avanços experimentados pela tecnologia da computação viabilizaram o emprego de uma ampla gama de modelos matemáticos e ferramentas quantitativas que são parte essencial dessa metodologia de administração.

Sistemas de informação gerencial (SIG)
Processamento computadorizado de dados que visa a facilitar as funções administrativas.

Uma extensão dessa teoria foi o desenvolvimento dos **sistemas de informação gerencial** (**SIG**). Eles incluem ferramentas como programação linear e modelos de filas e de simulação, que visam a facilitar o processo de decisão. A **técnica de avaliação e revisão de programas** (**PERT**, na sigla em inglês) é outra ferramenta voltada às funções de planejamento e controle efetivos da administração.

Técnica de avaliação e revisão de programas (PERT)
Ferramenta de administração usada para o planejamento e o controle de operações.

Teorias modernas da administração

As modernas teorias da administração evoluíram para fazer frente à complexa natureza das organizações atuais. Ideias oriundas das três teorias anteriores (clássica, científica e de relações humanas) foram integradas para compor as teorias modernas. A compreensão de que as organizações e as pessoas são entidades complexas movidas por diferentes motivações, necessidades, aspirações e potenciais alimenta a convicção amplamente sustentada de que há poucos princípios de gestão universais e estáticos. Essa visão complexa fica evidente nas três teorias de administração modernas: (1) teoria de sistemas; (2) teoria da liderança contingencial; e (3) teoria do caos.

▌**Conceito-chave:** Conceitos importantes da teoria de sistemas são o *feedback*, a hierarquia de sistemas, a interdependência e o holismo.

Abordagem sistêmica. A metodologia sistêmica, introduzida no Capítulo 2, exerceu influência significativa sobre a ciência da administração e a forma de entender as organizações. Conforme descrito no Capítulo 2, um sistema é um conjunto integrado de diferentes elementos, que visa à conquista de objetivos comuns. Quando ocorre alguma mudança em uma das partes de um sistema, ela se reflete sobre as demais. Para exemplificar o corpo de um sistema: a remoção de uma parte do corpo afeta todas as outras partes. Um sistema tem insumos, operações, resultados, controles, memória, funções de gestão e processos relacionados. O *feedback* entre esses diversos elementos do sistema é solicitado e utilizado.

Em uma organização, os insumos incluem recursos como matéria-prima, informações, energia, pessoas, instalações, dinheiro e tempo. Esses insumos são transformados pelos subsistemas funcionais, de modo a permitir a realização dos objetivos da organização. Os resultados são produtos, serviços, ideias, melhoria da qualidade de vida dos clientes e empregados e responsabilidade financeira. *Feedbacks* são informações oriundas de fontes externas e internas, como clientes, empregados, sociedade e governo.

A compreensão da teoria de sistemas ajuda um administrador a olhar a organização por uma perspectiva mais abrangente. O reconhecimento das diversas partes de uma organização e do inter-relacionamento dessas partes é uma condição essencial em um pensamento sistêmico. No passado, os administradores se concentravam em uma parte ou em um problema.

Outro aspecto central da teoria de sistemas é que, como as organizações humanas são um sistema predominantemente aberto, elas interagem com diferentes elementos de seu ambiente (p. ex., o departamento de nutrição de um hospital interage com diversos grupos externos, como pacientes, clientes, equipes médicas, setor administrativo e algumas agências reguladoras. O departamento, por sua vez, influencia grupos internos com os quais se relaciona). Considerar as oportunidades e as ameaças oriundas do ambiente externo é parte de um pensamento sistêmico.

As instituições se inclinam na direção de um equilíbrio dinâmico ou mutável. Os membros procuram manter a organização e assegurar sua sobrevivência. Eles respondem às mudanças e forças, internas e externas, de forma que frequentemente criam um novo estado de equilíbrio e estabilidade. *Feedbacks* com informações a respeito de um ponto de operação e do ambiente, para um ou mais centros de controle, podem fornecer os dados necessários para a adoção de medidas corretivas no sentido de se restabelecer o equilíbrio.

As organizações, assim como o mundo do qual elas fazem parte, são constituídas de uma hierarquia de sistemas. Desse modo, uma corporação é formada por divisões, departamentos, seções e grupos de empregados. Essa corporação, por sua vez, é parte de um sistema maior, como o conjunto de empresas do setor a que ela pertence, de empresas da área metropolitana – em que está localizada – e, possivelmente, a associação de diversos setores tais quais a National Restaurant Association (NRA) ou a American Hospital Association.

Interdependência é um conceito-chave na teoria de sistemas. Os elementos de um sistema interagem entre si e são interdependentes. Em geral, uma mudança em uma parte de uma organização afeta as outras partes. Algumas vezes, as interdependências não são plenamente avaliadas quando da introdução de uma mudança. Uma modificação na estrutura organizacional e no fluxo de trabalho de um departamento pode induzir alterações inesperadas em departamentos com os quais ele se relaciona.

A teoria de sistemas baseia-se no princípio segundo o qual o todo de uma estrutura ou entidade é maior do que a soma de suas partes. Esse princípio é denominado **holismo**. O trabalho cooperativo e coeso de membros de um departamento ou uma equipe costuma produzir um resultado que excede a soma das contribuições individuais.

A teoria de sistemas ajuda a organizar grandes volumes de informação, que de outra forma não fariam o menor sentido. Nos últimos anos, essa teoria trouxe contribuições importantes para o estudo das organizações e da administração. A teoria de sistemas contribui para o diagnóstico da interação entre tarefas, tecnologias, meio ambiente e membros de uma empresa.

Ao contrário dos modelos clássicos de organização, a abordagem sistêmica mostrou que os administradores operam em situações fluidas, dinâmicas e frequentemente ambíguas, e que, em geral, não têm controle total dessas situações. Eles precisam aprender a definir as ações de modo a evoluir na direção dos objetivos e a ter consciência de que os resultados são influenciados por diferentes fatores e forças.

A teoria de sistemas ganhou popularidade em razão da sua aparente condição de modelo universal de diversos organismos, incluindo os fenômenos físicos, biológicos, sociais e comportamentais.

Teoria da contingência. A **teoria da contingência** sustenta que as atividades administrativas devem ser adaptadas para se adequar às situações. Fatores envolvidos nessas situações, como características da força de trabalho, porte e tipo da organização, assim como seus objetivos, devem ser determinantes da abordagem administrativa a ser adotada. A teoria da contingência baseia-se na visão da organização como um sistema e enfatiza a necessidade de adoção, pelos administradores, de estratégias pautadas pelos fatos relevantes. Eis alguns importantes princípios da abordagem contingencial: a motivação individual pode ser influenciada por fatores ambientais; os administradores precisam ajustar sua postura de liderança para atender aos requisitos de uma situação particular; e a estrutura da organização deve ser projetada para se adequar ao ambiente organizacional e à tecnologia aí empregada.

Interdependência
Conceito-chave da teoria de sistemas, segundo o qual os elementos de um sistema interagem entre si.

Holismo
Doutrina da teoria de sistemas segundo a qual o todo é maior do que a soma das partes de uma entidade.

Teoria da contingência
Abordagem administrativa baseada na ideia de que as atividades devem ser ajustadas para se adequar à situação.

Teoria do caos
A complexa e imprevisível dinâmica dos sistemas, que reconhece o estado de ausência quase total de condições de controle dos eventos em uma organização.

Teoria do caos. **Teoria do caos**, cibernética de segunda ordem e teoria da complexidade são termos que tentam descrever o fato de que as coisas nem sempre seguem uma ordem definida e, na verdade, podem ser desordenadas. Essa desorganização tende a romper a linearidade observada no modelo de sistemas e, no final, tanto o *feedback* negativo como o positivo acabam por provocar uma mudança e/ou adaptação do sistema. A teoria do caos sugere que os administradores devem trabalhar a favor da não linearidade dos processos e não contra ela. Teóricos dessa linha propõem que, com o aumento da complexidade, os sistemas se tornam mais voláteis (ou suscetíveis a eventos cataclísmicos) e precisam despender mais energia para dar conta da complexidade. À medida que mais energia é consumida, a organização aumenta sua estrutura para manter a estabilidade.

Gestão estratégica

▌ Conceito-chave: A gestão estratégica exige que, perante condições de complexidade e incerteza, os administradores comandem a organização por meio de mudanças estratégicas.

Gestão estratégica
Sistema de administração que defende o equilíbrio das demandas impostas por forças internas e externas com o funcionamento geral da organização e o uso de recursos segundo princípios compatíveis com os objetivos e os valores.

O termo *estratégia* costumava se traduzir em análise de alternativas. Nas empresas com fins lucrativos, isso significava determinar os dispositivos de *marketing* capazes de garantir vantagens competitivas frente à concorrência. Hoje, o conceito de estratégia cobre um escopo mais coeso e abrangente, e é conhecido pela denominação de **gestão estratégica**. Esta pode ser definida como a tarefa, em âmbito corporativo, de formação de uma visão estratégica, definição de objetivos, elaboração e adoção de um plano estratégico e, ao longo do tempo, introdução dos ajustes que se fizerem necessários no tocante às ideias, às estratégias, aos objetivos e à execução do plano.

Qualquer sistema de gestão estratégica envolve cinco etapas:

1. Identificação dos valores fundamentais da organização e dos objetivos deles advindos.
2. Avaliação das forças atuantes no ambiente externo à organização – forças que podem vir a ser oportunidades ou ameaças.
3. Avaliação dos recursos e das condições – elementos sob controle da organização, como pessoas, instalações, equipamentos e dinheiro (insumos) que podem ser alocados para que sejam atingidos os objetivos propostos (resultados).
4. Identificação ou formação dos componentes da organização: (a) subsistemas que recebem os insumos alocados; e (b) uma estrutura organizacional na qual estão incluídos os subsistemas e os relacionamentos entre eles, envolvendo autoridade, responsabilidade e comunicação (processos relacionados).
5. Desenvolvimento da estrutura administrativa e decisória.

▌ Conceito-chave: Importantes conceitos de gestão estratégica são: planejamento estratégico; pensamento estratégico; formulação estratégica; valor total; sucesso estratégico; e modelo de sistema.

Plano estratégico
Documento que avalia o estado corrente da organização e define o que ela deve fazer para cumprir sua missão e atingir suas metas e objetivos.

Um **plano estratégico** orienta o processo decisório da organização. O planejamento estratégico é discutido com maior nível de detalhes, mais à frente neste capítulo, sob o título "Planejamento".

Formulação de estratégias
Diversos métodos que podem ser empregados para ajudar os administradores a desenvolver uma estratégia para a organização.

A **formulação de estratégias** requer da administração uma análise de requisitos e a definição dos princípios que irão pautar todas as ações da organização. Uma estratégia comum é, por exemplo, oferecer aos clientes qualidade, valor, serviço e pontualidade (QVST, na sigla em inglês). O McDonald's emprega uma estratégia um pouco diferente e tem como princípios norteadores qualidade, valor, serviço e limpeza (QVSC, na sigla em inglês).

Pensamento estratégico
Processo contínuo por meio do qual eventos significativos são tratados de forma abrangente.

O **pensamento estratégico** requer que o administrador se oriente por um princípio empresarial bem definido e baseado no total conhecimento da empresa e dos fatores de sucesso do setor a que ela pertence.

Ajustar a gestão estratégica ao modelo de sistemas significa dispensar igual atenção aos ambientes externo e interno em que a organização opera. Um objetivo fundamental na gestão estratégica é compatibilizar os recursos internos da organização com as oportunidades e ameaças externas, de forma a viabilizar a formulação de estratagemas capazes de atender à missão e aos objetivos do estabelecimento.

O conceito de **valor total** é essencial para o sucesso de uma organização, porque uma empresa só tem condições de ser bem-sucedida quando o valor de seus produtos e serviços é percebido. No setor de *foodservice* (ou de negócios em alimentação), qualidade, serviço e preços são a chave da sobrevivência e do sucesso.

Sucesso estratégico é um fenômeno temporário que, uma vez alcançado, deve ser buscado continuamente. Oito fatores que enfatizam os valores e as atitudes operacionais são considerados importantes na busca desse fenômeno. São eles:

1. **Informação de oportunidades** – Manter atualizações das informações mais recentes para garantir a vantagem estratégica e a flexibilidade.
2. **Direção e capacitação** – identificar as ações que precisam ser tomadas e propiciar aos empregados a flexibilidade necessária para que eles coloquem em prática essas ações.
3. **Circunstâncias propícias e controles adequados** – utilizar registros financeiros como cheques e saldos, mas permitir que administradores tenham liberdade para usar a criatividade.
4. **Um espelho diferente** – reconhecer que as ideias podem partir de muitas fontes, incluindo clientes, pacientes, concorrentes e empregados.
5. **Trabalho em equipe, confiança, políticas e poder** – enfatizar o trabalho em equipe e a confiança na realização das tarefas; aceitar, ao mesmo tempo, a inevitabilidade das disputas como resultado da política de poder.
6. **Estabilidade em movimento** – responder à dinâmica das condições, sem deixar de reconhecer que alguma consistência precisa ser mantida e algumas regras precisam ser violadas, quando necessário.
7. **Atitudes e atenção** – reconhecer a importância da atenção na realização do trabalho e a possibilidade de o comportamento simbólico fazer com que as palavras se tornem fatos.
8. **Causa e comprometimento** – manter a consciência da missão (causa), de modo que ela permeie todas as ações.

Valor total
Contribuição que os administradores podem dar à organização e aos clientes, produtos e acionistas.

Sucesso estratégico
Conquista dos objetivos simultaneamente à manutenção dos valores operacionais.

Funções administrativas

▌**Conceito-chave:** As funções básicas desempenhadas pelos administradores são: planejamento; organização; administração de recursos humanos; direção; coordenação; controle; e elaboração de orçamentos.

O propósito básico de um administrador é liderar indivíduos e grupos, além de visar ao alcance dos objetivos da organização. Henri Fayol, um engenheiro/administrador de minas, reconhecia que as funções administrativas exigem planejamento, organização, comando, coordenação e controle. Luther Gulick (1937) definiu as seguintes sete funções fundamentais da administração: (1) planejamento, (2) organização, (3) administração de recursos humanos, (4) direção, (5) coordenação, (6) controle e (7) elaboração de orçamentos. Nos textos de administração modernos são encontradas diversas variações dessas funções, com algumas modificações, adições e supressões.

POSDCORB, o acrônimo criado a partir do nome em inglês das sete funções descritas por Gulick, ainda é amplamente aceito como definição do modelo básico da função dos administradores. Existem algumas controvérsias quanto a elas serem comuns a todos os níveis da administração. Há quem acredite que é necessária a inclusão de outras tantas funções. Liderança, atuação, ativação, motivação e comunicação são conceitos comumente encaixados no modelo POSDCORB. Não restam dúvidas, porém, de que existe certa sobreposição nas próprias funções e nos esforços realizados no sentido de classificá-las.

Planejamento

▌**Conceito-chave:** A função de planejamento envolve uma sequência de etapas que passam pela redação de uma concepção, uma filosofia, um *slogan*, uma missão, bem como de planos estratégicos, planos intermediários, políticas, procedimentos, cronogramas e regras, seguida das atividades de implementação, acompanhamento e controle dos planos.

A função de **planejamento**, descrita por Gulick em 1937 e ainda relevante nos dias de hoje, envolve a definição, em linhas gerais, das atividades necessárias para alcance dos objetivos

Planejamento
Função da administração que envolve o desenvolvimento, em linhas gerais, das atividades necessárias para o alcance dos objetivos organizacionais e a determinação das formas mais efetivas de atuação.

Visão
A ideia de futuro concebida pela organização.

organizacionais e a determinação das formas mais efetivas de atuação. O planejamento é uma função essencial e todas as outras são atreladas a isso. O objetivo da elaboração de um plano é pensar antecipadamente, determinar de modo claro os objetivos e as políticas e escolher as ações capazes de conduzir aos objetivos. O planejamento diário das atividades operacionais e a elaboração de planos de curto e longo prazo, que visam aos objetivos de cada departamento e da instituição, fazem parte dessa função. O planejamento geral cabe à alta administração; contudo, a participação de funcionários de todos os níveis nos objetivos e no desenvolvimento de novos planos e procedimentos contribui para a maximização de sua efetividade.

Os primeiros passos do processo de planejamento estão relacionados com o desenvolvimento de uma **visão**, da declaração de uma filosofia – ou valores centrais –, de um *slogan* e de uma missão. Todos esses enunciados devem ser simples, de fácil compreensão, atingíveis e mensuráveis, ambicionáveis e estimulantes. Muitos estabelecimentos comerciais de alimentação exibem um desses enunciados impressos em seus cardápios ou outros materiais, com o objetivo de divulgar aos clientes a filosofia da empresa.

É desejável que cada um deles seja proposto de forma cooperativa por todos os membros da organização e não apenas pela alta administração. A visão é a ideia de futuro concebida pela organização; a filosofia contém um conjunto de valores centrais para realização dessa visão; o *slogan* é uma afirmação curta e memorizável a respeito de "quem somos"; e a missão é um texto resumido que trata de objetivos, clientes, produtos e serviços da organização. Um exemplo de declaração de missão em um estabelecimento de alimentação hospitalar poderia ser:

> O departamento de serviços de hospitalidade do Malibu Hospital é um departamento multifacetado e voltado aos serviços que oferecem amplos cuidados nutricionais, gastronômicos e programas de treinamento para pacientes, empregados, visitantes e membros da comunidade. Todos os programas serão conduzidos em conformidade com os mais elevados padrões de qualidade e serviços, dentro das limitações orçamentárias.

Em organizações de múltiplos níveis, o enunciado da missão de um departamento deve ser elaborado com base na missão da organização. Uma vez redigidos esses enunciados, o **planejamento estratégico** pode ser levado a efeito. Normalmente elaborado nos níveis mais altos da hierarquia administrativa, o planejamento estratégico envolve algumas decisões que devem ser norteadas pelo conhecimento das condições ambientais, da concorrência, das previsões para o futuro e da disponibilidade corrente e prevista de recursos (Fig. 13.1).

Planejamento estratégico
Decisões fundamentadas no conhecimento das condições ambientais, da concorrência, das previsões e da disponibilidade de recursos.

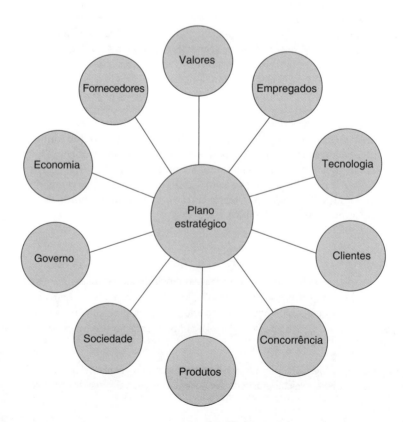

Figura 13.1 Fatores que devem ser considerados para desenvolvimento de um plano estratégico.

Um plano estratégico evolui de análises criteriosas da vantagem competitiva da empresa, das ameaças impostas pela concorrência e pelas forças ambientais, das demandas dos clientes e de métodos que permitem determinar em que medida os objetivos da empresa estão sendo atingidos. O plano deve ajudar a administração a estabelecer políticas e a tomar decisões operacionais, mas não pode reprimir a criatividade ou impedir que os administradores lidem efetivamente com as contingências e mudanças de condições. Ele também serve como meio de comunicação da estratégia proposta àqueles na organização responsáveis por implementá-lo. Um plano estratégico pode ter os seguintes componentes:

1. Declaração do propósito, da missão e dos objetivos da organização, assim como das medidas utilizadas para avaliação de desempenho.
2. Definição do futuro desejado para a organização, incluindo uma afirmação de identidade. Quais são as atividades da organização e que tipo de empresa ela é ou deveria ser?
3. Descrição das vantagens competitivas da empresa.
4. Detalhamento da alocação de recursos proposta para implementação do plano.

Os planos estratégicos são documentos elaborados periodicamente e destinados a definir objetivos de curto e longo prazo. Algumas empresas elaboram planos estratégicos que cobrem períodos de poucos anos, enquanto outras os fazem anual ou até mesmo trimestralmente. Qualquer que seja a periodicidade do planejamento, os planos são revisados com regularidade. Esse documento serve de fundamento para os planos intermediários que cobrem períodos de um a três anos. Os planos intermediários são baseados no plano estratégico e começam com o estabelecimento das políticas.

A eficácia de um plano estratégico depende diretamente das pessoas que contribuíram para sua elaboração. O envolvimento de todos, dentro de um trabalho em equipe, é importante não apenas para a definição do plano, como também para sua implementação. As pessoas costumam respaldar aquilo que criam, e os planos departamentais devem ser coordenados com o plano da organização. O planejamento deve ser encarado como um processo contínuo, pois um plano estratégico requer revisão constante voltada ao aperfeiçoamento.

As **políticas**, na condição de diretriz para o processo decisório, são escritas para garantir que todas as ações colocadas em prática pelos membros da organização mantenham coerência com a estratégia e os objetivos por ela definidos. Depois da elaboração dos planos estratégico e intermediário, os *planos operacionais* correspondentes e os orçamentos podem ser desenvolvidos. Os planos operacionais estabelecem o programa para o período corrente, que, em geral, tem duração de um ano ou menos. Eles têm como objetivo fornecer um modelo de referência para a implementação do plano estratégico e do intermediário nos níveis departamentais. Os planos operacionais especificam os procedimentos que devem ser adotados, o cronograma a ser seguido e os parâmetros orçamentários.

Procedimentos são diretrizes detalhadas que orientam as atividades planejadas que ocorrem regularmente. Eles são algumas vezes denominados *procedimentos operacionais padrão* (POPs). Muitas organizações disponibilizam aos administradores e empregados novos, manuais que contêm a descrição de suas políticas e seus procedimentos. Os cronogramas são guias que definem o tempo real das atividades. Além dos tipos de cronograma apresentados mais à frente neste capítulo, existem inúmeras técnicas formais que podem ser empregadas na programação de atividades. Os princípios de PERT, ferramenta de administração citada no início do capítulo, são abordados no Capítulo 16.

Quando as políticas e os procedimentos não mudam ao longo do tempo, eles são denominados **planos permanentes**. Um plano destinado a ser usado uma única vez ou com frequência muito pequena recebe o nome de **plano para uso único**. Funções especiais ou eventos de provimento normalmente requerem um plano de uso único em um estabelecimento de alimentação.

Regras são declarações por escrito que determinam o que deve ser feito. Por exemplo, um estabelecimento de alimentação terá um procedimento por escrito que cobre as técnicas corretas de lavagem das mãos. Uma das regras nesse sentido especificaria que todos os empregados terão que lavar completamente as mãos quando retornarem para as áreas de produção, depois de um intervalo.

Para serem efetivos, os planos devem ser instaurados, acompanhados e controlados. Para aplicar um plano, um administrador toma decisões que colocam em prática as ações especificadas no documento. No estágio de acompanhamento, ele compara os resultados reais com aqueles que haviam sido planejados. Ações corretivas podem vir a ser necessárias quando os dados reais não correspondem aos previstos. A forma mais comum de controle é o *feedback*, por meio do qual o administrador monitora o desempenho e adota as ações corretivas necessárias.

Políticas
Diretrizes para a tomada de decisões.

Procedimentos
Diretrizes detalhadas sobre as atividades planejadas que ocorrem regularmente.

Planos permanentes
Políticas e procedimentos que não mudam ao longo do tempo.

Plano para uso único
Planos utilizados uma única vez ou com frequência muito pequena.

Regras
Declarações por escrito das ações que devem e que não devem ser adotadas.

A sequência do processo de planejamento é mostrada no diagrama da Figura 13.2. Planejar é um processo contínuo e requer diligência do administrador na condução de revisões periódicas de todos os planos, com o objetivo de assegurar-se de que estejam sempre compatíveis com as condições vigentes.

Organização

▍**Conceito-chave:** As quatro etapas básicas necessárias para o desenvolvimento do modelo de uma estrutura organizacional são: (1) estabelecer e definir os objetivos; (2) analisar e classificar o trabalho a ser realizado; (3) descrever detalhadamente o trabalho a ser feito; e (4) estabelecer e especificar o relacionamento entre os trabalhadores e a administração.

Organização
Função da administração que envolve o desenvolvimento da estrutura formal por meio da qual o trabalho é dividido, definido e coordenado.

A função de **organização** inclui as atividades necessárias para o desenvolvimento da estrutura formal de autoridade através da qual o trabalho é subdividido, definido e coordenado, de modo a garantir a conquista dos objetivos da organização. Essa função identifica as atividades e tarefas, divide-as em cargos e agrupa tarefas similares, de forma a permitir melhor aproveitamento das habilidades e aptidões especiais dos trabalhadores e usar de maneira efetiva o talento que eles têm. Talvez a função mais importante do processo de organização seja a definição das relações entre todas as demais funções da administração.

Estrutura organizacional. Uma organização é um sistema com uma estrutura estabelecida e um planejamento consciente, dentro da qual as pessoas trabalham e se relacionam de forma coordenada e cooperativa para atingir os objetivos comuns. A organização formal é a estrutura planejada que estabelece um padrão de relacionamento entre seus diversos componentes. A organização informal diz respeito àqueles aspectos do sistema que surgem espontaneamente das atividades e interações dos participantes.

Sempre que diversas pessoas trabalham juntas por um objetivo comum, deve existir alguma forma de organização, ou seja, as tarefas precisam ser divididas entre elas e o trabalho do grupo deve ser coordenado. Caso contrário, haverá duplicação dos esforços ou mal-entendidos. A divisão do trabalho e sua coordenação fazem parte do processo de organização; quando está completa, o grupo pode ser descrito como uma "organização".

São necessárias certas etapas na elaboração do modelo de estrutura de uma organização, para que os objetivos do empreendimento sejam alcançados e o talento dos trabalhadores seja desenvolvido em seu pleno potencial. Essas etapas podem ser resumidas como se segue:

1. **Estabelecer e definir os objetivos**: a meta de toda organização que lida com pessoas é alcançar, através do empenho coletivo, alguns objetivos, com o máximo nível de eficiência e economia, e esforços mínimos, além de promover o desenvolvimento pessoal daqueles que ali trabalham. No caso específico de um estabelecimento de alimentação, os objetivos são a produção e o fornecimento do melhor alimento possível dentro dos limites de seus

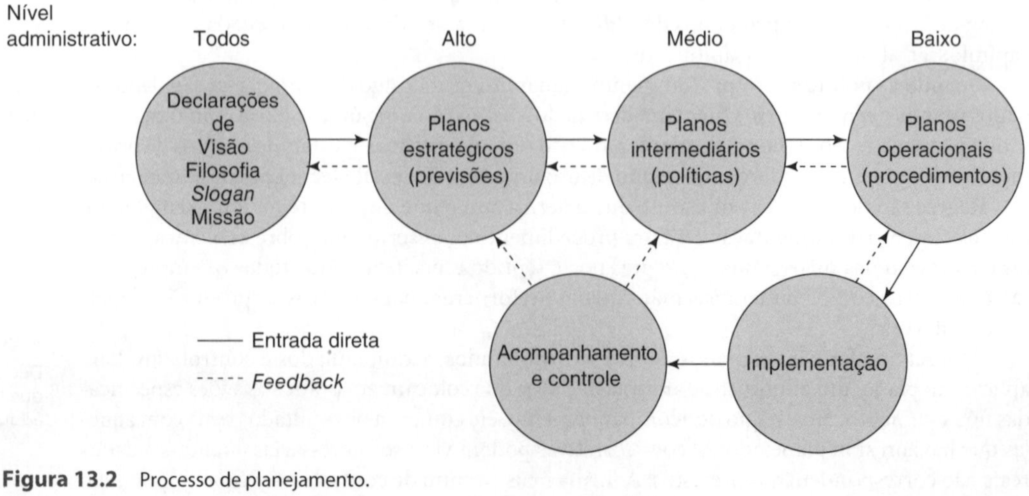

Figura 13.2 Processo de planejamento.

recursos financeiros. É importante que esses objetivos e os planos e as políticas para sua obtenção sejam apresentados por escrito e bem compreendidos por todos os responsáveis.
2. **Analisar e classificar o trabalho a ser feito**: essa tarefa é realizada por meio da divisão em suas partes principais e posterior agrupamento em atividades similares de todo o trabalho necessário para cumprimento dos objetivos gerais. A análise do trabalho a ser feito revela as tarefas que são similares ou logicamente relacionadas. Tal classificação pode ser levada a efeito agrupando-se as atividades que requerem aptidões semelhantes ou o uso do mesmo equipamento ou ainda de funções realizadas nas mesmas áreas. Não existem regras arbitrárias para esse agrupamento. Em um estabelecimento de alimentação, as atividades podem ser reunidas em compras e armazenamento, preparação e processamento, cuidados domésticos e manutenção, além de serviço e lavagem. Dependendo do tipo e do porte do empreendimento, cada um desses grupos pode ser subdividido, para formar classes menores. Com a crescente complexidade das organizações de negócios em alimentação, e a tendência à centralização de determinadas funções, a estrutura organizacional assume uma nova dimensão e deve levar em conta a estrutura administrativa total, assim como a constituição de suas unidades individuais.
3. **Descrever com algum nível de detalhe o trabalho e as atividades no que diz respeito aos empregados**: essa etapa é discutida mais adiante neste capítulo, sob o título "Descrição do trabalho".
4. **Estabelecer e especificar o relacionamento entre os trabalhadores e deles com a administração**: o trabalho deve ser agrupado por departamentos ou outras unidade organizacionais, com definição clara das responsabilidades e da autoridade em cada nível. Em geral, entende-se que cada pessoa alocada para um trabalho deve assumir a responsabilidade pela execução das tarefas a ela atribuídas e responder pelos resultados. No entanto, cada indivíduo só pode ser cobrado dentro do nível de responsabilidade e autoridade que lhe foram conferidos. Responsabilidade sem autoridade não faz sentido. Uma atribuição deve ser específica e documentada por escrito. Para que uma estrutura organizacional se torne operante é necessário, sem dúvida, a seleção de pessoal qualificado, além da provisão dos equipamentos e recursos financeiros apropriados e da disponibilização de um ambiente físico adequado. Não há estrutura organizacional bem-sucedida que se mantenha estática. Ela deve ser um processo contínuo que acompanha a mudança de conceitos dentro do sistema e das condições do ambiente.

A aplicação dos princípios de organização e administração a uma situação específica deve preceder qualquer ação na operação de um negócio de alimentação. Pode-se esboçar um plano detalhado para ser utilizado como guia na criação de um novo estabelecimento de alimentação ou na reorganização de um já existente.

> ■ **Conceito-chave:** As organizações podem ser estruturadas em linha, linha e equipe, ou com base em uma estrutura funcional.

Tipos de organização. São os seguintes os dois tipos de relação de autoridade comumente encontrados nos sistemas de operação de estabelecimentos de alimentação: (1) linha e (2) linha e equipe. Empresas maiores e mais complexas também podem ser organizadas com base em uma estrutura funcional.

Autoridade em linha. Em uma organização com estrutura em linha, a relação de autoridade é claramente definida, e cada indivíduo responde à pessoa situada acima dele no diagrama organizacional. Assim, autoridade e responsabilidade partem do nível mais alto e descem até o mais baixo na hierarquia. Em uma estrutura organizacional como essa, cada pessoa sabe a quem responde e, por conseguinte, quem é responsável por ela.

A estrutura organizacional em linha pode crescer vertical ou horizontalmente. O crescimento na linha vertical ocorre através da delegação de autoridade, por meio da qual os indivíduos nos níveis mais altos delegam trabalho a seus subordinados imediatos, os quais, por sua vez, podem delegá-lo no todo ou em parte aos que a eles respondem. Por exemplo, o diretor de um refeitório em processo de crescimento pode introduzir um gerente assistente, desse modo ele cria outro nível na cadeia de comando. Quando a distância entre o topo e a base se torna grande demais para que seja viável uma coordenação efetiva, as responsabilidades podem ser redistribuídas horizontalmente por meio de um processo de departamentalização. Ao estabelecer departamentos, as atividades são agrupadas em unidades naturais com um administrador responsável e com autoridade sobre essa área de atividades. Existem diversas formas de divisão do trabalho; porém, nos estabelecimentos de alimentação, a maneira mais comum é fazê-lo por função, produto ou localização. O trabalho em um restaurante pode ser dividido em produção, serviço e limpeza; em dietética, em administração, clínicas e treinamento; em uma cozinha central, em seções de carnes, vegetais, saladas e padaria; ou por escolas individuais, em um sistema de negócios em alimentação que atende a diversas escolas.

Entre as vantagens da organização em linha estão a conveniência do processo decisório, a atribuição direta das responsabilidades e uma clara compreensão das relações de autoridade. A maior desvantagem reside no fato de que a pessoa que ocupa o topo da hierarquia tende a ficar sobrecarregada com excesso de detalhes, o que limita o tempo disponível para as atividades de planejamento e pesquisa necessárias para o desenvolvimento e o crescimento da organização. Não há especialista a quem recorrer nas diversas áreas operacionais.

Autoridade em equipe. À medida que uma empresa cresce, a organização em linha pode não mais se adequar à necessidade de fazer frente a um grande número de responsabilidades exigidas do pessoal que ocupa o topo da estrutura. Equipes de especialistas, como diretores de pessoal, profissionais de pesquisa e desenvolvimento e coordenadores de processamento de dados são incorporados, para contribuir com sua experiência consultiva. O pessoal que ocupa os cargos da estrutura em linha envolve-se diretamente com a realização do trabalho que constitui o objeto da empresa, e a equipe de especialistas ajuda com recomendações e suporte, em uma organização em **linha e equipe**. Um membro de uma equipe também pode exercer o cargo de assistente, que opera como extensão de um funcionário em linha. Se as linhas de autoridade não estiverem claramente explicitadas, haverá possibilidade de conflito entre o pessoal de linha e de equipe. Por exemplo, se um especialista da equipe recomenda uma mudança nos procedimentos, a ordem para sua implementação deve partir daqueles que ocupam uma posição de linha. É possível que surjam atritos se um indivíduo dominador da equipe tentar se sobrepor ao gerente, ou se este não fizer uso de todos os recursos de que a equipe dispõe.

Autoridade funcional. Alguns pesquisadores incluem a autoridade funcional abaixo da estrutura de equipe, mas outros consideram-na um tipo distinto por si mesmo. A autoridade funcional existe quando um indivíduo delega a outra pessoa autoridade limitada sobre um segmento de atividades específico. Em um negócio de alimentação que possui diversas unidades, a responsabilidade pelas aquisições ou pelo planejamento de cardápio e controle de qualidade pode, por exemplo, caber a um vice-presidente, que tem então autoridade sobre essa função em todas as unidades.

Administração de recursos humanos

Administração de recursos humanos é uma função do departamento de pessoal relacionada à contratação e treinamento de funcionários e manutenção de condições favoráveis de trabalho. O objetivo básico dessa função é reunir as pessoas mais capacitadas a contribuir para o sucesso da organização e estimular o desenvolvimento das aptidões e habilidades que elas possuem. O Capítulo 14 discute mais detalhadamente essa importante função administrativa.

Direção

A função de **direção** implica adoção de processo contínuo que envolve tomar decisões, comunicá-las aos subordinados e garantir a adoção das ações adequadas. A delegação de responsabilidades é essencial para uma distribuição eficiente da carga de trabalho a indivíduos qualificados, em todos os níveis. Aqueles que delegam responsabilidades não devem fazê-lo sem fornecer instruções detalhadas sobre o que se espera do subordinado e sem conferir a ele a autoridade necessária para desempenho da atividade. Quando essa autoridade não é conferida ao subordinado, o trabalho é meramente atribuído e não delegado.

Uma parte muito importante da função de direção é o tratamento dos empregados como seres humanos. Estudos revelaram que a maioria das pessoas só realiza de modo eficaz cerca de 50 a 60% de um trabalho, e alguns pesquisadores colocam esse patamar ainda mais baixo, na casa dos 45%. Um administrador atento tem ciência de que, por meio de orientações, e conse-

---

Linha e equipe
Atividades de suporte e consultoria que cabem aos principais cargos da organização.

Administração de recursos humanos
Função do departamento de pessoal relacionada à contratação e treinamento de funcionários bem como à manutenção de condições favoráveis de trabalho.

Direção
Processo contínuo que envolve tomar decisões, comunicá-las aos subordinados e garantir a adoção das ações adequadas.

lhos criteriosos e competentes, bem como supervisão efetiva, a produtividade do trabalhador pode ser incrementada em até 20%. Isso pode representar a diferença entre o sucesso e o fracasso financeiro de um empreendimento.

Coordenação

Coordenação é a atividade funcional que envolve estabelecer o inter-relacionamento entre as diversas partes de um processo, de modo a criar um fluxo de trabalho uniforme. Para operar com eficiência, as organizações precisam ser adequadamente estruturadas. A divisão do trabalho costuma ser conseguida por meio de uma departamentalização ou especialização por função, produto, cliente, área geográfica, número de pessoas ou tempo. Diferentes tipos de departamentalização exigem métodos diferentes de coordenação. Conforme enunciado no Capítulo 2, o papel da administração na metodologia sistêmica é o de coordenação. O administrador precisa reconhecer as necessidades de todos os protagonistas e tomar decisões baseadas no impacto global sobre a organização e seus objetivos.

Coordenação
Atividade funcional que envolve estabelecer o inter-relacionamento entre as diversas partes de um processo, de modo a criar um fluxo de trabalho uniforme.

Controle

O **controle** envolve manter supervisores, administradores e subordinados informados a respeito da responsabilidade, por meio de registros, pesquisa, inspeção e outros métodos. Registros e avaliações dos resultados do trabalho desenvolvido são mantidos à medida que a tarefa avança, para permitir a comparação do desempenho com os parâmetros de aceitabilidade.

Controle
Manter supervisores, administradores e subordinados informados a respeito da responsabilidade, por meio de registros, pesquisa, inspeção e outros métodos.

Elaboração do orçamento

A **elaboração do orçamento** inclui planejamento fiscal, contábil e controle. Este último visa a garantir um desempenho em conformidade com o planejamento e é uma função necessária em todas as áreas de um negócio de alimentação. Ele exige a medida da quantidade de produção, da qualidade da mercadoria pronta e dos custos de alimentos e mão de obra, além do uso eficiente do tempo dos trabalhadores. Por meio de controle, são estabelecidos os padrões de desempenho no tocante à aceitabilidade e à responsabilidade. Um sistema de controle eficaz evita que ocorram desvios em relação ao que foi definido nos planos e estimula os empregados a manter os padrões fixados pelo diretor de negócios em alimentação. A função de elaboração de orçamentos deve ser uma diretriz e não uma ordem. O orçamento deve enxergar os empregados como seres humanos e levar em consideração que seus interesses precisam ser estimulados, suas aptidões e habilidades direcionadas e desenvolvidas, e a compreensão e o entendimento que eles têm sobre as próprias responsabilidades devem ser ampliados (ver Cap. 16).

Elaboração do orçamento
Planejamento fiscal, contábil e controle.

Competências do administrador

■ **Conceito-chave:** Dependendo do nível hierárquico em que esteja inserido, um administrador precisa possuir três competências (técnica, humana e conceitual), em graus diferentes.

O método mais difundido de classificação das habilidades administrativas leva em conta a abordagem das três competências do administrador, proposta inicialmente por Robert L. Katz (1974). Ele identificou as competências técnica, humana e conceitual como sendo aquelas que todo administrador bem-sucedido deve ter, em graus variados, de acordo com o nível hierárquico dentro do qual opera. Katz defendia que os administradores necessitam ter todas as três competências para fazer frente a todos os requisitos de seu cargo, mas a importância relativa e os tipos específicos dentro de cada categoria dependem da situação da liderança.

Com base na definição de competência como a habilidade de converter conhecimento em ação, as três categorias de competência inter-relacionadas podem ser resumidas deste modo: (1) **competência técnica** - realizar atividades especializadas; (2) **competência humana** - capacidade para compreender e motivar as pessoas; e (3) **competência conceitual** - capacidade para compreender e integrar as atividades e os interesses da organização no sentido de se atingir os objetivos comuns. Para os administradores nos níveis mais baixos da hierarquia, as competências técnicas são, em geral, mais importantes do que as conceituais. Já as competências

Competência técnica
Competência que capacita o trabalhador a desempenhar atividades especializadas.

Competência humana
Capacidade para compreender e motivar indivíduos e grupos.

Competência conceitual
Capacidade para compreender e integrar as atividades e os interesses da organização no sentido de se atingir os objetivos comuns.

humanas são necessárias em todos os níveis administrativos, contudo, têm uma importância relativamente menor para aqueles que ocupam o topo da estrutura, em comparação com os que se encontram na base. As competências conceituais se tornam mais fundamentais nos níveis administrativos superiores, dada a necessidade de tomar decisões políticas e adotar ações de larga escala.

Atividades e funções administrativas

Conceito-chave: As competências administrativas podem ser classificadas em: interpessoal (autoridade simbólica, líder e articulador); informacional (monitor, disseminador e porta-voz); e decisória (empreendedor ou promotor, mediador de conflitos, alocador de recursos e negociador).

Autoridade simbólica
Realiza tarefas de natureza simbólica, legal e social, em decorrência da posição que ocupa na organização.

Líder
Estabelece a atmosfera de trabalho dentro da organização e estimula os subordinados a alcançar os objetivos organizacionais.

Articulador
Estabelece e mantém contatos fora da organização, para obter informações e cooperação.

Monitor
Reúne todas as informações relevantes para a organização.

Disseminador
Transmite para os membros internos da organização as informações obtidas externamente.

Porta-voz
Transmite para o ambiente externo as informações internas da organização.

Empreendedor
Dá início a mudanças controladas dentro da organização, para adaptá-la às transformações ocorridas nas condições do ambiente e capacitá-la a fazer frente a essas novas condições.

Mediador de conflitos
Aquele que lida com mudanças inesperadas.

Alocador de recursos
Responsável por tomar decisões relativas a prioridades na utilização dos recursos organizacionais.

Negociador
Lida com os indivíduos e outras organizações.

Embora exista um número considerável de estudos que investigam os estilos pessoais e as características dos administradores, são relativamente poucas as pesquisas que analisam o que os administradores fazem de fato para atender aos requisitos de seu cargo. Depois de rever e sintetizar as pesquisas disponíveis a respeito de como diversos administradores empregam seu tempo, Harold Koontz (1980) relatou que Henry Mintzberg elaborou um estudo destinado a oferecer uma descrição mais profícua e aceitável do trabalho administrativo. A teoria resultante de Mintzberg sobre as funções do administrador recebeu atenção, por ter sido considerada uma forma bastante útil de descrição dos deveres e das responsabilidades dos administradores. Mintzberg (1973) definiu uma função como um conjunto organizado de comportamentos que são inerentes a um cargo passível de identificação. Ele apontou dez funções comuns ao trabalho de todo administrador e as classificou em: interpessoais (três funções), informacionais (três funções) e decisórias (quatro funções). Embora as funções sejam descritas aqui individualmente, elas constituem, na verdade, um todo integrado. Em essência, a autoridade formal e a posição de um administrador geram relações interpessoais que conduzem a funções informacionais as quais, por sua vez, levam às funções decisórias.

As três funções interpessoais (autoridade simbólica, líder e articulador) são decorrentes da autoridade formal e da posição do administrador. Na qualidade de **autoridade simbólica**, ele responde por tarefas de natureza simbólica, legal e social, em virtude de sua posição na organização. Enquanto **líder**, ele estabelece a atmosfera de trabalho dentro da organização e estimula seus subordinados a alcançar os objetivos por ela estabelecidos. No papel de **articulador**, o administrador estabelece e mantém contatos fora da organização, para obter informações e cooperação.

As três funções informacionais (monitor, disseminador e porta-voz) caracterizam o administrador como o elemento central para recebimento e envio de informações rotineiras. No papel de **monitor**, ele reúne todas as informações relevantes para a organização. A função de **disseminador** envolve a transmissão para os membros internos da organização, de informações reunidas externamente. Quando exerce o papel de **porta-voz**, o administrador transmite informações internas da empresa para o público externo.

As quatro funções decisórias são: empreendedor ou promotor, mediador de conflitos, alocador de recursos e negociador. O administrador assume o papel de **empreendedor** quando coloca em andamento mudanças controladas para adaptar a organização às transformações ocorridas, equiparando-se às condições do ambiente. Mudanças inesperadas exigem que o administrador atue como **mediador de conflitos**. Enquanto **alocador de recursos**, ele toma decisões relativas a prioridades na utilização dos recursos organizacionais. Finalmente, um administrador precisa ser um **negociador** para lidar com os indivíduos e com outras organizações. Essas funções interligadas e inter-relacionadas são apresentadas na Figura 13.3.

Ferramentas de gestão

Conceito-chave: Entre as ferramentas de gestão – mecânicas ou visuais – destacam-se: diagramas organizacionais; descrição e especificação de cargos; e cronogramas de trabalho.

Diretores de negócios de alimentação costumam utilizar o diagrama organizacional como recurso para explicar a estrutura de uma organização e esclarecer dúvidas sobre ela. Eles também empregam a descrição e a especificação dos cargos e o cronograma de trabalho para identificar as pessoas e expor à alta direção e aos empregados as responsabilidades que cabem a

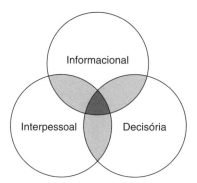

Figura 13.3 Funções interligadas e inter-relacionadas dos administradores.

cada um. Esses recursos mecânicos e visuais são indispensáveis para a direção e supervisão adequadas de um negócio de alimentação. Por uma questão de conveniência, esses recursos podem ser denominados ferramentas de organização e gestão. As descrições e especificações de cargos, os cronogramas de trabalho e as avaliações de desempenho, enquanto ferramentas de gestão são discutidos no Capítulo 15.

Diagrama organizacional

O **diagrama organizacional** pode ser considerado a primeira ferramenta de gestão. Ele representa graficamente os agrupamentos básicos e os relacionamentos entre cargos e funções. O diagrama apresenta um retrato da estrutura organizacional formal e atende a diversos propósitos; contudo, tem algumas limitações. Embora as linhas de autoridade estejam representadas no gráfico, o grau de autoridade e responsabilidade em cada nível não é mostrado.

Os relacionamentos informais entre as pessoas nos diferentes setores da organização não são evidenciados. Por esse motivo, as descrições de cargos e os manuais de orientação são complementos valiosos do diagrama organizacional.

O diagrama organizacional normalmente é construído a partir da linha de autoridade, mas pode ser baseado nas atividades funcionais ou em uma combinação das duas coisas. As funções e os cargos são representados de forma gráfica por blocos e círculos. As linhas sólidas que conectam os diferentes blocos indicam o canal de autoridade. As pessoas com maior nível de autoridade são posicionadas no topo do diagrama, e as que têm nível mais baixo ficam na base. A responsabilidade consultiva e as linhas de comunicação costumam ser representadas por meio de linhas pontilhadas. A Figura 13.4 exibe o diagrama organizacional de um hospital, e a Figura 13.5 mostra o do setor de alimentação de uma faculdade.

A Figura 13.5 é um exemplo de uma estrutura organizacional relativamente "horizontal", da qual múltiplos níveis de gerência média foram eliminados, o que resultou em uma ampliação do alcance das responsabilidades de todos os administradores. As operações de redução e racionalização levadas a efeito no âmbito de todo o país resultaram na transformação de diagramas organizacionais altos e estreitos em estruturas largas e achatadas.

Diagrama organizacional
Representação gráfica dos agrupamentos e relacionamentos básicos dos cargos e das funções.

Descrição de cargos

A **descrição de cargos** é uma lista organizada de tarefas, que reflete as competências e as responsabilidades exigidas para exercício de um cargo específico. Ela pode ser considerada uma extensão do diagrama organizacional, na medida em que mostra os relacionamentos entre atividades e funções para os cargos identificados no diagrama da organização. As descrições de cargos são de grande valia para: identificação da correspondência entre candidatos e os cargos para os quais eles estão qualificados; orientação e treinamento dos empregados; avaliação de desempenho; fixação de índices de pagamento; e definição dos limites de autoridade e das responsabilidades. Essa descrição deve ser redigida para todos os cargos existentes no setor de alimentação e precisa ser revista e atualizada periodicamente. Em muitas organizações, as descrições de cargo são incorporadas a um manual de procedimentos ou mantidas em um livro de anotações de folhas soltas, para facilitar o acesso.

As descrições de cargo podem ser escritas como uma narrativa, como tópicos ou em uma combinação das duas formas. É provável que esse formato varie de acordo com a classificação do cargo. Por exemplo, o trabalho de um empregado do setor de *foodservice* é descrito em termos das tarefas específicas e das competências exigidas, enquanto, provavelmente, o do cargo de um pro-

Descrição de cargos
Lista organizada de tarefas, competências e responsabilidades exigidas para exercício de um cargo específico.

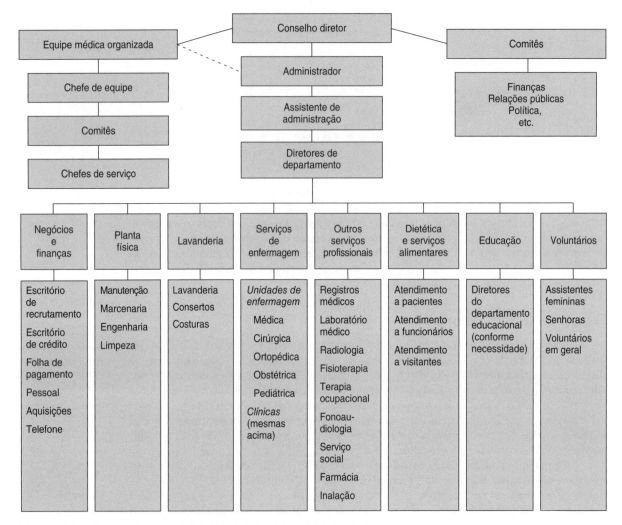

Figura 13.4 Diagrama de uma organização típica das equipes de um hospital.

fissional qualificado relacionará as grandes áreas de responsabilidade. A maioria das descrições de cargo inclui informações de identificação, um resumo do trabalho a ser realizado e uma relação de obrigações e requisitos. A primeira descrição de cargos para uma nova instalação deve especificar, em base provisória e sujeita às revisões, as responsabilidades delegadas a cada cargo. No caso de uma unidade já estabelecida, essas descrições são elaboradas a partir de informações obtidas em entrevistas com empregados e supervisores, assim como de observações feitas pelas pessoas responsáveis pelo texto. A descrição do cargo pode ser precedida por uma análise de todos os aspectos das funções a ele vinculadas, de modo a se ter um levantamento das informações necessárias.

A descrição de cargo mostrada na Figura 13.6 pode ser útil como guia. O conteúdo e o formato exatos, no entanto, variam de acordo com o cargo que está sendo descrito e as necessidades e complexidades da instituição.

Com o intuito de proporcionar mais autonomia aos empregados, algumas empresas progressistas substituíram as descrições de cargo por um **sistema de matriz de competências**. Cada competência mostrada nessa matriz descreve, ao longo do eixo vertical, as etapas da carreira, e no eixo horizontal, as habilidades e competências que são necessárias em cada etapa. As matrizes de competências especificam as funções e os níveis de desempenho para uma "família" de funções, em vez de apresentar a descrição de uma função específica.

Sistema de matriz de competências
Modelo organizado que permite aos empregados o planejamento do próprio crescimento profissional dentro da organização.

Especificação de cargos

Especificação de cargos
Declaração por escrito dos padrões mínimos que devem ser atendidos pelo candidato a um cargo específico.

Uma **especificação de cargos** é uma declaração por escrito dos padrões mínimos que devem ser atendidos pelo candidato a um cargo específico. Ela cobre as obrigações envolvidas em uma função, as condições de trabalho características daquela função e as qualificações pessoais

Capítulo 13 Projeto organizacional

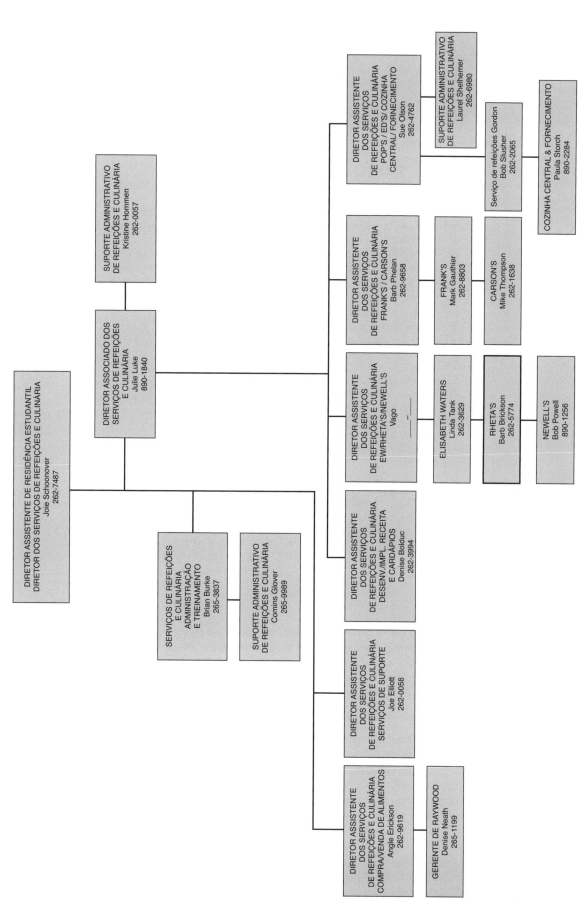

Figura 13.5 Diagrama organizacional do serviço de refeições e culinária de uma universidade de grande porte.
Fonte: Cortesia da Universidade Wisconsin-Madison.

Figura 13.6 Descrição do cargo de cozinheiro. As descrições de cargo devem ser escritas para todas as funções do departamento.

DESCRIÇÃO DE CARGO

Título: Primeiro cozinheiro
Data: 2 de setembro de _____
Código: 2-26.32 Depto. 10
Localização: Cozinha do refeitório da universidade

Resumo do cargo:
  Prepara carnes e pratos principais, sopas e molhos para o almoço.
  Limpa e lava pequenos equipamentos usados no trabalho.
  Mantém limpa a área de trabalho em que atua.

Desempenho exigido:
  Responsabilidades: responsável pela preparação de carnes e pratos principais, sopas e molhos, para serem servidos nos horários estabelecidos.
  Conhecimento da função: planejar o próprio cronograma de trabalho, conhecer os princípios básicos de quantificação de alimentos na culinária e saber usar determinados equipamentos.
  Condição mental: mentalmente atento.
  Destreza e acuidade: precisão na pesagem e medida de ingredientes e porções.
  Equipamentos utilizados: máquinas de picar alimentos, batedeiras, fornos, fogões com queimador aberto, panelas de cozimento a vapor, caldeirões basculantes, fritadeiras, grelhador, fatiadores de carnes.
  Padrões de produção: preparação de alimentos de elevado nível de qualidade nas quantidades especificadas.

Supervisão:
  Sob supervisão geral de um nutricionista.
  Supervisiona os assistentes de cozinha.

Relação com outros cargos:
  Promoção de: cargo de preparador de saladas ou de vegetais.
  Promoção para: supervisor de serviços de alimentação (se a formação e a capacitação permitirem).

Qualificações:
  Experiência anterior desejável, mas não obrigatória.
  Formação e treinamento.
    Treinamento técnico ou vocacional: nenhum.
    Educação formal: ensino médio.
    Capacidade de leitura, escrita e compreensão de textos.

---

necessárias para que o trabalhador tenha condições de exercer com sucesso as responsabilidades a ele atribuídas. Essa ferramenta é utilizada principalmente pelo setor de recrutamento, para seleção e colocação da pessoa correta para um cargo específico. Muitas instituições de pequeno porte também empregam a descrição de cargos como especificação de cargo (Fig. 13.7).

Cronograma de trabalho

Um **cronograma de trabalho** é uma descrição geral do trabalho a ser desenvolvido por um indivíduo, acompanhada dos procedimentos envolvidos e da carga horária para exercício das atividades. É importante que as tarefas sejam subdivididas em um plano organizado, com atenção especial dada à programação de tempo e à sequência das operações. Os cronogramas de trabalho são entregues aos novos empregados após a contratação e antes do início do treinamento, pois são particularmente úteis para essa atividade. Eles representam um meio de comunicação entre o empregado e o empregador. Os cronogramas de trabalho devem ser revisados periodicamente e ajustados de acordo com a necessidade, para que reflitam sempre as mudanças nos procedimentos.

A Figura 13.8 apresenta um exemplo de cronograma de trabalho para o funcionário de um refeitório. No caso de empregados na produção de alimentos, o plano individual de trabalho deve descrever em linhas gerais a rotina cotidiana de trabalho, mas deve ser complementado

---

Cronograma de trabalho
Delineamento do trabalho a ser realizado, dos procedimentos que devem ser adotados e da jornada de trabalho para um cargo específico.

Figura 13.7 Especificação de cargo. Exemplo de um formato típico usado para cada cargo de um departamento.

ESPECIFICAÇÃO DE CARGO

Título: Primeiro cozinheiro
Departamento: Departamento de preparação
Código ocupacional: 2–26.32
Supervisionado por: Nutricionista
Resumo do trabalho: Preparar carnes, pratos principais, sopas e molhos para o almoço.
Nível educacional: Conhecimento do idioma para falar, ler e escrever. Ensino médio ou superior.
Experiência necessária: Desejável, mas não obrigatória – seis meses de experiência como cozinheiro de um refeitório ou restaurante.
Conhecimento e habilidades: Conhecimento dos princípios básicos de quantificação e preparação de alimentos; habilidade para adaptar receitas e seguir as instruções; habilidade para planejar o trabalho.
Requisitos físicos: Exame físico padrão.
Requisitos pessoais: Organização, limpeza; ambos os sexos.
Referências exigidas: Referência de dois empregos anteriores e dois contatos pessoais.
Horário: 6h30 a 15h00, 5 dias por semana; dias de folga a combinar; 30 minutos para almoço.
Código salarial: Grau 3.
Oportunidades de promoção: Para supervisor de serviços de alimentação.
Vantagens e desvantagens da função: Localização, ambiente, segurança.
Teste: Nenhum.

---

por uma programação diária que forneça tarefas específicas para a preparação do cardápio do dia e do dia seguinte. Uma discussão mais detalhada a respeito da programação da produção é apresentada no Capítulo 8.

Há três tipos básicos de cronogramas de trabalho que podem ser aplicados: individuais, em unidades diárias e em âmbito organizacional. Como a programação individual, por dia, pode exigir muito tempo do administrador, é recomendada a de unidades diárias.

O cronograma de trabalho em âmbito organizacional exibe, em forma de diagrama, as tarefas padrão por períodos de meia hora, para todos os empregados. Ele não está especificamente relacionado ao cardápio do dia. Esse tipo de programação mostra de forma gráfica a carga de trabalho total e sua divisão entre os empregados, mas é incompleta sem o acompanhamento das tarefas diárias ou de uma programação da produção.

Horário de trabalho dos empregados

Só é possível estabelecer um horário de trabalho eficiente para os empregados após uma análise minuciosa das tarefas a serem executadas, das condições de trabalho e da eficiência provável de cada empregado. O modelo de cardápio, a forma pela qual o alimento é comprado, o método de preparação e a quantidade total necessária são fatores importantes para avaliação do tempo de preparo e do trabalho exigido para se produzir e servir as refeições em determinada situação. Um planejamento eficiente de cardápio oferece variações e combinações diárias, com uma programação de produção razoavelmente uniforme. Não se pode esperar que os empregados mantenham o nível de interesse e trabalhem com eficiência se tiverem pouca coisa a fazer em um dia e uma grande sobrecarga no outro.

Um exercício fundamental para determinação do número de empregados necessários em qualquer estabelecimento de alimentação é uma análise detalhada de diversos modelos de cardápio no tocante ao número de horas consumido para a preparação e ao período do dia em que deve ocorrer. A quantidade total de horas de trabalho estimadas para cobrir todas as atividades na organização, divididas pela quantidade diária de horas de trabalho, deve fornecer um indicativo do número necessário de empregados em tempo integral. No entanto, uma atenção especial deve ser dedicada à escala de horas, de modo que cada empregado esteja ocupado durante seu horário de trabalho. A preparação de certas tarefas de serviço podem exigir uma redução do número estimado de trabalhadores em tempo integral e a incorporação de outros em meio período durante os horários de pico, para garantir a manutenção do padrão desejado ao longo de todo o tempo do serviço. Uma representação gráfica das horas de trabalho necessárias para cada função, como a que é mostrada na Figura 13.9, ajuda a solucionar problemas de programação e deixar mais clara a distribuição da carga de trabalho.

CRONOGRAMA DE TRABALHO DO EMPREGADO DE BALCÃO DE UM REFEITÓRIO

Nome: _____

Cargo: Empregado de balcão de refeitório Nº 1
Dias de descanso:

5h30 a 7h15:
1. Ler cardápio do café da manhã
2. Aprontar equipamento para o café da manhã
   a. Ligar o aquecimento nos balcões de alimentos do refeitório, nos *grills*, aquecedores de pratos, etc.
   b. Preparar balcões de alimentos frios
   c. Pegar e colocar em posição de uso os utensílios de mesa
   d. Colocar os pratos nos lugares apropriados (os usados para alimentos quentes, no aquecedor de pratos)
3. Preparar o café (obter com o supervisor instruções sobre a quantidade a ser feita)
4. Encher o dispensador de leite
5. Pegar os alimentos que são servidos frios: frutas, sucos de frutas, cereais secos, manteiga, creme, etc. e colocá-los no local a eles destinado no balcão do refeitório
6. Pegar os alimentos quentes e colocá-los na parte aquecida do balcão
7. Conferir com o supervisor o tamanho correto das porções (se essa informação ainda não estiver determinada)

6h30 a 8h00:
1. Abrir as portas do refeitório para o serviço de café da manhã
2. Conferir os *tickets*, as listas de voluntários, os *tickets* de convidados e o dinheiro recolhido, conforme orientado pelo supervisor
3. Reabastecer as quantidades de alimentos frios, de pratos e de talheres
4. Comunicar ao cozinheiro a necessidade de mais alimentos quentes, antes que acabem
5. Preparar mais café, caso necessário
6. Manter os balcões limpos; remover migalhas de alimentos

8h00 a 8h30:
Tomar o café da manhã

8h30 a 10h30:
1. Encerrar o serviço de refeições e retornar as sobras de alimentos para o refrigerador e a área da cozinha, conforme instruções do supervisor
2. Limpar os equipamentos, os balcões de serviço, as mesas e a área de refeições
3. Preparar os balcões de serviço para o período do intervalo

Horário: 5h30 a 14h00
30 min. p/ café da manhã
15 min. intervalo

Supervisionado por: _____
Liberado por: _____

   a. Pegar um suprimento de xícaras, pires e utensílios de mesa
   b. Fazer o café
   c. Encher os dispensadores de creme
   d. Manter o balcão suprido durante o período do intervalo (9h30 a 10h30)
4. Encher os recipientes de molhos para salada, temperos e condimentos, para o almoço

10h30 a 11h30:
1. Conferir com o supervisor os itens do cardápio e as porções para o almoço
2. Limpar os equipamentos, os balcões e as mesas na área do refeitório
3. Preparar os balcões para o almoço:
   a. Ligar o aquecimento no balcão quente e nos aquecedores de pratos
   b. Preparar sachês de chá, creme, vasilhas de gelo e copos
   c. Colocar utensílios de mesa e pratos na posição de uso
4. Fazer o café
5. Encher e limpar o dispensador de leite
6. Colocar no balcão frio as porções de alimento frio

11h30 a 13h30:
1. Abrir as portas do refeitório para o serviço de almoço
2. Reabastecer a quantidade de alimentos frios, pratos e talheres, conforme necessário
3. Manter os balcões limpos; remover migalhas de alimentos
4. Fazer mais café, conforme necessário

13h30 a 14h00:
1. Desligar os elementos aquecidos e resfriados no balcão de servir
2. Ajudar a interromper o serviço de refeições
3. Retornar sobras de alimentos aos lugares apropriados
4. Servir almoço pós-horário para médicos e enfermeiros
5. Limpar os equipamentos e o balcão de servir, conforme instruções do supervisor

14h00:
Fim do serviço

Figura 13.8 Cronograma de trabalho de um empregado de balcão em qualquer tipo de refeitório.

Condições de trabalho como os fatores físicos de temperatura, umidade, iluminação e segurança influenciam a escala de pessoal e afetam o desempenho dos trabalhadores. A quantidade e a distribuição dos equipamentos é um fator particularmente importante. Deve-se procurar minimizar ao máximo a distância que cada empregado precisa percorrer dentro de sua área de trabalho, para que ele não seja obrigado a dispender energia e tempo em excesso. O uso de dispositivos mecânicos para processamento e serviço de alimentos pode reduzir as horas totais de trabalho e aumentar o grau de competência e responsabilidade dos empregados. A organização das áreas de trabalho para uma operação eficiente não pode ter exageros.

O gráfico de uma análise de distribuição das atividades totais dentro de um departamento mostra em que pontos as tarefas podem ser eliminadas, combinadas ou modificadas, dentro do quadro geral. Um administrador de negócios em alimentação deve procurar garantir que as atividades estejam organizadas e reunidas de forma que as horas de trabalho de cada indivíduo sejam eficientemente empregadas. É possível realizar estudos no sentido de determinar um padrão ideal para cada procedimento, como o tempo necessário para um trabalhador médio preparar e moldar 11 kg de uma mistura para pães de presunto, colocando-o depois nas formas para assar. Os padrões para cada procedimento devem ser tais que os empregados em uma organização específica sejam capazes de mantê-los. O tempo padrão deve ser fixado em um nível que permita a um empregado médio realizar 20 a 30% mais trabalho sem se sentir fatigado.

Programações por escrito deixam claras as responsabilidades dos trabalhadores e lhes fornecem um sentimento de segurança. É prudente a inclusão de um item indicando que tarefas adicionais podem ser atribuídas de tempos em tempos. No entanto, os horários de trabalho devem ser flexíveis e ajustados na medida da necessidade, para que atendam ao cardápio diário. A introdução de novos alimentos já preparados pode reduzir a quantidade de tempo exigida para pré-preparação, assim como o tempo de cozimento; do mesmo modo, processos adicionais podem se tornar necessários.

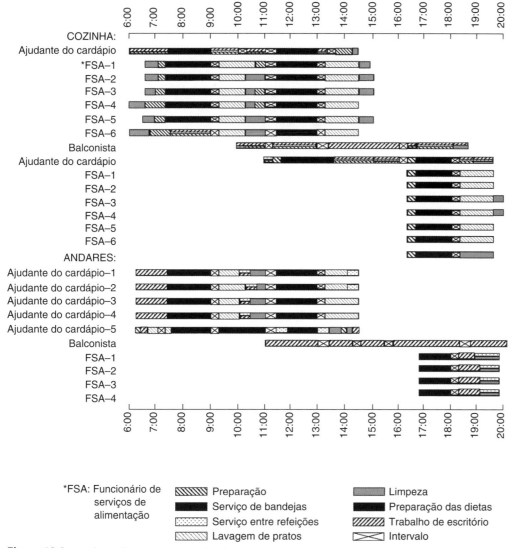

Figura 13.9 Gráfico de barras usado para detalhar o horário de trabalho e as tarefas dos empregados do setor de alimentação hospitalar para pacientes. O tempo total gasto em cada tarefa pode ser calculado com facilidade.

Resumo

Foram inúmeras as contribuições das teorias de gestão clássica, científica e de relações humanas para a administração dos dias de hoje. A teoria de sistemas e a de contingenciamento incorporaram muitos conceitos dos primórdios da administração. A divisão do trabalho administrativo em funções é um desses conceitos. Este capítulo descreveu cada uma das funções de gestão.

Os administradores empregam três competências dependendo da posição que ocupam na hierarquia organizacional: técnica, humana e conceitual. O trabalho administrativo pode, também, ser classificado em atividades e funções. Para alguns, essa classificação parece ser mais útil do que a de funções e competências.

Com o objetivo de cumprir com suas responsabilidades na organização, os administradores utilizam diversas ferramentas. São elas os diagramas organizacionais, as descrições e especificações de cargos e os cronogramas de trabalho.

Existe um grande volume de informações relativas ao amplo assunto das organizações e da administração. Este capítulo inclui apenas os conceitos básicos, com aplicações limitadas. Os próximos capítulos discutem algumas áreas de interesse para as pessoas que exercem uma função administrativa em negócios de alimentação. Leituras complementares são recomendadas para que se obtenha um conhecimento melhor dos desenvolvimentos mais recentes nesse setor, à medida que eles aparecem.

Aplicação de conceitos abordados no capítulo

O diagrama organizacional do Departamento de Habitação, Refeições e Serviços Culinários da Universidade de Wisconsin-Madison representa quatro níveis de gestão: diretor, diretor associado, diretor assistente e supervisor (ver Fig. 13.5). Cada nível tem um grau específico de autoridade e também requer certo grau de competência conceitual, tecnológica e de relações humanas. Além disso, espera-se que os supervisores possuam e apliquem o máximo de conhecimento relativo às técnicas de operação, e que os diretores coloquem em prática o mais alto nível de competência conceitual nas tomadas de decisão que afetam o departamento e toda a divisão de residência estudantil. Por exemplo, Joie Schoonover, diretor de serviços de refeições e culinária, toma parte de diversos comitês no âmbito do sistema e tem um papel fundamental nas decisões que dizem respeito ao sistema como um todo. Além de representar as linhas de autoridade, o diagrama organizacional define as linhas de comunicação.

Na prática, existe ampla evidência de que inúmeras teorias da administração são aplicadas no trabalho diário do departamento. Princípios da teoria clássica ficam claros na forma como o trabalho é dividido em atividades específicas. Por exemplo, a produção é distribuída entre os cozinheiros, tomando-se como base unidades dentro do escopo do serviço. Aspectos da teoria de relações humanas também podem ser observados nas estruturas sociais dentro da universidade e do departamento. Sem dúvida, os empregados se veem como parte da equipe e se sentem orgulhosos com seu trabalho e seu empenho em satisfazer estudantes, professores, demais equipes e outros clientes.

Questões para reflexão

1. Além da divisão do trabalho, que outros princípios da teoria clássica ficam evidenciados na estrutura organizacional do Departamento de Refeições e Serviços Culinários da Universidade de Wisconsin-Madison?
2. Essa organização emprega uma estrutura em linha, em equipe ou mista? Justifique sua resposta.
3. A quem o diretor de serviços de refeições e culinária se reporta?
4. Se um trabalhador do setor de alimentação tem uma queixa a respeito de seu cargo, a quem deve recorrer em primeiro lugar, para buscar explicação e solução do problema?
5. Recordando as três competências do administrador propostas por Katz, explique quais cargos do diagrama organizacional (Fig. 13.5) envolvem predominantemente cada uma delas para exercício das funções a ele atribuídas.
6. Considerando-se que a responsabilidade consultiva e as linhas de comunicação são representadas com linhas pontilhadas, em que pontos desse diagrama organizacional as linhas pontilhadas seriam empregadas?
7. O que não é apresentado nesse diagrama organizacional?
8. A quem os diretores assistentes de compra e venda de alimentos e de serviços de suporte se reportam?

9. Quem nesse diagrama organizacional seria mais afetado por uma mudança na política de compras que privilegiasse a aquisição de produtos locais?
10. Explique como esse diagrama organizacional representa um sistema aberto e interdependente.

Questões para revisão do capítulo

1. Em que ponto o projeto organizacional se enquadra no modelo de sistemas?
2. Explique como os conceitos das teorias de administração clássica, científica e de relações humanas foram incorporados pelas modernas teorias de gestão.
3. Dê diversos exemplos de aplicação da teoria de relações humanas usados nos dias de hoje.
4. Descreva como a abordagem sistêmica se enquadra na gestão de uma organização de negócios em alimentação. Por que o conceito de interdependência é considerado fundamental na teoria de sistemas?
5. Discuta a afirmação: "Um negócio de alimentação é um sistema aberto e interdependente".
6. Explique por que a teoria da contingência é, na verdade, uma combinação de muitas outras teorias.
7. Quais são as diferenças entre gestão estratégica e gestão sistêmica? Em que aspectos elas são semelhantes?
8. Explique a diferença entre uma organização em linha e uma em linha e equipe. Quais são as vantagens e as desvantagens de cada uma delas?
9. Quais são as sete funções de gestão amplamente aceitas? Compare a divisão do trabalho administrativo em funções com a divisão em papéis e aponte as diferenças.
10. Relacione as três competências administrativas propostas por Katz e explique brevemente o relacionamento entre elas e o nível da estrutura organizacional em que o administrador se encontra (ou trace um diagrama representativo).
11. Relacione as etapas necessárias para definição de uma estrutura organizacional.
12. Descreva em linhas gerais a sequência de etapas necessárias para um efetivo processo de planejamento. Em que pontos do planejamento você identifica a aplicação de alguns conceitos da teoria histórica de administração?
13. Quais são as diferenças entre descrição de cargos, especificação de cargos e cronograma de trabalho? Qual é o propósito de cada um deles?

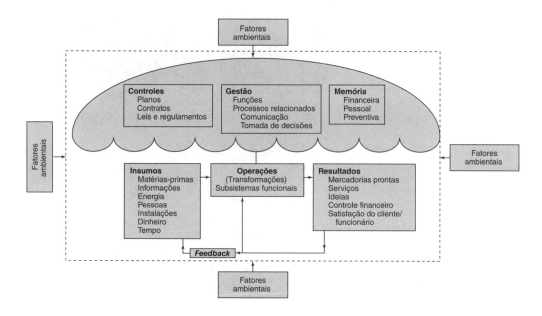

Sites selecionados (em inglês)

www.business.com   (Consultoria empresarial, produtos e serviços)
www.ceoexpress.com   (Recurso de internet para executivos)
mapnp.nonprofitoffice.com   (MAP para organizações sem fins lucrativos)
http://www.newgrange.org   (Gestão de projetos)

14

Liderança

CONTEÚDO

Motivação
  História das teorias motivacionais
  Concepção atual de motivação

Liderança
  O papel tradicional do líder
  Novas concepções de liderança
  Tipos de poder e sua aplicação
  Comunicação efetiva
  Ética e responsabilidade social
  Diversidade
  Responsabilidade funcional e competências necessárias
  Supervisão
  Tomada de decisões
  Gestão de mudanças

Resumo

Até recentemente, o mundo dos negócios não adotava como parte de suas estratégias a motivação de pessoas e a gestão de mudanças. Este capítulo começa com o assunto da motivação e se encerra com a gestão de mudanças, dois conceitos que agora são considerados críticos no que diz respeito a uma liderança efetiva.

"Administradores são pessoas que agem corretamente, enquanto líderes são aqueles que fazem as coisas certas" (Bennis, W. e Nanus, B.: *Leaders: The Strategies for Taking Charge*.

Nova York, Harper & Row, 1985). Essa é apenas uma das muitas definições de liderança que podem ser úteis para a compreensão desse conceito importante. Outra forma de se entender liderança é considerar que liderar implica estabelecer diretrizes e convencer as pessoas a adotarem-nas voluntariamente.

A eficiência organizacional depende não apenas da disponibilidade de recursos financeiros e físicos, como também das competências, habilidades e motivações de seus empregados. Independentemente do cuidado dedicado à escolha e ao treinamento desses empregados, é difícil assegurar que eles terão motivação para aplicar toda a sua energia no trabalho. Um dos grandes desafios com que se depara um gerente é compreender as diferentes necessidades de um indivíduo e, dessa forma, as forças capazes de motivá-lo a ser um empregado produtivo. Contrabalançar as funções de gerente e líder é outro grande desafio. É possível que um profissional desempenhe bem uma das funções a não a outra. No ambiente empresarial atual, no entanto, a capacidade de responder à altura por ambas é essencial.

Na qualidade de líderes, aqueles indivíduos que exercem a administração de um estabelecimento de alimentação serão bem-sucedidos na medida em que assumirem as responsabilidades e tiverem condições de manter boas relações humanas. A conquista das metas e dos objetivos do departamento não dependem apenas do gerente: trabalhar eficientemente com outras pessoas e por meio delas é parte fundamental da função.

A maioria das pessoas assume que nenhuma organização tem condições de atingir suas metas e efetivar seus planos sem haver liderança. De um modo geral, essa suposição é válida; mas o que significa liderança? Neste capítulo, é discutida a diferença entre liderança e gestão, além de serem comparadas as características apresentadas por gerentes e líderes que ocupam posições gerenciais. A questão levantada é: existe de fato uma diferença?

O tópico que trata da liderança eficiente tem especial interesse. É apresentada uma visão histórica do conceito de liderança, que traça a evolução das teorias sobre liderança eficiente, desde a era da administração científica até os dias de hoje, com o conceito de sistemas e a abordagem contingencial. O capítulo resume as maiores contribuições de cada período. O emprego criterioso do poder é um fator importante para o sucesso de um líder. Portanto, a compreensão da forma pela qual um líder adquire poder e o utiliza é essencial.

A comunicação é outro fator-chave para uma liderança efetiva. Algumas das barreiras para uma comunicação bem-sucedida são aqui descritas, assim como algumas técnicas para aperfeiçoamento nessa área.

Muito embora lucro e produtividade ainda sejam os objetivos mais importantes de um líder, ética gerencial e responsabilidade social têm o mesmo patamar de importância. Este capítulo é finalizado com uma discussão sobre a ética e as responsabilidades sociais exigidas dos líderes que atuam no setor de alimentação atualmente.

Conceitos-chave

1. As motivações de um indivíduo nascem das forças energéticas que emanam dele (necessidades, atitudes, interesses e percepções) e da organização (recompensas, tarefas, companheiros de trabalho, supervisores, comunicações e *feedbacks*).

2. Liderança é a capacidade de influenciar o comportamento de outras pessoas para alcance dos objetivos desejados. Gestão é a função de administrar uma organização por meio da integração e coordenação eficiente e efetiva dos recursos, tendo-se em vista os objetivos estabelecidos.

3. Na qualidade de líder, um gerente de negócio de alimentação deve proporcionar aos empregados autonomia e condições de trabalho, transmitir de forma clara a missão organizacional, aceitar a responsabilidade de liderar o grupo e conquistar a confiança desse grupo.

4. Entre as teorias anteriores sobre liderança, encontra-se a teoria científica da administração, segundo a qual o papel de um líder é motivar os empregados por meio de recompensas financeiras e a teoria das relações humanas, que defende a demonstração de interesse por cada empregado individualmente, como instrumento de estímulo da produtividade.

Teoria da liderança contingencial
Defende a ideia de que as atividades gerenciais devem ser adaptadas de acordo com a situação.

5. As teorias X e Y de McGregor são baseadas na ideia de que as atitudes de um líder em relação aos empregados têm impacto direto sobre o desempenho deles no trabalho e podem conduzir a diferentes estratégias de gestão.
6. A teoria da liderança situacional sustenta que a eficiência de um líder depende das características que ele possui, assim como das de seus subordinados e das variáveis situacionais envolvidas.
7. A **teoria da liderança contingencial** sustenta que não existe "o melhor estilo" de liderança, mas que ele deve ser adaptado de acordo com a situação.
8. Os líderes adquirem poder por meio da capacidade de recompensar e punir, da posição que exercem na organização, da experiência e das características pessoais.
9. Comunicação ou o intercâmbio constante de conhecimentos entre as pessoas é fundamental no tocante à efetividade das ações de um líder.
10. Uma comunicação efetiva se traduz em transferência bem-sucedida de informações, significado e entendimento de um emissor a um receptor.
11. A comunicação ocorre por meio de expressão oral, escrita, corporal, facial, assim como por gestos, ações e recursos visuais. A efetividade da comunicação pode ser melhorada através do emprego de múltiplas formas de expressão.
12. As barreiras que impedem uma comunicação efetiva podem ser superadas quando se tem consciência de sua existência e se adotam algumas das técnicas de aperfeiçoamento sugeridas.
13. Nesta era de mudanças constantes, um líder precisa conhecer os princípios de gestão de mudanças para que sua atuação seja efetiva. Um bom líder enfrenta sistematicamente os desafios impostos pela dinâmica das condições do setor de alimentação.

Motivação

■ **Conceito-chave:** As motivações de um indivíduo nascem das forças energéticas que emanam dele (necessidades, atitudes, interesses e percepções) e da organização (recompensas, tarefas, companheiros de trabalho, supervisores, comunicações e *feedbacks*).

Motivação é a soma das forças energéticas internas (pessoas) e externas (organizacionais) a um indivíduo, que resulta em atitudes. Ninguém consegue motivar uma pessoa a fazer qualquer coisa que ela não esteja disposta a fazer. A motivação brota de dentro do próprio indivíduo e, portanto, as ações devem ser voltadas para a criação de um ambiente que favoreça a automotivação. Para tanto, um líder precisa compreender o conceito de motivação humana.

História das teorias motivacionais

Uma pesquisa clássica sobre teoria motivacional foi desenvolvida por Abraham Maslow (Fig. 14.1), em 1954 (Maslow, A. H.: *Motivation and Personality*. Nova York: Harper & Row, 1954). Os conceitos mais atuais nessa área são nela baseados. De acordo com a teoria de Maslow sobre a hierarquia de necessidades, uma pessoa é motivada pelo próprio desejo de satisfazer às suas necessidades específicas, que obedecem a uma organização hierárquica (Fig. 14.2). Maslow teorizou que só as necessidades não satisfeitas geram comportamento, porque, depois de satisfeitas, elas deixam de ser um motivador primário. Necessidades de mais alta ordem não se tornam forças motivadoras sem que as precedentes, de mais baixa ordem, tenham sido satisfeitas. E, finalmente, as pessoas querem subir na hierarquia.

Uma segunda teoria acerca da motivação baseada em necessidades foi proposta por McClelland, em 1961 (McClelland, D. C.: *The Achieving Society*. Princeton, NJ: Van Nostrand, 1961). A teoria da motivação pela realização sustenta que uma organização oferece aos indivíduos a oportunidade de satisfazer três necessidades: poder, realização e associação. As necessidades específicas de um indivíduo podem ser motivadas por tarefas que lhe ofereçam a oportunidade de realizá-las.

Figura 14.1 Abraham Maslow (1908-1970), psicólogo e fundador da psicologia humanista.

Tanto Maslow como McClelland pautaram suas teorias pelas diferenças existentes entre as pessoas. Por outro lado, as teorias organizacionais sobre motivação atribuem uma grande ênfase a elementos das tarefas e negligenciam as diferenças individuais. A teoria dos dois fatores (higiênicos e motivadores) de Herzberg entende que elementos tais como realização, reconhecimento, responsabilidade e oportunidade de desenvolvimento, além do próprio trabalho, são fatores que motivam, enquanto outros, como políticas da empresa, supervisão, salário, condições de trabalho e relações interpessoais são fatores higiênicos (Herzberg, F., Mausner, V., e Snyderman, B.: *The Motivation to Work*. Nova York: Wiley, 1959). Os fatores higiênicos não geram motivação; eles simplesmente evitam a insatisfação e atuam como pré-condição para que os fatores motivacionais produzam motivação.

A teoria do condicionamento operante é uma segunda teoria da motivação baseada em fatores organizacionais. Ela foi desenvolvida a partir do trabalho de E. L. Thorndike e B. F. Skinner (Skinner, B. F.: *Contingencies of Reinforcement*. Nova York: Appleton-Century-Crofts, 1969). A ideia básica subjacente ao conceito de condicionamento operante é que as pessoas agem com o objetivo de receber recompensas e evitar punições.

A **teoria da expectativa** é uma teoria motivacional que se baseia na interação entre fatores individuais e organizacionais. Ela sustenta que as pessoas tomam decisões acerca do próprio comportamento movidas pela expectativa de que a escolha feita tenha maior probabilidade de conduzir aos resultados necessários ou esperados. O relacionamento entre comportamento e resultados é influenciado, por vias complexas, pelos fatores individuais e organizacionais. Victor Vroom é reconhecido por seu trabalho sobre a teoria da expectativa (Vroom, V.: *Work and Motivation*. Nova York: Wiley, 1964).

Teoria da expectativa
Sustenta que a motivação é dependente da capacidade da pessoa para desempenhar a tarefa e do desejo que ela tem de fazê-lo.

Figura 14.2 Hierarquia de necessidades.

Concepção atual de motivação

A exemplo do conceito de liderança, muito tem sido escrito sobre o conceito de motivação, que ainda não é claramente compreendido e, com bastante frequência, é colocado em prática de forma inadequada. Os mitos que o cercam são parte do problema. Eis aqui alguns exemplos desses mitos:

1. Um gerente tem condições de motivar seus subordinados.
   Não necessariamente — a motivação vem de dentro da própria pessoa. Um gerente pode apenas criar um ambiente que estimule a automotivação dos empregados.
2. Dinheiro é um bom fator de motivação.
   Não necessariamente — a satisfação das necessidades mais básicas como dinheiro, segurança no trabalho e instalações agradáveis pode evitar que os empregados se tornem menos motivados, mas não estimula a automotivação.
3. O medo é um bom motivador.
   O medo é um excelente motivador no curto prazo, mas atua frequentemente como um desmotivador no longo prazo.
4. O que motiva a mim, o gerente, motivará minha equipe.
   Pessoas diferentes são motivadas por fatores diferentes, os quais podem se modificar ao longo do tempo. Os gerentes precisam conhecer o que motiva cada um de seus subordinados.

A seguir estão relacionados alguns princípios básicos que devem ser lembrados quando se tenta criar um ambiente propício à automotivação:

1. Trabalhar no sentido de se estabelecer um alinhamento entre os objetivos da organização e os dos empregados. Permitir que eles identifiquem os próprios objetivos.
2. Trabalhar para compreender o que motiva de fato cada empregado. Para tanto, é possível perguntar a eles, ouvir o que eles têm a dizer e observá-los.
3. Reconhecer que o estímulo à motivação dos empregados faz parte de um processo contínuo que visa a sustentar um ambiente motivacional em organizações sujeitas a mudanças constantes.
4. Favorecer a motivação dos empregados por meio de sistemas organizacionais baseados em políticas e procedimentos, ajudando a garantir o entendimento claro e o tratamento justo.

A motivação é um dos fatores-chave para incremento dos níveis de desempenho e é discutida mais detalhadamente no Capítulo 15.

Liderança

■ **Conceito-chave:** Liderança é a capacidade de influenciar o comportamento de outras pessoas para alcance dos objetivos desejados. Gestão é a função de administrar uma organização por meio da integração e coordenação eficiente e efetiva dos recursos, tendo-se em vista os objetivos estabelecidos.

Liderança é um dos fenômenos mais observados e menos compreendidos em todo o mundo; existem, na verdade, mais de 130 definições diferentes do termo. Depois de muitos estudos, pesquisadores chegaram à conclusão de que não há um conjunto comum de fatores, características ou processos que identifique as qualidades de um líder eficiente.

Liderança, a exemplo do conceito de gestão, tem significados diferentes para pessoas diferentes — engloba desde ser aquele que primeiro inicia uma mudança até o inspirador de atitudes ousadas no campo de batalha. Tal fato acabou conduzindo ao uso de termos mais específicos como *estimulador* ou *influenciador*. Algumas vezes, os termos *liderança* e *gestão* são empregados de forma intercambiável. No entanto, liderança é, essencialmente, a atividade por meio da qual se busca influenciar as pessoas a se disporem a lutar para alcançarem os objetivos e planos da organização. Gestão é a função de dirigir uma organização a partir de um ponto de vista conceitual ou político. Liderança pode, assim, ser definida como a forma de trabalhar com pessoas de modo a levá-las a gerar, voluntariamente, os resultados que o líder deseja ou precisa obter.

Muito embora gerentes e líderes tenham mente e alma, eles tendem a privilegiar o uso de uma em detrimento da outra quando atuam dentro da organização. Isto é, a mente simboliza o lado analítico, calculado, estruturado e ordenado das tarefas, enquanto a alma espelha o lado visionário, apaixonado, criativo e flexível. Há quem acredite que gerentes e líderes são pessoas que se diferem no tocante à motivação, à história pessoal e à forma de pensar e agir. Outros entendem que a mesma pessoa pode desempenhar a função de gerente em uma situação e a de líder em outra, dependendo das necessidades envolvidas. Gestão e liderança exigem diferentes respostas a demandas diferentes e existem situações nas quais as duas são necessárias. A chave da questão é a capacidade de empregar diferentes funções em momentos diferentes.

Pesquisas do passado concluíram que os subordinados respondem à autoridade apenas para realizar o mínimo necessário com vistas à manutenção de seu emprego; porém, para estimular um empenho maior que conduza à utilização da capacidade total, o gerente precisa exercer sua liderança, para induzir respostas dedicadas por parte dos subordinados. Liderança foi considerada uma forma especial de poder que envolve relacionamentos com as pessoas. Esses relacionamentos são desenvolvidos quando os líderes conseguem fundir com êxito as necessidades organizacionais e pessoais de modo tal que permita aos indivíduos e à organização atingir níveis de realização e satisfação mútuas. Essa tarefa pode ser extremamente difícil. Cada empregado é um indivíduo diferente, que possui motivações, ambições, interesses e personalidade próprios. Assim sendo, cada um deles deve receber um tratamento diferente. As situações de trabalham variam. A forma pela qual os gerentes lidam efetivamente com esses fatores foi objeto de estudo durante muitos anos. Tais estudos, tanto do passado como do presente, podem ser empregados para melhoria da eficiência da liderança gerencial.

> **Conceito-chave:** Na qualidade de líder, um gerente de negócio de alimentação deve proporcionar aos empregados autonomia e condições de trabalho, transmitir de forma clara a missão organizacional, aceitar a responsabilidade de liderar o grupo e conquistar a confiança desse grupo.

O guru da administração Peter Drucker (1992) sustenta que a essência da liderança é o desempenho — não o carisma nem um conjunto de traços de personalidade (Drucker, P. F.: *Managing in the Future*. Nova York: Truman Talley/E. P. Dutton, 1992). Ele identifica três requisitos básicos para uma liderança efetiva:

1. O líder precisa pensar em termos da missão organizacional, defini-la e estabelecê-la de forma clara e nítida. Quaisquer compromissos necessários são compatibilizados com a missão e os objetivos do líder, mantendo-se os padrões.
2. O líder vê na função de liderança uma responsabilidade, e não um conjunto de privilégios. Um líder eficiente aceita a responsabilidade pelos erros de seus subordinados, mas também reconhece os sucessos por eles alcançados. Por essa razão, os verdadeiros líderes fazem tudo o que estiver ao seu alcance para se cercar de pessoas competentes, independentes e seguras de si.
3. Por último, o líder precisa conquistar confiança. Isso significa que deve haver congruência entre suas ações e as coisas nas quais ele acredita. Drucker afirma que o bom líder não é aquele que conta apenas com sua inteligência, mas sim o que adota ações coerentes; e essas são as mesmas características exigidas de um bom gerente.

Muitos concordam com as ideias de Drucker e, com base em uma pesquisa mais aprofundada, descobriram que os gerentes precisam se desenvolver no sentido de se tornarem líderes gerentes. Eles apresentam quatro traços essenciais para uma liderança eficiente: (1) capacidade de envolver as pessoas e fazê-las desenvolver uma ideia convincente daquilo que é possível; (2) habilidade para transmitir suas ideias de um modo tal que as pessoas as assumam como próprias e confiram a elas um significado pessoal; (3) confiança, segurança total e integridade, assim como desempenho de ações coerentes com suas ideias; e (4) gozo de elevado nível de consideração por si e pelos outros. O efeito combinado dessas características pessoais capacita os indivíduos porque (1) desperta neles o sentimento de importância, (2) salienta suas competências em desenvolvimento, em vez das falhas, (3) cria um senso de comunidade compartilhada e (4) torna o trabalho mais excitante e merecedor de comprometimento e dedicação.

Desse modo, na qualidade de líder, um gerente de negócio de alimentação tem a função de capacitar seus empregados, ao estabelecer e divulgar com clareza a missão da organização, aceitar a responsabilidade de líder do grupo e conquistar a confiança dos empregados demonstrando elevada consideração por si e pelos outros. A criação de uma unidade de trabalho que opere de forma efetiva e sem problemas requer uma equipe capacitada e autônoma.

O papel tradicional do líder

▌ **Conceito-chave:** Entre as teorias anteriores sobre liderança, encontra-se a teoria científica da administração, segundo a qual o papel de um líder é motivar os empregados por meio de recompensas financeiras e a teoria das relações humanas, que defende a demonstração de interesse por cada empregado individualmente, como instrumento de estímulo da produtividade.

Administração científica
Teoria bastante popular no início dos anos 1900, cujo interesse principal era encontrar o método "mais eficiente" e o salário "justo" para realização de um trabalho.

A **administração científica** foi pautada pela crença de que o principal interesse comum, tanto da organização como de seus empregados, era o dinheiro e apenas isso. O papel de líder-gerente consistia em emitir ordens e lidar com recompensas e punições. Os fundadores da teoria científica da administração, como Frederick W. Taylor (Taylor, F.: *The Principles of Scientific Management*. Nova York: W. W. Norton, 1911) e Frank e Lillian Gilbreth (www.lib.purdue.edu/spcol/manuscripts/fblg), estavam interessados principalmente em encontrar o melhor método e o "salário correto" para realização do trabalho. Os empregados eram vistos como máquina ou ferramenta. Esse tipo de pensamento atendia às necessidades daquele tempo. Mas hoje os dias são outros. As práticas do movimento da administração científica começaram a ser questionadas no final da década de 1920.

Metodologia das relações humanas. O momento da virada surgiu como resultado dos estudos de Hawthorne. A Western Electric Company realizou alguns experimentos em sua fábrica de Hawthorne, na periferia de Chicago, nos quais buscou identificar o relacionamento entre produtividade e ambiente físico de trabalho (Fig. 14.3). Iluminação foi uma das variáveis testadas. Os pesquisadores se surpreenderam ao descobrir que independentemente da forma de variação da intensidade da luz, a produtividade aumentava. Com isso, eles concluíram que o nível de desempenho estava dissociado da intensidade de luminosidade, mas era, ao contrário, decorrente do interesse demonstrado pela pessoa do trabalhador, visto como ser humano, e não como máquina. Dessa forma, nascia a teoria das relações humanas. Defensores da teoria, como Mayo, Maslow, Roethlisberger e Dickson introduziram uma abordagem mais tolerante à função de liderar pessoas — consideração pelo indivíduo e compreensão das razões que o levam a trabalhar. A teoria era boa. A implementação, em muitos casos, deixou a desejar.

Novas concepções de liderança

▌ **Conceito-chave:** As teorias X e Y de McGregor são baseadas na ideia de que as atitudes de um líder em relação aos empregados têm impacto direto sobre o desempenho deles no trabalho e podem conduzir a diferentes estratégias de gestão.

Teoria X e Teoria Y. O movimento das relações humanas começou a perder adeptos no início da década de 1950. McGregor (1985) introduziu a análise das estratégias de liderança em suas

Figura 14.3 Mulheres trabalhando na fábrica da Hawthorne Western Electric, durante os estudos de Hawthorne.

teorias X e Y, ao sugerir que a atitude básica de um gerente em relação aos seus empregados tem impacto direto sobre o desempenho no trabalho (McGregor, D.: *The Human Side of Enterprise*. Nova York: McGraw-Hill, 2001). Ele dividiu essas atitudes de supervisão em duas categorias — Teoria X e Teoria Y. A atitude descrita na **Teoria X** era adotada por gerentes tradicionais da "velha linha" e via com pessimismo as competências e habilidades dos empregados. Já a **Teoria Y**, mais otimista, foi empregada por gerentes emergentes das décadas de 1960 e 1970. No entanto, a efetivação foi, mais uma vez, o problema. Os gerentes treinados na gestão proposta pela Teoria Y descobriram que, em muitas situações, o desempenho resultante no trabalho não atingia o nível de qualidade desejado (Fig. 14.4).

Teoria X
Conjunto tradicional de suposições gerenciais segundo as quais os empregados têm uma inerente aversão pelo trabalho e, tanto quanto possível, evitam realizá-lo.

Teoria Y
Ideias sustentadas pelos administradores das décadas de 1960 e 1970, de acordo com as quais os empregados, sob condições apropriadas, buscam e aceitam assumir responsabilidades, assim como são motivados a alcançar os objetivos da organização e exercitam a criatividade e a imaginação para solução dos problemas organizacionais.

▌ **Conceito-chave:** A teoria da liderança situacional sustenta que a eficiência de um líder depende das características que ele possui, assim como das de seus subordinados e das variáveis situacionais envolvidas.

Gestão situacional. O trabalho realizado por pesquisadores da Universidade de Ohio, assim como por Blake e Mouton (Blake, R. R., e Mouton, J. S.: *Executive Achievement: Making It at the Top*. Nova York: McGraw-Hill, 1986) e outros, culminou na elaboração da teoria segundo a qual a efetividade de um líder é função de inúmeros fatores, e não apenas do comportamento e da motivação dos indivíduos. A abordagem da **gestão situacional** se concentra na teoria de que a efetividade das ações de um líder depende do próprio líder (incluindo suas características e traços de personalidade), das pessoas a ele subordinadas (incluindo atitudes em relação ao trabalho, interesses socioeconômicos e personalidade), além das variáveis situacionais envolvidas.

Como são os subordinados que determinam se uma pessoa possui qualidades de líder, as expectativas dos subordinados foram estudadas e descobriu-se que as características que eles mais admiram nos superiores são honestidade, competência, visão de futuro e inspiração.

Gestão situacional
A eficiência de um líder é função de suas características individuais e das de seus subordinados, assim como dos interesses socioeconômicos e de variáveis associadas à situação.

Figura 14.4 Comparação entre as Teorias X e Y.

Crenças da Teoria X	Crenças da Teoria Y
A maior parte das pessoas não gosta de trabalhar e evitaria fazê-lo se pudesse. A maioria das pessoas precisa ser coagida, controlada, conduzida ou ameaçada com punições para que se esforce no sentido de satisfazer os objetivos organizacionais. A maior parte das pessoas prefere ser conduzida, procura se esquivar das responsabilidades, tem pouca ambição e coloca a segurança acima das outras necessidades.	A realização de tarefas físicas e mentais no trabalho é tão natural como a diversão e o descanso. A maioria das pessoas pratica a autodireção e o autocontrole para atingir os objetivos organizacionais com os quais está comprometida. O grau de comprometimento em relação aos objetivos está relacionado às necessidades provenientes da mais alta ordem. A maior parte das pessoas não apenas aceita como também busca responsabilidades. Os empregados colocam em prática tanta imaginação, criatividade e engenhosidade para a solução dos problemas organizacionais quanto os supervisores.
↓ resultados em termos de	↓ resultados em termos de
Estilo de liderança	**Estilo de liderança**
O líder toma todas as decisões. Os empregados são cuidadosamente supervisionados na execução de suas tarefas. Os líderes são autocráticos e precisam pressionar os empregados para que estes formem um grupo de trabalho efetivo.	Os empregados tomam parte do processo de tomada de decisões e utilizam os próprios dispositivos para executar as tarefas a eles atribuídas. Para contribuir na formação de um grupo de trabalho efetivo, os líderes são solidários e incentivadores.

Figura 14.5 Estilo de liderança relacionado com a equivalente prontidão no desempenho do(s) subordinado(s).
Fonte: P. Hersey, K. Blanchard e D. E. Johnson, *Management of Organizational Behavior: Leading Human Resources*, 9.ed. (Upper Saddle River, NJ: Pearson Education, Inc. 2008, 2001). ISBN 13: 978-0-13-144139-2. © Copyright 2006. Reproduzido com a autorização do Center for Leadership Studies, Inc. Escondido, CA 92025. Todos os direitos reservados.

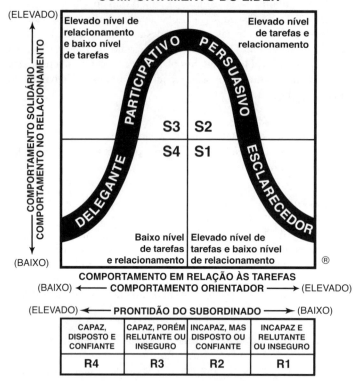

Estrutura de iniciativa
Relacionamento entre o líder e os membros de um grupo de trabalho.

Consideração
Comportamento que denota amizade, confiança mútua, respeito e cordialidade entre o líder e o grupo de trabalho.

Estudos recentes realizados na Universidade de Ohio tentaram definir comportamentos de um tipo de líder mais global. Duas dimensões distintas do comportamento de um líder foram identificadas — estrutura de iniciativa e consideração. A **estrutura de iniciativa** se refere ao relacionamento entre o líder e os membros do grupo de trabalho, na busca do estabelecimento de padrões bem definidos de organização, canais de comunicação e procedimentos. **Consideração** diz respeito a uma atitude que denota amizade, confiança mútua, respeito e cordialidade no relacionamento entre o líder e seu grupo de trabalho. Esse foi o primeiro estudo a representar o comportamento do líder em dois eixos. Os quadrantes da liderança inferidos dos estudos da Universidade de Ohio são ilustrados nas Figuras 14.5 e 14.6. Descobriu-se, também, que os efeitos da estrutura de iniciativa sobre a satisfação e o desempenho dos empregados dependem inteiramente da situação. A pesquisa mostrou que a atitude de consideração está positivamente relacionada com a satisfação dos empregados; contudo, seus efeitos sobre o desempenho não são claros.

Figura 14.6 Interpretação do modelo de liderança situacional.
Fonte: Bolman, Lee G., e Deal, Terrence E. *Reframing Organizations: Artistry, Choice, and Leadership*, p. 418. Copyright © 1991 Jossey-Bass, Inc., Publishers. Usado com autorização.

Elevado nível de relacionamento — baixo nível de tarefas: **Liderança por meio de participação** Empregar quando os subordinados são "capazes", mas "relutantes" ou "inseguros"	Elevado nível de relacionamento — elevado nível de tarefas: **Liderança por meio de persuasão** Empregar quando os subordinados são "incapazes", porém "dispostos" ou "motivados"
Baixo nível de relacionamento — baixo nível de tarefas: **Liderança por meio de delegação** Empregar quando os subordinados são "capazes" e "dispostos" ou "motivados"	Baixo nível de relacionamento — elevado nível de tarefas: **Liderança por meio de esclarecimento** Empregar quando os subordinados são "incapazes" e "relutantes" ou "inseguros"

Em 1971, foi proposta uma teoria que ajuda a explicar a natureza situacional da dimensão da estrutura de iniciativa do comportamento do líder. Denominada **teoria da trajetória-meta** de liderança, ela afirma que as funções de um líder devem envolver a concessão de um número cada vez maior de recompensas aos subordinados pela conquista dos objetivos, além da facilitação da trajetória até essas recompensas, contribuindo-se para que ela se torne mais clara, removendo ou reduzindo os obstáculos e ampliando as oportunidades de satisfação ao longo do caminho. Essa teoria é baseada na teoria da expectativa de motivação, segundo a qual a motivação é função tanto da capacidade das pessoas em realizar a tarefa como do desejo delas em levá-la a cabo. No final da década de 1960, passou a ser aceita a teoria que atribui a efetividade de uma liderança não apenas ao estilo de liderança como também às atitudes e perspectivas dos subordinados e às restrições situacionais.

Teoria da trajetória-meta
As funções de um líder devem envolver a concessão de um número cada vez maior de recompensas aos subordinados e a facilitação da trajetória até essas recompensas, tornando-a mais clara.

▌ **Conceito-chave:** A teoria da liderança contingencial sustenta que não existe "o melhor estilo" de liderança, mas que ele deve ser adaptado de acordo com a situação.

Em qualquer situação, uma liderança eficiente é dependente de inúmeras circunstâncias — por exemplo, o grau de estruturação da tarefa envolvida, a percepção pelos subordinados de qualquer poder na figura do líder e a qualidade da convivência entre o líder e seus subordinados. Em situações muito "favoráveis" ou muito "desfavoráveis" à realização de uma tarefa por esforço do grupo, o estilo de gestão orientado para tarefas funciona melhor. Em situações intermediárias, o estilo de relações humanas é mais bem-sucedido.

Em 1958, Tannenbaum e Schmidt escreveram um artigo clássico, "How to Choose a Leadership Pattern" (Como escolher um modelo de liderança) (*Harvard Business Review* 1958; 36(2); 95-101), no qual descrevem como um gerente deve conduzir sua organização para obter sucesso. Quinze anos mais tarde, eles reconsideraram e atualizaram suas afirmações originais, para refletir os novos conceitos de gestão e as mudanças na organização social. O espectro revisado do comportamento gerencial-não gerencial é apresentado na Figura 14.7.

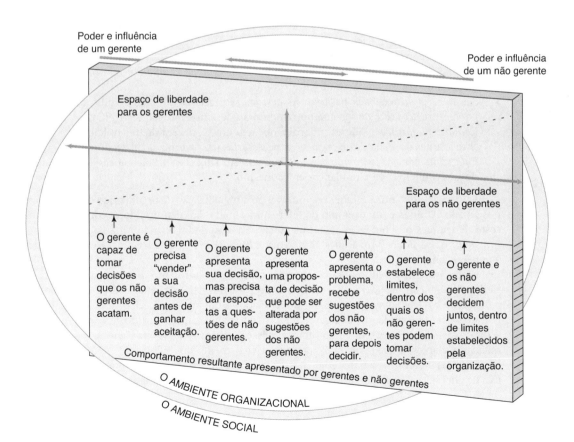

Figura 14.7 Sequência contínua de Tannenbaum-Schmidt para o comportamento de gerentes e não gerentes.
Reproduzido com autorização de *Harvard Business Review*. Uma exposição de "How to choose a leadership pattern" de Robert Tannenbaum e Warren H. Schmidt (maio/junho 1973). Copyright © 1973 President and Fellows of Harvard College; todos os direitos reservados.

A área de liberdade total compartilhada pelos gerentes e não gerentes é constantemente redefinida pela ação das interações entre eles e das forças ambientais. Os pontos nessa sequência contínua designam tipos de comportamento gerencial e não gerencial que são possíveis a partir do grau de liberdade de que cada um dispõe. Essa sequência permite que os gerentes revisem e analisem o próprio comportamento dentro do contexto das alternativas disponíveis. É importante que se reconheça que não existe qualquer indicação de que uma extremidade da sequência contínua seja inerentemente mais efetiva do que a outra. O equilíbrio adequado é determinado por forças do gerente, do não gerente e da situação particular. O modelo também sugere que gerentes e não gerentes não detêm controle total. Aqueles que não exercem função gerencial sempre contam com a opção de não conformidade, enquanto os gerentes nunca podem se livrar de toda a responsabilidade pelas ações e decisões da organização.

Também baseado na premissa de que não existe uma forma mais efetiva de se influenciar pessoas, o modelo de liderança situacional (ver Fig. 14.5) baseia o estilo recomendado de liderança em fatores como (1) o grau de orientação e direção (comportamento orientado para tarefas) que um líder confere; (2) o grau de suporte socioemocional (comportamento orientado para relacionamento) que um líder proporciona; e (3) o nível de prontidão (maturidade) que os subordinados demonstram na realização de uma tarefa, uma função ou um objetivo específico. Cada um dos estilos de liderança apresentados (delegante, participativo, persuasivo e esclarecedor) é uma combinação dos comportamentos orientados para tarefa e relacionamento (as duas dimensões identificadas no estudo da Universidade de Ohio).

Nos dias de hoje, a liderança dos subordinados vem sendo foco de muita atenção em toda a sociedade, muito embora tenha sido proposta pela primeira vez em 1970, em um artigo de Robert K. Greenleaf, pesquisador da área de gestão na AT&T e filósofo de longa data (Greenleaf, R.: *Servant as Leader*. Indianapolis, em: Greenleaf Center for Servant Leadership, 1970). Esse movimento poderoso, mas lento em desenvolvimento, tem muito a oferecer à comunidade empresarial. De acordo com Greenleaf, os **líderes subordinados** personificam estes princípios:

Líder subordinado
O líder subordinado é motivado pelo desejo natural de servir, não de liderar, assim como dar aos outros sempre a posição dianteira.

- *São, em primeiro lugar, subordinados.* Eles precisam fazer uma escolha consciente para almejar uma liderança;
- *Articulam os objetivos.* Na atualidade, esses objetivos são denominados visão;
- *Inspiram confiança.* Essa confiança é fundamentada na segurança quanto a valores, competência e bom senso do líder, assim como em relação a seu espírito orientado para metas;
- *Sabem escutar.* Na ocorrência de qualquer problema, eles procuram em primeiro lugar compreender e ser compreendidos;
- *São mestres do* feedback *positivo.* As pessoas são tachadas de não qualificadas quando, porventura acontece de seu comportamento ou desempenho não ser aceitável;
- *Confiam na intuição.* Líderes subordinados têm um sexto sentido que os habilita a preencher lacunas no meio das informações necessárias para a tomada de decisões;
- *Enfatizam o desenvolvimento pessoal.* Para corrigir situações problemáticas, o líder subordinado primeiro opera mudanças em si mesmo.

Frances Hesselbein, a mulher responsável pela revitalização da organização das Escoteiras nos Estados Unidos é um exemplo de líder subordinado. Ela definiu líderes como "não uma cesta de truques ou competências. (Liderança) é a qualidade, o caráter e a coragem de um indivíduo que é líder. É uma questão de ética e bússola moral; a determinação de se manter altamente vulnerável".

É provável que a maioria das pessoas seja capaz de operar dentro de uma faixa estreita de estilos preferenciais de liderança e tenda a empregar esses estilos repetidas vezes. O autodesenvolvimento e o treinamento devem ser direcionados a um amplo espectro de estilos, para uso em situações apropriadas. O ideal seria que as pessoas que ocupam posição gerencial dentro do setor de *foodservice* tivessem como filosofia pessoal que os recursos humanos são seus ativos mais importantes, e que contribuir para o aperfeiçoamento dos valores do quadro de pessoal não é apenas uma vantagem material, mas, acima de tudo, uma obrigação moral. A visão histórica de liderança e a contribuição de cada período são resumidas na Figura 14.8.

Tipos de poder e sua aplicação

▌**Conceito-chave:** Os líderes adquirem poder por meio da capacidade de recompensar e punir, da posição que exercem na organização, da experiência e das características pessoais.

Administração científica — 1910 a 1926 Taylor e Gantt F. e L. Gilbreth	O melhor método "Eficiência" e simplificação do trabalho
Relações humanas — 1926 a 1947 Mayo Roethlisberger e Dickson Maslow	Os empregados devem ser tratados como seres humanos, não como máquinas Satisfação no trabalho
Cientistas comportamentais — 1947 a 1967 McGregor Argyris Likert Drucker Herzberg	Sob condições adequadas, as pessoas exercem autocontrole As pessoas trabalham melhor quando suas necessidades sociais e psicológicas são satisfeitas
Os novos pensadores — 1967 a 2000 Reddin Tannenbaum e Schmidt Hersey e Blanchard Blake e Mouton House	A situação, o tipo de trabalho e o tipo de gerência determinam o estilo de liderança mais apropriado Não há o "melhor método"

Figura 14.8 Resumo da visão histórica de liderança.

O termo *poder* costuma evocar sentimentos negativos. Para alguns, o uso do poder significa manipular pessoas, coagir, controlar e dominar. No entanto, o poder sempre esteve presente nas organizações e saber como lidar com ele, conhecendo os aspectos positivos do uso apropriado, é parte importante do papel de um líder.

A posição que um líder ocupa em uma organização lhe dá *poder de posição*; suas características pessoais e sua experiência podem se traduzir em *poder pessoal*. O poder é usado para influenciar o comportamento dos outros, parte importante do trabalho de um líder. Alguns dos meios pelos quais um líder adquire poder foram identificados por French e Raven (1959) em um estudo agora clássico (French, J. R. P., e Raven, B. H.: *The bases of social power*. Em D. Cartwright (ed.), *Studies in Social Power*. Ann Harbor: University of Michigan Press, 1959). São eles:

Poder para coagir: os subordinados acreditam que o líder tem autoridade para puni-los e que a punição será desagradável, tal como uma redução de salário, a demissão ou a atribuição de tarefas desagradáveis.

Poder para recompensar: os subordinados acreditam que o líder tem autoridade para recompensá-los e que a recompensa será estimulante, tal como um aumento de salário, uma promoção ou a atribuição das tarefas preferidas.

Poder legítimo: os subordinados acreditam que a posição ocupada pelo líder na organização lhe garante o direito de dar ordens.

Poder da experiência: os subordinados acreditam que o líder tem experiência e conhecimento suficientes para ajudá-los (Fig. 14.9).

Poder de referência ou poder carismático: os subordinados acreditam que o líder tem carisma ou características pessoais que inspiram admiração e respeito e, portanto, desejam segui-lo (Fig. 14.10).

O poder da experiência e o poder de referência nascem a partir dos traços, das competências e das crenças do líder e podem ser entendidos como poder pessoal, enquanto o poder legítimo e o de coagir e de recompensar são todos baseados no apoio da organização e, desse modo, considerados poder de posição. Qualquer tipo de poder, quando adequadamente empregado, é valioso para um líder. Entretanto, o poder pessoal não se perde quando o de posição deixa de existir. Este último, sem o primeiro, é muito pouco efetivo. A combinação dos dois, no entanto, pode ser uma força poderosa que colabora para a realização de grandes feitos. Para ser mais eficiente, um líder deve desenvolver tantas fontes de poder e influência quanto possível.

Figura 14.9 Os membros da equipe escutam atentamente o treinador que possui mais de um tipo de poder.
Fonte: Monkey Business Images/Shutterstock.

No final, o que separa um líder eficiente de um ineficiente é a forma pela qual o poder que ele tem é colocado em prática. O poder deve ser usado criteriosamente e compartilhado sempre que possível. Um líder que compartilha poder é aquele que busca conselhos e orientações de outras pessoas, além do que as inclui em instruções e reuniões, concede a elas mais autoridade, faz com que saibam que o empenho que dedicam à organização tem impacto positivo, delega a elas atribuições importantes e leva-as a tomar parte dos círculos de decisão. Quando o poder é usado desse modo, ele promove a lealdade à organização, eleva o moral, estimula iniciativas e o crescimento individual.

Comunicação efetiva

▌ **Conceito-chave:** Comunicação ou o intercâmbio constante de conhecimentos entre as pessoas é fundamental no tocante à efetividade das ações de um líder.

Há um modelo de liderança que mostra o papel central da comunicação para a eficiência de um líder. Nesse modelo, a comunicação é a substância aglutinante que vincula o comportamento do líder e dos subordinados. As mensagens transmitidas entre eles carregam os

Figura 14.10 Comandante Eileen Collins, a primeira mulher a comandar uma nave espacial. Julho de 1999.

estilos, as atitudes, os valores, os motivos, as competências e as variáveis pessoais que o líder possui. O grau de controle exercido varia em função de situação, tarefa, funcionários e do inter--relacionamento entre esses componentes. A boa comunicação é um fator crítico para uma liderança eficiente. É o processo que estabelece a ligação entre todas as funções administrativas. Na verdade, de acordo com algumas estimativas, entre 70 e 90% do tempo de um gerente são empregados nas atividades de comunicação.

▌**Conceito-chave:** Uma comunicação efetiva se traduz em transferência bem-sucedida de informações, significado e entendimento de um emissor a um receptor.

O processo de comunicação pode ser definido como a ampliação constante do nível de entendimento entre as pessoas. Para que a troca seja considerada bem-sucedida, não é necessário haver acordo, mas sim uma compreensão mútua. Para que um líder exerça a função de liderança, as ordens devem ser seguidas e, para que elas sejam seguidas, é necessário que sejam compreendidas. É quase certo que nenhuma mensagem é transmitida ou recebida com 100% de precisão. Em média, os empregados se lembram de:

10 a 15% do que ouvem
15 a 30% do que ouvem e veem
30 a 50% do que é dito
50 a 75% do que é feito

mas se lembram de

75% do que é feito de acordo com instruções apropriadas.

Instruções adequadas incluem ouvir, ver, dizer, fazer e depois repetir tudo.

Canais de comunicação. Os canais de comunicação de uma organização podem ser divididos em: canal formal (definido pela estrutura da organização) e canal informal. No primeiro caso, a comunicação pode acontecer de cima para baixo, de baixo para cima ou na direção horizontal. A comunicação de cima para baixo é utilizada com maior frequência. O fluxo de informações de baixo para cima tem o mesmo grau de importância. A administração deve estimular o livre fluxo de sugestões, reclamações e fatos.

O canal informal de comunicação inclui os boatos. Notícias divulgadas por meio de boatos contêm algumas informações factuais; contudo, na maioria das vezes, elas transmitem informações erradas, meias verdades, rumores, interpretações pessoais, suspeitas e outros tipos de informações distorcidas. A boataria está sempre em atividade e espalha informações com velocidade surpreendente, quase sempre mais rapidamente do que os canais formais.

Um gerente atento reconhece a existência de boatos e tenta, na medida do possível, tirar deles vantagens. Um boato pode conter certa dose de informações úteis e tem condições de ajudar a esclarecer e disseminar informações oriundas dos canais formais. Deve-se dispersar a ocorrência de rumores e notícias inexatas, com a divulgação dos fatos verdadeiros para o maior número possível de pessoas.

▌**Conceito-chave:** A comunicação ocorre por meio de expressão oral, escrita, corporal, facial, assim como por gestos, ações e recursos visuais. A efetividade da comunicação pode ser melhorada através do emprego de múltiplas formas de expressão.

A comunicação oral ou falada é a forma mais comum e, em geral, melhor. Ela consome menos tempo e é mais eficiente no que diz respeito ao entendimento. A comunicação face-a--face tem a vantagem de também permitir a transmissão de informações por meio da expressão corporal, dos maneirismos pessoais e das expressões faciais. A comunicação oral deve ser empregada quando (1) a instrução a ser dada é simples, (2) é exigida uma ação rápida, (3) um método a ser seguido necessita de demonstração, (4) é necessário privacidade e (5) os empregados se mostram capazes e cumprem com suas obrigações.

A comunicação escrita deve ser usada em algumas situações, particularmente quando (1) uma política ou uma autoridade é citada, (2) se faz necessário que fique rigorosamente clara a responsabilidade dos empregados, (3) a comunicação precisa ser registrada, (4) os empregados são inexperientes e (5) a comunicação oral é impossibilitada pela distância. Quando o uso de ambas as formas de comunicação, oral e escrita, é bem-equilibrado, o resultado é quase sempre efetivo.

Outros tipos de comunicação incluem gestos, ações e recursos visuais. A ajuda visual, tal como de figuras, diagramas, cartazes, símbolos e vídeos, pode ser efetiva, em especial quando usada para complementar uma boa comunicação oral. "As ações falam mais alto do que as palavras" é um sábio conselho para qualquer gerente. Gestos, um aperto de mão, uma encolhida de ombros, um sorriso e o silêncio são impregnados de significado e constituem formas de comunicação com os subordinados.

▌ **Conceito-chave:** As barreiras que impedem uma comunicação efetiva podem ser superadas quando se tem consciência de sua existência e se adotam algumas das técnicas de aperfeiçoamento sugeridas.

Algumas das barreiras que impedem uma comunicação efetiva estão relacionadas com fatores como o idioma usado, as diferenças de formação entre o emissor e o receptor e as circunstâncias nas quais a comunicação acontece. O receptor escuta o que ele espera escutar e pode bloquear ou ignorar o que não é esperado. Existe uma tendência a se inferir o que se espera ouvir, mesmo quando isso não é dito. Emissores e receptores têm percepções diferentes, dependendo de sua formação. É importante que se considere de onde "vem" a outra pessoa. Os receptores avaliam a fonte e, à luz dessa avaliação, interpretam ou aceitam a informação comunicada. Um líder confiável e respeitado conta com canais de comunicação mais abertos do que um líder que não imponha respeito e confiança. Informações conflitantes costumam ser ignoradas. Pessoas diferentes quase sempre atribuem significados diferentes a certas palavras. O emissor ou comunicador não apenas escolhe as palavras que transmitam o significado que ele deseja transmitir, como também deve prestar atenção à mensagem transmitida por sinais não verbais. A linguagem do corpo e as expressões faciais costumam dizer mais do que as palavras que elas acompanham. Um receptor emocionalmente perturbado quase sempre deixa de ouvir para pensar naquilo que dirá em seguida. Os ruídos e o ambiente também costumam formar uma barreira à comunicação. Há lugares adequados e lugares inadequados para se conduzir uma comunicação eficiente, do mesmo modo que existe um momento certo e um momento errado.

Ocorre uma quebra da rede de comunicação quando há um rompimento ou fechamento de um canal através do qual ela se realiza. Isso pode ser causado por inúmeros fatores, tanto intencionais como não intencionais. Algumas razões para a ruptura da rede são o esquecimento, a inveja, o medo de *feedbacks* negativos e a intenção de se obter vantagem sobre os concorrentes. Nas situações em que as pessoas recebem mais informações do que conseguem processar há uma sobrecarga de informação. A pressão do tempo sobre o emissor representa uma barreira para a efetiva comunicação, em decorrência de condições tais como mensagens elaboradas às pressas, uso do canal mais conveniente (nem sempre o mais efetivo) e tempo insuficiente para *feedbacks*. Essas barreiras que impedem uma comunicação eficiente estão resumidas na Figura 14.11.

Figura 14.11 Barreiras que impedem o sucesso da comunicação.

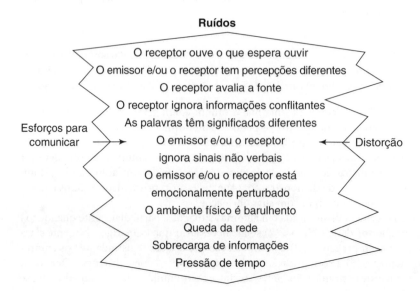

Melhoria da comunicação. Comunicação não é um processo de via única. Um dos aspectos mais importantes de uma comunicação efetiva é escutar as respostas, que podem ser palavras, expressões faciais, linguagem corporal ou até mesmo o silêncio. A avaliação do *feedback* pode dizer muito a respeito de como a mensagem foi recebida. A empatia ou habilidade de se colocar no lugar do receptor em uma conversa também pode ser um fator decisivo para a compreensão mútua.

As comunicações face a face são vantajosas e devem ser utilizadas sempre que possível, por causa da possibilidade de se receber um *feedback* imediato por meio de múltiplos canais, tais como fala, expressão facial e linguagem corporal. Devem ser evitadas, tanto quanto possível, as expressões longas, técnicas e complicadas. Para garantir o entendimento, um método quase sempre eficiente é a repetição das informações com emprego de palavras ou frases um pouco diferentes. A capacidade de se identificar com o receptor ou de se colocar no lugar dele é um recurso que pode contribuir para uma comunicação melhor. Deve-se ter ciência de que algumas palavras ou frases podem ter um significado simbólico para outras pessoas e, portanto, precisam ser evitadas. A escolha do momento correto também é importante. A velha máxima "critique privadamente, enalteça em público" é um exemplo de escolha certa do momento adequado. O reforço das palavras por intermédio de ações coerentes também já foi discutido e é considerado essencial para uma comunicação eficiente. Por último, uma atmosfera de franqueza e confiança, alimentada pela autoexposição, cria relacionamentos saudáveis que contribuem para uma comunicação eficiente. Esses métodos que visam a melhorar o processo de comunicação estão resumidos na Figura 14.12.

Ética e responsabilidade social

Os principais objetivos da liderança diretiva na era da administração científica eram o lucro e a produtividade. Hoje, a função de líder nas organizações envolve ética administrativa, assim como responsabilidade social. Um líder deve ter elevado padrão ético, que inspire confiança, lealdade e um efetivo relacionamento com os subordinados. Entre os desafios éticos com os quais se deparam os administradores de negócios de alimentação estão: identificar e compreender diferentes valores sociais; lidar com comportamentos não éticos na organização; contrabalançar a necessidade que a organização tem de se manter informada, com o direito dos empregados à privacidade; contrabalançar direitos da gerência e dos empregados; e identificar e instaurar programas que visem a garantir que a empresa opere de forma socialmente responsável. Algumas dessas áreas são controladas por agências reguladoras do governo e normas legais, mas muitas outras não o são.

Ética pode ser definida como a seriedade ou injustiça das ações, assim como a benevolência ou malvadez dos objetivos dessas ações. Muitas organizações profissionais possuem um código de ética que estabelece diretrizes a serem seguidas por seus membros no trabalho com outras pessoas. Uma declaração de direitos dos empregados também fornece um valioso conjunto de orientações que os gerentes devem seguir ao lidar com seus subordinados e, ao mesmo tempo,

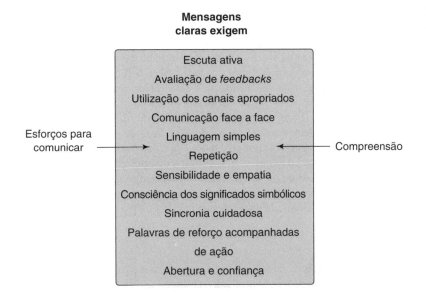

Figura 14.12 Formas de aperfeiçoamento da comunicação para promoção do entendimento mútuo.

assegura aos empregados determinados direitos, como o de adotar procedimentos de reclamações ou contar com um local de trabalho seguro.

Responsabilidade social é uma questão ética, porque trata das benevolências e perversidades das ações organizacionais, no que diz respeito ao impacto delas na sociedade como um todo. Segundo a visão clássica de responsabilidade social, as organizações não têm para com a sociedade qualquer obrigação diferente de atingir os objetivos por ela definidos. A visão moderna assegura que as organizações devem operar de modo a produzir os melhores benefícios para o maior número possível de pessoas. Em outras palavras, a responsabilidade social é demonstrada quando uma companhia vai além da maximização dos lucros, com o objetivo de beneficiar a sociedade de outras formas. Isso pode ser demonstrado de inúmeras maneiras. No nível mais baixo, a "criação da imagem" organizacional acontece quando os administradores apoiam boas causas em um esforço que visa a promover a empresa e seus produtos. A abordagem intermediária inclui "boa cidadania", que é demonstrada pelo apoio da empresa a movimentos relacionados com ações de caridade ou questões de interesse público; liberação dos empregados para trabalhar em áreas com problemas; e programas voltados ao bem-estar dos empregados. No nível mais alto encontra-se a "responsabilidade social corporativa total", destacada pelo suporte entusiástico à solução de problemas sociais.

As áreas nas quais se espera que os gerentes adotem uma postura proativa e socialmente responsável incluem ambiente, relações de grupos minoritários, responsabilidade do consumidor e direitos trabalhistas. Os estabelecimentos de alimentação provocam um grande impacto no ambiente. A conservação, incluindo o uso consciente de água e energia e a prevenção da poluição são preocupações reais para o setor, assim como as práticas econômica e socialmente regidas. A maior preocupação com poluição no caso das instalações de negócios de alimentação é a gestão de resíduos sólidos. A National Restaurant Association (representante de 636 mil unidades de alimentação) oferece apoio integral a soluções socialmente responsáveis, em múltiplos níveis, para a crise dos resíduos sólidos. Para ser bem-sucedida, uma solução desse tipo requer a integração entre reciclagem, redução de fontes, incineração e aterros sanitários, além do suporte do governo em nível local e estadual. As políticas de gestão de resíduos sólidos dependem de (1) cooperação dos consumidores na classificação e separação dos resíduos sólidos, (2) interesse e apoio de empregados e administradores, (3) capacidade de armazenamento de resíduos, (4) custo de transporte do lixo para centros de reciclagem, (5) disponibilidade de centros de recompra ou recuperadores e (6) demanda do mercado por produtos reciclados.

A responsabilidade social nas relações de grupos minoritários implica ir além das exigências mínimas da Equal Employment Opportunity Commission (EEOC), logo, inclui-se recrutar e promover ativamente os membros dos grupos minoritários, assim como treiná-los quando carecerem das habilidades básicas necessárias.

A responsabilidade em relação aos consumidores no setor de alimentação se traduz em precificação e propaganda pautadas pela ética. Isso também significa servir alimentos de qualidade que foram preparados sob as mais rigorosas condições de higiene ao alcance humano.

Diferentes aspectos da responsabilidade social são importantes no campo da gestão e dos direitos trabalhistas. Liberdade de expressão e associação, direito de recurso às leis, privacidade, remuneração justa e condições seguras de trabalho são garantidos pela legislação. A exemplo das regulamentações da EEOC, o Occupational Safety and Health Administration (OSHA) também estabelece requisitos mínimos de segurança. Um empregador deve recorrer a seu senso de responsabilidade para determinar qual é o custo adicional com que deve arcar para garantir as condições mais seguras de trabalho.

Aspectos mais controversos dos direitos trabalhistas são o consumo de drogas e os testes para detectá-lo, assim como o fumo nos locais de trabalho e a vigilância sobre os empregados. Nos Estados Unidos, testes aleatórios para detecção do uso de drogas são ilegais, a menos que certos critérios sejam cumpridos. Por exemplo, o empregador precisa ter um consentimento por escrito do empregado, as consequências do consumo de drogas sobre o trabalho precisam ser graves e os resultados devem ser mantidos dentro de estrita confidencialidade. Instalações livres de fumo estão ganhando mais espaço dia a dia. Isso representa uma ameaça aos direitos de fumar; no entanto, até aqui os movimentos de oposição não têm sido expressivos. As modernas tecnologias tornaram a vigilância sobre os empregados mais efetiva e sofisticada, além de prontamente disponível e acessível. Se essa prática for adotada sem conhecimento dos empregados, pode ser levantada uma questão ética.

Diversidade

Existem irrefutáveis razões morais e empresariais para que os líderes no setor de alimentação não deixem de lado a questão da diversidade.

Lidar com a diversidade quase sempre exige uma mudança na cultura organizacional, de forma que todos se sintam bem-vindos e em condições de participar ativamente. Essa mudança organizacional deve ser parte de um esforço estratégico de longo prazo e requer ação eficiente da liderança e suporte ativo da alta direção do estabelecimento. Para evitar os erros das iniciativas voltadas à diversidade adotadas no passado, os administradores devem se lembrar do seguinte:

- diversidade é um resultado; não é uma ação. Portanto, não deve ser instaurada na forma de um programa, mas sim de um processo;
- a diversidade deve ser o foco de todos os departamentos e não simplesmente delegada ao departamento de recursos humanos, no qual ela é alvo de atenção esporádica;
- uma comunidade na qual a questão da diversidade já tenha sido alvo de ações prioritárias pode ter muita coisa a ensinar;
- os resultados empresariais da atenção à diversidade devem ser mensurados e podem incluir o nível de retenção dos empregados, números do recrutamento e medidas operacionais;
- é importante o uso de facilitadores treinados quando da realização de programas voltados à diversidade;
- as ações afirmativas e aquelas relativas à diversidade devem ser separadas. As ações afirmativas, focadas nas questões de raça e gênero, fazem parte de programa imposto pelo governo e visam a alterar padrões históricos de discriminação. Elas são vistas por muitas organizações como uma imposição indesejável;
- as iniciativas dirigidas à diversidade exigem o emprego de processos de gestão de mudanças;
- o acolhimento da diversidade deve ser voluntário, internamente direcionado e focado em inovações cada vez mais presentes.

A promoção da diversidade requer um comprometimento de longo prazo, com resultados medidos em anos, e não em meses ou semanas.

Responsabilidade funcional e competências necessárias

Certas responsabilidades básicas são comuns a todos os administradores de negócios de alimentação, qualquer que seja o tipo de organização em que eles atuam. A maior parte das responsabilidades específicas desse setor é discutida em detalhes nos outros capítulos deste livro e inclui:

- estabelecer metas, objetivos e padrões;
- selecionar e treinar pessoas e manter uma equipe eficiente;
- planejar e delegar de forma geral o trabalho a ser feito; estabelecer o horário de trabalho dos empregados;
- aquisição de alimentos, equipamentos e suprimentos de acordo com especificações;
- planejar as instalações físicas e as necessidades relativas a equipamentos;
- supervisionar todas as operações técnicas: produção, entrega e serviço de alimentos, higiene, proteção e segurança;
- planejar e controlar o fluxo financeiro.

Essas responsabilidades podem ser organizadas sob o leque das funções de gestão discutidas no Capítulo 13.

Uma liderança administrativa efetiva faz parte da responsabilidade profissional. Algumas das características-chave dos líderes bem-sucedidos — e, portanto, profissionais responsáveis — são:

1. **Senso de responsabilidade** – isso se traduz, algumas vezes, em subordinar os desejos pessoais às necessidades da organização ou da profissão.
2. **Competência técnica e profissional** – as informações fornecidas por outras pessoas podem ajudar nas decisões; porém, a decisão final exige conhecimento e capacitação de cunho técnico e profissional.
3. **Entusiasmo** – o entusiasmo honesto e genuíno do líder em relação aos objetivos e aos planos é vital para se estimular o comprometimento e o entusiasmo por parte dos empregados. Novas direções e áreas desconhecidas devem ser buscadas sem relutância.
4. **Competências comunicativas** – a comunicação é um dos processos de ligação vitais que mantêm a organização unida. Ela é variável-chave de uma liderança eficiente. Comunicações verbais, escritas e baseadas em outros meios devem ser compreendidas e empregadas efetivamente. Escutar com atenção, evitando distorções, é elemento central para uma boa comunicação.
5. **Elevados padrões éticos** – os padrões éticos constituem a base de todas as interações dentro do grupo e de todo o processo de tomada de decisões. Portanto, eles desempenham

um papel fundamental na função de liderança. A ética profissional requer que os líderes mantenham um padrão elevado de conduta pessoal em todas as situações, de modo que os empregados possam neles confiar. A integridade é demonstrada quando a preocupação pelos interesses da empresa supera o orgulho pessoal.

6. **Flexibilidade** – os líderes precisam ter capacidade de aceitar qualquer situação que se apresente e prosperar dentro dela. Isso exige compreensão e aceitação do fato de que duas pessoas ou duas situações não são sempre exatamente iguais. As metodologias precisam ser adaptadas. Mudança e tensão são fatores que exigem compreensão e controle.
7. **Visão** – uma liderança eficiente requer a capacidade de enxergar a organização como um todo que é constituído de partes interdependentes e inter-relacionadas, condição para se saber onde se está indo e como chegar lá. Os líderes que apresentam ideias e imagens capazes de excitar as pessoas e desenvolver escolhas certas e apropriadas serão inspiradores daqueles a quem lideram (Lester, 1981).

Supervisão

A função de supervisão envolve coordenar, orientar e conduzir o trabalho dos empregados, com vistas à conquista das metas da organização. Em sistemas de alimentação de pequeno porte, toda a função de supervisão pode ficar a cargo do gerente. Em sistemas maiores, a supervisão das operações técnicas do dia a dia pode ser delegada aos supervisores da área, aos técnicos de nutrição ou aos chefes de cozinha. O gerente tem, dessa forma, condições de se concentrar no planejamento, nas políticas e na definição de metas, além dos relacionamentos interdepartamentais e da solução de problemas gerais do departamento. Em departamentos maiores, o diretor, o chefe de nutrição ou outro administrador pode delegar parte dessas funções de gestão a uma equipe treinada e capacitada.

Quando delegar responsabilidades e autoridade, a direção deve oferecer orientações para que o supervisor compreenda os limites da autoridade, isto é, quais decisões podem ser tomadas sem consulta prévia e quais ações podem ser adotadas por conta própria. Cabe à direção a responsabilidade pelo treinamento dos supervisores para capacitá-los a solucionar problemas e a atender a situações de emergência.

O supervisor representa tanto a administração como os empregados. Em uma unidade de alimentação, assim como no setor em geral, o supervisor é um dos elementos-chave da organização. Os empregados veem nele um representante da administração, enquanto para ela, o supervisor representa a força de trabalho. Os dois grupos, portanto, têm interesse na qualidade do trabalho de supervisão exercido por esse membro da equipe. O supervisor precisa ter condições de interpretar os objetivos e as políticas da empresa para os empregados, de forma tal que estimule a cooperação e desperte a confiança. Além disso, ele deve inspirar e conduzir os empregados por intermédio de acordos justos e racionais estabelecidos com eles e de programas para recursos humanos.

Ao longo de todo o tempo de serviço de um empregado, o supervisor exerce um papel importante no que diz respeito a lhe confiar as tarefas e estabelecer o relacionamento dele com os companheiros. Depois de terminado o período de avaliação, quando o empregado passa a ser considerado membro permanente da equipe e já adquiriu familiaridade com as tarefas e tem condições de executá-las, a supervisão continua sendo necessária no sentido de manter o interesse e fomentar o crescimento pessoal. Em larga escala, o reconhecimento e a aprovação do supervisor permanecem como um potente estímulo para boa parte dos trabalhadores. O supervisor precisa aceitar a responsabilidade de encontrar e empregar incentivos que conduzam ao pleno desenvolvimento. Ajustes na atribuição do trabalho, para atender às mudanças no tocante à capacitação pessoal e aos interesses, só são sensatos quando há supervisão adequada, tanto em espécie quanto em quantidade.

Supervisão rotineira. A supervisão rotineira varia de acordo com a situação, mas é, na maior parte das vezes, uma questão de contato pessoal reforçado por verificações por meio de observação, registros e diagramas. A supervisão rotineira pode consistir em saudar os empregados pelo nome todos os dias; verificar condições de limpeza, aparência e estado de saúde; conferir os cardápios e a programação de trabalho; explicar toda e qualquer instrução que os empregados demonstrem não ter entendido; verificar constantemente a qualidade e o volume da produção e dos serviços; inspecionar a higiene das áreas de trabalho e dos equipamentos; e, em geral, manter boas condições de trabalho. A supervisão de pessoal é, com muita frequência, feita ao acaso ou deixada para as "horas livres", que nunca parecem ser parte do agitado dia de trabalho de um administrador de negócio de alimentação. Para evitar os contatos imprecisos com os empregados, um supervisor prudente reserva algumas horas do dia para conferir o desenvolvimento do trabalho e estimular o interesse e a cooperação individual e dentro dos grupos. Os cronogramas são necessários para permitir verificações diárias, semanais e periódicas das atividades. A checagem no final do dia, com o propósito de conferir se o trabalho foi realizado conforme planejado, completa a supervisão "rotineira".

Tomada de decisões

A maior parte do tempo de um supervisor é dedicada às atividades de tomada de decisões e solução de problemas. A primeira delas pode ser considerada um processo genérico, enquanto a segunda é um processo de tomada de decisões que se aplica a uma situação específica.

A capacidade de tomar decisões de forma pontual e racional é uma aptidão importante que os supervisores devem possuir. Decisões mais acertadas são provavelmente tomadas quando determinados passos são seguidos na sequência adequada. Esses passos são: (1) definir a situação — nada é mais inútil do que uma resposta certa para a questão errada — e depois analisar a situação; (2) identificar os objetivos desejados; (3) propor diversas alternativas — ***brainstorm*** — e depois analisá-las considerando as consequências de cada uma; (4) avaliar as alternativas; (5) escolher aquela que propicia as consequências mais positivas e as menos negativas; (6) selecionar estratégias para efetivação da alternativa escolhida; e (7) fazer um acompanhamento, monitorando e avaliando as decisões (Fig. 14.13).

Brainstorm
Técnica de geração de ideias para solução de problemas e identificação de oportunidades de melhoria.

As seguintes questões também devem ser colocadas e respondidas:

1. Quem deve tomar a decisão? É necessário solicitar ideias e conselhos de outras pessoas? A decisão deve ser delegada ou tomada apenas por você?
2. Que fatores temporais estão envolvidos? Existem prazos determinados? Quanto tempo é necessário para levantamento de dados?
3. As informações disponíveis são suficientes ou é necessário obter outras ainda? Existe necessidade de atuação de um especialista na coleta de dados?
4. Que forças agirão contra e a favor da decisão?
5. Que riscos a decisão envolve? Pode haver consequências positivas e negativas no tocante às finanças, ao tempo, aos esforços, às relações humanas e ao comprometimento?

Figura 14.13 As sete etapas do processo de tomada de decisões.

Gestão de mudanças

▌Conceito-chave: Nesta era de mudanças constantes, um líder precisa conhecer os princípios de gestão de mudanças para que sua atuação seja efetiva. Um bom líder enfrenta sistematicamente os desafios impostos pela dinâmica das condições do setor de alimentação.

A dinâmica das mudanças passou a ser um aspecto importante da vida organizacional e, portanto, compreender que em uma organização as pessoas respondem a essas mudanças por vias diferentes e previsíveis é a base da **gestão de mudanças**. Ela tem suas raízes em duas áreas: o aperfeiçoamento dos processos empresariais e a psicologia. A melhoria dos processos empresariais engloba a gestão da qualidade total (GQT) e a reengenharia de processos de negócio (BPR, na sigla em inglês) e se concentra nas mudanças organizacionais tais como introdução de novos processos e reestruturação. A psicologia contribui para o entendimento da importância do "lado humano" das mudanças no local de trabalho.

O processo ocorre em três fases: (1) preparação para a mudança; (2) gestão da mudança; e (3) consolidação da mudança. Na primeira fase, o líder define as estratégias de gestão e forma e prepara a equipe que dela se encarregará. A segunda fase envolve o desenvolvimento e a adoção de ações e dos planos de gestão. Na terceira fase, a mudança é consolidada por meio de coleta e análise de *feedbacks*, diagnóstico de lacunas, gerenciamento das resistências, adoção de ações corretivas apropriadas e celebração do sucesso.

Resumo

A função de liderança é amplamente alardeada como sendo a panaceia para todos os problemas organizacionais, mas é da mesma forma muito mal compreendida — um fato que pode resultar em orientações simplificadas demais para os administradores. O líder de uma organização de alimentação pode ser definido como aquele a quem cabe o privilégio de ter a responsabilidade de direcionar as ações de outros para realização dos propósitos de sua organização. Tal atividade pode ser desempenhada em diversos níveis de autoridade; contudo, em todos esses níveis, o líder é responsável tanto pelo sucesso como pelo fracasso. Muitos pesquisadores acreditam na possibilidade de sistematização ou de desenvolvimento de modelos para capturar a natureza enganosa do fenômeno de liderança; no entanto, há um número equivalente de pesquisadores que não acreditam na viabilidade de sistematização ou modelagem. Esse último grupo argumenta que há um excesso de variáveis inerentes ao ambiente no qual o líder exerce sua função e que os modelos tradicionalmente conhecidos de liderança, tais como a **grade gerencial**, o *continuum* de liderança de Tannenbaum-Schmidt e o modelo situacional de Hersey-Blanchard, negligenciam muitos dos problemas mais críticos aos quais um líder precisa fazer frente.

Gerentes e líderes são diferentes? Bennis (1985) faz uma criteriosa diferenciação entre gerentes e líderes: "Gerentes agem corretamente", enquanto "líderes fazem as coisas certas". Ele argumenta que as duas funções são necessárias em qualquer organização, mas que as empresas norte-americanas se encontram atualmente diante de uma perigosa situação de excesso de gerência e má condução. Drucker (1992) concorda e sugere que a função de liderar é baseada em alguns princípios essenciais, os mesmos que norteiam uma gestão efetiva. O que precisa ser feito agora é integrar todos os princípios que formam o alicerce das funções de gestão e liderança — uma mistura de inovação, estabilidade, ordem e flexibilidade.

Sem dúvida alguma, o conceito de liderança vem sendo, há muitos anos, objeto de estudos exaustivos e continuará a ser estudado. Muitos pesquisadores concordam que o conhecimento já existente é suficiente para colocar as empresas norte-americanas em situação melhor. Os gerentes precisam agora fazer um trabalho mais eficiente, aplicar o que se conhece a respeito de motivação, mudança e comunicação, para se tornarem líderes-gerentes. Para ser competitivo no mundo atual, um administrador precisa não apenas gerar lucros, como também desenvolver pessoas competentes e motivadas, capazes de se adaptar rapidamente às tecnologias e aos mercados em constante evolução, além de estar apto a trabalhar em grupo, criar sinergias, interagir com os clientes e assumir o papel de porta-voz da empresa.

Gestão de mudanças
Processo, ferramentas e técnicas para gestão eficiente das pessoas e das questões relativas a recursos humanos que afloram quando mudanças são adotadas.

Grade gerencial
Representação gráfica dos estilos gerenciais, baseada no relacionamento entre o interesse pelas pessoas e pela produção.

Muitos identificam a necessidade de um novo estilo de liderança baseado no trabalho em equipe e no poder das ideias, que prevalece sobre o poder da posição. As diferenças inerentes a esse novo estilo são destacadas na Tabela 14.1. Ele requer que o líder atue no sentido de:

1. Criar dentro da equipe relacionamentos baseados na confiança. Para tanto ele deve agir com empatia, fazer avaliações honestas e sinceras do trabalho realizado, guardar segredos, ser um bom ouvinte e manter elevado nível ético.
2. Manter a união da equipe com a criação de um senso compartilhado de propósitos, promover um ambiente no qual os objetivos são de toda a equipe, reconhecer e valorizar as pessoas por suas características individuais, fazer com que cada indivíduo seja responsável pelos resultados da equipe, gerar confiança, envolver-se e permanecer envolvido e tornar-se um mentor.
3. Estabelecer um estilo claro de comunicação, estimular a confiança, aceitar os pontos de vista dos outros e ser coerente nas interações com os membros da equipe.
4. Resolver os problemas de forma criativa, de modo que toda a equipe participe da solução.
5. Adotar um estilo entusiástico de motivação, incluindo todos os membros da equipe na tomada de decisões, conceder a todos os créditos pelos resultados finais, promover alguma forma de reconhecimento ao término do projeto e manter a equipe focada nas metas nos objetivos definidos.
6. Agir com flexibilidade e coragem quando for necessário assumir riscos e tomar decisões.
7. Fazer uso criterioso do poder.

Um estudo abrangente publicado recentemente descobriu que os líderes mais eficientes no mundo atual são humildes e obstinados e que, mesmo quando exercem funções de grande poder, esquivam-se dos holofotes da fama. Eles canalizam suas ambições para o objetivo de construir uma grande empresa. Irrefutavelmente modestos e dotados de inabalável decisão, eles colocam os sucessores no caminho do êxito. No final, exercer uma função de liderança não é apenas estar "no comando", mas sim, "liderar o comando".

Aplicação de conceitos abordados no capítulo

As prioridades e estratégias para os próximos quatro anos na Divisão de Habitação Estudantil da Universidade de Wisconsin-Madison concentram-se na clareza da comunicação com todos os empregados. Essas estratégias são baseadas nos seguintes princípios orientadores:

Missão: ser o lugar em que todos desejam viver.
Responsabilidades éticas: manter nossas promessas, falar a verdade, evitar danos, reparar danos quando ocorrerem, praticar a justiça.
Declaração de diversidade: cada indivíduo traz singularidade para nossa comunidade. Todos são valorizados pelo que são, assim como por suas competências e contribuições.

Tabela 14.1 Diferenças entre estilos de liderança antigos e novos.

Estilo antigo de liderança	Estilo novo de liderança
O poder é concentrado no líder.	O poder é distribuído dentro de toda a equipe.
O líder é responsável pela organização e exerce controle sobre ela.	O líder é responsável, mas delega controle da organização às equipes.
O líder define a visão, a missão e as metas da organização.	O líder define a visão e a missão da organização. A equipe define as metas da organização.
O líder toma decisões. Os empregados consolidam as decisões.	Todos os membros da equipe participam do processo de tomada de decisões, contribuindo com sugestões. As decisões são acordadas por toda a equipe.
Os indivíduos são reconhecidos em função de suas realizações.	A equipe recebe o reconhecimento pelas realizações.
O líder fica com os créditos pelo produto final gerado através do trabalho dos empregados.	A equipe recebe os créditos pelo produto final gerado através do trabalho por ela realizado.

Nós buscamos ativamente essa diversidade e trabalhamos com afinco para ajudar toda a equipe e todos os residentes a se sentirem membros reconhecidos da comunidade. Por meio de um trabalho conjunto, nós podemos criar e manter um ambiente no qual todos os indivíduos podem trabalhar e viver sem ser objeto de vantagens ou desvantagens por serem diferentes e onde todos têm oportunidade de desenvolver seu potencial e contribuir plenamente para nossa comunidade. Nós sabemos que, com isso, nossos residentes e nossa equipe prosperarão.

As prioridades e estratégias são:

1. Sustentar nossa empresa.
2. Sustentar nosso ambiente.
3. Incrementar a eficiência dos supervisores.
4. Aproveitar plenamente os recursos da tecnologia.

Com o foco no item 3, o objetivo é proporcionar ambiente, estruturas, processos e sistemas que possibilitem a todos os supervisores alcançar o sucesso. Uma das estratégias que visam a atingir esse objetivo é desenvolver e instaurar um programa de treinamento voltado à melhoria da eficiência dos supervisores. Esse programa deve incluir: os padrões de liderança e os princípios operacionais da divisão; pensamento crítico; formas de criação de um clima positivo no local de trabalho; mecanismos de formação de um treinador competente; métodos de condução de entrevistas, seleção e avaliação de desempenho; e comunicação.

Questões para reflexão

1. Qual estilo de liderança é adotado na Divisão de Habitação Estudantil da Universidade de Wisconsin-Madison?
2. Quais atividades de liderança você tentaria evitar nesse ambiente específico?
3. De acordo com esse estilo de liderança, descreva como a comunicação seria diferente. Que palavras específicas seriam utilizadas com frequência?
4. Por que esse programa de treinamento de supervisores seria um agente potencial de motivação? Por que razões geraria desmotivação?
5. Quem deve fazer o treinamento?
6. Que espécie de "ruído" pode ser uma barreira para a comunicação durante as sessões de treinamento do tipo relacionado?
7. Quais princípios da boa comunicação deve um treinador aplicar durante as sessões de treinamento?
8. De acordo com o conhecimento de supervisão adquirido nos lugares em que você trabalhou, liste em ordem de prioridade, do mais para o menos importante, os seis tópicos de treinamento de supervisores apresentados.
9. Consulte no Capítulo 13 o diagrama organizacional do tópico "Aplicação de conceitos abordados no capítulo" e responda: como as expectativas de liderança no cargo de diretor diferem daquelas dos diretores assistentes de serviços de refeição e culinária da UW?
10. Em que ponto se encaixa a função de liderança no modelo de sistema?

Questões para revisão

1. Explique os conceitos de: hierarquia de necessidades, motivação para realização, fatores higiênicos e motivacionais, condicionamento operante e teoria da expectativa de motivação. Descreva uma estratégia de gestão para cada uma das teorias.
2. Diferencie os conceitos de gestão e liderança.
3. Descreva a diferença entre a abordagem de liderança da Teoria X e da Teoria Y de McGregor.
4. Descreva a história das teorias de liderança e explique as contribuições de cada uma delas para as metodologias atuais.
5. O que é liderança situacional?
6. Descreva como o comportamento de um gerente, segundo a sequência contínua de Tannenbaum-Schmidt, enquadra-se na Teoria da liderança contingencial.
7. Defina os cinco tipos de poder de um líder e dê um exemplo de uso criterioso de cada um.
8. Defina comunicação.

9. Relacione os diversos modelos de comunicação que são usados em uma organização e dê um exemplo de cada.
10. Relacione e descreva brevemente algumas barreiras para uma comunicação eficiente.
11. Descreva algumas formas pelas quais a comunicação pode ser transformada em um processo de duas vias.
12. Identifique outras técnicas que podem ser empregadas para melhorar a comunicação.
13. Descreva como a responsabilidade social tem sido legalmente regulamentada.
14. Discorra sobre as responsabilidades profissionais de um gerente de negócios de alimentação.

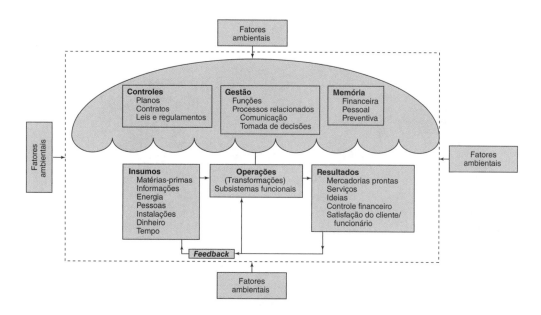

Sites selecionados (em inglês)

www.adrr.com   (site sobre mediação e solução de conflitos)
http://alumnus.caltech.edu/~rouda/background.html   (base e teoria sobre métodos de mudanças organizacionais de grande escala)
www.bartleby.com   (literatura on-line)
www.bsr.org   (consultoria, pesquisa e colaboração para soluções e estratégias empresariais)
http://business-ethics.com   (*Business Ethics*, a revista da responsabilidade corporativa)
www.ceoexpress.com   (o recurso de internet dos executivos)
www.corpwatch.org   (corporações responsáveis)
www.fastcompany.com   (artigos sobre tecnologia, projeto, ética, economia com sentido ético, liderança e muito mais)
http://first.emeraldinsight.com   (pesquisa sobre gestão estratégica)
http://humanresources.about.com   (artigos sobre recursos humanos)
www.influenceatwork.com   (princípio da influência)
www.managementhelp.org   (biblioteca livre de gestão)
http://mapnp.nonprofitoffice.com   (MAP para organizações sem fins lucrativos)
http://money.cnn.com/magazines/fortune/   (revista *Fortune*)
www.prosci.com   (Prosci, empresa independente que realiza pesquisa no campo de gestão de mudanças)
www.publicpolicy.umd.edu/leadership   (Associação da Public Policy Leadearship da Universidade de Maryland)
www.queendom.com   (sites para testes on-line)
www.tqmpapers.com   (artigos de pesquisas sobre gestão da qualidade total)
www.women-unlimited.com   (Women Unlimited, um recurso para promoção da liderança entre as mulheres)

15

Gestão de recursos humanos

CONTEÚDO

Administração de recursos humanos
  Padrões de competência

O processo seletivo
  Recrutamento
  Seleção

O trabalhador no emprego
  Registros de pessoal
  Orientação
  Treinamento
  Avaliação de desempenho
  Promoções e transferências
  Medidas disciplinares
  Demissões
  Tratamento de reclamações
  Reuniões de equipe
  Políticas e legislação do trabalho

Relações entre trabalho e gestão
  Legislação

Resumo

Administrar recursos humanos é uma atividade que envolve a adoção de todos os métodos existentes para compatibilização entre as tarefas a executar e as pessoas disponíveis para assumir o trabalho. Nesse processo dos recursos humanos estão interligados: a contratação (análise de cargo, planejamento, recrutamento e seleção); o desenvolvimento (colocação, orientação, treinamento, avaliação de desempenho e desenvolvimento pessoal); as recompensas (remuneração e promoções); e a manutenção (saúde e segurança, transferência, medidas disciplinares, demissão, tratamento de reclamações e relações de trabalho). Cada um desses assuntos será discutido neste capítulo.

Um importante aspecto da função de gestão de recursos humanos está relacionado com o estabelecimento, a aceitação e a imposição de políticas trabalhistas justas dentro da organização. Aqui são discutidas quatro áreas nas quais as políticas são geralmente fixadas: (1) manutenção de remuneração e impostos; (2) horário e cronograma de trabalho; (3) segurança no emprego; e (4) serviços e benefícios oferecidos ao empregado. As principais legislações federais que têm impacto direto sobre essas políticas organizacionais estão incluídas em cada seção. O capítulo é encerrado com uma discussão acerca das relações entre trabalho e gestão, incluindo uma análise das legislações relevantes e do impacto da sindicalização no setor de negócios em alimentação (*foodservice*).

Conceitos-chave

1. A administração de recursos humanos é uma função gerencial que envolve a compatibilização entre as tarefas a executar e as pessoas que possuem as competências necessárias para tal. Isso acontece por intermédio de um processo efetivo que abrange contratação, colocação, promoção, transferência, atribuição de trabalho, treinamento, supervisão, decisão, avaliação de desempenho e adoção de medidas disciplinares.
2. As necessidades da função são descritas por meio de diversas ferramentas de gestão, tais como os diagramas organizacionais, a descrição e as especificações do cargo.
3. As fontes internas de recrutamento incluem promoções e indicações dos empregados. As fontes externas mais usadas são: anúncios colocados em jornais, agências de emprego, escolas e sindicatos.
4. Um processo seletivo efetivo inclui um formulário de solicitação e uma entrevista criteriosamente preparados.
5. Um empregado novo deve ser apresentado ao trabalho que irá realizar e à companhia. Em primeiro lugar, por intermédio de um programa formal de orientação e, depois, por um programa de treinamento bem elaborado.
6. As escalas de avaliação comportamental (BARS, na sigla em inglês) são, em geral, consideradas os melhores e mais eficientes meios de avaliação de desempenho.
7. Qualquer medida disciplinar adotada deve ser imediata, coerente, impessoal, legítima nos termos da legislação e baseada em expectativas conhecidas.
8. As políticas trabalhistas são desenvolvidas para orientar a tomada de decisões gerenciais e para promover o comprometimento dos empregados com determinadas ações previsíveis.
9. Inúmeros artigos da legislação estabelecem políticas trabalhistas justas e tentam contrabalançar o poder entre os trabalhadores e a gerência.
10. A partir da Lei Norte-americana das Relações de Trabalho (National Labor Relations Act), de 1935, foram criadas legislações federais com o objetivo de permitir que os empregados se sindicalizem e tomem parte de negociações coletivas.

Administração de recursos humanos

■ **Conceito-chave:** A administração de recursos humanos é uma função gerencial que envolve a compatibilização entre as tarefas a executar e as pessoas que possuem as competências necessárias para tal. Isso acontece por intermédio de um processo efetivo que abrange contratação, colocação, promoção, transferência, atribuição de trabalho, treinamento, supervisão, decisão, avaliação de desempenho e adoção de medidas disciplinares.

O setor de alimentação é hoje considerado um negócio definitivamente dependente de pessoas. O fator humano, na qualidade de recurso mais importante dentro de qualquer empresa, é essencial para o sucesso. A capacidade dos administradores de negócios de alimentação para compreender as pessoas, reconhecer-lhes o potencial e proporcionar condições para que cresçam e se desenvolvam na função tem um valor inestimável no que diz respeito à criação de relações humanas adequadas. O fato de os trabalhadores se sentirem úteis e importantes para o funcionamento eficiente da empresa alimenta neles o senso de responsabilidade, de propriedade e de orgulho pela instituição. Um aumento de salário, por si só, não se reflete em mais dedicação, lealdade ou confiança neles próprios e nos outros. Com muita frequência, mudanças simples ou atitudes que demonstram interesse e consideração, como embelezamento da área de trabalho, eliminação de riscos à segurança, reorganização dos equipamentos, modificação dos cronogramas de trabalho ou mesmo palavras de reconhecimento e incentivo, produzem estímulos que ocasionam incremento e melhoria da qualidade dos resultados. Políticas e objetivos mutuamente acordados e aceitos entre os empregados e o estabelecimento de alimentação, além de canais de comunicação bem definidos, também contribuem de forma significativa para um elevado nível de relacionamento entre empregado e empregador.

Além da remuneração adequada e dos benefícios, as seguintes características são comuns àquelas companhias que os empregados consideram as melhores para se trabalhar nos Estados Unidos: estímulo à comunicação livre, fluindo de baixo para cima e de cima para baixo; promoções dentro do quadro interno; ênfase da qualidade como elemento gerador de orgulho dos empregados pelos resultados obtidos; participação dos empregados nos lucros da empresa; redução das diferenças entre as posições; criação de um espaço de trabalho mais agradável possível; estímulo ao envolvimento dos empregados na prestação de serviços à comunidade; suporte à poupança dos empregados, por meio de subsídios; e promoção do espírito de equipe. Esse conjunto de características resulta em um ótimo ambiente de trabalho e em baixo nível de absenteísmo e de rotatividade dos bons empregados.

Administrar recursos humanos não é simplesmente um sinônimo de empregar. Essa ação envolve todos os métodos de compatibilização entre os requisitos das tarefas a executar e as pessoas que têm competência para tal. Contratar, colocar, promover, transferir, formatar o cargo e treinar são atividades inter-relacionadas nesse processo. As pessoas precisam ser contratadas e promovidas, além de poderem ser treinadas para realizar as tarefas necessárias; o treinamento deve ser projetado para satisfazer às necessidades dos empregados e da organização. A administração de recursos humanos pode ser encarada como um sistema integrado que visa a movimentar as pessoas dentro da organização, através dela e, por fim, fora dela: **administração integrada de recursos humanos**.

Um plano detalhado da organização de um negócio de alimentação determina a quantidade de recursos humanos necessários e suas características, além de apresentar a distribuição destes dentro das diversas áreas do serviço e mostrar a programação de horários de trabalho, a provisão feita para o treinamento desse pessoal e as responsabilidades atribuídas a cada um. Muito mais difícil do que a formulação de um plano desse tipo no papel é a verdadeira implementação. Nesse momento, todos os pequenos blocos que representam no diagrama indivíduos aos quais são atribuídas certas responsabilidades transformam-se em seres humanos que têm energia, diferentes graus de fidelidade, ideias egocêntricas e códigos de valores não esclarecidos; alguns são muito capazes, outros não; alguns, conhecedores de padrões aceitáveis de alimentação, outros, aparentemente com carência total desse requisito. Se deixada por conta do acaso, a introdução dos elementos humanos em um plano ordenado tende a mergulhá-lo em verdadeiro caos. Com uma escolha criteriosa, orientação racional e adequada e cuidadosa supervisão, o elemento humano vitaliza e enriquece o plano.

Em muitas empresas de grande porte, o setor de alimentação conta com um departamento de pessoal que é responsável pela função de administração dos recursos humanos. Em tais organizações, o diretor de negócios de alimentação trabalha intimamente ligado ao departamento de pessoal. No entanto, em muitas instituições de alimentação de pequeno porte, as responsabilidades de gestão de pessoal são assumidas pelo próprio diretor desse departamento. Assim sendo, pode caber ao diretor a responsabilidade pela elaboração dos planos da organização, bem como dos processos de captação, colocação, emposse, treinamento prático e supervisão de todos os empregados do departamento.

A administração de recursos humanos tem problemas próprios que só podem ser solucionados por pessoas capazes de entender a natureza humana, respeitar a personalidade dos outros e valorizar os requisitos do trabalho e as oportunidades de emprego da companhia. Saber reconhecer os direitos de todos os indivíduos dentro da organização e respeitá-los faz parte das responsabilidades da pessoa encarregada dessa função. Esses direitos consagrados pelo tempo incluem o direito de: (1) ser tratado e respeitado como uma pessoa; (2) ter voz ativa sobre as próprias questões, o que envolve ter a prerrogativa de contribuir com o melhor de sua capacidade para a solução de problemas comuns; (3) ver reconhecida a contribuição feita ao bem comum; (4) desenvolver e utilizar os recursos mais avançados que possui; e (5) o direito a justiça e imparcialidade em todas as negociações com o supervisor.

Tão logo é contratado, um empregado se torna membro do grupo e passa a compartilhar da formação daquele elemento intangível, porém importante, denominado moral ou espírito do grupo. Um trabalhador compreensivo, cooperativo e prestativo contribui para o moral do grupo. Por outro

---

Administração integrada de recursos humanos
Um plano ordenado para movimentação do quadro de pessoal dentro da organização, através dela e, por fim, para fora.

lado, um indivíduo impaciente, crítico, reclamador e perturbador o aniquila. Muitas organizações conheceram, por meio de uma experiência lamentável, a ação devastadora que um membro descontente pode ter sobre o espírito do grupo. Em virtude de ser difícil e desagradável impor disciplina a um empregado perturbador ou expulsá-lo do grupo, a seleção de elementos capazes de contribuir para a elevação e não o aniquilamento do espírito geral é um fator de fundamental importância.

A competência, a perícia profissional, a confiabilidade e a regularidade dos trabalhadores, assim como a contribuição que eles fizeram para o moral do grupo nas funções desempenhadas anteriormente, podem determinar a viabilidade da escolha para um novo cargo. Existem outras qualidades que indicam a probabilidade de eles virem a fazer contribuições futuras. Por exemplo, a condição de crescimento, o desejo de buscar o autodesenvolvimento para produzir um serviço eficiente e a ambição no tocante às promoções e à identificação com a empresa são fatores importantes na seleção da força de trabalho para o amanhã. Nem todas as pessoas estão dispostas, no entanto, a assumir responsabilidades ou levar adiante um projeto até a sua conclusão. Outros podem se mostrar relutantes em encarar a solução de problemas. Alguns são dependentes demais e procuram evitar comandar a si próprios e às outras pessoas. Contudo, na organização há também um lugar para indivíduos com essas características.

Depois que o diretor de negócio de alimentação tiver avaliado as necessidades de pessoal, ele precisa levar em consideração o que a empresa tem a oferecer em retorno. Todas as pessoas trabalham com mais eficiência quando esse trabalho pode lhes dar algo em troca. Parte da recompensa é monetária. Uma remuneração adequada e a estabilidade no emprego são condições básicas para qualquer relacionamento empregado-empregador.

Outra parte da remuneração pode ser intangível, isto é, da mesma forma que o empregado contribui para o moral ou espírito do grupo, o administrador também contribui para o senso de satisfação pessoal dos trabalhadores. Oferecer uma condição significativa de trabalho e reconhecer as realizações são importantes elementos motivacionais.

Uma terceira parte da remuneração é a oportunidade de realização de um bom trabalho. Instruções completas a respeito dos procedimentos e padrões aceitáveis e adequada supervisão do trabalho à medida que ele se desenvolve são fatores vitais para o desempenho proveitoso dos trabalhadores. Só mediante essas condições eles poderão sentir orgulho de suas realizações e manter um elevado nível de desempenho no trabalho.

A função deve favorecer o crescimento e proporcionar uma chance razoável de promoção. Os trabalhadores devem ter oportunidade de fazer de seu serviço uma experiência criativa. Eles devem ser estimulados a procurar o aperfeiçoamento nas técnicas, tanto quanto possível, além de sentirem que as sugestões nesse sentido são muito bem-vindas. Eles têm direito de esperar imparcialidade no trato com a administração, de não ser objeto de distorções e desinformações sobre a organização que os emprega, de ter acesso a um processo de formação contínua, a promoções e a opções plausíveis de recreação.

O diretor de negócios de alimentação deve sintetizar os dois pontos de vista — o do empregado e o do empregador — em um programa de pessoal adequado e funcional. Um programa com esse perfil deve se pautar por critérios como: seleção criteriosa; colocação cuidadosa; supervisão adequada; treinamento para o trabalho atual e futuro; políticas de emprego justas; serviços destinados a proporcionar o conforto e o bem-estar dos empregados; e manutenção de registros que irão facilitar a avaliação e, se necessário, a revisão do programa de gestão.

Padrões de competência

A natureza dinâmica do ambiente empresarial e do mercado de trabalho dos dias atuais deu ímpeto ao desenvolvimento dos padrões nacionais de competência por inúmeras organizações profissionais. Esses padrões de competência definem o nível de desempenho necessário para ser bem-sucedido na função. Mais especificamente, eles incluem as etapas envolvidas na conquista de tarefas críticas, as ferramentas e os equipamentos utilizados, descrições de possíveis problemas, acompanhadas das respectivas respostas, além dos conhecimentos, das competências e das habilidades indispensáveis para realização das tarefas. Todos se beneficiam pelo emprego dos padrões de competência:

- os empregadores conseguem recrutar, testar, colocar, treinar e avaliar os empregados com mais eficiência, efetividade e justiça;
- os trabalhadores têm condições de saber o que podem esperar do trabalho, além de se prepararem melhor, o que aumenta sua mobilidade e suas oportunidades de progresso;
- os sindicatos de trabalhadores podem lutar pelo aumento da segurança no emprego por intermédio de credenciais adaptadas que apresentam as competências e experiências profissionais;

- os estudantes têm acesso a orientações claras, que os ajudam a estabelecer metas e se preparar para uma oportunidade futura;
- os educadores podem planejar currículos com elevado grau de excelência e aulas compatíveis com as necessidades do setor;
- os consumidores podem esperar eficiência e alta qualidade dos serviços prestados pelos empregados qualificados.

O processo seletivo

■ **Conceito-chave:** As necessidades da função são descritas por meio de diversas ferramentas de gestão, tais como os diagramas organizacionais, a descrição e as especificações do cargo.

Os diagramas organizacionais indicam o número de trabalhadores necessário em cada departamento de negócios de alimentação. As descrições e as especificações de cargo descrevem as condições específicas sob as quais cada empregado irá trabalhar, além de definir os requisitos do cargo, do treinamento e outras qualificações pessoais consideradas necessárias. Tais informações fornecem para o diretor encarregado da gestão de recursos humanos um inventário das necessidades no tocante à força de trabalho.

Recrutamento

■ **Conceito-chave:** As fontes internas de recrutamento incluem promoções e indicações dos empregados. As fontes externas mais usadas são: anúncios colocados em jornais, agências de emprego, escolas e sindicatos.

O passo seguinte é pesquisar as agências de recrutamento de mão de obra e determinar qual (ou quais) tem condições de dar maior visibilidade aos cargos abertos, de forma que eles venham a receber a atenção dos candidatos com melhor qualificação. Membros de minorias devem ser alvo de processos contínuos de recrutamento para que a organização esteja em conformidade com as políticas públicas. As fontes de mão de obra são muitas e variadas; e, de certo modo, dependentes da disponibilidade local e do mercado em geral. A maioria das fontes pode ser classificada como interna ou externa.

Fontes internas. A promoção de empregados para um cargo de nível mais alto, a transferência de um departamento ou unidade correspondente e a recontratação de uma pessoa que já fez parte da folha de pagamentos são exemplos de fontes internas. Promoções e transferências dentro da organização ajudam a estimular o interesse e a alimentar o moral dos empregados quando eles têm ciência de que, com base no merecimento, terão a preferência sobre um candidato de fora para preenchimento de uma vaga. É necessário que se tenha cuidado no sentido de garantir que o indivíduo possua os atributos pessoais necessários, assim como treinamento e experiência para assumir o cargo vago, para que as normas relativas à igualdade de oportunidades não sejam violadas.

Uma fonte interna indireta de mão de obra são os empregados ativos que divulgam a existência de uma vaga a seus amigos ou parentes e colaboram para a marcação de uma entrevista com o empregador. O recrutamento de mão de obra realizado desse modo tem vantagens e desvantagens. Em geral, os empregados da empresa preferem ter como companheiros de trabalho aqueles com quem compartilham laços de amizade e, nesse aspecto, a contratação por meio dessa fonte pode contribuir para que se crie uma convivência agradável dentro do grupo. Por outro lado, os vínculos pessoais costumam ser mais fortes do que a lealdade à empresa e, assim sendo, trabalhadores sem a devida capacitação podem ser enfaticamente recomendados por amigos ou parentes. Além do mais, a existência de um forte espírito de união entre os empregados pode favorecer lamentáveis reações generalizadas contra qualquer medida disciplinar adotada, seja ela justificada ou não. As muitas fases de uma situação como tal devem ser consideradas antes de se optar pelo uso intensivo dessa fonte de recrutamento.

Fontes externas. É possível que algumas organizações de alimentação planejem o preenchimento de vagas por meio de promoções internas; no entanto, as recolocações acabarão sendo necessárias para que se possam preencher os postos vagos. As fontes externas de recrutamento mais comuns são a mídia, as agências de emprego, as escolas e os sindicatos.

Anúncios. Anúncios colocados em jornais e em sites da internet são uma forma de se atingir um grupo maior de potenciais candidatos. Tais anúncios devem especificar as qualificações desejadas; caso contrário, muitos candidatos inadequados para o cargo responderão. A enumeração das características específicas desejadas no que diz respeito à experiência e treinamento no setor de alimentação tende a limitar o leque de candidatos apenas àqueles que estão efetivamente qualificados para o cargo. É altamente recomendado deixar para a entrevista pessoal detalhes relacionados com salário, licença médica, cronograma de horários e férias. A lista de vagas de emprego deverá especificar se o primeiro contato do candidato será feito pessoalmente ou por carta de apresentação.

Agências de emprego. Agências de emprego particulares já servem há bastante tempo como meios de localização de mão de obra. Normalmente, essas agências se sustentam por meio de tarifas cobradas das pessoas que buscam colocação no mercado de trabalho. Elas costumam realizar uma "varredura" preliminar entre os potenciais candidatos para eliminar aqueles que são considerados inaptos. Em sua maioria, essas agências lidam com grupos especializados em áreas técnicas e profissionais e são de grande valia para aqueles que buscam empregados para atuação em nível gerencial.

Agências de emprego em âmbito federal, estadual e local representam uma fonte valiosa de mão de obra. A utilidade dessas agências reside no fato de que elas analisam as necessidades dos empregadores e contam com os mecanismos necessários para teste das aptidões e habilidades dos trabalhadores. Tais procedimentos beneficiam os gerentes de negócios de alimentação que lutam incessantemente para reduzir a rotatividade de pessoal a um mínimo e manter uma força de trabalho estável.

Escolas. Em algumas localidades, escolas técnicas e vocacionais oferecem treinamento para o setor de alimentação. Os alunos graduados dessas instituições são excelentes candidatos para cargos disponíveis no setor. A adequação da formação específica para esse trabalho proporcionada pelas escolas pode reduzir bastante o período de treinamento preliminar necessário.

Outra fonte, muito importante para o setor de negócios em alimentação de faculdades e universidades, é o escritório de emprego para estudantes da própria instituição. Estudantes conceituados recebem assistência financeira para exercer esse tipo de mão de obra, o que proporciona experiência para aqueles que estejam se formando em gestão de sistemas de alimentação (*foodservice*). Talvez, a maior vantagem do empregado estudante para o gerente de negócios de alimentação da instituição de ensino seja a disponibilidade desse estudante para curtos períodos de trabalho durante o horário de pico do serviço. No entanto, o custo da mão de obra é mais alto, porque os trabalhadores são inexperientes e a rotatividade é grande; desse modo, muito esforço é despendido na iniciação de novos trabalhadores na função. O curto período de tempo disponível para dedicação ao trabalho, em consequência das tarefas de classe dos estudantes, torna o planejamento mais complicado do que no caso de empregados de tempo integral. A imaturidade e a inexperiência do trabalhador também podem se refletir em desperdício de alimentos e de horas de trabalho, a menos que haja uma supervisão constante e meticulosa. A manutenção de elevado padrão de qualidade para os alimentos e de serviços aceitáveis é, com frequência, muito mais difícil quando se lida com empregados estudantes do que com trabalhadores criteriosamente escolhidos e bem treinados, que atuam há muito tempo no serviço.

Sindicatos. Nas organizações em que os trabalhadores são sindicalizados, o próprio sindicato é uma importante fonte de mão de obra.

Seleção

Depois de recrutados os potenciais trabalhadores, a próxima etapa para o empregador é selecionar a pessoa que se mostra mais capaz para ocupar a vaga aberta. O custo de contratação, treinamento e demissão ou transferência de um trabalhador é alto demais para que se corra o risco de cometer erros no processo de seleção de empregados. Falhas nesse ponto são muito mais dispendiosas do que se supõe.

O reconhecimento do pesado custo inicial dos meios de contratação aponta, quando o mercado de trabalho permite, na direção de uma seleção cuidadosa de cada candidato.

▌**Conceito-chave:** Um processo seletivo efetivo inclui um formulário de solicitação e uma entrevista criteriosamente preparados.

O formulário de inscrição desempenha um papel importante na contratação de qualquer trabalhador. As informações solicitadas devem ser redigidas na forma de sentenças simples, coerentes com o cargo específico pelo qual o candidato demonstra interesse, e as questões levantadas devem ser facilmente respondidas. Sem dúvida, informações exigidas da pessoa que se candidata a um cargo gerencial devem ser bastante diferentes daquelas solicitadas para um cargo inferior. No entanto, os dois tipos de formulário, depois de preenchidos, precisam conter dados biográficos que forneçam os fatos que o empregador necessita não apenas para avaliar a adequação do candidato ao cargo, como também comparar a qualificação de todos os candidatos.

As leis denominadas Fair Employment Practice adotadas pela maioria dos estados norte-americanos não permitem a aplicação de questões discriminatórias no tocante à raça, à religião, ao sexo, à idade, ao estado civil ou à nacionalidade. Depois que um empregado é contratado, tais informações podem ser obtidas por meio dos registros pessoais do indivíduo. O gerente deve verificar junto ao departamento de pessoal ou outra fonte competente as restrições relativas ao formulário de inscrição e às entrevistas. Referências de empregadores anteriores são normalmente solicitadas e devem ser analisadas.

A entrevista. Destacam-se como objetivos da entrevista de seleção: (1) obter informações — não apenas os fatos, mas também atitudes, sentimentos e traços de personalidade que determinem as qualificações "bastantes"; (2) dar informações — da mesma forma que o entrevistador precisa saber tudo sobre o candidato, também é essencial que o candidato saiba tudo sobre o estabelecimento e o cargo; e (3) fazer amizade — tratar um candidato com a mesma cortesia que você dispensaria a um cliente, porque todo candidato é um cliente potencial.

A entrevista pessoal direta é vantajosa porque garante ao entrevistador a oportunidade de conhecer o candidato e observar características pessoais e reações impossíveis de se conhecer por meio de um formulário de inscrição ou uma carta. Além do mais, a grande maioria dos empregados de um setor de negócios em alimentação é constituída de pessoas destreinadas, cujas qualificações não se consegue avaliar de outra forma que não uma entrevista pessoal e contatos com empregadores anteriores. Documentos aos quais se pode denominar fontes de referência raramente estão disponíveis; portanto, a entrevista pessoal adquire importância decisiva para uma escolha criteriosa. Quando do preenchimento de cargos administrativos, a entrevista pessoal é uma oportunidade para se conferir a adequação do candidato cujas credenciais foram criteriosamente analisadas.

O candidato deve ser tratado como uma pessoa cujo interesse na decisão é tão real e vital quanto o da agência de emprego. O trabalho deve ser discutido em relação aos outros cargos no setor de alimentação aos quais se pode chegar. As expectativas em termos de promoção precisam ser abordadas e os benefícios indiretos apresentados. Uma avaliação das especificações da função no tocante à adequação do candidato deve motivá-lo a buscar uma autocolocação ou autoeliminação.

O desenvolvimento de uma técnica bem-sucedida de entrevistas requer reflexão, análise e experiência. Eis aqui algumas sugestões:

Os deveres do entrevistador

1. Ter um objetivo e um plano para a entrevista — um guia padrão de entrevista.
2. Ter em mãos durante a entrevista e estudar cuidadosamente a análise, a descrição e a especificação no cargo.
3. Colocar o entrevistado em um lugar privativo, no qual ele não sofra interrupções e distrações.
4. Deixar o entrevistado à vontade; estabelecer um clima de confiança e uma situação de conversa livre e fácil.
5. Utilizar com muita moderação o pronome *eu*; dar preferência ao *nós*.
6. Escutar com interesse sincero e intenso.
7. Formular perguntas iniciadas com *o que, por que* e *como*. Frases úteis para se ter em mente são: Você poderia dar um exemplo?
   Por exemplo...
   De que maneira...
   Suponha que...
8. Mantenha em segredo confidências pessoais.
9. Busque entender não apenas o que o candidato pensa e sente, como também por que ele assim pensa e sente.
10. Seja agradável e cortês.
11. Busque agir como uma boa caixa de ressonância ou um bom espelho da forma pela qual o candidato expressa atitudes, sentimentos e ideias.
12. Formule perguntas que estimulem a autoanálise.
13. Estimule, pesquise e analise em profundidade, de forma cortês, todos os fatos.

14. Mantenha uma atitude amistosa de interesse pelo candidato. Faça dele um amigo e cliente, mesmo que não venha a contratá-lo.
15. Faça anotações para futuro registro, durante ou após a entrevista.
16. Logo após a entrevista faça uma anotação sucinta sobre ela, no espaço do formulário reservado para essa finalidade.

Sugestões de coisas a evitar durante a entrevista:

As condutas vetadas ao entrevistador

1. Não interrompa o candidato.
2. Não fale demasiadamente. Entrevistas em que se fala demais costumam não ser bem-sucedidas.
3. Não apresse o ritmo da entrevista, pois esse procedimento, além de descortês, também pode conduzir a resultados insatisfatórios.
4. Não formule perguntas destinadas a provocar as respostas desejadas. Se a questão for formulada de forma a deixar clara ao candidato a resposta que se espera, não será ele o entrevistado e sim você mesmo.
5. Não faça perguntas cuja resposta seja apenas um sim ou um não.
6. Não se limite apenas a falar quando o candidato tiver terminado de responder. Empregue respostas como "eu entendo", "acho que entendi" ou "o que mais você pode acrescentar?".
7. Não demonstre concordância nem discordância. Mostre-se interessado, porém, reservado.
8. Não discuta, pois, dessa forma, a entrevista estará terminada.
9. Não perca o controle sobre si mesmo e sobre o andamento da entrevista.
10. Não transmita ao candidato a impressão de que a entrevista é um procedimento rotineiro que atende a uma mera formalidade.
11. Não "minimize a importância" da entrevista.
12. Não se coloque em posição de autoridade. Uma boa entrevista de emprego consiste em uma troca livre e simples de atitudes e ideias entre iguais.
13. Não tire conclusões. O objetivo da entrevista é a obtenção de informações. As avaliações e as conclusões ficam para uma etapa posterior.
14. Não faça sermões nem dê lições de moral. Esse não é o propósito da entrevista.
15. Não realize uma entrevista quando você ou o entrevistado não se encontrar em condições emocionais para tal.

Há muitas perguntas interessantes que podem ser apresentadas na entrevista de emprego que variam de acordo com o cargo. Por exemplo, pedir que o candidato enumere os aspectos favoritos do emprego anterior é um recurso útil, que permite avaliar se as preferências dele são compatíveis com a função para a qual ele está se candidatando. Fazer perguntas não esperadas pelo entrevistado pode ajudar na avaliação de traços como personalidade, modo de raciocínio, nível de energia e atitudes. Perguntar ao candidato como ele lidaria com uma situação específica de trabalho é uma boa maneira de se identificar o tipo de resposta que se pode esperar dele em uma situação real.

Testes. As impressões obtidas pelo futuro empregador através da entrevista e das referências fornecidas são, sem dúvida alguma, incompletas. Elas podem ser conferidas ou substituídas por meio de diversos tipos de teste, entre os quais os mais comuns são os de inteligência, experiência e atitudes. Inúmeras empresas, incluindo as de alimentação, melhoraram os resultados de seus processos de seleção através do uso de testes do perfil psicológico. Essas companhias chegaram à conclusão de que os benefícios proporcionados pelos testes do perfil psicológico justificam os custos. A provável permanência do candidato no cargo, o relacionamento dele com os clientes, os valores atribuídos ao trabalho e os registros de segurança podem ser previstos nesses testes. Para que sejam legalmente permitidas, todas as questões de um teste de perfil psicológico devem estar relacionadas com o trabalho. Além disso, a todos os candidatos devem ser apresentadas as mesmas questões, assim como os mesmos métodos de classificação devem ser empregados a todos eles.

A adequação física de um candidato às atribuições de um estabelecimento de alimentação é um fator de extrema importância. Deve-se solicitar que todos os trabalhadores do setor realizem exame médico. Apenas as pessoas fisicamente preparadas têm condições de dar o melhor de si no trabalho. Tão importante quanto o estado físico é a garantia de que o indivíduo não é portador de doenças que possam representar risco para um estabelecimento que lida com alimentos. Os administradores têm plena consciência da devastação que pode resultar da contratação inadvertida de uma pessoa infectada com alguma doença transmissível.

O trabalhador no emprego

Registros de pessoal

Depois de acordados os termos, é feito um registro da contratação. Esse registro se torna o núcleo dos registros das atividades e do progresso do trabalhador dentro da organização. Eles podem ser mantidos em um computador, em arquivos de fichas ou em um formulário de folhas soltas. Entre os itens que compõem os formulários estão: nome, endereço, nome do cônjuge, número de filhos, outros dependentes, nível de formação educacional, empregos anteriores (incluindo a identificação da companhia e o tempo de serviço), data de contratação, função, salário, informação a respeito da concessão ou não do benefício de alimentação, ausências justificadas, ajustes na função e no salário, promoções, perda de posto na hierarquia ou transferência justificada e informações relativas ao seguro e ao auxílio saúde. Esses registros completos são úteis como indicativos do senso de responsabilidade e das intenções sérias dos empregados e também servem de base para avaliações de mérito, aumentos salariais e outros benefícios.

Orientação

■ **Conceito-chave:** Um empregado novo deve ser apresentado ao trabalho que irá realizar e à companhia. Em primeiro lugar, por intermédio de um programa formal de orientação e, depois, por um programa de treinamento bem elaborado.

A apresentação de um trabalhador recém-contratado à função que ele irá desempenhar é uma etapa de fundamental importância no processo de administração de recursos humanos. Smith (1984) descreve dez passos que devem ser incluídos no programa de orientação e são destinados a estimular no novo contratado o interesse e a disposição de contribuir para a conquista das metas e dos objetivos da companhia.

1. **Apresentação à empresa:** as apresentações se resumem em identificar a companhia, a posição em que ela se situa e o lugar que pretende atingir. O essencial é fazer com que o novo empregado se sinta bem em relação à empresa e infundir nele o orgulho de ser parte dessa companhia.
2. **Revisão das políticas e práticas importantes:** a revisão das políticas varia de uma empresa para outra, mas, certamente, deve incluir padrões de conduta e desempenho, período preliminar de emprego (probatório) e aspectos relacionados com política de disciplina e segurança.
3. **Revisão de benefícios e serviços:** uma revisão dos benefícios é fundamental. Sua importância não reside tanto em "vender" o programa de benefícios e suas vantagens como em deixar claro o que ele proporciona e qual é o custo disso. Os empregados precisam entender com clareza o custo dos benefícios e o empregador deve estar apto a informar qual é o porcentual da folha de pagamento destinado a esse fim. Além do mais, é necessário explicar os serviços que o empregado pode não entender como benefício, tais como cooperativa de crédito, estacionamento, alimentação, assistência médica, descontos e serviços de cunho social e recreativo.
4. **Inscrição para o plano de benefícios:** preencha os formulários necessários para inscrição no plano de benefícios assegurando-se de que o empregado tem pleno entendimento das opções que faz. Deve-se conceder um tempo para que ele discuta as opções com o cônjuge antes de assumir um compromisso.
5. **Preenchimento dos documentos de contratação:** retenções feitas na folha de pagamentos, informações relativas a emergências, liberação de imagens, contratos de trabalho, dados sobre oportunidades iguais de trabalho e outros documentos cabíveis e relevantes devem ser preenchidos.
6. **Revisão das expectativas do empregador:** esse item diz respeito ao relacionamento empregado-empregador. Converse sobre equipe de trabalho, relacionamentos, atitudes e fidelidade. Um formulário de avaliação de desempenho fornece as linhas gerais do perfil esperado e pode ajudar na discussão das expectativas do empregador.
7. **Fixação das expectativas do empregado:** quando os empregados atendem às expectativas da companhia, o que eles podem esperar dela? Treinamento e desenvolvimento, programação de revisões de remunerações e salário, segurança, reconhecimento, condições de trabalho, oportunidades para evolução, programas de assistência educacional, aconselhamentos, procedimentos para apresentação de reclamações e outras expectativas cabíveis e relevantes devem ser detalhadas.

8. **Apresentação aos colegas de trabalho**: realize as apresentações em grupos pequenos de cada vez, para permitir que os nomes sejam assimilados. O uso de crachás é bastante útil, assim como a assistência dos companheiros. Designe uma pessoa para atuar como mentor do novo empregado. Ela deverá apresentá-lo aos colegas e acompanhá-lo nos intervalos e no horário da refeição. Uns poucos dias costuma ser suficiente para a familiarização do novo contratado.
9. **Apresentação das instalações**: faça com o novo empregado uma visita padrão, passando por todas as instalações. Esse procedimento será mais efetivo se você dividi-lo em diversas visitas. No primeiro dia, passe pela área de trabalho em que ele atuará, deixando para os dias subsequentes as demais áreas, até que toda a empresa tenha sido visitada.
10. **Apresentação da função**: coloque em ação seu programa de treinamento. Esteja preparado e disposto a envolver de imediato o novo empregado no fluxo de trabalho (Smith, R. E.: Employee orientation. *Personnel Journal*, 1984; 63(12): 43).

Treinamento

Após as apresentações, o trabalhador ainda precisa passar por um treinamento completo, em especial no período inicial do emprego. A familiarização com as políticas e os procedimentos operacionais estabelecidos apresentados pela gerência segundo um sistema bem organizado pode estimular o novo empregado e ajudá-lo a se sentir autoconfiante. Em geral, as vantagens de um programa de treinamento bem elaborado incluem redução da rotatividade de mão de obra, do absenteísmo, do número de acidentes e dos custos de produção, bem como elevação do moral dos empregados, da satisfação com o trabalho e dos níveis de eficiência na produção.

O primeiro passo para se definir um programa de treinamento é decidir quando ele será necessário. Em seguida, determinar exatamente o que precisa ser ensinado e quem deverá ser treinado. Deve-se fixar as metas do programa e desenvolver um esboço que contenha as etapas a serem cumpridas para se chegar à sua obtenção.

Treinamento de adultos. As características específicas dos adultos enquanto aprendizes devem ser levadas em consideração quando for elaborado o plano de treinamento em serviço. O aprendizado das crianças visa a uma capacitação para o futuro e ao avanço até o nível seguinte na escala de aprendizagem. Os adultos, no entanto, aprendem com vistas a uma aplicação imediata ou à solução de um problema. Por esse motivo, eles exigem resultados práticos da experiência de aprendizagem. Outras características distintivas do adulto aprendiz são a reduzida tolerância a um tratamento desrespeitoso, a preferência por ajudar a planejar e conduzir o próprio treinamento e uma base ampla de experiências de vida que eles trazem para o ambiente de aprendizagem.

Treinamento em grupo. A divisão dos participantes em grupos permite, quase sempre, a realização do treinamento de forma eficiente e econômica. Além do estímulo resultante da participação dentro do grupo, essa prática tem a vantagem de poupar o tempo do instrutor e do trabalhador. Em um estabelecimento de alimentação, as aulas básicas, em grupo, para elucidação das políticas administrativas são um recurso prático e valioso. Entre os temas que podem ser incluídos estão a história e os objetivos da organização, o relacionamento entre os departamentos e as pessoas-chave dentro de cada um deles, os aspectos do orçamento operacional que dizem respeito aos trabalhadores, a preparação dos alimentos e formas de servir, os programas de higiene e segurança, além dos princípios e valores dos programas de aperfeiçoamento do trabalho.

Talvez o princípio psicológico mais importante do treinamento em grupo resida em se oferecer aulas ministradas por professores bem preparados em vez de se recorrer aos próprios trabalhadores, cuja experiência pode ser restrita a uma única área. Em geral, o estímulo e o interesse transmitidos aos empregados por um instrutor capacitado são altamente motivadores e mais essenciais para o desenvolvimento individual dos trabalhadores do que o domínio das aptidões rotineiras. As ferramentas que já se mostraram úteis nesse tipo de programa instrucional são: recursos auditivos e visuais, incluindo filmes e televisão; materiais ilustrativos, como pôsteres, diagramas e desenhos; e apresentações das quais participem tanto o instrutor como os alunos. O emprego de tempo e dinheiro em demonstrações simples feitas por meio de DVDs para sessões de treinamento em grupos é inútil, a menos que sejam observados os seguintes pontos: os participantes recebam uma orientação prévia a respeito dos pontos principais que se deseja enfatizar; seja reservado um tempo após as apresentações para discussão; e o objeto da aula seja aplicado no trabalho, mediante acompanhamento. Outros princípios psicológicos da educação em grupo não são tratados neste livro; porém, os responsáveis pela elaboração de tais programas devem conhecê-los.

Treinamento em serviço. Algumas organizações de grande porte no setor de alimentação já iniciaram programas bastante intensivos com vistas a oferecer treinamento em serviço para os empregados; e os resultados obtidos são altamente satisfatórios. Objetivos importantes de tais programas são: (1) reduzir o tempo destinado ao aperfeiçoamento de habilidades para a produção e o serviço de alimentos integrais atrativos e de elevado nível de qualidade a um preço razoável; (2) evitar acidentes e danos à propriedade e aos equipamentos; (3) promover o entendimento e um estreito relacionamento de trabalho entre empregados e supervisores; e (4) proporcionar aos empregados um senso de realização e prepará-los para progredir na carreira. Nesses programas, são enfatizados determinados requisitos comuns ao ensino eficiente de qualquer tipo de trabalho, tais como: conhecimento da função; competências psicológicas; relações humanas; adaptabilidade; e capacidade de se expressar. É necessário que o instrutor atenda a tais requisitos para que seja um professor eficiente.

Entre as tarefas que devem ser realizadas pelo instrutor na preparação para um treinamento em serviço incluem-se:

1. **Desmembrar o trabalho**: relacione as etapas principais e destaque os pontos mais importantes.
2. **Orientar-se por meio de cronograma**: que nível de aptidões você espera que seus alunos desenvolvam e depois de quanto tempo?
3. **Deixar tudo pronto**: certifique-se de ter à mão as ferramentas, os equipamentos e os materiais adequados.
4. **Preparar devidamente o local de trabalho**: organize o lugar da mesma forma que você espera que o trabalhador o mantenha.

Depois da preparação, o professor se dedica à aula propriamente dita:

1. **Preparação do trabalhador**: faça com que o trabalhador se sinta à vontade. Uma pessoa assustada ou constrangida não consegue aprender. Procure descobrir o que ele já sabe sobre o trabalho. Comece no ponto em que esse conhecimento termina. Desperte no trabalhador o interesse em aprender a função. Aloque-o na posição correta, de modo que a tarefa não seja vista por um ângulo errado.
2. **Apresentação da operação**: fale, mostre, ilustre e questione com cuidado e paciência. Enfatize os pontos fundamentais, deixe-os bem claros. Ensine sem pressa, de forma clara e integral, aborde um ponto de cada vez, mas limite-se àquilo que o aluno tem condições de dominar. Tenha como objetivo inicial do trabalho a exatidão e depois a velocidade.
3. **Teste do desempenho do trabalhador:** observe o empregado enquanto ele executa o trabalho, peça-lhe para falar, mostrar e explicar os pontos principais. Faça perguntas e corrija os erros com muita paciência. Continue até ter certeza de que ele aprendeu.
4. **Acompanhamento do desempenho do trabalhador:** deixe que ele trabalhe sozinho. Faça verificações frequentes, mas não assuma o controle, se você puder dar a ajuda necessária. Determine a quem ele deve recorrer para solicitar ajuda. Estimule-o a fazer perguntas. Oriente-o a procurar os pontos fundamentais à medida que ele avança. Reduza gradativamente o treinamento adicional e o acompanhamento até que ele seja capaz de trabalhar apenas com a supervisão rotineira. Dê crédito a quem merece.

O desmembramento consiste em analisar a função a ser ensinada e depois relacionar as etapas básicas a cumprir e os pontos fundamentais em função de como fazê-lo. Essa análise serve como guia para que os pormenores necessários não sejam omitidos durante as aulas. A Figura 15.1 é um exemplo de desmembramento de uma função para introdução de alterações. Todas as tarefas e funções realizadas em uma organização devem ser alvo de uma análise desse tipo.

Programas em DVD destinados a treinamento individual no que diz respeito a métodos e procedimentos mostraram-se convenientes e, embora consumam tempo na preparação, os resultados parecem justificar o uso. Os *slides* para demonstração das técnicas corretas são acompanhados pela gravação de uma explanação oral. No caso de técnicas que envolvam movimento ou ritmo, a gravação em vídeo pode ser útil.

O incentivo do supervisor ao novo empregado durante os primeiros dias de trabalho e no período de treinamento é um fator importante que alimenta o interesse dele e o ajuda a se sentir adaptado. Entrevistas informais podem servir como meio para determinação das áreas nas quais há necessidade de ajuda, assim como daquelas em que o empregado mostra uma aptidão mais marcante. Toda expressão de amizade e interesse cortês é bem recebida pelo trabalhador e contribui para uma adaptação bem-sucedida ao novo ambiente.

Além da satisfação decorrente de um relacionamento agradável entre empregado e empregador, a correta apresentação do novo trabalhador é muito valiosa e não pode ser negligenciada. Um empregado infeliz, desinteressado e descontente tende a procurar outra colocação depois de um curto período de experiência na empresa. Nessa situação, dinheiro, tempo e esforços despendidos com a ambientação desse empregado estarão perdidos e um valor equivalente precisará ser gasto na preparação de outro profissional para assumir a função.

Função: devolver o troco	
Equipamentos e suprimentos: dinheiro e caixa registradora	
Passos importantes	*Pontos-chave*
REGISTRAR PRIMEIRO — GUARDAR DEPOIS	
1. Receber o dinheiro do cliente.	1. Declarar o montante de vendas* "separadamente" do montante recebido do cliente.
2. Colocar o dinheiro do cliente sobre a tampa.	2. Ficar na frente da caixa registradora. Não colocar o dinheiro na gaveta antes que o troco seja contado.
3. Registrar a venda na caixa registradora.	3. Verificar o valor do troco registrado no visor.
4. Contar o troco da gaveta da caixa registradora.	4. Contar o valor de venda, separando em primeiro lugar as notas menores, até o montante recebido do cliente.
5. Contar cuidadosamente o troco para o cliente.	5. Começar com o valor da venda — parar a contagem quando o valor for igual àquele dado pelo cliente.
6. Colocar o dinheiro do cliente na gaveta da caixa registradora.	6. Fechar a gaveta imediatamente.
7. Entregar ao cliente o troco, o recibo ou o comprovante e a mercadoria.	7. Dizer *Muito obrigado*. Fazer com que o cliente perceba que você de fato agradeceu.
	* incluindo impostos (estaduais e federais)

Figura 15.1 Desmembramento da função de devolver o troco. Os passos importantes são os que representam "o que fazer"; os pontos-chave são os que representam "como fazer".

Os orçamentos destinados a treinamento vêm crescendo de forma acentuada em restaurantes, hotéis e estabelecimentos de *fast-food*, porque os especialistas do setor consideram o treinamento dos empregados não apenas uma solução para a crescente rotatividade, como também uma forma de resolver outros problemas atuais. Entre os empregados e as empresas, a diminuição da produtividade e a competição intensa estimulam a adoção de programas de treinamento intensos e progressivos.

Avaliação de desempenho

▌ **Conceito-chave:** As escalas de avaliação comportamental (BARS, na sigla em inglês) são, em geral, consideradas os melhores e mais eficientes meios de avaliação de desempenho.

Para que se atinja o nível máximo de eficiência, todo empregado deve saber o que dele se espera e como seu desempenho está sendo avaliado. Os trabalhadores têm o direito de ser reconhecidos pelo trabalho realizado e ter a oportunidade de assumir responsabilidades maiores, com ou sem aumento de remuneração. A gerência e a supervisão têm sob sua responsabilidade a avaliação de desempenho dos subordinados e devem transmitir a cada um deles informações relativas ao progresso individual. O acompanhamento do desenvolvimento pessoal e da eficiência de cada trabalhador em sua função é uma atribuição da gerência; contudo, não se pode esperar que eles progridam sem saber o resultado das avaliações e sem contar com orientações quando necessitarem. As avaliações de desempenho são empregadas com o propósito de identificar a competência no trabalho e as necessidades de treinamento adicional ou de orientações, além de permitir uma análise do progresso do empregado dentro da organização. Classificações feitas de forma objetiva e livres de preconceitos fornecem informações valiosas que podem ser usadas para colocação, treinamento, supervisão, promoção, recolocação e recomendações futuras. Um processo cuidadoso de seleção e colocação, somado a um treinamento adequado dos empregados, é pré-requisito para um programa de avaliação bem-sucedido. A avaliação de desempenho pode ser realizada por diferentes métodos, incluindo escalas de classificação, listas de verificação, avaliação narrativa, reuniões pessoais e gestão por objetivos.

Existem poucos ou praticamente inexistem padrões objetivos que possam ser usados para uma avaliação subjetiva de características pessoais tais como caráter, confiabilidade e iniciativa. No entanto, esses traços da personalidade — no que se referem à competência, à eficiência e ao desenvolvimento de cada empregado — são importantes para uma organização. Tais características devem ser avaliadas de alguma forma para que a gerência tenha em mãos as informações de que necessita para classificar os trabalhadores de acordo com posição ou categoria e, assim, ajudar a estabelecer um padrão para os aumentos salariais, assim como as promoções, transferências e alocações para uma função para a qual o trabalhador esteja apto.

Foram desenvolvidos procedimentos de classificação que fornecem uma medida do grau em que certos traços intangíveis da personalidade são identificados nos trabalhadores e em seu desempenho no trabalho. A escala destinada a atingir os objetivos desejados deve ser criteriosamente projetada. Essa estimativa do valor relativo dos empregados será utilizada como base para prêmios e recompensas ou apenas como uma ferramenta destinada a explicar aos trabalhadores por que eles podem ou não estar fazendo progresso no trabalho. Nas mãos de administradores competentes, o formulário de classificação pode servir como instrumento para obtenção de informações que levam à obtenção dos dois objetivos.

Traços pessoais distintivos mais propensos a afetar o desempenho são honestidade, iniciativa, discernimento e capacidade de relacionamento com outros trabalhadores. Exemplos de aspectos destacados em um diagrama de classificação são: qualidade do trabalho, quantidade produzida, adaptabilidade, conhecimento da função e confiabilidade.

Essas chamadas escalas de classificação, das quais derivam as diversas escalas conhecidas de mérito, progresso, desenvolvimento ou classificação de serviço, não constituem uma novidade na gestão industrial; no entanto, poucas delas são diretamente aplicáveis ao setor de alimentação. Alguns administradores preferem um sistema de graduação no qual cada qualidade, fator ou característica pode ser assinalado em uma escala que varia de insuficiente a excelente ou, ao contrário, com dois ou três níveis de possibilidade dentro de cada graduação. Outro formato pode, por exemplo, descrever a graduação para cada um dos fatores listados.

A Figura 15.2 é um exemplo de escala de classificação com definições dos diferentes fatores a ela relacionados para uso pelo avaliador.

O **método dos incidentes críticos** para avaliação de desempenho exige que o supervisor identifique padrões de comportamento que são indicadores de um desempenho insuficiente ou excelente. Durante todo o período de avaliação, são mantidos registros dos incidentes críticos para cada empregado. Tais registros são então comparados com os indicadores de avaliação de desempenho previamente determinados.

Método dos incidentes críticos
São mantidos registros de ocorrências/comportamentos positivos e negativos para cada empregado. Tais registros são utilizados para fins de avaliação de desempenho.

Escala de avaliação comportamental (BARS)
Escalas de avaliação de desempenho que contêm comportamentos específicos identificados para cada nível de desempenho, dentro de cada categoria do cargo.

A combinação da escala de classificação com o método dos incidentes críticos produziu a **escala de avaliação comportamental** (BARS, na sigla em inglês). Ela é considerada o melhor recurso de avaliação e o mais eficiente. A desvantagem desse método está no fato de as escalas serem difíceis e consumirem muito tempo na elaboração. As etapas para desenvolvimento da escala BARS são: (1) relacionar todas as dimensões importantes do desempenho para uma categoria de trabalho; (2) reunir incidentes críticos de comportamento eficiente e ineficiente; (3) associar comportamentos eficientes e ineficientes com as adequadas dimensões de desempenho; e (4) atribuir valores numéricos a cada comportamento dentro de cada dimensão. O exemplo a seguir ilustra uma dimensão específica de uma função:

Serviço de atendimento ao cliente

> **Descrição de competência:** saúda os clientes e mantém relação amistosa com eles; ouve as reclamações e questões levantadas e lida com elas de modo justo e amigável, com tato e diplomacia.
> **Categoria 1:** demonstra pouca habilidade para se relacionar com os clientes e, em geral, depende do suporte de gerentes de nível superior para solução das questões levantadas.
> **Categoria 2:** demonstra habilidade para se relacionar com alguns clientes e é capaz de resolver cerca de metade das queixas e questões apresentadas.
> **Categoria 3:** demonstra habilidade para se relacionar com a maioria dos clientes e é capaz de solucionar a maior parte das queixas e questões apresentadas.
> **Categoria 4:** demonstra habilidade para se relacionar com os clientes e os escuta cuidadosamente; resolve a maior parte das questões e queixas de modo eficiente.
> **Categoria 5:** demonstra eficiência no atendimento aos clientes; cumprimenta-os e mantém com eles relações amistosas; escuta atentamente antes de fazer comentários; resolve todas as questões e queixas de modo eficiente.

Gestão por objetivos (MBO)
Metodologia de avaliação de desempenho que exige a fixação de objetivos mensuráveis que são mutuamente acordados entre o empregado e seu supervisor imediato.

Um dos propósitos originais da **gestão por objetivos** (MBO, na sigla em inglês) era simplificar e superar as limitações das avaliações de desempenho mais tradicionais. Essa metodologia enfatiza a determinação de objetivos mensuráveis em termos de desempenho e que sejam acordados mutuamente entre o empregado e seu supervisor imediato. Em intervalos de tempo definidos, o progresso do empregado na direção dos objetivos é avaliado por ele e pelo gerente. A participação dos empregados no processo de avaliação de desempenho se mostrou propícia no tocante à entrevista de avaliação, bem como aos resultados positivos obtidos.

Figura 15.2 Exemplo de formulário de classificação destinado à avaliação de um trabalhador de cozinha. Formulários semelhantes podem ser aplicados para todas as classificações de trabalhadores.

Formulário de classificação de funcionário: trabalhador de cozinha

1. *Competência para a função* (pontuação máx.: 25)
   Considerar o desempenho e a competência para a função. O trabalhador dá conta do trabalho e mantém seu local limpo; sua produção é uniforme; é consciente quanto ao desperdício; é econômico; trabalha em silêncio e razoavelmente rápido; abstém-se de visitar os companheiros enquanto trabalha?
   - Excelente 25
   - Bom 20
   - Médio 15
   - Razoável 10
   - Insatisfatório 5

2. *Cooperação* (pontuação máx.: 25)
   Considerar a atitude. O trabalhador responde prontamente a pedidos de ajuda de outros companheiros? Demonstra disposição a ajudar? É receptivo a mudanças e novas ideias? Aceita sugestões quanto a seu trabalho?
   - Excelente 25
   - Bom 20
   - Médio 15
   - Razoável 10
   - Insatisfatório 5

3. *Higiene* (pontuação máx.: 10)
   Considerar as regulamentações relativas à saúde: "Não fumar — lavar as mãos ao sair do banheiro". O trabalhador mantém papéis, lixo, líquidos, folhas de vegetais e outros materiais estranhos fora do chão; mantém quentes os alimentos quentes e os demais sob refrigeração?
   - Excelente 10
   - Bom 8
   - Médio 6
   - Razoável 4
   - Insatisfatório 2

4. *Cuidado com os equipamentos* (pontuação máx.: 10)
   O trabalhador mantém os equipamentos limpos e retorna todas as coisas ao devido lugar? Conhece a forma correta de operar fornos, equipamentos de cozimento a vapor, processadores e outros aparelhos?
   - Excelente 10
   - Bom 8
   - Médio 6
   - Razoável 4
   - Insatisfatório 2

5. *Segurança* (pontuação máx.: 10)
   O trabalhador trabalha com segurança e tem consciência da necessidade de segurança? Corrige ou relata todos os riscos que podem causar acidentes? Sabe onde se localizam os extintores de incêndio e como manejá-los?
   - Excelente 10
   - Bom 8
   - Médio 6
   - Razoável 4
   - Insatisfatório 2

6. *Aparência* (pontuação máx.: 10)
   Considerar a higiene e organização pessoal. O trabalhador parece satisfeito com o trabalho? Ele mantém o corpo limpo? Suas roupas são limpas e apropriadas?
   - Excelente 10
   - Bom 8
   - Médio 6
   - Razoável 4
   - Insatisfatório 2

7. *Frequência* (pontuação máx.: 10)
   Considerar a frequência e a pontualidade diárias. O trabalhador retorna pontualmente dos 10 minutos de intervalo e dos períodos de refeição?
   - Excelente 10
   - Bom 8
   - Médio 6
   - Razoável 4
   - Insatisfatório 2

Qualquer que seja o sistema de classificação escolhido, a pessoa encarregada de conduzir o processo deve ser bem qualificada para assumir a responsabilidade de avaliar pessoas. Em geral, o supervisor imediato tem condições de fazer o melhor trabalho, porque ocupa uma posição que lhe permite observar continuamente as atividades. No entanto, é necessário que se forneçam instruções adequadas sobre o propósito e a utilidade do programa, para haver um acompanhamento com assistência quando for preciso. Também é fundamental que os fatores utilizados na classificação sejam bem explicados e entendidos, para evitar erros de interpretação do formulário e falhas no cumprimento dos padrões estabelecidos. A pessoa responsável pela classificação dos empregados deve ser objetiva e capaz de avaliar os indivíduos em relação aos fatores considerados, assim como de se orientar por padrões de desempenho em vez de eventos isolados, explicar de modo claro e preciso os alvos da observação e ser coerente ao longo do tempo. Esses são requisitos primordiais do avaliador.

A entrevista é uma parte vital do processo de avaliação de desempenho e visa a fornecer informações e estabelecer objetivos. Ela deve ser programada com antecedência, e tanto o empregado como o supervisor devem estar preparados. Deve ser criada uma atmosfera adequada para a comunicação nos dois sentidos em um formato informal. Na verdade, o termo *avaliação de desempenho* foi substituído em alguns estabelecimentos por "Documentos de conversação". O supervisor deve iniciar explicando o objetivo e depois estimular o empregado a participar do diálogo. Os aspectos positivos e negativos do desempenho devem ser discutidos. Essa etapa da entrevista deve ser finalizada com um resumo e uma documentação para arquivamento na ficha do empregado. Na segunda etapa da entrevista, a ênfase recai sobre a fixação de objetivos mútuos, incluindo crescimento pessoal e formulação de procedimentos de acompanhamento. O empregado nunca deve sair dali com dúvidas a respeito da classificação a ele atribuída ou sobre o que lhe cabe fazer para alterar ou melhorar, se for esse o caso.

Uma tendência relativamente nova, que vem ganhando ímpeto, é o *feedback* para os níveis superiores da administração por meio de avaliações das competências administrativas dos supervisores, feitas por seus subordinados. Esse tipo de avaliação se mostrou um dispositivo valioso no que diz respeito à melhoria do desempenho gerencial e da disposição do moral dos empregados, pois proporciona a estes últimos a oportunidade de expressar aquilo que pensam sobre a atuação de seus supervisores.

Em um esforço para estimular o formato de conversação bidirecional, é útil que se forneça aos empregados algumas questões sobre as quais eles devem pensar antes da entrevista. Entre as perguntas mais frequentemente utilizadas estão: (1) Como meu supervisor poderia me ajudar a executar meu trabalho de forma mais eficiente? (2) Na minha opinião, o que poderia nos ajudar a melhorar as operações em nosso departamento?

Promoções e transferências

Com base das avaliações saudáveis feitas pelos membros da equipe, o gerente de negócios de alimentação tem plena condição de estimar qual será o desenvolvimento futuro de diversos indivíduos dentro da organização. Na aplicação da escala de classificação, um grupo pode se sobressair. Essa escala ajuda na identificação das pessoas que merecem ser estimuladas no sentido de uma promoção. Em geral, o termo *promoção* comumente implica aumento de responsabilidade e de salário. Algumas vezes uma promoção significa apenas a oportunidade de se adquirir experiência em um campo desejado. Ela pode representar um número menor de horas de trabalho e maior garantia segurança. Qualquer que seja a natureza da promoção, ela é uma expressão de valorização do mérito de um indivíduo.

Quase sempre um trabalhador considerado inadequado para uma função pode se sair melhor em outra. A aparente falta de adequação pode vir à tona no relacionamento com o supervisor ou no contato com os colegas. Preconceitos pessoais em relação a um tipo particular de trabalho ou a incapacidade física para a função são causas prováveis. Em alguns casos, uma pequena mudança pode transformar o indivíduo em um trabalhador satisfeito e valioso. A transferência de um empregado insatisfeito com o trabalho a ele atribuído para outra posição dentro da organização que envolva desafios ou oportunidades diferentes já resgatou muitos empregados da estagnação. Funções diferentes podem apresentar um amplo espectro de requisitos no tocante às aptidões, o que possibilita a transferência de trabalhadores, se necessário. Os níveis relativos de dificuldade devem ser levados em consideração nas colocações e recolocações. O treinamento contínuo do empregado em sua nova função é um fator crítico para o sucesso da recolocação.

Medidas disciplinares

■ **Conceito-chave:** Qualquer medida disciplinar adotada deve ser imediata, coerente, impessoal, legítima nos termos da legislação e baseada em expectativas conhecidas.

Medidas de caráter disciplinar são necessárias quando outros dispositivos falham ao tentarem garantir que os trabalhadores se portem de acordo com padrões aceitáveis. O líder deve, em primeiro lugar, assegurar-se de que as regras do trabalho sejam claras, razoáveis, justas, revisadas com regularidade e coerentes com os acordos coletivos. Essas regras devem ser comunicadas oralmente aos empregados e depois afixadas em locais visíveis, além do que é necessário que sejam impostas com prontidão, coerência e sem discriminações. O líder deve dar um bom exemplo no cumprimento de todas as determinações e todos os requisitos.

Qualquer medida disciplinar deve ser adotada com sensibilidade e justiça e só depois que o supervisor tiver realizado uma investigação exaustiva sobre o que aconteceu e os motivos para tal. Como regra geral, as ações disciplinares devem ser tomadas em caráter particular. As políticas de gestão de pessoal normalmente adequam a severidade da punição à severidade da infração, dentro de uma escala que começa com uma conversa informal, passando por uma advertência oral e não registrada ou reprimenda, advertência oficial por escrito, suspensão, rebaixamento profissional ou transferência, culminando com a demissão.

Uma sugestão para os supervisores é a analogia entre o "forno quente" e as ações disciplinares. As medidas disciplinares devem produzir sensação semelhante a encostar a mão em um forno quente. A queimadura é imediata, coerente, impessoal e funciona como uma advertência prévia:

- **Advertência prévia**: todos sabem o que acontece quando se encosta a mão em um forno quente. Os empregados devem saber o que se espera deles;
- **Caráter imediato**: a queimadura é imediata. A medida disciplinar não deve ser precipitada, mas sim tomada tão logo seja viável, depois de cometida a infração;
- **Coerente**: o forno quente queima todas as vezes que nele alguém se encosta. As ações disciplinares devem ser adotadas todas as vezes em que ocorrer uma infração;
- **Impessoal**: qualquer pessoa que encoste em um forno quente se queima. A ação e não a pessoa deve ser objeto de medida disciplinar.

Antes de se colocar em prática qualquer medida disciplinar, um supervisor deve responder a estas seis perguntas:

1. O trabalhador estava ciente das regras de trabalho que foram violadas?
2. As regras são razoáveis?
3. Qual regra foi violada?
4. A investigação conduzida foi justa?
5. Havia provas substanciais da violação?
6. As regras estão sendo aplicadas com uniformidade?

Depois de aplicadas as sanções disciplinares, o empregado deve ser tratado como antes.

Demissões

Quando o contrato de trabalho de um empregado é encerrado sem o consentimento dele, o termo utilizado é demissão. Um indivíduo pode ser demitido em decorrência de erros na execução das tarefas a ele atribuídas; porém, essa deve ser a etapa final de um processo que envolva aconselhamento, advertência e possível dispensa disciplinar. Todas as pessoas demitidas de um negócio de alimentação devem passar por uma entrevista de "saída", na qual os pontos fortes são reconhecidos e as razões para a demissão são revistas imparcialmente. Se a situação justificar a indicação do empregado para outro cargo, é necessário que se forneça ajuda para a solução do problema de colocação. Em qualquer um dos casos, o empregado não deve deixar o serviço sem ter a chance de se defender e ter conhecimento, se possível, do acordo justo dado pelo supervisor.

As opiniões divergem quanto à discussão de uma demissão com outros empregados. Se existir a possibilidade de que o incidente gere insegurança dentro do grupo, é recomendável que seja feita uma apresentação do fato, não necessariamente completa, com vistas à preservação do moral da equipe. Quase sempre os empregados compreendem tais situações muito mais do que os diretores imaginam.

Tratamento de reclamações

Um supervisor sensato atua de forma ativa; isto é, não se limita a ficar sentado na frente de sua mesa esperando que os empregados tragam os problemas. Um supervisor sensato prevê as dificuldades e se prepara para enfrentá-las, em vez de aguardar que os eventos aconteçam. As reclamações nem sempre são expressas verbalmente ou por escrito. Os supervisores devem estar atentos aos sintomas de insatisfações não expressas, tais como atrasos e faltas, declínio da qualidade do trabalho ou da quantidade produzida, mudanças de atitude e indiferença.

Muitas queixas podem ser solucionadas entre o supervisor e o empregado, de modo informal. Quando os trabalhadores são sindicalizados, o contrato inclui procedimentos formais de reclamação, os quais contemplam, em geral, a apresentação da queixa por escrito e a tentativa de solução no nível do primeiro supervisor dentro da linha hierárquica. Se esse procedimento não for possível, a reclamação deverá ser levada para os níveis superiores de autoridade, até que uma solução seja encontrada.

Reuniões de equipe

Reuniões regulares das equipes e do departamento, somadas ao uso de escalas de classificação, são recursos valiosos para orientação do pessoal. Esforços contínuos no sentido de estabelecer o relacionamento dos trabalhadores com as tarefas a eles atribuídas e com a organização como um todo costumam ser divulgados em reuniões periódicas marcadas pelo supervisor. Nessas reuniões, são apresentados os pontos de interesse geral e trocadas sugestões em relação à melhoria da empresa de alimentação. Problemas mais intrincados, tais como desperdícios, quebras e baixa produtividade, que não tenham sido controlados por meio de supervisão direta, podem ser solucionados quando se desperta nos trabalhadores a consciência do problema e o interesse em resolvê-lo. Uma reunião de equipe não deve nunca ser usada para aplicação de medida disciplinar a alguns dos membros do grupo. Conforme afirmado anteriormente, as reprimendas públicas e as ridicularizações rudes não costumam surtir efeito no caso de um trabalhador adulto.

Além do contato com o grupo, o supervisor deve reservar um tempo para uma conversa individual com cada um dos trabalhadores, pelo menos uma vez por semana. Todos os empregados desejam sentir que alguém se interessa por ele como pessoa e reconhece seu valor atual e potencial para a organização.

Políticas e legislação do trabalho

▋ **Conceito-chave:** As políticas trabalhistas são desenvolvidas para orientar a tomada de decisões gerenciais e para promover o comprometimento dos empregados com determinadas ações previsíveis.

Políticas são diretrizes para ações futuras. Elas devem ser abrangentes o suficiente para comportar variações nas decisões gerenciais em todos os níveis, sem, no entanto, deixar de fornecer diretrizes quanto à coerência e às interpretações e para comprometer o pessoal no que diz respeito a certas ações previsíveis. Políticas não devem ser confundidas com diretivas ou regras. As primeiras são adotadas com o objetivo de promover o entendimento no tocante ao curso das ações, enquanto as últimas visam à conformidade.

Um aspecto importante da administração de pessoal, que se aplica a qualquer organização, independentemente de seu porte, são as políticas trabalhistas aceitas e executadas. Existe um velho ditado, segundo o qual quando duas pessoas se encontram, há um problema social; quando uma assume uma tarefa a pedido da outra, há um problema trabalhista; e quando esse trabalho é remunerado, há um problema econômico. As políticas que controlam a abordagem desses problemas se desenvolveram vagarosamente com a evolução da civilização e o crescimento do número de trabalhadores. Essas políticas foram estabelecidas, reformuladas e revisadas, em especial ao longo dos últimos anos, em decorrência de legislações promulgadas em nível federal, estadual e local.

As políticas relativas às pessoas que trabalham em uma empresa são denominadas políticas trabalhistas. As políticas de contratação podem fazer referências a fontes preferenciais que devem ser utilizadas para captação de candidatos e identificação de instrumentos tais como testes empregados no processo de seleção ou da proporção de funcionários que devem ser contratados; por exemplo, o número de mulheres em relação ao de homens ou grupos raciais minoritários em relação aos majoritários. As políticas voltadas ao desenvolvimento de pessoal podem contemplar o tipo de programa de treinamento oferecido pela instituição, a gratuidade ou não para continuidade da formação educacional, o período de ausência do trabalho concedido aos empregados para participação em aulas ou reuniões e o ponto de partida para promoções e transferências.

As políticas relativas à remuneração dizem respeito a fatores como: escalas de salário que devem ser obedecidas; férias, ausências por doença e feriados passíveis de remuneração; planos de bônus ou participação nos lucros; e seguro em grupo ou outros benefícios oferecidos à equipe.

As políticas de integração se referem ao reconhecimento ou não dos sindicatos trabalhistas, assim como à forma de tratamento dado às reclamações e apelações e ao grau de participação dos empregados no processo decisório.

As políticas de manutenção dizem respeito aos serviços que devem ser oferecidos no tocante à saúde física, mental e emocional dos empregados. Elas podem estar relacionadas com medidas de segurança, remuneração por acidente, sistemas de aposentadoria, programas de recreação e outros serviços, todos eles integrados no plano organizacional.

Uma vez que as políticas tenham sido elaboradas e aceitas, elas devem ser escritas. Um empregador sensato disponibiliza a todos os trabalhadores uma cópia das políticas de gestão trabalhista contidas no manual da companhia. Tal publicação pode ser um pesado volume composto por muitas páginas e ilustrações ricas em detalhes ou um simples conjunto de folhas xerocadas. Qualquer que seja o formato, o conteúdo deve incluir informações que o trabalhador precisa conhecer sobre a organização e que o empregador deseja que ele conheça. Os empregados não têm interesse em cooperar como membros de uma equipe, sem ter conhecimento prévio das políticas, em especial aquelas que os afetam diretamente. Além de saber o que se espera deles, os trabalhadores querem se manter informados a respeito de suas realizações, das bases para promoções e aumentos salariais, de benefícios indiretos, estabilidade no emprego e possibilidade de dispensas sazonais.

Do ponto de vista do empregado, as políticas trabalhistas devem tratar de forma explícita questões como: remuneração salarial justa; promoções e transferências; estabilidade no emprego; e alternativas para manutenção do interesse da função, de modo que ela não se torne uma rotina enfadonha. Elas devem fixar ações disciplinares justas entre os empregados; reconhecer os perigos que as atividades do setor representam para a saúde, especificando os controles correspondentes; definir a participação na formulação de planos e políticas para o futuro, normalmente relacionados com demandas de acordo coletivo; além de determinar os benefícios indiretos.

Os gerentes desejam ter empregados bem informados a respeito das políticas que tratam de metas e objetivos da organização, das mercadorias e dos serviços oferecidos, dos reflexos do aumento de produtividade sobre os benefícios para os empregados e a companhia, da proporção custos-despesas e de como ela afeta os lucros e os benefícios deles decorrentes, além dos relacionamentos esperados com o público e outros departamentos da organização.

Há um consenso geral sobre a lista de temas que, na opinião do empregador, devem fazer parte de políticas trabalhistas que favoreçam uma gestão produtiva, e aquela considerada vital pelos empregados no que tange a condições satisfatórias de trabalho. Alguns itens citados pelos dois lados — salários e manutenção de receitas; horas trabalhadas; cronogramas e provisões para horas extraordinárias; segurança no emprego, incluindo transferências e promoções; um ambiente de trabalho seguro e satisfatório; planos de seguro, aposentadoria e pensão; igualdade de oportunidades; e práticas de emprego justas e direitos civis — podem ser considerados questões importantes nas políticas trabalhistas da maioria dos estabelecimentos de alimentação.

Esses tópicos podem ser agrupados sob quatro títulos: (1) salários e manutenção de receita; (2) horas e cronograma de trabalho; (3) segurança no emprego; e (4) serviços e benefícios oferecidos ao empregado. A principal legislação federal aplicável ao emprego no setor privado é incluída em cada uma das discussões a seguir.

Salários e manutenção de receita. Do ponto de vista do trabalhador, a característica mais importante do salário — o pagamento que ele recebe e leva para casa pelo trabalho realizado — é seu poder de aquisição. Ele representa a medida das necessidades que o trabalhador tem condições de satisfazer e determina, em larga extensão, a adequação do padrão de vida desse trabalhador, seu sentido de segurança financeira e a possibilidade de ele se sentir um membro útil e responsável da comunidade. No passado, os negócios de alimentação, a exemplo de outros tipos de organização, optavam por oferecer uma remuneração anual abaixo do que seria necessário para manutenção de um padrão de vida justo. Essa situação melhorou com a adoção de políticas salariais e a promulgação de leis federais e estaduais para regulamentação dessa questão. A formulação de políticas satisfatórias no tocante aos salários e manutenção de outras receitas é condicionada por muitos fatores, tais como: (1) o desejo e a intenção da companhia em pagar salários merecidos a todos os empregados e, ao mesmo tempo, manter um controle justo sobre os custos trabalhistas; (2) o reconhecimento da relação entre os deveres e as responsabilidades das diversas funções dentro da organização e os salários pagos a cada uma delas; e (3) a aceitação das diferenças individuais em termos de experiência, competências e disposição para assumir responsabilidade. A administração tem obrigação de fazer com que tais diferenças estejam refletidas na escala de remuneração estabelecida para uma função específica, além de divulgar livremente esses pontos aos trabalhadores. Políticas baseadas nessas considerações conduzem ao desenvolvimento conjunto, por empregador e empregados, de uma classificação sistemática das funções e remunerações. Nessa condição, torna-se possível expressar em termos de salário o valor e a utilidade de cada função.

A aplicação de uma política de salários ao pessoal de cozinha e salas de refeições leva a certos agrupamentos, tais como:

1. Lavadores de pratos, lavadores de vasilhas e panelas, lavadores de louças.
2. Trabalhadores em estágio de experiência ou pré-preparação.
3. Grupos que servem alimentos, incluindo balconistas e garçons.
4. Assistentes de cozinha e segundos cozinheiros, atendentes de refeitório, caixas.

5. Cozinheiros, incluindo os que preparam carnes, vegetais, saladas e massas.
6. Supervisores de nível não profissional.

Existe um diferencial de salário dentro desses grupos. As instituições de serviço civil e os sindicatos, assim como outras tantas organizações, estabeleceram degraus dentro de cada nível salarial, de modo que os trabalhadores que fazem jus a aumentos de salário podem ser objeto de reconhecimento pela qualidade dos serviços prestados, muito embora não estejam qualificados para avançar até o nível ou a categoria superior.

> **Conceito-chave:** Inúmeros artigos da legislação estabelecem políticas trabalhistas justas e tentam contrabalançar o poder entre os trabalhadores e a gerência.

A Fair Labor Standards Act, de 1938, conhecida também como Federal Wage and Hour Law, foi promulgada pela primeira vez para ajudar a eliminar a pobreza, criar poder de aquisição e estabelecer um piso salarial com condições de impedir a ocorrência de uma nova Grande Depressão. O salário mínimo fixado naquela época era de US$ 0,40 por hora! Essa base cresceu gradualmente ao longo dos anos. A lei foi modificada em 1966 e os novos capítulos passaram a contemplar, pela primeira vez, os empregados de instituições de alimentação. O salário mínimo naquele ano foi fixado em US$ 1,60 e foram incluídos capítulos que tratam do aumento gradativo que deveria ocorrer, para acompanhar o aumento do custo de vida. A lei se aplica em igualdade de condições aos trabalhadores de todas as empresas, independentemente de sexo, tamanho da folha salarial e regime de trabalho (parcial ou integral).

A Equal Pay Act, uma emenda norte-americana de 1963 da Fair Labor Standards Act, proíbe a discriminação salarial dos empregados em função de sexo, ao instituir a igualdade de condições para todos os empregados cobertos pela lei. A legislação exige que os empregadores paguem salários iguais a homens e mulheres que exercem funções com os mesmos requisitos de habilidade, esforços e responsabilidade, em condições de trabalho semelhantes.

Outra determinação da Fair Labor Standards Act que tem interesse especial para administradores de instituições de alimentação diz respeito à remuneração paga a empregados que recebem gorjetas. Em alguns estados, o empregador considera que as gorjetas recebidas por um empregado representam uma parte do salário. O montante dessa tolerância varia de um estado para outro, nos EUA. Um empregado que exerce funções nessas condições em geral recebe mais de US$ 30 por mês em gorjetas.

Muitos estabelecimentos de alimentação empregam estudantes; isso é particularmente verdadeiro no caso de faculdades e universidades, escolas em geral, casas de repouso para idosos e outras instituições de vida comunitária. As leis que estabelecem o salário mínimo em diversos estados podem determinar o valor da remuneração em um patamar ajustado inferior ao padrão federal. Em geral, os estudantes que trabalham menos de vinte horas por semana não são afetados pelas disposições de tais leis.

A menos que sejam especificamente dispensados por essa legislação, todos os empregados devem receber uma remuneração igual ou pelo menos uma vez e meia o valor pago aos empregados regulares, por todas as horas trabalhadas que excederem quarenta horas, em uma semana de sete dias. O pagamento de horas extra não é exigido para o trabalho aos sábados, domingos e feriados ou dias de folgas.

Todos os administradores de estabelecimentos de alimentação devem ter conhecimento das leis federais e estaduais que determinam o valor do salário mínimo para as diversas categorias de empregados. Nos EUA, informações nesse sentido podem ser obtidas por meio do escritório mais próximo do Wage and Hour Division, do U.S. Department of Labor.

A remuneração de desempregados é outro item da legislação norte-americana que, além do pagamento regular pelo trabalho realizado, garante parcialmente a manutenção da receita. Esse sistema de seguro em âmbito nacional visa a proteger os assalariados e seus familiares contra a perda de receita decorrente do desemprego e foi promulgada como parte do Social Security Act, de 1935. O objetivo desse seguro é garantir aos trabalhadores uma receita semanal capaz de mantê-los durante o período de desemprego. Os candidatos ao recebimento desse seguro devem comprovar que estiveram empregados por um período de tempo em uma função coberta pela lei, além de estarem aptos e dispostos a trabalhar e não terem sido demitidos por justa causa.

Nos EUA, o seguro desemprego é um programa conjunto da união com os estados, operado pelos estados com a assistência do U.S. Department of Labor. Cada estado dispõe de exigências e benefícios específicos. De um modo geral, os empregadores recolhem uma taxa que incide sobre a folha de pagamento. Os benefícios para trabalhadores desempregados são pagos por meio de um fundo alimentado por esse recolhimento. Na maioria dos estados, as empresas que empregam três, quatro ou mais trabalhadores por vinte semanas ao longo do ano são obrigadas a participar desse fundo. As leis de cada estado especificam as condições para recebimentos dos benefícios pelos trabalhadores, assim como o valor recebido e o número de semanas de vigência do pagamento. Na maior parte dos estados, só o empregador contribui para esse fundo; em poucos deles o empregado também contribui. Desse modo, o salário desemprego é um custo adicional sobre a folha de pagamento para muitos administradores de negócios em alimentação e um benefício adicional para os empregados.

Horário e jornada de trabalho. A jornada de quarenta horas semanais estabelecida pela Minimum Wage and Hour Law é, em geral, adotada em todo o território dos Estados Unidos. Algumas organizações adotam a jornada de 37½ ou de 35 horas na semana. O tempo além das quarenta horas em uma semana de sete dias, ou de oitenta horas em um período de quatorze dias (em hospitais e outras instituições de assistência à saúde, a idosos ou a pessoas com deficiência mental), de acordo com a legislação, exige remuneração extra, conforme observado anteriormente.

Os administradores de negócios em alimentação devem considerar cuidadosamente a programação diária das horas em que cada empregado estará a serviço. Conforme discutido anteriormente, muitos fatores diferentes entram no planejamento de cronogramas de trabalho satisfatórios. Os empregadores têm a responsabilidade de estabelecer o cronograma dos empregados, de modo tal que eles dediquem ao trabalho o tempo necessário e esse tempo seja bem utilizado, contribuindo para o controle dos custos de mão de obra. Os turnos divididos são quase um recurso do passado; turnos diretos são os mais recomendados. Oito horas de trabalho por dia, em uma semana de cinco dias é uma prática comum. No entanto, algumas organizações adotam variações, em especial dez horas por dia em uma semana de quatro dias, deixando para o empregado um período de três dias de folga, ou doze horas por dia, em uma semana de três dias. A maioria das organizações de alimentação entende que essa jornada não é conveniente para o tipo de trabalho a ser realizado.

No planejamento das horas de trabalho e de descanso de cada membro da equipe são considerados, além das necessidades do empregador e da organização, os interesses do empregado, assim como as determinações sindicais que estiverem em vigor. Grande parte da legislação trabalhista estadual exige a observação de horário para as refeições e de períodos de descanso entre as refeições, o que também deve ser levado em consideração ao se planejar as jornadas de trabalho. É importante que a administração tenha conhecimento de tais regulamentações.

Segurança no emprego. Uma das maiores preocupações no mundo do trabalho atual é a igualdade de oportunidades para todas as pessoas que desejam um emprego e estão qualificadas para tal. A **igualdade de oportunidades no emprego** (**EEO**, na sigla em inglês) é o termo genérico que abrange todas as leis e regulamentações que proíbem a discriminação ou exigem ações afirmativas. As normas e diretrizes interpretativas ditadas pela **comissão da igualdade de oportunidades no emprego** (**EEOC**, na sigla em inglês) oferecem orientações aos administradores quanto ao cumprimento de leis norte-americanas promulgadas em 1990 sob o Capítulo VII da Lei de Direitos Civis (Civil Rights Act), de 1964, que tratam da proibição de discriminação por idade no emprego (Age Discrimination in Employment Act), da proibição de discriminação por gravidez (Pregnancy Discrimination Act) e dos norte-americanos portadores de necessidades especiais (**Americans with Disabilities Act, ADA**), de 1990, todas elas decretos federais do EEO.

A maioria dos estados também possui legislação própria que proíbe a discriminação. Em alguns casos, esses decretos são mais amplos do que as leis federais. Estado civil, preferência e orientação sexual, raça, cor, religião, nacionalidade e ancestralidade são aspectos demográficos protegidos contra discriminação em diversos estados. Tais leis são designadas práticas do emprego justo. Uma lei de acomodação pública, quando em vigor, exige que todas as pessoas recebam o mesmo tipo de serviço.

A Lei de Direitos Civis, de 1964, estipula que "Nenhum indivíduo, nos Estados Unidos, deve ser impedido, em função de raça, cor ou nacionalidade, de tomar parte de qualquer programa ou atividade objeto de assistência financeira federal, assim como de receber os benefícios dele decorrentes". O Capítulo VII desse ato amplia a abrangência para incluir a proibição de discriminação "por empregadores, agências de emprego e sindicatos".

Desse modo, os empregados que ocupam cargos cobertos pela legislação têm o direito a não discriminação ilegal no tocante ao recrutamento, anúncios classificados, classificação da função, contratação, utilização das instalações físicas, transferências, promoções, remuneração e salário de dispensa, linha de antiguidade, testes, cobertura de seguro, benefícios de pensão e aposentadoria, indicação para outras funções e associação com sindicatos, entre outros. Todos os empregados potenciais têm oportunidade igual, independentemente de sua formação.

Igualdade de oportunidades no emprego (EEO)
Termo genérico que abrange todas as leis e regulamentações que proíbem a discriminação ou exigem ações afirmativas.

Comissão da igualdade de oportunidades no emprego (EEOC)
Oferece orientações aos administradores quanto ao cumprimento das leis EEO.

Americans with Disabilities Act (ADA)
Decreto federal norte-americano que proíbe a discriminação de pessoas qualificadas que sejam portadoras de necessidades especiais, em qualquer um dos aspectos do processo seletivo.

Em 1974, o Capítulo VII da lei norte-americana de direitos civis recebeu uma emenda que trata da proibição de discriminação em função de religião e sexo. Em 1978, a discriminação sexual foi ampliada com a promulgação da lei que cobre a proibição de discriminação por gravidez (Pregnancy Discrimination Act), parto e as enfermidades daí decorrentes.

Nos EUA, a Lei de Direitos Civis de 1991 ampliou a possibilidade dos empregados, demitidos em virtude de discriminação, ganharem mais facilmente as ações na justiça e receberem indenizações mais expressivas. Essa lei não altera a definição do que é legal, porém, relaxa o ônus da prova e possibilita a reparação por penas, sofrimento e danos punitivos.

A Lei Norte-americana contra a Discriminação no Emprego em virtude de Idade (Age Discrimination in Employment Act), de 1967, promove a contratação de trabalhadores mais velhos, com base na experiência em vez da idade. Ela proíbe discriminações arbitrárias em função de idade e ajuda empregadores e empregados a encontrar caminhos para solução de problemas decorrentes do impacto da idade no exercício da função. A lei protege a maioria dos indivíduos com idade entre quarenta e setenta anos contra "discriminação em função de idade no que se trata de contratação, remuneração por dispensa e outros termos, condições ou privilégios no emprego".

O Capítulo VII da lei norte-americana de direitos civis de 1964, depois de emendado, torna ilegal o assédio sexual. Essa lei reconhece a responsabilidade apenas do empregador; um empregado assediado sexualmente não é responsável por isso. O **assédio sexual** assume duas formas e é um tipo de discriminação que viola as leis federais e estaduais, assim como a maioria das leis locais. A primeira forma é "retribuição igual" e ocorre quando um supervisor premia ou pune um subordinado, respectivamente por ceder ou não ceder favores sexuais. A segunda forma é o "ambiente hostil", que ocorre quando a capacidade de um empregado para executar seu trabalho, orgulhar-se dele e desejar permanecer na posição é minada por uma atmosfera adversa decorrente de conduta sexualmente inoportuna ou hostil por parte do supervisor e de companheiros de trabalho.

Assédio sexual
Investidas sexuais indesejadas por meio de condutas casuais, verbais ou físicas de natureza sexual.

Os fatores que as cortes judiciais consideram geradores de ambiente hostil incluem o seguinte:

- comentários, fotos ou gráficos com orientação sexual, no local de trabalho;
- contato físico ou verbal indesejado ou comentários insultantes com conotação de gênero;
- frequência ou difusão da má conduta;
- incapacidade do empregador para averiguar as queixas e adotar ações corretivas.

Para evitar o assédio sexual e a consequente responsabilização pelos atos, os estabelecimentos de alimentação devem dispor de políticas e procedimentos antiassédio catalogados, assim como divulgar regularmente por meio de memorandos e reuniões advertências de que o assédio sexual não será tolerado e os supervisores devem tratar seus subordinados de forma justa e respeitosa; realizar seminários regulares nos quais a participação dos supervisores seja obrigatória; levar ao conhecimento de todos os empregados as políticas e os procedimentos adotados; agir com rapidez para a solução de todas as reclamações; e não permitir que vítimas e testemunhas sejam alvo de retaliações.

Nos EUA, a lei de 1990 que trata dos norte-americanos portadores de necessidades especiais (ADA) proíbe a discriminação, em qualquer uma das etapas do processo seletivo, de pessoas qualificadas que apresentem algum tipo de deficiência. Nenhum indivíduo portador de necessidades especiais pode ser preterido para um cargo se ele tiver qualificação e capacidade para desempenhar as funções essenciais desse cargo, com ou sem a devida adaptação. Se necessário, um empregador deve proporcionar essa adaptação, a menos que ela se revele uma extrema dificuldade. Não se pode admitir diminuição dos padrões de desempenho vigentes; porém, eles devem estar relacionados à função e ser uniformemente aplicados a todos os empregados que exercem aquele cargo e todos que a ele se candidatarem. Deve-se oferecer oportunidades iguais a todos os indivíduos portadores de necessidades especiais que desejem se candidatar a um cargo. O questionário pré-admissional apresentado ao candidato não deve dizer respeito à sua deficiência, mas sim à sua aptidão para exercer uma função específica. Pode-se solicitar que ele descreva ou demonstre de que maneira as funções inerentes ao cargo podem ser realizadas. A ADA proíbe a exigência de histórico médico e exames físicos pré-admissionais; no entanto, a oferta do cargo pode ser condicionada aos resultados de um exame físico posterior. Esse exame deve ser exigido de todos os candidatos que se enquadrem na mesma categoria de emprego. A ADA não considera exames físicos os testes destinados a detectar o uso de drogas ilícitas e, portanto, eles são admitidos.

Quotas
Uma prática quase sempre ilegal do número de cargos que um empregador destina exclusivamente ao preenchimento por membros de certas minorias, por porcentuais fixos e inflexíveis.

Quotas são porcentuais fixos e inflexíveis do número de cargos que um empregador destina ao preenchimento por membros de certas minorias. Essa é uma forma inversa de discriminação e, quase sempre, considerada ilegal.

Ações afirmativas não envolvem a fixação de quotas específicas, mas, ao contrário, o desejo de atingir objetivos gerais para elevar o número de mulheres e de minorias em cargos específicos. Exigidas por determinados contratantes, as ações afirmativas são consideradas legais se ordenadas por uma corte para reparar discriminações passadas ou se forem limitadas em tempo e escopo. Na atualidade, a vigência de políticas que sustentam ações afirmativas permanentes vem sendo alvo de inflamadas discussões baseadas na argumentação de que elas representam uma forma inversa de discriminação.

Em um esforço para deter a onda de imigrantes ilegais que chegam ao país, o congresso norte-americano aprovou em 1986 a Lei de Controle e Reforma da Imigração (Immigration Reform and Control Act). Essa lei torna ilegal o recrutamento e a contratação de pessoas que não cumpram as exigências legais para trabalhar nos Estados Unidos. Os empregadores precisam preencher um formulário do tipo I-9 para cada empregado, com vistas a verificar se estão qualificados para trabalhar nos Estados Unidos. Além disso, qualquer empresa que tenha quatro ou mais empregados é proibida de discriminar seus empregados ou candidatos a emprego com base na nacionalidade ou condição de cidadania.

Como pode ser observado, nossa sociedade econômica possui muitas áreas de atrito. Estudantes do setor trabalhista concordam de forma quase unânime que em nenhuma outra área existe um problema econômico tão importante para os seres humanos do que a estabilidade no emprego, o que se traduz na garantia de satisfação das necessidades físicas, apreço e afeição dos outros, uma oportunidade de se expressar livremente e tempo livre para curtir o lazer. Os três riscos que, mais do que quaisquer outros, tendem a tornar insegura a posição da maioria dos assalariados são o desemprego, a incapacitação física e a idade. A definição de desemprego utilizada pelo Bureau of Census é: "O desemprego pode ser descrito como uma enfermidade involuntária da parte daqueles que perderam seu último trabalho, são aptos a trabalhar e estão procurando emprego". Essa definição é, sem dúvida, limitada, porque exclui todas aquelas pessoas que não estão dispostas a trabalhar, estão desempregadas em virtude de deficiências físicas ou mentais ou estão temporariamente inativas por razões sazonais. No entanto, a definição cobre o grupo cuja situação de desemprego nasce de condições inerentes à organização e à gestão setorial.

Os problemas de estabilidade devem interessar a todos aqueles que ocupam posição de direção no setor de negócios em alimentação. Esse setor como um todo, felizmente, oferece emprego estável e muitos administradores se orgulham do longo período de exercício no cargo de grande número de seus trabalhadores. Algumas vezes, no entanto, o fato de os trabalhadores interpretarem esse mandato longo como óbvio impõe problemas específicos, tais como o desleixo e a ineficiência no desempenho das tarefas a eles atribuídas e a falta de interesse em aprimorar suas práticas. Em alguns casos, os padrões de desempenho foram reduzidos para garantia da segurança dos empregados. As políticas de pessoal devem cobrir tais contingências.

Serviços e benefícios oferecidos aos empregados. Os benefícios que os empregados recebem quase sempre representam até 39% da remuneração paga. Alguns desses benefícios são, de tal modo, tidos como não valorizados por aqueles que os recebem. No entanto, se esses serviços não fossem oferecidos, a falta deles seria profundamente sentida. Os administradores reconhecem o caráter humanístico de certos programas e serviços, somados a uma remuneração justa, capaz de garantir o conforto e o bem-estar dos empregados. Um ponto de vista menos altruísta pode levar os administradores a oferecer os mesmos benefícios com o objetivo de competir no mercado de trabalho e atrair os candidatos desejados.

Os benefícios adicionais, algumas vezes denominados benefícios indiretos, enquadram-se em três categorias gerais: (1) saúde e segurança; (2) serviços e benefícios econômicos; e (3) conveniência e conforto. O primeiro grupo, *saúde e segurança*, é um fator básico muito importante em todas as questões relativas ao quadro de pessoal. Esse fator afeta a vida social e econômica, por ser de interesse não apenas do empregado como também do empregador e da sociedade. O tempo perdido em virtude de enfermidades e acidentes é caro tanto para a administração como para o trabalhador, pois resulta em declínio da produtividade e aumento das perdas para o empregador, com reflexo direto sobre a receita dos empregados. Manter a boa condição física destes últimos é economicamente desejável, assim como necessário para o alcance das diversas metas do departamento. Além disso, os administradores de negócios em alimentação reconhecem que a saúde dos trabalhadores pode afetar a saúde do público através do contato direto ou indireto. Discussões adicionais a respeito da importância do estado de saúde de um empregado do setor são apresentadas no Capítulo 3.

A segurança das condições de trabalho é primordial tanto para o empregador como para os empregados. Um estabelecimento de alimentação não apresenta os mesmos riscos observados em qualquer outro setor, mas cria situações semelhantes às encontradas em diversos setores.

Occupational Safety and Health Act (OSHA)
Lei norte-americana que exige que os empregadores garantam aos empregados um ambiente livre de riscos à segurança.

Garantia da remuneração do trabalhador
Programa norte-americano administrado pelo estado, de acordo com o qual cabe ao empregador recolher o prêmio do seguro que cobre os empregados no caso de acidentes.

Quedas, queimaduras, choques e cortes são acidentes possíveis em qualquer outro lugar em que se trabalhe com equipamentos mecânicos. Cabe ao gerente a responsabilidade de garantir que a segurança seja preservada, que os equipamentos sejam mantidos em condição segura e que todo o ambiente de trabalho seja seguro e limpo.

Nos EUA, a lei de 1970 que trata da saúde e segurança ocupacional (**Occupational Safety and Health Act — OSHA**) obriga os gerentes a observarem criticamente as condições do ambiente de trabalho e a forçarem a adequação das impróprias aos padrões exigidos pela lei. Todo empregador coberto pela legislação é obrigado a garantir locais e condições de trabalho que sejam isentos de riscos com potencial para causar mortes ou graves prejuízos físicos, além de cumprir todas as regulamentações de segurança promulgadas pela Secretary of Labor, em conformidade com as determinações da lei.

Outro benefício para os empregados é definido pelo programa de **garantia da remuneração do trabalhador**. Essa legislação é administrada pelos estados e o prêmio do seguro é pago pelos empregadores. As leis que tratam da remuneração dos trabalhadores são baseadas na teoria de que o custo dos acidentes deve ser parte do custo de produção, do mesmo modo que os salários, os impostos, o seguro e as matérias-primas.

Esse seguro cobre a responsabilidade dos empregadores em relação ao custo de qualquer acidente sofrido por um empregado no trabalho ou em conexão com ele. Os trabalhadores precisam demonstrar que se feriram no trabalho e exibir a extensão dos ferimentos. As leis relativas às remunerações estabelecem o montante específico a ser pago para cada tipo de ferimento, além de hospital, cirurgias e, em caso de morte, despesas com funeral. Todos os diretores de negócios em alimentação precisam determinar, através do departamento do trabalho do estado, quem está coberto pela remuneração do trabalho, os métodos de pagamento e o montante do benefício ao qual o trabalhador faz jus.

A lei norte-americana de 1993 que trata da família e da licença médica (Family and Medical Leave Act) concede aos empregados uma licença máxima de doze semanas por ano, sem remuneração e com garantia de emprego, para cuidar de problemas graves de saúde dele próprio, do cônjuge, dos pais ou dos filhos.

Os planos de seguro de saúde e acidentes oferecem alguma assistência aos empregados que adoecem ou sofrem algum ferimento no trabalho. O medo de ferimentos e doenças é causa de muita preocupação, mesmo quando os empregados são cobertos por um plano de seguro. Sem ele, os trabalhadores enfrentariam sérios problemas financeiros se tivessem que pagar por conta própria as contas do hospital e dos serviços médicos.

Existem muitas formas de seguro coletivo de saúde e acidentes. Em alguns casos, a empresa assume sozinha o valor que caberia aos empregados; em outros, o custo é dividido entre a companhia e aqueles que participam do seguro. Por meio de esforços empenhados pelos sindicatos de trabalhadores e por gerentes preocupados, um número cada vez maior de serviços de saúde vem sendo disponibilizado para os empregados, muitos deles por conta do empregador. Planos de benefício flexíveis, que oferecem ao empregado vasta gama de opções dentre as quais ele pode fazer sua escolha, vêm ganhando popularidade. Enquanto os planos de benefício mais antigos incluíam apenas saúde e aposentadoria, os atuais quase sempre permitem que os empregados optem, dependendo das necessidades e dos objetivos individuais, por participação nos lucros; participação acionária; assistência jurídica, educacional e creche; seguro odontológico e oftalmológico; e seguro de vida.

O limite até o qual os estabelecimentos de alimentação oferecem esses benefícios normalmente depende do porte da organização e das instalações disponíveis; por exemplo, a sala de emergência de um hospital e o interesse daqueles que ocupam cargos com poder decisório.

O segundo grupo de serviços e benefícios oferecidos aos empregados é aquele rotulado de *econômico*. A maioria dos programas discutidos até aqui oferece alguns benefícios econômicos aos trabalhadores, mesmo que indiretamente. Sem dúvida alguma, todos os planos de seguro podem ser enquadrados nessa classificação, em vez do grupo de saúde e segurança. No entanto, os benefícios incluídos nesse grupo econômico têm um valor monetário de retorno para o empregado; o empregador arca com os custos de alguns e outros são compartilhados entre ele e os empregados.

Segurança social
Programa federal de seguro que visa proteger os assalariados e suas famílias no caso de perda de receita decorrente de idade, incapacitação ou morte.

Nos EUA, os benefícios da **segurança social** são garantidos pela lei da segurança social (Social Security Act), um programa de seguro em âmbito nacional, cujo objetivo é proteger os assalariados e suas famílias contra a perda de receita decorrente de idade, incapacitação física e morte. Um porcentual específico do salário de cada trabalhador junto de um montante equivalente pago pela empresa é depositado em um fundo de segurança social (Social Secutity Fund), ou em um sistema de aposentadoria com igual propósito, no caso de uma organização sem fins lucrativos. As provisões e os benefícios da segurança social mudam de tempos em tempos, de forma que os detalhes logo se tornam desatualizados. Os administradores precisam se manter informados a respeito das mudanças mais recentes, junto ao escritório local da segurança social.

Outros benefícios econômicos oferecidos por algumas organizações para seus empregados podem incluir programas de seguro de vida em grupo, planos de participação nos lucros e planos de pensão ou aposentadoria. Todos eles contribuem para a segurança econômica daqueles que prestam serviços a uma organização específica por um tempo suficientemente longo para criação de um fundo apreciável depois que o vínculo de emprego regular se extinguir, quer seja por aposentadoria ou por morte. Férias, feriados e ausências por doença, todos eles remunerados, são outra forma de benefícios indiretos. Quando administrados de forma adequada, eles também são vantajosos para a organização.

Os benefícios de *conveniência e conforto do empregado* constituem o terceiro grupo de benefícios indiretos. A lista de serviços que visam à conveniência e ao conforto dos empregados pode ser longa e inclui, entre outros, salas adequadas para descanso e guarda de objetos pessoais, serviço de refeições oferecido a preços reduzidos ou a preço de custo, atendimento médico gratuito em caso de emergência, sindicatos de crédito e instalações recreativas. Mensalidades escolares ou taxas destinadas à participação em seminários ou cursos voltados ao desenvolvimento pessoal também fazem parte dessa categoria de benefícios. Eles geram um espírito de lealdade e proporcionam satisfação, elevando o moral dentro do grupo de trabalho.

Muito embora grande parte das leis trabalhistas promulgadas vise diretamente à proteção de grupos específicos, as regulamentações aplicáveis a todos os trabalhadores são bem definidas. Todo administrador ou gerente de negócios em alimentação tem obrigação de conhecer as leis federais, estaduais e locais que se aplicam a esse setor. Essa é, sem dúvida alguma, condição essencial para que as políticas trabalhistas beneficiem tanto o trabalhador como a organização em que ele atua e sejam colocadas em prática.

Relações entre trabalho e gestão

▌ **Conceito-chave:** A partir da Lei das Relações de Trabalho (National Labor Relations Act), de 1935, foram criadas legislações federais com o objetivo de permitir que os empregados se sindicalizem e tomem parte de negociações coletivas.

Os administradores de negócios em alimentação se preocupam com os problemas relacionados com controle das atividades dos empregados, isto é, com o tratamento dado às pessoas que precisam traduzir políticas, procedimentos e planos em ações. Quando diversas pessoas trabalham em conjunto, sempre existe potencial para o surgimento de conflitos. Algumas pessoas precisam gerenciar, enquanto outras devem executar as operações técnicas. Todos desejam mais daquilo que possa melhorar sua posição. Quanto mais próxima a relação entre empregado e gerente, conduzida por meio de discussões livres e abertas dos dois lados, menor é o risco de aparecimento de reclamações.

Muitos estabelecimentos de alimentação são tão pequenos que o relacionamento entre empregador e empregado é imediato e direto. Nessas circunstâncias, torna-se possível a discussão das preocupações mútuas no próprio local de trabalho. O contato face a face tende a desenvolver um sentido de associação verdadeira e interesse mútuo. Os empregados que conseguem enxergar um panorama completo de uma empresa relativamente pequena têm condições de comparar sua função com o todo. Muitas empresas, no entanto, são tão grandes que o contato pessoal entre empregador e empregado é limitado. Os trabalhadores podem sentir que existe uma chance muito pequena de um indivíduo ser reconhecido como uma pessoa importante para a organização. Além disso, eles podem não ter uma visão global da empresa que lhes possibilite fazer uma avaliação da própria função em relação ao conjunto geral. Trabalhadores envolvidos com uma fase limitada dentro da escala total de produção podem se sentir carentes do contato direto, o que nas empresas de alimentação de pequeno porte humaniza o relacionamento empregador-empregado.

Legislação

Os administradores que não estão em sintonia com os interesses dos empregados, que não reconhecem que uma pequena queixa ou um conflito que surge é provavelmente sintoma de um problema mais profundo e que falham ao não investigar e corrigir a situação, abrem as portas para que os sindicatos entrem e representem melhor os empregados.

Ao longo dos anos, diversas leis foram promulgadas na tentativa de equilibrar o poder entre o trabalhador e a administração. Em 1935, a passagem da Lei Wagner ou Lei Nacional das Relações de Trabalho (**National Labor Relations Act — NLRA**) inaugurou nos EUA

National Labor Relations Act (NLRA)
Lei norte-americana estabelecida pelo National Labor Relations Board (NLRB); regulamenta o direito dos empregados à sindicalização e a negociação coletiva. Também conhecida como Lei Wagner.

uma era de apoio positivo do governo federal à sindicalização e às negociações coletivas. Antes dessa legislação, os trabalhadores eram explorados pela administração. Tal exploração está documentada em casos judiciais que datam desde 1806. Os termos da Lei Wagner regulamentam o direito dos empregados à sindicalização, proíbem práticas de gestão injustas, proíbem a administração de interferir na vontade dos empregados que desejam se sindicalizar e de discriminar aqueles que de fato se sindicalizam e exigem que empregadores e sindicatos realizem negociações coletivas (a lei exige a realização de reuniões para discussão aberta dos termos, sem necessidade de acordo). A maioria dos acordos coletivos atuais prevê a participação de um árbitro imparcial para decidir reclamações relativas ao acordo. A NLRA também indica o National Labor Relations Board (NLRB) como administrador e intérprete das determinações da lei.

Os seguintes procedimentos são adotados no caso de práticas trabalhistas injustas: (1) uma pessoa registra denúncia de uma prática de trabalho injusta; (2) o escritório regional no qual a acusação é registrada investiga o caso e decide se a queixa será levada adiante; (3) se o diretor regional emite uma queixa, um advogado do escritório regional entra com um processo; (4) se o caso não é resolvido nesse nível, é necessário haver uma audiência com o advogado da equipe que representa o NLRB encarregado do caso; e, (5) por fim, um juiz de direito administrativo encaminha a decisão e a ordem recomendadas.

Uma das principais responsabilidades do NLRB é determinar se os empregados devem ser representados por um sindicato. Em geral, os empregados iniciam uma campanha sindical quando desejam ser representados por um sindicato. Pelo menos 30% dos empregados que pertencem à unidade de negociação devem apoiar a petição ao NLRB; esse apoio é demonstrado por meio da assinatura dos empregados em cartões de autorização. Tais cartões são avaliados e autenticados pelo NLRB antes que o conselho aprove a realização de uma eleição. A eleição por voto secreto é realizada e os resultados são tabulados por um representante do NLRB. No caso de vitória do sindicato na eleição, é redigido um contrato e o sindicato indica um empregado da unidade de negociação como seu "comissário" do sindicato. Essa pessoa fica encarregada dos negócios do sindicato no local de trabalho.

Os empregados de hospitais que operam como instituições sem fins lucrativos não se enquadram na NLRA original. Entretanto, em decorrência de emendas feitas a essa lei os hospitais em tais condições passaram a ser cobertos. Assim sendo, o cargo dos nutricionistas pode ser enquadrado na categoria de "administrativo" em vez de "mão de obra".

A Lei de Taft-Hartley ou Lei das Relações Trabalho-Gestão (**Labor-Management Relations Act**), aprovada em 1947 nos EUA, visava compensar o poder aparentemente adquirido pelos sindicatos de trabalho depois de 1935, poder este que respaldava práticas injustas. Entre outras determinações, a Lei Taft-Hartley impedia que os sindicatos coagissem os empregados para que se associassem, tornava ilegal a cláusula *union shop* (que obrigava o empregado a se tornar membro de um sindicato para assim manter seu emprego) e a *closed shop* (que obrigava os empregadores a contratar apenas membros do sindicato e a dispensar aqueles não sindicalizados), além de proibir os sindicatos de se recusarem a participar da **negociação coletiva**. Essa legislação marcou uma guinada do governo federal, que assumiu uma posição mais neutra em lugar da antiga defesa da sindicalização.

Outra legislação norte-americana, aprovada em 1959, foi a Lei Landrum-Griffin ou Lei da Informação e Divulgação das Relações Trabalho-Gestão (**Labor-Management Reporting and Disclosure Act**), que defendia os interesses de trabalhadores e empregadores, mas favorecia, em especial, os indivíduos membros de sindicatos trabalhistas. Essa lei relaciona uma lista de direitos dos membros de sindicatos, exige a divulgação de certas informações financeiras pelos sindicatos, por meio de relatórios específicos, prescreve procedimentos para eleição de funcionários do sindicato e determina recursos civis e criminais para o descumprimento de condições financeiras pelos funcionários dos sindicatos.

A legislação trabalhista norte-americana discutida e as áreas da gestão de recursos humanos sobre as quais ela tem impacto são resumidas na Tabela 15.1.

Existem inúmeras razões para que os empregadores se tornem alvos de ações organizadas pelos sindicatos ou para que os empregados a eles se associem. As principais delas são as práticas e políticas de gestão de pessoal mal administradas ou ineficientes e o colapso de algumas facetas das relações empregador-empregado. Inúmeros passos devem ser dados pelos administradores muito antes do início de qualquer tentativa de organização. O mais importante dentre eles é uma revisão das políticas de pessoal e das relações com os empregados, com esforços no sentido da manutenção de boas práticas de administração de pessoal, registro por escrito das políticas e divulgação destas para os empregados, com frequentes discussões e revisões.

Labor-Management Relations Act
Lei norte-americana que impede que os sindicatos forcem os empregados a se sindicalizar, torna ilegais os sindicatos e acordos fechados e estabelece as negociações coletivas. Também conhecida como Lei Taft-Hartley.

Union shop
Cláusula ilegal do acordo coletivo que obrigava os empregados a se tornarem membros de sindicatos para manterem seus cargos.

Closed shop
Prática ilegal que obriga os empregadores a contratar apenas indivíduos sindicalizados.

Negociação coletiva
Obriga a realização de encontros e discussões de termos de acordo, com mente aberta.

Labor-Management Reporting and Disclosure Act
Lei norte-americana que relaciona uma lista de direitos dos membros de sindicatos, exige a divulgação de informações financeiras, prescreve procedimentos para eleição de funcionários do sindicato e determina recursos civis e criminais para o descumprimento de condições financeiras. Também conhecida como Lei Landrum-Griffin.

Tabela 15.1 Seleção de leis trabalhistas norte-americanas classificadas por relevância da área de gestão de recursos humanos.

Contratação de recursos humanos	Desenvolvimento dos recursos humanos	Premiação dos recursos humanos	Manutenção dos recursos humanos
Equal Pay Act, 1963	Equal Pay Act, 1963	Fair Labor Standards Act, 1938	State Fair Labor Practices Act, 1913
Civil Rights Act, 1964	Civil Rights Act, 1964	Equal Pay Act, 1963	Wagner Act, 1935
Age Discrimination in Employment Act, 1967	Age Discrimination in Employment Act, 1967	Civil Rights Act, 1964	Social Security Act, 1935
Civil Rights Act, 1974	Civil Rights Act, 1974	Age Discrimination in Employment Act, 1967	Taft-Hartley Act, 1947
Pregnancy Discrimination Act, 1978	Pregnancy Discrimination Act, 1978	Civil Rights Act, 1974	Landrum-Griffin Act, 1959
Immigration Reform and Control Act, 1986	Immigration Reform and Control Act, 1986	Pregnancy Discrimination Act, 1978	Civil Rights Act, 1964
Americans with Disabilities Act, 1990	Americans with Disabilities Act, 1990	Immigration Reform and Control Act, 1986	Age Discrimination in Employment Act, 1967
Civil Rights Act, 1991	Civil Rights Act, 1991	Americans with Disabilities Act, 1990	Occupational Safety & Health Act, 1970
		Civil Rights Act, 1991	Civil Rights Act, 1974
			Pregnancy Discrimination Act, 1978
			Immigration Reform and Control Act, 1986
			Americans with Disabilities Act, 1990
			Civil Rights Act, 1991
			Family and Medical Leave Act, 1993

O impacto da sindicalização no setor de negócios em alimentação pode ser grande para os inexperientes em termos de negociações coletivas. Recomenda-se a busca de aconselhamento legal quanto à negociação de contratos justos e viáveis tanto para o trabalhador como para a administração. Se a sindicalização for uma realidade, é importante que se estimule um clima favorável à cooperação e se garanta que o negociador tenha condições de compreender os problemas econômicos e administrativos de um estabelecimento de alimentação, tais como: a programação de jornadas de trabalho que cubram os horários de refeições; os serviços necessários, em especial o atendimento a pacientes em instituições de assistência à saúde; os equipamentos utilizados; e os preços cobrados em relação aos custos de mão de obra.

Certos direitos da administração podem perder sua força quando o fenômeno da sindicalização se torna realidade, porque o sindicato compartilha de boa parte da autoridade, mas de pequena parcela da responsabilidade. Algumas das liberdades perdidas são o direito de demitir, alterar as atribuições e horários de trabalho, estabelecer remunerações e benefícios indiretos, modificar políticas sem apelação, impor sanções disciplinares aos trabalhadores sem submissão às apelações do sindicato e receber e solucionar diretamente as reclamações. O direito de utilização de trabalhadores voluntários no departamento também pode ser perdido.

É imperativo, portanto, que o acordo resultante da negociação coletiva contenha uma cláusula relativa aos direitos da administração. Existem duas categorias principais de cláusulas de direitos da administração. Uma é uma cláusula breve e genérica que não trata de direitos específicos, mas sim, do princípio geral dos direitos da administração. A outra é mais detalhada e relaciona com clareza as áreas específicas de autoridade da administração.

Também se observa o aumento de determinados custos, tais como o que decorre do tempo de trabalho perdido pelas pessoas que exercem a função de representante sindical e o custo da contribuição da administração ao sindicato, calculada com base em um montante mensal por pessoa.

A natureza das organizações sindicais e os métodos empregados pelos sindicatos diferem de acordo com o entendimento e as metas de seus líderes e membros, assim como dependem da concordância destes quanto às reparações necessárias e de sistemas legais e outras formas de controle social. Em geral, a administração e o trabalho organizado adotam diferentes abordagens para a solução de seus problemas. Isso costuma quase sempre levar a longas horas de negociações antes de se chegar a um acordo mútuo satisfatório. É importante que cada grupo tente entender o ponto de vista do outro com equidade e uma atitude de honesta convicção quanto à boa fé do parceiro.

Resumo

A gestão de recursos humanos representa, há muito tempo, parte importante do trabalho de um gerente. A exemplo de outras funções administrativas, esta se desenvolveu através dos anos. No passado, a gestão de recursos humanos consistia apenas na contratação de pessoas para preenchimento de cargos vagos. Hoje, em virtude da complexidade ambiental cada vez maior e da sofisticação organizacional, a administração de pessoal é apenas uma das muitas etapas que compõem o processo de recursos humanos. No centro desse processo se encontram os valiosos (talvez os mais valiosos) recursos de qualquer organização — as pessoas. E para lidar com elas é necessário um estímulo cuidadoso e uma atenção constante às questões morais e legais envolvidas nas relações de emprego.

Este capítulo analisou todo o processo seletivo, incluindo métodos de recrutamento e seleção, orientações e treinamento, diversas formas de avaliação de desempenho, medidas disciplinares, demissões e tratamento de reclamações.

Defende-se a existência de políticas trabalhistas registradas que cubram cada uma das etapas desse processo. Além disso, deve haver políticas relacionadas com a remuneração e manutenção de receita, jornada e programação de trabalho, segurança no emprego e serviços e benefícios para os empregados. A base para elaboração dessas políticas deve ser a principal legislação federal existente para cada uma das áreas. Essas leis são aqui descritas com o título, a data de aprovação e o objetivo.

A promulgação da Lei Wagner, em 1935, estabeleceu o direito dos empregados à sindicalização e à participação nas negociações coletivas. O fator que motivou essa lei foi a exploração dos empregados pela administração. Desde aquele tempo, outras tantas legislações federais foram promulgadas com o objetivo de contrabalançar o poder da liderança e dos membros dos sindicatos e da administração das empresas. O capítulo é encerrado com uma discussão a respeito do impacto do processo de sindicalização sobre a gestão de estabelecimentos de alimentação.

Aplicação de conceitos abordados no capítulo

O treinamento do quadro de pessoal que atua em estabelecimentos do setor de alimentos é um processo contínuo e quase sempre desafiador. A área mais importante no tocante ao treinamento é a de segurança alimentar. O Departamento de Alimentação da Universidade de Wisconsin-Madison adota a política de que todos os empregados são treinados pelo programa ServSafe e todos os gerentes e chefes têm certificação do programa ServSafe.

O treinamento é oferecido uma vez por ano, durante o intervalo entre os semestres, em janeiro. O programa de treinamento tem duração de doze horas, nas quais está incluído o exame de certificação. O horário do primeiro dia vai das 7h00 às 15h30, com quinze minutos de intervalo e meia hora para o almoço. A programação do segundo dia vai das 7h00 às 11h00, com quinze minutos de intervalo. O exame é realizado durante a última hora de aula. Os empregados recebem o pagamento regular no período de curso.

O material do curso ServSafe ministrado pela National Restaurant Association inclui o caderno de atividades do aluno, que custa em torno de US$ 40 por participante, uma apresentação do programa em PowerPoint, com anotações das palestras para uso do treinador, vídeos (com duração de 11 a 37 minutos), o exame de certificação e os certificados para aqueles que forem aprovados no exame. O material destinado à apresentação do conteúdo do curso pode ser utilizado a critério do treinador.

O perfil típico de uma turma pode ser:

1. Tamanho da turma: 20 a 40 participantes.
2. Idade: entre 18 e 70 anos (ou mais).
3. Sexo: igual número de homens e mulheres.
4. Nível de responsabilidade da função: de trabalhadores do setor culinário até a alta administração.

5. Formação educacional: de educação geral até MBA ou grau de mestre.
6. Proficiência em inglês: desde participantes que tenham o inglês como segunda língua até aqueles com fluência total.
7. Experiência no treinamento de segurança alimentar: de nenhuma até portadores de certificação anterior.

Questões para reflexão

1. Quais são os benefícios desse tipo de programa de treinamento em serviço, na perspectiva do Departamento de Alimentação, da Administração, dos Empregados e dos Clientes?
2. Quais são as desvantagens desse tipo de programa de treinamento?
3. Que questões podem ser levantadas no tocante ao tempo necessário para realização do curso?
4. Se você fosse o treinador, de que forma utilizaria o material fornecido, para garantir que os participantes melhor aproveitassem o conteúdo?
5. Que fatores devem ser levados em consideração quando da apresentação do material?
6. Considerando-se o tamanho e o perfil da turma, que questões o treinador teria que se preparar para responder?
7. Sugira algumas formas inovadoras por meio das quais o treinador poderia certificar-se de que todos utilizam o material do curso.
8. Considerando-se o custo do programa ServSafe no que diz respeito a materiais e horas de trabalho, sugira algumas alternativas que permitam assegurar que a equipe de serviços de alimentação compreenda segurança alimentar.
9. Qual das classes demográficas é provavelmente a mais difícil de administrar?
10. Dado que o curso é ministrado apenas uma vez por ano, de que maneira as práticas de manuseio seguro dos alimentos podem ser reforçadas para aplicação dos empregados ao longo do ano?

Questões para revisão

1. Enumere as características além de benefícios e boa remuneração que são comuns às empresas consideradas as melhores nos Estados Unidos atualmente.
2. Quais são os direitos dos indivíduos em uma organização?
3. Identifique as tarefas que fazem parte da função de administração de recursos humanos.
4. Represente graficamente um sistema integrado de administração de recursos humanos.
5. Relacione e descreva resumidamente as fontes para a busca de empregados potenciais.
6. Discuta os objetivos da entrevista de emprego.
7. Explique o que deve ser incluído no programa de orientação de um empregado.

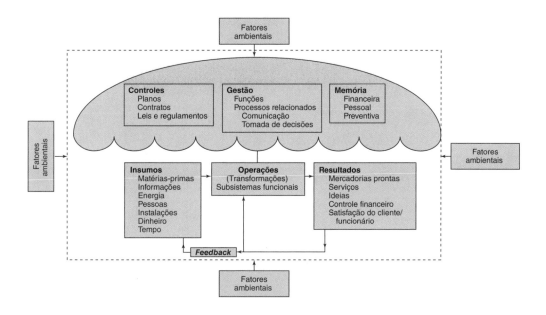

8. Relacione as cinco etapas de ensinamento que devem ser incluídas em um programa de treinamento em serviço.
9. Quais são os objetivos da entrevista de avaliação de desempenho?
10. Explique quando e de que maneira as ações disciplinares devem ser adotadas.
11. Quais são as cinco etapas recomendadas para um processo decisório eficiente?
12. Identifique legislações que tiveram impacto sobre as operações administrativas no setor de negócios em alimentação.
13. Discuta o impacto da sindicalização sobre as operações administrativas de um estabelecimento de alimentação.
14. Defina o termo *política*.

Sites selecionados (em inglês)

www.ceoexpress.com   (Recurso de internet para executivos)
www.intel.com   (Processadores Intel para computadores)
www.monster.com   (Orientação vocacional, ferramentas de busca de emprego)

16

Melhoria de desempenho

CONTEÚDO

Gestão da qualidade total
- Princípios da GQT
- O ciclo PDCA
- Seis Sigma
- Lean Seis Sigma
- Ferramentas de GQT

Aumento da produtividade
- Metodologias da gestão de qualidade aplicadas ao aumento da produtividade
- Configuração do trabalho
- Princípios da economia de movimento
- Ferramentas para avaliação da produtividade
- Aplicações do aumento de produtividade

Resumo

No cenário econômico atual, as ações destinadas a estimular o aumento de produtividade podem ser consideradas, sem dúvida alguma, as mais importantes atividades administrativas. Há previsões de que elas continuarão representando o desafio maior e mais difícil com que se depararão os administradores nas próximas décadas. Contudo, o que é exatamente aumento da produtividade e como ele pode ser alcançado e medido? A **melhoria de desempenho** pode ser entendida como o resultado de estudos e adaptações contínuos das funções e dos processos de um negócio de alimentação, no sentido de se elevar a probabilidade de alcançar os objetivos desejados e melhor atender às necessidades dos clientes, pacientes e outros usuários dos serviços.

Um dos princípios fundamentais da gestão da qualidade total (GQT) é a melhoria contínua dos níveis de desempenho. Nas últimas seis décadas, inúmeros modelos foram adotados pelas organizações em programas com condições de produzir aperfeiçoamentos contínuos das operações. Todos os métodos utilizados, sem exceção, visam a responder às seguintes questões:

- O que se está tentando realizar?
- De que maneira pode-se saber se uma mudança representa uma melhoria?
- Que mudança pode ser feita para se obter melhorias?

Melhoria de desempenho
Resultado de estudos e adaptações contínuos das funções e dos processos de um negócio de alimentação, no sentido de se elevar a probabilidade da conquista dos objetivos desejados e melhor atender às necessidades dos clientes, pacientes e outros usuários dos serviços.

Produtividade
Medida ou nível de rendimento da produção e dos serviços tomado em relação aos insumos, com base nos recursos utilizados.

Um dos programas mais largamente utilizado atualmente é o ciclo PDCA (na sigla em inglês, planejar, desenvolver, checar e agir). Esse método cíclico inclui: idealizar um plano de melhoria; instaurá-lo; coletar e analisar dados para avaliação dos resultados produzidos pelo plano; e adotar ações destinadas a padronizar e aperfeiçoar o processo.

Seis Sigma é uma metodologia altamente controlada de melhoria de desempenho que ajuda as organizações a se concentrarem no desenvolvimento e no fornecimento de produtos e serviços quase perfeitos. Em conjunto com os princípios da manufatura enxuta, o Lean Seis Sigma tem por objetivo a eliminação do desperdício nos sistemas de produção de alimentos.

Inúmeras ferramentas estatísticas e um sem-número de processos podem ser usados dentro da metodologia GQT. Este capítulo inclui exemplos de áreas-chave de resultados (KRA, na sigla em inglês), indicadores-chave de desempenho (KPI, na sigla em inglês), medidas de referência e análise comparativa, processos de *brainstorming*, fluxogramas, planilhas de verificação, diagramas de causa-efeito, diagramas de Pareto, diagramas de dispersão, histogramas, sistemas sociotécnicos, controles estatísticos de processos, sistema *just-in-time* (JIT) e os padrões ISO 9000.

A **produtividade**, medida da razão entre insumos e rendimento, pode ser empregada para avaliação do aumento quantitativo do desempenho. No entanto, o uso da relação insumos/rendimento como definição de produtividade no setor de *foodservice* dos dias de hoje é inadequado e, até certo ponto, irrelevante. É necessária uma concepção mais ampla de produtividade, que abranja fatores como qualidade do produto e satisfação do cliente. Além disso, qualquer empreendimento que vise a aprimorar os níveis de desempenho deve levar em consideração as pessoas envolvidas. Nenhum programa com esse objetivo pode negligenciar o fator humano. A compreensão da natureza humana por parte da administração e a melhoria geral da qualidade de vida no trabalho são elementos críticos em qualquer programa voltado à melhoria do desempenho.

Acredita-se que pessoas "trabalhando com mais eficiência" também são um fator essencial para o aumento dos níveis de desempenho nos estabelecimentos de alimentação. Aumentar a produção com menos esforço humano é, há anos, o objetivo desse setor. Este capítulo inclui alguns métodos para planejamento de maneiras efetivas e eficientes de realização do trabalho. Esse projeto do trabalho deve visar à melhoria do conjunto de atividades relacionadas a uma função, assim como a um ambiente de trabalho seguro e saudável e à simplificação das tarefas.

Um procedimento passo a passo para adoção de um programa de melhoria do desempenho é descrito neste capítulo. Uma etapa muito importante exige que a função seja detalhadamente desmembrada em suas partes componentes. Isso pode ser conseguido por meio de recursos como amostragem das tarefas, diagrama de fluxo ou de percurso, diagrama de operações e processos ou estudos de micromovimentação. O capítulo apresenta uma breve discussão de cada um desses tópicos.

Conceitos-chave

1. Desempenho é uma medida dos resultados (rendimento) alcançados. Portanto, o aumento dos níveis de desempenho envolve mudanças sistemáticas que visam a melhorar os resultados desejados pela organização.

2. Gestão da qualidade total (GQT) é um processo administrativo e um conjunto de disciplinas coordenadas para assegurar que uma companhia cumpra ou exceda os padrões de qualidade estabelecidos por seus clientes e demais partes interessadas.

3. O ciclo PDCA (planejar, desenvolver, checar, agir) é um modelo de melhoria contínua da qualidade composto por uma sequência lógica de quatro etapas que se repetem.

4. Seis Sigma é uma metodologia altamente controlada de melhoria de desempenho que ajuda as organizações a se concentrarem no desenvolvimento e no fornecimento de produtos e serviços quase perfeitos.

5. Entre as ferramentas de GQT, destacam-se: KRA (áreas-chave de resultados), KPI (indicadores-chave de desempenho), medidas de referência e análises comparativas (*benchmarking*), processos de *brainstorming*, fluxogramas, planilhas de verificação, diagramas de causa-efeito, diagramas de Pareto, diagramas de dispersão, histogramas, sistemas sociotécnicos, controles estatísticos de processos, sistema *just-in-time* (JIT) e os padrões ISO 9000.

6. Produtividade é a razão entre o nível de rendimento da produção de bens e serviços e a entrada de insumos. Ela é medida em relação ao tempo (horas, minutos ou dias de trabalho) e aos recursos empregados (financeiros ou de outra natureza).

7. **Qualidade de vida no trabalho (QVT)** é um termo usado para descrever valores relacionados à qualidade da experiência humana no local de trabalho. Essa medida é afetada por um conjunto de fatores que incluem aqueles que dizem respeito ao próprio trabalho, ao ambiente em que ele é realizado e à personalidade do empregado.
8. O objetivo do processo de configuração do trabalho está voltado para a melhoria do conjunto de atividades relacionadas a uma função, assim como à garantia de um ambiente de trabalho seguro e saudável, à formação de equipes com pessoas aptas, à organização ideal do ambiente de trabalho e à simplificação das tarefas.
9. Os princípios fundamentais da economia de movimentos podem ser aplicados aos negócios de alimentação com o propósito de impulsionar a produtividade.
10. Entre os métodos adequados para realização de um estudo que vise a impulsionar a produtividade, destacam-se: amostragem do trabalho, diagrama de fluxo ou de percurso, diagrama de operações e processos ou estudos de micromovimentação.
11. Todo processo de aperfeiçoamento requer mudanças, mas nem toda mudança resulta em aperfeiçoamento.

Qualidade de vida no trabalho (QVT)
Metodologia de gestão que considera a qualidade da experiência humana no local de trabalho.

■ **Conceito-chave:** Desempenho é uma medida dos resultados (rendimento) alcançados. Portanto, o aumento dos níveis de desempenho envolve mudanças sistemáticas que visam a melhorar os resultados desejados pela organização.

Já foi dito que, se você não for mais ágil e eficiente que seus concorrentes, perderá seu espaço no mercado! Hoje, nenhum estabelecimento de alimentação pode se conceder o luxo de permanecer inerte por muito tempo. Ao contrário, eles precisam se preparar para acompanhar as mudanças socioeconômicas e os desenvolvimentos tecnológicos no que tange a alimentos e equipamentos e seus efeitos no padrão geral de operação. Mudanças nas atitudes e no comportamento dos consumidores, nos custos de energia e mão de obra, nas normas regulatórias e em todo o cenário econômico geraram problemas novos e mais desafiadores. O consumidor atual demonstra um nível mais elevado de conscientização quanto ao valor e aos requisitos de segurança alimentar e, além disso, exige alimentos de qualidade e serviços eficientes a um preço justo.

A *melhoria de desempenho* pode ser entendida como o resultado de estudos e adaptações contínuos das funções e dos processos de um estabelecimento de alimentação, no sentido de se elevar a probabilidade de alcance dos objetivos desejados e melhor atender às necessidades dos clientes, pacientes e outros usuários dos serviços. O desempenho é medido em termos dos resultados (rendimento) alcançados. De acordo com a terminologia dos modelos de sistema, o *aumento da produtividade* envolve, portanto, medir os resultados; modificar os insumos ou os processos de transformação para elevar o nível de qualidade dos resultados; verificar a quantidade de produtos, a eficiência e/ou a efetividade dos processos de transformação.

Em uma empresa de alimentação, melhorar o desempenho significa fazer o que for necessário para garantir o melhor serviço, o melhor alimento, os índices mais elevados de satisfação de clientes/pacientes/empregados e o sucesso financeiro. A chave para realização desses resultados é a avaliação permanente de todas as partes do sistema, com o objetivo de se encontrar oportunidades para introdução de melhorias que beneficiem os clientes, melhorem os resultados e maximizem a qualidade e a eficiência.

Gestão da qualidade total

■ **Conceito-chave:** **Gestão da qualidade total (GQT)** é um processo administrativo e um conjunto de disciplinas coordenadas para assegurar que uma companhia cumpra ou exceda os padrões de qualidade estabelecidos por seus clientes e demais partes interessadas.

Gestão da qualidade total (GQT)
Processo administrativo e um conjunto de disciplinas coordenadas para assegurar que uma companhia cumpra ou exceda os padrões de qualidade estabelecidos por seus clientes e demais partes interessadas.

Gestão da qualidade total. Uma interpretação do que é conhecido como **estilo japonês de gestão ou teoria Z** conduziu à adoção de algumas formas dos métodos de GQT na maioria das organizações dos Estados Unidos.

Estilo japonês de gestão ou teoria Z
Teoria de gestão que considera os trabalhadores elementos centrais para o aumento da produtividade.

Princípios da GQT

Os quatorze pontos da administração propostos pelo dr. W. Edward Deming (1982), um dos mais proeminentes pioneiros no movimento da qualidade, representam a essência da GQT.

1. Definir o aperfeiçoamento de produtos e serviços como objetivo permanente.
2. Adotar uma nova filosofia. (Os obstáculos devem ser eliminados e é necessária uma transformação das organizações.)
3. Interromper a dependência em relação às inspeções em massa. (A qualidade deve ser projetada e desenvolvida dentro dos processos, com opção pela eliminação dos erros e/ou resultados de qualidade insuficiente, no lugar da necessidade de corrigi-los *a posteriori*.)
4. Acabar com a prática de reconhecer as empresas exclusivamente em função das etiquetas de preço. (As organizações devem estabelecer relacionamentos de longo prazo com fornecedores únicos.)
5. Introduzir melhorias contínuas e permanentes no sistema de produção e nos serviços. (A administração e os empregados devem buscar constantemente maneiras de melhorar a qualidade e a produtividade.)
6. Instituir a prática de oferecer treinamento. (Treinamento em todos os níveis é uma necessidade e não uma opção.)
7. Adotar e colocar em prática um estilo de liderança. (Os gerentes devem liderar e não supervisionar.)
8. Afastar o medo. (Os empregados precisam se sentir suficientemente seguros para expressar suas ideias e fazer perguntas.)
9. Eliminar as barreiras entre áreas das equipes. (O trabalho em equipe pode resolver muitos problemas, além de promover a melhoria da qualidade e da produtividade.)
10. Acabar com *slogans*, exortações e metas para os trabalhadores. (Os problemas em relação a qualidade e produtividade são causados pelo sistema e não pelos indivíduos. Cartazes e recursos similares geram frustração e ressentimento.)
11. Eliminar cotas numéricas para os trabalhadores e objetivos numéricos para as pessoas que exercem a administração. (Para atingir cotas, as pessoas acabarão criando produtos e relatórios de qualidade insuficientes.)
12. Remover barreiras que privem as pessoas do orgulho por seu trabalho.
13. Estimular em todos a busca pela formação educacional e pelo autodesenvolvimento.
14. Atuar no sentido de realizar a transformação. (É essencial o comprometimento por parte da administração e dos empregados.) (Deming, W. E.: *Quality, productivity, and competitive position*. Cambridge, MA: MIT Press, 1982.)

A GQT é baseada em uma abordagem sistêmica da atividade administrativa, ou seja, enxerga a organização como um sistema de partes inter-relacionadas e interdependentes. Para ela, é fundamental o fato de residir na organização, e não nos indivíduos, o foco do processo de gestão. Os objetivos da GQT são a identificação de barreiras à qualidade, à satisfação de clientes internos e externos e à criação de um ambiente de melhoria contínua.

A GQT é composta por cinco subsistemas principais:

1. O foco no cliente.
2. Uma abordagem estratégica para as operações.
3. O comprometimento com o desenvolvimento dos recursos humanos.
4. Um foco de longo prazo.
5. O envolvimento total dos empregados.

Todas as instituições devem concentrar suas atenções na satisfação das necessidades dos clientes por meio da busca de uma melhoria contínua em todas as áreas. O quadro de pessoal precisa ser treinado de acordo com a filosofia da GQT, com acentuada ênfase na participação em decisões operacionais. O espírito de trabalho em equipe é essencial para a GQT. Por fim, as decisões atuais precisam ser avaliadas com base nas consequências de longo prazo, e não de curto prazo, por elas produzidas. Do mesmo modo que no modelo de sistemas, esses cinco subsistemas são inter-relacionados e interdependentes. Nenhum deles pode ser ignorado sem que a eficiência do sistema como um todo seja prejudicada.

No centro da metodologia GQT, está a aceitação de que a variabilidade é uma condição natural e onipresente. No modelo de sistemas, os insumos são "transformados" em resultados; estes são avaliados e ajustados de acordo com o *feedback* recebido. É exatamente nesse ponto que entra a **garantia da qualidade** (QA, na sigla em inglês). Ela envolve a avaliação do nível de aderência do produto, depois de pronto, aos padrões de qualidade e às especificações. As medi-

---

Garantia da qualidade
Processo de inspeção realizado depois da fabricação de um produto para garantir a aderência deste aos padrões de qualidade conforme as especificações.

das da QA incluem temperatura do alimento, tamanho das porções, quantidade de nutrientes etc. Entretanto, apesar de serem importantes, considera-se que as medidas da QA, quando exclusivas, fomentam a disposição à fiscalização, o que desestimula a capacitação ou o senso de trabalho em equipe.

No conceito de variação da GQT, o foco se desloca dos resultados para o processo de transformação. A redução da variação nas atividades de transformação dentro da organização é vista como fundamental para a melhoria da produtividade e da qualidade. O papel da gerência deixa de ser fiscalizador para assumir o caráter de instrutor, mentor, facilitador e patrocinador. Tal condição permite que a equipe administrativa capacite os empregados a trabalhar pela melhoria da qualidade, que precisa ser assegurada, em primeiro lugar, dentro do sistema, para depois chegar aos produtos e resultados.

Deming sustentava que 90% das variações são decorrentes de fatores sistêmicos, como procedimentos, suprimentos e equipamentos, que não ficam sob controle dos empregados. Cabe, portanto, à gerência reduzir a variação e envolver os empregados nas atividades voltadas à melhoria contínua dos processos do sistema.

A GQT requer que a gerência atue baseada na hipótese de que os empregados desejam executar bem seu trabalho, são motivados, têm autoestima, e dignidade, e almejam aprender. O que foi denominado "um lampejo ofuscante do óbvio", em virtude de sua simplicidade, é o fato de que organizações bem administradas usufruem das vantagens de sua capacidade cerebral. A GQT exige uma mudança de paradigma em relação ao significado do trabalho e do sistema que o sustenta. Uma pequena parte do novo paradigma é a mudança necessária na maneira segundo a qual os gerentes tomam decisões, alocam recursos e avaliam os empregados.

Foram identificadas cinco competências principais que um gerente de GQT precisa ter para ser eficiente. São elas:

1. Desenvolver relacionamentos abertos e confiáveis.
2. Promover a colaboração e o espírito de equipe.
3. Administrar por meio de ferramentas estatísticas e processos de qualidade baseados em fatos levantados.
4. Respaldar os resultados por meio de reconhecimento e premiação.
5. Criar uma organização pautada pela aprendizagem e pela melhoria contínua.

Um dos principais princípios da GQT é a melhoria permanente do desempenho. Ao longo das últimas seis décadas, as organizações empregaram inúmeros modelos para adoção de programas destinados ao aperfeiçoamento contínuo das operações. Qualquer que seja o método, ele deve ter condições de responder às seguintes questões fundamentais:

- O que se está tentando realizar?
- De que maneira pode-se saber se uma mudança representa uma melhoria?
- Que mudança pode-se fazer para se obter melhorias?

O ciclo PDCA

Conceito-chave: O ciclo PDCA (planejar, desenvolver, checar, agir) é um modelo de melhoria contínua da qualidade composto por uma sequência lógica de quatro etapas que se repetem.

O **ciclo PDCA** (Fig. 16.1) é hoje largamente utilizado. Esse método cíclico inclui: idealizar um plano de melhoria; instaurá-lo; coletar e analisar dados para avaliação dos resultados produzidos pelo plano; e adotar ações destinadas a padronizar e aperfeiçoar o processo.

1. Planejar (preparar a implementação):
   a. analise os processos;
   b. seja compreensivo e flexível;
   c. pratique o *brainstorm*;
   d. seja seletivo;
   e. seja persistente;
   f. dê atenção aos problemas dos empregados que dizem respeito ao trabalho;
   g. aprenda com os outros, principalmente com os melhores;
   h. estabeleça os objetivos e os processos necessários para obtenção de resultados em conformidade com as expectativas.

Ciclo PDCA
Modelo de melhoria permanente da qualidade, formado por uma sequência lógica de quatro etapas que se repetem – planejar, desenvolver, checar, agir.

Figura 16.1 O ciclo PDCA.

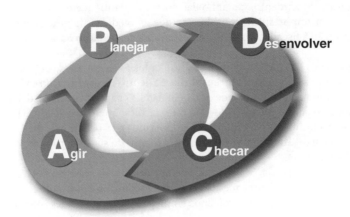

2. Desenvolver (executar o plano, com adoção de passos pequenos em condições controladas): treinamento e desenvolvimento dos empregados e da administração no tocante ao uso das seguintes ferramentas:
   a. a metodologia da GQT aplicada ao trabalho, incluindo os novos papéis de gerentes e empregados e os fundamentos do trabalho em equipe;
   b. ferramentas GQT para solução e avaliação de problemas;
   c. programas GQT para aperfeiçoamento dos processos de trabalho.
3. Checar (verificação e análise dos resultados; desenvolvimento e implantação de ferramentas, programas e estratégias voltados ao aumento dos níveis de desempenho):
   a. estabeleça os objetivos, a cronologia das etapas e os métodos de aplicação de melhorias.
4. Agir (adoção de ações que visam à padronização e ao aperfeiçoamento dos processos. Revisão, medida e avaliação dos resultados, acompanhados de novo planejamento, caso seja necessário).

Seis Sigma

Seis Sigma
Metodologia voltada à melhoria dos níveis de desempenho que ajuda as organizações a se concentrar no desenvolvimento e no fornecimento de produtos e serviços quase perfeitos.

▎**Conceito-chave:** **Seis Sigma** é uma metodologia altamente controlada de melhoria de desempenho que ajuda as organizações a se concentrarem no desenvolvimento e no fornecimento de produtos e serviços quase perfeitos.

Entre os mais recentes modelos de incremento dos níveis de desempenho está o Seis Sigma® (Fig. 16.2), marca registrada da Motorola, que foi introduzido em 1986. "Sigma", uma palavra do

Figura 16.2 O símbolo frequentemente utilizado para representar o Seis Sigma é mostrado no centro deste diagrama.

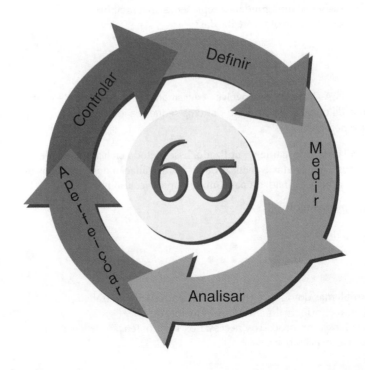

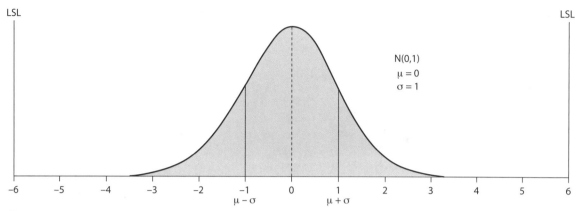

Figura 16.3 Gráfico de distribuição normal que constitui a base do modelo Seis Sigma.

vocabulário grego, é um termo estatístico que mede o desvio de um processo em relação a um padrão de perfeição (Fig. 16.3). Quanto maior é o número sigma, mais próximo da perfeição. O sigma 1 não é tão bom, enquanto o sigma 6 representa 3,4 erros por milhão. Essa metodologia se baseia na ideia de que, se você pode medir quantos erros ocorrem em um processo, então também pode determinar sistematicamente como eliminá-los, de forma a se aproximar o máximo possível de zero.

Entre os fatores que diferem o Seis Sigma de programas anteriores destinados a estimular o aumento de desempenho, estão:

- O foco claro na obtenção de retornos financeiros mensuráveis e quantificáveis.
- A ênfase mais acentuada no papel de uma liderança forte e entusiástica da gerência e no apoio por ela oferecido.
- A identificação de papéis-chave para aqueles que lideram e instauram-no, divididos em: *Executive Leadership, Champion, Master Black Belts, Black Belts* e *Green Belts*.
- O claro comprometimento com um processo decisório baseado em dados passíveis de verificação, em vez de suposições e deduções.

Nos programas Seis Sigma, o ciclo PDCA foi reformulado como "*Definir, Medir, Analisar, Aperfeiçoar, Controlar*" (DMAIC, na sigla em inglês), destinado ao aperfeiçoamento dos processos existentes (Fig. 16.4), e *Definir, Medir, Analisar, Projetar, Verificar e Validar* (DMADV, na sigla em inglês), para criação de novos produtos e processos (Fig. 16.5). As etapas do DMAIC são:

- **Definir** – objetivos compatíveis com os desejos dos clientes e as estratégias organizacionais.
- **Medir** – aspectos-chave dos processos existentes e recolher dados relevantes.
- **Analisar** – dados para determinação dos relacionamentos de causa-efeito, com atenção especial no sentido de garantir que todos os fatores sejam considerados.
- **Aperfeiçoar** – o processo, com base nas análises de dados.
- **Controlar** – por meio de testes-piloto das mudanças, fixação de métodos de controle e monitoramento contínuo do processo, voltados para a padronização e a manutenção dos ganhos.

As etapas do DMADV são:

- **Definir** – estabelecer os propósitos e o escopo do projeto;
- **Medir** – os desejos dos clientes são convertidos em características críticas para a qualidade (CTQ, na sigla em inglês);
- **Analisar** – são criados conceitos inovadores e, com isso, os melhores são, selecionados;
- **Projetar** – os projetos selecionados são desenvolvidos e testados;
- **Verificar & validar** – os requisitos de projeto são verificados e validados em relação ao uso pretendido, antes de se chegar à fase de implementação e controle.

Lean Seis Sigma

Os princípios da **manufatura enxuta** foram agregados ao Seis Sigma, o que resultou em um programa denominado **Lean Seis Sigma**, cujo foco é a eliminação do desperdício nos sistemas de produção de alimento. Nos processos de manufatura enxuta, o objetivo é o emprego do conjunto correto de conceitos, ferramentas e técnicas para melhoria da qualidade, redução de custos e promoção de um ambiente sem desperdícios. O termo desperdício é associado a

Manufatura enxuta
Uma compilação de práticas de elevado nível de excelência que visa ao emprego do conjunto correto de conceitos/ferramentas/técnicas para melhorar a qualidade, os custos e os resultados em um ambiente livre de desperdícios.

Lean Seis Sigma
Programa de melhoria dos níveis de desempenho que incorpora ao Seis Sigma original o foco na redução dos desperdícios.

Figura 16.4 DMAIC, o ciclo Seis Sigma para aperfeiçoamento dos processos existentes.

Fonte: Yabresse/Shutterstock.

Figura 16.5 DMADV, o ciclo Seis Sigma para novos produtos e processos.

Fonte: Yabresse/Shutterstock.

quaisquer coisas que não agreguem valor de acordo com o ponto de vista dos clientes e pelas quais eles não estão dispostos a desembolsar dinheiro. Em uma lista de possíveis fontes de desperdício estão: excesso de produção, tempo de espera ou de inatividade, tempo de transporte, processamento excessivo, estoque excessivo, movimentação, correção de defeitos e aptidões das pessoas. O objetivo do Lean Seis Sigma é a eliminação total do desperdício.

Ferramentas de GQT

Conceito-chave: Entre as ferramentas de GQT, destacam-se: KRA, (áreas-chave de resultados), KPI (indicadores-chave de desempenho), medidas de referência e análises comparativas (*benchmarking*, processos de *brainstorming*, fluxogramas, planilhas de verificação, diagramas de causa-efeito, diagramas de Pareto, diagramas de dispersão, histogramas, sistemas sociotécnicos, controles estatísticos de processos, sistema *just-in-time* (JIT) e os padrões ISO 9000.

Os padrões de qualidade podem se tornar mais quantificáveis por meio da fixação de **áreas-chave de resultados** (KRA), também conhecidas como KPI (**indicadores-chave de desempenho**), como qualidade de alimentos e serviços, gestão financeira, gestão de recursos humanos, produtividade, planejamento e *marketing*, e gestão de instalações. Dentro de cada KRA, são listados fatores críticos mensuráveis e quantificáveis. Um exemplo do uso de KPI é mostrado na Figura 16.6. Nela, o índice secundário de participação no almoço nas escolas de um distrito é um dos KPI empregados para medida da qualidade dos alimentos e do serviço.

Brainstorming é uma técnica útil para geração de ideias acerca de problemas e de oportunidades de melhoria. Planilhas de verificação são usadas para demonstrar com exatidão o que está acontecendo e com que frequência. Esse é um método de coleta de dados baseado na observação e pode indicar um padrão de oportunidades de melhoria. Um modelo de planilha de verificação é mostrado na Figura 16.7. Um **diagrama de causa-efeito**, muitas vezes denominado **diagrama de peixe**, de Ishikawa, é utilizado para destacar as diferentes causas de um problema. Esse foco viabiliza a concentração e a organização de esforços para aperfeiçoamento de um processo. Um diagrama de peixe é mostrado na Figura 16.8. Os **diagramas de Pareto** ilustram a importância relativa dos problemas. Eles são, essencialmente, gráficos de barra nos quais a estratégia é centrar os esforços na barra mais alta, que representa o problema mais frequente. Um diagrama de Pareto é mostrado na Figura 16.9. O diagrama de dispersão é uma ferramenta usada para determinação da força do relacionamento entre duas variáveis e do impacto que uma alteração em uma delas causa sobre a outra. A Figura 16.10 apresenta um diagrama de dispersão. Diagramas de controle são gráficos de tendência que mostram as variações nas medidas de qualidade ao longo do tempo. Um diagrama de fluxo é um gráfico de tendência que apresenta a frequência ou a quantidade de determinada variável ao longo do tempo. Exemplos de diagramas de controle e de fluxo são mostrados na Figura 16.11. Um histograma é uma forma gráfica de representação da frequência dos dados obtidos (Figs. 16.12 e 16.13).

Medidas de referência representam o ponto de partida em um programa de GQT, a partir do qual podem ser medidos a evolução e o desempenho geral para conquista de metas ou objetivos estabelecidos. Uma análise comparativa é uma ferramenta de medida da GQT que oferece a uma empresa a possibilidade de definir um conjunto viável de objetivos com base naquilo que outras empresas estão alcançando. O processo de análise comparativa inclui o delineamento do perfil da companhia e dos caminhos por meio dos quais ela está atingindo seus resultados.

As empresas utilizam outros tantos programas com vistas ao aperfeiçoamento dos processos de trabalho. Entre os principais, destacam-se os **sistemas sociotécnicos** (STS, na sigla em inglês), os **controles estatísticos de processos** (CEP), o controle *just-in-time* (JIT) da produção e dos estoques e os programas **ISO 9000** da International Organization for Standardization. Em linhas gerais, o STS começa com uma análise do diagrama de fluxo existente, com o centro de sua atenção na melhoria dos sistemas técnicos, como transporte, captação de dados e estações de trabalho. Ele emprega funções estatísticas como média, alcance, variação-padrão e desvio-padrão para estabelecer limites de controle de um processo. O JIT é um sistema de gestão de produção/estoques que estabelece um mecanismo para produção e suprimento de produtos no momento certo, na quantidade certa, sem defeitos nem desperdícios; desse modo, vincula fornecedores e consumidores com o objetivo de minimizar os custos totais relativos à manutenção dos estoques. ISO 9000 é um conjunto de padrões que representam um consenso mundial a respeito de boas práticas de gestão. O propósito desses padrões é fornecer diretrizes para sistemas eficientes de gestão da qualidade, por meio da fixação de um modelo de aperfeiçoamento contínuo.

Áreas-chave de resultados / indicadores-chave de desempenho
Padrões de qualidade quantificáveis e mensuráveis.

Diagrama de causa-efeito / diagrama de peixe
Usado para destacar as diferentes causas de um problema e viabilizar a concentração e a organização de esforços para aperfeiçoamento dos processos.

Diagrama de Pareto
Gráfico de barras no qual a estratégia é centrar os esforços na barra mais alta, que representa o problema mais frequente.

Medidas de referência
Na gestão da qualidade total, são os dados em relação aos quais é avaliado o progresso na direção dos objetivos.

Sistemas sociotécnicos (STS)
Programas para aperfeiçoamento dos processos de trabalho, que começam com uma análise do diagrama de fluxo existente e se concentram na melhoria dos sistemas técnicos.

Controle estatístico de processos (CEP)
Programa para aperfeiçoamento dos processos de trabalho que utiliza recursos estatísticos para estabelecer limites de controle de um processo.

Just-in-time (JIT)
Sistema de gestão da produção e dos estoques que estabelece critérios para fabricação e fornecimento de produtos sem defeitos ou desperdícios, no momento certo, na quantidade certa, vinculando fornecedores e clientes para minimizar os custos totais de manutenção de estoques.

ISO 9000
Conjunto de cinco padrões internacionais que descrevem os elementos de um sistema eficiente de garantia da qualidade.

Índice de participação no almoço

Obtido pela divisão do número total de almoços servidos diariamente pela média diária de frequência

Por que essa medida é importante

Um índice de frequência alto pode indicar um elevado nível de satisfação dos clientes em relação ao programa de almoço da escola. Clientes estudantes são atraídos pela qualidade de uma seleção de alimentos que sejam atrativos e econômicos, além de permitirem uma refeição rápida. As taxas altas também podem mostrar que os estudantes pegam rapidamente sua comida e têm bastante tempo para degustá-la e se socializar com os colegas. A receita gerada pelo programa pode aumentar significativamente quando um percentual grande de estudantes participa do almoço. Além do mais, quando aplicáveis, as taxas federais de ressarcimento para estudantes que gozam de gratuidade ou preços reduzidos e participam do programa de refeição também podem contribuir de forma expressiva para o aumento da receita.

Fatores que influenciam essa medida

- Áreas de refeição claras, atrativas e adequadas para crianças
- Número adequado de pontos de venda (PV) para ajudar a dar vazão mais rápida e eficiente para as filas
- Cardápio variado
- Horários de refeição (quantidade e duração) determinados pela administração da escola
- Tempo adequado de refeição
- Número de assentos disponíveis
- Qualidade do serviço oferecido aos estudantes

Análise de dados

- Ano fiscal 07 = 28 distritos ofereceram respostas razoáveis; Ano fiscal 06 = 27 distritos; Ano fiscal 05 = 24 distritos
- Ano fiscal 07: alto = 85,3%; baixo = 11,5%; médio = 61,1%
- Os distritos do quartil superior têm índices de participação de 73 a 85%, enquanto os do quartil inferior indicam 54% até apenas 11,5%
- Inúmeros distritos informaram o número anual de almoços servidos, em vez da média diária. Nesses casos, o número anual de almoços servidos foi dividido pelo número total de dias letivos para determinação da quantidade média de almoços servidos. Esse número foi então dividido pela média diária de frequência.

Figura 16.6 Exemplo de KPI para o setor de alimentação de uma escola.
Fonte: Council of the Great City Schools.

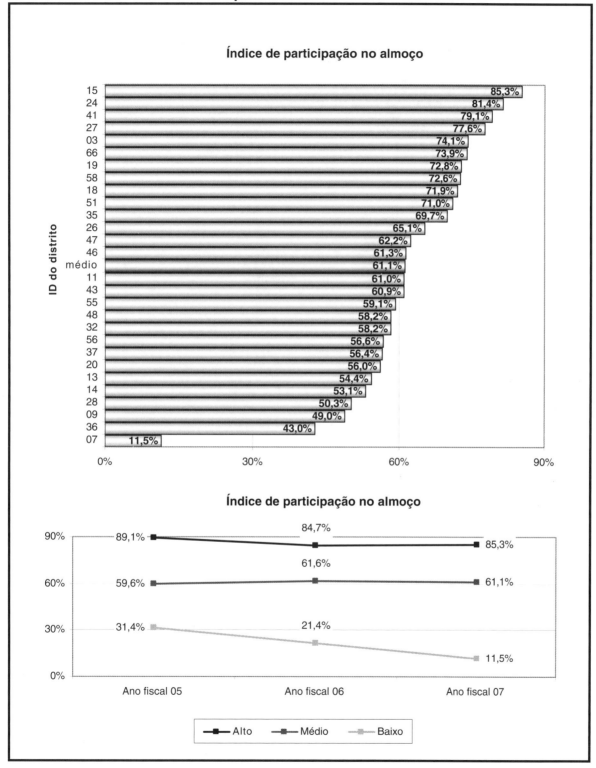

Figura 16.6 *(continuação)* Exemplo de KPI para o setor de alimentação de uma escola.
Fonte: Council of the Great City Schools.

Figura 16.7 Planilha de verificação de dados comparados.

Problemas: reclamações dos clientes	Semana 1					
	SEG	TER	QUA	QUI	SEX	Total
alimento frio	||||	||	||||			|||| ||||	24
serviço muito lento	||	||					5
preços elevados demais	|||	||	||	||||			13
banheiros bagunçados			||||					7
TOTAL	12	10	8	7	12	49

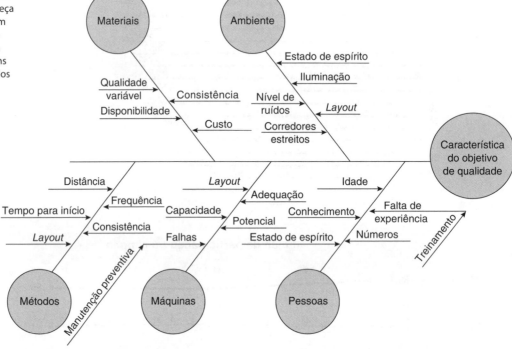

Figura 16.8 Diagrama de peixe ou de causa-efeito, no qual a cabeça do peixe representa o objetivo em termos de qualidade, e a espinha os fatores que contribuem para a obtenção desses objetivos. Alguns exemplos de fatores são mostrados na figura.

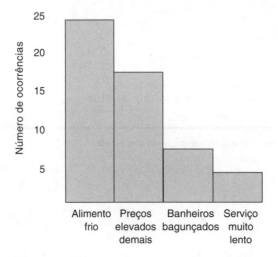

Figura 16.9 Diagrama de Pareto.

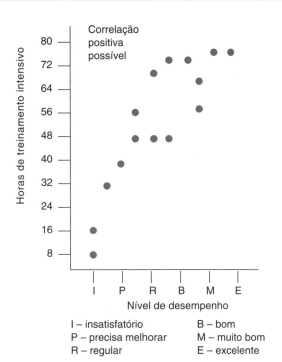

Figura 16.10 Modelo de diagrama de dispersão.

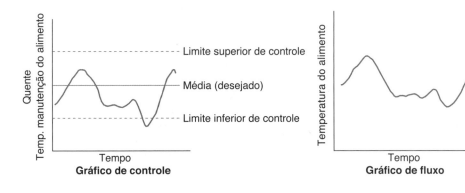

Figura 16.11 Modelo de diagramas de controle e de fluxo.

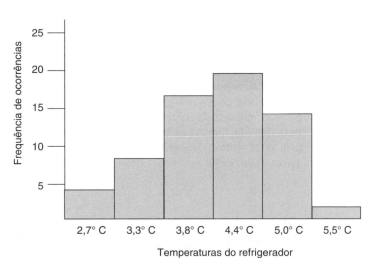

Figura 16.12 Modelo de histograma.

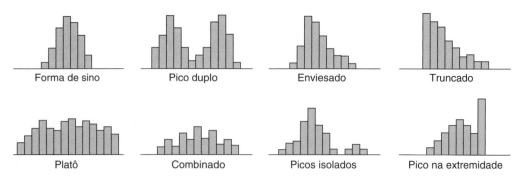

Figura 16.13 Alguns padrões comuns de histograma.

Aumento da produtividade

Conceito-chave: Produtividade é a razão entre o nível de rendimento da produção de bens e serviços e a entrada de insumos. Ela é medida em relação ao tempo (horas, minutos ou dias de trabalho) e aos recursos empregados (financeiros ou de outra natureza).

Até aqui, as discussões sobre aumento dos níveis de desempenho se concentraram mais nos aspectos qualitativos do desempenho no trabalho do que nos quantitativos. Entretanto, qualquer medida que vise à melhoria do desempenho não pode ignorar os aspectos quantitativos.

Razão de produtividade
Relação entre rendimento e insumos.

Como a **razão de produtividade** é calculada pela divisão de resultados por insumos, é possível aumentar a produtividade pela simples redução dos insumos, pelo aumento dos resultados ou pela alteração simultânea dos dois fatores (Fig. 16.14).

Há tempos, o objetivo da indústria é conseguir aumentar a produção com utilização de menos esforços humanos. O interesse em projetar sistemas de trabalho capazes de substituir a mão de obra humana pelas máquinas conduziu à Revolução Industrial. Desde então, o desenvolvimento não foi uniforme; porém, o aumento da produtividade e da eficiência do trabalhador depende, de fato, em larga escala, da mecanização, da automação e da tecnologia. Equipamentos de cozinha computadorizados, alimentos que visam à simplificação das rotinas e programas de computador com muitas finalidades, como controle de compras e estoques, são exemplos de avanços tecnológicos que contribuíram para o aumento da produtividade. Os altos custos atuais de materiais e mão de obra tornam imperativo o empenho de todos os esforços no sentido de se estudar a configuração do trabalho e introduzir operações mais eficientes, para que seja possível a manutenção de padrões elevados em termos de produção e qualidade de produtos a um custo razoável.

A simplificação das tarefas e as técnicas destinadas a reduzir a fadiga dos trabalhadores são recursos que contribuem para uma gestão eficiente e recebem da parte de gerentes e trabalhadores do setor de alimentação grandes reconhecimento e atenção. O aumento da produtividade e a satisfação dos empregados são muitas vezes considerados os principais objetivos da configuração do trabalho.

Para estabelecer um relacionamento entre unidades quantitativas de medida tão diversas quanto número de refeições, quantidade de serviço, quilogramas de material, horas de trabalho, BTU e equipamentos essenciais, essas unidades são expressas em valor monetário. A fórmula resultante é uma razão de rentabilidade que deve ser maior do que 1 para que represente lucro. O Capítulo 17 apresenta uma discussão mais detalhada de proporções de medidas.

Um problema crucial com que algumas empresas se deparam é sua incapacidade, gerada em função da concorrência (e da contenção de custos), para recuperar via elevação de preços o aumento dos custos de materiais, mão de obra e outros insumos. Elas também não têm condições de reduzir esses custos ou substituir os recursos por outros. Portanto, o aumento ou a manutenção das margens de lucro depende do aumento da produtividade.

Figura 16.14 Razão de produtividade.

$$\text{Taxa de produtividade:} \frac{\text{Rendimento (p. ex., produtos, serviços, dados financeiros)}}{\text{Insumos (p. ex., matérias-primas, dinheiro, tempo, pessoas)}}$$

Nos negócios de alimentação, a produtividade é medida por meio de indicadores como refeições oferecidas por hora, refeições pagas por hora, equivalência entre número de refeições e número de horas trabalhadas, equivalência entre número de refeições e número de horas pagas, transações por hora trabalhada e transações por hora paga. Quando medidos ao longo de períodos sucessivos, esses indicadores de produtividade mostram uma tendência. Também é possível a comparação entre instituições semelhantes por meio de processos de comparação de marcas (*benchmarking*).

Metodologias da gestão de qualidade aplicadas ao aumento da produtividade

■ **Conceito-chave:** Qualidade de vida no trabalho (QVT) é um termo usado para descrever valores relacionados à qualidade da experiência humana no local de trabalho. Essa medida é afetada por um conjunto de fatores que incluem aqueles que dizem respeito ao próprio trabalho, ao ambiente em que ele é realizado e à personalidade do empregado.

As pessoas são os elementos-chave em qualquer processo que vise ao aumento da produtividade. Para alcançar esse objetivo, tanto a natureza das pessoas como da organização na qual elas trabalham precisam ser compreendidas. O ser humano é o recurso de mais alta ordem e, como tal, é responsável pelo controle e pela utilização de todos os outros recursos.

Se a melhora da situação de uma empresa no tocante à produtividade é diretamente relacionada às pessoas, a realização de resultados finais mais lucrativos deve ser atribuição de todas elas. Os gerentes precisam ser capazes de adotar uma metodologia sistêmica no que diz respeito ao aumento da produtividade, com o intuito de envolver todos os recursos humanos da organização.

Aumento de produtividade implica motivação, dignidade e participação pessoal mais intensa no projeto e no desempenho do trabalho em negócios de alimentação. Isso significa estimular os indivíduos a serem produtivos, em todos os sentidos.

Um estudo realizado com 195 empresas dos Estados Unidos chegou à conclusão de que a ineficiência administrativa é, de longe, a maior causa de declínio dos níveis de produtividade e que o único esforço bem-sucedido no sentido de elevá-los era a adoção de uma metodologia integrada de QVT.

QVT é um conceito multifacetado. Planos de incentivo, como licenças eventuais concedidas pela empresa aos empregados em contrapartida ao atingimento de metas específicas têm demonstrado sucesso no tocante ao aumento da produtividade. Fatores como a redução da insegurança dos trabalhadores por intermédio de oportunidades de progressão na carreira e enriquecimento da função por meio de atribuição de responsabilidades, fixação de orçamento e formação de equipes, permitindo o exercício das habilidades profissionais e melhorando a capacidade de comunicação, também contribuem para o incremento dos níveis de produtividade.

Um estudo clássico realizado há muitos anos por Kahn e Katz (Kahn, R. L., e D. Katz: Leadership practices in relation to productivity and morale. In D. Cartwright e A. Zander, eds., *Group dynamics research and theory*. 2. ed. Nova York: Harper & Row, 1960), dois pesquisadores da ciência do comportamento, identificou um estilo particular de liderança que se mostrava mais efetivo para estimular o aumento da produtividade e da satisfação dos empregados. As características desse estilo de liderança são: (1) dar espaço para os empregados atuarem, exercendo uma supervisão à distância; (2) devotar mais tempo às atividades de supervisão do que ao trabalho na produção; (3) dedicar mais atenção ao planejamento do trabalho e de tarefas especiais; (4) demonstrar disposição para aceitar a participação dos empregos no processo decisório; e (5) adotar, no tratamento das situações de trabalho, uma metodologia focada no aspecto humano dos empregados, que consiste em demonstrar sincero interesse em relação às necessidades e aos problemas por eles apresentados, assim como estimular o aumento da produtividade.

O engajamento crescente dos trabalhadores nos assuntos das organizações foi alvo de grande atenção nos últimos anos. Na atualidade, os trabalhadores se mostram desejosos de assumir responsabilidades. Parece que a existência de uma unidade de propósito e um sentimento de propriedade entre os empregados conduz à maximização da produtividade. Essa unidade é gerada quando satisfeitas as seguintes condições: o maior nível possível de responsabilidade é atribuído aos níveis mais baixos possíveis dentro da organização; os sistemas de compensação são projetados de forma que ao salário dos empregados sejam incorporados ganhos atrelados à competência e ao desempenho; o maior grau de envolvimento e de consenso é buscado em todos os níveis; e a administração forma com os empregados um todo harmônico.

Além dessas características, a melhoria dos recursos (supervisão, métodos e tecnologia), com vistas a facilitar a elevação dos níveis de eficiência e a redução das frustrações, mostra-se uma alternativa efetiva para estímulo do aumento da produtividade e da satisfação dos empregados.

A metodologia QVT visa a substituir, em essência, o clássico relacionamento de rivalidade entre a gerência e os empregados por um modelo de cooperação. As palavras-chave na QVT são cooperação, confiança, envolvimento, respeito, harmonia e franqueza.

Configuração do trabalho

■ **Conceito-chave:** O objetivo do processo de configuração do trabalho está voltado para a melhoria do conjunto de atividades relacionadas a uma função, assim como à garantia de um ambiente de trabalho seguro e saudável, à formação de equipes com pessoas aptas, à organização ideal do ambiente de trabalho e à simplificação das tarefas.

O processo de configuração do trabalho visa a aumentar, em linhas gerais, a produtividade e a satisfação dos empregados. Em termos mais específicos, ele tem como objetivos melhorar a satisfação com a função, viabilizar um ambiente de trabalho seguro, saudável e realmente funcional, estruturar uma equipe com as pessoas adequadas, além de empregar métodos de trabalho efetivos e eficientes.

As atividades integrantes de um cargo nos negócios de alimentação vêm sendo aprimoradas por meio da automação da produção e dos sistemas de distribuição. Fabricantes de alimentos e restaurantes institucionais empregam grande número de equipamentos em operações longas e integradas da produção para preparação de um produto específico de cada vez. Esse sistema possibilita a adoção de um ritmo mais ordenado e, em geral, de um horário mais adequado de trabalho.

Outra abordagem na modificação das atividades atribuídas às funções é a delegação de algumas partes do trabalho. Observa-se uma tendência acentuada de se relegar o "trabalho mecânico" rotineiro, que tem pouco ou nenhum valor, aos empregados menos qualificados. Altos níveis de produtividade, rentabilidade e motivação, bem como um moral elevado, são atingidos quando os empregados têm liberdade para desempenhar aquelas tarefas para as quais foram treinados e são pagos. O ambiente dos ingredientes – no qual os empregados pesam, medem e reúnem todos os ingredientes para cada fórmula a ser produzida – é um exemplo dessa transferência de responsabilidade no sentido descendente da hierarquia. Esse trabalho costumava ser realizado por um cozinheiro, um *chef* ou uma pessoa encarregada da preparação fria. O uso de equipe de apoio, como técnicos e assistentes de nutrição, é outro exemplo. Esse tipo de delegação deve ser adotado com bastante cuidado. É um processo complexo que exige aptidão para planejamento, organização e controle. As diferentes necessidades e habilidades dos empregados exigem uma administração eficiente.

A viabilização de um ambiente de trabalho seguro e saudável é tanto econômica como socialmente importante. Do ponto de vista econômico, os acidentes e as enfermidades decorrentes do trabalho têm elevado custo em termos de produtividade. Na opinião da Occupational and Health Administration (OSHA), os distúrbios osteomusculares relacionados ao trabalho (DORT) representam um grave problema nacional, causado por atividades ligadas ou não ao trabalho, problema que pode ser reduzido por meio de intervenções nos locais de trabalho. Em 2001, a OSHA desenvolveu um conjunto de regras ergonômicas segundo as quais os empregadores são obrigados a adotar programas de ergonomia para todas as tarefas que tenham causado pelo menos um desses distúrbios já registrados. A responsabilidade pela segurança e pela saúde dos empregados também cabe à gerência e é discutida com mais detalhes nas próximas seções.

Com o objetivo de melhorar a produtividade, negócios de alimentação de grande porte estão utilizando, para realização das operações repetitivas, equipamentos mecanizados e computadorizados, mais sofisticados. Nos hospitais, os robôs cuidam da entrega da alimentação aos pacientes, assim como dos registros médicos e dos suprimentos farmacêuticos. O robô mostrado na Figura 16.15 se movimenta de forma independente. Uma vez que o ponto de partida e o destino tenham sido programados em um teclado simples, ele utiliza o mapa do edifício, que fica gravado em sua memória, para determinar o percurso. Obstáculos porventura existentes no caminho são detectados por meio de sensores e de uma câmera de vídeo. As portas e os elevadores podem ser abertos e operados por meio de sinais de rádio emitidos pelo robô.

Figura 16.15 Robô usado em hospitais para entregar bandejas.

A grande mudança que no futuro será provavelmente a mais evidente, no que tange ao planejamento de negócios de alimentação, será o arranjo físico dos espaços e dos equipamentos, com vistas a proporcionar condições de aumento da produtividade dos trabalhadores. A associação produtiva de equipamentos e trabalhadores exige o emprego de disciplinas conhecidas como a ergonomia e a engenharia humana (ou fatores humanos). O uso de métodos desenvolvidos por essas disciplinas permite a adaptação das tarefas, dos equipamentos e do ambiente de trabalho aos atributos sensoriais, perceptivos, mentais e físicos do trabalhador humano. O empregado trabalha melhor quando os equipamentos são especificamente projetados para o trabalho a ser realizado, além de serem adequados ao nível de capacitação do empregado e colocados em ambientes agradáveis.

A aderência aos seguintes princípios da engenharia humana é fundamental para a maximização da produtividade no setor de alimentação:

1. O projeto e o arranjo dos equipamentos devem ser feitos de forma tal que sua operação exija o mínimo esforço físico humano.
2. Apenas as informações essenciais, organizadas passo a passo e de forma clara, devem estar disponíveis com o equipamento, quando e onde forem necessárias.
3. Os dispositivos de controle do equipamento devem se limitar ao mínimo necessário e permitir fácil identificação, além de obedecerem a uma distribuição lógica e em consonância com o que mostram os monitores. É fundamental que exista uma relação intrínseca entre esses dispositivos e as funções que eles controlam.
4. Os equipamentos devem ser projetados para oferecer a máxima produtividade, ao mesmo tempo em que utilizam de forma eficiente os atributos físicos e mentais do trabalhador. A estatura e a força desse trabalhador precisam ser levadas em consideração.
5. Os equipamentos devem ser escolhidos com base na necessidade de uso de ingredientes específicos para preparação de um cardápio selecionado, organizados de acordo com o arranjo mais empregado, começando pelo uso mais frequente e prosseguindo da esquerda para a direita. As tarefas que demandam um nível maior de habilidade devem ser agrupadas em torno do trabalhador mais qualificado para tal, com os devidos cuidados para que ele precise se movimentar o mínimo possível.
6. O ambiente de trabalho em um negócio de alimentação deve ser projetado e controlado de modo a favorecer a produtividade, o conforto e a satisfação do trabalhador que nele opera. Esse controle envolve aspectos de iluminação, instalações e cor dos equipamentos, temperatura, umidade, ruídos, odores, organização das instalações, condições do solo, segurança, entre outros.

Uma das metas da engenharia humana é evitar a fadiga. O gerente de um negócio de alimentação pode entender que a fadiga de alguns trabalhadores, cujo reflexo é observado na redução da disposição, do entusiasmo e do nível de produção, seja decorrente de fatores externos que fogem de seu controle, como problemas familiares, esforços físicos fora do trabalho ou uma alimentação inadequada do ponto de vista nutricional. No entanto, a organização tem a possibilidade de analisar as causas da fadiga e, possivelmente, corrigi-las no momento em que o empregado está trabalhando.

Certos fatores psicológicos, como atitudes de desinteresse e tédio em relação ao trabalho, antipatia pelo supervisor ou salário considerado baixo, podem alimentar a fadiga e contribuir para o baixo rendimento de alguns trabalhadores; contudo, essas situações podem, quase sempre, ser melhoradas por meio de mudanças nas políticas e na administração de pessoal. Esta seção enfatiza os fatores ambientais e físicos do trabalho que podem se refletir na forma de fadiga, além dos métodos para melhoria dos níveis de desempenho.

Considerado um conjunto de condições e equipamentos de trabalho, a quantidade de atividades realizadas em um dia depende da capacitação do trabalhador e de sua velocidade no desempenho da função. A fadiga resultante de dado nível de atividade depende de fatores como (1) horas trabalhadas, isto é, a duração da jornada de trabalho diária e semanal; (2) quantidade, localização e duração dos períodos de descanso; (3) condições de trabalho, como iluminação, aquecimento, ventilação e ruídos; e (4) o trabalho propriamente dito.

A reserva de energia empregada no trabalho varia de um indivíduo para outro. Alguns trabalhadores conseguem manter uma produtividade bastante uniforme durante todo o dia, enquanto outros se cansam rapidamente e necessitam de períodos regulares de descanso para recuperação da energia física e emocional. Períodos curtos de descanso adequadamente programados tendem a reduzir a fadiga e diminuir o tempo destinado pelos empregados às necessidades pessoais.

Iluminação, aquecimento e ruídos são fatores ambientais que quase sempre contribuem para a fadiga do trabalhador. Padrões satisfatórios de iluminação nas áreas de cozinha variam de 376 a 538 cd nas superfícies de trabalho, com raio de reflexão de 861 cd para teto, 322 a 376 cd nos equipamentos e no mínimo 161 cd para chão. Os níveis de temperatura e umidade também influenciam a produtividade do trabalhador. O clima desejável nas áreas de preparação e serviço de alimentos fica em torno de 20°C a 22°C no inverno e 23°C a 25°C no verão, com umidade relativa de 40 a 45%. Temperaturas mais altas tendem a elevar a frequência cardíaca e a fadiga da maioria dos trabalhadores. A existência de ar-condicionado em locais úmidos e quentes é uma necessidade a se considerar, enquanto, em algumas partes do país, bons ventiladores e sistemas de dutos são suficientes para trocar o ar a cada 2 ou 5 minutos. Coifas sobre os equipamentos de cocção ajudam a eliminar boa parte do calor e do odor gerados nessas unidades. Os ruídos têm um efeito perturbador e desgastante em muitas pessoas. O controle efetivo da intensidade de barulho em uma área de alimentação é possível através da adoção de medidas de precaução como instalação de isolantes acústicos no teto, utilização de rodas de borracha e motores com funcionamento uniforme nos equipamentos móveis e treinamento dos empregados para trabalhar em silêncio.

Muito tem sido escrito a respeito do valor de um estudo das instalações físicas e dos procedimentos empregados em funções específicas. Esses estudos visam a aprimorar a eficiência nas operações de negócios de alimentação. Uma análise exaustiva da planta de um espaço, no papel ou na área real, garante a base sobre a qual serão pautadas as decisões em relação às mudanças necessárias no sentido de se introduzir o arranjo mais compacto possível, além dos equipamentos adequados e em uma disposição eficiente. Estudos detalhados das atividades dentro de uma organização revelam que os requisitos em termos de custos e tempo são elevados em virtude de operações desnecessárias e do excesso de movimentação dos empregados para execução do trabalho. Quando se introduzem os ajustes apropriados, tanto na configuração física como nos procedimentos de trabalho, os resultados demonstram preservação da energia dos trabalhadores, aumento de produção e redução do número total de horas por pessoa. Tais estudos mostraram-se altamente eficazes na simplificação dos esforços em atividades repetitivas e não repetitivas, por serem aplicáveis às novas situações, bem como àquelas nas quais procedimentos há muito estabelecidos já se transformaram em práticas aceitas.

O que se tornou conhecido como simplificação do trabalho começou no final dos anos de 1920. Um engenheiro industrial chamado Allan H. Mogensen criou uma filosofia baseada em seu trabalho na Eastman Kodak. Allan descobriu que os trabalhadores usavam criatividade para impedi-lo de introduzir métodos mais eficientes e que, quando trabalhavam sem supervisão, desenvolviam métodos mais produtivos, que podiam lhes render recompensas. Ele concluiu que essa criatividade poderia ser canalizada de forma a capacitar todos os empregados a atuar como um engenheiro industrial. Desse modo, surgiu o *slogan* "trabalhe com mais inteligência e menos esforço".

Simplificação do trabalho é mais do que uma técnica ou um conjunto de instruções. É uma filosofia que se baseia na ideia de que sempre existe um método melhor. A ênfase reside na eliminação do uso não econômico de tempo, equipamentos, materiais, espaço ou esforços humanos. Estimativas conservadoras mostram que, por intermédio de um programa eficiente de simplificação do trabalho, a produtividade dos trabalhadores em negócios de alimentação pode ser aumentada em cerca de 20 a 50%.

O interesse, a compreensão e a cooperação dos empregados são essenciais para a instalação bem-sucedida de um programa de simplificação do trabalho. A realização de maneira eficiente e simples de qualquer tarefa exige análise completa e planejamento prévios. A eliminação de esforços desperdiçados é fácil uma vez que o trabalhador se "conscientize", aprenda a aplicar os princípios envolvidos e veja objetivamente os benefícios da alteração dos procedimentos. Tais benefícios podem ser observados na redução da fadiga dos trabalhadores, nas condições de trabalho melhores e mais seguras, na qualidade melhor e mais uniforme da produção e na possibilidade de remuneração mais alta em decorrência do aumento da produção. O fato de haver acordo e compreensão em relação aos objetivos por parte dos trabalhadores e ciência quanto ao mútuo compartilhamento dos benefícios entre os empregados e a gerência são fatores que concorrem para o sucesso. A solicitação de sugestões aos empregados e a incorporação de tais sugestões aos métodos de aperfeiçoamento do trabalho contribuem para o aumento do interesse e da participação. Normalmente, a resistência de qualquer empregado a mudanças nas rotinas estabelecidas pode ser superada por uma ação adequada da gerência antes e depois da introdução de um programa de simplificação do trabalho. Selecionar essas pessoas com perfil para liderança e treiná-las para atuarem como líderes nesse trabalho é de vital importância para sua implementação.

Princípios da economia de movimento

▌**Conceito-chave:** Os princípios fundamentais da economia de movimentos podem ser aplicados aos negócios de alimentação com o propósito de impulsionar a produtividade.

Os mesmos princípios relativos à economia de movimentos descritos por Ralph M. Barnes na década de 1930 são válidos para os estabelecimentos de alimentação dos dias de hoje. Analistas, supervisores e projetistas precisam conhecer esses princípios e saber traduzi-los de modo eficiente para os trabalhadores, antes do estudo e do desmembramento das funções, das revisões dos procedimentos, da estruturação da área de trabalho e da instalação dos equipamentos. A seguir, encontra-se um resumo dos princípios fundamentais de economia de movimentos mais relevantes para o setor de alimentação:

- as duas mãos devem começar e terminar os movimentos ao mesmo tempo e não devem permanecer inativas ao mesmo tempo, exceto durante os períodos de descanso;
- os movimentos dos braços devem ser feitos simultaneamente, em direções opostas e simétricas;
- os movimentos das mãos devem ser uniformes e contínuos;
- uma boa iluminação é essencial para a percepção visual;
- a bancada de trabalho e a cadeira devem ter uma altura tal que permita ao trabalhador sentar-se e levantar-se em todos os lugares possíveis;
- uma cadeira de trabalho deve permitir uma boa postura;
- as ferramentas devem ser combinadas sempre que possível;
- ferramentas e materiais devem ser posicionados previamente, com cuidado para que todas as coisas utilizadas tenham um lugar fixo e definido;
- puxadores e manivelas devem ser adequados para o contato com a superfície das mãos;
- o trabalho deve ser organizado de modo a viabilizar um ritmo suave e natural;
- o procedimento de distribuição deve ser empregado sempre que possível;
- ferramentas, materiais e controles devem ficar posicionados diretamente na frente do trabalhador e ser organizados de modo a permitir a melhor sequência de movimentos.

Aplicações práticas da maior parte desses princípios podem ser facilmente executadas no setor de *foodservice*, o que resulta na eliminação de movimentos desnecessários, contribui para o aumento da produtividade e torna mais fáceis as tarefas dos trabalhadores, reduzindo a fadiga e minimizando os traumas cumulativos, como tendinites e síndrome do túnel do carpo. Alguns exemplos de aplicações específicas são apresentados a seguir:

- para servir comida em pratos em um balcão: levante o prato com a mão esquerda e leve-o até o centro enquanto a mão direita segura o utensílio de mesa, pega a comida e a coloca no prato, com as duas operações terminando ao mesmo tempo; ao colocar bolinhos no recipiente, pegue um bolinho em cada mão e os coloque no recipiente;
- mexa um volume grande de alimento com facilidade e mínimo esforço segurando o cabo de um batedor de arame (polegar voltado para cima) e faça um movimento circular em vez de mover o batedor transversalmente para a frente e para trás dentro do recipiente. Os princípios de impulso e movimento contínuo e suave das mãos também são aplicados nesse mesmo exemplo, porque é possível adquirir com facilidade uma força maior no início da fase de subida e de descida do ciclo;

- empregue movimentos rítmicos para ganhar e manter velocidade ao encher forminhas de *muffin* ou bater *cupcake*; empregue movimentos regulares e rítmicos para fatiar e picar certos tipos de vegetais e frutas com uma faca francesa sobre uma tábua;
- ao picar vegetais dentro de uma tigela, posicione a tábua de cortar sobre a bancada e ao lado de uma pia e coloque a tigela dentro da pia. Utilize as costas da lâmina da faca para empurrar os vegetais picados para dentro da tigela;
- guarde os acessórios da batedeira e os utensílios usados para cocção o mais perto possível do local onde serão utilizados; leve os pratos limpos retirados da máquina de lavar diretamente para os carrinhos ou unidades dispensadoras que se encaixam no balcão de servir; guarde copos e xícaras nos *racks* em que serão lavados; cozinhe determinados alimentos nos recipientes em que serão servidos;
- instale torneiras de água acima dos fornos combinados, caçarolas basculantes e caldeirões basculantes, de modo que os utensílios possam ser preenchidos no ponto de uso;
- para alimentos empanados, arranje na sequência correta o recipiente com os alimentos que serão preparados, o da farinha, o da mistura de ovos, o a farinha de rosca e a panela do cozimento, de forma a evitar movimentos desnecessários;
- instale mecanismos de ajuste da altura da bancada de trabalho à altura do trabalhador; inclua uma ou duas banquetas de altura ajustável entre os equipamentos de cozinha;
- instale alavanca de controle de vazão no ralo das pias com controle no nível do joelho e sensores eletrônicos automáticos nas portas entre a sala de refeições e a cozinha.

Ferramentas para avaliação da produtividade

▪ **Conceito-chave:** Entre os métodos adequados para realização de um estudo que vise a impulsionar a produtividade, destacam-se: amostragem do trabalho, diagrama de fluxo ou de percurso, diagrama de operações e processos ou estudos de micromovimentação.

Todos esses métodos têm como objetivo a obtenção de um panorama completo e detalhado do processo, independentemente da forma de registro utilizada.

Amostragem do trabalho é uma ferramenta menos custosa em termos de tempo e dinheiro do que os estudos contínuos e seu objetivo é descobrir fatos. Ela se baseia em leis da probabilidade segundo as quais amostras aleatórias refletem o mesmo padrão de distribuição que um conjunto mais amplo. O principal uso da ferramenta de amostragem do trabalho é, ao contrário de uma observação detalhada das atividades repetitivas que compõem uma tarefa, a medição dos períodos de atividade ou inatividade de pessoas ou equipamentos e a determinação do percentual de tempo em que eles estão ativos ou parados. Além disso, as observações mais curtas e intermitentes são menos cansativas do que os estudos contínuos ao longo do tempo, tanto para o trabalhador como para o observador; diversos trabalhadores podem ser observados simultaneamente; as interrupções não afetam os resultados; e as tabulações podem ser feitas rapidamente em equipamentos de processamento de dados, sem que o gerente ou os empregados precisem ter conhecimentos de estatística. Esse processo é algumas vezes denominado amostragem aleatória por frequência de atraso.

Um **diagrama de fluxo** ou **de percurso** é um traçado em escala de uma área na qual o trajeto do trabalhador ou o movimento dos materiais durante o curso de determinado processo pode ser indicado e medido, sem haver, contudo, um desdobramento de tempo ou de detalhes da operação. A distância que o trabalhador percorre quando se movimenta para executar uma tarefa é dada pela medida do comprimento total das linhas traçadas de um ponto-chave a outro, representando os movimentos do trabalhador, e multiplicada pela escala do desenho. Um método mais adequado é tomar um desenho em escala da área de trabalho, nele fixar pinos ou suportes nos pontos-chave e enrolar certo comprimento de fita ao redor dos suportes à medida que o trabalhador se desloca de uma posição para a outra.

Os *diagramas de operações* podem ser utilizados como dispositivos simples para registro, em sequência, dos movimentos elementares das mãos de um trabalhador em dada estação, sem se levar em consideração o tempo. O gráfico pode ser encabeçado por um diagrama da área de trabalho que contenha duas colunas nas quais são listadas as atividades observadas das duas mãos – lado esquerdo para a mão esquerda e lado direito para a mão direita. Em um diagrama desse tipo, pequenos círculos costumam ser usados para indicar deslocamento e círculos maiores para representar ações. A análise do diagrama fornece a base necessária para uma redução

---

Amostragem do trabalho
Amostragem aleatória do trabalho cujo objetivo é medir os períodos de atividade e inatividade das pessoas e dos equipamentos para determinação do percentual de tempo produtivo.

Diagrama de fluxo ou de percurso
Representação gráfica, em escala, de uma área dentro da qual o percurso realizado pelo trabalhador ou o movimento do material durante determinado processo pode ser indicado e medido.

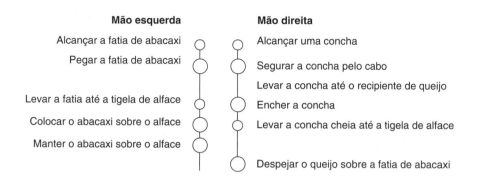

Figura 16.16 Diagrama de operações que demonstra o movimento das duas mãos na produção de uma salada de abacaxi com queijo *cottage*.

dos deslocamentos ao mínimo possível e um replanejamento da área e dos procedimentos de trabalho. É importante que as duas mãos sejam usadas de forma simultânea e eficiente. Um diagrama que mostra os procedimentos empregados na produção de uma salada de abacaxi com queijo *cottage* é apresentado na Figura 16.16. O exemplo considera que as folhas de alface foram previamente arranjadas em um prato.

Pode-se elaborar uma listagem simples dos procedimentos e tempos empregados no preparo de um item do cardápio e utilizá-la como guia para aperfeiçoamento da configuração física ou dos métodos - por exemplo, observe o cozinheiro enquanto ele mistura e mede as porções de almôndegas, a começar pela mesa de trabalho. A Tabela 16.1 apresenta um exemplo de uma lista de procedimentos.

Tabela 16.1 Modelo de diagrama de procedimentos.

Distância aproximada (m)	Tempo (min)	Descrição da operação
1,80	9:00	Encaixa na posição correta a tigela e o batedor da batedeira
4,50	9:01	Vai até o refrigerador e pega o leite, a carne moída e outros ingredientes da receita já pesados (usa carrinho)
4,50	9:035	Retorna para a batedeira
0,90	9:04	Coloca temperos, ovos, leite e pão picado na tigela da batedeira
	9:05	Mistura ligeiramente (observa)
	9:06	Adiciona a carne e mexe para misturar (observa)
0,90	9:075	Remove o batedor e o leva para a pia de lavagem
1,50	9:085	Carrega a tigela com a mistura de carne para a bancada mais baixa, próxima da mesa de trabalho
15,00	9:09	Junta os utensílios para medir porções e as formas
	9:10	Coloca as porções nas formas com a concha número 12
	9:25	Finaliza a medição de porções

Estudo de micromovimentação
Técnica que se baseia no registro permanente dos movimentos do trabalhador por meio de fotografias.

Therbligs
Sistema de dezessete elementos ou subdivisões dos movimentos básicos das mãos empregados na execução de tarefas.

Um **estudo de micromovimentação** é uma técnica que se baseia no registro contínuo dos movimentos do trabalhador por meio de fotografias. Esse método fornece uma apresentação mais precisa dos detalhes do que os outros e viabiliza a projeção para análise em diferentes taxas de velocidade. Além disso, o tempo de cada movimento também pode ser registrado.

Um desdobramento detalhado do movimento nas atividades representadas em filmes de micromovimentação pode ser facilmente feito e registrado em forma gráfica, por meio de ***therbligs***, que são representados por letras, linhas ou símbolos coloridos. A palavra *therblig*, formada pelas letras do nome *Gilbreth* escritas de trás para frente, sem alteração da posição das duas últimas letras, foi cunhada por Frank Gilbreth quando ele introduziu o sistema de desdobramento em dezessete elementos ou subdivisões dos movimentos básicos das mãos empregados na execução de tarefas. Os elementos dos *therbligs* são: buscar (Sh), selecionar (St), inspecionar (I), transporte vazio (TE), agarrar (G), segurar (H), transporte carregado (TL), soltar carga (RL), posicionar (P), pré-posicionar (PP), montar (A), desmontar (DA), usar (U), atraso evitável (AD), atraso inevitável (UD), planejar (Pn) e descansar (R).

Na maioria das vezes, são empregadas as letras no registro do desdobramento de um procedimento, por exemplo, cortar um bolo:

P   coloque o bolo sobre a mesa em posição para corte
TE   movimente a mão direita na direção do *rack* em que estão as facas
Sh   examine o suprimento de facas
St   selecione uma faca
G   coloque a faca na mão direita
TL   mova a faca para a posição de corte sobre o bolo
U   corte o bolo

Esse sistema pode ser empregado na análise de qualquer atividade humana como base para eliminação de movimentos desnecessários e excessivos e formulação de um procedimento mais eficiente.

Cronociclografia
Técnica fotográfica cujo objetivo é mostrar os padrões de movimento das mãos quando elas executam operações rápidas e repetitivas.

A **cronociclografia** é uma técnica fotográfica cujo objetivo é mostrar os padrões de movimento das mãos quando elas executam operações rápidas e repetitivas. Isso é conseguido por meio de luzes presas às mãos, que ficam registradas como linhas pontilhadas na fotografia final. Todo o local de trabalho precisa ser incluído para que se possa estudar o relacionamento do trabalhador e a direção dos movimentos de suas mãos dentro da configuração do trabalho. A realização de cálculos completos da velocidade e da aceleração do movimento das mãos é limitada pela natureza bidimensional dessa técnica.

Aplicações do aumento de produtividade

Uma análise dos dados levantados no estudo da situação do trabalho e dos métodos empregados no setor de alimentação pode revelar a possibilidade de introdução imediata de certas mudanças, enquanto outras dependem de tempo, dinheiro e treinamento dos trabalhadores. Não existe um conjunto de regras capaz de produzir os aperfeiçoamentos desejados; porém, por meio de um esforço conjunto, que envolva a administração e os grupos de empregados, muitas coisas tornam-se possíveis. A seguir, estão algumas sugestões para melhorias.

Uma das primeiras etapas em um plano de melhoria do trabalho é a tentativa de *eliminação de operações, atrasos e movimentos desnecessários*, sem geração de efeitos prejudiciais para o produto ou o trabalhador. Os hábitos desempenham um papel importante nas rotinas de trabalho das pessoas e elas tendem a manter com facilidade os velhos padrões; por exemplo, mesmo sabendo que trabalhar com as duas mãos é mais eficiente, a maioria dos empregados continua usando apenas uma para segurar algum objeto, enquanto todo o trabalho é executado pela outra. Um exemplo comum de prática eficaz é a alocação de uma pessoa para preencher e levar requisições ao almoxarifado uma vez por dia, em vez de cada empregado se deslocar até lá todas as vezes que necessita de um item qualquer.

As *operações podem ser combinadas* no preparo de certos tipos de sanduíche; por exemplo, é possível juntar a manteiga à mistura que será espalhada, de modo a se aplicar toda ela em uma única operação em vez de duas. Outros exemplos de práticas simplificadas são o método da tigela única para misturar os ingredientes de um bolo ou o de cortar um punhado de talos de aipo de uma vez só e não um por vez.

Uma *alteração na sequência das operações* com vistas à utilização mais eficiente do tempo e dos equipamentos e à redução da distância é muito importante. Em vez de tentar descascar e cortar uma abóbora seca e dura, coloque-a no caldeirão elétrico de cozimento a vapor até que a casca dura amoleça; depois disso, ela pode ser descascada e cortada com rapidez e facilidade.

A escolha de equipamentos de múltiplo uso reduz ao mínimo o número de itens necessários. Um processador com acessórios para picar, fatiar e moer pode ser mais útil em determinada situação do que uma máquina de picar ou uma batedeira sem os acessórios. O local e o momento em que o item será usado determinam a melhor localização para ele. Uma batedeira que será usada em apenas um departamento deve ser colocada em um local conveniente para aquele centro de atividades, enquanto um equipamento compartilhado por dois departamentos deve ficar entre os dois; porém, mais próximo e ao alcance daquele que o utiliza de forma mais intensa e frequente. A aquisição de alguns equipamentos em dobro pode ser compensada pela redução nas horas de mão de obra necessárias para realização de certas tarefas.

Os equipamentos podem ser realocados ou removidos completamente para facilitar um fluxo de trabalho mais direto em qualquer área. Para reduzir "buscas" demoradas, cada item deve ser posicionado em um local definido. Em um negócio de alimentação bem administrado, todas as coisas são mantidas nos respectivos lugares, exceto quando em uso. Esse local de armazenamento ou pré-posicionamento dos itens deve ser conveniente para o centro que o utiliza em primeiro lugar; por exemplo, tigelas, batedores e acessórios do processador devem ser guardados próximos à máquina ou embaixo dela e as facas do cozinheiro, em uma gaveta ou um *rack* na mesa do cozinheiro. Algumas cozinhas ainda podem manter suas tábuas de carne, muito embora estejam disponíveis cortes de carne prontos para levar à panela. Outras podem destinar mais espaço para fogão do que é necessário nas cozinhas modernas. Em qualquer um dos casos, a remoção de certos equipamentos pode proporcionar espaço para uma utilização mais eficiente. É possível que algumas cozinhas necessitem de equipamentos adicionais para adequação da instalação física às operações. A maioria dos equipamentos de cozinha é projetada para uma economia de mão de obra e pode realizar, em um espaço de tempo equivalente, um volume de trabalho muito maior do que o que seria conseguido por métodos manuais. Esse tipo de equipamento deve ser adotado sempre que for viável.

Aperfeiçoamentos no projeto e na operação dos equipamentos de cozinha têm impacto sobre os métodos de operação. Temporizadores automáticos, dispositivos para controle de temperatura e programas de computador liberam os trabalhadores das verificações frequentes e dos controles manuais e, com isso, permitem que eles realizem outras tarefas.

A redução do transporte e da movimentação de materiais e equipamentos quase sempre pode ser conseguida por intermédio de uma reorganização da disposição dos equipamentos fixos e móveis, bem como por meio do uso de carrinhos com capacidade para transportar diversos itens ao mesmo tempo. A relação entre as áreas de recebimento, armazenamento e preparo exige um planejamento criterioso para que o fluxo do produto entre o preparo e o local em que será servido seja direto e concentrado na menor área possível. Atrasos nas operações podem ser evitados se forem adotados alguns critérios como: instalação de equipamentos adicionais; alteração na sequência das operações, como a técnica de linha de montagem na produção de tortas; treinamento dos trabalhadores para uso das duas mãos simultaneamente e emprego de certos atalhos no preparo; ou um conhecimento melhor do padrão de tempo dos diversos processos.

O uso de um produto diferente pode se converter em um fator decisivo na mudança dos procedimentos. Existe uma tendência acentuada de utilização de alimentos semipreparados nos dias de hoje. Cenouras e batatas descascadas, ovos já cozidos e descascados, frutas cítricas descascadas e partidas, saladas misturadas, vegetais congelados, misturas básicas para produtos assados e porções congeladas de massas para *cookies* são apenas alguns exemplos de itens que, indiscutivelmente, alteram os procedimentos preliminares necessários em muitas funções de produção de alimentos.

É importante que essas sugestões e outros fatores característicos das situações mencionadas sejam tomados como base para delineamento de um método aperfeiçoado que pode ser experimentado e reavaliado para a introdução de outras melhorias. As vantagens obtidas com tal revisão podem ser identificadas por meio da comparação entre os resumos mostrados no topo das Figuras 16.17 e 16.18.

> **Conceito-chave:** Todo processo de aperfeiçoamento requer mudanças, mas nem toda mudança resulta em aperfeiçoamento.

Para aumentar a possibilidade de que uma mudança resulte em aperfeiçoamento sustentável, os princípios de gestão de mudanças discutidos no Capítulo 14 devem ser levados em

DIAGRAMA DE PROCESSO

Atual ☒   Proposto ☐

NÚMERO DO ARQUIVO   Página

RESUMO		N.	TEMPO ( )	TAREFA ou FUNÇÃO	Procedimento de lavagem, operação I Raspagem de bandejas
OPERAÇÕES	○	1,546			
INSPEÇÕES	☐	0		DEPT.	Despensa do 10º andar
MOVIMENTOS	⇨	99		EQUIPS., FERRAMENTAS etc.	Balcão de raspagem, balcão de pré--enxágue com unidade dispensadora, lata de lixo, carrinhos, toalhas
ATRASOS	D	70			
UNIDADES PRODUZIDAS: 70 bandejas			1 ½ h	OPERADOR	Trabalhador A da despensa
DISTÂNCIA TOTAL DO MOVIMENTO				ANALISTA	DATA: 20 de março

Notas descritivas	Atividade	Dist.	Tempo	Notas da análise
Enxágua toalhas na pia.	⊗☐⇨D			Toalhas úmidas são usadas para limpar bandejas.
Leva toalhas para a mesa de raspagem.	○☐⇨D	2,58 m		
Traz carrinhos carregados do *hall* para a despensa.	○☐⇨D	1,67 m		Posiciona os carrinhos à esquerda do operador. Cada carrinho contém de 6 a 9 bandejas.
Move-se para a mesa lateral.	○☐⇨D			
Pega bandeja no carrinho e coloca na mesa de raspagem.	⊗☐⇨D			
Movimenta-se na frente da mesa.	○☐⇨D	30 cm		Posição conveniente para o trabalho.
Muda posição da bandeja.	○☐⇨⊗			
Coloca a bandeja na pilha de bandejas vazias.	⊗☐⇨D			
Tira o cardápio da bandeja.	⊗☐⇨D			
Coloca cartão de identificação na bandeja da extremidade direita da mesa de raspagem.	⊗☐⇨D			Cartões de identificação em pilhas por seções.
Pega o sal e a pimenta com a mão esquerda.	⊗☐⇨D			
Coloca o sal e a pimenta na bandeja com cartão de identificação.	⊗☐⇨D			
Despeja o conteúdo das garrafas de café no dispensador.	⊗☐⇨D			
Coloca as garrafas de café vazias no balcão de pré-enxágue.	⊗☐⇨D			
Pega os pratos e raspa os resíduos no lixo.	⊗☐⇨D			
Coloca os pratos na pilha do balcão de pré-enxágue.	⊗☐⇨D			
Despeja no lixo o conteúdo da vasilha de creme.	⊗☐⇨D			
Coloca a vasilha de creme no balcão de pré-enxágue.	⊗☐⇨D			
Coloca xícaras e pires no balcão de pré-enxágue.	⊗☐⇨D			Pires empilhados.
Retira os copos da bandeja e despeja o conteúdo restante no lixo.	⊗☐⇨D			
Coloca os copos vazios com a boca para baixo no *rack* de lavagem no balcão de pré-enxágue.	⊗☐⇨D			
Pega tigela com a mão direita.	⊗☐⇨D			
Transfere a tigela para a mão esquerda.	○☐⇨⊗			
Raspa com colher os restos de comida da tigela para o lixo.	⊗☐⇨D			Manuseio desnecessário. Utensílio de borracha raspa melhor.
Empilha as tigelas no balcão de pré-enxágue.	○☐⇨D			

Figura 16.17   Diagrama do processo de raspagem de bandejas conforme observado na despensa do andar de um hospital.

consideração. Pesquisas já demonstraram que as melhorias mais bem-sucedidas decorreram de mudanças com as seguintes características:

1. eram inovadoras;
2. foram testadas a princípio por um curto período de tempo em uma base de pequena escala;
3. não exigiram recursos adicionais;
4. deram origem a sistemas simplificados;
5. motivaram a participação na mudança;
6. atenderam a pontos de vista diferentes e variáveis.

DIAGRAMA DE PROCESSO					
Atual ☒ Proposto ☐				NÚMERO DO ARQUIVO	Página
RESUMO	N.	TEMPO ( )	TAREFA ou FUNÇÃO	Procedimento de lavagem, operação I Raspagem de bandejas	
OPERAÇÕES ○	1,024		DEPT.	Despensa do 10º andar	
INSPEÇÕES ☐	2		EQUIPS., FERRAMENTAS etc.	Balcão de raspagem, balcão de pré--enxágue com unidade dispensadora, lata de lixo, carrinhos, vasilha, utensílio de borracha	
MOVIMENTOS ⇨	13				
ATRASOS D	0				
UNIDADES PRODUZIDAS: 70 bandejas		1 h	OPERADOR	Trabalhador A da despensa	
DISTÂNCIA TOTAL DO MOVIMENTO 35 m			ANALISTA	DATA: 20 de março	

Notas descritivas	Atividade	Dist.	Tempo	Notas da análise
Enxágua as tolhas na pia e enche as vasilhas com água.	⊗☐⇨D			As toalhas são enxaguadas diversas vezes durante a operação.
Leva toalhas e vasilhas para a mesa de raspagem.	○☐⊠D	2,13 m		A vasilha de água no balcão reduz o número de idas até a pia.
Vai para a unidade de armazenamento de talheres.	○☐⊠D	1,45 m		
Pega na gaveta uma espátula de borracha.	⊗☐⇨D			
Retorna e coloca a espátula na mesa de raspagem.	○☐⊠D	1,5 m		
Leva o carrinho carregado do *hall* para a despensa.	○☐⊠D	1,65 m		
Retira as bandejas do carrinho e as coloca na mesa de raspagem.	⊗☐⇨D			O pré-posicionamento da bandeja no balcão de raspagem facilita a colocação dos cartões de identificação, do sal e da pimenta.
Coloca o sal e a pimenta na bandeja posicionada na extremidade direita do trabalhador.	⊗☐⇨D			
Coloca o suporte do cartão de identificação com o cardápio na mesma bandeja.	⊗☐⇨D			Cardápio colocado depois que o suporte do cartão de identificação está na bandeja e enquanto a mão está em posição. Joga o cardápio na mesa. Todos os cardápios são jogados posteriormente no lixo; essa operação pode ser feita em uma única vez.
Raspa os restos de comida das tigelas com a espátula de borracha.	⊗☐⇨D			
Empilha as tigelas no balcão de pré-enxágue.	⊗☐⇨D			Todo o resíduo de uma bandeja raspado para um prato; depois, para o lixo.
Coloca os talheres no *rack* do balcão de pré-enxágue.	⊗☐⇨D			
Retira os copos da bandeja e despeja o conteúdo restante no lixo.	⊗☐⇨D			
Coloca os copos de boca para baixo no *rack* de lavagem do balcão de pré-enxágue.	⊗☐⇨D			
Despeja no lixo o conteúdo das garrafas de café e de creme e os transfere diretamente para o *rack* de pratos.	⊗☐⇨D			Uso simultâneo das duas mãos. Movimentos combinados ou contínuos sempre que possível.
Remove a toalha de papel da bandeja, dobra-a uma vez e a coloca na lata de lixo.	⊗☐⇨D			
Limpa o lado de baixo da bandeja e, depois de empilhá-la, limpa o lado de cima.	⊗☐⇨D			Manuseio de cada bandeja reduzido ao mínimo.
Pega a próxima bandeja no carrinho.	○☐⇨D			
As operações são repetidas até que todas as bandejas estejam raspadas.	○☐⇨D			

Figura 16.18 Diagrama de processo da mesma operação mostrada na Figura 16.17 depois que os procedimentos originais foram submetidos a um processo de análise e revisão. Com a introdução de uma alteração na sequência das operações e a mudança da posição do carrinho de bandejas para perto da área de trabalho, houve redução nas operações, nas movimentações e nos atrasos.

Resumo

A melhoria contínua da qualidade e da quantidade de produtos e serviços é essencial para o sucesso de uma organização no mundo atual. Não é suficiente tratar da questão uma única vez. São necessários esforços contínuos na direção do aperfeiçoamento. O aumento dos níveis de desempenho exige a introdução constante e sistemática de mudanças que visam a incrementar os resultados desejados pela organização.

GQT é um processo administrativo e um conjunto de disciplinas coordenadas para assegurar que uma companhia cumpra ou exceda os padrões de qualidade estabelecidos por seus clientes.

O ciclo PDCA é um modelo de melhoria contínua da qualidade composto por uma sequência lógica de etapas que se repetem – planejar, desenvolver, checar, agir.

O Seis Sigma é outra metodologia voltada à melhoria dos níveis de desempenho. Ela ajuda as organizações a se concentrarem no desenvolvimento e no fornecimento de produtos e serviços quase perfeitos. O Lean Seis Sigma acrescenta ao conceito do Seis Sigma original o foco no desperdício.

Algumas ferramentas de GQT incluem KRA (áreas-chave de resultados), medidas de referência e análise comparativa, processos de *brainstorming*, fluxogramas, planilhas de verificação, diagramas de causa-efeito, diagramas de Pareto, diagramas de dispersão, histogramas, sistemas sociotécnicos, controles estatísticos de processos, sistema *just-in-time* de controle de estoques (JIT) e os padrões ISO 9000.

Produtividade é a medida do nível de rendimento da produção ou dos serviços tomada em relação aos insumos utilizados, como tempo (horas, minutos ou dias de trabalho) e recursos (financeiros ou de outra natureza) investidos.

Qualidade de vida no trabalho (QVT) é um termo utilizado para descrever os valores relacionados à qualidade da experiência humana no local de trabalho. Essa medida é afetada por um conjunto de fatores que incluem aqueles que dizem respeito ao próprio trabalho, ao ambiente em que este é realizado e à personalidade do empregado.

Os objetivos do processo de configuração do trabalho são melhorar as atividades relativas a uma função; viabilizar um ambiente de trabalho seguro, saudável e realmente funcional; estruturar uma equipe com as pessoas adequadas; e empregar métodos para simplificação do trabalho.

Os princípios fundamentais da economia de movimentos podem ser aplicados aos negócios de alimentação para o incremento da produtividade.

Entre os métodos passíveis de utilização em estudos destinados a identificar práticas de melhoria da produtividade, destacam-se: amostragem de tarefas, diagrama de fluxo ou de percurso, diagrama de operações e processos ou estudos de micromovimentação.

Aplicação de conceitos abordados no capítulo

O departamento de alimentação da Universidade de Wisconsin-Madison está envolvido com um projeto permanente de melhoria dos níveis de desempenho no âmbito de todo o *campus*. Esse projeto, intitulado processo de reformulação administrativa (APR, na sigla em inglês) foi implantado em resposta a uma situação caracterizada por limitação orçamentária, aposentadorias pendentes de equipe e contínuas mudanças tecnológicas. O objetivo geral é empregar a experiência do pessoal interno da universidade para encontrar formas inovadoras de tratamento desses problemas e desenvolver soluções duradouras que satisfaçam aos seus clientes.

A declaração de missão do projeto APR afirma: "o... projeto disponibiliza à Universidade de Wisconsin-Madison um modelo de eficiência administrativa que visa a aperfeiçoar nossa forma de oferecer serviços à comunidade do *campus* e modificar nosso padrão de inter-relacionamento". Entre os objetivos específicos, destacam-se:

- Identificar os principais processos administrativos e as práticas de negócio fundamentais passíveis de racionalização, padronização, simplificação e automação, de modo a tornar o trabalho mais eficiente e melhorar os serviços oferecidos. Projetar e instaurar novos processos e novas aplicações que viabilizem a padronização.
- Desenvolver modelos para reorganização das equipes de forma a respaldar as mudanças nos sistemas e nos processos, com base nas melhores práticas, nas necessidades do *campus* e nas análises de dados.
- Envolver o *campus* em um projeto inclusivo e transparente para que todos os envolvidos estejam engajados nas mudanças recomendadas e preparados para instalar com êxito as melhores práticas de negócio e os modelos recomendados de melhoria dos serviços oferecidos.

O programa Lean Seis Sigma foi escolhido como base para a reformulação, porque oferece a solidez e a escala necessária para esse complicado processo de reestruturação de todo o *campus*. Agora que o projeto entrou em seu terceiro ano, surgiram três desafios significativos que precisam ser enfrentados: (1) conduzir as equipes desde a reformulação das soluções até a implementação; (2) escolher projetos de impacto, enquanto se contrabalança simultaneamente os recursos limitados; e (3) tentar imprimir um ritmo suficientemente rápido para fazer frente à urgência. O relatório anual do projeto APR, com foco apenas no primeiro desafio, afirmava:

> A implementação de soluções leva mais tempo do que se espera. Os obstáculos à execução entre algumas das... equipes treinadas... incluem: dificuldade para identificação dos proprietários dos processos em um ambiente descentralizado dentro do *campus*; insegurança para tomar a iniciativa de contato com os patrocinadores que aprovaram as soluções; desinformação quanto ao fato de que "aprovação" significa permissão para buscar meios de aplicar tais soluções; e incapacidade para entrar na fila dos recursos técnicos. Com isso, algumas vezes as equipes perdem o ímpeto, o que contribui para os atrasos.

Para resolver esses problemas, a instituição ofereceu um apoio maior na forma de alocação de um especialista da categoria *Black Belt Six Sigma* para cada equipe, especialista escolhido em função de seu nível de conhecimento do assunto. Com o incentivo, as equipes foram encorajadas a manter seus patrocinadores informados a respeito de cada etapa do método de aperfeiçoamento do processo Seis Sigma (DMAIC) e passaram a ter a garantia de prioridade na obtenção de recursos técnicos.

Questões para reflexão

1. Que vantagens o objetivo de se empregar os especialistas da própria universidade em vez de se contratar consultores externos oferece no tocante à tomada de decisões estratégicas?
2. De que modo a declaração de missão se relaciona com as razões inicias que justificaram esse projeto de melhoria do desempenho?
3. De que forma o uso da metodologia Lean Seis Sigma difere dos programas anteriores de melhoria do desempenho?
4. Se o objetivo do Lean Seis Sigma é a total eliminação de qualquer espécie de desperdício, quais são as áreas passíveis de aplicação no departamento de alimentação?
5. Com a leitura do estudo de caso, em que ponto do ciclo DMAIC se encaixa o último parágrafo?
6. Visite o site www.valuebasedmanagement.net e clique em *Kaizen philosophy*. O que significa *Kaizen*? Quais são os cinco elementos sobre os quais se apoia essa filosofia? Esses elementos estão presentes no programa APR da Universidade de Wisconsin-Madison?
7. Faça uma pesquisa e busque identificar as diferenças entre o Kaizen e o Seis Sigma.
8. Imagine algumas soluções possíveis para os dois outros desafios com que se deparam as equipes do processo.
9. Considerando o primeiro objetivo listado, sugira algumas formas através das quais o departamento de alimentação poderia racionalizar, padronizar, simplificar e automatizar seu trabalho.
10. De que maneira o terceiro objetivo atende aos princípios de gestão de mudanças?

Questões para revisão

1. Por que questões como aumento do desempenho, produtividade e GQT são tão importantes no ambiente de trabalho do mundo atual?
2. Quais são os objetivos de qualquer programa destinado a aprimorar o desempenho?
3. De que maneira a melhoria do desempenho se relaciona com a GQT?
4. Dê alguns exemplos diferentes dos apresentados neste capítulo que ilustrem a medida da garantia da qualidade na gestão de negócios de alimentação.
5. Cite uma forma de redução da variação nas atividades de transformação dentro de um estabelecimento de alimentação que possa resultar em melhoria do desempenho.
6. Em que o Seis Sigma difere do modelo do ciclo PDCA de melhoria do desempenho?
7. Quais são os principais objetivos da manufatura enxuta?
8. Defina produtividade no que diz respeito especificamente à gestão de negócios de alimentação.
9. Descreva o conceito de qualidade de vida no trabalho (QVT). Cite algumas palavras-chave que incorporam a ideia da metodologia QVT.

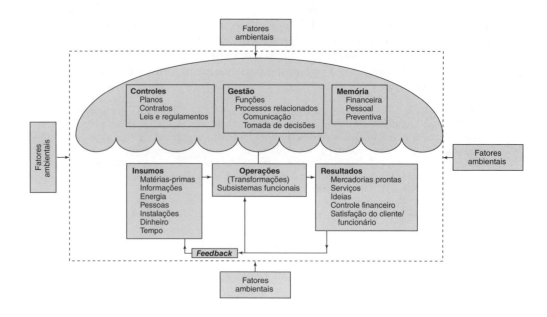

10. Quais são os objetivos gerais de processo de configuração do trabalho?
11. Relacione e descreva de forma breve alguns fatores ambientais capazes de minimizar a fadiga no trabalho.
12 Relacione e explique de forma breve os princípios da economia de movimentos.

Sites selecionados (em inglês)

www.asfsa.org   (School Nutrition Association)
www.ceoexpress.com   (CEOExpress, a internet dos executivos)
www.ers.usda.gov   (USDA Economic Research Service)
www.foodservice.com   (Primeira comunidade on-line do setor de *foodservice*)
www.fsdmag.com   (Revista *FoodService Director*)
www.icongrouponline.com   (Publicações de referência para o século XXI)
www.nfsmi.org   (National Food Service Management Institute, programa de nutrição infantil)
www.osha.gov   (U.S. Department of Labor Occupational Safety and Health Administration)
www.valuebasedmanagement.net   (Value Based Management.net)

17

Gestão financeira

CONTEÚDO

Fundamentos da contabilidade
  Objetivo da contabilidade
  Ramos da contabilidade
  Sistema uniforme de contabilidade
  Fórmula contábil
  Princípios fundamentais da contabilidade

Registros financeiros
  Registros para controle
  Demonstrativo de resultados
  Balanço patrimonial
  Análise de índices financeiros

Gestão de receitas e despesas
  Formação de preços
  Contabilidade gerencial de custos

Informações contábeis para planejamento
  Elaboração do orçamento
  Modelo de sistemas
  Etapas do planejamento orçamentário

Resumo

O planejamento financeiro e a contabilidade de uma empresa de alimentação são as principais responsabilidades do administrador. A relação custo-eficácia é um fator essencial para o sucesso das operações, em especial no cenário econômico de grande concorrência do mercado atual. Todas as pessoas responsáveis pela gestão financeira precisam ser diariamente informadas a respeito das transações realizadas, bem como compará-las com os objetivos estabelecidos. Caso contrário, as tendências de baixa podem não ser detectadas a tempo de se adotar medidas corretivas capazes de evitar um desastre financeiro.

Além disso, outros profissionais com participação na empresa necessitam de dados financeiros com base nos quais possam tomar decisões mais acertadas. Por exemplo, para decidir entre a construção ou a reforma de instalações, monitorar a situação vigente dos negócios ou investir dinheiro em um negócio, proprietários, investidores, mutuantes e credores podem exigir informações financeiras acuradas e disponíveis no momento certo.

A contabilidade é a ferramenta usada pelos administradores para registrar e resumir as transações financeiras, com isso gerando relatórios. Ela se divide em ramos como contabilidade financeira, contabilidade de custos, contabilidade fiscal, auditoria e contabilidade gerencial. Cada um desses ramos se concentra em aspectos das informações financeiras destinados a diferentes finalidades. Este capítulo apresenta um resumo de cada um deles. Os princípios fundamentais da contabilidade foram estabelecidos para garantir que os relatórios financeiros sejam mais padronizados, precisos, confiáveis e compreensíveis para todos os usuários. Os princípios de maior interesse para o setor de alimentação estão descritos neste capítulo.

O objetivo principal deste capítulo é apresentar as informações básicas de que os administradores necessitam para que tenham condições de (1) manter registros das operações diárias; (2) preparar e utilizar demonstrativos financeiros; (3) administrar receitas e despesas; (4) fazer previsões precisas com base nos registros financeiros; (5) planejar orçamentos; e (6) determinar quais são as ações corretivas que podem e devem ser adotadas para que seja mantida a conformidade das operações financeiras com os objetivos preestabelecidos. A compreensão detalhada dessas informações básicas é condição para que os administradores de negócios de alimentação tomem decisões operacionais capazes de melhor atender aos interesses da organização.

Conceitos-chave

1. Gestão financeira é uma importante função administrativa e requer conhecimento das técnicas contábeis fundamentais.
2. A manutenção criteriosa de registros é essencial para o monitoramento dos dados financeiros diários e serve como base para os demonstrativos financeiros.
3. O demonstrativo de resultados é um resumo das informações financeiras relativas a um período contábil específico.
4. O balanço patrimonial fornece informações a respeito do valor de uma empresa e da condição de uso dos ativos no que diz respeito ao cumprimento das metas financeiras da instituição.
5. A análise de índices financeiros é largamente empregada no setor de alimentação. São usados diversos índices que permitem comparar o desempenho corrente com o de um período passado, com o de outra empresa, com a média do setor e/ou com a previsão orçamentária.
6. Muitos fatores afetam a formação de preços de um cardápio e todos eles precisam ser levados em consideração para que se chegue a preços viáveis do ponto de vista financeiro.
7. Um importante aspecto da contabilidade gerencial é a gestão de custo.
8. Um orçamento é um plano financeiro que visa a contribuir para a realização dos objetivos futuros.
9. As organizações empregam diversos tipos diferentes de orçamentos, que incluem o orçamento operacional, o orçamento de caixa e o orçamento de capital.

Fundamentos da contabilidade

■ **Conceito-chave:** Gestão financeira é uma importante função administrativa e requer conhecimento das técnicas contábeis fundamentais.

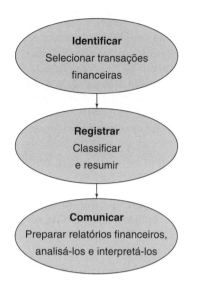

Figura 17.1 O sistema de informações contábeis.

Objetivo da contabilidade

A **contabilidade** pode ser definida como um sistema de informações que identifica, registra e comunica os eventos econômicos de uma organização que interessam aos usuários. Em termos simples, o contador seleciona as transações financeiras (identificação); registra, classifica e resume essas transações (registro); e prepara relatórios financeiros, os analisa e os interpreta para os usuários (comunicação) (Fig. 17.1).

Ramos da contabilidade

Contabilidade financeira é o ramo da contabilidade responsável por registrar e resumir as transações financeiras e depois divulgar as informações correspondentes na forma de relatórios. Entre as transações de que se encarrega a contabilidade financeira estão a **receita bruta** (dinheiro recebido), as **despesas** (custos gerais envolvidos na operação da empresa), o **lucro** (resultado obtido depois que todas as despesas foram pagas), **ativo** (itens de que a empresa detém a propriedade), **passivo** (montantes que a empresa deve) e **patrimônio líquido** (parcela do ativo que cabe aos proprietários, calculada como a diferença entre ativo e passivo).

O foco da **contabilidade de custos** é a classificação, o registro e a divulgação das despesas da empresa.

A **contabilidade tributária** trata das atividades necessárias para preparação pontual e acurada dos documentos exigidos pelo governo, que incluem preenchimento de guias e pagamentos. No caso dos estabelecimentos de alimentação, essa tarefa pode incluir as contribuições governamentais, como imposto de renda, imposto sobre vendas e impostos sobre salários.

Auditoria é o ramo da contabilidade responsável pela verificação da veracidade e da acuidade dos demonstrativos financeiros. Os **auditores** são indivíduos que realizam verificações independentes dos demonstrativos financeiros de uma empresa. Essa verificação é denominada auditoria. O propósito de uma operação de auditoria é apontar as fragilidades e/ou as irregularidades e evitar a ocorrência de fraudes.

Contabilidade gerencial é o ramo da contabilidade que responde pelo registro e pela análise das transações, com vistas à tomada de decisões administrativas. Para exercer as funções da contabilidade gerencial, uma pessoa precisa ter sólido conhecimento dos princípios contábeis básicos e do segmento dentro do setor de alimentação no qual ela trabalha.

Sistema uniforme de contabilidade

Para auxiliar os administradores no desempenho de suas atribuições financeiras, muitas áreas específicas do setor desenvolveram um **sistema uniforme de contabilidade**. É um sistema contábil consensual, empregado por esse segmento particular do setor. A National Restaurant Association, por exemplo, criou o sistema uniforme de contabilidade para restaurantes (USAR, na sigla em inglês).

Organizações de grande porte nas quais a área de alimentação é apenas uma entre muitas, como hospitais, faculdades e universidades, hotéis e motéis, contam com um departamento

---

Contabilidade
Sistema de informações que identifica, registra e comunica aos interessados os eventos econômicos de uma organização.

Contabilidade financeira
Ramo da contabilidade que se dedica a registrar, resumir e emitir relatórios sobre as transações financeiras, que incluem *receita bruta* (dinheiro recebido), *despesas* (custo de tudo o que é necessário para operação da empresa), *lucro* (a parte que sobra depois de pagas todas as despesas), *ativo* (itens que pertencem à empresa), *passivo* (montante que a empresa deve) e *patrimônio líquido* (diferença entre o ativo e o passivo; reflete o direito dos proprietários sobre o ativo).

Receita bruta
Dinheiro recebido.

Despesas
Custos de tudo o que é necessário para a operação da empresa.

Lucro
Parte que sobra depois de pagas todas as despesas.

Ativo
Itens que pertencem à empresa.

Passivo
Montante que a empresa deve.

Patrimônio líquido
Diferença entre o ativo e o passivo, que reflete o direito dos proprietários sobre o ativo.

Contabilidade de custos
Ramo da contabilidade que se dedica a classificar, registrar e emitir relatórios sobre as despesas da empresa.

Contabilidade tributária
Ramo da contabilidade que executa atividades para atendimento pontual e preciso de exigências governamentais, como o preenchimento de formulários, os pagamentos e a emissão dos documentos.

Auditoria
Ramo da contabilidade que responde pela veracidade e exatidão dos relatórios financeiros.

Auditores
Profissionais que realizam verificações independentes dos registros financeiros de uma empresa.

Contabilidade gerencial
Ramo da contabilidade que registra e analisa as transações, para o embasamento das decisões administrativas.

Sistema uniforme de contabilidade
Sistema de contas que é consensualmente adotado por um segmento de negócios.

Fórmula contábil
Ativo = passivo + patrimônio líquido.

Balanço patrimonial
Resumo financeiro que reflete a situação dos negócios em determinada data.

Demonstrativo de resultados
Relatório financeiro que demonstra a receita bruta, as despesas e a receita líquida ao longo de um período de tempo.

Princípios fundamentais da contabilidade (GAAP)
Conjunto de padrões que devem ser empregados quando do registro das transações financeiras.

---

responsável especificamente pela contabilidade e pelas finanças. Nessa situação, o gerente de um negócio de alimentação trabalha em conjunto com o diretor financeiro no desenvolvimento de um sistema de registros e relatórios que melhor atenda às necessidades da instituição. Em muitas situações, no entanto, o gerente se encarrega da geração dos próprios dados operacionais, os quais lhe garantem um controle mais direto e maior agilidade no acesso a relatórios mais completos do que os produzidos pelo escritório central. Esses relatórios são, contudo, comparados uns aos outros, e os gerentes dos departamentos se mantêm bem informados a respeito das necessidades e exigências apresentadas no processo de elaboração do orçamento.

Fórmula contábil

A **fórmula contábil** estabelece que, para todas as empresas, ativo = passivo + patrimônio líquido. Essa fórmula é a base do **balanço patrimonial** (um resumo financeiro da saúde dos negócios em determinada data) e do **demonstrativo de resultados** (um relatório financeiro que inclui receitas, despesas e resultado líquido durante certo período de tempo).

Princípios fundamentais da contabilidade

Os profissionais de contabilidade desenvolveram um conjunto de padrões que visam a garantir a acuidade e a legibilidade dos registros financeiros. Os **princípios fundamentais da contabilidade** (GAAP, na sigla em inglês) representam um conjunto de padrões que devem ser utilizados quando do registro das transações financeiras. Entre os mais importantes desses padrões estão os seguintes:

- **Entidade contábil distinta** – as transações financeiras de uma empresa devem ser totalmente separadas das transações dos proprietários.
- **Princípio da continuidade** – hipótese de que as atividades da empresa se manterão indefinidamente e, desse modo, os ativos são registrados pelo preço pago por eles e não por um valor de reposição.
- **Unidade monetária** – os demonstrativos financeiros devem ser elaborados em um padrão monetário específico, tal como o dólar, nos Estados Unidos.
- **Período de tempo** – o período que o demonstrativo financeiro deve cobrir.
- **Custo** – todas as transações de negócio devem ser registradas pelo valor original.
- **Consistência** – uma empresa deve empregar um sistema coerente para registro das transações. Por exemplo, no regime de competência, as receitas são registradas quando auferidas; no regime de caixa, as receitas são registradas quando recebidas.
- **Confrontação** – as despesas assumidas devem ser confrontadas com a receita real por elas gerada.
- **Materialidade** – se o valor de um item não for significativo, então outros princípios contábeis devem ser ignorados se sua utilização não for exequível.
- **Objetividade** – deve haver provas (como comprovantes de vendas, faturas, cheques de hóspedes) que comprovem as transações financeiras registradas.
- **Conservadorismo** – os contadores devem ser conservadores ao reportar as receitas, além de realistas no caso de despesas e outros passivos.
- **Evidenciação plena** – é necessário que as observações feitas nos demonstrativos financeiros revelem qualquer evento, passado ou futuro, que possa afetar a saúde financeira da empresa.

Registros financeiros

■ **Conceito-chave:** A manutenção criteriosa de registros é essencial para o monitoramento dos dados financeiros diários e serve como base para os demonstrativos financeiros.

Ter conhecimento das transações financeiras diárias e saber com clareza "aonde o dinheiro está indo, antes que ele vá" são responsabilidades permanentes de um administrador de negócio de alimentação. O uso de registros é essencial para garantir o acesso imediato aos dados operacionais.

A quantidade de documentos e o tipo e a frequência dos registros são aspectos que variam de uma organização para outra. Uma escola pode, por exemplo, oferecer apenas uma refeição por dia, de segunda a sexta-feira, durante o ano letivo acadêmico: um programa de almoço dentro dos padrões definidos pelo Departamento de Agricultura dos Estados Unidos (USDA, na sigla em inglês); e, no outro extremo, o refeitório para empregados de uma fábrica que opera grande volume de produção pode disponibilizar um serviço 24 horas por dia, 7 dias por semana.

Grande parte dos registros e relatórios financeiros dos estabelecimentos de alimentação é mantida por meio de sistemas computadorizados que, na sua grande maioria, fazem parte de um sistema abrangente de gestão de informações gerenciais, ligado, por sua vez, a outras funções que têm impacto direto sobre a saúde financeira da instituição. Essas funções incluem aquisição, recebimento, controle de estoques e produção. Os dados necessários para alimentar o sistema são essencialmente os mesmos utilizados nos registros manuais; já os formulários e procedimentos variam. Um bom controle manual e decisões eficientes acerca de quais informações devem ser fornecidas pelo computador são pré-requisitos para que se tenha um sistema eficaz de controle computadorizado. O projeto de formulários adequados para a organização dos dados é o primeiro passo para a definição de um sistema de controle, seja ele manual ou operado por computador.

Registros para controle

Entre os registros considerados essenciais para um negócio de alimentação, destacam-se aqueles usados para captação de dados das fases principais das operações. Esses registros podem ser classificados por função: compra e recebimento, armazenamento e almoxarifado, produção e serviço de alimentos, transações de caixa, operação e manutenção, além de pessoal. A seguir, estão alguns exemplos de registros por categoria funcional.

Registros de compra e recebimento
    Pedidos de compra
    Faturas
    Registros de recebimento
    Requisições
    Relatórios de divergências

Registros de armazenamento e almoxarifado
    Requisições ou registros emitidos pelo almoxarifado
    Estoque permanente
    Inventário físico

Produção de alimentos
    Cardápio
    Receitas padronizadas
    Padrões de controle de porções
    Cronograma de produção e relatórios de sobras
    Previsões e cálculos

Exemplos de registros padrão de unidades funcionais específicas são fornecidos nos capítulos que tratam de cardápio, compras e produção.

Registros de serviço. Os registros de serviço são aqueles documentos utilizados para captação e rastreamento da demanda verdadeira por eventos de alimentação e itens específicos do cardápio. Os dados derivados desses registros são conhecidos como indicadores de volume. Em outras palavras, eles subsidiam a previsão do volume de negócio por unidade de serviço para o próximo exercício fiscal. Exemplos de registros de unidades de serviço específicas são apresentados nas Figuras 17.2 a 17.4.

Um conjunto de registros precisa ser estabelecido para cada unidade de serviço dentro de uma organização, com o intuito de controlar e monitorar os custos, além de oferecer uma base de dados capaz de respaldar a previsão de orçamentos futuros.

Registros de receitas e despesas. O registro das transações diárias é essencial para a preparação de demonstrativos financeiros mensais. Os administradores precisam conhecer as fontes e o volume das receitas, assim como sua destinação. A disponibilização dessa informação em uma forma simplificada requer diversos registros.

Recibos de venda e de recebimento de dinheiro. A contabilidade do dinheiro recebido em estabelecimentos de alimentação requer a adoção de procedimentos empresariais. As caixas registradoras são um local relativamente seguro para manutenção do dinheiro durante o horário de serviço, além de fornecerem dados precisos sobre o número de vendas realizadas e o total de dinheiro recebido. Organizações de porte maior utilizam caixas registradoras dotadas de variados níveis de sofisticação, incluindo pontos eletrônicos de venda (POS, na sigla em inglês) com

(O texto continua na p. 468.)

Relatório do censo mensal

Nome da organização _____   Data ____ Mês ____ 20 ____ Ano ____

| Dia / Data | Número regular de hóspedes ||||| Refeições para os empregados ||||| Funções especiais (*catering*) ||||| Totais gerais ||
	Café da manhã	Almoço	Jantar	Totais Hoje	AD	Café da manhã	Almoço	Jantar	Totais Hoje	AD	Café da manhã	Almoço	Jantar	Totais Hoje	AD	Hoje	AD
Dom 1																	
Seg 2																	
Ter 3																	
—																	
Qui 31																	

Figura 17.2 Formulário de manutenção de registros do censo, adaptado para os estabelecimentos comerciais de alimentação. Os números AD ("Até a data") são os acumulados do mês.

Contagem mensal de refeições

Hospital _____   Data _____ 20 ____
                                           mês

| Data | Refeições para pacientes ||||| Refeições para funcionários ||||| Pacientes e funcionários ||
| | Café da manhã | Almoço | Jantar | Total de refeições || Café da manhã | Almoço | Jantar | Total de refeições || Total de refeições ||
				Hoje	AD				Hoje	AD	Hoje	AD
1												
2												
3												
—												
30												
31												

Figura 17.3 Planilha de resumo do número de refeições apropriado para instalações da área de saúde.

Nome do estabelecimento de alimentação

Organização _____   Função _____
Data _____ Horário _____   Organizado por _____
Quarto _____   Endereço _____
Número reservado _____ Servido ____   Telefone _____
Preço _____   Reservado por _____ Data _____
Total cobrado _____   Aprovado por _____

Cardápio   Detalhes

                                         Instalação
                                         Mesa do locutor
                                         Flores
                                         Música
                                         Endereço público
                                         Bilhetes
                                         Diversos

As reservas só podem sofrer alteração até
24 horas antes da realização da festa.
Nós estamos preparados para servir até
10% a mais do que o número reservado.

                                         Cópias: Gerente
                                                  Diretor de alimentos
                                                  Catering
Aceite _____   Manutenção
                                                  Cozinha
Escritório do sindicato _____   Contabilidade

Figura 17.4 Formulário de contrato de *catering*, que também serve como registro do número de refeições servidas.

```
                                                    14:38 Ter 03 ago 1999
                                                               Página: 2
                        Univ. Wisconsin-Madison
                             Ponto de venda
                  Vendas do período/análise de frequência
                    Relatório de:    Seg, 3 mai 1999
                            CARSON'S CARRYOUT
                  Leitores: CARSN1    CARSN#    SP    EVT
```

Período: 1 Todo o dia	Período					Cumulativo				
Horário	N. de fregueses	Porcentual do total	Vendas	Porcentual do total	Média	N. de fregueses	Porcentual do total	Vendas	Porcentual do total	Média
15h30 - 16h	17	1,87	58,94	1,91	3,47	402	44,22	1283,35	41,60	3,19
16h - 16h30	30	3,30	84,78	2,75	2,83	432	47,52	1368,13	44,35	3,17
16h30 - 17h	22	2,42	87,04	2,82	3,96	454	49,94	1455,17	47,17	3,21
17h - 17h30	60	6,60	201,38	6,53	3,36	514	56,55	1656,55	53,70	3,22
17h30 - 18h	94	10,34	333,89	10,86	3,56	608	66,89	1991,44	64,55	3,28
18h - 18h30	79	8,69	306,19	9,93	3,88	687	75,58	2297,63	74,48	3,34
18h30 - 19h	86	9,46	300,66	9,75	3,50	773	85,04	2598,29	84,23	3,36
19h - 19h30	77	8,47	284,84	9,23	3,70	850	93,51	2883,13	93,46	3,39
19h30 - 20h	59	6,49	201,76	6,54	3,42	909	100,00	3084,89	100,00	3,39

Figura 17.5 Formulário de relatório de caixa para ser preenchido pelos operadores de caixa por meio de máquina registradora.

Cortesia da Divisão de Habitação da Universidade de Wisconsin-Madison.

terminais computadorizados. Esses dispositivos geram resumos impressos e comprovantes do dinheiro recebido, o que pode substituir o uso do registro de caixa registradora mostrado na Figura 17.5. O terminal POS pode ser programado para fornecer informações com o nível de detalhes desejado pela administração, incluindo o seguinte:

- Número de vendas realizadas.
- Valor total das vendas pagas em dinheiro, cheque e cartões de débito ou crédito;
- Impostos correspondentes.
- Número total de clientes que pagaram em dinheiro e de clientes que receberam refeições por outro sistema de pagamento.
- Número total de porções para cada tipo de comida, como entradas, vegetais, sobremesas, saladas e bebidas (totalização do cardápio).
- Volume de dinheiro para cada tipo de comida vendida.
- Transações de venda por períodos parciais do dia.

O computador também pode executar as seguintes funções:

- Imprimir os recibos detalhados relativos a cada cliente.
- Calcular automaticamente o troco a ser devolvido ao cliente e imprimir a transação no recibo.
- Emitir um relatório de totais e da produtividade por hora ou por turno.

Um registro das receitas obtidas pelas vendas pagas por outras formas que não em dinheiro, bem como dos pagamentos feitos para todos os itens de despesa, também é essencial. O *diário de recebimentos e pagamentos* é um livro utilizado pelos escrituradores contábeis para registrar essas transações, que também podem ser mantidas em computador. A Figura 17.6 apresenta um modelo de formulário das duas partes do registro de recebimentos. Esses formulários devem ser preenchidos diariamente, com especificação do valor dos pagamentos mostrado nas faturas recebidas e pagas por meio de cheque, do dinheiro recebido, demonstrado nos relatórios da caixa registradora e em relatórios de qualquer outro recebimento em dinheiro. Os dados e as informações aqui apresentados são fundamentais tanto para a manutenção de registros manuais como computadorizados.

Registro de recibos de caixa (a)

Nome da organização _____ Mês _____ 20 ___

Data	Montante total recebido	Fonte de receita					Outros
		Vendas de alimentos	Vendas de bebidas	Contas pagas	Vendas diversas	Fonte	Montante
1							
2							
3							
4							
—							
31							
Totais							

Registro de desembolso do caixa (b)

Nome da organização _____ Mês _____ 20 ___

Data	Identificação da conta	N. cheque	Montante pago	Classificação das contas de despesa				
				Alimentos	Bebidas	Suprimentos	Gastos com água, luz e gás	Folha de pagamento	Aluguel
1									
2									
3									
4									
—									
31									
Totais									

Figura 17.6 Exemplo de formulário de recebimentos e desembolsos do caixa para controle financeiro. As fontes de receita e as contas de despesas variam de acordo com o tipo de estabelecimento. Os totais em cada um dos formulários são lançados na coluna correspondente de classificação.

Nenhum registro, independentemente do cuidado com que seja elaborado, tem valor a menos que tenha *periodicidade diária*, seja *preciso* e *utilizado pela administração*.

Demonstrativo de resultados

■ **Conceito-chave:** O demonstrativo de resultados é um resumo das informações financeiras relativas a um período contábil específico.

Os dados financeiros reunidos nos relatórios das seções anteriores precisam ser resumidos em um formato padrão, para uso por todas as entidades envolvidas no negócio. O demonstrativo de resultados é um desses resumos. Também denominado demonstrativo de lucros e perdas (P & L, na sigla em inglês) ou demonstrativo de operações, ele indica se uma empresa teve lucro ou prejuízo durante o período considerado. Assim, ele apresenta informações importantes para todos aqueles que tomam parte no negócio. Os proprietários podem ver a eficiência do gerente que eles contrataram. Os investidores e os credores identificam se fizeram ou não um bom investimento. Os credores leem um demonstrativo de resultados para decidir se ampliam ou não o crédito concedido à organização. Os gerentes usam esse relatório para avaliar seu nível de eficiência e sua habilidade na gestão do estabelecimento.

Uma diferença importante entre o demonstrativo de resultados e o balanço patrimonial reside no fato de que o primeiro está relacionado a um período de tempo e o segundo represen-

Figura 17.7 Exemplo de demonstrativo de resultados.

My Place Café
DEMONSTRATIVO DE RESULTADOS
de
31 de março, XXXX

Vendas de alimentos		US$ 60.000	
Custo das mercadorias vendidas			
Estoque, 1º de março, 2010	US$ 21.000		
Mais: compras de março	25.200		
	US$ 46.200		
Menos: estoque em 31 de março, 2010	22.200		
Custo total dos alimentos vendidos		US$ 24.000	40,0%
Lucro bruto		US$ 36.000	
Custo da mão de obra			
Remuneração e salários	US$ 18.000		
Benefícios indiretos	2.400		
Impostos da segurança social	900		
Custo total da mão de obra		US$ 21.300	35,5%
Despesas operacionais			
Despesas de escritório	US$ 1.050		
Lavanderia e uniformes	750,		
Gastos com água, luz e gás	2.100		
Reparos e manutenção	900		
Impressão e anúncios	600		
Despesas gerais	1.500		
Depreciação	1.650		
Impostos	375		
Seguro	675		
Juros sobre promissórias e hipotecas	900		
Despesa operacional total		US$ 10.500	
Total de mão de obra e despesas operacionais		US$ 31.800	
Receita líquida		US$ 4.200	7,0%

ta um ponto determinado no tempo. Um demonstrativo de resultados denomina-se *dinâmico*, enquanto o balanço é *estático*.

A Figura 17.7 apresenta um exemplo de um demonstrativo de resultados. O formato pode ter pequenas variações de acordo com o tipo específico de estabelecimento. O guia USAR ajuda bastante na definição do formato.

Vendas e receitas incluem os recibos de caixa ou os fundos alocados para a operação pelo período de tempo coberto pelo relatório. O custo dos alimentos vendidos em um negócio de alimentação é calculado pelo seguinte procedimento:

Estoque no início do período	US$XXX
Mais compras feitas durante o período	+ XXX
Igual ao valor total dos alimentos disponíveis	= XXX
Menos o estoque no final do período	– XXX
Igual ao custo das mercadorias vendidas durante o período	US$XXX

Um estabelecimento de alimentação que vende bebidas alcoólicas e também alimentos deve utilizar uma listagem separada no demonstrativo de resultados para as vendas e o custo das vendas de álcool, cerveja e vinho. Um exemplo dessa parte de um demonstrativo de resultados para um restaurante é mostrado na Figura 17.8.

MY PLACE BISTRO
Demonstrativo de lucros e perdas

VENDAS				
Alimentos	US$ 62.145	81,1%	US$ 585.808	78,2%
Destilados	8.274	10,8%	94.388	12,6%
Cerveja	3.264	4,2%	37.456	5,0%
Vinho	2.973	3,9%	31.463	4,2%
TOTAL DE VENDAS	76.656	100,0%	749.115	100,0%
CUSTO DAS VENDAS				
Alimentos	21.440	34,5%	200.346	34,2%
Destilados	2.358	28,5%	21.520	22,8%
Cerveja	969	29,7%	8.989	24,0%
Vinho	1.178	39,6%	11.798	37,5%
CUSTO TOTAL DAS VENDAS	25.945	33,8%	242.653	32,4%
LUCRO BRUTO	50.711	66,2%	506.462	67,6%
DESPESAS CONTROLÁVEIS				
Remuneração e salários	22.929	29,9%	215.745	28,8%
Benefícios para os empregados	3.290	4,3%	32.212	4,3%
Despesas operacionais diretas	6.274	8,2%	44.198	5,9%
Música e entretenimento	150	0,2%	1.498	0,2%
Marketing	1.624	2,1%	17.229	2,3%
Gastos com água, luz e gás	2.341	3,1%	22.474	3,0%
Despesas gerais e administrativas	2.708	3,5%	27.718	3,7%
Reparos e manutenção	1.507	2,0%	13.484	1,8%
TOTAL DE DESPESAS CONTROLÁVEIS	40.823	53,3%	374.558	50,0%
LUCROS CONTROLÁVEIS	9.888	12,9%	131.904	17,6%
CUSTOS DE LOCAÇÃO				
Aluguel	4.590	6,0%	44.947	6,0%
Impostos de propriedade	824	1,1%	8.240	1,1%
Outros impostos	103	0,1%	1.498	0,2%
Seguro de propriedade	600	0,8%	5.993	0,8%
CUSTO TOTAL DE LOCAÇÃO	6.117	8,5%	60.678	8,1%
RECEITA ANTES DE JUROS E DEPRECIAÇÃO	3.771	4,9%	71.226	9,5%
Juros	220	0,3%	2.248	0,3%
Depreciação	1.124	1,5%	11.236	1,5%
RECEITA ANTES DOS IMPOSTOS	US$ 2.427	3,2%	57.742	7,7%

Figura 17.8 Demonstrativo de resultados que exibem destilados, cerveja e vinho.

O lucro bruto – ou rendimento – é calculado ao se subtrair o custo das mercadorias vendidas das vendas – ou receita. As despesas restantes podem ser classificadas como controláveis ou não controláveis, ou, como no exemplo, em custos de mão de obra e despesas operacionais. O lucro líquido – ou o prejuízo – é calculado ao se subtrair do lucro bruto o custo da mão de obra e de outras despesas operacionais.

Os números empregados na elaboração desse demonstrativo são obtidos do livro-caixa, das receitas e despesas, bem como dos números relativos aos estoques inicial e final. Um resumo simples do demonstrativo de lucros e perdas é mostrado a seguir:

	Rendimento (vendas)
Menos:	Custo dos alimentos vendidos
Igual:	Lucro bruto
Menos:	Mão de obra, despesas gerais e custos operacionais
Igual:	Lucro líquido ou prejuízo

A relação porcentual dos principais itens de despesa e do lucro em relação às vendas é incluída no demonstrativo de resultados para permitir melhor interpretação das operações, porque os números expressos na unidade monetária corrente têm pouco significado nesse contexto. Os valores percentuais são determinados pela divisão de cada despesa *pela* renda total, o que representa o porcentual da renda relativo aos alimentos, à mão de obra, a outras despesas e, no final, o lucro ou, se as despesas excederam a receita, o prejuízo.

Da mesma forma que um relatório diário de custos de alimentos, um demonstrativo acumulativo de lucros e perdas, registrado mês a mês e acompanhado da previsão orçamentária, fornece dados comparativos para uso pela gerência.

Para que esse relatório tenha uma aplicação efetiva, é preciso que ele seja completo e esteja disponível, tanto quanto possível, nos primeiros dias do mês. Relatórios que chegam à mesa dos gerentes 1 mês ou 6 semanas após o fim do período operacional têm pouca ou nenhuma serventia. Desse modo, o montante correspondente ao lucro ou ao prejuízo não deve surpreender, no entanto, o gerente, que utiliza relatórios diários para "manter as operações sob controle".

Balanço patrimonial

▎**Conceito-chave:** O balanço patrimonial fornece informações a respeito do valor de uma empresa e da condição de uso dos ativos no que diz respeito ao cumprimento das metas financeiras da instituição.

O balanço patrimonial (Fig. 17.9) é um relatório que lista o ativo, o passivo e o capital de uma instituição em uma data específica. O ativo é classificado em circulante e fixo. O ativo

Figura 17.9 Exemplo de balanço patrimonial.

My Place Yacht Club
BALANÇO PATRIMONIAL
31 de dezembro, XXXX

Ativos		Passivo e patrimônio de sócios	
Ativo circulante		**Passivo circulante**	
Dinheiro em caixa e em cheque	US$ 7.360	Contas a pagar	US$ 14.290
Dinheiro em poupança	2.760	Despesas provisionadas	4.445
Contas a receber	33.639	Hipoteca exigível, corrente	12.000
Estoque	2.665		US$ 30.735
	US$ 46.424		
Ativo fixo (valor estimado)		**Passivo de longo prazo**	
Benfeitorias	US$ 14.428	Hipoteca exigível	US$ 185.025
Mobiliário, acessórios e equipamentos	25.000	Menos parcela circulante	12.000
Clube e docas	200.000		US$ 173.025
Terreno	180.000		
	US$ 419.428	**Patrimônio de sócios**	
Outros ativos		Capital social	US$ 23.500
Despesas pré-pagas	US$ 2.844	Excedente	224.000
Conta de caução	3.000	Reservas	8.975
Tarifas de associados	9.940	Receita líquida	30.401
	US$ 15.784		US$ 286.876
Fundo de reserva			
Construção e depreciação	US$ 5.000		
Substituição de docas	4.000	TOTAL DE PASSIVO E	
	US$ 9.000	PATRIMÔNIO DE SÓCIOS	US$ 490.636
ATIVOS TOTAIS	US$ 490.636		

circulante inclui dinheiro em caixa e outros ativos que serão convertidos em dinheiro em curto período de tempo, em geral, 1 ano ou menos. Caixa inclui dinheiro em mãos, em poupança e conta corrente, em fundos eletrônicos transferidos de empresas administradoras de cartões de crédito e em certificados de depósito (CD). Os ativos que serão convertidos em caixa após um curto período de tempo incluem contas a receber, estoques, despesas pré-pagas e valores mobiliários disponíveis para venda.

O ativo fixo é permanente e inclui investimentos de longo prazo, edificações, móveis, bens acessórios, terras, equipamentos de grande e pequeno porte, toalhas, louças e utensílios de venda. Como esses ativos fixos perdem valor ao longo do tempo, esse valor é ajustado por meio da dedução de uma depreciação acumulada.

Alguns estabelecimentos podem ter outros bens e outras reservas financiadas para uso em melhorias futuras.

O passivo é classificado em circulante ou de longo prazo. Passivo circulante é aquele que precisa ser pago dentro do período de 1 ano, como alimentos e suprimentos, impostos, salários, remunerações, juros e parte de hipoteca. O passivo de longo prazo é aquele cujo pagamento não será feito dentro do próximo ano. Nessa categoria, estão incluídos débitos de longo prazo, hipotecas, contratos de locação e impostos diferidos.

A seção do balanço patrimonial que trata do patrimônio inclui a porção da empresa que representa os direitos dos proprietários. O direito de propriedade em uma empresa com fins lucrativos pode caber a um empresário individual (propriedade de um único indivíduo), uma sociedade (propriedade de duas ou mais pessoas) ou uma corporação (propriedade dos acionistas). A entrada final na seção de patrimônio do balanço é a de lucro acumulado, que representa o lucro ainda não distribuído na forma de dividendos. Quando ocorre um prejuízo líquido, o número relativo ao lucro acumulado deve ser negativo.

Conforme mostrado no exemplo de balanço patrimonial apresentado, a fórmula contábil fundamental

$$ATIVO = PASSIVO + PATRIMÔNIO$$

sempre aparece na linha final desse demonstrativo.

Análise de índices financeiros

▌ **Conceito-chave:** A análise de índices financeiros é largamente empregada no setor de alimentação. São usados diversos índices que permitem comparar o desempenho corrente com o de um período passado, com o de outra empresa, com a média do setor e/ou com a previsão orçamentária.

Os números apresentados em um demonstrativo de resultados têm pouco significado, a menos que sejam submetidos a alguma forma de comparação. Um índice é a expressão matemática do relacionamento entre dois números e pode ter as seguintes apresentações:

- **Índice comum:** a razão 2 para 1 – ou 2:1, entre a venda de alimentos e a de bebida alcoólica.
- **Porcentual:** isto é, o custo porcentual (%) dos alimentos em relação às vendas.
- **Rotatividade:** isto é, o número de vezes em que o estoque é reposto em 1 mês.
- **Base por unidade:** por exemplo, uma base por unidade monetária, isto é, o valor monetário gerado por assento no restaurante.

Os índices são divididos em categorias que dependem da questão que eles se destinam a responder:

- Liquidez – a organização tem condições de pagar suas faturas no vencimento?

    índice de liquidez corrente = relação entre ativo circulante e passivo circulante;

    índice de liquidez seca = relação entre a soma (dinheiro em caixa + contas a receber + valores mobiliários disponíveis para venda) e o passivo circulante;

- Solvência – a organização está em condições de cumprir suas obrigações financeiras de longo prazo?

    índice de solvência = relação entre ativo total e passivo total;

    índice entre débito e patrimônio = relação entre passivo total e patrimônio líquido total;

- Atividade – com que nível de eficiência a organização utiliza seus ativos?

$$\text{rotatividade do estoque de alimentos} = \frac{\text{custo dos alimentos vendidos}}{\text{estoque médio de alimentos}}$$

Nota: estoque médio é: $\frac{(\text{estoque inicial de alimentos} + \text{estoque final de alimentos})}{2}$

A mesma fórmula pode ser empregada para cálculo da rotatividade do estoque de bebidas.

- Rentabilidade – qual é a eficiência da administração para geração de vendas, controle das despesas e geração de lucros?

$$\text{margem de lucro} = \frac{\text{lucro líquido}}{\text{vendas}}$$

$$\text{retorno sobre o patrimônio} = \frac{\text{lucro líquido}}{\text{patrimônio líquido}}$$

$$\text{retorno sobre ativo} = \frac{\text{lucro líquido}}{\text{ativo total}}$$

- Operacional – qual é a eficiência da organização para geração de receitas e controle das despesas?

mix de vendas = relação entre vendas de alimentos e venda de bebidas

relação entre vendas via *catering*, vendas por máquinas e vendas no refeitório

$$\text{movimento médio de clientes} = \frac{\text{total de vendas}}{\text{número de visitantes servidos}}$$

$$\text{rotatividade de assentos} = \frac{\text{refeições servidas}}{\text{número de assentos}}$$

$$\text{custo porcentual de alimentos} = \frac{\text{custo dos alimentos vendidos}}{\text{total de vendas de alimentos}}$$

$$\text{custo porcentual da mão de obra} = \frac{\text{custo da mão de obra (salários, remunerações, benefícios)}}{\text{total de vendas}}$$

$$\text{custo porcentual de bebidas} = \frac{\text{custo das bebidas vendidas}}{\text{total de vendas de bebidas}}$$

$$\text{custo dos alimentos por paciente ou por estudante} = \frac{\text{custo dos alimentos}}{\text{número de pacientes ou estudantes servidos}}$$

$$\text{refeições por hora de trabalho} = \frac{\text{número de refeições servidas}}{\text{número de horas trabalhadas necessárias para produção das refeições}}$$

$$\text{minutos de trabalho por refeição} = \frac{\text{minutos de tempo trabalhado para produzir as refeições}}{\text{número de refeições servidas}}$$

$$\text{refeições por equivalente de tempo integral} = \frac{\text{número de refeições servidas}}{\text{número de equivalentes de tempo integral para produzir as refeições}}$$

A Figura 17.10 mostra como um índice pode ser utilizado como parâmetro de comparação. Um gráfico de barras apresenta o índice operacional de custo de mão de obra por receita para diversos distritos escolares, já um gráfico de linha exibe os porcentuais médios (baixo, intermediário e alto) correspondentes a um período de 3 anos.

Council of the Great City Schools

Custos de mão de obra por receita bruta

Despesas totais de mão de obra do departamento, mais benefícios e impostos, mais custos de indenizações pagas aos empregados, *dividido pela* receita bruta total

Por que essa medida é importante

Essa medida é importante porque a mão de obra representa a maior despesa que um estabelecimento de alimentação precisa cobrir. Essa despesa é controlada com rigor pelos conselhos das escolas, porque são eles que estabelecem a programação salarial e os planos de benefícios, assim como concedem aumentos. No entanto, os diretores têm condições de controlar o custo da mão de obra por meio da adoção de padrões de produtividade e fórmulas para alocação de pessoal

Fatores que influenciam essa medida

- Políticas distritais no tocante aos benefícios de saúde para os empregados e seus dependentes
- Políticas distritais relativas aos benefícios de aposentadoria
- Número de dias de trabalho por ano
- Número de dias de férias pagas por ano
- Fórmulas para alocação de pessoal
- Padrões de produtividade
- Programação salarial
- Contratos sindicais
- Tipos de itens que compõem o cardápio

Análise de dados

- Ano fiscal 07 = 48 distritos apresentaram respostas razoáveis; Ano fiscal 06 = 48 distritos; Ano fiscal 05 = 45 distritos
- Ano fiscal 07: baixo = 34,7%; alto = 80,9%; médio = 49,0%

Figura 17.10 Exemplo de uso da análise de índices financeiros para fins de avaliação comparativa.
Fonte: Council of the Great City Schools.

Figura 17.10 *(continuação)*
Exemplo de uso da análise de índices financeiros para fins de avaliação comparativa.

Fonte: Council of the Great City Schools.

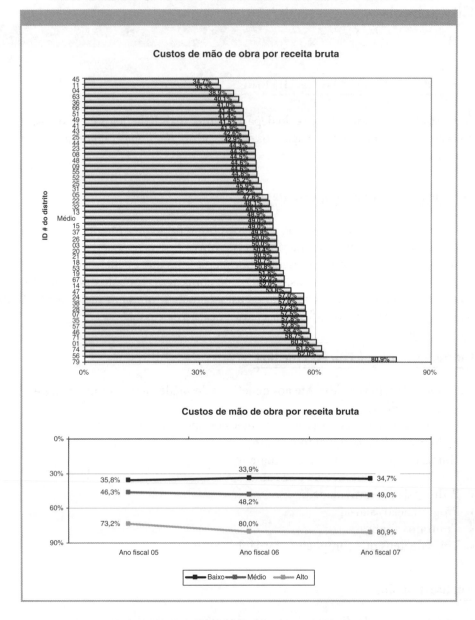

Gestão de receitas e despesas

Formação de preços

▌ **Conceito-chave:** Muitos fatores afetam a formação de preços de um cardápio e todos eles precisam ser levados em consideração para que se chegue a preços viáveis do ponto de vista financeiro.

Uma responsabilidade importante dos administradores de negócios de alimentação é a determinação de uma base sólida para fixação dos preços de venda dos alimentos. Métodos aleatórios podem ser a causa de desastres financeiros, assim como da insatisfação dos clientes. Quando fazem uma compra, os clientes esperam que o bem ou serviço adquirido faça jus ao preço por ele pago. Desse modo, o objetivo dos administradores deve ser fixar preços do cardápio que representem para os clientes uma boa relação custo-benefício, ao mesmo tempo em que garantem a lucratividade do estabelecimento.

Alguns dos fatores mais comuns que influenciam a formação dos preços do cardápio são:

- Concorrência local (um aspecto importante quando da fixação dos preços do cardápio).

- Nível de serviço (com o aumento do volume de serviço, os custos também aumentam e, portanto, é necessário elevar os preços).
- Tipo de cliente (quem são os clientes e o que eles valorizam?).
- Qualidade dos produtos (o nível de qualidade é determinado em função da demanda dos clientes e dos objetivos operacionais).
- Tamanho das porções (o tamanho das porções servidas causa grandes efeitos sobre os preços do cardápio).
- Ambientação (os preços podem ser mais elevados se tiverem como contrapartida qualidade e ambiente agradável).
- Período das refeições (os frequentadores de restaurantes aceitam pagar preços mais altos no jantar do que no almoço).
- Localização (uma boa localização é melhor justificativa para preços mais altos do que uma ruim).
- *Mix* **de vendas** (o *mix* de vendas é a frequência com que os itens do cardápio são escolhidos pelos clientes; pode influenciar de forma significativa a fixação de preços realistas).
- Custos de alimentos e mão de obra (os custos de alimentos e mão de obra variam de uma área para outra).
- Margem de lucro desejada (um estabelecimento sem fins lucrativos define preços que visam a proporcionar o equilíbrio das finanças, enquanto uma empresa com fins lucrativos determina suas margens de lucro).

Mix **de vendas**
Frequência de escolha de itens do cardápio pelos clientes.

Nos dias de hoje, existem duas metodologias básicas que são amplamente utilizadas para fixação dos preços do cardápio: a abordagem de mercado e a de custos. A abordagem de mercado procura compatibilizar os preços com a expectativa dos clientes. Por exemplo, quando um restaurante que serve refeições refinadas estabelece os preços das entradas, ele sabe que os clientes estão dispostos a pagar para ter um elevado nível de qualidade, enquanto um estabelecimento de *fast-food* fixa seus preços com base no valor que o cliente atribui a cada real gasto. O objetivo dos dois tipos de empresa é maximizar o volume e manter sua competitividade em relação àqueles com os quais concorre no mesmo mercado.

A abordagem de custos na fixação de preços leva em consideração os custos e a meta de lucro do estabelecimento. As duas metodologias de custos mais largamente empregadas são o método do porcentual de custo dos alimentos e o da margem de contribuição do item.

O método do porcentual de custo é baseado no custo dos ingredientes que entram na composição dos itens do cardápio, somado a um fator de preço que proporciona um preço de venda adequado para o tipo de organização e o nível porcentual de custo do alimento que a empresa de alimentação está disposta a manter. A fórmula para determinação do preço de venda com base no porcentual de custo do alimento é:

Preço de venda = custo do item × fator de preço

Para encontrar o *custo dos ingredientes*, calcula-se o custo da receita padrão para cada item do cardápio. A Figura 17.11 apresenta um exemplo de custo calculado para uma receita. Os registros das compras para abastecimento da despensa fornece o preço dos ingredientes para cálculo do custo das receitas. Muitos estabelecimentos de alimentação mantêm em um computador as receitas precificadas e os registros das despesas, assim como utilizam programas que atualizam os custos das receitas para acompanhar a flutuação dos preços.

O **fator de preço** é determinado por meio da divisão de 100 (que representa o total de vendas ou 100%) pelo porcentual de custo que a empresa deseja manter para o alimento específico. O número resultante é denominado *fator de preço* ou *margem de lucro*. Esse é o número pelo qual o custo dos ingredientes é multiplicado para obtenção do preço de venda. Para ilustrar, imagine que o estabelecimento de alimentação deseja manter um custo de alimento equivalente a 40% (da renda):

Fator de preço
Calculado por meio da divisão de 100 (que representa o total de vendas ou 100%) pelo porcentual de custo que a empresa deseja manter para o alimento específico. Esse é o número pelo qual o custo dos ingredientes é multiplicado para obtenção do preço de venda.

$$\frac{100 \text{ (representa o total de vendas)}}{40 \text{ (porcentual da renda para o alimento)}} = 2,5$$

2,5 é o fator de preço.

O custo de uma porção na Figura 17.11 é igual a 0,3498 × 2,5 = US$ 0,874 ou 0,87 (o preço de venda sugerido).

Contudo, o fator de preço não pode ser usado de forma isolada para cálculo do preço de venda. Existem muitos itens que são oferecidos "gratuitamente" com uma refeição e precisam ser computados – sal e pimenta, condimentos, açúcar e creme, geleias, gelatinas e molhos. Eles não fazem parte dos ingredientes das receitas, mas é necessário que sejam levados em consideração.

Além disso, o administrador de um negócio de alimentação tem obrigação de conhecer não apenas o custo dos ingredientes que compõem o cardápio, como também o custo das per-

Figura 17.11 Receita com custos calculados é a base para a fixação do preço de venda.

Nome do produto	Quiche Lorraine	Tamanho da forma	12 x 20 x 2
Rendimento (quantidade total)	2 formas	Tipo de porção	4 X 6: 24/forma
Tamanho da porção	200 g	Data da preparação	31/08/97
Número de porções	48	Preparado por	L.L.

NÚMERO DE PORÇÕES: 48

INGREDIENTES	Peso (total)	Medida	Peso (comestível)	Medida	Preço unitário	Custo	
Farinha, massa			1.420 g		0,523/kg	US$1	0,6343
Sal, cozimento			60 g		0,058/kg		0,0072
Gordura			800 g		0,073/kg	US$1	0,277
Água		2 ½ xíc					—
Cebola, picada			128 g		0,238/kg		0,0069
Leite		1 L			2,44/L	US$2	0,44
Queijo suíço, ralado			900 g		2,95/kg	US$5	0,90
Ovos, frescos e inteiros		3 dúzias			0,68/dúzia	US$2	0,04
Mostarda, seca			15 g		0,092/kg		0,287
Presunto, moído (opcional)	570 g				2,072/kg	US$3	0,40

Procedimento:

Custo total US$ 16,7941

Custo por porção 0,3498

das ocorridas durante o preparo, a cocção e o serviço, as quais, se não controladas, aumentam significativamente o custo total do alimento. A produção em excesso e o desperdício inevitável contribuem, da mesma forma, para elevação dos custos. Portanto, uma administração consciente deve, dentro do possível, analisar e controlar esses fatores, e levá-los em consideração quando da fixação dos preços de venda. Para compensar esses "custos ocultos e improdutivos", muitos administradores de negócios de alimentação acrescentam 10% (ou outro valor padrão) ao custo da receita antes de somar a margem de lucro. Assim, no exemplo apresentado, o preço de venda sugerido, de 87 centavos, deve ser modificado:

0,3498 (custo dos ingredientes) × 0,10 = 0,03498

+ 0,3498 = 0,3848

× 2,5 = 0,961 – ou 0,96 (um preço de venda mais realista).

O preço do rodízio e outras combinações encontradas com frequência em cardápios impressos existentes em estabelecimentos comerciais de alimentação adotam o mesmo procedimento do exemplo. No entanto, todos os itens que são servidos juntos por um preço único (como carne, batata, vegetais, saladas e bebidas) têm o custo calculado separadamente, e o valor total dos ingredientes é obtido antes da aplicação do fator de preço para cálculo do preço de venda.

Decerto, não se pode utilizar o preço exato calculado quando o número for expresso por uma fração ou um resultado "estranho". Tais números são *arredondados para cima*, até o valor mais próximo que seja razoável. Assim sendo, US$ 1,87 deve ser convertido, por exemplo, em US$ 1,90 ou, até mesmo, US$ 2.

A **margem de contribuição de um item (também denominada margem de lucro bruto)** é o valor que sobra depois que se subtrai do preço de venda daquele item do cardápio o custo do alimento a ele correspondente. Essa margem é, portanto, o valor que contribui para pagamento do custo de mão de obra e outras despesas, bem como para o lucro. Para cálculo do preço de um cardápio por meio da margem de contribuição do item, é usada a seguinte fórmula:

Preço de venda = custo de alimento do item + margem de contribuição desejada para o item

---

Margem de contribuição de um item (também denominada margem de lucro bruto)

Montante obtido depois que se subtrai o custo dos alimentos de um item do cardápio do preço de venda desse item.

Contabilidade gerencial de custos

■ Conceito-chave: Um importante aspecto da contabilidade gerencial é a gestão de custo.

Os custos podem ser classificados em diversas categorias. Entre elas, as mais importantes são: fixos e variáveis, controláveis e não controláveis, diretos e indiretos. Os **custos fixos**, como os de aluguéis, mantêm-se constantes a despeito de aumentos ou reduções do volume de vendas. Os **custos variáveis** aumentam quando o volume de vendas aumenta e diminuem quando o volume de vendas diminui; um exemplo é o custo dos alimentos. **Custos controláveis** são aqueles sobre os quais a administração tem controle, enquanto, por outro lado, ela não o tem sobre os **custos não controláveis**. **Custos diretos** são os que se pode vincular com facilidade a uma área de operação específica. **Custos indiretos (também denominados despesas gerais)** não são atribuídos com facilidade a uma área específica. O foco de toda a parte restante desta seção são os custos variáveis e controláveis.

Um passo fundamental a ser dado pelos administradores no sentido de se alcançar uma boa situação financeira envolve a tomada de decisões complementares e a adoção de ações após a revisão de registros e relatórios. Se as operações são compatíveis com o plano orçamentário, nenhuma ação é indicada. Se, no entanto, os custos se mostram excessivamente elevados e os lucros ficam aquém das previsões ou os indicadores de volume são inferiores ao que foi previsto, faz-se necessária uma revisão dos diversos fatores que envolvem o controle de custos. Existem, contudo, muitas alternativas que devem ser consideradas antes de se optar pela elevação dos preços ou pela interrupção de serviços bem avaliados, o que tem reflexos negativos sobre a satisfação dos clientes. Essas ações podem acabar sendo necessárias, mas não devem ser a primeira opção.

Os administradores revisam os diversos fatores que têm impacto sobre os custos, assim, buscam as causas dos desvios em relação ao esperado. Nessa análise, estão incluídas todas as atividades do departamento. Uma breve revisão de alguns desses fatores é apresentada nesta seção. A Tabela 17.1 resume algumas questões-chave que um administrador deve considerar quando analisar as divergências em relação aos parâmetros orçamentários.

Custos fixos
Custos que permanecem constantes, independentemente do aumento ou da redução do volume de vendas.

Custos variáveis
Custos que aumentam quando o volume de vendas aumenta e diminuem quando o volume de vendas diminui, como o custo dos alimentos.

Custos controláveis
Custos sobre os quais a administração tem controle.

Custos não controláveis
Custos sobre os quais a administração não tem controle.

Custos diretos
Custos que se pode facilmente associar com uma área específica do estabelecimento.

Custos indiretos (também denominados despesas gerais)
Custos que não se pode facilmente associar com uma área específica do estabelecimento.

Tabela 17.1 Fatores que devem ser considerados na análise dos desvios em relação ao orçamento.

Fator	Principais questões analíticas
Custos de alimentos	
Cardápios, custo do cardápio, preço de venda	1. Quantas opções são oferecidas? 2. Qual é o custo dos alimentos e da mão de obra para cada item do cardápio? 3. Quais são os itens mais rentáveis? 4. Que quantidade de cada item é vendida? 5. Os cardápios poderiam ser comercializados com mais eficiência?
Compras	1. As especificações adequadas estão sendo utilizadas? 2. Já se pensou no uso de venda automática ou compra por grupos? 3. O comprador se mantém atualizado quanto às tendências e condições do mercado?
Recebimento	1. As entregas são conferidas contra os respectivos pedidos de compra? 2. A qualidade e as quantidades são conferidas com as especificações?
Armazenamento	1. Qual é a relação entre a atual taxa de rotatividade e o cálculo anterior? 2. Existe oportunidade para roubo? 3. Os requisitos das áreas de estocagem são controlados? 4. As áreas de estocagem são adequadamente organizadas para minimizar os estragos? 5. Todas as unidades de armazenamento são mantidas sob temperatura apropriada?
Produção de alimentos	1. Receitas padronizadas estão disponíveis e são usadas? 2. Já foi considerada a hipótese de se estabelecer uma área central de reunião de ingredientes? 3. Os equipamentos de produção são adequados e submetidos a manutenções efetivas? 4. As previsões são precisas e seguidas pelas equipes de produção?

(continua)

Tabela 17.1 *(continuação)* Fatores que devem ser considerados na análise dos desvios em relação ao orçamento.

Fator	Principais questões analíticas
Tamanho da porção	1. Foram definidos tamanhos de porções para todos os itens do cardápio? 2. Os empregados estão cientes dos tamanhos das porções e foram treinados para controlar essas porções? 3. Os empregados têm à sua disposição utensílios apropriados para medição das porções?
Refeições para os empregados	1. Os custos das refeições oferecidas aos empregados foram calculados? 2. São utilizados métodos contábeis adequados para justificativa desses custos?
Custos de mão de obra	
Tipo e abrangência dos serviços oferecidos	1. Existe a possibilidade de se oferecer maior número de serviços *self-service* sem comprometimento da satisfação dos clientes?
Horário de serviço	1. Há um volume de clientes que justifique o horário de trabalho atual? 2. Que técnicas de comercialização podem ser implementadas para estimular as vendas durante os horários de pouco movimento? 3. Existem tarefas executadas nos horários de pico que poderiam ser transferidas para os períodos de movimento baixo?
Espaço físico	1. Os equipamentos estão distribuídos de forma a minimizar o consumo de energia humana? 2. Há disponibilidade de carrinhos em número e tamanho que minimizem as idas às áreas de armazenamento? 3. O compartilhamento de equipamentos causa atrasos na produção?
Políticas de pessoal e produtividade	1. Foram estabelecidos padrões de produção e comunicados aos empregados? 2. Os empregados são adequadamente treinados e supervisionados de forma a garantir que os padrões de produtividade sejam alcançados? 3. As despesas com horas extras são justificadas?
Supervisão	1. Os supervisores monitoram as atividades do departamento? 2. Os supervisores conhecem os principais períodos de produtividade e adotam ações para garantir que os padrões sejam atingidos? 3. Os supervisores sabem como fazer alocação diária de recursos, para manter as diretrizes orçamentárias?
Despesas operacionais e outras despesas	
Manutenções e reparos	1. Existe um sistema de manutenções preventivas definido e posto em prática? 2. Os custos de reparos são justificados se comparados com a substituição do equipamento? 3. Os empregados são treinados para relatar equipamentos quebrados?
Danos	1. Existem registros das quebras de porcelanas e copos? Eles são resumidos com periodicidade, para monitoramento das alterações em termos de quantidades quebradas? 2. Os empregados têm ciência dos custos envolvidos? 3. São adotadas técnicas apropriadas de manuseio para minimização das quebras?
Suprimentos	1. Os empregados têm acesso aos suprimentos? 2. Existem procedimentos de uso que visem a minimizar o desperdício de produtos químicos?
Energia e custo dos gastos com água, luz e gás	1. As manutenções preventivas incluem a verificação da eficiência energética? 2. Os equipamentos são usados adequadamente para minimização do uso de energia?

Compras. Os métodos e os procedimentos de compra devem ser revisados como parte do processo de controle de custos.

A dinâmica do mercado é bastante acentuada, e o comprador precisa se manter a par dos novos desenvolvimentos, além de saber quais são os preços mais vantajosos e o que melhor atende às necessidades do setor de alimentação. É provável que, de tempos em tempos, as especificações precisem ser modificadas para acompanhar as tendências apontadas pelo mercado. Certos custos podem ser controlados por meio de um processo de compra criterioso, levado a efeito por um comprador capaz e bem informado, que se mantém atento às condições mutáveis do mercado e toma ciência do lançamento de novos produtos logo que eles estejam disponíveis. A aquisição de alimentos é amplamente tratada no Capítulo 6.

Recebimento. A negligência da administração na verificação dos pedidos tão logo eles são recebidos pode acarretar perdas no ponto de recebimento das mercadorias. Essa tarefa deve ser confiada a um assistente; porém, executada por uma pessoa que tenha autoridade gerencial.

Controle de armazenamento e despensa. A segurança do vultoso investimento financeiro da empresa em alimentos, depois que eles são comprados e recebidos, tem um impacto significativo sobre o controle geral de custos. Já foi dito que só se deve adquirir uma quantidade que possa ser usada de imediato ou armazenada adequadamente. Além do mais, deve-se armazenar apenas o que é essencial para pequenos períodos de tempo, porque estoques grandes e prescindíveis tendem a aumentar a probabilidade de perdas causadas por deterioração, desperdício ou roubo, sem se esquecer do montante de dinheiro que fica parado em vão.

O valor do estoque pode ser monitorado pela determinação da taxa de rotatividade, que vem a ser a medida do número de vezes que as mercadorias da despensa são usadas e repostas durante certo período de tempo. (Ver fórmula de cálculo da rotatividade do estoque, na seção deste capítulo que trata de proporções.) Uma rotatividade de três a cinco vezes durante o período de 1 mês representa a média observada na maioria das empresas de alimentação, muito embora exista considerável variação. Um pequeno estabelecimento de *fast-food* em uma cidade grande pode ter uma rotatividade de estoque maior, porque neles é maior a frequência de utilização e reposição dos alimentos existentes na despensa. Por outro lado, uma grande universidade localizada em uma área relativamente isolada pode manter um estoque maior de ingredientes básicos para cobrir o período de 1 ano letivo, o que acarreta uma rotatividade menor do estoque.

Uma taxa de rotatividade muito alta pode ser sinal de escassez de fundos para aquisição de quantidades suficientes e, nesse caso, as compras são feitas em pequenas quantidades que são usadas quase de imediato. Esse é um método muito caro e pode limitar a classificação de crédito da empresa, além de prejudicar sua condição de negociação nas compras.

Uma taxa de rotatividade baixa indica que as mercadorias permanecem por tempo longo demais nas prateleiras ou, até mesmo, não são utilizadas. Os gerentes devem verificar o estoque de tempos em tempos e incluir no cardápio aqueles itens que precisam ser "movimentados" antes que estraguem e acabem gerando desperdício.

Produção de alimentos: preparo, cozimento e controle de sobras. Os administradores de negócios de alimentação têm plena consciência do custo envolvido na produção de alimentos para serem servidos e das perdas potenciais que podem ocorrer no processo. Trabalhadores em negócios de alimentação, apesar de bem treinados, precisam de supervisão contínua, capaz de garantir que as receitas padrão sejam adequadamente usadas e os equipamentos, operados de forma correta, para minimização das perdas no preparo. Ver mais detalhes no Capítulo 8 e no Apêndice B.

A redução das sobras de alimentos processados é outro passo fundamental no sentido da contenção de custos. A capacidade dos administradores de prever com precisão o número de porções que são utilizadas e vendidas é fundamental; ademais, a determinação de tais porções não deve ser baseada em suposições ou deixada a cargo dos cozinheiros. Pelo contrário, o uso de registros que mostrem as *quantidades preparadas*, as *quantidades vendidas ou usadas* e as *sobras* proporciona uma base realista para a previsão dos volumes necessários nas próximas ocasiões em que o item for servido.

Tamanho das porções e desperdícios no processo de servir. A medida de uma porção faz parte de uma receita padrão e serve de base para o cálculo de custos e a definição do preço de venda. A determinação do tamanho da porção a ser oferecida ao consumidor é uma decisão da gerência e deve ser comunicada por escrito aos empregados.

O conhecimento do tamanho e da capacidade de todos os utensílios, como panelas, medidores e conchas, assim como de peças menores utilizadas para servir alimentos, é uma forma de se garantir a padronização das porções. Por exemplo, se 3,7 L de sopa servem 16 porções iguais a uma xícara, deve-se medir com precisão tanto a quantidade original como também o volume contido em uma concha, optando-se por servir o alimento com uma concha cujo volume equivale a 1 xícara e não outra com capacidade diferente. Esse procedimento garante a padronização da porção. A dosagem de outros itens deve empregar um utensílio de servir apropriado para cada tipo de item.

Refeições dos empregados. Algumas vezes, os empregados têm direito a um desconto no preço das refeições ou pagam um preço de custo, em lugar do preço de venda estabelecido. Os administradores não devem se esquecer do impacto do valor do alimento consumido pelos empregados no cálculo dos custos de mão de obra. A filosofia da administração no tocante às refeições dos empregados – cobrar ou não cobrar – varia de uma instituição para outra. Os administradores devem sempre levar em consideração a política vigente, com vistas ao controle geral dos custos. Se o estabelecimento oferece refeições, o valor destas deve ser calculado para uso nos demonstrativos financeiros.

Refeições oferecidas como parte da remuneração dos empregados devem ser tratadas, no demonstrativo de lucros e perdas, como custo da mão de obra e não dos alimentos. A determinação do custo das refeições é feita pela administração, e o valor total relativo a todos os empregados é deduzido do item "custo dos alimentos vendidos" e somado em "mão de obra", como benefício dos empregados, de forma a refletir a posição exata desse custo na contabilidade financeira.

Controle do custo de mão de obra. O custo da mão de obra é, na atualidade, um componente fundamental das despesas totais da maioria dos negócios de alimentação. Até poucos anos atrás, a alimentação aparecia em primeiro lugar de importância, seguido pela mão de obra. Juntos, alimentos e mão de obra representavam 75% das despesas totais. Com o aumento acentuado dos índices de salário e do valor dos benefícios dos empregados, estima-se que hoje, em termos médios gerais, o custo da mão de obra responda por 50 a 70% do total.

No entanto, como são muitas as variáveis envolvidas em cada situação, até mesmo as "médias" têm pouco significado. O custo da mão de obra em restaurantes localizados em bairros de luxo, que oferecem serviço completo de mesa ou serviço à francesa, difere bastante do de um estabelecimento com serviço *self-service* de *buffet*. No primeiro caso, a receita por refeição gira em torno de US$ 30 e no segundo, US$ 3,95. O custo da mão de obra pode ser de 50% nos dois casos – US$ 15 no restaurante de luxo e US$ 1,98 no estabelecimento *self-service* –, mas ambos mostram o mesmo *porcentual* de receita que entra na composição da mão de obra. Os números precisam ser monitorados com rigor em qualquer avaliação, e os administradores não devem se valer apenas dos porcentuais.

Empregados do setor de produção podem preparar um número maior de porções para a maioria dos itens do cardápio, precisando para tanto de pouco tempo adicional; os supervisores podem lidar com o volume relativamente maior de transações durante seu período de serviço; e é muito provável que nenhuma ajuda administrativa suplementar seja necessária para atender ao aumento do volume de negócios. Os bons administradores devem ser capazes de identificar a necessidade de mão de obra adicional para dar conta de um aumento de volume. Em termos gerais, quanto maior o volume de negócios, maior o retorno sob o dinheiro empregado em mão de obra. O custo da mão de obra é menos controlável do que o dos alimentos e a relação porcentual entre os salários pagos e as vendas flutua com as próprias vendas. É inviável, se não impossível, a alteração do número de empregados, dia a dia, na proporção da variação do número de clientes, pacientes ou alunos, ao contrário do que acontece com o cardápio, que pode ser modificado para acompanhar a flutuação das necessidades. Entretanto, é fundamental que se encontre maneiras de obter retorno total do dinheiro empregado na folha de pagamento. Diversos índices apresentados na seção de análise de índices financeiros, neste capítulo, podem ser usados para avaliação dos custos de mão de obra: refeições/horas de trabalho, refeições/tempo integral equivalente (FTE, na sigla em inglês), minutos de trabalho/refeições.

Tipo de sistema de alimentação. Os diversos tipos de sistema e a mão de obra necessária em cada um deles são descritos no Capítulo 2. As organizações de alimentação se deparam com custos de mão de obra excessivamente altos e precisam avaliar a viabilidade de transformação de um tipo de sistema em outro que exija menos mão de obra. Porém, caso uma conversão total seja inviável, deve-se considerar o uso de alimentos pré-preparados e congelados, o que colabora para a redução das horas de trabalho e, em consequência, do custo de produção da comida.

Tipo e abrangência dos serviços oferecidos. A abrangência dos serviços oferecidos dentro da organização afeta o custo total da mão de obra. Nos refeitórios, por exemplo, os usuários podem carregar as próprias bandejas e retirar os pratos que utilizaram ou, quando existe serviço de mesa, a proporção entre o número de servidores e de clientes varia do mesmo modo que o custo da mão de obra. Quando o cardápio e o serviço são simples, um único servidor dá conta de atender os clientes. Nas situações em que a formalidade da refeição exige serviços personalizados e diversos escalões de empregados, desde o *maître*, passando pelo chefe dos garçons, até os encarregados de servir vinhos, café e tirar os pratos sujos, pode-se compreender com facilidade o alto custo da mão de obra em tais estabelecimentos.

Horas de serviço. O número de horas de serviço determina o número de "turnos" de pessoal, assim como a mão de obra total necessária para realização do trabalho. O refeitório de um hospital, que abre 7 dias por semana e serve de quatro a cinco refeições por dia – café da manhã, almoço, jantar, ceia e refeição das 03h00 para os empregados do período noturno – demanda uma quantidade maior de empregados do que a lanchonete de uma escola, que serve apenas uma refeição por dia durante 5 dias da semana. O restaurante que abre 24 horas por dia, nos 7 dias da semana, usa uma programação de horas diferente daquele que fica aberto de 10 a 12 horas por dia, durante 6 dias da semana. Cada situação representa uma despesa diferente com mão de obra.

Os registros de clientela e de vendas, divididos em segmentos de 15 minutos durante todo o período de serviço, são dados valiosos que garantem à administração condições de avaliar as necessidades de mão de obra e a definição de escalas de trabalho. As caixas registradoras computadorizadas e os pontos eletrônicos de venda disponibilizam esses dados. Os estabelecimentos de pequeno porte utilizam formulários simples, como o que é mostrado na Figura 17.12, para registro dos dados.

Planta física: tamanho da área e disposição dos equipamentos. Uma organização eficiente da cozinha e uma localização adequada são fatores positivos no que se trata do controle dos custos de mão de obra. O planejamento e a planta das instalações são discutidos com mais detalhes no Capítulo 10. Os administradores de negócios de alimentação podem não ser os responsáveis pelo planejamento da cozinha, mas se "herdam" uma que foi mal organizada, é provável que precisem introduzir algumas modificações. Uma análise do fluxo de trabalho e do nível de produtividade oferece informações capazes de indicar se há necessidade de mudanças (ver Cap. 16).

Cardápio e método de compra de alimentos. Muitas questões podem ser levantadas no tocante ao cardápio e ao método de compra de alimentos, visto que eles têm influência significativa sobre os custos gerais da mão de obra. (O Cap. 5 apresenta diversos tipos de cardápio.) O número de opções de cardápio oferecidas e o consequente número de pratos que precisam ser lavados, a complexidade da preparação envolvida e o tempo e o custo do trabalho são apenas alguns itens de custo. Estudos para determinação precisa do número de horas de trabalho e de seu custo, no preparo de alimentos a partir de ingredientes crus, em comparação com o processo de preparação com uso de alimentos pré-preparados, fornecem uma base preliminar para respaldar as decisões quanto a que forma de alimento comprar.

Políticas de pessoal e produtividade. Mão de obra é uma mercadoria que não pode ser adquirida de uma hora para outra. A escolha e a colocação criteriosas dos trabalhadores são condições básicas para redução da rotatividade e do custo a ela inerente. Um estudo de políticas gerais de administração de pessoal, que inclui escalas de salário e benefícios para os empregados, pode fornecer aos administradores indicação de possíveis formas de redução dos custos de mão de obra excessivos. No entanto, o aspecto mais importante do custo da mão de obra é, provavelmente, a produtividade dos empregados. Conforme observado no Capítulo 16, uma gestão ineficiente é a causa principal do declínio dos níveis de produtividade. Uma supervisão ativa é essencial para contenção dos custos de mão de obra.

Supervisão. A supervisão é o fator cujo impacto se percebe de forma mais acentuada nos custos da mão de obra. Os efeitos de um processo eficiente ou ineficiente de supervisão não podem ser subestimados na avaliação dos custos de mão de obra. A eficácia da supervisão garante a confor-

Nome do estabelecimento					
Data _____ manhã	Número de clientes	Quantidade de vendas	Média de vendas	Horas trabalhadas	Custo da mão de obra
7h00 - 7h15					
7h16 - 7h30					
7h31 - 7h45					
(etc.)					

Figura 17.12 Os registros do censo e das vendas por período fornecem aos administradores dados importantes para avaliação e programação de pessoal.

midade com as políticas estabelecidas, assim como o controle rígido dos horários e dos padrões de trabalho, além de afetar o moral dos empregados. Ela favorece a elevação dos níveis de produtividade e proporciona à administração um retorno compensador sobre o dinheiro investido.

Entretanto, a realidade mostra que a administração costuma considerar excessivos os custos de supervisão e opta por cortar os custos de mão de obra por meio da substituição de supervisores competentes e capacitados por profissionais imaturos e inexperientes. Algumas vezes, uma pessoa qualificada, porém sem experiência, é promovida para assumir as tarefas de supervisão por um custo relativamente baixo. Na grande maioria das vezes, tal substituição se mostra insatisfatória. Tanto um trabalhador inexperiente, como um experiente e mal treinado, é incapaz de ter uma visão completa da condição de um estabelecimento de alimentação. Em geral, os custos seguem uma trajetória ascendente até que qualquer pequena economia associada à atuação de um diretor destreinado é perdida em proporção muitas vezes maior. O dinheiro empregado em uma supervisão eficiente tem um alto retorno em termos de valor econômico para a organização. Não há substituto para uma boa supervisão.

Despesas operacionais e de outras naturezas. O controle não deve se limitar apenas aos custos dos alimentos e da mão de obra. Um montante que varia de 12 a 18% do orçamento departamental será provavelmente usado em outros itens classificados como despesas operacionais e indiretas. Elas incluem os custos de água, gás e eletricidade, lavanderia e suprimentos de roupa de mesa, consertos, substituições e manutenção, telefone, impressão, artigos de papel, materiais de escritório e de limpeza, depreciação, aluguel e amortizações, seguros e impostos.

Além disso, observa-se atualmente em todos os estabelecimentos de alimentação uma preocupação real com a preservação dos recursos energéticos. A conservação de energia não é apenas uma necessidade da nação, e também colabora para a redução dos custos operacionais de um departamento.

Manutenção e reparos. Um programa de manutenções planejadas comandadas por um engenheiro de manutenção, além de ser um procedimento economicamente compensador, ajuda a evitar paralisações e a estender a vida útil dos equipamentos.

Danos. Danos em excesso rapidamente aumentam os custos operacionais. É necessário que existam procedimentos de documentação dos danos, além do que os empregados devem ser bem treinados no manuseio dos materiais, para que a ocorrência de estragos seja minimizada.

Suprimentos. A relação de suprimentos inclui roupas de mesa, artigos de papel, produtos de limpeza, detergente para máquinas de lavar louças, materiais de escritório e outros itens similares. Embora o custo desses itens possa ser considerado pequeno em relação a outros custos, qualquer desperdício se traduz em prejuízo. Uma rigorosa contabilidade desses materiais contribui para o controle de custos.

Custos de energia e serviços públicos. O "arrocho" energético dos anos de 1970 despertou nos administradores de negócios de alimentação e nos fabricantes de equipamentos a consciência da necessidade de preservação. O projeto de novos equipamentos tem como premissa a eficiência energética, além do que os administradores continuam a buscar formas de preservação da energia e de redução das contas das concessionárias de serviços públicos. O Capítulo 11 apresenta uma discussão acerca de equipamentos eficientes do ponto de vista energético, enquanto o Capítulo 10 trata de desenhos e projetos que incorporam a ideia de eficiência energética.

Custos de alimentos. Alimento é o item de despesa mais facilmente controlado e um dos tópicos de maior flutuação dentro do orçamento de um estabelecimento de alimentação. Para que o controle de custos dos alimentos seja efetivo, é necessário que se empreguem métodos eficientes de planejamento de cardápios, compras, armazenamento, preparação e serviço. As despesas com alimentos variam bastante de uma instituição para outra e quase sempre entre instituições com as mesmas características, em virtude de fatores como método de compra, quantidade de preparo no próprio estabelecimento, localização geográfica e custos de distribuição.

Apesar da variação nas quantidades gastas por alimento, a base subjacente ao controle de seus custos são as mesmas para todos os tipos de instituições de alimentação. A efetividade do controle é determinada por cardápio; cálculo do custo dos itens do cardápio e definição do preço de venda; procedimentos de compra, recebimento, armazenamento e controle da despensa; métodos de produção empregados, incluindo pré-preparo, cozimento e uso de sobras; assim como o tamanho das porções.

Cardápio. O planejamento do cardápio é a primeira e, talvez, mais importante entre as etapas de controle de custo dos alimentos. O cardápio determina quais ingredientes devem ser comprados e preparados, além de suas respectivas quantidades. Os procedimentos de controle exigem o conhecimento do custo desses alimentos, e da mão de obra envolvida no preparo, além da *cotação* do cardápio, para determinar se está ou não dentro da faixa das limitações orçamentárias. O Capítulo 5 discute em detalhes o planejamento do cardápio.

Menus que oferecem muitas opções demandam o preparo de diversos tipos de alimentos, muitos dos quais podem não ser vendidos em quantidade suficiente para cobrir os custos de produção. Esses casos de oferta de cardápios variados demais acabam resultando em um investimento vultoso em ingredientes e mão de obra para o preparo, além de exigir um estoque grande de pequenas quantidades de diferentes ingredientes ou de alimentos raramente utilizados.

Os administradores de negócios de alimentação também devem se lembrar de que, embora os cardápios sejam planejados com dias ou semanas de antecedência, eles podem ser ajustados diariamente à disponibilidade do estoque de alimentos e às condições do mercado local. A utilização criteriosa do suprimento existente é um mecanismo que ajuda a evitar desperdícios e a manter os custos sob controle.

Informações contábeis para planejamento

■ **Conceito-chave:** Um orçamento é um plano financeiro que visa a contribuir para a realização dos objetivos futuros.

Da mesma forma que o demonstrativo de resultados mostra ao administrador o desempenho *passado*, o orçamento tem o objetivo de contribuir para o desempenho *futuro*. O orçamento informa ao administrador o que precisa ser feito para realização dos objetivos em termos de lucro e custos.

Os objetivos financeiros de diversos estabelecimentos de negócios de alimentação são diferentes. Enquanto, por um lado, a meta de algumas dessas empresas é o maior lucro possível, outras não têm fins lucrativos, mas se propõem a fornecer o melhor alimento e o melhor serviço que os recursos à sua disposição lhes permitem oferecer. Em todas as situações, a chave para a realização dos objetivos departamentais é a existência de algum tipo de plano financeiro (orçamento). Sem um guia dessa espécie, problemas podem surgir antes mesmo que a administração os perceba, e, muitas vezes, a bancarrota financeira é o resultado.

Elaboração do orçamento

Um **orçamento** é norteado por dados provenientes de registros passados das receitas, das despesas para obtenção de recursos e do volume de negócios. A consideração de qualquer mudança prevista que tenha potencial para afetar as operações futuras também é essencial no desenvolvimento de um orçamento.

Orçamento
Plano financeiro que visa a respaldar a realização de objetivos futuros.

Modelo de sistemas

Qualquer negócio de alimentação que esteja apenas começando a operar não terá condições de elaborar um orçamento com base em dados históricos, porque não existem registros de operações passadas. Nessas situações, a administração não pode lançar mão de tendências passadas como base para o orçamento e precisa contar, em vez disso, com uma combinação de fatos conhecidos. Por exemplo, o gerente de um restaurante recorre aos dados de estabelecimentos semelhantes dentro de todo o setor. Existem também fórmulas financeiras padrão do setor de alimentos e hospitais que devem ser empregadas para previsão de custos e receitas. Essas fórmulas são disponibilizadas pelas associações comerciais, como a National Restaurant Association.

Com a ênfase atual em contenção de custos e gestão mais eficiente dos recursos, é importante que os administradores de negócios de alimentação tenham conhecimento do processo de planejamento orçamentário e das técnicas usadas para elaboração de um orçamento realista. São muitos os administradores que operam sem o apoio de um orçamento, porque consideram sua elaboração dispendiosa demais em termos de tempo, além do que sentem dificuldade em fazer previsões e não contam com informações completas capazes de fornecer os dados necessários. O valor de um orçamento e do processo empregado para elaborá-lo deve ser claramente compreendido e reconhecido pelos administradores; caso contrário, qualquer gesto nesse sentido será vazio e não atenderá aos propósitos definidos.

Valor de um orçamento. Para alguns, a palavra *orçamento* tem conotação de corte de despesas e inflexibilidade e, portanto, se torna indesejável. Na verdade, um orçamento é uma valiosa ferramenta de administração que pode e deve funcionar como guia para alocação de recursos, além de parâmetro de comparação em relação às operações reais – a base do controle financeiro.

As vantagens que justificam o planejamento e o desenvolvimento de um orçamento são muitas e superam de longe as potenciais desvantagens. Considere os seguintes benefícios:

1. O planejamento orçamentário compele a administração a pensar com seriedade nas diretrizes futuras e no desenvolvimento de seu departamento, além de confirmar objetivos antigos e estabelecer novos. Todos os indivíduos que detêm autoridade para tomar decisões no departamento devem ser envolvidos no processo de planejamento orçamentário.
2. A revisão de despesas anteriores pelo comitê encarregado do planejamento orçamentário garante um processo de avaliação e fornece as bases para justificação de futuras solicitações de fundos.
3. Um orçamento é um importante mecanismo de controle, porque documenta metas e objetivos de forma quantificada, o que garante um padrão para comparação com as transações reais. Desvios em relação às receitas e às despesas previstas (orçamentadas) ficam evidenciados e podem ser corrigidos ou justificados à medida que ocorrem.
4. Como a priorização das necessidades é estabelecida pelas pessoas envolvidas no planejamento, é provável que essas pessoas estejam mais comprometidas a obedecer aos limites que elas foram responsáveis por fixar.
5. Um orçamento estabelece objetivos no tocante aos lucros e aos rendimentos.
6. Um orçamento garante a continuidade no caso de rotatividade no nível da administração.
7. Um orçamento documenta planos de mudanças vinculadas à inflação, ao aumento do custo de vida e a outros indicadores econômicos.
8. O orçamento funciona como ferramenta de comunicação para a administração.

As desvantagens do processo de elaboração de um orçamento são pequenas em comparação com os resultados positivos decorrentes da adoção de um documento desses como diretriz. Tais desvantagens incluem o seguinte:

1. Um orçamento rígido demais acaba sendo ignorado por ser considerado irrealizável. Os orçamentos devem ser flexíveis e aceitar ajustes que os tornem compatíveis com novas situações.
2. A elaboração do orçamento é um processo entediante, requer tempo e afasta as pessoas das outras atividades de gestão.
3. A menos que toda a equipe administrativa apoie o processo orçamentário e contribua para sua elaboração e adoção, todo ele pode se tornar um simples gesto com valor limitado.
4. Os departamentos da organização podem rivalizar entre si pela obtenção de fundos, situação com potencial para gerar uma competição indesejada e atrito entre eles.
5. Para fins de implementação, os orçamentos devem ser planejados com bastante antecedência em relação à realização das atividades reais. Mudanças indesejadas no cenário econômico ou na própria organização podem alterar todas as previsões orçamentárias.

■ **Conceito-chave:** As organizações empregam diversos tipos diferentes de orçamentos, que incluem o orçamento operacional, o orçamento de caixa e o orçamento de capital.

Embora sejam muitos os tipos de orçamento, todos eles têm o mesmo propósito: determinar a disponibilidade de dinheiro (e de outros recursos) e a proporção em que ele será usado. Cabe, então, ao administrador a alocação do montante necessário para cobrir diversas despesas, preservando uma margem de lucro, quando apropriado.

A seguir, há algumas descrições de tipos de orçamento comumente utilizados por administradores de estabelecimentos de alimentação.

Orçamento mestre. O *orçamento mestre* concilia todos os aspectos da organização. Na prática, ele é uma compilação de diversos orçamentos menores. A composição varia de uma organização para outra, mas inclui, no mínimo, o orçamento operacional e o de capital. Outros itens potenciais são caixa, vendas e mão de obra, que podem ser tratados fora do orçamento operacional.

Orçamento operacional. O *orçamento operacional* é um plano que inclui, no mínimo, as receitas e as despesas. Ele representa uma previsão de faturamento (vendas), despesas e lucro para um período de tempo determinado, também denominado *exercício fiscal*. O orçamento operacional serve como guia para as operações diárias do departamento e é um importante componente do processo de controle, já que é usado para nortear as decisões financeiras. Nele, está incluído o *orçamento estatístico*, uma estimativa do volume de vendas nos estabelecimentos comerciais, bem como de serviços não comerciais.

Os números do orçamento são baseados em dados históricos obtidos a partir de registros do desempenho passado. As categorias de desempenho são diferentes nos estabelecimentos comerciais e não comerciais. Por exemplo, as organizações comerciais utilizam o número de vendas e contratos como indicadores primários de desempenho, enquanto as instituições não comerciais empregam outros tantos indicadores, como o número de residentes em instituições de acolhimento por longos períodos, participação nas refeições em escolas e o equivalente em refeições por paciente/dia em hospitais. Esses grupos de dados de desempenho são também denominados *indicadores de volume* e fornecem a base para futuras projeções de atividades e custos. Todos os estabelecimentos monitoram os dados históricos relativos às despesas, que incluem alimentos, suprimentos, mão de obra, energia e despesas gerais. Essas previsões de despesas são incluídas no orçamento operacional junto à *previsão de faturamento*, que é uma projeção da receita bruta esperada para o período financeiro considerado (Fig. 17.13).

Orçamento de caixa. O objetivo de um *orçamento de caixa* é projetar a entrada de receitas e o dispêndio de fundos. Ele visa a determinar se haverá disponibilidade de fundos para cobrir as obrigações financeiras ou as demandas do estabelecimento, quando se fizer necessário. O orçamento de caixa é uma ilustração do fluxo de entrada e saída no caixa, e, desse modo, identifica o montante de dinheiro em mãos em um dado momento.

Orçamento de capital. O *orçamento de capital* é um plano de longo prazo elaborado com o propósito de prever o custo do desembolso de capital (ou despesas) e de seu financiamento. Exemplos de desembolso de capital incluem substituição de equipamentos e projetos de reforma e ampliação das instalações. Os itens tratados no orçamento de capital costumam ser definidos por um valor em moeda corrente. Por exemplo, uma organização pode definir como capital qualquer item avaliado em mais de US$ 1.500.

As organizações empregam diversos métodos para definição dos montantes correspondentes a partidas individuais dentro de cada orçamento. A seguir, encontra-se um resumo dos três métodos mais comuns: fixo, flexível e com base zero.

1. **Fixo**: um orçamento fixo é um montante de dinheiro fixado com base em um nível predeterminado de atividades ou transações. Em geral, ele é fundamentado em indicadores de atividades passadas, como de vendas e de custos, e leva em consideração mudanças futuras. Os orçamentos fixos podem ser bastante rígidos, mas são muito comuns, principalmente nas instituições públicas, nas quais o financiamento é escasso e as oportunidades de geração de receita são limitadas ou não existentes. O orçamento operacional mostrado na Figura 17.12 é um exemplo do conceito de moeda fixa.
2. **Flexível**: um orçamento flexível, ao contrário do fixo, oferece um intervalo monetário que cobre do nível mais baixo ao mais elevado das atividades previstas. O propósito desse tipo de orçamento operacional é refletir a variabilidade no desempenho das atividades, conforme expresso pelos indicadores de volume. Por exemplo, se o volume de negócios aumenta em um restaurante, o administrador tem a flexibilidade de gastar mais em recursos necessários para acomodar a demanda maior. Ele é mais flexível, quando comparado ao orçamento fixo, porém impõe mais dificuldades de uso como ferramenta de controle.

Receita bruta	
Vendas no refeitório	US$ 126.000
Vendas por máquina	42.000
Catering	63.000
Receita total	US$ 231.000
Despesas	
Alimentos	US$ 215.000
Mão de obra	221.000
Suprimentos para limpeza	3.300
Louças e porcelanas	3.500
Suprimento de papel	9.600
Utensílios de cozinha e equipamentos que não são bens de capital	1.000
Contratos de manutenção	100
Aluguel de equipamentos	1.000
Uniformes	800
Suprimentos para escritório	1.100
Fotocópias	125
Correio	90
Impressões	1.000
Material instrucional	100
Viagens e inscrições	1.500
Despesas totais	US$ 459.215

Figura 17.13 Exemplo de orçamento operacional com valores fixos expressos em dólares: orçamento operacional do Departamento de Serviços de Alimentação e Nutrição.

3. **Com base zero**: o *orçamento com base zero* (OBZ) é desenvolvido em todos os exercícios fiscais, iniciado por uma "página de papel em branco". Essa metodologia requer a elaboração de um orçamento para cada atividade do departamento, e, desse modo, o administrador é forçado a avaliar todas as atividades a cada ano e justificar todas as solicitações de fundos. Os orçamentos com base zero são normalmente usados nas requisições de capital para financiamento da aquisição de equipamentos e de projetos de renovação.

Etapas do planejamento orçamentário

Conforme mencionado, a elaboração de orçamentos, além de consumir muito tempo, desafia todos aqueles envolvidos no processo a refletir a respeito do desempenho da organização. Em geral, é estabelecido um cronograma para as diferentes fases, que cobrem planejamento, implementação, controle e avaliação. A programação deve prever um tempo amplo o suficiente para a realização de um processo criterioso, de forma a viabilizar a avaliação e a aprovação do documento antes do início do exercício fiscal seguinte. O planejamento orçamentário, por ser um empreendimento coletivo, representa muitos pontos de vista diferentes. O acordo final entre os participantes deve garantir que a alocação dos recursos financeiros esteja compatível com a missão da organização.

O processo de planejamento orçamentário inclui diversas fases distintas, realizadas em uma sequência tal que cada uma delas utiliza informações produzidas pela anterior:

- A *fase de avaliação* disseca o desempenho passado da organização e identifica os fatores com condições de influenciar as atividades futuras.
- A *fase de preparação* ou *planejamento* utiliza informações geradas na etapa anterior para fazer previsões e preparar o primeiro rascunho do documento.
- A *fase de justificação* é o momento reservado para as análises, as revisões e a aprovação final. Esse processo envolve os profissionais da administração organizacional, como o diretor financeiro, que têm autoridade para estabelecer a alocação de fundos.
- A *fase de instalação* ou *execução* traduz as despesas previstas no orçamento em funções operacionais.
- A *fase de controle* caracteriza-se por um processo de monitoramento contínuo que visa a assegurar a conformidade das operações com a previsão orçamentária.

No caso específico do planejamento de um estabelecimento de alimentação, as seguintes etapas costumam ser incluídas:

1. Reunir dados operacionais obtidos em registros e relatórios. (Ver seção anterior deste capítulo.)
2. Estudar esses dados e compará-los com os objetivos do departamento. As informações analisadas devem cobrir: os números relativos à operação real e às variações em relação ao orçamento no período de 3 a 4 anos anteriores, para fornecer justificativas ou explicações para as discrepâncias; tendências em termos de receitas e despesas; relatórios e estatísticas de vendas; cardápios, preços, seleção de clientes, tamanho de porções e custo dos alimentos por porção; e estatísticas relacionadas à mão de obra, como número de empregados, funções exercidas pelos empregados, programação de horas de trabalho e salários.
3. Analisar e discutir todos os fatores que possam afetar as operações futuras, incluindo fatores externos (fora da organização) e internos (dentro da organização) identificados como possíveis causadores de efeitos nos custos e nas atividades do estabelecimento no futuro. Exemplos de fatores *externos* são: a economia local; as ações governamentais (alteração de impostos e leis); mudanças nos custos dos serviços de utilidade pública; novas construções que possam resultar em novos negócios ou desviar o movimento e, dessa forma, diminuir a clientela; e aumento da concorrência. Exemplos de fatores *internos* são: uma ampliação planejada das instalações, com impacto no número de pessoas a serem servidas; mudança do sistema de alimentação adotado, como a alteração do tipo convencional para o modo de montagem/serviço; adoção de sistema computadorizado para manutenção dos registros; e modificação dos horários de serviço para melhor atender aos fregueses.
4. Discutir e planejar novas metas ou atividades desejadas, como um projeto de remodelagem, a aquisição de novos equipamentos ou um novo serviço (p. ex., *catering*) a ser oferecido.
5. Estabelecer as prioridades e tomar decisões a respeito do que pode ser incluído no orçamento do ano seguinte. Ao fixar as prioridades orçamentárias, o administrador deve ponderar o valor de uma solicitação de recursos financeiros em relação ao benefício revertido para a missão da organização. Por exemplo, o administrador de uma escola pode ter que justificar como um novo refrigerador, ao custo de US$ 30.000, contribuirá para a realização dos objetivos educacionais que têm como alvo as crianças do distrito.

6. Redigir o orçamento para posterior apresentação. Embora não exista um padrão formal para a redação do orçamento, esse documento deve conter uma lista das receitas esperadas, classificada de acordo com as fontes, bem como uma dos itens de despesas, por categoria. Em geral, um formulário semelhante ao mostrado na Figura 17.14 é utilizado como planilha de trabalho para organização dos dados do orçamento. A escrita desse documento segue os seguintes passos:
   a. Relacionar todas as fontes da receita esperada. A Figura 17.15 ilustra o caso de uma residência estudantil de uma faculdade, na qual a receita é proveniente da quantia que os estudantes pagam pelas refeições. As operações comerciais obtêm receita a partir das vendas à vista. Em seguida, registrar os números financeiros do ano para cada uma das fontes de receita, para depois estimar as alterações no orçamento do próximo período. Calcular e registrar a receita total esperada.
   b. Classificar e listar os itens de despesa com o custo calculado para cada um. Esses itens, basicamente, são alimentos, mão de obra, custos indiretos (p. ex., custos fixos como amortizações de aluguéis, impostos e seguro) e custos operacionais (p. ex., gastos com água, luz, gás, telefone e suprimentos).

Planilha de trabalho do orçamento — receitas e despesas

	Previsto ano anterior	Real ano anterior	Alterações previstas	Previsto próximo ano
	Total %	Total %	+ −	Total %

Receitas
   Vendas regulares
   Refeições especiais
   Outros (pormenorizar por estabelecimento)
   TOTAL

Despesas
1. Alimentos
2. Remuneração e salários
   Empregados regulares
   Estudantes e empregados de meio período
   Imposto da segurança social
   Outros impostos
   Benefícios indiretos
   TOTAL
3. Serviços:
   Lavanderia
   Gastos com água, luz e gás
   Telefone
   Dedetização
   Descarte de lixo e resíduos
   TOTAL
4. Suprimentos, reparos e manutenção:
   Suprimentos para limpeza
   Suprimentos de papel
   Suprimentos para escritório
   Reparos de equipamentos
   Suprimentos diversos
   Parte física do edifício
   TOTAL
5. Instalações:
   Amortização ou aluguel
   Impostos
   Juros
   Depreciação
   Seguro
   Reparos
   TOTAL
TOTAIS GERAIS
Excesso de receita em relação às despesas

Figura 17.14 Planilha de trabalho para planejamento do orçamento, adaptável para uso em qualquer negócio de alimentação.

Figura 17.15 Formulário de planejamento de fontes de receita.

Fontes de receita	Receita do período anterior	Aumento previsto	Redução prevista	Receita prevista
Taxas de inscrição Recibos do refeitório Refeições para clientes Refeições especiais *Catering* Pedidos de refeições especiais Diversos 　　　Total				

c. Acrescentar outros dados pertinentes, como o número de refeições servidas, as horas trabalhadas em relação ao total de refeições e em relação a cada refeição servida, o último período, as mudanças esperadas e os novos totais.
d. Preparar uma justificativa para novas solicitações de recursos financeiros.
e. Revisar e introduzir as modificações necessárias.
f. Redigir o orçamento na forma final, anexando justificativas. Se houver necessidade de se encaminhar o documento para um nível superior da administração para fins de aprovação, uma explicação de determinados itens pode facilitar a compreensão das solicitações.
g. Uma vez que o orçamento tenha sido aprovado, um sistema de registros e relatórios ajudará o administrador a avaliar as atividades financeiras reais durante o exercício fiscal e facilitará o cumprimento das metas orçamentárias.

Um formulário semelhante ao apresentado na Figura 17.16 deve ser empregado para registro da previsão orçamentária. No fechamento mensal ou de outro período, os números operacionais reais são obtidos a partir dos registros de receitas, despesas e histórico, para facilitar a comparação. Uma passada de olhos sobre esse relatório comparativo ajudará a identificar as

Nome do estabelecimento

Mês _____, 20 ____

	Número de refeições	Custo dos alimentos		Despesas de folha de pagamento		Outros custos e outras despesas	
	Total por mês	Total por mês	Por refeição servida	Total por mês	Por refeição servida	Total por mês	Por refeição servida
Previsto em orçamento							
Real							
Acima + – abaixo							

Acumulado por ano até a data

	Jan.	Fev.	Mar.	Abr.	Mai.	Jun.	etc.
Previsto em orçamento							
Real							
Acima + – abaixo							

Figura 17.16 Os valores previstos no orçamento são comparados com os números operacionais vigentes para controle administrativo das finanças.

discrepâncias ou variações entre a situação prevista e a realizada. Qualquer desvio – positivo ou negativo – deve ser analisado para determinação dos motivos e planejamento de ações corretivas. Os dados no formulário comparativo devem ser usados em conjunto com as informações do relatório diário de custos de alimentos e com os demonstrativos de resultado, para embasamento de uma avaliação das atividades e da decisão sobre as ações a serem tomadas.

Resumo

Uma gestão financeira eficiente é essencial para o sucesso de qualquer negócio de alimentação. O planejamento financeiro e a contabilidade são responsabilidades do administrador do estabelecimento. Um conhecimento básico dos conceitos de gestão financeira e contábil é necessário para que se possa analisar o desempenho das finanças do departamento de alimentação e tomar as decisões corretas quanto à alocação dos recursos. Os administradores devem conhecer as técnicas empregadas no que tange ao controle de custos e à disponibilização dos dados para embasamento de decisões financeiras acertadas. As quatro ações a seguir têm um papel decisivo na consolidação da credibilidade financeira do administrador e, quando seguidas, devem proporcionar um guia para conquista do sucesso desejado.

1. Saber o que está sendo realizado por meio de um sistema de registros que fornece os dados pertinentes sobre as operações correntes.
2. Utilizar os dados desses registros para avaliação do progresso na direção dos objetivos estabelecidos.
3. Adotar as ações corretivas necessárias para manter a conformidade das operações com os objetivos financeiros.
4. Estabelecer, normalmente por meio de um orçamento planejado, as metas financeiras e os objetivos a serem alcançados.

O gerente de um negócio de alimentação deve reconhecer que o orçamento é a principal ferramenta de gestão no tocante ao planejamento das finanças e que ele deve assumir um papel ativo na elaboração e na instalação desse orçamento. O conhecimento do processo de planejamento do orçamento e a participação nesse processo garantem o comprometimento da gerência com os objetivos financeiros do departamento.

Aplicação de conceitos abordados no capítulo

Frank's Place é a principal unidade de refeições do Departamento de Habitação e Refeições da Universidade e fica localizado em um recinto do próprio conjunto residencial. Ele oferece um serviço no estilo refeitório, com cereais, saladas e sanduíches. Também está disponível uma variedade de entradas pré-preparadas, itens à *la carte* e bebidas. Aqueles que moram no conjunto residencial podem levar comida para seu quarto e colocar os pratos sujos nas lixeiras localizadas em todos os andares, que são retiradas pelos empregados do estabelecimento. O Frank's serve café da manhã, almoço, jantar e lanches noturnos, com um cardápio que varia diariamente. A Divisão de Habitação afirma que "tem a responsabilidade de oferecer para os residentes alimentos com o mais elevado nível de qualidade, por preços razoáveis". Eles pagam os custos indiretos como parte da tarifa do quarto, de modo que o preço da comida para eles reflete apenas o custo dos alimentos. Os estudantes pagam o preço de tabela e, para os clientes que pagam em dinheiro, há um adicional de 60% sobre esse preço. Uma seleção de itens do cardápio, com os respectivos preços de tabela, é apresentada a seguir:

Strogonoff de carne com massa larga de ovos	US$ 2,99
Bolo de chocolate recheado	US$ 1,39
Teriyaki de carne com alho e salada de queijo	US$ 3,35
Satay de peito de frango com molho de amendoim	US$ 1,33
Filé de frango empanado	US$ 2,79
Supreme Burger	US$ 2,74
Supremo de peito de frango com pão	US$ 2,69
Boca Burger vegetariano	US$ 1,95
Onion rings	US$ 1,25
Ciabatta com peru assado e bacon	US$ 2,69
Salada de atum com frutas	US$ 2,99
Bolinho de ovos e vegetais com fritas	US$ 1,95
Biscoitos	US$ 0,49

Existem diversos estabelecimentos de alimentação não afiliados à universidade que se localizam a poucos passos do *campus*. Há um estabelecimento de *fast-food* que oferece um hambúrguer semelhante ao Supreme Burger, além de frango em pedaços tenros, hambúrguer vegetariano e *onion rings*. Uma cadeia de restaurantes tem em seu cardápio *strogonoff* de carne, bolo de chocolate e salada de atum com frutas. Outro restaurante, de temática asiática, oferece bolinho de ovos com vegetais e arroz frito, *satay* de peito de frango com molho de amendoim e um *teriyaki* de carne com salada. Além desses, há uma lanchonete, que serve sanduíche de peito de frango em pão de forma, *ciabatta* de peru e bacon, e biscoitos assados na hora.

Vegetais frescos produzidos em uma horta localizada na área da frente do estacionamento do estabelecimento de alimentação são utilizados diariamente no cardápio do Frank's Place. Essa plantação local de alimentos está em seu estágio preliminar de implementação. A horta ainda está longe de conseguir suprir todo o alimento necessário para a operação do Frank's Place. Contudo, isso é um começo (Fig. 17.17).

Questões para reflexão

1. Com o uso da abordagem de *marketing* para a definição de preços de um cardápio, o que a administração deve fazer antes de estabelecer os preços de venda?
2. Alguns preços de venda de um estabelecimento local de *fast-food* são: hambúrguer de luxo US$ 2,43; *onion rings* US$ 0,99; pedaços tenros de frango US$ 1,99; e hambúrguer vegetariano US$ 1,99. Ao se considerar esses valores, o Frank's Place deveria reavaliar algum dos preços que pratica? Em caso afirmativo, por quê?
3. Com o uso do método do porcentual de custo dos alimentos para definição dos preços do cardápio, o que a administração precisaria fazer em primeiro lugar?
4. "Os estudantes pagam os preços de tabela e, para os clientes que pagam em dinheiro, há um adicional de 60% sobre esse preço". Qual é o porcentual de custo dos alimentos desejado para esse estabelecimento?
5. O Frank's Place deseja incluir lasanha como um novo item especial em seu cardápio de jantar. O custo dos ingredientes é igual a US$ 1,75 e deve-se acrescentar 10% relativos aos custos ocultos e aos não produtivos. O porcentual de custo dos alimentos desejado é 40%. Qual deve ser o preço de venda? Para os clientes que pagam em dinheiro? Para os estudantes residentes?
6. Se o total de vendas no mês de abril no Frank's Place foi de US$ 240.000,00 e o custo total dos alimentos usados foi de US$ 92.500,00, qual foi o porcentual de custo dos alimentos nesse mês? Ao se considerar essa resposta, o que a administração deve fazer?

Figura 17.17 A coautora deste livro colhe uma variedade de vegetais (que incluem cenouras, beterrabas e alface) na horta do *campus* para suprir as necessidades do Frank's Place; isso atende a uma nova iniciativa voltada aos alimentos.

7. Se o montante orçamentado para compra mensal de alimentos no Frank's Place é de US$ 80.000,00, como é possível explicar a discrepância observada no mês de abril?
8. Que tipo de impacto a incorporação de produtos plantados no local deve ter sobre o custo total de alimentos do Frank's Place?
9. De que forma o porcentual de custo dos alimentos que se deseja para um item específico pode ser alcançado sem elevação do preço de venda?
10. A *ciabatta* de bacon com peru assado é um item muito popular. Se o custo dos ingredientes desse item é igual a US$ 2,15, o preço de venda para clientes que pagam em dinheiro está dentro da faixa desejada do porcentual de custo dos alimentos?

Questões para revisão

1. Por que o conhecimento dos parâmetros contábeis e de um sistema uniforme de contabilidade é importante para um administrador de negócios de alimentação?
2. Quais são as diferenças entre um demonstrativo de resultados e um balanço patrimonial; e quem são os profissionais que utilizam cada um deles?
3. Quais são os principais requisitos de qualquer sistema de manutenção de registros?
4. Qual é a fórmula para determinação do porcentual de custo dos alimentos?
5. Quais são os padrões para fixação dos porcentuais de custo dos alimentos?
6. Defina margem de lucro. Como ela é calculada?
7. Quais são os três índices normalmente empregados para análise da produtividade e dos custos da mão de obra?
8. Que relação existe entre avaliações comparativas e análises de índice?
9. Qual é o propósito de um orçamento?
10. Descreva as três fases do planejamento de um orçamento.

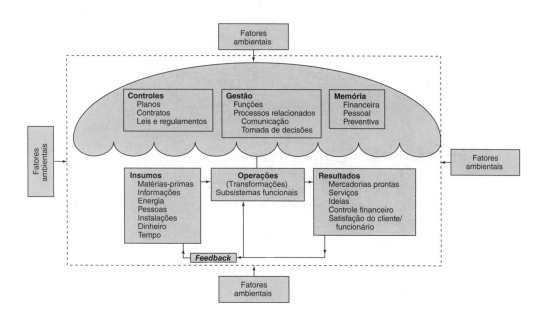

Sites selecionados (em inglês)

http://www.healthcarefoodservice.org (Association for Healthcare Foodservice, uma sociedade para profissionais e provedores do setor autônomo de alimentação ligado à área de saúde)
www.hotelschool.cornell.edu/research/library/tools/industry/food.html (Cornell University School of Hotel Administration)
http://monkeydish.com (site da revista *Restaurant Business*)
http://researchandmarkets.com (maior recurso de pesquisa de mercado existente no mundo)
http://www.restaurant.org (National Restaurant Association)

18

Marketing

CONTEÚDO

Definição de *marketing*

O ciclo do *marketing*

O composto de *marketing*

***Marketing* para negócios de alimentação**

Aspectos específicos dos estabelecimentos de alimentação

Produto

O contato com os clientes

Perecibilidade

Distribuição

***Marketing* como função gerencial**

Planejamento

Implementação

Avaliação

Promoções em negócios de alimentação

Vendas promocionais

Planejamento de promoções

***Branding* (gestão de marcas)**

Resumo

Desde os seus primórdios, o *marketing* tem sido uma importante função gerencial dentro de estabelecimentos comerciais de alimentação. Mais recentemente, administradores de estabelecimentos não comerciais (tais como hospitais, instituições que oferecem acolhimento por períodos longos, escolas e universidades) reconheceram a grande valia dos princípios de *marketing* como meio de sobrevivência dentro de um setor altamente competitivo, no qual os recursos se tornam cada vez mais escassos e custosos. Servir uma boa comida não é suficiente. Hoje em dia, mais do que nunca, os clientes estão mais sofisticados e têm nível elevado de expectativa em relação aos alimentos servidos e ao serviço oferecido. Uma boa refeição precisa, no mínimo, ser acompanhada de um serviço excelente e um preço justo. Outros fatores, ainda que variáveis, incluem a apresentação, a conveniência e o valor nutricional. Aumenta dia a dia o interesse dos consumidores por aspectos dos alimentos e serviços que historicamente não costumavam ser valorizados nas transações de negócio. Fatores como sustentabilidade, direitos dos animais e tratamento dispensado aos trabalhadores são agora analisados por alguns consumidores antes da efetivação de uma compra. O reconhecimento e a observação desses atributos podem gerar uma importante vantagem competitiva ou *fator diferencial* – a particularidade que leva um consumidor a escolher um estabelecimento em detrimento de outro.

Um administrador de negócio de alimentação não precisa ter formação superior em *marketing* para consolidar um bem-sucedido programa de *marketing* para o estabelecimento em que atua. Este capítulo introduz os princípios básicos do *marketing* e oferece sugestões sobre como desenvolver e implementar um programa que produza resultados significativos. O capítulo começa com a definição de alguns termos e conceitos-chave da área de *marketing*. Nas seções seguintes, são descritos os aspectos específicos do processo de *marketing* em um estabelecimento de alimentação. A seção final trata do planejamento de promoções apropriadas para esse tipo de estabelecimento, oferecendo diretrizes para planejamento e implementação de promoções específicas. O conceito de posicionamento da marca como meio de impulsão das vendas também é abordado.

Conceitos-chave

1. *Marketing* é uma estratégia de negócios destinada a atrair consumidores e influenciar o comportamento de compra desses consumidores.
2. *Marketing* é um processo cíclico baseado em resultados de pesquisas de mercado e estratégias de planejamento.
3. Segmentação do mercado é uma atividade que divide o universo total de consumidores em grupos de pessoas que compartilham dos mesmos desejos e das mesmas necessidades.
4. O composto de *marketing* representa o pacote de metodologias que as organizações empregam para atrair a atenção de determinado público.
5. Os negócios de alimentação têm características únicas que influenciam a aplicação dos princípios do *marketing*.
6. O *marketing* bem-sucedido é baseado em um criterioso processo de planejamento, implementação e avaliação de estratégias.
7. Promoções são eventos específicos e bem planejados, cujo objetivo é atrair os consumidores e exercer influência sobre a percepção e o comportamento de compra desses consumidores.
8. O sucesso de uma promoção está vinculado ao tipo de promoção e seu respectivo objetivo.
9. Promoções bem-sucedidas exigem um planejamento criterioso que assegure os resultados desejados.
10. Os conceitos de *branding* e posicionamento da marca podem ampliar uma base de consumidores e gerar nova fonte de receita.

Definição de *marketing*

■ **Conceito-chave:** *Marketing* é uma estratégia de negócios destinada a atrair consumidores e influenciar o comportamento de compra desses consumidores.

Na atualidade, a palavra **marketing** é usada em diversos contextos. No início deste livro, foi feita uma discussão do sistema de *marketing* em relação à função de compra. Neste capítulo, ele é tratado como uma função organizacional específica que influencia as atividades promocionais em um estabelecimento de alimentação. A American Marketing Association (AMA) define *marketing* e o entende como uma função organizacional e um conjunto de processos cuja meta é, além da gestão do relacionamento com os consumidores, a criação de valor, acompanhada da divulgação e oferta desse valor aos consumidores, de forma a beneficiar a organização e aqueles que dela fazem parte. O **conceito de *marketing*** é uma filosofia de negócios, segundo

Marketing
Atividades que visam à satisfação das necessidades e dos desejos dos consumidores.

Conceito de *marketing*
Filosofia de gestão segundo a qual determinar e satisfazer as necessidades e os desejos dos consumidores é o principal objetivo de uma organização.

a qual os recursos e as atividades devem ser direcionados com diligência para a satisfação das necessidades e dos desejos dos consumidores, por meio de um processo de troca que se baseia no claro entendimento de que os resultados contribuem para o lucro.

No ambiente de negócios do mundo atual, marcado por um gradativo encolhimento dos recursos e aumento da competição, existe, mais do que nunca, a necessidade de que as organizações, inclusive as de alimentação, adotem uma metodologia estratégica de *marketing*. É importante, no entanto, que os administradores coloquem em prática essa filosofia e capacitem os empregados a priorizar as necessidades dos clientes; sem os clientes, afinal de contas, não existiriam as organizações de alimentação. O conceito de *marketing* requer visão e flexibilidade para efetivação de mudanças que acompanhem a dinâmica das necessidades, dos desejos e das demandas dos consumidores.

As atividades de *marketing* visam a identificar e atrair consumidores para os produtos e serviços oferecidos por uma organização. Até recentemente, a importância do *marketing* não era reconhecida em instalações não comerciais. No entanto, os setores de saúde e educação enfrentam inúmeros desafios, entre os quais a elevação dos custos, uma pressão maior das normas regulatórias do governo, a redução dos reembolsos governamentais e a crescente concorrência. Em consequência disso, muitos hospitais e diversas instituições que oferecem acolhimento por períodos longos estão lutando para manter ou aumentar o número de pacientes. Escolas, faculdades e universidades se veem ameaçadas pela concorrência de restaurantes instalados na redondeza e pelos "marmiteiros". Não existe o chamado público cativo.

O setor de *foodservice* dessas organizações pode desempenhar um importante papel na conquista e fidelização dos clientes, ao oferecer alimentos de qualidade e serviços com elevado nível de excelência, bem como ao divulgar a disponibilidade desses alimentos e serviços. A qualidade dos alimentos e serviços oferecidos pode, por exemplo, ser um fator que determina a escolha que uma família faz de uma instituição de acolhimento para um de seus membros. A variedade de alimentos disponível e a animação no restaurante de uma escola podem levar um aluno a optar pelo almoço no local em detrimento de um restaurante de *fast-food* nas redondezas. Além do mais, pacientes satisfeitos com a comida que lhes é oferecida provavelmente farão uma avaliação positiva quanto à sua estada em um hospital.

O *marketing* é, de fato, um processo composto de atividades específicas e estratégicas, cujo foco é o consumidor e suas necessidades. A Figura 18.1 ilustra o ciclo do *marketing*. As etapas incluem: (1) identificação dos consumidores; (2) desenvolvimento dos produtos, definição de preços e distribuição; (3) compras realizadas pelos consumidores; (4) geração de lucro; e (5) ações apropriadas baseadas nos lucros auferidos e no *feedback* do consumidor.

Figura 18.1 O ciclo do *marketing*.

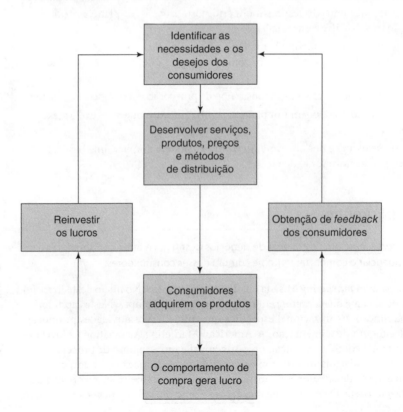

O *marketing* opera em um ambiente dinâmico influenciado por forças internas (que incluem objetivos organizacionais, limitações orçamentárias e políticas departamentais) e externas (política, conjuntura econômica, normas regulatórias impostas pelo governo, leis, pressões sociais, tecnologia, concorrência local, tendências setoriais e, sem dúvida alguma, as atitudes e o comportamento dos consumidores).

O ciclo do *marketing*

■ **Conceito-chave:** Marketing é um processo cíclico baseado em resultados de pesquisas de mercado e estratégias de planejamento.

O **ciclo do *marketing*** começa pela identificação dos consumidores que constituem o mercado potencial.

O mercado – ou **mercado-alvo** – é definido como um segmento da população que, na forma de indivíduos ou de organizações, tem necessidade de consumir produtos, e capacidade, desejo e autoridade para adquiri-los. Para começar a identificação do mercado-alvo, um administrador deve levar em consideração as seguintes questões:

- Quem são nossos clientes atuais? Seus desejos e suas necessidades estão sendo satisfeitos?
- Quem são e onde se encontram nossos clientes potenciais?
- O que já temos e o que podemos criar para atrair novos clientes?

O diretor responsável pelo programa de refeições de uma escola pode, por exemplo, identificar que o conjunto de clientes potenciais inclui alunos que costumam trazer a própria marmita, assim como professores, funcionários e visitantes que ainda não almoçam na escola. O cálculo do número total de alunos matriculados e de professores e equipes de suporte, somado à quantidade média de visitantes que a escola recebe diariamente, pode fornecer uma boa estimativa. Além desses, a população de idosos da comunidade também pode vir a tomar parte de um programa de refeições da escola. Por fim, é necessário identificar as preferências específicas de cada grupo, como opções "pegue e leve" ou refeições embaladas para estudantes, comida caseira tradicional para adultos mais velhos, além de alimentos frescos, locais e orgânicos para professores e funcionários. Mais especificamente, o administrador ou a equipe de *marketing* precisa saber quais aspectos dos alimentos e dos serviços possuem valor real ou percebido para clientes já existentes ou potenciais. Outras considerações devem ser feitas no sentido de se entender se esses clientes estão dispostos a pagar por tais aspectos ou valores.

■ **Conceito-chave:** Segmentação do mercado é uma atividade que divide o universo total de consumidores em grupos de pessoas que compartilham dos mesmos desejos e das mesmas necessidades.

Ao responder essas perguntas, o administrador começa a definir os segmentos de mercado. O processo de **segmentação de mercado** divide o universo total de consumidores em grupos de pessoas com necessidades semelhantes no tocante aos produtos. As categorias de consumidores surgem com base na demografia, na localização geográfica, na psicografia e nas preferências em termos de produtos.

A **segmentação demográfica** recorre a dados estatísticos sobre o perfil dos consumidores, que abrangem idade, sexo, renda e formação educacional. A **segmentação geográfica** classifica os consumidores de acordo com o local em que vivem. A **segmentação psicográfica** agrupa os consumidores em função de estilo de vida, atitudes e traços da personalidade. Finalmente, a segmentação em termos *dos produtos preferenciais* tem como base o comportamento dos clientes observado em um negócio de alimentação.

Uma vez identificados os desejos e as necessidades de clientes potenciais, o administrador pode dar sequência ao processo de *marketing* ao desenvolver os produtos e os serviços necessários para atender a essas expectativas ou até mesmo excedê-las. Um produto pode ser um objeto, um serviço ou uma ideia. Ele também precisa estar disponível no lugar certo, no momento certo e por um preço adequado, de forma que o consumidor o identifique como uma necessidade e esteja disposto a pagar o preço pedido, e dê preferência a esse produto em relação a outros oferecidos pela concorrência. Com tal propósito, o processo de *marketing* deve ter no consumidor e em suas necessidades o foco de suas ações.

Ciclo do *marketing*
Uma série de atividades recorrentes, destinadas a atender aos desejos e às necessidades dos consumidores; o ciclo é alimentado pelo *feedback* dos consumidores.

Mercado-alvo
Um segmento do mercado no qual um vendedor identifica necessidades e desejos específicos.

Segmentação de mercado
Processo de divisão dos consumidores em grupos com características semelhantes, tais como aspectos demográficos ou geográficos.

Segmentação demográfica
Divisão ou segmentação de um mercado com base em variáveis, tais como idade, sexo, renda, formação educacional, religião e etnia das pessoas.

Segmentação geográfica
Divisão de um mercado em diferentes unidades, com base em variáveis, tais como nação, estado, região, cidade ou comunidade.

Segmentação psicográfica
Divisão de um mercado, com base em variáveis, tais como classe social, estilo de vida ou traços da personalidade.

O composto de *marketing*

■ **Conceito-chave:** O composto de *marketing* representa o pacote de metodologias que as organizações empregam para atrair a atenção de determinado público.

Um programa de *marketing* bem definido inclui quatro elementos: produto, ponto de venda, preço e promoção. Tais elementos – mais conhecidos como os quatro Ps do *marketing* – e todas as suas combinações utilizadas em qualquer programa de *marketing* são denominados o composto de *marketing*.

Produto é a associação única de mercadorias e serviços que satisfaz a um desejo ou uma necessidade. O produto pode ser representado por objetos, serviços, ideias, lugares ou uma organização. Ele é desenvolvido com base no conhecimento do mercado e daquilo que, em última análise, é vendido. Negócios de alimentação incluem todos os itens de um cardápio, as diferentes opções de serviço, tais como refeitórios, máquinas de venda automática e *catering*, além de outros atributos desejáveis, como um ambiente agradável e um horário de serviço conveniente.

Ponto de venda abrange a distribuição dos produtos e a forma como eles são apresentados. É fundamental que os produtos estejam disponíveis no lugar e no momento mais conveniente para o cliente. Hoje, muitos negócios de alimentação estão trabalhando para adequar a agilidade e a conveniência dos serviços ao desejo dos clientes. Por exemplo, durante os períodos movimentados de almoço, os hospitais de grande porte têm instalado refeitórios móveis ou quiosques nas unidades de enfermagem, para atender às equipes médicas cujo horário de refeição é limitado. Muitas organizações estão abrindo praças de alimentação semelhantes àquelas existentes em centros comerciais.

Preço é o montante de dinheiro cobrado por um produto ou a soma de valores que os consumidores pagam para ter acesso a ele. Um planejamento estratégico de preços estimula o consumidor a fazer a compra, contribui para a imagem do produto e o posiciona em condições de competir no mercado. O gerente de uma cafeteria pode, por exemplo, oferecer café a um preço reduzido durante os períodos de baixo movimento, ciente de que muito provavelmente o cliente irá comprar outros produtos, como bolinhos doces, tortas ou pacotes de pipoca (ver Fig. 18.2).

A *promoção* envolve todas as formas de comunicação com os consumidores. Ela conscientiza os clientes sobre a disponibilidade do produto ou torna-os mais atentos à existência dele. (O elemento promoção é discutido em mais detalhes adiante, neste capítulo.)

Marketing para negócios de alimentação

■ **Conceito-chave:** Os negócios de alimentação têm características únicas que influenciam a aplicação dos princípios do *marketing*.

Aspectos específicos dos estabelecimentos de alimentação

O processo de *marketing* no setor de *foodservice* exige uma abordagem exclusiva, porque, ao contrário de alguns setores, ele inclui o componente serviço, que vem a ser a aplicação de esforços humanos ou mecânicos na relação com pessoas ou objetos. Setores de serviço, tais como o de alimentação, diferem da maioria dos setores industriais no tocante aos produtos, ao contato com os clientes, à perecibilidade do estoque e à distribuição.

Produto

O alimento oferecido por um negócio de alimentação é consumido, mas não possuído, o que o distingue de outros bens de consumo, como os eletrodomésticos. O alimento – enquanto produto – é único, pois possui um componente tangível e um intangível. O alimento em si é o componente *tangível*, já que pode ser percebido pelo comprador por meio do cheiro, do tato e do sabor. Serviço é um elemento *intangível*, porque não pode ser visto, tocado, saboreado, tampouco possuído, mas, mesmo assim, o consumidor tem plena consciência de sua existência, como também de sua ausência. Por exemplo, os clientes logo percebem a cortesia ou a indiferença por parte de uma equipe de atendimento.

Figura 18.2 Exemplo de cupom de cliente preferencial.

Fonte: Cortesia do Departamento de Habitação, Refeições e Serviços Culinários da Universidade de Wisconsin-Madison. Usado mediante permissão.

O contato com os clientes

A função de *marketing* do setor de serviços tem no cliente o elemento mais importante. Em muitas cafeterias, por exemplo, eles se servem dos alimentos exibidos nas vitrines ou, no caso do serviço de mesa, há um contato direto e constante entre empregados e clientes. Cada contato representa para o estabelecimento de alimentação uma oportunidade de divulgação não apenas dos alimentos, como também da imagem organizacional.

Na situação de autoatendimento em uma cafeteria, o estabelecimento tem a oportunidade de cativar o cliente por meio de vitrines atraentes e bem projetadas. O serviço de mesa possibilita um contato mais direto e pessoal. As equipes de atendimento podem, por exemplo, ser treinadas para atuar de maneira proativa e repor a bebida ou trazer a conta antes que o consumidor precise solicitar. Uma interação negativa entre empregado e cliente pode gerar uma insatisfação duradoura e resultar em perda não só do cliente mal atendido como de todos os outros que possam ser influenciados na comunicação boca a boca.

Perecibilidade

Alimento é um produto único no que diz respeito à sua condição de perecibilidade e à dificuldade de armazenamento. Ao contrário de outros produtos, tal como um aparelho de televisão, que pode ser estocado em um armazém durante os períodos de baixa demanda, os alimentos são altamente perecíveis. Se não forem vendidos ou utilizados, acabam se traduzindo em receita perdida ou em desperdício. Por exemplo, se o número de clientes em um refeitório ou escola for inferior ao esperado, o volume previsto de vendas não se concretizará, e o alimento já preparado se transformará em lixo.

Distribuição

Em diversos tipos de negócios de alimentação, os alimentos precisam ser preparados com antecedência, mantidos sob aquecimento ou refrigeração e transportados para distribuição. Muitas escolas de ensino fundamental ou médio recebem o alimento preparado por cozinhas centrais. A ausência de rigoroso cuidado em relação às condições de manutenção e transporte pode causar significativa deterioração da qualidade da comida e a consequente rejeição por parte do cliente pagante.

Marketing como função gerencial

■ **Conceito-chave:** O *marketing* bem-sucedido é baseado em um criterioso processo de planejamento, implementação e avaliação de estratégias.

A administração precisa reconhecer no *marketing* uma função essencial, semelhante às tradicionais funções administrativas de organização, liderança e controle.

Erros comuns no processo de *marketing* incluem:

- Falta de planejamento.
- Elaboração inadequada do orçamento.
- Metas e objetivos mal definidos.
- Falta de desenvolvimento de produto.
- Programa inadequado de avaliação.

Por meio de uma clara compreensão da missão organizacional e do total comprometimento com ela, um administrador criterioso desenvolve um programa de *marketing* que contempla planejamento, implementação e avaliação.

Planejamento

O planejamento tem início com uma clara compreensão das metas e dos objetivos do plano de *marketing*, aliada ao comprometimento em cumpri-los. Em outras palavras, o administrador deve perguntar: "O que está se tentando realizar enquanto organização ou departamento?" e "O que se espera alcançar?" Por exemplo, o propósito do programa de *marketing* proposto é atrair novos consumidores, fidelizar os já conquistados ou estimular um comportamento de compra específico?

Essa autoanálise algumas vezes ocorre por meio de um processo formal denominado análise PFOA (ou SWOT, na sigla em inglês), que quer dizer potencialidades, fraquezas, oportunidades e ameaças. O exame cuidadoso de cada um desses elementos em relação à situação de seu estabelecimento permite à equipe de gestão determinar o que ele tem a oferecer de condições únicas para satisfazer a uma reconhecida necessidade de um mercado-alvo em particular. Por exemplo, a divisão de refeições de uma faculdade pode identificar como ponto forte a venda de alimentos de qualidade por um preço razoável ou, como ponto fraco, a falta de um refeitório contemporâneo que atraia um público jovem. As oportunidades incluem a oferta de serviços de *catering* para os empregados dos edifícios da redondeza. Uma ameaça pode ser a proximidade de restaurantes que competem para conquistar o dinheiro dos estudantes. Uma análise desse tipo tem condições de despertar a consciência do que um negócio de alimentação possui e do que ele pode desenvolver para ser mais atraente aos olhos dos consumidores que almeja alcançar.

Objetivos gerais precisam ser definidos como parte do planejamento estratégico ou de longo prazo da organização. Para que um objetivo se concretize, metas específicas devem ser estabelecidas. Os objetivos devem ser claros e, para fins de avaliação do programa, ser mensuráveis. É fundamental a atribuição da responsabilidade pela realização de atividades específicas com vistas à conquista dos objetivos, assim como a definição de um cronograma de execução. Por exemplo, a meta do refeitório de um hospital pode ser aumentar a frequência de empregados e visitantes. Um objetivo específico poderia ser elevar em 10% o número de clientes que utilizam o refeitório entre 11h00 e 13h00 horas.

Entrevistas pessoais ou discussões em grupo, que envolvam clientes potenciais e pesquisas, tais como a que é ilustrada na Figura 18.3, são métodos apropriados para determinação das preferências do mercado-alvo no tocante aos alimentos e aos serviços. Com o uso dos resultados das entrevistas e das pesquisas, o administrador pode elaborar planos específicos para o alcance dos objetivos. Sem planos de ação específicos, os objetivos bem definidos podem acabar abandonados e as metas não atingidas.

Figura 18.3 Pesquisa destinada a identificar as preferências dos clientes atuais e potenciais do refeitório.

REFEITÓRIO BAYSIDE

Convidamos você a dar uma nota para nossos produtos e serviços e, dessa forma, ajudar-nos a melhorar a qualidade de nosso refeitório. Escolha, por favor, uma opção em cada categoria; (5 = muito satisfeito; 3 = satisfeito; 1 = insatisfeito). Por favor, comente suas notas iguais ou inferiores a 3.

1. Alimento: 5   4   3   2   1
   Comentário:
2. Preço/valor: 5   4   3   2   1
   Comentário:
3. Prontidão do serviço: 5   4   3   2   1
   Comentário:
4. Cortesia: 5   4   3   2   1
   Comentário:
5. Ambiente: 5   4   3   2   1
   Comentário:

Quando você costuma usar o refeitório? Com que frequência? (Marque todas as opções que se aplicam e indique o número de vezes por semana.)

Número de vezes/semana

Café da manhã   _____   _____
Intervalo da manhã _____   _____
Almoço   _____   _____
Intervalo da tarde _____   _____
Jantar   _____   _____

Que alimentos você gostaria que fossem acrescentados às opções do cardápio?
1. _____
2. _____
3. _____
4. _____
5. _____

Utilize o espaço abaixo para fazer comentários e sugestões adicionais. Obrigado.

Implementação

O processo de implementação é decisivo para garantir que os objetivos não se tornem apenas boas intenções que nunca se concretizam. Isso envolve a capacitação das equipes para real adoção do plano de *marketing*, o treinamento dos empregados para execução bem-sucedida do plano, a definição e o desenvolvimento dos planos promocionais, a comunicação efetiva das mensagens de *marketing* e a oferta do suporte necessário para viabilização do plano. Parte desse suporte inclui a adoção de procedimentos destinados à avaliação do grau de sucesso do plano de *marketing*.

Avaliação

Avaliação é o processo de determinação do sucesso de um plano consolidado. O administrador precisa identificar até que ponto os objetivos previamente fixados foram atingidos. Por exemplo, se o gerente de um negócio de alimentação estabelece o objetivo de aumentar em 5% a frequência no almoço da escola, ele deve rever diariamente a contagem de refeições servidas, de forma a poder determinar se a adoção dos planos de *marketing* conduziu ao atingimento dessa meta. O conhecimento adquirido a partir de tal avaliação pode ser usado para refinamento dos objetivos e dos planos de ação.

Programas de *marketing* são particularmente custosos no que diz respeito ao consumo de tempo e aos recursos; portanto, a administração deve adotar ações para garantir que haja um retorno real e mensurável desse investimento. Em uma sequência lógica, as estratégias de avaliação são executadas após a implementação do programa e depois de decorrido certo período.

Promoções em negócios de alimentação

■ **Conceito-chave:** Promoções são eventos específicos e bem planejados, cujo objetivo é atrair os consumidores e exercer influência sobre a percepção e o comportamento de compra desses consumidores.

Conforme já definido, *marketing* é um processo que visa a reconhecer consumidores potenciais e identificar suas necessidades, para depois, com base nessa informação, desenvolver produtos que as satisfaçam. Promoções, por outro lado, são atividades diferentes postas em prática continuamente, com o propósito de despertar o interesse dos consumidores e, dessa forma, estimular a reiteração dos negócios e a geração de novas oportunidades. A mais comum dessas atividades no setor de alimentação é a de vendas promocionais.

Vendas promocionais

Anteriormente, neste capítulo, foi dito que promoção é um dos quatro Ps de um programa de *marketing*. Ela é uma função distinta – diferente de *merchandising* e propaganda – e visa a influenciar o comportamento de compra e recompra dos consumidores, com o objetivo principal de elevar o número de clientes e, como consequência disso, impulsionar o nível de vendas e os lucros. O recurso de promoção pode ser usado para atender a inúmeros objetivos cuja finalidade não é o lucro, tais como levar ao conhecimento do público os serviços oferecidos pelo estabelecimento.

Por meio de planejamento, implementação e avaliação das estratégias promocionais, o administrador pode alcançar diversas metas. São elas: (1) apresentar informações aos consumidores; (2) reforçar o comportamento de compra desejado e estimular a reiteração dos negócios; (3) despertar a curiosidade para fomentar novos negócios; e (4) destacar a imagem da organização. Essas estratégias são adequadas para qualquer tipo de negócio de alimentação. Sem dúvida, refeitórios, vendas por meio de máquinas e serviços de *catering* dependem de promoções para elevar os lucros. Existem, no entanto, muitas outras razões para se compreender os fundamentos do *marketing* promocional.

■ **Conceito-chave:** O sucesso de uma promoção está vinculado ao tipo de promoção e seu respectivo objetivo.

Existem duas categorias de promoção. Em primeiro lugar, as promoções do tipo *participação de mercado*, que são atividades financeiras baseadas em volume e destinadas a aumentar a clientela, as vendas ou uma combinação das duas. Em segundo lugar, estão as promoções do tipo *participação na mente do consumidor*, que visam a influenciar a preferência ou a opção dos consumidores por uma instituição ou um produto em especial. Ambas podem ser empregadas em negócios de alimentação comerciais ou não.

■ **Conceito-chave:** Promoções bem-sucedidas exigem um planejamento criterioso que assegure os resultados desejados.

Planejamento de promoções

O planejamento de uma promoção começa da mesma forma que qualquer outra atividade gerencial – pela definição de objetivos claros e mensuráveis. Os principais propósitos de uma promoção são aumentar a frequência de visitas e o nível de satisfação dos consumidores. A Figura 18.4 apresenta uma sugestão de objetivos para diversos tipos de negócios de alimentação. É importante observar a necessidade de introdução de medidas para cada um desses tópicos, de modo a viabilizar seu uso como uma estratégia de avaliação. Por exemplo, um objetivo mensurável para aumentar a participação em um programa de almoço de uma escola pode ser enunciado da seguinte maneira: elevar em 5% a participação no programa de almoço dentro do período de um ano letivo.

O administrador pode apresentar ideias em relação aos objetivos específicos com a formulação das seguintes questões:

1. O que está se tentando conseguir com essa promoção?
2. Ela é compatível com nossa missão?
3. Ela está estruturada de forma a atender às necessidades dos clientes?
4. Como se pode avaliar ou medir o sucesso dessa promoção?

Figura 18.4 Exemplos de objetivos para promoções.

> *Escolas*
> Aumentar a participação nos programas de almoço da escola.
> Aumentar o total de vendas *à la carte*.
> Tornar conhecido um novo produto.
> *Refeitório e máquina de venda automática de um hospital*
> Aumentar o lucro médio total.
> Aumentar a proporção entre bebidas e alimentos.
> Aumentar as vendas de saladas e sobremesas.
> *Instituições de acolhimento por longo período*
> Aumentar a conscientização sobre o valor nutricional dos alimentos.
> Tornar mais conhecidos os serviços especiais.
> Aumentar a participação da família nas refeições durante os feriados.

Ao contrário de *marketing* e *merchandising*, promoções são, em geral, projetadas para um período curto; mas podem ser estendidas ou repetidas se os objetivos que as respaldam continuarem válidos. Por exemplo, uma escola coloca em prática uma promoção durante a semana nacional de almoço nas escolas, ao oferecer uma sobremesa gratuita para cada refeição, com o propósito de aumentar o número de clientes. Se o sucesso alcançado for grande, o gerente de um negócio de alimentação pode optar por repetir a promoção em outra ocasião, dentro do ano letivo.

Algumas diretrizes para desenvolvimento, implementação e avaliação de promoções bem-sucedidas são:

1. Planejar rigorosamente, com antecedência – pelo menos um a três meses antes da realização do evento.
2. Estabelecer metas e objetivos.
3. Conhecer o perfil dos clientes atuais e potenciais.
4. Escolher uma ideia promocional compatível com as necessidades dos clientes e com a missão da organização.
5. Procurar orientações e ideias junto a fontes internas e externas.
6. Verificar a disponibilidade de recursos financeiros e comparar os custos da promoção com os benefícios esperados.
7. Redigir um plano de implementação e revisá-lo com os empregados.
8. Colocar o plano em prática, dedicar atenção especial a todos os detalhes.
9. Avaliar os resultados, compará-los com os objetivos planejados e introduzir modificações para promoções futuras, se necessário.

Há inúmeros métodos que permitem a efetivação dos objetivos de uma promoção, que incluem cupons, sorteios, descontos, combinação de preços, placas de sinalização, eventos especiais, quadros de exibição do cardápio e dias temáticos. As ilustrações mostradas nas Figuras 18.5 a 18.8 são exemplos de promoções utilizadas em diversos tipos de organizações de alimentação.

Branding (gestão de marcas)

Conceito-chave: Os conceitos de *branding* e posicionamento da marca podem ampliar uma base de consumidores e gerar nova fonte de receita.

Desde o início da década de 1990, houve uma explosão no emprego dos conceitos de *gestão* e de **posicionamento da marca** como estratégia de *marketing* em todos os segmentos do setor de alimentação. O elemento catalisador por trás desse fenômeno é a economia. Todos os estabelecimentos de alimentação, em especial aqueles tradicionalmente reconhecidos como não comerciais, sofrem uma pressão enorme para operar "no azul". Tal pressão resultou em um paradigma denominado comercialização de operações não comerciais. Por exemplo, os refeitórios de muitos hospitais deixaram de ser subsidiados pelas organizações que os abrigam. Em vez disso, espera-se que esses estabelecimentos consigam, pelo menos, alcançar o seu ponto de equilíbrio (i. e., gerar receita suficiente para cobrir as despesas) ou, na realidade, gerar lucros e contribuir desse modo para a saúde financeira da organização. Até hoje, as instituições não

Conceito de posicionamento da marca
Estratégia de *marketing* que difunde entre os consumidores uma marca reconhecida.

Figura 18.5 Exemplo de cupom de brinde resgatável em um refeitório.

Fonte: Cortesia do Departamento de Habitação, Refeições e Serviços Culinários da Universidade de Wisconsin-Madison. Usado mediante permissão.

comerciais de alimentação, tais como as que operam em hospitais e escolas, sempre empregaram, como meio de estímulo da entrada de recursos, conhecidas opções de geração de receitas, como *catering*, máquinas de venda automática de alimentos e comida pronta para viagem. Os conceitos de *branding* e posicionamento da marca começaram a surgir no início dos anos 1990 e, desde então, continuaram ganhando popularidade. Os administradores atuais de negócios de alimentação precisam entender o que é *branding*, por que isso tem potencial para ser uma estratégia de *marketing* e quais são as diferentes formas de administrar a marca; além disso, precisam ter ciência dos problemas de gestão, tais como decidir os itens da marca que devem utilizar e saber evitar potenciais armadilhas.

Enquanto uma estratégia de *marketing*, *branding* diz respeito à disponibilização para venda, em um negócio de alimentação, de produtos com rótulos conhecidos nacional ou localmente. Nesse tipo de instituição, o *branding* é empregado com o objetivo específico de aumentar as vendas por intermédio de promoções ligadas à marca e destinadas a cortejar novos clientes e aumentar o volume médio de transações individuais. Na prática, esse processo assume muitas formas. As mais populares são: *branding* de varejo, *branding* de restaurante e *branding* interno.

O *branding de varejo*, também denominado *branding* do fabricante, foi utilizado durante vários anos e diz respeito, simplesmente, à venda em negócios de alimentação de itens reconhecidos em âmbito nacional. Os exemplos incluem a manteiga de amendoim Skippy em programas de refeição escolar e molhos de salada Kraft em refeitórios de hospitais. O *branding de restaurante*, por outro lado, é uma abordagem muito mais recente e está ligada à introdução, em um estabelecimento existente, de uma rede de restaurantes que atua em todo o território nacional. Esse método pode variar desde a aquisição de uma franquia (como uma do McDonald's no saguão de um hospital) à contratação de um restaurante da rede para vendas periódicas (como a oferta de pizzas da Pizza Hut no refeitório de uma escola pelo período de um mês). A Figura 18.9 é um exemplo de uso do conceito de *branding* em operações de alimentação instaladas em instituições. O *branding* com cadeias reconhecidas nacionalmente tem pelo menos uma variação; ele diz respeito ao contrato com uma marca bastante conhecida em âmbito local ou regional. Por exemplo, escolas localizadas nos estados do centro oeste do país podem fechar

Figura 18.6 Exemplo de promoções para o setor de alimentação de uma universidade.

Fonte: Cortesia do Departamento de Habitação, Refeições e Serviços Culinários da Universidade de Wisconsin-Madison. Usado mediante permissão.

um contrato com a Rocky Rococo Pizza, para aumentar a diversidade de produtos da marca oferecida e manter o interesse pelo programa de refeições da escola.

Outro importante tipo de *branding* é o *interno* ou *branding de identidade*. Trata-se do uso de itens preparados dentro do próprio estabelecimento de alimentação e identificados como exclusividade da casa. Por exemplo, a cafeteria de um hospital pode vender uma linha de sanduíches que os consumidores associam com esse lugar e na qual reconhecem um elevado padrão de qualidade. O estabelecimento pode, por outro lado, desenvolver essa linha como uma marca própria e promovê-la por meio de um logotipo especialmente projetado para esse fim, além de lançar mão de outros materiais promocionais específicos. Essa abordagem é empregada algumas vezes para neutralizar o potencial para "canibalização" de itens próprios quando da introdução de outros, pertencentes a marcas nacionais ou locais. As marcas domésticas são planejadas para competir em vendas de igual para igual com as demais.

Um termo mais contemporâneo relacionado com o *branding* é o conceito de *posicionamento da marca*. Esse termo se refere a um pacote de *marketing* completo que leva ao consumidor uma marca de identidade reconhecida e consistente. Esse pacote é desenvolvido e disponibilizado pela empresa comercial e, em geral, possui dois componentes. O primeiro é o ambiente integral do ponto de venda, que inclui todos os materiais identificados com logotipos e usados para promover um produto ou linha de produtos específicos. Entre os exemplos, destacam-se embalagens, placas de sinalização (inclusive exposição de cardápios), uniforme das equipes, *displays* de mesa e folhetos. O segundo componente do conceito de posicionamento da marca se refere aos recursos gerenciais disponibilizados pela empresa comercial. Tais recursos envolvem assistência de compras, instrumentos de produção, tais como receitas e sugestões de serviço. Entre as empresas comerciais que atualmente adotam essas práticas estão Starbucks, Chick-fil-A e Subway.

O sucesso dos conceitos de gestão e posicionamento da marca é baseado na premissa de que os consumidores estão dispostos a pagar mais por um produto de marca. Parte desse sucesso pode ser atribuída ao fato de que as marcas são reconhecidas e confiáveis. O fator mais importante, no entanto, em relação ao aumento observado atualmente do número de estabelecimentos

Figura 18.7 Exemplo de folhetos de cardápio de um refeitório para divulgar eventos especiais.

Fonte: Cortesia do Departamento de Habitação, Refeições e Serviços Culinários da Universidade de Wisconsin-Madison. Usado mediante permissão.

Figura 18.8 *Display* promocional de mesa para divulgação de um dia temático.

Fonte: Cortesia do Departamento de Habitação, Refeições e Serviços Culinários da Universidade de Wisconsin-Madison. Usado mediante permissão.

Figura 18.9 Quiosque do café Java Coast.
Fonte: Cortesia do Departamento de Hospital, Clínicas e Alimentação da Universidade de Wisconsin-Madison. Usado mediante permissão.

de marca, é o fenômeno psicológico que leva os clientes a se propor a pagar pela qualidade e pelo valor *percebidos*. Assim, mesmo no caso em que um produto oferecido por uma instituição de alimentação é maior, melhor e mais barato, os consumidores dão preferência a uma marca que eles reconhecem e na qual confiam, estando dispostos a pagar mais nesse caso.

Pode-se, então, concluir que por meio de uma criteriosa atividade de planejamento e implementação, a administração de um negócio de alimentação tem condições de prever que o processo de *branding* proporcionará as vantagens e os resultados seguintes:

- Aumento do volume de negócios.
- Aumento do gasto por pessoa, com a consequente elevação da média de recebimento.
- Aumento da receita bruta.
- Aumento da opção pelas marcas domésticas em detrimento das demais (i. e., os clientes são atraídos pelos itens das marcas nacionais e locais, mas também compram as domésticas).

Cada uma dessas vantagens contribui para o objetivo final de melhorar a satisfação dos clientes.

Branding, apesar de todas as suas vantagens, guarda armadilhas potenciais. Contratos e acordos devem ser negociados com cuidado, de forma a garantir que as responsabilidades e as obrigações fiquem claras para todas as partes envolvidas. A definição de preços de itens de marca não pode ser deixada de lado, porque os consumidores têm plena ciência dos preços praticados no mercado por conhecidas marcas nacionais. Também é possível que os administradores tenham que se pronunciar frente ao medo que esses contratos com empresas comerciais despertam nos empregados. De acordo com o nível de incorporação do processo de *branding* em um negócio de alimentação, ele pode representar uma redução das equipes internas.

Para contrabalançar esses riscos, os administradores de negócios de alimentação devem estudar detalhadamente os conceitos de gestão e posicionamento da marca antes de assinar um contrato ou acordo com uma empresa comercial. O processo de tomada de decisão da marca deve começar com uma criteriosa avaliação do mercado-alvo em termos de consumidores atuais e potenciais. Os valores real e percebido, conforme definição dos consumidores, devem ser bem entendidos. A partir daí, a escolha deve se concentrar em produtos com potencial de geração do melhor lucro bruto. Todo o investimento financeiro precisa ser cuidadosamente analisado. Por exemplo, a aplicação dos conceitos de gestão e posicionamento da marca em um refeitório pode exigir operações adicionais ou reestruturação das instalações. Esses e outros investimentos potenciais devem ser submetidos a rigorosa avaliação em relação à possibilidade de aumento da receita bruta e a outras vantagens menos tangíveis, tais como o aumento do nível de satisfação dos clientes.

Resumo

Durante muito tempo, o *marketing* foi uma função essencial para os estabelecimentos comerciais de alimentação. Em anos mais recentes, os administradores de estabelecimentos não comerciais (tais como hospitais, instituições de acolhimento, escolas e universidades) reconheceram o valor dos princípios de *marketing* como meio de sobreviver, com recursos limitados e custos em constante elevação, dentro de um setor altamente competitivo.

Na atualidade, para alcançar sucesso na consolidação de um programa de *marketing*, os administradores precisam ter um sólido conhecimento da terminologia, assim como do ciclo, dos conceitos e dos aspectos exclusivos dessa disciplina, no tocante às organizações de alimentação. A implementação inclui um cuidadoso plano de treinamento para os empregados do estabelecimento e uma estratégia de avaliação que permita determinar o grau de realização dos objetivos propostos pelo programa.

Merchandising e promoções são importantes atividades relacionadas com um programa de *marketing*. Para que tenha condições de ganhar vantagem competitiva e fidelizar seus clientes ou conquistar outros para o estabelecimento, um administrador de negócio de alimentação precisa conhecer com detalhes o projeto das promoções, os procedimentos de planejamento, a implementação e as estratégias de avaliação.

Aplicação de conceitos abordados no capítulo

O Departamento de Habitação da Universidade de Wisconsin-Madison possui um departamento de *marketing*. No contexto da missão da casa, "onde todas as pessoas desejam viver", esse departamento desenvolve planos estratégicos de *marketing*, cujo objetivo é despertar nos estudantes o desejo de morar na residência do campus. Embora o Departamento de Refeições e Serviços Culinários não tenha um plano de *marketing* próprio, ele trabalha em íntima sintonia com o departamento de *marketing* para promover, no Departamento de Habitação, serviços de refeição com alto valor agregado. Na verdade, o Departamento de Refeições e Serviços Culinários ajusta a seus propósitos o texto da missão da organização, adotando a afirmação "onde todas as pessoas desejam comer".

Dentro desse princípio, o Departamento de Refeições e Serviços Culinários lança inúmeras promoções todos os anos, com o objetivo principal de criar e manter o interesse em seus programas de refeição para residentes, assim como para clientes pagantes. Outros intentos das promoções são:

- Introduzir novos produtos, tais como molhos orgânicos para massas.
- Implantar novos serviços, tais como a ampliação do horário de atendimento de uma das cafeterias.
- Cumprir uma missão educacional: uma refeição feita com produtos locais e a participação dos agricultores da área para apresentação de seus produtos e suas práticas de cultivo.

A despeito da ampla variedade de alimentos e horários de serviço oferecidos, o Departamento de Refeições e Serviços Culinários leva em consideração a possibilidade de os estudantes começarem a se sentir enfastiados com o cardápio. Por esse motivo, todos os anos ele lança diversas promoções denominadas "quebra da monotonia", cujo propósito é estritamente promover diversão. Inúmeras ideias alcançaram um estrondoso sucesso: um jantar pirata no qual os empregados se apresentaram a caráter, além de um café da manhã à meia-noite, no qual os residentes foram convidados a comparecer trajando pijamas. Embora tenham uma conotação de divertimento, essas ideias envolvem um rigoroso planejamento, para garantir que funcionem dentro da perspectiva do estabelecimento, sejam "convenientes do ponto de vista orçamentário" e gerem resultados que atendam aos objetivos específicos da promoção.

Questões para reflexão

1. Qual é o foco principal do departamento de *marketing* do Departamento de Habitação da Universidade de Wisconsin-Madison?
2. De que maneira os produtos e serviços oferecidos pela unidade de refeições e serviços culinários se vinculam ao departamento de *marketing*?
3. Como a ideia de um ciclo de *marketing* se relaciona com os produtos e serviços oferecidos pela unidade de refeições e serviços culinários?
4. Qual é o composto de *marketing* do Departamento de Refeições e Serviços Culinários da Universidade de Wisconsin-Madison?

5. Cite alguns desafios específicos do Departamento de Refeições e Serviços Culinários, que não são tão acentuados em um restaurante local?
6. Cite algumas vantagens que o Departamento de Refeições e Serviços Culinários tem e um restaurante local pode não ter.
7. Que ideias você apresentaria para manter ou aumentar o interesse pelos serviços de refeição por intermédio de promoções?
8. A unidade de serviços de refeições e culinária trabalha para identificar ideias "excêntricas" que possam gerar interesse por meio de promoções, mas também toma cuidado para nunca causar ofensas. Que influência essa sensibilidade pode ter sobre as promoções oferecidas?
9. Que conceitos de posicionamento da marca podem ser mais valiosos em um ambiente como o Departamento de Habitação, Refeições e Serviços Culinários da Universidade de Wisconsin-Madison?
10. Você considera que o conceito de *branding* se desenvolverá ou desaparecerá nos próximos anos dentro do ambiente de um *campus* universitário? Por quê?

Questões para revisão

1. O que é *marketing* e por que ele é entendido como uma função cíclica de gestão?
2. O que é um mercado-alvo? Como ele pode ser identificado e segmentado?
3. Quais são os elementos de um composto de *marketing*? Que fatores influenciam o composto de *marketing* em um dado estabelecimento de alimentação?
4. Explique a diferença entre componentes tangíveis e intangíveis de um produto de alimentação.
5. O que é uma promoção e como ela se relaciona com o *marketing*?
6. Por que é importante que se defina com clareza as metas e os objetivos de uma promoção?
7. Qual é a diferença entre promoções dos tipos participação na mente do consumidor e participação de mercado?
8. Defina os conceitos de *branding* e *posicionamento da marca*.
9. Por que o *branding* é tão popular atualmente, em especial em estabelecimentos não comerciais de alimentação?
10. Defina os principais tipos de *branding* e dê exemplos.

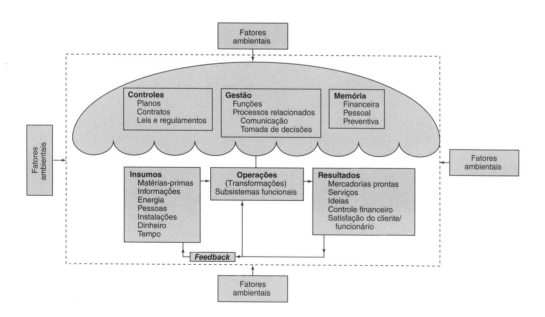

Sites selecionados (em inglês)

www.marketingpower.com (The American Marketing Association)
www.census.gov (U.S. Census Bureau)

APÊNDICE A — Princípios da culinária básica

Objetivos do processo culinário

O processo culinário tem como objetivos básicos realçar o sabor dos alimentos e o atrativo da cor, do formato e da textura originais; eliminar organismos e substâncias nocivas à saúde, para garantir a segurança do alimento para o consumo humano; além de melhorar a condição de digestibilidade.

Métodos básicos de cocção

Os métodos de cocção são classificados em calor seco ou calor úmido. Os métodos de *calor seco* são aqueles nos quais o calor é conduzido até o alimento por meio de ar seco, metal quente, radiação ou por meio de uma quantidade mínima de gordura. Assar carnes e vegetais, pães e bolos, grelhar em fogo alto, grelhar na chapa e fritar são exemplos de uso do calor seco. Métodos que empregam *calor úmido* são aqueles nos quais o calor é conduzido até o alimento por meio de água ou vapor. São exemplos os processos de ferver, cozinhar em fogo brando, estufar, branquear ou aferventar, escalfar (*poché*), guisar e cozinhar no vapor.

A escolha do método a ser utilizado depende do tipo e da qualidade do alimento, assim como dos equipamentos disponíveis. Diferentes métodos de cocção são apropriados para diferentes tipos de comida. Por exemplo, a cocção de cortes macios de carne costuma ser feita com uso de calor seco, enquanto para cortes menos tenros é empregado o calor úmido. A seguir, encontra-se um resumo dos métodos de cocção mais comuns.

Assar carnes e aves (método descoberto). Processo de assar carnes ou aves (descobertas) em um forno. O cozimento com o alimento descoberto é essencial para esse método de cocção, porque, se utilizada uma tampa ou uma folha de papel laminado, o vapor é impedido de sair e a cocção deixa de ser por calor seco e passa a ser por calor úmido.
Equipamento: forno (fogão, *deck*, forno giratório, forno comum ou forno de convecção).
Produtos mais usados: aves, cortes tenros de carne bovina, porco, cordeiro ou vitela.

Assar na churrasqueira (grelhar). Cocção em grelha ou espeto sobre carvão em brasa ou em um forno, regando-se o alimento com tempero em intervalos de tempo mais ou menos regulares.
Produtos mais usados: carne bovina e aves.

Assar pães e bolos. Cocção por meio de calor seco, normalmente em um forno.
Tempo e temperatura: a temperatura desse processo de assar é determinada pelo tipo de alimento e de equipamento. Para definição do tempo necessário de cozimento, deve-se considerar a capacidade do forno e o tamanho dos recipientes.
Equipamento: forno (*deck*, giratório, de condução, combinado ou de convecção). Um forno de convecção reduz o tempo de cozimento em 10 a 15% e cozinha a uma temperatura de aproximadamente 10°C menor do que os fornos convencionais.

Branquear ou aferventar. Método por meio do qual o alimento é cozido rápida e parcialmente, em geral com água, embora em alguns casos, como no de batatas fritas, seja com gordura quente. Para aferventar em água, o alimento é colocado dentro da água em ebulição e ali mantido até que ela volte a ferver, depois é resfriado rapidamente em água fria.
Equipamento: caldeirão basculante ou outro tipo de caldeirão.
Produtos mais usados: vegetais e frutas; para fixar a cor e eliminar enzimas ou para soltar a casca e facilitar o descascamento.

Cozinhar em fogo brando. Cocção de alimentos em líquido mantido abaixo do ponto de ebulição. O líquido deve ser mantido a uma temperatura que vai de 85°C a um valor logo abaixo do ponto de ebulição. Esse é o processo a que é submetida a maioria dos alimentos cozidos em fogo brando, porque as temperaturas elevadas e o intenso borbulhar do líquido em ebulição podem ser prejudiciais para a textura e a aparência da comida. No início do processo, o alimento pode ser fervido até o ponto de ebulição e, depois, o calor deve ser reduzido, permanecendo assim até o final do cozimento.
Equipamento: caldeirões basculantes, caçarola funda ou outros caldeirões sobre a boca do fogão.
Produtos mais usados: sopas, molhos, carnes bovinas e aves.

Cozinhar no vapor. Cocção por meio da exposição direta do alimento ao vapor. Os equipamentos de cozimento a vapor permitem a cocção controlada sob temperatura constante. O alimento cozido em uma panela de pressão mantém níveis elevados do conteúdo vitamínico, assim como a cor e o sabor naturais, sofrendo menos perdas do que no processo normal, tais como o encolhimento causado pelo processo prolongado de cocção, a fervura ou a queima. Cozinhar sob pressão é um método de cozimento bastante rápido e deve ser cuidadosamente controlado e cronometrado.
Equipamento: os caldeirões elétricos de cozimento a vapor podem ser de baixa pressão, alta pressão ou pressão zero. Os equipamentos de cozimento a vapor em alta pressão são usados principalmente para culinária rápida ou preparação de pequenas quantidades de vegetais. Nos de convecção zero, um ventilador faz o vapor circular através da cavidade do equipamento. A maioria das panelas a vapor é projetada em um tamanho padrão para ser usada diretamente no balcão de servir. O vapor é a fonte de calor nos caldeirões basculantes, mas não é o meio de cozimento. O calor é transferido, por meio de condução, através das paredes do revestimento interno da caldeira, mas não há contato dele com o alimento. A temperatura é mais alta do que em banho-maria, porque o vapor fica sob pressão. A temperatura aumenta com o aumento da pressão.
Produtos mais usados: vegetais, frutas, aves, bolinhos de massa, massas, arroz e cereais.

Escalfar (*poché*). Cocção que se caracteriza pela imersão do alimento em líquido quente, que é mantido a uma temperatura abaixo da de ebulição. O alimento é colocado dentro do líquido quente e o cozimento ocorre em fogo brando, mantido em uma temperatura abaixo do ponto de ebulição.
Equipamento: frigideira basculante, caldeirão elétrico de cozimento a vapor, forno ou uma panela rasa sobre a boca do fogão.
Produtos mais usados: peixes, ovos sem a casca e frutas.

Estufar. Processo de cocção em pequena quantidade de água, que tanto pode estar fervendo como em fogo brando. Quer se deseje cozinhar em fogo brando, estufar ou ferver, o líquido é sempre fervido até a ebulição total antes que o alimento seja nele colocado. Isso compensa a diminuição da temperatura que ocorre quando o alimento é adicionado. O calor é, então, ajustado para que a temperatura se mantenha constante.

Equipamento: caldeirões basculantes, fritadeiras basculantes ou caldeirões sobre a boca do fogão.

Produtos mais usados: carnes bovinas, aves e frutas.

Ferver. Cocção dos alimentos em um líquido em ebulição.

Tempo e temperatura: a temperatura de ebulição da água é 100°C, no nível do mar. Esse ponto é mais alto quando há presença de sólidos na água, e reduzido em altitudes mais elevadas. A 1.500 metros do nível do mar, a água ferve a uma temperatura aproximada de 95°C; no entanto, o tempo de cozimento nesses locais mais altos é *maior*, pelo fato de a temperatura de ebulição ser mais reduzida.

Equipamento: caldeirão basculante, caçarola funda ou outro tipo de caldeirão sobre a boca do fogão.

Produtos mais usados: vegetais, massas, cereais e arroz. Alimentos com elevado nível proteico (carnes, peixes e ovos), em geral, não são submetidos a esse processo, porque o calor enrijece a proteína e o movimento rápido de ebulição despedaça o alimento delicado. Esse tipo de alimento costuma ser fervido até o ponto de ebulição e, depois, o calor é reduzido para uma temperatura de fogo brando pelo resto do processo de cozimento.

Fricassê. Alimento dourado em gordura e depois cozido em fogo brando com molho. É similar ao método de guisado, mas a ação da umidade é na forma de molho, não de água ou outros líquidos.

Equipamento: fritadeiras basculantes e caldeirões basculantes.

Produtos mais usados: frango e alguns cortes de carne.

Fritar. Método de cocção em gordura ou óleo. Ver em Fritura com imersão em gordura, Fritura no forno, Fritura na panela e Saltear explicação de métodos de fritura.

Fritura com imersão em gordura. Método de cocção por meio do qual o alimento é mergulhado em gordura quente. Nesse tipo de cozimento, parte do meio se incorpora ao alimento e é comum haver uma absorção de 10 a 20% da gordura durante o processo de fritura. Para formar uma camada protetora entre os alimentos e a gordura, além de realçar a textura, a cor e o sabor do produto final, eles podem ser passados na farinha ou empanados antes de serem fritos. Alimentos preparados adequadamente por fritura com imersão em gordura devem ter um mínimo de absorção da gordura, uma coloração atrativa, uma cobertura crocante e nenhum sabor desagradável resultante do processo. Para produção de alimentos de alta qualidade, utilize gordura de elevado ponto de fumaça, evite encher demais as cestas de fritura e procure utilizar temperaturas adequadas, além de não misturar alimentos de sabor forte com outros mais suaves. Cerca de 10 a 30% da gordura deve ser substituída por gordura nova antes do uso diário. Fritadeiras modernas são equipadas com elevadores automáticos da cesta, além de sensores de temperatura e temporizadores computadorizados para ajudar na produção uniforme de alimentos fritos. Controles termostáticos e a condição de rápida recuperação da temperatura da gordura aceleram a produção de alimentos fritos com elevado padrão de qualidade.

Equipamento: fritadeiras de imersão e fritadeiras de pressão e de convecção são desenvolvimentos recentes que reduzem o tempo de fritura, garantindo aos estabelecimentos de alimentação que produzem grandes quantidades de alimentos com agilidade no processo de fritura. As fritadeiras pressurizadas são mais frequentemente usadas em estabelecimentos de alimentação especializados na produção de frango frito.

Produtos mais usados: peixe, crustáceos, frango, vegetais e carne bovina.

Fritura na panela. Cocção com quantidade moderada de gordura, em uma panela sobre calor também moderado. A quantidade de gordura depende do alimento a ser preparado. Para ovos é necessária uma quantidade pequena, enquanto a fritura de frangos pode exigir porção maior. Muitos alimentos precisam ser virados pelo menos uma vez para que se obtenha um cozimento uniforme. No caso de alimentos em peças grandes pode ser necessário tirá-los da panela para finalização do cozimento no forno, de modo a se evitar douramento excessivo da superfície.

Equipamento: fritadeira e frigideira basculante.

Produtos mais usados: carne bovina, frango, ovos, batatas e cebolas.

Fritura no forno. Cocção em um forno, sob temperatura elevada. O alimento é colocado em uma assadeira untada, regado com gordura derretida e assado em forno quente (geralmente, em torno de 200°C a 230°C). A aparência final é de um alimento frito ou salteado. Esse método é usado quando não existe disponibilidade de fritadeiras de imersão ou quando elas são inadequadas para atender à demanda da produção, normalmente em instalações de grande porte do setor de saúde ou outros estabelecimentos não comerciais de alimentação.

Produtos mais usados: pedaços de frango e filés de peixe.

Grelhar. Cocção sobre uma grade aberta sobre uma fonte de calor.

Equipamento: grelha com calor fornecido por uma fonte à base de carvão vegetal, eletricidade ou gás.

Produtos mais usados: carne bovina e peixes.

Grelhar em fogo alto. Cocção por meio de calor radiante. O alimento é colocado em uma grelha, embaixo ou no meio de uma fonte de calor a gás ou elétrica. A grelha é posicionada a cerca de 7,5 cm a 15 cm da fonte de calor, dependendo do tipo e da intensidade dessa fonte. A temperatura necessária depende da espessura do alimento. Os grelhadores tradicionais carecem de um controle preciso de temperatura, por isso, o alimento precisa ser monitorado cuidadosamente durante o cozimento. No processo de fritura, o alimento é cozido sem gordura em uma frigideira. Se a gordura não for despejada para fora à medida que se acumular, o processo passa a ser de fritura em panela.

Equipamento: grelhadores especialmente projetados para uso empresarial.

Produtos mais usados: cortes tenros de carne (*steaks*, pedaços), peixes e aves.

Grelhar na chapa. Cocção sobre uma superfície sólida. O alimento é colocado em uma superfície plana e cozido com ou sem uma pequena quantidade de gordura.

Equipamento: chapa.

Temperatura: a temperatura em uma chapa é ajustável e inferior à de uma grelha (normalmente em torno de 175°C).

Produtos mais usados: carne bovina, ovos, panquecas e sanduíches.

Guisar. Cocção que combina o cozimento em gordura com a adição de umidade. O alimento é dourado em pequena quantidade de gordura e depois cozido vagarosamente em um líquido, dentro de um recipiente coberto.

Equipamento: frigideira basculante ou caldeirão basculante. Para quantidades menores, podem ser utilizadas uma caçarola ou uma frigideira chinesa. Depois que o alimento dourado é umedecido, a preparação também pode ser finalizada em um forno a baixa temperatura.

Produtos mais usados: carne bovina e aves.

Refogar à chinesa. Cocção em pequena quantidade de óleo, sobre calor alto. O alimento é cortado em tiras uniformes ou em pequenos pedaços e cozido rapidamente em uma quantidade pequena de óleo. Um leve movimento de mexer e sacudir é empregado para preservar a forma do alimento.

Equipamento: fritadeiras basculantes, caçarolas e frigideiras chinesas.

Produtos mais usados: vegetais, frango, porco, carne tenra ou camarão.

Saltear. Cozimento rápido em pequena quantidade de gordura. O alimento, que deve ser cortado ou triturado em pedaços de espessura uniforme, é colocado em uma frigideira pré-aquecida com pouca gordura e cozido rapidamente, com cuidado para que a panela não fique cheia demais. Depois que a comida é salteada, costuma-se adicionar vinho ou um tipo qualquer de caldo para dissolver os resíduos dourados que ficaram grudados nas laterais e no fundo da panela, um processo denominado deglaçar. Geralmente, a comida salteada é servida com o líquido resultante do processo.

Equipamento: frigideiras e fritadeiras basculantes.

Produtos mais usados: aves, filés de peixe e cortes tenros de carne.

Selar. Método de douramento prévio, em gordura sobre calor alto, de um alimento que passará por outro processo de finalização.

Equipamento: frigideiras e fritadeiras basculantes.

Produtos mais usados: carnes bovinas.

Métodos de cozimento para alimentos específicos

A maioria dos alimentos é cozida por um dos métodos descritos na seção anterior. Grelhar em fogo alto, fritar, assar e cozinhar em fogo brando são processos padronizados na preparação de comidas, mas podem ocorrer variações em função do tipo de produto, da disponibilidade de equipamentos e pessoal, e do tamanho e das características do estabelecimento. As informações a seguir têm o propósito de ampliar as definições básicas fornecidas anteriormente.

Carne bovina

Métodos de cozimento. Dependem da qualidade e do corte da carne, assim como da quantidade a ser preparada de uma só vez. No caso da carne vermelha, normalmente é empregado o calor seco (grelhar em fogo alto, assar) para cortes tenros e calor úmido (guisar, estufar e cozinhar em fogo brando) para cortes mais rijos. Carnes de padrão inferior e os cortes menos tenros de carne vermelha de primeira qualidade podem ser picados, cortados em cubos, moídos ou misturados com enzimas para que fiquem mais macios. A adição de tomates ou vinagre à carne também tem efeito amaciador. Praticamente todos os cortes de vitela, carne de porco e de cordeiro, com exceção do músculo, podem ser cozidos em calor seco, muito embora o método de grelhar em fogo alto não seja tão indicado para carne de porco ou vitela como é para cordeiro ou carne bovina. A vitela, por causa do seu sabor delicado e da ausência de gordura nos tecidos, combina bem com molhos e outros alimentos.

Assar. A relação tempo-peso expressa em minutos por quilograma pode ser empregada como guia; porém, a forma mais precisa de se determinar o ponto de um assado é o uso de um termômetro para carnes, que registra a temperatura interna do alimento. Para facilitar o processo de assar e a manipulação, os cortes de carne a serem preparados juntos devem ter tamanhos uniformes. A carne congelada geralmente é descongelada no refrigerador antes de ser assada, para reduzir tanto o tempo quanto a perda de líquidos durante o preparo. Os assados continuam a cozinhar durante algum tempo depois de retirados do forno e a temperatura interna pode se elevar em até 5°. Antes de ser fatiado, ele deve permanecer em repouso por quinze a vinte minutos. Dessa forma, torna-se mais firme, retém mais o seu suco e fica mais fácil de ser fatiado. Quando se prepara diversos assados, é possível oferecer carne em diferentes estágios de cozimento, por meio do escalonamento do tempo de colocação no forno. Os assados mais bem passados começam primeiro e, quando prontos, são retirados do forno e deixados em repouso por vinte minutos; depois disso, são fatiados e colocados em vasilhas no aquecedor ou no forno em baixa temperatura. O assado mal passado é levado ao forno por último e, quando o termostato atinge a temperatura de 51°C, é retirado do forno, fatiado e levado diretamente para a área de servir. Por uma questão de preservação da qualidade, os assados devem ser preparados e fatiados logo antes de serem servidos. No entanto, isso pode não ser possível em alguns estabelecimentos de alimentação. Se for necessário preparar a carne no dia anterior ou várias horas antes de ser servida, a qualidade fica melhor se o assado for armazenado no refrigerador depois de pronto, para ser fatiado e reaquecido no momento de servir, em vez de levado ao refrigerador já fatiado.

Tempo/temperatura. O rendimento é um fator importante no cozimento de carnes. A redução da quantidade produzida de carne pode ocorrer no cozimento ou no processo de cortar e servir. A contração durante a cocção normalmente representa a maior quantidade de perda, podendo variar entre 15 e 30%. Alguma contração sempre acontece, independentemente do método de cocção empregado, mas a temperatura e o tempo de cozimento têm influência direta sobre o percentual de perda por contração. Em geral, temperaturas baixas provocam menos perdas e um produto final mais aprazível ao paladar. Quando o cozimento é muito demorado, a carne seca e tende a perder a maciez. Mesmo as carnes que necessitam de calor úmido e de um tempo de cocção comparativamente mais longo para amolecer ficam menos tenras se cozidas em excesso.

Aves

Métodos de cozimento. Grelhar em fogo alto (porções não muito grandes), fritura na panela, fritura com imersão em gordura, fritura no forno, assado no forno, assado na churrasqueira, fricassê, estufado e fritar na pressão.

Tempo/temperatura. Calor moderado, para se obter uma carne tenra, suculenta e uniformemente cozida. O emprego de temperaturas elevadas produz carnes fibrosas, duras e pouco apetitosas. Quando empregar o processo de assar em forno, use um termômetro colocado na porção mais grossa do peito ou na parte interna do músculo da coxa. Certifique-se de que o bulbo não fique encostado em um osso. A temperatura deve ficar entre 75°C e 85°C. As aves costumam ser bem cozidas, porém, o cozimento em excesso resulta em perda da suculência. Muitos estabelecimentos de alimentação preferem comprar partes ou enrolados de peru sem osso para simplificar o processo de assar e fatiar, assim como permitir maior controle das porções. O tempo de cozimento de rolos de peru prontos para assar é mais longo em minutos por quilo do que o necessário para o peru inteiro, contudo, o tempo total é menor. Recheios e molhos devem ser preparados separadamente e servidos com o peru fatiado.

Peixes

Descongelamento. Fatias ou filés de peixe congelados não precisam ser descongelados antes do cozimento, a menos que se pretenda empaná-los; contudo, qualquer descongelamento deve ser feito na temperatura do refrigerador e apenas pelo tempo suficiente para facilitar a preparação. O descongelamento em temperatura ambiente não é recomendado. Uma vez descongelado, o peixe deve ser cozido imediatamente e nunca congelado outra vez. Porções congeladas de peixe empanado não devem ser descongeladas antes do cozimento.

Métodos de cozimento. Fritura com imersão em gordura, fritura na panela, fritura no forno, grelhado em fogo alto, assado em forno e *poché*. O melhor método de cozimento é determinado por fatores como tamanho da porção, conteúdo de gordura e sabor. Assar em forno e grelhar em fogo alto são adequados para peixes com mais gordura, tais como salmão, truta e pescada. Para assar ou grelhar um peixe magro, deve-se acrescentar gordura para evitar que ele fique ressecado e colocá-lo em um molho. Peixes com pouca gordura, como hadoque, linguado e badejo, costumam ser escalfados, cozidos em fogo brando ou cozidos no vapor, embora possam ser grelhados ou assados, desde que regados com frequência. O cozimento de peixe em calor úmido (*poché*) é bastante rápido e o alimento é servido com molho. O processo de fritura é adequado para todos os tipos, porém, aqueles que têm a carne mais firme e não se despedaçam com tanta facilidade são melhores para fritura com imersão em gordura. Qualquer que seja o método, o peixe deve ser servido tão logo esteja pronto, para não prejudicar a qualidade.

Equipamento. Fritadeira de imersão, caçarolas, fritadeiras basculantes, fornos e caldeirão elétrico de cozimento a vapor.

Tempo/temperatura. Calor fraco a moderado. Para peixes congelados é necessário um tempo extra para descongelamento. Peixes só devem ser cozidos até o ponto em que a carne se desprende com facilidade da espinha.

Ovos

Métodos de cozimento. Ovos *poché*, ovos fritos, ovos mexidos e ovos cozidos dentro da casca.

Ovos *poché*. Para atender uma demanda pequena, o cozimento é feito em uma panela rasa com água quente, no fogão; para uma quantidade grande, a cocção se dá em uma panela com profundidade suficiente para conter água que cubra os ovos (de 5 a 6 cm de água). Eles podem ser quebrados em um pires e escorregados para dentro da água pela borda da panela. A água deve estar em fogo brando quando os ovos forem nela colocados. A adição de duas colheres de sopa de vinagre e uma de sal a 3,5 L de água evita que as claras se espalhem. O cozimento *poché* pode ser feito em uma panela rasa sobre a boca do fogão ou no forno, assim como em uma frigideira basculante ou um caldeirão elétrico de cozimento a vapor.

Ovos fritos. Normalmente preparados mediante demanda, em uma fritadeira ou em uma chapa. Os ovos fritos sobre uma chapa são mais propensos a se espalhar do que aqueles feitos em uma frigideira pequena, além de terem uma aparência menos atrativa. Para evitar que endureçam, os ovos não devem ser fritos em temperatura elevada.

Ovos mexidos. Cozimento feito mediante demanda em uma fritadeira ou uma chapa ou, quando em quantidades maiores, no forno ou em um caldeirão elétrico de cozimento a vapor. Para que os ovos não fiquem ressecados, adiciona-se a eles um pouco de leite e, pra evitar que se separem e fiquem aguados quando mantidos no balcão de servir, pode-se substituir o leite por um pouco de molho branco.

Ovos cozidos na casca. Preparados em uma panela sobre a boca do fogão, em panela de cozimento automático de ovos, em cesta de metal dentro de um caldeirão basculante ou em um caldeirão elétrico de cozimento a vapor. Se os ovos forem levados até a temperatura ambiente antes do cozimento, a casca não se quebrará quando o calor for aplicado.

Tempo/temperatura. Evitar temperaturas elevadas e cozimento por período muito longo. Os ovos só devem ser cozidos quando estiver próximo o momento de servir ou apenas mediante demanda.

Massa e cereais

Massa. As massas são cozidas sem tampa, em grande volume de água fervente, dentro de uma caçarola funda ou de um caldeirão basculante, até que estejam tenras, porém firmes (*al dente*). Depois do cozimento, elas devem ser enxaguadas com água fria ou quente e escoadas. Quando houver necessidade de misturar a massa cozida com outros ingredientes em uma caçarola, o tempo de cozimento deve ser ligeiramente inferior.

Quando a massa for cozida para ser servida em um momento posterior, ela deve ser escoada e guardada dentro de um recipiente que contenha água fria. Para impedir que a massa fique pegajosa ou ressecada, misture-a, depois de fria, com um pouco de óleo de salada. Cubra bem e conserve sob refrigeração. Para reaquecer, coloque a massa em uma peneira e mergulhe em água fervente pelo tempo suficiente para fazer o aquecimento; ou reaqueça em um forno de micro-ondas.

Arroz. O arroz é cozido em um caldeirão elétrico de cozimento a vapor, no forno ou por meio de fervura, até que toda a água seja absorvida; portanto, o uso da proporção correta de arroz e água, e o tempo exato de cozimento são fatores muito importantes. O arroz branco parboilizado ou convertido, de grãos longos, requer uma quantidade um pouco maior de água e um tempo mais longo de cozimento do que o arroz comum de grão médio ou longo. O arroz integral leva quase o dobro do tempo do arroz branco para cozinhar.

Cereais. Cereais em quantidade são geralmente cozidos em um caldeirão basculante ou em um caldeirão elétrico de cozimento a vapor, mas podem ser preparados em um caldeirão pesado sobre a boca do fogão. Adicionar os cereais e sal à água fervente, com o uso de um batedor. Deve-se mexer até que se perceba um espessamento e, depois, reduzir o calor e cozinhar até que o cereal atinja a consistência desejada e o sabor de amido cru tenha desaparecido. Os cereais devem ficar espessos e cremosos, mas não pegajosos. Mexer ou cozinhar em excesso gera um produto pegajoso e viscoso.

Frutas e vegetais

Pré-preparo. Antes de serem servidas, cruas ou cozidas, as frutas frescas devem ser lavadas, para remoção de restos de terra e defensivos agrícolas. Maçãs, bananas e pêssegos perdem rapidamente a coloração depois de descascados; portanto, devem ser imersos em suco de abacaxi, de laranja ou de limão diluído. As frutas também podem ser tratadas com ácido ascórbico ou outras substâncias que evitam a oxidação. As bagas se deterioram com muita rapidez e, desse modo, só devem ser lavadas no momento mais próximo possível da utilização. Uma pequena quantidade de açúcar polvilhado sobre as bagas depois de limpas ajuda a manter a aparência de frescor.

Vegetais frescos devem ser lavados, aparados e, se necessário, descascados; para depois serem cortados em pedaços de tamanho uniforme e cozidos. O preparo de vegetais frescos com muito tempo de antecedência favorece a perda da coloração. Cobrir com água fria os vegetais já preparados ajuda a conservar a cor, mas, se forem assim mantidos por muito tempo, há redução do valor nutritivo. Muitos estabelecimentos de alimentação retiraram das cozinhas as tarefas preliminares de preparo de frutas e vegetais; eles optaram por centralizar essa função ou por comprar produtos que já passaram por uma ou todas as fases de pré-preparo. Alguns exemplos são: batatas e cenouras descascadas; espinafre e outras verduras de folhas lavadas; vegetais cortados e prontos para cozinhar; além de frutas cítricas e abacaxis frescos descascados e fatiados.

Métodos de cozimento. No vapor, na fervura, assado e fritura.

Equipamento. Caldeirão elétrico de cozimento a vapor, caldeirões basculantes, frigideira basculante, caldeirão sobre a boca do fogão.

Qualquer que seja o método empregado, os vegetais devem ser cozidos em quantidades tão pequenas quanto for viável para o serviço. As necessidades da maioria dos estabelecimentos de alimentação podem ser atendidas por meio do cozimento contínuo de pequenas porções de vegetais, que devem ser servidos tão logo seja possível para não prejudicar a qualidade; ademais, precisam ser manipulados com cuidado para evitar que despedacem ou amassem. A aparência é um fator importante para a aceitação do consumidor, assim como o sabor. Vegetais congelados são cozidos pelos mesmos métodos usados para os frescos; contudo, pelo fato de eles já terem sido parcialmente cozidos antes do congelamento, o tempo final de cocção é menor do que no caso dos produtos frescos. Em sua maioria, os vegetais congelados não necessitam de descongelamento; eles podem ser colocados diretamente nas panelas de vapor ou dentro de água salgada fervente. São exceções os vegetais congelados em blocos, tais como o espinafre e a abóbora. Os resultados são mais satisfatórios quando é feito um descongelamento prévio em um refrigerador, o que propicia um cozimento mais uniforme.

Para utilizar *vapor*, coloque os vegetais preparados formando uma camada com altura máxima de 7,5 a 10 cm, em uma *gastronorm* de aço inoxidável. Recipientes com orifícios proporcionam uma circulação melhor; porém, se houver necessidade de retenção do líquido do cozimento, é recomendado que se utilize panelas compactas. Para *ferver*, adicione os vegetais sobre água salgada fervente em um caldeirão basculante ou uma caçarola funda, em porções não maiores do que 4,5 kg. O volume de água usado no cozimento de todos os tipos de vegetal é importante no tocante à retenção dos nutrientes: quanto menor a quantidade de água maior a retenção. A adição de bicarbonato de sódio à água também provoca perda de vitaminas. Vegetais maduros, que necessitam de um período maior de cocção, exigem mais água do que os mais novos e tenros. Espinafre e outras verduras precisam apenas da água da lavagem que fica nas folhas. Deve-se cobrir e fazer a água ferver outra vez rapidamente. Os vegetais verdes conservam melhor a cor quando a tampa é removida imediatamente antes da fervura começar; vegetais de sabor forte, tais como o repolho, a couve-flor e a couve-de-bruxelas devem ser cozidos sem a tampa para evitar que adquiram sabor desagradável. Para *saltear*, corte os vegetais no sentido diagonal, em pedaços pequenos e uniformes. Aqueça uma pequena quantidade de óleo em uma frigideira chinesa, uma frigideira basculante ou um caldeirão basculante; cozinhe os vegetais mexendo sempre até que fiquem untados com o óleo. Normalmente, acrescenta-se um pouco de líquido e se cobre o recipiente para cozinhar até que os vegetais estejam tenros, mas crocantes.

Um dos principais propósitos do cozimento de vegetais é mudar sua textura. Durante o processo de cocção, no entanto, a cor e o sabor podem se alterar e é possível ocorrer alguma perda de nutrientes. O grau de mudança dessas características determina a qualidade do vegetal cozido. Muitos fatores afetam o tempo de cozimento, incluindo o tipo e a maturação dos vegetais, a presença de ácidos, o tamanho dos pedaços e o grau de cozimento. Os vegetais são considerados prontos quando atingem o grau desejado de maciez. O amido presente nos vegetais também tem influência na textura. Alimentos amiláceos secos, tais como os feijões e as lentilhas, devem ser cozidos em quantidade suficiente de água para que os grânulos de amido absorvam a umidade e amoleçam. A maioria dos vegetais amiláceos, tais como a batata e o inhame, possui água suficiente, mas deve ser cozida até que os grânulos de amido amoleçam. A coloração é um fator importante para aceitação pelos consumidores; assim, devem ser selecionados os métodos de cozimento que conservam a cor, assim como o valor nutritivo dos alimentos. A clorofila é o menos estável dos pigmentos contidos nos alimentos e recomenda-se que se dedique atenção especial à preservação da cor verde que ela confere aos vegetais. A clorofila é sensível à ação de ácidos, que produzem uma desagradável coloração verde acinzentada. Os vegetais são ligeiramente acidíferos nas reações e, quando cozidos, o ácido das células é liberado dentro da água do cozimento. Por sorte, a maior parte desse ácido é volátil e se perde nos primeiros minutos de cocção. O uso de uma caçarola aberta para cozer vegetais facilita a evaporação dos ácidos, ajudando a conservar a pigmentação verde.

Vegetais enlatados são aquecidos em caldeirão basculante, caçarola funda, caldeirão elétrico de cozimento a vapor ou fornos. O aquecimento, o cozimento e excessivos de vegetais frescos e congelados produz maior perda de nutrientes e um alimento de textura frágil, sem sabor e sem atrativos.

Vegetais secos são mergulhados em água antes do cozimento para recuperação do conteúdo de líquido e redução do tempo de cocção. Os legumes absorvem água suficiente para atingir o dobro do peso que tinham quando secos e aumentar seu volume. O tempo de imersão depende da temperatura da água e é reduzido pela metade quando se utiliza água morna. Os vegetais podem ser cobertos com água fervente, assim permanecendo por cerca de uma hora, para então serem cozidos até amaciar. Outra alternativa é cobri-los com água fria e deixá-los de molho durante a noite, para depois serem escoados e cozidos.

O cozimento de vegetais em pequenos lotes ou em um processo contínuo ao longo de todo o período do serviço é a forma mais eficaz de se obter produtos de alta qualidade. Quantidades não superiores a 4,5 kg, preferivelmente lotes de 2,25 kg, devem ser cozidas em intervalos que atendam à demanda. Caldeirões elétricos de cozimento a vapor de alta velocidade e pequenos caldeirões basculantes na linha de trás do serviço são os tipos mais úteis de equipamento para cozimento de vegetais em lotes.

Saladas

Preparo dos ingredientes. Saladas verdes devem ser limpas, crocantes, geladas e bem escoadas. Lave em um pulverizador de água ou em um recipiente grande cheio de água; agite para eliminar o excesso de água; deixe escorrer completamente; e refrigere. Todos os ingredientes para saladas devem ser muito bem refrigerados, e escoados quando necessário.

Arranjo. Para ter eficiência na elaboração de saladas, prepare e mantenha sob refrigeração todos os ingredientes. Distribua os pratos ou as vasilhas de salada em bandejas colocadas em uma mesa de trabalho. Cubra as laterais de cada prato com uma linha de folhas e depois adicione o corpo da salada. Este pode ser uma salada mista, medida com uma concha para sopa ou um dosador, ou ainda uma salada cujos ingredientes individuais são arranjados sobre os pratos. Alface picada e colocada sobre a própria base aumenta a altura da salada. Guarnições dão um toque final de cor, além de contraste de sabor. As bandejas de salada são então levadas ao refrigerador até a hora de início do serviço, mas não devem ser mantidas por mais de algumas horas, pois podem murchar. Os molhos costumam ser servidos separadamente ou adicionados no momento de servir, exceto no caso das saladas de batata e algumas entradas, cujo sabor fica mais enriquecido quando o molho é misturado de duas a quatro horas antes.

Buffet de saladas. Um *buffet* básico de saladas oferece saladas verdes com uma grande variedade de acompanhamentos e molhos. A alface é normalmente o ingrediente principal, mas outras folhas verdes e guarnições são oferecidas. Além de vegetais e frutas, ovos cozidos e picados, bacon torrado e moído, cubinhos de pão torrado, queijo ralado, queijo *cottage*, salada de repolho, salada de macarrão, gelatina de frutas e outros tipos de saladas costumam ser apresentados. É grande também a variedade de molhos. Um *buffet* de saladas deve ter uma apresentação atrativa e os ingredientes devem ser mantidos frios. Um arranjo lógico é o que coloca pratos e vasilhas gelados sobre gelo, próximos às folhas verdes, seguidos dos acompanhamentos, das saladas preparadas e, finalmente, dos molhos. Um *buffet* de salada é uma oportunidade para se usar a criatividade e pode ser uma efetiva ferramenta de promoção.

Sanduíches

Em um estabelecimento comercial de alimentação, os sanduíches podem ser preparados mediante demanda pelos empregados da copa e/ou por cozinheiros que atendem aos pedidos rápidos. Os recheios são feitos e refrigerados, a manteiga ou margarina é amolecida, a alface é lavada e seca, e os demais ingredientes são deixados prontos para a montagem. Os ingredientes devem ficar organizados e ao alcance das mãos, para que se consiga maior eficiência.

Quando em grandes quantidades, todos os sanduíches devem ser preparados e mantidos sob refrigeração até a hora do serviço ou, nos refeitórios, podem ser montados aos poucos. Sanduíches quentes podem ser preparados e grelhados ou assados na medida da necessidade ou, no caso dos refeitórios, é possível cozinhar os recheios e montar os sanduíches no próprio balcão. É recomendado que seja estabelecido um posto de trabalho eficiente para o preparo dos sanduíches e utilizado um procedimento de linha de montagem. Coloque as fatias de pão em uma forma ou bandeja e pulverize com margarina, manteiga ou maionese. Depois, de acordo com o tipo de sanduíche, espalhe ou coloque o recheio em todas as fatias que estão sobre a bandeja. Acrescente a tampa em todos eles. Para sanduíches grelhados, passe margarina ou manteiga derretida na fatia de cima e na de baixo. Meça a quantidade de recheio com uma concha para sopa ou um dosador e estabeleça as porções de carnes e queijos fatiados por peso ou número de fatias. As receitas ou os folhetos de instruções devem incluir orientações sobre medida de porções.

A higiene é um fator importante na produção de sanduíches frios, por causa do excesso de manipulação envolvida no processo e pelo fato de eles não passarem por cozimento. Recheios mistos que contenham carne bovina, aves, peixe, ovos e maionese só devem ser preparados no dia em que serão servidos e apenas nas quantidades suficientes para um período de serviço. Os recheios e também os sanduíches quando feitos com antecedência devem ser mantidos sob refrigeração até o momento da utilização. Não é recomendado colocar alface nos sanduíches que ficarão armazenados por algum tempo no refrigerador, porque ela murcha e assume uma aparência pouco apetitosa.

Sopas

A maior parte das sopas pode ser classificada em ralas e cremosas ou encorpadas. As sopas de consistência *rala* são feitas com base em um caldo, ao qual podem ser adicionados vegetais, massas, arroz, carne ou aves. *Bouillon* é um caldo sem adição de ingredientes sólidos. *Consommé* é um caldo de sabor concentrado, que é coado para adquirir uma aparência clara e transparente. *Caldo*, o ingrediente básico de todas as sopas de consistência rala, é obtido pela fervura de carnes, aves, frutos do mar e/ou vegetais em água, para extração do sabor. O caldo marrom, para cuja preparação a carne é dourada antes de submetida à fervura, além do caldo claro ou branco, que é feito à base de galinha e/ou vitela, são os mais frequentemente utilizados. Como a preparação de caldos consome tempo, muitos estabelecimentos de alimentação usam bases concentradas que são misturadas com água para produzir um líquido com sabor similar aos caldos. As bases variam quanto à qualidade, nas quais os melhores produtos são aqueles em cuja composição prevalecem os extratos de carne bovina ou aves. Essas bases são perecíveis e devem ser conservadas sob refrigeração. Muitas delas têm o sal como ingrediente principal, portanto, é importante que se leia com atenção a lista de ingredientes apresentada no rótulo. Quando se optar por utilizar essas bases, a quantidade de sal e temperos acrescentada à sopa deve ser ajustada.

Sopas *cremosas ou encorpadas* são feitas à base de um molho branco ralo misturado a vegetais amassados, espremidos ou bem picados, frango, peixe ou carne. Para realçar o sabor, o caldo de frango pode ser utilizado para substituir parte do leite empregado no molho branco. *Chowders* são sopas encorpadas e não espremidas, preparadas com frutos do mar, aves, carne bovina e/ou vegetais. *Bisques* são sopas, em geral cremosas, feitas com uma mistura de mariscos, caldo, leite e temperos picados. *Purês* são sopas cuja consistência grossa se obtém espremendo-se um ou mais dos ingredientes.

Molhos

O *roux*, uma mistura cozida que leva farinha e gordura em proporções iguais, é o ingrediente básico de todos os molhos. O *roux* pode variar do branco, no qual a gordura e a farinha são cozidas durante um tempo pequeno, até o marrom, cujo cozimento se dá até que a mistura adquira coloração marrom-clara e tenha sabor e aroma semelhantes aos da noz.

Muitos molhos de vegetais e carnes, tais como o molho branco, o *bechamel* e o marrom, são modificações da receita básica. O *molho branco* normalmente é feito com uma mistura de margarina ou manteiga, farinha e leite. Ele é empregado como base para sopas cremosas, como molho de vegetais e como ingrediente em muitos ensopados. O *molho bechamel* e suas variações utilizam leite e caldo de frango como ingrediente líquido e costumam ser servidos com frutos do mar, ovos, aves ou vegetais. O *molho marrom* é feito com uma mistura bem dourada de farinha, gordura e caldo de carne, sendo servido principalmente com carnes.

Itens de panificação e confeitaria

Pães, bolos, *cookies*, tortas e outras sobremesas podem ser produzidos em uma padaria separada ou feitos em uma área da cozinha principal, na qual fornos, batedeiras e outros equipamentos estejam disponíveis. Embora alguns estabelecimentos de alimentação adquiram todos os itens ou parte deles já preparados, outros preferem produzi-los localmente, partindo de uma mistura ou "do zero".

A opção por utilizar misturas prontas tem impacto sobre a qualidade do produto final e só deve ser adotada depois de testes e de uma criteriosa comparação entre marcas. Alguns estabelecimentos grandes de alimentação firmam contratos com fabricantes para fornecimento de misturas feitas de acordo com suas especificações. Quando utilizadas as misturas, é possível criar produtos finais com variações em termos de acabamento e apresentação. Por exemplo, um bolo branco básico pode ser feito em uma assadeira e apresentado como camada simples ou em diversas camadas colocadas uma sobre a outra. Diversos tipos de glacê podem ser usados com um bolo simples e básico. Existem também muitas possibilidades para produção de pãezinhos simples ou doces.

Quando não utilizadas misturas para produção de pães e bolos, é recomendado que sejam desenvolvidas receitas balanceadas e que elas sejam padronizadas para os tamanhos de pães oferecidos pelo estabelecimento. É possível introduzir muitas variações quando são utilizadas receitas básicas para bolos brancos, de manteiga ou de chocolate, assim como para biscoitos, *muffins* e pãezinhos. Um fator importante para o sucesso da produção de uma padaria é o peso e o tamanho das porções das massas. Todas as receitas devem incluir informações sobre o tamanho da forma a ser utilizada e o peso da porção de massa para cada fornada de produtos, como bolos, bolos de café e pães de fôrma, assim como o peso de cada pãozinho ou a forma do pão, além do tamanho da concha de medida para *muffins* e *cookies*.

Uma assadeira de aproximadamente 45 × 65 × 5 cm de altura, com laterais retas, é usada para bolos, *cookies* e alguns pães rápidos. Também é comum o uso de uma fôrma com a metade do tamanho, de 30 × 45 cm, em especial para bolos em camadas. Quando empregada uma assadeira de 30 × 45 cm ou de 30 × 50 cm, com laterais de aproximadamente 5 × 7,5 cm, é importante que se dê atenção à quantidade de porções colocadas na assadeira. Assadeiras para bolo inglês, para massas batidas de estrutura cremosa e pães rápidos, e assadeiras com furo no meio para pão de ló, variam em tamanho e devem ser escolhidas de acordo com a porção desejada. As fôrmas devem ser preparadas antes que se inicie a mistura. Fôrmas para massas cremosas e aeradas não são untadas; *brownies* e *cookies* com elevado conteúdo de gordura costumam ser colocados em assadeiras não untadas. Em todos os outros casos, a assadeira pode ser untada ligeiramente ou untada e polvilhada com farinha, bem como coberta com uma folha de papel-manteiga.

APÊNDICE B

Equipamentos para serviços de alimentação

O Capítulo 11 destacou a importância de um conhecimento detalhado dos equipamentos para serviços de alimentação. Este apêndice fornece uma visão geral dos equipamentos que estavam disponíveis quando ele foi escrito. Como essa é uma área sujeita a mudanças constantes, é recomendado que seja feita uma pesquisa cuidadosa antes da escolha dos equipamentos. Visitas a fábricas, informações obtidas junto aos fabricantes e representantes, testes de equipamentos, consulta a projetistas de cozinhas e visitas a feiras do setor são recursos capazes de ajudar os administradores de negócios de alimentação a se manterem atualizados quanto às novidades na área.

Os objetivos que norteiam todos os tipos de projeto de equipamentos são: melhoria do desempenho; redução do gasto de energia; uso eficiente do espaço; redução da necessidade de mão de obra; durabilidade; facilidade de limpeza/operação/serviço; e recursos multitarefa. Muito antes de o movimento em defesa de "projetos sustentáveis" ganhar relevância mundial, os projetistas de equipamentos de alimentação já desenvolviam dispositivos mais eficientes no tocante ao gasto de energia, e que também consumiam menos água e eletricidade enquanto em uso.

As características de um estabelecimento de alimentação específico e suas necessidades são os fatores que determinam a escolha de equipamentos a ser feita. Tais escolhas foram discutidas no Capítulo 11.

Equipamentos de cocção

Fogões

Na terminologia empregada no comércio de negócios de alimentação, o termo *fogão* se refere à unidade de fogões de bancada ou *cooktop*. Existe uma imensa variedade de *cooktops* e suas combinações (Fig. B.1). Queimadores abertos para chama a gás e bobina elétrica são os tipos mais populares e, em geral, associados com processos de preparação rápida de alimentos (Fig. B.2). O calor fica concentrado sob as panelas; os queimadores são apresentados em diferentes tamanhos para viabilizar o uso de vários tamanhos de panelas, desde as pequenas caçarolas até as caçarolas fundas; os elementos de aquecimento e as grades têm desenho simples e podem ser facilmente removidos

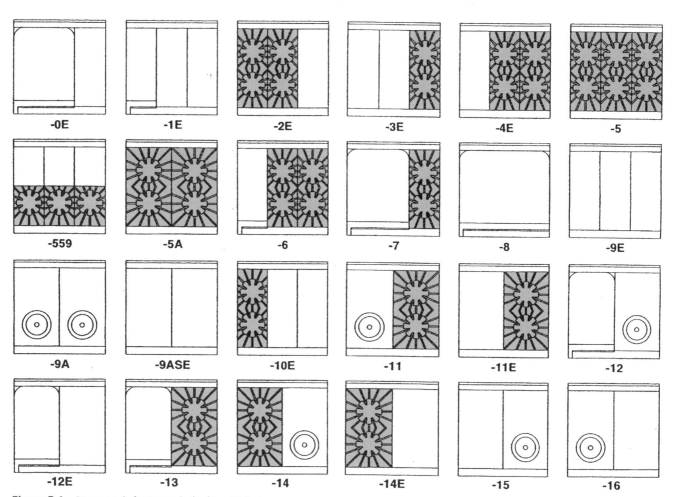

Figura B.1 Diagrama de fogões a gás de alta resistência.
Fonte: Cortesia de Montague Company, Hayward, CA.

Figura B.2 Fogão com queimador aberto.
Fonte: Cortesia de Montague Company, Hayward, CA.

Figura B.3 Combinação de *closed-top* (*hot top* liso) e chapa de calor graduado.
Fonte: Cortesia de Montague Company, Hayward, CA.

para facilitar a limpeza; os bicos de gás são elevados, de modo a permitir combustão e ventilação completas; os queimadores podem ser ligados e desligados na medida da necessidade; são encontradas unidades com acendimento instantâneo; e uma elevada potência de saída é obtida por meio de uma pequena ventoinha que força o ar para dentro do queimador. A potência nominal em cada queimador de um fogão típico é de 20 mil a 35 mil unidades térmicas britânicas (BTUs). É uma potência considerável quando comparada à de um típico fogão a gás, que varia entre 9 mil e 15 mil BTUs.

Chapas aquecidas ou *hot tops*, como são mais comumente denominados, são fogões nos quais toda a parte superior é formada por uma chapa metálica plana de aquecimento. Eles são próprios para trabalho pesado e contínuo de cocção, porque toda a superfície é aquecida e possui diversas combinações de queimadores. São os seguintes os tipos de *cooktops* para fogões operados a gás:

- ***Hot top* liso:** proporcionam distribuição uniforme do calor a partir de linhas de barras de queimadores assentadas sobre tijolos refratários sob uma tampa homogênea; uma depressão ao redor das bordas do tijolo funciona como duto para o cano da chaminé do equipamento.
- **Calor graduado:** aquece por meio de anéis concêntricos de queimadores, dotados de controles individuais; o calor é intenso no centro (aproximadamente 590°C) e mais fraco nas bordas (230°C) (a Fig. B.3 mostra um fogão com *hot top* e chapa); projeções no lado inferior do tampo ajudam a direcionar o calor para as bordas.
- ***Front-fired tops*:** possui uma fileira de queimadores sob o tampo; o calor é concentrado na parte frontal, com atenuação da intensidade de calor em direção à parte traseira.

A superfície do tampo de um *hot top* é diferente da de uma chapa e o alimento nunca é cozido diretamente nessa superfície.

Fogões com *hot tops* (chapas aquecidas) levam mais tempo para aquecer do que os *open tops* (queimadores abertos) e, com frequência, são mantidos em temperatura de cozimento durante todo o período do serviço. As vantagens representadas pela facilidade de limpeza e pela uniformidade do calor são contrabalançadas pelo consumo de energia, que é maior que nos *open tops*.

Uma variação relativamente nova do *hot top* é o fogão de indução (Fig. B.4). Só ocorre geração de calor quando uma panela é colocada sobre a unidade e o calor só é transferido para o alimento por meio do utensílio. Por esse motivo, o ambiente da cozinha permanece frio e o uso de energia é reduzido.

Figura B.4 Fogão com *hot top* de indução.
Fonte: Cortesia de Montague Company, Hayward, CA.

Drop-in

O "palco" perfeito para o *chef* realizar sua mágica.

Chapas LG

O controle preciso da temperatura e a alta produtividade fazem dessas chapas uma escolha excelente para estabelecimentos com muito movimento.

Chapas confiáveis de alta resistência, com ampla variedade de opções que visam atender às suas necessidades.

Figura B.5 Três estilos de fogão com chapa.
Fonte: Cortesia de Star Manufacturing International, Inc., St. Louis, MO.

As *chapas* são projetadas para permitir o cozimento dos alimentos diretamente sobre a superfície do fogão (Fig. B.5). Em geral, elas têm espessura que varia de 2 cm a 2,5 cm e oferecem controle individual de temperatura a cada 30 cm de superfície. Como o cozimento em uma chapa envolve o uso de gordura, protetores contra respingos ao redor de todo o perímetro e calhas para escoamento da gordura são elementos importantes. Existem chapas com ranhuras na superfície, que visam a proporcionar ao alimento uma aparência de grelhado.

A popularidade da comida asiática levou à introdução de estações de *wok*, que também são chamadas de fogões chineses, fogões estilo *chop suey* e fogões estilo *guangdong* (Fig. B.6). Alguns estabelecimentos de alimentação também utilizam os *stock pot ranges* (Fig. B.7).

Figura B.6 Estação de *wok*.
Fonte: Cortesia de Montague Company, Hayward, CA.

Figura B.7 *Stock pot range*.
Fonte: Cortesia de Montague Company, Hayward, CA.

Maximizadores Elétricos, 76, 91 e 152 cm

Maximize o espaço de sua cozinha com o forno elétrico de convecção 76 cm da Lang e fogão combinado

A Lang oferece os tradicionais fogões elétricos que estão disponíveis com forno convencional ou de convecção, além de chapas, *hot top* e *french plate* à sua escolha.

Figura B.8 Dois fornos combinados.

Fonte: Cortesia de Star Manufacturing International, Inc., St. Louis, MO.

Conforme mostra a Figura B.1, os fabricantes produzem qualquer arranjo de queimadores e chapas aquecidas (*hot tops*) em larguras aproximadas de 30 cm. Os fogões podem então ser combinados com diversos dispositivos que são colocados acima e abaixo deles. Entre as opções para a parte inferior estão forno (Fig. B.8), gabinete de armazenamento (Fig. B.9), refrigerador (Fig. B.10) ou nada (o fogão é montado sobre um tampo de mesa) (Fig. B.11). Um anteparo costuma ser montado sobre o fogão, para impedir que respingos sujem a parede de trás e para direcionar os gases para a coifa de exaustão. No topo da placa podem ser colocados uma ou duas prateleiras (Fig. B.12), uma *salamandra elétrica ou a gás* (Fig. B.13) ou um *aparelho para derretimento de queijo* (Fig. B.14).

Os fogões podem ter dois tipos de estrutura quanto à robustez:

1. Fogões industriais: resistentes e indicados para estabelecimentos de alimentação com grande volume de produção e uso contínuo, como em hotéis, grandes restaurantes, faculdades e hospitais. As seções têm aproximadamente estes tamanhos: elétrica – 90 cm de largura, 90 cm de profundidade e 80 cm de altura; gás – de 78 a 86 cm de largura, de 81 a 106 cm de profundidade e de 83 a 86 cm de altura.

2. Fogões profissionais (ou semi-industriais) ou para restaurantes: com estrutura mais leve do que os destinados a trabalho pesado e usados em locais em que a demanda é menos constante, tal como nas cozinhas que preparam pratos rápidos, ou onde o uso é intermitente, como em igrejas e clubes. Unidades completas; seis, oito ou dez queimadores; ou combinações com *fry-top* e/ou *even-heat-top*; um ou dois fornos. O tamanho aproximado é de 89 a 163 cm de largura, de 69 a 81 cm

Figura B.9 Fogão com gabinete abaixo.

Fonte: Cortesia de Montague Company, Hayward, CA.

Figura B.10 Fogão com refrigerador abaixo.
Fonte: Cortesia de Montague Company, Hayward, CA.

de profundidade e de 86 cm de altura. No caso dos fornos, as dimensões aproximadas são de 66 cm de largura, de 56 cm de profundidade e de 56 cm de altura.

As seções dos fogões são geralmente acopladas a outras unidades modulares como *broilers* (grelhadores) e fritadeiras, para formar uma unidade de cocção completa (Fig. B.15). O fogão em estilo europeu, também conhecido como Waldorf ou fogão em estilo ilha, está ganhando popularidade, especialmente em operações de grande escala e cozinhas abertas. Os módulos do equipamento no fogão em estilo europeu são acoplados um ao outro por suas partes traseiras (Fig. B.16).

Fogões de dois lados

Frequentemente chamado de *clamshell* (prensa) esse tipo de fogão associa os benefícios da chapa e da grelha (Fig. B.17). Existem modelos que permitem preparar sanduíches entre

Figura B.11 Fogão de mesa com pernas opcionais.
Fonte: Cortesia de Montague Company, Hayward, CA.

Figura B.12 Fogão com prateleiras acima.
Fonte: Cortesia de Montague Company, Hayward, CA.

Figura B.13 Fogão com salamandra acima.
Fonte: Cortesia de Montague Company, Hayward, CA.

duas chapas aquecidas, uma superior e uma inferior, ou prensa. Esse recurso elimina a necessidade de virar o sanduíche. Outros modelos utilizam uma chapa inferior e um grelhador de infravermelho no topo, com o qual não há contato. Existem fogões operados a gás e a eletricidade, produzidos em aço inoxidável, com larguras que variam de 0,60 m a 1,80 m. As prensas são feitas de ferro fundido, aço com alto polimento, aço laminado a frio ou com acabamento em cromo.

Um equipamento que utiliza tecnologia de cozimento em dois lados recém-chegado ao mercado é o *steam shell cooker* (prensa com vapor). Como pode ser visto na Figura B.18, ele trabalha por meio de circulação do vapor embaixo da superfície de cocção. Isso possibilita uma recuperação quase instantânea da temperatura e aquecimento uniforme da superfície quando um alimento frio é colocado sobre a chapa. Quando a tampa é fechada, o vapor é dispersado sobre o alimento, o que reduz o tempo de cozimento e permite a retenção da umidade e do sabor naturais da comida. A popularidade cada vez maior dos sanduíches tostados no estilo *panini*, feitos com pão crocante, faz da sanduicheira mostrada na Figura B.19, uma excelente opção. A sanduicheira deixa marcas de grelha na superfície do pão.

Broilers (grelhadores)

Salamandras e *aparelhos para derretimento de queijo* são tipos de grelhadores (ver Figs. B.13 e B.14). As salamandras são destinadas a assar, dourar, dar acabamento e aquecer os alimentos. Os aparelhos para derretimento de queijo proporcionam acabamento em diversas espécies de alimento e são bastante utilizados em pratos da cozinha mexicana e italiana.

Broilers de bancada ou broilers móveis utilizam uma pesada grade horizontal de ferro fundido sobre a fonte de calor. Carvão vegetal ou pedaços de tamanhos irregulares de cerâmica ou outro material refratário colocado sobre os queimadores elétricos ou a gás formam uma cama de calor radiante. Sucos e gotas de gordura geram fumaça e chamas que reque-

Figura B.14 Três aparelhos para derretimento de queijo.
Fonte: Cortesia de Star Manufacturing International, Inc., St. Louis, MO.

Figura B.15 Bancada de equipamentos modulares de cozinha.
Fonte: Cortesia de Montague Company, Hayward, CA.

rem um eficiente exaustor acima do grelhador. Esses recursos estão disponíveis em diversas seções de qualquer comprimento (Fig. B.20).

Fritadeiras de imersão

As fritadeiras de imersão são fabricadas em aço cromado ou aço inoxidável e possuem controle automático de temperatura com luz indicativa e temporizador. Elas possibilitam recuperação rápida de calor, possuem zona de sedimento frio, dispositivo de autodrenagem e oferecem facilidade para remoção de resíduos e filtragem da gordura. A capacidade é expressa em quilos de gordura ou quilos cozidos por hora e a entrada de combustível é usada para determinar a capacidade de produção. Esses equipamentos conseguem fritar de uma e meia a duas vezes o peso de gordura por hora.

Tipos: estão disponíveis fritadeiras dos seguintes tipos:

1. Fritadeiras de imersão: tamanhos de 28×28 cm a 61×61 cm com capacidade de gordura da ordem de 6 a 60 kg. Existem modelos independentes, com uma ou múltiplas unidades, que podem ser encaixados ou colocados sobre balcões (Fig. B.21). O conjunto de fritadeiras de imersão mostrado na Figura B.22 tem controle computadorizado automático de temperatura e tempo de cozimento. Existem três tipos de fritadeiras que se enquadram nessa categoria: a *open-top*, *tube-style* e *flat-bottom*. Elas são encontradas em diversos tamanhos que variam de 28×28 cm a 61×61 cm, com capacidade de óleo (reduzida) de 6 kg a 60 kg. O cardápio irá ajudar a determinar o tipo e o tamanho mais adequados.

2. Fritadeiras de imersão pressurizadas: equipadas com uma tampa hermética que permite que a umidade do cozimento se desprenda e forme vapor sob pressão dentro da caldeira; o cozimento é realizado em aproximadamente um terço do tempo normal.

3. Modelo semiautomático de produção de alta velocidade: equipado com uma esteira que permite o cozimento contínuo de porções, além de liberação automática de alimentos quando prontos.

4. Fritadeiras de imersão e convecção: associa o cozimento por convecção com filtragem contínua da gordura e troca de calor, o que resulta em um equipamento de alta produtividade e elevada eficiência energética (Fig. B.23).

Figura B.16 Unidade de fogão em estilo europeu.
Fonte: Cortesia de Montague Company, Hayward, CA.

Modelo modular que aumenta a flexibilidade e a produtividade da chapa.

Aumenta a capacidade de sua chapa sem aumentar o impacto ecológico do equipamento.

Reduz pela metade o tempo de cozimento!

Figura B.17 Fogões do tipo *clamshell* (prensa) com dois lados, com uma chapa na parte de baixo e um grelhador em cima.

Fonte: Cortesia de Star Manufacturing International, Inc., St. Louis, MO.

Instalação: é necessário haver ventilação adequada, também recomenda-se que a coifa possua dispositivo de exaustão. Não é desejável uma passagem do gás de combustão da fritadeira para o duto de exaustão geral. É indispensável que exista uma mesa ou um espaço de trabalho adjacente à fritadeira.

Frigideira basculante

Equipamento bastante versátil, a frigideira basculante pode ser usada como fritadeira, panela para preparação de guisados, chapa, caçarola, caldeirão elétrico de cozimento a vapor, degelador, experimentador, máquina de fazer *bagel*, forno ou dispositivo para manter o alimento aquecido durante o serviço. Ela elimina grande parte do processo de cozimento no fogão, além de permitir o preparo de muitos itens do cardápio em uma única etapa e poder funcionar como uma pia para ajudar na tarefa de limpeza, quando necessário. Tanto a superfície interior como a exterior é de aço inoxidável de alta resistência. Os recursos incluem bico de escoamento; tampa inteiriça com dobradiças e contrapeso; mecanismo dentado de inclinação com autotravamento; fundo plano com distribuição uniforme do calor (gás ou eletricidade); e termostato de controle automático do calor para ampla gama de temperaturas. Esse equipamento está disponível em diversos tamanhos e capacidades variadas, apresentados em modelos com pernas tubulares para colocação sobre o chão, com ou sem rodízios de mesa, para fixação na parede ou em pequenas mesas com eletricidade (Fig. B.24). Eles economizam combustível e trabalho, permitem rápida instalação e rearranjo e oferecem facilidade de manutenção e boas condições de limpeza e higienização. Além do mais, ajudam a reduzir o número de vasilhas e panelas e, consequentemente, o volume de utensílios a serem lavados.

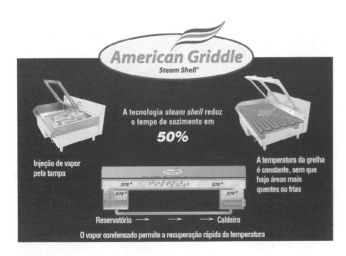

Figura B.18 Funcionamento da chapa *steam shell*.

Fonte: Cortesia de American Griddle, Fort Wayne, IN.

Panelas para massas

A popularidade dos pratos da cozinha italiana impulsiona o desenvolvimento de equipamentos para facilitar a cocção de pequenas porções de tipos variados de massa. Muito semelhantes, em aparência, a uma fritadeira de imersão, esses equipamento permitem que porções individuais de diferentes espécies de massa sejam mergulhadas em água fervente dentro de cestas de metal e cozidas simultaneamente (Fig. B.25).

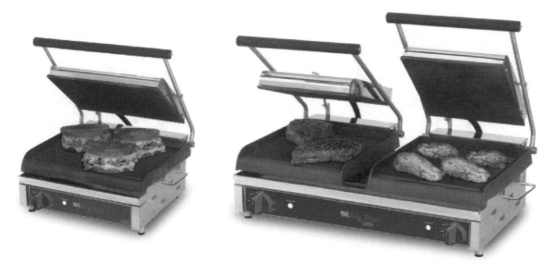

Os sanduíches feitos com pães frescos, pães artesanais, pães de forma e pãezinhos crocantes estão ganhando popularidade e são uma forma deliciosa de conferir estilo ao cardápio. A torradeira da Lang PaneBella® Fresco™ para produção de sanduíches do tipo *panini* pode introduzir variedade e incrementar o valor percebido de suas ofertas diárias de sanduíches, e, ao mesmo tempo, acrescentar apetitosas marcas de grelha a uma grande variedade de alimentos. A linha profissional de torradeiras Lang PaneBella® Fresco™ Series para sanduíches, ao contrário de bens de consumo importados e não apropriados para suportar o uso contínuo, é fabricada com materiais resistentes e componentes confiáveis.

Figura B.19 Torradeira para sanduíches estilo *panini*.

Fonte: Cortesia de Star Manufacturing International, Inc., St. Louis, MO.

Os *charbroilers* da linha Lang ChefSeries são equipados com temporizador eletrônico digital, que garante o cozimento dos produtos pelo tempo correto, sem necessidade de aquisição de temporizadores externos. O mostrador digital de temperatura totalmente integrado permite que se saiba com precisão se os produtos atingiram uma temperatura segura para serem servidos; desse modo, eliminam-se as previsões baseadas em deduções.

Os *charbroilers* da Lang proporcionam máximo calor para incremento do sabor e da aparência de itens do cardápio preparados nesse tipo de equipamento.

Figura B.20 *Charbroilers*.

Fonte: Cortesia de Star Manufacturing International, Inc., St. Louis, MO.

Figura B.21 Fritadeira de imersão convencional.
Fonte: Cortesia de Frymaster LLC, Shreveport, LA.

Fornos

Os dois modelos básicos de fornos são: *convencional* no qual o ar aquecido circula ao redor da parte externa da câmara de aquecimento e irradia do revestimento; e o de *convecção*, no qual o ar aquecido de uma fonte de calor é pressionado sobre as bandejas de alimento e ao redor delas, por ventiladores localizados na parede traseira do forno.

Entre os recursos estão: fabricação em aço estrutural com juntas unidas por caldeamento para proporcionar uma armação rígida e durável; revestimento interno com folha de metal de *gauge* nº 18 reforçado, à prova de ferrugem, para evitar deformações; isolamento rijo em todos os lados com no mínimo 10 cm e até 25 cm no caso de fornos para padarias de grande porte; controle termostático de calor, com precisão entre 65°C e 287°C; luz sinalizadora e temporizador; base horizontal ou conjunto de prateleiras horizontais de aço, ladrilho ou fibrocimento (combinação de concreto e amianto); portas bem balanceadas com excelente isolamento, que abrem paralelamente à base do forno e suportam um peso mínimo de 70 kg; dobradiças inquebráveis; tubos de distribuição e cabeamento escondidos; maçanetas frias; um sistema projetado para expelir o vapor e evitar que o fluxo de retorno se condense; uma luz que é operada pela parte externa do forno; um injetor de vapor para assar

Figura B.22 Sistema de fritadeiras de imersão controlado por computador.
Fonte: Cortesia de Frymaster LLC, Shreveport, LA.

Figura B.23 Fritadeira por convecção.
Fonte: Cortesia de Hobart Corp., Troy, OH.

Figura B.24 Frigideira basculante.
Fonte: Cortesia de Groen-A Dover Industries Co.

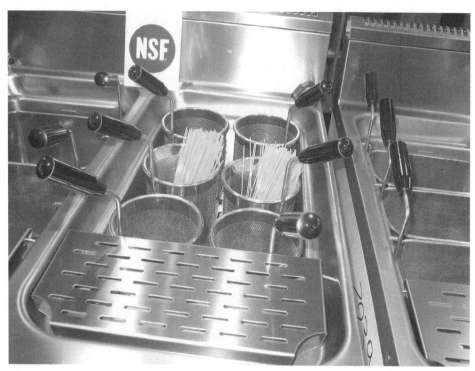

Figura B.25 Panela para cozimento de massas.

pães mais firmes; ligação de par termoelétrico para registro da temperatura interna do alimento; e janelas de vidro que podem ser colocadas nas portas mediante solicitação.

Tipos: os fornos são apresentados nos seguintes modelos:

1. Deck: unidades empilhadas para economia de espaço; elementos de aquecimento e controles individuais para cada unidade; bom isolamento entre as plataformas, que ficam colocadas em alturas convenientes para trabalho; vão livre de 17,5 cm a 20 cm para assar pães e bolos e de 30 cm a 40 cm para assar carnes e vegetais; capacidade expressa em número de assadeiras com dimensão de 45 cm × 66 cm, por plataforma; tortas, bolos e pães podem ser dimensionados para que caibam múltiplos dessa dimensão; o espaço físico necessário para acomodá-lo e as dimensões internas variam de acordo com o modelo. A Figura B.26 apresenta exemplo de um forno de estrutura compacta com uma seção, apoiado em pernas de 58 cm:

- **Espaço físico necessário:** 154 cm × 100 cm de profundidade, sem defletor do duto de fumaça.
- **Dimensões internas:** 107 cm × 81 cm × 18 cm de altura.
- **Capacidade:** duas assadeiras de 45 cm × 66 cm; 24 pães de 450 g; 12 tortas de 25 cm.
- **BTU/hora:** 50.000.

2. Forno de convecção: gabinete de circulação de ar sob pressão, que utiliza uma ventoinha centrífuga de alta velocidade para forçar a circulação do ar e garantir distribuição uniforme do calor por meio de um fluxo de ar que passa ao redor do produto e sobre ele, com consumo mínimo de tempo (de um terço a três quartos do tempo necessário em um forno convencional – Fig. B.27). A produção é maior em um espaço menor, porque o alimento é colocado em diversas bandejas e não em uma só. Os tamanhos variam de um fabricante para outro, mas um forno de convecção típico mede 91 cm × 84 cm de profundidade, já o modelo maior tem 114 cm × 62 cm de profundidade. As bandejas deslizantes removíveis são projetadas para acomodar oito ou nove bandejas ou assadeiras separadas por uma distância de 5 cm, o que garante uma capacidade maior do que a de outros fornos que necessitam de mais espaço físico. As unidades podem ser empilhadas e, com isso, proporcionam o dobro de produção em um espaço físico relativamente pequeno. Os fornos de con-

Figura B.26 Fornos com prateleiras.

Fonte: Cortesia de Hobart Corp., Troy, OH.

Fornos F Series   Fornos G & E Series

Durabilidade, confiabilidade e economia em um conjunto de alta resistência!

Os fornos de convecção da G & E Series são os carros-chefes da linha de fornos da Lang Convection. Esses fornos passaram pelo teste do uso contínuo nos mais exigentes estabelecimentos de alimentação.

Os fornos da linha ChefSeries da Lang são os mais avançados do setor. Eles conseguem fazer a maior parte do que fazem os fornos combinados, com redução de 2/3 do custo.

Figura B.27 Três estilos de forno de convecção.

Fonte: Cortesia de Star Manufacturing International, Inc., St. Louis, MO.

vecção precisam ter um isolamento eficaz; a parte interna pode ser de aço inoxidável ou de aço com acabamento de esmalte vitrificado. As prateleiras e as peças que as sustentam podem ser retiradas para facilitar a limpeza. O forno é equipado com luzes internas, temporizador, controle termostático de calor, portas de vidro ou janelas de vidro nas portas e recipiente de retenção de substâncias derramadas que pode ser removido. Rapidez nas conexões durante a instalação e adição de rodízios de mesa para flexibilidade na distribuição espacial. A vedação com abafador nas portas para assar carnes e vegetais e assar pães e bolos reduz o encolhimento porque favorece a retenção da umidade e diminui o tempo necessário para o cozimento. A Figura B.28 mostra um carrinho para transporte de pratos, um carrinho para transporte de bandejas e um aquecedor, que são utilizados em conjunto com um forno de convecção.

3. **Fornos de bandejas giratórias ou *reel oven*:** plataformas de bandeja plana suspensas entre duas rodas raiadas giratórias em um movimento de rotação do tipo roda-gigante; compacto, permite economia de espaço; aço soldado pelo processo de caldeamento, fabricação selada, todas as partes com elevado nível de resistência ao calor e à corrosão; o rolamento principal e a carga de todas as bandejas são sustentados independentemente das paredes laterais; bandejas estabilizadas para manter o nivelamento e à prova de oscilação; cada bandeja é equipada com mecanismo individual para liberação de emergência; motor projetado para suportar trabalho pesado; transmissão uniforme por corrente de roletes, controles automáticos e autoajustáveis. Exemplos de dimensões relativas: quatro bandejas, cada uma com 244 cm × 66 cm de largura; capacidade para vinte assadeiras de 45 cm × 66 cm; parte externa com 3,05 m de largura, 2,20 m profundidade e 2,00 m de altura. Para atender aos estabelecimentos de alimentação menores, existem unidades, com 1,05 m de profundidade e capacidade para seis assadeiras.

Figura B.28 *Rack* com carrinho para pratos e *rack* com carrinho para formas, projetados para levar os alimentos diretamente ao forno. A cobertura térmica serve para os dois modelos.

Fonte: Cortesia de Robert Norlander, vice-presidente de marketing, Cleveland Range, Cleveland, OH.

Figura B.29 Forno combinado giratório.
Fonte: Cortesia de Hobart Corp., Troy, OH.

Figura B.30 Forno combinado de convecção a vapor apropriado para estabelecimentos de pequeno porte.
Fonte: Cortesia de Groen-A Dover Industries Co.

4. **Fornos de rotação:** a diferença em relação aos fornos de bandeja giratória está no fato de que a rotação ocorre em um eixo vertical e não horizontal. Tanto os fornos de bandeja giratória como os de rotação são mais convenientes para assar grandes volumes de alimentos (Fig. B.29).

5. **Fornos de micro-ondas:** a energia eletromagnética direcionada para a cavidade de aquecimento por meio de magnétrons produz micro-ondas que penetram no alimento e aquecem de forma rápida e uniforme a água e outras moléculas polarizadas contidas dentro dele, o que propicia um cozimento quase instantâneo da comida. A energia produzida a uma taxa determinada não fica armazenada, como também não aquece o ar no espaço circunvizinho, tampouco a vasilha que contém o alimento (vidro, porcelana, plástico, papel). Os componentes incluem a cavidade de aquecimento feita de aço inoxidável, gerador de radiofrequência, fonte de alimentação de energia (em geral de 220 volts, entre 30 e 50 amperes). O forno deve passar por inspeção criteriosa para garantir a segurança durante o uso. Ele é dotado de desligamento automático que é acionado quando há tentativa de abertura da porta. Pode ser empilhado. Usado com grande frequência para aquecimento rápido de pratos prontos de massas ou outros tipos de alimentos, embora também seja possível utilizá-lo para cozinhar com rapidez e servir a comida na mesma vasilha em que foi cozida.

6. **Fornos combinados:** (a) um forno que reúne em uma mesma unidade compacta, forno de convecção, caldeirão elétrico de cozimento a vapor sem pressão, gabinete de verificação e forno com função estufa *cook-and-hold* (Fig. B.30); (b) um forno de altíssima velocidade, que utiliza uma combinação de micro-ondas e calor de convecção de alta velocidade, para cozinhar alimentos com muito mais rapidez do que em um micro-ondas; e (c) um forno que associa luz intensa e energia infravermelha para cozinhar alimentos rapidamente. A Figura B.31 apresenta uma "minipadaria" que reúne em um espaço de 1,50 m forno combinado, experimentador e vitrine.

7. **Fornos de esteira:** com programação de temperatura, zona de calor e velocidade, eles empregam tipicamente três tecnologias: (a) infravermelho – processo de calor radiante que não aquece a circunvizinhança do alimento, porque transfere o calor diretamente para as superfícies com as quais tem contato; (b) *jet sweep* – algumas vezes denominado choque de ar; centenas de dutos de ar embaixo do alimento e sobre ele afastam o ar frio e, assim, permitem um cozimento uniforme da comida (Fig. B.32); (c) convecção – ventoinhas fazem o ar quente circular na cavidade do forno.

8. **Fornos com função estufa *cook-and-hold*:** a temperatura do alimento é elevada até o ponto em que ele está quase pronto; em seguida, o queimador é desligado e uma ventoinha mantém em circulação o ar quente armazenado. Uma vez atingida a temperatura de manutenção, o queimador e a ventoinha se alternam para manter o calor.

9. Outros fornos especiais, tais como o forno a lenha e o de tijolo operado a gás, costumam ser denominados fornos de pizza, em decorrência de seu uso mais comum (Fig. B.33).

Equipamentos de vapor

O vapor pode ser suprido a partir de uma unidade central de aquecimento diretamente conectada ao equipamento ou gerado no ponto de uso, o que requer uma conexão de água e um meio

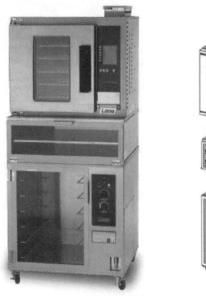 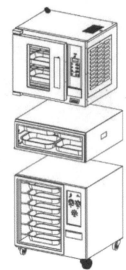

Simples assim:

1) EHS – forno elétrico com metade do tamanho

2) HCMB – gabinete de exposição (sem aquecimento)

3) PFMB – experimentador

O MicroBakery da Lang requer apenas 0,09 m² de espaço. Ele é equipado com um forno de convecção com metade do tamanho, experimentador e gabinete de exposição, com isso torna-se uma opção compacta de panificação para cadeias e estabelecimentos varejistas que tenham limitação de espaço e de pessoal.

Figura B.31 Forno de convecção, experimentador e gabinete de exposição que ocupam um espaço de apenas 0,09 m², sendo uma opção compacta de panificação.

Fonte: Cortesia de Star Manufacturing International, Inc., St. Louis, MO.

de aquecê-la para formação do vapor. A pressão varia de acordo com a necessidade, pois há controle automático de pressão e uma válvula de segurança quando o fornecimento é superior a cerca de 0,35 kgf/cm² a 0,56 kgf/cm². Os equipamentos são fabricados em aço inoxidável ou alumínio, o que garante resistência à ferrugem e acabamento liso e uniforme nas superfícies interna e externa, para facilitar a limpeza e a higienização. São equipados com temporizadores e dispositivos automáticos de desligamento, além de válvulas de controle escondidas. As panelas a vapor oferecem rapidez no cozimento e são apresentadas em dois tipos: *cabinet cookers* e caldeirões basculantes.

Cabinet cookers. O vapor injetado na câmara de cozimento entra em contato direto com o alimento. Para garantir que o vapor seja limpo, pode ser necessário gerá-lo no local a partir de uma torneira de água, em vez de se utilizar um sistema de vapor comum a um conjunto de edifícios. Os recursos incluem guarnição de vedação na porta; portas do tipo *full-floating*, às quais estão conectadas prateleiras deslizantes tipo barra; temporizador e mecanismo de desligamento automático; válvulas de segurança reguladoras em cada compartimento, que impedem que as portas se abram antes que a pressão do vapor seja reduzida; cestas sólidas ou perfuradas para colocação dos alimentos; e capacidade medida em termos do número de panelas de balcão com 30 cm × 50 cm que podem ser colocadas lado a lado em cada prateleira ou do número de caldeirões de 25 cm × 58 cm. As panelas de balcão são empregadas tanto para cozinhar como para servir.

Figura B.32 Forno de esteira que utiliza tecnologia de choque de ar.

Fonte: Cortesia de Lincoln Food Service Products, Inc.

Figura B.33 Forno de pizza.
Fonte: Cortesia de Montague Company, Hayward, CA.

Tipos: são encontrados os seguintes tipos de *cabinet cookers*:

1. Caldeirões elétricos de cozimento a vapor e conexão direta, de alta resistência: compartimentos que formam uma peça única de interior em aço inoxidável; de 0,35 kgf/cm² a 0,56 kgf/cm² de fluxo contínuo de entrada de vapor e drenagem do vapor condensado; de um a quatro compartimentos com prateleiras ajustáveis; dimensões internas de 71 cm × 53 cm, desejável para acomodar duas panelas de balcão de 30 cm × 50 cm em cada prateleira e altura de 25 cm a 40 cm.

2. Panelas de pressão: operam a uma pressão de 6 kg para cozimento rápido de pequenos lotes de alimentos; reaquecimento de comida congelada ou descongelamento e cocção de alimentos congelados; menores do que os exaustores; a porta interna com autovedação não permite abertura quando está sob pressão; válvula de segurança de 6 kg e medidor de 12 kg; temporizador e mecanismo de interrupção automáticos. Dimensão interna de 30 cm a 100 cm de largura, de 35 cm a 80 cm de altura e de 45 cm × 80 cm de profundidade; de um a três compartimentos para cocção.

3. Autogeradores de vapor (sem pressão): destinados a instalações que não contêm suprimento direto de vapor; exigem uma conexão de água (de preferência quente) e uma fonte adequada de calor para produção do vapor; os geradores de vapor ficam colocados sob o recipiente de cozimento; modelos e capacidades semelhantes às dos caldeirões elétricos de cozimento a vapor de alta resistência.

4. Caldeirões elétricos de cozimento a vapor de convecção forçada, sem pressão: panelas para cozimento acelerado a vapor, com geradores de convecção que produzem, dentro do compartimento de cocção, um fluxo turbulento de vapor, sem pressão. As portas podem ser abertas com segurança a qualquer momento durante o ciclo de cozimento que, por sua vez, é mais rápido do que nas panelas de pressão convencionais.

Instalação: os caldeirões elétricos de cozimento a vapor de gabinete de alta resistência podem ter um pedestal de suporte ou ser equipadas com pés, com um vão livre de no mínimo 15 cm entre a base e o chão. Outra possibilidade é fixá-los à parede, para economia de espaço. Instale um recipiente para retenção de gotejamento ou crie uma depressão com ralo no piso. Existem unidades modulares em diversas combinações com outros equipamentos a vapor (Fig. B.34).

Caldeirões basculantes. Esse tipo de equipamento possui duas seções no formato de bacia, feitas em alumínio moldado e soldado pelo processo de caldeamento ou em aço inoxidável. Entre as duas seções há um espaço com ar, para circulação do vapor e aquecimento da camada interna (Fig. B.35). O alimento não entra em contato com o vapor. Os recursos incluem uma válvula de segurança para saída do vapor e um medidor de pressão; temperatura de operação do equipamento determinada pela pressão do vapor dentro da camisa (p. ex., 3,5 kgf/cm² = 147°C); fonte de vapor com conexão direta ou de autogeração; camisa total ou com dois terços cobertos. Podem ser fixos ou basculantes; abertos ou equipados com tampa sem vazamento, balanceada e articulada; apoiados sobre pernas tubulares ou pedestais; fixados em suportes presos à parede ou colocados sobre uma mesa. Esse equipamento possui um poderoso agitador de duas hastes para mexer misturas densas durante o cozimento (Fig. B.36) e um dispositivo operado a eletricidade que mede automaticamente a água disponível dentro da caldeira. Pode haver uma conexão de água fria ligada à camisa, para esfriar rapidamente os alimentos depois da cocção. Seu desenho modular (camisa quadrada) torna mais fácil a combinação com outros equipamentos modulares, para economia de espaço. Existem cestas que facilitam a remoção e o escoamento dos vegetais.

Tipos: estão disponíveis os seguintes tipos de caldeirões basculantes:

1. Caldeirão profundo, revestido na totalidade ou em dois terços: mais adequado para sopas, cremes e rechios de tortas.

Figura B.34 Caldeirões elétricos de cozimento a vapor sem pressão e caldeirão basculante movido à pressão de uma caldeira na base.
Fonte: Cortesia de Groen-A Dover Industries Co.

Figura B.35 Caldeirão basculante fixo montado sobre o chão.
Fonte: Cortesia de Groen-A Dover Industries Co.

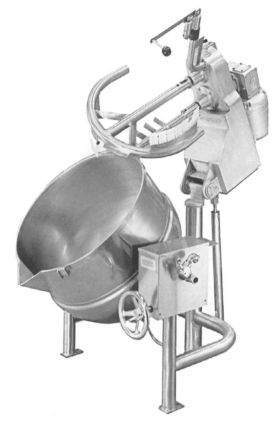

Figura B.36 Caldeirão basculante com agitador de duas pás que se inclina para fora.
Fonte: Cortesia de Groen-A Dover Industries Co.

2. Caldeirão raso, revestido na totalidade: apropriado para carne guisada ou dourada e estufados; evita o esmagamento dos alimentos que ficam no fundo do recipiente, como acontece no equipamento de caldeirão profundo.

3. Caldeirão basculante ou com eixo giratório: montado sobre eixos de sustentação, com um dispositivo basculante e bico que facilita o despejamento do conteúdo; mecanismo de operação manual ou a eletricidade; dispositivos de autotravamento para manter o caldeirão fixo em qualquer posição; modelos grandes para chão ou unidades menores montadas sobre uma mesa para formar uma bateria; com caldeirão profundo ou raso. Capacidades: de 0,95 L a 302 L; os tamanhos com capacidade de até 45 L são apropriados para montagem em mesa e cozimento de vegetais por rotação.

4. Tipos fixos para líquidos ou misturas ralas: saída tangencial para drenagem de líquidos por meio de um fluxo direto; capacidades de 38 L a 1,892 L.

Instalação: colocação do caldeirão para facilitar o despejamento da comida; escorrimento através de ralo gradeado no chão ou na mesa; torneira giratória sobre o caldeirão para as operações de encher ou limpar; modelos de mesa com altura apropriada para os trabalhadores; voltagem adequada ou fonte de gás para os modelos de autogeração.

As Figuras B.37 e B.38 mostram equipamentos destinados ao uso de sistemas de cocção/resfriamento ou cocção/congelamento em estabelecimentos de alimentação. O alimento é cozido, acondicionado em embalagens plásticas especiais, herméticas e à prova d'água, em temperatura de pasteurização ou acima dela, resfriados rapidamente em água gelada e armazenados por um período de até 45 dias sob temperatura de -2°C a 0°C. Alimentos que podem ser bombeados são cozidos em caldeirões com agitadores, bombeados para as embalagens, lacrados e resfriados em equipamentos de resfriamento rápido. Alimentos sólidos, tais como assados, são dourados, embalados, lacrados a vácuo nas embalagens e depois cozidos no tanque do cocção/resfriamento. Nesse tanque, o produto é cozido em banho-maria e, a seguir, rapidamente resfriado por meio de água gelada que circula no mesmo tanque. A restauração da temperatura ambiente pode ser feita em forno de convecção, forno combinado, caldeirão elétrico de cozimento a vapor de convecção, caldeirão elétrico de cozimento a vapor de pressão ou caldeira a vapor. A Figura B.37 mostra um sistema de cocção/resfriamento projetado para um estabelecimento de alimentação de pequeno porte.

Batedeiras

Modelos de batedeiras para bancada (Fig. B.39) são feitos para uso em mesas, balcões e barras de apoio; também existem modelos de chão. Os recursos incluem transmissão de três ou quatro velocidades; operação com rolamento de esferas; controle de mistura temporizado com desligamento automático; operação projetada para garantir homogeneização, mistura e ventilação completa de todos os ingredientes contidos na vasilha; freio controlado eletricamente; possibilidade, em algumas máquinas, de mudança de velocidade durante a operação; aca-

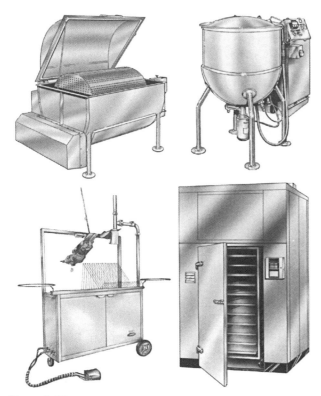

Figura B.37 Sistema de cocção/resfriamento e seus componentes.
Fonte: Cortesia de Aladdin Synergetics, Inc.

Picador e batedor vertical de alta velocidade

Um picador e batedor vertical de alta velocidade (VCM, na sigla em inglês) (Fig. B.44) possui uma base de ferro fundido esmaltada em cinza, uma tigela de aço inoxidável ou alumínio e lâminas que se movimentam a 1.140 rpm. Esse equipamento é próprio para misturar, cortar, combinar, bater, fazer creme, esmigalhar, sovar, picar, emulsificar e homogeneizar. A tigela é dotada de uma tampa transparente e balanceada que fica interconectada ao motor e pode ser facilmente inclinada para esvaziamento. O aparelho fica montado sobre uma estrutura de aço tubular e possui um grande número de lâminas de corte, hastes e defletores para usos específicos. A capacidade varia entre 28 L e 45 L. Ele pode picar dez pés de alface em três segundos, fazer 30 L de molho para salada em sessenta segundos, ralar 9 kg de queijo em trinta segundos e fazer 18 kg de salada de presunto em noventa segundos.

Refrigeradores

O Capítulo 11 traz informações detalhadas sobre esse tipo de equipamento. Existem três categorias básicas de refrigeradores: refrigeradores com portas de vidro, câmaras frigoríficas e resfriador rápido/congelador rápido. Todos os três podem ser unidades centrais ou autocontidas. Os recursos incluem compressores a água ou ar refrigerado; gabinete de passagem com temperatura conversível; eficiente isolamento não absorvente; portas herméticas com dobradiças que não cedem com facilidade e trinco resistente; e peças e superfícies fáceis de limpar. Os refrigeradores com portas de vidro são equipados com corrediças que acomodam bandejas de tamanho padrão ou prateleiras removíveis de treliça ou barras de aço inoxidável (Fig. B.45). As *câmaras frigoríficas* possuem prateleiras desmontáveis e divididas em seções, feitas de barras de metal. Alguns modelos de refrigeradores com portas de vidro podem ser separados da unidade que contém o motor e transportados para utilização como espaço de depósito refrigerado temporário. As *unidades de balcão* têm compressores individuais para saladas, sobremesas congeladas e áreas de estocagem de leite, além de dispensadores com autonivelamento para armazenamento frio ou gelado e serviço. As *máquinas de produzir gelo* são unidades centrais e autocontidas, capazes de produzir gelo em cubos, tubos ou flocos. A capacidade é medida em produção por hora. Existem muitos modelos e tamanhos. *Refrigeradores de água* possuem um funil de vidro ou uma torneira de bebedouro. A capacidade depende do volume de refrigeração por hora e do tamanho do tanque de armazenamento. Eles são projetados para guardar convenientemente copos limpos. *Refrigeradores de garrafas* têm um gabinete aberto na parte superior e são em geral usados em bares. *Refrigeradores de vinho* são unidades com portas de vidro, destinadas a manter vinho branco e tinto na temperatura ideal para servir. *Vitrines refrigeradas* são refrigeradores com portas de vidro projetados para *merchandising* de produtos. Em geral, elas têm interior iluminado, prateleiras giratórias e diversas portas, para viabilizar o serviço de *self-service*. *Retardadores do crescimento de massas* são refrigeradores com portas de vidro ou unidades embutidas sob o balcão, cuja finalidade é manter a temperatura adequada e o alto índice de umidade de porções de massa ainda não assadas. *Gavetas embutidas sob o balcão* mantêm os alimentos em temperatura de refrigeração ou *freezer*, sob uma grelha. *Modelos de parede ou*

---

bamento em material durável e lavável, como aço inoxidável e alumínio anodizado. Os recipientes são feitos em aço com alto teor de estanho ou em aço inoxidável. Em alguns modelos, há um anel de segurança que deve ser travado para que o aparelho possa ser ligado (Fig. B.40).

Os equipamentos padrão incluem uma tigela, um misturador plano e um batedor de arames; existem ainda outros acessórios que podem ser comprados separadamente, tais como: gancho para bater massa (Fig. B.41), picador, fatiador, cortador de cubos, gotejador de óleo, tampa da tigela para evitar respingos e carrinho utilitário para transporte de carga. A maioria dos modelos possui um ou dois adaptadores com tigelas menores, misturadores e batedores, que podem ser usados na mesma máquina. A capacidade varia entre 4,8 L a 189 L.

Máquinas de picar, cortar e fatiar

Alguns estabelecimentos de alimentação realizam as operações de amassar, picar, triturar e fatiar alimentos, assim como de cortá-los em cubos, por meio de acessórios conectados às batedeiras; outros requerem equipamentos especiais em certas áreas de trabalho. Máquinas desse tipo, com diferentes tamanhos e capacidades estão disponíveis em modelos para colocação em pedestal ou bancadas ou serem montados sobre suportes desmontáveis. Um processador como o mostrado na Figura B.42 é útil para amassar pequenas quantidades de alimento. Um fatiador típico é mostrado na Figura B.43. Todos esses equipamentos devem ser feitos de metal liso e não corrosivo, além de ter características como: motor fechado; protetores de segurança sobre as lâminas; partes removíveis para limpeza; e fatiamento na horizontal ou em uma chapa angular.

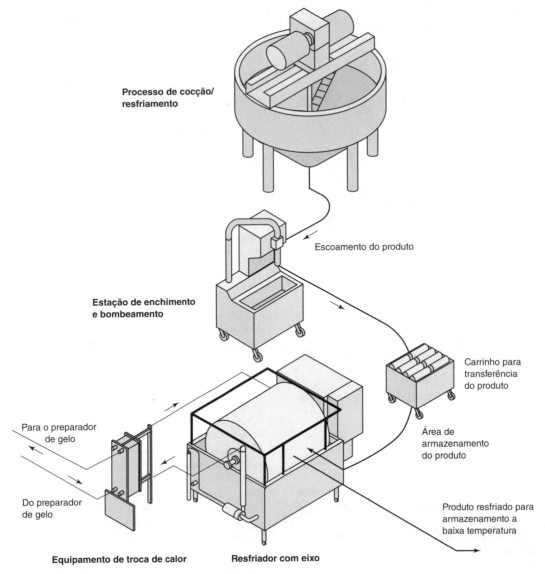

Figura B.38 Diagrama ilustrativo do processo de cocção/resfriamento.

colocados sobre o balcão tornam possível a disponibilização de um espaço extra de armazenagem refrigerada para uma estação de trabalho ou de serviço.

Equipamentos para limpeza de pratos e utensílios

Lavadoras fixas

Lavadoras do tipo porta, verticais ou embutidas sob o balcão, podem ser operadas por uma pessoa e normalmente são usadas em estabelecimentos de pequeno volume. Os modelos de embutir sob o balcão são semelhantes às lavadoras de louça domésticas que também podem ser instaladas sobre uma bancada ou ter suporte independente. Os modelos usados por estabelecimentos de alimentação são projetados para suportar uso pesado e mais frequente, além de executar o ciclo de limpeza com mais rapidez e maior potência e completá-lo, normalmente, em menos de noventa segundos. Esses modelos podem incluir um intensificador de calor, sinalizador para alertar quando o nível de detergente estiver baixo, bombeador de detergente e bomba de drenagem.

Lavadoras do tipo porta ou de *rack* único têm capacidade de lavagem de 35 a 55 cestas por hora, além do que podem ser desenvolvidas em modelo de canto ou vertical.

Lavadoras móveis

As *lavadoras com bancadas* são projetadas para transportar cestas de utensílios entre os braços de lavagem e enxágue. Elas variam desde máquinas de tanque único, com capacidade de lavar aproximadamente 125 a 200 cestas por hora até máquinas de múltiplos tanques, que conseguem lavar de 250 a mais de 300 cestas por hora. Entre os recursos opcionais se destacam ciclos de recirculação e de potência pré-lavagem, unidades removedoras de crostas dos cantos, modelos de aquecimento a gás e/ou baixo nível de água, ativadores automáticos que só

Figura B.39 Modelo de batedeira para bancada.
Fonte: Cortesia de Hobart Corp., Troy, OH.

Figura B.40 Modelo de batedeira para solo, mostrado com a grade de proteção.
Fonte: Cortesia de Hobart Corp., Troy, OH.

operam a máquina quando as cestas estão dentro, bem como carregadores e descarregadores automáticos.

Os estabelecimentos de maior porte requerem lavadoras de alta velocidade – máquinas com esteiras de passagem ou esteiras circulares, com capacidade para lavar entre 8 e 24 mil pratos por hora. Em razão do modelo da esteira em uma máquina de passagem, não é necessário haver uma cesta para movimentação de pratos e bandejas através dos tanques de pré-lavagem, lavagem, enxágue e enxágue final. Esse tipo de máquina de lavar louças oferece opções como configuração reta ou circular, operação em baixa ou alta temperatura, comprimento e largura personalizáveis (mínimo de 3,90 m),

operação da esquerda para a direita ou vice-versa, dispositivos adicionais de economia de água e energia, isolamento para redução de ruídos, esteiras personalizáveis, velocidades variadas, "olhos" automáticos para interrupção dos ciclos na ausência de utensílios, acessórios para secagem, projetos especiais para bandejas isoladas e baixelas e modelos antiadul-

a) Batedor plano   b) Batedor de arame   c) Gancho para bater massa

Figura B.41 Acessórios para batedeira.
Fonte: Cortesia de Hobart Corp., Troy, OH.

Figura B.42 Processador de alimentos.
Fonte: Cortesia de Hobart Corp., Troy, OH.

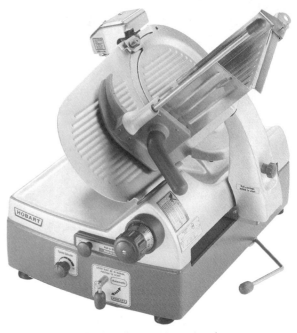

Figura B.43 Fatiador com alimentação em ângulo.
Fonte: Cortesia de Hobart Corp., Troy, OH.

Figura B.44 Batedeira-cortador de alta velocidade que prepara alimentos em segundos.
Fonte: Cortesia de Hobart Corp., Troy, OH.

Figura B.45 Unidade prática de refrigeração que pode ser equipada com corrediças ou prateleiras removíveis; portas de vidro ou com o mesmo acabamento externo de vinil com isolamento térmico.
Fonte: Cortesia de Hobart Corp., Troy, OH.

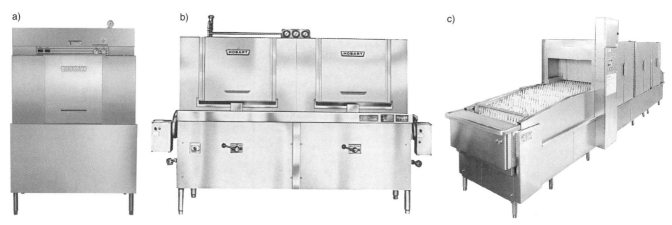

Figura B.46 Exemplos de (a) tanque simples, (b) tanque duplo e (c) esteira de passagem.
Fonte: Cortesia de Hobart Corp., Troy, OH.

teração e roubo para estabelecimentos carcerários. A Figura B.46 apresenta exemplos de lavadoras com tanque simples, tanque duplo e esteira de passagem.

Lavadoras com características especiais

Lavadoras de tigelas e panelas/utensílios são dotadas de recurso de raspagem por água a alta pressão, com ciclos de lavagem mais longos que os das lavadoras de louça convencionais. Também existem pias para tigelas e panelas com mecanismo de agitação da água da lavagem, como o modelo de turbo lavagem mostrado na Figura B.47. As *lavadoras de talheres* eliminam o problema do alinhamento de colheres e da aderência de alimentos ressecados e difíceis de lavar, como ovos. As lavadoras de bandejas são projetadas para receber bandejas de todos os tamanhos, além de assadeiras e outros itens grandes, de superfície plana (ver Fig. 48).

Sistemas de suporte

Cubas de lixo, fragmentadores de restos de comida, acumuladores de bandeja, esteiras transportadoras de bandejas, ventoinhas, secadores de bandejas, mesas de raspagem e separação, pias destinadas a deixar os utensílios de molho, condensador de esvaziamento, dispensadores automáticos e geradores de água quente são alguns itens capazes de incrementar a eficiência e reduzir os custos nessa área.

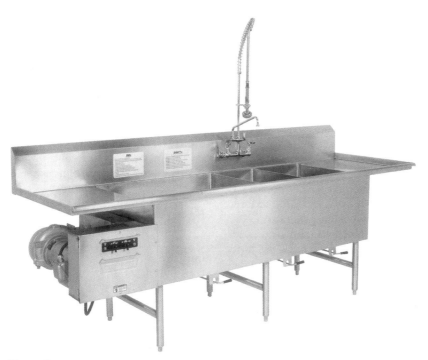

Figura B.47 Pia para lavagem de tigelas e panelas.
Fonte: Cortesia de Hobart Corp., Troy, OH.

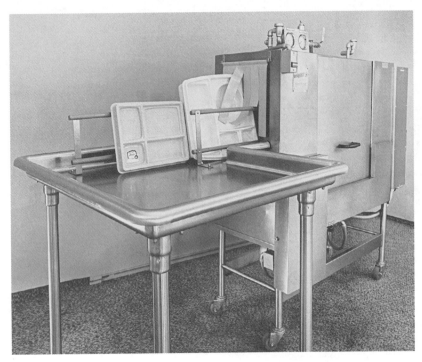

Figura B.48 Máquina projetada especialmente para lavagem de bandejas.

Fonte: Cortesia de Insinger Machine Company.

Trituradores de lixo

Um sistema para descarte do lixo pode resolver o problema em determinada situação, contudo, em muitos casos, é mais factível a combinação de dois ou mais dos seguintes métodos.

Exceto quando a legislação ambiental local proibir sua instalação e uso, os *trituradores unitários* de restos de alimentos, instalados nas pias de preparo de vegetais e saladas, assim como nas áreas de raspagem, eliminam a necessidade de latas para coleta, armazenamento e descarte do lixo. Pode ser necessário descartar em latas de lixo para coleta posterior todos os restos de papel, caixas de papelão, engradados de madeira, plásticos, latas de folhas de flandres, porcelana e vidro (e lixo) quebrados, caso a incineração de resíduos inflamáveis seja restrita pela regulamentação antipoluição imposta pela comunidade.

Trituradores de latas e garrafas podem reduzir em até 90% o volume desse tipo de lixo, assim como diminuir os custos de mão de obra, a necessidade de espaço para descarte e os custos de coleta. A capacidade dos modelos varia de 50 latas e garrafas por minuto a 7.500 por hora. No mecanismo de trituração, cilindros montados em "V" impedem o entupimento e reduzem progressivamente as latas ao menor volume possível.

O uso de *compactadores* para diminuir o volume é um meio conveniente e econômico de descarte de todo o lixo produzido em um estabelecimento de alimentação. Um modelo com 6 toneladas de força pode compactar papel, embalagens de leite, lata, garrafas e fragmentos de comida em uma proporção que varia de 5 para 1 até 200 para 1, o que depende da combinação de materiais. O descarte de até 25 kg de material compactado em um saco multiuso ou em papelão, colocado em um carrinho para transporte de carga, deixa-o preparado para armazenamento de curto prazo e posterior locomoção. A maioria das máquinas opera em 120 volts e saída de 20 amperes, além de possuir travamento de segurança completo para proteção durante a operação e um *spray* desodorizante e higienizador que pode ser liberado a cada retorno do mecanismo de compactação, para evitar o desprendimento de odores indesejáveis da massa compactada.

O *sistema de esmagamento* reduz em até 85% o volume de materiais descartados, tais como papel, plástico, ossos cozidos e fragmentos de comida, dependendo da mistura. Latas, talheres e alguns tipos de vidro são aceitos, mas automaticamente ejetados do tanque de esmagamento para uma caixa de lixo. Dentes duráveis em um disco giratório e picadores esmagam o material contido no tanque. Ele é então submetido a um movimento de circulação em meio a vigorosa pressão de água vinda de cima, o que reduz a massa a uma pasta semisseca que é empurrada através de uma calha de descarga para contêineres, dos quais será removida como lixo de baixo volume. A água da prensa circula de volta para o tanque de esmagamento. Esse equipamento está disponível em diversos tamanhos. Ele pode ser incorporado a um sistema de lavagem de louça ou a outra área em que são gerados resíduos passíveis de esmagamento (Fig. B.49).

Equipamentos de transporte

Um planejamento criterioso dos relacionamentos dentro de uma área permite estabelecer uma distância mínima entre equipamentos para transporte de alimentos e suprimentos operados a eletricidade dentro de uma instalação de alimentação. Um estudo criterioso para identificação de vantagens, recursos e fatores de manutenção deve preceder a escolha de um sistema para atender a uma situação particular. Outras características importantes a considerar são os dispositivos de desligamento de segurança e emergência, a existência de partes fechadas, mas facilmente acessíveis para operação, além das condições de limpeza.

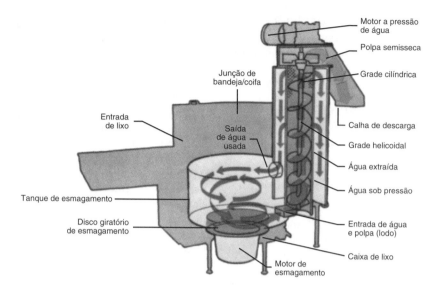

Figura B.49 Diagrama ilustrativo de procedimento para redução do volume e do formato dos resíduos que podem ser transformados em polpa.

Fonte: Cortesia de Hobart Corp., Troy, OH.

Esteiras horizontais e verticais

Os recursos desse tipo de equipamento incluem reverso para serviço nos dois sentidos; freio de emergência e proteção de segurança; dispositivo automático de ativação e interrupção com remoção de bandejas; ou fluxo contínuo. As *esteiras* realizam o transporte na direção horizontal e são apresentadas na forma de unidades fixas ou móveis, para garantir flexibilidade na coleta de bandejas ou alimentos. As esteiras verticais (*subveyors*) operam na direção vertical e são apropriadas para instalações em que o espaço destinado a esse equipamento está limitado a um único andar e há unidades de trabalho ou serviço em diversos andares.

Monotrilho e veículos operados sem condutor

Esses tipos de veículos exigem equipamentos e instalação especiais. Eles propiciam redução da mão de obra e do manuseio de carrinhos e são velozes; porém, sua instalação é relativamente cara. Os *monotrilhos* requerem trilhos suspensos e um tipo especial de trilhos eletrônicos sob o chão (sistema "Amsco"). Os *veículos operados sem condutor* são monitorados a partir de um painel de controle movido a baterias e dirigidos sobre trilhos a pontos situados no mesmo andar ou em outros andares, condição na qual eles são direcionados a um conjunto de elevadores especiais que abrem e fecham automaticamente mediante sinalização.

Equipamentos não eletrônicos para cozinha

Mesas e pias

Normalmente fabricadas mediante especificações de um pedido, para atender à disponibilidade de espaço ou a uma necessidade, as mesas e pias são feitas em aço inoxidável de *gauge* n° 12 ou 14 e *grind* n° 4. Os recursos incluem juntas soldadas pelo processo de caldeamento e polidas; cantos arredondados; suportes tubulares inteiriços de aço inoxidável com trilhos transversais e abraçadeiras do mesmo material e soldados pelo mesmo método; e pés arredondados ou no formato de pera, aparafusados internamente e ajustáveis, feitos de aço inoxidável. As mesas de trabalho podem ter rodízios de borracha com rolamentos de esfera, dois suportes giratórios e dois fixos, bem como freios em dois rodízios.

Mesas. Os tampos de mesa são feitos em folha inteiriça sem emendas; as bordas têm acabamento perfeito, são arredondadas e, naqueles pontos destinados à utilização de líquidos, a beirada é virada para cima e arredondada. As pernas e os pés podem ser de metal tubular ou inteiriço soldado por caldeamento; ajustáveis; de desenho simples; e devem proporcionar um espaço mínimo de 15 cm entre a base da unidade e o solo. As gavetas operam sobre rolamentos de esfera, são equipadas com freio e podem ser removidas. Embaixo das prateleiras: barra fixa, seções ripadas, sólidas e removíveis; pia ou banho-maria (Fig. B.50).

Figura B.50 Mesa de trabalho para cozinha.

Fonte: Cortesia de Restaurant Equippers.

Dimensões: padrão, com 122, 152, 183, 213, 244, 274 e 305 cm de comprimento; 61, 76 e 91 cm de largura; 86 cm de altura; outras dimensões disponíveis para atender a especificações particulares.

Tipos: as mesas são encontradas nos seguintes tipos:

1. Mesas de padeiro: equipadas com gavetas e bandejas de armazenamento separadas, conforme especificação.

2. Mesas de salada: com ou sem espaço refrigerado para trabalho e armazenamento e pias.

3. Mesas de sanduíche: armazenamento refrigerado para recheios; tábuas de corte removíveis.

4. Mesas para pratos: estrutura de base robusta e bem apoiada; bordas de 7,6 cm laminadas e viradas para cima (mais altas se juntas à parede); recipiente para fragmentos, escoadouro para resíduos, pias para umedecimento, prateleiras acima e abaixo, retorno de *rack*, descanso para bandejas; espaço adequado para recebimento de pratos sujos, pratos limpos e pré-fluxo.

Pias. Existem pias com um, dois ou três compartimentos. Entre os recursos encontram-se, fabricação em peça inteiriça, soldada pelo processo de caldeamento, com escorredor e protetor contra respingos integrados na mesma folha de metal, bordas arredondadas; cantos totalmente arredondados, com raio de 2,5 cm e intersecção esférica entre as superfícies; parte inferior de cada compartimento assentada e fixada à saída; saída com reentrância de 12,5 cm de diâmetro, 1,25 cm de profundidade, equipada com escoamento de resíduos antientupimento; partições: duas camadas formadas por uma folha de metal dobrada e soldada por caldeamento à base e às laterais da pia; dispositivo para transbordamento; escorredores fixados ao ralo dentro da cuba; escorredores sustentados por cintas às pernas da pia ou presas à parede por mão francesa; em geral, pias com comprimento superior a 107 cm são sustentadas por duas pernas tubulares nas extremidades, distantes da cuba; peneira removível na saída de resíduos; controle de nível externo para a válvula de saída; torneiras fixas ou oscilatórias.

Dimensões: modelo padrão de compartimento único, com 51, 61, 76, 91, 122, 152 ou 183 cm de comprimento, 51, 61 ou 76 cm de largura, 36 ou 41 cm de profundidade; modelo de dois compartimentos, com 91, 107, 122, 137, 152 ou 183 cm de comprimento, 46, 56, 61 ou 76 cm de largura e 36 ou 41 cm de profundidade. Outros modelos, de acordo com especificações individuais; altura de 97 cm adequada para pias.

Gabinetes de armazenamento, *racks* e carrinhos

Os gabinetes e os *racks* podem ser fixos ou desmontáveis, abertos ou fechados e ter prateleiras presas ou removíveis, em balanço ou ajustáveis. Os recursos incluem corrediça para bandejas; fabricação robusta em metal ou polímero; base sólida; juntas aparafusadas ou soldadas por caldeamento; portas com dobradiças ou com corrediças laterais; corrediças laterais removíveis; em prateleiras. Tanto os modelos fixos como os desmontáveis podem ser aquecidos ou refrigerados. O tamanho é determinado pelas necessidades e pelo espaço disponível.

Gabinetes de armazenamento e/ou estações de trabalho presos à parede podem ser projetados com combinações de grades, prateleiras e acessórios para guardar suprimentos, ou dobrados para formar estações de trabalho temporárias em corredores de passagem.

Balanças

Uma *balança de plataforma* de alta resistência pode ser montada no chão de uma área de recebimento para pesagem de suprimentos e alimentos. O indicador de peso pode ficar totalmente visível no lado frontal e no posterior. Modelos de chão ou de mesa, para *pesagem exata*, são utilizados em depósitos, áreas de ingredientes, padaria e em todos os locais em que receitas são preparadas (Fig. B.51). Balanças para medir porções são empregadas para pesagem individual de porções, onde for necessário. Todos os tipos de balanças disponíveis atualmente são equipados com visor eletrônico iluminado (*LED*) e travamento quase instantâneo no peso preciso, mostrado em uma tela de fácil leitura (Figs. B.52 e B.53).

Utensílios para cozimento

Os utensílios para cozimento devem ser robustos e duráveis, para suportar o uso pesado. Além disso, devem ser fabricados com material não tóxico; ter resistência contra lascagem, amassamento, quebra e ação de produtos ácidos e alcalinos; proporcionar facilidade para limpeza; e permitir distribuição uniforme do calor. Metais altamente polidos refletem o calor, enquanto os opacos o absorvem e douram melhor os alimentos assados.

Figura B.51 Modelo de balança de mesa para área de recebimento.

Fonte: Cortesia de Hobart Corp., Troy, OH.

Figura B.52 Modelo de balança de mesa com mostrador digital.
Fonte: Cortesia de Hobart Corp., Troy, OH.

Tipos: existe uma ampla variedade de panelas, caçarolas, caçarolas fundas, frigideiras e assadeiras para carnes e massas:

1. Alumínio resistente: fundo duplo e bordas com espessura maior.

2. Semirresistente: mais leves, espessura uniforme, bordas arredondadas.

3. Aço inoxidável: espessura uniforme, calor concentrado sobre fogo direto.

Os equipamentos pequenos têm recursos como fôrmas para pudim, fôrmas para tortas e bolos, capacidade para 0,95 L e 3,8 L e tigelas feitas em metal de peso leve. Para que haja flexibilidade no uso, a escolha de fôrmas para pudim e balcão deve ter como objetivo a adequação delas às mesas de servir, refrigeradores e *racks* móveis: é recomendada a dimensão de 30 cm × 51 cm. Tampas herméticas evitam o derramamento no transporte de comida pronta.

Talheres

Os talheres são produzidos com aço ou liga de aço e cromo-vanádio de elevado teor de carbono, *full-tang construction* e rebites comprimidos feitos de liga de níquel e prata. A forma dos cabos e o tamanho dos itens variam de acordo com a necessidade. O peso dos cabos e das lâminas deve ser balanceado para facilitar a manipulação.

Equipamentos para servir

Balcões

Os balcões devem ter um desenho atraente e compacto e atender de modo eficiente a estabelecimentos específicos de alimentação. Além disso, sua estrutura deve ser em peça única, polida e soldada pelo processo de caldeamento e fácil de limpar. Tanto os modelos aquecidos como os refrigerados devem ter isolamento adequado, com controle separado de temperatura para cada unidade. É necessária a presença de anteparos nas seções com vitrine aberta de alimentos. É importante a existência de recipientes fixos ou desmontáveis, com autonivelamento, para pratos e bandejas, assim como de uma canaleta para deslizamento de bandejas, de forma a evitar acidentes.

Utensílios de servir

Os utensílios de servir são apresentados em diversos tamanhos de conchas e colheres, com cabo longo, perfuradas, sólidas e com fendas; espátulas e medidores de sorvete. A escolha desses utensílios leva em consideração o tamanho das porções predeterminadas. O cabo das conchas e medidores traz indicação da capacidade ou do tamanho da peça.

Equipamentos especiais de balcão

Os equipamentos especiais de balcão devem ter uma distribuição adequada e possuir controles de calor operados fácil e automaticamente.

Tipos: são os seguintes os tipos de equipamentos especiais:

1. Máquinas de café: máquinas com torneira ou bateria a vácuo, com espaço para depósito de xícaras.

2. Torradeiras, panelas para ovos, grelhas com coifa; gabinetes para depósito temporário de comida quente já preparada, rolos: controles de temperatura e de conteúdo úmido; unidade com gabinete de *freezer* para sorvetes; dispensadores de pães; máquinas dispensadoras de leite.

Dispensadores com autonivelamento

Os dispensadores devem ter molas balanceadas que deixem a plataforma em um nível uniforme na remoção de itens. Esses dispositivos são empregados para alimentos, pratos e recipientes, assim como para armazenamento sob aquecimento, refrigeração e congelamento. Eles podem ser móveis, fixos ou integrados, com estrutura aberta ou fechada de aço carbono inoxidável, galvanizado ou alumínio, além de molas não sujeitas à corrosão.

Tipos: os dispensadores são apresentados nos seguintes tipos:

1. Tubular: para pratos, pires e tigelas.

2. Tipo chassis: acomoda bandejas quadradas ou retangulares e *racks* cheios ou vazios; ajustável às diversas alturas de liberação.

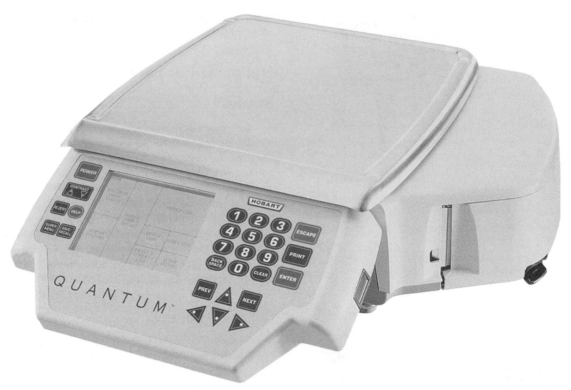

Figura B.53 Balança com controle eletrônico de porções fornece o peso preciso quase de imediato em um grande mostrador de *LED*.

Fonte: Cortesia de Hobart Corp., Troy, OH.

Máquinas de café

As máquinas de fazer café se enquadram em duas categorias gerais: (1) com torneira para preparação de café em grande volume, quando muitas pessoas são servidas em um curto período de tempo; e (2) pequenas unidades eletrônicas de preparação automática para suprimento contínuo de café fresco. Os requisitos são bastante simples em ambos os casos, porém, muito importantes para boa aceitação do produto. Os recursos incluem revestimento de vidro ou aço inoxidável para as torneiras e os decantadores de vidro ou aço inoxidável para as máquinas de preparação automática; filtros de papel estriados; água quente com temperatura controlada; controle da medida de café e de água, do tempo e da velocidade de infusão e da manutenção de temperatura; facilidade para limpeza. A instalação com saídas de rápida desconexão favorece a realocação do equipamento. O uso de café seco em *freezer* simplifica o processo, reduz o tempo e a mão de obra e elimina a necessidade de descarte dos sedimentos de café.

Carrinhos móveis para servir alimentos

Equipamentos especializados para transportar alimentos em grande volume ou em quantidades determinadas a certa distância até o consumidor, os carrinhos móveis têm bom nível de isolamento e controles automáticos de temperatura. É possível que necessitem de saídas de alta voltagem e são fabricados para facilitar o movimento e as mudanças de direção. Os recursos incluem amortecedores de proteção em toda a circunferência, facilidade de limpeza; combinação de seções aquecida, não aquecida e refrigerada; dispensadores de bebida e outros acessórios encontrados em balcões de serviço (ver Cap. 9 para mais detalhes).

A escolha de equipamentos para estabelecimentos de alimentação sem orientação de uma norma criteriosa é imprudente e não recomendada. As necessidades de cada estabelecimento devem ser cuidadosamente levantadas e as informações assim obtidas, usadas como nortear o processo de aquisição. As sugestões aqui apresentadas servem apenas como diretriz e visam a recordar considerações básicas relativas aos vários tipos de equipamento existentes.

Porcelana

Existem três tipos de porcelana: vitrificada, semivitrificada e de cerâmica. Desses três, apenas a vitrificada é considerada suficientemente durável para suportar o uso na maioria dos estabelecimentos de alimentação.

A *porcelana vitrificada*, também conhecida como porcelana, é feita de barro de excelente qualidade, sem presença de ferro, mais adição de sílex e feldspato. Esses materiais, misturados com água, são moldados e queimados sob temperatura elevada por um período aproximado de sessenta horas, em consequência a mistura é fundida, com isso torna-se uma peça homogênea de grande durabilidade e quase não absorvente. Nesse ponto, a peça moldada recebe o nome de "biscoito". A adição do íon metálico "alumina" a esse conjunto de materiais foi um aperfeiçoamento notável na fabricação de porcelana vitrificada. Comparadas com as peças de porcelana sem alumina, as que têm esse material em sua composição mostram-se mais finas, mais brancas e mais fortes, com maior resistência à lascagem nas bordas e ao impacto, além de mais lisas, o que facilita a limpeza da superfície.

O U.S. Bureau of Standards estabeleceu três padrões de porcelana vitrificada para uso institucional: (1) *espessa*: com 5/16 a 3/8 de polegadas de espessura (o que é bastante pesado); (2) *hotel*: de 5/23 a 1/4 de polegadas de espessura, com borda inferior arredondada; e (3) *peso-médio*: vendida no mercado como "banquete", é mais fina do que o tipo hotel e tem as bordas retas.

Essa instituição também testa e estabelece limites para absorção de umidade por cada peça, assim como verifica a durabilidade durante o uso, em relação à lascagem, ao impacto e à quebra, perante condições de teste determinadas. É essencial que o comprador reconheça que peso não representa resistência e vida longa para as porcelanas. Durabilidade e resistência são características mais associadas à qualidade dos materiais usados e aos métodos de fabricação empregados do que ao peso.

A porcelana espessa é normalmente utilizada em restaurantes ou em outras situações nas quais o serviço de mesas demanda uma carga intensa. Esse tipo de utensílio é desajeitado para o manuseio e, em geral, pouco atrativo em sua aparência. Todas as porcelanas do tipo hotel, com exceção das xícaras, têm um abaulado na borda externa, o que confere a elas um efeito de peso, além de diminuir a possibilidade de lascagem na parte superior do prato. Esse tipo de porcelana é adequado para uso em estabelecimentos como os de hospitais, residências universitárias e restaurantes. Ele é altamente resistente ao choque, fácil de manusear e pode ser encontrado em diferentes desenhos e cores. A porcelana banquete é amplamente empregada em restaurantes e clubes exclusivos e no serviço de quartos particulares de hospitais. Ela se assemelha aos aparelhos de jantar de uso doméstico.

Peças vitrificadas e resistentes ao calor, de boa qualidade, são não absorventes, à prova de manchas e suportam temperaturas elevadas sem rachar ou quebrar. Existe grande variedade de itens em cores e modelos atraentes, incluindo bules de café, bules de chá, caçarolas, tigelinhas e pratos individuais para pudim ou tortas.

A *porcelana semivitrificada* é um artefato de barro de boa qualidade, cujo cozimento foi insuficiente para chegar à vitrificação. Esse tratamento resulta em uma peça de baixo grau de dureza que é, portanto, porosa e absorvente. A porcelana semivitrificada recebe um esmalte que sela e dá acabamento à peça, mas que, ao mesmo tempo, é sensível a choques térmicos e racha com facilidade. O desenho pode não se manter, pois é moldado depois que a porcelana recebe o esmalte e é queimada para produzir a porcelana semivitrificada e semiporcelanizada.

Decoração. São três os métodos empregados para colorir, moldar e decorar peças de porcelana: guarnição; impressão; e decalcomania (decalque). No processo de *guarnição*, o desenho de uma linha é aplicado, por uma máquina, nas bordas ou margens da peça; só uma cor pode ser usada. No método de *impressão*, é possível estampar ou imprimir qualquer tipo de desenho. Na *decalcomania*, o desenho é transferido a partir de um papel especialmente preparado para esse fim; pode ser utilizada qualquer quantidade de cores. Depois de aplicado o desenho colorido sobre a porcelana vitrificada, por qualquer um dos métodos, o item é mergulhado em um esmalte e queimado sob temperatura elevada. O esmalte é, na verdade, uma cobertura de vidro fundido aplicada ao prato moldado, queimado e decorado, que se funde com ele. Esse processo sela a superfície do biscoito, cobre e protege o desenho, aumenta a resistência da peça, torna a superfície mais lisa e mais resistente à ação de produtos químicos e a lascas, trincas ou danos produzidos por choque físico.

Determinadas cores, tais como alguns pigmentos azuis, e a aplicação de guarnições douradas, são afetadas pela alta temperatura usada para queimar o esmalte e, portanto, só devem ser aplicadas depois do processo de vitrificação. Na maioria das situações, o desenho feito sobre o esmalte vitrificado não é tão adequado como o que fica por baixo do esmalte, para uso por instituições de alimentação. As cores e o dourado colocados sobre a camada de esmalte são menos duráveis e se desgastam mais rapidamente do que os que são aplicados por baixo e que, portanto, ficam protegidos.

Fatores que influenciam a escolha da porcelana. Os aspectos que devem ser considerados quanto à escolha da porcelana são peso e durabilidade, projeto do restaurante, cor e modelo da porcelana, orçamento, disponibilidade de peças de reposição, formatos, tamanhos e capacidade. Além disso, na aquisição de porcelana, as "primeiras" - as peças mais perfeitas que podem ser selecionadas em cada operação da estufa depois do processo de queima - são as mais desejáveis. Elas não têm imperfeições como deformações, lascas, defeitos no esmalte, esmalte fino demais ou irregular, grandes marcas na parte de baixo, resultantes dos pinos nos quais a porcelana ficou presa durante o processo de queima, assim como desenhos irregulares ou mal aplicados. As demais peças são classificadas em "segundas" ou "terceiras", em decorrência do grau de imperfeição. A deformação nos pratos é detectada quando se rola diversos pratos simultaneamente sobre a borda. Ao contrário daqueles da primeira seleção, a deformação dos defeituosos aparece nitidamente durante a rolagem. Uma verificação mais detalhada de cada peça, por trabalhadores experientes, encerra o processo de classificação.

A *cor* e o *modelo* da porcelana escolhida devem harmonizar com os motivos gerais e com a atmosfera desejada para a área do refeitório. Os pigmentos e o processo passaram por tantos aperfeiçoamentos, que hoje não há praticamente limites de possibilidades no tocante às cores e aos modelos de porcelanas. Modelos conservadores, porém atraentes, incrementam a beleza de qualquer sala de refeições e, em geral, não diminuem o interesse pelo alimento. As cores principais usadas no corpo das peças de porcelana são branco, quase branco, marfim, amarelo claro e bege. Essas cores complementam as cores naturais dos alimentos e servem de pano de fundo para eles. As cores dos desenhos devem estar em harmonia. Desenhos espalhafatosos e naturalísticos no centro parecem deixar pouco espaço para a comida, além do que eles também podem representar um acréscimo de 5 a 25% no custo de cada prato. Por outro lado, um desenho mais barato pode ser criado com uma borda colorida na tonalidade dominante.

Não resta dúvida de que a escolha da porcelana depende da disponibilidade orçamentária. Não é raro acontecer de o orçamento restringir a escolha das porcelanas a modelos com uma decoração simples nas bordas, decoração esta que pode ou não ter um atrativo artístico. Os administradores precisam contrabalançar os atributos de beleza e durabilidade com o custo no momento da seleção de utensílios de porcelana. O interesse e a demanda por porcelanas de desenho atraente e preço acessível estimularam os fabricantes a produzir itens com essas características.

Outro fator que pode influenciar a escolha é a possibilidade de se encontrar itens para *reposição* dentro de um período de tempo razoável. Normalmente há estoque de tipos padrão para remessa imediata. Porcelana feita sob encomenda, tais como as que têm um monograma ou símbolo da instituição, precisam ser solicitados com semanas de antecedência. Esse fato, acrescido do custo relativamente alto de porcelanas feitas mediante encomenda, deve ser considerado quando da seleção de modelos para qualquer serviço específico. Mesmo os modelos para os quais a indústria mantém estoques, podem ser descontinuados sem ampla comunicação prévia e, portanto, a possibilidade de reposição com outro tipo de porcelana igual ou semelhante deve ser considerada no momento da escolha inicial.

Outra consideração quanto à seleção de porcelanas é o *formato* das peças, porque o mercado oferece inúmeras opções, como: pratos com beirada de 2,5 cm a 3,8 cm de largura; os do tipo Econo Rim, projetados para proporcionar economia de espaço em bandejas e armários e conferir mais resistência às bordas, têm uma beirada de 0,64 cm a 0,95 cm arredondada para baixo; e aqueles sem beirada, nos quais o corpo da peça é ligeiramente côncavo ou no formato de concha. Existem xícaras com formato baixo e largo ou alto e leve com abertura bastante estreita; estas últimas ajudam a reter o calor da bebida por mais tempo e são mais fáceis de armazenar do que as primeiras. Além disso, canecas de todos os tamanhos e formatos, que eliminam a necessidade de uso de pires, algumas com pés e outras não, tornaram-se populares em muitos estabelecimentos de alimentação.

Existem porcelanas em inúmeras opções de *tamanhos* e *capacidades*, com uma profusão de variações de um fabricante para outro. A tendência de compra atual aponta na direção da limitação da quantidade de tamanhos de pratos diferentes, com opção por um único tamanho para diversos usos. Por exemplo, em vez de comprar pratos de 10 cm para pão/manteiga e de 15 cm para saladas, um de 12,7 cm satisfaz às duas necessidades. Uma alternativa à compra de tigelas de tamanhos diferentes para sopa, cereais e outros itens semelhantes é adquirir um tamanho para todos os usos. Essa simplificação é vantajosa no tocante ao serviço, ao estoque, à lavagem, à reposição e ao armazenamento.

O tamanho de um prato é medido da extremidade externa de uma beirada à da outra e é este número que consta na especificação dos pedidos. A capacidade de xícaras, tigelas, recipientes para açúcar e creme e jarros é especificada em litros.

Quantidades a adquirir. A quantidade de louças que deve ser adquirida para equipar um estabelecimento de alimentação depende de diversos fatores: o número de mesas e o número total de pessoas a serem servidas; a duração do período de serviço; o tipo de cardápio e o preço das refeições; o tipo de serviço; as instalações disponíveis para lavagem de louças; a frequência de uso (intermitente ou contínuo); e a capacitação e a agilidade dos empregados. Outros fatores que não podem ser negligenciados são: a variedade de tamanhos de cada item a ser estocado e a frequência de uso das peças. Por exemplo, se forem adquiridos pratos de um único tamanho para múltiplos usos, como pães e manteiga, saladas e prato principal, será necessária uma quantidade menor de peças do que seria no caso da opção por pratos de três tamanhos diferentes. Além disso, no caso de xícaras de café, que são usadas muitas vezes por dia, deve ser comprado um grande número, de forma a garantir uma margem de segurança, o que não acontece com as tigelas para caldos, cujo uso pode ser restrito a uma ou duas vezes por semana.

Qualquer relação de quantidades deve ser determinada pelas necessidades de uma instituição em particular, portanto, não há uma fórmula geral para tanto. A Tabela B.1 sugere a quantidade de cada item de louça necessária por cliente em um estabelecimento de alimentação que emprega um ciclo de lavagem intermitente. Essa tabela pode ser útil como base para um planejamento inicial.

Cuidados. As porcelanas têm uma vida útil mais longa quando manuseadas com cuidado e lavadas adequadamente. Acredita-se que a maior parte das quebras ocorre em consequência do choque de porcelana contra porcelana e que de 75 a 80% de todas as quebras acontecem com louças sujas, na área de lavagem. Treinamento e supervisão criteriosos do pessoal ajudam bastante a evitar as quebras e a manter a aparência limpa e brilhante da louça. Procedimentos para redução do número de vezes que uma peça de porcelana é manuseada também contribuem para esse fim. Um exemplo é a separação e empilhamento de pratos sujos por tipo, antes de serem levados para a área de lavagem e o armazenamento de xícaras e copos limpos no próprio suporte em que foram lavados. O hábito de raspar os resíduos dos pratos nas aberturas apropriadas das mesas de raspagem não apenas reduz o barulho como a quebra de louças. Também é bastante útil o uso de escorredores de plástico ou metal revestido de material sintético e de hastes de plástico ou *nylon* nas esteiras das máquinas de lavar louças.

Uma área de lavagem adequada e o emprego da temperatura apropriada para lavar e enxaguar a louça, somados ao cuidado durante todo o processo de raspagem, lavagem e posterior empilhamento e armazenamento da louça limpa, são fatores que contribuem para o alongamento da vida útil das peças de porcelana.

Os pratos sujos, raspados e prontos para a máquina, são colocados em cintas ou em *racks*, de modo a deixar todas as superfícies expostas. Classificar e empilhar os pratos dentro dos *racks* ou em esteiras de transporte dinamizam o processo de lavagem tanto na extremidade de carga como de esvaziamento das máquinas e garantem uma limpeza melhor, porque os pratos maiores não impedem que o jato de água atinja os demais. Depois da lavagem e do enxágue, a porcelana é seca ao ar. Pratos de tamanho semelhante são cuidadosamente empilhados

Tabela B.1 Utensílios de mesa necessários por pessoa

Item	Quantidade por pessoa
Xícaras e pires	2 a 2,5
Canecas	3
Pratos de mesa	2 a 2,5
Pratos de salada	2 a 3
Tigelas para cereais/sopa	1 a 2
Pratos para frutas	2 a 3

de forma que a beirada inferior de um não estrague a superfície do prato de baixo. Xícaras e copos são armazenados nos *racks* de lavagem, empilhados em carrinhos de transporte e levados às unidades em que serão utilizados em seguida. Do mesmo modo, pratos e tigelas podem ser transportados diretamente da máquina de lavar para as unidades móveis com autonivelamento ou para carrinhos de armazenamento de pratos, nos quais permanecem até o momento do uso. Essa forma simplificada de manuseio, ao contrário do armazenamento de pratos em um armário para posterior remoção no momento do uso, ajuda a reduzir as quebras, por meio da redução do manejo, além de diminuir as horas de trabalho necessárias.

Em geral, pratos, pires e vasilhas de frutas menores são os mais sujeitos a quebra; eles são frequentemente colocados em pilhas altas demais e escorregam das bandejas ou carrinhos; as alças das xícaras se quebram; e as beiradas dos pratos maiores e mais pesados podem ser lascadas se não houver cuidado no empilhamento. Como forma de redução das quebras decorrentes da falta de cuidados, é recomendável que se faça um inventário frequente do estoque em circulação. Desse modo, os trabalhadores ficam cientes de que é feita uma verificação constante das quebras. Costuma-se afixar uma lista de preços das porcelanas, para que os trabalhadores saibam qual é o custo total para o estabelecimento, das perdas decorrentes de quebras. Cabe também aos supervisores determinar como e onde ocorrem quebras. Se elas parecerem exageradamente altas, eles devem adotar procedimentos corretivos nas sessões de treinamento realizadas com os empregados envolvidos no manuseio de louças.

A reposição de peças de porcelana pode ser feita na medida em que as que estão em uso quebrarem ou ser vinculada a um procedimento de provisão que atenda à manutenção do estoque para um período anual. Nesse caso, a reposição da despensa pode acompanhar o inventário anual. Os administradores devem conhecer bem qual é o suprimento de louça em circulação e certificar-se de que uma quantidade suficiente esteja disponível para que o ritmo do serviço não seja afetado pela falta de louça limpa.

Utensílios de mesa em vidro

Nos Estados Unidos, uma linha conhecida de serviços de mesa, produzida pela Corning Glass Company, são os copos em cuja composição um percentual da areia é substituído por pó de alumínio. As peças resultantes são robustas, finas e bem temperadas, além de apresentar uma superfície lisa e altamente resistente a manchas, lascagem, quebras, assim como à ação do calor. Esses copos estão disponíveis em ampla variedade de tamanhos, formatos de modelos de decoração sobre fundo branco. O preço é menor do que o de algumas peças de porcelana vitrificada. A quantidade de um pedido e os cuidados com as peças produzidas pela Corning são comparáveis ao que se observa no caso da porcelana.

Utensílios de mesa em plástico

O surgimento e a disponibilidade de compostos sintéticos para fabricação de utensílios de mesa introduziu concorrentes da porcelana e do vidro para uso em alguns tipos de estabelecimento de alimentação. A história do desenvolvimento de um produto adequado e largamente aceitável é longa.

A celuloide (1868), um primitivo composto sintético termoplástico, precursora dos plásticos modernos, era produzida com nitrato de celulose e cânfora. A falta de resistência ao calor, a elevada inflamabilidade, assim como o odor e o sabor da cânfora, tornavam a celuloide imprópria para fabricação de utensílios de mesa. No período seguinte de desenvolvimento (1908), fenol e formaldeído foram incorporados a um composto termocurado que podia ser moldado sob pressão e calor em formatos que se mantinham quando submetidos à tensão mecânica, como também em temperatura superior à de ebulição da água. Esse tipo de composto já havido tido ampla e variada aplicação que, no entanto, em virtude do odor e da desagradável coloração amarronzada do produto ficava restrita, no setor de alimentação, a bandejas de balcão e de serviço. A substituição da ureia por fenol tornou possível a produção de um composto branco e mais resistente, que, além disso, aceitava bem o uso de pigmentos coloridos. O custo básico desse material era alto; entretanto, ele era empregado para produção de pratos de espessura muito fina, adequados apenas para piqueniques ou outro tipo limitado de uso, que eram vendidos por preços razoavelmente baixos.

Durante a Segunda Guerra Mundial, descobriu-se que era possível combinar melamina com formaldeído para fabricação de uma resina resistente, que se mostrou adequada ao uso em equipamentos utilizados em voos a altitudes elevadas. Esse tipo de composto plástico à base de melamina é hoje empregado na produção de utensílios de mesa, comumente denominados louças de melamina.

O primeiro serviço de mesa resistente produzido à base de compostos de formaldeído de melamina continha um recheio de tecidos de algodão moído. Os produtos eram resistentes à alta tensão e ao impacto, mas tinham uma aparência desagradável e apresentavam limitação quanto ao espectro de cores que suportavam. Compostos feitos por uma mistura de resina de melamina e pigmentos de coloração rápida, com a matéria-prima usada na fabricação de papel de fibra longa e alta qualidade, são usados atualmente na produção de utensílios de mesa. Esse material é conhecido como composto termocurado de formaldeído de melamina, preenchido com alfa-celulose; os produtos feitos a partir dele estão disponíveis em uma ampla gama de cores e modelos.

Os compostos de melamina passam por alterações químicas no processo de moldagem sob pressão de 210 kgf/cm² a 245 kgf/cm², a 168°C, o que confere às peças uma superfície lisa e lustrosa, resistente a riscos, lascagem e quebra, assim como à ação de detergentes e gordura. O material também não está sujeito aos danos devidos ao uso de água quente na máquina de lavar louças. Como o pigmento de cor é totalmente misturado com o composto antes da moldagem, o produto final não é passível de desbotamento.

A decoração permanente dos utensílios de mesa feitos de melamina é conseguida quando se abre a prensa assim que o material é moldado, como quando se adiciona uma cobertura saturada de melamina, com o lado litografado voltado para a superfície da peça. O molde é fechado e, durante a cura, a cobertura fica incorporada ao material da base, criando sobre o produto final um esmalte protetor liso e resistente ao uso.

Fatores que influenciam a escolha de louças de plástico. Nos Estados Unidos, o U.S. Department of Commerce estabelece padrões para os tipos de louça de melamina destinados a uso intenso. Os estabelecimentos de alimentação devem especificar no pedido de compra que a louça precisa estar em conformidade com os padrões comerciais (CS, na sigla em inglês) número 173-50, relacionados à característica do produto final quanto à espessura e à resistência à ação de ácidos, água fervente e calor seco.

Amostras de louças plásticas podem ser adquiridas ou solicitadas, para efeito de testes, antes da colocação do pedido. Atenção especial deve ser dedicada ao equilíbrio e a qualquer tipo de defeito que possa aparecer na superfície em decorrência do uso normal de facas.

O custo original das louças de plástico pode ser um pouco mais elevado do que o das porcelanas de peso médio, porém, estima-se que o custo de reposição fique em torno de um décimo do das porcelanas. Diferenças em formato, densidade e equilíbrio são os fatores que justificam, em certa medida, a faixa de preço das louças de melamina. É acirrada a concorrência entre as empresas de modelagem para produção, a partir desse material básico, de itens que sejam atraentes em termos de cor e modelo e que atendam às necessidades do setor de alimentação. É recomendado que se faça uma cotação de preço em diversas empresas antes da aquisição.

A escolha entre as louças de melamina e as já aprovadas de porcelana pode causar problemas para o potencial comprador. O peso leve da melamina, da ordem de um terço do peso das louças comuns, sua baixa tendência à quebra, o barulho mínimo no manuseio e as cores atrativas fazem dela uma opção interessante em muitos tipos de estabelecimentos de alimentação, especialmente naqueles ligados a hospitais, outras instituições de atendimento à saúde e escolas. Outra vantagem reside no fato de esses produtos serem recicláveis. Grande parte dos produtos de melamina vendidos atualmente são 100% reciclados.

No entanto, a melamina também apresenta desvantagens, como estar sujeita às manchas e aos arranhões e ser difícil de limpar, muito embora aperfeiçoamentos no processo de fabricação tenham conseguido reduzir esse problema. A despeito da baixa condutividade térmica dos produtos feitos de melamina, o que elimina a necessidade de pré-aquecimento para servir, eles podem apresentar alguns problemas na lavagem. Essas louças não secam facilmente ao ar livre e podem manter a umidade no armazenamento. Testes bacteriológicos das louças de melamina, entretanto, não apontam motivos para preocupação em relação a essa condição. A melamina não resiste ao calor elevado e, desse modo, seu uso no forno comum ou no de micro-ondas não é seguro.

As louças de plástico mais recentes vêm sendo desenvolvidas com uso de policarbonatos, que resistem a manchas e arranhões e não retêm odores. Essas louças são ideais para instalações de alimentação de escolas, cafeterias, creches e instituições de saúde (Fig. B.54).

Cuidados. Os mesmos cuidados descritos no que diz respeito à lavagem de louças de porcelana se aplicam às louças de plástico. No entanto, a remoção de manchas em xícaras pode exigir um passo adicional, que é colocá-las de molho antes da lavagem. Pode acontecer de xícaras de porcelana também necessitarem desse cuidado.

Muitos fabricantes de louças de melamina conseguiram bons resultados em um processo destinado a evitar grande parte das manchas inaceitáveis e melhorar a vida útil desse tipo de utensílios de mesa. Tal processo se baseia na incorporação de

Figura B.54 Bandeja e louça feitas de policarbonato.
Fonte: Cortesia de Cambro Manufacturing Company, Huntington Beach, CA.

compostos resistentes a manchas à resina termocurada. O desenvolvimento de novos produtos para lavagem e uma atenção especial às técnicas de lavagem contribuem para eliminação de parte do problema. Recomenda-se o uso de detergentes alcalinos para a limpeza. Os abrasivos têm ação maléfica sobre a superfície do plástico; portanto, na escolha de produtos químicos para enxágue deve-se dar preferência àqueles sem cloro. Alguns usuários acreditam que a reposição frequente de xícaras é a resposta, pois é compensada pelo elevado grau de resistência às quebras, à lascagem, à rachadura e às fissuras sob condições normais de uso, mas também por outros fatores como leveza, baixo nível de ruído no manuseio, cores e brilho atraentes e o custo relativamente baixo de manutenção e reposição.

Quantidades a adquirir. O estoque inicial de louças de plástico é comparável com o recomendado para porcelanas. O tamanho dos pratos também obedece às mesmas considerações. Outro parâmetro no tocante à quantidade de louças que deve ser adquirida para um estabelecimento de alimentação é calcular três vezes o número de lugares disponíveis no refeitório, para itens como pratos de pão e manteiga, pratos de salada, pratos rasos, pires e tigelas para frutas e/ou cereais, além de quatro vezes para xícaras. A quantidade total desses e de outros itens depende bastante do padrão do cardápio e de outras condições mencionadas anteriormente.

Louças descartáveis

Existem itens de uso único para serviço de mesa em diferentes materiais, incluindo papel, papel plastificado, plástico fino transparente ou colorido, isopor® e folhas de alumínio. Esses produtos estão disponíveis em ampla gama de tamanhos, formatos, cores e qualidade. Alguns são feitos para utilização apenas com alimentos frios; outros suportam calor elevado, o que os torna apropriados para usar em fornos comuns ou de micro-ondas, bem como para servir alimentos quentes.

A opção por louças descartáveis no lugar de outros tipos de utensílios de mesa pode se justificar, em especial no caso de estabelecimentos de alimentação que empregam sistemas de preparar/servir, assim como para estabelecimentos de *fast-food* e rotisserias.

Fatores que influenciam a escolha. É importante que se faça uma avaliação de fatores como custo inicial de aquisição e de reposição, espaço e equipamentos para lavagem e mão de obra necessária para o manuseio, de modo que se compare as louças convencionais com as de plástico ou papel; e das condições de *descarte* e *aceitabilidade* pelas pessoas que com essa louça serão servidas. Em qualquer caso, todos os estabelecimentos de alimentação devem contar com a possibilidade de obter rapidamente alguns itens de louças para momentos de emergência.

O descarte de grandes quantidades de produtos "descartáveis" gera problemas em algumas situações. A existência de um grande compactador de lixo para manipular esses resíduos dentro da própria instituição, sem gerar um volume indevido, é uma necessidade.

As quantidades a comprar são determinadas pelo espaço disponível para armazenamento de grandes caixas de mercadorias de papel ou plástico, pela relativa proximidade em relação a um fornecedor escolhido e, sem dúvida, pelo número de pessoas que devem ser servidas em dado período de tempo e pelos itens do cardápio oferecido.

Utensílios de mesa em prata

Talheres de prata. A qualidade dos utensílios de mesa é um fator de diferenciação de estabelecimentos de alimentação, graças à demanda e ao interesse da clientela por serviços atrativos. Eles conferem dignidade e charme às mesas de refeições, provavelmente em virtude da ideia de que a prata, um metal precioso, é encontrada em locais frequentados por pessoas que conhecem e apreciam uma vida confortável e agradável. Algum conhecimento a respeito da manufatura de talheres de prata ajuda os administradores de negócios de alimentação a tomar a melhor decisão ao escolher esse item.

"Matrizes" servem de base tanto para os talheres quanto para os demais utensílios de mesa. Elas são feitas de um material com 18% de níquel-prata, um metal que confere ao utensílio a resistência e a dureza necessárias para que ele suporte a deformação e a torção a que estão frequentemente sujeitos os talheres em condições normais de uso. O modelo, o formato e a espessura, ou o peso das matrizes devem contribuir para a beleza e a resistência ao desgaste.

O padrão de peso para matrizes das colheres de chá comuns vendidas para serviços públicos em geral é de 3,3 kg por grosa. As principais matrizes usadas têm peso que varia entre 3,9 kg (pesada); 3,3 kg (regular); e 3,8 kg a 3,0 kg (média). As matrizes de 3,3 kg são indicadas para bandejas de hospitais, enquanto o padrão de 3,9 kg é aconselhável para talheres destinados a uso pesado em restaurantes e refeitórios. O peso da matriz utilizada tem reflexo sobre o preço do produto final.

As matrizes de talheres são estampadas, graduadas e laminadas até atingirem o tamanho dos garfos e das colheres. Elas são então passadas por diversas prensas e os dentes dos garfos e o recipiente côncavo das colheres são moldados. No passo seguinte, as peças são cortadas com o molde padrão, depois, as bordas são aparadas e polidas para obtenção do produto acabado. Os dentes dos garfos devem ser bem modelados e receber tratamento a quente para que adquiram máxima resistência; tanto os garfos como as colheres devem ter hastes pesadas e reforçadas, capazes de suportar o desgaste. Depois de limpos e polidos, os artigos estão prontos para receber o revestimento de prata.

Na fabricação de facas, as etapas anteriores ao banho de prata diferem daquelas que constituem a produção de matrizes para garfos e colheres. Descobriu-se que a base com 18% de níquel-prata produz lâminas que se dobram com facilidade e cujo gume não pode ser suficientemente afiado para o uso prático em cutelaria. O aço inoxidável passou a ser empregado em larga escala para fabricação de lâminas de facas, e foram desenvolvidas ligas não corrosivas que se mostraram convenientes como base para moldagem de cabos de facas robustos, destinados a receber um banho de prata. A popular faca de cabo oco, feita com a liga níquel-prata de 18% como base para o cabo, foi amplamente substituída pela faca em peça única de aço inoxidável com cabo de prata. Um aperfeiçoamento no projeto das facas foi a mudança do estilo de lâmina longa e cabo curto, para o de lâmina curta e cabo longo, com o que a pressão com o dedo indicador do usuário é feita sobre as costas do cabo em vez da estreita borda da lâmina de aço.

Fabricantes de talheres de melhor qualidade empregam uma etapa intermediária entre a produção da matriz e o banho de prata. As matrizes são reforçadas com um disco adicional de prata no ponto de maior desgaste: a parte posterior da concha nas colheres e a base dos dentes, nos garfos. Tal tratamento é conhecido como camada transversal de cobertura ou camada de reforço e serve para aumentar significativamente a resistência ao desgaste.

O banho de prata em talheres é feito por meio de eletrólise. Barras ou lingotes de prata pura são colocados ao redor das laterais de um tanque de prateação e as peças que receberão o banho são penduradas na solução dentro do tanque. Por meio de uma corrente elétrica, a prata se desprende das barras e é depositada nas matrizes; a quantidade de prata depositada depende do período de duração do processo e da potência da corrente.

Depois de removidas do tanque de prateação, as peças são encaminhadas para as salas de acabamento. As de melhor categoria são lixadas e friccionadas sob pressão com uma ferramenta de aço com ponta arredondada, para endurecimento e alisamento da chapa. Ela é então polida e colorida. Os talheres de prata de melhor qualidade recebem um lixamento adicional. Os diversos tipos de acabamento são: *butler* ou acabamento opaco; *hotel* ou brilho médio; e *brilhante*. Os acabamentos são obtidos através do uso de diferentes tipos de discos de couro e compostos de polimento, cuja aplicação varia de acordo com o grau de polimento desejado.

O processo de prateação de talheres para uso intenso é mais pesado do que o recebido pelos talheres usados no ambiente doméstico. Os artigos mais comuns para utilização intensa são conhecidos como *camada tripla* ou três vezes o padrão completo. Nos itens de camada tripla, a quantidade de prata pura aplicada varia de acordo com o tipo de item: uma grosa de colheres de chá recebe 0,20 kg de prata pura e uma grosa de colheres de mesa, 0,38 kg. Um processo de prateação mais leve, conhecido como *padrão completo* recebe um depósito de 0,16 kg de prata pura para uma grosa de colheres de mesa e apenas 0,08 kg para as colheres de chá. O tipo meio padrão, como o próprio nome sugere, recebe um depósito de prata igual à metade do padrão completo. Para uso intensivo, não se recomenda talheres cuja camada de prata seja mais leve do que a do padrão completo.

Os principais fabricantes de talheres de prata costumam produzir, com a marca própria, itens de qualidade superior à citada. Um exemplo são as colheres de mesa pesadas utilizadas em hotéis, que pesam de 4,3 kg a 4,5 kg por grosa. Para sua produção, é aplicada às matrizes uma camada de depósito adicional reforçada, com 3,9 kg. O revestimento de prata nas extremidades e costas da parte côncava e nos dentes dos garfos é normalmente invisível em qualquer item com qualidade de 3,9 kg e 4,1 kg. As matrizes de metal pesado e finamente polido, o pesado padrão de prateação e o fino acabamento dessa qualidade de talheres de prata tornam o custo inicial maior do que das peças de prata comerciais comuns, porém, esse custo é compensado pela maior durabilidade e melhor serviço que elas proporcionam.

Utensílios de mesa. Utensílios de mesa em prata, tais como tigelas, pratos de servir, açucareiros, potes de creme, jarras, bules de café e de chá, são produzidos com o mesmo material que os talheres e submetidos a um processo de prateação semelhante, para obtenção de itens com diferentes padrões de qualidade. O corpo dos diferentes itens é moldado e as diversas peças de cada tipo são reunidas e soldadas à mão por artesãos especialistas antes da prateação. A qualidade dos materiais e da mão de obra e o modelo determinam o preço.

Entre as características que devem ser consideradas na escolha de utensílios de mesa destacam-se: cantos cortantes devem ser evitados; bicos curtos são mais fáceis de limpar do que os longos; modelos simples costumam ser mais atraentes do que os ornamentados, além de proporcionar mais facilidade para limpeza. No entanto, peças de prata totalmente lisas são mais suscetíveis a arranhões decorrentes do uso comum; portanto, um desenho simples e atraente que quebre a uniformidade da superfície pode ser mais prático do que a prata lisa. Simplicidade é sempre o fio condutor do bom gosto.

Modelos e padrões comuns costumam ser individualizados por meio de estampagem ou gravação do nome, ou da marca da organização, ou de um motivo decorativo especial em uma superfície que de outro modo seria lisa. Para estampar utensílios de prata, a estampa deve ser feita nas costas do item antes da prateação. O nome do fabricante é estampado na base.

Utensílios de mesa feitos de prata podem ser vistos como uma extravagância, porém, quando se considera o custo ao longo de alguns anos, podem ser mais econômicos do que a porcelana e as peças de vidro. Além do mais, a satisfação e o prestígio ganhos com seu uso não podem ser ignorados.

Cuidados. Os cuidados que se deve ter com os utensílios de mesa feitos em prata estão relacionados com sua aparência e resistência ao desgaste. O manuseio cuidadoso evita a maior parte dos arranhões. O seguinte procedimento é sugerido para limpeza e manutenção das boas condições das peças de prata: separar; lavar em uma máquina que contenha um composto de limpeza apropriado, a uma temperatura entre 60°C a 65°C; e enxaguar completamente. Uma imersão final em uma solução com elevado teor umectante evita as manchas a que fica sujeita a prata ao ar livre. É recomendado colocar de molho os talheres imediatamente após o uso. Quando as peças de prata forem lavadas em *racks* de fundo plano, devem ser espalhadas com folgas sobre a superfície do *rack*, separadas após a lavagem, colocadas em cilindros dispensadores com furos e novamente lavadas para garantir a higienização. Se talheres de prata forem separados em cilindros antes da lavagem, os cabos devem ficar para baixo, de modo que a superfície da lâmina das facas, dos dentes dos garfos e da concha das colheres seja devidamente lavada e enxaguada. É importante tomar cuidado para que os recipientes não fiquem cheios demais. A prata lavada deve ser deixada nos cilindros para secar. Esse sistema é adequado, em especial para unidades de *self-service*, porque os cilindros dispensadores podem ser invertidos sobre aqueles usados na lavagem, de forma que os cabos fiquem para cima, sem contato das mãos com a prata limpa.

A prata adquire manchas logo que exposta à fumaça, ou ao gás natural, ou quando entra em contato com borracha, ou certas fibras, ou alimentos que contenham enxofre. A remoção das manchas pode ser feita fácil e rapidamente ao se mergulhar as peças colocadas em uma cesta de grade metálica em uma solução de água com um composto de fosfato trissódico contida em uma caldeira de alumínio reservada para essa finalidade.

A mancha (óxido) reage com o alumínio, formando um sal, e pode ser removida por meio de uma ação eletrolítica leve. O composto de limpeza também quebra e dissolve a gordura e a sujeira que a prata porventura possa ter. A peça de prata é deixada na solução apenas pelo tempo suficiente para que a mancha seja removida. Ela é depois enxaguada em água fervente e mergulhada em uma solução de elevado teor umectante. Máquinas de polir são empregadas para polimento de utensílios de prata em grandes estabelecimentos de alimentação. É importante que essas máquinas não estejam com carga excessiva e que seu tambor contenha granalha de aço em diversos tamanhos para que haja contato efetivo com todas as superfícies a serem polidas. Também é necessário verificar se a quantidade correta de um detergente apropriado foi adicionada à água da máquina de polir, para que se obtenha a concentração exigida da solução. Não existe uma regra definida em relação à frequência de remoção de manchas e polimento; cada estabelecimento deve fixar seu padrão.

Utensílios de mesa em aço inoxidável

Os utensílios de mesa feitos em aço inoxidável conquistaram ampla aceitação como utensílios para uso intenso em muitos estabelecimentos de alimentação. Os talheres são bastante econômicos. Eles têm elevada resistência ao calor, a arranhões e ao desgaste, além de não enferrujar, manchar, descascar, lascar e embaçar. Essas peças mantêm o brilho indefinidamente quando submetidas ao processo normal de lavagem e são encontradas em inúmeras opções de modelos atraentes. Existem talheres de aço inoxidável com peso leve, padrão e pesado. É possível encontrar no mercado utensílios de aço inoxidável com qualidade inferior, porém, eles não atendem às necessidades da maioria dos estabelecimentos de alimentação. Esse tipo de talher é feito a partir de folhas laminadas do metal, sobre as quais são estampados os formatos desejados. As peças resultantes têm a mesma espessura em toda a sua extensão e um equilíbrio deficiente, além do que, a espessura grande dos dentes dos garfos e da concha das colheres dificulta pegar os alimentos. Essa qualidade de talher deve ser evitada.

Utensílios de boa qualidade são laminados e reduzidos na medida da necessidade, para proporcionar equilíbrio e ser confortável no manuseio. Um teste de equilíbrio é colocar sobre o dedo indicador um garfo apoiado sobre seus dentes ou uma colher apoiada sobre sua concha: a peça deve ficar equilibrada entre o cabo e a parte da concha ou dos dentes. Em talheres de qualidade inferior, os dentes ou a concha pesam mais para um dos lados e o utensílio cai do dedo.

Outra consideração na seleção de utensílios de mesa feitos em aço inoxidável é o tamanho e a forma dos cabos. Pessoas mais velhas, principalmente, acham difícil segurar um cabo fino demais e preferem uma peça maior de formato mais largo.

Jarros de água e bules de chá em aço inoxidável são considerados um investimento para toda a vida, muito embora o custo inicial seja alto em comparação aos mesmos itens feitos de vidro comum ou cerâmica. Os mesmos métodos de separação, lavagem e secagem são recomendados tanto para utensílios de aço inoxidável como de prata.

Quantidade de utensílios de mesa que deve ser adquirida

O cardápio a ser oferecido determina quais utensílios de mesa o estabelecimento de alimentação precisa ter. É mais difícil calcular as quantidades de cada peça que se deve ter em estoque. A exemplo do que ocorre com as louças, a tendência em relação aos talheres é de utilização do menor número possível de peças diferentes. Por exemplo, facas e garfos de sobremesa podem ser empregados para muitas finalidades diferentes e acabam sendo preferidos, em detrimento das facas e dos garfos de mesa. Colheres de sobremesa podem ser usadas para sopa e, da mesma forma, as de servir, para alguns tipos de sobremesa.

Uma boa estimativa de quantidade de talheres para restaurantes é um número igual ao dobro da capacidade de assentos, para todas as peças de talher necessárias. Caso as instalações de lavagem de louça sejam limitadas e a rotatividade de clientes muito grande, essa quantidade pode precisar ser aumentada para três ou quatro vezes a capacidade de assentos. Para os serviços de mesa ou bandeja, três colheres de chá, três garfos (com utilização de um garfo de sobremesa para todos os fins) e duas facas por lugar são, em geral, suficientes. A estimativa para todos os outros itens tem por base 1 ½ por lugar, ou de acordo com a necessidade no caso de banquetes, ou serviços especiais de festas. Isso exige quantidades limitadas de itens específicos como garfos para peixe ou ostras, colheres para caldos, espátulas de manteiga ou colheres de sorvete.

No tocante ao investimento total em utensílios de mesa, a média é de 2,5% do orçamento planejado para equipamentos de alimentação.

Utensílios de vidro

O vidro dos utensílios é classificado em vidro à base de chumbo ou de cal, em decorrência do material empregado no processo de fabricação: chumbo ou óxido de cal. Os vidros à base de chumbo têm qualidade melhor, mais brilho e são mais transparentes do que os de cal, cujo preço é mais baixo. Os artigos de vidro são feitos a partir de um composto fundido que obtém a forma desejada ao ser soprado por uma máquina ou por meio de processo manual, ou é prensado em moldes por uma máquina. O método de sopro é mais caro e produz um vidro mais delgado, de textura mais fina e brilhante e aro mais claro. O vidro de chumbo soprado por processo manual é superior a todos os outros, em virtude do brilho, da leveza e da variedade de estilos. Vidros de cal soprados possuem essas características em um grau inferior, são mais baratos e utilizados amplamente em instituições. Em geral, esse tipo de vidro é soprado por máquina. O estilo, a cor e a decoração determinam os custos da fabricação de artigos de vidro soprado.

O vidro de cal prensado é usado em muitas instituições. Ele é vantajoso e os de melhor qualidade são praticamente livres de bolhas e embaçamento quando comparados com os mais inferiores. Além do mais, é relativamente barato e pode ser obtido em muitos estilos diferentes. Para uso em instituições, devem ser escolhidas peças de vidro de boa qualidade, quer seja vidro prensado ou soprado. Características desejáveis são transparência, brilho, peso médio, ausência de defeitos tais como marcas e bolhas e um aro claro. Além disso, as peças devem ter um modelo que não tombe com facilidade.

Para que estejam em conformidade com as especificações do governo federal americano, os utensílios de vidro precisam passar por testes de fervura e choque sem mostrar sinais de corrosão, lascagem, queda de espuma ou rachadura. No teste de fervura, os artigos ficam suspensos durante seis horas em água fervente, dentro de um recipiente fechado e sem ventilação. O teste de choque é feito por meio da imersão das peças em água da torneira a 18,5°C ± 2,5° (65°F ± 5°) por um período de dez minutos e depois, elas são imediatamente colocadas dentro da água fervente. Esse procedimento é repetido cinco vezes. Nem todos os utensílios de vidro vendidos atendem às especificações federais, bem como não existem etiquetas que indiquem quais, se houver, satisfazem a esse critério de qualidade.

Os copos de vidro mais comumente usados em empresas têm capacidade de 150 mL a 180 mL (copos para sucos), 270 mL a 300 mL (copos para leite e água) e 350 mL a 410 mL (copos para chá gelado). No caso de serviços de bar é recomendado que haja um estoque amplo de diferentes tamanhos e formatos de copos.

Taças e pratos de sobremesa com pés também são utensílios de vidro utilizados em alguns estabelecimentos de alimentação. O tamanho da porção de itens específicos do cardápio é o fator que determina o tamanho, em termos de capacidade, necessário para esses artigos.

Cuidados. Os utensílios de vidro devem ser separados antes da lavagem e lavados em uma máquina específica para eles; nunca misturados na mesma máquina utilizada para outros pratos. Quando houver necessidade de lavá-los na mesma máquina usada para os demais pratos, deve-se optar por fazê-lo em primeiro lugar, antes que a água esteja carregada de gordura e de resíduos de alimentos ou deixá-los para depois dos pratos, com o cuidado de se substituir a água suja por outra limpa. Nas duas situações, todos os itens devem ser colocados de boca para baixo dentro do *rack* da máquina depois de recolhidos dos refeitórios, permanecendo nos mesmos *racks* para lavagem e drenagem. Depois disso, são colocados em carrinhos para transporte aos locais de armazenamento ou para uso sem mais manuseio.

Os utensílios de vidro devem passar por constante verificação, de modo a manter em serviço apenas aquelas peças que não apresentarem lascagem, trincas, embaçamento ou riscos. A opacidade dos copos pode ser consequência de baixa pressão e pouco volume de água no enxágue, ciclo de enxágue curto demais, falta de alinhamento dos jatos de pulverização ou existência de precipitados causados pela elevada dureza da água. Manchas de chá podem ser removidas por meio de detergentes clorados colocados na máquina de lavar copos. Um processo de lavagem lento demais ou a dureza da água do enxágue podem ser a causa das manchas de água. O efeito atraente de um serviço de mesa pode ser prejudicado pela presença de utensílios de vidro estragados ou mal lavados.

O índice de quebra de utensílios de vidro nas instituições é frequentemente alto e resulta da falta de cuidado no manuseio e no armazenamento, além da escolha inadequada de modelos para uso intenso, da utilização de utensílios de qualidade inferior e do emprego de temperaturas elevadas demais durante a lavagem. O formato dos copos tem significativa influência no nível de quebras estimado. Copos de vidro com laterais retas, que podem ser empilhados, são fortes candidatos a quebras; existem formatos patenteados que impossibilitam o empilhamento de copos. Muitos tipos de utensílios de vidro são ligeiramente curvados na extremidade superior, de modo que as bordas não se tocam quando eles são colocados juntos, dessa forma, ocorre o contato entre as partes mais reforçadas da peça. Outros tipos têm bordas reforçadas no topo, recurso a que se atribui sua resistência à lascagem. Essa característica também é encontrada na borda inferior de alguns utensílios que se apoiam em pés.

Quantidades a adquirir. A quantidade e o tipo de utensílios de vidro que devem ser mantidos em estoque varia no que diz respeito aos serviços de mesa. A escolha é baseada principalmente em fatores como cardápio, tipo de serviço, número de assentos e taxa de rotatividade, instalações para lavagem de louças, capacitação das pessoas envolvidas com o manuseio das louças e periodicidade do serviço (contínuo ou intermitente). No entanto, como os utensílios de vidro são mais frágeis do que outros utensílios de mesa, os estabelecimentos de alimentação devem manter um amplo estoque disponível dos itens usados com mais frequência: copos de base plana; copos para suco de frutas e vasilhas; copos para sorvete ou sobremesas (se forem utilizadas peças de vidro). Uma regra sugerida para determinação da quantidade a adquirir é considerar duas peças para cada pessoa a ser servida: uma em uso e a outra metade na lavadora de louça, mais 50% desse total reservados no estoque.

Toalhas de mesa

Em algumas localidades, as toalhas de mesa podem ser alugadas de lavanderias locais, o que poupa o estabelecimento de alimentação da necessidade de comprar e armazenar esse item. Entretanto, quando a solução for comprá-las, existem muitas opções no tocante ao material usado: linho puro ou misto, seda artificial, algodão, algodão mercerizado, linho adamascado e tecidos mistos de algodão com poliéster.

As fibras de algodão podem ser empregadas em combinação com linho ou seda artificial nos adamascados mistos, para produzir toalhas de mesa e guardanapos duráveis e atraentes. Guardanapos de mesa feitos com uma mistura de seda artificial e algodão não se desgastam facilmente e, quase sempre, são superiores a todos os guardanapos de algodão puro ou linho puro, em aparência e resistência à ruptura. O algodão é usado sozinho na confecção de algodão puro, mercerizado e feito de linho. Estes dois últimos, depois de tecidos, são tratados de forma a obter um acabamento permanente que confere ao material características semelhantes às do linho. Peças de algodão têm resistência ao desgaste melhor do que a do linho, além do que perdem menos dessa resistência nas lavagens e não criam felpas. Já o linho é livre de felpas e tem aparência mais atraente, motivo pelo qual é admirado.

Em virtude do elevado custo inicial e de manutenção de peças de linho e de algodão, aquelas produzidas com uma mistura a 50% de poliéster e algodão, sem acabamento engomado, estão rapidamente ganhando espaço em estabelecimentos de alimentação menos sofisticados. Os fios de poliéster são utilizados na produção de tecidos rendados e lisos.

As toalhas de mesa podem ser totalmente brancas, coloridas ou com bordas ou desenhos coloridos sobre fundo branco. Os linhos coloridos são normalmente usados como jogos americanos ou toalhas nos serviços de café da manhã e almoço, assim como em muitos salões de refeições, para incrementar o "ambiente". Além da opção de se adquirir toalhas prontas, os tecidos podem ser comprados por metro e as toalhas confeccionadas de acordo com o tamanho específico das mesas de cada estabelecimento. O tamanho e o formato das mesas são os parâmetros determinantes do tamanho das toalhas. Elas devem ter tamanho suficiente para cobrir toda a mesa e deixar caída ao redor dela uma faixa de 18 cm a 30 cm, além do que, é necessário prever possível encolhimento conforme o tipo de material. Os tamanhos usuais de toalhas de mesa são 132 cm × 132 cm, 152 cm × 203 cm, 170 cm × 229 cm, 170 cm × 259 cm, e ou maiores, de modo que dependem do comprimento das mesas de refeição. Alguns estabelecimentos colocam sobre a toalha uma cobertura do tamanho do tampo da mesa, para evitar a necessidade de trocas frequentes e, assim, reduzir os custos de lavanderia.

Os guardanapos mais usados nas instituições de alimentação têm, em geral, dimensões quadradas de 45 cm, 50 cm e 56 cm.

Jogos americanos e guardanapos de papel. O leque existente de cores e modelos de produtos de papel é tão amplo que a escolha de coberturas adequadas é relativamente fácil. O tamanho da peça depende do tamanho da bandeja usada no serviço. Para a função de cobertura de mesa, os jogos americanos de 30 cm × 46 cm atendem satisfatoriamente, muito embora os de 28 cm × 36 cm sejam usados com bastante frequência. É comum que o nome, o logotipo ou o desenho da empresa seja impresso nas toalhas e/ou nos guardanapos, o que serve de promoção para o estabelecimento.

ÍNDICE REMISSIVO

A

Abadias, 7
   de Fontevraud, França, 7
Abrasivos, 102
Abreviações comuns na produção de alimentos, 212
Ação afirmativa, 424-425
Acidentes, 74, 115
   relatório de ferimentos e doenças, 117
Aço
   galvanizado e ferro, 319
   inoxidável, 320-321, 550
Administração
   de recursos humanos. *Ver também* Funcionários
      definição, 368, 405-406
      descrição de, 405-408
      integrado, 406
   estratégica, 362-363
   integrada de recursos humanos, 406
   interna, 43
Agência de Proteção Ambiental (EPA), 163, 336
Agente de enxágue, 101
Água
   aquecedores, 339
   aquecimento, 340-342
   cinza, 343
   economia de, 343
Albergues, 10
Alergênicos, 72
Alimentação de animais, 349
Alimentos
   características, 147-148
   congelados, reaquecimento, 249
   custos, 484
   distribuição/vendedores, 166-168
   étnicos, 134-135
   hábitos, 138
   inovadores, 17-30
   potencialmente perigosos (APP), 70
   resfriados, reaquecimento, 249
   retermalizados, 53
   superfícies de contato, 100
Allen, Roy, 21
Alocador de recursos, 370
Alumínio, 318-319
American Gas Association, 267, 329
American Hospital Association, 361
American Marketing Association, 495-496
American Society of Mechanical Engineers, 329
American Standards Association, 329
Amônia quaternária, propriedades da, 103
Amostragem de trabalho, 452
Análise
   comparativa, 43, 441, 474-476, 493
   de fluxo de resíduos, 351
   de perigos e pontos críticos de controle (APPCC)
      definição, 6, 66, 86
      princípios de, 88
      segurança alimentar e, 75-77, 86-91
   SWOT, 500
Anderson, Walter, 22
Aparelho
   de jantar descartável, 548
   para derretimento de queijo, 524
APPCC. *Ver* Análise, de perigos e pontos críticos de controle
Appert, Nicolas, 12
Apresentação de alimentos, 147
Ar-condicionado, 281, 283, 339, 341
Arby's, 27
Áreas
   de pré-preparo, planejamento/projeto de instalações e, 293
   de preparação, planejamento/projeto de instalações e, 293-296
   de refeição e equipamentos, 308-309, 330-331
   de saladas, planejamento/projeto de instalações e, 294-295
   de trabalho
      design, 448-451
      planejamento e projeto de instalações, 289-300
      programas de simplificação, 450-451
      qualidade de vida, 435, 447-448
Áreas-chave de resultado (KRA), 441
Armários de cozinha, 542
Armazenamento
   arranjo, 197-198
   controle de estoque, 200-201
   custos, 479, 481
   higienização, 198
   importância do, 194-195
   planejamento/projeto de instalações e, 292
   recipientes, 321-322, 542
   refrigerado e congelado, 198-199
   registros, 465
   seco, 196-198
   temperaturas, 196, 197
   ventilação, 197
Arroz, cocção, 514
Articulador, 370
Assar
   carnes e aves, 511
   carnes e vegetais, 512-513
   na churrasqueira (grelhar), 511
   planejamento/projeto de instalações e áreas para, 295-296
   preparação, 513-514
Assédio sexual, 424
Aterros sanitários, 350
Ativos, 463
Auditoria, 463
   de resíduos, 351
Autoridade
   em equipe, 368
   em linha, 368
   funcional, 368

simbólica, 370
tipos de, 368
Avaliação
de resíduos, 350-351
produtos, 233-234
receitas, 214-215
Aves
graduações, 174, 176
métodos de cocção, 513

B

Babbage, Charles, 14-15
Bacillus cereus, 73
Bactérias
descoberta de, 10
relação tempo-temperatura e crescimento de, 83-84
Bad Bug Book (FDA), 71
Balanças, 542-544
Balanços patrimoniais, 464, 472-473
Balcões, 543
de bebidas em farmácias, 27
Bandejas
de serviço, 250-252
esteiras, 249-250
lavagem, 540
montagem, 240-242
térmicas, 249
Banquetes, 254
Barnes, Ralph M., 451
Barreiras
conformidade com a ADA, 290
de radiação térmica, 339
Batedeira-cortador vertical, 535, 538
Batedeiras, 330, 534-535, 537
Bebidas alcoólicas, produção local, 40
Bell, Glen, 27
Benihana, 28
Bertalanffy, Ludwig von, 48
Biodiesel, 349-350
Black Angus, 27
Blake, R. R., 387
Blimpie, 27
Bombas de calor, 339
Brainstorm, 399, 441
Branding (construção de marca), 42
interno, 505
Branquear ou aferventar, 511
Brown Derby, 23-25
Buffet, 252
de saladas, 27, 516
Burger King, 27

C

Caçarolas, 342
Cafés, primeiros, 10
Cafeteiras, 543-544
Cafeterias, 27
Caldeirão
basculante, 533-534
de convecção, 533

Caminhões de entrega, 247
Campylobacter jejuni, 71, 73
Características arquitetônicas, planejamento/projeto de instalações e, 277-283
Cardápio(s)
à la carte, 130
avaliação, 148-149
ciclo, 127-129
de rodízio, 130
de uso único, 126, 128
definição, 125-126
desenvolvimento e planejamento
abordagem de sistemas a, 126
calendário de, 144
capacidade de produção e serviço, 143-144
características dos alimentos e combinações, 147-148
clientes e necessidades nutricionais, 134-141
diretrizes para formação de preços/orçamentos, 141, 143, 476-479, 484
etapas para, 145-147
metas e missão, 133-134
planilha, 145
turnos de funcionários e, 143
do dia, 130
escolha de equipamento e, 310-311
estáticos ou parados, 126-127
fontes de ideias para, 132-133
leis de rótulos, 33
luxuosos, 43
não seletivos, 130, 132
padrões, 130, 136-138
para dietas modificadas, 149-151
planejamento/projeto de instalações e, 263, 277
planos, 130-131
posicionados, 152
projeto e formato, 152
rodízio, 130
rotativos, 127-129
seleção em, 130-132
seletivos, 130-131
semisseletivos, 130-131
teste, 150
tipos de, 126-133
uso único, 126, 128
Careme, Antonin, 11
Carnes
graduações, 174, 176, 180
métodos de cocção, 513
Carpenter's Drive In, 22
Carrinhos, 247, 321, 542, 544
de refeições Pullman, 17
Casos, 66
Castelo
de Windsor, Inglaterra, 9
Stirling, Escócia, 8
White, 22-23
Catering, 12
Center for Medicare and Medicaid Services, 75

Centers for Disease Control and Prevention, 66
Cereais, cocção, 514
Chapas, 342, 520-521
Charbroilers, 527
Chefs
    de rang, 253
    renomados, 11
Children's Aid Society, 16
China, 10
Ciclo PDCA (planejar, desenvolver, checar, agir), 437-438
Classificação Energy Star, 338
Clientes
    escolha de equipamento com base em número e tipos de, 311
    marketing para, 498-499
    pesquisas, 501
    planejamento de cardápio e, 134-141
    registros de, 483
    serviço, 255-256
Cloreto de polivinil (PVC), 347
Cloro, propriedades do, 103
Clostridium botulinum, 72-73
Clostridium perfringens, 72-73
Coca-Cola, 18, 30
Cocção
    métodos, 511-513
    métodos para alimentos específicos, 513-517
    objetivos de, 208, 511
Código alimentar, 70, 75
Collins, Eileen, 392
Comércio interestadual, 161
Comfort foods, 43
Commis de rang, 253
Commodities, 159-160
Compactadores, 540
Competências
    conceituais, 370
    humanas, 370
    técnicas, 370
Comportamento gerencial-não gerencial, 389-390
Compostagem, 348-349
Composto de vendas, 477
Compra(s)
    acordos, 172
    centralizadas, 165
    coletiva, 165-166
    contratos, concessão de, 184-185
    cooperativa, 165-166
    custo, 479, 481
    custo mais lucro, 171
    definição, 158-159
    equipamento, 326-328
    escolha de produtos, 172-176
    especificações, 179-180
    estrutura de, 165-166
    ética, 164
    identificação de necessidades, 177-179
    informais (mercado aberto), 168
    just-in-time, 172
    leis e regulamentos, 161-163, 185-186
    licitação formal competitiva, 168, 170-171
    licitações, tabulação e avaliação, 183
    mercados, 159-163
    negociação, arte da, 164
    no mercado aberto, 168
    pedidos, 169-170, 179, 182-184, 202
        pedidos de licitação, publicação de, 180-182
    por custo mais lucro, 171
    processo, 176
    registros, 465
    vendedores, 166-168, 171
Compradores, 163-166
Computadores
    produção de alimentos e uso de, 208
    projeto com, 301-303
    receitas geradas por, 213-214
Comunicação
    barreiras à, 394-395
    canais de, 393
    escrita, 394
    liderança e, 392-395
    melhoria, 394-395
    por meio de expressão oral, 393
    tipos de, 393-394
Conceito de franquia, 21, 23
Concorrência, leis relacionadas a, 186
Condicionamento operante, 383
Conforme comprado (CC), 210-211, 310
Congelamento/resfriamento. *Ver também* Método, de cocção/congelamento
    armazenamento, 198-199
    nitrogênio líquido, 40
Conluio, 164
Conservação de energia, 339-343
Consideração, sentimento de, 388
Consistência, alimento, 147
Constantinopla, 10
Contabilidade
    auditoria, 463
    de custos, 463
    definição, 463
    financeira, 463
    fórmula, 464
    gerencial, 463, 479-485
    impostos, 463
    objetivo da, 463
    princípios fundamentais da contabilidade, 464
    sistema uniforme de contabilidade, 463-464
    tributária, 463
Contaminação
    cruzada, 79
    definição, 78
    química, 74
Contratação, 409-411
Contrato(s)
    abrangente de compra, 172
    concessão de, 184-185
    leis, 186
    projeto, 304

Controle(s), 50
　　de infecções, 78
　　de pragas, 112-113
　　estatístico de processos (CEP), 441
　　just-in-time (JIT), 441
　　porção, 225-226, 232-233
　　registros para, 465-469
Coordenação, 369
Copos
　　escolha e, 322, 547, 550-551
　　lavagem, 105-109, 551
Cor do alimento, 147
Corretores, 160
Cortadores e picadores, 535, 538
Cotações, 168
Cozinha
　　equipamento, 12, 313-315
　　reservas de espaço e inter-relações, 285-286
　　sem cozinha, 56. *Ver* Sistema(s), demontagem/serviço
Cozinhar
　　em fogo brando, 512
　　no vapor, 512-513
Cronociclográfico, 454
Cronogramas de trabalho, 374-376, 423
Culinária
　　em vitrine, 43
　　mexicana, 29, 31
Custos. *Ver também* Orçamento(s); Gestão, financeira; Formação de preços
　　controláveis, 479
　　de mão de obra, 480, 482
　　diretos, 479
　　dos ingredientes, 477-478
　　fixos, 479
　　gestão, 463, 479-485
　　indiretos, 479
　　não controláveis, 479
　　variáveis, 479

D
Declaração de missão, 46, 133-134
Definição de preços de venda, 42
DelMonico, Giovanni, 13-14
Delmonico Hotel, 15
Delmonico's Restaurant, 3, 13, 15, 18-21, 23
Deming, W. Edward, 436
Demissões, 419
Demonstrações de resultados, 464, 469-472
Departamento do Tesouro Norte-Americano, 163
Descarte de resíduos, 540
Descrições de cargos, 371-372, 374
Desempenho. *Ver também* Produtividade; Gestão, da qualidade total
　　avaliação de funcionários, 415-418
　　definição de melhoria, 433-435
　　testes para funcionários, 304
Desenho
　　esquemático, 286-288, 300-301
　　mecânica de, 300-301

Desenvolvimento de projeto, 284. *Ver também* Instalações, planejamento e projeto
　　conformidade com a ADA, 288-291
　　contratos, 304
　　desenhos esquemáticos, 286-288
　　escolha de equipamentos e, 313-317
　　especificações, 303-304
　　mecânica de desenho, 300-301
　　projeto auxiliado por computadores/fabricação auxiliada por computadores (CAD/CAM), 301-303
　　projeto verde, 337-338
　　projetos arquitetônicos, 303
　　reservas de espaço e inter-relações, 285-287
　　símbolos arquitetônicos, 301, 303
　　trabalho, 448-451
Despesas
　　definição, 463
　　gestão de, 476-485, 501
　　registros, 465
Detergentes, 101
Diagrama(s)
　　de causa-efeito, 441, 444
　　de dispersão, 441, 445
　　de fluxo, 441, 445, 452
　　de peixe, 441, 444
Dietas
　　início das, 16
　　modificadas, cardápios para, 149-151
Diferenças socioculturais, planejamento de cardápios e, 134-135
Diretrizes Alimentares para Americanos (*Dietary Guidelines for Americans*), 141
Disciplina, 418-419
Disco de *pellet*, 248
Discriminação, 423-424
Dispensadores, 543
Distribuição
　　alimentos, 166-168
　　mercado, 160, 499-500
Diversidade, 396-397
DMADV (Definir, Medir, Analisar, Projetar, Verificar e Validar), 439-440
DMAIC (Definir, Medir, Analisar, Aperfeiçoar, Controlar), 439-440
Doença(s)
　　alimentares
　　　　alergênicos, 72
　　　　causas de, 69-74, 81-82
　　　　custos de, 68
　　　　escopo de, 66-68
　　　　gestão, papel da, 68-69
　　　　micro-organismos infecciosos, 71
　　　　micro-organismos tóxicos, 71-72
　　　　perigos inerentes aos alimentos, 69-73
　　　　perigos inseridos nos alimentos por pessoas e práticas, 74
　　　　principais, 73
　　　　rotas de transmissão, 70-71
　　transmissíveis, 70-71

Domino's Pizza, 27
Drive-thru, 26, 252
Drucker, Peter, 385
Dunkin' Donuts, 27

E

Economia de movimentos, 451-452
Eficácia, 46
Elementos patogênicos, 69-70
Eletricidade, planejamento/projeto de instalações e, 282-283
Empreendedor, 370
Emprego
    agências de, 409
    contratação, 409-411
    recrutamento, 408-409
    testes, 411
Empresas aéreas, serviço de alimentação em, 25
Encanamento, planejamento/projeto de instalações e, 282
Engenharia humana, 449
Enlatamento, 12
Entregas. *Ver também* Recebimento
    centralizadas, 239, 252
    definição, 238
    dentro das instalações, 254
    descentralizadas, 239, 252
    fora das instalações, 254
    inspeção, 193
    nas instalações, 254
Entrevista com novos candidatos, 410-411
Entropia, 50
Epidemias, 66
Equal Employment Opportunity Commission (EEOC), 396, 423
Equifinalidade, 50
Equilíbrio dinâmico, 48
Equipamento(s)
    a gás, 329
    a vapor, 329, 342, 512, 531-534
    aquisição, 326-328
    bandejas térmicas, 249
    construção de, 321-324
    de cocção
        batedeiras, 330, 534-535, 537
        broillers, 342, 524-525, 527
        cabinet cookers, 532-533
        caldeiras e caldeirões a vapor, 533-534
        chapas, 342, 520-521
        cortadores e picadores, 535, 538
        equipamento a vapor, 329, 342, 512, 531-534
        fatiadoras, 535, 538
        fogões, 519-524
        fogões de dois lados, 523-524, 526-527
        fornos, 314, 342, 528-533
        frigideiras basculantes, 526, 528
        fritadeiras de imersão, 525, 528
        panela de massas, 526, 529
        processadores de alimentos, 535, 538
        seleção de, 329, 342
        utensílios, 542-543
    de ferro fundido, 319
    de metal, 318-321
    de reaquecimento, 249
    de transporte, 540-541
    de vidro, 321
    design e função de, 313-317, 330
    disco de *pellet*, 248
    elétrico, 329-330
    embutidos, 247
        refrigeração, 281-282
    escolha de
        cardápios e, 310-311
        clientes, número e tipos de, 311
        cocção, 329
        fatores que afetam, 309-310
        formato do alimento comprado e estilos de serviço, 311
        horas e habilidades dos funcionários, 311-312
        instalações, 312
        metas de, 308-309
        planta do piso, 312-313
        questões orçamentárias, 312
        questões sanitárias, 315, 324
        sem cocção, 329-330
    fixo, 247
    limpeza, 103, 109-112
    manutenção e reposição, 324-326
    materiais de, 318-321
    móvel, 247, 250
    para manter a temperatura e manuseio, 249-250
    para montagem de ingredientes, 231-232
    para montagem de refeições, 249-250
    para reaquecimento, 249
    para servir, 330, 543-551
    planejamento de cardápio e, 143
    portátil, 247-248, 250
    produção de alimentos, 207-208
    questões de instalação, operação e desempenho, 324
    questões de segurança, 324
    recebimento, 192
    serviço, 250-251
        de entrega, 246-251
    tamanho ou capacidade de, 317-318
Ergonomia, 448
Escalas de avaliação comportamental, 415-417
Escherichia coli, 71, 73
Escócia, 8, 12
Escolha de produtos, 172-176
Escopo dos serviços, 45-46
Esmagadores de latas e garrafas, 540
Especificações
    de cargos, 374-375
    de compra institucional de carnes (Institutional Meat Purchasing Specification) (IMPS), 180
    produto, 179-180
    projeto, 303-304
Estação de *wok*, 521
Estações em navios, 247-248
Esteiras, 541

Estilo
    e materiais de construção, planejamento/projeto de
        instalações e, 278
    familiar, 254
Estoque, 178
    inventário físico, 202-203
    questões de depósito, 200-201
    recebimento de, 199-200
    registro de, 201-202
Estrutura inicial, 388
Estudo
    de micromovimentos, 454
    de viabilidade, 275-276
Estufar, 513
Ética
    compras, 164
    definição, 164, 395
    liderança, 395-396
Europa, 10
Extintores de incêndio, tipos e usos, 119

F

Fatores
    demográficos, 134
    econômicos
        escolha de sistemas de entrega e, 245
        planejamento/projeto de instalações e, 264-265, 283-284
Faturas, 193-194
Fayol, Henri, 359-360, 363
Feedback, 50
Ferrovias, serviço de alimentação em, 17
Ferver, 512
Ficha de Informações de Segurança de Produto Químico
        (FISPQ), 114
Filadélfia, 11-13, 20
Fillmore, Millard, 16
Fluxo de alimentos, 80-82
Fluxograma, 88, 91
Fogão com *hot top* de indução, 520
Fogões
    a gás, 314, 519-520
    combinados
        chapas aquecidas (*hot top*), 520
        escolha de, 342
        estilo europeu, 523, 525
        opções de, 522-524
        pesos, 522-523
        por indução, 520
        queimadores abertos, 519-520
        tipos de, 519-524
    de dois lados, 523-524, 526-527
    de gabinete (*cabinet cookers*), 532-533
    do tipo *clamshell* (prensa), 523-524, 526
Food Allergy and Anaphylaxis Network (FAAN), 72
Food and Drug Administration (FDA), 68, 71, 75, 113, 161-162
Food and Nutrition Board, 135
Food Safety Working Group, 68
Foodborne Diseases Active Surveillance Network , 67
FoodNet, 67

Formação de preços
    cotações, 168
    determinação de, 476-478
    fator, 477
    leis, 186
    planejamento de cardápios e, 141, 143,
        476-478
Formato dos alimentos, 147
Formulação de estratégias, 363
Formulário de relatório de discrepâncias,
        194-195
Forno a carvão, patenteado, 14
Fornos, 314, 342, 528-533
    de condução, 531-532
    de convecção, 314, 342, 529-530
    de pizza, 531, 533
    deck, 529
    giratórios, 531
França, 10-12, 15
Fraunces Tavern, 11
French, J. R. P., 391
Fricassê, 512
Fritadeiras, 342
    basculantes, 526, 528
    de convecção, 525, 528
    de imersão, 525, 528
Fritar, 512
Fritura(s), 512, 514
    com imersão em gordura, 511-512
    na panela, 512
    no forno, 512
Frutas
    graduações, 174-175
    métodos de cocção, 515
    pré-preparo, 514-515
Funcionários. *Ver também* Políticas, trabalhistas
    avaliações de desempenho, 415-418
    benefícios, 425-427
    contratação de, 409-411
    demissões, 419
    disciplina, 418-419
    escolha de equipamentos e horas e competência de,
        311-312
    ética, 396
    orientação para, 412
    para montar ingredientes, 231
    para receber, 191
    planejamento e programação de cardápios, 143
    planejamento/projeto de instalações e, 263
    promoções e transferências, 418
    reclamações, tratamento, 419
    recrutamento, 408-409
    refeições e custos, 482
    registros pessoais, 411-412
    reuniões de equipe, 420
    sistemas de entrega e nível de competência de, 245
    treinamento, 413-415
    turnos, 375-377, 423
Furtos, 191

G

Garantia, leis, 186
  de remuneração do trabalhador, 426
Gatorade, 28
General Mills, 30
Gestão
  atividades e papéis da, 370-371
  competências necessárias à, 369-370
  da marca (*branding*), 43, 176-177
    tipos de, 503-507
  da qualidade total (GQT), 400
    ciclo PDCA, 437-438
    definição, 435
    DMADV, 439-440
    DMAIC, 439-440
    ferramentas, 441-446
    princípios da, 436-437
    seis Sigma, 438-441
  de identidade da marca, 505
  de marcas de varejo, 504
  de mudanças, 400
  de recursos humanos
    administração de recursos humanos, 405-408
    contratação de funcionários, 409-411
    recrutamento de funcionários, 408-409
    responsabilidades, 411-420
  de resíduos, 343-351. Ver também Questões ambientais
    sólidos, 343-351
  definição, 46, 50, 384
  doenças alimentares e papel da, 68-69
  estilo japonês, 435
  estratégica, 362-363
  ferramentas de
    cronogramas de trabalho, 374-376
    descrições de cargos, 371-372, 374
    diagramas organizacionais, 371-373
    especificações de cargos, 374-375
    turnos de funcionários, 375-377
  financeira. Ver também Orçamentos
    contabilidade básica, 462-464
    documentos/registros, 464-476
    gestão de receitas e despesas, 476-485
  funções da, 46
    administração de recursos humanos, 368
    coordenação, 369
    elaboração do orçamento, 369
    lista de, 363-364
    marketing, 500-501
    organização, 366-368
    orientação, 369
    planejamento, 364-366
    relatórios, 369
  mudança, 400
  no estilo japonês, 435
  sistemas, 49
  teorias de
    caos, 362
    científica, 47, 359, 386
    clássica, 359-360
  liderança contingencial, 361, 382, 389
  moderna, 360-362
  relações humanas, 47, 360, 386
  sistemas, 47-49, 361-362
  situacional, 387-390
  teoria científica da administração/pesquisa operacional, 360
Gilbreth, Frank, 359, 386, 454
Gilbreth, Lillian, 359, 386
GOG (gordura, óleo e graxa), manuseio de, 330
Grade gerencial, 400
Graduações, 161, 173-176
Gráficos
  de controle, 441, 445
  de fluxo, 452
  de operações, 452-453
  de Pareto, 441, 444
  de procedimentos, 453
  de processos, 456-457
Grau brix, 180
Greenleaf, Robert K., 390
Grelhadores, 342, 524-525, 527
Grelhar, 512
  em fogo alto, 511
  na chapa, 512
Guardanapos, 552
Guisar, 513
Gulick, Luther, 363-364

H

Hambúrgueres, 20, 22-23, 25-26, 28
Hardee's, 27
Harvey, Fred, 17
Hazard Communication Standard (HCS), 114
Herzberg, F., 383
Hesselbein, Frances, 390
Hierarquia de sistemas, 50
Higiene pessoal, segurança dos alimentos e, 77-79
Higienização (higiene)
  armazenamento, 198
  definição, 100
  escolha de equipamento e, 315, 324
  mãos, 102
  planejamento/projeto de instalações e, 265
  por calor, 102
  princípios de, 102-103
  química, 102-103
  recebimento, 192
  regulamentações, 99
Hilton Hotels Corp., 348
Histogramas, 441, 445-446
Holismo, 51, 361
Homeostase, 50
Horário das refeições, escolha do sistema de entrega e, 245-246
Hospedeiros, 70
Howard Johnson, 23, 26
Hugo, Victor, 17

I

Iluminação
  eficiente em energia, 340
  planejamento/projeto de instalações e, 279-281
Implementação, 501
Incêndios, classificação de, 118
Incineradores, 350
Indicadores de volume, 487
Indicadores-chave de desempenho (KPI), 441-443
Índice
  análise, 473-476
  produtividade, 446
Infecções alimentares, 71
Ingestão
  adequada (AI), 138
  alimentar de referência (DRI), 135, 138-140
  dietética recomendada (Recommended dietary allowances) (RDA), 135, 138
Inglaterra, 7-11, 17
Ingram, Billy, 22
Ingredientes e quantidades
  em receitas, 209-211
  montagem na preparação de alimentos, 228-232
Inspeções
  de alimentos, 93-95, 113, 161-163
  de entregas, 193
Instalações
  análise de cardápio, 263, 277
  áreas de trabalho, 289-300, 448-451
  características arquitetônicas, 277-283
  características físicas e operacionais, 273-274
  conformidade com a ADA, 288-291
  conservação de energia e, 340-341
  definições e metas, 262-263
  desenvolvimento do projeto, 284-304
  equipe de planejamento, 275
  escolha de equipamento e, 312
  estudo de viabilidade, 275-276
  etapas, 272-284
  fontes de informação sobre, 265-266
  leis e regulamentos, 266-267, 274-275
  limpeza e manutenção. *Ver* Limpeza, e manutenção
  planejamento e projeto, 263-265
  preparação preliminar, 263-272
  prospecto, 272-275
  recebimento, 191-192
  relação orçamento/custo, 283-284
  sistemas de entrega e tamanho e *layout* de, 244, 246
  tendências que afetam, 263-264
Insumos, 49
Interdependência, 50, 361
Intermediários, 160
International House of Pancakes (IHOP), 27
Inventário físico, 202-203
Iodo, propriedades do, 103
Irmãos Delmonico, 14-17

J

Jogos americanos, 552
Johnson, Howard, 23
Joint Commission, 75, 87
Joint Committee on Food Equipment Standards, 315, 318, 322
Junção arredondada, 278

K

Kahn, R. L., 48, 447
Karcher, Carl N., 26
Katz, D., 49, 447
Katz, Robert L., 369-370
Kentucky Fried Chicken (KFC), 27, 30
Kirby, J. G., 22
Koontz, Harold, 370
Kroc, Ray, 26

L

Lanchonetes
  casuais, crescimento de, 42
  de beira de estrada, 20
Lanchonetes norte-americanas
  Chick-fil-A, 28, 505
  Coconut Grove, 21
  Cork'n Cleaver, 27
  Denny's, 27
  Horn and Hardart, 20
  Hot Shoppes, 24
  Little Caesar's, 27
  Long John Silver's, 28
  Musso & Frank Grill, 21-22
  Musso-Franks Grill, 21
  Old Spaghetti Factory, 28
  Olive Garden, 30
  Pig Stand, 22
  Red Lobster, 27
  Red Robin, 28
  Schwab's Drug Store, 27
  Sirloin Stockade, 28
  Steak and Ale, 27
  Steer 'n Stein, 28
  Tim Horton's, 27
  Tiny Naylor's, 27
Latas de metal, reciclagem de, 346
Lavagem
  aparelho de jantar, 104-109, 342
  de louças
    especialidade, 539-540
    estática, 535-536
    métodos, 104-109
    móvel, 536-537, 539
    planejamento/projeto de instalações e, 297-299
    recuperação de calor, 330
  manual, 104
Lean Seis Sigma, 439, 441
Leis, 21, 30
  agência, 186
  alimentos, 68, 72, 75, 161-163
  classificação de cardápios, 33

conformidade com a ADA, 30, 267, 274-275, 423-424, 288-291
contrato, 186
Décima Oitava Emenda, 21
específicas norte-americanas, 21, 186, 422-424, 427-428
garantia, 186
legislação da verdade no cardápio, 152
marketing e compras, 161-163, 185-186
merendas escolares, 25-26, 28, 30-31
planejamento/projeto de instalações e, 266-267, 274-275
segurança dos alimentos, 68, 72, 75
serviços nutricionais, 28-29
trabalhistas, 30, 422-430
Licitações
  formais competitivas, 168, 170-171
  publicação de, 180-182
  tabulação e avaliação, 183
Líderes/liderança
  antiga *versus* nova, diferenças entre, 401
  competências e responsabilidades, 397-398
  comunicação, 392-395
  definição, 380-381, 384-385
  diversidade, 396-397
  ética, 395-396
  gestão de mudanças, 400
  motivação, 382-384
  novas teorias de, 386-390
  papel da, 370
  papel tradicional, 386
  poder, uso de, 390-392
  requisitos, 385
  situacional, 387-390
  subordinado(a), 390
  supervisão, 398-399
  tomada de decisões, 399
  visão histórica de, 391
Limites críticos, 88
Limpeza
  abrasivos, 102
  ácidos, 102
  decomposição da tarefa, 105, 110
  definição, 100
  detergentes, 101
  e manutenção
    cartão de registro de equipamentos, 112, 326
    controle de pragas, 112-113
    de equipamento profissional para uso em escala, 110-111
    de lava-louças, 108-109
    equipamento, 324-326
    inspeções, 113
    preventiva, 111-112
    programação, 109
    regulamentações, 99
  equipamentos, 103-109
  fatores que influenciam, 100
  fora do local (COP), 104
  lavagem de pratos, 104-109
  manual, 104
  no local (CIP), 103-104
  padrões NSF, 107
  princípios de, 100-102
  solventes, 101
Lista de acompanhamento, 304
Listeria monocytogenes, 71, 73
Lloyd's, Edward, 10
Loja
  de café, 10-12
  fechada, 428
Londres, 10-11, 14, 16
Louça
  de plástico, 547-548
  escolha, 331, 544-548
  lavagem, 105-109, 342
Lucro, 463, 469-479, 482, 485-486

M

Manufatura enxuta, 439
Manuseio de alimentos
  alimentos que são especialmente perigosos, 84-86
  quadro de documentação de temperatura, 84
  relação tempo-temperatura, 83-84
  segurança dos alimentos e, 80-86
  zona de perigo, 83
Manutenção. *Ver* Limpeza, e manutenção
  de remuneração e impostos, 421-423
Máquinas de fatiar, 535, 538
Máquinas de venda automática, 252
Margem
  de contribuição por item, 478
  de lucro bruto por item, 478
Marketing
  ciclo, 496-497
  como função administrativa, 500-501
  composto, 498
  conceito, 496
  de produtos, 498
  definição, 495-496
  do valor familiar, 42
  gestão da marca, 503-507
  para operações de negócios de alimentação, 498-500
  promoções, 502-505
  segmentação, 497
Marriott, J. Willard, 24
Maslow, Abraham, 382-383
Massas, cocção, 514
Mayo, Elton, 47
McClelland, D. C., 382-383
McDonald's, 25-28, 32-33, 363, 504
McGregor, D., 386-387
Mediador de conflitos, 370
Medições
  ajustes em receitas, 215-220
  arredondamento, 217
  capacidade de panelas usadas em hotelaria, 316
  controles de porções, 225-226, 232-233
  modulares, 313
Medidas de referência, 441

Medidor, 315
Memória, 50
Menus à la carte, 130
Mercado-alvo, 497
Mercados
    aquisições e, 159-163
    canais, 160
    definição, 159
    distribuição, 160
    regulamentos e leis, 161-163, 185-186
Mesas, 541-542
Metais não corrosivos, 319-320
Método
    cego, 193
    da avaliação de incidentes críticos, 417
    da porcentagem, 216-219
    de cocção/congelamento
        definição, 54
        equipamento, 534-535
        resumo de, 58-59
        vantagens e desvantagens de, 55
    de cocção/resfriamento, 42
        definição, 53
        equipamento, 534-536
        resumo de, 58-59
        vantagens e desvantagens de, 55
    do calor seco, 511
    do calor úmido, 511
    fatorial, 215-216
    primeiro a entrar, primeiro a sair (PEPS), 198
Micro-ondas, 531
Mídias sociais, uso das, 33
Mintzberg, Henry, 370
Modelo
    da administração triangular, 47-48
    de média móvel, 222, 224
Mogensen, Allan H., 450
Molhar, 101
Molhos, 516
Moosewood Restaurant, 28
Motivação, 382-384
Motorola, 438
Mouton, J. S., 387
My Pyramid, 135, 142

N
NASA, 86
National Advisory Committee on Microbiological Criteria for Foods (NACMCF), 86
National Association of Meat Purveyors, 180
National Board of Fire Underwriters, 329
National Food Safety Initiative (NFSI), 67
National Labor Relations Act (NLRA), 427-428
National Labor Relations Board (NLRB), 428
National Marine and Fisheries Service, 162
National Polystyrene Recycling Co., 346-347
National Restaurant Association (NRA), 4-5, 326, 343, 361, 396
    formação da, 21
    sistema uniforme de contabilidade, 463-464

National Safety Council, 99, 115-116
National Sanitation Foundation (NSF), 81-82, 88
    padrões de limpeza, 103, 107, 315, 322
Navios, 27
Necessidade média estimada (EAR), 138
Negociação
    arte da, 164
    coletiva, 428
Negociadores, 370
Negócios de alimentação, faculdades/universidades
    escopo dos serviços, 45
    história de, 10, 19, 32
    planejamento/projeto de instalações e, 265-271
    promoções, 505
    tendências em, 43
Negócios de alimentação (*foodservice*)
    classificação do, 44-46
    crescimento do, 39
    definição, 4
    desafios do, 40-41, 44
    estatísticas, 4-5
    história do, 7-34
    marketing para, 498-500
    operações, 46
    sistemas/operações, tipos de, 51-59
    status do, 39, 41
    tendências em, 40-43
Nightingale, Florence, 16
Nível máximo de ingestão tolerável (UL), 138
Norovírus, 72
North American Association of Food Equipment Manufacturers (NAFEM), 308
Nova York, 11-13, 16-18
Nutrição, 40
    escolar
        escopo dos serviços, 45
        gestão de marca, 43
        leis/regulamentos, 25-26, 30-31
        planejamento de almoços, primeiro, 15-16
        planejamento/projeto de instalações e, 268
        programa de café da manhã, 28
        Woolly Pockets, 32-33
    planejamento de cardápios e, 135-141

O
Objetivos, 46
Occupational Safety and Health Administration (OSHA), 99, 267
    ergonomia, 448
    regulamentos de segurança dos funcionários, 113-115, 396, 426
Operações
    aprimoramento, 454-455
    custos, 480, 484
    definição, 49
    tipos de negócios de alimentação, 51-59
Oportunidades iguais de emprego, 423-425

Orçamento(s). *Ver também* Gestão, financeira; Formação de preços
   com base zero, 488
   de caixa, 487
   de capital, 487
   definição, 485
   escolha de equipamento e, 312
   estatísticos, 486
   etapas da preparação, 488-491
   fixos, 487
   flexíveis, 487-488
   função administrativa, 369
   mestre, 486
   operacionais, 486-487
   planejamento/projeto de instalações e, 283-284
   tipos de, 486-488
   vantagens e desvantagens de, 485-486
Ordens religiosas, 7
Organização(ões)
   de linha e equipe, 368
   estrutura administrativa, 366-368
   estrutura de, 367
   gráficos de, 371-373
   tipos de, 368
Organização Internacional de Normalização (ISO), 441
Orientação, 369
Ovos
   graduações, 174, 176
   métodos de cocção, 514
   mexidos, 514
   recomendações de manuseio, 85-86
Owen, Robert, 12

P

Padrões
   de competência, 407-408
   de enchimento, 162
   de identidade, 162
   de qualidade, 162, 214-215
   para receita, 214-215
Panela de massas, 526, 529
Papel
   do disseminador, 370
   do monitor, 370
   do porta-voz, 370
Paredes, planejamento/projeto de instalações, 279
Paris, 11-12
Passivo, 463
Patrimônio líquido, 463
Peixe
   inspeções/padrões, 162
   métodos de cocção, 514
Pellet, 246
Pensamento estratégico, 363
PepsiCo Inc., 30
Perecibilidade, 499
Perigos
   biológicos, 88
   definição, 69
   físicos, 74
   inerentes aos alimentos, 69-73
   inseridos nos alimentos por pessoas e práticas, 74
PERT (técnica de avaliação e revisão de programas), 360, 366
Pesos
   ajustes em receitas, 215-220
   arredondamento, 217
Pessoal. *Ver* Funcionários
Pias, 542
Pillsbury Co., 86
Piso
   de cerâmica, 278
   planejamento/projeto de instalações e, 278
Pizza Hut, 27, 30, 504
Pizzarias, 27
Planejamento (planos). *Ver também* Instalações, planejamento e projeto; Cardápio(s), desenvolvimento e planejamento
   avaliação, 500
   ciclo PDCA, 437-438
   definição, 364-366
   estratégico, 363-365
   permanente, 366
   processo, 366
   promoções, 502-503
   uso único, 366
Planilhas de verificação, 441, 444
Plano(s)
   americano, 15
   de uso único, 366
   europeu, 15
   permanentes, 366
Plantas dos pisos, escolha de equipamentos e, 312-313
Poché, 512, 514
Poder
   coercivo, 391
   da recompensa, 391
   de especialista, 391-392
   de referência, 391-392
   legítimo, 391
   liderança, 390-392
Poliestireno, 346-347
   de alta densidade (PEAD), 347
   de baixa densidade (PEBD), 347
Polipropileno (PP), 347
Políticas, 365
   trabalhistas
      benefícios, 425-427
      horas e turnos de trabalho, 423
      oportunidades iguais, 423-425
      remuneração de desempregados, 422-423
      salários e manutenção de receita, 421-423
Pontos críticos de controle (PCC), 88
Porção comestível (PC), 211, 310
Porcelana, 544-546
Posicionamento da marca, 503, 505
Praças de alimentação, 251-252
Prática do emprego justo, 410
Pratos. *Ver* Louça
Pré-fluxo, 105, 298-299

Pré-lavagem, 105, 298-299
Preferência de produtos, 497
Prensa, 524, 526
Preparado na hora, 224-225
Preservação de alimentos, 12
Previsão
    com média móvel, 223
    dados para, 221-222
    definição, 221
    método, critérios de escolha, 222, 224
    modelos, 222-223
    motivos para, 221
    por ajuste exponencial, 222-223
    quantidades, 225-226
    tendências em, 224-225
Primeira e Segunda Grandes Guerras, impacto sobre o serviço de alimentação, 19
Princípios fundamentais da contabilidade, 464
Procedimentos, 365-366
    operacionais padronizados (POP)
        função administrativa, 365-366
        segurança dos alimentos e, 76
Processadores de alimentos, 535, 538
Processos relacionados, 50
Produção de alimentos
    abreviações comuns, 212
    avaliação, 233-234
    cocção, objetivos da, 208
    computadores, uso de, 208
    controles de porções, 225-226, 232-233
    custos, 479, 481
    diferenças em, 207
    equipamento para, 207-208
    formulação de receitas, 208-220
    montagem de ingredientes, 228-232
    previsão, 220-225
    procedimentos, 211
    programação, 226-230
    registros, 465
    reuniões, 228
Produce Marketing Association, 180
Produtividade
    aplicações, 454-457
    definição, 434, 446
    economia de movimentos, 451-452
    ferramentas para avaliar, 452-454
    projeto de trabalho, 448-451
    qualidade de vida no trabalho (QVT), 435, 447-448
    razão de, 446
Produtos agrícolas
    congelados, graduações, 175
    enlatados, graduações, 175
    frescos, graduações, 174
Programa(s)
    de café da manhã nas escolas, 28
    de Nutrição Infantil (Child Nutrition Program), 135
    de pré-requisitos
        para operações de, 77
        segurança dos alimentos e, 76

    Especial do Leite (Special Milk Program), 28
    ISO 9000, 441
    segurança do funcionário, 115-120
Proibição, 21, 25
Projeto(s)
    arquitetônicos, 303
    auxiliado por computadores/fabricação auxiliada por computadores (CAD/CAM), 301-303
    verde, 337-338
Promoções, 418, 502-505
    de participação de mercado, 502
    de participação na mente do consumidor, 502
Propaganda, 408-409
Prospecto, 272-275
Proteção dos alimentos, 323

Q
Qualidade. *Ver também* Gestão, da qualidade total (GQT)
    de vida no trabalho (QVT), 435, 447-448
    definição, 134
    em receita, 214-215
    escolha de sistemas de entrega e alimentos, 245
    garantia da, (QA), 436-437
    padrões/graduações, 162, 173-175, 214-215
Quantidades, previsão de, 225-226
Questões ambientais
    classificação Energy Star, 338
    compostagem, 348-349
    conservação de energia, 339-343
    economia de água, 343
    gestão de resíduos sólidos, 343-351
    padrões LEED (liderança em energia e *design* ambiental, 263, 338
    planejamento/projeto de instalações e, 263
    projeto verde, 337-338
    reciclagem, 344-347
Quiosque
    carrinhos de cachorro-quente, 20, 26
Quotas, 424-425

R
Racks, 321, 542
    com carrinho para pratos, 530
Raven, B. H., 391
Recebimento
    controle de estoque e registros, 199-200
    coordenação com outros departamentos, 191
    custos, 479, 481
    de caixa, 465, 468-469
        e de vendas, 465, 468-469
    definição, 190-191
    funcionários para, 191
    horários programados para, 192
    instalações, equipamento e higienização, 191-192
    planejamento/projeto de instalações e, 290, 292
    processo, 193-194
    registros, 465
    segurança no, 192-193

Receitas
    ajustes, 215-220
    definição, 463
    formas de avaliação, 214-215
    formato, 209-211
    formulação, 208-220
    geradas por computador, 213-214
    gestão de, 476-485
    ingredientes e quantidades, 209-211
    orçamentos, 487
    padrões de qualidade, 214-215
    padronizadas, 208-209
    rendimento e tamanho da porção, 209, 212, 214
    tempos e temperaturas de cocção, 209
    título das, 209-210
Réchaud, 253
Reciclagem, 344-347
Reclamações, como lidar com as dos funcionários, 419
Recrutamento, 408-409
Redução de fontes, 344
Redução de ruídos, planejamento/projeto de instalações e, 265, 279
Reengenharia de processos de negócio (BPR), 400
Refeições transportadas, 254
Refeitórios
    com fluxo livre, 251
    com quadrado vazio, 251, 296
    configuração de marcha, 251-252
    folhetos de cardápios, 506
    história de, 15, 19
    no sistema combinado, 251, 296
    origem do termo, 15
    planejamento/projeto de instalações e, 296-297
    reservas de espaço e inter-relações, 283-285
    tipos de, 251-252
Refrigeração, 198-199
    planejamento/projeto de instalações e embutida, 281-282
Refrigeradores
    com forno combinado, 522-523
    tipos de, 535, 538
Registro
    de estoque, 201-202
    de rendimentos, 465
Regras, 366
Regressão, 223
Regulamentos
    conformidade com a ADA, 288-291
    definição, 75
    inspeções, 93-95
    marketing e compras, 161-163, 185-186
    OSHA, 99, 113-115, 426
    planejamento/projeto de instalações e, 266-267, 274-275
    segurança do funcionário, 113-115, 425-426
Relação
    de gestão de mão de obra, 427-430
    tempo-temperatura, 83-84
Relatórios, 369
Remuneração de desempregados, 422-423
Rendimento e tamanho da porção, receita, 209, 212, 214

Representantes dos fabricantes, 160
Requisição, 177, 200-201
Reservas de espaço e inter-relações, 285-287
Resfriadores, rápidos, 53. *Ver também* Método, de cocção/resfriamento
Residência da família real, 7-9
Resíduo(s), 330
    sólido municipal 343
Responsabilidade social, 396
Restaurante(s)
    drive-in (ao ar livre), 22-23
    gestão da marca, 504
    história dos, 11-33
    origem do termo, 11
    primeiro americano, 3, 13
    reservas de espaço e inter-relações, 285-286
    temáticos, 23-25
Resultados, 50
Reuniões de equipe, 420
Risco, 66
Robôs, uso de, 448-449
Rosenburg, William, 27
Rótulo adulterado, 162

S

Sabor do alimento, 147-148
Saladas
    arranjo, 515-516
    preparação dos ingredientes, 515
Salamandras, 342, 522, 524
Salmonella spp., 71, 73, 85
Sanduíches
    preparação, 330, 516
    torradeiras, 524, 527
Saponificar, 101
Satelização, 43
Saúde e higiene pessoal do funcionário, segurança dos alimentos e, 77-79
Sauté, 512
Schmidt, Warren H., 389
Scott, Walter, 17
Segmentação
    demográfica, 497
    do mercado, 497
    geográfica, 497
    psicográfica, 497
Segurança
    do consumidor, 121
    do funcionário
        ambiente/instalações, 115
        entrevista de, 410-411
        equipamentos e, 324
        extintores de incêndio, tipos e usos, 119
        incêndios, classificação de, 118
        listagem, 120
        programas/treinamento, 115-120
        projeto de trabalho, 448-451
        regras gerais, 119
        regulamentações, 113-115, 396, 425-426

relatório de ferimentos e doenças, 117
técnicas adequadas para aumentar, pôster com, 118
dos alimentos
    abordagem de sistemas a, 74-75
    APPCC, 66, 75-77, 86-91
    controles, 74-75
    doenças alimentares, 66-74
    escolha de sistemas de entrega e, 245
    gestão, papel da, 68-69
    inspeções, 93-95, 161-163
    leis, regulamentações, e códigos, 68, 72, 75, 161-163
    manuseio de alimentos e, 80-86
    programa integrado de, 91-93
    saúde e higiene pessoal do funcionário e, 77-79
no recebimento, 192-193
planejamento/projeto de instalações e, 265
regulamentos, 99, 113-115
social, 426
Seis Sigma, Lean, 438-439, 441
Selar, 512
Self-service, 251-252
Separação, 101
Serviço(s)
    a escolha de, 243-246
    à francesa, 253
    americano, 253
    bandeja, 252
    cliente, 255-256
    com garçom, 253-254
    com valor agregado, 167
    custos, 482-483
    de alimentação carcerária
        crescimento de, 42
        planejamento/projeto de instalações e, 271-272
    de alimentação comercial
        classificação de, 45
    de alimentação contratual, 43
        em casas de repouso, tendências em, 43
        em instalações recreativas, crescimento de, 43
        industrial (na fábrica), planejamento/projeto de instalações e, 270
        não comercial, classificação de, 45
        planejamento/projeto de instalações e, 267-268
    de alimentação em hotéis/motéis
        capacidade de panelas usadas em hotelaria, 316-317
        história da, 15
        tendências em, 43
    de alimentação hospitalar
        análise comparativa, 43
        escopo dos serviços, 45
        história de, 10-11, 32
        planejamento/projeto de instalações e, 270-271, 283-284
        reservas de espaço e inter-relações, 285-286
        serviço de bandeja, 252
    de alimentação militar
        classificação de, 45
        tendências em, 43

de apoio/auxiliares, planejamento/projeto de instalações e, 299-300
de balcão, 253
de *fast-food*
    drive-thru, 252
    história de, 22-33
    tendências em, 41-43
de hospitalidade, 255
de mesa, 253-254
de quarto, 254-255
definição, 238
equipamento, 246-251
estilos, 251-255
métodos, 238-239
montagem, 239-242
nutricionais, regulamentação de, 28-29
refeições transportadas, 254
registros, 465-467
russo, 253-254
self-service, 251-252
tipos de sistemas, 243-244
Shigella spp., 73
Símbolos
    arquitetônicos, 301, 303
    elétricos, 303
Sindicatos, 409, 428
Sinergia/sinergismo, 51, 249
Sistema(s)
    administração, 49
    análise, 49
    convencional
        definição, 51-52
        resumo de, 58-59
        vantagens e desvantagens de, 52
    de aquecimento, ventilação e ar-condicionado (AVAC)
        conservação de energia, 339-343
        planejamento/projeto de instalações e, 281
    de comida pronta
        definição, 52-55
        resumo de, 58-59
        vantagens e desvantagens de, 55
    de cozinha central
        definição, 55-56
        resumo de, 58-59
        vantagens e desvantagens de, 56
    de entrega/distribuição, fatores que afetam a escolha de
        consumo de energia, 246
        estilo de serviço, 244-245
        fatores econômicos, 245
        funcionários, nível de competência de, 245
        horário das refeições, 245-246
        instalações, tamanho e *layout* de, 244, 246
        organização, tipo de, 244
        questões de segurança e qualidade dos alimentos, 245
        tipo de sistema de alimentação, 243-244
    de informação gerencial (SIG), 360
    de matriz de competências, 374
    de montagem/serviço
        bandejas, 240-242

definição, 56-57, 239
equipamento, 249-250
planejamento/projeto de instalações e, 296-297
resumo de, 58-59
vantagens e desvantagens de, 57
definição, 48
filosofia ou pensamento, 49
hierarquia de, 50
integrado de gestão de resíduos sólidos, 344
sociotécnicos (STS), 441
supra, 50
tipos de negócios de alimentação, 51-59
uniforme de contabilidade, 463-464
Skinner, B. F., 383
Soluções para refeições, 43
Solventes, 101
Sopa, tipos de, 516
concentrada, 17
Sous vide, 41
Soyer, Alexis, 16
Staphylococcus aureus, 71-73
Starbucks, 28, 505
Subsistemas, 48
Substituições de refeições caseiras (SRC), 43
Subway, 27, 505
Sucesso estratégico, 363
Supervisão, 398-399
Suprassistemas, 50
Suspensão, 101
Sustentabilidade, 40
Sysco, 167

T

T.G.I. Friday's, 27
Taco Bell, 27, 30
Talheres, 543
escolha, 548-550
lavagem, 105-109
Tamanhos das porções
controles, 225-226, 232-233
custos, 480-481
receita e, 209, 212, 214
simples e menores, 40
Tannenbaum, Robert, 389
Taylor, Frederick W., 359, 386
Técnica
de lavagem das mãos, 79
de revisão e avaliação de programas. *Ver* PERT
Temperaturas
armazenamento, 196-197
diagrama de documentação, 84
de lava-louças, 107
dispositivos para medir, 84
equipamentos para manter, 249-250
lavagem e higienização mínimas, 102
relação tempo-temperatura, 83-84
Teoria
científica da administração, 47, 359, 386
clássica, 359-360
da expectativa, 383
da gestão situacional, 387-390
da hierarquia das necessidades, 382-383
da liderança contingencial, 362, 382, 389
da motivação pela realização, 382-383
da trajetória-meta, 389
das relações humanas, 47, 360, 386
do caos, 362
dos dois fatores, 383
dos sistemas
abertos, 48, 50
benefícios da, 51
cardápios e, 126
definição, 48
história da, 47-48
introdução à, 48-49, 361-362
modelo, 49-51
segurança dos alimentos e, 74-75
X, 386-387
Y, 386-387
Z, 435
Tereftalato de polietileno (PET), 347
Tetos, planejamento/projeto de instalações, 279
Textura, alimentos, 147
Therbligs, 454
Thorndike, E. L., 383
Toalhas de mesa, 332, 551-552
Tomada de decisões, 399
Tontine Coffee House, 12
Transferências, 418
Transformação, 49
Tratado Norte-Americano de Livre Comércio (NAFTA), 161
Treinamento
em serviço, 413-415
funcionários, 413-415
segurança do funcionário, 115-120
Turquia, 16

U

U.S. Department of Agriculture (USDA)
segurança dos alimentos e, 75, 161-162
serviços de *marketing* e graduações, 174-175, 180
U.S. Foodservice, 167
U.S. Green Building Council (USGBC), 338
U.S. Public Health Service (USPHS), 162
Underwriters Laboratories, 103, 267, 329
Unidades
de comando, 360
modulares, 313, 317-318, 330, 523, 525
Uso de energia, escolha do sistema de entregas e, 246
Utensílios de mesa
cocção, 542-543
escolha, 331-332, 548-550
lavagem, 104-105

V

Vagão/carrinho de refeições, 17, 20, 33-34
Valor total, 363

Vegetais
    graduações, 174-175
    métodos de cocção e equipamentos para, 515
    pré-preparo, 514-515
Veículos, monotrilho e operados sem condutor, 541
Venda ilegal de bebidas, local, 21
Vendedores, 166-168
    especializados, 166-167
    genéricos, 166-167
Ventilação
    armazenamento, 197
    conservação de energia, 339, 341
Vibrio vulnificus, 73
Victoria Station, 27

Visão, 364
Vroom, Victor, 383

W
Waters, Alice, 31
Weber, Max, 359
Wendy's, 28
Western Electric Co., 47, 386
Wok, 330-331, 521
Woods Hole Research Center, 338
Woolly Pockets, 32-33
Wright, Frank, 21

Z
Zona de perigo, 83